KB179257

이 책에 쏟아진 찬사

마치 그림자 같은 인물들이 서로 이유 없이 저주를 퍼붓는 어둑한 무대를 환한 조명으로 비추는 것 같다. 구상으로 보나 견고한 학식으로 보나 날카로운 통찰로 보나, 이 책은 걸작이다.

– 《뉴욕 타임스 북리뷰》 올해의 책

중요한 책. 흠잡을 데 없이 연구하고 흥미롭게 주장하고 우아하게 쓴 학식의 모범.

– 《선데이 타임스》 올해의 책

근래에 많은 분석가들은 1차 세계대전의 가장 큰 책임을 독일에 지우는 경향을 보였다. 클라크는 기존 해석과 달리 여러 나라의 정치인들이 전쟁에 돌입하는 무모한 실수를 함께 저질렀다고 분석한다.

– 《인디펜던트 북스》 올해의 책

숨이 막힐 만큼 훌륭한 책. 클라크는 《몽유병자들》에서 정교한 서사, 철학적 의식, 거의 초능력에 가까운 자료 장악력으로 이 까다로운 영역을 헤쳐나가는 모범적 사례를 보여준다. 내가 아는 1차 세계대전의 기원에 관한 최고의 책일 뿐 아니라 역사 저술 일반의 탁월하고 지적으로 명쾌한 본보기이기도 하다.

– 토머스 라쿼(캘리포니아대학 교수), 《런던 리뷰 오브 북스》

기념비적인, 계시적인, 심지어 혁명적인 책이다. 클라크는 설명할 수 없는 것을 설명하는 대가다운 작업을 해냈다.

– 《보스턴 글로브》

1차 세계대전의 원인을 단연 탁월하게 설명하는 이 책에서 클라크가 개진하는 논증이 얼마나 강력한지, 사실상 기존의 역사적 합의를 쓰레기통에 집어넣어야 할 정도다. 세계사의 중대한 사건에 대한 우리의 이해를 재정립하는 걸작을 읽는 특혜는 자주 찾아오지 않는다.

– 사이먼 그리피스(런던대학 교수), 《데일리 메일》

거장 역사가 클라크는 중대한 결정의 순간들을 생생하게 재구성하는 한편 그런 결정을 유도한 맥락을 능수능란하게 스케치한다. 걸작이다.
– 《월스트리트 저널》

이 주제에 관한 단연 최고의 책. 빈틈없는 연구, 섬세한 분석, 우아한 산문을 결합한 보기 드물게 아름다운 저술이다. 엄청난 노고가 담긴 탁월함이 놀라움과 경외감을 자아낸다. 학자들은 알아야 한다. 훌륭한 역사가 훌륭한 이야기일 수 있음을.
– 《워싱턴 포스트》

1차 세계대전의 원인에 관한 최상의 서술. 클라크는 이 비논리적인 분쟁을 맥락 안에 탁월하게 담아낸다.
– 《가디언》

탁월하다. 맵시 있게 썼을 뿐 아니라 학식도 최고다. 앞으로 1차 세계대전의 기원에 관한 어떤 분석도 이 권위 있는 저서를 피해가지 못할 것이다.
– 이언 커쇼, 〈BBC 히스토리〉

바바라 터크먼의 《8월의 포성》 이후 1차 세계대전의 기원에 관한 가장 술술 읽히는 서술이다. 차이점이라면 《몽유병자들》은 최상급 학자가 애정을 기울여 연구한 저서라는 것이다. 국제관계 역사상 최악으로 꼽을 만한 집단적 실수에 대해 이보다 나은 서사는 앞으로 나오기 어려울 것이다.
– 니얼 퍼거슨(하버드대학 역사학 교수)

1차 세계대전의 원인을 설득력 있게 검토하는 이 책은 논쟁이 분분한 주제를 설명하는 새로운 표준 저작이 될 자격이 있다.
– 앤드루 모러브치크(프린스턴대학 교수), 《포린 어페어스》

몽유병자들

SLEEPWALKERS

몽유병자들

How Europe Went to War in 1914

1914년 유럽은 어떻게 전쟁에 이르게 되었는가

—

크리스토퍼 클라크 지음 | 이재만 옮김

책과함께

일러두기

- 이 책은 Christopher Clark의 THE SLEEPWALKERS(Penguin Books, 2012)를 완역한 것이다.
- 옮긴이가 덧붙인 해설은 괄호와 '—옮긴이'로 구분했다. 그 외 모든 텍스트는 지은이가 쓴 것이다.
- 지은이가 강조한 표현은 고딕체로 표시했다.
- 인 · 지명 등은 국립국어원 외래어표기법을 따랐다. 외래어표기법에 나오지 않는 외래어는 최대한 원어 발음에 가깝게 표기했다.

조지프와 알렉산더를 위해

차례

2부 —— **분열된 대륙**

3부 —— 위기

옮긴이의 말

2017년 12월 초 북한을 방문한 제프리 펠트먼 유엔 사무차장은 리용호 북한 외무상을 만나 '우발적 충돌 방지'를 위한 3대 요구사항을 밝혔다. 요구 내용은 2009년 중단된 군 연락채널을 복원해 우발적인 전쟁의 위험을 줄일 것, 미국과 대화할 준비가 되었다는 신호를 보낼 것, 유엔 안보리의 비핵화 결의를 이행할 것이었다. 또 펠트먼은 외교회담 자리에서는 이례적으로 역사책을 한 권 건넸다. 바로 이 책, 크리스토퍼 클라크의 《몽유병자들》이다. 100년도 더 전에 유럽에서 일어난 전쟁의 원인을 다룬, 한국어도 아닌 영어로 쓰인 두꺼운 역사책을 북한 외무상에게 전달한 펠트먼의 행위에는 분명 외교적 메시지가 담겨 있었을 것이다. 그 메시지는 무엇이었을까?

지난 2014년 서구에서는 1차 세계대전 개전 100주년을 앞두고 전전戰前 유럽을 새롭게 조명한 저작들이 앞다투어 출간되었다. 마거릿 맥밀런의 《평화를 끝낸 전쟁》, 션 맥미킨의 《1914년 7월》, 맥스 헤이스팅스의 《1914년의 파국》 등 굵직한 책들이 한꺼번에 쏟아져 나온 터라 《뉴욕 리뷰 오브 북스》 등 주요 언론에서는 몇 종을 추려 비교하는 서평을 싣기도 했다. 이 경쟁장에서 《몽유병자들》은 이언 커쇼와 니얼 퍼거슨 등 저명한 학자들로부터 1차 세계대전의 기원에 관한 이해를 재정립하는 새로운 표준 저작이자 일급 서사라는 호평을 받았다. 또한 독자들에게도 큰 사랑을 받아 이제는 바바라 터크먼의 《8월의 포성》의 뒤를 잇는 필독서로 자리매김했다.

이 책의 주제인 1차 세계대전 발발 직전의 '7월 위기'는 역사상 가장 복잡한 위기, 쿠바 미사일 위기마저 무색케 하는 위기 중의 위기로 꼽힌다. 이 전쟁의 기원 또는 원인을 다룬 문헌만 해도 하나의 '산업'이라 불릴 만큼 방대하다. 이런 이유로 저자의 말마따나 "이 전쟁의 기원에 관한 관점들 가운데 일군의 선별한 자료들로 뒷받침할 수 없는 관점은 사실상 없다." 이를 잘 아는 저자는 특정한 개전 원인에 초점을 맞추어 또 하나의 가설 또는 관점을 내놓기보다는 전쟁을 불러온 핵심 행위자들의 결정을 시간순으로 차근차근 따라가는 접근법을 택한다. 다시 말해 그들 간 상호작용의 연쇄를 면밀히 추적한다.

같은 맥락에서 저자는 그들의 결정을 최대한 그들 자신의 위치에서 이해하기 위해 전쟁이 '왜' 일어났느냐는 물음보다는 '어떻게' 일어났느냐는 물음에 주목한다. 저자의 지적대로 전쟁이 '왜' 발발했느냐는 물음은 무려 2000만 명의 목숨을 앗아간 대참사가 '누구' 때문에 일어났느냐는 책임론으로 흐르기 십상이다. 이런 책임 지우기는 개전 이전부터 시작되어 1919년 베르사유조약의 '전쟁 책임' 조항(전쟁 발발의 책임은 독일과 그 맹방들에게 있다)과 그에 따른 막대한 배상금 부과, 1960

년대 독일 역사가 프리츠 피셔의 '피셔 테제'(독일 카이저 빌헬름 2세와 그의 각료들이 유럽에서 독일의 고립을 타파하고, 국내 불만 세력을 억누르고, 무엇보다 세계 강국으로 발돋움하기 위해 사전에 전쟁을 계획하고 결국 실행에 옮겼다는 관점)를 거쳐 지금까지 면면히 이어지고 있다. 일례로 1차 세계대전을 다룬 《모든 전쟁을 끝내기 위한 전쟁》에서 영국 저자들은 "카이저 빌헬름 2세와 독일의 군사 · 정치 · 산업 엘리트들이 유럽 지역에서 주도권을 쥐고자 했으며 동시에 그에 수반되는 모든 위험을 감수하고서라도 이러한 야망을 최단시간 안에 실현시키기 위한 방책으로서 전쟁을 꾀할 준비가 되어 있었다는 점에는 의심의 여지가 없다"라고 단언한다. 그에 반해 이 책을 포함해 앞서 언급한 최근 저작들은 대체로 유럽 국가들의 공동 책임을 강조한다. 특히 저자는 다자간 상호작용을 도외시한 채 단 한 국가에 전쟁 책임을 지우거나 교전국들의 '유책 순위'를 매기는 견해가 증거에 부합하지 않는다는 것을 세밀한 서술로 설득력 있게 입증한다. 이 책을 다 읽은 독자라면 (영국은 차치하더라도) 프랑스와 러시아의 책임이 적어도 독일과 오스트리아-헝가리의 책임 못지않다는 데 동의할 것이다. 이 관점에서 보면 1914년 전쟁은 유럽 국가들이 공유하던 정치 문화의 소산, 특정 국가의 범죄가 아닌 공동의 비극이었다.

'왜'가 아닌 '어떻게'에 초점을 맞추는 저자는 핵심 의사결정자들이 당시 상황을 어떻게 경험하고 바라보았는지, 정책을 세우면서 어떤 계산을 했는지, 그들의 결정 이면에 어떤 이유나 감정이 있었는지 이해하고자 한다. 저자는 그들의 미래가 닫혀 있었다고 전제하는 우를

범하지 않는다. 오히려 그들에게 다양한 선택지가 열려 있었고 그들 각자 실제 역사와는 다른 미래의 씨앗을 품고 있었다고 힘주어 말한다. 그들은 역사의 비인격적인 전진 운동에 보조를 맞춘 조력자, 체제의 논리에 따라 움직인 꼭두각시에 불과했던 것이 아니라 행위능력으로 가득하고 충분히 다른 미래를 실현할 수 있는 주역이었다. 전쟁은 불가피한 귀결이 아니라 그들이 내린 연쇄 결정의 정점이었다.

앞서 말한 펠트먼의 책 선물에 대해 《워싱턴 포스트》의 칼럼니스트인 데이비드 이그나티우스는 펠트먼이 의도하지 않은 분쟁이 발생할 위험성에 대한 메시지를 극대화하기 위해 책을 건넸다고 분석했다. 펠트먼에게 이 책은 '의도하지 않은 분쟁'의 위험을 일깨우는 데 안성맞춤이었을 것이다. 1차 세계대전 이전 유럽은 어느 나라든 내게는 '방어적' 의도가, 상대에게는 '공격적' 의도가 있다고 말하는 세계였다. 오스트리아 참모총장 콘라트 폰 회첸도르프처럼 초지일관 전쟁을 역설한 호전파가 있기는 했지만, 실제로 집행부 전체를 놓고 볼 때 전쟁을 적극적으로 계획한 국가는 없었다. 그럼에도 믿음과 신뢰의 수준은 낮고(심지어 동맹들끼리도) 적대감과 피해망상의 수준은 높은 집행부들이 서로의 의도를 제대로 알지 못한 채 속사포처럼 상호작용한 결과, 사상 최악의 대참사가 일어났다. 핵심 의사결정자들은 자국을 최우선하는 이해관계에 매몰되어 자신의 노력이 어떤 결과로 이어질지 결코 전망하지 못했다. 요컨대 저자의 비유대로 "1914년의 주역들은 눈을 부릅뜨고도 보지 못하고 꿈에 사로잡힌 채 자신들이 곧 세상에 불러들일 공포의 실체를 깨닫지 못한 몽유병자들이었다."

우발적 분쟁의 가능성과 함께 살아온 한국 독자들은 이 책을 읽으면서 자연스레 한반도의 현 정세와 전전 유럽의 상황을 비교하게 될 것이다. 프랑스의 레몽 푸앵카레, 르네 비비아니, 캉봉 형제, 러시아의 니콜라이 2세, 세르게이 사조노프, 알렉산드르 이즈볼스키, 니콜라이 가르트비크, 독일의 카이저 빌헬름 2세, 베트만 홀베크, 오스트리아-헝가리의 프란츠 요제프, 프란츠 페르디난트, 레오폴트 베르히톨트, 콘라트 폰 회첸도르프, 영국의 에드워드 그레이, 허버트 애스퀴스, 리처드 홀데인, 윈스턴 처칠, 세르비아의 니콜라 파시치, 드라구틴 디미트리예비치, 미로슬라브 스팔라이코비치 등 이 책의 주역들과 비슷한 인물형의 핵심 의사결정자들을 우리는 오늘날에도 찾아볼 수 있다. 그들이, 그리고 우리가 현대의 '몽유병'에서 깨어나는 데 이 책이 일조하기를 바란다.

감사의 말

1916년 5월 12일, 오스트레일리아 뉴사우스웨일스 북부에 자리한 톨우드 목장의 목축업자 제임스 조지프 오브라이언은 오스트레일리아제국군에 입대 신청을 했다. 시드니의 전시장 부지에서 두 달 동안 훈련을 받은 뒤, 오브라이언 이등병은 오스트레일리아제국군 제3사단 35대대에 배속되어 영국행 증기선 베날라호에 승선해 추가 훈련을 받았다. 1917년 8월 18일경 그는 프랑스에서 부대에 합류해 곧 3차 이프르 전투에 참가했다.

짐(제임스의 애칭—옮긴이)은 나의 외종조부다. 짐이 죽은 지 20년이 되었을 무렵 조앤 프랫(결혼 전 성은 먼로) 아주머니가 그의 전시 일기장을 내게 주었다. 포장 목록, 주소, 지시 사항, 이따금 쓴 간결한 일기 등으로 빼곡한 작은 갈색 노트였다. 1917년 10월 4일 브루상데 능선 전투에 대해 짐은 이렇게 썼다. "대격전이었고 그런 전투는 두 번 다시 보고 싶지 않다." 2차 파스샹달 전투에 대해서는 1917년 10월 12일 일기에 이렇게 썼다.

우리는 (이프르 인근) 특파부대 야영지를 떠나 전선의 파스샹달 전역으로 향했다. 가는 데 다섯 시간이 걸려 행군을 마치고 녹초가 되었다. 도착하고 25분 후(12일 오전 5시 25분) 우리는 모래 포대 너머로 진격했다. 잘 가다가 통과하기가 매우 어려운 습지에 도착했다. 그 습지를 통과하고 보니 아군 탄막이 우리보다 1.6킬로미터가량 앞으로 이동해 있어서 걸음을 재촉해 따라잡아야 했다. 11시경 우리는 두 번째 목표에 이르러 오후 4시까지 머무른 뒤 후퇴해야 했다. (……) 기관총 총알과 유산탄 파편이 사방에서 날아다니고 있었다. 내가 목숨을 건진 것은 오직 신의 뜻이었다.

그의 현역 복무는 1918년 5월 30일 오전 2시에 끝났다. 일기의 표현대로 이때 그는 "조국에서 투하한 폭탄을 맞아 두 다리에 부상을 입었다." 그의 발에 떨어진 폭탄은 그의 몸을 공중으로 날려보내고 주변 병사들의 목숨을 앗아갔다.

내가 짐을 알았을 무렵 그는 기억이 가물가물한 심술궂고 기력 없는 노인이었다. 짐은 전쟁 경험에 대해 말을 아꼈지만 나는 아홉 살 무렵 그와 나눈 대화를 기억한다. 나는 참전한 남자들이 겁을 먹었는지, 아니면 전투에 참가하고 싶어 안달했는지 물었다. 그는 일부는 겁을 먹었고, 일부는 안달했다고 말했다. 안달하던 사람들이 두려워하던 사람들보다 더 용감하게 싸웠느냐고 묻자 짐은 이렇게 답했다. "아니, 안달하던 놈들이 먼저 똥오줌을 지렸지." 나는 이 대답에 감명을 받아 한동안 곱씹어 생각했다. 특히 '먼저'라는 단어를.

먼 과거에 발생한 이 분쟁의 참상은 지금도 우리의 이목을 끈다. 하지만 1차 세계대전의 수수께끼는 다른 곳에, 그런 대학살을 가능케 했던 불분명하고 복잡다단한 사건들에 있다. 그 사건들을 탐구하면서 나는 갚을 수 있는 것보다 더 많은 지식을 빚졌다. 대니얼 앤더스, 마거릿 라비니아 앤더슨, 크리스 베일리, 팀 블래닝, 콘스탄틴 보슈, 리처드 보즈워스, 애너벨 브렛, 마크 콘월, 리처드 드레이턴, 리처드 에번스, 로버트 에번스, 니얼 퍼거슨, 이자벨 V. 헐, 앨런 크래머, 귄터 크로넨비터, 마이클 레저-로마스, 도미닉 리벤, 제임스 맥켄지, 알로이스 마더슈파허, 마크 미고티, 아니카 몸바우어, 프랑크 로렌츠 뮐러, 윌리엄 멀리건, 폴 먼로, 폴 로빈슨, 울링카 루블라크, 제임스 시언, 브렌던 심스, 로버트 툼스, 애덤 투즈는 논증을 명확히 하는 데 도움을 주었다. 아이라 카츠넬슨은 결정 이론에 관해, 앤드류 프레스턴은 외교정책 수립 과정의 대립 구조에 관해, 홀거 아플레르바흐는 쿠르트 리츨러의 일기, 삼국동맹, 7월 위기 시기 독일 정책의 더 상세한 내용에 관해, 키스 제프리는 헨리 윌슨에 관해, 존 뢸은 빌헬름 2세에 관해 조언을 해주었다. 하르트무트 포게 폰 슈트란트만은, 1914년 전쟁이 발발했을 때 베오그라드 주재 러시아 대리공사였던 자신의 친척 바실 슈트란트만의 거의 알려지지 않았지만 유익한 정보가 담긴 회고록에 주목하게 해주었다. 키스 닐슨은 영국 외무부 최고위 의사결정자들에 관한 미발표 연구를 공유해주었고, 브루스 메닝은 《근대사학보Journal of Modern History》에 실릴 러시아 군사정보기관에 관한 자신의 중요한 논문을 보여주었다. 토마스 오테는 권위 있는 새 연구서 《외무부의 마음

The Foreign Office Mind》의 출간 전 전자원고를 보내주었으며, 위르겐 앙겔로브 역시 《파국에 이르는 길Der Weg in die Urkatastrophe》의 출간 전 전자원고를 보내주었다. 존 카이거와 게르트 쿠마이히는 프랑스 외교정책에 관한 발췌 인쇄물과 참고문헌을 보내주었다. 안드레아스 로즈는 갓 출간된 저서 《제국과 대륙 사이Zwischen Empire und Kontinent》를 보내주었다. 이 분야에서 획기적인 저작들을 쓴 자라 스테이너는 너그럽게 시간을 내 대화를 해주고 관련 논문과 노트 일체를 공유해주었다. 국제 위기와 오스트리아-헝가리의 외교정책에 관한 고전적 연구를 통해 이 책에서 탐구한 몇몇 연구 노선을 개척한 새뮤얼 R. 윌리엄슨은 지난 5년간 미발표 장章, 연락처, 참고문헌을 보내주었는가 하면 오스트리아-헝가리의 불가사의한 정책과 관련해 지혜를 빌려주었다. 윌리엄슨과 나눈 이메일 우정은 이 책을 작업하면서 얻은 보상 가운데 하나였다.

언어의 장벽을 넘도록 도와준 분들에게도 감사드린다. 미로슬라브 도센은 세르비아어 인쇄물, 스르단 요바노비치는 베오그라드 기록보관소 문서와 관련해 도움을 주었다. 루멘 촐라코프는 불가리아어 2차 문헌과 관련해 지원을 해주었고, 역사학계의 인심 후한 연구자 세르게이 포드볼로토프는 지혜와 지성, 반어적 유머로 나의 모스크바 조사 작업을 생산적인 것만큼이나 즐겁고 계몽적인 작업으로 만들어주었다.

또한 저술을 마치기까지 여러 단계에서 원고의 일부 또는 전부를 읽어준 너그러운 분들이 있다. 조너선 스타인버그와 존 톰슨은 모든 내용을 읽고 통찰력 있는 논평과 제안을 해주었다. 데이비드 레이놀즈는 가장 도전적인 장들에서 화근을 없애는 데 도움을 주었다. 패트릭 히긴스는 1장을 읽고서 비평을 하고 함정을 경고해주었다. 아미타브 고시는 귀중한 피드백과 조언을 주었다. 그래도 오류가 있다면 모두 나의 책임이다.

운 좋게도 앤드류윌리사의 훌륭한 저작권 대리인을 둔 나는 그에게 큰 신세를 졌다. 펭귄출판사의 사이먼 윈더와 하퍼콜린스출판사의 톰 두건의 격려와 안내, 열정에 대단히 감사드린다. 리처드 두기드는 친절하고도 효율적으로 책 제작을 감독해주었다. 불굴의 교열자 벨라 쿠냐는 자신이 찾을 수 있는 오류, 부적절한 표현, 일관되지 않은 표현, '진딧물(불필요한 따옴표)'을 빠짐없이 찾아내 박멸했고, 돌아버릴 정도로 원고에 끝없이 손을 대는 나의 수정 작업에도 불구하고 (정말로) 줄곧 쾌활했다. 나와 마찬가지로 1917년 (반대편에서) 파스샹달 전투에 참가한 할아버지 율리우스 뤼브렌을 둔 나의 아내 니나 뤼브렌은 호의적 중립의 관점에서 나의 작업을 용인해주었다. 이 책은 사랑과 존경을 담아 우리의 두 아들 조지프와 알렉산더에게 바친다. 그들이 전쟁을 영영 알지 못하기를 바라며.

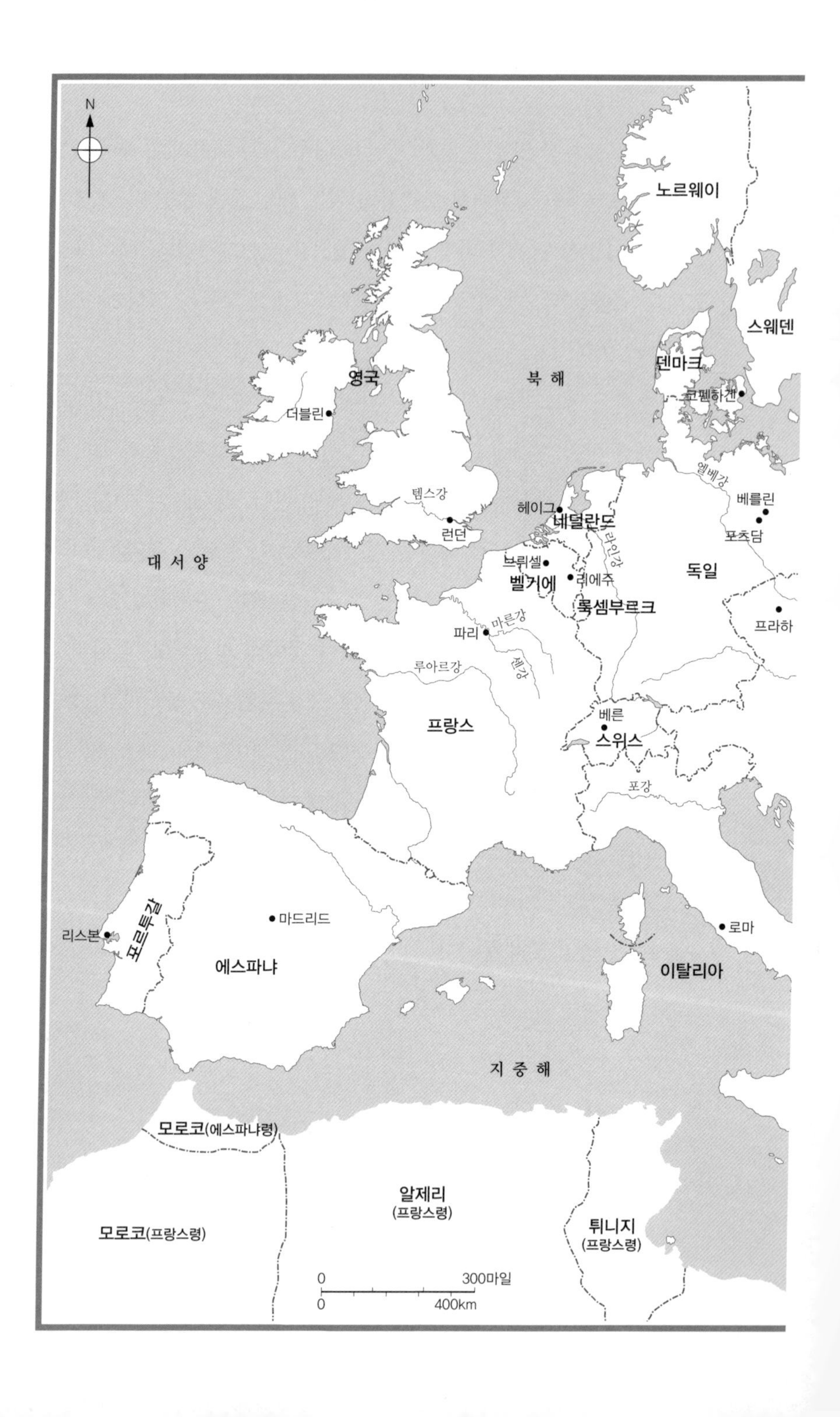

N
노르웨이
스웨덴
덴마크
영국
북 해
코펜하겐
더블린
엘베강
템스강
베를린
헤이그
네덜란드
포츠담
런던
라인강
대 서 양
브뤼셀
독일
벨기에
리에주
룩셈부르크
마른강
프라하
파리
루아르강
센강
베른
프랑스
스위스
포강
마드리드
로마
리스본
포르투갈
에스파냐
이탈리아
지 중 해
모로코(에스파냐령)
알제리
(프랑스령)
모로코(프랑스령)
튀니지
(프랑스령)
0
300마일
0
400km

1914년 유럽
핀란드
상트페테르부르크
스톡홀름
에스토니아
라트비아
쿠를란드
발트해
리투아니아
모스크바
러시아
동프로이센
네만강
타넨베르크
백러시아
포젠
바르샤바
돈강
하르코프
도네츠강
키예프
드네프르강
폴란드
비스와강
갈리치아
우크라이나
오스트리아-헝가리
빈
부다페스트
오데사
세바스토폴
루마니아
흑해
부쿠레슈티
보스니아
베오그라드
사라예보
헤르체고비나
세르비아
불가리아
몬테네그로
소피아
콘스탄티노플
알바니아
오스만제국
그리스
에게해
아테네
키프로스
(영국령)
리비아
(이탈리아령)
이집트
(영국령)

서론

1914년 6월 28일 일요일 아침, 프란츠 페르디난트 대공과 그의 아내 조피 초테크가 사라예보 기차역에 도착했을 때 유럽 대륙은 평화로웠다. 그로부터 37일 뒤 유럽 대륙은 전쟁 중이었다. 그 여름에 시작된 분쟁에 6500만 명이 동원되었고, 세 제국의 명맥이 끊겼으며, 군인과 민간인 2000만 명이 목숨을 잃고 2100만 명이 부상을 당했다. 20세기에 일어난 유럽의 참상들은 이 파국에서 배태되었다.

독일 태생의 미국 역사가 프리츠 슈테른Fritz Stern의 말마따나 1차 세계대전은 "20세기의 첫 대참사이자, 다른 모든 대참사를 야기한 대참사"였다.[1] 전쟁이 왜 일어났느냐는 물음을 둘러싼 논쟁은 첫 총성이 울리기 전부터 시작되어 지금까지 계속되고 있다. 이 전쟁은 규모와 정교함, 도덕적 격렬함 면에서 비할 데 없는 역사 문헌들을 낳았다. 국제관계 이론가들에게 1914년의 사태는 정치적 위기 중의 위기, 아무리 많은 가설이라도 세울 수 있을 만큼 복잡다단한 위기로 남아 있다.

1차 세계대전의 발발을 이해하려는 역사가는 몇 가지 문제에 직면하게 된다. 첫째로 가장 명백한 문제는 사료의 공급과잉이다. 교전국들은 저마다 대대적인 기록보관소 집단작업을 통해 여러 권으로 된 공식 외교문서집을 발간했다. 이 사료의 바다에는 신뢰할 수 없는 해류들이 있다. 두 차례 세계대전 사이에 펴낸 공식 문서집들은 대부분 변명의 의도를 깔고 있다. 300개 주제로 정리된 문서 1만 5889건으로 이루어진 독일의 57권짜리 문서집 《고위 정치Die Grosse Politik》는 학술적 목적만을 가진 편찬물이 아니다. 독일 정부는 전쟁 전 기록을 밝힘으로써 베르사유조약에 명기된 '전쟁 책임' 테제를 충분히 논박할 수 있기를 바랐다.[2] 프랑스 정부의 전후 문서집 발간도 1934년 5월 외무장관 장 루이 바르투Jean Louis Barthou가 말한 대로 "본질적으로 정치적인 성격"의 사업이었다. 그 목표는 "베르사유조약 이후 독일이 개시한 운동을 상쇄"하는 것이었다.[3] 8권으로 된 《오스트리아-헝가리 외교정책Österreich-Ungarns Aussenpolitik》의 공동 편집자 루트비히 비트너가 1926년에 언급한 대로, 오스트리아의 목표는 어떤 국제기구(어쩌면 국제연맹?)가 오스트리아 정부에게 더 불리한 상황에서 문서집 발간을 강제하기 전에 권위 있는 자료집을 펴내는 것이었다.[4] 소비에트가 일찌감치 문서집을 발간한 것은 전쟁 전에 빌린 차관을 갚으라는 프랑스의 요구가 부당함을 밝히려는 속셈으로 전제적인 차르와 그의 동맹 파트너인 부르주아 레몽 푸앵카레Raymond Poincaré가 전쟁을 개시했음을 입증하려는 목적이 있었다.[5] 사심 없는 학식에 호소하는 고매한 분위기에서 《전쟁의 기원에 관한 영국 문서British Documents on the Origins of the War》의 발간 작업을 시작한 영국에서마저 일부 기록을 편향되게 누락함으로써

1914년 전쟁 발발 이전 정세에서 영국의 위치를 다소 불균형하게 묘사하는 결과물을 내놓았다.[6] 간단히 말해 유럽 각국의 방대한 문서집들은 부인할 수 없는 학술적 가치에도 불구하고, 독일 군사사가 베른하르트 슈베르트페거Bernhard Schwertfeger가 1929년 비판적 연구에서 말했듯이 "문서 세계대전"에 사용된 탄약이었다.[7]

정치인과 사령관을 비롯한 핵심 의사결정자들의 회고록은, 전쟁에 이르기까지 무슨 일이 일어났는지 이해하려는 사람에게 꼭 필요하기는 해도 외교문서집 못지않게 문제가 많다. 일부 회고록은 뜨거운 관심을 받는 문제에 답답하리만치 말을 아낀다. 몇 가지 사례만 거론하겠다.

전시 독일 재상 테오발트 폰 베트만 홀베크Theobald von Bethmann Hollweg가 1919년에 발표한 《세계대전에 대한 성찰Betrachtungen zum Weltkriege》은 1914년 7월 위기 동안 그와 동료들의 행위에 대해 사실상 아무것도 말하지 않는다. 러시아 외무장관 세르게이 사조노프Sergei Sazonov의 정치적 회고록은 어조가 유쾌하고 거만하며, 간간이 거짓을 말하고, 핵심 사건들에서 자신이 어떤 역할을 했는지 전혀 알려주지 않는다. 프랑스 대통령 푸앵카레의 10권짜리 재임기 회고록은 내막을 밝히는 기록보다 선전물에 더 가깝다. 7월 위기의 사건들에 대한 그의 '회상'과, 그가 미발표 일기에 대강 적은 메모 사이에는 현저한 차이가 있다.[8] 영국 외무장관 에드워드 그레이 경Sir Edward Grey의 정감 어린 회고록은 1914년 8월 이전에 그가 프랑스와 러시아에 했던 약속과, 7월 위기를 다루는 과정에서 그가 했던 역할이라는 미묘한 문제에 대해 개략적으

로만 말한다.[9]

시카고대학의 미국 역사가 베르나도트 에벌리 슈미트Bernadotte Everly Schmitt는 1920년대 후반에 7월 위기 당시 중요한 위치에 있던 전직 정치인들을 인터뷰하기 위해 소개장을 갖고서 유럽에 갔다가 자기회의에 완전히 면역된 듯한 그들의 모습에 적잖이 놀랐다. (유일한 예외는 그레이로, 7월 위기 동안 베를린을 통해 빈과 협상하려는 전술적 잘못을 저질렀다고 "자진해서 말했다." 그러나 그가 언급한 오판은 부차적인 문제였으며, 그의 발언에 반영된 것은 진실한 책임 인정이 아니라 영국 고위 관료 특유의 자기비하였다.)[10] 전직 정치인들의 기억에도 문제가 있었다. 슈미트는 전직 러시아 재무장관이었고 당시 런던에서 은행가로 일하던 피터 바르크Peter Bark를 찾아냈다. 1914년에 바르크는 중대한 결정을 내린 회의에 수차례 참석했다. 그럼에도 슈미트를 만났을 때 그는 "그 당시 일이 거의 기억나지 않습니다"라고 주장했다.[11] 다행히 전직 장관의 노트들에는 한결 유용한 정보가 담겨 있었다. 1937년 가을에 연구자 루치아노 마그리니Luciano Magrini는 사라예보 음모와 관련이 있다고 알려진 생존 인물들을 인터뷰하기 위해 베오그라드로 향했다. 목격자 일부는 그들이 알 수 없었던 문제에 대해 증언을 했고, 다른 일부는 "침묵을 지키거나 아는 일에 대해 거짓 진술"을 했으며, 또 다른 일부는 "진술을 꾸미거나 그렇지 않으면 주로 자기정당화에 관심이 있었다."[12]

더욱이 우리의 지식에는 커다란 공백이 있다. 핵심 행위자들은 중요한 의견을 구두로 주고받고는 기록으로 남기지 않았다. 그런 의견은 간접 증거나 후대의 증언을 바탕으로 재구성할 수밖에 없다. 사라예보 암살사건에 연루된 세르비아 조직들은 지극히 은밀하게 활동했고 사실상 문서 흔적을 남기지 않았다. 세르비아 군사정보부 부장으로 사라예보에서 프란츠 페르디난트 대공 암살 음모를 주동한 드라구틴 디미트리예비치Dragutin Dimitrijević는 문서들을 주기적으로 소각했다. 빈과 베를린이 사라예보 암살사건에 대응해 어떻게 할지를 두고 초기에 주고받은 의견의 정확한 내용은 지금도 거의 알 수 없다. 1914년 7월 20일부터 23일까지 상트페테르부르크에서 개최된 프랑스와 러시아의 고위급 회담의 회의록, 즉 7월 위기의 마지막 단계를 이해하는데 중요한 단서가 될 수 있는 문서는 발견되지 않았다(러시아 측 의정서는 단순히 분실되었을 것이다. 《프랑스 외교문서Documents Diplomatiques Français》 편집을 맡은 팀은 프랑스 측 의정서를 발견하지 못했다). 볼셰비키는 강대국들의 제국주의적 모략에 타격을 가하고자 핵심 외교문서집을 여러 차례 발간했지만, 일정한 순서대로 펴낸 것이 아니라 대체로 보스포루스 해협을 노리는 러시아의 속셈과 같은 특정한 쟁점에 초점을 맞추어 불규칙한 간격으로 펴냈다. 러시아 문서 중 일부(정확한 분량은 지금도 모른다)는 내전이 벌어진 혼란한 시기에 운반 중 분실되었으며, 소련은 영국, 프랑스, 독일, 오스트리아의 문서집에 비견할 만한 문서 기록을 체계적으로 편찬한 적이 없다.[13] 러시아가 발간한 기록은 오늘날까지도 완전함과는 거리가 멀다.

유달리 복잡한 구조는 7월 위기의 또 다른 특징이다. 쿠바 미사일 위기도 매우 복잡한 사건이지만 주역은 둘(미국과 소련)뿐이었고, 나머지는 대리인이거나 종속적 행위자였다. 그에 반해 1차 세계대전이 어떻게 일어났는지 이야기하려면 똑같이 중요한 자율적 행위자 5개국(독일, 오스트리아-헝가리, 프랑스, 러시아, 영국), 이탈리아까지 치면 6개국의 다자간 상호작용뿐 아니라, 전략적으로 중요하고 똑같이 자율적이었던 다른 주권적 행위자들, 이를테면 전쟁 발발 이전에 정치적 긴장과 불안정성이 높았던 발칸반도의 국가들과 오스만제국까지 고려해야 한다.

상황을 더 복잡하게 하는 요소는 7월 위기에 휘말린 국가들 내부의 정책수립 과정이 대개 투명함과는 거리가 멀었다는 사실에서 비롯된다. 우리는 1914년 7월을 '국제' 위기로 여길 수 있다. 이 표현은 당구대에서 부딪치는 당구공들처럼 단단하고 자주적이고 서로 별개인 실체로 여겨지는 일군의 민족국가들을 연상시킨다. 그러나 위기 동안 정책을 내놓은 각국의 주권 구조는 심하게 분열되어 있었다. 여러 국가의 집행부 내에서 정책을 수립할 권한이 정확히 어디에 있는지가 불확실했으며(역사가들은 그때부터 줄곧 확실히 알지 못하고 있다), '정책'(또는 적어도 정책을 추진하는 각종 계획)이 꼭 체제의 정점에서 나온 것도 아니었다. 외무조직의 말단으로부터, 군 지휘관으로부터, 각료로부터, 심지어 재량으로 정책을 결정하던 대사大使로부터 나오기도 했다.

요컨대 현존하는 자료들에는 약속, 위협, 계획, 예측이 혼란스럽게 뒤섞여 있다. 이 점은 1차 세계대전 발발에 대해 당혹스러울 정도로 다양한 해석이 제시되어온 이유를 설명해준다. 이 전쟁의 기원에 관한 관점들 가운데 일군의 선별한 자료들로 뒷받침할 수 없는 관점은 사실상 없다. 그리고 이 점은 '1차 세계대전 기원' 문헌이 어떤 역사가

도(설령 필요한 모든 언어를 유창하게 구사하는 가상의 인물일지라도) 혼자서는 생전에 다 읽을 엄두를 내지 못할 만큼 방대해진 이유를 설명해준다(20년 전에 당시 문헌을 헤아려보니 책과 논문이 2만 5000종에 달했다).[14] 문헌 일부는 '썩은 사과' 같았던 한 국가(독일이 제일 자주 꼽히지만 강대국 중에 주된 책임을 벗은 국가는 없다)의 유책성에 초점을 맞추었고, 다른 일부는 공동 책임을 주장하거나 '체제'의 결함을 찾았다. 논쟁이 계속될 만큼 복잡한 문제는 언제나 있었다.

그리고 특정 국가의 유책성이나 개인의 행위능력과 구조적 제약의 관계 같은 문제에 주목한 역사가들의 논쟁 외에 국제관계에 대한 논평도 상당히 많다. 그런 논평에서 중심을 차지하는 것은 억지, 데탕트, 부주의 같은 범주들, 또는 균형 잡기, 흥정하기, 시류에 편승하기처럼 보편화할 수 있는 메커니즘들이다. 이 주제를 둘러싼 논쟁이 전후부터 근 한 세기 동안 이어졌음에도 아직도 끝났다고 단정할 만한 이유는 없다.[15]

논쟁은 오래되었을지라도 이 주제는 지금도 신선하다. 실은 20년이나 30년 전보다 지금이 더 신선하고 더 유의미하다. 현대 세계가 변화하면서 1914년 사태를 보는 우리의 시각도 바뀌었다. 1960~1980년대는 대중이 1914년 사태에 점점 더 매력을 느낀 시기였다. 당시에는 유럽의 '마지막 여름'에 일어난 재앙을 에드워드 시대(에드워드 7세가 재위한 1901년부터 1910년까지—옮긴이)의 시대극으로 상상하기가 쉬웠다. 고루한 의례와 화려한 제복, 여전히 대체로 세습 군주정을 중심으로 조직되던 세계의 '장식주의'를 회고하던 당시 사람들은 1차 세계대전 무렵을 먼 과거로 여겼다. 시대극의 주역들은 다른 세계, 이제는 사라진 세계의 존재처럼 보였다. 사람들은 배우들의 모자에 화려한 녹색 타조 깃털이 달려 있다면 그들의 생각과 동기도 마찬가지일 것이라고 은연중에 가정했다.[16]

그러나 1914년 여름 위기의 경과를 읽는 21세기 독자라면 필시 그 생생한 현대성을 알아차릴 것이다. 이 위기는 자살폭탄 테러단과 자동차 행렬로 시작되었다. 사라예보 폭거의 배후에는 희생과 죽음, 복수를 찬양하는 자칭 테러조직이 있었다. 하지만 이 조직은 뚜렷한 지리적 또는 정치적 소재지가 없는 치외법권 조직이었다. 정치적 경계를 넘어 세포조직 형태로 발칸반도 곳곳에 흩어져 있었고, 자신들의 행위에 책임을 지지 않았으며, 어떤 주권 정부와의 연계도 겉으로 드러나지 않았고 분명 조직 밖에서는 알아채기가 극히 어려웠다. 어떻게 보면 1914년 7월 위기는 1980년대보다 오늘날의 우리에게 더 가깝다고, 더 또렷하게 보인다고 말할 수도 있다. 냉전이 끝난 이래 안정적인 세계 양극 체제가 더 복잡하고 예측 불가능한 여러 세력에 자리를 내주었고, 그 와중에 제국들이 쇠퇴하고 신흥 국가들이 부상했다(이는 1914년 유럽과 비교해보고 싶은 국제 정세다). 이런 시각 변화는 유럽이 전쟁에 이른 이야기를 다시 생각해보도록 자극한다. 이 도전에 응한다는 것은 과거를 현재의 입맛에 맞게 재구성하는 천박한 현재주의를 받아들인다는 뜻이 아니다. 오히려 우리의 바뀐 관점에서 더 분명하게 볼 수 있는 과거의 특징들이 있음을 인정하는 것이다.

그중 하나가 전쟁 개시와 관련한 발칸의 정황이다. 세르비아는 7월 위기에 대한 역사 서술에서 맹점 중 하나다. 사라예보 암살은 단지 개전의 명분으로, 분쟁을 초래한 실제 세력들의 상호작용과 거의 관련이 없는 사건으로 다루어진다. 1914년 전쟁 발발에 대한 근래의 어느 탁월한 서술에서 저자들은 이렇게 단언한다. "〔사라예보〕 살해 자체는 아무것도 야기하지 않았다. 국가들을 전쟁으로 몰고 간 것은 이 사건을 이용한 방식이었다."[17] 1차 세계대전 이야기에서 세르비아의 국면, 따라서 더 넓은 발칸의 국면을 대수롭지 않게 여기는 추세는 7월 위기 당시부터 나타났다. 이 관점에 따르면 7월 위기가 사라예보 암살에 대응해 시작되기는 했으나 사태가 커져 지정학적 단계에 접어든 후로 세르비아와 그 행위는 부차적인 것이 되었다.

우리의 도덕적 잣대도 변해왔다. 세르비아를 중심으로 하는 유고슬라비아가 승전국 중 하나로서 출현했다는 사실은 1914년 6월 28일에 방아쇠를 당긴 사람의 행위가 정당했음을 암묵적으로 입증하는 것처럼 보였다(방아쇠를 당긴 장소를 청동 발자국으로 표시하고 암살자의 '유고슬라비아 자유를 향한 첫걸음'을 명판으로 기린 유고슬라비아 당국은 그렇게 보았던 것이 틀림없다). 민족 관념이 아직까지 유망해 보이던 시대에 사람들은 남슬라브족 민족주의에 직관적으로 공감했고, 합스부르크제국의 육중한 다민족 공화국에 거의 애정을 보이지 않았다. 그렇지만 1990년대 유고슬라비아 전쟁은 발칸 민족주의의 치명성을 일깨웠다. 스레브레니차 학살과 사라예보 포위전 이래 세르비아를 단지 강대국 정치의 희생양으로 생각하기가 더 어려워졌고, 세르비아 민족주의 자체를 하나의 역사적 힘으로 여기기가 더 쉬워졌다. 오늘날 우리는 유럽

연합의 관점에서 마치 조각보 같았던 합스부르크 오스트리아-헝가리 제국을 지난날보다 더 동정적으로 (또는 적어도 덜 경멸적으로) 바라보곤 한다.

마지막으로 오늘날에는 사라예보에서 2명의 목숨을 앗아간 사건을 인과적 중요성이라곤 없는 한낱 불상사로 일축해도 되는지가 덜 분명할 것이다. 2001년 9월 세계무역센터 공격은 하나의 상징적 사건 (더 넓은 역사적 과정들과 얼마나 밀접하게 얽혀 있는 사건이든)이 기존 선택지들을 폐기하고 예기치 못한 새로운 선택지들을 황급히 마련하게 하는 등 정치를 돌이킬 수 없게 바꿀 수 있는 방식을 예증했다. 사라예보와 발칸반도를 이야기의 중심에 다시 자리매김한다고 해서 세르비아인이나 세르비아 정치인을 악마화하는 것은 아니다. 또한 사라예보 총격이 불러올 결과에 각자의 행위와 결정으로 일조한 세르비아 정치인, 장교, 활동가 등에게 작용하고 있던 그들 내부와 외부의 힘들을 이해해야 하는 의무를 면제받는 것도 아니다.

지금까지 기술한 이유로 이 책은 1914년 7월 위기를 현대적 사건으로 이해하고자 한다. 7월 위기는 현대의 가장 복잡한 사건이며, 어쩌면 모든 시대를 통틀어 가장 복잡한 사건일 것이다. 나는 전쟁이 왜 일어났느냐는 물음보다 어떻게 일어났느냐는 물음에 더 주목한다. '왜?'라는 물음과 '어떻게?'라는 물음은 논리적으로 불가분의 관계이지만 우리를 서로 다른 방향으로 이끈다. 어떻게라는 물음은 특정한 결과를 낳은 상호작용의 연쇄를 면밀히 살펴보도록 이끈다. 그에 반해 왜라는 물음은 제국주의, 민족주의, 무장, 동맹, 거액 금융거래, 국가의 명예

관념, 동원의 역학 같은 범주별 원인遠因들을 조사하도록 이끈다. '왜' 접근법은 특정한 분석적 명확성을 가져다주기도 하지만, 실상을 왜곡해 허상을 만들어내기도 한다. 그 허상 안에서는 인과적 압력이 꾸준히 증대하고, 사태를 내리누르는 요인들이 차곡차곡 쌓이고, 정치적 행위자들이 그들의 통제 바깥에 있는 오래된 세력들의 한낱 실행자가 된다.

그에 반해 이 책에서 말하는 이야기는 행위능력으로 가득하다. 핵심 의사결정자들(국왕들, 황제들, 외무장관들, 대사들, 군 사령관들, 이보다 낮은 직급의 수많은 관료들)은 경계를 늦추지 않고 계산을 해가면서 위험을 향해 발걸음을 옮겼다. 전쟁 발발은 정치적 행위자들이 내린 연쇄 결정의 정점이었다. 그들은 어느 정도 자기반성을 할 줄 알았고, 다양한 선택지를 인정했으며, 입수 가능한 최선의 정보를 바탕으로 최선의 판단을 내렸다. 민족주의, 무장, 동맹, 재정은 모두 이야기의 일부였지만, 함께 작용하여 전쟁을 일으킨 결정들에 영향을 미쳤다고 볼 수 있는 경우에만 중요한 요인으로 꼽을 수 있다.

발칸전쟁을 연구하는 한 불가리아 역사가는 근래에 이렇게 말했다. "'왜'라는 물음을 제기하고 나면 유죄 여부가 초점이 된다."[18] 전쟁 발발에서 유죄와 책임 문제는 전쟁이 시작되기 전부터 이 이야기의 일부였다. 관련 자료 기록 전체가 책임 지우기로 가득하다(당시는 상대에게는 언제나 공격적 의도가, 내게는 언제나 방어적 의도가 있다고 말하는 세계였다). '전쟁 책임' 문제는 베르사유조약 제231조의 판결로 인해 계속 쟁점이 되어왔다. 이 문제 역시 어떻게에 초점을 맞추어 다르게 접근할 수 있다. 다시 말해 이런저런 국가나 개인의 죄상 목록을 작성할 필요성에 따라 접근하는 것이 아니라, 전쟁을 초래한 결정들을 밝히고 그런 결정 이면의 이유나 감정을 이해하는 것을 목표로 삼아 사태의 경과를 따라갈 수 있다. 이렇게 한다고 해서 책임 문제를 논의에서 완전히 배제하는 것은 아니다. 이 접근법의 목표는 말하자면 왜라는 물음의 답이 어떻게라는 물음의 답으로부터 자라나게 하는 것이다.

이 책은 전쟁이 어떻게 유럽 대륙에 찾아왔는지 이야기한다. 빈, 베를린, 상트페테르부르크, 파리, 런던, 베오그라드 등 핵심적 결정 중심지들을 포괄하는 다층 서사로 전쟁에 이르는 경로들을 추적하고, 그 밖에 로마와 콘스탄티노플, 소피아도 잠시 둘러본다.

이 책은 3부로 나뉜다. 1부에서는 반목하다가 전쟁에 불을 붙인 세르비아와 오스트리아-헝가리에 초점을 맞추어 사라예보 암살사건 전야까지 두 나라의 상호작용을 따라간다. 2부에서는 서사를 중단하고 4개 장에서 다음 네 가지 질문을 한다. 유럽은 어떻게 적대하는 두 진영으로 양극화되었는가? 유럽 국가들은 외교정책을 어떻게 수립했는가? 발칸반도(유럽에서 권력과 부의 중심지들과는 거리가 먼 주변부 지역)는 어떻게 그토록 엄청난 위기의 무대가 되었는가? 데탕트 시대로 들어서는 듯했던 국제 체제는 어떻게 전면전으로 치달았는가? 3부에서는 사라예보 암살로 시작해 핵심적 결정 중심지들 사이의 상호작용을 검토하고, 위기 고조를 위한 계산과 오해, 결정을 조명하는 등 7월 위기 자체에 관한 서사를 제공한다.

이 책의 중심 주장은 핵심 의사결정자들이 걸어간 길들을 밝혀야만

1914년 7월의 사태를 제대로 이해할 수 있다는 것이다. 이를 위해 전쟁에 앞서 연달아 일어난 국제 '위기들'을 단순히 재론하는 수준을 넘어 그 사건들이 어떻게 경험되었는지, 인식을 구조화하는 서사에 어떻게 엮여 들어갔는지, 어떻게 행위를 추동했는지 이해할 필요가 있다. 유럽을 전쟁으로 이끄는 결정을 내린 사람들은 어째서 그렇게 행동하고, 상황을 그렇게 바라보았을까? 수많은 자료에서 찾아볼 수 있는 개인들의 두려움과 불길한 예감은 흔히 바로 그 개인들에게서 나타나는 오만하고 허풍 떠는 태도와 어떻게 연결되었을까? 알바니아 문제와 '불가리아 차관' 같은 전쟁 이전의 이국적 특징들이 어째서 그토록 중요했고, 또 정치권력을 가지고 있던 사람들에게 어떻게 파악되었을까? 의사결정자들은 국제 정세나 외부 위협을 논할 때 실질적인 무언가를 보고 있었던 걸까, 아니면 그들 자신의 두려움과 욕구를 적에게 투영하고 있었던 걸까? 아니면 둘 다였을까? 나의 목표는 1914년 여름 이전과 여름 동안 핵심 행위자들이 차지하고 있던 매우 역동적인 '결정하는 위치들'을 최대한 생생하게 재구성하는 것이다.

이 주제에 관한 근래의 가장 흥미로운 저술 중 일부는 1차 세계대전이 적어도 실제로 일어나기 전까지는 불가피한 전쟁이기는커녕 오히려 '일어날 것 같지 않은' 전쟁이었다고 주장한다.[19] 이 관점에서 보면 1차 세계대전은 국제 체제의 장기적 악화가 아니라 단기적 충격이라는 결론이 나올 것이다. 우리가 받아들이든 말든 이 견해에는 1차 세계대전 발발 원인을 우발성에 어느 정도 열어둔다는 장점이 있다. 그리고 이 책에서 검토하는 사태 중 일부는 명백히 1914년에 실제로 일어난 결과의 방향을 가리키는 것으로 보이지만, 끝내 실현되지 않은 결과를 내포하는 전전戰前 변화의 다른 방향들도 분명히 있었다. 이 점을 염두에 두면서 인과관계의 조각들이 어떻게 조립되어 전쟁 발발을 가능하게 했는지 보여주고자 한다. 다만 지나친 결정론은 피하려 했다. 나는 이 책에서 묘사하는 사람들, 사건들, 힘들이 실제와 다른, 어쩌면 덜 끔찍한 미래의 씨앗을 품고 있었다는 사실을 늘 의식하려 애썼다.

1부 —— 사라예보로 가는 길들

세르비아의 유령들

베오그라드 암살사건

1903년 6월 11일 새벽 2시 정각 직후 세르비아 육군 장교 28명이 베오그라드 왕궁• 정문으로 접근했다. 한 차례 총격이 오간 뒤 왕궁 앞에서 보초를 서던 병사들이 체포되어 무장해제를 당했다. 경비대장에게서 열쇠 꾸러미를 빼앗은 음모단은 응접실에 침입해 서둘러 계단을 오르고 복도를 달렸다. 왕의 처소를 찾은 음모단은 빗장이 걸린 무거운 오크 문짝 한 쌍을 다이너마이트를 터뜨려 열어젖혔다. 강력한 폭발력에 두 짝 모두 경첩에서 떨어져 안쪽 곁방을 가로질러 날아갔고, 그 바람에 문 뒤에 있던 국왕의 부관이 죽었다. 폭발과 함께 전기가 끊겨 왕궁은 암흑 속에 잠겼다. 침입자들은 동요하지 않고 근처 방에서

• 옛 왕궁은 오늘날 드라고슬라바 요바노비차 거리에 있는 베오그라드 시의회 건물로 쓰이고 있다.

초를 몇 개 찾아 왕의 처소로 들어갔다. 그들이 침실에 도착했을 때 알렉산다르 오브레노비치Alexandar Obrenović 왕과 드라가Draga 왕비는 보이지 않았다. 하지만 침대 옆 탁자에 왕비가 읽던 프랑스어 소설책이 펼쳐진 채로 엎어져 있었다. 누군가 시트를 만져보니 아직 온기가 느껴졌다. 방금 떠난 듯했다. 침실에서 허탕을 친 침입자들은 초와 권총을 들고서 왕궁을 이 잡듯이 샅샅이 뒤졌다.

장교들이 이 방 저 방을 활보하며 수납장, 태피스트리, 소파 등 국왕 부부가 숨어 있을 만한 곳에 총을 쏘는 동안, 알렉산다르 왕과 드라가 왕비는 침실에 인접한 작은 부속건물의 계단을 헐레벌떡 올라갔다. 시녀들이 평소 왕비의 옷을 다리거나 수선하는 곳이었다. 수색은 거의 두 시간 동안 이어졌다. 이 막간을 이용해 국왕은 최대한 조용히 바지와 붉은 비단 셔츠를 입었다. 벌거벗은 채로 적들에게 발각되고 싶지는 않았다. 왕비는 페티코트, 흰 비단 코르셋, 노란 스타킹 한 짝으로 겨우 몸을 가렸다.

베오그라드 곳곳에서 다른 희생자들도 발각되어 살해되었다. 암살자들은 세르비아 왕위를 노린다는 소문이 파다했던 왕비의 두 남동생을 누이의 베오그라드 저택에서 나오도록 유도한 다음 "왕궁 근처 위병소로 데려가 욕보이고 잔혹하게 찔렀다."[1] 그들은 또 디미트리예 친차르-마르코비치Cincar-Marković 수상과 밀로반 파블로비치 육군장관의 아파트에 침입했다. 둘 다 살해되었고, 목재 장롱에 숨어 있던 파블로비치는 총알 스물다섯 발을 맞았다. 벨리미르 테오도로비치 내무장관은 총에 맞았으나 암살자들이 그가 죽은 줄로 착각하고 떠난 덕에 홋

날 상처를 회복했다. 나머지 각료들은 체포되었다.

한편 왕궁에서는 왕의 충직한 제1부관 라자르 페트로비치가 총격전을 벌인 끝에 붙잡혀 무장해제를 당한 채 끌려다니고 있었다. 캄캄해진 복도에서 문을 지날 때마다 암살자들은 그에게 소리쳐 왕을 부르도록 강요했다. 재차 수색하기 위해 왕의 침실로 돌아온 음모단은 마침내 휘장 뒤편의 숨겨진 입구를 발견했다. 암살자 한 명이 도끼로 판자를 부수자고 제안하자 페트로비치는 다 끝났다고 보고서 국왕에게 이제 나오시라 말하겠다고 했다. 판자 뒤에서 국왕이 누구냐고 묻자 부관이 답했다. "접니다, 전하. 전하의 장교들에게 문을 열어주소서!" 국왕은 "나의 장교들의 맹세를 짐이 믿어도 되겠는가?" 하고 물었다. 음모단은 그렇다고 답했다. 일설에 따르면 안경을 쓰고 상황에 어울리지 않게 붉은 비단 셔츠를 입은 무기력한 국왕이 왕비를 부둥켜안고 나타났다고 한다. 부부는 직사 거리에서 내갈기는 총탄 세례를 받으며 쓰러졌다. 주군을 지키기 위한 최후의 수단으로 숨겨두었던 권총을 헛되이 꺼내든(또는 훗날의 주장에 따르면 그랬다고 하는) 페트로비치 역시 살해되었다. 불필요한 광란의 폭력이 뒤따랐다.

이 일로 트라우마를 입은 이탈리아인 이발사의 후일 증언에 따르면, 암살자들은 시체들을 칼로 찌르고 총검으로 찢고 도끼로 내장 일부를 꺼내 조각내는 등 알아보지 못할 정도로 훼손했다. 이발사는 그들의 지시대로 시체들을 수습하고 매장하기 위해 옷을 입혔다. 그들은 피가 엉겨 붙어 끈적끈적한 왕비의 시체를 침실 창문의 난간으로 끌어올려 사실상 나체 상태로 아래쪽 정원으로 내던졌다. 그들이 알렉산

오브레노비치 암살, 《르프티 주르날》, 1903년 6월 28일

다르의 시체도 똑같이 던지려는데 그의 한쪽 손이 일순간 난간을 움켜쥐었다고 한다. 한 장교가 그 주먹을 군도로 단칼에 자르자 시체가 바닥에 쿵 하고 떨어지고 손가락 몇 개가 후드득 흩뿌려졌다. 암살자들이 왕궁 정원에 모여 담배를 피우며 자기네 소행의 결과를 확인할 즈음 비가 내리기 시작했다.[2]

1903년 6월 11일 국왕 시해는 세르비아 정치사에서 새 출발을 알리는 사건이었다. 세르비아가 근대적 독립국으로 존속한 짧은 기간을 대부분 통치한 오브레노비치 왕가는 이제 없었다. 암살 몇 시간 만에 음모단은 오브레노비치 가계의 단절과 당시 스위스에서 망명생활 중이던 페타르 카라조르제비치Petar Karadjordjević의 왕위계승을 선언했다.

오브레노비치 왕가는 왜 그토록 잔혹한 심판을 받았을까? 세르비아에서 군주정은 제도로서 안착하지 못했다. 그 이유 중 하나는 경쟁하는 두 왕가가 공존한다는 데 있었다. 세르비아의 큰 씨족인 오브레노비치와 카라조르제비치는 오스만의 통제로부터 벗어나려는 투쟁에서 두각을 나타냈다. 카라조르제비치 가계의 시조는 가무잡잡한 전직 소치기 '검은 조르제'(세르비아어로 '카라조르제Kara Djordje') 페트로비치Petrović였다. 그는 1804년 민중봉기를 이끌어 세르비아에서 오스만을 몰아내는 데 성공했으나 1813년 오스만이 반격에 나서자 오스트리아로 피신해야 했다. 2년 뒤 밀로시 오브레노비치Miloš Obrenović가 이끄는 두 번째 민중봉기가 일어났다. 유연한 정치적 수완가인 밀로시는 오스만 당국과 협상해 세르비아의 공국 지위를 인정받는 데 성공했다. 망명지에서 귀국한 카라조르제비치는 오스만의 묵인 아래 오브레노비치의 명에 따라 암살되었다. 주요 정적을 제거한 오브레노비치는 오스만으로부터 세르비아 공(크네즈) 칭호를 받았다. 오브레노비치 씨족의 일원들은 세르비아가 오스만제국 내에서 공국으로 존속한 기간(1817~1878)의 대부분 동안 이 나라를 통치했다.

경쟁하는 두 왕가, 오스만제국과 오스트리아제국 사이에 노출된 위치, 소규모 자작농들이 지배하는 유달리 무례한 정치문화, 이 요인들이 함께 작용한 탓에 세르비아 군주정에서는 정쟁이 끊이지 않았다. 19세기 세르비아 통치자들 가운데 재위 중에 자연사한 이는 놀랄 만큼 적다. 세르비아공국을 창건한 밀로시 오브레노비치 공은 무자비한 전제군주였고, 그의 재위 기간 동안 반란이 빈발했다. 1839년 여름 밀로시는 장남 밀란에게 군주직을 물려주고 퇴위했다. 그러나 홍역을 심하게 앓고 있던 밀란은 자신이 군주가 된 지도 모른 채 13일 만에 죽었다. 밀로시의 차남 미하일로의 치세는 1842년 반란으로 때 이르게 중단되었고, 카라조르제비치(다름 아닌 '검은 조르제'의 아들 알렉산다르)가 새로 즉위했다. 하지만 알렉산다르 역시 1858년에 퇴위당했고, 1860년에 귀국한 미하일로가 다시 즉위했다. 미하일로의 두 번째 재위기는 첫 번째 재위기보다도 인기가 없었다. 8년 뒤 카라조르제비치 씨족의 지원을 받았을지도 모르는 음모자들이 미하일로와 그의 친척 연인을 암살했다.

미하일로의 후임인 밀란 오브레노비치의 오랜 재위기(1868~1889)에는 정치적 연속성이 어느 정도 유지되었다. 1878년 베를린 회의에서 세르비아가 독립국 지위를 인정받은 지 4년 뒤인 1882년에 밀란은 세르비아를 왕국으로 선포하고 왕이 되었다. 그러나 정치적 격변은 여전히 문제였다. 1883년 세르비아 북동부에서 농민 민병대의 화기를 압수하려던 정부의 조치는 심각한 지방 봉기였던 티모크 반란을 촉발했다. 이에 대응해 밀란은 반란자들에게 잔혹하게 앙갚음하고, 소요를 조장한 혐의를 받는 베오그라드 정계의 고위 인사들을 마녀사냥했다.

세르비아의 정치문화는 1880년대 초에 근대적 유형의 정당과 함께 신문, 정당집회, 선거공약, 선거운동 전략, 지역 위원회 등이 출현함으로써 크게 바뀌었다. 공적 생활에 등장한 이 새롭고 만만찮은 힘에 국왕은 전제적 조치로 대응했다. 1883년 선거 결과 세르비아 의회(스큽슈티나)에서 적대파가 다수를 점하자 국왕은 제1당인 급진당의 인사들을 정부 직책에 임명하기를 거부하고 관료들로 내각을 구성했다. 스쿱슈티나는 칙령에 따라 개회되었다가 10분 후에 다시 칙령에 따라 폐회되었다. 1885년 불가리아와 재앙 같은 전쟁(국왕이 각료와 의회 어느 쪽과도 상의하지 않은 채 결정한 전쟁)을 치르고 나탈리야 왕비와 험악하고 망신스럽게 이혼하면서 밀란의 입지는 더욱 약해졌다. 1889년 밀란이 (다른 무엇보다 자기 개인비서의 젊고 아름다운 아내와 결혼하기를 기대하며) 물러났을 때, 그의 퇴위는 이미 한참 전에 했어야 하는 일처럼 보였다.

밀란의 아들 알렉산다르 왕세자의 미성년기 동안 세르비아 국정을 돌보기 위해 실시한 섭정은 4년간 이어졌다. 1893년 알렉산다르는 겨우 열여섯 살에 기이한 쿠데타를 일으켜 섭정을 전복했다. 각료들은 만찬에 초대되어 건배를 하던 중 그들 모두 체포되었다는 정중한 통보를 받았다. 젊은 왕은 자신이 '국왕의 전권'을 가질 것이라고 선언했다. 내각의 핵심 건물들과 전신 행정은 이미 군부가 장악하고 있었다.[3] 이튿날 잠에서 깬 베오그라드 시민들은 온 도시가 알렉산다르가 권력을 잡았음을 알리는 포스터로 도배된 것을 발견했다.

그런데 실은 선왕 밀란이 막후에서 여전히 사태를 조종하고 있었다. 섭정을 계획한 사람도 밀란이었고, 아들을 대신해 쿠데타를 공작한 사람도 밀란이었다. 당대 유럽에서 비슷한 사례를 찾기 어려운 이 괴이한 가족 묘책을 통해 퇴위한 아버지가 아들 국왕의 수석고문 역할을 했다. 1897~1900년 이 권력 구도는 '밀란-알렉산다르 이두정치'

로 공식화되었다. '부왕 밀란'은 세르비아군 최고사령관에 임명되어 이 직책을 맡은 최초의 민간인이 되었다.

알렉산다르의 치세 동안 오브레노비치 왕가의 역사는 마지막 국면에 접어들었다. 아버지의 측면 지원을 받은 알렉산다르는 새로 출범하는 정권에 으레 쏟아지는 희망찬 기대를 곧바로 저버렸다. 그는 비교적 자유주의적인 세르비아 헌법의 조항들을 무시하고 일종의 신절대주의 통치를 강요했다. 비밀투표가 폐지되었고, 언론 자유가 사라졌으며, 신문들이 폐간되었다. 국왕에게 항의한 급진당 지도부는 권력 행사에서 배제되었다. 알렉산다르는 변변찮은 독재자의 방식으로 헌법을 폐지하고 강요하고 정지시켰다. 그는 사법부의 독립을 조금도 존중하지 않았고, 고위 정치인들을 죽일 음모를 꾸미기까지 했다. 국왕과 부왕 밀란이 쌍으로 국가권력을 마구 휘둘러대는 모습(밀란과 이혼한 후에도 막후에서 영향력을 행사했던 국왕의 어머니 나탈리야는 말할 것도 없고)에 왕가의 입지는 심대한 타격을 받았다.

무명 엔니지어의 평판 나쁜 과부와 결혼하겠다는 알렉산다르의 결정은 상황을 개선하는 데 전혀 도움이 되지 않았다. 알렉산다르는 1897년에 나탈리야의 시녀였던 드라가 마신Draga Mašin을 만났다. 그녀는 국왕보다 열 살 연상이었고, 베오그라드 사교계에서 인기가 없었으며, 불임이라는 소문이 파다했고, 숱한 남성과 염문을 뿌리고 다녔다. 각료들은 국왕 자문위원회의 열띤 회의 중에 마신과 결혼하겠다는 국왕을 만류하려 했으나 소용없었다. 그러던 중 내무장관 조르제 겐치치Djordje Genčić가 강력한 이유를 떠올렸다. "전하, 전하께서는 그녀

알렉산다르 국왕과 드라가 왕비, 1900년경

와 결혼하실 수 없습니다. 그녀는 모두의 정부였습니다. 거기에는 저도 포함됩니다." 내무장관은 솔직함에 대한 보답으로 따귀를 세게 얻어맞았다(후일 그는 국왕 시해 음모에 가담했다).[4] 다른 고위 관료들도 비슷한 봉변을 당했다.[5] 꽤나 격앙된 내각회의에서 수상대행은 결혼식 거행을 막기 위해 국왕을 궁에 연금하거나 강제로 국외로 내쫓는 방안까지 제안했다.[6] 정계에서 결혼 반대가 얼마나 심했던지 국왕은 한동안 고위직에 임명할 적합한 후보를 구할 수 없었다. 알렉산다르와 드라가가 약혼했다는 소식 하나만으로도 내각 총사퇴를 촉발하기에 충분했으며, 국왕은 임시변통으로 거의 무명인 인물들을 절충해 '결혼 내각'을 꾸려야 했다.

결혼을 둘러싼 논란으로 현왕과 선왕의 관계도 틀어졌다. 밀란은 드라가를 며느리로 맞아야 하는 전망에 격노하여 군 최고사령관 직책을 사임했다. 1900년 6월 아들에게 쓴 편지에서 그는 알렉산다르가 "세르비아를 구렁텅이로 밀어넣고" 있다고 단언하고 노골적인 경고로 편지를 끝맺었다. "네가 그런 바보짓을 저지른다면, 나는 너를 나라 밖으로 내쫓는 정부에 제일 먼저 갈채를 보낼 테다."[7] 그럼에도 알렉산다르는 자기 계획을 밀고나갔고(드라가와 1900년 6월 23일 베오그라드에서 혼인했다), 아버지가 사임해서 생긴 기회를 이용해 장교단에 대한 통제를 강화했다. 아버지의 친구들(그리고 드라가의 적들)은 군대와 정부의 고위직에서 숙청되었다. 부왕은 끊임없이 감시를 당하다가 세르비아를 떠나라는 권유를 받았고, 그 뒤로 귀국을 금지당했다. 오스트리아에 정착했던 밀란이 1901년 1월에 죽었을 때 국왕 내외는 모종의 안도감을 느꼈다.

1900년 말에 알렉산다르가 잠시 인기를 회복한 적이 있다. 왕궁 측에서 왕비의 임신을 발표하자 동정 여론이 일었던 것이다. 그러나 1901년 4월 드라가의 임신 소식이 여론을 달래기 위한 술책이었음이 드러나자 격한 분노가 일었다('가짜 아기'를 세르비아 왕위의 계승자로 세우려던 계획이 무산되었다는 소문이 수도에 쫙 퍼졌다). 이런 불길한 징조들을 무시한 채 알렉산다르는 호화로운 공개 행사로 왕비의 생일을 축하하고 연대聯隊와 학교에, 심지어 마을에까지 드라가의 이름을 붙이는 등 왕비를 예찬하는 선전을 개시했다. 그와 동시에 헌법도 더욱 대담하게 조작했다. 1903년 3월의 유명한 사건에서 국왕은 한밤중에 세르비아 헌법의 효력을 정지시키고 억압적인 새 언론법과 결사법을 서둘러 법문화한 다음 45분 만에 다시 효력을 부활시켰다.

1903년 봄에 세르비아 사회 대부분은 알렉산다르와 드라가에 맞서 결속해 있었다. 1901년 7월 선거에서 스쿱슈티나 의석의 절대다수를 차지했던 급진당은 국왕의 전제적인 조작에 분개했다. 유력한 상업과 은행업 가문들(특히 가축과 식료품 수출에 관여하던 가문들) 중에는 오브레노비치의 친오스트리아 외교정책으로 인해 세르비아 경제가 오스트리아의 독점에서 벗어나지 못하고 세르비아 자본가들이 세계 시장에 접근할 기회를 박탈당한다고 생각하는 이들이 많았다.[8] 1903년 4월 6일, 국왕의 헌법 조작을 규탄하는 베오그라드 시위를 경찰과 헌병이 무자비하게 해산시키다가 18명이 죽고 50여 명이 다쳤다.[9] 대부분 며칠 후에 풀려나긴 했지만, 장교 여러 명을 포함해 100명 이상이 체포되고 투옥되었다.

점점 깊어지는 반反국왕 감정의 진원지는 세르비아군이었다. 20세기 전환기에 군대는 세르비아 사회에서 가장 역동적인 기관 중 하나였다. 여전히 대체로 농촌 색이 짙고 기대만큼 굴러가지 않는, 신분 상승의 기회를 제공하는 직업을 구하기 어려운 경제 상황에서 장교 임관은 지위와 영향력을 얻을 수 있는 특권적 경로였다. 장교직의 유망함은 군대에 재정 지원을 아끼지 않았던 밀란 국왕 덕분에 더욱 공고해졌다. 밀란은 이미 변변찮은 수준이었던 고등교육에 대한 국가 지출을 삭감하면서도 장교단을 확대했다. 그러나 군의 호시절은 1900년 부왕이 퇴위한 뒤 갑작스레 끝났다. 알렉산다르는 군 예산을 도로 줄이고, 장교 급료가 몇 달씩 늦게 지급되는 상황을 용인하고, 궁정 편애 정책을 펴서 국왕과 왕비의 친구나 친척이 동료를 제치고 요직에 먼저 오르게 했다. 생물학적 후계자를 보는 데 실패한 국왕이 드라가 왕비의 남동생 니코디에 루네비차Nikodije Lunjevica를 세르비아 왕위계승자로 지명할 것이라는 믿음(공식적으로 부인하긴 했지만)이 널리 퍼지면서 장교들의 분노는 더욱 끓어올랐다.[10]

1901년 여름 동안 세르비아군의 유능한 중위를 중심으로 군사 음모가 구체화되었다. 그 중위는 장차 1914년 사태에서 중요한 역할을 할 터였다. 건장한 체격이 고대 이집트의 어깨 넓은 황소신을 떠올리게 한다는 이유로 훗날 찬양자들에게 '아피스Apis'라고 불린 드라구틴 디미트리예비치는 세르비아군 사관학교를 졸업하자마자 참모본부의 한 직책에 임명되었다. 이는 그가 상관들에게 아주 높은 평가를 받았다는 확실한 증거다. 디미트리예비치는 정치적 음모의 세계를 위해 태어난 사람이었다. 비밀을 강박적으로 엄수했고, 군사적 · 정치적 업무에 극도로 전념했으며, 자신의 방식을 무자비하게 실행했고, 위기의 순간에 얼음처럼 침착했다. 아피스는 대규모 민중운동을 장악할 수 있는 인물은 아니었다. 하지만 작은 집단과 사조직 안에서는 추종자들을 얻어 훈련시키고, 그들에게 자신이 중요한 인물이라는 인식을 심어주고, 의심을 잠재우고, 극단적인 행동의 동기를 부여할 능력을 충분히 가지고 있었다.[11] 어느 공모자는 그를 이렇게 묘사했다. "처분에 따를 수밖에 없게 하는 비밀스러운 힘. 하지만 나의 이성은 그렇게 해야 할 이유를 전혀 내놓지 못한다." 또 다른 국왕 시해자는 아피스가 영향력을 발휘한 이유를 골똘히 생각했다. 그의 지성도, 유창한 언변도, 이념의 힘도 충분한 이유가 되지 못했다. "그럼에도 그는 우리 중에서 오로지 자신의 존재감만으로 나의 생각을 자기 의중대로 돌려놓을 수 있고, 지극히 평범한 몇 마디 말로 나를 자기 의지의 고분고분한 실행자로 만들 수 있는 유일한 사람이었다."[12] 디미트리예비치가 이런 재능을 발휘한 환경은 단연코 남성적이었다. 그의 성인기에 여성은 미미한 존재였다. 그는 여성에게 어떠한 성적 관심도 보인 적이 없었다. 그의 본성적 서식지이자 모든 음모를 모의한 장소는 담배 연기로 자욱한 사내들만의 세계인 베오그라드의 커피하우스였다. 사적인 동시에 공적인 공간인 이곳에서는 대화하는 모습을 볼 수는 있어도 말소리를 꼭 들을 수 있는 것은 아니었다. 남아 있는 가장 유명한 사진에서 콧수염을 기른 이 건장한 음모자는 2명의 동료와 함께 특유의 모의하는 자세를 취하고 있다.

디미트리예비치는 원래 9월 11일(왕비의 생일)에 베오그라드 중심가에서 열리는 무도회에서 국왕 부부를 살해할 계획이었다. 이언 플레밍(007 시리즈의 작가—옮긴이)의 소설에서 훔친 듯한 계획에 따르면 장교 2명이 베오그라드에 전기를 공급하는 도나우 발전소를 공격하고, 그동안 다른 한 명이 무도회가 열리는 건물에 전기를 공급하는 작은 시설을 파괴할 예정이었다. 조명이 꺼지면 무도회에 참석한 암살자 4명이 커튼에 불을 붙이고 화재경보기를 울린 뒤 독약을 먹여 왕과 왕비를 해치울 계획이었다(이 방법을 선택한 이유는 혹시 화기火器를 수색하더라도 빠져나가기 위해서였다). 이 계획은 고양이를 대상으로 한 독약 시험만 성공했을 뿐 나머지는 모두 실패했다. 발전소의 경비가 너무 삼엄했고 결정적으로 왕비가 무도회에 참석하지 않겠다고 했다.[13]

몇 차례의 실패에도 굴하지 않은 음모단은 다음 2년 동안 쿠데타 세력을 확장하는 데 공을 들였다. 장교를 100명 넘게 새로 끌어들였는데, 그중 다수는 기존 장교들보다 젊은 축이었다. 1901년 말에는 민간 정치 지도자들과도 접촉했다. 그중에는 국왕의 결혼을 솔직하게 반대하다가 따귀를 맞았던 전직 내무장관 조르제 겐치치도 있었다. 1902년 가을, 음모를 위한 비밀 맹세문이 작성되었다. 디미트리예비치 아피스가 작성한 맹세문은 거사의 목표를 가슴이 후련할 만큼 단도직입적으로 밝혔다. "국가의 확실한 붕괴를 예상하고 (……) 이렇게 된 주된 책임을 국왕과 그의 정부 드라가 마신에게 지우면서, 우리는 그들을 처단할 것을 맹세하고 그 결과를 위해 우리의 서명을 붙인다."[14]

음모단이 120~150명에 달한 1903년 봄이면 국왕 부부를 왕궁 안에서 살해하려는 계획이 무르익은 상태였다. 그렇지만 계획을 실행하려면 대대적인 준비가 필요했다. 충분한 이유가 있는 피해망상에 시달리던 국왕 부부가 보안을 강화했기 때문이다. 국왕은 수행원 무리를 대동하지 않고는 시내로 행차하지 않았고, 드라가는 공격이 두려워 6주 동안 왕궁에 틀어박혀 지내기까지 했다. 왕궁 안팎의 경비대는 두 배로 증원되었다. 런던 신문 《타임스》가 1903년 4월 27일자에서 "국왕도 정부도 감히 진압 조치를 취하지 못할 정도로 심각한 군사 음모가 존재한다"는 취지로 베오그라드 '비밀' 정보원의 말을 인용했을 만큼, 쿠데타가 임박했다는 소문이 파다했다.[15]

암살단은 왕궁 경비대 장교들과 국왕의 시종무관을 포함해 핵심 내부자들을 새로 포섭함으로써 여러 겹의 경비망을 뚫고 왕의 처소로 접근하는 방도를 마련했다. 공격 날짜는 겨우 3일 전에 정해졌는데, 거사 당일에는 모든 핵심 공모자가 준비를 마치고 각자의 직책에서 근무할 예정이었다. 경찰이나 여전히 국왕에게 충성하는 연대의 개입을 차단하기 위해 거사는 최대한 빠르게 해치운 뒤 즉시 발표하기로 합의했다.[16] 암살을 마치자마자 거사가 성공했음을 발표한다는 계획은 국왕 부부의 시체를 침실 발코니에서 내던진 이유 중 하나였을 것이다. 아피스는 왕궁에 침입한 살해단의 일원이었지만 드라마의 결말을 보지 못했다. 왕궁 정문 안쪽에서 경비대와 총격전을 벌이다가 중상을 입었기 때문이다. 바로 의식을 잃고 쓰러진 그는 출혈이 심해 하마터면 죽을 뻔했다.

'무책임한 분자들'

"도심은 조용하고 사람들은 대체로 동요하지 않는 것으로 보임." 베오그라드 주재 영국 공사 조지 보넘George Bonham 경은 6월 11일 저녁 런던으로 보내는 간결한 전보에 이렇게 적었다.[17] 보넘은 세르비아 "혁명"에 수도 주민들이 "만족감을 드러내며 환호"했으며, 살해 이튿날을 "휴일로 삼았고 거리가 깃발로 장식되었다"라고 보고했다. "점잖은 애도는 전무"했다.[18] 빈에 주재하는 보넘의 외교관 동료 프랜시스 플런킷Francis Plunkett 경은 세르비아 비극의 "가장 뚜렷한 특징"은 "그토록 흉악한 범죄의 실행을 유달리 차분하게 받아들였다는 것"이라고 단언했다.[19]

적대적인 관찰자들은 이 침착한 분위기에서 폭력과 국왕 시해의 오랜 전통에 이골이 난 민족의 비정함을 보았다. 진실은 베오그라드 시민들에게 암살을 환영할 만한 이유가 있었다는 것이다. 공모자들은 권력을 초당적인 임시정부에 즉시 넘겼다. 신속히 소집된 의회는 스위스에서 망명생활 중이던 페타르 카라조르제비치를 불러들여 국왕으로 선출했다. 단연코 민주적인 1888년 헌법—이제 1903년 헌법으로 이름을 바꾼—이 소소한 수정을 거쳐 다시 발효되었다. 세르비아 두 왕가의 경쟁이라는 해묵은 문제가 갑자기 옛일이 되었다. 그때까지 프랑스와 스위스에서 대부분 생활해온 카라조르제비치가 존 스튜어트 밀 열광자라는 사실(젊은 시절 밀의 《자유론》을 세르비아어로 번역하기까지 했다)은 자유주의적 본능을 가진 이들에게 고무적인 소식이었다.

더욱 고무적인 소식은 페타르가 귀국 직후 국민들에게 자신이 "진정으로 입헌적인 세르비아 국왕"[20]으로서 재위하겠노라 천명한 것이다. 세르비아왕국은 이제 진정한 의회제 정치체, 즉 군주가 존재하되 통치하지 않는 정치체가 되었다. 쿠데타 중에 억압적인 수상 친차르-마르코비치(알렉산다르의 총신)를 살해한 것은 이제부터 정치권력이 국왕의 선의가 아니라 대중의 지지와 정당 네트워크에 의존할 것이라는 확실한 신호였다. 정당은 보복을 두려워하지 않고 일할 수 있게 되었다. 언론은 오브레노비치 가문 치하에서 규범이었던 검열에서 마침내 벗어났다. 정치권은 대중의 요구에 더 부응하고 여론에 더 호응할 것으로 전망되었다. 세르비아는 정치적 실존 면에서 새 시대의 문턱에 있었다.[21]

그러나 1903년 쿠데타로 해묵은 문제들이 해소되기도 했지만, 장차 1914년 사태를 무겁게 내리누를 새로운 문제들이 생겨나기도 했다. 무엇보다 왕가 살해를 위해 결성된 음모단 네트워크가 차츰 와해되기는커녕 세르비아 정치와 공적 생활에서 중요한 세력으로 남았다. 암살 이튿날 구성된 임시혁명정부에는 음모자 4명(육군부 장관, 국토부 장관, 경제부 장관 등)과 정치인 6명이 포함되었다. 부상에서 회복 중이던 아피스는 의회로부터 공식적으로 감사를 받고 국민영웅이 되었다. 새 정권이 음모단의 유혈사태에 기대어 존속한다는 사실은 음모단 네트워크가 여전히 할 수 있는 일에 대한 두려움과 맞물려 공개 비판을 어렵게 만들었다. 새 정부의 한 장관은 거사 열흘 뒤에 신문 통신원에게 암살자들의 소행이 "개탄스럽다"고 생각하지만 "국왕과 정부 모두 군대의 지원에 의존하는 상황에서 그런 표현이 군대를 자극할 수 있기 때문에 그들의 소행을 공개적으로 비판할 수 없습니다"라고 털어놓았다.[22]

국왕 시해 조직은 특히 궁정에서 영향력을 행사했다. 영국 사절 윌프레드 세시저Wilfred Thesiger는 1905년 11월 베오그라드에서 음모단 장교들이 "국왕의 가장 중요하고 심지어 유일한 지지층"이었고 그들이 제거될 경우 국왕은 "어떤 정당의 헌신에도, 심지어 우정에도 의지할 수 없는" 신세가 될 것이라고 보고했다.[23] 따라서 1905년 겨울 페타르 국왕이 아들 조르제 왕세자의 유럽 횡단 여행에 동행할 사람으로 다름 아닌 아피스를 선택한 것은 그리 놀라운 일이 아니었다. 오랜 요양 끝에 막 회복한 아피스의 몸에는 아직도 총알 세 개가 박혀 있었다. 요컨대 국왕 시해 계획의 수석 설계자가 차기 카라조르제비치 국왕을 왕자 교육이 끝날 때까지 지켜보는 임무를 맡게 되었다. 어쨌거나 조르제는 결국 왕이 되지 못했다. 1909년에 시종을 발로 차서 죽이는 바람에 왕위계승권을 박탈당했던 것이다.[24]

이런 이유로 베오그라드 주재 오스트리아 공사는 거의 과장 없이 세르비아 국왕이 의회에서 선출된 후에도 그를 권좌에 앉힌 자들의 "포로"를 연상시킨다고 보고했다.[25] 오스트리아 외무부의 한 고위 관료는 1903년 11월 말에 이렇게 결론 내렸다. "국왕은 있으나 마나입니다. 6월 11일의 사람들이 모든 것을 좌지우지합니다."[26] 음모단은 이 영향력을 행사해 군대와 정부에서 가장 탐나는 요직들을 차지했다. 새로 임명된 국왕의 부관들은 모두 음모자였고, 병기 장교들과 육군부 내 우편부장도 마찬가지였다. 음모단은 상급 사령관직을 포함한 군 직책에도 입김을 넣을 수 있었다. 또 군주에 접근할 수 있는 특권을 이용해 국가적으로 중요한 정치적 문제에도 영향력을 행사했다.[27]

국왕을 살해한 공작이 전혀 문제가 되지 않았던 것은 아니다. 새 정부는 음모단 네트워크와 거리를 두라는 외부의 압력, 특히 영국의 압력을 받았다. 영국은 전권공사를 철수시키고 공사관을 대리공사 세시저에게 일임했다. 1905년 가을까지도 유럽 열강의 대표들은 베오그라드에서 중요한 여러 행사, 특히 궁중 행사에 참석하기를 거부했다. 군대 내에서도 요새도시 니시를 중심으로 밀란 노바코비치Milan Novaković 대위가 주도하는 군사적 '역음모'가 출현했다. 노바코비치는 주요 국왕 시해자 68명을 현직에서 해임할 것을 요청하는 성명서를 작성했다. 곧바로 체포된 그는 자신의 행위를 기개 있게 변호했다. 그와 그의 동료들은 군사법원에서 유죄판결을 받았고 제각기 다른 금고형을 선고받았다. 2년 뒤에 출소한 노바코비치는 시해자들을 재차 공격해 다시 투옥되었다. 1907년 9월 그와 그의 남자 친척은 탈옥을 시도하다 납득하기 힘든 상황에서 비명횡사했다고 한다. 이 스캔들은 의회와 자유주의 언론의 분노를 자극했다.[28] 이처럼 1903년 암살 이후 군대와 민간 당국의 밀착은 해결되지 않은 채로 남아 있다가 세르비아가 1914년 사태에 대처하는 방식에 영향을 주었다.

이 까다로운 권력 구도를 다루는 책임을 제일 많이 짊어진 사람은 급진당 지도자 니콜라 파시치Nikola Pašić였다. 스위스 취리히에서 공학을 전공한 파시치는 국왕 시해 이후 세르비아왕국의 유력 정치인이었다. 1904년부터 1918년까지 그는 총 9년간 10개 내각의 수장을 지냈다. 1914년 사라예보 암살 이전과 당시와 이후에 세르비아 정치의 정점에 있었던 파시치는 1차 세계대전 발발에 앞선 위기 국면에서 핵심 행위자 중 한 명이 될 터였다.

이것은 분명 유럽 근대사를 통틀어 가장 비범한 정치적 경력 중 하나였다. 단순히 파시치가 오래 활동했기 때문만이 아니라(세르비아 정계에서 40년 넘게 활동했다) 그 기간 동안 벅찬 승리의 순간과 위험천만한 상황이 번갈아 찾아왔기 때문이기도 하다. 그는 명목상 엔지니어였지만 평생을 정치에 바쳤다(45세까지 결혼하지 않은 이유 중 하나다).[29] 처음부터 그는 외세로부터의 주권 독립을 위한 투쟁에 깊이 관여했다. 1875년 보스니아에서 오스만의 통치에 저항하는 반란이 일어나자 청년 파시치는 영토회복주의 신문 《나로드노 오슬로보데네Narodno Oslobodjenje》(민족해방)의 통신원으로서 세르비아 민족투쟁의 최전선에서 소식을 전하기 위해 그곳으로 향했다. 1880년대 초에는 급진당의 현대화를 감독했는데, 급진당은 1차 세계대전 발발 전까지 세르비아 정치에서 단연 강력한 세력이었다.

급진당은 자유주의적 입헌 사상과 발칸반도의 모든 세르비아인이 요구하던 세르비아의 팽창과 영토 통일을 결합한 절충적 정치를 구현했다. 이 정당의 대중적 기반(선거에서 계속 승리한 핵심 요인)은 세르비아 인구의 대부분인 소규모 자작농이었다. 농민의 당으로서 급진당은 다양한 포퓰리즘을 받아들여 러시아의 범슬라브주의 집단들과 연계를 맺었다. 급진당은 직업군대를 미심쩍게 여겼는데, 군대 유지를 위한 재정 부담을 비판했을 뿐만 아니라 농민 민병대가 가장 훌륭하고 자연스러운 무장조직 형태라는 입장을 고수했기 때문이다. 1883년 티모크 반란 중에 급진당은 정부에 맞서 무기를 든 농민들을 편들었다. 반란이 진압되고 급진당 지도부에 대한 보복이 뒤따랐다. 반란 혐의자 중에는 파시치도 있었다. 그는 가까스로 체포를 피해 국외로 달아났고, 궐석재판에서 사형선고를 받았다. 불가리아에서 망명생활을 하는 동안 그는 상트페테르부르크와 계속 연락을 취했고 범슬라브주의 집단들의 총아가 되었다. 그 이후 그의 정책은 언제나 러시아의 정책과 밀접히 연관되었다.[30] 망명을 계기로 급진당 운동의 영웅이 된 파시치는 1889년 밀란이 퇴위한 뒤 사면을 받았다. 대중의 환호를 받으며 베오그라드로 돌아온 그는 의회의 의장으로, 뒤이어 수도의 시장으로 선출되었다. 그러나 첫 번째 수상 임기(1891년 2월~1892년 8월)는 밀란과 섭정단의 계속되는 탈헌법적 공작에 항의해 사임하는 것으로 끝났다.

1893년 알렉산다르는 섭정단을 상대로 쿠데타를 일으킨 뒤 파시치를 세르비아 특명공사 자격으로 상트페테르부르크에 파견했다. 파시치의 정치적 야심을 달래는 동시에 그를 베오그라드에서 몰아내기 위한 조치였다. 파시치는 러시아와 세르비아의 더 깊은 관계를 구축하기 위해 공을 들였고, 세르비아의 민족해방은 궁극적으로 러시아의 지원에 달려 있다는 신념을 숨기지 않았다.[31] 그렇지만 그의 노력은 부왕 밀란이 세르비아 정치에 복귀하면서 중단되었다. 급진당은 괴롭힘을 당하고 공직에서 숙청되었으며, 파시치는 본국으로 소환되었다. 밀란과 알렉산다르 부자 치하에서 파시치는 면밀히 감시를 당했고 권력에 가까이 가지 못했다. 1898년 그는 당 출판물에서 밀란을 모욕했다는 이유로 징역 9개월형을 선고받았다. 1899년 미수에 그친 부왕 암살 시도로 나라가 요동쳤을 때에도 그는 감옥에 있었다. 급진당은 다시 한 번 음모를 공모한 혐의를 받았다. 그러나 밀란을 노리고 총을 쏜 보스니아 청년이 급진당과 연계되었는지는 당시에도 불분명했고 지금까지도 마찬가지다. 알렉산다르 국왕이 파시치를 암살 공모 혐의로 처형할 것을 요구했지만, 후일의 사태를 생각하면 얄궂게도 이 급진당 당수는 오스트리아-헝가리 정부의 끈질긴 항의 덕분에 목숨을 건질 수 있었다. 알렉산다르 치세 특유의 계략에 따라 파시치는 암살 시도와 도덕적 공동 책임이 있음을 시인하는 문서에 서명하지 않을 경우 그 혼자가 아니라 급진당 동료 12명과 함께 처형될 것이라는 통보를 받았다. 오스트리아가 개입한 덕에 이미 목숨을 건졌다는 사실을 알지 못했던 파시치는 문서에 서명하기로 했다. 그 문서는 발표되었고, 파시치는 혼자만 살려고 당에 죄를 씌웠다는 대중의 의심을 받으며 출소했다. 생물학적으로는 살았지만 적어도 당분간 정치적으로는 죽은 신세였다. 알렉산다르 치세의 어수선한 말기에 그는 정계에서 거의 물러나 있었다.

정권 교체로 파시치의 황금기가 시작되었다. 이제 그와 그의 정당은 세르비아 정치생활에서 지배적인 세력이었다. 그토록 오랫동안 권력을 얻으려 투쟁했던 이 남자는 권력에 잘 어울렸고, 재빨리 세르비아 민족의 아버지로 발돋움했다. 파시치는 베오그라드의 지식인 엘리트층에게는 반감을 샀지만, 농민층에서는 엄청난 위상을 누렸다. 그는 베오그라드 사람들에게는 괴상하게 들리는 강하고 투박한 자예차르 방언으로 말했다. 그의 말투는 툭하면 본론에서 벗어나 여담을 하고 감탄사를 남발하여 일화를 들려주기에 적합했다. 유명한 풍자작가 브라니슬라브 누시치Branislav Nušić가 1908년 보스니아와 헤르체고비나의 병합에 항의해 거리 시위를 주도한 뒤 말을 타고 외무부를 찾아갔다는 이야기를 듣고서 파시치는 이렇게 반응했다고 한다. "어…… 거참…… 그가 책을 잘 쓰는 줄은 알았지만, 흠…… 말을 그렇게 잘 타는 줄은 몰랐군."[32] 파시치는 연설에는 젬병이었지만 소통에는 뛰어났으며, 특히 세르비아 유권자의 절대다수였던 농민들과 소통을 잘했다. 농민들이 보기에 파시치의 가부장다운 풍성한 턱수염은 말할 나위도 없고 세련되지 못한 연설과 뭉근한 재치는 거의 초자연적인 분별력과 예지력, 지혜의 증거였다. 친구들과 지지자들에게 그는 '바야Baja'라는 별칭으로 불렸는데, 이는 동시대인들에게 존경뿐 아니라 사랑까지 받는 명망가를 의미했다.[33]

사형선고, 오랜 망명생활, 끊임없이 감시당하는 삶으로 인한 피해망상, 이 모두가 정치인으로서 파시치의 습관과 전망에 깊은 흔적을 남겼다. 그는 조심하고 비밀을 엄수하고 얼버무리는 습관을 들였다. 훗날 그의 전직 비서는 그가 생각이나 결정을 종이에 적지 않고 심지어 말하지도 않곤 했다고 회고했다. 그는 공적 문서와 사적 문서를 규칙적으로 소각하는 습관이 있었다. 또한 잠재적 분쟁 상황에서 수동적인 체하는 성향, 마지막 순간까지 속내를 드러내지 않으려는 성향을 보였다. 적들에게는 원칙이 없는 사람처럼 비칠 정도로 실리적이었다. 이 모든 성향은 여론에 극히 민감하고 세르비아 민족(그는 이 대의를 위해 고통받으면서도 활동해온 터였다)의 정서에 호응하려는 성향과 뒤섞였다.[34] 파시치는 시해 음모를 사전에 통지받고서 비밀을 지켰지만 적극적으로 관여하는 것은 거부했다. 암살 전날 작전의 세부계획을 전달받았을 때, 파시치는 가족을 데리고 열차편으로 아드리아 연안까지 갔다가 다시 오스트리아령으로 가서 사태의 결과를 기다렸다. 이는 지극히 그다운 대응 방식이었다.

파시치는 자신의 성공이 자신과 정부의 독립을 확보하는 한편 군대 및 그 내부의 시해 조직망과 안정적이고 영속적인 관계를 맺는 데 달려 있음을 알고 있었다. 이것은 음모에 실제로 가담했던 100명 남짓한 사람들만이 아니라 음모단을 세르비아 민족 의지의 화신으로 여기던 다수의 청년 장교들(그 수가 꾸준히 늘고 있었다)까지 상대해야 하는 문제였다. 이 문제는 파시치의 가장 막강한 정적, 즉 1901년에 다름 아닌 급진당에서 갈라져 나간 독립급진당이 파시치 정부의 힘을 빼는 데 도움만 된다면 시해자들과 기꺼이 협력하려 한다는 사실 때문에 더욱 복잡해졌다.

파시치는 이 까다로운 상황을 영리하게 다루었다. 그는 반정부 연합의 형성을 방해할 속셈으로 음모자 개개인에게 사적으로 제안을 했다. 급진당 동료들이 항의했음에도 군대에 넉넉한 자금을 일괄 제공하는 방안을 지지함으로써 부왕 밀란이 물러난 이래 잃었던 기반을 일부 회복했으며, 1903년 쿠데타의 정당성(음모단에게 상징적으로 대단히 중요했던 문제)을 공공연히 인정하고 시해자들을 재판에 회부하려는 노력에 반대했다. 그러면서도 그는 공적 생활에서 음모단의 존재감을 약화하려고 꾸준히 애썼다. 음모단이 국왕 시해 1주년을 기념하는 무도회를 열 계획임이 알려졌을 때 파시치(당시 외무장관)가 개입해 그 행사를 새 국왕 선출 기념일인 6월 15일로 연기하게 했다. 1905년 언론과 의회에서 시해자들의 정치적 영향력을 자주 문제 삼자 파시치는 입헌적 권한의 테두리 밖에서 작전을 벌이는 '무책임한 분자들'이 민주적 질서에 가하는 위협에 대해 스큅슈티나에 경고했다(장교단의 근위대 정신을 혐오하던 급진당 사병들의 입맛에 맞는 노선이었다). 1906년에는 음모단의 상급 장교들을 명예퇴직시키기 위해 영국과의 관계 정상화 문제를 이용했다.[35]

이런 교묘한 책략은 양면적 결과를 가져왔다. 한편으로 가장 유명한 시해자들이 공적 직위에서 물러났고, 그들의 네트워크가 국가 정치에 끼치는 영향이 단기적으로 줄어들었다. 다른 한편으로 파시치는 시해자들의 영향력이 군 내부와 그들에 동조하는 민간인들 사이에서 커지는 추세를 거의 막을 수 없었다. 자베리텔리zaveritelji라고 불린 그 민간인들(음모의 대의를 좇아 전향한 사람들)은 애초의 음모단보다도 더 극단주의로 기울었다.[36] 무엇보다 중요한 점은 최고위 시해자들이 공적 직위에서 제거된 결과 지칠 줄 모르는 아피스가 네트워크 안에서 홀로 지배적 위치에 올랐다는 것이다. 아피스는 국왕 시해를 기념하는 연례행사에서 언제나 중심인물이었다. 베오그라드 중심가의 국립극장 옆 작은 공원 안에 있는 콜라라츠 레스토랑에서 열린 그 행사는 음모단 장교들이 만나 맥주를 마시며 흥겹게 즐기는 자리였다. 그리고 아피스는 세르비아인의 통일을 위한 투쟁을 무슨 수를 써서라도 지원할 각오가 되어 있는 초민족주의적 장교들을 입회시키기 위해 다른 어떤 음모자보다도 노력했다.

심상지도

'모든 세르비아인의 통일'이라는 이념을 뒷받침한 것은 20세기 전환기 발칸의 정치지도와 거의 관련이 없는 세르비아의 심상이었다. 그 이념을 표현한 가장 영향력 있는 글은 1844년 세르비아 내무장관 일리야 가라샤닌Ilija Garašanin이 알렉산다르 카라조르제비치Alexandar Karadjordjević 공을 위해 작성한 비밀 의견서였다. 1906년에 발표된 이후 《나체르타니예Načertanije》(초기 세르비아어의 'náčrt'에서 유래한 단어로 '초안'이라는 뜻)라고 알려진 이 의견서에서 가라샤닌은 "세르비아의 국가정책과 외교정책을 위한 계획"을 약술했다. 이것이 수 세대에 걸쳐 세르비아 정치인과 애국자들에게 미친 영향은 과장하기 어려울 정도다. 《나체르타니예》는 곧바로 세르비아 민족주의의 대헌장이 되었다.• 가라샤닌의 의견서는 세르비아가 "소국이지만 이 상태로 머물러서는 안 된다"[37]라는 소견으로 시작한다. 그는 '민족통일의 원칙'이 세르비아 정책의 제1계명이 되어야 한다고 주장했다. 이는 모든 세르비아인이 세르비아 국가의 국경 안에서 통일되어야 한다는 뜻이었다. "세르비아인 한 명이 거주하는 곳, 그곳이 세르비아다." 이처럼 세르비아 국가를 확장해서 보는 역사적 근거는 스테판 두샨Stepan Dušan(1308~1355)의 중세 제국이었다. 이 제국의 광대한 영토에는 오늘날의 세르비아

• 《나체르타니예》가 근거로 삼은 텍스트의 저자인 체코인 프란티셰크 자흐František Zach는 남슬라브 민족들의 연방을 구상했다. 그러나 자흐가 '남슬라브'라고 쓴 대목을 가라샤닌은 '세르비아인' 또는 '세르비아'로 바꿔 썼다. 자흐의 세계시민적 비전은 이런저런 수정을 거쳐 세르비아 민족주의에 좁게 초점을 맞추는 선언으로 바뀌었다.

공화국 대부분에 더해 알바니아 전체, 마케도니아 대부분, 그리스 중부와 북부 전체가 포함되었다. 다만 흥미롭게도 보스니아는 포함되지 않았다.

두샨 차르의 제국은 1389년 6월 28일 코소보 전투에서 오스만군에 패한 이후 붕괴한 것으로 추정되었다. 그러나 가라샤닌에 따르면 이 퇴보로 인해 세르비아 국가의 정당성이 훼손된 것은 아니었다. 그저 세르비아 국가의 역사적 존재가 중단되었을 뿐이다. 따라서 모든 세르비아인을 통일하는 대大세르비아 '복원'은 혁신이 아니라 오래된 역사적 권리의 표명이었다. "그들은 〔우리가〕 무언가 새로운 것을 추구한다고, 혁명이나 격변을 야기한다고 비난할 수 없다. 오히려 그것이 정치적 필연임을, 그 토대가 아주 먼 옛날에 있고 그 뿌리가 세르비아인의 과거 정치적 · 민족적 생활에 있음을 모두가 인정해야만 한다."[38] 이렇듯 가라샤닌은 통합적 민족주의에 관한 담론에서 때때로 찾아볼 수 있는, 역사적 시간을 극적으로 단축하는 기법을 구사했다. 그렇지만 그의 논증은 중세에 급속히 팽창한, 합성물 같았던 두샨 차르의 다종족 정치체를 같은 문화와 언어를 가진 근대 민족국가의 관념과 융합할 수 있다는 허구에 근거하고 있었다. 세르비아 애국자들은 그 논증에서 모순을 발견하지 못했는데, 옛 제국의 영역에 거주하는 사실상 모든 사람이 본질적으로 세르비아인이라고 주장했기 때문이다. 근대 세르보크로아트어 문어의 설계자인 부크 카라지치Vuk Karadžić는 유명한 민족주의 책자 《방방곡곡 세르비아인Srbi svi i svuda》의 저자이기도 한데, 여기서 보스니아와 헤르체고비나, 티미쇼아라 바나트(헝가리 동부, 현재 루마니아 서부), 바치카(세르비아 북부에서부터 헝가리 남부까지 뻗은 지역), 크로아티아, 달마티아, 그리고 트리에스테부터 알바니아까지 아드리아해 연안 지방 등에 흩어져 있는, '세르비아어'를 말하는 세르비아인 500만 명에 대해 언급했다. 카라지치는 이 지역들에 (특히 크로아티아인을 염두에 두고서) "스스로를 세르비아인이라 부르기 어려워하는 사람들이 아직" 있음을 인정하면서도 "그들도 점차 그 이름에 익숙해질 것이다"라고 전망했다.[39]

가라샤닌이 주장한 통일 계획에 따르면, 세르비아 정치체는 민족주의자들의 상상 속 대세르비아의 영토를 잠식하는 거대한 두 육상제국, 즉 오스만제국 및 오스트리아제국과 오랜 투쟁을 벌이고 있었다. 1844년에 오스만제국은 여전히 발칸반도를 대부분 지배하고 있었다. "세르비아는 튀르크 국가의 외벽에서 돌을 하나씩 끊임없이 빼내 흡수하기 위해 분투해야 한다. 그래야 세르비아제국의 오래되고 훌륭한 토대 위에서 이 좋은 재료를 사용해 새롭고 위대한 세르비아 국가를 건설할 수 있다."[40] 오스트리아 역시 적이 될 운명이었다.[41] 헝가리, 크로아티아-슬라보니아, 이스트리아-달마티아에는 합스부르크 가문의 지배로부터 해방되어 베오그라드 국가의 보호 아래 통일될 날을 기다리는 세르비아인(아직 세르비아 민족임을 받아들이지 못하는 많은 크로아티아인은 말할 것도 없고)이 있을 것으로 추정되었다.

가라샤닌의 의견서는 그 목표들이 대부분 실현된 1918년까지 세르비아 통치자들의 핵심적인 정책 청사진이었다. 또한 이 의견서의 지침들은 어느 정도는 정부에서 조직하고 어느 정도는 언론 내 애국자

네트워크에서 책동한 민족주의적 선전을 통해 전체 인구에게 조금씩 알려졌다.[42] 그렇지만 대세르비아라는 비전은 정부 정책이나 선전의 문제만이 아니었다. 이 비전은 세르비아인의 문화 및 정체성과 긴밀히 얽혀 있었다. 두샨의 제국에 대한 기억은 세르비아의 유달리 생기 있는 서사민요 전통 안에서 울려퍼졌다. 이 서사민요는 긴 발라드로 대개 한 줄짜리 현악기인 구슬라의 구슬픈 반주에 맞추어 불렸으며, 가수와 청자는 세르비아 역사의 위대한 원형적 순간들을 다시 체험했다. 세르비아 전역의 마을과 시장에서 서사민요는 시, 역사, 정체성을 서로 긴밀하게 연결했다. 일찍이 이 전통을 관찰한 독일 역사가 레오폴트 폰 랑케는 1829년에 출간한 세르비아 역사서에 이렇게 썼다. "시로 읊는 이 나라의 역사는 시를 통해 국유자산으로 변모해왔고, 그 결과로 민족의 기억에 간직되어 있다."[43]

무엇보다 이 전통 안에 간직되었던 것은 외세의 통치에 맞선 세르비아의 투쟁에 대한 기억이었다. 사람들을 거듭 사로잡은 사건은 1389년 6월 28일 코소보 평원에서 세르비아인이 튀르크인에게 패한 전투였다. 이 중세 전투는 사실 그리 결정적인 사건이 아니었음에도 수백 년 동안 윤색되면서 세르비아 민족과 이교도 적의 대립을 상징하는 군사작전으로 자리 잡았다. 그리고 고난의 시기에 세르비아인을 결속했던 빛나는 영웅들뿐 아니라 공동 대의에 대한 지원을 보류하거나 세르비아인을 적에게 팔아넘긴 간악한 악당들까지 등장하는 연대기가 코소보 전투를 휘감았다. 신화적 영웅 중에는 유명한 암살자 밀로시 오빌리치Miloš Obilić가 있는데, 서사민요는 전투를 치른 날에 그가 오스만군 본부에 잠입해 술탄을 살해한 뒤 근위병에게 체포되어 참수당했다고 이야기한다. 암살, 순교, 희생, 망자의 원수를 갚으려는 복수심은 서사민요의 주요 테마였다.[44]

신화적인 과거에 투영한 상상 속 세르비아는 이 민요 문화 안에서 찬란하게 되살아났다. 1875년 반오스만 봉기를 일으킨 보스니아계 세르비아인들의 서사민요 공연을 본 영국 외교관 아서 에번스Arthur Evans 경은 "보스니아계 세르비아인들로 하여금 (……) 한층 영광스러운 이 전설들 속에서 왕국의 좁은 전통을 잊게" 하고, 각자의 경험을 세르비아의 모든 땅에 사는 "형제들"의 경험과 합쳐지게 하고, 그리하여 "지리학자와 외교관의 허튼소리를 무시하게" 하는 공연의 효과에 감탄했다.[45] 19세기 들어 이런 구비서사시 문화가 대중 인쇄물로 대체되면서 점차 쇠퇴한 것은 사실이다. 하지만 1897년 세르비아를 여행하던 영국 외교관 찰스 엘리엇Charles Eliot 경은 드리나강 골짜기의 시장들에서 떠돌이 연주자들의 서사민요 공연을 여전히 들을 수 있었다. "이 랩소디는 1현 기타의 반주에 맞추어 단조롭게 노래되지만 감정과 표현이 아주 진실해서 전체적인 효과는 나쁘지 않다."[46] 여하튼 부크 카라지치가 편찬해 출간한 세르비아 서사시집은 엄청난 영향을 미쳤고, 성장하는 문학 엘리트층에게 꾸준히 읽혔다. 더욱이 서사시 전체의 규모가 계속 커졌다. 1847년 몬테네그로의 군주 겸 주교인 페타르 2세 페트로비치-네고스Petar II Petrović-Njegos는 이 장르의 고전이 된 《산의 화환The Mountain Wreath》을 펴냈는데, 신화적인 술탄 암살자이자 민족의 순교자인 밀로시 오빌리치를 찬미하고 반외세 항쟁을 재개할 것을 주창하는 작품이었다. 《산의 화환》은 세르비아의 민족 정전正典이 되었고, 지금까지도 그 자리를 지키고 있다.[47]

세르비아의 '빼앗긴' 땅을 되찾으려는 노력과 두 육상제국 사이에 끼인 매우 불리한 위치가 함께 작용한 결과, 세르비아의 외교정책은 몇 가지 뚜렷한 특징을 지니게 되었다. 첫 번째는 지리적 초점의 불확정성이다. 대세르비아를 복원하려는 운동은 원칙상 하나였다. 그렇지만 정확히 어디서부터 영토를 회복해야 하는가? 헝가리왕국에 속하는 보이보디나인가? '구舊세르비아'로 알려진 오스만령 코소보인가? 두 샤의 제국에 속한 적은 없지만 상당히 많은 세르비아인 인구를 포함하는 보스니아인가? 아니면 여전히 오스만의 통치를 받고 있는 남쪽의 마케도니아인가? '통일'이라는 원대한 목표와 세르비아의 변변찮은 재정 · 군사 자원 사이의 간극이 컸던 탓에 베오그라드 정책수립자들은 발칸반도의 급변하는 정세에 기회주의적으로 대응할 수밖에 없었다. 그 결과 1844년부터 1914년까지 세르비아 외교정책의 지향점은 나침반의 바늘처럼 이곳에서 저곳으로 휙휙 돌아가곤 했다. 이런 갈팡질팡 정책은 대개 이미 일어난 사태에 대응해 정해졌다. 1848년 보이보디나의 세르비아인들이 헝가리 혁명정부의 마자르화 정책에 반발해 봉기했을 때, 가라샤닌은 세르비아공국의 물자와 자원 병력으로 그들을 지원했다. 1875년 헤르체고비나에서 세르비아인들이 오스만에 맞서 반란을 일으키자 세르비아 본국의 이목은 온통 그곳으로 쏠렸다(이 투쟁의 현장으로 부리나케 달려간 이들 가운데 군 지휘관으로서 가명으로 싸운 미래의 국왕 페타르 카라조르제비치와 파시시가 있었다). 오스만령 마케도니아에서 튀르크인에 맞선 지역 봉기가 수포로 돌아간 1903년 이후에는 그곳의 세르비아인들을 해방시키는 목표에 관심이 집중되었다. 1908년 오스트리아가 보스니아와 헤르체고비나를 공식 병합하자(1878년부터 오스트리아가 군사 점령하고 있었다) 병합된 두 지역이 최대 현안으로 떠올랐다. 그렇지만 1912년과 1913년에 최우선 의제는 다시 한 번 마케도니아였다.

세르비아 외교정책의 수립자들은 이 나라의 정치문화를 뒤덮은 원대한 민족주의와 발칸반도의 복잡한 종족정치 현실 사이의 괴리 때문에 악전고투할 수밖에 없었다. 코소보는 세르비아의 신화적 영토의 중심이었지만 종족 면에서 명백한 세르비아 영토가 아니었다. 적어도 18세기부터 코소보의 다수집단은 알바니아어를 사용하는 무슬림이었다.[48] 달마티아와 이스트리아에서 부크 카라지치가 세르비아인으로 셈한 이들 중 다수는 실은 크로아티아인으로, 그들은 대세르비아에 합류할 마음이 전혀 없었다. 역사상 세르비아의 일부였던 적이 없는 보스니아에는 많은 세르비아인(오스트리아-헝가리에 점령된 1878년에 보스니아와 헤르체고비나 인구의 43퍼센트였다)이 살고 있었지만, 가톨릭교도 크로아티아인(약 20퍼센트)과 무슬림 보스니아인(약 33퍼센트)도 있었다. (무슬림 소수집단이 상당수 살아남은 것은 보스니아의 독특한 특징이었다. 세르비아에서는 오랜 독립 투쟁을 거치면서 무슬림 공동체들이 대부분 박해를 견디지 못하고 국외로 이주하거나 강제로 추방되거나 살해당했다.)[49]

더욱 복잡한 사례는 마케도니아였다. 당시 지도를 오늘날 발칸반도의 정치지도 위에 포개놓고 보면, 마케도니아라고 알려진 지리적 지역은 예전 유고슬라비아연방의 마케도니아공화국에 더해 세르비아의 남쪽 접경 지역과 알바니아의 동쪽 주변부, 불가리아 남서부의 넓은 영토, 그리스 북부의 기다란 지역까지 포괄한다.[50] 마케도니아의 정확한 역사적 경계는 지금까지도 논쟁거리이며('마케도니아'라는 국명 사용을 두고 여전히 으르렁대는 그리스와 마케도니아공화국을 보라), 이 지역에 과연 독특한 문화적 또는 언어적 또는 민족적 정체성이 있는지, 그런 정체성이 있다면 얼마나 강한지 하는 문제도 마찬가지다(오늘날 세르비아와 불가리아, 그리스를 뺀 세계 모든 나라의 언어학자들은 마케도니아 언어의 존재를 인정한다).[51] 1897년 세르비아를 두루 여행하던 찰스 엘리엇 경은 세르비아인 길동무들이 "마케도니아에 불가리아인들이 살고 있었다는 것을 전혀 인정하려 하지 않았고" 오히려 "그 고장의 슬라브계 주민들은 모두 세르비아인이었다고 우긴다"는 데 놀랐다.[52]

16년 뒤 카네기재단에서 2차 발칸전쟁 중에 자행된 잔혹행위를 조사하기 위해 발칸반도에 위원단을 파견했을 때, 그들은 마케도니아에 살고 있는 사람들의 종족성에 대한 현지인들의 합의를 이끌어낼 수 없었다. 이런 쟁점을 토론하는 분위기가 대학들에서마저 양극화되어 있었기 때문이다. 그해에 위원단이 제출한 보고서에 포함된 발칸의 종족 지도는 하나가 아니라 두 개였는데, 각각 베오그라드의 견해와 소피아의 견해를 반영하고 있었다. 한 지도에서는 마케도니아 서부와 북부가 모국과의 통일을 기다리는 해방되지 못한 세르비아인으로 바글바글했고, 다른 지도에서는 마케도니아가 불가리아인이 정착한 지대의 심장부처럼 보였다.[53] 19세기의 마지막 수십 년 동안 세르비아인, 그리스인, 불가리아인은 모두 마케도니아 안에서 현지 슬라브인을 자기 민족의 대의로 전향시키기 위해 선전기관을 적극 운영했다.

민족들의 비전과 종족들의 현실이 어긋나는 상황에서 세르비아의 목표를 실현하는 과정은 크고 작은 세력들의 이해관계가 걸린 지역 차원만이 아니라 더 낮은 도시와 마을 차원에서도 폭력적 과정이 될 가능성이 다분했다. 세르비아의 일부 정치인들은 다종족 협력 관념을 포함하는 좀 더 관대한 '세르비아-크로아티아'의 정치적 비전 안에 세르비아의 민족적 목표들을 포장해 넣는 방식으로 이 난제에 대처했다. 그중 한 명인 니콜라 파시치는 1890년대에 소수민족들이 쇠망하기 마련인 세계에서 세르비아인과 크로아티아인이 연합할 필요성에 대해 긴 글을 썼다. 그렇지만 이런 수사의 밑바탕에는 첫째로 세르비아인과 크로아티아인이 본질적으로 같은 민족이고, 둘째로 오랫동안 "외국 문화의 영향"에 노출된 가톨릭교도 크로아티아인보다 세르비아인이 더 진정한 슬라브족이므로 세르비아인이 이 과정을 이끌어야 한다는 전제가 깔려 있었다.[54]

세르비아는 이런 목표를 공개적으로 추구할 형편이 못 되었다. 따라서 인접한 국가나 제국에 아직 종속되어 있는 세르비아인들을 '해방'시키는 계획을 어느 정도 비밀리에 추진해야 했다. 가라샤닌은 1848년 보이보디나 봉기 때 비밀공작의 필요성을 분명하게 표현했다. "보이보디나의 세르비아인들은 숙적에게 승리할 수 있도록 모든 세르비아 민족에게 도움의 손길을 기대하고 있다. (……) 그러나 정치적 요인들 때문에 우리는 그들을 공개적으로 원조할 수 없다. 우리는 그들을 비밀리에 원조할 수밖에 없다."[55] 세르비아는 마케도니아에서도 이런 비밀공작을 선호했다. 1903년 8월 마케도니아에서 반오스만 반란이 실패한 뒤, 카라조르제비치 신정권은 이 지역에서 적극적인 정책을 펴기 시작했다. 마케도니아에서 세르비아인 게릴라의 활동을 책동할 위원회들을 설립했고, 전사단을 모집하고 공급하기 위해 베오그라드에서 수차례 회의를 열었다. 베오그라드 주재 오스만 공사를 만난 세르비아 외무장관 류보미르 칼레비치Ljubomir Kaljević는 세르비아 정부의 관여를 일체 부인했고, 그 회의가 "전사단을 모집하기 위해서가 아니라 그저 국경 너머 같은 종교의 신자들을 위해 기금을 모으고 조의를 표하기 위해" 열렸으므로 여하튼 불법이 아니라고 항변했다.[56]

국왕 시해자들은 국경을 넘나드는 이 활동에 깊숙이 관여했다. 음모단 장교들과 군대 내 동조자들은 베오그라드에서 비공식 전국 위원회를 소집해 작전을 조율하고 여러 지원병 부대에 명령을 내렸다. 이 병력은 엄밀히 말해 세르비아군의 정식 부대가 아니었지만, 군에서 자원한 장교들에게 즉시 휴가를 준 사실로 미루어 공공연한 지원이 이루어졌음을 알 수 있다.[57] 민병대 활동의 범위가 꾸준히 넓어졌고, 세르비아인 체트니크četnik(게릴라)와 불가리아인 지원병 무리 사이에 산발적 교전이 수없이 벌어졌다. 1907년 2월 영국 정부는 세르비아와 불가리아 간 전쟁을 촉발할 것처럼 보이는 이 활동을 중단할 것을 베오그라드에 요청했다. 세르비아 정부는 체트니크 활동에 대한 자금 지원을 부인하고 "〔국민들이〕 외국인 전사단을 상대로 스스로를 방어하지 못하게 막을 수는 없었다"라며 또다시 책임을 회피했다. 그러나 세르비아 정부가 게릴라를 계속 지원했으므로 이런 입장은 신빙성이 떨어졌다. 세르비아 의회는 이미 1906년 11월에 구세르비아와 마케도니아에서 고통받고 있는 세르비아인들에게 30만 디나르를 원조하기로 가결했고, 뒤이어 "임시비와 국익 방어"를 위한 '비밀 융자' 안까지 통과시켰다.[58]

이런 방식의 영토회복주의는 위험투성이였다. 게릴라 대장들은 전장으로 보내기는 쉬워도 현장에 도착하고 나면 통제하기가 어려웠다. 1907년 겨울 마케도니아에서는 여러 유격대가 분명히 어떠한 감독도 받지 않고 독립적으로 작전을 펼치고 있었다. 베오그라드에서 파견한 특사는 적잖이 어려움을 겪고서야 그들을 다시 통제할 수 있었다. 이처럼 '마케도니아 난장판'은 1914년 사태를 불길하게 예고하는 모호한 교훈을 주었다. 한편으로 음모단 네트워크의 지배를 받는 세포조직들로 지휘 기능을 이양한 조치는, 세르비아의 민족정책에 대한 통제력이 정치적 중심부에서 주변부의 무책임한 분자들에게로 넘어갈 위험을 수반했다. 다른 한편으로 영토회복주의 정책 추진을 위임받은 음모단 네트워크와 세르비아 정부의 불분명하고 비공식적인 관계를 이용해 정부의 정치적 책임을 다른 데로 돌리고 유사시 계획을 변경할 여지를 최대화할 수 있다는 것이 1906~1907년 외교를 통해 입증되었다. 베오그라드의 정치 엘리트들은 세르비아의 공식 외교정책과 국경 건너편의 민족해방 공작이 서로 별개인 양 때때로 시치미를 떼는 일종의 이중사고에 익숙해졌다.

결별

"오스트리아와의 협정과 화합은 세르비아에게 정치적으로 불가능한 일이다."[59] 1844년 가라샤닌은 이렇게 썼다. 1903년까지 베오그라드와 빈 사이에 공개 분쟁이 발생할 가능성은 제한적이었다. 두 나라의 긴 국경은 베오그라드의 시각에서 보면 거의 방어가 불가능했다. 도나우강과 사바강이 합류하는 지점에 멋들어지게 자리 잡은 세르비아 수도는 오스트리아-헝가리 국경에서 차로 얼마 걸리지 않았다. 세르비아의 수출품이 주로 향하는 곳은 이 제국이었고, 대다수 수입품의 원산지도 마찬가지였다. 지리적 불가피성은 이 지역에 대한 러시아의 정책 때문에 더욱 강화되었다. 1878년 베를린 회의에서 러시아는 불가리아가 러시아의 피후견국으로 남으리라 기대하고서 커다란 불가리아 자치국을 오스만제국에서 잘라내는 방안에 협조한 바 있었다. 불가리아와 세르비아가 언젠가 마케도니아 영토를 두고 경쟁할 날을 예견할 수 있었으므로, 밀란 공(훗날 국왕)은 빈과의 국교를 굳게 다져서 러시아의 위협을 상쇄하려 했다. 이런 이유로 러시아가 소피아를 지원하자 세르비아는 빈에 더 가까이 붙었다. 러시아가 발칸 정책에서 불가리아 카드를 고수하는 한 빈과 베오그라드의 관계는 화목할 가능성이 높았다.

1881년 6월 오스트리아-헝가리와 세르비아는 통상조약을 맺었다. 3주 뒤 밀란 공이 직접 협상하고 서명한 비밀 협약이 추가되었다. 이 협약에 명기된바, 오스트리아-헝가리는 왕국 지위로 올라서려는 세르비아를 도울 뿐 아니라 마케도니아에서 세르비아의 영토 병합 주장까지 지지하기로 했다. 세르비아는 보스니아와 헤르체고비나에서 오스트리아-헝가리 이중군주국의 지위를 침해하지 않기로 했다. 협약 제2항에 따르면 세르비아는 "세르비아의 영토에서 정치적 · 종교적 음모나 다른 어떤 음모가 보스니아와 헤르체고비나, 노비파자르주를 포함하는 오스트리아-헝가리 군주국을 겨냥하는 것을 용인하지 않을 것"이었다. 밀란은 빈과 먼저 상의하지 않고는 제3국과 "어떤 조약도" 맺지 않을 것이라는 협약문을 쓰는 데 직접 관여하여 양국 협정을 강화했다.[60]

오스트리아와 세르비아의 우호관계를 지탱하기에 이 협정은 분명 허약한 토대였다. 양국 협정은 오스트리아에 대한 반감이 심한 세르비아 대중의 정서에 뿌리내리지 못했고, 세르비아의 민족주의적 여론이 갈수록 용납하기 어려워한 경제적 의존관계를 상징했으며, 변덕스럽고 점점 인기를 잃어가는 세르비아 군주의 협력에 달려 있었기 때문이다. 그러나 적어도 밀란 오브레노비치가 왕위에 있는 한 세르비아가 오스트리아에 등을 돌리고 러시아 쪽에 붙을 일은 없었으며, 베오그라드 외교정책의 창끝은 보스니아와 헤르체고비나가 아니라 마케도니아와 향후 불가리아와의 경쟁으로 향할 터였다.[61] 1892년 새로운 무역조약이 체결되었고, 1889년 비밀 협약이 10년간 갱신되었다. 그 이후 만료될 여지가 있기는 했지만, 세르비아의 대對오스트리아 정책은 계속 이 협약에 기반해 운용되었다.

1903년 세르비아 왕조 교체는 양국 관계의 중대한 재조정을 알리는 신호였다. 오스트리아는 페타르 카라조르제비치의 쿠데타를 재빨리 인정했다. 한 가지 이유는 페타르가 쿠데타에 앞서 친오스트리아 노선을 유지할 생각이라고 확언했기 때문이다.[62] 그러나 세르비아의 새 지도부가 경제적 · 정치적 독립을 강화할 계획이라는 것이 금세 드러났다. 1905~1906년에 무역정책, 무기 주문, 거액 금융거래, 지정학이 긴밀하게 뒤얽힌 위기가 전개되었다. 빈은 삼중 목표를 추구했다. 세르비아와의 통상조약을 지키고, 세르비아로 하여금 계속 오스트리아 기업들에 무기를 주문하게 하고, 베오그라드에 거액을 빌려주는 차관 계약을 체결하는 것이었다.[63]

그러나 이 중 하나에도 합의하지 못하자 두 이웃국가의 관계는 급속히 냉각되었다. 이 결과는 빈에게 그야말로 재앙이었다. 세르비아는 오스트리아 기업인 보헤미아의 슈코다 대신 프랑스의 경쟁기업인 슈나이더-크뢰조에 무기를 주문했다. 그에 대응해 오스트리아는 세르비아산 돼지고기의 통관을 금지하여 '돼지전쟁'(1906~1909)으로 알려진 세관 분쟁을 일으켰다. 그러나 이 조치는 역효과를 낳았다. 세르비아가 금세 다른 수출시장(특히 독일, 프랑스, 벨기에)을 찾았고, 마침내 상당한 규모의 도축장을 짓기 시작해 오스트리아-헝가리의 가공시설에 오랫동안 의존해오던 처지에서 벗어났기 때문이다. 마지막으로 베오그라드는 빈이 아닌 파리로부터 거액의 차관을 받았다(그 대가로 프랑스 기업들에 무기를 주문했다).

여기서 잠시 본론에서 벗어나 이 프랑스 차관의 중요성을 고찰할 필요가 있다. 발칸반도의 모든 신생국처럼 세르비아도 국제 신용거래에 완전히 의존하는 상습 차입국이었다. 빌린 자금은 대부분 군비 확장과 기반시설 개발에 사용되었다. 밀란 국왕의 치세 내내 오스트리아는 베오그라드에 기꺼이 융자를 해주었다. 하지만 이런 차관의 규모가 채무국의 재원을 초과했으므로 오스트리아는 여러 담보물에 저당권을 설정해야 했다. 예컨대 차관을 제공할 때마다 일정한 세입이나 특정한 철도 자산을 저당잡았다. 저당잡힌 철도세, 인지세, 주류세 세입은 세르비아 정부의 대표들과 채권자들이 공동으로 관리하는 특별국고에 불입하기로 합의했다. 이 합의는 1880년대와 1890년대에 세르비아 국가의 파산을 막았지만, 1895년까지 3억 5000만 프랑 이상의 부채를 진 베오그라드 정부의 헤픈 재정 지출을 전혀 억제하지 못했다. 파산의 그림자가 다가오자 베오그라드 정부는 더 낮은 이자율에 거의 모든 기존 채무를 통합하는 새로운 차관 계약을 협상했다. 저당잡힌 세입은 채권단이 얼마간 별도로 관리하기로 했다.

바꾸어 말하면, 세르비아 같은 부실한 채무국(발칸 국가들과 오스만제국도 마찬가지였다)들은 재정 통제권을 넘겨주는 경우에만 합리적인 조건으로 융자를 받을 수 있었다. 이는 주권국가의 기능을 얼마간 담보로 잡히는 것이나 마찬가지였다. 다른 무엇보다 이런 이유로 국제 융자는 외교 및 권력정치와 불가분하게 얽혀 있는 극히 중요한 정치적 쟁점이었다. 특히 프랑스의 국제 융자는 고도로 정치화되었다. 파리는 자국의 이해관계에 우호적이지 않은 정책을 추진하는 정부에는 융자를 거부했고, 경제적 또는 정치적 양보를 하는 정부에는 쉽게 융자를 해주었다. 믿을 만하지 않지만 전략적으로 중요한 고객들에게는 간혹 마지못해 융자를 해주기도 했는데, 그들이 다른 국가에 손 벌리는 일을 막기 위해서였다. 프랑스는 잠재고객을 공격적으로 물색했다. 예컨대 세르비아 정부를 상대로 1905년 여름에 만일 차관 계약 우선권을 프랑스에 주지 않으면 파리 금융시장이 세르비아에 완전히 닫힐 것이라고 으름장을 놓았다.[64] 이처럼 전략과 금융의 결합을 인식한 프랑스 외무부는 1907년에 산하 통상부서와 정무부서를 통합했다.[65]

이런 배경을 감안하면, 1906년 세르비아가 프랑스 차관을 받은 것은 중요한 전환점이었다. 프랑스와 세르비아의 금융 관계는 전쟁 이전에 활동한 미국 출신의 거액 금융거래 분석가의 말마따나 "더 친밀하고 지배적인" 관계가 되었다.[66] 프랑스인들은 세르비아 국채의 4분의 3 이상을 보유하게 되었다.[67] 이는 세르비아 국가에게는 엄청난 채무였고, 상환 기간이 1967년까지 연장되었다(실제로는 1918년 이후 채무를 대부분 불이행했다). 이 대출금에서 가장 큰 비중을 차지한 것은 대부분 프랑스에서 거래된 군사장비(특히 속사포) 구입비였으며, 이 소식에 오스트리아뿐 아니라 영국의 외교관들과 무기 공급자들까지 약이 바짝 올랐다. 또 1906년 차관 덕에 세르비아는 오스트리아의 통상 압력에 저항하고 장기간 관세 전쟁을 벌일 수 있었다. 1906년 베오그라드 주재 영국 사절은 이렇게 보고했다. "[오스트리아의] 요구에 저항한 파시치 씨의 명백히 성공적인 결말은 세르비아의 경제적 · 정치적 해방에서 뚜렷한 전진을 나타낸다."[68]

세르비아가 거액 금융거래에서 거둔 이런 성공에만 주목하느라 이 나라 경제 전체가 위태로운 상태였음을 간과해서는 안 된다. 그 상태는 오스트리아의 관세정책보다 세르비아의 역사와 농업구조에 깊이 뿌리박은 경제적 쇠퇴 과정과 더 관련이 있었다. 세르비아의 출현과 뒤이은 팽창은 급격한 역도시화 과정을 동반했는데, 수십 년 동안 무슬림을 괴롭히고 추방함에 따라 주로 무슬림 도시들의 인구가 줄었기 때문이다.[69] 오스만 주변부의 비교적 도시화되고 세계주의적인 제국 구조를 대체한 것은 기독교를 믿는 소규모 자영농들이 완전히 지배하는 사회와 경제였다. 이렇게 된 것은 어느 정도는 세르비아에서 자생한 귀족층이 없었기 때문이고, 어느 정도는 통치 왕조가 광대한 사유지들을 합치지 못하게 금지하는 방법으로 그런 지배계급의 출현을 미리 막았기 때문이다.[70] 도시들이 위축되는 동안 인구는 놀라운 증가세를 보였고, 청년 가족들이 한계지 수십만 헥타르를 개간하기 시작하면서 결혼과 출산에 대한 사회적 구속력이 느슨해졌다. 그러나 이렇게 걷잡을 수 없이 증가한 인구는 19세기 중반부터 1차 세계대전 발발까지 세르비아 경제를 옥죈 저효율과 쇠퇴의 순환을 뒤집는 데 전혀 도움이 되지 않았다.[71] 1870년대 초부터 1910~1912년까지 1인당 농업생산량이 27.5퍼센트 감소했는데, 한 가지 이유는 경작지를 확대하면서 삼림을 대규모로 벌채하는 바람에 전통적으로 세르비아의 농업생산 부문에서 수익과 효율이 가장 좋았던 대규모 양돈업을 유지하는 데 필요한 목초지가 줄었기 때문이다. 1880년대까지 슈마디야의 아름다운 삼림 미개지(돼지에게 완벽한 목초지)가 거의 전부 사라졌다.[72]

상업과 산업 부문이라도 뚜렷하게 성장했다면 이런 기록이 덜 중요했을 테지만 두 부문 역시 심지어 발칸의 잣대로 보더라도 암울했다.

시골 인구는 시장에 접근하기 어려웠고, 이웃나라 불가리아에서 산업 성장을 주도하던 직물업 같은 신생 산업의 사정도 크게 다르지 않았다.[73] 이런 여건에서 세르비아의 경제 발전은 외국인의 투자에 달려 있었다. 예를 들어, 부다페스트 과일 가공회사의 직원들이 산업시설을 이용해 자두잼을 만들어 수출하려고 처음 시도했다. 19세기 후반 비단과 포도주 산업의 호황 역시 외국인 기업가들이 일으켰다. 하지만 투자 유치는 지지부진했는데, 세르비아에서 사업을 하려던 외국기업들이 외국인 혐오, 부패한 관료, 낮은 기업윤리에 직면한 것이 한 가지 이유였다. 정부가 투자를 독려한 구역에서마저 지방 당국이 외국인 사업체를 괴롭히는 것이 줄곧 심각한 문제였다.[74]

세르비아의 인적 자본에 대한 투자도 인상적이지 못했다. 1900년 세르비아 전역에 사범대학은 단 네 곳뿐이었고, 전체 초등교사의 절반이 교수법 훈련을 받은 적이 없었으며, 대다수 학급이 교육용으로 짓지 않은 건물에서 수업을 받았고, 어린이 중 약 3분의 1만이 실제로 학교에 다녔다. 이 모든 결함에는 교육에 거의 신경 쓰지 않고 학교를 정부에서 강요하는 이질적인 기관으로 여긴 시골 인구의 문화적 선호가 반영되어 있었다. 1905년 농민층이 지배하는 의회 스쿱슈티나는 새로운 재원 안을 마련하라는 압박을 받는 상황에서 국내 증류주가 아닌 교과서에 과세하는 방안을 택했다. 그 결과는 현저히 낮은 문해율로 나타났다. 왕국의 북부 지역들은 27퍼센트, 동남부 지역들은 고작 12퍼센트였다.[75]

이런 암울한 '발전 없는 성장'의 풍경은 우리 이야기와 여러모로 관련이 있다. 이는 세르비아 사회가 사회경제적 면에서나 문화적 면에서나 유달리 동질적인 사회로 남았음을 의미한다. 강력한 신화적 서사를 간직한 농민 구전문화의 풍속과 도시생활을 잇는 유대는 결코 끊어지지 않았다. 베오그라드(1900년 문해율이 겨우 21퍼센트였다)마저 시골 이주민들의 도시, 전통적인 시골 사회의 문화와 친족 구조에 깊은 영향을 받은 '농민 도시인들'의 세계로 남았다.[76] 이런 환경에서 근대적 의식의 발전은 기존 세계관의 진화로 경험되었던 것이 아니라, 전통적 신념과 가치에 여전히 매료되는 존재방식 위에 근대적 태도를 부자연스럽게 덮어씌우는 과정으로 경험되었다.[77]

이처럼 아주 독특한 경제적·문화적 국면은 전전戰前 세르비아의 두드러진 특징 몇 가지를 설명하는 데 도움이 된다. 야심차고 재능 있는 젊은이들에게 기회를 주지 못하는 세르비아 경제에서는 군대가 선망의 대상이었다. 이 사실 역시 민간 당국이 군 지휘구조의 도전에 취약했던 이유를 설명해준다(그 취약성은 1914년 여름 세르비아를 집어삼킨 위기에서 결정적 요인이었다). 그렇지만 정규군을 경계한 농민 문화가 존속한 덕분에 세르비아 독립 이야기의 중심 테마인 비정규 민병대와 유격대의 빨치산 전투가 장기간 지속되었던 것도 사실이다. 세르비아 정부는 갈수록 오만해지는 군대문화를 상대해야 했던 데다, 19세기 다른 나라들에서 의회제를 지탱한 대규모 지식계급과의 유기적 연계마저 없었다. 이런 정부에게 민족주의는 강력한 정치적 도구이자 문화적 힘이었다. 되찾지 못한 세르비아 땅을 병합하려는 세르비아인들의 열의는 민중문화에 스며든 신화적 열망뿐 아니라 농지 면적과 소출이 줄어들어 살기 힘들어진 농민층의 토지 갈증에도 기대고 있었다. 이런 상황에서 세르비아의 경제적 곤경은 빈의 가혹한 관세와 목조르기 탓이라는 정부의 주장(아무리 미심쩍더라도)에 국민들이 우레와 같은 박수를 보내지 않을 리 없었다. 외세의 속박 탓에 베오그라드 정부는 바다로 진출하여 후진성에서 벗어날 수 있기를 기대하며 하구를 확보하는 데 집착하게 되었다. 또한 상업과 산업의 상대적 약세 탓에 세르비아 통치자들은 적극적인 외교정책을 펴는 데 필요한 군사비를 마련하고자 계속 국제금융에 의존해야 했다. 이 요인 역시 1905년 이후 세르비아가 재정적 · 지정학적 이유로 프랑스의 동맹 망에 점차 통합된 과정을 설명해준다.

격화

1903년 이후 세르비아 민족주의자들의 시선은 주로 마케도니아에서 전개되는 세르비아인, 불가리아인, 튀르크인의 3파전으로 쏠렸다. 1908년 오스트리아-헝가리가 보스니아와 헤르체고비나를 병합하자 이 모든 것이 바뀌었다. 공식적으로 오스만제국의 영토인 두 지방을 오스트리아가 30년 동안 점령하고 있었고 1878년에 관할권을 변경할 때 아무런 문제도 제기되지 않았으므로, 점령에서 완전 병합으로의 명목상 변경은 대수롭지 않은 문제처럼 보일 수도 있었을 것이다. 그러나 세르비아 대중은 그렇게 보지 않았다. 병합 발표는 베오그라드뿐만 아니라 지방에서도 "분노와 민족적 열의의 전례 없는 분출"을 야기했다. "여러 모임"에서 연사들이 "오스트리아와의 전쟁을 부르짖었다."[78] 베오그라드 국립극장에서 열린 반오스트리아 집회에 2만 명 넘게 참석했으며, 이 자리에서 독립급진당 당수 류바 다비도비치Ljuba Davidović는 세르비아인들이 죽을 때까지 병합에 항거해야 한다고 단언했다. "우리는 승리할 때까지 투쟁할 테지만 설령 패한다 해도 우리가 최선을 다했다는 것, 그리고 모든 세르비아인뿐 아니라 모든 슬라브족에게도 존경받는다는 것을 알고서 패할 것입니다."[79] 며칠 뒤 충동적인 조르제 왕세자는 수도에서 1만여 명의 청중 앞에서 연설을 하면서 병합된 지방들을 되찾기 위한 무장 십자군 운동에서 세르비아 국민을 이끌겠다고 천명했다. "나는 군인인 것이 더없이 자랑스럽고, 생사가 걸린 이 필사적인 투쟁에서 우리 민족과 우리 명예를 위해 세르비아 국민을 이끄는 자랑스러운 사람이 되려 합니다."[80] 이 시기 현직 각료가 아니어서 속내를 더 자유롭게 말할 수 있었던 급진당 당수 니콜라 파시치마저, 병합을 뒤집을 수 없다면 세르비아는 해방 전쟁을 준비해야 한다고 주장했다.[81] 1908년 세르비아를 방문한 러시아 자유주의자 파벨 밀류코프Pavel Miliukov는 대중의 강렬한 감정에 충격을 받았다. 그의 회상에 따르면 오스트리아와 전쟁할 거라는 전망이 "싸우려는 태세"가 되었고 "승리가 쉽고도 확실해 보였다." 이런 견해가 워낙 보편적이고 의심 없이 받아들여졌으므로 "〔그들과〕 논쟁을 해봐야 아무런 소용도 없었을 것이다."[82]

세르비아의 정책과 목표에 대한 엘리트와 민중의 이해를 규정한 심상지도가 다시 한 번 부각되었다. 베오그라드 주재 영국 공사는 1909년 4월 27일 보고서에서 오스트리아의 병합이 세르비아에서 불러일으킨 과격한 감정을 이해하는 유일한 길은 다음을 기억하는 것이라고 설명했다.

> 정치에 관심을 가지거나 적극 참여하는 모든 세르비아 애국자는 세르비아 민족이 페타르 국왕의 신민들만이 아니라 인종과 언어 면에서 그들과 닮은 모든 사람으로 이루어진다고 생각한다. 따라서 애국자는 언젠가 대세르비아가 창건되어 현재 오스트리아령, 헝가리령, 오스만령에 흩어져 있는 민족의 모든 분파를 하나의 공동체로 합칠 날을 고대한다. (……) 그의 관점에서 보면 보스니아는 지리적으로나 민족지학적으로나 대세르비아의 심장부다.[83]

저명한 민족지학자로 민족성 문제와 관련해 니콜라 파시치에게 가장 영향력 있는 조언을 한 요반 치비이치Jovan Cvijić는 이 위기에 대한 거의 동시대 논문에서 이렇게 말했다. "보스니아와 헤르체고비나는 (……) 세르보크로아트 인종의 민족지학적 집단에서 중심에 있는 까닭에 (……) 세르비아 문제의 관건이다. 보스니아와 헤르체고비나를 뺀 대세르비아는 있을 수 없다."[84] 범세르비아 주창자들의 관점에서 보면 보스니아-헤르체고비나는 "외국의 지배를 받는 세르비아 땅"에 속했고, "인종과 언어 면에서 완전히 세르비아인"인 그곳 인구는 세르비아인, 세르보크로아트인, "세르비아인 무함마드교도"로 이루어져

있었다. 물론 이전 30년간 오스트리아인이 정착시킨 소수의 "임시 주민"과 "착취자"는 예외였다.[85]

세르비아를 휩쓴 분노의 물결을 타고 민족주의적 목표를 추구하는 새로운 대중조직이 출현했다. 세르비아민족방위단Srpska Narodna Odbrana이라고 알려진 그 조직은 단원 수천 명을 모집해 세르비아 도시와 마을 220곳의 위원회와 보스니아-헤르체고비나 내 조력자 네트워크에 분산 배치했다.[86] 마케도니아에서 세를 얻은 영토회복주의 운동은 이제 병합된 지방들을 겨냥했다. 민족방위단은 보스니아 내에서 게릴라를 조직하고 자원병을 모집하고 간첩망을 구축했으며, 세르비아 정부에 더 공격적인 민족정책을 펴도록 로비했다. 아피스의 측근인 보야 탄코시치Voja Tankosić 소령처럼 마케도니아에서 싸웠던 베테랑들은 보스니아 접경에 배치되어 다가올 투쟁에 대비해 신입 단원 수천 명을 훈련시켰다. 한동안 세르비아는 금방이라도 인접국에 대한 자살공격을 개시할 것처럼 보였다.[87]

베오그라드 지도부는 처음에는 소요를 부추겼으나 머지않아 병합을 되돌릴 가망이 없음을 깨달았다. 달아오른 분위기에 찬물을 끼얹은 주역은 세르비아의 저항을 부추길 생각이라곤 전혀 없었던 러시아였다. 이는 전혀 놀라운 일이 아니었는데, 오스트리아 외무장관 알로이스 에렌탈Alois Aehrenthal에게 병합을 제안한 장본인이 (적어도 원론적으로는) 러시아 외무장관 알렉산드르 이즈볼스키Alexandre Izvolsky였기 때문이다. 이즈볼스키는 세르비아 외무장관 밀로반 밀로바노비치Milovan Milovanović에게 병합이 임박했음을 사전에 통지하기까지 했다. 이즈볼스키는 휴양도시 마리안스케라즈네에서 온천 요양을 하던 중 세르비아 외무장관을 만난 자리에서, 상트페테르부르크 정부가 발칸 국가들을 "러시아의 자식들"로 여기기는 하지만 러시아도 다른 어떤 강대국도 오스트리아의 병합에 이의를 제기하지 않을 것이라고 알려주었다(이즈볼스키는 러시아 군함의 보스포루스-다르다넬스 해협 통행 조건을 유리하게 바꾸기 위한 거래의 일환으로 자신이 오스트리아 측에 병합을 제안했다는 사실은 쏙 빼고 말했다). 이후 상트페테르부르크 주재 세르비아 공사는 본국 정부에 "아무도 우리를 도울 수 없을 것이고 전 세계가 평화를 원하므로"[88] 어떤 경우에도 오스트리아를 상대로 동원해서는 안 된다고 당부했다.

외무장관 밀로바노비치는 파시치가 1905~1906년 오스트리아-세르비아 위기를 다루는 방식에 비판적이었고 1908년 그가 주전론을 펴자 충격을 받았던 온건한 정치인으로, 당시 극히 민감한 위치에 있었다. 이즈볼스키와 직접 회담했던 그는 유럽 강국들을 병합 반대파로 결집할 가망이 없음을 알고 있었다. 그렇지만 그는 세르비아 내 민족주의적 히스테리를 제어하는 동시에 온건한 '민족'정책의 배후에서 의회와 정치 엘리트를 통합해야 했다. 이 두 가지 목표는 사실상 양립 불가능했는데, 빈의 입장에 양보할 기미만 보여도 세르비아 대중이 국익 '배반'으로 단정할 터였기 때문이다.[89] 그의 어려움은 급진당과 여기서 분가한 독립급진당의 적대관계로 더욱 가중되었으며, 후자는 타협하지 않는 범슬라브 민족주의를 표방했다. '파시치 집단'과 밀로바노비치를 중심으로 한 '궁정 급진파' 같은 급진당 지도부 내 파벌들의 싸움은 혼란과 불확실성을 더욱 키웠다. 막후에서 밀로바노비치는 병합의 보상으로 제한된 영토를 받는 데 초점을 맞추는 온건한 정책을 추진했고, 범세르비아 언론의 비방을 두말없이 감내했다. 그렇지만 공개적인 자리에서는 대중을 열광시키는 비타협적 수사를 구사하여 오스트리아 신문들의 분노를 자아냈다. 1908년 10월 의회 연설에서 그는 "세르비아 민족 프로그램은 보스니아와 헤르체고비나가 해방될 것을 요구합니다"라고 선언하여 열렬한 박수를 받았다. 그리고 오스트리아-헝가리가 이 계획의 실현에 간섭함으로써 "언젠가 가깝거나 먼 미래에 세르비아와 세르비아 민족 전체가 생사를 걸고 싸울 투쟁"을 불가피한 결과로 만들었다고 단언했다.[90]

밀로바노비치의 곤경은 이 시대에 세르비아 정책수립자들을 옥죈 압력을 잘 보여준다. 이 총명하고 조심성 많은 사람은 세르비아의 위치와 조건으로 인한 제약을 뚜렷하게 이해하고 있었다. 1908~1909년 겨울 모든 열강은 베오그라드에 보스니아-헤르체고비나를 단념하고 불가피한 결과를 받아들일 것을 촉구했다.[91] 그러나 밀로바노비치는 책임 있는 어떤 각료도 세르비아 통일이라는 민족 프로그램을 공공연히 부인할 수 없다는 것도 알고 있었다. 그리고 어쨌든 그 자신이 민족 프로그램의 열렬하고 진실한 지지자였다. 언젠가 그는 세르비아가 세르비아 민족의 대의를 결코 포기할 수 없다고 말했다. "세르비아의 관점에서 보면 세르비아 국가의 이해관계와 다른 세르비아인들의 이해관계 사이에 차이가 전혀 없다."[92] 이 발언에도 정치적 불가피성과 종족적 불가피성이 뒤섞인 세르비아의 심상지도가 투영되어 있었다.

요점은 이렇다. 밀로바노비치는 물론 파시치까지(결국 주전론을 철회했다) 포함하는 온건파와 극단적 민족주의자들이 근본적인 입장 차이를 보였던 쟁점은 국가가 당면한 곤경을 어떻게 타개할 것이냐는 문제 하나뿐이었다. 온건파라 해도 민족주의 프로그램 자체를 부인할 수는 없었다(부인하려 들지도 않았다). 따라서 국내에서는 민족주의 논쟁의 어휘를 택한 극단파의 수사법이 언제나 유리했다. 이런 상황에서 온건파는 극단파의 언어를 받아들이지 않고는 목소리를 내기 어려웠을 것이다. 또한 외부 관찰자는 정치 엘리트들 사이에 어떤 입장차가 있는지 분별하기 어려웠을 것이다. 실상과 달리 겉보기에 그들은 견고한 만장일치 전선을 형성하고 있었기 때문이다. 세르비아 정치문화의 이 위험한 역학이 훗날 1914년 6월과 7월에 베오그라드에 다시 출몰할 터였다.

물론 결국 오스트리아-헝가리가 이겼고, 세르비아는 1909년 3월 31일 보스니아-헤르체고비나에 대한 권리를 공식적으로 포기해야 했다. 세르비아 정부는 곤경을 치른 끝에 소요를 가까스로 진정시켰다. 베오그라드는 "자원병들과 무리들"의 무장을 해제하고 해산시키겠다고 빈에 약속했다.[93] 세르비아민족방위단은 반란 선동 기능과 전쟁 수행 기능을 박탈당하고 (적어도 외견상으로는) 평화로운 범세르비아 선전 · 정보기관으로 변모했다. 이 기관은 소콜Sokol 체육회 같은 다른 민족주의적 협회들, 그리고 프로스베타Prosveta와 프리레드니크Prirednik처럼 문학과 공교육, 청소년 사업을 통해 세르비아의 문화적 정체성을 강화한 집단들과 긴밀히 제휴했다.

세르비아는 병합을 뒤집지도, 밀로바노비치가 보상으로 요구했던 영토를 받지도 못했다. 그러나 두 가지 중요한 변화가 있었다. 첫째, 보스니아 위기를 계기로 세르비아와 두 우방 강대국이 더 긴밀하게 협력하기 시작했다. 러시아와의 연계는 열렬한 범슬라브주의자이자 친세르비아파인 러시아 공사 니콜라이 가르트비크Nikolai Hartwig 남작이 새로 부임하면서 강화되었다. 가르트비크는 1914년 전쟁 발발 직전에 급사할 때까지 베오그라드 정치에서 중심적 역할을 했다. 프랑스와의 재정적·정치적 유대도 강화되었다. 세르비아군을 확대하고 공격력을 강화하려는 목적으로 파리로부터 들여온 거액 차관이 그 증거였다.

둘째, 1908~1909년의 분노와 실망은 민족주의 집단들을 급진화하는 결과를 가져왔다. 그들은 정부가 병합 문제에 굴복하자 잠시 사기가 꺾이긴 했으나 야망을 포기하진 않았다. 정부와 민족주의자들 사이에는 골이 깊게 패었다. 세르비아와 불가리아 간 투쟁이 계속되는 마케도니아에서 민간인 활동가 보그단 라덴코비치Bogdan Radenković는 마케도니아 전선의 베테랑 장교들(몇 명은 1903년 음모단의 일원이었다)을 만나 새로운 비밀단체 결성을 논의했다. 그 결과 1911년 3월 3일 베오그라드의 한 아파트에서 '흑수단Blach Hand'으로 널리 알려진 '단결 아니면 죽음!Ujedinjenje ili smrt!'이 결성되었다. 당시 사관학교 전술 교수였던 아피스는 창립 모임에 참석한 7인(국왕 시해 장교 5명과 민간인 2명) 중 하나였다. 아피스는 당시 확고하게 장악하고 있던 더 젊은 시해자들과 동조자들을 입단시켰다.[94] '단결 아니면 죽음!'은 새로운 결사의 목적이 "세르비아 민족의 통일"이라는 놀랄 것 없는 선언으로 시작한다. 다른 조항들은 세르비아가 세르비아인의, 실은 모든 남슬라브족의 '피에몬테'(이탈리아 북서부에 있는 피에몬테 지방은 19세기 이탈리아 통일 운동의 중심지였다—옮긴이)라는 생각을 정부가 받아들이도록 단원들이 정부에 영향력을 행사하려 노력해야 한다고 언명한다('단결 아니면 죽음!'의 이상을 자세히 알리기 위해 창간한 잡지의 이름은 그 목표에 걸맞은 《피에몬트Pijemont》였다). 새 운동은 포괄적이고 패권적인 세르비아 민족 개념을 표방했다. 흑수단의 선전은 보스니아인 무슬림의 정체성을 인정하지 않았고 크로아티아인의 존재를 단호히 부인했다.[95] 폭력적 투쟁이 될 것이 분명한 통일운동에 세르비아 민족을 대비시키기 위해 흑수단은 세르비아인이 거주하는 모든 영토에서 혁명적 작업에 착수할 터였고, 국경 밖에서도 가능한 모든 수단을 동원해 세르비아 이념의 적들과 싸울 터였다.[96]

이들은 '민족의 대의'를 위해 활동하면서 세르비아의 민주적 의회제와 특히 급진당을 갈수록 적으로 인식했으며, 급진당 지도부를 민족 반역자로 몰아세웠다.[97] '단결 아니면 죽음!' 내에서 급진당에 대한 세르비아 군부의 오랜 증오는 사그라지지 않았다. 그들은 원형적 파시스트 이데올로기와 친연성을 보이기도 했다. 그들의 목적은 단순히 국가의 주권자를 바꾸는 것이 아니라(그 일은 1903년에 달성했으나 세르비아 민족에게 이렇다 할 혜택은 전혀 없었다) 세르비아 정치와 사회의 철저한 혁신, "우리 타락한 인종의 갱생"이었다.[98]

흑수단은 비밀의식을 먹고 자랐다. 입단하려면 창립위원회의 일원이자 프리메이슨 단원인 요바노비치-추파Jovanović-Čupa가 고안한 의식을 치러야 했다. 신입 단원은 어두컴컴한 방에서 두건을 쓴 사람 앞에 서서 위반 시 처형을 당한다는 조건으로 조직에 절대 복종할 것을 선서했다.

> 나[이름]는 단결 아니면 죽음 조직에 가입하면서 나를 비추는 태양과 나를 키우는 대지와 나의 선조들의 피와 나의 명예와 나의 목숨을 걸고서 이 순간부터 죽는 날까지 이 조직의 규칙에 충실하고 조직을 위해 언제라도 어떠한 희생이라도 마다하지 않을 것을 신 앞에 맹세합니다.
>
> 나는 나의 명예와 나의 목숨을 걸고서 모든 임무와 명령을 이의 없이 실행할 것을 신 앞에 맹세합니다.
>
> 나는 나의 명예와 나의 목숨을 걸고서 이 조직의 모든 비밀을 무덤까지 가져갈 것을 신 앞에 맹세합니다.
>
> 알고서든 모르고서든 내가 이 맹세를 위반한다면 신과 조직의 동료들이 나를 심판할 것입니다.[99]

기록이랄 것은 거의 남기지 않았다. 중앙의 단원 명부는 없었고, 조직의 범위나 활동 전반을 알지 못하는 세포조직들의 느슨한 관계망만 있었다. 그 결과 조직의 규모가 지금까지도 확실하게 밝혀지지 않고 있다. 1911년 말까지 단원 수는 약 2000~2500명으로 늘었다. 그 후 발칸전쟁을 거치면서 단원 수가 급증하긴 했지만, 흑수단의 정보원으로 변절한 사람이 10만~15만 명이라는 후대의 추정치는 분명 과장된 것이다.[100] 정확한 숫자가 무엇이든, 흑수단은 군부 내 기반에서 세르비아 국경경비대의 간부들과 특히 세르비아-보스니아 국경을 담당하는 세관원들에게 접근하는 등 공직 구조 안에서 재빨리 세를 불려나갔다. 또한 1909년 외견상 선전과 전투 기능을 박탈당했음에도 보스니아에서 여전히 활동 중이던 민족방위단의 첩보원들 중에서 새 단원을 많이 모집했다. 그들의 활동 중 하나는 테러리스트 훈련 캠프를 운영하면서 신입 단원에게 사격술, 폭탄 공격, 교량 폭파, 첩보활동 등을 가르치는 것이었다.[101]

'단결 아니면 죽음!' 로고

이 조직은 노련한 음모자 아피스에게 잘 차려진 밥상이나 마찬가지였다. 비밀의식은 그의 기질에 잘 맞았다. 조직의 공식 휘장徽章, 즉 해골, 교차된 대퇴골, 칼, 독약 병, 폭탄이 그려진 원형 로고도 그러했다. 훗날 아피스는 이런 상징들을 채택한 이유에 대해 자신의 눈에는 "그런 상징들이 그리 무섭거나 부정적으로 보이지 않았다"라고 말했다. 결국 민족을 중시하는 모든 세르비아인의 과제는 "폭탄과 칼, 라이플로 세르비아 민족을 구하는 것"이었다. 그는 이렇게 회상했다. "내가 〔마케도니아에서〕 일할 때 독약이 쓰였고, 모든 게릴라는 공격 수단이자 적의 수중에 떨어진 누군가를 구하기 위한 수단으로 독약을 소지했다. 그래서 그런 상징들이 조직의 휘장에 들어갔던 것이고, 그것은 이 사람들이 죽음을 각오한다는 표지였다."[102]

흑수단의 비밀 기조에는 역설적으로 공개적인 면이 있었다.[103] 정부와 언론이 이 운동의 존재를 알고 있다는 불분명한 이야기가 금세 나돌았으며, 형 조르제가 왕위계승권을 포기한 이후 왕위계승자가 된 알렉산다르 왕세자가 조직 결성을 사전에 통보받고 그 활동을 지원했다는 증거까지 있다(왕세자는 《피에몬트》 창간에 자금을 댄 소수의 후원자들 중 한 명이었다). 신입 모집 절차는 격식에 얽매이지 않았고 대개 반쯤 공개적이었다. 모집책은 그저 조직이 애국사업을 한다고만 말했고, 그러면 많은 장교들이 더 묻지도 따지지도 않고 가입했다.[104] 베오그라드의 카페에서 만찬과 연회가 열리면 아피스가 민족주의자 학생들로 붐비는 긴 탁자에서 모임을 주재하곤 했다.[105] 베오그라드 방위사령관 밀로시 보자노비치Miloš Bozanović가 부하 코스티치Kostić 소령에게 흑수단에 관한 정보를 요구하자 코스티치는 못 믿겠다는 듯이 이렇게 말했다. "모르셨습니까? 세상이 다 아는 일입니다. 카페와 술집에서 누구나 그 조직에 대해 이야기하고 있습니다." 이 모든 일은 베오그라드처럼 서로를 잘 알고 사적인 가정보다 커피하우스에서 사교생활을 하던 도시에서는 불가피한 결과였을 것이다. 하지만 흑수단의 이 공공연한 비밀 엄수는 정서적 욕구를 채워주기도 했다. 내가 무얼 하는지 아무도 모른다면 비밀 조직에 속해봐야 무슨 의미가 있었겠는가? 늘 앉는 테이블에서 다른 음모자들과 먹고 마시면서 눈길을 모으는 사람은 자신이 중요한 인물이라고 느꼈다. 또 공식적으로 흑수단 네트워크 바깥에 있지만 속사정을 잘 알던 사람들은 서로 한통속이 되어 결탁하면서 짜릿한 흥분을 느꼈다. 이런 욕구 충족은 세르비아 민족의 말없는 다수를 대변한다고 주장하던 흑수단에게 중요했다.

그러나 흑수단의 존재를 누구나 알고 있었다 해도, 이 조직의 목표는 상당히 불분명했다. 파시치는 흑수단을 세르비아 국가를 내부에서 전복하는 목표에 주력하는 운동으로 보았다(흑수단이 초민족주의를 내세워 이 목표를 위장한다고 여겼던 듯하다). 이런 잘못된 해석은 여러 외교 보고서에서도 찾아볼 수 있다. 일례로 대체로 정보에 밝았던 베오그라드 주재 오스트리아 공사는 1911년 11월에 모든 세르비아인을 통일하기 위해 세르비아 밖에서 활동하는 애국집단이라는 흑수단의 주장이 "실은 눈속임에 불과하다. 진짜 목표는 내정에 개입하는 것이다"라고 보고했다.[106] 이 오판은 1914년 7월 위기 시에도 오스트리아 당국을 혼란에 빠뜨릴 터였다.

보스니아와 헤르체고비나 내에서 '단결 아니면 죽음!'과 민족방위단의 네트워크는 가장 중요한 청년보스니아Mlada Bosna를 비롯해 범세르비아 활동가들로 이루어진 현지 집단들과 뒤섞이게 되었다. 청년보스니아는 통일된 조직이 아니라 1904년경부터 보스니아 전역에서 활동하던 혁명적 청년 집단들과 세포조직들의 집합체였고, 세르비아의 목표에 전념하는 흑수단이나 민족방위단보다는 초점의 범위가 넓었다.[107] 오스트리아 경찰이 지켜보는 가운데 활동했으므로, 청년보스니아는 지정된 중개인들을 통해서만 연결되는 작은 '서클들kruzki'에 기반하는 탈중심적이고 유연한 구조를 채택했다. 청년보스니아의 위대한 시간은 1910년에, 한 단원이 보스니아의 오스트리아인 총독에게 자살공격을 감행했을 때 찾아왔다. 1910년 6월 15일, 보스니아 의회 개회일에 헤르체고비나 출신 세르비아계 학생 보그단 제라이치Bogdan Žerajić는 총독 마리얀 바레샤닌Marijan Varešanin에게 다섯 발을 쐈다. 총알이 모두 빗나가자 제라이치는 여섯 번째와 마지막 일곱 번째 총알을 자신의 머리를 향해 발사했다. 그는 사라예보 공동묘지의 범죄자와 자살자 묘역에 신원불명으로 묻혔지만, 그의 무덤은 곧 세르비아 지하운동의 성지가 되었고 그의 행위는 베오그라드에서 민족주의 언론의 칭송을 받았다.[108]

제라이치의 평판을 높이는 데 청년보스니아의 동료 블라디미르 가치노비치Vladimir Gačinović만큼 이바지한 사람은 없었다. 보스니아를 떠나 베오그라드에서 고등학교를 다닌 가치노비치는 그곳 대학에서 한 학기를 마친 뒤 정부 장학금을 받아 빈대학으로 유학을 갔다. 1911년 그는 흑수단과 민족방위단에 둘 다 가입했고, 사라예보로 돌아온 뒤 이 도시에서 활동가 세포조직 네트워크를 구축했다. 그는 제라이치의 삶과 죽음을 기리는 책자로 유명해졌다. 《한 영웅의 죽음The Death of a Hero》은 자살공격자를 "실천력과 힘, 활기, 덕성을 갖춘 사람, 한 시대를 열어젖히는 유형의 사람"으로 묘사했고, "세르비아 청년들이여, 그런 인물을 배출하겠는가?"라는 선동적인 발언으로 끝을 맺었다. 코소보 서사시들을 떠올리게 하는 방식으로 암살 테마와 희생 테마를 섞은 가치노비치의 책자는 보스니아로 밀수되어 널리 유통되었고, 범세르비아 테러리스트 사회에서 예찬받는 핵심 텍스트 중 하나가 되었다.[109] 제라이치의 공격은 합스부르크제국의 정치 엘리트를 상대로 정치적 테러리즘을 체계적으로 이용하기 시작한 사건이었다. 제라이치가 죽은 뒤 1914년 6월 28일 사라예보에서 파멸적인 총성이 울리기까지 3년 동안 제국의 남슬라브 지방들에서 비슷한 사건이 추가로 7건, 사전에 발각되어 무위로 끝난 음모가 12건 이상 있었다.[110]

세 차례 튀르크 전쟁

1911년 9월 말 '단결 아니면 죽음!'이 결성된 지 겨우 여섯 달 지난 시점에 이탈리아가 리비아를 침공했다. 오스만령 리비아를 정당한 이유 없이 공격한 이 사건은 발칸반도에서 오스만이 통제하는 영토에 대한 동시다발 공격을 촉발했다. 발칸 국가들(세르비아, 몬테네그로, 불가리아, 그리스)의 느슨한 연합은 오스만의 영토를 나란히 공격함으로써 1차 발칸전쟁(1912년 10월~1913년 5월)을 개시했다. 그 결과 발칸동맹이 승리를 거두고 알바니아와 마케도니아, 트라키아에서 오스만군을 몰아냈다. 2차 발칸전쟁(1913년 6~7월)에서 교전국들은 1차 전쟁의 전리품을 차지하기 위해 싸웠다. 다시 말해 세르비아, 그리스, 몬테네그로, 루마니아가 한편이 되어 마케도니아, 트라키아, 도브루자의 영토를 놓고 불가리아와 싸웠다.

두 차례 전쟁의 영향은 5장에서 더 상세히 논할 것이다. 일단은 오흐리드, 비톨라, 코소보, 슈티프, 코차니를 포함하는 바르다르강 중류 지역에 더해 노비파자르주의 동쪽 절반(서쪽 절반은 몬테네그로가 차지했다)까지 얻은 세르비아가 두 전쟁의 최대 수혜자였다는 점만 알아두어도 충분하다. 세르비아왕국은 영토 면적이 1만 8650제곱마일에서 3만 3891제곱마일로 늘었고 인구가 150만 명 넘게 증가했다. 세르비아 민족시의 신화적 배경인 코소보를 획득한 것은 나라의 큰 경사였으며, 이제 서쪽으로 몬테네그로와 국경을 접하게 되었으므로 이 인접국과의 정치적 연합을 통해 아드리아 해안에 상시 접근할 수 있는 가능성이 열렸다. 더욱이 세르비아는 전쟁 수행을 통해 프랑스 차관(1913년 9월에 프랑스 은행들로 구성된 차관단으로부터 또 한 차례 거액을 빌렸다)을 군사에 투자한 세월이 헛되지 않았음을 보여준 듯했다. 첫 동원령을 선포하고 3주 안에 30만 병력이 전장에 투입되었다. 어느 외국인 관찰자는 이제 세르비아군이 "무시할 수 없는 요인"이고 세르비아 자체가 지역 강국이라고 보았다.[111] 베오그라드 주재 영국 대리공사 데이렐 크랙앤서프Dayrell Crackanthorpe는 의기양양한 분위기를 보고했다. "세르비아는 이를테면 성년이 되어 (……) 국가의 정책을 독자적으로 추진할 수 있다고 느끼고 있다." 왕국의 정치 엘리트들은 "지극한 자기만족의 단계를 지나고" 있었고 언론과 공개 토론에서는 세르비아가 전장에서 거둔 성공과 "오스트리아 외교의 실패"가 대비되었다.[112]

베오그라드가 새로 획득한 영토에 살던 대다수 사람들은 세르비아의 통치가 시행되자 괴롭힘과 억압을 당했다. 1903년 세르비아 헌법(제24조, 제25조, 제22조)이 보장하는 결사 · 집회 · 언론의 자유가 새 영토에는 적용되지 않았다. 정치범에 대한 사형을 폐지한 제13조도 마찬가지였다. 새 영토의 주민들은 선거권이나 피선거권을 인정받지 못했다. 달리 말해 정복된 지역들은 한동안 식민지의 성격을 띠었다. 정부는 새 영토의 문화적 수준이 너무 낮아서 자유를 줄 경우 나라가 위험해질 것이라는 이유로 이런 결정을 정당화했다. 실제로 정부의 주요 관심사는 여러 지역에서 다수를 차지하는 비세르비아인들을 민족 정책에서 배제하는 것이었다. 《라디치케 노비네Radičke Novine》와 《프라브다Pravda》 같은 야당 신문들은 "새로운 세르비아인들"이 사실 세르비아 치하보다 오스만 치하에서 정치적 권리를 더 많이 누렸다고 즉각 지적했다.[113]

세르비아에게 이것은 두 종류의 전쟁이었다. 다시 말해 정규군 부대만이 아니라 이 시절에 아주 흔했던 빨치산 무리와 자유계약 전사까지 싸우는 전쟁이었다. 새로 획득한 지역들에서 공식 당국과 비공식 집단의 결탁은 소름 끼치는 결과를 초래했다. 학교와 목욕탕, 모스크 같은 오스만 건물들이 숱하게 파괴되었다. 영국 영사들은 저 건축물은 두샨의 제국 시대에 지어진 것이므로 세르비아 민족의 유산이라는 말로 현지 지휘관들을 설득하여 간신히 파괴를 막기도 했다. 예컨대 이 지략으로 마케도니아 스코페(위스퀴브)에 있는 아름다운 16세기 오스만 다리를 지킬 수 있었다.[114]

1913년 10월과 11월에 스코페와 모나스티르 주재 영국 부영사들은 병합 지역에서 세르비아인들이 자행하는 조직적인 위협, 자의적인 구금, 구타, 강간, 마을 방화, 학살을 보고했다.[115] 모나스티르 부영사 찰스 그레이그Charles Greig는 "세르비아 치하 무슬림들이 주기적인 학살, 확실한 착취, 최종 괴멸 외에 아무것도 기대할 수 없다는 것이 이미 불

보듯 뻔하다"라고 보고했다. 11일 뒤 그는 "프릴레프, 크르체보, 크루세보 지구의 불가리아인과 특히 무슬림 인구는 세르비아인 무리에게 빈번하고 잔혹한 학살과 약탈을 당해 절멸될 위험에 처해 있다"라고 경고하는 보고서를 추가로 보냈다.[116] 11월 말에는 "세르비아인 빨치산 무리들과 이들과 한통속인 사람들이 다른 종류의 약탈과 살인, 만행을 저질러" 거의 무정부 상태가 되었다.[117] 알바니아인을 비롯한 무슬림, 불가리아인, 블라크인, 유대인은 "오스만 치하의 가장 암담한 시절에도 전례가 없었을 정도로 모든 공동체의 생존수단을 고갈시키는" 것으로 보이는 "무일푼 처지"가 될 앞날을 두려워했다.[118] 그리스 국경에서 가까운 마케도니아 남부 비톨라(모나스티르의 다른 이름—옮긴이)에서 이 영국 부영사는 시청 관리들이 "세르비아인 전직 선전원들"로 이루어진 부패한 패거리로 대체되었으며 이 패거리의 우두머리 2명은 "① 전직 이발사 겸 첩자 겸 세르비아 요원 (……) ② 막심이라 불리는, 입에 담기 민망한 직업을 가진 현지 세르비아인"이라고 보고했다. 그레이그는 이렇게 결론지었다. "세르비아의 적들에게 이 패거리가 실시하는 공포정치보다 나은 전망은 있을 수 없다."[119]

이들 보고서와 관련해 또 하나 흥미로운 점이 있다. 부영사의 보고를 받은 영국 대리공사 크랙앤서프가 보인 반응이다. 확고한 친세르비아파인 크랙앤서프는 "자신이 아는 세르비아 장교"를 병합 지역에서 전개되는 사태에 대한 가장 중요한 정보원으로 두고 있었다.[120] 그는 베오그라드 정부의 공식 부인을 액면 그대로 받아들였는가 하면 본국 외무부에 그레이그가 난민들의 히스테리와 과장된 이야기에 속았다고 암시함으로써 부영사가 모나스티르에서 발송한 공문의 영향을 축소하려 했다. 발칸에서 전개되는 사태를 영국이 이미 동맹체제라는 지정학적 렌즈를 통해 보고 있었다고 주장할 수도 있을 것이다. 그 관점에서 보면 세르비아는 무시무시한 인접국 오스트리아-헝가리와 당당히 싸우는 우방이었다. 병합 지역에서 작성한 보고서들의 상세한 서술이 쌓이고 루마니아와 스위스, 프랑스의 관리들이 그것을 뒷받침하는 진술을 내놓고 나서야 영국 외무부는 마케도니아에서 잔혹행위가 자행된다는 소식을 오스트리아의 선전으로 일축하지 않게 되었다.

한편 세르비아 정부는 잔혹한 사건이 더 일어나지 않도록 막거나 이미 일어난 사건을 조사하는 데 전혀 관심을 보이지 않았다. 영국이 비톨라에서 일어나는 사태를 경고했을 때, 파시치는 그곳 사정을 완전히 알지 못하므로 뭐라 말할 수 없다고만 답변했다. 남쪽으로 조사단을 보내 그 문제를 추가로 알아보겠다는 그의 말은 결코 실현되지 않았다. 콘스탄티노플 주재 세르비아 공사를 통해 현지 무슬림 고관 대표단의 항의를 전해들은 파시치는 이주자들이 새로운 동포들 사이에서 더 따뜻한 환대를 받기 위해 자기네 고통을 과장하는 바람에 그런 이야기가 나오는 것이라고 잘라 말했다.[121] 카네기위원단(공정한 조사를 위해 한 명 한 명 신중하게 선정해 꾸린 국제 전문가 팀)은 문제의 지역들에서 자행된 잔혹행위에 대한 유명한 조사를 수행하기 위해 발칸반도에 도착했을 때, 베오그라드 정부로부터 사실상 아무런 지원도 받지 못했다.[122]

두 차례 발칸전쟁을 치르면서 베오그라드 집행 구조 내부의 긴장이 한동안 풀리는 듯했다. 짧은 막간 동안 비밀 조직망, 정규군, 빨치산 무리, 내각 각료들이 민족의 대의를 위해 협력했다. 아피스는 1912년 세르비아가 침공하기 전에 마케도니아에 파견되어 군을 위해 비밀 작전을 수행했고, 흑수단은 1913년 알바니아 족장들과 협상하면서 사실상 세르비아 외무부의 지부 역할을 했다. 남쪽에서 새로 정복한 지역을 통제하는 임무에는 정규군 분대뿐 아니라 자원병 무리도 참여했으며, 드라가 왕비의 두 형제를 살해하는 일을 감독했던 시해자 보야탄코시치 같은 흑수단 공작원들이 임무를 지원했다.[123] 1913년 1월에 아피스가 중령으로 진급하고 8월에 참모본부 정보부장에 임명된 것은 흑수단의 위신이 높아졌다는 증거였다. 이로써 아피스는 오스트리아-헝가리 내에서 활동하는 세르비아민족방위단 요원들의 광범한 조직망을 통제하는 위치에 올랐다.[124]

협력 기조는 두 차례 발칸전쟁이 끝나자마자 깨지기 시작했다. 민군 관계는 새로 획득한 지역을 관리하는 문제로 악화일로를 걸었다. 한편에는 육군부, 세르비아군, 야당인 독립급진당의 다양한 동조자들이 있었고, 반대편에는 나머지 내각을 대부분 구성한 급진당 지도부가 있었다.[125] 분쟁의 초점은 새 영토에 도입할 행정의 성격이었다. 파시치 내각은 법령으로 과도 민정 체제를 수립하려 했다. 그에 반해 군은 군정을 계속 실시하는 방안을 선호했다. 근래의 잇단 성공으로 사기가 높아진 군 지휘부는 병합 지역에서 통제권 양도를 거부했다. 이것은 단지 권력의 문제가 아니라 정책의 문제이기도 했다. 강경파는 단호하고 반자유주의적인 행정만이 다종족 지역에서 세르비아의 통제력을 굳건히 할 수 있다고 보았기 때문이다. 1914년 4월 급진당 소속 내무장관 스토얀 프로티치Stojan Protić가 군을 공식적으로 민간 당국에 종속시키는 우선권 법령Priority Decree을 공포하자 전면적 위기가 발생했다. 새 영토에서 장교들은 이 법령에 따르기를 거부했고, 군부는 1903년 국왕 암살 이후 음모단이 했던 것처럼 야당인 독립급진당과 연대했다. 아피스가 주도하는 쿠데타가 임박했다는 풍문까지 돌았다. 내용인즉, 아피스가 베오그라드 주둔 병력을 이끌고 왕궁을 장악해서 페타르 국왕을 강제로 퇴위시키고 알렉산다르 왕세자를 옹립하고 급진당 내각 각료들을 암살할 계획이라는 것이었다.[126]

1914년 5월 말 베오그라드의 상황은 파시치 정부의 붕괴를 막기 위해 외세가 개입해야 할 만큼 일촉즉발이었다. 베오그라드 주재 러시아 공사는 이례적으로 러시아의 발칸 정책에 파시치의 현직 유지가 필요하다고 공개적으로 선언했다. 프랑스는 파시치 이후 독립급진당과 군부 파벌이 지배할 정부는 1905년 이래 세르비아의 국가 투자를 지탱해온 파리의 후한 재정 지원을 받지 못할 것이라고 암시함으로써 파시치를 지지했다. 이 교활한 급진당 당수가 오스트리아 공사의 개입 덕에 처형을 면했던 1899년의 상황이 불완전하게 되풀이되었다. 허를 찔린 아피스는 싸움에서 발을 뺐다.[127] 임박한 권력 탈취 위협을 미봉책으로 모면한 파시치는 1914년 6월 선거를 통해 자신의 지위를 강화할 수 있기를 기대했다.

이 불투명한 정치 투쟁은 빈에서 세르비아의 내징을 주시하던 이들에게 전혀 위안이 되지 않았다. 1914년 3월 데이렐 크랙앤서프가 지적했듯이 급진당 내각으로 대표되는 "좀 더 온건하고 신중한 의견을 가진 집단"과 흑수단의 영향을 받는 "군부 파벌" 모두 오스트리아-헝가리의 해체가 임박했고 이 제국에서 아직까지 범세르비아적 구원을 기다리는 광대한 땅이 세르비아에 떨어질 것으로 얼마간 믿고 있었다. 양자의 차이점은 방법뿐이었다. 군부 파벌은 "나라가 준비되었을 때 여차하면 침략전쟁"을 벌이는 편이 좋다고 생각했다. 온건파는 "오스트리아-헝가리제국의 분열을 알리는 신호가 제국 외부가 아닌 내부에서 들려올 것"으로 보았고, 따라서 모든 우발 사태에 대비하는 자세를 선호했다. 더욱이 제도적 관점에서 보면, 온건한 공식 세르비아의 구조와 강경한 영토회복주의 네트워크는 서로 긴밀하게 얽혀 있었다. 군부의 고위층, 보스니아와 헤르체고비나의 요원들을 거느린 정보기관, 관세청, 내무부 부서들과 여타 정부 기관들에는 민족주의 네트워크가 깊숙이 침투했고, 역으로 이 네트워크에는 국가가 깊숙이 침투했다.

대공 암살 음모

사라예보에서 프란츠 페르디난트 대공을 암살하는 음모의 세부적인 내용을 재구성하기는 어렵다. 암살자들 자신이 베오그라드와의 연계를 감추려 갖은 애를 썼다. 생존한 가담자들은 대부분 연루 여부에 입을 다물었다. 나머지는 헷갈리는 추측으로 자신의 역할을 축소하거나 행적을 숨기려 했고, 서로 엇갈리는 증언을 내놓아 혼란을 초래했다. 음모 자체는 어떤 기록도 문서로 생산하지 않았다. 사실상 가담자 전원이 비밀 엄수에 집착하는 환경에 익숙한 자들이었다. 음모에 관여한 네트워크와 세르비아 국가는 일부러 은밀하고 비공식적으로 결탁했고, 서류 흔적을 남기지 않았다. 이런 이유로 아쉬운 대로 미심쩍은 전후의 회상, 협박해서 받아낸 증언 녹취록과 진술서, 이제는 소실된 자료에 근거하는 주장, 증거서류 조각 등을 조합해 음모를 서술할 수밖에 없다. 이 자료들 대부분과 음모의 계획 및 실행 사이에는 간접적인 연관성밖에 없다. 그렇지만 역사가들이 음모의 배경을 마치 과학수사관처럼 거의 남김없이 샅샅이 조사해 내놓은 성과는 아주 많다. 따라서 자료의 혼돈과 대다수 2차 문헌의 편향적 왜곡을 헤쳐 나가며 최대한 타당하게 서술하는 것이 가능하다.

음모 배후의 수석 설계자는 아피스였지만, 암살 아이디어 자체는 그의 동료 라데 말로바비치Rade Malobabić에게서 나왔을 것이다. 말로바비치는 오스트리아-헝가리에서 태어난 세르비아인으로, 수년 동안 간첩으로서 민족방위단과 공조하며 오스트리아의 방어시설과 부대 이동에 관한 정보를 수집해 흑수단 공작원이기도 한 세르비아 국경 장교들에게 넘겼고, 그들을 통해 세르비아 군사정보국에 전달했다.[128] 헌신적이고 지략이 뛰어난 특급요원이었던 말로바비치는 국경 지방을 잘 알고 있었으며 오스트리아 당국의 체포망을 번번이 빠져나갔다. 한 번은 세르비아 국경 쪽 관리자에게 보고하기 위해 거의 얼어붙은 드리나강(보스니아-헤르체고비나와 세르비아 사이 국경을 이루는 강—옮긴이)을 헤엄쳐 건너 얼음 조각으로 뒤덮인 모습으로 나타났다고 한다.[129] 1914년 6월에 오스트리아의 차기 황제 프란츠 페르디난트가 사라예보를 방문할 날이 임박했음을 아피스에게 처음 알린 사람도 말로바비치였을 것이다.[130]

아피스가 대공 암살을 추진한 정확한 이유는 규명하기 어려운데, 자신의 동기에 대한 솔직한 서술을 남기지 않았기 때문이다. 1914년 초 보스니아 내 지역 활동가들의 적개심은 주로 오스트리아령 보스니아의 총독으로 1910년 6월 제라이치가 살해하려다 실패한 바레샤닌의 후임인 오스카르 포티오레크Oskar Potiorek에게 쏠려 있었다. 아피스는 이 활동가들의 표적을 프란츠 페르디난트 대공으로 바꾸는 정치적 강수를 두었다. 총독 암살은 한바탕 소동을 불러일으킬 테지만 지역 통치 문제 때문에 일어난 국지적 사건으로 그치기 쉬웠을 것이다. 그에 반해 현 황제가 83세를 넘은 때에 합스부르크 제위계승자를 노린 공격은 틀림없이 제국의 존재에 대한 공격으로 보일 터였다.

강조해야 할 점이 있다. 대공이 표적이 된 이유는 오스트리아-헝가리제국 내 슬라브족 소수집단에게 어떤 적의를 보여서가 아니라, 오히려 그를 암살한 가브릴로 프린치프Gavrilo Princip의 말대로 "향후 군주로서 그가 모종의 개혁을 추진하여 우리의 통일을 방해했을 것"[131]이기 때문이다. 이 말이 나오게 된 것은 대공이 슬라브족의 땅에 자치권을 더 많이 주는 군주정 구조개혁의 지지자라는 평판이 있었기 때문이다. 세르비아 영토회복주의자들 중 다수는 이 개혁안이 영토회복주의 계획에 치명적 위협이 될 가능성이 있다고 생각했다. 합스부르크 군주국이 스스로를 개혁하여 빈에서 연방제 노선을 따라 통치하는 삼중 국가로 변모하는 데 성공한다면, 그래서 이를테면 자그레브가 부다페스트와 동등한 지위를 누리는 수도가 된다면, 세르비아는 남슬라브족의 피에몬테라는 선봉 역할을 빼앗길 위험이 있었다.[132] 요컨대 대공을 표적으로 삼은 것은 테러 운동들의 논리 중 변치 않는 한 갈래, 즉 명백한 적과 강경파보다 개혁파 및 온건파를 더 우려하는 갈래를 예증하는 것이었다.

대공 암살 실행자로 뽑힌 남자들은 모두 영토회복주의 네트워크의 세계에서 형성되었다. 사라예보로 보낼 암살단으로 보스니아계 세르비아인 청년 3명을 모집한 이는 전직 빨치산 보야 탄코시치였다. 당시 트리프코 그라베주Trifko Grabež, 네델코 차브리노비치Nedeljko Čabrinović, 가브릴로 프린치프는 모두 19세였다. 그들은 많은 시간을 함께 보낸 친구 사이였다. 사라예보에서 동쪽으로 20킬로미터가량 떨어진 팔레에서 정교회 사제의 아들로 태어난 그라베주는 고등학교 학업을 위해 베오그라드로 유학을 갔다. 차브리노비치는 14세에 학교를 그만두고 떠돌다가 베오그라드에서 아나키스트 책자를 전문으로 인쇄하는 회사에서 식자공으로 일했다. 프린치프는 그라베주처럼 학교를 다니려고 사라예보를 떠나 베오그라드로 유학을 갔다. 이들은 모두 가난하고 불행한 가정 출신이었다. 그라베주와 차브리노비치는 어린 시절 가부장적인 남성들에게 시달리고 반항했다. 훗날 차브리노비치는 재판을 받을 때 판사들에게, 학업 성적이 형편없다는 이유로 아버지에게 학대를 당했다고 말했다. 이 소년은 결국 교사의 면상을 후려갈긴 후 퇴학을 당했다. 차브리노비치의 아버지가 증오스러운 오스트리아인들을 위해 경찰 정보원 노릇을 한 사실 때문에 가정 불화는 더욱 심해졌다(그는 민족의 대의에 동참함으로써 이 오명을 씻고자 했다). 그라베주 역시 투즐라에 있는 문법학교에서 교사를 때렸다가 쫓겨났다.[133] 그들은 모두 돈이 궁했다. 프린치프만이 부모로부터 얼마 안 되는 용돈을 주기적으로 받았지만 보통 이 돈을 친구들과 나누거나 무일푼 지인들에게 빌려주었다.[134] 후일 차브리노비치는 베오그라드에 도착하고 며칠 동안 소지품 전부를 작은 여행가방에 넣어 갖고 다녔다고 회상했는데, 아마 묵을 곳이 없어서 그랬을 것이다.[135] 당연하게도 셋 다 건강이 좋지 않았다. 특히 프린치프는 여위고 병약했으며, 아마도 이미 결핵에 걸려 있었을 것이다. 사라예보에서 그는 질환 때문에 학교를 조퇴해야 했다. 그의 공판조서에는 "작고 허약한 청년"이라고 적혀 있다.[136]

이 남자들에게는 나쁜 습관이랄 게 거의 없었다. 그들은 근대 테러 운동들이 먹이로 삼은, 이상은 넘치고 경험은 부족한 젊은이 특유의 바로 그 음울한 성격을 가지고 있었다. 그들은 이성과 연애를 하고 싶어하면서도 젊은 여성과 어울리려 하지 않았다. 그리고 민족주의 시와 영토회복주의 신문 및 팸플릿을 읽었다. 청년들은 세르비아 민족의 고통에 대해 오랫동안 숙고했고, 세르비아인을 뺀 모두가 그 고통에 책임이 있다고 생각했으며, 비천한 동포들의 수모와 치욕을 그들 자신의 일인 양 느꼈다. 특히 오스트리아 때문에 보스니아 동포들이

가브릴로 프린치프(왼쪽)와 네델코 차브리노비치(오른쪽)

겪는 경제 악화에 대해 곱씹어 생각했다(보스니아가 실은 세르비아의 심장부 대부분보다 더 산업화되었고 1인당 소득도 더 높다는 사실을 간과한 불평이었다).[137] 희생은 주요 관심사, 거의 강박관념이었다. 프린치프는 코소보 전투에서 오스만 술탄을 살해한 사심 없는 밀로시 오빌리치를 기리는 페트로비치-네고스의 감동적인 서사시 《산의 화환》을 시간을 들여 외우기까지 했다.[138] 프린치프는 법정에서 암살에 실패하고 자살한 보그단 제라이치의 무덤에 찾아가는 습관이 있었다고 진술했다. "저는 거기서 곧잘 밤을 새우면서 우리의 상황에 대해, 우리의 비참한 처지에 대해, [제라이치]에 대해 생각했고, 그렇게 해서 암살을 수행하기로 결심했습니다."[139] 차브리노비치 역시 사라예보에 도착하자마자 제라이치의 무덤을 찾아갔다고 한다. 방치된 무덤을 본 그는 꽃을 올려놓았다(오스트리아의 재판 구술기록에 붙은 한 각주는 그 꽃을 근처 다른 무덤에서 훔쳤다고 헐뜯듯이 지적한다). 차브리노비치는 제라이치의 안식처를 찾아가던 이 시절에 자신도 그 사람처럼 죽기로 결심했다고 한다. "제가 어차피 오래 살지 못할 것을 알고 있었습니다. 저는 늘 자살을 생각했습니다. 저는 만사에 무관심했습니다."[140]

두 사람이 자살 공격자의 무덤에서 빈둥거린 일은 흥미롭고도 의미심장하다. 그들이 코소보 신화에서 아주 중요한 자살 암살자 인물형에 심취했거니와 더 넓게 보면 자신을 범세르비아 운동(범세르비아 신문과 일기, 서신은 희생에 대한 비유로 가득했다)의 일원으로 인식하고 있다는 것을 말해주기 때문이다. 심지어 공격 자체에 제라이치의 행위를 가리키는 암호를 담을 예정이었다. 본래 프린치프는 정확히 제라이치가 저격했던 장소인 황제 다리에서 거사를 감행할 계획이었다. "저는 죽은 제라이치와 똑같은 장소에서 저격하고 싶었습니다."[141]

세 암살자 모두에게 베오그라드는 그들의 정치 의식을 급진화하고 그들을 세르비아 통일이라는 대의에 동조하게 만든 도가니였다. 차브리노비치 공판조서의 한 대목은 당시 상황을 잘 보여준다. 1912년 그는 세르비아에서 일을 계속하기 어려울 만큼 건강이 나빠지자 고향으로 돌아가기로 결심했다. 그때 그는 민족방위단의 베오그라드 사무실을 찾아갔다가 보스니아계 세르비아인은 사라예보로 돌아갈 여비를 언제든 받을 수 있다는 말을 들었다. 사무실에서 만난 사람은 민족방위단 지역협회의 간사인 바시치Vasić 소령이라는 자였는데, 차브리노비치에게 돈과 애국적 책자를 주었고, 세르비아 청년 애국자에게 어울리지 않는 책이라며 모파상의 단편집을 압수했으며, 언제나 "훌륭한 세르비아인"이 되라고 충고했다.[142] 이런 식의 만남은 권위주의적인 남성들과 줄곧 껄끄럽게 지내왔던 이 청년들에게 대단히 중요한 영향을 미쳤다. 민족주의 네트워크 안에는 돈과 조언으로 그들을 도울 뿐 아니라 그들에게 애정과 존경을 표현하고, 그들의 삶에도 의미가 있고 그들이 역사적 순간에 속해 있으며 위대하고 번창하는 운동의 일부라는 의식(그때까지 그들이 경험해보지 못했던 의식)을 일깨워주는 남성 연장자들이 있었다.

이렇게 연장자가 청년을 다독거려 민족주의 네트워크로 유도하는 활동은 영토회복주의 운동의 성공에 결정적인 요소였다. 베오그라드에서 사라예보로 돌아갔을 때, 차브리노비치는 옛 사회주의 환경에 자신을 다시 끼워 맞출 수 없음을 깨달았다. 그의 세계관이 변했음을 감지한 사회주의당 동료들은 그를 세르비아의 선동가요 첩자라고 비난하면서 당에서 제명했다. 1913년 베오그라드로 돌아갔을 무렵 차브리노비치는 더 이상 혁명적 좌파가 아니라 "민족주의가 섞인 아나키스트"였다.[143] 프린치프도 차브리노비치처럼 새로운 경험에 고무되었다. 1912년 5월 중등교육을 마치기 위해 사라예보를 떠나 베오그라드에 도착한 프린치프 역시 지칠 줄 모르는 바시치 소령과 만났다. 1차 발칸전쟁이 발발하자 바시치는 프린치프가 오스만 국경까지 가서 자원병으로 등록할 수 있도록 도와주었다. 그러나 지역 사령관(우연찮게도 보야 탄코시치였다)은 프린치프가 "너무 약하고 왜소하다"는 이유로 국경에서 입대를 불허했다.

적어도 바시치 같은 활동가나 민족방위단의 선전물과 접촉하는 것만큼 중요했던 사회적 환경이 있다. 바로 베오그라드에서 어울려 다니던 보스니아계 세르비아인 청년들에게 소속감을 심어준 커피하우스였다. 훗날 차브리노비치는 에이콘 갈런드Acorn Garland, 그린 갈런드Green Garland, 리틀 골드피시Little Goldfish 같은 커피하우스에 자주 드나들며 "온갖 이야기"를 듣고 "학생들, 식자공들"과 "빨치산들", 특히 보스니아계 세르비아인들과 어울렸다고 회상했다. 청년들은 먹고 담배를 피우고 정치 이야기를 하고 신문에 보도된 내용에 대해 논쟁을 벌였다.[144] 차브리노비치와 프린치프는 오스트리아 제위계승자를 암살할 가능성을 에이콘 갈런드와 그린 갈런드에서 처음으로 고려했다. 암살조 청년들에게 브라우닝제 권총과 탄환 상자를 지급한 흑수단 상급 공작원도 "베오그라드 커피하우스 바닥에서 유명한 인물"이었다.[145] 이들 공간에 만연했던 정치적 기조는 초민족주의와 반오스트리아였다. 재판 구술기록에 당시 분위기를 알려주는 대목이 있다. 판사가 프린치프에게 그라베주가 어디서 초민족주의적인 정치적 견해를 얻었느냐고 묻자 프린치프는 꾸밈없이 답했다. "베오그라드에 온 뒤로 그[그라베주]도 같은 원칙을 받아들였습니다." 답변의 함의를 포착한 판사가 압박 수위를 높였다. "그 말은 곧 누군가 베오그라드에 오기만 해도 당신과 똑같은 이념을 확실히 주입받게 된다는 겁니까?"[146] 그러나 유도신문임을 알아챈 프린치프는 더 발언하기를 거부했다.

대공 암살을 본격적으로 계획하기 시작한 후로는 암살조와 베오그라드 당국의 연계가 겉으로 드러나지 않도록 조심했다. 암살조 관리자는 밀란 치가노비치Milan Ciganović라는 사람이었다. 보스니아계 세르비아인인 그는 흑수단 단원으로 탄코시치 휘하에서 빨치산들과 함께 불가리아인들에 맞서 싸운 경험이 있었고, 당시 세르비아 국영철도의 직원이었다. 치가노비치는 탄코시치에게 보고했고, 탄코시치는 다시 아피스에게 보고했다. 모든 명령은 구두로만 전달되었다.

밀란 치가노비치

암살 훈련은 세르비아 수도에서 이루어졌다. 프린치프는 이미 빨치산 훈련소에서 사격을 배운 적이 있었고, 셋 중 최고의 사수였다. 5월 27일 그들은 암살에 사용할 무기를 지급받았다. 크라구예바츠에 있는 세르비아 국가무기고에서 가져온 리볼버 네 자루와 하나에 무게가 2.5파운드 이하인 작은 폭탄 6개였다. 청산가리가 담긴 작은 플라스크를 솜으로 둘둘 감은 독약도 건네받았다. 그들은 암살을 완수하자마자 권총으로 자살하고 혹여 실패하면 청산가리를 삼켜 목숨을 끊으라는 지령을 받았다. 이것은 베오그라드에 죄를 씌울지 모르는 무분별한 언동이나 강요된 자백을 막기 위한 예방책이었다. 또한 목숨을 바친다는 생각에 의기양양하고 자신들의 행위를 순교로 여기던 청년들에게 잘 맞는 조치였다.

세 암살자는 흑수단 네트워크와 세르비아 관세청 내 흑수단과 연계된 사람의 도움을 받아 보스니아로 들어갔다. 자브리노비치는 5월 30

일 흑수단 '지하철도'(교사, 국경경비대원, 시장 비서 등) 요원들의 지원을 받아 말리즈보르니크의 국경검문소를 통과한 뒤 투즐라로 가서 친구들이 나타나기를 기다렸다. 프린치프와 그라베주는 세르비아 국경 관리들의 안내를 받아 레슈니차에서 국경을 넘은 뒤 5월 31일 당시만 해도 세르비아와 보스니아 사이를 흐르던 드리나강에 있는 수목이 우거진 섬에서 모습을 드러냈다. 밀수업자들이 애용하던 이 은신처는 오스트리아 국경 경찰에게 발각되지 않도록 그들을 숨겨주었다. 이튿날 땅거미가 내려앉은 뒤 그들은 지하철도에 속한 파트타임 밀수업자를 따라 오스트리아 영토로 잠입했다.

세 암살자는 오스트리아 경찰이나 관리에게 들키지 않도록 용의주도하게 움직이긴 했지만, 세르비아인 동료들을 극히 무분별하게 대했다. 예를 들어 프린치프와 그라베주는 지하철도를 위해 일하는 교사를 따라 미타르 케로비치Mitar Kerović라는 보스니아계 세르비아인 농부의 집으로 갔다. 거기서 자두 브랜디를 과음한 교사가 농부들에게 감명을 주려 했다. "자네들 이분들이 뉘신지 아는가? 사라예보로 가서 대공이 도착하면 폭탄을 던져 죽일 분들이야."[147] 허세를 부리고픈 젊은 혈기를 누르지 못한(드리나강을 건너 이제 모국에 있었다) 프린치프가 맞장구를 치며 리볼버를 휘두르고 폭탄이 어떻게 작동하는지를 집주인 가족에게 보여주었다. 이 어리석은 행동 때문에 케로비치 가족(글을 모르고 정치에 무관심한 촌사람들로, 청년들이 무슨 일을 벌일지 어렴풋하게만 알고 있었다)은 장차 끔찍한 대가를 치를 터였다. 두 청년을 투즐라까지 마차로 태워준 네조 케로비치Nedjo Kerović는 훗날 반역죄와 살인방

조죄로 사형을 선고받았다(20년 징역형으로 감형되었다). 아버지 미타르는 종신형을 선고받았다. 그들은 1914년 10월 법정에서 증언을 하면서 재판 중에 드물었던 씁쓸한 웃음을 몇 차례 자아냈다. 재판장이 나이를 묻자 네조 케로비치는 본인이 다섯 자녀의 아버지이면서도 정확히 알지 못한다고 말해 다시 그의 아버지에게 물어야 했다. 아버지 케로비치에게 청년들이 찾아온 날 밤에 얼마나 마셨느냐고 묻자 이런 답변이 돌아왔다. "저는 술잔을 세면서 마시지 않습니다. 그냥 마실 수 있는 만큼 마십니다."[148]

사라예보에서 이 3인 암살자에 4인 세포조직이 합류했다. 보스니아계 세르비아인이자 흑수단 단원인 다닐로 일리치Danilo Ilić가 꾸린 조직이었다. 23세인 일리치는 7명 중 가장 나이가 많았다. 그는 오스트리아 정부로부터 장학금을 받으며 교사로 훈련받았지만 병에 걸린 뒤 사직한 신세였고, 청년보스니아의 일원이자 제라이치를 칭송한 음유시인 가치노비치의 친구였다. 일리치도 다른 암살자들처럼 1913년 베오그라드로 가서 커피하우스를 경험했고, 흑수단에 발탁되어 아피스의 신임을 얻었으며, 1914년 3월 사라예보로 돌아와 지역 신문사의 교정자 겸 편집자로 일했다.

일리치가 암살조에 처음 끌어들인 사람은 헤르체고비나 태생으로 혁명적 좌파인 무슬림 목수 무하메드 메흐메드바시치Muhamed Mehmedbašić였다. 둘은 서로를 잘 알았다. 1914년 1월 그들은 프랑스에서 보야 탄코시치를 만나 보스니아 총독 포티오레크를 살해할 계획을 짰다. 그 계획은 실패했다. 메흐메드바시치는 귀국길에 기차에서 제복을 입은 경관들을 보고 몹시 당황한 나머지 약병에 담긴 독약을 변기에 흘려버렸다(독약을 묻힌 단검은 창문 밖으로 던진 것으로 추정된다). 다른 2명의 신입 세르비아인은 학재가 뛰어난 18세 고등학생 치베트코 포포비치Cvijetko Popović와, 프린치프와 그라베주를 케로비치 가족에게 데려갔던 젊은 교사의 남동생 바소 추브릴로비치Vaso Čubrilović였다. 또한 명의 교실 반항아였던 추브릴로비치는 17세로 암살조에서 가장 어렸다. 추브릴로비치는 세포조직이 꾸려지기 전까지 일리치를 만난 적이 없었다. 또 포포비치와 추브릴로비치는 암살 이후에야 프린치프, 차브리노비치, 그라베주, 메흐메드바시치를 만났다.[149]

일리치의 공모자들(고위험 임무를 수행하기엔 부적합한 것으로 판명된 한 남자와 완전 초짜인 두 학생) 선택은 일견 이상해 보이지만 무모한 것은 아니었다. 사라예보 세포조직의 진짜 목적은 음모의 행적을 감추는 것이었다. 메흐메드바시치를 뽑은 것은 탁월한 선택이었는데, 비록 무능할지언정 자발적인 암살자여서 베오그라드 세포조직을 지원하기에 유용하면서도 세르비아인이 아니었기 때문이다. 흑수단 단원인 일리치와 프린치프는 (이론상) 거사 이후 자결하거나 적어도 침묵을 지킬 것으로 믿을 수 있었다. 사라예보 세포조직의 두 소년은 음모의 배후에 더 큰 세력이 있다는 사실을 모른다는 단순한 이유만으로도 증언할 수 없을 것이었다. 따라서 이 음모는 베오그라드와 전혀 연계되지 않은, 순전히 지역에 국한된 계획으로 비칠 터였다.

니콜라 파시치, 대응하다

니콜라 파시치는 프란츠 페르디난트 살해 음모를 얼마나 알고 있었고, 그것을 막기 위해 어떤 조치를 취했는가? 파시치가 암살 계획을 상당히 자세하게 알고 있었던 것은 거의 확실하다. 그 징후는 몇 가지가 있지만 가장 뚜렷한 증거는 파시치 정부의 교육장관 류바 요바노비치Ljuba Jovanović의 증언이다. 요바노비치는 (1924년에 출간되었지만 훨씬 전에 쓴 단편적 회고록에서) 파시치가 "5월 말 또는 6월 초"에 세르비아 내각에서 "프란츠 페르디난트를 살해하기 위해 사라예보로 가려고 준비 중인 사람들이 있습니다"라고 말한 것을 기억했다. 파시치를 포함해 내각 전체가 드리나강 국경 당국에 수상의 지시를 내려 월경을 막아야 한다는 데 동의했다.[150] 다른 문서들과 단편적 증언들, 아울러 1918년 이후 파시치 자신의 이상하고 이해하기 어려운 행위도 그가 사전에 음모를 알고 있었다는 주장을 뒷받침한다.[151] 그런데 그는 어떻게 알았던 걸까? 그의 정보원은 (간접 증거에 의존한 추정이기는 하지만) 다름 아닌 세르비아 국영철도의 직원이자 흑수단 단원인 밀란 치가노비치였을 것이다. 치가노비치는 수상의 개인 첩자로 흑수단의 활동을 감시하는 임무를 맡았던 것으로 보인다. 이것이 사실이라면, 파시치는 음모 자체만이 아니라 그 배후의 사람들과 조직까지 적시에 상세히 알고 있었던 것이다.[152]

5월 말 사라예보로 가기 위해 보스니아에 잠입한 세 암살자는 세르비아 공식 기록에 사실상 어떤 흔적도 남기지 않았다. 여하튼 1914년 여름에 법을 어겨가며 국경 너머로 무기를 옮긴 사람들이 그들만은 아니었다. 세르비아 국경 당국이 6월 15일까지 작성한 보고서들은 암암리에 월경하는 촘촘한 망상조직을 드러낸다. 6월 4일, 샤바츠시를 포함하는 포드리네주의 지사가 내무장관 프로티치에게 국경검문소와 공조하는 장교들이 "보스니아 내 우리 국민들을 일부 동원해 일정량의 폭탄과 무기를 옮길" 계획이라고 알렸다. 주지사는 무기 압수를 고려했으나 무기가 이미 여행가방에 담겨 보스니아 땅으로 들어간 까닭에 그것을 회수하려다가 자칫 연루되거나 국경경비대의 작전을 노출하게 될까 우려해 단념했다. 추가로 조사해보니 보스니아 쪽에서 무기를 넘겨받기로 한 요원이 다름 아닌 라데 말로바비치인 것으로 드러났다.[153]

현지의 한 관리가 불평한 대로, 이 작전의 우려스러운 점은 단순히 관련 민간 당국에 알리지 않고 진행한다는 것이 아니라 "백주대낮에 공공연하게" 추진한다는 사실이었다. 그리고 가담자들이 "공무원"이었으므로 "우리가 그런 행위를 부추겼다"는 인상을 주기 십상이었다. 파시치와 프로티치 내무장관도 그 점을 알고 있었다. 파시치가 이 시점에 음모의 존재를 이미 알고 있었다면, 우리가 예상하기로 그는 베오그라드 정부에 책임을 씌울지 모르는 활동을 저지하기 위해 어떤 조치든 취했을 것이다. 6월 10일, 실제로 국경 행정구들의 민간 당국에 "그런 활동을 모두 막아야 한다"라는 명령이 떨어졌다.[154]

관련 지역들의 민간 책임자들이 과연 국경경비대의 작전을 저지할 위치에 있었느냐 하는 것은 별개의 문제다. 총기와 폭탄이 들어 있는 여행가방을 국경 너머로 밀반출한 국경경비대 부사관 라이코 스테파노비치Raiko Stepanović는 주지사를 찾아가 본인의 행위를 해명하라는 호출 요구를 받고서 딱 잘라 거부했다.[155] 6월 중순 내각회의 이후 민간 당국에 무기와 사람을 보스니아로 월경시키는 위법행위를 공식 조사하라는 명령이 내려졌고, 6월 16일 제4국경경비대 대위에게 "세르비아에서 보스니아로 무기와 탄환, 기타 폭발물을 이동시키는 행위를 중단"하라고 "권고하는" 퉁명스러운 통첩이 전해졌다. 답변은 없었다. 나중에 밝혀진 바에 따르면, 민간 당국의 이런 개입에 답변하지 말고 상급 장교들에게 보고하라는 명령이 국경의 군 지휘관들에게 하달된 상태였다.[156]

달리 말해 세르비아 국경은 이미 베오그라드 정부의 통제를 받지 않고 있었다. 육군장관 스테파노비치Stepa Stepanović가 참모총장에게 보스니아 내 비밀작전에 대한 군부의 공식 입장을 밝히는 성명을 요청했을 때, 그 요청은 우선 참모본부 작전부장에게 전달되었고(이 문제를 전혀 모른다고 주장했다) 뒤이어 정보부장, 바로 아피스 본인에게 전달되었다. 작전부장에게 보낸 길고 무례하고 철저히 잡아떼는 답신에서 아피스는 말로바비치 요원의 기록과 평판을 변호했고, 그의 수중으로 들어간 모든 총기는 순전히 보스니아 안에서 활동하는 세르비아 요원들의 자기방어를 위한 것이라고 역설했다. 폭탄에 대해서는 아무것도 모른다고 주장했다(3년 뒤 아피스는 법정에서 선서를 하고서 실은 자신이 말로바비치에게 프란츠 페르디난트 암살에 필요한 무기를 지급하고 조정하는 임무를 맡겼다고 진술했다).[157] 아피스는 만일 국경에서 안보 위기가 발생하면 그것은 용의주도하고 필수적인 군부의 작전 때문이 아니라 국경 치안권을 요구한 민간 공작원들의 오만 때문이라고 단언했다. 간단히 말해 민간인들이 그들의 권한과 이해력 밖에 있는 민감한 군사작전에 개입하려 시도하는 것은 잘못이라는 일갈이었다.[158]

아피스의 답신을 전달받은 세르비아군 참모총장 푸트니크Putnik는 육군장관에게 보낸 6월 23일자 서신에서 이 답신을 요약하고 지지했다. 민간의 권한과 군의 지휘 범위 사이의 틈새에 상당수 침투한 흑수단은 당시 드리나강 제방부터 베오그라드 정부 부처까지 곳곳에 자리 잡고 있었다.

아피스와 참모총장에게서 온 답신을 보고 흥분한 파시치는 6월 24일 국경경비대의 활동을 전면 조사하라는 지시를 내렸다. 육군장관에게 보낸 일급기밀 서신에서 그는 "여러 소식통으로부터" 듣건대 그 일에 관여한 "장교들"이 위험할 뿐 아니라 "세르비아와 오스트리아-헝가리 사이의 분쟁 촉발을 노리고 있으므로" 반역적이기도 하다고 썼다.

> 세르비아의 모든 동맹과 우방은 만일 우리 장교들과 부사관들이 무얼 하고 있는지 알게 된다면 우리를 포기할 뿐 아니라, 오스트리아-헝가리가 가만히 있지 못하는 신의 없는 인접국을, 그들의 영토에서 반란과 암살을 준비하는 우리를 응징하도록 내버려둘 것입니다. 세르비아의 오랜 이해관계로 인해 우리에게 부과된 의무는 국력을 회복하고 앞에 놓인 미래의 사태에 대비하기 위해 평화가 필요한 때에 오스트리아-헝가리

와의 무력 분쟁을 유발할 수 있는 모든 것을 알아차리는 것입니다.[159]

이 서신은 위법 집단들을 "근절하고 진압"하기 위해 "엄격한 조사"에 착수하여 정확히 얼마나 많은 장교들이 그런 "무모하고 방종한" 활동에 가담했는지 알아내라는 명령으로 끝난다.

물론 어떻게 보면 이는 소 잃고 외양간 고치는 격이었다. 세 청년이 벌써 5월 말에 국경을 넘었기 때문이다. 파시치는 그로부터 2주 넘게 지나서야 국경을 걸어 잠갔고, 거의 4주가 지나서야 음모의 배후 인물들을 조사하기로 했다. 수상이 음모 소식에 이토록 느리게 대처한 이유를 확실히 말하기는 어렵다. 국경경비대 태반이 '단결 아니면 죽음!'과 공조 관계였음을 감안하면, 그는 국경경비대에 지시를 내려도 소용없음을 알고 있었을 것이다. 어쩌면 강력한 적 아피스와 대립할 때의 결과를 두려워했는지도 모른다. 파시치가 "엄격한 조사"를 촉구했음에도 아피스가 위기 내내 세르비아 군사정보부장 자리를 지켰다는 것은 주목할 만한 사실이다. 아피스는 해임되지 않았고, 조사 결과가 나올 때까지 직무 정지를 당하지도 않았다.

이와 관련해 우리는 1914년 5월 동안 세르비아를 마비시킨 극렬한 정치 위기를 기억해야 한다. 파시치는 이 투쟁에서 승리했지만, 세르비아에서 입김이 제일 센 두 강대국 공사들의 도움을 받아 가까스로 이겼다. 따라서 설령 파시치가 아피스의 활동을 저지하려 했을지라도 그럴 만한 수단을 가지고 있었는지는 다소 의문이다. 아마 파시치는 아피스와 공공연히 대립할 경우 흑수단 요원에 의해 암살당할까 두려웠을 것이다. 다만 그가 5월 위기에서 상처 없이 살아남은 사실을 감안하면 그랬을 가능성은 낮아 보인다. 다른 한편 세르비아 수상이 온갖 사태에도 불구하고 줄곧 국가의 최고 권력자, 여전히 입법부를 지배하는 의원들을 거느린 대중정당의 당수로서 노련한 수완을 지닌 정치인이었음을 기억할 필요가 있다. 파시치가 오랜 세월 세르비아 정계의 눈보라치는 정상에서 몸에 익힌 습관이 이 몇 주 동안 다시 나왔을 가능성이 더 높을 것이다. 그 습관이란 관심 끄는 언동을 삼가고, 공연히 풍파를 일으키지 않고, 갈등이 저절로 해결되게 내버려두고, 폭풍이 멎기를 기다리는 것이었다.

그럼에도 한 가지 중요한 카드가 파시치의 수중에 남아 있었다. 그는 대공 살해 모의를 빈 정부에 은밀히 경고함으로써 위험을 감수하지 않고도 음모를 좌절시킬 수 있었을 것이다. 실제로 그런 경고가 전해졌는지 여부를 두고 열띤 논쟁이 벌어졌다. 이 쟁점의 상황 증거는 특히 밝히기가 어려운데, 공식 경고를 전했거나 받았음을 인정하기 위해 지난날을 돌이켜 생각하는 일에는 아무도 관심이 없었기 때문이다. 파시치 자신은 1914년 7월 7일 헝가리 신문《어즈 에슈트Az Est》와의 인터뷰에서 빈에 경고하려 시도하지 않았다고 분명히 말했다.[160] 사실 달리 말할 도리가 없었을 것이다. 만약 음모를 사전에 알았다고 할 경우 음모 방조자라는 비난을 피할 수 없었기 때문이다. 전후에 세르비아 옹호자들 역시 같은 노선을 따를 수밖에 없었는데, 어떤 음모든 세르비아 정부가 전혀 몰랐다는 것이 베오그라드에 전쟁 발발의 공동책임이 없다는 주장의 논거였기 때문이다. 오스트리아 당국도 경고를 받았다고 인정할 공산이 적었다. 인정할 경우 제위계승자의 목숨을 지키기 위해 더 나은 조치를 취하지 않은 이유를 문제 삼을 것이었기 때문이다. 7월 2일 빈의 반半관보 《프렘덴블라트Fremdenblatt》는 오스트리아 외무부가 임박한 만행을 사전에 통보받았다는 소문은 사실무근이라는 성명을 발표했다.[161]

그럼에도 그런 경고를 받았다는 강력한 증거가 있다. 의심할 여지가 가장 적은 증인은 프랑스 외무차관 아벨 페리Abel Ferry로, 7월 1일 업무일지에 파리 주재 세르비아 공사이자 오랜 친구인 밀렌코 베스니치Milenko Vesnić가 방금 다녀갔다고 기록했다. 대화 중에 베스니치는 세르비아 정부가 "오스트리아 정부에 음모에 관한 풍문을 들었다고 경고했네"라고 말했다.[162] 이 풍문을 확인해주는 이들 가운데 빈 주재 세르비아 무관은 1915년 이탈리아 역사가 루치아노 마그리니Luciano Magrini에게 파시치가 빈의 세르비아 공사관에 전보를 보냈다고 말했다. 그 전보에는 "정보가 누설된 덕에 세르비아 정부는 대공이 보스니아를 방문할 때 그의 목숨을 노리는 음모가 모의되고 있다고 의심할 근거를 갖고 있"으며 오스트리아-헝가리 정부는 보스니아 방문을 미루는 편이 현명할 것이라고 적혀 있었다.[163]

제3자들의 회상과 증언을 토대로 빈 주재 세르비아 공사 요반 요바노비치Jovan Jovanović가 전보를 받은 다음 어떤 조치를 취했는지 재구성할 수 있다. 그는 대공이 보스니아를 방문하면 일어날 법한 사건을 오스트리아 정부에 경고하기 위해 6월 21일 정오에 오스트리아-헝가리 공동 재무장관 레온 빌린스키Leon Biliński를 만났다. 그러나 경고는 극히 완곡한 표현으로 전해졌다. 요바노비치는 코소보 패전 기념일에 제위 계승자의 방문은 분명 도발로 여겨질 거라고 에둘러 말했다. 오스트리아-헝가리 군대에 복무 중인 세르비아인 청년들 중에 "자신의 라이플이나 리볼버에 공포탄 대신 실탄을 넣는 자가 있을지 모릅니다"라고 했다. 이런 전조를 대수롭지 않게 여긴 빌린스키는 "그 전언을 중시하는 기색을 전혀 보이지 않았고" 그저 "아무 일도 일어나지 않기를 바랍시다"라고 대꾸했다.[164] 훗날 빌린스키는 기자나 역사가에게 이 일화에 대해 말하기를 거부했고, 최근 역사의 이런 어두운 순간들에 망각의 장막을 덮어야 한다고 항변했다. 당시 그가 세르비아 측의 경고를 진지하게 들을 마음이 없었던 것은 분명하다. 그 경고는 아주 일상적인 말로 표현된 까닭에 한낱 협박성 발언으로, 오스트리아-헝가리 최고위 인사에 대한 막연한 위협을 암시함으로써 군주국의 내정에 개입하려는 세르비아 공사의 부당한 시도로 간주될 수도 있었다. 따라서 빌린스키는 세르비아의 메시지를 오스트리아 외무장관 베르히톨트 백작에게 전할 이유가 없다고 보았다.

요약하면, 일종의 경고를 보내긴 했지만 당시 상황에 적절한 경고는 아니었다. 돌이켜 생각하면 그 경고는 위장 술책처럼 보인다. 요바노비치는 베오그라드에서 입수한 정보를 오스트리아 정부에 제공함으로써 더 구체적이고 직설적으로 경고할 수도 있었다. 파시치 역시 요바노비치를 통하지 않고 오스트리아 측에 직접 알릴 수 있었다. 민족의 평화와 안보가 아닌 자신의 직책을 걸고서 음모에 관한 조사를 개시할 수도 있었다. 그러나 늘 그렇듯이 제약과 복잡한 사정이 있었다.

한 예로 요바노비치는 단순히 세르비아 외무부의 일원이 아니라 초민족주의자의 고전적 경력을 쌓은 범세르비아 운동의 고위 활동가이기도 했다. 그는 1908년 병합 이후 보스니아에서 소요 조장에 가담한 전직 게릴라였고, 게릴라 무리를 지휘했다는 소문까지 있었다. 또한 공교롭게도 파시치 정부가 권좌에서 쫓겨날 경우에 대비해 1914년 여름 흑수단이 점찍어둔 외무장관 후보이기도 했다.[165] 실제로 이 세르비아 사절의 범세르비아주의 견해가 빈에서 얼마나 악명 높았던지 오스트리아 정부가 베오그라드에 덜 호전적인 인물로 교체하는 것도 나쁘지 않겠다고 넌지시 알릴 정도였다. 이것은 요바노비치가 자신을 몹시 얕잡아보는 베르히톨트 백작이 아닌 빌린스키에게 접근한 이유 중 하나였다.[166]

파시치의 행동에도 복잡한 동기가 있었다. 한편으로 그는 흑수단과 결탁한 민족주의 네트워크가 그들에게 철저한 배신행위로 보일 것이 틀림없는 조치에 어떻게 대응할지 우려했다(급진당 지도부가 두루 공유한 우려였다).[167] 그는 사라예보 암살 시도가 실패하기를 기대했는지도 모른다. 무엇보다 중요한 점은 세르비아 국가의 구조와 역사적 존재의 논리 자체가 영토회복주의 네트워크와 얼마나 긴밀히 얽혀 있는지를 그 스스로 잘 알고 있었다는 것이다. 파시치는 그들의 도를 넘는 행위를 유감스럽게 생각했을 테지만, 그들을 공공연히 부인할 수는 없었다. 실은 그들의 활동을 알고 있다고 공개적으로 인정하는 것조차 위험했다. 이것은 (인접국에 침투할 수 있는 자발적 활동가 네트워크와 국가기관의 협력에 언제나 의존했던) 세르비아 민족 통합의 유산에 불과한 문제가 아니었다. 미래와 관련된 문제이기도 했다. 세르비아가 과거에 민족주의 네트워크를 필요로 했듯이 장차 세르비아 민족이 보스니아와 헤르체고비나를 되찾을 순간에, 언젠가 올 그 순간에 파시치는 다시 한 번 그 네트워크에 의존할 터였다.

이 예민하고 흥미로운 사람에 관해 우리가 아는 바에 따르면, 파시치는 발칸전쟁이라는 유혈사태 이후 세르비아가 국력을 재건하려면 무엇보다 평화가 필요하다는 사실을 이해하고 있었다. 새로 병합한 지역들의 통합(그 자체로 폭력적이고 트라우마를 남긴 과정)을 이제 막 시작한 참이었고, 강제 선거의 가능성이 높아지고 있었다.[168] 하지만 가장 노련한 정치인들의 특징은 제한된 조건의 여러 층위에서 동시에 추론할 수 있다는 것이다. 파시치는 평화를 원하면서도 전쟁 없이는 세르비아 팽창의 역사적 최종 단계를 성취하지 못하리라 믿었다(그는 이 믿음을 숨긴 적이 없었다). 강대국들이 관여하는 유럽의 주요 분쟁을 통해서만 세르비아의 '재통일'을 가로막는 엄청난 장애물들을 치울 수 있을 것이었다.

아마 파시치는 1908~1909년 병합 위기 동안 영국 외무부 사무차관 찰스 하딘지Charles Hardinge가 런던 주재 세르비아 공사 그루이츠Grujic에게 했던 경고를 떠올렸을 것이다. 1909년 1월 하딘지는 공사에게 세르비아가 오스트리아-헝가리에 공격을 당하는 경우에만 러시아와 삼국협상 국가들(영국, 프랑스, 러시아—옮긴이)이 세르비아를 지원할 것이라고 경고했다. 세르비아가 선제공격할 경우 지원은 논외의 문제였다.[169] 파시치의 생각이 이런 식으로 흘러갔다는 것은 1914년 이른 봄

그가 러시아 차르와 면담하면서 오스트리아-헝가리가 공격해올 경우 러시아의 도움이 필요하다는 말로 차르를 압박한 사실로 미루어 짐작할 수 있다.[170] 물론 이런 시나리오는 세계가 암살 음모 자체를 세르비아의 침략 행위로 해석할 경우 실패할 것이었다. 하지만 파시치는 오스트리아가 대공 암살에 세르비아 정부가 관련되었다는 어떠한 연계도 밝혀낼 수 없을 것으로 확신했는데, 그가 생각하기에 그런 연결고리는 존재하지 않았기 때문이다.[171] 그러므로 오스트리아-헝가리의 공격은 분명 러시아와 그 동맹들의 지원을 촉발할 것이고, 세르비아는 혼자가 아닐 터였다.[172] 파시치가 보기에 이것은 세르비아에 대한 러시아의 애착 문제가 아니라 러시아의 발칸 정책을 지배하는 불가피한 요인들의 논리적 귀결이었다.[173] 이 구원 메커니즘에 대한 파시치의 믿음이 얼마나 강했던지 《피에몬트》마저 이따금 그의 "러시아에 대한 커다란 믿음"을 조롱했다.[174] 6월 중순 상트페테르부르크 주재 세르비아 공사는 파시치에게 러시아가 "서부 공세"에 훨씬 더 많은 병력을 배치하기 위해 동부 국경을 재편했다고 보고했으며, 이 소식을 들은 파시치는 자신의 생각을 더욱 확신했을 것이다.[175]

이 말은 파시치가 의식적으로 대규모 분쟁을 추구했다거나 오스트리아의 공격을 유발하겠다는 생각이 그의 행위의 직접적인 동기가 되었다는 뜻이 아니다. 그러나 그는 내심 전쟁이 세르비아 국가의 지위에 역사적으로 불가피한 시련이라고 믿었던 까닭에, 암살조를 너무 늦기 전에 저지할 기회가 생겼을 때도 덜 긴급한 일로 여겼을 것이다. 이런 생각과 시나리오가 사라예보 음모 소식을 듣고 이 상황에 어떻게 대처할지 고심하던 그의 머릿속에서 틀림없이 돌아다녔을 것이다.

세르비아의 역사와 특히 1903년 이래 왕국의 행보는 1914년 여름 베오그라드를 무겁게 내리눌렀다. 세르비아는 민간 정책수립자들이 수세에 몰리는 여전히 설익고 허약한 민주국가였다(1903년 국왕 시해와 함께 탄생한 군부 중심의 음모 네트워크와 의회를 통제하는 급진당 지도부 간의 권력투쟁이 해소되지 않은 상태였다). 두 차례 발칸전쟁에서 승리를 거둔 영토회복주의 운동의 결의는 과거 어느 때보다도 강경했다. 국내와 국경 너머에서 국가와 비공식 영토회복주의 기관들이 서로 깊숙이 침투해 있었던 까닭에 그들의 활동을 단속한다는 것은 가당치 않은 일이었다. 정치문화의 이런 특징들은 나라를 통치하는 사람들을 강하게 압박하기도 했지만, 다른 한편으로 오스트리아-헝가리제국과의 관계에 헤아릴 수 없는 부담이 되기도 했다. 베를린 주재 세르비아 공사를 지낸 밀로시 보기체비치Miloš Bogičević는 훗날 "세르비아인이 아닌 사람은 대세르비아라는 이상을 실현하려는 여러 민족주의 조직들 사이에서 갈피를 잡기 어렵다"[176]라고 술회했다. 이처럼 민족주의 운동들의 구조가 불투명하고 또 그들과 국가기관들의 관계가 불투명했으므로, 영토회복주의의 공식 활동과 비공식 활동을 가려내기란 사실상 불가능했다. 베오그라드 현지에 익숙한 외국인 관찰자라 해도 역부족이었다. 이 요인 역시 1914년 7월에 위험천만한 부담이 될 터였다.

니콜라 파시치의 시각에서 보면 그해 여름에 가중되던 압력(두 차례 격렬한 전쟁을 치르고 나자 바닥난 재정과 군자금, 새로 병합한 영토에서 군부가 가하는 전복 위협, 강력하고 용서를 모르는 인접국에 대한 암살 음모 저지 실패)은 분명 견딜 수 없는 역경이었을 것이다. 그러나 1914년 6월 28일의 사건으로 촉발된 위기 국면에서 복잡하고 불안정한 정치체를 조종할 이 사람 자체가 그 정치문화의 소산이었다. 다시 말해 그는 비밀스럽고 음흉스럽기까지 하고 피곤할 정도로 조심스러운 인물이었다. 이 속성들은 파시치가 세르비아에서 30년 넘게 공직에 몸담으면서 습득한 것이었다. 그것들은 작고 요동치는 베오그라드 정계에서 살아남는 데 도움이 되었다. 그러나 테러리스트들이 사라예보에서 임무를 완수한 뒤 세르비아를 집어삼킨 위기 국면에서는 위험하리만치 부적합했다.

특성 없는 제국

갈등과 평형

두 차례 군사적 재앙이 합스부르크제국의 마지막 반세기 동안 그 궤적을 규정했다. 1859년 솔페리노에서 프랑스-피에몬테 동맹군은 10만 병력의 오스트리아군과 싸워 승리함으로써 신생 이탈리아 민족국가 창건의 길을 열었다. 1866년 쾨니히그레츠에서 프로이센군은 24만의 오스트리아군을 대파하여 신생 독일 민족국가에서 합스부르크제국을 몰아냈다. 이 두 차례 충격은 오스트리아 영토 내부의 생활을 바꾸어놓았다.

패전에 휘청거린 신절대주의적 오스트리아제국은 오스트리아-헝가리제국으로 탈바꿈했다. 1867년 타결된 대타협에 따라 지배적인 두 민족, 즉 서부의 독일인과 동부의 헝가리인이 권력을 나누어 가졌다. 그 결과 마치 노른자가 두 개 든 쌍란처럼 오스트리아 지역을 중심으로 하는, 흔히 치스라이타니엔Cisleithanien('라이타강 이쪽 땅'이라는 뜻)이 라 불린 영토와 헝가리왕국이 반투명한 외피 안에서 나란히 살아가는 독특한 정치체가 출현했다. 두 실체는 각기 의회가 있었지만 공동 수상과 공동 내각은 없었다. 외교, 국방, 경제 가운데 국방 부문만 황제에게 직접 직무 책임을 지는 '공동 장관들'이 관리했다. 제국 전체의 관심 사안이라 해도 공동 의회의 회기를 통해 의논할 수 없었는데, 그렇게 하면 헝가리왕국이 더 큰 제국에 종속된 부분에 불과하다는 의미가 될 터였기 때문이다. 그 대신 각 의회의 의원 30명으로 구성된 두 '대표단'이 빈과 부다페스트에서 번갈아 만나 의견을 교환했다.

이중군주국 대타협은 타결 당시 적이 많았고 그 후로도 줄곧 비판자가 많았다. 강경한 마자르 민족주의자들이 보기에 대타협은 헝가리인이라면 마땅히 가져야 하는 완전한 민족 정체성을 부인하는 변절 행위였다. 일각에서는 오스트리아가 헝가리왕국을 여전히 농업 식민지로 착취하고 있다고 주장했다. 특히 빈이 군대 통솔권을 포기하지 않으면서 동등한 헝가리군을 창설하는 데 반대한 것을 두고 논란이 분분했다(1905년 이 문제를 둘러싼 헌정 위기로 제국의 정치가 마비되었다).[1] 다른 한편 오스트리아계 독일인은 헝가리인이 오스트리아의 선진경제에 무임승차하고 있으므로 제국 운영비를 더 많이 분담해야 한다고 주장했다. 또한 체제 자체에 갈등의 소지가 있었는데, 대타협에 따라 제국의 두 '반쪽'이 10년마다 관세동맹을 재협상하여 세입과 세율을 정해야 했기 때문이다. 헝가리 측의 요구는 관세동맹을 갱신할 때마다 점점 더 과감해졌다.[2] 대타협은 두 '지배 민족'의 지노를 받는 나머지 소수민족들의 정치 엘리트층에게 거의 지지를 받지 못했다. 대타협 이후 헝가리의 첫 수상 줄러 언드라시Gyula Andrássy가 오스트리아 총리에게 한 발언에는 대타협의 이런 측면이 담겨 있었다. "여러분은 여러분의 슬라브족을 맡고 우리는 우리의 슬라브족을 맡는 겁니다."[3] 제국의 11개 공식 민족(독일인, 헝가리인, 체코인, 슬로바키아인, 슬로베니아인, 크로아티아인, 세르비아인, 루마니아인, 루테니아인, 폴란드인, 이탈리아인)이 민족의 권리를 놓고 벌인 투쟁은 개전을 앞둔 수십 년 동안 이중군주국을 점점 더 좌우했다.

제국의 두 반쪽은 이 난관에 서로 다르게 대처했다. 헝가리인의 주된 대처법은 마치 민족 문제가 존재하지 않는 양 행동하는 것이었다. 헝가리왕국에서 선거권은 인구의 겨우 6퍼센트에게만 주어졌는데, 전체 부유층의 태반을 차지하는 마자르인에게 유리한 재산 자격이 정해져 있었기 때문이다. 그 결과 마자르인 의원들은 인구의 48.1퍼센트만 대표하면서도 의회 의석을 90퍼센트 넘게 차지했다. 왕국의 최대 소수민족인 트란실바니아의 루마니아인 300만 명은 인구의 15.4퍼센트였음에도 헝가리 의회의 400개 남짓한 의석 중 겨우 5석을 얻는 데 그쳤다.[4] 더욱이 1870년대 후반부터 헝가리 정부는 공격적인 '마자르화' 캠페인을 추진했다. 교육법에 따라 모든 공립학교와 종교학교에서, 심지어 유치원 연령대의 아이들을 가르치는 학교에서도 마자르어 사용이 강요되었다. 교사들은 마자르어를 유창하게 구사해야 했고 "[헝가리] 국가에 적대적"임이 밝혀지면 해고될 수 있었다. 이런 언어권리 침해 조치에 소수민족의 활동을 막는 가혹한 조치가 더해졌다.[5] 왕국 남부 보이보디나 출신 세르비아인, 북부 출신 슬로바키아인, 트란실바니아대공국 출신 루마니아인은 이따금 협력했지만 소수의 의석밖에 없었던 탓에 거의 성과를 거두지 못했다.

그에 반해 치스라이타니엔에서는 잇단 행정부들이 소수민족의 요구를 수용하기 위해 체제를 끊임없이 손보았다. 1882년과 1907년 선거권 개혁(사실상 남성 보통선거권을 도입했다)으로 정치 경쟁의 장이 어느 정도 공평해졌다. 그러나 이런 민주화 조치들은 잠재적인 민족 갈등, 특히 학교와 법정, 행정기구 같은 공공기관에서의 언어 사용이라는 민감한 문제를 둘러싼 갈등을 고조시킬 뿐이었다.

민족주의 정치가 빚어내는 마찰이 가장 두드러지게 나타난 곳은 1883년부터 빈의 순환도로(링슈트라세)에 자리 잡은 멋들어진 신고전주의 건물에서 모인 치스라이타니엔 의회였다. 유럽 최대 규모인 이 516석의 입법기관에서는 정당정치의 익숙한 이데올로기 스펙트럼 위에 분파와 하위집단을 만들어내는 민족들 간의 온갖 제휴관계가 중첩되었다. 예를 들어 1907년 선거 이후 의석을 보유한 30여 개 정당의 의원들 중에는 체코농업당 28명, 청년체코당(급진적 민족주의) 18명, 체코보수당 17명, 구舊체코당(온건한 민족주의) 7명, 체코진보당(현실주의 성향) 2명, '야생(독립적)' 체코인 1명, 체코민족사회주의당 9명이 있었다. 폴란드인, 독일인, 이탈리아인, 심지어 슬로베니아인과 루테니아인마저 이데올로기 노선에 따라 갈라졌다.

(헝가리왕국과 달리) 치스라이타니엔에는 공식 언어가 없었으므로 의회 운영에 쓰이는 단일 공식 언어도 없었다. 독일어, 체코어, 폴란드

어, 루테니아어, 크로아티아어, 세르비아어, 슬로베니아어, 이탈리아어, 루마니아어, 러시아어가 모두 허용되었다. 하지만 통역사는 제공되지 않았고, 독일어로 말하지 않는 연설의 내용을 기록하거나 감시하는 장치가 없었으며, 독일어가 아닌 언어의 연설을 기록하려면 의원이 자기 연설의 번역문을 의회에 직접 제출해야 했다. 이런 이유로 가장 변변찮은 분파의 의원일지라도 한 줌의 동료들만 알아듣는 말로 길게 연설하는 방법으로 달갑지 않은 안건 발의를 저지할 수 있었다. 그가 발의된 안건에 관해 연설하는지 아니면 자기 민족의 방언으로 긴 시를 낭독하는지 알기가 어려웠다. 특히 체코인 의원들은 의사 진행 방해 전술을 지나치게 남용하는 것으로 유명했다.[6] 치스라이타니엔 의회는 관광 명소가 되었고 특히 방청석에 난방을 하는 겨울에는 빈의 행락객들로 붐볐다. 한 베를린 기자가 비꼬듯 말했듯이 빈의 극장 및 오페라하우스와 달리 의회 회기 입장료는 무료였다.•

1912~1914년 민족 갈등이 격화되어 수차례 의회 위기가 발생하면서 오스트리아의 입법활동이 경색되었다. 1913년 보헤미아 지방의회가 난장판이 되자 오스트리아 수상 카를 슈튀르크Karl Stürgkh 백작은 의회를 해산하고 그 대신 보헤미아 지방을 통치할 제국위원회를 설치했다. 체코인들은 이 조치에 항의하여 1914년 3월 치스라이타니엔 의회를 마비시켰다. 3월 16일 슈튀르크는 이 의회까지 해산했다(7월에 오스

• 의원들의 고약한 언동을 지켜본 사람들 중에 떠돌이 청년 아돌프 히틀러가 있었다. 체코인 의원들의 의사 진행 방해가 절정에 달했던 1908년 2월부터 1909년 여름까지, 히틀러는 방청석에 자주 나타났다. 훗날 그는 이때의 경험으로 젊은 시절에 가졌던 의회제에 대한 동경을 '치유했다'고 주장했다.

트리아-헝가리가 세르비아에 선전포고를 했을 때 이 의회는 여전히 정지 상태였으므로 전쟁이 발발한 뒤 치스라이타니엔은 사실상 행정부 절대주의 체제로 운영되었다). 헝가리의 상황도 별반 낫지 않았다. 1912년 자그레브를 비롯한 남슬라브 도시들에서 인기 없는 총독에 저항하는 시위가 잇달아 벌어진 뒤 크로아티아의 의회와 헌법이 정지되었다. 부다페스트에서는 전쟁을 앞둔 몇 년간 소수민족의 반대와 선거권 개혁 요구에 맞서 마자르인의 패권을 지키는 데 초점을 맞춘 의회 절대주의가 도래했다.[7]

이런 기능 장애의 징후들은 오스트리아-헝가리제국이 다 죽어가는, 정치지도에서 사라질 것이 뻔한 정치체였다는 견해를 뒷받침하는 듯하다. 당대의 적대파는 개전 이전 마지막 몇 년 동안 통합을 지키려던 이 제국의 노력이 일종의 부조리였다는 주장을 폈다.[8] 그렇지만 사실 오스트리아-헝가리의 정치적 풍파는 겉보기만큼 뿌리가 깊지 않았다. 분명 간헐적인 민족 분쟁(예컨대 1908년 류블랴나에서 일어난 폭동, 또는 프라하에서 체코인과 독일인이 주기적으로 벌인 싸움)이 있었지만 당대 러시아제국이나 20세기 벨파스트에서 경험한 폭력의 수준에 근접한 적은 없었다. 치스라이타니엔 의회의 풍파에 대해 말하자면, 그것은 불치병보다 만성질환에 가까웠다. 정부 업무는 1867년 헌법 제14조에 규정된 국가긴급권을 발동하여 언제든 임시로 수행할 수 있었다. 더욱이 서로 다른 종류의 정치적 갈등들은 어느 정도까지는 서로를 상쇄했다. 1907년 이후 사회주의자들, 자유주의자들, 성직 보수주의자들, 기타 정치집단들 간의 갈등은 오스트리아 군주정에 호재였는데, 그런 갈등이 민족 진영들 안에서도 벌어졌고 그리하여 정치적 원칙으로서 민족주의의 독성을 약화시켰기 때문이다. 복잡한 세력 구도의 균형을 잡아 안정된 다수 정당을 유지하는 것은 기지와 융통성, 전략적 상상력이 필요한 복잡한 과제였지만, 1914년 이전 오스트리아의 마지막 세 수상인 베크와 비네르트, 슈튀르크의 경력은 (비록 때때로 체제가 고장 나긴 했지만) 그 과제를 해낼 수 있음을 보여주었다.[9]

합스부르크제국은 전전 마지막 10년 동안 현저한 경제성장과 그에 상응하는 전반적인 번영을 경험했다(당대의 오스만제국과, 아울러 정치체가 붕괴한 또 다른 대표적 사례인 1980년대 소련과 대비되는 중요한 점이다). 관세동맹을 적용받는 광대한 제국의 자유시장과 경쟁은 기술 진보와 신제품 도입을 자극했다. 이중군주국의 엄청난 규모와 다양성은 효율적인 운송 기반시설과 고품질 서비스, 지원 부문으로 뒷받침되는 협력 산업들의 정교한 네트워크를 신설 공장이 활용할 수 있다는 뜻이었다. 유익한 경제적 효과는 특히 헝가리왕국에서 뚜렷이 나타났다. 1840년대에 헝가리는 오스트리아제국의 식량 저장고였는데, 오스트리아로 수출하는 물품의 90퍼센트가 농산물이었다. 하지만 1909~1913년 헝가리의 산업 수출량은 44퍼센트 증가했으며, 동시에 오스트리아-보헤미아 공업지대에서 값싼 식품에 대한 수요가 꾸준히 늘어나고 합스부르크 공동 시장이 루마니아, 러시아, 미국과의 경쟁으로부터 보호해준 덕에 헝가리 농업 부문도 상당히 건강한 상태로 생존할 수 있었다.[10] 경제사가들은 이중군주국 전체가 1887~1913년에 '산업혁명' 또는 자립적 성장을 경험했다는 데 동의한다. 이는 경제

성장의 일반적인 지표들을 보면 확인할 수 있다. 1881년부터 1911년까지 선철 소비량이 네 배 증가했고, 1870년부터 1900년까지 철도망 역시 네 배 증가했으며, 유아사망률이 감소했고, 초등학생 수도 독일과 프랑스, 이탈리아, 러시아를 뛰어넘었다.[11] 전전 수년간 오스트리아-헝가리, 특히 헝가리는(연평균 성장률 4.8퍼센트) 유럽에서 가장 빠르게 성장하는 경제 중 하나였다.[12]

《타임스》의 통신원으로 빈에서 오랫동안 체류한 헨리 위컴 스티드Henry Wickham Steed 같은 비판적 관찰자마저 1913년 "오스트리아 내 인종 투쟁"은 본질적으로 현존 체제 안에서 관직의 지분을 차지하기 위한 분쟁이라고 인식했다.

> 언어 투쟁의 본질은 그것이 관료의 영향력을 둘러싼 싸움이라는 것이다. 이와 비슷하게 체코인, 루테니아인, 슬로베니아인, 이탈리아인이 주장하고 독일인이나 폴란드인, 기타 인종들이 경우에 따라 반대하는 대학이나 고등학교 신설 요구는 잠재적 관리들을 배출할 새 기관을 설립해달라는 요구다. 그러고 나면 의회 정당들이 정치적 영향력을 행사해서 배출된 인재들을 관직으로 끌어올릴 것이다.[13]

게다가 (적어도 치스라이타니엔에서는) 민족들의 권리 요구를 더 수용하는 정책이 느리지만 확실하게 추진되었다. 1867년 기본법은 치스라이타니엔 내 모든 민족과 언어의 평등을 공식 인정했다. 또 일군의 판례법이 축적되어 대타협 입안자들이 예상하지 못한 문제들에 해결책을 제공했다. 이를테면 보헤미아의 독일인 구역들에 사는 체코인 소수집단을 위한 언어 조항이 마련되었다. 합스부르크제국의 마지막 평화로운 시기 내내 치스라이타니엔 당국은 소수민족의 요구에 부응하여 체제를 계속 조정했다. 1914년 1월 28일 렘베르크(지금의 리비우)에 있는 갈리치아 지방의회에서 갈리치아 협상이 타결되었다. 그 결과 일례로 그동안 과소대표되던 루테니아인(우크라이나인)이 확대된 지방의회에서 전체 의석 중 고정 비율을 보장받고 우크라이나 대학의 조속한 설립을 약속받았다.[14] 헝가리 행정부도 국제 정세가 악화됨에 따라 1914년 초부터 변화의 조짐을 보였다. 크로아티아-슬라보니아의 남슬라브족은 비상권력 폐지와 언론의 자유를 약속받았으며, 트란실바니아에는 이 지방의 루마니아인 다수집단의 요구를 부다페스트 정부가 대부분 수용할 것이라는 메시지가 전해졌다. 러시아 외무장관 세르게이 사조노프는 이런 조치를 통해 루마니아인 지역들에서 합스부르크의 통치를 안정시킬 수 있다는 생각에 깊은 감명을 받아 1914년 1월 차르 니콜라이 2세에게 러시아 서부의 폴란드인 수백만 명에게 비슷한 양보를 하자고 제안했다.[15]

이렇게 구체적인 요구를 사례별로 조정한 사실을 감안하면, 결국 이 체제는 합의된 틀 안에서 각 민족의 권리를 보장하는 포괄적인 그물망을 만들어낼 수 있었을지도 모른다.[16] 그리고 행정부가 각 지역의 물질적 요구에 점점 더 능숙하게 대응한다는 징후가 나타나고 있었다.[17] 물론 이 역할을 수행한 것은 합스부르크제국에서 사면초가 신세였던 의회들이 아닌 국가였다. 급증한 교육위원회, 시의회, 군郡위원회, 시장 선거 등을 통해 국가는 정당이나 입법기관보다 더 부드럽고 일관된 방식으로 시민들의 생활에 관여할 수 있었다.[18] 국가는 억압 기구가 아니라 (또는 대체로 억압기구가 아니라) 강한 애착을 불러일으키는 활기찬 실체, 사회적 · 경제적 · 문화적 이해관계의 중재자였다.[19] 합스부르크 관료제는 유지비가 많이 들었다(1890~1911년에 국내 행정 지출액이 366퍼센트 증가했다).[20] 그러나 제국의 대다수 주민들은 합스부르크 국가를 질서 잡힌 정부의 혜택, 즉 공교육, 복지, 공중위생, 법치, 정교한 기반시설 유지 등과 연관 지어 생각했다.[21] 합스부르크 정치체의 이런 특징들은 군주국이 소멸한 이후 사람들의 기억 속에 크게 자리 잡았다. 1920년대 후반에 작가 (그리고 공과대학 졸업생) 로베르트 무질Robert Musil이 평화로웠던 마지막 해의 오스트리아-헝가리제국을 회상하며 떠올린 심상은 "정돈된 강처럼, 선명한 서지로 만든 군용 리본처럼 뻗은 (……) 넓고 번창하는 하얀 도로들, 행정부의 종이처럼 하얀 팔로 영토를 포옹하는 도로들"이었다.[22]

마지막으로, 대다수 소수집단 활동가들은 합스부르크 국가의 집단 안보 체제로서의 가치를 인정했다. 당시 소수민족들 사이에(예컨대 크로아티아-슬라보니아에서 크로아티아인과 세르비아인 사이에, 또는 갈리치아에서 폴란드인과 루테니아인 사이에) 발생하던 격한 분쟁과 종족들이 뒤섞여 정착한 여러 지역을 감안하면, 새로운 민족 독립국을 따로 수립하는 것은 문제를 해소하기보다 일으키는 길이었을 것이다.[23] 여하튼 그런 햇병아리 민족국가가 합스부르크제국의 보호막 없이 대체 어떻게 생존할 수 있었겠는가? 1848년 체코 민족주의 역사가 프란티셰크 팔라츠키František Palacky는 합스부르크제국이 해체된다면 체코인은 해방되기는커녕 그저 "러시아 보편군주국"에 잠식될 거라고 경고했다. "나는 자연적 원인에 더해 역사적 원인 때문에 우리 민족을 위해 평화와 자유, 정의를 보장하고 지켜줄 중심을 [빈에서] 찾지 않을 수 없습니다."[24] 1891년 슈바르첸베르크 공 카를은 청년체코당 민족주의자 에드바르트 그레그르Edward Grégr에게 질문하면서 팔라츠키와 같은 주장을 폈다. "당신과 여러분이 이 국가를 싫어한다 해도 (……) 홀로 서기엔 너무 작은 여러분 나라를 어쩔 겁니까? 여러분이 오스트리아 연방을 버리면 다른 뾰족한 수가 없어서 독일이나 러시아에 나라를 내주어야 할 겁니다."[25] 1914년 이전에 제국과의 결별을 추구한 급진적 민족주의자들은 여전히 소수였다. 여러 지역에서 민족주의 정치집단들은 합스부르크에 대한 애국심을 다양한 형태로 고취한 협회들(퇴역군인회, 종교단체와 자선단체, 저격병협회)의 네트워크에 의해 상쇄되었다.[26]

구레나룻을 기른 침착한 프란츠 요제프Franz Joseph 황제는 군주국의 오랜 내력과 영속성을 체화한 인물이었다. 그는 비극적 개인사를 유달리 많이 겪었다. 황제의 아들 루돌프는 가문의 사냥용 오두막에서 애인과 동반자살을 했고, 황후 엘리자베트(애칭 '시씨')는 제네바 호숫가에서 이탈리아인 아나키스트에게 찔려 죽었으며, 남동생 막시밀리안은 멕시코 케레타로에서 반란군에게 처형되었고, 아끼던 조카딸은 드레스에 담뱃불이 붙어 타죽었다. 황제는 이런 수차례 타격을 얼음장 같은 극기심으로 견뎌냈다. 풍자작가 겸 저널리스트인 카를 크라우스Karl Kraus의 표현대로 그는 '몰개성'적인 '악마적' 페르소나를 공적 생활에 투영했다. 사실상 모든 공식행사에 대한 그의 양식화된 평가, "좋았습니다, 우린 아주 즐거웠습니다"는 군주국 어디서나 아는 표현이었다.[27] 황제는 복잡한 국가기구를 관리하는 일, 대립하는 세력들의 불만을 잘 다스려 평형을 유지할 수 있도록 그들 사이에서 균형을 잡는 일, 그리고 입헌 개혁의 모든 단계에 직접 깊숙이 관여하는 일에 상당히 능숙하다는 것을 입증해 보였다.[28] 그러나 1914년까지 그는 일종의 관성력이 되었다. 전쟁을 앞둔 2년간 그는 헝가리 선거권 개혁을 요구하는 소수집단에 등을 돌리고 전제적인 헝가리 수상 이슈트반 티서István Tisza를 지지했다. 헝가리왕국이 빈에 필요한 자금과 표를 계속 제공하는 한, 프란츠 요제프는 마자르 엘리트층이 왕국 내 소수민족들의 이해관계를 묵살할지라도 그들의 패권을 받아들일 용의가 있었다.[29]

이 무렵 그가 당대의 삶에서 유리되고 있었음을 보여주는 징후들이 있다. 오스트리아계 독일인 정치인 요제프 마리아 베른라이터Joseph Maria Baernreither는 프란츠 요제프가 83세였던 1913년에 이렇게 썼다. "우리 시대의 세차게 용솟음치는 삶은 저 멀리서 바스락거리는 소리로 우리 황제의 귀에 간신히 닿는다. 황제는 이 삶에 진정으로 참여하지 못한다. 그는 더는 시대를 이해하지 못하고, 그러거나 말거나 시대는 흘러간다."[30]

그럼에도 황제는 강한 정치적 · 감정적 애착의 초점이었다. 많은 이들이 지적한 대로 그의 인기의 기반은 그의 입헌적 역할이 아니라 대중이 두루 공유한 감정이었다.[31] 1914년까지 그는 대다수 신민들의 일

생보다 더 오랫동안 황위에 있었다. 요제프 로트Joseph Roth의 걸작 소설《라데츠키 행진곡Radetzkymarsch》의 표현대로 그는 "경외심을 자아내는 수정으로 만든 갑옷처럼 차갑고 영원한 노년 안에 보관된" 것처럼 보였다.[32] 그는 신민들의 꿈에 자주 나타났다. 초상화 속 그의 하늘색 두 눈은 수십만 개의 술집, 교실, 사무실, 철도역 대합실에서 공간 전체를 계속 응시했고, 일간지들은 국가 행사에 참석한 이 노인이 마차에서 뛰어내리며 내딛는 유연하고도 탄력 있는 발걸음에 감탄을 금치 못했다. 번영을 누리고 비교적 잘 통치된 제국은 그 노령 주권자처럼 혼란 속에서도 기이한 안정성을 보여주었다. 위기들은 체제의 존재 자체를 위협하지는 않고 지나가는 것처럼 보였다. 빈의 저널리스트 카를 크라우스는 언제나 "절망적이되 심각하지 않은" 상황이었다고 비꼬았다.

보스니아-헤르체고비나는 특별하고 이례적인 사례였다. 오스트리아는 1878년 베를린조약에 의거해 오스만의 종주권을 인정하면서 보스니아-헤르체고비나를 '점령'했고, 30년 후에 공식 병합했다. 19세기 말의 보스니아는 숲이 우거진 산악지대로, 남쪽에서는 해발 2000미터를 넘는 봉우리들이, 북쪽에서는 사베강이 국경을 이루고 있었다. 헤르체고비나는 주로 유속이 빠른 물줄기들이 가로지르는 황량한 카르스트 지형의 고원지대였고 산맥으로 둘러싸여 있었다(이처럼 험준한 지형이라 사실상 기반시설이 전무했다). 합스부르크 치하에서 두 발칸 지방의 여건이 어떠했느냐는 것은 오랫동안 논쟁의 주제였다. 1914년 여름 오스트리아 제위계승자를 살해하기 위해 사라예보로 이동한 보스니아계 세르비아인 청년 테러리스트들은 보스니아와 헤르체고비나의 동포들이 당한 억압을 언급하며 자신들의 행동을 옹호했으며, 때때로 역사가들은 보스니아계 세르비아인들을 베오그라드의 품으로 몰아간 책임이 오스트리아의 억압과 실정에 있었다는 식으로 말해왔다.

맞는 말일까? 점령 초기에 특히 징집에 반대하는 광범한 항의운동이 있었다. 그러나 이는 새로운 일이 아니었다. 오스만 치하에서 두 지방은 만성적인 동란을 겪었다. 기존과 달랐던 점은 1880년대 중반부터 1914년까지 비교적 평온했다는 것이다.[33] 1878년 이후 농민층의 조건은 오스트리아의 아픈 곳이었다. 오스트리아는 오스만의 농노제agaluk를 폐지하지 않기로 결정했고, 그 결과 보스니아 농노 또는 크메트kmet 약 9만 명이 1914년에도 여전히 예속된 채 일하고 있었다. 일부 역사가들은 이것을 주로 세르비아인 농민층을 억누르는 한편 도시에 거주하는 크로아티아인과 무슬림의 환심을 사기 위해 고안된 '분리통치' 정책의 증거로 보았다. 그러나 이는 후대의 관점을 과거에 투사한 것이다. 새로 획득한 두 지방에서 오스트리아의 통치를 뒷받침한 것은 문화적·제도적 보수주의였지 식민지배 철학이 아니었다. 보스니아-헤르체고비나의 전통적인 제도를 마주한 오스트리아는 이곳의 모든 지역에서 '점진주의와 연속성'을 통치 기조로 삼았다.[34] 가능하다면 오스만 시대의 법과 제도를 폐기하지 않고 물려받아서 조율하고 명확히 했다. 그렇지만 합스부르크 행정부는 몸값을 일시불로 지급하는 방법을 도입해 농노들의 해방을 촉진했다. 점령부터 1914년 개전까지 이 방법으로 보스니아 농노 4만 명 이상이 자율권을 획득했다. 여하튼 1차 세계대전 전야에 옛 농노제 안에 머물러 있던 세르비아인 농노들의 사정은 20세기 초의 기준으로 보면 특별히 나쁘지 않았다. 아마 그들은 당시 달마티아나 이탈리아 남부의 농민들보다 형편이 나았을 것이다.

오스트리아 행정부는 보스니아-헤르체고비나에서 농업과 산업의 생산성도 대폭 끌어올렸다. 그들은 포도밭과 양어장을 포함해 모범적인 농장을 만들었고, 시골 교사를 위해 기초적인 농경법 훈련을 도입했으며, 이웃나라 세르비아에도 없는 농업대학을 일리자에 설립했다. 새 방법들의 채택률이 비교적 낮기는 했지만 그것은 오스트리아의 태만보다는 혁신에 대한 농민층의 거부감과 더 관련이 있었다. 또한 투자 자본이 대량으로 유입되었다. 유럽 최고의 산간도로를 비롯해 도로망과 철도망이 등장했다. 이런 기반시설 사업은 분명 어느 정도는 군사적 목적을 위한 것이었지만 광업, 야금업, 임업, 화학제품 생산 등 다양한 부문에 대규모 투자가 이루어지기도 했다. 산업화 속도는 베냐민 칼라이Benjamin Kállay 백작의 총독 임기(1882~1903)에 최고조에 달해 발칸반도에서 전례 없는 산업생산량 증가율(1881~1913년 연평균 12.4퍼센트)을 기록했다.[35] 간단히 말해 합스부르크 행정부는 새 지방을 "합스부르크 통치의 인간애와 효율을 입증"하기 위한 전시장처럼 대했으며, 1914년까지 보스니아-헤르체고비나는 이중군주국의 나머지 지역들에 견줄 만한 수준으로 발전했다.[36]

오스트리아 행정의 기록 중 가장 큰 결점은 보스니아-헤르체고비

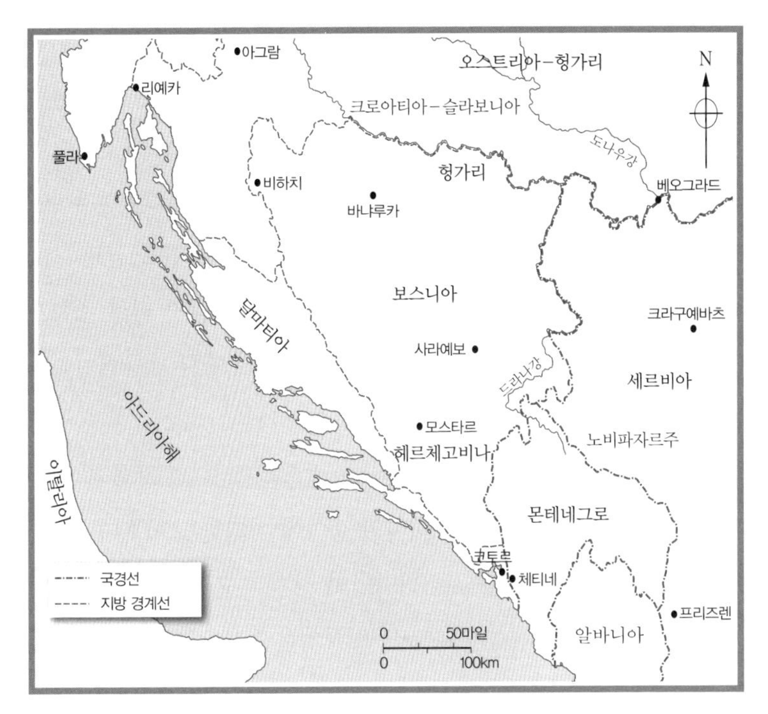

1914년 보스니아-헤르체고비나

나의 형편없이 낮은, 세르비아보다도 낮은 문해율과 취학률이었다.[37] 그러나 이것은 오스트리아의 우민화 정책의 결과가 아니었다. 오스트리아는 초등학교(거의 200개)는 물론 고등학교 3개에 사범대학과 기술대학까지 신설했다. 막대한 노력은 아니었으나 완전한 방치도 아니었다. 이 문제는 어느 정도는 농민들이 자녀를 학교에 보내려는 의지에 달려 있었다.[38] 의무 초등교육은 공식 병합한 1909년 이후에야 도입되었다.

물론 보스니아-헤르체고비나의 행정이 만사형통이었던 것은 아니다. 합스부르크 행정부는 제국에 맞서는 민족주의 운동의 냄새를 풍기는 것은 무엇이든 매몰차게 억압했고 때로는 필요 이상으로 엄격하고 무차별적인 방식으로 대처했다. 1913년 보스니아-헤르체고비나의 군정총독 오스카르 포티오레크는 1910년 보스니아 헌법을 정지시키고, 정부의 학제 통제를 강화하고, 세르비아 신문의 유통을 금지하고, 보스니아계 세르비아인의 문화단체들을 폐쇄했다. 다만 이런 조치가 세르비아의 초민족주의적 호전성이 고조되는 데 따른 대응책이었다는 점은 짚고 넘어가야 한다.[39]

또 하나 골치 아픈 요인은 보스니아-헤르체고비나의 서쪽과 북쪽에 자리한 크로아티아-슬라보니아와 동쪽에 자리한 보이보디나에서 살아가는 세르비아인과 크로아티아인의 정치적 불만이었다. 보스니아-헤르체고비나의 경계 바로 건너편에 있는 두 지방을 통치한 부다페스트 정부는 주민들의 헝가리 선거권을 제한해 불만을 샀다. 하지만 대체로 보아 이중군주국의 통치는 이들 지방에서 살아온 민족집단들의 다양한 전통을 실용적으로 존중하는 비교적 공정하고 효율적인 행정이었다.

1904년 6월 오스트리아 고위 정치인 두 명이 미국 백악관을 방문했을 때 시어도어 루스벨트가 한 발언은 실상과 크게 다르지 않았다. 그는 합스부르크 군주국이 "이 나라의 여러 민족과 종교를 공평하게 대하는 법을 이해했고, 그리하여 그토록 큰 성공을 거두는 법을 알아냈습니다"라고 말했고, 필리핀에서 미국 행정이 오스트리아의 사례에서 많이 배울 수 있었을 것이라며 안타까워했다.[40] 이중군주국을 찾은 방문객들도 합스부르크 체제의 공평함에 놀랐다. 1902년 어느 미국인 기자는 종족-종교집단들 사이에 "상호 존중과 상호 관용"의 분위기가 있었고, 법정이 "현명하고 정직하게 운영"되고, "종교와 사회적 지위에 상관없이 모든 시민이 공정하게 대우받았다"라고 말했다.[41]

1차 세계대전 전야에 오스트리아-헝가리제국의 상황과 전망을 평가하려는 사람은 통시적 시각이라는 첨예한 문제에 부딪히게 된다. 전시 제국의 붕괴와 1918년의 패전은 오스트리아-헝가리를 회고하는 시각에 영향을 미쳤다. 이를테면 제국의 쇠퇴가 목전에 있었고 불가피했음을 알리는 전조들이 역사적 시야를 가렸다. 체코의 민족주의 활동가 에드바르트 베네시Edvard Beneš가 좋은 예다. 1차 세계대전 동안 베네시는 체코의 독립을 지지하는 비밀운동을 조직했고, 1918년 신생 체코슬로바키아 민족국가의 건국 아버지들 중 하나였다. 그러나 1908년에 발표한 논문 〈오스트리아 문제와 체코 문제〉에서 그는 합스부르크 국가의 미래에 신뢰를 표명한 바 있었다. "사람들은 오스트리아의 해체에 대해 말해왔다. 나는 해체를 전혀 믿지 않는다. 오스트리아의 민족들을 결속하는 역사적·경제적 유대가 워낙 강해서 그런 일은 일어나지 않을 것이다."[42] 특히 인상적인 예는 《타임스》 통신원을 지낸 (훗날 편집장이 된) 헨리 위컴 스티드다. 1954년 스티드는 《타임스 리터러리 서플리먼트Times Literary Supplement》에 보낸 편지에서 1913년 자신이 오스트리아-헝가리제국을 떠날 때 "붕괴를 피할 수 없는 대건축물에서 탈출하는 기분이었다"라고 말했다. 그의 말은 당시 통념을 뒷받침했다. 그렇지만 1913년만 해도 그는 사태를 다르게 보았다. 합스부르크 통치의 여러 특징을 거침없이 꼬집는 비판자이긴 했지만, 이 해에 그는 "끊임없이 관찰하고 경험한" 지난 10년 동안 합스부르크 군주국이 "유럽 공동체에서 정당한 위치를 차지하지 말아야 할" "어떤 충분한 이유도" 찾을 수 없었다고 썼다. 그는 이렇게 결론 내렸다. "이 나라의 내부 위기는 대개 쇠퇴의 위기가 아니라 성장의 위기다."[43] 스티드는 1차 세계대전 중에 비로소 오스트리아-헝가리의 해체를 지지하는 선전원이 되었고, 전후에는 중부유럽의 합의를 열렬히 옹호했다. 1927년 체코 민족주의자 토마시 마사리크Tomáš Masaryk의 회고록을 영어로 번역한 《한 국가의 형성The Making of a State》에 부친 서문에서 스티드는 "오스트리아"라는 이름이 "국민의 영혼을 죽이고, 약간의 물질적 안녕으로 국민을 타락시키고, 국민에게서 양심과 사상의 자유를 빼앗고, 강건한 기개를 꺾고, 굳센 의지를 차츰 무너뜨리고, 이상 추구에서 등을 돌리게 할 수 있는 모든 장치"와 동의어라고 잘라 말했다.[44]

이런 극에서 극으로의 반전은 반대 방향으로 일어나기도 했다. 헝가리 학자이자 합스부르크제국에 가장 정통한 전문가 중 한 명인 오스카르 야시Oszkár Jászi는 이중군주국 체제를 날카롭게 비판했다. 1929년 그는 군주국의 해체에 관한 야심찬 연구에서 이렇게 결론 내렸다. "세계대전은 여러 민족의 깊은 증오와 불신의 원인이 아니라 최종 청산이었을 뿐이다."[45] 그러나 또 한 차례 세계대전이 발발하고 고국 사람들이 재앙 같은 독재와 집단학살을 겪고 난 1949년, 1919년부터 미국에서 망명생활을 해오던 야시는 논조를 바꾸었다. 그는 옛 합스부르크제국에서 "법치가 웬만큼 보장되었다. 개인의 자유가 점점 더 인정되었다. 정치적 권리가 꾸준히 확대되었다. 민족 자율권 원칙이 점차 존중되었다. 사람과 물자의 자유로운 흐름이 군주국의 가장 외진 곳까지 혜택을 가져다주었다"라고 썼다.[46] 한때 합스부르크의 충직한 시민이었던 어떤 이들은 민족의 독립을 열렬히 환영하며 옛 이중군주국을 의심하게 되었지만, 1914년 이전 이중군주국에 맹렬히 반대했던 어떤 이들은 훗날 향수에 사로잡혔다. 1939년 헝가리 작가 미하이 버비치Mihály Babits는 군주국의 붕괴를 반추하며 이렇게 썼다. "지금 우리는 지난날 우리가 증오했던 것을 상실해 후회하고 그것을 되찾고 싶어 눈물을 흘린다. 우리는 독립했지만 기쁨을 느끼기는커녕 벌벌 떨 뿐이다."[47]

체스 선수들

1859년 이탈리아에서, 1866년 독일에서 오스트리아가 쫓겨난 뒤로 발칸 지역은 자연스레 오스트리아-헝가리 외교정책의 주된 초점이 되었다. 불행히도 이중군주국이 이렇게 지정학적 시야를 좁힐 무렵 발칸반도 도처에서 변동성이 높아지고 있었다. 근본 원인은 남동유럽에서 오스만의 권세가 저물어간다는 것이었으며, 그 결과 이 지역은 전략적 이해관계를 가진 두 강대국이 경쟁하는 긴장 지대가 되었다.[48] 러시아와 오스트리아-헝가리 둘 다 오스만이 물러난 이 지역에서 패권을 행사할 역사적 자격이 있다고 자부했다. 합스부르크 가문은 예부터 튀르크족에 맞서 유럽의 동쪽 관문을 지킨 수호자였다. 러시아는 범슬라브주의 이데올로기에 근거해 발칸반도의 신흥 슬라브계(특히 정교회) 민족들과 상트페테르부르크의 후견 세력 사이에 자연스러운 공통 이해관계가 있다고 역설했다. 또 오스만이 후퇴하면서 러시아 정책수립자들에게 전략적으로 극히 중요한 터키 해협(보스포루스 해협과 다르다넬스 해협—옮긴이)에 대한 향후 통제권 문제가 불거졌다. 그와 동시에 서로 충돌하는 이해관계와 목표를 가진 야심찬 신생 발칸 국가들이 출현했다. 이 요동치는 지형 곳곳에서 오스트리아와 러시아는 한 수 둘 때마다 상대방의 이점을 상쇄하거나 줄이려는 체스 선수처럼 책략을 썼다.

1908년까지 양국은 협력, 자제, 비공식 세력권 분할을 통해 발칸 정세에 잠재하는 위험을 억제했다.[49] 1881년 러시아, 오스트리아-헝가리, 독일이 조인한 2차 삼제동맹에서 러시아는 1878년 베를린조약으로 승인받은 오스트리아의 보스니아-헤르체고비나 점령을 '존중'하기로 했으며, 삼국은 발칸반도에서 서로의 이해관계를 '고려'하는 데 동의했다.[50] 그 이후 1897년과 1903년의 오스트리아-러시아 양해는 발칸의 현 정세에 대한 공동 약속을 재확인했다.

그렇지만 발칸의 정치가 워낙 복잡했던 탓에 두 강대국이 우호관계를 유지하는 것만으로는 평온을 지키기에 불충분했다. 발칸반도의 작은 짐승들까지 달래고 길들여야 했다. 그리고 빈이 보기에 그들 중 가장 중요한 세력은 세르비아왕국이었다. 친오스트리아파인 밀란 오브레노비치의 오랜 치세(1868~1889) 동안 세르비아는 합스부르크제국의 지역 패권을 묵인하는 등 빈의 계획에 고분고분 따르는 파트너였다. 그 대가로 빈은 1882년 세르비아를 공국에서 왕국으로 승격하려는 베오그라드 정부의 노력을 지지했고, 세르비아가 남쪽의 오스만령 마케도니아로 영토를 넓히려 할 경우 외교적 지원을 약속했다. 1883년 여름 오스트리아-헝가리 외무장관 구스타프 칼노키 폰 쾨뢰슈파타크Gustav Kálnoky von Köröspatak 백작이 러시아 외무장관에게 알린 대로, 제국의 발칸 정책에서 핵심은 세르비아와의 우호관계였다.[51]

세르비아의 밀란 국왕은 오스트리아에 우호적이긴 하지만 화를 돋우기도 하는 파트너였다. 1885년 밀란은 왕위에서 물러나겠다는 둥 자기 아들을 오스트리아에 있는 학교에 보내겠다는 둥 왕국을 제국에 병합해달라는 둥 빈에서 한바탕 소동을 일으켰다. 오스트리아는 이 터무니없는 제안을 모조리 거부했다. 빈에서 열린 회담에서 오스트리아는 이 낙심한 군주에게 국왕의 본분을 상기시키고 베오그라드로 돌려보냈다. 칼노키는 오스트리아 수상에게 "번창하고 독립적인 세르비아가 우리 의도에 잘 맞고 (……) 제멋대로 구는 지방을 소유하는 것보다 낫습니다"라고 설명했다.[52] 그런데 통치할 의욕을 잃은 듯한 모습을 보인 지 겨우 4개월 후인 11월 14일, 밀란은 러시아의 피후견국인 이웃나라 불가리아를 느닷없이 침공했다. 세르비아군이 불가리아군에 쉽게 격퇴되어 분쟁은 짧게 끝났지만, 두 강대국은 이런 예상치 못한 조치로 오스트리아-러시아 데탕트가 어그러지지 않도록 외교에 힘써야만 했다.

밀란의 아들은 아버지보다 더 심한 괴짜로 드러났다. 알렉산다르는 오스트리아-헝가리가 자기 왕국을 지원한다고 마구 떠벌렸는가 하면, 1899년에는 "오스트리아-헝가리의 적은 곧 세르비아의 적"이라고 공공연히 선언했다. 이 무례한 언동에 러시아는 눈살을 찌푸리고 오스트리아는 꽤나 당황했다. 하지만 그는 친러시아 정책의 이점에 끌리기도 했다. 부왕 밀란이 죽은 뒤인 1902년 알렉산다르 국왕은 러시아의 지원을 받고자 애썼다. 심지어 상트페테르부르크의 한 기자에게 합스부르크 군주국은 "세르비아의 주적"이라고 단언하기까지 했다.[53] 이런 이유로 빈에서는 알렉산다르의 때 이른 사망 소식에 별로 애석해하지 않았다. 다른 모든 사람처럼 정치인들도 알렉산다르와 그의 가계를 몰살한 잔혹성에 충격을 받기는 했지만 말이다.

오스트리아는 1903년 6월의 국왕 시해가 진짜 단교의 시작임을 곧바로 간파하지 못하고 다만 점진적으로 알아차렸다. 왕위 찬탈자 페타르 카라조르제비치를 친오스트리아파로 여긴 오스트리아는 양국 관계를 낙관했으며, 외무장관을 통해 새 국왕과 서둘러 우호관계를 맺고자 했다. 오스트리아-헝가리는 처음으로 세르비아의 새 정권을 공식 인정한 나라였다. 그러나 두 이웃국가의 화목한 관계를 위한 토대가 더는 없다는 사실이 곧 분명해졌다. 이중군주국을 대놓고 적대시하는 사람들이 세르비아의 정무를 장악하고 있었다. 빈의 정책수립자들은 정부의 속박에서 풀려난 베오그라드 언론이 토해내는 민족주의적 열변을 검토하며 점점 수심에 잠겼다. 1903년 9월 베오그라드 주재 오스트리아 공사 콘스탄틴 둠바Konstantin Dumba는 양국 관계가 "이보다 더 나쁠 수 없다"라고 보고했다. 빈 정부는 국왕 시해에 새삼스레 도덕적 분노를 표하고 영국과 함께 카라조르제비치 왕실에 제재를 가했다. 오스트리아와 세르비아의 유대가 느슨해진 틈에 이익을 얻고자 베오그라드 정부에 접근한 러시아는 세르비아의 미래는 서쪽에, 아드리아 해안선에 있다고 장담했고, 빈과의 오랜 통상조약을 갱신하지 말라고 종용했다.[54]

세르비아와 불가리아가 '비밀' 관세동맹을 체결했다는 사실을 빈에서 알아챈 1905년 말, 오스트리아와 세르비아의 긴장관계는 공개 분쟁으로 치달았다. 1906년 초 베오그라드 정부더러 그 관세동맹을 끝내라고 한 오스트리아의 요구는 역효과를 낳았다. 다른 무엇보다 그 요구로 인해 대다수 세르비아인에게 무관심한 문제였던 불가리아와의 관세동맹이 (적어도 한동안) 세르비아 민족 여론의 주목을 받게 되었다.[55] 1906년 위기의 개요는 1장에서 서술했지만 한 가지 더 유념할 점이 있다. 바로 빈의 정치인들이 상업적으로 대수롭지 않은 불가리아와의 관세동맹보다 그 밑바탕의 정치적 논리를 더 우려했다는 사실이다. 만약 세르비아와 불가리아의 관세동맹이 오스트리아-헝가리에 적대적이고 러시아의 책동에 호응하는 발칸 국가들의 '연맹'으로 나아가는 첫걸음이라면?

이런 우려를 오스트리아의 피해망상으로 치부하기 쉽지만, 실제로 빈 정책수립자들의 진단은 실상과 크게 다르지 않았다. 세르비아-불가리아 관세동맹은 실은 양국이 비밀리에 체결한 일련의 협정 중 세 번째였고 그에 앞서 체결한 두 협정의 방향은 분명 반오스트리아적이었다. 이미 1904년 5월 12일에 양국은 베오그라드에서 극비리에 우호조약과 동맹조약을 맺은 바 있었다. 콘스탄틴 둠바는 베오그라드를 방문한 불가리아 대표단과 세르비아 대표단이 무슨 일을 하는지 알아내고자 백방으로 노력했으나 의구심만 생겼을 뿐 교섭을 둘러싼 기밀의 장막을 뚫지는 못했다. 러시아가 관여할지 모른다는 빈의 우려는 기우가 아닌 것으로 드러났다. 실제로 상트페테르부르크는 (오스트리아-러시아 데탕트와 러일전쟁의 막대한 피해에도 불구하고) 발칸동맹을 구축하려 애쓰고 있었다. 세르비아-불가리아 교섭을 주도한 불가리아 외교관 디미터르 리조프Dimitar Rizov는 한때 러시아 외무부 아시아국의 첩자였다. 1904년 9월 15일 오전 11시, 베오그라드의 러시아 공사와 소피아의 러시아 공사는 각각 세르비아 외무장관과 불가리아 외무장관으로부터 세르비아-불가리아 동맹조약문의 사본을 동시에 (그리고 비밀리에) 전달받았다.[56]

오스트리아-헝가리의 발칸 정책에서 한 가지 난점은 대외 문제와 대내 문제의 상호 침투가 심화된다는 것이었다.[57] 제국의 국경 밖에 독립적인 '모국'이 존재하는 소수집단들 사이에서는 명백한 이유로 국내 정치와 국제 정치가 뒤얽힐 가능성이 다분했다. 합스부르크 영토 내 체코인, 슬로베니아인, 폴란드인, 슬로바키아인, 크로아티아인에게는 그런 주권 민족국가가 국외에 없었다. 그에 반해 트란실바니아 공국(헝가리 영토의 일부—옮긴이) 내 300만 루마니아인에게는 그런 국가가 국외에 있었다. 이중군주국의 복잡한 사정 때문에 빈 정부는 트란실바니아 지역에서 전략적으로 중요한 정치 파트너인 루마니아왕국을 소외시키는 헝가리의 억압적 문화정책을 막을 수 없었다. 그럼에도 적어도 1910년까지는 국내의 긴장 상태가 루마니아와의 관계에 끼치는 영향을 차단할 수 있었는데, 무엇보다 오스트리아와 독일의 맹방인 루마니아가 트란실바니아에서 종족 불화를 조장하거나 활용하려는 노력을 기울이지 않았기 때문이다.

그렇지만 1903년 이후 세르비아인과 세르비아왕국은 그런 노력을 자제하지 않았다. 보스니아-헤르체고비나에서 40퍼센트 조금 넘는 인구가 세르비아인이었으며, 헝가리 남부 보이보디나에 세르비아인이 정착한 큰 지역들이 있었고 크로아티아-슬라보니아에는 그보다 작은 지역들이 있었다. 1903년 국왕 시해 이후 베오그라드는 합스부르크제국 내에서 특히 보스니아-헤르체고비나에 초점을 맞추어 영토회복주의 활동에 박차를 가했다. 1906년 2월 베오그라드 주재 오스트리아 무관 포미안코프스키Pomiankowski는 참모총장에게 보낸 서신에서 문제를 요약했다. 향후 군사분쟁이 발생할 경우 세르비아는 제국의 적에 포함될 것이 확실하다고 그는 단언했다. 문제는 세르비아 정부의 태도보다는 정치문화 전체의 초민족주의적 지향성이었다. 설령 "분별 있는" 정부가 국정의 키를 잡는다 해도 "막강한 급진적 쇼비니스트들"이 "모험"에 나서는 것을 막을 수 있는 입장이 아닐 거라고 그는 경고했다. 그렇지만 세르비아의 "공공연한 적의와 빈약한 군대"보다 더 위험한 것은 "평시에 우리 남슬라브족 사람들에게 체계적으로 악영향을 끼치고 최악의 경우 우리 군대에 심각한 곤경을 초래할 수 있는 〔세르비아〕 급진당의 후방 교란"이었다.[58]

세르비아 국가의, 더 정확히 말하면 세르비아 국가에서 가장 영향력 있는 정치세력의 '쇼비니즘적' 영토회복주의는 빈 정부가 베오그라드 정부와의 관계에서 가장 중시하는 요인이 되었다. 1907년 여름 외무장관 알로이스 에렌탈은 신임 세르비아 공사를 위해 공식 지침을 작성하여 국왕 시해 이후 양국 관계가 어떻게 악화되었는지 알려주었다. 에렌탈의 회상에 따르면 밀란 국왕 치세만 해도 세르비아 군주는 "보스니아를 겨냥한 대중 선동"에 능히 대항할 만큼 강력했지만 1903년 7월의 사태 이래로 모든 것이 바뀌었다. 페타르 국왕은 쇼비니즘적 민족주의 세력과 대립하기에 정치적으로 너무 약하기만 한 것이 아니었다. 오히려 그는 자신의 입지를 강화하기 위해 직접 민족주의 운동을 활용하기 시작했다. 그러므로 베오그라드 주재 신임 오스트리아 공사의 "최우선 과제"는 세르비아 민족주의 활동을 면밀히 관찰하고 분석하는 것이었다. 공사는 기회가 생기면 페타르 국왕과 파시치 총리에게 자신이 범세르비아 민족주의 활동의 범위와 성격을 속속들이 알고 있다고 경고해야 했다. 또 베오그라드 지도부에 오스트리아-헝가리가 보스니아-헤르체고비나 점령을 "결정적" 점령으로 여긴다는 것을 의심할 나위 없이 알려야 했다. 무엇보다 공사는 그들의 뻔한 공식 부인에 말려들지 말아야 했다.

> 당신의 선의의 경고에 그들은 유서 깊은 수법으로, 점령된 지방들(보스니아-헤르체고비나—옮긴이)에 대한 은밀한 공작을 벌인다고 비난받을 때 세르비아 정치인들이 항상 써먹는 수법으로 대응할 것이오. "세르비아 정부는 올바르고 나무랄 데 없는 관계를 유지하려 애쓰지만, 행동 등

을 요구하는 민족의 감정을 억제할 위치에 있지 않습니다."[59]

에렌탈의 공식 지침은 베오그라드 정부를 상대하는 빈 정부의 현저한 특징들을 보여준다. 세르비아 민족주의의 원시적 힘에 대한 확신, 지도부 정치인들에 대한 뿌리 깊은 불신, 뒤집을 수 없는 우위를 드러내는 거만한 자세 뒤에 감춘, 보스니아의 미래에 대한 깊어가는 불안감 등을 말이다.

이것이 1908년 보스니아-헤르체고비나 병합의 배경이었다. 오스트리아 수상도 다른 강대국들의 수상도 빈 정부가 1878년 점령을 영구 점령으로 여긴다는 것을 의심하지 않았다. 1881년 갱신한 삼제동맹의 비밀 조항들 중 하나에서 오스트리아-헝가리는 "적절하다고 생각하는 어느 때나 이 지방들을 병합할 권리"를 명시적으로 주장했고, 간간이 오스트리아-러시아 외교 협정을 맺을 때 이 주장을 반복했다. 러시아도 원칙적으로 이 주장에 이의를 제기하지 않았고, 다만 점령에서 병합으로 바꿀 때 조건을 붙일 권리를 보유했다. 오스트리아-헝가리가 공식 병합을 해서 얻을 이점은 명백했다. 우선 두 지방의 미래에 대한 모든 의심이 사라질 것이었다(베를린 회의에서 합의한 점령 규정이 1908년에 만료될 예정이었으므로 상당히 시급한 문제였다). 보스니아와 헤르체고비나가 이를테면 지방의회 설립을 통해 제국의 정치구조에 더 완전하게 통합될 것이었다. 또 국내 투자를 더 안정되게 할 수 있는 환경이 조성될 것이었다. 더욱 중요한 점은, 오스트리아-헝가리가 영원히 소유한다는 것을 베오그라드에(그리고 보스니아-헤르체고비나의 세르비아인에게) 알리고, 그리하여 적어도 이론상으로는 향후 그들이 선동에 나설 유인 하나를 제거할 수 있다는 것이었다.

1906년 10월에 외무장관이 된 에렌탈에게는 병합을 강행해야 할 다른 이유들도 있었다. 세기가 바뀔 즈음까지 그는 이중군주국 체제의 확고한 지지자였다. 그러나 1905년 오스트리아와 헝가리의 정치 엘리트들이 공동 군대를 관리하는 문제를 둘러싸고 격한 내분을 벌이자 대타협에 대한 그의 신념이 흔들렸다. 1907년경 그는 군주국 문제에 대한 3자 해결책을 지지하게 되었다. 군주국 내부의 지배적 권력 중심 두 곳을 남슬라브족(무엇보다 크로아티아인, 슬라보니아인, 세르비아인)을 포함하는 제3의 정치체가 보완하는 해결책이었다. 치스라이타니엔, 헝가리왕국, 부다페스트에서 통치하는 크로아티아-슬라보니아 지방으로 갈라져 살아가는 데 분개하던 남슬라브족 엘리트들, 특히 크로아티아인 엘리트들 중에 이 해법의 지지자가 상당히 많았다. 보스니아-헤르체고비나를 제국에 완전히 병합해야만 삼중군주국의 개혁구조에 통합할 수 있을 것이었다. 그리고 이 방법으로 (에렌탈의 절실한 바람대로라면) 베오그라드의 영토회복주의 활동을 군주국 내부에서 상쇄할 수 있을 터였다. 세르비아는 발칸반도에서 남슬라브족의 '피에몬테'가 되기는커녕 제국 안에서 크로아티아인이 지배하는 광대한 남슬라브족 정치체의 잘린 팔이 될 것이었다.[60]

병합의 결정적 논거는 1908년 여름 오스만령 마케도니아에서 발생한 청년튀르크당 혁명이었다. 청년튀르크당은 콘스탄티노플에서 술탄에게 헌법 공포와 의회 설립을 강요했다. 그들은 오스만의 제국 체제를 머리부터 발끝까지 개혁할 계획을 세웠다. 새 오스만 지도부가 조만간 오스만제국 전역에서 총선거를 실시할 것이라는 소문이 돌았다. 그 전역에는 오스트리아-헝가리에 점령된, 당시 자체 대의기관이 없던 지역들도 포함되었다. 혁명을 통해 정당성과 신뢰를 강화한 새 오스만 정권이 잃어버린 서쪽 돌출부 지방의 반환을 요구하고 그곳 주민들에게 입헌 개혁을 약속하며 지지를 호소한다면 어떻게 되겠는가?[61] 실제로 보스니아에서 이런 불확실한 상황을 틈타 오스만의 종주권 아래 자치를 요구하는 기회주의적인 무슬림-세르비아인 연대가 출현했다.[62] 이제 보스니아 내부의 종족 동맹이 튀르크인과 힘을 합쳐 오스트리아인을 몰아낼 위험이 있었다.

그런 불상사를 미리 막고자 에렌탈은 재빨리 병합을 위한 사전 준비 작업에 나섰다. 오스만 정부의 명목상 주권은 후한 보상금을 주고서 매입했다. 훨씬 더 중요했던 쪽은 러시아 정부였는데, 전체 계획의 성사가 그들의 묵인에 달려 있었다. 에렌탈은 러시아와의 우호관계가 중요하다고 굳게 믿었다(1899~1906년 상트페테르부르크 주재 오스트리아 대사로 있는 동안 그는 오스트리아와 러시아의 친교를 공고히 하는 데 일조했다). 러시아 외무장관 알렉산드르 이즈볼스키의 동의는 쉽게 얻을 수 있었다. 러시아는 무언가 보상이 주어진다면 보스니아-헤르체고비나에서 오스트리아-헝가리의 지위를 인정하는 데 반대하지 않았다. 사실 보스니아-헤르체고비나 병합과 러시아의 터키 해협 접근권 개선에 대한 오스트리아의 지지를 맞바꾸자고 제안한 장본인이 차르 니콜라이 2세의 지지를 등에 업은 이즈볼스키였다. 1908년 9월 16일, 당시 상트페테르부르크 주재 오스트리아-헝가리 대사였던 레오폴트 폰 베르히톨트의 모라비아 지방 저택인 부흘라우 성에서 만난 이즈볼스키와 에렌탈은 거래 조건을 명확히 정했다. 따라서 어떻게 보면 1908년 병합은 오스트리아와 러시아의 발칸 협정 정신의 소산이었다. 더욱이 이 거래에서 양측은 깔끔한 대칭을 이루었다. 이즈볼스키와 에렌탈이 본질적으로 같은 목표, 즉 오스만제국을 희생시키고 베를린조약을 위반해가며 비밀 교섭을 통해 이득을 얻는 목표를 추구했기 때문이다.[63]

이런 사전작업에도 불구하고 1908년 10월 5일 에렌탈의 병합 발표는 중대한 유럽 위기를 촉발했다. 이즈볼스키는 에렌탈과 아무것도 합의하지 않았다고 잡아뗐다. 이어서 에렌탈의 의중을 알고 먼저 거래를 제안한 것까지 부인했고, 보스니아-헤르체고비나의 지위를 명확히 정하기 위한 국제회의 개최를 요구했다.[64] 위기가 몇 달째 이어지는 동안 세르비아, 러시아, 오스트리아는 동원과 역동원을 했고, 에렌탈은 부흘라우 협정 때 미처 예견하지 못한 이즈볼스키의 회의 소집 요구를 계속 피했다. 이 문제는 1909년 3월 독일의 '상트페테르부르크 통첩'으로 비로소 해소되었다. 독일은 러시아에 병합을 최종적으로 인정할 것과 세르비아에게도 똑같이 하도록 권고할 것을 요구했다. 독일의 뷜로 재상은 만약 요구대로 하지 않으면 사태가 "자연히 흘러갈" 거라고 경고했다. 이 표현은 오스트리아가 세르비아와 전쟁을 벌일 가능성뿐 아니라 더 중요한 가능성까지, 즉 이즈볼스키가 보스니아-헤르체고비나 병합 거래를 공모했음을 입증하는 문서를 독일 정부가 공개할 가능성까지 암시하는 것이었다. 이즈볼스키는 즉시 굴복했다.

예전부터 병합 위기의 책임을 제일 많이 떠맡은 사람은 에렌탈이었다. 이것이 공정한 평가일까? 분명 오스트리아 외무장관의 책략에는 외교적 투명성이 결여되어 있었다. 그는 병합 문제를 베를린조약 조인국들이 모두 참여하는 국제회의를 통해 해결하려 시도하지 않았다. 오히려 비밀 회담, 언약 교환, 비밀 쌍무협정 같은 구식 외교의 수단들을 동원해 풀어가려 했다. 이렇게 에렌탈이 은밀한 협의를 선호했기 때문에 이즈볼스키로서는 자신과 더 나아가 러시아가 '약삭빠른' 오스트리아 외무장관에게 기만당했다고 주장하기가 더 쉬웠다. 그러나 증거를 보면 위기가 그렇게 흘러간 것은 이즈볼스키가 자신의 직위와 평판을 지키기 위해 황당무계한 거짓말을 했기 때문이다. 러시아 외무장관은 두 가지 중대한 판단 착오를 저질렀다. 첫째로 러시아 군함에 터키 해협을 열어달라는 자신의 요구를 영국 정부가 지지할 것으로 가정했다. 둘째로 병합이 러시아의 민족주의 여론에 끼칠 영향을 터무니없이 과소평가했다. 일설에 따르면, 1908년 10월 8일 파리에서 병합 발표 소식을 처음 들었을 때만 해도 그는 태연자약했다고 한다. 며칠 뒤 런던에 체류하는 동안 영국의 비협조적 태도가 드러나고 상트페테르부르크의 언론 반응을 풍문으로 듣고 나서야 그는 자신의 착오를 깨닫고 당혹감에 휩싸였으며, 자신이 에렌탈에게 속은 것으로 포장하기 시작했다.[65]

에렌탈 정책의 잘잘못이 무엇이든 간에, 보스니아 병합 위기는 발칸 지정학에서 전환점이었다. 이 위기로 그나마 발칸 문제 해결에 협력하고 있던 오스트리아와 러시아의 공조관계가 파탄 났다. 이때부터 발칸 국가들 간 분쟁에서 생기는 부정적 에너지를 억제하기가 훨씬 더 어려워졌다. 병합 위기를 계기로 오스트리아의 인접국이자 맹방인 이탈리아왕국과도 사이가 멀어졌다. 오래전부터 두 국가 사이에 갈등의 소지가 있기는 했지만(달마티아와 크로아티아-슬라보니아에 사는 이탈리아인 소수집단의 권리와 아드리아해에서의 권력정치 경쟁이 불화의 중요한 원인이었다) 병합 위기는 이탈리아의 보상 요구를 촉발하고 이탈리아인의 분노를 새로운 수준까지 끌어올렸다. 전전 마지막 몇 년간 발칸의 아드리아 해안과 관련한 이탈리아의 목표와 오스트리아의 목표를 조정하기가 갈수록 어려워졌다.[66] 독일 정부는 처음에 병합 문제에 어정쩡하게 대응했지만 곧 오스트리아-헝가리를 정력적으로 지지했다. 독일의 이 정책 역시 양면적 결과를 가져왔다. 바라던 대로 러시아 정부로 하여금 병합 위기를 이용해 단물을 더 빨아먹으려는 시도를 그만두게 했지만, 길게 보면 러시아와 영국 두 나라에서 오스트리아는 독일의 위성국이라는 인식을 강화했다. 그리고 이 인식은 1914년 위기 국면에서 위험한 역할을 할 터였다.

러시아에서 병합 위기는 특히 깊고도 오랜 영향을 미쳤다. 일본과의 전쟁(1904~1905)에서 패한 러시아는 가까운 미래에 극동에서 세력을 넓힐 전망이 없었다. 1907년 8월 31일 이즈볼스키와 영국 대사 아서 니컬슨Arthur Nicolson 경이 체결한 영국-러시아 협약은 페르시아와 아프가니스탄, 티베트에서 러시아의 영향력을 제한했다. 이로써 (당분간) 러시아가 제국 권력의 팽창을 추진할 수 있는 지역은 발칸반도로 축소되었다.[67] 대중은 슬라브계 약소민족들의 보호자라는 러시아의 위상에 격하게 감정이입했고, 그 배후의 핵심 정책수립자들은 터키 해협 접근권 문제에 점점 더 사로잡혔다. 이즈볼스키에 호도되고 대중의 쇼비니즘적 감정에 격앙된 러시아 정부와 여론은 오스트리아의 병합을 사활적 이익이 걸린 지역에서 양국의 양해를 배신하는 행위, 용서할 수 없는 굴욕, 용납할 수 없는 도발로 해석했다. 보스니아 위기 이후 러시아는 유럽의 군비 경쟁을 촉발할 정도로 대대적인 군비 투자 프로그램에 착수했다.[68] 또한 러시아가 세르비아에 정치적으로 더 깊숙이 관여하는 징후들이 나타났다. 1909년 가을 러시아 외무부는 "오랜 친슬라브 전통의 열렬한 신봉자"인 니콜라이 가르트비크를 베오그라드 주재 러시아 공사로 임명했다. 정력적이고 영리한 사절인 가르트비크는 빈 정부를 상대로 더 적극적인 입장을 취하도록 베오그라드 정부를 열심히 떠밀었다. 실은 너무 열심히 떠밀다가 이따금 본국 상관들이 지시한 수준을 넘어서기까지 했다.[69]

거짓말과 위조

병합 위기는 빈과 베오그라드의 관계를 더욱 해치기도 했다. 으레 그렇듯이 이중군주국의 내부 사정 때문에 상황이 더 악화되었다. 오스트리아-헝가리 당국은 헝가리가 통치하는 크로아티아-슬라보니아의 주도인 아그람(지금의 자그레브)에 있는 크로아티아 의회에서 1905

년에 출현한 정치 파벌인 세르비아인-크로아티아인 연대의 활동을 수년째 주시해오고 있었다. 1906년 크로아티아 의회 선거 이후 이 연대는 아그람의 행정을 장악했고, 제국 내에서 남슬라브계 민족들의 더욱 긴밀한 연합을 추구하는 '유고슬라브'(남슬라브라는 뜻—옮긴이) 의제를 받아들였으며, 국영철도 공무원은 모두 마자르어를 말할 수 있어야 한다는 요구조건과 같은 까다로운 문제들을 두고 헝가리 당국과 오랫동안 싸웠다. 이 파벌에 특별히 드문 면모는 없었다. 오스트리아 정부를 불안하게 만든 것은 이 연대의 의원들 일부 또는 전부가 베오그라드 정부와 내통하고 있을지 모른다는 의혹이었다.[70]

1908~1909년 위기 동안 이런 우려는 피해망상에 가까울 정도로 커졌다. 1909년 3월 러시아가 보스니아를 두고 대립하다 물러선 시점에 합스부르크 당국은 세르비아인-크로아티아인 연대를 겨냥해 놀라울 만큼 서투른 법적 공격을 개시했다. 다시 말해 남슬라브 지역을 오스트리아-헝가리로부터 분리해 세르비아에 덧붙이려는 음모를 꾸민 혐의로 주로 세르비아계 활동가인 53명을 기소했다. 또 거의 같은 시점에 빈에서 활동하던 역사가 겸 작가 하인리히 프리트융Heinrich Friedjung 박사는 《노이에 프라이에 프레세Neue Freie Presse》에 기고한 글에서 그 연대의 주요 정치인 3명이 세르비아왕국을 위해 반역적 활동을 하는 대가로 보조금을 받았다고 고발했다. 프리트융은 이 혐의를 명백히 입증하는 정부 기밀문서를 직접 봤다고 주장했다.

아그람에서 1909년 3월 3일부터 11월 5일까지 이어진 반역 재판은 시작하자마자 정부의 대민 관계에 그야말로 재앙이 되었다. 재판부는 검찰 측 증인 276명을 심문하면서도 피고 측이 요청한 증인은 단 한 명도 심문하지 않았다. 이중 31명에게 내린 유죄선고는 이후 빈의 항소심에서 모두 기각되었다. 그와 동시에 프리트윰과 그의 주장을 다시 게재한 《라이히스포스트Reichspost》의 편집장을 상대로 한 일련의 명예훼손 재판에서 당혹스러운 조작이 드러났다. 이 훌륭한 박사가 고발의 근거로 삼았던 '기밀문서'가 수상한 세르비아인 이중첩자를 통해 베오그라드의 오스트리아 공사관에 건네졌다가 빈의 외무부를 통해 다시 프리트윰에게 전해진 위조문서로 밝혀졌던 것이다. 탁월한 역사가라는 평판을 치욕스럽게 이용당한 불운한 프리트윰은 사과를 하고 고발을 취소했다. 하지만 지칠 줄 모르는 체코 민족주의자이자 피고들의 옹호자인 토마시 마사리크는 새로운 증거를 찾으러 (베오그라드를 포함해) 여기저기를 돌아다니고 수차례 공개 토론회에서 베오그라드 주재 오스트리아 공사가 다 알면서도 에렌탈을 대신해 위조문서를 입수했다고 주장하는 등 이 문제를 끈질기게 물고 늘어졌다.[71]

문서가 진본이 아니라는 사실을 빈 당국이 처음부터 알았을 가능성은 매우 낮다. 아마도 피해망상 때문에 쉽게 믿는 경향이 생겼을 것이다. 오스트리아 당국은 우려하던 일을 믿을 준비가 되어 있었다. 그러나 아그람 재판과 프리트윰 재판은 빈과 베오그라드의 관계에 두고두고 부담이 되었다. 특히 곤란했던 점은 스캔들의 초점이 곧 세르비아 주재 오스트리아 공사 야노시 포르가치 데 그히메시 에트 가치János Forgách de Ghymes et Gács 백작에게 쏠리기 시작해 양국 외교관계에 지대한 영향을 주었다는 것이다. 1910년과 1911년 내내 마사리크는 오스트리아의 새롭고 당혹스러운 배신행위를 연거푸 '폭로'했다(전부 사실이었던 건 아니다). 세르비아 언론은 반색했으며, 포르가치를 본국으로 소환하라는 목소리가 터져나왔다.[72] 하지만 오래전부터 자신의 직책을 전혀 즐기지 못하고 있던 포르가치는 모든 혐의를 완강히 (그리고 아마도 진실하게) 부인했다. 그 자신도 공격당하고 있던 에렌탈은 포르가치 해임이 곧 오스트리아 당국이 국민들을 고의로 속였음을 인정하는 의미로 받아들여질 수 있는 한, 궁지에 몰린 공사를 해임할 수 없다고 생각했다. 포르가치는 1910년 11월 빈의 외무부 수장에게 보낸 사신私信에 이렇게 썼다. "제게 즐거운 상황은 아니지만, 이곳 정부가 어지간히 점잖게 행동한다면 저는 다른 수많은 상황을 견뎌냈던 것처럼 베오그라드의 신문 폭풍을 견뎌낼 겁니다."[73]

포르가치를 특히 격분시킨 것은 세르비아 고위 관료들(그중에서도 외무부 부장 미로슬라브 스팔라이코비치Miroslav Spalajković)이 그의 신용을 떨어뜨리는 활동에 계속 관여한다는 사실이었다. 스팔라이코비치는 오스트리아 정부에 불리한 증거를 마사리크에게 제공했는가 하면, 프리트융 재판에서 세르비아인-크로아티아인 연대 측 감정인鑑定人으로 출석하기까지 했다. 위조문서의 신빙성을 깨뜨리는 데 일조한 스팔라이코비치는 더 나아가 포르가치가 세르비아인-크로아티아인 연대의 혐의를 날조하기 위해 위조문서를 **의도적으로** 확보했다고 역설했다. 1910~1911년 겨울에 베오그라드 주재 네덜란드 사절 프렌덴뷔르흐Vredenburch는 스팔라이코비치가 오스트리아 공사에게 불리한 소문을 외교가에서 계속 퍼뜨린다고 보고했다.[74] 설상가상으로 스팔라이코비치 부부가 신임 러시아 공사 가르트비크와 함께 있는 모습이 자주 목격되었고, 이 부부가 러시아 공관에서 살다시피 한다는 소문까지 돌았다.[75] 포르가치는 자신이 "우리의 불구대천 원수"라 부른 스팔라이코비치에게 병적으로 집착했다. 둘의 관계는 퉁명스러운 서신을 주고받으면서 더욱 악화되었으며, 1911년 4월 포르가치는 오스트리아 공사관의 전 직원에게 스팔라이코비치와 어떠한 접촉도 하지 말라고 명령했다. 그는 에렌탈에게 이렇게 전했다. "시종일관 신경을 곤두세우고 있는 이 남자는 어떻게 보면 멀쩡한 정신이 아닙니다. 병합 이후로 [오스트리아-헝가리] 군주국에 대한 그의 증오는 거의 정신병이 되었습니다."[76]

베오그라드에서 포르가치의 위치를 옹호할 수 없게 된 오스트리아는 1911년 여름 그를 본국으로 소환했다. 하지만 아그람-프리트융 재판과 세르비아 수도에서 이 재판이 불러온 여파는 되짚어볼 가치가 있다. 이 스캔들에 관여했던 인물들이 1914년 사태에서 두드러진 역할을 하기 때문이다. 미로슬라브 스팔라이코비치는 외교정책을 담당하는 고위 관료로 보스니아-헤르체고비나에 오랫동안 관심을 기울여온 터였다. 그의 아내는 보스니아계였고, 1897년 파리 대학에서 쓴 박사학위 논문에서 그는 두 지방이 오스만 종주권 치하에서 법적 자치체였으므로 오스트리아-헝가리의 병합은 결코 적법하지 않다고 주장했다.[77] 1911년 이후 그는 소피아 주재 세르비아 공사로 부임하여 1912년 1차 발칸전쟁을 개시한 발칸동맹의 중추였던 세르비아-불가리아 동맹을 체결하는 과정에서 (러시아와 공조하여) 중요한 역할을 했다. 소피아에서 근무하는 동안 그는 베오그라드에 있는 막역한 친구 니콜라이 가르트비크를 "한 달에 최대 스무 번까지" 찾아갔다.[78] 그 이후 그는 더욱 중요한 상트페테르부르크 공사관으로 전근했다. 이곳에서 그의 직무는 1914년 7월 위기가 전개되는 동안 세르비아 정부에 대한 러시아 차르와 각료들의 의중을 해석하는 것이었다. 완강한 반세르비아파가 되어 부임지를 떠난 포르가치 역시 1912년 에렌탈이 백혈병으로 급사한 뒤 오스트리아-헝가리 외무부의 정책수립에 일조한 주요 인물 중 하나였다.[79] 그리고 이즈볼스키와 에렌탈이 서로에게 품었던 개인적 원한을 잊어서는 안 된다. 보스니아 위기의 여파 속에서 빈의 고급신문들이 올바로 지적했던 대로, 그들의 원한은 오스트리아-헝가리와 러시아의 관계 개선을 막는 장애물이었다.[80] 1914년 7월 위기의 한 가지 흥미로운 특징은 그토록 많은 핵심 행위자들이 오래전부터 서로 아는 사이였다는 것이다. 여러 중대한 교섭들의 표면 아래에 개인적 악감정과 오랫동안 아물지 않은 상처가 도사리고 있었던 것이다.

세르비아 문제는 오스트리아가 혼자서 다룰 수 있는 사안이 아니었다. 이것은 서로 맞물린 문제들의 집합체에 박혀 있었다. 첫째, 병합 위기 이후 전보다 더 가까워진 세르비아와 러시아의 관계라는 긴급한 문제가 있었다. 빈은 러시아 공사 가르트비크를 심히 수상쩍게 여겼는데, 그의 오스트리아 혐오와 범슬라브주의, 베오그라드에서 점점 커지는 영향력은 이중군주국의 미래에 불길한 징조였다. 소피아 주재 프랑스 공사의 보고에 따르면, 가르트비크는 "진정한 무지크(제정시대 러시아 농민—옮긴이)의 전형", "발칸을 위해 극동을 희생시킬" 각오가 되어 있는 "러시아의 옛 튀르크 정책"의 열렬한 지지자였다.[81] 가르트비크는 세르비아 수상 니콜라 파시치와 각별한 친분을 쌓았다. 두 사람은 거의 날마다 만났다. 세르비아 외무부 관료들은 러시아 공사관의 하급 외교관들에게 "여러분의 수염이 우리 수염과 협의하고 있습니다"라고 말하곤 했다. 러시아 공사관의 한 직원은 "〔러시아와 세르비아가〕 공유하는 정치적 목표들과 관련해 비밀이 존재할 수 있다고는 아무도 믿지 않았다"라고 말했다.[82] 러시아 공사는 베오그라드 어디서나 정복 영웅처럼 환대받았다. "이 독특한 우두머리는 사람들의 눈에 띄기만 해도 기립 박수를 받곤 했습니다."[83]

이론상 빈은 불가리아와 관계를 개선하여 세르비아의 적의를 상쇄할 수 있었다. 그러나 이 선택지도 그 나름대로 문제가 있었다. 불가리아와 루마니아가 여전히 격렬한 국경 분쟁을 벌이는 중이었으므로 소피아 정부와 친하게 지내다가는 부쿠레슈티 정부와 소원해질 위험이 있었다. 헝가리 트란실바니아 지방에 대규모 루마니아인 소수집단이 있었으므로 부쿠레슈티 정부와 적대하는 것은 전혀 바람직하지 않은 일이었다. 루마니아가 빈에서 상트페테르부르크로 돌아선다면, 루마니아인 소수집단 문제는 지역 안보 문제가 될 가능성이 다분했다. 헝가리 외교관들과 정치지도자들은 특히 '대루마니아'가 '대세르비아'만큼이나 이중군주국에 심각한 위협이 된다고 경고했다.

또 다른 근심거리는 아드리아 연안에 자리 잡은 작은 나라 몬테네그로공국이었다. 그림처럼 아름다운 이 가난한 공국은 프란츠 레하르Franz Lehár의 오페레타 〈즐거운 과부Die lustige Witwe〉에서 '폰테베드로 대공국'이라는 얇은 가면을 쓴 채로 작품의 배경을 이루었다(독일어 리브레토는 가수들이 '몬테네그로 민속 의상'을 입어야 한다고 명시하여 배경의 정체를 누설했다).[84] 몬테네그로는 발칸에서 가장 작은 나라였고, 25만 명에 불과한 인구는 검은 봉우리와 깊은 협곡으로 이루어진 아름답지만 살기 힘든 지형 곳곳에 흩어져 있었다. 이곳은 금색, 은색, 빨간색, 파란색이 섞인 화려한 제복을 입은 왕이 해 질 녘에 왕궁 정면에서 담배를 피우면서 행인과 수다를 떨고 싶어하는 모습을 볼 수 있는 나라였다. 프라하 기자 에곤 에르빈 키슈Egon Erwin Kisch는 1913년 여름에 당시 몬테네그로 수도였던 체티네에서 아름다운 항구도시 리예카(지금은 크로아티아 영토)까지 걸어서 여행하던 중 골짜기에서 울려퍼지는 심란한 총성을 들었다. 처음에 그는 발칸전쟁이 일어난 줄 알고 놀랐다가 몬테네그로 청년들이 계곡 급류에 사는 물고기를 향해 러시아제 소총을 쏘는 것이라는 경호원의 말을 듣고서야 안심했다.[85]

가난하고 작다고 해서 몬테네그로가 중요하지 않았던 것은 아니다. 몬테네그로가 로브첸 고지에 올려놓은 산악포는 아드리아해의 코토르만에 위치한 오스트리아의 난공불락 항만시설을 내려다보며 합스부르크 해군 계획자들의 신경을 긁었다. 1860년부터 재위해 유럽에서 영국 빅토리아 여왕과 오스트리아 프란츠 요제프 황제에 이어 세 번째로 장기 집권 중인 군주였던 니콜라 공은 유별난 야심가였다. 그는 1878년 베를린 회의에서 공국의 영토를 갑절로 넓혔고, 1908년 병합 위기 동안 더욱 넓혔으며, 그 후로 알바니아 북부에 눈독을 들이고 있었다. 1910년에 그는 자신의 지위를 국왕으로 격상했다. 또한 비범한 수완을 발휘해 딸들을 시집보냈다. 세르비아의 페타르 카라조르제비치 국왕이 그의 사위였다(다만 페타르가 왕위에 오를 무렵 그의 몬테네그로 아내가 죽었다). 니콜라의 다른 딸 엘레나는 이탈리아의 비토리오 에마누엘레 3세와 결혼했고, 다른 두 딸은 상트페테르부르크에서 러시아 대공들과 혼인한 뒤 러시아 상류사회의 명사가 되었다. 니콜라는 강대국들로부터, 특히 가장 중요한 러시아로부터 후원금을 끌어모으기 위해 전략적으로 민감한 자신의 위치를 활용했다. 1904년 그는 일본에 전쟁을 선포함으로써 대슬라브 동맹과의 연대를 입증해 보였다. 러시아는 군사 보조금과 "몬테네그로군 재편"의 임무를 맡은 군사 파견단으로 화답했다.[86]

왕가를 통해 몬테네그로와 연결된 이탈리아는 상황을 더 복잡하게 만들었다. 이탈리아는 1882년 5월 이래 오스트리아, 독일과 함께 삼국동맹의 일원이었고 1891년, 1902년, 1912년에 동맹을 갱신했다. 그러나 이탈리아 민심은 오스트리아와의 관계를 놓고 첨예하게 갈라져 있었다. 대체로 말해 자유주의적 · 세속적 · 민족주의적 이탈리아인들은 오스트리아와 대립하는 정책을 선호했고, 특히 이탈리아 민족주의자들이 자국의 영향력을 강화하는 천혜의 수단으로 여기던 아드리아해에서 대결하기를 바랐다. 그에 반해 가톨릭교도, 성직자, 보수주의자 들은 빈과 화해하고 협력하는 정책을 선호했다. 이렇게 분열된 충성심을 고려해 로마는 정교하고 다층적이고 자주 모순되는 외교를 펼쳤다. 1900년과 1902년에 이탈리아 정부는 오스트리아·독일과 맺었던 조약의 의무 조항들을 대부분 상쇄하는 비밀협정을 프랑스와 체결했다. 더욱이 1904년부터 이탈리아는 오스트리아-헝가리의 발칸 정책이 이 지역에서 자국의 이해관계를 침해한다는 견해를 점점 더 분명하게 드러냈다. 몬테네그로는 발칸반도에서 이탈리아의 상업적·문화적 영향력을 확대하기에 유망한 지역으로 비쳤으며, 외무장관 톰마소 티토니Tommaso Tittoni는 세르비아 정부, 불가리아 정부와 대단히 우호적인 관계를 구축했다.[87]

이탈리아는 1908년 보스니아 병합에 예민하게 반응했다. 그 이유는 오스트리아의 행보에 원칙적으로 반대해서라기보다 병합의 보상으로 주민 대부분이 이탈리아어를 사용하는 합스부르크령 항구도시 트리에스테에 이탈리아 대학을 설립하는 방안을 에렌탈이 거부했기 때문이다.[88] 1909년 10월 비토리오 에마누엘레 3세는 삼국동맹에서 이탈해 차르 니콜라이 2세와 비밀협정을 체결했다. 훗날 '라코니지 협정Racconigi Bargain'이라 알려진 이 협정에서 이탈리아와 러시아는 상대국의 동의 없이는 '유럽 동부'에서 다른 협정을 맺지 않기로 명기했고, "이탈리아는 터키 해협 문제에서 러시아의 이해관계를, 러시아는 트리폴리와 키레나이카에서 이탈리아의 이해관계를 선의로 고려"할 것을 약속했다.[89] 이 협정은 겉보기만큼 중요하지 않았는데, 이탈리아가 라코니지 협정을 대체로 상쇄하는 다른 협정을 곧바로 빈과 체결했기 때문이다. 그렇다 해도 라코니지 협정은 이탈리아가 한층 적극적이고 독립적인 정책을 추진하기로 결심했다는 신호였다.

발칸반도에서 사이가 안 좋은 오스트리아와 이탈리아가 장차 수확할 공산이 가장 큰 결실은 알바니아였다. 두 나라 모두 아직까지 오스만제국에 갇혀 있는 알바니아가 자기네 영향권에 속한다고 보았다. 1850년대부터 오스트리아는 알바니아 스쿠타리에 있는 부영사관을 통해 이 나라 북부의 가톨릭교도를 지키는 일종의 종교적 보호권을 행사했다. 이탈리아 역시 기다란 아드리아 해안선을 가진 알바니아에 관심이 많았다. 세기 전환기에 로마와 빈은 이 지역에서 오스만 권력이 무너질 경우 알바니아의 독립을 지원하기로 합의했다. 아드리아 연안의 두 강국이 영향권을 정확히 어떻게 나눌 것이냐 하는 문제는 미결로 남았다.

기만적 고요

1909년 3월 세르비아는 오스트리아 영토에서 비밀공작을 그만두고 이 제국과 선린관계를 유지하기로 공식 약속했다. 1910년 빈과 베오그라드는 꽤나 실랑이를 벌인 끝에 오스트리아-세르비아 통상 분쟁을 끝내기로 합의하기까지 했다. 이해에 세르비아의 수입액이 24퍼센트 증가한 사실은 경제적 여건이 개선되었다는 증거다. 오스트리아-헝가리산 제품이 베오그라드 상점의 선반에 다시 진열되기 시작했으며, 1912년경 이중군주국은 또다시 세르비아의 주요 구매자 겸 공급자가 되었다.[90] 파시치와 오스트리아 대표의 회담에서 양측은 서로의 선의를 확약했다. 그러나 양국 관계에는 떨쳐낼 수 없는 거북함이 있었다. 페타르 국왕이 빈을 공식 방문하는 계획을 언급하긴 했으나 실제 방문으로 이어지진 않았다. 세르비아 정부는 처음에 국왕의 건강이 좋지 않다는 진실한 이유를 대며 방문지를 빈에서 부다페스트로 옮겼고, 그 후 방문을 미루었고, 1911년 4월 방문을 무기한 연기했다. 그런데 오스트리아로서는 유감스럽게도 1911년 겨울 페타르가 파리를 방문해 대단한 성과를 거두었다. 프랑스 방문이 얼마나 중요했던지 파리 주재 세르비아 공사가 베오그라드로 귀국해 방문 준비를 돕기까지 했다. 프랑스로 가는 길에 빈과 로마를 들른다는 종전 계획은 폐기되었다. 11월 16일 파리에 도착한 페타르는 케도르세가(프랑스 외무부가 위치한 거리—옮긴이)에서 공화국 대통령의 환영을 받았고, 망명생활을 하던 1870년 청년기에 프랑스-프로이센 전쟁에서 프랑스군에 자원했던 그의 공을 기리는, 특별히 제작한 금메달을 수여받았다. 같은 날 저녁 국빈 만찬에서 프랑스 대통령 아르망 팔리에르Armand Fallières는 연설을 시작하며 페타르를 "모든 세르비아인"(암묵적으로 오스트리아-헝가리 제국 안에서 살고 있는 세르비아인을 포함하는 표현)의 왕이자 "자신의 나라와 국민을 자유로 이끌고 있는 분"으로 일컬었다(이 소식에 오스트리아 정부는 약이 바짝 올랐다). "눈에 띄게 흥분한" 페타르는 자신과 동료 세르비아인들이 자유를 위해 싸우면서 프랑스에 의지할 것이라고 화답했다.[91]

더구나 세르비아 민족을 대표해 보스니아-헤르체고비나를 되찾으려는 막후공작이 계속되었다. 세르비아민족방위단은 순수한 문화단체로 외양을 바꾸자마자 기존 활동을 재개했다. 1909년 이후 이 조직의 지부가 급증했고 보스니아-헤르체고비나에도 침투했다. 오스트리아는 국경을 넘나드는 세르비아 요원들의 첩보활동을 (능력이 닿는 데까지) 감시했다. 특징적인 사례로는 드라고미르 조르제비치Dragomir Djordjević라는 인물이 있다. 세르비아군 예비역 중위였던 그는 보스니아에서 '배우'로서의 문화활동과 세르비아 정보원들의 비밀 네트워크를 관리하는 업무를 결합했다. 1910년 10월 그는 화기 훈련을 받기 위해 세르비아로 돌아가다가 발각되었다.[92] 세르비아 주재 오스트리아 사절들은 '단결 아니면 죽음!'의 존재를 초기부터 알고 있었다. 다만 처음에는 베오그라드 무대에 새로 등장한 이 수상한 조직을 어떻게 판단해야 할지 확신하지 못했다. 1911년 11월 12일 베오그라드 신임 공사(포르가치의 후임) 슈테판 폰 우그론 추 아브란팔파Stephan von Ugron zu Abránfalva는 보고서를 통해 현재 세르비아에서 신문 논평의 주제인 "장교 사회에 존재하는 것으로 추정되는 결사"의 존재를 빈에 알렸다. 이 시점에는 결사가 스스로를 흑수단이라 부르고 지난날 오브레노비치 시대에 군대가 누렸던 민족 정치에 대한 영향력을 되찾는 데 주력한다는 것을 빼면, "확실한 것은 전혀" 없었다.

우그론과 오스트리아 무관 오토 겔리네크Otto Gellinek가 추가 보고서를 보내오면서 그림이 조금 더 구체화되었다. 당시 그들은 아피스를 새 네트워크의 핵심 인물로 보았고, 흑수단의 목표를 더 자세히 파악했다. "그 운동의 계획은 대세르비아 이념에 방해가 되는 모든 인사를 국내에서 제거하고", "모든 세르비아인의 통일을 위한 투쟁을 이끌 각오가 되어 있는" 지도자를 즉위시키는 것이었다.[93] 흑수단이 현재 급진당 정부에 대항하는 쿠데타가 일어날 경우 암살할 정치인 명단을 작성했다는 취지의 언론 소문은, 1911년 가을 야당의 주요 정치인 2명이 수상하게 살해당해 더 커지긴 했지만, 나중에 거짓으로 치부되었다. 1911년 11월 22일 겔리네크는 음모단이 법적 수단을 사용해 "세르비아 민족 내부의 적들"을 제거한 뒤 "통일된 힘으로 외부의 적들에 맞설" 계획으로 보인다고 보고했다.[94]

오스트리아는 처음에 이런 전개를 놀랍도록 침착하게 지켜보았다. 겔리네크는 "음모자 다섯에 하나는 정보원이기 때문"에 세르비아의 어떤 조직이든 비밀을 오랫동안 유지하기란 사실상 불가능하다고 보았다. 어쨌든 세르비아에서 음모는 전혀 새로운 일이 아니었고, 따라서 흑수단은 별로 중요한 문제가 아니었다.[95] 그러나 오스트리아 관찰자들은 국가기관들에 대한 흑수단의 영향력이 어느 정도인지 파악하기 시작하면서 태도를 바꾸었다. 1911년 12월 겔리네크는 세르비아 육군장관이 조사를 강행할 경우 "막대한 곤경을 겪을 것"이라는 이유로 흑수단에 대한 조사를 취소했다고 보고했다. 1912년 2월 초 그는 이 네트워크가 반쯤 공식적인 성격을 획득했고, 세르비아 정부가 "〔흑수단〕 단원들 전부와 그들의 활동에 관한 정보를 충분히 얻었다"고 보았다. 흑수단의 보호자인 육군장관 스테파노비치가 자리를 보전한 사실은 이 조직의 정치적 영향력이 커지고 있다는 증거였다.[96]

장차 1914년 여름에 오스트리아의 행위에 영향을 끼칠 복잡한 그림이 드러나고 있었다. 한편으로 '단결 아니면 죽음!'이 전복적 네트워크로서 당시 세르비아왕국의 민간 당국에 진심으로 반대했고 또 당국의 두려움을 샀다는 것은 분명하다. 그렇지만 민간 지도부와 세르비아 국민들 모두 흑수단의 대세르비아라는 목표를 두루 묵인하고 지지했던 것도 분명하다. 더 중요한 점은 흑수단과 당국이 공조하는 듯한 순간들이 있었다는 것이다. 1912년 2월 우그론은 운동의 에너지를 왕국 내부의 전복적 활동에서 외부의 적들로 돌릴 수 있다면 세르비아 당국이 "열광적인 군사적-애국적 운동"과 협력할지도 모른다고 경고했다.[97] 영토회복주의 기관지 《피에몬트》는 반합스부르크와 초민족주의를 표방하는 목표를 공공연히 옹호했다(우그론이 지적한 대로 흑수단이 '민족적' 목표들로 스스로를 규정했던 까닭에 세르비아 민간 당국은 이 조직을 상대로 조치를 취하기가 어려웠다).[98] 요컨대 오스트리아 정부는 흑수단의 영향력이 어느 정도인지도, 흑수단에 대한 파시치 정부의 대응을 제약하는 복잡한 사정도 파악하고 있었다.

이 분석의 골자는 1914년 여름까지 그대로 유지되었다. 오스트리아는 1912년과 1913년 발칸전쟁 기간에 흑수단의 극적인 성장을 면밀히 추적했다. 1914년 1월 베미치Vemić라는 국왕 시해 장교의 재판에 이목이 쏠렸다. 1903년에 그는 6월 11일 밤의 전리품으로 드라가 왕비의 한쪽 가슴에서 잘라낸 마른 살가죽을 여행가방에 넣고 다니는 것으로 악명이 높았다. 1913년 10월 2차 발칸전쟁 기간에 베미치는 명령에 너무 늦게 따른다는 이유로 세르비아 신병을 총살했다가 군사법원에서 재판을 받았다. 전원 상급 장교들로 이루어진 재판부가 무죄판결을 내리자 베오그라드 언론 일각에서 소동을 일으켰으며, 베미치는 세르비아 대법원에서 재심을 받게 되었다. 그러나 그에 대한 선고(고작 금고 10개월)는 1913년 12월 말 군 지휘부가 왕에게서 받아낸 국왕 사면으로 경감되었다.[99] 장교단은 "오늘날 세르비아에서 정치적으로 결정적인 요인"이라고 1914년 5월 겔리네크는 썼다. 이처럼 세르비아의 공적 영역에서 '근위대 요소'가 성장한다는 것은 곧 오스트리아-헝가리에 대한 위협이 증대한다는 뜻이었는데, "장교단은 대세르비아, 극단적 반오스트리아 경향의 보루이기도 하기" 때문이었다.[100]

이 혼탁한 나라에서 가장 수수께끼 같은 인물은 '세르비아의 왕관 없는 왕' 니콜라 파시치였다. 파시치는 1913~1914년 정치적 폭풍이 치는 동안 입조심을 했고, 장교단과 직접 대결하도록 유인하는 도발에 넘어가지 않았다. 1914년 5월 21일 겔리네크가 관찰한 대로 이 수상은 의회에서 세르비아 정부와 장교단이 모든 중요한 문제에서 "완전히 같은 의견"이라고 역설함으로써 적대적인 대정부 질문을 "몸에 밴 민첩성"으로 슬쩍 빠져나갔다.[101]

6월 21일(사라예보 암살 일주일 전) 보고서에서 겔리네크는 당시 상황을 네 가지 요점으로 정리했다. 국왕은 음모단의 수중에 떨어졌고 대체로 무력했다. 군대는 대내외 정책에서 자체 목표를 계속 추구하고 있었다. 러시아 공사 니콜라이 가르트비크는 베오그라드에서 유독 영향력 있는 인물로 남아 있었다. 그러나 이 세 가지 요점은 파시치가 세르비아 정치에서 무시해도 괜찮은 요인이라는 뜻이 아니었다. 오히려 지난 30년 동안 "극단적인 친러시아파"인 급진당의 창당자 겸 지도자였던 파시치는 온갖 사태에도 불구하고 여전히 "전능한 위치"에 있었

다.[102]

그러나 니콜라 파시치와 직접 소통하기란 유달리 어려운 것으로 드러났다. 1913년 가을의 흥미로운 에피소드는 그 어려움을 여실히 보여준다. 10월 3일 파시치는 예정대로 빈을 방문했다. 세르비아가 알바니아 북부를 점령한 문제로 빈과 베오그라드가 대치하고 있었으므로 시기적절한 방문이었다. 10월 1일, 알바니아에서 물러날 것을 베오그라드에 경고한 빈은 애매모호한 답신을 받은 터였다. 파시치는 공사를 대동하고서 오스트리아-헝가리의 각료들과 면담했다. 구체적으로 말하면 오스트리아 외무장관 베르히톨트, 헝가리 수상 이슈트반 티서, 포르가치, 빌린스키 등과 오찬을 했다. 그러나 당면 문제를 치열하게 논의하지는 않았다. 보스니아-헤르체고비나에 특별한 책임이 있는 공동 재무장관 빌린스키는 회고록에서 파시치가 유달리 말을 둘러대는 상대였다고 기억했다. "열의와 말재간"이 넘치는 파시치는 "다 잘 될 겁니다"라는 두루뭉술한 호언장담으로 빌린스키의 질문을 받아넘겼다. 빌린스키는 베르히톨트가 세르비아 수상을 더 강하게 압박하지 못했다고 비난하기도 했다. "체구가 작고 족장 같은 풍성한 수염과 광인 같은 눈을 가진 온건한 태도"의 파시치는 품위 있는 유쾌함과 의도적인 얼버무림으로 오스트리아 외무장관을 쩔쩔매게 했다.[103] 오찬 전 첫 회담에서 베르히톨트는 파시치의 따뜻한 접근에 무장해제된 나머지 알바니아 문제를 논의할 때 오스트리아가 세르비아의 점령에 엄중히 반대한다는 뜻을 강조한다는 걸 깜빡하고 말았다. 회담을 마치고 오후에야 베르히톨트는 파시치에게 알바니아 문제에 대한 빈의 강경한 견해를 알려야 했는데 '잊어버렸다'는 사실을 퍼뜩 떠올렸다. 오스트리아 측은 베르히톨트와 파시치 둘 다 오페라 공연에 참석하기로 되어 있던 그날 저녁에 외무장관이 세르비아 수상에게 알바니아 문제를 꺼내기로 의견을 모았다. 하지만 외무장관이 귀빈석에 조금 늦게 도착했을 때 파시치는 이미 호텔로 돌아간 상태였고, 짐작컨대 벌써 곯아떨어졌을 터였다. 세르비아 수상은 추가 회담 없이 이튿날 아침 일찍 빈을 떠나기로 되어 있었다. 베르히톨트는 집무실로 돌아가 한밤중에 서신을 써서 호텔로 급송했고, 그 서신은 빈을 떠나려던 파시치에게 전달되었다. 그러나 독일어로 휘갈겨 쓴 탓에 (판독하기 어렵기로 악명 높았던 베르히톨트의 필체는 차치하더라도) 파시치는 서신을 읽을 수가 없었다. 심지어 베오그라드에서 그 서신이 판독된 뒤에도 파시치는 베르히톨트가 무슨 말을 하려던 것인지 이해하기 어려웠을 것이다.[104] 오스트리아 외무부 사람들도 모르기는 마찬가지였는데, 베르히톨트가 서신의 초고를 보관할 생각을 하지 않았기 때문이다. 빌린스키가 10년 후에 떠올린 기억이 맞다면 이 실수 연발은 분명 어느 정도는 오스트리아의 혼란 때문이었고, 어쩌면 고통스러우리만치 정중한 베르히톨트의 겸양과 자제 때문이기도 했을 것이다. 그렇지만 이 사건은 요리조리 빠져나가는 파시치의 유명한 회피술을 암시하기도 한다.[105] 그리고 무엇보다 1차 세계대전 전야에 오스트리아와 세르비아의 관계를 마비시킨 거북함을 엿보게 해준다.

대공 암살 이전 몇 년, 몇 개월, 몇 주 동안 오스트리아가 세르비아를 감시해 얻어낸 것은 인접국 안에서 정부의 안정을 위협하는 세력들에 대한 상당히 미묘한 서술이었다. 이 서술은 분명 적대적이었고 그런 까닭에 편향적이고 일방적인 그림이었다. 세르비아 국내 사건을 관찰하는 오스트리아인들의 시각은 세르비아의 정치문화와 그 주요 행위자들에 대한 부정적 태도(어느 정도는 경험에, 어느 정도는 오래된 고정관념에 뿌리박은 태도)에 파묻혀 있었다. 부정직, 기만, 신용 불가, 둘러대기, 폭력, 발끈하는 성질은 베오그라드 주재 사절들의 보고서에서 되풀이되는 주제였다. 눈에 띄게 부족했던 것은 세르비아 내 반오스트리아 집단들과 합스부르크제국 내 영토회복주의 테러리즘 사이의 작전 연계에 대한 철저한 분석이었다. 1980년대 로널드 레이건 미국 대통령 임기에 이란-콘트라 스캔들(레이건 정부가 이란에 무기를 불법으로 판매하고 그 이익으로 니카라과의 콘트라 반군을 지원한 정치 스캔들—옮긴이)로 한동안 미국 기관들의 비밀 정보활동이 축소되었던 것처럼, 아그람-프리트융 재판에서 낭패를 본 탓에 1909년 이후 오스트리아의 정보수집에 제동이 걸렸을 가능성이 있다.[106] 오스트리아 정부는 민족방위단이 보스니아에서 합스부르크 통치를 전복하려 하고 제국 안에서 활동가 네트워크를 운영한다는 사실을 인지하고 있었다. 그들은 제국 내 모든 세르비아 영토회복주의 활동의 뿌리가 베오그라드에 근거지를 둔 애국 네트워크들의 범세르비아 선전에 있다고 추정했다. 그러나 민족방위단과 흑수단 간 연계와 관계의 정확한 성격은 제대로 파악하지 못하고 있었다. 그럼에도 1914년 봄이면 사라예보 사태 이후 오스트리아의 생각과 행위를 형성할 핵심 준거들이 모두 갖추어져 있었다.

매파와 비둘기파

발칸전쟁은 발칸반도에서 오스트리아의 안보 지위를 파괴하고 더 크고 더 강한 세르비아를 만들어냈다. 세르비아왕국의 영토는 80퍼센트 이상 확장되었다. 2차 발칸전쟁 기간에 최고사령관 푸트니크 휘하의 세르비아군은 인상적인 규율과 주도권을 보여주었다. 그 전까지 합스부르크 정부는 베오그라드의 군사적 위협에 대해 논의할 때면 무시하는 투로 말하곤 했다. 한 예로 언젠가 에렌탈은 세르비아를 오스트리아의 과수원에서 사과를 훔치는 "짓궂은 아이"에 비유했다. 그런 경솔한 언행은 더 이상 불가능했다. 1912년 11월 9일 참모본부 보고서는 세르비아의 급성장한 공격력에 놀라움을 표했다. 1912년 초부터 추진한 철도망 개선, 무기와 장비의 현대화, 전방부대 수의 엄청난 증가(모두 프랑스 차관으로 자금을 마련했다)의 결과로 세르비아는 만만찮은 교전국으로 변모했다.[107] 더욱이 세르비아 병력은 시간이 지날수록 늘어날 가능성이 매우 높았다. 세르비아가 두 차례 발칸전쟁에서 정복한 새 영토에 160만 명이 살고 있었다. 1913년 10월 보고서에서 베오그라드 주재 무관 오토 겔리네크는 당장 우려할 만한 사항은 없지만 이 왕국의 군사 역량을 과소평가해서는 안 된다고 말했다. 앞으로는 이중군주국에 필요한 방어 병력을 계산할 때 세르비아 전방부대의 병사와 오스트리아 병사를 1 대 1로 셈할 필요가 있었다.[108]

빈의 핵심 의사결정자들은 발칸에서 악화되는 안보 상황에 어떻게 대응할지를 두고 의견이 갈렸다. 오스트리아-헝가리는 세르비아와 일종의 화해를 추구해야 하는가, 아니면 외교적 수단으로 세르비아를 견제해야 하는가? 빈은 엉망이 된 상트페테르부르크와의 협정을 개선하려 애써야 하는가? 아니면 군사분쟁이 타개책인가? 오스트리아-헝가리 국가의 다층 네트워크들에서 명쾌한 답을 얻기는 어려웠다. 이 제국의 외교정책은 체제의 꼭대기에 있는 소규모 운영진에게서 나오지 않았다. 외교정책은 하나의 군도를 이루는 권력 중심들의 상호작용에서 나왔다. 이 중심들의 관계는 얼마간 비공식적이었고 언제나 유동적이었다.

참모본부가 그런 중심 중 하나였고, 황태자의 군사청Militärkanzlei도 마찬가지였다. 발하우스 광장에 위치한 외무부 역시 분명 핵심 행위자였다. 다만 실제로 외무부는 정책 집단들이 영향력을 두고 각축을 벌이는 경쟁의 틀로서 기능했다. 이중군주국 헌법은 제국의 외교정책과 관련한 문제를 헝가리 수상과 상의할 것을 요구했고, 대내 문제와 대외 문제가 밀접히 연관되었던 까닭에 다른 각료들과 고위 관료들도 특정한 쟁점을 해소하는 과정에서 각자의 역할을 주장했다.

예를 들어 보스니아-헤르체고비나의 행정을 책임진 공동 재무장관 레온 빌린스키가, 심지어 이론상 빌린스키의 하급자인 보스니아 지사Landeschef 포티오레크 총독마저 외무장관과 언제나 같은 의견이었던 것은 아니다. 이 체제의 구조가 얼마나 열려 있었던지 직급이 한참 낮은 관리들(예컨대 외교관이나 외무부 과장)까지도 제국 정책에 영향을 주고자 요청하지도 않은 의견서를 제출할 수 있었고, 때로는 그런 의견서가 정책을 수립하는 엘리트층 내에서 의견을 모으는 중요한 역할을 했다. 이 모든 과정을 주재하는 이는 황제였고, 각료와 고문의 계획을 승인하거나 저지하는 그의 권한은 도전받지 않았다. 그러나 황제의 역할은 주동적이라기보다 수동적이었다. 황제는 정치 엘리트층의 느슨하게 엮인 권력 중심들에서 이런저런 방안을 내놓으면 반응을 보이고 중재를 했다.[109]

이처럼 다수 지배 성격이 두드러진 체제를 배경으로 특히 세 사람이 유력자로 부상했다. 오스트리아군 참모총장 겸 육군원수 프란츠 콘라트 폰 회첸도르프Franz Conrad von Hötzendorf 남작, 합스부르크 제위계승자인 프란츠 페르디난트 오스트리아-에스테 대공, 1912년부터 공동 외무장관을 지낸 레오폴트 폰 베르히톨트 백작.

콘라트 폰 회첸도르프는 20세기 초 유럽에서 군 고위직 가운데 가장 흥미로운 인물 중 하나였다. 그는 1906년 54세에 참모총장에 임명되었고, 군 경력 내내 군주국의 적들과 전쟁하는 방안을 확고부동하게 옹호했다. 제국의 대외관계에 대한 그의 견해는 가차 없이 공세를 펴야 한다는 것이었다. 그러나 그는 자신이 과연 적임자인지 깊고도 진실하게 의심했고 자주 사임을 생각하기도 했다. 우아한 사람들 틈에 있을 때면 수줍어했고, 혼자서 산길 걷기를 좋아했으며, 산속에서 짙은 침엽수로 덮인 가파른 능선을 연필로 처량하게 스케치하곤 했다. 그의 자기회의 경향은 특히 1905년 아내가 죽은 뒤 주기적으로 앓은 심한 우울증 탓에 더 심해졌다. 그는 빈에서 활동하는 어느 사업가의 아내 기나 폰 라이닝하우스Gina von Reininghaus와의 관계를 통해 정신적 혼란에서 벗어나려 했다.

레오폴트 폰 베르히톨트 백작(왼쪽)과 콘라트 폰 회첸도르프(오른쪽)

스캔들이 될 가능성이 있었던 이 불륜 관계는 콘라트의 개성을 생생하게 보여준다. 이 관계는 1907년 빈에서 열린 만찬에 두 사람이 우연히 동석하면서 시작되었다. 일주일쯤 후에 콘라트는 오페른가에 있는 라이닝하우스 저택에 나타나 안주인에게 이렇게 선언했다. "저는 당신을 끔찍이 사랑하고 제 머릿속에는 한 가지 생각밖에 없습니다. 당신이 제 아내가 되어야 한다는 생각 말입니다." 기겁한 기나는 말도 안 된다고 대꾸했다. 그녀는 남편과 여섯 자식이라는 '7중 책무'에 얽매여 있었다. 콘라트는 굴하지 않았다. "그렇다 해도 저는 결코 물러서지 않을 겁니다. 이 소망은 저의 길잡이별이 될 겁니다."[110] 하루쯤 지나 한 부관이 라이닝하우스를 찾아와 참모총장의 위태로운 정신 상태를 고려해 그에게서 희망을 빼앗지 말아달라고 전했다. 콘라트는 8

일 뒤 다시 나타나 만약 그녀가 최종적으로 거절한다면 자신은 참모 총장직을 사임하고 공직생활을 떠날 것이라고 선언했다. 그들은 합의에 도달했다. 라이닝하우스는 당분간 남편과 자식들 곁에 머무르기로 했다. 하지만 언젠가 남편과 갈라서기에 적절한 때가 오면 콘라트를 마음에 담기로 했다. 참모총장의 과감한 수(자신이 신봉하는 초지일관 공격을 연애술에 의기양양하게 적용한)가 통한 것이다.

기나는 남편과 8년을 더 살았다. 두 사람의 불륜이 정확히 언제부터 시작되었는지는 알려져 있지 않다. 기나의 남편 한스 폰 라이닝하우스는 어차피 아내의 불륜에 개의치 않았다. 부유한 사업가인 그는 바람을 피울 다른 여자들이 있었고, 콘라트에게 연줄을 대고서 수익성 좋은 군수품 공급 계약을 따낼 수 있었다. 그 8년 동안 콘라트는 시간이 나면 언제든 연인을 찾아갈 수 있었다. 그는 연애편지도 썼는데, 때로는 하루에 몇 통씩 썼다. 하지만 편지를 부치려면 스캔들을 일으킬 위험을 감수해야 했으므로 '내 고통의 일기'라는 제목을 붙인 앨범에 편지를 차곡차곡 모아두었다. 뉴스에서 발췌한 구절을 빼면, 편지의 테마는 한결같았다. 그녀가 그의 유일한 기쁨이고, 오직 그녀에 대한 생각만이 그를 절망의 구렁텅이에서 꺼낼 수 있고, 그의 운명이 그녀의 손에 달려 있다는 이야기였다. 1907년부터 1915년까지 그는 총 3000통이 넘는 편지를 모았다. 그중 일부는 여섯 장에 달했다. 기나는 콘라트가 죽고 나서야 앨범의 존재를 알게 되었다.[111]

이 관계의 중요성은 아무리 강조해도 지나치지 않을 것이다. 1907년부터 전쟁 발발까지 콘라트의 생활은 기나와의 관계를 중심으로 돌아갔고, 군사와 정치 문제를 포함해 그의 책상에 올라오는 다른 모든 현안은 이 관계에 비하면 부차적이었다. 이 관계의 강박적 성격이 콘라트의 직업적 태도에서 나타난 몇 가지 특징을 설명하는 데 도움이 될 것이다.

예를 들어 그는 직업적 입지를 위태롭게 하면서까지 극단적인 입장에 선뜻 찬동했고, 폭로와 불신임을 당할 두려움에 비교적 면역되어 있었다. 심지어 그는 전쟁을 기나에 대한 소유권을 얻는 수단으로 여기기에 이르렀다. 오직 승리한 전쟁 영웅의 자격으로서만 사회적 장애물과, 유명한 이혼녀와 결혼하는 데 따라붙는 추문을 싹 쓸어버릴 수 있을 것이라고 콘라트는 믿었다. 기나에게 쓴 편지에서 그는 '발칸 전쟁'에서 월계관을 쓰고 돌아와 걱정일랑 던져버리고 그녀를 아내로 맞는 모습을 상상했다.[112] 이 시기에 찍은 그의 사진들은 남자답고 말쑥하고 젊어 보이는 외모를 유지하느라 유난을 떠는 한 남자를 보여준다. 오늘날 빈 소재 오스트리아 국립기록보관소에 있는 그의 사문서들 사이에서 일간지에서 오린 주름 방지 크림 광고를 발견할 수 있다. 간단히 말해 콘라트는 유럽의 남성성 가운데 부서지기 쉬운 지나치게 경직된 인물의 면모를 보여준다. 이는 어떻게 보면 세기말의 특색이기도 했다.

콘라트는 애정생활과 마찬가지로 합스부르크 군주국의 지정학적 곤경에도 편집광적 일변도 전술로 접근했다. 1914년 이전 유럽의 사령관들 중에서도 그는 유달리 공격적이었다. 사실상 모든 외교 난제에 대한 그의 답은 '전쟁'이었다. 이 점에서 1906년부터 1914년까지 사실상 변화가 전혀 없었다. 콘라트는 세르비아, 몬테네그로, 러시아, 루마니아를 상대로, 심지어 오스트리아의 신의 없는 맹방이자 발칸 경쟁국인 이탈리아를 상대로도 예방전쟁을 벌이는 방안을 거듭 권고했다.[113] 그는 이런 신념을 감추지 않고 오히려 참모본부와 가깝다고 알려진 《군사 평론Militärische Rundschau》 같은 잡지를 통해 공공연히 퍼뜨렸다.[114] 그는 변치 않는 의견을 자랑스러워했고, 남자다운 뚝심과 확고부동함의 증거로 보았다. 각료와 동료에게 보내는 편지와 보고서에서 그는 "저는 이 점에서 제가 항상 고수해온 입장을 옹호합니다"라는 표현을 즐겨 썼다. 게다가 신경을 긁고 트집을 잡는 독선적인 소통 방식으로 동료와 상관을 짜증나게 했다. 1912년 둘의 관계가 기정사실이 되던 때에 기나는 콘라트에게 황제에게 부드럽게 말하고 "곤봉 타격법"을 쓰지 않으면 그 영감님과 더 원만하게 지낼 수 있을 거라고 조언했다.[115]

시야에 들어오는 여러 잠재적인 적들 중에서 콘라트는 특히 세르비아에 집착했다. 1907년 말에 작성한 의견서에서 세르비아를 침공해 병합할 것을 요청했고, 세르비아를 "〔제국의〕 남슬라브 지역들을 분리하는 것을 목표로 하는 열망과 모략의 변함없는 온상"으로 묘사했다.[116] 병합 위기가 한창이던 1908~1909년에 그는 세르비아와의 예방전쟁을 되풀이해 요청했다. 1909년 봄에는 기나에게 이렇게 말했다. "아무것도 하지 않는 것은 범죄요. 대세르비아 전쟁으로 군주국을 구할 수 있었을 것이오. 앞으로 몇 년 안에 우리는 전쟁을 생략한 잘못을 비통하게 속죄할 테고, 나는 책임을 전부 짊어질 사람으로 선정되어 독배를 남김없이 마실 것이오."[117] 1912~1913년 발칸전쟁 위기 기간에 그는 또다시 대세르비아 전쟁을 요청했다. 1913년 1월부터 1914년 1월까지 12개월 동안 대세르비아 전쟁을 무려 스물다섯 번이나 권고했다.[118] 이런 대쪽 같은 분쟁 추구의 밑바탕에는 최강이 되기 위한 투쟁과 경쟁을 국제 정치의 불가피하고 필연적인 현실로 보는 사회다윈주의적 철학이 있었다. 그렇다고 해서 콘라트가 인종주의적 견해를 갖고 있었던 것은 아니다(합스부르크제국의 젊은 장교들 다수가 게르만족과 슬라브족의 충돌을 예견하긴 했지만). 오히려 그의 견해는 다른 국가들을 희생시켜 자국의 안보를 추구할 수밖에 없는 국가들 간의 영원한 투쟁을 전망하는 홉스적 시각에 더 가까웠다.[119]

발칸전쟁이 발발하기 전까지 콘라트의 빈번한 국정 개입은 속 빈 강정 같았다. 소신을 굽히지 않는 그의 태도는 민간 지도부 사이에서 신뢰도를 깎아먹었다. 프란츠 요제프 황제는 1908년 그의 예방전쟁 요청을 단호히 거부했다. 에렌탈 역시 그의 주장에 휘둘리지 않았고, 정책수립 과정에 개입하려는 참모총장의 노력에 점점 인내심을 잃어갔다. 1911년 10월 콘라트가 이탈리아와의 전쟁을 밀어붙이자 인내심이 바닥난 에렌탈은 황제에게 공식 항의서를 제출했다. 에렌탈은 콘라트가 참모본부 안에서 '주전파'를 만들었다고 썼다. 이런 동향을 제지하지 않고 내버려둔다면 "군주국의 정치적 역량이 마비"될 터였다.[120] 갈등은 11월 15일 콘라트가 황제를 알현한 험악한 자리에서 절정에 이르렀다. 멋대로 구는 참모총장에 진저리가 난 황제는 콘라트를 쇤브룬궁으로 호출해 질책했다. "에렌탈에 대한 이런 쉴 새 없는 공격,

이런 훼방 놓기를 짐은 금하네. 이탈리아와 발칸과 관련해 끝없이 되풀이하는 이런 비난은 나를 향하는 걸세. 정책, 그걸 결정하는 사람은 나일세! 나의 정책은 평화 정책이네. 누구든 이 정책과 함께 살아가는 법을 배워야만 하네."[121]

합스부르크 황제와 참모총장의 이 충돌은 강조할 가치가 있다. 콘라트의 전임자들은 이런 식의 충돌을 상상도 할 수 없었을 것이다.[122] 이 사건은 합스부르크의 명령체계를 이루는 조각들이 중심에서 멀어지며 얼마간 자율성을 획득하고 있었다는 증거다. 그리하여 제국의 의사결정 과정이 엄청나게 복잡해졌다. 황제의 질책에 끄떡도 하지 않은 콘라트는 통렬한 답변을 준비하느라 분주했지만, 프란츠 요제프는 콘라트가 답변서를 제출할 기회를 잡기 전에 그를 참모총장직에서 해임했다. 1911년 12월 2일 그의 해임이 공식 발표되었다.[123]

콘라트와 그의 전쟁 정책을 가장 일관되게 반대한 유력자는 합스부르크 제위계승자이며 장차 사라예보에서 살해당해 1914년 7월 위기를 촉발하게 되는 프란츠 페르디난트였다. 그는 합스부르크의 지도부 구조에서 복잡하지만 중대한 위치에 있었다. 궁정에서 그는 고립된 인물이었다. 황제와 그의 관계는 따뜻하지 않았다. 그가 제위계승자로 지명된 이유는 오로지 황제의 아들 루돌프 황태자가 1889년 1월에 자살했기 때문이었다. 이 재능 있고 음울한 황태자에 대한 기억은 그를 대신한 거칠고 신경질적인 조카와 황제의 관계에 그림자를 드리웠다. 황제는 아들이 죽고 5년이 지나서야 비로소 프란츠 페르디난트를 자신의 추정 계승자로 책봉하기로 마음먹었고, 대공은 2년 뒤인 1896

년에야 확정 계승자가 되었다. 그러나 그 후에도 황제는 조카를 만날 때면 아랫사람을 대하듯 기분 나쁜 어조로 말했고, 대공은 황제를 알현하러 갈 때면 교장실에 불려가는 학생처럼 벌벌 떨었다고 한다.

프란츠 페르디난트, 오스트리아-에스테 대공

1900년 7월 프란츠 페르디난트는 체코 귀족 여성 조피 초테크와 결혼하는 스캔들을 일으켜 황제와 한층 더 거북한 관계가 되었다. 두 사람의 혼인은 황제와 합스부르크 왕가의 바람에 반하는 것이었다. 비록 보헤미아의 고상한 가계 출신이긴 했지만 조피 초테크 폰 초트코바 운트 보그닌Sophie Chotek von Chotkova und Wognin 백작녀는 합스부르크 가문의 엄격한 가계 기준을 충족하지 못했다. 프란츠 페르디난트는 결혼 허락을 받기 위해 대주교들과 각료들의 지지, 급기야 독일 황제 빌헬름 2세와 교황 레오 13세의 지지까지 모으며 장기전을 치러야 했다. 프란츠 요제프는 결국 마지못해 결혼을 허락했지만 대공 부부가 1914년 횡사할 때까지도 둘의 결합을 탐탁지 않게 여겼다.[124] 프란츠 페르디난트는 아직 태어나지도 않은 자녀들을 합스부르크 제위 계승 서열에서 배제하겠다고 맹세해야만 했다. 결혼 후에도 대공 부부는 왕가의 공적 생활을 일일이 규제하는 합스부르크 궁정 의례의 모욕을 감내해야 했다. 끝내 대공비 칭호를 얻지 못한 조피는 처음에는 공비로, 나중에는 호헨베르크 여공작으로 불렸다. 그녀는 오페라 극장 황실 특별석에서 남편과 함께 관람할 수도, 만찬장에서 남편 곁에 앉을 수도, 금빛 바퀴가 달린 호화로운 황실 마차에 남편과 동행할 수도 없었다. 그녀를 가장 괴롭힌 사람은 황제의 시종장 몬테누오보Montenuovo 공이었다. 그 자신이 나폴레옹의 아내들 중 한 명의 사생아였던 몬테누오보 공은 정교한 예법을 정확히 지킬 것을 사사건건 강요했다.

황제가 조카의 군사청을 인가한 1906년 이후 프란츠 페르디난트는 이중군주국의 휘청대는 집행 구조 안에서 자신의 권력기반을 다짐으로써 궁정에서의 오랜 고립생활을 보상받았다. 대공은 여러 요직에 (에렌탈과 콘라트를 비롯해) 자신이 점찍은 인사를 앉혔을 뿐 아니라, 자신의 거처인 벨베데레 상궁上宮에서 가까운 벨베데레 하궁下宮에 들어선 군사청의 활동을 확대하기도 했다. 개인참모들을 거느린 유능한 수장 알렉산더 브로슈 폰 아레나우Alexander Brosch von Aarenau 소령의 정력적인 감시 아래 군사청은 직무 노선을 따라 재편되었다. 군사청의 표면상 군사정보 채널은 정무정보 수집을 감추는 가림막 역할을 했다. 벨베데레에서 관리한 우호적인 기자들은 대공의 이념을 널리 알렸고, 대공의 정적들을 연거푸 타격했으며, 공개적인 논쟁을 조성하려 시도했다. 군사청은 서신을 연간 1만 통 이상 처리하며 제국의 싱크탱크로 발돋움했고, 일각에서는 체제 내부의 이 권력 중심을 "그림자 정부"로 보기도 했다.[125] 모든 싱크탱크처럼 이 기관도 다른 속셈을 품고 있었다. 군사청의 내부 작전을 연구한 학자는 합스부르크제국의 "민족-연방 파편화"를 가속할 수 있는 모든 "가능한 불상사"를 저지하는 것이 이 기관의 주된 정치적 목표였다고 결론지었다.[126]

정치적 파편화에 대한 이런 우려의 중심에는 오스트리아-헝가리제국의 동쪽 절반을 통제하는 헝가리 엘리트층을 향한 뿌리 깊은 적의가 있었다.[127] 대공과 그의 고문들은 1866년 오스트리아가 프로이센에 패전한 뒤 급조된 이중 정치체제를 거침없이 비판했다. 프란츠 페르디난트가 보기에 이 타협안에는 한 가지 치명적인 결함이 있었다. 바로 오만하고 정치적으로 신의 없는 마자르족 엘리트층의 수중에 권력을 집중하는 동시에 합스부르크제국의 다른 9개 공식 민족을 주변화하고 소외시켰다는 것이었다. 참모들과 함께 벨베데레 하궁에 자리 잡은 브로슈 폰 아레나우 군사청장은 불만을 품고 있던 비마자르 지식인들과 전문가들의 네트워크를 구축했고, 군사청은 헝가리제국의 억압적인 소수집단 정책에 대한 슬라브족과 루마니아인의 항의를 처리하는 기관이 되었다.[128]

대공은 자신이 즉위한 뒤 제국 체제를 재구성할 의도가 있다는 사실을 전혀 감추지 않았다. 핵심 목표는 군주국의 동부에서 헝가리의 패권을 꺾거나 약화하는 것이었다. 한동안 프란츠 페르디난트는 제국 내에서 크로아티아인이 (따라서 가톨릭교도가) 지배하는 '유고슬라비아'를 만들어내 군주국의 슬라브적 요소를 강화하는 계획을 선호했다. 그가 이 방안을 지지한다는 사실은 세르비아인 정교도 적들 사이에서 격한 증오를 불러일으켰다. 그렇지만 1914년까지 그는 이 계획을 포기하고 다른 광범한 개혁, 즉 합스부르크제국을 대부분 슬라브족 소수집단을 포함하는 15개국으로 이루어진 '대오스트리아합중국'으로 바꾸는 개혁을 선호하게 된 것으로 보인다.[129]

대공과 그의 고문들은 헝가리인의 지위를 약화함으로써 합스부르크 왕가의 권위를 강화하는 동시에 약소민족들의 충성심에 다시 불을 붙이려 했다. 이 개혁안이 당시 어떻게 여겨졌든 간에, 그리고 분명 헝가리 사람들은 대수롭지 않게 생각했지만, 이로 인해 대공은 황제로 즉위하고 나면 1914년 이전 수십 년간 오스트리아의 정책을 마비시킨 것으로 보인 그럭저럭 헤쳐 나가는 습관에 종지부를 찍을 사람으로 인식되었다. 또한 개혁안으로 인해 차기 황제와 현 황제가 정치적으로 대립하게 되었다. 황제는 재위 초기에 이룬 가장 영속적인 성취라고 자부하는 1867년 이중군주국 대타협을 건드리려는 어떠한 시도도 용납하지 않았다.

프란츠 페르디난트의 국내 개혁 프로그램은 외교정책에 대한 그의 견해와도 지대한 관련이 있었다. 그는 현재 군주국의 구조적 약점과 근본적인 국내 개혁의 필요성을 고려하여 대립에 초점을 맞추는 대외정책을 딱 잘라 배제해야 한다고 믿었다. 이런 이유로 그는 콘라트의 공격적 모험주의를 단호히 반대했다. 이 상황에는 아이러니한 점이 있었는데, 콘라트를 참모총장직으로 끌어올린 사람, 공식적으로 더 자격이 있는 많은 장교들을 무시하고 그를 승진시킨 사람이 바로 프란츠 페르디난트였기 때문이다(아마도 이 때문에 대공을 오스트리아 주전파의 수장으로 잘못 생각하는 사람들이 많았을 것이다). 두 사람은 몇 가지 문제에서 같은 의견이었다. 이를테면 둘 다 민족들을 평등하게 다루어야 하고, 전쟁이 일어날 경우 실망시킬 공산이 큰 나이 많은 상급 장교들을 명예퇴직시켜야 한다고 생각했다.[130] 프란츠 페르디난트는 콘라트를 개인적으로 좋아하기도 했는데, 어느 정도는 자신의 아내에게 공손하고 공감하는 태도를 보였기 때문이다(대공은 대체로 자신의 귀천상혼이라는 거북한 사실을 대하는 태도를 보고서 사람을 평가했다. 콘라트는 뻔한 이유로 대공의 비정통적 연애결혼을 너그럽게 바라보았다). 그러나 안보와 외교 분야에서 둘의 견해는 극과 극으로 달랐다.

콘라트는 군대를 오로지 현대전의 수단으로 보았고, 군을 현대화하고 다음번 주요 분쟁의 현실적 조건에 대비하는 일에 전념했다. 그에 반해 프란츠 페르디난트에게 군대는 무엇보다 국내 안정을 위한 안전장치였다. 프란츠 페르디난트는 드레드노트 함대를 건설하여 아드리아해에서 오스트리아의 지배권을 공고히 다지기로 결심한 해군주의자였다. 콘라트는 해군을 자원 고갈의 원인으로 보았고 그 자원을 육군에 투자하는 편이 낫다고 생각했다. 그는 대공에게 "해군의 가장 아름다운 승리도 지상전 패배를 보상하지 못합니다"라고 말했다.[131] 콘라트와 달리 프란츠 페르디난트는 보스니아 병합에 반대했다. 1908년 8월 그는 에렌탈에게 "우리의 음울한 국내 상황을 감안해 나는 원칙적으로 그런 실력 행사에 전부 반대하네"라고 말했다.[132] 10월 중순 보스니아 병합에 격노하는 세르비아 내 세르비아인의 반응에 동요한 그는 에렌탈에게 이 위기가 전쟁으로 치닫지 않게 하라고 주의를 주었다. "우리는 전쟁에서 아무것도 얻지 못할 걸세. 잉글랜드와 어쩌면 이탈리아까지 부추기는 이 발칸 두꺼비들은 우리의 신경을 긁어 군사적 조치를 도발하려는 것처럼 보이네."[133] 그는 브로슈에게 세르비아군과 몬테네그로군이야 필시 손쉽게 이기겠지만 그 결과로 합스부르크제국이 유럽에서 감당할 수 없는 전면적 확전과 "두세 전선에서의 싸움"을 떠맡게 된다면 그런 "값싼 월계관"이 무슨 소용이겠냐고 토로했다. 콘라트는 대공으로부터 자제하라는 경고를 받았다. 1911년 12월 콘라트가 리비아전쟁(1911년 9~10월 이탈리아가 오스만령 리비아를 침공한 전쟁—옮긴이)을 기회로 삼아 이탈리아를 공격하자고 주장했을 때 두 사람은 공개적으로 갈라섰다. 1911년 12월 황제가 콘라트를 참모총장직에서 해임한 것은 대체로 보아 프란츠 페르디난트가 그를 버렸기 때문이다.[134]

프란츠 페르디난트의 협력자 중 가장 영향력 있는 인물은 합스부르크 신임 외무장관 레오폴트 베르히톨트 폰 운트 추 웅가르쉬츠, 프라팅 운트 풀리츠Leopold Berchtold von und zu Ungarschitz, Fratting und Pullitz 백작이었다. 베르히톨트는 막대한 재산과 까다로운 취향을 가진 귀족, 오스트리아-헝가리 행정부의 상층을 여전히 좌우하던 지주계급의 도회적이고 귀족적인 대표였다. 조심스럽다 못해 소심하기까지 한 그는 타고난 정치인이 아니었다. 그의 진짜 열정은 예술과 문학, 경마로 향했으며, 이 모두를 그는 형편이 닿는 한 활기차게 추구했다. 그가 외교관직에 종사한 것은 권력이나 명성보다는 황제와 외무장관 에렌탈에 대한 개인적인 충성심과 더 관련이 있었다. 직급이 오르고 책임이 커지는 승진을 요청받을 때마다 내키지 않는다고 고백한 것은 의심할 바

없는 진실한 반응이었다.

베르히톨트는 행정부에서 외무부로 옮긴 뒤 파리와 런던의 대사관에서 근무한 다음 1903년 상트페테르부르크 대사관에 부임했다. 그곳에서 그는 1899년부터 러시아 대사로 재직하던 에렌탈의 가까운 친구이자 우군이 되었다. 오스트리아-러시아 협정의 열렬한 지지자였던 베르히톨트는 상트페테르부르크 파견이 마음에 들었다. 그는 발칸반도 같은 잠재적 분쟁 지역에서의 협력을 토대로 러시아와 원만한 관계를 유지하는 것이 제국의 안보와 유럽의 평화에 중요하다고 믿었다. 상트페테르부르크에서 그는 에렌탈의 동료로서 두 열강의 우호관계를 공고히 하는 데 일정한 역할을 할 수 있다는 사실에 직업적 만족감을 느꼈다. 에렌탈이 외무장관에 임명되어 빈으로 떠났을 때, 베르히톨트는 오스트리아-러시아 관계에 대한 자신의 견해와 신임 외무장관의 견해가 완전히 일치한다고 확신하며 러시아 대사직을 기꺼이 수락했다.[135]

이런 이유로 베르히톨트는 1908년 오스트리아-러시아 관계가 급격히 악화되자 충격을 받았다. 이즈볼스키가 오스트리아와의 협정 관계에서 1907년 새로 체결한 영국-러시아 협약에 기반하는 대륙 전략으로 옮겨가고 있다는 징후에도 불구하고, 베르히톨트가 신임 대사로 부임한 첫 18개월 동안 양국 관계는 비교적 원만했다.[136] 그러나 보스니아 병합 위기로 러시아 외무장관과 협력할 전망이 깡그리 사라졌고, 베르히톨트가 대사직을 맡으면서 기치로 내걸었던 데탕트 정책이 훼손되었다. 베르히톨트는 오스트리아-헝가리의 위신을 위해 러시아의 선의를 내팽개치려는 에렌탈의 의향을 매우 유감스럽게 생각했다. 1908년 11월 19일 외무장관에게 보낸 서신에서 그는 자신의 예전 멘토의 정책을 에둘러 비판했다. "범슬라브주의의 영향을 받는 러시아의 민족감정의 병리적 격화"를 감안하면 "우리가 개시한 적극적 발칸 정책"을 고수할 경우 필연적으로 "러시아와의 관계에 더욱 악영향을 끼칠" 것이라고 그는 썼다. 최근 사태로 상트페테르부르크에서 그의 업무는 "극히 어려운" 지경이었다. 다른 사람이라면 우호관계를 복구할 카리스마와 열의를 발휘할지 몰라도 "저처럼 능력이 변변찮은 사람에게 이 상황은 동그라미를 네모로 만들라는 격입니다." 그는 상황이 정상화되면 본국으로 소환해달라는 요청으로 편지를 끝맺었다.[137]

베르히톨트는 1911년 4월까지 상트페테르부르크에서 근무했지만 이 기간은 그에게 부담이 되었다. 20세기 초에 상트페테르부르크 과두정 지배층의 사교생활의 특징이었던 돈자랑에 그는 이미 질려 있었다. 1910년 1월 그는 테클라 오를로프-다비도프Thekla Orlov-Davidov 여백작의 궁(불랑제가 베르사유궁을 본떠 설계한 건물)에서 열린 어마어마한 무도회에 참석했다. 이 대저택의 여러 무도회장과 좌석은 막대한 비용을 들여 프랑스 리비에라의 온실에서 특별열차 편으로 북부의 겨울을 뚫고 공수해온 생화 수천 송이로 장식되었다. 베르히톨트처럼 부유한 예술품 감정가 겸 경마광에게도 그런 무분별한 낭비는 소화하기 어려운 것이었다.[138] 상트페테르부르크를 떠나 자신의 부흘로프성으로 돌아가면서 그는 깊은 안도감을 느꼈다. 그러나 휴양은 겨우 10개월이었다. 1912년 2월 19일 황제는 그를 빈으로 불러들여 에렌탈의 후임 외무장관으로 임명했다.

베르히톨트는 새 직책을 맡으면서 러시아와의 관계를 복구할 수 있기를 진심으로 소망했다. 실은 황제가 그를 임명한 이유도 그가 이 목표를 달성할 수 있을 것이라고 믿었기 때문이다.[139] 상트페테르부르크의 신임 오스트리아 대사 두글라스 투른Duglas Thurn 백작도 러시아와의 데탕트를 지지했다. 또 베르히톨트는 곧 프란츠 페르디난트라는 강력한 우군을 발견했다. 신임 외무장관에 곧바로 달라붙은 대공은 그에게 조언을 하고, 그가 "끔찍한 전임자들인 고우호프스키Gołuchowski와 에렌탈"보다 훨씬 잘할 거라고 장담하고, 발칸반도에서의 데탕트 정책을 지지했다.[140] 한동안 러시아와 얽힌 문제를 풀어갈 길은 딱히 보이지 않았다. 니콜라이 가르트비크는 합스부르크 군주국 내부의 영토회복주의 운동을 선동하는 등 세르비아 초민족주의를 부추기고 있었다. 가장 중요하지만 오스트리아 정부가 몰랐던 사실은 러시아 요원들이 이미 오스만과 오스트리아에 대항하는 발칸동맹을 결성하기 위해 열심히 공작하고 있었다는 것이다. 그럼에도 오스트리아-헝가리 공동 외무부의 새 수뇌부는 의견 교환에 착수하려 했다. 베르히톨트는 1912년 4월 30일 헝가리 대표단에게 "안정과 평화 정책, 기존 상황을 유지하고 분규와 충격을 피하는 것"이 자신의 정책이라고 알렸다.[141]

발칸전쟁은 이 결심을 한계점까지 시험했다. 분쟁의 주요 원인은 알바니아였다. 오스트리아 정부는 알바니아 독립국을 탄생시키는 데 전념했고, 언젠가 알바니아가 오스트리아의 위성국이 되기를 바랐다. 반면에 세르비아 정부는 자국의 심장부와 아드리아 해안을 연결하는 지역을 확보하려고 벼르고 있었다. 1912년과 1913년 발칸전쟁 중에 알바니아 북부를 노린 세르비아의 잇단 공격은 일련의 국제 위기를 촉발했다. 그 결과 오스트리아와 세르비아의 관계는 눈에 띄게 악화되었다. 세르비아의 요구를 들어보려던(또는 더 나아가 진지하게 고려하려던) 오스트리아의 의향은 사그라졌고, 남쪽과 남동쪽에서 새 영토를 획득해 자신감이 생긴 세르비아는 갈수록 위협적인 존재가 되었다.

승승장구하는 세르비아를 향한 오스트리아의 적의는 1913년 가을 세르비아군이 정복한 지역에서 어두운 소식이 들려오자 더욱 강해졌다. 1913년 10월 스코페 주재 오스트리아 총영사 옐리치카Jehlitschka로부터 세르비아군이 지역 주민들에게 잔혹행위를 자행한다는 보고서가 연이어 도착했다. 그중에는 작은 마을 열 곳을 파괴하고 주민 전체를 몰살했다는 보고서도 있었다. 세르비아군은 먼저 남자들을 마을 밖으로 내쫓은 뒤 줄줄이 총살했다. 그런 다음 가옥들에 불을 지르고 불길을 피해 달아나는 아녀자들을 총검으로 죽였다. 총영사에 따르면 대체로 장교들이 남자들을 총살했고, 아녀자 살해는 사병들의 몫이었다. 다른 정보원은 세르비아의 침공에 맞서 알바니아인들이 봉기를 일으켰던 지역의 소도시 고스티바르를 세르비아 병력이 장악한 이후의 행위를 묘사했다. 그 봉기에서 아무런 역할도 하지 않았던 무슬림 약 300명이 밤중에 체포되었고, 20~30명씩 묶여 도시 밖으로 끌려간 뒤 소총 개머리판으로 얻어맞고 총검에 찔려 죽었다(도시 주민들이 자다가 깰까 봐 총을 쏘지 않았다). 시체들은 미리 파둔 커다란 구덩이에 내던져졌다. 옐리치카는 이런 소행이 즉흥적인 잔혹행위가 아니라 "상부

의 명령에 따라 수행된 것으로 보이는 냉혹하고 체계적인 제거 또는 절멸 작전"이라고 결론 내렸다.[142]

같은 지역에서 영국 관료들이 작성한 보고서들과 일치하는 오스트리아 보고서들은 빈 정치지도부의 분위기와 태도에 영향을 미칠 수밖에 없었다. 1914년 5월 빈 주재 세르비아 공사 요바노비치는 프랑스 대사까지 세르비아군이 새로 얻은 지방들에서 저지른 일에 대해 자신에게 항의했다고 보고했다. 뒤이어 그리스, 오스만, 불가리아, 알바니아의 사절들도 비슷한 항의를 했고, 세르비아의 평판 손상이 "아주 나쁜 결과"를 가져올까 우려되었다.[143] 오리발을 내미는 파시치와 각료들은 세르비아 정부가 잔혹행위의 배후에 있든지, 잔혹행위를 막거나 조사할 의사가 전혀 없든지 둘 중 하나라는 인상을 강화했다. 베오그라드 주재 오스트리아-헝가리 공사는 세르비아 정부에 소수집단을 관대하게 대하고 회유책으로 설득하라고 조언하는 빈 신문들의 논설을 보고 기가 찼다. 그가 베르히톨트에게 보낸 서신에서 말한 대로, "문명국가"라면 그런 조언에 유의할 테지만 세르비아는 "살인과 도살이 체계의 반열에 오른" 국가였다.[144] 이런 보고서들이 오스트리아 정책에 얼마나 영향을 주었는지 가늠하기는 어렵다(세르비아와 그 국민들을 지독하게 정형화하는 견해에 이미 동조하고 있던 빈 사람들은 그런 보고서에 별로 놀라지 않았다). 다만 그 보고서들은 빈의 관점에서 보면 세르비아의 영토 확대가 정치적으로 정당하지 않다고 강조했다.

그럼에도 1914년 봄과 여름에 오스트리아와 세르비아 사이에 전쟁이 일어날 공산은 없어 보였다. 그해 봄에 베오그라드의 분위기는 발칸전쟁에 뒤따른 피로감과 포만감을 반영하듯 비교적 차분했다. 새로 정복한 지역들의 불안정한 상태와 5월 동안 세르비아를 뒤흔든 민간 당국과 군부의 충돌 위기를 고려하면 베오그라드 정부는 당분간 국내를 통합하는 과제에 주력할 것으로 전망되었다. 1914년 5월 24일에 보낸 보고서에서 베오그라드 주재 오스트리아-헝가리 공사 기슬Giesl 남작은 알바니아 접경을 따라 배치된 세르비아 병력이 여전히 많기는 해도 향후 급습을 우려할 이유는 별로 없다고 보았다.[145] 이와 비슷하게 3주 뒤인 6월 16일 베오그라드 주재 무관 겔리네크가 보낸 공문의 어조도 침착했다. 휴가 갔던 장교들이 복귀했고, 예비병들이 현재 주소지를 떠나지 말라는 명령을 받았고, 군대가 고도의 대비태세를 유지하고 있었던 것은 사실이다. 그러나 오스트리아-헝가리나 알바니아에 대한 공격의 징후는 없었다.[146] 남부전선 이상 무였다.

오스트리아가 전쟁을 염두에 두고 있다는 조짐도 전혀 없었다. 6월 초 베르히톨트는 외무부 부장인 고위 관료 프란츠 마체코Franz Matscheko 남작에게 발칸반도에서 제국의 핵심 문제들을 개괄하고 해법을 제안하는 비밀 정세분석서를 준비하게 했다. 포르가치, 베르히톨트와 상의하며 작성해 6월 24일 외무장관에게 제출한 '마체코 의견서'는 우리가 구할 수 있는 자료 가운데 1914년 여름 빈 정부의 생각을 가장 명확하게 알려준다. 마체코 의견서는 썩 기분 좋은 문서는 아니었다. 마체코는 발칸의 긍정적 동향을 단 두 가지만 들었다. 마침내 "러시아의 최면에서 깨어난" 불가리아와 오스트리아-헝가리가 화해할 조짐, 그리고 독립국 알바니아의 탄생이었다.[147] 그러나 엄밀히 말해 알바니아는 성공적 국가 건설의 모범 사례가 아니었다. 소란과 무법 상태가 심각했으며, 외국이 돕지 않으면 질서를 유지할 수 없다는 것이 알바니아인들의 통념이었다.[148]

그 밖에 거의 모든 동향이 부정적이었다. 두 차례 발칸전쟁을 통해 덩치와 힘을 키운 세르비아는 과거 어느 때보다도 위협적이었고, 루마니아 여론이 이미 러시아 지지로 돌아선 터라 루마니아 정부가 언제 삼국동맹과 결별하고 러시아와 공동전선을 펼지 모르는 상황이었다. 오스트리아는 도처에서 "궁극적으로 공격적이고 현상을 타파하려는" 러시아의 정책(파리의 지지를 받는)에 직면해 있었다. 유럽 오스만이 몰락한 마당에 러시아의 후원을 받는 발칸동맹의 목표는 오스트리아-헝가리제국의 궁극적 해체일 수밖에 없었고, 그렇게 되면 러시아가 배고픈 위성국들에게 제국의 영토를 먹이로 나누어줄 것이었다.

해결책은 무엇이었을까? 마체코 의견서는 네 가지 외교 목표에 초점을 맞추었다. 첫째, 독일로 하여금 오스트리아의 발칸 정책에 보조를 맞추게 한다(베를린 정부는 발칸반도에서 빈 정부가 직면한 난제들의 심각성을 줄곧 이해하지 못했으므로 오스트리아를 지지해야 하는 이유를 납득시켜야 했다). 둘째, 루마니아를 압박해 어느 쪽에 충성할지 천명하게 한다. 러시아는 오스트리아-헝가리를 겨냥하는 새 교두보를 얻고자 그 전부터 부쿠레슈티에 구애하고 있었다. 만약 루마니아가 삼국협상 편에 설 의도라면 빈은 그 속셈을 최대한 빨리 알아채 트란실바니아와 나머지 헝가리 동부를 방어할 준비에 나서야 했다. 셋째, 불가리아와의 동맹을 확정하기 위한 노력을 기울여 긴밀해지는 러시아와 세르비아의 관계에 대항해야 한다. 넷째, 경제적 양보를 통해 세르비아가 대립 정책을 멀리하도록 유도한다. 다만 마체코는 이 방법으로 베오그라드의 적의를 극복할 수 있을지 여부에 회의적이었다.

마체코 의견서에는 피해망상 환자처럼 초조해하는 기색, 동시대의 많은 오스트리아인들이 20세기 초 빈의 분위기와 문화양식의 특색으로 여겼을 신랄함과 숙명론의 기묘한 결합이 담겨 있었다. 그러나 빈 정부가 전쟁(제한전이든 더 전면적인 어떤 전쟁이든)을 임박했거나 필요하거나 바람직한 선택지로 생각한다는 징후는 담겨 있지 않았다. 오히려 보고서의 초점은 "보수적 평화 정책"의 옹호자라는 빈의 정체성에 부합하는 외교적 방법과 목표에 확고하게 맞추어져 있었다.[149]

그에 반해 1912년 12월 참모총장으로 복직한 콘라트는 마치 로봇처럼 전쟁 정책을 고수했다. 하지만 그의 권위는 저물고 있었다. 1913년 5월, 전직 군 방첩부장이며 당시 프라하의 제8군단 참모장이던 알프레트 레들Alfred Redl 대령이 동원계획 전체를 포함하는 오스트리아 일급 군사기밀들을 상트페테르부르크에 주기적으로 팔아넘겼고, 그 기밀들의 개요가 러시아를 통해 다시 세르비아로 건네졌다는 사실이 드러났다. 이 스캔들로 콘라트는 군 관리자로서의 실력을 의심받게 되었는데, 적어도 레들 정도 계급의 모든 인사는 그의 책임이었기 때문이다. 레들은 화려한 동성애자로서 무분별하고 돈이 많이 드는 관계를 맺었던 탓에 러시아 정보기관 소속 갈취 전문가들의 손쉬운 표적이 되었다. 1906년부터 레들의 행적을 감시한 콘라트가 어떻게 이 점을 놓쳤는지 의문이 들 수도 있겠다. 많은 이들이 지적한 대로 콘라트는 부하 감시에 별로 관심이 없었고, 군의 최고위급 장성들 대부분을 대략만 알고 있었다. 콘라트는 명예가 실추된 대령을 압박해 자살하게 함으로써 자신의 잘못을 배가했다. 호텔 객실에서 권총을 건네받은 레들은 총구를 자신에게 겨누었다. 이 추악한 결말은 독실한 가톨릭교도인 제위계승자를 화나게 했다. 더 중요한 사실은 참모총장이 레들로부터 러시아에 어떤 정보를 어떻게 넘겼는지 상세한 진술을 받아낼 기회가 영영 사라졌다는 것이었다.

어쩌면 이것은 콘라트가 정확히 의도한 결과일지도 모른다. 오스트리아 군사기밀을 밀거래한 사람들에 포함된 체도밀 얀드리치Čedomil Jandrić라는 남슬라브계 참모장교가 공교롭게도 콘라트의 아들 쿠르트Kurt의 막역한 친구라는 사실이 드러났기 때문이다. 체도밀과 쿠르트는 사관학교 동기 사이로 자주 함께 외출해 술을 마시고 즐겼다. 밝혀진 증거는 얀드리치가 회첸도르프 2세의 이탈리아인 애인(적어도 이 점에서 쿠르트는 아버지와 판박이였다)과 서클의 다른 여러 친구와 함께 이탈리아에 군사기밀을 팔아넘기는 데 관여했고, 그렇게 넘긴 정보 대부분이 이탈리아를 통해 상트페테르부르크에 전해졌다는 것을 시사했다. 당시 상트페테르부르크 군관구의 군사정보부장 미하일 알렉세예비치 스베친Mikhail Alekseevich Svechin 대령의 주장을 믿는다면, 쿠르트 폰 회첸도르프가 러시아를 위한 간첩활동에 직접 가담했을지도 모른다. 훗날 스베친은 러시아에 고급 정보를 제공한 오스트리아 첩자들 중에 참모총장의 아들이 있었고, 그가 아버지의 서재에 몰래 들어가 참모본부의 전쟁계획 문서들을 빼내서 복사했다고 회고했다. 이 기이한 연루 혐의가 콘라트에게 끼쳤을 영향은 쉽게 상상할 수 있다. 쿠르트 폰 회첸도르프의 죄(정말 간첩이었다면)의 전모는 당시 드러나지 않았지만, 1913년 5월 동안 빈에서 콘라트가 의장을 맡은 고위급 회의에서 이 청년이 원칙을 저버린 동료들에 대한 중요한 정보를 알리지 않은 것은 유죄라고 공표되었다. 가능한 한 가장 엄한 처벌을 내릴 것을 회의 참석자들에게 촉구한 뒤 어지러움을 느낀 콘라트는 의장직을 넘겨주고 잠시 회의장을 떠나야 했다.[150] 평소 오만하던 참모총장일지라도 레들 참사로 얼마나 기가 꺾였던지 1913년 여름 몇 달 동안 그답지 않게 조용히 지냈다.[151]

프란츠 페르디난트는 여전히 전쟁 정책의 최대 걸림돌이었다. 제위계승자는 주요 정책수립자들에게 권고하는 콘라트의 영향을 무력화하는 일에 다른 누구보다도 열심이었다. 1913년 2월 초 콘라트가 복직하고 겨우 6주 지난 시점에 프란츠 페르디난트는 쇤브룬궁에서 그를 면담하면서 "평화를 지키는 것이 정부의 임무"임을 상기시켰다. 콘라트는 평소대로 솔직하게 "하지만 어떤 대가든 치를 수 있는 것은 분명 아닙니다"라고 응수했다.[152] 프란츠 페르디난트는 베르히톨트에게 참모총장의 주장을 귀담아듣지 말라고 거듭 경고했고, 자신의 보좌관 카를 바르돌프Carl Bardolff 대령을 콘라트에게 보내 "어떤 행동을 하도록" 외무장관을 "몰아가지" 말라고 엄중히 지시했다. 콘라트가 전해 듣기로 대공은 "어떠한 경우에도 러시아와의 전쟁을" 지지하지 않을 작정이었고 "세르비아로부터 자두나무 한 그루, 양 한 마리"도 원하지 않았으며, "염두에 두고 있는 다른 것도 전혀 없었다."[153]

두 사람의 관계는 점점 험악해졌다. 1913년 가을 둘 사이 적대감이 밖으로 터졌다. 프란츠 페르디난트는 상급 장교들이 모인 자리에서 기동연습 배치를 자신과 상의하지 않고 변경했다는 이유로 참모총장을 호되게 질책했다. 프란츠 페르디난트의 전 참모장 브로슈 폰 아레나우가 중간에서 사임하려는 콘라트를 가까스로 뜯어말렸다. 이제 콘라트가 참모총장직에서 쫓겨나는 것은 시간문제였다. 대공의 보좌관 중 한 명은 이렇게 회고했다. "레들 사건 이후로 참모총장은 죽은 사람이었다. (……) 그저 장례식 날짜를 정하는 문제일 뿐이었다."[154] 1914년 보스니아 하계 기동연습 중에 다시 한 번 콘라트와 격한 언쟁을 벌인 뒤, 프란츠 페르디난트는 골칫거리 참모총장을 내치기로 결심했다. 대공이 사라예보 방문 중에 죽지 않았다면 콘라트는 해임되었을 것이다. 매파는 가장 단호하고 한결같은 대변인을 잃었을 것이다.

한편 베오그라드와의 외교관계는 (적어도 표면적으로는) 호전될 기미를 보이고 있었다. 오스트리아-헝가리 정부는 초기에 오스만의 허가를 받아 마케도니아에서 사업한 국제회사인 동양철도회사Oriental Railway Company의 주식 51퍼센트를 소유하고 있었다. 이 회사의 노선 대부분이 세르비아의 통제를 받는 땅을 지나던 상황에서 빈과 베오그라드는 누가 그 노선을 소유할 것인지, 전시에 손상된 선로의 수리비를 누가 책임질 것인지, 그리고 노선을 계속 운행할 것인지, 계속한다면 어떻게 할 것인지를 합의할 필요가 있었다. 베오그라드 정부가 세르비아의 완전 소유를 고집했으므로 1914년 봄 소유권 이전 가격과 조건을 놓고 협상이 시작되었다. 협상은 복잡하고 까다로웠고 특히 파시치가 사소한 사항에 개입해 협상의 흐름을 깰 때면 악감정을 품기도 했지만, 오스트리아와 세르비아의 언론에 꽤 호의적으로 보도되었고, 대공이 사라예보로 간 시점에 여전히 진행 중이었다.[155] 몇 달 동안 공식적으로 옥신각신한 끝에 1914년 5월 말, 간첩 혐의로 양국에 잡혀 있던 소수의 포로들을 교환하기로 합의한 것은 더욱 고무적인 국면이었다. 이런 일들은 오스트리아-헝가리와 세르비아가 언젠가 좋은 이웃으로 살아가는 법을 배울 수도 있음을 보여주는 소소하지만 희망적인 조짐이었다.

2부 —— 분열된 대륙

유럽의 양극화, 1887~1907

유럽 강대국들 간 동맹구도를 보여주는 1887년 지도와 1907년 지도를 비교하면 변화의 윤곽이 눈에 들어올 것이다. 첫째 지도는 다극체제, 즉 복수의 세력과 이해관계가 서로 균형을 맞추며 불안정한 평형을 유지하는 체제를 드러낸다. 영국과 프랑스는 아프리카와 남아시아에서 경쟁했다. 영국은 페르시아와 중앙아시아에서 러시아와 대립했다. 프랑스는 1870년 독일 승전이라는 판정을 뒤집으려고 벼르고 있었다. 발칸반도에서 이해관계가 상충한 러시아와 오스트리아-헝가리 사이에는 긴장이 조성되었다. 이탈리아와 오스트리아는 아드리아해에서 경쟁관계였고, 오스트리아-헝가리 내 친이탈리아 공동체들의 지위를 놓고 이따금 다투었다. 또 이탈리아는 프랑스의 북아프리카 정책을 놓고 갈등을 빚었다. 이 모든 압력은 1887년 체제라는 조각보에 의해 억제되었다. 독일, 오스트리아, 이탈리아의 삼국동맹(1882년 5월 20일)은 로마와 빈 사이의 긴장이 공개 분쟁으로 비화하지 않게 막

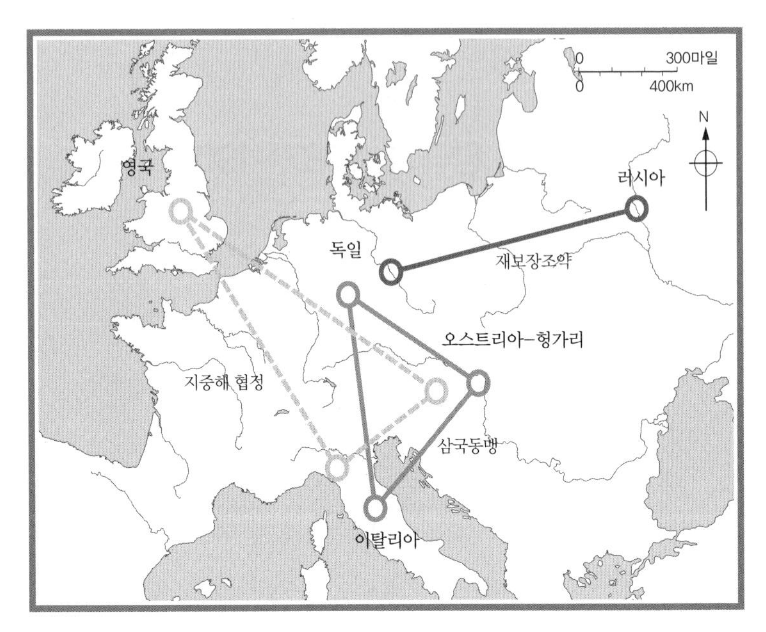

1887년 유럽 체제

았다. 독일과 러시아의 방어적 재보장조약(1887년 6월 18일)은 둘 중 한 나라가 이익을 얻고자 다른 유럽 국가와 전쟁하려는 시도를 단념시키는 조항을 포함했고, 양국 관계를 오스트리아-러시아 간 긴장관계의 악영향으로부터 차단했다.• 또한 러시아-독일 연계로 인해 프랑스는 러시아와 반독일 연합을 결성할 수 없게 되었다. 한편 영국은 1887년 이탈리아 · 오스트리아와 체결한 지중해 협정(조약이 아닌 각서 교환)을

• 재보장조약에 따라 양국은 한쪽이 제3국과의 전쟁에 관여할 경우 중립을 지키기로 약속했다. 다만 독일이 프랑스를 공격하거나 러시아가 오스트리아-헝가리를 공격할 경우에는 중립 조항을 적용하지 않기로 했다.

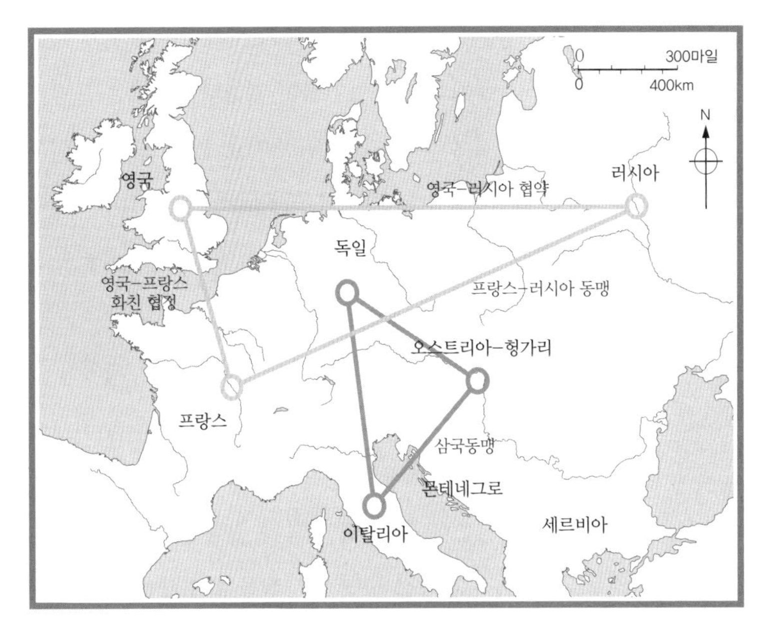

1907년 동맹체제

통해 대륙 체제에 느슨하게 엮여 있었다. 이 협정의 목표는 지중해에서 프랑스의 도전을, 발칸 또는 터키 해협에서 러시아의 도전을 좌절시키는 것이었다.

20년을 건너뛰어 1907년 유럽 동맹 지도를 보면 그림이 완전히 다르다. 두 동맹체제를 중심으로 정리된 양극 유럽이 눈에 들어올 것이다. 삼국동맹은 그대로였다(다만 이탈리아의 신의는 갈수록 의문시되고 있었다). 프랑스와 러시아는 양국 동맹(1892년 초안 작성, 1894년 비준)을 맺은 사이였는데, 협정문에는 만일 삼국동맹의 어떤 국가든 군대를 동원할 경우 두 조인국은 "이 사건의 소식을 듣는 즉시 사전 협의를 거칠 필요 없이" 전군을 동원하여 "독일이 동쪽과 서쪽에서 동시에 싸울 수밖에 없도록 신속히" 배치한다고 명기되어 있었다.[1] 영국은 프랑스와의 화친 협정(1904)과 영국-러시아 협약(1907)을 통해 프랑스-러시아 동맹에 연결되어 있었다. 이 느슨한 제휴관계들이 장차 1차 세계대전을 치를 연대로 결속하기까지 몇 년이 더 걸릴 예정이지만, 두 무장 진영의 윤곽은 이미 분명하게 나타나고 있었다.

유럽 지정학적 체제의 양극화는 1914년에 발발한 전쟁의 결정적 전제조건이었다. 1887년이었다면 오스트리아-세르비아 관계의 위기가 아무리 심각했다 해도 유럽을 대륙 전쟁으로 끌고 가기가 거의 불가능했을 것이다. 유럽을 양분한 두 동맹 블록이 전쟁을 야기하지는 않았다. 사실 양분 구도는 전쟁 이전 수년간 분쟁을 고조시킨 것 못지않게 완화했다. 그러나 두 블록이 없었다면 1차 세계대전은 실제 발발한 대로 발발할 수 없었을 것이다. 양극 체제는 중대한 결정을 내릴 환경을 조성했다. 우리는 유럽이 어떻게 양극화되었는지 이해해야만 서로 연관된 네 가지 물음에 답할 수 있다. 1890년대에 러시아와 프랑스는 왜 반독일 동맹을 결성했는가? 영국은 왜 이 동맹과 운명을 함께하는 선택을 했는가? 독일은 적대적 연대에 둘러싸이는 결과를 초래하는 과정에서 어떤 역할을 했는가? 그리고 1914년에 유럽과 세계에 전쟁을 불러온 사태를 유럽 동맹체제의 구조적 변화로 얼마만큼 설명할 수 있는가?

위험한 관계: 프랑스-러시아 동맹

프랑스-러시아 동맹의 뿌리는 1870년 독일제국의 형성을 계기로 유럽에서 조성된 상황에 있었다. 이전 수백 년 동안 조각나고 허약한 상태였던 유럽의 독일 중심부가 이제 통일되어 강력해졌다. 1870년 전쟁으로 독일과 프랑스의 관계는 견원지간이 되었다. 독일의 일방적인 승리(당대인 대부분이 예측하지 못했던 승리)는 프랑스 엘리트층에게 트라우마가 되어 프랑스 문화의 심층까지 흔든 위기를 촉발했고, 알자스-로렌 지방 병합(독일 군부가 강력히 주장했고 독일 재상 오토 폰 비스마르크가 마지못해 받아들였다)은 양국 관계에 두고두고 부담이 되었다.[2] 알자스-로렌은 복수revanche를 숭배하는 프랑스인들의 성배가 되었고, 잇따른 쇼비니즘적 선동의 물결은 이 지방에 초점을 맞추었다. 독일에 빼앗긴 알자스-로렌이 프랑스의 정책을 추동한 유일한 요인이었던 것은 결코 아니다. 하지만 이 지방은 여론을 주기적으로 격앙시켰고, 정부의 정책수립자들을 은근히 압박했다. 그렇지만 알자스-로렌 병합이 없었더라도 신생 독일제국 자체가 전통적으로 독일의 정치적 파편화 덕분에 안보를 보장받아온 프랑스와의 관계를 확 뜯어고쳤을 것이다.[3] 1871년 이후 프랑스는 동쪽 국경을 접하는 막강한 신생국을 견제하기 위해 가능한 모든 수단을 강구할 수밖에 없었다. 그리하여 양국의 지속적 원한 관계는 유럽 국제 체제의 향방을 어느 정도 규정했다.[4] 이 변화의 세계사적 영향은 아무리 강조해도 지나치지 않다. 이때 이후로 유럽 국가들의 관계는 새롭고 낯선 역학에 따라 움직였다.

새 독일제국의 규모와 잠재적 군사능력을 감안할 때 프랑스는 반독일 동맹을 결성하여 독일을 견제하는 것을 정책의 최우선 목표로 삼을 수밖에 없었다. 정치체제가 딴판이긴 해도 그런 협력관계를 맺기에 가장 매력적인 후보는 러시아였다. 1897년 전직 파리 주재 미국 대사 제임스 B. 유스티스James B. Eustis는 프랑스에게 "두 갈래 길이 열려 있으니, 자신의 자원에 의지해 모든 위험에 용감히 맞서는 자립적이고 독립적인 길이 하나요, (……) 프랑스가 접근할 수 있는 유일한 강국인 러시아와의 동맹을 추구하는 것이 다른 하나다"라고 말했다.[5] 만일 두 번째 갈래가 현실이 된다면, 독일은 동쪽과 서쪽 두 전선에서 잠재적으로 적대적인 동맹의 위협에 직면할 터였다.[6]

베를린이 이 위협을 막을 방법은 러시아를 자국의 동맹체제로 끌어들이는 것이었다. 이런 이유로 독일은 1873년 오스트리아 · 러시아와 함께 삼제동맹을 체결했다. 그러나 러시아와 오스트리아-헝가리를 둘 다 포함하는 모든 동맹체제는 발칸반도에서 두 강국의 이해관계가 겹친다는 것을 고려하면 불안정할 수밖에 없었다. 양국 간 긴장을 억제하기가 불가능한 것으로 입증될 경우, 독일은 오스트리아-헝가리와 러시아 가운데 하나를 골라야만 했다. 만약 독일이 오스트리아-헝가리를 선택한다면, 프랑스와 러시아의 협력관계를 막는 장벽이 사라질 터였다.

1890년 3월 사임할 때까지 독일제국의 수석 설계자이자 외교정책의 제1입안자였던 오토 폰 비스마르크 재상은 이 문제를 충분히 의식하고서 그에 맞추어 정책을 짰다. 그의 목표는 1877년 여름에 언명한 대로 "프랑스를 제외한 모든 열강이 우리를 필요로 하고 그들 서로의 관계 때문에 우리를 상대로 연대하는 것을 최대한 막을 수 있는 전반적인 정치적 상황"[7]을 창출하는 것이었다. 비스마르크는 한편으로 독일과 다른 주요 강국들이 직접 대립하는 상황을 피하고, 다른 한편으로 독일에 이롭다면 다른 강국들 간의 불화를 이용하기 위해 양날 정책을 채택했다.

비스마르크는 이런 목표를 추구해 상당한 성공을 거두었다. 그는 아프리카와 태평양에서 벌어지던 열강의 식민지 쟁탈전에 끼어들지 않음으로써 영국을 멀리하는 데 따른 위험을 줄였다. 그리고 1876년 12월 독일제국의회에서 행한 유명한 연설에서 발칸 문제는 "포메라니아 출신 머스킷 총병 한 명의 건강한 골격"만큼의 가치도 없다고 단언하는 등 발칸 사태에 관심을 갖지 않는 태도를 주도면밀하게 고수했다.[8] 1877~1878년 러시아가 오스만제국을 상대로 개시한 전쟁이 중대한 국제 위기를 촉발했을 때, 비스마르크는 베를린 회의를 이용해 독일이 대륙 평화의 공평무사한 수호자 역할을 할 수 있음을 강국들에게 납득시키려 했다. 재상은 독일의 직접적 보상을 전혀 추구하지 않으면서 전후 영토 합의를 중재함으로써 유럽의 평화와 독일의 안보가 사실상 동일하다는 것을 입증하려 했다.[9] 1887년 비스마르크 동맹체제의 전성기에 독일은 이런저런 협정을 통해 사실상 대륙의 모든 강국과 유대관계를 맺고 있었다. 독일이 오스트리아·이탈리아와 맺은 삼국동맹과 러시아와 체결한 재보장조약으로 인해 프랑스는 계속 배척당했고 반독일 연대를 결성할 수 없었다. 영국, 이탈리아, 오스트리아가 비스마르크의 중재에 따라 체결한 지중해 협정 덕에 베를린은 (삼국동맹을 통해) 런던과 간접적으로 연결되어 있기까지 했다.

그렇지만 비스마르크식 외교로 달성할 수 있는 것에는 한계가 있었다. 특히 삼제동맹이라는 허술한 얼개로는 담아내기 어려운 발칸에서의 이해관계를 가진 러시아와 관련해 그러했다. 1880년대 중반 불가리아 위기가 그 점을 잘 보여준다. 1885년 불가리아의 영토회복주의 운동은 인접한 오스만령 동東루멜리아를 장악하고 대불가리아의 창설을 선언했다.[10] 러시아 정부는 그동안 눈독을 들여온 전략적 요충지인 보스포루스 해협과 콘스탄티노플에 불가리아가 가까워지는 상황을 우려하여 이 병합을 반대했다. 그에 반해 근래 중앙아시아에서 러시아의 도발로 짜증이 나 있던 영국 정부는 자국 영사들에게 새 불가리아 정권을 인정하라고 지시했다. 그러자 세르비아 국왕 밀란이 1885년 11월 불가리아를 침공하는 소동을 일으켰다. 세르비아군은 격퇴되었으며, 오스트리아가 개입해 불가리아군의 베오그라드 점령을 막아야 했다. 뒤이은 타협적 강화회담에서 러시아는 대불가리아가 완전히 인정받는 것을 막는 데 성공했지만, 북쪽의 불가리아공국과 남쪽의 (오스만령) 지방이 일종의 동군연합同君聯合을 이루는 것을 받아들여야 했다.

그 후로도 러시아는 불가리아 군주를 납치하고 협박하고 강제로 퇴위시키는 등 계속 간섭했으나 불가리아 정부를 상트페테르부르크에 복종시키는 데 실패했다. 1887년 봄 무렵에는 러시아가 불가리아를 침공해 괴뢰정부를 세울 가능성이 농후해 보였으며, 오스트리아-헝가리와 영국은 이 행보를 저지할 수밖에 없었다. 결국 러시아 정부는 헤아릴 수 없는 위험을 수반하는 불가리아와의 전쟁을 벌이지 않기로 결정했지만, 러시아 언론과 여론은 격렬한 반독일 감정으로 들끓었다. 당시 범슬라브주의 언론이 독일을 오스트리아의 발칸 이해관계의 수호자, 발칸 슬라브족의 후견인 역할을 하려는 러시아의 최대 장애물로 보았기 때문이다.

이 모든 일은 베를린에 한 가지 교훈을 주었다. 발칸 문제는 그대로였다. 한동안 불가리아 위기는 발칸 지역의 불안정성에 잠재하는 엄청난 위험, 즉 대수롭지 않은 한 약소국이 언젠가 두 강대국을 구슬려 전쟁으로 향하는 행동 방침을 취하게 할 위험을 여실히 보여주었다. 이 난제에 어떻게 대처할 수 있었을까? 비스마르크의 답은 이번에도 러시아와의 우호관계를 추구하고 이해 충돌을 완화하여 상트페테르부르크와 파리를 소원하게 만들고 발칸에서 적절한 영향력을 행사하는 것이었다. 재상은 1887년 러시아의 온건한 친독일 외무장관 니콜라이 기르스Nikolai Giers와 재보장조약을 체결해 러시아제국과의 관계를 수습했다. 이 협정에서 베를린은 러시아의 터키 해협 관련 목표를 지지하고 러시아와 제3국 사이에 전쟁이 일어날 경우 중립을 지키기로 약속했다. 물론 러시아가 정당한 이유 없이 오스트리아-헝가리를 공격하는 경우는 예외였는데, 그 경우 독일은 이중군주국과 체결한 양국 동맹의 조약에 따라 후자를 지원할 것이었다.

베를린의 모든 사람이 이 방침의 지혜에 설득되었던 것은 아니다. 러시아 언론의 공격적 어조와 갈수록 대결의 기미를 풍기는 독일-러시아 관계를 우려하는 많은 이들은 재보장조약의 실효성에 회의적이었다. 비스마르크의 장남인 외무장관 헤르베르트조차 러시아와 체결한 최근 조약의 가치를 의심했다. 헤르베르트는 남동생에게 "상황이 최악으로 치달을 경우" 재보장조약이 과연 "러시아군으로부터 우리 목을 6~8주 동안 지켜줄" 수 있을지 모르겠다고 털어놓았다.[11] 다른 이들, 특히 군부 인사들은 피해망상 분위기에 휩쓸려 러시아제국과의 예방전쟁을 요구하기 시작했다. 행정부 고위층 내에서 비스마르크 반대파가 등장하기도 했는데, 그들이 행동에 나선 이유는 다른 무엇보다 재상식 외교의 고약한 복잡성과 내적 모순에 갈수록 낙담했기 때문이다. 비판자들은 물었다. 어째서 독일이 러시아로부터 오스트리아-헝가리를 보호하고 오스트리아-헝가리로부터 러시아를 보호하는 일을 떠맡아야 하는가? 다른 어떤 강국도 그렇게 하지 않는데 왜 독일은 언제나 양다리를 걸치고 균형을 잡아야 하고, 왜 강대국 가운데 독일만 자국의 이익을 추구하는 독자 정책을 펼 수 없는가? 반비스마르크 프롱드당(17세기 프랑스의 반궁정파에 빗댄 표현—옮긴이)의 눈에 재상의 유별난 초대륙적 협약망은 체제라기보다 히스 로빈슨Heath Robinson(영국의 풍자 만화가로 단순한 작업을 위해 만들어진 우스꽝스러우리만치 복잡한 장치를 그린 것으로 유명하다—옮긴이)이 그린 듯한 삐걱거리는 장치, 갈수록 위험해지는 세계에서 독일제국이 직면한 엄혹한 선택을 회피하기 위해 '회반죽과 헝겊'으로 엉성하게 만든 뼈대에 더 가까워 보였다.[12] 비스마르크의 후임자 레오 폰 카프리비Leo von Caprivi 재상이 1890년 봄 러시아와의 재보장조약이 소멸되도록 놔둔 것은 이런 감정

기류에 부응한 조치였다.

독일과 러시아가 재보장조약을 갱신하지 않자 프랑스와 러시아가 관계를 회복할 길이 열렸다. 하지만 여전히 장애물이 많았다. 러시아의 전제군주 알렉산드르 3세는 공화국인 프랑스 정치 엘리트층의 구미에 맞지 않는 정치 파트너였다(그 역도 마찬가지였다). 러시아가 프랑스와 동맹을 맺어 얻을 것이 많은지도 의문이었다. 러시아는 독일과 심각한 분쟁을 벌일 경우 어쨌거나 프랑스의 지원을 기대할 수 있을 것으로 전망되었다. 그런데 어째서 프랑스의 지원을 보장받고자 행동의 자유를 포기해야 한단 말인가? 러시아와 독일 사이에 전쟁이 났을 때 프랑스 정부가 그저 수수방관한다는 것은 거의 상상할 수도 없는 일이었다. 적어도 독일은 프랑스 전선에서 상당한 방어력을 유지해야 할 테고, 그럴 경우 러시아 전선의 압력이 낮아질 것이었다. 그리고 불편하게 공식 조약을 체결하지 않고도 이런 이득을 얻을 수 있었다. 프랑스와 러시아는 영국의 제국 계획에 반대한다는 이해를 공유하기는 했지만, 영국제국의 주변부에서 두 나라의 영향권은 서로 너무 멀리 떨어져 있어서 긴밀히 협력할 일이 없었다. 프랑스는 러시아의 발칸 목표를 지지할 만한 입장이 아니었고, 러시아는 이를테면 프랑스의 북아프리카 목표를 지지해서 얻을 것이 있는지 의문스러웠다. 몇몇 사안에서 러시아와 프랑스의 이해관계는 정반대였다. 예컨대 궁극적으로 동지중해에서 프랑스의 영향력을 약화할 수 있는 러시아의 터키 해협 계획을 저지하는 것이 프랑스의 정책이었다(동지중해에서 프랑스는 러시아보다는 영국과 공통의 이해관계를 가지고 있었다).[13]

러시아로서는 독일과의 우호관계를 위태롭게 할 이유를 찾기도 어려웠다. 독일이 러시아산 곡물에 관세를 부과하는 문제로 두 제국이 때때로 갈등을 빚기는 했으나 직접적인 이해 충돌이라고 할 만한 것은 별로 없었다. 러시아가 베를린과 벌인 논쟁은 대부분 발칸을 둘러싼 빈과의 경쟁에서 비롯되었다. 그리고 독일의 권력이라는 현실 자체가 독일과 오스트리아-헝가리를 특히 발칸 정책 영역에서 한데 묶어야 한다는 주장의 논거처럼 보였으며, 러시아에 바람직한 결과는 베를린과 상트페테르부르크가 서로 양해하여 빈을 제지하는 것이었다. 이것이 삼제동맹 시대에 간헐적으로 작동한 공식이었다. 따라서 러시아에게는 프랑스의 지원보다 독일의 중립이 잠재적으로 더 유리했다. 러시아 정부는 오래전부터 이 점을 인식하고 있었다. 이것이 그들이 무엇보다 독일과의 협정을 대륙 안보정책의 기반으로 선택한 이유였다. 그리고 이것이 차르 알렉산드르 3세가 독일이나 독일인에게 개인적으로 공감하지 않으면서도 1887년 격분하는 언론에 귀를 닫고 재보장조약을 추진한 이유였다.

그렇다면 러시아는 왜 1890년대 초 프랑스의 접근을 환영했을까? 분명 독일은 러시아의 친독일파 외무장관 니콜라이 기르스가 기존보다 나은 조건을 제시했음에도 재보장조약 갱신을 거절함으로써 러시아가 정책의 방향을 전환하도록 부추겼다. 1890년 6월 평시 독일군 병력을 1만 8574명 늘리자는 온건한 군사 법안이 조약 비갱신 결정에 뒤이어 제출되었던 것도 상트페테르부르크에서 불안감을 자아냈다. 비스마르크가 퇴임하고 차르 알렉산드르가 "야비하고 어린 기생오라비"라고 묘사한 곧잘 흥분하는 성격의 카이저 빌헬름 2세가 정치적 장악력을 강화하는 정세는 독일 외교정책의 향방에 대한 불안한 의문을 불러일으켰다.[14] 프랑스의 거액 차관을 좋은 조건에 제공받을 전망도 러시아에게 매력적이었다. 그러나 러시아를 움직인 결정적 촉매는 다른 곳에 있었다. 바로 영국이 삼국동맹에 가담할 두려운 가능성이었다.

1890년대 초는 전전 영국과 독일의 화해 분위기가 정점에 이른 때였다. 1890년 7월 1일 영국과 독일이 아프리카의 여러 영토를 교환하거나 양도하고 독일이 북해의 작은 섬 헬리골란드를 얻은 헬리골란드-잔지바르 조약 소식에 상트페테르부르크에서는 경보가 울렸다. 삼국동맹이 갱신되고 독일 카이저가 런던을 방문해 영국 언론의 친독일 보도를 유도한 1891년 여름, 러시아의 불안감은 고조되었다. 《모닝포스트》는 영국이 사실상 "삼국동맹 또는 더 정확히 말해 사국동맹에 가입했다"라고 나발을 불었고, 1891년 7월 11일 《스탠더드》는 영국과 독일이 "오래전부터 친구이자 동맹"이었고 향후 유럽의 평화에 대한 위협은 "잉글랜드의 해군력과 독일의 육군력의 결합에" 부딪힐 것이라고 주장했다.[15] 영국 언론의 이런 새 출발 보도에 런던 주재 프랑스 대사와 러시아 대사는 공문을 부쩍 많이 보냈다. 극동과 중앙아시아에서 러시아의 경쟁국인 영국이 러시아의 강력한 서쪽 인접국인 독일과 힘을 합치고 더 나아가 발칸반도에서 러시아의 경쟁국인 오스트리아와 협력하기 직전처럼 보였다. 상트페테르부르크 주재 프랑스 대사가 경고했던 대로 그 결과는 "런던 내각과 베를린 내각의 지속적 화

해"일 테고 이는 러시아에게 잠재적 재앙이었다.[16]

영국과 독일이 외관상 친분을 쌓아감에 따라 러시아는 영국과의 격렬한 세계적 경쟁(아프가니스탄, 페르시아, 중국, 터키 해협 등 여러 무대에서 펼쳐진 경쟁)과 발칸에서의 곤경이 하나로 합쳐질 위기에 직면했다. 이 예상되는 위협을 상쇄하고자 러시아는 주저하던 마음을 털어내고 프랑스와의 협정을 공공연히 추구했다. 종전에 독일과 재보장조약 갱신을 추진했던 외무장관 기르스는 1891년 8월 19일 파리 주재 대사에게 보낸 서신에서 어떤 생각으로 프랑스와 협정을 맺으려 하는지 설명했다. "우리 각 정부의 (……) 태도를 분명히 밝히는 의견 교환"을 하도록 러시아와 프랑스를 움직인 것은, 삼국동맹의 갱신과 "영국이 이 동맹이 추구하는 정치적 목표들을 얼마간 고수할 개연성"의 결합이었다.[17] 1891년 여름 양국이 서명한 양해 각서에는 기르스가 언급한, 영국이 삼국동맹에 접근하는 데 따른 위험이 당연히 포함되었다. 1892년 8월 18일 프랑스와 러시아는 군사협정 초안에 합의했고, 2년 뒤인 1894년 완전한 동맹에 조인했다.

이 일련의 사건에서 두 가지 점은 강조할 가치가 있다. 첫째, 이 동맹을 형성한 동기들은 복잡했다. 프랑스의 핵심 동기는 독일 견제였던 데 반해 러시아는 발칸에서 오스트리아-헝가리를 저지하는 데 관심이 있었다. 하지만 양국은 영국과 삼국동맹이 점점 가까워지는 것을 심히 우려한다는 공통점도 있었다. 특히 당시 온건한 친독일 외교정책을 펴던 러시아에게 최우선 현안은 베를린에 대한 적의가 아니라 영국제국과의 세계적 대립이었다. 분명 러시아 지도부 중 일부는 극명한 반독일파였다(니콜라이 기르스는 알렉산드르 3세로부터 러시아와 오스트리아 간에 전쟁이 발발할 경우 프랑스-러시아 동맹의 목표는 독일의 현재 형태를 "파괴"하여 "다수의 약소국들"로 대체하는 것이 되리라는 말을 듣고서 아연실색했다).[18] 그러나 전반적으로 보면 독일에 대한 러시아의 적의는 아직까지 주로 독일의 대對 오스트리아 관계와 점점 깊어지는 듯한 대영국 관계에 따라 변하고 있었다. 1900년까지 프랑스-러시아 조약에 추가된 군사 부칙들에 명기된 대로, 영국-러시아 전쟁이 발발할 경우 프랑스는 영국 해협 해안으로 10만 병력을 이동시키고, 영국-프랑스 전쟁이 일어날 경우 러시아는 프랑스의 자금을 지원받아 개선하기로 약속한 철도를 이용해 병력을 인도 전선으로 이동시키기로 했다.[19]

둘째, 1894년 프랑스-러시아 동맹은 이전에 없던 새로운 동맹이었다. 이국동맹(1879년 독일-오스트리아 동맹 — 옮긴이)과 삼국동맹, 삼제동맹 같은 유럽 체제의 종전 동맹들과 달리, 이 동맹은 군사협정으로 탄생했고 공동 적에 맞선 지상군 합동 배치를 명기하는 조항들을 포함하고 있었다(1912년 해군협정이 추가되었다).[20] 그 목표는 더 이상 동맹 파트너들 사이의 "적대관계를 관리하는 것"이 아니라 경쟁 연대의 위협에 대처하고 그것을 상쇄하는 것이었다. 이런 의미에서 프랑스-러시아 동맹은 "1차 세계대전 서막의 전환점"이었다.[21]

프랑스-러시아 동맹 자체가 독일과의 충돌을 불가피한 결과로, 또는 가능성 높은 결과로 만들었던 것은 아니다. 이 동맹은 곧 두 나라에서 국왕 방문 및 군함 방문과 관련한 축하행사를 통해, 그리고 엽서, 요리, 만화, 상품화를 통해 대중문화에 뿌리를 내렸다.[22] 하지만 프랑스와 러시아의 엇갈린 이해관계는 긴밀한 협조를 막는 장애물로 남았다. 1890년대 내내 프랑스 외무장관들은 러시아가 알자스-로렌 탈환을 위해 싸울 마음이 없으므로 양국 동맹에서 프랑스가 짊어지는 의무는 최소한에 그쳐야 한다는 견해를 고수했다.[23] 그런가 하면 러시아는 이 동맹 때문에 독일을 멀리할 생각이 전혀 없었다. 오히려 러시아는 베를린과 우호관계를 유지하기에 더 나은 입장이 되었다고 보았다. 러시아 외무장관의 수석보좌관 블라디미르 람스도르프Vladimir Lamzdorf는 1895년 프랑스-러시아 동맹의 목표에 대해 러시아의 행동 독립성을 공고히 하고 프랑스의 생존을 보장하는 동시에 러시아의 반독일 감정을 억제하는 것이라고 말했다.[24] 동맹의 첫 10년 동안 러시아 정책수립자들(그중에서도 차르)은 중부유럽이나 남동유럽이 아니라 북중국으로의 경제적 · 정치적 침투에 몰두했다. 더 중요한 점은 프랑스-러시아 동맹 결성에 일조했던 영국에 대한 양국의 공통된 의구심이 (적어도 한동안은) 반독일 공조에 전념하지 못하게 막기도 했다는 것이다. 러시아는 만주에서 비공식 통제력을 확보하려다가 영국의 중국 정책과 갈등을 빚었고, 가까운 미래에 베를린보다 런던과 훨씬 더 조마조마한 관계를 유지할 예정이었다.

파리의 판단

프랑스 역시 영국과의 경쟁에서 비롯되는 문제들과 독일과의 관계에서 비롯되는 문제들 사이에서 어떻게 균형을 잡을지 궁리하며 어려운 결정을 내려야 했다. 프랑스-러시아 동맹의 첫 4년간 프랑스 외무장관 가브리엘 아노토Gabriel Hanotaux는 단호한 반영국 정책을 채택했다. 프랑스 식민주의 언론의 사설들을 읽고 고무된 아노토는 영국군의 이집트 주둔을 직접 겨냥해 문제 삼았다. 그의 정책은 1898년 초현실적인 '파쇼다 사건'으로 절정에 이르렀다. 나일강 상류에 대한 소유권을 주장하고자 아프리카를 서사시처럼 횡단한 프랑스 원정대와 점령지 이집트에서 남하한 영국 병력이 수단 습지대에 있던 파괴된 이집트 전초기지 파쇼다에서 만났다. 이에 따른 정치적 위기로 두 나라는 1898년 여름 전쟁 문턱까지 갔다. 충돌 위험은 프랑스가 양보해 가까스로 해소되었다.

프랑스는 대독일 정책을 세울 때 영국과의 이런 식민지 경쟁에 따른 우선순위를 고려해야만 했다. 1892년 6월 아노토는 비밀 의견서에 현재 프랑스 정책하에서 베를린과의 협력은 아주 제한적으로만 가능하다고 적었다. 이 접근법의 문제는 독일과 영국이 서로 양해할 가능성을 열어둔다는 것이었다(그 가능성이 현실화될 전망 자체가 프랑스-러시아 동맹을 체결한 동기 중 하나였다). 아노토가 추론하기에 영국-독일 공조를 피할 수 있는 한 가지 방법은 더 넓은 프랑스-독일-러시아 양해를 추구하는 것이었다. 이 방법으로 파리는 이집트 문제에서 영국에 맞서 독일의 지지를 얻고, 그리하여 "독일과 잉글랜드 사이에 너무 오랫동안 존재한 화합"을 깨뜨릴 수 있을 터였다. 물론 그 귀결인 동쪽 인접국과의 연계는 일시적이고 도구적인 연계일 것이었다. 독일과의 영속적 화해는 베를린이 1870년에 병합한 알자스-로렌 지방을 파리에 영원히 양도하려는 경우에만 가능할 것이라고 아노토는 썼다.[25]

아노토의 후임으로 1898년 여름에 취임한 테오필 델카세Théophile Delcassé도 똑같은 선택에 직면했다. 정치적으로 적극적인 대다수 프랑스인처럼 델카세도 독일을 깊이 불신했고 정치적인 글과 발언으로 이 쟁점을 끊임없이 재론했다. 독일에 빼앗긴 영토를 되찾으려는 델카세의 열의가 얼마나 강했던지 그의 가족들은 그의 면전에서 '알자스'와 '로렌'을 언급할 엄두조차 내지 못했다. 그의 딸은 후일 "우리는 입도 뻥끗하기 어려울 정도로 민감한 그 문제에 어찌할 바를 몰랐다"라고 회고했다.[26]

그러나 여러 전선에서 영향력을 확대하는 데 열중하던 제국 권력 프랑스는 독일과의 대립을 무색케 하는 다른 곤경들에 부딪히기도 했다. 델카세는 1893년 식민부 차관으로서 나일강 상류에서 영국에 도전할 프랑스 식민지군 배치를 추진한 장본인이었다.[27] 파쇼다 위기가 한창이던 때에 외무장관에 취임한 델카세의 첫 행보는 남수단에서 런던의 양보를 기대하며 파쇼다에서 물러선 것이었다. 하지만 런던이 단칼에 양보를 거부하자 델카세는 반영국 입장으로 되돌아가 (아노토가 했던 그대로) 영국의 이집트 점령에 도전하려 했다. 그의 궁극적 목표는 프랑스의 모로코 획득이었다.[28]

영국에 대한 압박 수위를 높이기 위해 델카세는 아노토가 예견했던 그대로 독일을 프랑스·러시아와의 협력관계에 끌어들이려 했다. 1899~1900년 가을과 겨울, 봄 동안 세 나라의 정치적 분위기는 서로 제휴하기에 상서로워 보였다. 신임 독일 재상 베른하르트 폰 뷜로Bernhard von Bülow는 베를린 주재 프랑스 대사와 대화 중에 양국이 유럽 밖에서 공유하는 이해관계를 에둘러 말했다. 영국이 보어공화국을 상대로 벌이는 전쟁에 독일 언론이 (프랑스 언론과 마찬가지로) 적대적이라는 사실은 파리에 잘 알려져 있었다. 독일 카이저가 이 문제로 노기등등한 반영국 감정을 분출했다는 보고는 낙관론을 더욱 부채질했다. 1900년 1월 델카세 홍보실의 의중이 반영된 프랑스 신문 사설들은 수에즈 운하가 중립화되면 독일에도 이로울 것이고 두 대륙 강국의 연합 해군력이라면 모종의 국제적 합의에 대한 영국의 존중을 이끌어낼 수 있을 것이라고 지적하는 등 이집트 문제를 놓고 프랑스와 힘을 합칠 것을 독일에 촉구했다. 이 사설들이 델카세의 홍보실에서 나왔고 프랑스 외무부의 공식 정책을 표명한다는 것은 유럽 외교가에서 누구나 아는 사실이었다.[29]

테오필 델카세

독일의 반응을 기다리는 동안 델카세는 특유의 급한 성미로 파리 동료들에게 세계적 규모가 될 가능성이 다분한 영국과의 전쟁에 대비할 것을 주문했다. 1900년 2월 28일 프랑스 내각회의에서 그는 이렇게 말했다. "일부는 잉글랜드 상륙을, 다른 일부는 이집트 원정을 제안

합니다. 또 다른 일부는 인도차이나에 있는 병력으로 버마를 공격하는 동시에 러시아군이 인도로 진군하는 방안을 지지합니다."[30] 내각은 프랑스가 정확히 어디에서 영국제국을 공격할지 논의하기 위해 최고군사위원회의 확대회의를 열기로 했다. 델카세는 영국이 세계 평화를 위협한다고 단언했고, 1900년 3월 한 기자에게 말한 대로 "문명을 위해" 입장을 취해야 할 때라고 생각했다.[31] 그의 주장에 따르면 영국은 모든 방면에서 이탈리아 · 에스파냐와 프랑스를 이간질하는 한편 모로코에 눈독을 들이고 있었다(나중에 델카세는 미국이 모로코를 빼앗을 속셈이라는 생각에 사로잡혔다).[32] 보통 베를린으로 향하던 프랑스의 본능적 불신은 한동안 런던에 초점을 맞추었다.

프랑스의 별난 심사숙고는 수포로 돌아갔는데, 독일이 반영국 대륙연대라는 델카세의 계획에 동조하기를 거부했기 때문이다. 베를린 정부는 런던에 어떤 요구를 하기 전에 영국 정부와 미리 협의하자는 성가신 제안을 해왔다. 카이저가 쏟아내는 반영국 발언과 그의 머뭇거리는 외교정책 사이에는 큰 간극이 있는 것으로 보였다. "그는 '나는 잉글랜드인을 싫어한다'고 말하면서도 모든 것을 마비시킨다"라고 델카세는 불평했다.[33] 거래를 깬 진짜 원인은 베를린의 답례 요구였다. 1900년 3월 15일 베를린 주재 프랑스 대사는 독일 정부가 프랑스, 러시아, 독일 3국이 "그들의 유럽 영토가 영향을 받을 경우 현상유지를 보장한다"라고 사전에 합의하는 조건으로만 반영국 연대 결성에 관한 협상을 계속할 것이라고 보고했다. 이것은 알자스와 로렌에서 독일의 주권을 인정해달라고 프랑스에 에둘러 요청하는 것이나 마찬가지였

다.[34]

베를린의 대응에 델카세는 마음을 완전히 고쳐먹었다. 그 순간부터 프랑스 외무장관은 독일과 협력한다는 생각을 아예 버렸다.[35] 이집트 문제를 영국에 공동으로 항의한다는 계획은 격식도 차리지 않고 중단해버렸다. 그 대신 델카세는 프랑스가 제국 간 물물교환이라는 방법으로 영국과 협력해 목표를 달성할 수 있다는 생각에 차츰 이끌렸다. 다시 말해 프랑스는 영국의 이집트 통제권 강화를 묵인하고, 영국은 프랑스의 모로코 통제권 강화를 묵인하는 거래였다. 이 타협안에는 (실현 가능성이 낮기는 했지만) 모로코에서 영국과 독일이 공동으로 주도권을 잡을 두려운 전망을 막는 이점이 있었다.[36] 1903년 프랑스 외무장관은 모로코-이집트 교환이 영국과의 포괄적인 협상의 토대가 될 것으로 전망했다.

이 방향 전환은 프랑스-독일 관계에 심대한 영향을 미쳤다. 영국과 대립하지 않고 유화하겠다는 결정을 계기로 프랑스가 반독일 외교정책을 더욱 단호하게 표명할 가능성이 한층 높아졌기 때문이다. 이 점은 모로코를 획득하려던 델카세의 접근법 변화로 분명하게 확인할 수 있다. 종전까지 델카세의 계획은 이집트를 문제 삼아 영국을 압박해 모로코 획득을 묵인하게 하고 다른 관련국들의 양보를 매수하는 것이었다. 에스파냐는 모로코 북부의 땅을 받고, 리비아를 노리던 이탈리아는 그 문제에서 프랑스의 지지를 받고, 독일은 프랑스령 중앙아프리카의 영토를 보상으로 받을 것이었다. 1900년 이후 새로운 모로코 정책은 두 가지 중요한 점에서 기존과 달랐다.

첫째로 새 정책은 영국과 협력하여 달성할 것이었다. 더욱 중요한 점은 이제 델카세가 국제조약(1881년 마드리드 조약—옮긴이)으로 독립을 보장받았던 나라인 모로코를 독일 정부에 보상하지 않고, 심지어 독일 정부와 협의하지도 않고 장악할 계획이었다는 것이다. 이 도발적인 계획을 채택하고 또 프랑스 동료들에 맞서 고수함으로써 델카세는 장차 1905년 모로코 위기 시에 작동할 외교 지뢰선을 북아프리카에 설치한 셈이었다.

영국, 중립을 끝내다

베르사유궁의 '거울의 방'에서 독일제국 선포식이 거행된 지 겨우 3주 뒤인 1871년 2월 9일, 보수당 정치인 벤저민 디즈레일리는 영국 하원 연설에서 프랑스-프로이센 전쟁의 세계사적 의미를 성찰했다. 그는 하원 의원들에게 이 전쟁이 1866년 프로이센-오스트리아 전쟁이나 이탈리아를 둘러싼 프랑스의 전쟁, 심지어 크림전쟁 같은 "평범한 전쟁"이 아니라고 말했다. "그 전쟁은 독일 혁명, 지난 세기의 프랑스 혁명보다도 중대한 정치적 사건입니다." 그런 다음 이제껏 일소되지 않은 외교 전통은 단 하나도 없다고 덧붙였다. "세력균형은 완전히 깨졌으며, 더 많이 고통받고 이 변화의 영향을 가장 크게 느끼는 나라는 잉글랜드입니다."[37]

디즈레일리의 이 발언은 독일과의 분쟁을 내다본 선견지명으로 인용되곤 한다. 그러나 (1914년과 1939년의 시각으로) 이렇게 해석하는 것은 그의 의도를 오해하는 것이다. 프랑스-프로이센 전쟁 이후 영국 정치인들에게 가장 중요했던 것은 독일의 흥기가 아니라 영국의 숙적 러시아가 크림전쟁(1853~1856) 이후 강요받은 합의로부터 풀려날 전망이었다. 영국 정부와 프랑스 정부가 정한 1856년 파리조약의 조항들에 따라 흑해의 물길은 흑해 연안을 소유한 국가들의 군함에도, 다른 어떤 국가의 군함에도 "공식적으로 영원히 차단"되었다.[38] 이 조약의 목표는 러시아가 동지중해를 위협하거나 영국의 영토와 인도행 해로를 교란하지 못하게 막는 것이었다. 그러나 프랑스의 패전으로 1856년 조약의 정치적 토대가 무너졌다. 새로 수립된 프랑스공화국은 크림전쟁 합의를 깨고 흑해에서 러시아의 군사화에 반대하던 입장을 포기했다. 영국 혼자서는 흑해 조항들을 강요할 수 없다는 것을 잘 알고 있던 러시아는 흑해 함대 건설을 밀어붙였다. 1870년 12월 12일 러시아가 1856년 강화를 "부인"했고 오스만 국경에서 불과 수 킬로미터 떨어진 흑해 동안東岸 도시 포티에서 "새로운 세바스토폴"(군함 공장과 항구)을 건설하고 있다는 소식이 런던에 전해졌다.[39]

러시아 팽창주의의 새 시대가 다가오는 것처럼 보였으며, 1871년 2월 9일 연설에서 디즈레일리가 주목한 것이 바로 이 전망이었다. 그가 보기에 지난 200년간 러시아는 "흑해 연안으로 진출할 길을 모색"하면서 "정당한" 팽창정책을 추구했다. 그러나 흑해의 군사화는 러시아가 콘스탄티노플 획득과 터키 해협 통제에 초점을 맞추어 공세를 펴는 새롭고 불안한 단계를 예고하는 것으로 보였다. 러시아는 "콘스탄티노플에 대한 도덕적 권리도 없고", "그곳에 가야 할 정치적 필요성도 없기" 때문에 이것은 "정당한 정책이 아닌 교란 정책"이라고 그는 단언했다. 디즈레일리의 시야에 들어온 위협은 러시아만이 아니었다. 그는 미국의 증대하는 힘과 호전성 역시 우려했다. 하지만 중요한 점은 그가 "독일 혁명"을 말하면서 염두에 둔 것이 새로운 독일에 의한 위협이 아니라 최근 독일과 프랑스가 벌인 전쟁, "국가들의 체계 전체"를 "뒤죽박죽으로 만든" 전쟁의 세계적 · 제국적 파급효과였다는 것이다.[40]

디즈레일리는 1914년까지 영국 외교정책의 중심이 될 테마를 공표한 것이었다. 1894년부터 1905년까지 영국의 이해관계에 "가장 중대한 장기적 위협"을 가한 나라는 독일이 아닌 러시아였다.[41] 이 기간에 영국 정책수립자들을 괴롭힌 중국 문제가 좋은 예다.[42] 발칸처럼 중국에서도 변화의 근본 원인은 유구한 제국의 퇴조하는 권력이었다. 1890년대 초 러시아의 북중국 침투는 지역과 지방에서 일련의 분쟁을 촉발했고, 이 사태는 결국 1894~1895년 중일전쟁으로 비화했다.[43] 여기서 승리한 일본은 북중국에 대한 영향력을 두고 러시아와 경쟁하는 세력으로 부상했다. 한편 중국의 패전을 계기로 강대국들은 쇠망해가는 중국으로부터 더 많은 양보를 받아내기 위한 경주에 돌입했다. 중국 쟁탈전에서 발생한 부정적 에너지는 역으로 유럽에서 긴장을 고조시켰다.[44]

영국이 보기에 문제의 핵심은 러시아의 권력과 영향력의 증대였다. 영국에게 교역 잠재력 면에서 아프리카보다 한없이 중요했던 중국에서 러시아는 영국의 이해관계를 직접 위협했다. 이 문제는 의화단 운동(1898~1901)을 진압하기 위한 국제적 개입 이후 더욱 심각해졌는데, 러시아는 개입 기회를 이용해 북중국에서 입지를 강화하려 했다.[45] 제국의 지정학적 위치와 지상군 편중을 감안하면 러시아로서는 동아시아에 진출하지 않기가 어려웠을 것이다. 러시아가 이길 공산이 커 보이는 새로운 그레이트 게임Great Game(19세기에 영국과 러시아가 중앙아시아의 주도권을 놓고 벌인 패권 다툼—옮긴이)이 시작되고 있었다.[46] 인도는 또 다른 취약한 변경이었다. 영국 정책수립자들은 러시아 철도망이 중앙아시아 안으로 꾸준히 침투하는 것은 곧 러시아가 영국보다도 인도아대륙에 "더 쉽게 군사적 접근"을 할 수 있음을 의미한다고 걱정스럽게 말했다.[47]

중앙아시아와 극동에서 러시아가 반영국 정책을 추진하는 것으로 보였고 아프리카에서 프랑스가 영국의 경쟁자이자 도전자였으므로, 프랑스-러시아 동맹은 런던에서 반영국 기구로 비쳤다. 이 문제는 특히 보어전쟁 기간에 상당한 영국군 병력을 남아프리카에 파견한 결과 인도가 위험에 노출되었을 때 심각했다. 1901년 8월 "프랑스 · 러시아와 전쟁 시 제국의 군사적 필요"에 관한 육군부 정보국 보고서는 인도군이 러시아의 공격에 맞서 핵심 거점들을 지킬 만한 상태가 아니라고 결론 내렸다.[48] 설상가상으로 (영국이 보기에) 러시아 외교관들은 적대적이고 팽창주의적이고 무자비하기만 한 것이 아니라 음흉한 수법과 기만적 거래에 능하기까지 했다. "거짓말이 러시아 외교사에서도 전례가 없는 수준이다." 1901년 3월 중국에서 합의를 위해 협상하던 인도부 장관 조지 해밀턴 경은 이렇게 보고했다. 그리고 1903년 인도 총독 조지 커즌은 해군부 장관 셀본 백작에게 이렇게 말했다. "러시아의 외교는, 귀하도 아시다시피, 하나의 길고도 다면적인 거짓말입니다."[49]

영국 정책수립자들은 러시아의 위협에 대응해 두 가지 노선을 추진했다. 첫째 노선은 일본 · 프랑스와 화해하는 방안을 포함했고, 둘째 노선은 러시아와 세력권 분할에 합의하여 영국제국의 변경에서 부담을 줄이는 방안을 포함했다. 1894~1895년 중일전쟁의 여파 속에 영국과 일본은 러시아의 추가 팽창을 막아야 하는 이해관계를 공유했다. 1895년 5월 외무장관 킴벌리Kimberley 백작이 도쿄 주재 영국 공사에게 보낸 서신에 쓴 대로, 일본은 극동에서 영국의 "자연스러운 동맹"이었다.[50] 러시아의 중국 변경에서 일본의 가공할 지상군(1895년 말 일본군 20만 명이 만주로 진입했다)이 가하는 위협은 영국제국의 북인도 변경의 취약한 상태를 상쇄할 것이었다. 더 나아가 급성장 중인 일본 함대는 "러시아 함대에 대항해 균형을 맞추고", 그리하여 과부하가 걸린 영국 함대의 부담을 덜어줄 터였다.[51] 오랫동안 조심스레 관계를 개선한 끝에 1901년 양국은 공식 동맹을 체결하기 위한 논의를 시작했다(먼저 해군방위조약을 맺었고, 1902년 1월 30일 런던에서 더 포괄적인 협정을 체결했다). 1905년과 1911년에 (기간을 연장해) 갱신한 영국-일본 동맹은 전전 세계의 국제 체제에서 고정 요소가 되었다.

프랑스와 양해를 추구하기로 결정한 영국의 방침에도 동일한 논리가 작용했다. 일찍이 1896년에 수상 솔즈베리Salisbury 경은 영국령 버마와 프랑스령 인도차이나의 국경지대에 있는 메콩 계곡에서 프랑스에 양보한 조치가 프랑스를 영국 쪽으로 끌어당기고 프랑스-러시아 동맹을 일시적으로 느슨하게 하는 등 긍정적인 부수적 결과를 가져오는 것을 확인했다.[52] 같은 이유로 1904년 영국-프랑스 화친 협정의 주목적은 (적어도 영국 정부가 보기에) 반독일 협정을 맺는 것이 아니라 프랑스와의 식민지 갈등을 줄이는 동시에 러시아에 간접적 영향을 줄 수 있는 모종의 수단을 얻는 것이었다. 그에 앞서 델카세는 양국이 화친을 협약한다면 프랑스가 영향력을 행사해 러시아를 견제하겠다고 약속하고, 더 나아가 러시아가 영국에 싸움을 걸 경우 프랑스의 지원이 없을 것임을 상트페테르부르크에 명확히 알리겠다고 제안하는 등 영국의 친프랑스 구상을 부추겼다.[53] 따라서 랜즈다운Lansdowne 경이 말한 대로 영국으로서는 "프랑스와의 우호적 양해 체결이 어쩌면 러시아와 더욱 우호적인 양해를 체결할 전조일지 모른다"라고 기대할 타당한 이유가 있었던 셈이다.[54]

방금 말한 논점은 중요하다. 영국 정책수립자들은 일본 편에 서서 러시아의 위협을 견제하는 동시에 러시아의 도전에 대응하여 제국 세력권 분할 협정으로 상트페테르부르크를 속박하려 했다. 이 정책에 모순은 없었다. 1902년 5월 외무부 사무차관 토머스 샌더슨Thomas Sanderson 경이 상트페테르부르크 주재 영국 대사에게 보낸 서신에서 지적한 대로, 일본과의 동맹이 유익한 이유는 바로 "우리 돼지를 다른 시장들에 내다팔 수 있음을 〔러시아가〕 알기 전까지는 우리가 그들을 벌할 가망이 없기" 때문이었다. 따라서 영국-일본 동맹은 "〔영국이] 어떤 확실한 양해를 얻을 가능성을 낮추기보다 높일" 것이었다.[55] 당시 영국 안보 검토서들은 파국적인 중앙아시아 시나리오를 계속 예상하고 있었다. 1901년 12월 영국 내각은 러시아가 트란스카스피아 Transcaspia(카스피해 동쪽 지역을 가리키던 옛 이름—옮긴이) 헤라트에 20만 병력을 투입할 수 있다는 보고를 들었다. 그 정도 병력과 싸워 이기려면 정부가 막대한 비용을 들여 영국의 인도 주둔군을 5만~10만 명 영속적으로 증원해야 했다(당시 최선의 재정 조언은 지출을 대폭 삭감하라는 것이었다).[56] 그리고 러시아가 아프가니스탄 접경까지 철도를 부설하던 "광적인 속도"를 고려하면 상황은 영국에 불리한 방향으로 빠르게 흘러가고 있었다.[57]

이런 우려는 1904년 2월 러시아와 일본 사이에 전쟁이 발발하자 더욱 증폭되었다. 해상과 지상의 초기 전투를 러시아군이 일본군보다 훨씬 형편없이 수행했다는 사실은 영국의 불안을 전혀 달래지 못했다. 키치너Herbert Kitchener 남작이 경고했듯이 러시아가 일본에 입은 손실을 인도를 위협해 만회하려 한다면 어떻게 되겠는가? 그럴 경우 인도 병력을 대폭 증원해야 했다. 1905년 2월 인도 총독부의 추정에 따른 예상 수치는 21만 1824명이었다.[58] 그에 수반되는 비용도 어마어마하게 늘어날 전망이었다. 키치너는 "러시아의 위협적인 전진"에 대항하는 비용으로 "2000만 파운드에 더해 여타 경비로 연간 150만 파운드"가 들 것으로 추산했다.[59] 이것은 1905년 군사비 삭감과 국내 프로그램 확대를 약속하며 집권한 자유당 정부에게 상당히 중요한 문제였다. 그리고 영국이 인도의 북서부 접경을 더 이상 무력으로 방어할 형편이 아니라면, 러시아의 공격으로부터 인도를 보호할 비군사적 수단을 반드시 찾아야 한다는 결론이 나왔다.

1905년 일본이 러시아에 승리를 거두자 영국 내 논쟁은 러시아와 합의하자는 쪽으로 결론이 났다. 러시아의 참패와 나라를 마비시킨 국내 격변의 물결을 고려할 때, 러시아의 위협이 인도에 대한 막대한 투자를 정당화한다는 주장은 이제 그리 설득력 있게 들리지 않았다.[60] 1905년 12월 취임한 신임 외무장관 에드워드 그레이는 "러시아가 유럽 회의에 다시 참석하는 모습을 보기"로 결심했고, "나는 우리가 지금보다 더 좋은 사이가 되기를 바랍니다"라고 말했다.[61] 1906년 5월 그레이는 인도 병력 증강안을 보류하는 데 성공했다.

얽히고설킨 제국 관계의 재조정에 관한 이 이야기에서 한 측면은 특히 강조할 가치가 있다. 영국 정책수립자들은 프랑스와 맺은 화친 협정도 러시아와 맺은 협약도 주로 독일을 견제하기 위한 장치로 생각했던 것이 아니다. 영국이 구상한 계획에서 독일은 대부분 프랑스·러시아와의 긴장관계의 종속요인이었다. 독일 정부가 영국 정부의 적의와 분노를 촉발한 경우는 무엇보다 영국에 대항해 러시아·프랑스와 제휴할 때였다. 이를테면 1895년 봄 독일이 러시아·프랑스와 함께 일본을 압박하여 중일전쟁 중에 정복한 영토를 중국에 반환하게 했을 때, 또는 1897년 독일이 중국의 교두보인 산둥반도의 자오저우膠州를 뜻밖에 차지했을 때였다(런던은 러시아가 독일의 이 행보를 비밀리에 인정하고 부추겼다고 믿었고, 이는 사실이었다). 두 경우에 영국은 독일의 배후에 프랑스와 러시아의 반영국 구상이 있다고 판단했다. 다른 곳에서와 마찬가지로 중국 무대에서도 독일은 영국에게 실존적 위협이기보다 외교상 골칫거리였다. 달리 말해 '영국-독일 적대'는 영국 정책의 주요 결정요인이 아니었다. 실제로 1904~1905년까지 양국 관계는 대개 더 긴급한 문제들에 따라 변동했다.[62]

늦깎이 제국 독일

비스마르크 시대에 독일 외교정책의 주된 목표는 적대적인 강대국 연대의 출현을 막는 것이었다. 비스마르크 시대가 계속되는 한, 세계 제국들 사이의 갈등 덕에 이 목표를 비교적 수월하게 달성할 수 있었다. 프랑스는 영국과 경쟁하느라 때때로 정신이 팔렸으며, 러시아는 영국과 적대하느라 발칸에 집중하지 못했고 그 결과로 오스트리아와 러시아의 충돌이 얼마간 예방되었다. 주로 대륙 강국인 독일은 세계 제국을 열망하지 않는 한 아프리카, 중앙아시아, 중국을 둘러싼 엄청난 경쟁을 멀리할 수 있었다. 그리고 영국, 프랑스, 러시아가 계속 제국 경쟁을 벌이는 한, 베를린은 그들 사이에서 언제까지나 주변부에 머무를 수 있었다. 이런 상황은 독일제국의 안보를 강화했고, 베를린 정책수립자들이 일정한 재량권을 행사할 공간을 만들어냈다.

하지만 비스마르크 전략에는 대가가 따랐다. 독일은 항상 자기 체급보다 약한 펀치를 휘둘러야 했고, 아프리카와 아시아 등지에서 제국들의 식민지 쟁탈전에 끼어들지 말아야 했고, 다른 강국들이 세계 세력권을 두고 다툴 때 방관자로 남아야 했다. 또한 베를린은 이웃 강국들에 모순적인 약속을 해야 했다. 그 귀결은 독일제국의회의 구성을 결정하는 유권자들이 원치 않는, 무력한 국가라는 의식이었다. 식민지(값싼 노동력과 원료, 자국 수출품을 구입해줄 급증하는 토착민 또는 정착민 인구가 있는 엘도라도로 상상된)를 소유한다는 생각에 기존 유럽 제국들의 중간계급만큼이나 독일 중간계급도 매료되었다.

제국의 팽창을 제한하는 권력정치의 속박을 건너뛰려던 독일의 온건한 노력조차 기성 세계 강국들의 완강한 저항에 부딪혔다는 데 유의해야 한다. 이와 관련하여 늦깎이 제국 독일과 다른 세계 제국들의 명백하지만 중요한 차이를 기억할 필요가 있다. 인간이 거주하는 지표면의 방대한 부분을 소유하고 제국의 주변부를 따라 군대를 주둔시킨 영국, 프랑스, 러시아는 본국에 비교적 부담을 주지 않으면서 교환하고 거래할 수 있는 카드를 가지고 있었다. 영국은 메콩강 삼각주에서 프랑스에 양보안을 제안할 수 있었다. 러시아는 영국에 페르시아에서 영향권을 분할하자고 제안할 수 있었다. 프랑스는 북아프리카의 탐나는 영토에 대한 접근권을 이탈리아에 제안할 수 있었다. 그에 반해 독일은 그런 제안을 믿을 만하게 할 수가 없었는데, 이미 붐비는 테이블에서 한 자리를 차지하려 애쓰면서도 거래할 것이 전혀 없는 벼락부자 같은 입장을 고수했기 때문이다. 변변찮은 남은 몫을 차지하려던 독일의 시도는 기성 제국 클럽의 강경한 저항에 부딪혔다.

예를 들어 1884~1885년 독일 정부는 별로 크지 않은 일군의 식민 속령 획득을 승인하여 국내의 제국주의적 욕구를 달래려다가 영국의 오만한 대응에 직면했다. 1883년 브레멘 상인 하인리히 포겔장Heinrich Vogelsang이 오늘날 나미비아 남부에 속하는 앙그라페케나(지금의 뤼데리츠) 연안의 토지를 구입했다. 이듬해 비스마르크는 영국 정부에 이 지역에 대한 소유권을 주장할 의향이 있는지 공식적으로 문의했다. 런던에서 온 퉁명스러운 답신에는 포르투갈령 앙골라와 영국령 케이프 식민지 사이 영역에 다른 어떤 나라도 자리 잡는 것을 용납할 의향이 없다고 적혀 있었다. 베를린은 속내를 떠보는 두 가지 질문으로 대응했다. 영국 측 주장의 근거는 무엇인가? 그리고 영국 당국은 해당 지역에서 독일 정착민을 보호하는 책임을 맡을 것인가?[63] 영국 정부는 몇 달이 지나서야 황송한 답신을 보냈다. 비스마르크는 이런 거들먹거리는 방식에 짜증을 냈지만, 영국의 대응을 인신공격으로 받아들일 필요는 없었다(런던은 1895~1896년 베네수엘라 국경 분쟁 때 미국 정부에게도 똑같이 무뚝뚝하고 거만한 방식으로 상대한 전례가 있었다).[64] 그 이후 독일 정부가 영국에 개의치 않고 앙그라페케나 지역을 공식 획득했다고 발표하자 영국 정부는 즉시 자국의 소유권을 주장하며 맞받아쳤다. 베를린은 발끈했다. 비스마르크는 영국이 "아프리카 먼로 독트린"의 특권을 요구한다며 씩씩댔다.[65] 재상은 정치적 압박의 수위를 높였다. 그의 아들 헤르베르트가 교섭 책임자로 런던에 파견되었다. 결국 더 심각한 도전(러시아의 아프가니스탄 계획, 아프리카에서 프랑스와의 갈등) 때문에 정신이 없던 영국이 양보하는 것으로 위기가 지나가긴 했지만, 이 사건은 유럽 강대국들 중 가장 늦게 제국 테이블에 끼어든 독일이 차지할 공간이 얼마나 적게 남아 있었는지를 잘 보여준다.

1890년 독일이 러시아와의 재보장조약을 포기한 것은 어느 정도는 스스로 부과한 비스마르크 정책의 제약으로부터 벗어나기 위해서였다. 1890년의 태도 변화(비스마르크 실각, 레오 폰 카프리비의 재상 취임, 카이저 빌헬름 2세가 제국 정치의 핵심 행위자로 부상)는 독일 대외관계의 새로운 단계를 알리는 사건이었다. 1890년대 초의 '신노선'은 본래 협의하여 의도한 방침이라기보다는 우유부단과 좌고우면의 결과였다. 비스마르크가 갑작스레 퇴장하면서 생긴 공백은 그대로 남았다. 정책 주도권은 외무부 정무국장 프리드리히 폰 홀슈타인Friedrich von Holstein에게 넘어갔다. 홀슈타인의 정책은 오스트리아-헝가리와 유대를 강화하는 한편 런던과 협정을 맺어 발칸에 있음직한 위험 요소들을 상쇄하는 것이었다. 다만 그는 영국과 완전한 동맹을 맺는 방안에는 찬성하지 않았다. 그가 가장 중요하게 생각한 것은 독립성이었다. 독일은 영국과 동맹을 맺을 경우 대륙에서 자칫 영국의 희생양이 될 위험이 있었다(7년 전쟁에서 프로이센의 프리드리히 2세가 영국의 동맹으로서 막강한 대륙 연대에 에워싸였던 기억이 중요하게 작용했다). 홀슈타인의 친한 동료인 베른하르트 폰 뷜로가 1890년 3월에 말한 대로, 독일이 "어떠한 외세에도 의존하게 되지 않는" 것이 무엇보다 중요했다.[66] 독일이 영국과 협정을 맺어 치를 대가는 식민지 획득 포기였지만, 이는 카프리비가 기꺼이 지불할 비용이었다.

자유재량 정책은 독일에 해가 되지 않는 것으로 보였으나 실은 중대한 위험을 수반했다. 1891년 여름 독일은 동맹 이탈리아가 향후 북아프리카에서의 이득을 기대하며 프랑스와 비밀 회담을 했음을 뒤늦게 알았다. 같은 시기 프랑스 소함대가 러시아 항구 크론시타트를 공식 방문했고, 프랑스 장교들이 러시아 언론과 국민의 떠들썩한 환대를 받았다는 소식이 베를린에 전해졌다. 뒤이어 1892년에 체결된 프랑스-러시아 군사협정으로 독일이 영국과 긴밀히 협력하는 겉모습조차 대륙에서 독일의 허점만 키울 뿐 그에 상응하는 안보 이득은 가져오지 않는다는 것이 드러났다. 그리고 가장 우려스러운 점은 프랑스와 러시아의 친교가 깊어감에도 영국이 독일과 더 가까운 관계를 추구할 기미를 보이지 않는다는 것이었다. 오히려 영국 정책수립자들은 먼저 프랑스와, 그 후에 러시아와 유화하는 정책의 이점을 고려하기 시작했다. 프랑스 소함대가 러시아에서 귀환하는 길에 영국 포츠머스를 방문한 상징적인 일도 베를린의 분위기에 찬물을 끼얹었었다.[67]

독일이 강력한 동맹들의 지원 없이도 충분히 독자적 행보를 할 만큼 강했을까? 이 물음에 대한 카프리비의 답변은 제국의 방위력을 키우는 것이었다. 1893년 군사법안이 통과되어 육군 병력이 55만 2000명(10년 전에 비해 15만 명 증가)이 되었고 이해 군비 지출액이 1886년의 두 배에 달했다. 그러나 군비 증강은 더 포괄적인 정치적 전략에 통합되지 않았다. 군비 증강의 목표는 억지를 달성하는 것이었다.

이런 군사적 자립 추구가 외교에 미치는 영향을 두고 베를린의 핵심 정책수립자들은 서로 의견이 갈렸다. 프랑스와 관계를 개선하기가 사실상 불가능한 상황에서 독일은 영국과의 거래를 계속 추구해야 하는가, 아니면 러시아와의 관계 개선에 구원이 있는가? 독일은 두 선택지를 모두 추구하다가 좌절을 맛보았다. 독일 정책수립자들은 1894

년 봄에 체결된 러시아-독일 통상조약에 큰 기대를 걸었다. 제국의회가 독일 농민 압력단체의 거센 항의를 물리치고 비준한 이 조약은 양국에 엄청난 경제적 혜택을 가져다준 통상관계의 이정표였다. 하지만 프랑스와의 동맹에 대한 러시아의 애착은 조금도 약해지지 않았다. 되레 러시아는 이 통상조약을 자국의 정책이 옳음을 입증하는 증거, 독일을 외교적 열세에 몰아넣었을 때 무엇을 얻을 수 있는지 예시하는 증거로 보았다.[68]

영국 선택지도 곤란하기는 마찬가지였다. 주된 이유는 카프리비의 '자유재량' 정책이 베를린의 행보보다 런던의 행보를 훨씬 더 자유롭게 했기 때문이다. 프랑스-러시아 동맹의 결과로 영국은 대륙 진영들 사이에서 저울질을 할 수 있게 되었고, 베를린과 확고한 양해를 추구할 유인이 줄어들었다. 런던은 제국 주변부에서 위기가 발생한 시기에만 더 긴밀한 유대를 적극 추구했지만, 그런 경우에도 베를린이 수용할 거라고 합리적으로 예측할 수 있는 조건으로 완전한 동맹을 제안한 적이 없었고 그럴 수도 없었다.

예를 들어 1901년 영국 병력이 남아프리카에서 발이 묶이고 러시아군이 중국에서 압박 수위를 높이던 시기에 영국 외무장관 랜즈다운은 러시아에 맞서 독일의 지원을 얻기를 간절히 바라는 마음에 독일과 비밀 동맹조약을 맺자는 제안서 초안을 내각에 돌렸다. 특정 조건에서 영국과 독일이 일본을 지원해 러시아와 전쟁하기로 약속한다는 내용이었다. 영국은 시험 삼아 베를린의 의사를 타진해보았으나 독일은 어떠한 반러시아 연합에도 가담하기를 꺼렸다. 영국 해군의 지원이 그리 중요하지 않은 대륙 분쟁에 노출될 위험을 우려했기 때문이다.[69] 뷜로는 다음 물음을 놓고 고민했다. 독일이 영국과 동맹을 맺을 경우 불가피하게 높아질 프랑스와 러시아의 적대감을 상쇄할 무언가를 영국이 제공할 수 있는가? 이것은 영국과 독일의 화해를 공식화하려는 노력에 늘 따라붙은 구조적 문제였다.

더 명백한 또 다른 문제는 유럽 밖에서 독일의 이해관계를 추구하는 베를린의 노력이 예상대로 영국의 항의에 부딪혔다는 것이다. 오스만 술탄 압둘 하미드 2세Abdul Hamid II가 아나톨리아 철도의 지선을 바그다드 방향으로 코냐까지 부설하는 공사를 독일철도협회에 위탁했을 때, 영국 정부는 소리 높여 항의했다. 영국 정부는 독일이 자금을 대는 이 사업을 "영국 영역으로의 무단 침투"로 보았는데, 영국이 자금을 댄 스미르나 철도의 수익성이 떨어질 것으로 예상되었기 때문이다. 다른 많은 분쟁에서와 마찬가지로 이 분쟁에서도 영국 정책수립자들은 자기들의 제국 이해관계는 '사활적'이고 '필수적'인 반면, 독일의 제국 이해관계는 한낱 '사치', 다른 강국들이 도발로 받아들일 게 분명한 목표를 정력적으로 추구하는 행보라고 전제했다.[70]

또 다른 예로는 영국이 우간다와 로디지아를 잇는 25킬로미터 너비의 회랑지대를 얻은 1894년 5월 12일의 영국-콩고 조약을 둘러싼 분쟁이 있다. 본질적으로 나일강 상류를 노리는 프랑스의 계획을 방해하기 위해 구상된 이 조약은 독일령 동남아프리카와 영국 영토의 경계선을 맞닿게 하는 결과도 가져왔다. 런던은 독일의 결연한 압력을 받고서야 마지못해 양보했다. 이 결과는 국가적 자기주장의 증거를 간절히 원하던 독일 언론으로부터 환호를 이끌어냈다. 또한 독일 정책수립자들은 영국에 맞서는 것이 독일의 이해관계를 지키는 유일한 길이라는 신념을 강화하게 되었다.[71]

영국과 독일 사이 긴장은 1894~1895년 트란스발 위기로 최고조에 이르렀다. 영국이 통제하는 케이프 식민지와 트란스발이라고도 알려진 인접국 남아프리카공화국 사이에는 오래전부터 국지적인 문제들이 있었다. 트란스발의 독립이 국제적으로 인정되었음에도(영국도 인정했다), 케이프 식민지를 좌지우지하던 세실 로즈Cecil Rhodes는 1880년대에 트란스발에서 발견된 거대한 금광을 노리고 북쪽 인접국의 병합을 꾀했다. 트란스발 경제에서 독일 정착민들이 두드러진 역할을 했고 이곳에 투자된 외국 자본 중 5분의 1이 독일인들 소유였던 까닭에 베를린 정부는 이 공화국의 독립을 유지하는 데 관심을 가졌다. 1894년 육지로 둘러싸인 트란스발과 포르투갈령 모잠비크의 델라고아만을 연결하는 철도를 독일 자금으로 부설하는 사업에 베를린 정부가 관여하자 런던이 항의를 해왔다. 영국 정부는 델라고아만을 병합해 이 불쾌한 철도에 대한 통제권을 획득하는 방안을 고려했고, 이 지역에서 자국의 정치적 · 경제적 지배력을 약화할 어떠한 협의도 거부했다. 그에 맞서 독일 정부는 트란스발의 정치적 · 경제적 독립이 유지되어야 한다는 입장을 굽히지 않았다.[72] 1895년 가을 베를린 주재 영국 대사 에드워드 말렛Edward Malet 경은 트란스발이 영독 관계의 분쟁지라고 말하고 만약 독일이 양보하지 않으면 두 나라 사이에 전쟁이 일어날 수 있다고 은근히 협박하여 다시 마찰을 일으켰다.

이런 이유로 독일 정부는 1895년 12월 트란스발에 대한 영국의 공격 실패가 국제 위기를 촉발했을 때 기분이 언짢았다. 적어도 영국 각료 한 명(조지프 체임벌린)이 사전에 알기는 했지만, 영국 정부는 린더 스타 제임슨Leander Starr Jameson의 습격을 공식 재가한 적이 없었다. 그리고 이 습격 자체가 낭패였다. 제임슨의 부하들은 순식간에 패해 트란스발공화국 병력에 붙잡혔다. 파리와 상트페테르부르크에서처럼 베를린에서도 영국 정부의 공식 부인에도 불구하고 이 침공 시도의 배후에 런던이 있다고 두루 믿었다. 분노의 신호를 보내기로 결정한 독일 정부는 카이저 명의로 트란스발공화국 대통령 폴 크루거Paul Kruger에게 전보를 발송했다. 이 '크루거 전보'는 대통령에게 새해 인사를 하고 "우방들에 도움을 청하지" 않고도 "외부 공격에 맞서 나라의 독립"을 지켜낸 것을 축하했다.[73]

이 온건한 메시지에 영국 언론은 분노를 쏟아냈다. 그러자 독일에서는 환호의 물결이 일었는데, 영국이 격분했다는 소식을 정부가 마침내 국외에서 이해관계를 지키기 위해 무언가 하고 있다는 신호로 받아들였기 때문이다. 그러나 크루거 전보는 겉치레 정치에 지나지 않았다. 독일은 남아프리카를 두고 영국과 대립하다가 금세 물러났다. 독일은 자신의 의지를 관철할 수단, 심지어 트란스발 위기 같은 이익 분쟁에서 동등한 상대로 존중받을 수단마저 결여하고 있었다. 베를린은 결국 영국으로부터 알맹이 없는 양보를 받아내는 대가로 남아프리카의 정치적 미래에서 배제되는 타협안을 받아들였다.[74] 독일 정부는 1899~1902년 보어전쟁 이전에나 도중에나 트란스발을 위해 개입하기를 거부하여 국내 민족주의 언론의 원성을 샀다. 전쟁은 트란스발이 패배해 영국의 식민지가 되는 것으로 끝났다.

이처럼 1890년대는 독일의 고립이 심화된 시기였다. 영국은 독일에 좀처럼 약속을 하지 않았으며, 프랑스-러시아 동맹으로 대륙에서 독일이 움직일 공간이 상당히 줄어든 것으로 보였다. 그럼에도 독일 정치인들은 문제의 심각성을 유독 느리게 깨달았는데, 주된 이유는 세계 제국들 사이에 계속되는 갈등 자체가 그들이 독일에 맞서 결코 단합하지 못할 것을 보장한다고 믿었기 때문이다. 독일 정책수립자들은 화해정책을 통해 고립을 타파하기는커녕 자립 추구를 지도 원리로 격상했다.[75] 이 노선을 드러낸 가장 중요한 징후는 대규모 해군 증강 결정이었다.

오랜 기간 침체와 상대적 쇠퇴를 겪은 끝에 1890년대 중반에 해군 건설과 전략이 독일 안보와 외교정책의 중심이 되었다.[76] 여기에는 여론이 한몫했다. 영국에서처럼 독일에서도 고급언론과 교육받은 중간계급 독자들은 대함대 페티시가 있었던 것이다.[77] 미국 저자 앨프리드 세이어 머핸Alfred Thayer Mahan이 엄청나게 유행시킨 '해군주의navalism'도 일정한 역할을 했다. 머핸은 《해양력이 역사에 미치는 영향The Influence of Sea Power upon History》(1890)에서 앞으로 세계의 권력투쟁은 대구경 포를 갖춘 전함과 순양함으로 구성된 거대한 함대들에 의해 결정될 것이라고 예언했다. 해군 프로그램을 지지한 빌헬름 2세는 선박 애호가이자 머핸의 열성 독자였다. 젊은 시절 그의 스케치북에서 연필로 애정을 담아 그린 여러 전함(거대한 함포를 가득 탑재한 떠다니는 요새들)을 찾아볼 수 있다. 하지만 국제적 차원 역시 중요했다. 더욱 강력한 해군 무기를 획득하겠다는 결정을 촉발한 것은 무엇보다 주변부에서 영국과 충돌한 일련의 사건들이었다. 트란스발 사건 이후 카이저는 사실상 모든 국제 위기에서 해군력이 가장 중요하다는 교훈을 발견하기 시작했을 정도로 함선의 필요성에 집착했다.[78]

카이저가 해군 문제에 점점 몰두하던 시기에 독일 해군 행정의 최고위층에서는 격렬한 파벌 투쟁이 벌어지고 있었다. 왕실 해군 참모장 구스타프 폰 젠덴 비브란Gustav von Senden Bibran 제독과 그의 야심찬 피후견인 알프레트 폰 티르피츠Alfred von Tirpitz는 대형 전함을 대규모로 건조하는 방안을 주장했다. 반대편에는 해군장관으로 제국의회에 제출할 해군 법안의 초안 작성을 맡은 신중한 프리드리히 홀만Friedrich Hollmann 제독이 있었다. 홀만은 여전히 유행 중이던 프랑스 청년학파jeune école(19세기 프랑스에서 강력하게 무장한 소형 군함들로 대규모 전함 함대를 상대하는 해군 전략을 주장한 일파—옮긴이)가 선호한 유형의 고속 순양함 병력을 건조하는 방안을 고집했다. 티르피츠는 장차 독일 인근 바다에서 영국과 대등하게 경쟁하기 위한 해군 전략을 구상한 데 반해, 홀만은 독일의 주장을 강요하고 주변부에서 독일의 이해관계를 보호하기 위해 사용될 좀 더 유연한 장거리 무기를 구상했다. 1893년부터 1896년까지 티르피츠와 그의 협력자들은 홀만의 능력을 공공연히 의문시하고 자신들의 전략 제안을 약술한 의견서를 카이저에게 퍼붓는 등 홀만을 상대로 게릴라전을 펼쳤다. 한동안 두 진영 사이를 왔다 갔다 하던 빌헬름 2세는 1897년 홀만에 대한 지지를 철회하고 그의 자리에 티르피츠를 임명했다.[79] 열렬한 선전운동에 뒤이어 1898년 3월 26일 제국의회는 새 해군 법안을 통과시켰다. 티르피츠 제국해군부 장관은 1890년대 초중반의 절충적이고 초점이 불분명한 제안들 대신 1912년까지 독일 방위비를 좌우할 막대한 규모의 군함 건조 장기 계획을 세웠다. 궁극적인 목표는 영국 해군과 대등하게 겨룰 수 있는 전력을 갖추는 것이었다.[80]

독일의 야심찬 해군 프로그램 착수 결정은 1차 세계대전의 기원에 관한 문헌들에서 단연 주목을 받아왔다. 과거를 돌이켜보면 독일의 결정이 1914년에 일어난 분쟁을 예고하는 사건으로, 어쩌면 설명까지 하는 사건으로 보일지도 모른다. 영국의 해군 패권에 도전하겠다는 결정은 양국 관계를 영원히 망치고 유럽 체제의 양극화를 심화한 쓸데없는 도발이 아니었을까?

독일의 해군 전략은 여러 면에서 비판할 수 있으며, 그중 가장 진지하게 고려해야 할 비판은 이 전략이 더 폭넓은 정책 개념에, 국제 문제에서 자유재량을 추구하는 수준을 넘어서는 정책 개념에 통합되지 않았다는 것이다. 그러나 새 해군 프로그램이 전혀 터무니없거나 정당화될 수 없는 행보였던 것은 아니다. 독일은 믿을 만한 해군 무기를 획득하지 못할 경우 국제무대에서 진지하게 고려할 상대가 되지 못할 것이라고 생각할 충분한 이유가 있었다. 영국이 독일과 소통할 때 꽤나 거만하게 굴었다는 사실을 잊어서는 안 된다.

한 예로 1897년 3월 영국 외무부 차관으로 공격적인 태도 때문에 '황소Bull'라 불리던 프랜시스 바르티Francis Bertie 경과 런던 주재 독일 부

대사 겸 대사대행 헤르만 폰 에카르트슈타인Hermann von Eckardstein 남작의 회담을 살펴보자. 에드워드 7세처럼 차려입고 런던 클럽들 곳곳에서 목격되는 것을 좋아한 유명한 친영파 에카르트슈타인이 논의 중에 남아프리카에서 독일의 이해관계를 간단히 언급했다. 바르티의 반응은 에카르트슈타인에게 충격이었다. 바르티는 독일이 트란스발에까지 손을 대야 하느냐고 일갈하고는 영국 정부가 "독일의 어떠한 개입이든 격퇴하기" 위해 어떠한 조치도, "최후통첩까지지도"(명백히 전쟁을 가리킨 발언) 마다하지 않을 거라고 단언했다. 그리고 이어서 말했다. "독일과 전쟁을 하게 된다면 영국 국민 전체가 전쟁을 지지할 테고, 함부르크와 브레멘을 봉쇄하고 공해에서 독일의 통상을 궤멸하는 일쯤은 영국 함대에게 식은 죽 먹기일 겁니다."[81]

독일 해군 정책의 배경에 이런 마찰과 위협이 있었음을 반드시 고려해야 한다. 물론 독일의 새 무기가 영국을 겨냥했다는 것은 의심할 나위가 없다. 티르피츠 본인이 이런 의도를 확실히 드러냈다. 1897년 6월 카이저에게 함대 계획을 개진한 티르피츠의 의견서는 "현재 독일에게 가장 위험한 해군 적수는 영국입니다"라는 단호한 주장으로 시작했고, 이후에도 그의 제안서 초안과 의견서 곳곳에서 같은 주장이 다양한 형태로 등장한다.[82] 하지만 여기에 놀라운 점은 없었다. 무장 프로그램들은 으레 가장 막강한 잠재적 적국을 전력 비교의 대상으로 삼기 때문이다. 1904년 영국-프랑스 화친 협정을 맺기 전까지 프랑스 청년학파 해군 전략가들은 (전쟁이 일어날 경우) 빠르고 무장을 잘 갖춘 순양함을 체계적으로 사용해 상선을 공격하고 영국에 굶주림과 굴복을 강요하는 계획을 구상했다. 1898년까지도 영국 해군 서클들은 걱정에 사로잡혀 순양함을 추가로 건조하고 국내 식량 공급망을 강화해야 한다고 생각할 정도로 프랑스의 위협을 현실적 전망으로 받아들였다.[83]

여하튼 1898년 이후 독일의 군함 건조 때문에 영국이 프랑스·러시아와 관계를 개선했던 것은 아니다. 프랑스와 화친하고 러시아와 협정을 모색하겠다는 결정은 주로 제국 주변부에 가해진 압력의 결과였다. 영국 정책수립자들은 흔히 생각하는 것보다 독일의 군함 건조에 덜 집착했고 덜 불안해했다.[84] 영국의 해군 전략이 오로지 독일에만 초점을 맞춘 적은 결코 없다. 영국은 프랑스, 러시아, 미국을 포함하는 해군 강국들의 세계에서 지배적 위치를 유지할 필요성에 초점을 맞추었다. 이따금 제기된 주장과 달리 영국 전략가들이 독일의 건함에 온통 사로잡혔던 것도 아니다.[85] 1905년 영국 해군 정보부장은 독일에 대한 영국 해군의 우위가 "압도적"이라고 자신 있게 말할 수 있었다.[86] 1906년 10월 외무부 사무차관 찰스 하딘지는 독일이 영국에 직접적인 해군 위협이 되지 않는다고 인정했다. 이듬해 아서 니벳 윌슨Arthur Knyvet Wilson 제독은 당시 해군부 전쟁계획에 관한 보고서에서 영국-독일 분쟁이 일어날 가능성이 낮고, 양국 모두 상대방에게 "치명상"을 입힐 상황이 아니며, "그런 분쟁이 발생할 수 있다고 보기 어렵다"라고 말했다.

외무장관 에드워드 그레이도 낙관적이었다. 1907년 11월 그는 "우리는 그들이 드레드노트급 한 척을 갖기 전에 일곱 척을 띄울 겁니다"

라고 말했다. "1910년에 그들은 네 척, 우리는 일곱 척을 갖고 있을 테지만, 그들이 그렇게 한다면 지금부터 그때까지 새 군함을 건조할 시간은 충분히 있습니다."[87] 해군참모총장 존 '재키' 피셔John 'Jackie' Fisher 마저 1907년 에드워드 7세에게 독일에 대한 영국의 우위를 자랑했다. "잉글랜드는 드레드노트급 일곱 척과 인빈서블급 세 척을 갖고 있지만 독일은 아직 한 척도 없습니다!"

영국이 이렇게 자신만만한 데는 타당한 이유가 있었다. 독일이 해군 경쟁에서 큰 격차로 패했기 때문이다. 1898~1905년에 독일 전함은 13척에서 16척으로 증가한 데 비해 영국 전함은 29척에서 44척으로 늘었다. 티르피츠는 영국 전함 1.5척당 독일 전함 1척의 비율을 달성하려 했으나 이 목표에 결코 근접하지 못했다. 1913년 독일 해군지휘부는 영국-독일의 군비 경쟁을 공식적 · 일방적으로 포기했고, 티르피츠는 영국이 원하는 비율에 만족한다고 공표했다. 1914년경 영국은 격차를 더욱 벌리고 있었다. 영국 언론과 정계를 주기적으로 휩쓴 해군 공포는 충분히 현실적이었지만, 대체로 보아 이 불안감은 돈이 궁한 영국 육군의 자금 요구를 막아내기 위해 해군주의자들이 캠페인을 벌여 조장한 것이었다.[88]

이처럼 티르피츠와 그의 동료들이 해군 지출을 정당화하기 위해 구사한 요란한 수사와 실제로 달성한 변변찮은 성과 사이에는 큰 차이가 있었다. 독일의 군함 건조는 1900년경 벨트폴리티크Weltpolitik, 말 그대로 '세계정책'이라고 알려진 정책을 지원하기 위해 의도된 것이었다. 이 용어는 세계 강국으로서 독일의 영향력을 확대함으로써 세계무대의 다른 대국들과 어깨를 나란히 하는 데 주력하는 외교정책을 가리켰다. "다음 수십 년 동안 세계 방방곡곡에서 거대한 땅덩이들이 분할될 것이다." 1897년 역사가 겸 정치평론가 한스 델브뤼크Hans Delbrück는 이렇게 경고했다. "그리고 빈손으로 남는 민족은 앞으로 한 세대 동안 인간 정신의 윤곽을 결정할 위대한 민족들의 반열에서 배제될 것이다."[89] 1897년 12월 6일 유명하고 영향력 있었던 연설에서 외무장관 베른하르트 폰 뷜로는 끓어오르는 새로운 분위기를 뚜렷하게 표현했다. "독일이 땅은 한 이웃에게, 바다는 다른 이웃에게 맡기고 자기 몫으로는 순수한 철학이 군림하는 하늘을 남겨두던 시절, 이런 시절은 지나갔습니다." 그는 단언했다. "우리는 아무도 음지에 밀어넣고 싶지 않지만, 우리 역시 양지에서 우리 자리를 요구합니다."[90]

한동안 세계정책이라는 단어는 독일 중간계급과 민족적인 고급언론의 분위기를 포착하는 것처럼 보였다. 이 단어가 널리 쓰인 이유는 당대의 수많은 열망과 한 덩어리로 묶여 있었기 때문이다. 세계정책은 외국 수출시장을 확대하려는 노력을 의미했고(당시 수출 증가세가 꺾이고 있었다), 더 넓은 세계무대에서의 활동을 제약하는 대륙 동맹체제의 속박에서 벗어나는 것을 의미했다. 세계정책은 독일제국의 이질적인 지역들을 결속하는 데 일조할 진정으로 민족적인 기획에 대한 욕구를 표현했고, 제국들의 연회에 뒤늦게 참석한 독일이 다른 강대국들의 존중을 받으려면 그들을 따라잡으려 발버둥 쳐야 한다는 거의 보편적인 확신을 반영했다.

그러나 이 모든 것을 함의했을지라도 세계정책은 결코 하나의 안정된 의미나 정확한 의미를 획득하지 못했다.[91] 세계정책을 독일 외교정책의 지도 원리로 확립했다고 널리 인정받는 베른하르트 폰 뷜로조차 그것이 무엇이라고 명확하게 규정한 적이 없다. 세계정책에 대한 그의 모순적인 발언들은 그것이 기존 '자유재량' 정책에 더 큰 해군과 더 위협적인 배경음악을 더한 것에 지나지 않았음을 시사한다. "우리는 세계정책을 추구하고 있는 것으로 추정된다." 전직 독일 육군참모총장 알프레트 폰 발더제Alfred von Waldersee 장군은 1900년 1월 일기에 심술궂게 적었다. "그것이 무엇으로 추정되는지 내가 안다면 좋으련만."[92]

1897년 이후 세계정책의 구체적인 성과 역시 그리 대단하지 않았다. 특히 같은 시기 미국의 제국적 포식 행위와 비교하면 그렇게 보인다. 독일은 마리아나 제도와 캐롤라인 제도, 사모아 한 조각, 중국 연안 자오저우에 작은 교두보를 얻었다. 그러는 사이 미국은 쿠바를 두고 에스파냐와 전쟁을 개시해 1898년 필리핀, 푸에르토리코, 괌을 획득했고, 같은 해에 하와이 소유를 공식화했으며, 필리핀에서 끔찍한 식민전쟁(1899~1902)을 일으켜 필리핀인 50만~75만 명의 목숨을 앗아갔다. 또한 1899년 사모아 제도의 일부를 획득한 데 이어 중앙아메리카 지협에서 자국이 통제하는 운하지대의 보호를 받으며 파나마 운하를 건설했다. 미국이 남아메리카 대륙에서 '사실상 주권자'라는 미국 국무장관의 명확한 견해와 합치하는 상황이었다.[93] 뷜로가 빌헬름 2세에게 보낸 서신에 의기양양한 어조로 "이번 획득으로 국민과 해군은 세계 강국, 위대함, 영원한 영광으로 나아가는 길에서 폐하를 더욱 따를 것입니다"라고 썼을 때, 그 획득물이란 독일에 경제적 · 전략적 가치가 전혀 없는 캐롤라인 제도였다![94] 놀랄 것도 없이 일부 역사가들은 독일의 세계정책이 무엇보다 국내 소비자들을 염두에 두고 구상되었다고 결론 내렸다. 다시 말해 그들은 세계정책이 국내 결속을 강화하고, 독일 의회에 장기적인 예산 책임을 지우고, 사회민주주의 같은 반정부적 정치 신조의 호소력을 약화하고, 그리하여 기존 산업·정치 엘리트층의 지배력을 공고히 하는 수단이었다고 결론지었다.[95]

1900년을 전후한 시기 독일 정책의 가장 두드러진 결함은 국제 정세가 독일에 불리한 방향으로 얼마나 급변하고 있는지를 알아차리지 못한 점일 것이다. 20세기 초에 베를린의 정책수립자들은 영국제국과 러시아의 세계적 갈등이 계속되어 독일이 앞으로도 얼마간 자유롭게 책략을 구사할 수 있을 것이라고 여전히 확신하고 있었다. 단기적으로 그들은 상트페테르부르크와 우호관계를 유지하는 데 초점을 맞추었다. 장기적으로 그들은 영국이 러시아와 대립하는 부담과 독일 함대의 성장 때문에 베를린과 관계 개선을 추구할 수밖에 없을 것이라고 믿었다.

대전환점?

1904년 2월 8~9일 밤에 도고 헤이하치로 제독의 함대가 중국 연안에 자리한 포트아서(뤼순—옮긴이)에 정박해 있던 러시아 전함들을 격침시켰다. 분쟁을 시작한 쪽은 일본이었지만, 분쟁을 도발한 쪽은 러시아였다. 그 이전 10년 동안 차르와 그의 가장 영향력 있는 고문들은 광대한 동아시아 제국을 획득할 전망에 사로잡혀 있었다. 러시아는 북중국으로, 즉 랴오둥반도와 조선 북부로 꾸준히 진출하며 일본의 이익 영역을 잠식해갔다. 러시아는 1898~1901년 의화단 운동(이 사건 자체가 어느 정도는 러시아의 중국 침투의 결과였다)을 구실로 자국의 철도를 보호하겠다며 17만 7000명을 만주로 파병했다. 이 반란이 진압된 뒤 러시아는 다른 열강의 철군 요구를 무시했다. 1903년 초 러시아가 만주를 무기한 점령할 심산이라는 것이 분명해졌다. 러시아와 일본이 만주와 조선에서 세력권을 공식 분할하자는 일본의 거듭된 요청을 상트페테르부르크는 건성으로 듣고 넘겼다.

1902년 영국과 동맹을 맺어 힘을 키운 일본은 자기 문제를 스스로 처리할 자신이 있었다. 뒤이은 전쟁에서 러시아는 전대미문의 참패를 당했다. 러시아 함대 셋 중 둘이 파괴되었다(세 번째 흑해 함대는 역설적이게도 러시아 군함의 터키 해협 통행을 막는 제약 덕분에 화를 면했다). 러시아군은 1904년 만주에서 압도적으로 패했다. 일본군은 포트아서를 포위했고, 그곳을 구하기 위해 파견된 러시아 병력은 퇴각할 수밖에 없었다. 1905년 1월 장기간 격전을 치른 끝에 포트아서가 항복했다. 두 달 뒤 27만 명을 헤아리는 일본군이 만주 선양 근처에서 병력이 조금 더 많은 러시아군을 궤멸시켰다. 이런 참사가 벌어지는 동안 종족 간 폭력, 대규모 파업, 정치 시위, 봉기의 물결이 러시아제국을 휩쓸며 차르 전제정의 취약성을 드러냈다. 한때 거의 30만 명(만주에서 일본군을 상대한 병력보다 많은)에 달하는 군대가 질서를 회복하기 위해 폴란드에 주둔해야 했다.

러일전쟁은 깊고도 양면적인 영향을 끼쳤다. 단기적으로 이 전쟁은 프랑스-러시아 동맹과 영국-프랑스 협정에 의해 부과된 제약을 타개할 예상치 못한 기회를 독일에 제공하는 것처럼 보였다. 그렇지만 더 길게 보면 정반대 결과를 가져왔다. 러일전쟁은 주변부 갈등에서 유럽 대륙으로 관심의 초점을 옮기고 독일의 행동 자유를 대폭 줄이는 등 유럽 동맹체제를 경직시켰다. 이 두 가지 측면 모두 1914년 사태와 관련이 있으므로 잠깐 살펴볼 가치가 있다.

1904년 여름 독일의 외교적 입지는 1890년 비스마르크가 퇴임했을 때보다 현저히 나빴다. 독일 정치지도자들은 이런 전개를 가볍게 생각했다. 영국과 대륙 강국들이 갈등 관계이므로 독일과 영국이 화해할 길이 항상 열려 있으리라 믿었기 때문이다. 이런 배경에서 영국-프랑스 화친 협정 소식은 독일에 뼈아픈 타격이었다. 1904년 4월 뷜로 재상에게 보낸 서신에서 카이저 빌헬름은 이 협정이 "생각할 거리를 많이" 주었다고 말했는데, 영국과 프랑스가 더 이상 서로 아무것도 두려워하지 않아도 된다는 사실은 곧 그들이 "우리의 입장을 고려할 필요성이 점점 덜 중요해진다"는 뜻이었기 때문이다.[96]

독일은 이 달갑지 않은 상황에서 어떻게 벗어날 수 있었을까? 두 가지 선택지가 제시되었다. 하나는 독일제국이 러시아와 협정을 체결하여 프랑스-러시아 동맹을 약화하거나 견제하는 것이었다. 다른 하나는 영국-프랑스 협정을 약화시킬 새로운 방도를 찾는 것이었다. 러일전쟁은 두 선택지 모두 시도해볼 수 있는 기회였다. 독일 카이저는 한

동안 (소득 없이) 러시아에 외교적으로 접근할 것을 요구했고, 곧 러시아의 곤경을 이용해 얻을 수 있는 이익을 발견했다. 1904년 2월 차르에게 보낸 서신에서 카이저는 프랑스가 일본에 원료를 공급하고 있으므로 결코 신뢰할 만한 동맹이 아니라고 지적했다.[97] 6월에 빌헬름은 니콜라이에게 프랑스가 일본의 동맹인 영국과 체결한 협정이 "프랑스가 귀국을 돕지 못하게 막고 있습니다!"라고 말했다. 다른 서신들에서는 러시아군의 불운을 요란하게 위로하고 향후 승리할 것으로 확신한다고 말했다.[98] 독일은 러시아 전함이 동양으로 가는 길에 독일 기지들에서 석탄을 보급할 수 있도록 하는 등 실질적인 도움도 제공했다. 이런 서곡들은 결국 두 차례 공식 동맹 제안으로 이어졌다. 1904년 10월 30일 첫 번째 제안서에서 독일은 유럽에서든 나머지 세계 어디에서든 한쪽이 공격을 받을 경우 두 조인국이 서로 도움을 준다고 명시하는 동맹을 제안했다. 그러나 차르 니콜라이는 맹방 프랑스와 협의하지 않고는 공식 협정을 맺지 않으려 했다. 프랑스가 독일과 러시아 간 협정에 동의할 리 만무했으므로 이는 동맹 제안을 거절하는 것이나 마찬가지였다.

그렇지만 1905년 여름 러시아의 국내 사정과 군사적 입지가 급격히 악화되었다. 카이저가 니콜라이에게 다시 접근했을 때 차르는 전년에 비해 독일의 제안을 고려하는 방향으로 더 기울었다. 1905년 여름 독일 왕실 전용선인 호엔촐레른호는 차르의 북극성호와 접선하고자 핀란드만에 있는 작은 어촌 비외르쾨로 향했다. 7월 23일 두 배가 나란히 정박했고 차르가 만찬을 위해 독일 배에 올랐다. 뒤이은 비밀 회담에서 빌헬름은 영국의 반러시아 구상과 당시 영국과 운명을 같이하던 프랑스의 신뢰할 수 없는 태도에 대한 차르의 불안감을 자극해 상당한 성공을 거두었다. 전전긍긍하던 차르는 와락 울음을 터뜨리며 독일 친척을 부둥켜안고는 서명란에 이름을 적어 넣었다. 하지만 이렇게 마련된 조약 초안은 상트페테르부르크에서 차르의 관료들의 면밀한 검토를 통과하지 못했다. 여전히 러시아 안보의 주춧돌인 프랑스와의 동맹과 베를린에 대한 약속은 양립 불가능하다고 그들은 지적했다. 파리에서 온 보고서들은 프랑스가 러시아와 독일의 화해를 위해 기존 동맹의 조항을 변경할 용의가 전혀 없다는 것을 확인해주었다. 차르는 여전히 독일과 모종의 협정을 맺고 싶은 마음이었지만, 정치 · 경제 고문들의 압력 때문에 점차 그 생각을 포기할 수밖에 없었다. 이렇게 해서 독일의 고립을 타개할 동쪽 노선은 적어도 예측 가능한 미래 동안 차단되었다.

같은 시기에 독일 지도부는 최근 영국-프랑스 협정으로 닫힌 문을 열어젖힐 방도를 찾고 있었다. 교섭을 통해 첨예한 식민지 분쟁을 해소한 포괄적인 화친 협정의 일환으로 영국은 모로코가 프랑스의 세력권에 속한다고 인정했고, 그 대가로 프랑스는 이집트에서 영국의 우위를 인정했다. 영국의 약속이 아직 따끈따끈한 때에 이 협정을 이용하기로 결심한 프랑스 정부는 모로코에서 프랑스의 통제권을 강화할 목적으로 1905년 1월 외교사절단을 페스로 파견했다.

영국-프랑스 협정의 조건을 고려하면 모로코에서 권력을 공고히 하려는 프랑스의 시도에 특별히 놀라운 점은 없었다. 그런데 프랑스 외무장관 델카세가 이 정책을 추진하면서 독일을 콕 집어 배격하기로 결정했다. 프랑스는 에스파냐와의 잠재적 불화를 영토 교환으로 해결했고, 1902년 이탈리아와 북아프리카 협정을 맺어 로마의 묵인을 받아냈다. 영국의 동의 의사는 화친 협정에 이미 들어 있었다. 그러나 독일은 아무것도 제안받지 못했다. 심지어 베를린은 프랑스의 의도를 사전에 통보받지도 못했다. 이는 델카세 본인의 종전 정책, 즉 독일과 교섭해 동의를 받는 대가로 "아프리카에서 독일이 야심을 품어왔을 법한 다른 지역들"의 영토를 주려고 했던 정책에서 벗어나는 행보였다.[99] 독일을 배척하기로 결정한 델카세는 자신의 북아프리카 정책에 전혀 불필요한 도발 요소를 집어넣어 프랑스 동료들의 비판을 자초했다. 모로코 문제에서 델카세의 가장 긴밀한 협력자였던 폴 레부알Paul Révoil마저 장관의 비타협적 태도에 한숨을 늘어놓았다. "큰 불행은" 델카세가 "독일과의 대화를 혐오하는" 것이라고 레부알은 항의했다. "'독일인은 사기꾼이다.' 그는 이렇게 말합니다. 하지만 나는 로맨틱한 말이나 연인들의 반지가 아니라 사업적인 논의를 주고받자는 것입니다!"[100] 프랑스 식민지당 지도자 외젠 에티엔Eugène Étienne조차 모로코를 놓고 독일과 교섭하기를 거부하는 델카세의 태도를 "경솔함의 극치"로 보았다.[101]

한편 오래전부터 모로코에서 프랑스의 움직임을 의심스럽게 주시해오던 독일 외무부는 이곳에서 독일의 이해관계를 일방적으로 해치는 프랑스 정부를 용인하지 않기로 결심했다. 독일의 관점은 법적으로 정당했다. 1881년 열강이 국제협정에서 공식 인정한 대로 모로코의 지위는 다자간 국제조약으로만 바꿀 수 있었기 때문이다. 그렇지만 독일 정책의 궁극적 목표는 국제법을 지키는 것이 아니라 영국-프랑스 협정의 내구력을 시험하는 것이었다. 런던에서 온 보고서들은 영국 정부가 프랑스와 제3국 간 모로코 분쟁에 반드시 개입하지는 않을 것이라고 추정할 만한 근거를 제공했다.[102] 독일이 바라던 결과는 모로코 분쟁을 계기로 프랑스가 (카이저의 예스러운 표현에 따르면) "해군에는 바퀴가 없다"는 것을 상기하고, 그리하여 반독일 입장을 누그러뜨리고 독일과 모종의 양해를 체결하는 것이었다.[103] 이런 의미에서 모로코 계획은 1904~1905년 러시아에 접근한 노선의 서쪽 버전으로 볼 수 있다.

1905년 1월 초 프랑스 대표단이 모로코 내륙 도시 페스를 방문해 모로코 군대와 경찰에 대한 통제권을 요구했다. 술탄은 거부했다. 1905년 3월 31일 카이저 빌헬름 2세가 모로코 도시 탕헤르를 깜짝 방문했다. 독일 군주를 프랑스에 대한 균형추로 여겨 반갑게 맞이한 도시 주민들의 열화와 같은 환호 속에 빌헬름은 독일 공사관을 찾아갔고, "델카세 각하의 이름으로" 그의 모로코 방문을 환영하는 프랑스 공사관 3등 서기관을 쌀쌀맞게 대했으며, 모로코의 독립 및 일체성과 더불어 독일의 상업적 · 경제적 이해관계가 지켜져야 한다고 천명하는 연설을 했다.[104] 탕헤르에서 겨우 두 시간 머문 뒤 빌헬름은 배로 돌아가 출항했다.

단기적으로 보면, 세간의 이목을 끈 이 겉치레 정치는 대성공을 거두었다. 독일 황제의 모로코 방문에 프랑스는 분개했으나 영국은 개입할 의사를 보이지 않았다. 위협과 벼랑 끝 전술을 독일 정부와 주고받은 뒤, 프랑스 정부는 평화적인 해결책을 택했다. 테오필 델카세는 해임되었고 그의 도발 정책은 당분간 신뢰를 잃었다. 델카세의 외무장관 책무까지 떠맡은 프랑스의 미숙한 신임 수상 모리스 루비에 Maurice Rouvier는 모로코의 미래를 의논할 양자 교섭을 독일에 제안했다. 하지만 돌이켜보면 어리석게도 독일은 유리한 입장을 이용하고자 루비에의 제안을 거절하고 1881년 조약의 내용대로 국제회의를 통해 분쟁을 해결해야 한다고 고집했다. 결국 이 요구가 받아들여졌으나 독일의 승리는 오래가지 못했다. 1906년 1월 에스파냐 항구도시 알헤시라스에서 개최된 회의에서 열강은 모로코의 준독립을 일반적인 표현으로 확인했다. 그러나 모로코의 경찰조직과 금융기관을 국제적으로 관리하자는 독일 교섭단의 추가 제안은 (오스트리아를 제외한) 어떤 강대국의 지지도 얻지 못했다. 프랑스가 보상을 제안하여 매수한 영국, 이탈리아, 에스파냐와 프랑스를 지지하는 대가로 추가 차관을 약속받은 러시아는 프랑스를 단호히 편들었다. 알헤시라스에 온 러시아 대표단은 프랑스의 모든 제안을 "열정적으로" 지지하라는 지시를 받은 터였다.[105] 이로써 삼국동맹의 무용성이 만천하에 드러났다. 프랑스가 관련 강국들 대부분과 이미 양자 간에 해결한 문제를 다자간 회의로 해결하려던 계획은 대실책으로 판명되었다. 독일의 정책수립자들이 외교를 망쳐버렸던 것이다. 1906년 4월 5일 모로코 정책의 주역인 베른하르트 폰 뷜로 재상은 제국의회에서 알헤시라스 회의 결과에 대해 연설한 직후 얼굴이 창백해지더니 픽 하고 쓰러졌다. 그는 10월까

지 요양했다.[106]

이처럼 국제적 고립을 타개하고자 동쪽과 서쪽 선택지를 모색한 독일 정부의 노력은 완전히 실패했다. 독일은 서쪽 모로코에서 프랑스에 도전했다가 영국-프랑스 협정을 약화하기는커녕 오히려 강화했다.[107] 동쪽에서도 러일전쟁으로 기회가 생겼다고 생각했으나 곧 착각으로 드러났다. 1907년 여름 영국과 러시아가 페르시아, 아프가니스탄, 티베트를 둘러싼 분쟁을 해소하는 조약을 체결했을 때, 동쪽 선택지는 예측 가능한 미래 동안 차단되었다.

1907년 영국-러시아 협약을 추동한 것은 독일에 대한 적의나 두려움이 아니었다. 오히려 정반대였다. 더 많은 취약점들에서 러시아가 영국을 더 위협했기 때문에 영국으로서는 러시아와 친하게 지내고 독일과 대립할 수밖에 없었다. 영국은 20세기 전부터 러시아와 화해하는 방안을 생각할 때 이 측면을 중시했고 1907년 협약을 체결한 이후에도 마찬가지였다. 1909년 3월 찰스 하딘지 경은 조만간 자신의 후임이 될 아서 니컬슨 경에게 이 문제를 간단명료하게 표현했다. "우리는 군함 건조를 빼면 독일과 해결할 현안이 없는 데 반해 아시아에서 우리의 미래는 러시아와 우호적인 관계를 최대한 유지하는 데 달려 있습니다. 설령 해군 프로그램을 축소하는 한이 있더라도 우리는 러시아와의 협약을 결코 단념할 수 없습니다."[108] 영국-러시아 협약에 동의한 러시아 정책수립자들도 같은 생각이었다. 그들에게 이 협약은 독일을 겨냥한 정책이 아니라 한숨 돌리면서 국내를 통합할 시간을 벌거나 (누구에게 묻느냐에 따라) 대외활동의 자유를 확대하기 위한 재정비 행보였다. 특히 흥미로운 점은 페르시아를 둘러싼 거래와 영국이 터키 해협에 대한 러시아의 접근권 개선을 지지할 전망 사이의 연관성이었다. 러시아 외무장관 이즈볼스키와 런던 주재 러시아 대사 벤켄도르프Benckendorff 백작에게 터키 해협 문제는 "협약의 핵심"이자 러시아가 머지않은 "적당한 시기"에 해협 접근권을 유리하게 변경하기 위한 열쇠였다.[109]

달리 말하면, 1907년부터 등장한 새로운 국제 체제가 유독 독일에게 불리하기는 했지만 이것이 유럽 강국들의 의도를 충실히 반영한 결과였다고 생각해서는 안 된다. 프랑스의 경우에만 독일 견제를 우선하는 정책을 일관되게 추진했다고 말할 수 있다. 20세기 초에 유럽 국가들이 체결한 일련의 협정은 세계사적 변천의 결과로 생각하는 편이 더 타당하다. 그런 변천으로는 중일전쟁과 지역 강국 일본의 부상, 아프리카 분쟁과 중앙아시아에서의 그레이트 게임으로 인한 재정 부담, 아프리카와 남서유럽에서 오스만 권력의 쇠퇴, 강대국들의 중국 쟁탈전뿐 아니라 그에 따른 중국 국내의 대격동까지 포함한 중국 문제 등이 있었다. 독일의 '안절부절'과 벼락부자처럼 끈덕진 요구가 당시 정세의 일부이긴 했지만, 유럽 열강은 세계적 사안들을 아우르는 더 넓은 시야로 독일을 바라보았다. 이 시대를 재조정한 과정들을 더 폭넓게 분석한 연구들은 독일이 터무니없는 국제적 행위로 고립을 자초했다는, 한때 널리 수용되었던 견해를 뒷받침하지 않는다.[110]

사실 독일에 대한 적의와 새로운 동맹체제 간의 인과관계는 어느 정도 반대 방향으로 형성되었다. 다시 말해 독일에 대한 적의가 독일의 고립을 초래한 것이 아니라 새로운 동맹체제가 독일제국에 대한 적의를 유도하고 강화했다. 예컨대 러시아의 경우 동양에서 일본에 패전하고 중앙아시아에서 영국과의 세력 다툼을 잠정적으로 해결하고 나자 여전히 제국적 비전을 추구할 수 있는 유일한 무대인 발칸반도로 외교정책의 초점을 부득이 옮겨야 했다. 그런데 발칸반도는 러시아가 오스트리아-헝가리와 분쟁하고 더 나아가 독일과의 분쟁을 피하기 어려운 지역이었다. '아시아파'와 '유럽파'로 나뉘던 러시아 외교가의 오랜 계파 분열은 후자에게 유리하게 해소되었다. 이즈볼스키와 사조노프를 위시해 독일을 불신하고 영국·프랑스와의 우호관계를 선호하는 경향을 보인 유럽파가 줄곧 핵심 요직을 차지했다.[111] 이와 비슷하게 영국-프랑스 협정은 1904년 이전에 프랑스 정치인들의 독일 혐오증을 이따금 희석했던 반영국 감정을 중화했다.

벽에 악마 그리기

독일의 도전에 특히 날 선 반응을 보인 나라는 영국이었다. 영국의 많은 정책수립자들이 프랑스의 모로코 진출에 대한 독일의 도전에 얼마나 공격적으로 대응했는지 살펴보면 놀라울 정도다. 1905년 4월 22일 외무장관 랜즈다운 경은 파리 주재 영국 대사에게 독일이 프랑스의 모로코 장악에 대한 보상으로 서아프리카 연안에서 항구를 얻으려 할 가능성이 있으며 영국은 프랑스와 함께 "이 제안에 강경히 반대할" 준비가 되어 있다고 알렸다.[112] 영국 대사는 바로 트란스발을 둘러싼 전쟁 위협으로 런던 주재 독일 부대사 에카르트슈타인을 을러멨던 전직 정무차관 프랜시스 '황소' 바르티 테임 자작이었다. 바르티는 북아프리카 항구를 노리는 독일의 계획을 전혀 들은 바 없던 델카세에게 랜즈다운의 지원 메시지를 전하면서 훨씬 더 단호한 표현을 사용해 프랑스의 조치를 절대적 · 무조건적으로 지원하겠다는 취지로 말했다. "영국 국왕 폐하의 정부는 델카세 각하의 태도를 고려할 때 모로코 문제에서 독일의 행위를 가장 불합리한 행위로 여기고 각하를 전력으로 지원하고자 합니다."[113] 델카세와 사적인 대화를 나누면서 바르티는 호전적인 말로 외무장관의 강경한 태도를 부추겼다. 하루쯤 지나 델카세는 지난날 바르티가 에카르트슈타인을 위협하던 때를 떠올리게 하는 표현을 사용해 친한 동료에게 지금 프랑스의 입장이 확고부동하다고 알렸다.

> [독일은] 잉글랜드와 맞붙을 것을 알고 있네. 다시 말하지만 잉글랜드는 우리를 최대한 지원할 것이고 우리를 빼고 평화협정을 체결하지 않을 걸세. 자네는 잉글랜드 함대에 독일의 전투함대가 파괴되고 해운이 황폐화되고 항구가 폭격당할 전망을 빌헬름 황제가 차분히 상상할 수 있다고 생각하는가?[114]

영국 정책수립 조직의 다른 부분들도 호전적인 신호를 보냈다. 1905년 3월 군사작전부장 제임스 그리어슨James Grierson 장군은 부관을 대동하고서 영국 원정군이 상륙할 여건을 확인하고자 프랑스-벨기에 국경지대를 개인적으로 시찰했다. 모로코 위기가 시작된 이래 독일에 "달려들기를 애타게 바라던" 해군참모총장 존 '재키' 피셔 경은 4월에 영국 해군을 킬 운하에 배치하고 원정군을 슐레스비히-홀슈타인 해안에 상륙시키자고 제안하기까지 했다.[115] 놀랍도록 호전적인 이런 대응은 독일이 프랑스의 모로코 진출에 대항해 채택한 입장의 옳고 그름과는 전혀 관계가 없었다. 영국의 대응은 결국 이집트에서 영국의 우위와 모로코에서 프랑스의 우위를 맞바꾼 양국 합의를 기반으로 하는 새로운 영국-프랑스 협정의 내구력을 독일이 시험하고 있다는 인식에서 기인했다.

1905년 12월 에드워드 그레이 경의 외무장관 취임을 계기로 영국 외무부 내에서 등장한 반독일 계파의 영향력이 더욱 강해졌다. 그레이의 동료들과 부하들은 베를린의 위협을 경고하는 메모와 회의록을 외무장관에게 꾸준히 공급했다.[116] 외무부 내 반대 의견은 무시되었다. 독일에서 영국 외교사절이 보낸 공문 중 외무부의 지배적 견해에 반하는 것들, 이를테면 베를린에서 프랭크 라셀레스Frank Lascelles, 존 데 살리스John de Salis, 에드워드 고셴Edward Goschen이 보낸 보고서들이 런던에 도착하면 여백에 회의적인 의견이 잔뜩 덧붙여졌다. 그에 반해 페어팩스 카트라이트Fairfax Cartwright 경이 뮌헨과 그 이후 빈에서 독일 내 정세를 어김없이 최대한 부정적으로 서술해서 보낸 보고서들은 "모든 면에서 탁월하고 귀중한 보고서", "가장 흥미롭고 읽을 가치가 충분한", "흥미롭고 시사하는 바가 많은 공문", "가장 훌륭한 공문", "카

트라이트 씨는 기민한 관찰자", "사려 깊은 상황 검토" 같은 칭찬으로 환대받았다.[117]

영국 외교정책의 '공식 정신official mind' 속에서 영국-독일 관계의 역사는 독일의 도발에 대한 암울한 기록으로 새롭게 인식되었다. 외무부의 하급관리 G. S. 스파이서Spicer는 독일이 비스마르크 시대 이래로 "영국의 이해관계에 시종일관 비우호적인 노선"을 추구해왔다고 믿게 되었다.[118] 그레이는 1884년부터 외무장관에 취임한 때까지 지난 20년 세월을 달랠 수 없는 적에게 거듭 양보하는 근본적인 오판을 저지른 시대로 돌아보는 경향이 있었다.[119] "튜턴족의 모호하고 막연한 팽창 계획"의 책임이 독일 지도부에 전가되었다.[120] 독일인은 유럽 대륙 전역에서 독재정을 수립하려 하고, "의도적으로 세계 우위를 목표로 삼고", 바르티가 이튼 칼리지 출신의 실리적인 언어로 표현한 대로 "우리를 물속으로 밀어넣고 우리 옷을 훔친다"라고 비난받았다.[121] 1909년 11월 찰스 하딘지 경은 독일을 "유럽에서 유일하게 공격적인 강국"으로 평했다.[122] 기회가 있을 때마다 공문, 서신, 외무부 회의록에서 마치 불교의 만트라처럼 되풀이된 이런 주장들이 모여 하나의 새로운 가상현실, 세상을 이해하는 방식을 형성했다.

이들은 왜 그토록 독일을 적대하게 되었을까? 다른 강국들은 한결 원만하고 유순하게 처신하는데 독일만 유독 타국을 괴롭히고 몰아세우며 '더 못되게' 행동했을까? 물론 주관적인 인상이 매우 중요하고 수용 가능한 행위의 규준이 크게 변동하던 환경에서 특정한 방식과 조치가 정확히 얼마나 '도발적'이었는지 확정하기는 어렵다. 영국의 베네수엘라 진출을 단념시키기 위해 미국 정부가 험악하게 써서 보낸 그로버 클리블랜드Grover Cleveland의 메시지보다 거의 같은 시기에 보낸 크루거 전보가 더 도발적이었을까? 독일의 자오저우 점령이 미국의 파나마 운하지대 획득이나 러시아의 몽골 보호령 지정보다 더 도발적이었을까? 독일이 아가디르에서 어설프게 외교적 승리를 추구한 것이 1911년 프랑스-독일의 모로코 합의를 깨뜨린 프랑스의 일방적인 조치보다 더 도발적이었을까?(4장 참조) 이런 식의 질문은 적절하지 않을 것이다. 반독일파가 아주 구체적인 사건을 문제 삼은 경우는 드물었다. 그들은 독일의 허풍 섞인 야욕과 타국을 괴롭히는 '행실', 카이저의 예측 불가능성, 독일의 군사력이 유럽의 세력균형에 가하는 위협 등에 대해 아주 일반적인 표현으로 말했지만, 국제적 관례에 어긋나는 독일의 실제 행위가 무엇이라고 꼬집어 말한 경우는 좀처럼 없었다.

영국의 불만에 대한 완전한 서술은 1907년 1월에 당시 외무부 서양국의 선임서기관이던 에어 크로Eyre Crowe가 작성한 유명한 〈영국의 대프랑스·대독일 관계의 현황에 관한 의견서〉에서 찾아볼 수 있다. 크로는 영국 외교가에서 가장 이색적인 인물 중 하나였다. 크로의 아버지는 영국 영사로 근무했지만 어머니와 아내는 독일인이었다. 크로 본인은 라이프치히에서 태어났으며 17세에 영어를 유창하게 구사하지도 못하면서 외무부 입사 시험을 준비하기 위해 영국을 처음 방문했다. 일평생 그는 동시대인들이 '후두음' 악센트라고 부른 억양으로 영어를 말했다(그의 부하 한 명은 "왓 유 해브 우르-르-이튼 온 디스르-르-이포드 이즈 어터 르-르-아트what you have wr-r-ritten on this r-r-report is utter r-r-rot(자네가 이 보고서에 관해 쓴 건 완전 헛소리네)"라고 질책당한 일을 기억했다). 크로는 부처 업무를 감탄스러우리만치 효율적이고도 근면하게 처리했음에도 일하는 방식과 태도가 구제 불능일 정도로 독일인스러웠던 탓에 재능에 합당한 고위직까지 승진하지 못했다. 이런 개인적 특질에도 불구하고, 또는 어쩌면 얼마간 이런 특질 때문에, 크로는 영국 정부에서 독일과의 화해를 가장 완강히 반대하는 사람들 중 하나가 되었다.

1907년 1월의 의견서는 최근 모로코 위기를 간략하게 개관하면서 시작했다. 크로는 자신의 서술에 보이즈 오운Boy's Own(19세기 중엽부터 20세기 중엽까지 영국과 미국에서 발행된 다양한 청소년 잡지들의 제목에 들어간 표현으로, 이들 잡지는 도덕과 교훈, 신앙심 등을 강조했다—옮긴이) 잡지류의 도덕 이야기 같은 외양을 입혔다. 깡패 독일은 프랑스와 영국의 "오래지 않은 우정"의 "싹을 자르기" 위해 프랑스를 위협했다. 하지만 이 깡패는 프랑스의 친구 영국의 깡다구와 의리를 얕잡아보았고, "영국 측 감정의 강도와 각료들의 성격을 잘못 계산했다." 깡패가 으레 그렇듯이 독일도 겁쟁이였고, "영국-프랑스의 무장 연대"가 형성될 조짐만 보아도 뒷걸음질을 쳤다. 그런데 이 깡패는 물러서기 전에 "독일과의 협력 정책을 매력적인 색들로 그려서" 영국 친구의 환심을 사려는 졸렬한 수작을 부려 더욱 망신을 샀다. 이 언짢은 가식에 영국은 어떻게 대응해야 하는가? 세계에서 으뜸가는 강국으로서 영국은 "자연법"이나 마찬가지인 법칙 때문에 영국의 패권에 대항하는 연대를 결성하려는 모든 국가에 저항할 수밖에 없다고 크로는 주장했다. 그런데 그 연대를 결성하려는 것이 바로 독일의 정책이었다. 독일의 궁극적 목표는 "먼저 유럽에서, 궁극적으로 세계에서 독일의 패권"을 차지하는 것이었다. 그러나 영국의 패권은 모든 국가가 환영하고 향유하며 영국의 정치적 아량과 통상의 자유 덕분에 어떤 국가도 시기하고 두려워하지 않는 데 반해, 카이저와 범독일 언론의 호통은 독일의 패권이 "유럽 자유의 난파"나 마찬가지인 "정치적 독재"로 귀결될 것임을 보여주었다.

물론 크로는 독일의 권력과 영향력 증대에 원론적으로 반대하지 않았고 그럴 수도 없었다. 문제는 독일이 목표를 추구하는 방식이 거칠고 도발적이라는 것이었다. 그런데 정확히 독일의 어떤 행위들이 도발이었을까? 그중에는 잔지바르에서의 '수상한 거동'과, 런던 정부가 카메룬 주민들에게 영국 보호령 지위를 하사하려는 의도를 이미 천명한 때에 이 지역을 장악한 행위와 같은 극악한 소행들이 있었다. 런던 정부는 어디서나 영국의 발목을 붙잡는 독일을 보았다(또는 크로에게 그렇게 보였다). 독일이 저지른 포악무도한 행위 목록은 트란스발공화국에 대한 재정 지원부터 영국의 남아프리카 전쟁 수행에 대한 불평과 "당시 사실상 영국의 전유물로 여겨지던" 양쯔강 유역에 대한 성가신 간섭까지 계속 이어졌다. 그리고 설상가상으로 독일은 뉴욕, 상트페테르부르크, 빈, 마드리드, 리스본, 로마, 카이로, 심지어 런던까지, "독일 대사관이 품위 있고 널리 읽히는 신문들과 은밀하고 대체로 미심쩍은 관계를 유지하는 곳"에서 국제 언론에 영향력을 행사하고자

"적잖이 고약한 일"을 벌이고 있었다.[123]

그레이가 수상 헨리 캠벨-배너먼Henry Campbell-Bannerman 경과 다른 고위 각료들에게 읽기를 권하며 회람시킨 이 매력적인 문서에 관해 할 수 있는 말은 아주 많다. 우선 영국제국의 전쟁, 보호령, 점령, 병합을 자연스럽고 바람직한 전개로 보고, 독일의 비교적 효과 없는 책략은 평화를 깨는 쓸데없고 포악무도한 행패로 보는, 거의 우스꽝스러운 경향을 지적할 수 있다. 런던 정부가 트란스발과의 다툼을 "전쟁의 중재에 맡기려는" 찰나에 독일이 사모아 문제로 영국을 성가시게 하다니, 이 얼마나 참을 수 없는 수작인가! 제국 간 모든 분쟁의 배후에 독일 정책의 광범한 영향이 있다고 보는 경향도 있었다.

예를 들어 크로가 보기에 영국과 "러시아 사이 중앙아시아 불화"를 "조장"하고 영국의 이집트 점령에 대한 유럽의 반대를 "은근히 부추긴" 것은 독일이었다. 또 크로는 영국과 경쟁 제국들 사이에 마찰이 발생할 때마다 독일이 배후에서 조종하고 있다고 추정했다. 카이로부터 런던까지 독일의 언론 조작에 대해 말하자면, 크로가 이 문제를 다룬 방식은 약간의 피해망상 그 이상이었다. 사실 독일의 언론 작업은 러시아와 프랑스가 자금을 훨씬 더 많이 투입해 훨씬 더 큰 규모로 가동한 보조금 작전에 비하면 새 발의 피였다.

아마 이 불쾌한 사건들은 결국 크로에게 부차적인 문제였을 것이다. 크로의 주장의 핵심에는 독일 민족국가라는 악몽 같은 심상이 있었다. 그는 이 민족국가를 "공격적인 엄포와 끈질긴 떼쓰기"로 양보를 얻어내고자 음모를 꾸미는 합성인간, 사사건건 "괴롭히고 화를 돋우고", "다른 국민들의 민감한 감정을 부주의하게 무시하는", "전문 공갈범"으로 상상했다. 이 모든 엄포의 밑바탕에 어떤 계획이 있든 아니면 모든 엄포가 "어디로 흘러가는지 완전히 깨닫지 못한 모호하고 혼란스럽고 비실리적인 정치적 수완의 표출에 불과"하든 둘 사이에 별 차이는 없었다. 결론은 똑같았다. 가장 단호한 규율로만 독일에게 바른 행동을 가르칠 수 있었다. 프랑스 역시 한때 사사건건 영국에 쓸데없이 도전하며 몹시 성가시게 굴었다고 크로는 회상했다. 그러나 영국이 이집트와 수단에서 요지부동으로 땅을 한 뼘도 내주지 않고 뒤이어 파쇼다 문제로 전쟁 위협을 가하자 프랑스는 그런 짓을 싹 그만두었다. 이제 영국과 프랑스는 친구 중의 친구였다. 따라서 "지구상 어디서나 영국의 권리와 이해관계"를 지키기로 가장 "강경하게 결단"해야만 "독일 정부와 독일 민족의 존중"을 받을 수 있다는 결론이 나왔다. 이것은 유럽에서 가장 젊은 제국의 성장하는 권력을 수용할 여지를 많이 남겨두는 시나리오가 아니었다.

크로는 간접적으로 암시하는 데 그쳤지만 이런 우려의 배경에는 독일의 엄청난 경제성장이 있었다. 비스마르크가 프로이센 수상이 된 1862년에 독일연방의 제조업 지역들은 세계 산업생산량의 4.9퍼센트를 점유해 5위에 올랐다(19.9퍼센트를 점유한 영국이 단연 1위였다). 1880~1900년에 독일은 미국, 영국에 이어 3위로 올라섰다. 1913년 독일은 미국에는 뒤졌으나 영국에는 앞섰다. 달리 말해 1860~1913년에 독일의 세계 산업생산량 점유율은 네 배 증가한 반면 영국은 3위로 내려앉았다. 더욱 인상적인 것은 독일의 세계 무역량 점유율 증가

세였다. 1880년 영국은 세계 무역량의 22.4퍼센트를 통제했고, 독일은 비록 2위이긴 했으나 한참 뒤진 10.3퍼센트를 점유했다. 그렇지만 1913년 독일은 12.3퍼센트를 점유하여 14.2퍼센트로 줄어든 영국의 점유율을 바짝 뒤쫓고 있었다. 시선을 어디로 향하든 경제 기적의 양상을 볼 수 있었다. 1895년부터 1913년까지 독일의 산업생산량은 150퍼센트, 금속생산량은 300퍼센트, 석탄생산량은 200퍼센트 급등했다. 1913년 독일 경제가 생성하고 소비한 전기의 양은 영국, 프랑스, 이탈리아를 합한 수치보다 20퍼센트 더 많았다.[124] 영국에서 '메이드 인 저머니Made in Germany'라는 표현은 강한 위협으로 다가왔는데, 독일의 상업이나 산업 관행이 다른 나라의 관행보다 공격적이거나 팽창주의적이었기 때문이 아니라 영국의 세계 지배력의 한계를 암시했기 때문이다.[125]

독일의 경제력은 오늘날 중국의 경제력과 마찬가지로 강대국 지도부의 정치적 불안감을 고조했다. 그러나 영국 정책수립자들 사이에서 반독일 태도가 우세를 점할 필연적인 이유는 전혀 없었다.[126] 반독일 태도는 외무부 최상층 내에서조차 만연하지 않았고, 나머지 정치 엘리트층 사이에는 훨씬 덜 퍼져 있었다. 프랜시스 바르티, 아서 니컬슨, 찰스 하딘지는 막후에서 열심히 손을 쓴 덕에 고위직을 차지할 수 있었고, 결국 영국 정책의 기조와 방침을 결정할 수 있었다. 바르티는 오랫동안 하급 직위들에서 좌절하다가 에드워드 7세의 개인비서와 정력적으로 정치공작을 벌인 덕에 고속 승진할 수 있었다. 노련한 조신이자 음모자였던 하딘지는 1905년 바르티를 파리 대사 후보로 밀어주기도 했다. 하딘지는 "외무부 최상층의 일정한 반대"를 "깔아뭉개기" 위해 자신의 궁정 인맥을 동원했다.[127] 또 바르티와 하딘지는 아서 니컬슨의 아내가 사교를 피하고 "하녀처럼 옷을 입는다"는 평판에도 불구하고, 서로 합심하여 니컬슨을 고위 대사직에 앉혔다.[128] 영국 정책은 이와 다른 방향으로 나아갈 수도 있었다. 그레이와 그의 동료들이 영향력 있는 직위를 그렇게 많이 차지하지 못했다면, 에드워드 고션이나 프랭크 라셀레스, 또는 동료들을 괴롭히는 "반독일 바이러스"를 개탄한 정무차관 에드먼드 피츠모리스의 덜 완고한 목소리에 귀를 기울이는 사람들이 더 많았을 것이다. 하지만 결국 그레이 집단이 영국 정책을 점점 더 틀어쥐면서 대독일 관계를 바라보고 이해할 관점을 결정했다.

키스 윌슨Keith Wilson의 표현대로 독일을 영국을 위협하는 주적으로 "발명"[129]한 것은 더 넓은 구조적 동향을 반영하는 동시에 공고히 하는 조치였다. 아프리카, 중국, 페르시아, 티베트, 아프가니스탄에서 그레이트 게임이 진행되는 다중심 세계, 정책수립자들이 잇따른 위기에 갈팡질팡하고 의제를 설정하기보다 먼 곳에서의 도전에 대응한다고 느끼곤 하던 세계가, 주적이 하나뿐인 더 단순한 세계에 자리를 내주고 있었다. 이것은 영국이 러시아 · 프랑스와 제휴하게 된 원인이 아니라 그 제휴의 결과였다. 동맹체제를 재편하면서 보어전쟁 무렵 한껏 높아진 영국의 불안감과 피해망상의 초점을 옮기기가 수월해졌기(실은 필요해졌기) 때문이다.[130] 영국의 외교정책은 (20세기 미국의 외교정책과 마찬가지로)[131] 언제나 위협과 침공을 초점 조정의 빌미로 삼는 시나리오에 달려 있었다. 19세기 중엽에 영국 정치 엘리트층은 프랑스의 침공 공포에 주기적으로 분연히 떨치고 일어섰다. 1890년대에 영국의 정치적 · 공적 상상 속에서 프랑스는 머지않아 카자크인 무리를 동원해 인도와 에식스를 침공할 러시아로 대체되었다.[132] 이제 독일 차례였다. 표적은 새로웠지만 메커니즘은 익히 보던 것이었다.

과거를 돌아보는 관점에서, 1904~1907년의 격변에서 장차 1914년에 전쟁을 수행할 삼국협상의 탄생을 포착해내는 것은 솔깃한 일이다. 이 시절의 일기를 30년 후에 《전환점The Turning Point》이라는 책으로 출간한 프랑스 외교관 모리스 팔레올로그Maurice Paléologue는 틀림없이 그 솔깃함에 넘어갔다. '후견지명後見之明'을 담기 위해 고쳐 쓴 그의 '일기'는 프랑스 정책수립자들에게 (그리고 특히 팔레올로그 자신에게) 미래의 전쟁을 내다보는 거의 초자연적인 예지를 부여했다.[133] 이 점에서 그의 일기는 전전의 많은 정치인들이 전후에 펴낸 '회고록'에서 흔히 찾아볼 수 있는 인식 왜곡을 예증한다. 우리에게는 1914년의 엄청난 대단원이 전전 10년간의 인식 지평을 좌우하는 것처럼 보인다. 그러나 실은 우리 눈에 그렇게 보일 뿐이다. 말하자면 지나고 보니 그런 것일 뿐이다.

1907년만 해도 새로운 동맹들이 유럽을 전쟁으로 끌고 갈지 여부가 결코 분명하지 않았다. 1905년 패전의 재앙 이후 국력이 약해진 러시아의 정책수립자들은 우선 독일과 우호관계를 추구할 수밖에 없었고, 적어도 한동안 상트페테르부르크에서는 국내가 허약하니 어떤 형태의 국제적 모험주의도 배제해야 한다는 주장이 널리 받아들여졌다.[134] 프랑스가 발칸반도에서 러시아를 위해 위험을 무릅쓰는 상황은 상상하기 어려웠고, 러시아가 알자스와 로렌을 위해 베를린으로 진격하는 상황은 더욱 상상하기 어려웠다. 1909년 파리 정부는 모로코를 놓고 독일과 합의를 체결함으로써 프랑스의 독립성을 분명하게 보여주었으며, 이는 동맹 블록들 사이 "선을 넘은 뚜렷한 사례"였다.[135] 그 이후 1910년 11월 러시아와 독일의 지도자들은 포츠담과 베를린에서 만나 오스만과 페르시아에서 양국의 이해관계를 조정했다. 프랑스-러시아 유대가 약해질 가능성은 분명 없었지만, 이것은 러시아와 독일의 데탕트를 가리키는 의미심장한 제스처였다.[136] 1907년 영국-러시아 협약에 대해 말하자면, 양국의 갈등을 줄이기는 했겠지만 갈등의 원인을 제거하지는 않았고, 1914년까지 영국 외무부 내에는 러시아가 영국의 광대한 제국을 위협한다고 경고하는 목소리가 줄곧 있었다.

요컨대 미래는 미리 정해져 있지 않았다. 1914년 전쟁에 돌입한 삼국협상은 아직까지 대다수 정치인들의 정신 지평 너머에 있었다. 1904~1907년의 대전환점은 대륙 전쟁을 가능하게 한 **구조들**의 출현을 설명하는 데 도움이 된다. 그러나 어떤 구체적인 이유들 때문에 전쟁이 발생했는지 설명하지는 못한다. 그 이유들을 설명하기 위해 우리는 어떤 의사결정 과정을 거쳐 정책 결과가 나왔는지, 그리고 대륙 동맹들의 느슨한 네트워크가 어떻게 발칸반도에서 전개되던 분쟁들과 맞물렸는지 검토할 필요가 있다.

유럽 외교정책의 뭇소리

한 프랑스 예술가는 1890년대 말에 발표한 만화에서 의화단 운동 전야의 중국을 둘러싸고 고조되는 위기를 묘사했다. 영국과 러시아가 빈틈없이 지켜보는 가운데 독일이 '중국'이라는 파이에서 '자오저우'라는 조각을 잘라내려 하고, 프랑스가 맹방 러시아에 정신적 지지를 보내고, 일본이 파이를 주시하고 있다. 이들 모두의 뒤에서 청나라 관료가 절망하여 두 팔을 번쩍 들어올리지만 개입할 힘은 없다. 이런 이미지들이 흔히 그렇듯이 열강은 개인들로 표현되었다. 영국, 독일, 러시아는 각국의 주권자로, 프랑스는 '마리안'으로, 일본과 중국은 정형화된 이국적 인물로 희화화된다. 의인화된 국가들은 유럽 정치를 풍자하는 그림의 일부였지만 뿌리 깊은 사고 습관을 반영하기도 했다. 그 습관이란 국가를 불가분한 의지로부터 생명을 얻는 응집된 운영기관에 의해 통치되는 복합적인 개체로 개념화하는 경향이다.

그러나 20세기 초 유럽의 정부들을 아주 대충 살펴보기만 해도 정

〈중국 쟁탈전〉, 앙리 메이어Henri Mayer, 《르프티 주르날》, 1898

책을 내놓는 집행구조들이 통일성과는 거리가 멀었다는 것이 드러난다. 정책수립은 국가마다 한 명뿐인 주권자 개개인의 대권이 아니었다. 국가 정책의 방침과 관련이 있는 계획이 정치구조의 중심에서 멀찍이 떨어진 주변부에서 나올 수도 있었고, 실제로 나왔다. 파벌 간 제휴, 정부 내 기능 마찰, 경제적 또는 재정적 제약, 여론의 휘발성 등이 모두 정책수립 과정을 끊임없이 압박했다. 정책을 수립하는 권력이 국가 집행구조의 한 중심점에서 다른 중심점으로 넘어가곤 했으므로 정책의 어조와 방향도 오락가락 변했다. 서로 다른 목소리들이 경쟁하는 이 혼란상은 전전 수년간 유럽 체제의 주기적인 동요를 이해하는 데 아주 중요하다. 또한 이 혼란상은 1914년 7월 위기가 근대의 가장 복잡하고 불투명한 정치적 위기가 된 이유를 설명하는 데 도움이 된다.

주권을 쥔 의사결정자들

20세기 초 유럽은 군주국들의 대륙이었다. 가장 중요한 여섯 강국 중 다섯이 이런저런 군주국이었고, 한 나라(프랑스)만 공화국이었다. 발칸반도의 신생 민족국가들(그리스, 세르비아, 몬테네그로, 불가리아, 루마니아, 알바니아)은 모두 군주국이었다. 고속순양함, 무선전신, 전기 시가라이터의 이면에는 크고 복잡한 국가들을 인간의 예측 불가능한 생명활동에 얽어매는 이 고색창연한 제도가 여전히 자리 잡고 있었다.

유럽 각국 집행부들의 중추는 여전히 이런저런 남녀가 차지하고 앉아 있는 왕위였다. 독일, 오스트리아-헝가리, 러시아에서 각료들은 황제에게 임명받았다. 세 황제는 국가 문서에 무제한 접근할 수 있었다. 또한 그들은 각국 군대에 공식 권한을 행사했다. 왕조들의 제도와 인맥은 국가 간 소통을 구조화했다. 대사들은 자신의 신임장을 주재국 주권자에게 직접 제출했으며, 전전 시기 내내 군주들 간 회담이 계속 이루어졌다. 실제로 군주들은 때때로 공식 외교와 어떤 관련이 있는지 확인하기 어려운 영향을 서로 주고받으면서 자신의 중요성을 부각하곤 했다.

군주들은 정치적 행위자일 뿐 아니라 상징적 행위자였으며, 이 역할로 집단의 감정과 연상작용을 사로잡고 집중시킬 수 있었다. 파리의 구경꾼들은 호텔 바깥에 놓인 의자에 다리를 쩍 벌리고 앉아 시가를 피우는 에드워드 7세를 빤히 쳐다보는 동안, 유행을 좇는 몹시 뚱뚱하고 자신만만한 남자로 체현된 잉글랜드를 보고 있다고 느꼈다. 1903년 파리 여론에서 그의 인기가 크게 높아진 일은 이듬해 프랑스와 화친 협정을 원만하게 체결하는 데 도움이 되었다. 온화한 전제군주 니콜라이 2세마저 1896년 파리를 방문했을 때 독재적인 정치철학과 변변찮은 카리스마에도 불구하고 프랑스인들에게 마치 정복 영웅처럼 환대받았는데, 그들의 눈에 프랑스-러시아 동맹의 화신으로 보였기 때문이다.[1] 그리고 독일 외교정책의 가장 심란한 측면들(갈팡질팡, 초점 결여, 좌절된 야망)을 체현한 인물로 카이저 빌헬름보다 더 나은 후보가 있었을까? 성미가 불같고, 수완이 없고, 툭하면 허둥지둥하고, 고압적

상대국의 제복을 입은 빌헬름 2세(오른쪽)와 니콜라이 2세(왼쪽)

으로 굴며, 에드바르드 그리그에게 〈페르귄트〉를 어떻게 지휘하라고 주제넘게 충고한 이 남자 말이다.[2] 카이저가 실제로 독일의 정책을 결정했든 안 했든, 독일의 적대자들에게 그는 확실히 그 정책을 상징하는 존재였다.

전전 유럽을 다스린 군주 클럽의 중심에는 서로 친척 사이인 황제 3인조 차르 니콜라이 2세, 카이저 빌헬름 2세, 조지 5세가 있었다. 20세기 전환기에 유럽 재위 가문들의 계보는 거의 서로 합쳐질 정도로 방대해진 상태였다. 빌헬름 2세와 조지 5세는 둘 다 빅토리아 여왕의 손자였다. 니콜라이 2세의 아내 헤센-다름슈타트의 알렉산드라는 빅토리아의 손녀였다. 조지 5세의 어머니와 니콜라이 2세의 어머니는 덴마크 왕가의 자매간이었다. 빌헬름 2세와 니콜라이 2세는 둘 다 파벨

빌헬름 2세(왼쪽)와 오스트리아 경기병 제12연대 대령 제복을 입은 에드워드 7세(오른쪽)

1세 차르의 현손자였다. 빌헬름 2세의 종조할머니 프로이센의 샤를로테는 니콜라이 2세의 할머니였다. 이 관점에서 보면 1914년 전쟁 발발은 가정불화의 정점처럼 보인다.

이 군주들이 각국 집행부 내에서 얼마만큼 영향력을 행사했는지 가늠하기란 어렵다. 영국, 독일, 러시아는 군주국의 세 가지 판이한 유형을 대표했다. 러시아는 적어도 이론상으로는 군주의 권한을 제한하는 의회와 헌법의 억제력이 약한 전제국가였다. 에드워드 7세와 조지 5세는 권력의 수단에 직접 접근하지 못하는 입헌제 · 의회제 군주였다. 빌헬름 2세는 둘 사이 어딘가에 있었다(독일에서 입헌제와 의회제는 국가 통일 과정을 견디고 살아남은 프로이센의 군사적 군주국에 접목되었다). 그러나 정부의 형식적 구조가 반드시 군주의 영향력을 결정하는 가장 중요한 요인은 아니었다. 다른 중요한 변수로는 군주 개인의 결단, 적성, 지적 능력과 달갑지 않은 조치를 저지하는 각료들의 능력, 군주와 정부가 서로 합의하는 정도 등이 있었다.

주권자들이 외교정책 입안 과정에서 행사한 영향력의 두드러진 특징 중 하나는 시간이 흐르면서 그 영향력이 변했다는 것이다. 1904~1907년에 영국의 외교 재조정을 관장한 에드워드 7세는 외교정책에 관한 확고한 견해를 가지고 있었고, 자신이 외교 사정에 밝다고 자부했다. 그의 태도는 제국주의적 '징고jingo'(대외적 강경론자, 주전론자—옮긴이)의 태도와 같았다. 일례로 그는 자유당이 1878~1879년 아프가니스탄 전쟁을 반대하자 격노했고 식민 행정관 헨리 바틀 프리어Henry Bartle Frere에게 이렇게 말했다. "내 마음대로 해도 된다면 나는 아프가니스탄을 전부 차지하고 보유할 때까지 만족하지 않을 걸세."[3] 그는 1895년 트란스발공화국에 대한 습격 소식을 듣고 반색했고, 습격에 관여한 세실 로즈를 지지했으며, 카이저의 크루거 전보에 격분했다. 성인기 내내 그는 독일에 대한 적의를 굳게 고수했다. 이 반감의 뿌리는 어느 정도는 그가 프로이센에 지나치게 우호적이라고 여긴 어머니 빅토리아 여왕과의 반목에, 어느 정도는 빅토리아 여왕과 부군 앨버트 공이 어린 에드워드를 아낌없이 공부시키는 업무를 맡긴 웃지 않는 독일인 교육자 슈토크마르 남작에 대한 두려움과 혐오감에 있었던 것으로 보인다. 1864년 프로이센-덴마크 전쟁은 그의 초기 정치생활에 큰 영향을 준 사건이었다(이 분쟁에서 그는 새신부의 덴마크 친척들을 단호히 편들었다).[4] 에드워드는 즉위한 뒤 프랜시스 바르티 경을 중심으로 하는 반독일 정책수립자 집단의 중요한 후원자가 되었다.[5]

에드워드 국왕의 영향력은 1903년 파리를 공식 방문("근대 역사에서 가장 중요한 국왕 방문"이라 일컬어졌다)하여 두 제국의 맞수가 협정을 체결할 길을 닦았을 때 절정에 이르렀다. 이 시점에 두 서양 제국의 관계는 프랑스가 보어전쟁에 격분한 까닭에 여전히 틀어져 있었다. 에드워드가 직접 주도하여 준비한 이 방문은 대중적으로 흥행하여 대성공을 거두었고 긴장을 크게 완화했다.[6] 영국-프랑스 협정이 체결된 이후 에드워드는 많은 동포들처럼 차르 정치체제에 질색하고 페르시아와 아프가니스탄, 북인도에 대한 러시아의 구상을 의심하면서도, 러시아와의 협정을 목표로 삼았다. 1906년 그는 러시아 외무장관 이즈볼스키가 파리에 있다는 소식을 듣고는 만남이 성사되길 기대하며 스코틀랜드에서 급히 남쪽으로 이동했다. 이즈볼스키도 같은 생각으로 런던으로 향했고, 이곳에서 만난 두 사람은 (찰스 하딘지에 따르면) "당시 진행 중이던 교섭을 러시아와의 협정으로 순조롭게 이끄는 데 실질적으로 도움이 된" 회담을 했다.[7] 이 두 사례에서 에드워드는 집행권을 행사하는 데 그친 것이 아니라 일종의 정원 외 대사로서 행동했다. 에드워드가 이렇게 할 수 있었던 것은 그의 우선순위와, 그의 도움에 힘입어 외교정책을 더 강하게 장악한 자유당 제국주의자 파벌의 우선순위가 거의 일치했기 때문이다.

조지 5세는 아주 다른 경우였다. 1910년에 즉위하기 전까지 그는 외교에 거의 관심을 두지 않았고, 영국과 다른 열강의 관계를 어렴풋하게 대략만 알고 있었다. 오스트리아 대사 멘스도르프Mensdorff 백작은 아버지와 달리 강하게 지지하거나 적대하는 나라가 없는 것처럼 보이는 새 왕에 기뻐했다.[8] 멘스도르프가 영국 왕실의 위병 교대를 계기로 영국 정책의 반독일 기조가 약화될 것으로 기대했다면 곧 실망했을 것이다. 외교정책에서 새 군주의 외견상 중립은 그레이를 중심으로 하는 자유당 제국주의자들이 정책을 계속 확고하게 틀어쥔다는 뜻이었을 뿐이다. 조지는 아버지에 필적하는 정치적 네트워크를 결코 장악하지 못했고, 음흉한 음모를 삼갔으며, 각료들의 명시적인 동의 없이는 정책을 상세히 설명하지 않았다.[9] 그는 에드워드 그레이와 거의 끊임없이 소통했고, 런던에 있으면 언제든 외무장관의 잦은 알현을 허락했다. 또 외국 대표들(특히 독일 친척들)과의 정치적 대화에 관해 논평할 때 꼼꼼하게 그레이에게 동의를 구했다.[10] 이처럼 두 군주가 동일한 헌법상 권한을 행사했음에도, 조지의 즉위는 외교정책의 전반적인 방향에 대한 국왕의 영향력이 급감하는 결과를 가져왔다.

러시아 전제정이라는 매우 권위주의적인 환경에서조차 외교정책에 대한 차르의 영향력은 좁은 범위로 한정되었고, 시간이 흐르면서 강해지고 약해지기를 반복했다. 조지 5세처럼 신임 차르 니콜라이 2세도 1894년 제위에 오를 무렵 백지상태였다. 그는 즉위 전에 자신의 정치적 네트워크를 만들지 않았고, 아버지를 존경하여 정부 정책에 관한 견해를 표명하는 일을 삼갔다. 청소년기에는 국정 학습에 알맞은 소질을 거의 보여주지 못했다. 10대의 니키에게 차르 국가의 내정에 관한 일류 교육을 제공할 교사로 발탁된 보수적인 법학자 콘스탄틴 포베도노스체프Konstantin Pobedonostsev는 후일 "나는 그가 코 후비기에 완전히 열중한 모습만 볼 수 있었다"[11]라고 회고했다. 즉위한 뒤에도 극도의 수줍음과 이제 실제 권한을 행사해야 한다는 두려움 때문에 초기에 자신의 정치적 선호(그런 게 있었다면)를 정부에 강요하지 못했다. 더구나 일관된 정책 방침을 세우는 데 필요했을 법한 행정적 지지도 받지 못했다. 예컨대 그는 개인비서실도 개인비서도 없었다. 내각의 아주 사소한 결정에 대해서도 보고받겠다고 고집할 수는 있었지만(그리고 실제로 받았지만), 러시아처럼 광대한 국가에서 이런 태도는 군주가 자질구레한 업무에 정신이 팔려서 정작 중요한 문제를 돌보지 않는다는 뜻일 뿐이었다.[12]

그럼에도 차르는 특히 1900년 무렵부터 러시아 외교정책에 일정한 방향성을 부여할 수 있었다. 1890년대 말에 러시아는 중국에 대한 경제적 침투에 깊숙이 관여하고 있었다. 행정부 내 모든 사람이 극동정책에 만족했던 것은 아니다. 일부는 기반시설과 군대에 들어가는 막대한 비용에 분개했다. 육군장관 알렉세이 쿠로팟킨Aleksei Kuropatkin 장군 같은 다른 일부는 극동 때문에 서쪽 주변부, 특히 발칸과 터키 해협의 더 중대한 문제들에 집중하지 못하게 된다고 보았다. 그러나 이 시점에 니콜라이 2세는 러시아의 미래가 시베리아와 극동에 있다고 여전히 굳게 믿으며 극동정책 지지파가 반대파에 우세를 점하도록 조치했다. 초기에 몇 가지 실책이 있었음에도 그는 1898년 중국 교두보인 랴오둥반도의 포트아서(뤼순)를 장악하는 정책을 지지했다. 또 조선에 침투하는 정책을 지지해 상트페테르부르크와 도쿄의 충돌을 불가피하게 만들었다.

니콜라이의 개입은 집행 결정보다는 비공식 제휴의 형태를 띠었다. 예를 들어 그는 엄청난 압록강 목재 이권을 따낸 귀족 사업가들과 친밀하게 교제했다. 정예 슈발리에 경비연대 장교 출신인 압록강 목재업계의 거물 A. M. 베조브라조프Bezobrazov는 압록강을 발판 삼아 러시아 비공식 제국의 세력을 한반도로 넓히기 위해 차르와의 개인적인 친분을 이용했다. 1901년 재무장관 세르게이 비테Sergei Witte는 베조브라조프가 차르와 "자그마치 일주일에 두 차례, 한 번에 몇 시간씩" 같이 있으면서 극동정책에 관해 조언한다고 보고했다.[13] 각료들은 이렇게 외부인들이 궁정에 드나들며 영향력을 행사하는 것에 격분했지만 그들의 영향력을 억제할 방법이 거의 없었다. 이런 비공식 유대는 러시아의 극동정책을 늘 공격적으로 구상하는 견해로 차르를 이끌었다. 1901년 니콜라이는 프로이센 공 하인리히에게 이렇게 말했다. "나는 조선을 차지하고 싶지 않지만 어떤 경우에도 일본이 그곳에 확고히 자리 잡는 것을 용납할 수 없습니다. 그건 개전 이유가 될 겁니다."[14]

니콜라이는 민간 업무와 군사 업무뿐 아니라 도쿄와의 관계까지 책임지는 극동 총독을 임명하여 정책 통제력을 더욱 강화했다. 이 직위를 차지한 E. I. 알렉세예프Alekseev 제독은 차르 직속이었고 따라서 각료들의 감독을 받지 않았다. 이 임명은 베조브라조프 파벌의 작품으로, 이를 통해 그들은 외무부의 비교적 신중한 극동정책을 우회하려 했다. 그 결과 러시아는 사실상 제국 정책의 공식 노선과 비공식 노선을 나란히 운영하게 되었으며, 니콜라이는 두 선택지 중 하나를 고르고 두 파벌을 싸움 붙여 이득을 얻을 수 있었다.[15] 알렉세예프 제독은 외교 관례를 경험한 적도 없었고 이해하지도 못했으며, 일본 측 교섭자들을 소외시키고 화나게 하기 마련인 거칠고 비타협적인 태도를 드러냈다. 니콜라이 2세가 일본과 전쟁하는 정책을 의식적으로 채택했는지 의문이긴 하지만, 1904년 전쟁 발발의 책임, 따라서 뒤이은 재앙의 책임까지 제일 많이 져야 하는 사람은 분명히 그였다.[16]

그렇다면 러일전쟁 전야에 차르의 영향력은 오름세였고 각료들의 영향력은 내림세였다고 말할 수 있다. 하지만 이런 상황은 오래가지 않았다. 차르가 추진한 정책이 파국을 맞은 탓에 의제를 설정하는 그의 권한이 급격히 약해졌기 때문이다. 연이은 패배 소식이 퍼져나가고 사회적 불안이 러시아를 집어삼키는 가운데 비테가 이끄는 각료 집단은 정부를 통합하기 위한 개혁을 강행했다. 최초로 '의장' 또는 수상이 이끄는 각료평의회에 권력이 집중되었다. 비테와 그의 후임자 표트르 A. 스톨리핀Pyotr A. Stolypin 임기(1906~1911)에 집행부는 군주의 자의적인 개입을 어느 정도 막아냈다. 특히 엄청난 결단력, 지성, 카리스마, 지칠 줄 모르는 근면성의 소유자 스톨리핀은 대다수 각료들에 대한 개인적인 권한을 주장하여 1905년 이전에 없던 수준으로 정부의 결속을 이루어냈다. 스톨리핀의 임기 동안 니콜라이는 "신기하리만치 정치활동에 불참하는" 것처럼 보였다.[17]

차르는 이런 정국을 오래 묵인하지 않았다. 스톨리핀 임기에도 니콜라이는 수상 몰래 각료 개개인과 거래를 해서 그의 통제를 우회할 길을 찾았다. 그렇게 거래한 이들 가운데 외무장관 이즈볼스키가 있었다. 앞서 봤듯이 이즈볼스키는 오스트리아-헝가리 외무장관과의 교섭을 잘못 처리하여 1908~1909년 보스니아 병합 위기를 촉발했다. 빈이 러시아의 터키 해협 접근을 지지하는 대가로 이즈볼스키는 오스트리아의 보스니아-헤르체고비나 병합에 찬성했다. 스톨리핀 수상도 그의 내각 동료들도 차르에게 직접 재가받은 이 대담한 기획을 사전에 통지받지 못했다. 1911년 가을 스톨리핀이 테러리스트들에게 암살당한 무렵 니콜라이는 수상의 정적들을 지지함으로써 그의 권한을 체계적으로 약화시키고 있었다. 니콜라이는 차르의 행동 자유를 제한하겠다고 위협하는 내각 연합에 맞서 자신이 임명했던 각료들에 대한 지지를 철회하고 음모를 꾸몄다. 1906년 비테가 이 전제적인 행위의 희생양이 되었다. 스톨리핀도 살해당하지 않았다면 같은 신세가 되었을 것이고, 그의 후임인 온화한 블라디미르 코콥초프Vladimir Kokovtsov 역시 1914년 2월 '통합된 정부' 이념의 신봉자로 드러났다는 이유로 해임되었다. 뒤에서 이런 권모술수가 러시아 외교정책의 방침에 미친 영향을 다시 다룰 것이다. 당분간 중요한 점은 1911~1914년에 통합된 정부가 힘을 잃고 전제권력이 재천명되었다는 것이다.[18]

그러나 이 전제권력은 일관된 정치적 비전을 지원하는 데 쓰이지 않았다. 그것은 소극적인 방식으로, 즉 주도권을 잡을 가능성이 있어 보이는 모든 정치 대형을 흐트러뜨려서 군주의 자율권과 권력을 보호하기 위해 사용되었다. 이런 이유로 전제적 개입이 불러온 결과는 차르의 의지를 강요하는 상황 자체가 아니라 누가 무엇을 할 권력을 가졌는지 계속 불확실한 상황이었다. 그리고 이 상황은 파벌 투쟁을 조장하고 러시아 정책수립의 일관성을 해쳤다.

세 명의 친척지간인 황제 중에 빌헬름 2세가 가장 논란이 많은 인물이었고 지금도 그렇다. 독일 집행부 내에서 그의 권력이 어느 정도였는지는 아직까지도 뜨거운 논쟁거리다.[19] 카이저는 분명 즉위하면서 자국 외교정책의 주인이 될 의도였다. 언젠가 그는 "외교정책? 아니, 짐이 곧 외교정책이다!" 하고 소리쳤다.[20] 또 웨일스 공(미래의 에드워드 7세)에게 보낸 서신에서 이렇게 말했다. "내가 독일 정책의 유일한 주인이고, 내 나라는 내가 어디로 가든 나를 따라야 합니다."[21] 빌헬름은 대사들 임명을 직접 챙겼고, 때때로 재상과 외무부의 조언을 무시하고 자신이 총애하는 인물을 지지했다. 두 친척 황제보다 더한 정도로 그는 군주국들 간 정기적인 소통의 일환인 다른 세습군주들과의 만남과 서신 왕래를 자국에 이롭게 활용할 수 있는 특별한 외교 자원으로 여겼다.[22] 니콜라이 2세처럼 빌헬름도 자주(특히 재위 초기에) 담당 각료들을 우회해 '총신들'과 상의했고, 정부의 통합성을 약화하기 위해 파벌 투쟁을 부추겼으며, 관련 각료들의 동의를 받지 않은 견해나 우세한 정책과 상충하는 견해를 피력했다.

바로 이 마지막 부분(정부에서 공인하지 않은 정치적 견해를 독단적으로 피력하는 것) 때문에 카이저는 동시대인들과 역사가들 양쪽으로부터 가장 적대적인 눈총을 받았다.[23] 국내외 정치적 사안에 관한 카이저의 수많은 사적 전보, 서신, 여백에 적은 논평, 대화, 인터뷰, 연설 등의 어조와 내용이 별나다는 것은 의심할 여지가 없다. 이것들은 이례적인 분량만으로도 두드러진다. 카이저는 30년 동안 재위하면서 거의 끊임없이 말하고 쓰고 전보를 보내고 끼적이고 호통을 쳤으며, 이런 발화의 아주 많은 부분이 후세를 위해 기록되고 보존되었다. 그중 일부는 경박하거나 부적절했다. 미국과 관련이 있는 두 가지 예가 이 점을 잘 보여줄 것이다.

1906년 4월 4일 빌헬름 2세는 베를린에 있는 미국 대사관의 만찬에 손님으로 참석했다. 미국 주최자들과 쾌활하게 대화하던 중 카이저는 빠르게 증가하는 독일 인구를 위해 공간을 더 확보할 필요성을 거론했다. 자신이 즉위할 무렵 약 4000만 명이던 인구가 이제 대략 6000만 명이라고 미국 대사에게 말했다. 인구 증가 자체는 좋은 일이지만 다음 20년 동안 식량 문제가 심각해질 터였다. 그는 독일과 달리 프랑스의 넓은 지역들은 인구가 부족하고 발전이 필요해 보이니, 누군가 프랑스 정부에 국경을 서쪽으로 물려서 넘쳐나는 독일인들을 수용해도 괜찮을지 물어봐야겠다고 말했다. 이 무의미한 객담(짐작컨대 농담이었으리라)을 누군가 진지하게 기록해서 다음번 외교행낭과 함께 워싱턴으로 보냈다.[24]

다른 예는 1908년 11월의 일로, 당시 언론에 미국과 일본이 전쟁할 가능성에 관한 추측이 난무했다. 이 전망에 격앙된 카이저는 대서양 강국의 환심을 사고픈 간절한 마음에 프로이센 군단을 캘리포니아 연안에 배치하겠다고 제안하는(이 시점에는 진지한 제안이었다) 서신을 루스벨트 대통령에게 급송했다.[25]

이런 발화는 실제 정책 결과의 세계와 정확히 어떻게 연결되었을까? 근대 민주정에서 몹시 부적절한 이런 의사소통을 제멋대로 해대는 외무장관이나 대사는 누구든 즉각 해고되었을 것이다. 그렇다면 주권자의 이런 실책은 더 넓은 정세에서 얼마만큼 중요했을까? 카이저의 변덕이 죽 끓듯 했던 탓에 그 영향을 평가하기란 어렵다. 만일 빌헬름이 분명하고도 일관성 있는 정책 비전을 추구했다면 그의 의도와 결과를 간단히 비교하여 평가할 수 있을 테지만, 그의 의도는 언제나 불분명했고 관심의 초점은 끊임없이 변했다. 1890년대 말에 카이저는 브라질에 '신독일Neudeutschland'을 만드는 프로젝트에 열광하며 최대한 신속히 브라질 이주를 권장하고 늘릴 것을 "조바심치며 요구했다"(말하나마나 이 계획의 성과는 전무했다). 1899년에는 세실 로즈에게 '메소포타미아'를 독일 식민지로 확보할 생각이라고 알렸다. 1900년 의화단 운동이 전개되던 때에는 중국을 분할할 작정으로 독일의 일개 군단 전체를 파병하는 방안을 제안했다. 1903년에는 다시 한 번 "라틴아메리카가 우리의 표적이다!"라고 선언하고 해군본부 참모들(그의 눈에 달리 할 일도 없어 보이던 이들)에게 쿠바와 푸에르토리코, 뉴욕을 침공할 계획을 준비하라고 다그쳤다. 이 계획은 완전히 시간 낭비였는데, (다른 무엇보다) 참모본부가 필요한 병력을 제공하는 데 절대 동의하지 않았기 때문이다.[26]

카이저는 이런저런 발상을 전해 듣고, 열광하고, 곧 지루해하거나 의욕을 잃고, 결국 내팽개치는 패턴을 반복했다. 어느 주에는 러시아 차르에 성을 내다가도 다음 주에는 그에게 홀딱 빠졌다.[27] 동맹 계획은 끝이 없었다. 일본 · 영국에 맞서 러시아 · 프랑스와 동맹을 맺고,

미국에 맞서 러시아 · 영국 · 프랑스와 동맹을 맺고, 일본 · 삼국협상에 맞서 중국 · 미국과 동맹을 맺고, 삼국협상에 맞서 일본 그리고 미국과 동맹을 맺고 등등.[28] 1896년 가을 트란스발의 지위를 둘러싼 갈등에 이어 영국과 독일의 관계가 냉각된 시기에 카이저는 영국에 맞서 프랑스 · 러시아와 식민지들을 공동으로 방어하는 대륙 연맹을 제안했다. 그런데 거의 같은 시기에 그는 동아프리카를 뺀 독일의 모든 식민지를 처분하는 간단한 방법으로 영국과 분쟁할 원인을 아예 없애는 방안을 궁리하고 있었다. 그러나 1897년 봄에는 이 생각을 포기하고 프랑스와 더 긴밀한 관계를 맺을 것을 제안했다.[29]

빌헬름은 메모와 여백에 쓴 논평을 각료들에게 퍼붓는 데 만족하지 않고 외국 열강의 대표들에게 자기 생각을 직접 이야기하기까지 했다. 때로는 공식 정책의 방향을 거슬렀고, 때로는 뒷받침했으며, 때로는 도를 지나쳐 공식 견해를 멋대로 패러디하는 지경에 이르렀다. 1890년 외무부가 프랑스와의 관계를 차갑게 식히는 동안 빌헬름은 다시 따뜻하게 데웠으며, 1905년 모로코 위기 때도 외무부가 파리에 대한 압박 수위를 높여가는 동안 그는 외국의 여러 장군과 기자, 그리고 전직 프랑스 각료에게 자신은 프랑스와의 화해를 추구하며 모로코를 놓고 전쟁을 무릅쓸 생각이 전혀 없다고 단언했다. 1905년 3월 모로코 탕헤르로 떠나기 전날 카이저는 브레멘에서 연설을 하다가 "천하를 호령하는 공허한 권력을 결코 추구하지 말라"는 역사의 교훈을 배웠다고 선언했다. 그러곤 독일제국이 "차분하고 정직하고 평화로운 이웃으로서 가장 절대적인 신뢰"를 얻을 것이라고 덧붙였다. 정계의

여러 고위 인사들(특히 군부 내 매파)은 이 연설이 모로코 정책을 망쳐 놓았다고 믿었다.[30]

1904년 1월 카이저는 만찬회에서 때마침 (빌헬름의 생일을 축하하러 베를린에 온) 벨기에 국왕 레오폴드의 옆자리에 앉게 되자 그에게 독일이 프랑스와 전쟁할 경우 벨기에가 독일 편을 들어주기를 기대한다고 말했다. 빌헬름은 레오폴드가 독일 편에 선다면 벨기에에 프랑스 북부의 새 영토를 주고 벨기에 국왕에게 "옛 부르고뉴 왕위"로 보상하겠다고 약속했다. 흠칫 놀란 레오폴드가 벨기에 내각과 의회에서 그런 기발하고 대담한 계획을 받아들일 리 없다고 답하자, 빌헬름은 주님이 아닌 각료와 의원에게 책임감을 느끼는 군주를 자신은 존중할 수 없다고 쏘아붙였다. 벨기에 국왕이 더 협력적으로 나오지 않는다면 카이저로서는 "순전히 전략적인 원칙"에 따라 행동할 수밖에 없다고 했다. 이는 곧 벨기에를 침공해 점령할 수밖에 없다는 뜻이었다. 이 발언에 레오폴드가 얼마나 노했던지 만찬이 끝나고 자리에서 일어나면서 헬멧을 거꾸로 썼다고 한다.[31]

바로 이런 에피소드들 때문에 빌헬름의 각료들은 그를 정책수립 과정에서 한 발짝 떨어뜨려놓았다. 빌헬름 치세를 통틀어 가장 중요한 외교정책 결정(1890년 러시아와의 재보장조약을 갱신하지 않기로 한 결정)을 내릴 때 카이저가 관여하지도 사전에 알지도 못했다는 것은 예사롭지 않은 사실이다.[32] 1905년 여름 베른하르트 폰 뷜로 재상은 빌헬름에게 핀란드 어촌 비외르쾨의 앞바다에서 니콜라이 2세에게 동맹 제안을 하라는 임무를 맡겼다. 빌헬름이 돌아왔을 때, 뷜로는 카이저가 대범하게도 조약의 초안을 변경했음을 알게 되었다. 그러자 재상은 사직서를 제출하는 것으로 응수했다. 가장 영향력 있는 관료에게 버림받을 전망에 아연실색한 빌헬름은 당장 양보했다. 뷜로는 사직서를 거두어들였고 조약 수정은 철회되었다.[33]

카이저는 핵심 정보에서 배제되는 것, 곧 중요한 외교문서에 접근하지 못하는 것에 대해 끊임없이 불평했다. 특히 외교정책 관료들이 그와 외국 수반 사이에 왕래하는 개인적인 서신까지 검열한다는 데 분개했다. 한 예로 1908년 워싱턴 주재 독일 대사 슈페크 폰 슈테른부르크Speck von Sternburg가 빌헬름의 서신을 루스벨트 대통령에게 전해주기를 거부했을 때 한바탕 소동이 일어났다. 카이저가 미국 대통령에게 경탄해 마지않는 마음을 표현한 서신이었다. 외교관들이 우려한 것은 서신의 정치적 내용보다는 야단스럽고 미숙한 어조였다. 어느 관료의 말마따나 독일제국의 군주가 미국 대통령에게 "예쁘장한 침모에게 푹 빠진 남학생이나 쓸 법한" 편지를 쓰는 것은 도저히 용인할 수 없는 일이었다.[34]

이런 발언은 분명 불안감을 자아냈다. 정부들이 서로의 의도를 알아내고자 끊임없이 머리를 쥐어짜던 상황에서 카이저의 발언은 잠재적으로 위험하기까지 했다. 그럼에도 우리는 세 가지를 유념해야 한다. 첫째, 충돌 상황에서 카이저는 실제로는 행사하지 못하는 지도력과 통제력을 가진 역할을 수행하고 있었다. 둘째, 카이저의 수사적 위협은 언제나 독일이 공격당하는 쪽으로 상상하는 시나리오와 연관되었다. 벨기에 레오폴드 국왕에게 내민 빌헬름의 부적절한 제안은 공격적인 모험이 아니라 프랑스의 독일 공격에 대응하는 조치의 일환으로 여겨졌다. 미래의 분쟁 상황에서 벨기에의 중립을 침해할 필요성에 대한 그의 견해가 기이했던 이유는 중립을 침해한다는 생각 자체가 아니라(프랑스와 영국의 참모본부도 벨기에 침공 선택지를 의논하고 저울질했다) 그 생각을 말하는 맥락과 대화를 나누는 두 사람의 신분에 있었다. 카이저의 특이점 중 하나는, 자신의 지위와 맥락에 걸맞게 행동을 조절해야 하건만 전혀 그럴 줄 몰랐다는 것이다. 그는 걸핏하면 군주가 아니라 당면한 관심사에 사로잡혀 본분을 잊을 정도로 흥분하는 10대처럼 말하곤 했다. 그는 에드워드 시대의 사회적 범주인 클럽 떠버리, 즉 클럽에서 옆자리에 앉은 사람에게 자신의 계획을 끝없이 설명하는 인물의 극단적인 전형이었다. 그러니 점심식사나 저녁식사 자리에서 카이저에게 붙들려 그의 장광설을 들어야 할 전망에 수많은 유럽 왕족이 공포에 떨었던 것은 놀라운 일이 아니다.

빌헬름의 국정 개입은 독일 외무부 사람들을 몹시 괴롭히긴 했으나 정책에 거의 영향을 주지 못했다. 사실 빌헬름이 장차 일본과 미국이 벌일 세계대전, 푸에르토리코 침공, 영국제국에 맞선 전 세계적인 성전聖戰, 독일의 중국 보호령 같은 공상에 빠진 이유 중 하나는 권력의 진짜 수단으로부터 차단되어 무력감이 점점 깊어졌기 때문일 것이다. 이런 것들은 정책 자체가 아니라 지정학적 공상을 일삼는 사람의 비현실적인 시나리오였다. 그리고 실제 분쟁이 임박해 보일 때마다 빌헬름은 몸을 사리며 독일이 도저히 전쟁에 돌입할 수 없는 이유를 재빨리 찾아냈다. 1905년 말 프랑스와의 긴장이 최고조에 달했을 때 빌헬름은 겁을 먹고서 뷜로 재상에게 국내에서 사회주의자들이 소요를 벌이고 있으니 국외에서 공격적 행동을 절대 삼가야 한다고 일렀다. 이듬해 에드워드 7세가 실각한 프랑스 외무장관 테오필 델카세를 갑자기 방문했다는 소식에 당황한 그는 재상에게 독일 포병대와 해군이 분쟁을 버텨낼 만한 상태가 아니라고 주의를 주었다.[35] 빌헬름은 말은 거칠게 했으나 문제가 생길 것 같으면 꼬리를 내리고 숨을 곳을 찾았다. 1914년 7월 위기 동안 그는 정확히 그렇게 했다. 1912년 5월 베를린 주재 프랑스 대사 쥘 캉봉Jules Cambon은 외무부 상관에게 보낸 편지에 이렇게 적었다. "이 남자가 말은 그토록 성급하고 무모하고 충동적으로 하면서도 어떻게 행동은 더없이 조심스럽고 참을성 있게 하는지, 참 신기한 일입니다."[36]

20세기 초 군주들을 두루 살펴보면 그들이 실제 정책 결과에 미친 영향이 들쭉날쭉하고 그리 크지 않았음을 알 수 있다. 오스트리아-헝가리의 프란츠 요제프 황제는 방대한 양의 공문을 읽고 외국 각료를 주기적으로 만났다. 하지만 프란츠 요제프는 제국의 '제1관료'로서 막대한 업무를 처리하긴 했으나 니콜라이 2세와 마찬가지로 자기 책상으로 밀려오는 정보의 바다를 지배할 수 없었다. 그는 발생하는 사안들의 중요도에 따라 시간을 배분하려는 노력을 거의 기울이지 않았다.[37] 오스트리아-헝가리 외교정책은 황제의 명령이 아니라 외무부 내부와 주위에 자리 잡은 파벌들과 압력단체들의 상호작용에 의해 결정되었다. 이탈리아의 비토리오 에마누엘레 3세(재위 1900~1946)는 프란츠 요제프보다 훨씬 덜 열심히 일했다(일부 외교 공문을 받으려 노력하긴 했으나 대부분의 시간을 피에몬테 아니면 카스텔포르치아노 영지에서 보냈으며, 하루에 세 시간씩 신문을 읽고 거기서 찾은 오류를 꼼꼼히 기록하기도 했다). 이탈리아 국왕은 외무장관들과 긴밀한 관계를 맺었고 분명 1911년 리비아 침공이라는 중대한 결정을 지지했지만 국정에 직접 개입하는 일은 극히 드물었다.[38] 니콜라이 2세는 이런저런 파벌이나 각료를 편들어 정부의 결속을 약화할 수는 있었지만, 특히 러일전쟁에서 완패한 후로 의제를 설정할 수 없었다. 빌헬름 2세는 니콜라이보다 더 정력적이었지만, 그의 각료들도 러시아 동료들보다 정책수립 과정에 대한 위로부터의 개입을 더 잘 막아냈다. 게다가 빌헬름의 구상들은 서로 너무 딴판이고 하나로 어우러지지 않는 것이어서 어차피 대안적인 국정 방침이 될 수 없었다.

정치 과정에 적극적으로 개입을 했든 안 했든, 유럽 대륙에 군주들이 존재한다는 사실 자체가 국제관계를 불안하게 만드는 요인이었다. 일부분만 민주화된 체제에서 모든 공문서와 인사에 접근할 수 있고 모든 집행 결정을 최종적으로 책임지는 주권자, 각국 정부의 중심점으로 추정되는 군주의 존재는 모호함의 원인이었다. 군주들이 서로 만나서 국가의 큰일을 해결하는 순전한 왕조식 외교정책은 더 이상 적절하지 않았다. 허사로 돌아간 비외르쾨 회담이 그 증거였다. 그럼에도 군주를 집행부의 키잡이 겸 화신으로 보고픈 유혹은 외교관, 정치인, 특히 군주들 사이에서 여전히 강력했다. 군주들의 존재는 정책수립 과정의 중심축이 정확히 어디에 있는지를 계속 불확실하게 만들었다. 이런 의미에서 국왕들과 황제들은 국제관계를 혼란스럽게 하는 원천이 될 수 있었다. 그 귀결인 불명확성은 확실하고 투명한 국가 간 관계를 수립하려는 노력을 계속 방해했다.

군주국의 구조도 각국 집행부 내부의 권력관계에 장막을 씌웠다. 예를 들어 이탈리아에서는 실제로 군을 통솔하는 사람이 누구인지, 즉 국왕인지 육군장관인지 참모총장인지가 불분명했다. 이탈리아 참모총장은 독일과 오스트리아 참모총장들과의 논의에 민간인이 끼어들지 못하도록 총력을 기울여 막았으며, 그에 대응해 이탈리아 민간 관료들은 핵심 정치 정보에서 장교들을 배제했다. 그 결과 일례로 이탈리아 참모총장은 이탈리아군이 맹방을 위한 참전을 요청받을 수 있는 조건이 규정된 삼국동맹의 조항들조차 통보받지 못했다.[39]

이런 상황에서(모든 대륙 군주국의 사정이 비슷했다) 국왕이나 황제는 서로 별개인 지휘계통들이 수렴하는 유일한 점이었다. 군주가 통합 기능을 수행하지 못하면, 이를테면 헌법의 미비점을 보완하지 못하면, 체제는 결정을 내리지 못하거나 일관성 없는 결정을 내릴 위험이 있었다. 그리고 대륙 군주들은 대개 이 역할을 해내지 못했다. 아니, 더 정확히 말하면 애초부터 그런 역할 수행을 거부했다. 집행부의 핵심 관료들과 따로따로 거래하는 방법으로 체제 내에서 주도권과 우위를 지키려 했기 때문이다. 그리고 이런 태도는 결국 정책수립 과정에 악영향을 끼쳤다. 담당 각료가 내린 결정이 동료나 경쟁자에 의해 번복되거나 훼손될 수 있는 환경에서 각료들은 대개 "자신의 활동을 더 큰 그림에 어떻게 맞출지" 판단하는 일을 어려워했다.[40] 그에 따른 전반적인 혼란은 각료, 관료, 군 지휘관, 정책전문가로 하여금 각자 자기 주장을 할 수는 있지만 정책의 결과를 책임질 의무는 없다고 생각하도록 부추겼다. 그와 동시에 군주의 환심을 사야 한다는 압박감은 경쟁하고 아첨하는 분위기를 조성했고, 한결 균형 잡힌 의사결정을 위한 부처 간 협의를 저해했다. 그 결과는 1914년 7월에 위험한 결실을 맺을 파벌주의와 과잉 수사修辭의 문화였다.

상트페테르부르크에서는 누가 통치했는가?

군주들이 외교정책을 결정하지 않았다면 누가 결정했을까? 명확한 답은 물론 외무장관들이 결정했다는 것이다. 이들은 외교단과 외무부의 활동을 감독했고, 가장 중요한 외교 공문을 읽고 답변했으며, 의회와 국민에게 정책을 설명하고 해명하는 책임을 졌다. 그렇지만 유럽 열강에서 정책을 결정하는 외무장관들의 실권은 적어도 군주들의 정치적 영향력만큼이나 오르락내리락했고 나라마다 천차만별이었다. 그들의 영향력은 여러 요인, 이를테면 다른 각료들, 그중에서도 수상의 권력과 호의, 군주의 태도와 행위, 외무부 고위 관료들과 대사들의 지시 이행 여부, 파벌 경쟁으로 인한 불안정성의 정도 등에 달려 있었다.

러시아에서 외무장관과 그의 가족은 겨울궁전을 마주 보는 광장에 자리 잡은 커다란 암적색 외무부 청사 안에 있는 개인 아파트에 거주했고, 그런 사정으로 외무장관 본인과 아내, 자녀의 사회생활과 외무부의 업무가 뒤얽혔다.[41] 그의 정책수립 능력은 정치체제의 역학에 의해 결정되었는데, 러일전쟁과 1905년 혁명의 여파 속에 그 역학의 변수들이 재규정되었다. 이 무렵 강력한 각료 집단은 집행부에서 대내 구상과 대외 구상의 균형을 맞추고 또 최고위 관료들을 규율할 수 있도록 한층 응집된 의사결정 구조를 만들고자 했다. 이 목표를 정확히 어떻게 달성해야 하느냐는 것은 논쟁거리였다. 개혁가들 중에 가장 정력적이고 유능한 세르게이 비테는 재정정책과 경제정책 전문가로, 1903년 조선에서의 전진정책에 반대해 관직에서 물러나 있었다. 비테는 동료 각료들을 규율할 권한뿐 아니라 차르에 대한 그들의 접근을 통제할 권한까지 가진 '수상'이 이끄는 '내각'을 원했다. 전직 재무장관으로 더 보수적인 블라디미르 코콥초프(1905년 재무장관직을 사임했다가 같은 해 11월에 복직해 1914년 2월까지 재직했다. 1911년부터 재무장관과 수상을 겸했다)는 비테의 제안을 차르 전제정에 대한 공격으로 보았다. 그는 차르 전제정이 러시아의 여건에 적합한 유일한 정부 형태라고 여겼다. 결국 타협이 이루어졌다. 각료평의회 형태로 불완전하게나마 내각이 꾸려졌으며, 각료평의회 의장 또는 수상에게 비협조적인 각료를 해임할 권한이 부여되었다. 하지만 '개별 보고권', 달리 말해 각료들이 각료평의회 의장의 견해와 별개로 차르에게 자신의 견해를 개진할 권리는 유지되었다.

그 결과는 의장들, 각료들, 차르 사이의 주도권 균형에 모든 것이 달려 있는, 불협화음이 다소 남은 체제였다. 의장이 강압적이고 강력할 경우 자신의 의지를 각료들에게 강요할 수 있었다. 하지만 배짱 두둑

한 각료가 차르의 지지를 얻는 데 성공할 경우 동료들과 관계를 끊고 독자 노선을 취할 수도 있었다. 1906년 여름 스톨리핀이 각료평의회 의장에 임명되어 새 체제는 카리스마와 장악력을 갖춘 지도자를 얻었다. 그리고 신임 외무장관 이즈볼스키는 새 체제를 가동시킬 수 있는 유형의 정치인으로 보였다. 그는 스스로를 '새 정치'를 하는 사람으로

표트르 스톨리핀

보았고, 러시아 제정의회(두마)와의 관계를 조율할 외무부 직위들을 신설했다. 차르를 대하는 그의 태도는 정중했지만 전임자들에 비하면 덜 깍듯했다. 그는 외무부를 개혁하고 근대화하는 일에 헌신했고 '통합된 정부'를 열렬하게 지지했다.[42] 무엇보다 중요한 점은 영국과 화해하는 편이 바람직하다는 각료평의회 동료들 대다수의 의견에 그가 동의했다는 것이다.

그렇지만 이즈볼스키의 외교정책 구상은 몇 가지 중요한 점에서 동료들의 구상과 다르다는 것이 곧 드러났다. 스톨리핀과 코콥초프는 영국-러시아 협약을 러일전쟁 이전의 모험주의를 철회하고 국내 통합과 경제성장에 집중할 기회로 보았다. 그에 반해 이즈볼스키는 이 협약을 더 공격적인 정책을 추진해도 된다는 허가증으로 생각했다. 그는 영국-러시아 협약으로 시작된 화친관계를 바탕으로 러시아 군

함이 터키 해협에 자유롭게 접근하는 것에 대해 런던 정부의 동의를 받아낼 수 있을 것으로 기대했다. 이는 단순히 희망사항이 아니었다. 영국 외무장관 에드워드 그레이 경이 이즈볼스키를 명백히 부추긴 적이 있었다. 1907년 3월 그레이는 런던에서 러시아 대사와 대화 중에 양국이 "영구적인 우호관계를 맺는다면" 터키 해협에서 "잉글랜드는 더 이상 기존 합의를 지키는 것을 정책의 확고한 목표로 삼지 않을 것입니다"라고 똑똑히 말한 바 있었다.[43]

이런 배경에서 이즈볼스키는 1908년 불행하게 끝날 에렌탈과의 교섭에 착수했다. 그는 오스트리아의 보스니아-헤르체고비나 병합을 찬성하는 대가로 오스트리아로부터 터키 해협 협정을 수정하는 방안에 대한 지지를 받아냈다. 그에게 에렌탈과의 합의는 포괄적인 수정으로 나아가는 첫걸음이었다. 이는 차르의 지지를 받아 추진되었다. 실은 차르가 오스트리아에 거래를 제안하도록 이즈볼스키를 떠밀었을 것이다. 1904년 이전에 극동 확장을 열렬히 주창했던 차르는 이제 터키 해협에 주목하고 있었다. 어느 러시아 정치인이 회상한 대로 "그의 마음속에는 다르다넬스 해협과 콘스탄티노플을 차지한다는 생각이 늘 있었다."[44] 이즈볼스키는 스톨리핀과 코콥초프를 비롯한 각료들의 반대를 무릅쓰기보다는 개별 보고권을 활용했다. 이때가 외무장관의 정치적 독립성(체제 내 권력 중심들의 틈새에서 활동하며 얻어낸 독립성)의 고점이었다. 그러나 승리감은 오래가지 않았다. 러시아 측에서 영국 측에 제안할 거래가 없었던 까닭에 터키 해협 정책은 실패했다. 러시아 여론이 보기에 망신을 당한 이즈볼스키는 귀국해서 노기등등한 스톨리핀과 코콥초프를 마주해야 했다.

낭패로 끝난 보스니아 병합 위기는 (역시 낭패로 끝난 러일전쟁과 마찬가지로) 단기적으로 각료평의회의 집단 권위를 재천명하는 결과로 이어졌다. 차르는 적어도 당분간 주도권을 잃었다. 이즈볼스키는 기존 입장을 굽히고 '통합된 정부'의 규율에 복종해야 했다. 그에 반해 스톨리핀의 권력은 최고조에 이르렀다. 러시아 전제정의 보수적 지지층은 주군인 황제의 권력을 찬탈했던 지나치게 강력한 '대신'이나 '대재상Grand Vizier'에 빗대며 스톨리핀을 우려의 시선으로 바라보기 시작했다. 1910년 9월 이즈볼스키를 대신할 신임 외무장관으로 세르게이 사조노프가 발탁되자 스톨리핀의 장악력이 더욱 강화된 것으로 보였다. 사조노프는 비교적 직급이 낮은 외교관이었고, 외무부 본청에서 고위직을 맡은 경험이 거의 없었으며, 귀족이나 황실과의 연계도 없었다. 상트페테르부르크 정계를 거의 몰랐고 정부 실세들에 대한 영향력도 거의 없었다. 비판적인 외부인이 보기에 그가 적임자로 꼽힌 이유는 "평범하고 고분고분하다"는 평판과 스톨리핀의 매부라는 사실이었다.[45]

이즈볼스키의 정책이 대실패로 끝나고 그가 공직에서 물러난 이후, 러시아 외교정책에는 외무장관이 아니라 수상 겸 의장인 스톨리핀의 의중이 반영되었다. 스톨리핀은 러시아가 어떤 대가를 치르더라도 평화를 얻어야 하고 모든 방면에서 화해정책을 추구해야 한다고 보았다. 그 결과 러시아는 불과 얼마 전에 보스니아 문제로 갈등을 빚었음에도 한동안 베를린과의 관계를 확연히 회복했다. 양국은 1910년 11

월 니콜라이 2세와 사조노프의 포츠담 방문을 시작으로 회담을 이어간 끝에 러시아-독일 데탕트의 정점인 합의에 도달했다.[46]

1911년 9월 스톨리핀이 암살된 뒤 처음에는 정책의 방향이 거의 바뀌지 않았다. 후견인을 잃은 직후 사조노프는 자신의 목소리를 내기 위해 고군분투했다. 그러나 사조노프의 유약함과 스톨리핀의 죽음이 결합되자 결국 체제에 잠재해 있던 불안정성이 증폭되었다. 러시아 정부의 가장 노련하고 자신만만한 국외 사절들은 더욱 독립적인 역할을 자유롭게 수행했다. 특히 2명의 외교사절, 즉 콘스탄티노플 대사 N. V. 차리코프Charykov와 베오그라드 공사 니콜라이 가르트비크는 상트페테르부르크의 통제가 느슨해지는 것을 감지하고서 발칸반도에서 악화되는 정치적 상황을 이용하기 위해 잠재적으로 위험한 계획에 착수했다.[47] 한편 당시 프랑스 주재 러시아 대사는 다름 아닌 전직 외무장관 이즈볼스키였는데, 정책(특히 발칸 정책)을 수립하려는 그의 결의는 외교관직에 복귀한 뒤에도 예전 그대로였다. 이즈볼스키는 파리에서 시종 "외교행낭으로 사조노프를 위협하면서" 독자적인 음모를 꾸몄다.[48]

사조노프의 추락이 한량없었던 것은 아니다. 시간이 흐르면서 그는 스톨리핀의 후임으로 각료평의회 의장을 맡은 코콥초프의 정치적 약점을 이용해가며 발칸 정책을 세우기 시작했다. 중요한 사실은 러시아에서 정책을 수립하는 유력자들의 영향력이 끊임없이 변했다는 것이다. 체제 안에서 이리저리 유동하는 권력은 군주, 외무장관, 수상, 대사 등 여러 지점에 집중되었다. 체제의 한 중심점이 팽창하면 다른 중심점들이 수축하는 일종의 '권력 유압기'가 있었다고 말할 수도 있다. 그리고 체제 내부의 적대적 역학은 상반되는 정책 선택지들을 둘러싼 갈등으로 인해 더욱 격화되었다. 러시아의 자유주의적 민족주의자들과 범슬라브주의자들은 터키 해협에 대한 전진정책과 발칸반도의 슬라브족 '아우들'과 연대하는 입장을 선호할 가능성이 높았다. 반면 보수주의자들은 국내의 정치적 · 재정적 약점과 "농민들의 위장胃腸을 희생시키는 적극적인 외교정책"(코콥초프의 표현)의 위험을 날카롭게 의식하곤 했다. 따라서 그들은 무슨 수를 써서라도 평화정책을 추구하려 했다.[49]

예컨대 1909년 봄 제정의회에서 보스니아 병합 위기의 중요성에 대해 논쟁할 때 귀족연합을 대표하는 보수파는 이 병합이 러시아의 이해관계나 안보에 조금도 해가 되지 않으므로 발칸 문제에 전혀 개입하지 않는 정책을 택하는 한편 베를린과 화해해야 한다고 주장했다. 그들이 보기에 진짜 적은 세계시장에 대한 통제력을 공고히 다지기 위해 러시아를 독일과 전쟁하도록 떠미는 영국이었다. 이 입장에 맞서 입헌민주당Kadet의 친프랑스 · 친영국 자유주의자들은 러시아의 권력을 발칸 지역에 투사하고 러시아의 강대국 지위가 약화되는 추세를 막을 수 있도록 삼국협상을 삼국동맹으로 변경할 것을 요구했다.[50] 이 쟁점은 외교정책 집행부 전원이 (그리고 오늘날 그들을 이해하려는 사람들이) 직면하는 중대한 문제 중 하나였다. '국익'은 외부 세계에서 정부에 강권하다시피 하는 객관적이고 긴요한 이익이 아니라 정치 엘리트층 자신이 기획하는 특정한 이익이었다.[51]

파리에서는 누가 통치했는가?

프랑스에는 러시아의 역학과 다르되 넓게 보면 유사한 역학이 있었다. 관청 소재지 때문에 케도르세Quai d'Orsay라 불린 프랑스 외무부는 러시아 외무부보다 훨씬 더 막강한 권력과 자율성을 누렸다. 프랑스 외무부는 사회적 결속력과 직업의식이 강한 비교적 안정된 조직이었다. 촘촘한 가문 인맥은 외무부의 단결심을 강화했다. 쥘 캉봉과 폴 캉봉 형제는 각각 베를린 대사와 런던 대사였고, 1914년 상트페테르부르크 대사 모리스 팔레올로그는 그들의 매부였으며, 다른 명문가들(에르베트가, 마제리가, 쿠르셀가 등)도 있었다. 외무부는 비밀 유지 관행을 통해 조직의 독립성을 보호했다. 민감한 정보는 내각에 아주 가끔씩만 공개했다. 외무부 고위 관료들이 최고위 정치인들에게, 심지어 공화국 대통령에게도 정보를 주지 않는 경우도 드물지 않았다. 일례로 1895년 1월 가브리엘 아노토 외무장관 임기에 카지미르-페리에Casimir-Périer 대통령은 외무부에서 가장 중요한 상황에 대한 정보마저 알려주지 않는 데 항의하여 재임 6개월 만에 사직했다. 정책 문서는 비밀로 취급되었다. 레몽 푸앵카레는 1912년 수상 겸 외무장관이 되고서야 프랑스-러시아 동맹의 세부 내용을 알게 되었다.[52]

그러나 외무부의 독립성이 반드시 외무장관에게 권력과 자율성을 부여했던 것은 아니다. 프랑스 외무장관들은 대체로 약했다. 심지어 외무부 직원들보다도 약했다. 한 가지 이유는 장관들이 비교적 빠르게 교체되었다는 것인데, 이는 전쟁 전에 잦았던 정변의 결과였다. 예를 들어 1913년 1월 1일부터 개전 때까지 재임한 외무장관이 자그마치 6명이었다. 영국이나 독일, 오스트리아-헝가리와 비교해 프랑스에서 장관직은 정치인들의 생애주기에서 더 일시적이고 덜 중요한 단계였다. 그리고 내각 연대의 규약이 전혀 없는 상황에서 각료들의 에너지와 야망은 제3공화국 정부에서 일상적으로 일어난 격렬한 파벌 투쟁을 벌이느라 소모되곤 했다.

조제프 카요

물론 이 통칙에도 예외는 있었다. 결단력과 근면성을 갖춘 장관이 충분히 오랫동안 재임할 경우 외무부 운영에 자신의 개성을 각인시킬 수 있었다. 테오필 델카세가 좋은 예다. 그는 무려 7년 동안(1898년 6월부터 1905년 6월까지) 재임하면서 지칠 줄 모르는 업무 처리뿐만 아니라, 파리에서 외무부 종신 관료들을 무시하고 조직 전체에 걸쳐 뜻이 맞는 대사들 및 공무원들과 관계망을 구축하는 방법을 통해서 부처를 장악했다. 유럽의 다른 나라들에서처럼 프랑스에서도 체제의 특정한 관직이 성하고 쇠함에 따라 권력 배분이 조정되었다. 델카세처럼 강력한 장관이 수장으로 있을 경우 '상트랄Centrale(중앙)'이라고 통칭하던 외무부 고위 관료들의 권력 지분은 줄어들고 상트랄의 제약에서 자유로운 대사들(러시아를 예로 들면 사조노프 임기 초기의 이즈볼스키와 가르트비크 같은)의 지분은 늘어나는 경향이 있었다. 델카세의 오랜 임기 동안 캉봉 형제(런던과 베를린 주재)와 카미유 바레르Camille Barrère(로마 주재)를 중심으로 고참 대사들로 구성된 실력자 집단이 출현했다. 이 대사들은 파리에서 정기적으로 만나 정책을 논의하고 핵심 관료들에게 로비를 했다. 그들은 상트랄 관료들을 우회해 외무장관과 사신私信으로 소통했다.

고참 대사들은 자신들을 유별나게 중시하는 의식을 발전시켰는데, 이 점은 특히 오늘날 대사들의 직업정신과 비교하면 두드러진다. 폴 캉봉이 특징적인 예다. 1901년 한 서신에서 그는 프랑스 외교 역사 전체가 국외 사절들이 파리의 저항에 맞서 무언가를 이루어내려 시도했던 일들의 긴 목록에 지나지 않는다고 말했다. 그는 수도에서 보낸 공식 훈령에 동의하지 않을 때면 심심찮게 훈령 문서를 불태워버렸다. 1911년 6월부터 1912년 1월까지 외무장관을 지낸 쥐스탱 드 셀브Justin de Selves와 날을 세우고 대화하던 중에 캉봉은 요령 없이 자신은 스스로를 장관과 동급으로 생각한다고 말했다.[53] 캉봉이 런던 대사가 된 1898년부터 1914년 여름까지 9명의 외무장관이 취임했다가 퇴임했다는 사실(그중 2명은 두 번 재임했다)을 감안하면 이 주장이 덜 이상해 보일 것이다. 캉봉은 자신을 정부의 피고용인으로 생각했던 것이 아니라 정책수립 과정에서 주요한 역할을 할 만한 전문지식을 갖춘 프랑스의 종복으로 생각했다.

캉봉의 드높은 자의식의 근저에는 자신이 프랑스를 대표하는 데 그치지 않고 인격화한다는 신념(고참 대사들 다수가 공유했던 신념)이 있었다. 1898년부터 1920년까지 런던 주재 대사로 근무하면서도 캉봉은 영어를 한 마디도 말하지 않았다. 에드워드 그레이(프랑스어를 할 줄 몰랐다)와 면담할 때면 캉봉은 'yes'처럼 필시 알아들었을 단어들을 포함해 모든 발언을 통역해달라는 요구를 굽히지 않았다.[54] 그는 (프랑스 엘리트층 다수처럼) 프랑스어야말로 이성적인 생각을 명료하게 표현할 수 있는 유일한 언어라고 굳게 믿었고, 영국에서 자란 프랑스 사람은 정신 발달이 지체되는 경향이 있다는 괴상한 이유를 내세워 영국 내 프랑스 학교 설립을 반대했다.[55] 캉봉과 델카세는 긴밀한 업무 관계를 맺어 1904년 영국-프랑스 화친 협정이라는 결실을 거두었다. 이 협정의 기틀을 마련하기 위해 다른 누구보다도 공을 들인 사람은 캉봉이었다. 그는 1901년부터 모로코 문제를 해결하기 위해 영국 교섭자들을 설득하는 한편 델카세에게 이집트에 대한 프랑스의 권리 주장을 포기할 것을 촉구했다.[56]

폴 캉봉

1차 모로코 위기가 한창일 때 델카세가 사임한 뒤로 상황이 바뀌었다. 그의 후임자들은 덜 단호하고 덜 권위적인 부류였다. 모리스 루비에와 레옹 부르주아는 각각 10개월과 7개월 동안만 재직했다. 스테팡 피숑Stéphan Pichon은 1906년 10월부터 1911년 3월까지 더 오래 재직했으나 규칙적인 격무라면 질색했고 케도르세에서 자주 자리를 비웠다. 그 결과 상트랄의 영향력이 꾸준히 강해졌다.[57] 1911년경 외교가는 두 파벌로 나뉘었다. 한편에는 고참 대사들과 행정부 내 그들의 협력자들이 있었는데, 대체로 대독일 데탕트와 프랑스와의 외교관계에 실리적으로 결말을 열어두고 접근하는 방침을 선호했다. 반대편에는 쥘 캉봉이 말한 상트랄의 '청년튀르크당'이 있었다.

고참 대사들은 현장에서 쌓은 오랜 연륜과 경험의 권위를 휘둘렀다. 그에 반해 상트랄의 관료들은 막강한 제도적 · 구조적 이점을 갖고 있었다. 그들은 언론에 보도자료를 배포할 수 있었고, 공식 문서의 전달을 통제했으며, 무엇보다 '검은 방cabinet noir'(서신을 개봉하고 가로채고 외교 통신의 암호를 해독하는 업무를 수행하는 작지만 중요한 부서)에 접근할 수 있었다. 그리고 러시아에서처럼 이런 구조적이고 적대적인 분열은 대외관계에 대한 견해 차이를 동반했다. 그 결과 영향력을 차지하기 위한 격렬한 내분이 정책의 방향에 직접적인 영향을 미치기도 했다.

모로코 문제와 관련한 프랑스의 정책이 좋은 예다. 1905년 프랑스와 독일이 모로코를 놓고 충돌하고 이듬해 독일이 알헤시라스 회의에서 낭패를 본 이후, 파리와 베를린은 모로코 분쟁을 해결하기 위한 합의안을 강구했다. 프랑스에서는 모로코에 대한 독일의 권리 주장에 어떻게 대처할지를 두고 의견이 갈렸다. 파리는 모로코에서 독일과 이해관계를 조정해야 하는가, 아니면 이 지역에서 독일의 권리가 아예 없는 양 무시해야 하는가? 첫 번째 견해를 공공연히 옹호한 이는 폴 캉봉의 동생으로 베를린 주재 프랑스 대사였던 쥘 캉봉이었다. 그에게는 독일과 데탕트를 추구해야 할 몇 가지 이유가 있었다. 그의 주장대로 독일 정부는 국외에서 자기네 산업가와 투자자의 이해관계를 위해 목소리를 높일 권리가 있었다. 또 그가 보기에 독일의 최고위 정책수립자들(카이저와 그의 절친한 벗 필리프 추 오일렌부르크Philipp zu Eulenburg 백작부터 베른하르트 폰 뷜로 재상, 하인리히 폰 치르슈키Heinrich von Tschirschky 외무대신과 그의 후임 빌헬름 폰 쇤Wilhelm von Schoen까지)은 대부분 파리와의 관계 개선을 진심으로 바라고 있었다. 두 이웃국가 사이에 생기는 오해의 주된 책임은 정쟁을 벌이고 민족주의 언론이 열변을 토하는 프랑스 쪽에 있다고 그는 주장했다. 캉봉의 노력은 1909년 2월 8일 프랑스-독일 합의로 결실을 맺었다. 이는 모로코에서 독일의 정치적 주도권을 배제하는 한편 경제 영역에서 양국 협력의 가치를 확인하는 합의였다.[58]

논쟁의 맞은편에는 어떠한 양보도 반대하는 상트랄이 있었다. 그들의 배후에는 광적인 반독일파 모리스 에르베트Maurice Herbette 같은 핵심 관료들이 있었다. 1907년부터 1911년까지 외무부 통신국장을 지낸 에르베트는 논란을 일으킬 법한 유화적인 제안서를 독일 정부가 보기도 전에 자신의 넓은 신문 관계망을 통해 프랑스 언론에 흘리는 방법으로 양국의 교섭을 방해했고, 심지어 쥘 캉봉을 직접 겨냥하는 징고이즘적 언론 캠페인을 선동하기까지 했다.[59] 에르베트는 자기 견해를 프랑스 정책수립 과정에 각인시키는 데 성공한 관료의 아주 좋은 예다. 1907년 에어 크로의 유명한 영국 외무부 의견서를 닮은 1908년 의견서에서(크로의 문서가 25쪽 분량의 인쇄물이었던 데 반해 에르베트의 문서는 무려 300쪽에 달하는 혼돈의 수기 원고였다는 사실은 달랐지만) 에르베트는 근래 양국 관계의 역사를 악의적인 계략, '언중유골', 협박의 목록으로 여기고서 가장 암울하게 채색했다. 그가 보기에 독일 정부는 진실하지 않고 수상쩍고 신의가 없고 겉과 속이 달랐다. 그들의 유화 노력은 프랑스를 속이고 고립시키려는 교활한 계책이었고, 국외에서 자국의 이해관계를 대변한다는 주장은 한낱 도발이었으며, 외교정책은 "협박과 약속"을 번갈아 하는 역겨운 수작이었다. 프랑스는 양국 관계가 매우 거북해진 데 대한 책임이 절대로 없고, 언제나 독일을 나무랄 데 없이 "유화적이고 품위 있는" 태도로 대해왔다는 게 그의 결론이었다. "문서들을 공정하게 검토한다면 프랑스와 그 정부들에 이 상황에 대한 아무런 책임도 물을 수 없다는 것이 입증될 것이다." 크로의 의견서처럼 에르베트의 의견서도 상궤를 벗어난 독일의 실제 행위를 거론하기보다 비난받을 만한 동기와 '징후'에 초점을 맞추었다.[60] 에르베트가 독일에 대한 소신을 바꾸었다는 증거는 없다. 그를 비롯해 상트랄의 비타협적인 관료들은 베를린과의 데탕트를 가로막은 막강한 장애물이었다.

1911년 3월 초 프랑스 정부가 붕괴하고 피숑이 외무장관직에서 실각하자 상트랄의 영향력은 역대 최고조에 이르렀다. 피숑의 후임은 성실하지만 외무 경험이 전무한 장 크뤼피Jean Cruppi였다. 전직 법관인 그가 외무장관이 될 수 있었던 주된 이유는 그보다 적합한 수많은 사람들이 이미 장관직을 거절했기 때문이다. 이는 프랑스에서 장관직이 멸시받았음을 보여주는 증거다. 크뤼피의 짧은 임기(1911년 3월 2일에 취임해 6월 27일에 퇴임) 동안 상트랄은 정책에 대한 실질적 통제력을 장악했다. 외무부 정무통상국장의 압박을 받는 가운데, 크뤼피는 모로코에서 독일과 모든 경제적 연계를 끊는다는 데 동의했다. 이는 1909년 프랑스-독일 합의를 명백히 부인하는 조치였다. 일련의 일방적인 계획이 뒤따랐다. 프랑스는 페스와 탕헤르를 잇는 철도를 공동으로 관리하기 위한 양국 교섭을 예고도 없이 중단했고, 독일의 참여를 언급조차 하지 않는 새로운 금융 협정의 초안을 모로코와 작성했다. 쥘 캉봉은 경악했다. 그는 프랑스가 독일과의 관계에서 "궤변 정신"으로 처신하고 있다고 경고했다.[61]

결국 파리 정부는 다른 관련국들과 상의하지 않은 채 1911년 봄 모로코 현지의 봉기를 진압하고 프랑스인 식민지 주민들을 보호한다는 명분으로 상당한 규모의 본국 병력을 모로코 도시 페스에 배치하기로 결정했다. 이로써 1906년 알헤시라스 의정서와 1909년 프랑스-독일 합의를 둘 다 파기했다. 페스의 유럽인 공동체를 보호하기 위해 병력 배치가 필요하다는 주장은 거짓이었다. 모로코 내륙 깊숙한 곳에서 일어난 반란이 유럽인들을 위협할 가능성은 희박했다. 파리에 지원을 청하는 술탄의 호소문은 실은 모로코의 프랑스 영사가 구상한 것이었고, 그가 호소문을 전달받아 서명한 시점은 이미 파리 정부가 개입하기로 결정한 이후였다.[62] 뒤에서 우리는 이 단계들에 뒤이어 일어난 아가디르 위기를 다시 살펴볼 것이다. 당분간 중요한 점은 프랑스 정부가 아니라 1911년 봄과 초여름에 정책적으로 경쟁 상대가 없었던 외무부 매파가 모로코 전진정책을 수립했다는 것이다.[63] 러시아처럼 프랑스에서도 집행부 내에서 권력이 이리저리 유동함에 따라 정책의 어조와 방향이 급변했다.

베를린에서는 누가 통치했는가?

독일에서도 외교정책은 체제 내 권력 중심들의 상호작용에 의해 수립되었다. 하지만 몇 가지 구조적인 차이가 있었다. 가장 중요한 차이점은 1871년에 탄생한 독일제국을 수용하기 위해 고안해낸 복잡한 연방 구조에서 외무장관의 역할이 대부분 제국 재상직에 흡수되었다는 것이다. 이 중추적 직위는 사실 한 사람이 여러 공직을 겸하는 복합적인 자리였다. 보통 독일제국의 재상은 신생 제국의 시민과 영토 중 약 5분의 3을 포괄한, 연방을 지배한 왕국 프로이센의 수상 겸 외무장관이기도 했다. 제국 외무장관은 없었고 재상의 직속 부하인 제국 외무대신만 있었다. 그리고 재상과 외교정책 수립의 긴밀한 연관성은 그의 사택이 독일 외무부의 주소이기도 한 빌헬름가 76번지에 자리 잡은 작고 붐비는 저택이었다는 사실을 통해 분명하게 드러났다.

이 체제에서 비스마르크는 독특한 입헌 구조(독일 통일 전쟁 이후 그 자신이 창설하는 데 일조한 구조)를 지배하고 대외업무를 단독으로 처리할 수 있었다. 1890년 이른 봄에 비스마르크가 실각하자 아무도 채울 수 없는 권력 공백이 생겼다.[64] 비스마르크 이후 첫 재상 겸 프로이센 외무장관인 레오 폰 카프리비는 외무 경험이 전혀 없는 인물이었다. 재보장조약을 갱신하지 않기로 한 그의 획기적인 결정은 사실 그 전부터 비스마르크 노선을 은밀히 반대해오던 외무부의 한 파벌이 종용한 것이었다. 이 파벌을 이끈 외무부 정무국장 프리드리히 폰 홀슈타인은 명석하고 지나치게 논리정연하고 사적으로 심술궂고 사회적으로 고독한 인물로, 감탄은 자아낼지언정 동료들의 애정은 별로 받지 못했다. 이들은 별 어려움 없이 신임 재상을 포섭했다. 바꾸어 말하면 프랑스에서처럼 외무장관(독일의 경우 재상)의 힘이 약하다는 것은 곧 파리의 상트랄에 해당하는 베를린 빌헬름가의 종신 관료들에게로 주도권이 넘어간다는 뜻이었다. 이런 상황은 카프리비의 후임으로 1894~1899년 재상직을 맡은 클로트비히 폰 호헨로헤-쉴링스퓌르스트Chlodwig von Hohenlohe-Schillingsfürst 공의 임기에도 계속되었다. 1890년대 초중반에 독일 외교정책의 얼개를 만든 사람은 재상이나 제국 외무대신이 아닌 홀슈타인이었다.

홀슈타인이 이렇게 할 수 있었던 한 가지 이유는 그가 책임 있는 정치인들과 빌헬름 2세 주변의 고문단 양쪽 모두와 긴밀한 유대를 맺었다는 데 있었다.[65] 이 무렵은 "그 자신이 비스마르크"가 되어 번거로운 독일 체제에서 "개인적 통치"를 확립하겠다고 결심한 빌헬름이 정력적으로 권력을 휘두르던 때였다. 그는 이 목표를 달성하지 못했지만 그의 광대 짓은 역설적으로 집행권이 응집되는 결과를 가져왔다. 대다수 고위 정치인들과 관료들이 의사결정 과정의 통합성을 위협하는 주권자를 막아내기 위해 한데 뭉쳤기 때문이다. 프리드리히 폰 홀슈타인, 카이저의 절친한 벗이자 영향력 있는 고문인 필리프 추 오일렌부르크 백작, 심지어 무력한 호헨로헤 재상까지 "카이저 다루기"에 능숙해졌다.[66] 그들은 주로 카이저의 언행을 너무 진지하게 받아들이지 않는 방법으로 그를 다루었다. 1897년 2월 오일렌부르크에게 보낸 편지에서 홀슈타인은 이번이 지난 석 달 동안 자신이 목격한 "세 번째 정책 프로그램"이라고 말했다. 오일렌부르크는 홀슈타인에게 마음 편히 먹으라면서 카이저의 프로젝트는 "프로그램"이 아니라 정책 실행에 그리 중요하지 않은 변덕스러운 "여백 메모"라고 안심시켰다. 재상 역시 개의치 않았다. "폐하께서 또 다른 새 프로그램을 권하시는 모양이지만 저는 너무 비극적으로 받아들이지 않으려 합니다. 제가 목격한, 생겼다 사라진 프로그램이 너무나 많습니다."[67] 그는 편지에 이렇게 썼다.

오일렌부르크와 홀슈타인은 직업 외교관 베른하르트 폰 뷜로를 재상직으로 가는 길에 올려놓았다. 호헨로헤 재상 임기(1897~1900)에 뷜로는 이미 제국 외무대신으로서 친구들의 도움을 받아 독일 정책을 통제할 수 있었다. 뷜로의 입지는 1900년 카이저가 오일렌부르크의 조언에 따라 그를 재상으로 임명한 이후 더욱 강해졌다. 종전의 어떤 재상보다도 뷜로는 노련한 조신의 기예를 총동원해 빌헬름의 신뢰를 샀다. 내부 경쟁자들과 의심에도 불구하고, 뷜로-홀슈타인-오일렌부르크 삼두마차는 한동안 정책수립을 눈에 띄게 장악했다.[68] 이 체제는 다음 세 가지 조건이 충족되는 한 잘 굴러갔다. 첫째, 세 파트너가 궁극적 목표에 서로 동의한다. 둘째, 그들의 정책이 성공을 거둔다. 셋째, 카이저가 잠자코 있는다.

1905~1906년 모로코 위기 동안 이 세 가지 전제조건이 모두 틀어졌다. 우선 홀슈타인과 뷜로가 모로코에서 독일의 목표에 서로 동의하지 않았다(뷜로는 보상을 원했고, 홀슈타인은 비현실적으로 영국-프랑스 협정을 깨뜨리려 했다). 그리고 독일 대표단이 프랑스에 의해 고립되고 허를 찔린 1906년 알헤시라스 회의에서 모로코 전환책이 참담한 실패였다는 것이 분명해졌다. 이 낭패의 한 가지 결과는 모로코 신정책을 의심해오던 카이저가 재상과 갈라서고 정책수립 과정을 다시 위협하기 시작했다는 것이다.[69]

거의 같은 시기에 러시아에서는 차르의 동아시아 정책이 파국을 맞아 군주의 입지가 약해지고 내각책임제를 주장할 분위기가 조성되었다. 그에 반해 독일에서는 고위 관료들의 정책이 실패하고 카이저가 행동의 자유를 일시적으로 되찾았다. 1906년 1월 외무대신 자리가 (전임자가 과로사하는 바람에) 갑자기 공석이 되자 빌헬름 2세는 뷜로의 조언을 무시하고 자신이 고른 후임자를 앉혔다. 카이저의 여행에 종종 동행했던 측근인 하인리히 폰 치르슈키를 외무대신에 임명한 것은 뷜로와 홀슈타인의 정책을 더욱 유화적인 어떤 정책으로 교체하려는 의도라는 것이 당시 일반적인 시각이었다. 1907년 초 '뷜로 진영'과 '치르슈키 서클'이 반목한다는 이야기가 돌았다.

1909년 재상직에서 물러나기 전까지 몇 년 동안 뷜로는 예전 우위를 되찾기 위해 가차 없이 싸웠다. 1880년대에 비스마르크가 했던 것처럼, 뷜로는 카이저에게 정치적으로 불가결한 존재가 되기를 바라며 자신에게 충성을 바치는 이들로 구성된 새로운 의원 연합을 조직하려

했다. 그는 세상을 떠들썩하게 한 《데일리 텔레그래프》 사건(1908년 11월) 공작을 거들기도 했는데, 이는 빌헬름이 영국 신문 《데일리 텔레그래프》와 인터뷰하면서 발언한 고지식한 의견이 발표되자 그렇잖아도 카이저의 채신머리없는 처신에 염증을 느끼던 독일 대중이 항의의 물결을 일으킨 스캔들이었다. 뷜로는 1907~1908년 카이저의 측근 가운데 동성애자들을 폭로한 일련의 언론 캠페인에 간접적으로 관여하기까지 했다. 그중 오일렌부르크는 한때 뷜로(그 자신이 동성애자였을 것이다)의 친구이자 동맹이었으나 이제 카이저의 총애를 차지할지 모르는 잠재적 경쟁자로서 재상에 의해 매도를 당하고 있었다.[70] 이런 도를 넘은 술책을 구사했음에도 뷜로는 외교정책에 대한 예전의 영향력을 결코 되찾지 못했다.[71] 1909년 7월 14일 테오발트 폰 베트만 홀베크가 재상으로 임명되자 정국이 어느 정도 안정되었다. 베트만은 외무 경험은 부족했을지 몰라도 착실하고 온건하고 만만찮은 인물로서 재빨리 각료들과 대신들에게 자신의 권위를 주장했다.[72] 《데일리 텔레그래프》 사건과 오일렌부르크 스캔들의 충격과 치욕을 겪은 이후 카이저가 재임 초기에 비해 각료들의 권위에 공개적으로 도전하기를 꺼렸던 것도 정국 안정에 도움이 되었다.

에드워드 그레이 경의 불안한 우위

영국의 상황은 사뭇 달랐다. 러시아의 스톨리핀과 코콥초프 또는 독일의 뷜로와 베트만 홀베크와 달리, 영국 외무장관 에드워드 그레이 경은 주권자의 달갑지 않은 개입을 우려할 이유가 없었다. 조지 5세는 국제 문제에서 흡족한 마음으로 외무장관의 방침을 따랐다. 그리고 그레이는 허버트 애스퀴스Herbert Asquith 수상의 아낌없는 지원까지 받았다. 프랑스 외무장관들과 달리 그는 외무부 내에서 지나치게 강력한 관료들과 씨름할 필요가 없었다. 그는 장기 재임이라는 이유 하나만으로도 프랑스 외무장관들 대다수보다 정책에 더욱 일관된 영향력을 행사할 수 있었다. 에드워드 그레이가 외무부를 통솔한 1905년 12월부터 1916년 12월까지 프랑스에서는 외무장관이 열다섯 차례나 바뀌었다. 게다가 그레이가 취임하면서 영국 외교정책에 대한 그의 견해를 대체로 공유한 외무부 고위 관료 네트워크의 영향력이 더욱 공고해졌다. 그레이는 의심할 바 없이 전전 유럽에서 가장 영향력 있는 외무장관이었다.

19세기 전임자들 대다수와 비슷하게, 에드워드 그레이 경은 영국 사회의 최상류층에서 태어났다. 휘그당 고관들을 배출한 명문가의 후손이었다. 1832년 개혁법안을 제출한 정치인이자 유명한 홍차(얼그레이—옮긴이)의 원조인 그레이 백작이 그의 증조부의 형이었다. 1914년 이전 유럽 정계에서 활동한 정치인들을 통틀어 그레이는 가장 당혹스러운 축에 들었다. 그의 초연하고 도도한 스타일은 자유당 당원들에게 호평을 받지 못했다. 오랫동안 자유당 하원의원이었음에도 그는 의회의 소란스러운 토론에 맡겨두기엔 외교정책이 너무도 중요하다고 생각했다. 외무장관이었음에도 그는 영국 밖 세계를 거의 몰랐고,

에드워드 그레이 경

여행에 흥미가 없었으며, 할 줄 아는 외국어도 없었고, 외국인들과 함께 있으면 불편해했다. 자유당 정치인이었음에도 그는 같은 당원들이 반대하고 대다수 보수당원들이 지지하는 정책관을 갖고 있었다. '자유당 제국주의자들'로 알려진 파벌의 가장 강력한 성원이었음에도 그는 영국제국에 거의 신경 쓰지 않았던 것으로 보인다(외교정책과 국가 안보에 관한 그의 시각은 유럽 대륙에 단단히 고정되어 있었다).

그레이의 (사적 · 공적) 페르소나와 정치적 수완은 흥미로운 불협화음을 일으켰다. 젊은 시절 그는 지적 호기심이나 정치적 야망 또는 추진력을 보인 적이 거의 없었다. 옥스퍼드 베일리얼칼리지에 재학하는 동안 학업을 뒷전으로 미루고 대부분의 시간을 코트테니스 대학 챔피언이 되는 데 썼고, 공부하기 쉽다고 해서 선택한 법학을 3등급으로 졸업했다. 그의 첫 번째 정치적 (무급) 직위는 가문의 휘그당 연줄로 얻은 것이었다. 성인이 된 그레이는 정치를 소명이 아닌 고달픈 의무로 여긴다는 인상을 주었다. 자유당이 중대한 선거에서 패해 1895년 의회가 해산되었을 때, 당시 하원의원과 외무부 정무차관을 맡고 있던 그레이는 전혀 유감스럽지 않다고 고백했다. "나는 두 번 다시 재임하지 않을 테고 하원 임기도 이제 얼마 남지 않았을 거요. 우리[그와 아내 도로시] 모두 적이 안심해도 되겠소."[73]

그레이는 열정적인 박물학자요 조류 관찰자요 낚시꾼이었다. 20세기 전환기에 그는 제물낚시에 관한 에세이의 저자로 이미 유명했다. 심지어 외무장관 시절에도 기회만 생기면 부리나케 시골로 유람을 떠났고, 꼭 필요한 경우가 아니면 런던으로 불려가는 것을 싫어했다. 외교관 세실 스프링-라이스Cecil Spring-Rice처럼 그레이와 함께 일한 사람들 중 일부는 외무장관의 시골 유람이 점점 도를 넘고 있고, 그가 "오리에 쏟는 시간을 조금 빼서 프랑스어를 배우는" 편이 좋겠다고 생각했다.[74] 동료들은 그레이의 정치적 동기가 무엇인지 알기 어려웠다. 그들에게 그는 "개인적 야망이 없고 초연하고 다가가기 어려운" 사람으로 비쳤다.[75]

그러면서도 그레이는 강한 권력욕을 키웠고, 또 권력을 얻고 유지하기 위해 기민하게 음모를 꾸미는 수완을 길렀다. 그가 외무장관이 된 것은 신뢰하는 친구들이자 자유당 제국주의자 동료들인 허버트 애스퀴스, 리처드 버든 홀데인Richard Burdon Haldane과 함께 신중하게 구상한 계획의 결실이었다. 세 사람은 그레이의 낚시용 오두막에서 스코틀랜드의 작은 마을 이름을 딴 '렐류거스 맹약'을 맺었다. 자유당 지도자 헨리 캠벨-배너먼 경을 밀어내고 그들이 내각의 요직을 차지한다는 결의였다. 비밀스러움과 신중한 막후 거래는 외무장관 시절 그레이의 트레이드마크였다. 신사답고 숫기 없어 보이는 겉모습과 달리 그는 적대적인 정치에 알맞은 방법과 전술을 찾아내는 직관력을 갖추고 있었다.

그레이는 기민하게 움직이며 정책수립 과정에 대한 통제권을 그 누구도 도전하지 못할 만큼 확고하게 장악한 뒤 정책의 초점을 주로 '독일의 위협'에 맞추었다. 물론 영국 정책의 이런 방향 전환을 오로지 그레이의 권력의 소산으로 보는 것은 지나친 견해일 것이다. 그레이는 꼭두각시 조종자가 아니었다. 신정책을 추진한 사람들(바르티, 하딘지, 니컬슨, 루이스 말렛, 윌리엄 티렐 등등)은 그레이에게 조종이나 통제를 당하는 관계가 아니라 감정 섞인 의견을 공유하는 느슨한 연대의 일원으로서 그레이와 협력하는 관계였다. 사실 그레이는 이 협력자들 중 일부에 상당히 의존했다.

일례로 그레이의 많은 결정과 의견서는 하딘지의 보고서를 거의 그대로 본뜬 것이었다.[76] 그레이 집단은 근래에 단행된 외무부 구조개혁 덕분에 수월하게 우위를 점할 수 있었는데, 그 개혁의 목표는 외무장관의 권한을 강화하는 것이 아니라 고위 관료들에게 권한을 더 고르게 분배하는 것이었다.[77] 그럼에도 그레이는 우위를 점하는 내내 인상적인 에너지와 방심하지 않는 경계태세를 보여주었다. 물론 1908년부터 1916년까지 수상을 지낸 예전 공모자 허버트 애스퀴스의 확고한 지원을 받은 것도 그레이에게 도움이 되었다. 하원에서 보수당 진영 대부분의 지지를 받은 것은 또 다른 중요한 자산이었다. 그리고 그레이는 초당파적 호소력에 능하다는 것을 입증해 보였다.

그러나 그레이가 충분한 권력을 누리고 비전의 일관성을 유지했다고 해서 영국이 정책수립 과정에서 유럽 집행부들 특유의 진통을 전혀 겪지 않았던 것은 아니다. 그레이 집단이 채택한 반독일 입장은 외무부 밖에서 폭넓은 지지를 얻지 못했다. 심지어 영국 내각 과반의 지지도 얻지 못했다. 자유당 정부, 더 일반적으로 말해 자유당 운동은 자유당 제국주의자들과 급진주의자들 간의 갈등으로 양극화되었다. 자유당에서 신망 높은 인물들 중 일부를 포함해 주요 급진주의자들은 대부분 러시아와 공조하는 외무장관의 정책을 개탄했다. 그들은 그레이와 그의 동료들이 독일을 공연히 도발하는 자세를 취하고 있다고 비난했다. 그들은 러시아와 유화하는 정책의 이익이 과연 독일제국과 우정을 쌓는 정책의 잠재적 혜택보다 더 클지 의심했다. 또 독일이 삼국협상에 압박을 받아 한층 공격적인 입장을 취하지 않을까 우려했고, 베를린과의 데탕트를 요구했다. 영국 여론, 특히 문화 · 정치 엘리트층 여론의 양상도 문제였다. 이따금 영국과 독일이 '언론 전쟁'을 벌이긴 했으나 개전 이전 수년간 영국 여론은 친독일 분위기로 흘러가고 있었다.[78] 영국 엘리트층 사이에서 독일에 대한 적대감은 독일과의 다층적인 문화적 연대 및 독일의 문화적 · 경제적 · 과학적 성취에 탄복하는 마음과 공존하고 있었다.[79]

그레이는 이런 도전에 대응해 비우호적인 이들이 정책수립 과정을 면밀히 감시하지 못하도록 막았다. 그의 책상에서 나오는 문서들은 대개 '한정된 이들만 회람'하라고 표시되어 있었으며, 그의 개인비서의 전형적인 첨언은 "E. 그레이 경은 이 회람으로 충분하다고 생각하십니다"였다. 그레이는 행정부 내부의 믿음직한 연줄을 통해서만 중요한 정책 결정(특히 프랑스에 대한 약속의 수위를 높이는 결정)을 상의했다.

예를 들어 1905년 12월과 1906년 5월 프랑스와 영국의 군부 대표들이 전쟁이 일어날 경우 영국이 원칙상 프랑스를 지원하기로 합의했을 때, 내각은 이 논의를 보고받지 못했다. 이런 업무 방식은 그레이의 엘리트주의적 정치관과 잘 어울렸다. 또한 그레이가 영국-프랑스 협정과 관련해 공언한 견해, 즉 장래의 곤경이 프랑스와의 "합의"를 약화하기보다 오히려 "강화"할 수 있도록, 그리고 프랑스에 대한 약속의 수위를 점차 높이는 결정과 "당파 논쟁"을 언제나 분리할 수 있도록 "충실하고 관대한 정신"으로 협정 관계를 구축해야 한다는 견해와도 잘 어울렸다.[80] 달리 말하면 그레이는 이중노선 정책을 추구했다. 공적으로 그는 프랑스를 지원할 어떤 의무가 영국에 있다는 것을 거듭 부인했다. 그의 말대로라면 런던의 행보는 언제나 절대적으로 자유로웠다. 적대적인 동료들이 몰아세울 때마다 그는 프랑스와 연관된 군부의 동원 시나리오는 만일의 사태에 대비한 계획에 불과하다고 둘러댈 수 있었다. 이런 복잡한 책략을 구사함으로써 그레이는 영국 외교정책 운영에 놀라운 내적 일관성을 부여할 수 있었다.

그러나 쉽게 짐작할 수 있듯이 이런 정세(영국 정부와 정치 엘리트층 내 파벌들의 변화하는 세력 균형의 소산)는 혼란을 낳았다. 영국 외무장관 및 그의 동료들과 직접 대화해본 프랑스인들에게는 '서 그레이Sir Grey'(그들 일부가 예스럽게 부른 호칭)가, 비록 공식적으로는 영국-프랑스 협정에 구속적 성격이 없다고 단언하고 있기는 해도, 실제로 전쟁이 발발할 경우 프랑스 편에 설 것이 확실해 보였다. 그러나 이 대화에 끼지 못한 독일인들에게는 특히 프랑스-러시아 동맹이 독일을 선제공격할 경우 영국이 대륙 연대에서 발을 뺄 가능성이 매우 높아 보였다.

1911년 아가디르 위기

의사결정 구조의 여러 지점에서 변동하는 권력은 유럽 국제체제 내 상호작용의 복잡성과 예측 불가능성을 증폭시켰다. 특히 두 나라의 집행부가 서로 압박과 위협의 수위를 높여가며 상호작용하는 정치적 위기의 순간에 그러했다. 1911년 여름 독일과 프랑스가 모로코를 놓고 다툰 사건에서 이런 증폭 효과를 분명하게 관찰할 수 있다. 앞에서 보았듯이 1909년 프랑스-독일 합의는 프랑스 외무부가 일련의 조치를 취하고 결국 1911년 4월 모로코에 대규모 병력을 파견함에 따라 파기되었다. 1911년 6월 5일, 모로코에서 프랑스가 일방적으로 권력을 차지할 전망에 불안해진 에스파냐 정부는 병력을 파견해 모로코 북부 라라슈와 북서부 크사르엘케비르를 점령했다. 이 때문에 독일의 개입이 불가피해졌고, 폐기 기한을 2년 넘긴 그리 인상적이지 않은 포함 판터호가 예상대로 1911년 7월 1일 모로코 아가디르 항구에 나타나 닻을 내렸다.

아가디르 위기에는 아주 이상한 구석이 있었다. 이 위기는 서유럽 전쟁이 임박해 보일 지경까지 고조되었지만, 정작 당사국들은 화해가 불가능하다는 입장이 아니었고 결국 항구적 합의에 이를 수 있는 토대를 마련했다. 그렇다면 위기가 왜 그렇게 고조되었던 걸까? 한 가지 이유는 프랑스 외무부의 비타협적 태도에 있었다. 위기의 초기 단계에 주도권을 쥔 쪽은 상트랄이었다. 외무부 종신 관료들의 입장은 판터호가 아가디르에 도착하기 며칠 전인 6월 27일에 외무장관 장 크뤼피가 퇴임하면서 더욱 강경해졌다. 크뤼피의 후임인 쥐스탱 드 셀브(전임자와 마찬가지로 경쟁자 없는 후보였다)는 곧장 외무부 비서실장인 모리스 에르베트에게 속박되었다. 1907년부터 1911년까지 통신국장을 지내면서 폭넓은 언론계 인맥을 구축했던 에르베트는 아가디르 위기 동안 독일과 회담한다는 생각 자체의 평판을 떨어뜨리는 데 공을 들였다. 1911년 7월 말까지 베를린 주재 프랑스 대사는 모로코에서 프랑스의 배타적 점유를 공고히 하는 대가로 독일이 받을 보상에 대한 회담을 베를린 정부와 시작하라는 지시조차 받지 못했는데, 어느 정도는 에르베트를 비롯한 강력한 종신 관료들이 비타협적 태도를 고수한 결과였다.

독일에 보상하려는 프랑스의 유화적인 움직임은 오로지 베를린 대사 쥘 캉봉이 외무부 수장을 무시한 채 아가디르 위기 직전인 6월 27일에 취임한 정력적이고 거침없는 수상 조제프 카요Joseph Caillaux에게 직접 호소한 덕분에 가능했다. 조제프 카요는 1870년 패전 이후 프랑스의 전쟁 배상금을 독일에 신속히 지불한 유명한 재무장관 외젠 카요의 아들이다. 그는 외무를 사업가의 실용적인 눈으로 바라보는 경제적 자유주의자이자 재정 현대화론자였다. 그는 모로코에서 독일의 상업적 이해관계를 다른 국가들의 상업적 이해관계와 똑같이 대하지 말아야 할 이유가 없다고 보았고, 유럽 제국주의의 특징이 된 중상주의 경제전략에 비판적이었다.[81] 프랑스 내각은 모로코에 대한 유화정책을 선호한 카요 지지파와 외무부 매파의 대변인 노릇을 한 쥐스탱 드 셀브 지지파로 갈라졌다. 드 셀브는 외무부로부터 프랑스 순양함을 아가디르로 보내라는 압력을 받았는데, 이는 위기를 더욱 고조시킬 수 있는 조치였다. 카요가 이 선택지를 거부하자 외무부 매파는 수상과 쥘 캉봉에 맞서 조직적 행동에 나섰다. 유화 지지파의 평판을 떨어뜨리기 위해 언론 보도자료가 이용되었다. 카요는 자신의 정책을 고의로 방해하는 에르베트에게 격분한 나머지 그를 집무실로 호출해 언행일치를 선보이며 말했다. "나는 당신을 이 연필처럼 부러뜨릴 거요."[82] 카요는 결국 독일과 합의에 이를 수 있었지만, 그러기 위해 외무부 장관과 관료들을 우회하여 베를린과 (파리의 독일 대사관을 통해, 베를린의 쥘 캉봉을 통해, 그리고 폰데레라는 사업가의 중재를 통해) 은밀히 비공식 회담을 하는 방법을 써야만 했다.[83] 8월 초에 카요는 드 셀브 외무장관이 한사코 반대하는, 독일에 보상하는 거래를 비밀리에 수락했다.[84]

이런 이면 외교는 프랑스 외무부의 반독일 매파를 우회하려는 수상에게 도움이 되었지만, 그 자체로 위험한 것이었다. 1911년 8월 첫 주에 의사소통에 잠시 혼선이 생기자 카요와 독일 재상 둘 다 타협할 의향이 있었음에도, 프랑스와 영국 측에서 아가디르에 군함을 급파하겠다며 독일을 위협하는 등 불필요한 갈등이 고조되었다.[85] 카요는 의사소통을 오해한 중재자 폰데레를 탓했지만, 외무부 관료들이 그를 수상직에서 내쫓고 독일과의 양해 교섭을 좌절시키려는 음모를 꾸미지 않았다면 애당초 폰데레 같은 중재자나 카요 본인의 뒷거래가 필요하지 않았을 것이다. 카요는 때때로 자신이 한 약속을 부득이 철회할 수밖에 없었는데, 각료들이 그가 베를린에 한 확약을 수락하기를 거부했기 때문이다. 그리고 이런 복잡한 정략 탓에 베를린에서 프랑스의 동향을 해석할 때 불확실성이 커졌다. 그 해석 작업은 프랑스의 상반되는 추세들을 비교 검토하는 일이었다. 일례로 독일의 어느 하급 외교관은 프랑스 "언론의 비명과 군대의 쇼비니즘에도 불구하고" 카요의 정책이 아마도 승리할 것이라고 보고했다.[86]

아가디르 위기 동안 독일의 정책에 관해 말하자면, 그 정책을 세운 사람은 베트만 홀베크 재상도, 모로코에 전혀 관심이 없었던 카이저도 아닌 슈바벤 출신의 정력적인 제국 외무대신 알프레트 폰 키데를렌-베히터Alfred von Kiderlen-Wächter였다. 그는 1909년 2월 프랑스-독일 모로코 합의안을 작성하는 데 참여한 바 있었으므로, 프랑스군의 모로코 진주에 대한 독일의 대응책을 수립하는 과정에서 그가 주도적 역할을 한 것은 자연스러운 일이었다. 외무대신은 독일 집행부 고위층 특유의 방식대로 모로코 정책 노선을 개인적으로 장악하여 파리와의 의사소통을 직접 관리했고, 재상이 위기의 전개에 너무 깊숙이 개입하지 못하도록 그와 적당히 거리를 두었다.[87] 키데를렌은 독일의 모로코 지분을 확보하는 데 관심이 없었지만, 프랑스가 모로코에 대한 배타적 통제권을 일방적으로 강요하는 형국은 용납하지 않을 작정이었다. 그는 프랑스의 조치와 흡사하게 항의의 수위를 점차 높임으로써 독일의 권리를 인정받고 프랑스령 콩고에서 일종의 영토 보상을 얻으려 했다. 그에게는 이 목표를 분쟁 없이 달성할 수 있으리라 믿을 만한 이유가 있었는데, 1911년 5월 당시 재무장관이던 조제프 카요가 파리 주재 독일 외교관들에게 "만일 우리[독일]가 모로코에서 프랑스의 사활적 이익을 인정한다면, 프랑스는 다른 곳을 우리에게 기꺼이 양보할 것"이라고 확언한 바 있었기 때문이다.[88] 이런 이유로 6월에 카요가 수상에 취임하자 키데를렌의 기대는 커졌다. 그는 군함 두 척을 아가디르에 파견하려는 계획을 퇴짜 놓았다. 상징적인 시위로는 실질적인 상륙에 필요한 장비를 갖추지 못했고 상륙을 시도하라는 지시도 받지 못한 판터호를 보내는 것으로 충분하다는 것이 그의 판단이었다.[89]

뒤이어 위기가 전개되면서 키데를렌이 프랑스의 대응을 터무니없이 오판했다는 것이 드러났다. 또 그는 독일 국내 상황도 심각하리만치 잘못 관리했다. 키데를렌과 빌헬름 2세는 개인적으로 특별히 우호적인 사이가 아니었으며, 카이저는 1905년 못지않게 1911년에도 행정부의 북아프리카 정책에 회의적이었다.[90] 혹시 모를 황제의 반대에 맞서 입지를 강화할 요량으로 키데를렌은 독일의 초민족주의 정치인들과 정치평론가들에게 지원을 요청했다. 하지만 막상 그들이 언론 캠페인을 시작하고 나자 그 어조나 내용을 통제할 수 없었다. 그 결과 위기 수준을 무장 대치라는 임계점 아래로 유지하는 것을 일관된 목표로 삼았던 독일이 정책을 추진하는 동안 파리와 런던에서는 민족주의 언론이 우레와 같은 경고음을 울리며 여론을 선동했다. "서西모로코가 독일로 넘어간다!"라고 외치는 초민족주의 신문들의 1면 제목은 파리의 매파에게 좋은 먹잇감이었다. 이런 소식에 불안해진 카이저가 외무대신의 정책을 얼마나 신랄하게 비판했던지, 7월 17일 키데를렌이 사직서를 제출하기에 이르렀다. 결국 베트만 재상이 중재에 나서는 방법으로만 정책을 지키고 키데를렌의 사임을 막을 수 있었다.[91]

1911년 11월 4일, 마침내 프랑스-독일 조약의 합의 조항들이 확정되었다. 모로코는 프랑스의 배타적인 보호국이 되었고, 독일은 사업적 이해관계를 존중한다는 확약을 받고 프랑스령 콩고의 일부를 얻었다. 그러나 1911년 모로코 위기로 프랑스 외교의 위험천만한 비일관성이 드러났다. 1911년 11월 18일 모리스 에르베트의 행위를 조사하기 위해 소집된 징계위원회는 파리 종신 관료들의 정교한 권모술수를 적발했다. 카요 역시 신임을 잃었다. 세간의 평가는 프랑스 민족주의자들 다수가 보기에 독일에 지나치게 양보한 조약에 카요와 그의 내각이 관여했다는 것이었다. 일찍이 1890년대 후반에 델카세가 모로코를 얻는 대가로 독일에 제시하려 했던 보상을 감안하면, 이는 주목할 만한 일이었다. 수상이 독일과 주고받은 비밀 교섭안을 폭로한 보도는 카요의 운명을 결정지었다('검은 방'에서 해독한 문서를 상트랄이 입수하여 언론에 전술적으로 유출했다). 1912년 1월 21일 카요는 수상에 취임한 지 불과 7개월 만에 실각했다.

1911년 11월의 조약은 독일에서도 자국 몫이 너무 적다는 이유로 비난을 받았다. 이 결과의 책임은 어느 정도 키데를렌에게 있었다. 독일이 모로코 문제로 프랑스에 도전하여 얻어낼 수 있을 만한 몫과, 키데를렌이 잠시 현명하지 못하게 부추겼던 초민족주의 언론의 기사를 읽으며 한껏 들뜬 대중이 기대하던 눈부신 보상(가령 '독일령 서모로코') 사이에는 커다란 간극이 있었다. 외무대신은 초민족주의 언론에 지지를 요청함으로써 극우의 '천성적인 정부 지지자들'과 정부 사이를 이간질한 셈이 되었다. 그러나 키데를렌이 초민족주의 언론과 이런 파우스트적 계약을 맺어야 했던 것은 단지 정책수립 과정에 대한 그의 통제권을 카이저가 침해하지 못하게 막을 다른 방도가 없었기 때문이다.

아가디르 위기 동안 독일의 갈팡질팡 정책이 불러온 가장 중요한 결과는, 파리에서 독일의 행보를 허세 정책에 따른 조치로 잘못 해석하는 경향이 강해졌다는 사실일 것이다. 1912년 처음 몇 달 동안 신임 수상 겸 외무장관인 레몽 푸앵카레는 케도르세에서 문서철을 열람하다가 독일의 정책이 강경과 양보 사이를 오간다는 것을 발견했다. "우리가 독일을 상대로 유화책을 택할 때마다 독일은 그것을 악용했다. 반면 우리가 강경한 태도를 보일 때마다 독일은 양보했다." 이 발견으로부터 그는 독일이 "힘의 언어만" 이해한다는 불길한 결론을 이끌어 냈다.[92]

이 위기에 관여한 영국에서도 집행부 구조에 깊은 분열의 흔적이 남았다. 런던 자유당 내각은 초기에 신중하게 대응했는데, 위기를 촉발한 주된 책임이 프랑스에 있으므로 이 나라에 양보를 촉구해야 한다고 생각했기 때문이다. 7월 19일 내각은 영국이 독일군의 모로코 주둔을 용인하는 사정이 생길지도 모른다는 뜻을 파리에 통지하는 일을 그레이에게 위임했다. 프랑스 정부는 성난 어조로 영국이 이 사안을 묵인하는 것은 1904년 영국-프랑스 화친 협정을 파기하는 것이나 마찬가지라고 답변했다.[93] 그와 동시에 그레이 주변의 반독일파가 강경한 친프랑스 입장을 취했다. 아서 니컬슨, 조지 뷰캐넌, 리처드 홀데인, 그리고 그레이는 독일의 위협을 과장해서 말하고 영국-프랑스 협정을 유지하는 것이 관건이라는 생각을 되살렸다. 7월 19일 육군장관 리처드 홀데인은 군사작전국장 헨리 윌슨 경에게 유럽 대륙으로 떠날 시간을 늦춰달라고 요청한 뒤 오전 동안 프랑스-독일 전선에서 분쟁이 일어날 경우 양국의 전력이 얼마나 될지 가늠했다.[94] 쥐스탱 드 셀브가 콩고에 대한 독일의 요구에 놀라움을 표현했을 때, 프랜시스 바르티 경은 파리에서 그레이에게 보낸 보고서에서 독일의 "과도한" 요구는 "알려진 대로 받아들일 수 없는 것이고, 프랑스를 굴복시켜 독일이 모로코 해안에 자리 잡는 것을 감내하게 만들려고 의도된 것"[95]이라고 썼다. 이는 독일의 입장을 오해한 견해이자, 독일이 대서양 해안에 근거지를 마련하는 상황을 용납할 수 없는 영국 해군주의자들에게 두려움을 심어주려는 속셈이 담긴 견해였다.

독일이 대서양 항구를 차지할 전망 덕분에 그레이는 독일 대사에게 개인적으로 경고하는 방안에 대한 내각의 승인을 받아낼 수 있었다. 7월 21일 그레이는 독일이 아가디르에 상륙할 의도라면 영국은 그곳에서 자국의 이해관계를 보호할 수밖에 없다고 독일 대사에게 경고했다. 이 말은 영국 군함을 배치할 수 있다는 뜻이었다.[96] 같은 날 그레이 측은 더 강경하게 나갔다. 1911년 7월 21일 저녁 데이비드 로이드 조지 재무장관은 맨션하우스Mansion House(런던 시장 관저—옮긴이) 연설에서 베를린에 매서운 경고를 했다. 영국은 "세계의 강대국들 사이에서 자신의 위치와 위신을" 반드시 유지해야 했다. 영국은 과거에 "불가항력적인 재해로부터, 심지어 국가의 소멸로부터" 대륙 국가들을 한 번 이상 "구원했다." 만일 영국이 평화와 국제적 우위 포기 둘 중에 하나를 고르도록 강요당한다면, "저는 그런 대가로 얻는 평화란 우리나라 같은 강대국으로서는 견딜 수 없는 굴욕이라고 단호히 말하겠습니다."[97] 뒤이은 며칠 동안 그레이는 로이드 조지와 윈스턴 처칠에게 영국 함대가 곧 공격받을 위험이 있다고 경고하고, 레지널드 맥케나 Reginald McKenna 해군장관에게 독일 함대가 집결하여 공격 준비를 마쳤다고 알리는 등 해군 공포를 부채질했다(사실 독일 대양함대는 흩어져 있었고 독일 정부는 대양함대를 집결시킬 생각이 없었다).[98]

맨션하우스 연설은 즉흥적인 감정 분출이 아니었다. 그레이와 애스퀴스, 로이드 조지가 신중하게 계획한 포석이었다. 카요가 자신의 비둘기파 의제를 프랑스-독일 교섭 테이블에 올리기 위해 외무부를 우회했던 것처럼, 그레이를 중심으로 하는 영국의 반독일파는 독일에 강경하고 잠재적으로 도발적인 메시지를 전하기 위해 자유당 내각의 비둘기파인 급진주의자들을 우회했다. 로이드 조지는 연설의 민감한 표현에 대해 내각의 승인이 아닌 애스퀴스 수상과 그레이 외무장관의 승인만 받았다.[99] 이 연설은 로이드 조지가 온건한 급진주의자 진영에서 자유당 제국주의자 진영으로 전향했음을 알리는 사건이었기에 더욱 중요한 의미가 있었다. 그의 발언에 베를린 정부는 경악했고, 영국 정부가 프랑스-독일 교섭의 진행을 공연히 방해한다고 생각했다. "로

이드 조지가 누구이기에 독일에 다짜고짜 하명하고 곧 타결될 프랑스-독일 합의에 제동을 거는 겁니까?" 독일 외무부 차관 아르투르 침머만Arthur Zimmermann은 베를린 주재 영국 대사에게 이렇게 물었다.[100]

로이드 조지의 연설은 그레이의 프로그램에 참여하지 않은 영국 각료들에게도 충격이었다. 인도부 장관 존 몰리John Morley 자작은 이 연설(그리고 뒤이어 그레이가 런던 주재 독일 대사와 대화하면서 이 연설을 옹호한 일)을 가리켜 "독일에 대한 부당하고 유감스러운 도발"이라고 비난했다. 대법관 로버트 레이드 로번Robert Reid Loreburn 경은 (자신이 보기에) 파리의 책임도 없지 않은 분쟁에서 영국이 프랑스를 그토록 공격적으로 지지한다는 사실에 아연실색했다. 로번은 그레이에게 로이드 조지의 연설을 공식 부인하고 영국은 프랑스와 독일의 교섭에 간섭할 의사가 전혀 없음을 천명하라고 간청했다.[101]

승리한 쪽은 그레이 측이었다. 1911년 8월 23일 영국 제국방위위원회 회의에 참석한 사람들은 프랑스-독일 전쟁이 발발할 경우 영국 원정군을 수송하는 등 대륙에 신속히 개입하기로 의견을 모았다. 애스퀴스, 그레이, 홀데인, 로이드 조지, 육군참모총장, 해군참모총장은 참석했지만, 몰리, 크루-밀른스, 루이스 하코트, 레지널드 브렛을 포함해 핵심 급진주의자들은 회의 소식을 듣지 못했거나 초대받지 못했다. 뒤이은 몇 주 동안 그레이 측은 분주히 전쟁계획을 세웠다(그리하여 급진주의자들을 공포로 몰아넣었다). 1911년 9월 애스퀴스마저 프랑스와 동원계획 및 전략을 조정하기 위한 폭넓은 "군사 대화"에 난색을 표했지만, 그레이는 대화 중단을 거부했다.[102] 모로코 문제로 분쟁하는 두 당사국보다도 더한 정도로, 영국은 급격한 위기 고조의 가능성까지 고려할 의향이었다.[103] 프랑스는 위기가 한창일 때에도 전쟁 대비를 전혀 하지 않은 반면, 베트만이 런던 대사에게 보낸 서신에서 말한 대로 "영국은 언제라도 타격할 준비가 되어 있는 것처럼" 보였다.[104] 이와 비슷한 결론에 도달한 오스트리아 외무장관 에렌탈은 8월 3일 영국이 당장이라도 모로코 분쟁을 구실로 경쟁국 독일을 깨끗이 "처리할" 준비가 되어 있는 것처럼 보인다고 말했다.[105] 영국의 입장은 비교적 조심스럽고 유화적인 러시아의 입장과 특히 대비되었다.[106] 빈 정부는 영국의 대응을 본 뒤에야 그때까지 모로코 문제와 관련해 고수해오던 중립정책을 포기했다.[107]

영국에서 매파와 비둘기파의 전투는 아직 끝난 게 아니었다. 프랑스 외무부 관료들이 카요와 불운한 쥐스탱 드 셀브에 대한 복수에 나서 1912년 1월에 그들을 실각시켰던 것처럼, 영국에서 자유당 급진파 회의론자들은 그레이가 추구하는 정책에 대한 공격을 재개했다. 각료 중에는 아가디르 위기 이전에 그레이가 프랑스에 무엇을 약속했는지 전혀 모르는 이들이 많았다. 1911년 12월 평의원들이 그레이에 반기를 들었다. 그레이에 대한 악감정은 어느 정도는 그의 비밀스러운 전술에 대한 불만에서 비롯되었다(어째서 영국 국민을 대신한다는 정부의 대처에 관해 아무도 듣지 못했는가?). 자유당에서 반그레이 활동에 앞장선 아서 폰슨비Arthur Ponsonby와 노엘 벅스턴Noel Buxton은 영국-독일 관계를 개선할 위원회의 설립을 요구했다. 외무장관에 대한 반발이 사실상 자유주의 언론 전체를 휩쓸었다. 하지만 파리에서 완강한 반대파가 카요와 그의 유화적인 접근법의 평판을 떨어뜨리는 데 성공한 반면, 영국에서 '친독일' 로비는 그레이나 그의 정책을 몰아내는 데 실패했다.

여기에는 세 가지 이유가 있었다. 첫째, 영국 의회정치의 극성스러운 당파 구조를 겪어온 영국 각료들이 애초부터 그런 반대 운동에 덜 취약했다는 것이다. 둘째, 그레이의 정책이 전면 거부될 경우 그가 로이드 조지, 홀데인, 어쩌면 처칠과 함께 동반 사임할지 모른다는 것이었다. 그렇게 되면 자유당 정부는 끝이었기에 자유당 불간섭주의자들은 그 가능성에 정신을 번쩍 차렸다. 마지막으로 앞의 두 이유 못지않게 중요한 이유는 보수당이 프랑스와 군사협정을 맺으려는 그레이의 정책을 지지했다는 것이다. 1911년 11월까지 보수당 당수를 지낸 아서 밸푸어Arthur Balfour의 은밀한 지지 약속은 아가디르 위기라는 난국을 돌파할 수 있도록 외무장관을 도와준 요인 중 하나였다.[108] 시간이 흘러 1914년 여름 아일랜드의 자치 문제로 정국 위기의 조짐이 나타나고 보수당의 지지를 계속 구해야 하느냐는 물음이 제기되었을 때, 자유당이 그동안 야당에 의존하면서 상당한 부채를 졌다는 것이 드러났다.

그러나 그레이의 협정주의 정책의 핵심은 유지되었다 해도, 국내의 목소리 크고 영향력 강한 반대파에 맞서 본인의 입장을 변호해야 했던 탓에 그레이는 자신의 약속을 원하는 만큼 명료하게 표명할 수가 없었다. 아가디르 위기 이후 그레이는 더 분명하게 약속해주기를 요구하는 프랑스와, 그렇게 하지 말라고 역설하는 내각 불간섭주의자들

(어쨌거나 여전히 내각에서 다수였다) 사이에서 줄타기를 해야 했다. 1911년 11월 각료 15명은 외무장관에게 두 건의 경고성 내각 결의안을 제출하여 자신들의 사전 인지 및 승인 없이는 프랑스와 고위급 군사회담을 추진하지 말라고 요구했다. 1912년 1월 로번이 주도한 회의에서 불간섭주의자들은 내각 성명을 채택하기로 의견을 모았다. 영국은 "독일에 맞서 프랑스를 병력으로 지원할 어떤 의무도, 직접적이든 간접적이든, 명시적이든 암시적이든 그 어떤 의무도 없다"라는 취지의 성명이었다. 그레이와 그의 동료들은 로번이 병환으로 은퇴한 덕에 이 일격을 가까스로 피할 수 있었다.[109]

정부 내부의 결연한 반대파와 안보 장치로서의 영국-프랑스 협정을 유지하는 데 초점을 맞추는 정책, 이 둘 사이에서 균형을 잡아야 할 필요성 때문에 영국은 당혹스러우리만치 모호한 외교 신호를 보내게 되었다. 한편으로 영국 사령관들은 프랑스 사령관들을 상대할 때 언제나 일정한 재량권을 행사할 수 있었고, 독일과 분쟁할 경우 영국이 군사적 지원을 하겠다고 확언하여 프랑스의 강경한 입장 변화에 일조했다.[110] 그들의 계획은 영국 의회는커녕 내각의 승인도 받지 않은 것이었다. 1911년 아가디르 위기 동안 신임 군사작전국장 헨리 윌슨 소장은 파리로 파견되어 영국-프랑스 합동 동원일정을 프랑스 참모본부와 논의했다. 그 결과 1911년 7월 21일 윌슨-뒤바이 각서(당시 오귀스트 뒤바이 장군이 프랑스 육군참모총장이었다)가 작성되었다. 동원일로부터 15일째 되는 날에 영국의 6개 보병사단, 1개 기병사단, 2개 의용기병여단(총합 병력 15만 명, 말 6만 7000마리)을 프랑스군 좌익에 배치한다는 내용이었다.[111] 1912년 초 영국-프랑스 해군 전략을 조정하여 독일의 해군 증강을 상쇄하자는 결정은 방위동맹과 비슷한 무언가가 생기고 있다는 추정을 강화했다.

다른 한편 1912년 11월 22일과 23일에 그레이와 폴 캉봉이 주고받은 유명한 서신들(훗날 몰리가 말한 대로 불간섭주의자들이 그레이로부터 '강탈한')을 보면 영국-프랑스 협정은 결코 동맹이 아닌 것이 분명했다. 두 사람이 서신에서 설령 영국과 프랑스 중 한 나라가 제3국의 공격을 받는다 해도 각국이 독립적으로 행동할 자유가 있다고 역설했기 때문이다. 프랑스를 지원할 의무가 영국에 있었을까 없었을까? 그레이가 영국의 지원 계획은 만일의 사태에 대비한 구속력 없는 계획에 불과하다고 공적으로 천명하는 것은 아무래도 상관없는 일이었다. 사적으로 외무장관은 프랑스가 "도발하지 않고 사리에 맞게" 행동하기만 하면, 영국-프랑스 군사회담을 "프랑스와 협력하도록 우리를 속박하는" 회담으로 여긴다는 것을 인정했다. 1914년 8월 초에 외무부 사무차관 아서 니컬슨 경이 그레이에게 "귀하는 캉봉 씨에게 독일이 침략국이라면 프랑스 편에 서겠다고 누누이 약속했습니다"라고 강조하자 그레이는 그저 이렇게 대꾸했다. "그렇지요. 하지만 그에게 서면 약속은 없습니다."[112]

이처럼 영국과 프랑스 간 최고위급 외교는, 영국 쪽에서 보면 일종의 이중 사고라는 특징을 띠게 되었다. 그레이는 사정상 공개 발언과 심지어 공식 소통까지 내각 불간섭주의자들의 기대치에 맞추어야 했다. 그러나 폴 캉봉은 런던에서 반독일파 친구들에게, 또는 파리에서 바르티에게 귀를 기울였을 때, 자신이 듣고 싶던 말을 들었다. 줄잡아 말해도 프랑스로서는 어느 장단에 춤을 춰야 할지 알기 어려운 형국이었다. 그 결과로 훗날 1914년 7월 위기가 절정으로 치닫기까지 몇 달 동안 파리의 의사결정자들, 런던 주재 프랑스 대사, 실은 그레이 본인까지 심한 불안감에 시달려야 했다. 더 중요한 점은 영국의 약속이 불확실했던 탓에 프랑스 전략가들이 서쪽에서의 약점을 동쪽에서 보완하기 위해 러시아와의 동맹을 군사동맹화하는 데 점점 더 매달렸다는 것이다.[113] 1913년 봄에 파리 주재 벨기에 공사 기욤 남작은 프랑스 정부가 "영국 우정의 강도와 효력이 점점 약해진다는 것을 알고 있는 까닭에 러시아와의 동맹을 점점 강화할" 수밖에 없다고 말했다.[114] 독일에게도 영국 정책의 우유부단함은 혼란과 고민의 원천이었다. 한편으로 그레이는 불간섭주의자들을 달래기 위해 겉으로는 베를린을 향해 문을 열어둘 수밖에 없었다. 그러나 다른 한편으로 그는 독일 측에서 프랑스가 영국에 완전히 버림받았으므로 영국의 대응을 우려하지 않고 프랑스를 공격할 수 있다고 결론 내리지 않도록 때때로 독일에 거친 경고를 보내야 한다고 생각했다. 이렇게 엇갈린 메시지를 보낸 체제의 귀결, 유럽 집행부들 내부에서 곧잘 변동한 권력관계의 결말은, 7월 위기 내내 베를린의 정책수립자들을 불안하게 만든 영국 측 의도의 영원한 불확실성이었다.

군인과 민간인

"〔유럽〕 상황이 심상치 않습니다." 에드워드 하우스Edward House '대령'은 1914년 5월 유럽 여행을 마친 뒤 우드로 윌슨 미국 대통령에게 이렇게 보고했다. "군국주의가 미쳐 날뛰고 있습니다."[115] 하우스의 견해에는 개인적인 경험이 어느 정도 반영되었을 것이다. 그는 미국식 '정치인 대령'이었다. 그는 텍사스 주지사의 정치고문 역할을 한 보답으로 주 방위군의 '대령' 칭호를 받았다. 그런데 하우스 대령이 베를린을 방문했을 때 독일인들이 그를 군인으로 여기고서 만찬에서 언제나 장군들과 동석하게 했다. 유럽에 군국주의가 만연하다는 그의 견해는 어느 정도 이 불운한 착각에서 기인했을 것이다.[116] 그렇다 해도 대서양 건너편 미국 사람들에게 전쟁 이전 유럽의 광경이 신기해 보였다는 것은 의심할 나위가 없다. 유럽에서는 고위 정치인들, 황제들, 국왕들이 군복 차림으로 공식 행사에 참석했고, 국가의 공식 의식에서 정교한 열병식이 필수였고, 엄청난 광채를 발하는 군함 전시가 수많은 군중을 모으고 삽화 잡지의 페이지를 채웠으며, 전체 국민의 남성 축소판이 될 때까지 징집군의 규모가 커졌고, 군사 전시물에 대한 숭배가 가장 작은 공동체의 공적 · 사적 생활에까지 스며들었다. 이런 '군국주의'는 1914년 유럽을 전쟁으로 이끈 결정들에 어떤 식으로 영향을 미쳤을까? 7월 위기의 뿌리는 일부 역사가들의 주장대로 민간 정치인들의 책임 방기와 장군들의 정치권력 찬탈에 있었을까?

전전 집행부들 내부에서 군인들과 민간인들이 서로 투쟁한 것은 분명하다. 그것은 돈을 둘러싼 투쟁이었다. 방위비는 정부 지출에서 상당한 비중을 차지했다. 장비와 훈련, 기반시설의 개선을 간절히 바라는 군 사령관들은 (오늘날과 마찬가지로) 정부 자원에 접근할 권리를 두고 민간 정치인들과 경쟁을 벌여야 했다. 역으로 재무장관들과 그들의 정치적 협력자들은 재정적 어려움 또는 국내 결속이라는 명분으로 사령관들을 제약하기 위해 싸웠다. 이 경쟁에서 누가 이길지는 제도적 환경의 구조에, 그리고 대내외의 우세한 정치적 구도에 달려 있었다.

1908년까지 러시아군의 혼돈스러운 지휘 구조 탓에 장군들은 정부에 효과적으로 로비하기가 어려웠다. 그러다 1908년 군사행정 개혁을 통해 한층 일원화된 집행 체제가 마련되면서, 특히 육군장관이 차르에게 군사 문제에 관해 직접 보고하는 배타적 권리를 가진 최고위 국방 관료가 되면서 형세가 변하기 시작했다.[117] 1909년부터 신임 육군장관 블라디미르 수호믈리노프Vladimir Sukhomlinov(1914년 7월에도 재임하고 있었다)와 강건하고 보수적인 재무장관 블라디미르 코콥초프 사이에 길고도 격렬한 경쟁이 펼쳐졌다. 강력한 수상 표트르 스톨리핀을 뒷배로 둔 코콥초프는 재정 책임과 국내 경제 발전의 옹호자로, 수호믈리노프의 예산안을 번번이 저지하거나 삭감했다. 두 사람의 직업상 마찰은 금세 상대방 개인에 대한 불타는 증오심으로 악화되었다.[118] 수호믈리노프는 코콥초프가 "도량이 좁고 쓸데없이 말이 많고 자기중심적"이라고 생각했고, 코콥초프는 육군장관을 가리켜 무능하고 무책임하고 부패한 사람이라고 (좀 더 정당하게) 비난했다.[119]

독일에서 코콥초프와 비슷한 역할을 맡은 아돌프 베르무트Adolf

Wermuth는 1909~1911년 재무장관으로서 베트만 홀베크 재상의 지원을 받으며 제국 예산을 재조정하고 공채를 줄이는 데 힘썼다. 코콥초프가 수호믈리노프의 헤픈 군사비 관리에 불평했던 것처럼, 베르무트는 티르피츠 해군장관의 과한 지출에 비판적이었고, 해군장관이 무책임하다고 자주 불평했다.[120] 그의 표어는 "세입 없이 지출 없다"였다.[121] 한편 참모총장과 육군장관 사이에도 갈등이 계속되었는데, 전자의 자금 증액 요구를 후자가 자주 거부하거나 반대했기 때문이다.[122]

근래의 한 연구는 1905년 알프레트 폰 슐리펜Alfred von Schlieffen 참모총장이 대대적인 서부전선 공세 구상을 스케치한 유명한 의견서가 엄밀히 따지면 '전쟁계획'이 아니라 정부로부터 더 많은 돈을 받아내기 위한 구실이었다고 시사하기까지 했다. 무엇보다도 슐리펜의 스케치는 당시 독일이 실제로 동원해 보유할 수 있는 병력보다 많은 81개 사단의 배치를 구상했다.[123] 독일에서 군사비 문제는 연방헌법에 따라 제국정부가 아닌 연방국가들이 직접 조세 수입을 정했다는 사실 때문에 더욱 복잡해졌다. 독일제국의 위임 구조는 제국 방위비에 재정적 제한을 두었다.[124] 영국과 프랑스, 러시아에는 이에 상응하는 방위비 제한이 없었다.

그럼에도 독일에서는 군비 예산안을 의회에 5년마다 한 번씩만 제출하고 갱신한(5년 주기제라 알려진 제도) 까닭에 정부 자원을 둘러싼 갈등이 완화되었다. 군의 고위 인사들은 5년 주기제를 의회의 끊임없는 간섭으로부터 군대를 지키는 수단으로 여겼으므로 거액의 예산 외 지출을 요청하여 이 제도를 위태롭게 하는 일을 꺼렸다. 이 제도는 자제를 유도하는 강력한 요인으로 작용했다. 1906년 6월 프로이센 육군장관 카를 폰 아이넴Karl von Einem이 말한 대로 5년 주기제는 번거롭기는 해도 유용한 제도였는데, "군비를 확장할 때마다 군대의 존재를 맹렬하고도 집요하게 공격하는 선동이 해마다 되풀이된다면 더욱 위험할" 것이었기 때문이다.[125] 1911년 5년 주기제를 갱신하는 해였음에도 헬무트 폰 몰트케Helmuth von Moltke 참모총장과 요지아스 폰 헤링겐Josias von Heeringen 육군장관이 힘을 모아 군사비를 대폭 증액하려 했을 때 베르무트 재무장관과 베트만 홀베크 재상이 반대하고 나선 결과, 평시 육군 병력 증원은 미미한 수준(1만 명 증가)에 그쳤다.[126]

우리는 유럽의 모든 정부에서 이와 비슷한 갈등을 찾아볼 수 있다. 1906년 선거운동에서 영국 자유당은 "평화, 긴축, 개혁"을 구호로 내걸고 보어전쟁 시기의 엄청난 군사비를 삭감하겠다고 약속했다(선거 결과 절대다수 의석을 차지했다). 예산 제약은 영국이 프랑스·러시아와의 양해를 추구하기로 결정하는 데 중요한 요인으로 작용했다. 예산 제약의 한 가지 결과는, 영국의 해군 예산은 계속 급증한 데 반해(독일 해군의 지출과 비교해 영국 해군의 지출은 1904년에 세 배였고, 1913년에도 두 배 이상이었다) 육군의 지출은 전전 내내 그대로였고, 그런 사정으로 홀데인 육군장관이 어쩔 수 없이 군비 확장보다는 육군의 효율성 제고와 재편성에 초점을 맞추어야 했다는 것이다.[127]

오스트리아-헝가리의 경우 국내 이중구조 정치의 격동 때문에 20세기에 들어선 이후 군사적 발전이 사실상 마비되었다. 헝가리 의회 내에서 자치를 주장하던 집단들은 이중군주국 공동 군대에 헝가리의 세입과 신병을 내주지 않으려고 싸웠다. 이런 환경에서 군사비 예산을 늘리자는 제안은 끝없는 입법 싸움 와중에 흐지부지되었고, 합스부르크 군대는 오스트리아 참모총장의 표현대로 "끈질긴 정체" 상태로 쇠약해져갔다. 이것은 오스트리아-헝가리가 1912년까지도 국민총생산의 고작 2.6퍼센트만 국방에 지출한 이유 중 하나였다. 이는 유럽 다른 어떤 강국보다도 낮은 비율이었고, 분명 이중군주국의 경제로 감당할 수 있는 수준보다 한참 아래였다(같은 해 러시아, 프랑스, 독일은 각각 4.5퍼센트, 4.0퍼센트, 3.8퍼센트였다).[128]

프랑스에서는 1890년대에 드레퓌스 사건으로 제3공화국의 민간 당국과 군부 간 합의가 깨졌고, 교권적 · 반동적 태도의 보루로 비친 군 수뇌부 인사들이 대중의 의심, 특히 공화주의적 · 반교권적 좌파로부터 의심을 받았다. 이 스캔들 이후 세 차례 연이어 집권한 급진당 정부는 특히 에밀 콩브Émile Combes(1903~1905) 수상과 조르주 클레망소Georges Clemenceau 수상 임기(1906~1909)에 공격적인 '공화주의화' 군사개혁 프로그램을 추진했다. 정부의 군 통제력이 강화되었고, 민간인 사고방식을 가진 육군부의 입지가 정규군 사령관들과 비교해 점점 강해졌으며, 드레퓌스 사건 시기에 정치적으로 미심쩍었던 '근위대'를 전시에 국방을 위해 동원할 민간인 예비병들로 구성된 '시민군'으로 바꿀 목적으로 1905년 3월 (군사전문가들의 조언을 무시하고) 군 복무기간을 3년에서 2년으로 줄였다.

프랑스 군부는 전전 막판에야 형세를 뒤집을 수 있었다. 1908년 러시아의 사례처럼 1911년 프랑스의 군 지휘권이 일원화되었고 조제프 조프르Joseph Joffre 참모총장이 평시 군사기획을 세우고 전시 주력군을 지휘하는 공식 책임자로 지명되었다. 군사비 증액을 위해 투쟁하는 "길고도 고통스러운 이야기"가 계속되긴 했지만, 1912~1914년 푸앵카레 정부와 뒤이어 푸앵카레 대통령의 친군부적 태도(프랑스 정계와 여론의 복잡한 재조정 과정을 거치며 강화되었다)에 힘입어 재무장 계획에 호의적인 환경이 조성되었다.[129] 1913년 국경 요새들을 보강하는 것이 더 싸고도 효과적인 방법이라고 주장한 루이-뤼시앵 클로츠Louis-Lucien Klotz 재무장관의 항의에도 불구하고, 군부는 정치적 압력을 통해 군 복무기간을 2년에서 3년으로 되돌릴 수 있었다.[130]

독일에서도 아가디르 위기 이후 험악해지는 분위기에 고무된 요지아스 폰 헤링겐 육군장관과 헬무트 폰 몰트케 참모총장이 육군 증강을 더욱 강경하게 요구했다. 아돌프 베르무트 재무장관은 군사비 증액을 막겠다는 입장을 완강히 고집하며 승산 없는 싸움을 벌였으나 1912년 3월에 사임해야 했고, 이 일로 그의 정책이 더 이상 정부의 폭넓은 지지를 받지 못한다는 사실이 분명해졌다. 베르무트 시대의 재정 엄격주의는 폐기되었고, 육군 지출 옹호자들이 점차 해군 경쟁자들보다 우세를 점했다. 오랜 상대적 침체기가 지나가고 1913년 7월 3일 육군법이 통과되어 육군 지출이 역대 최대로 증가했다.[131]

러시아에서는 스톨리핀 수상이 암살된 후 그의 후임을 겸하게 된 재무부 장관 코콥초프가 수호믈리노프 육군장관의 집요한 로비와 이면공작을 물리치기가 점점 더 힘들어지고 있었다. 두 사람의 불화는 1913년 봄에 열린 중요한 내각회의에서 곪아터질 지경에 이르렀다.

이 기회를 노리고 있던 수호믈리노프는 코콥초프를 제외한 참석자 전원이 이미 보고받은 중요한 예산안으로 수상을 기습했다. 이 권력 균형의 변동에는 차르의 지지가 결정적이었다. "수호믈리노프와의 갈등에서 그대는 언제나 옳아." 1912년 10월 니콜라이 2세는 코콥초프에게 말했다. "하지만 그대가 짐의 입장을 이해해주길 바라네. 짐이 수호믈리노프를 지지하는 것은 그대를 신뢰하지 않아서가 아니라 군사 예산에 동의하지 않을 수 없기 때문이네."[132]

이런 대규모 자원의 이전은 권력의 이동이나 적어도 정치적 영향력의 이동을 수반했는가? 이 물음에 답하려면 나라마다 달랐던 다양한 조건을 고려해야 한다. 민간 정권의 통제력이 가장 강고한 나라는 의심할 나위 없이 프랑스였다. 1911년 12월 조프르가 프랑스-독일 국경에 대규모 병력을 공세적으로 배치하는 데 초점을 맞춘 새로운 전략계획의 윤곽을 그렸을 때, 급진당 수상 조제프 카요는 참모총장에게 의사결정은 궁극적으로 민간 당국의 책임이라고 퉁명스럽게 통보했다.[133] 참모총장의 직무는 그저 자신의 전문 분야에 해당하는 문제에 대해 정치적 상관들에게 조언하는 것이라고 카요는 자주 지적했다. 1912~1914년 군비 지출을 늘리기로 방침을 바꾸고 조프르의 공세적 병력 배치에 투자하기로 결정한 쪽은 군부가 아닌 정치인들이었고, 그들의 지도자는 매파이지만 입헌적 관점에서 보면 단연코 민간인인 레몽 푸앵카레였다.

러시아의 상황은 사뭇 달랐다. 이곳에서는 차르가 전제정의 중심에 있었기에 각료들 개개인이 일정한 상대적 자율성을 확보할 수 있었다. 블라디미르 수호믈리노프 육군장관은 러시아의 특징을 잘 보여주는 사례다. 1909년 그가 육군장관에 임명되었을 당시, 상트페테르부르크에서는 의회가 군을 통제하려 시도하면서 한창 투쟁이 벌어지고 있었다. 영향력 있는 의원 집단이 국방정책을 감독할 제정의회의 권리를 주장하고 있었다. 수호믈리노프의 임무는 제정의회의 주장을 물리치고, 군부의 의사결정에 스며드는 "민간인의 태도"를 막아내고, 차르의 대권을 보호하는 것이었다. 그는 이 역할로 여론의 증오를 샀지만, 동시에 차르의 강력한 지지를 얻었다.[134] 이처럼 차르의 지원을 등에 업은 덕에 그는 러시아가 프랑스와 동맹을 맺으면서 공식 약속한 내용과 그야말로 상충하는 안보정책을 수립할 수 있었다.

동원 제1단계에 독일을 신속히 공격해달라는 프랑스의 요구에 부응하기는커녕, 1910년 수호믈리노프의 재배치 계획은 러시아군 배치의 초점을 폴란드 돌출부 내 서부 국경지대에서 그 동쪽 내륙에 있는 지점들로 이동시켰다. 변경의 목표는 부대병력과 인구 밀도 사이의 균형을 조절하고, 필요하다면 동쪽 작전구역에 배치할 수 있는 병력을 창출하는 것이었다. 극서 지역은 교전의 첫 단계에 적군에 내주었다가 적당한 때에 육군 부대들로 대규모 합동 반격에 나설 계획이었다.[135] 수호믈리노프는 이렇게 작전계획을 혁신하면서 외무부의 동의를 구하려는 어떤 노력도 기울이지 않았던 것으로 보인다. 새 계획을 접한 프랑스 군사전문가들은 프랑스-러시아 동맹의 대독일 군사 주도권을 포기하는 조치로 여기고서 경악했다. 결국 러시아가 프랑스의 우려를 고려해 계획을 수정하기는 했지만, 수호믈리노프가 러시아 외교정책의 중핵인 프랑스와의 동맹을 거스르는 듯한 정책을 고안하고 실행할 정도의 독립성을 보유했다는 것은 주목할 만한 사실이다.[136]

차르의 지지로 무장한 수호믈리노프는 코콥초프 수상의 권위를 깎아내릴 수도 있었으며, 수상에게 군사 예산으로 도전하는 방법만이 아니라 각료평의회에서 그에게 적대적인 파벌을 결성하는 방법도 사용했다. 그리고 이렇게 해서 러시아의 안보 상황에 관한 자신의 견해를 피력할 수 있는 발판을 마련했다. 1912년 11월 넷째 주에 열린 일련의 중요한 회의에서 수호믈리노프는 전쟁이 불가피하고 "가급적 일찍 시작하는 편이 우리에게 이로울 것"이라는 견해를 피력했다. 전쟁이 "〔러시아에〕 이익만 가져다줄 것"이라고 그는 주장했다. 이 기이하고 착각에 빠진 주장에 신중한 코콥초프는 깜짝 놀랐다.[137] 하지만 수호믈리노프가 이렇게 주장할 수 있었던 배경에는 다른 민간 각료들, 즉 세르게이 루흘로프Sergei Rukhlov, 바실리 미클라코프Vasily Maklakov, 이반 셰글로비토프Ivan Shcheglovitov, 그리고 농업장관이자 차르의 측근인 가장 중요한 유력자 A. V. 크리보셰인Alexander Vasilyevich Krivoshein의 사전 동의가 있었다. 1912년 마지막 몇 달 동안 각료평의회에서 수호믈리노프와 크리보셰인이 주도한 '주전파'가 등장했다.[138]

독일에서도 체제의 근위대적 성격 덕분에 군부가 얼마간 자유롭게 공작을 펼칠 수 있었다. 참모총장 같은 핵심 인물들은 특히 긴장이 고조된 시기에 의사결정에 때때로 영향력을 행사할 수 있었다.[139] 군 사령관들이 무엇을 말했는지 확인하는 것은 아주 쉬운 일이지만, 정부의 의사결정 과정에서 그들의 조언이 어느 정도 반영되었는지 알아내는 것은 훨씬 더 어려운 일이다. 특히 러시아의 각료평의회 같은 동료들 간 의사결정 기구가 없었던 까닭에 군인들과 민간 관료들이 공개적인 갈등을 빚을 필요가 없었던 독일의 환경에서는 더욱 어려운 일이다.

군인들과 민간 정책수립자들의 상호작용을 이해하는 한 가지 방법은 대사 · 공사 · 서기관의 공식 외교기구와, 육해군 무관들의 네트워크(육군참모본부와 해군본부의 감독을 받았다)가 서로 어떤 관계였는지 검토하는 것이다. 사태를 바라보는 무관들의 시각은 때로 공식 외교가의 시각과 달랐다.

하나만 예를 들겠다. 1911년 10월 런던 주재 독일 해군무관 빌헬름 비덴만Wilhelm Widenmann이 베를린에 위험을 경고하는 보고서를 보냈다. 비덴만은 이제 영국 해군장교들이 아가디르 위기가 진행된 지난여름 몇 달 동안 "영국의 전 함대를 동원했다"는 것을 공공연히 인정한다고 썼다. 영국은 "그저 프랑스로부터 독일을 습격하라는 신호가 오기를 기다리고 있는" 것처럼 보였다. 엎친 데 덮친 격으로 신임 해군장관은 "물불 가리지 않고 야심만만하고 신뢰할 수 없는 선동가" 윈스턴 처칠이었다. 그러므로 독일은 1807년 영국이 코펜하겐에 정박 중이던 덴마크 함대를 모조리 파괴했던 것과 같은 정당한 이유 없는 공격의 가능성에 단단히 대비해야만 했다. 그러자면 추가적인 해군 재무장이 필수인데, "영국이 유념하는 것은 단 한 가지, 단호한 목표와 그것을 성취하려는 불굴의 의지뿐"이었기 때문이다.[140] 비덴만의 공문들을 전달받은 빌헬름 2세는 반색하며 "옳음", "옳음", "훌륭함" 같은 주석을 잔뜩 달았다. 이 사례에 특별히 주목할 점이라곤 없었다. 비덴만은 어느 정도는 런던에서 자신이 관찰한 것에 대응하고 있었지만, 그 밑바탕에는 베를린의 육군참모본부가 아가디르 위기를 구실로 해군의 재정 우위에 도전하는 것을 미연에 막으려는 목적이 깔려 있었다.[141]

비덴만 보고서의 의의는 그 내용이나 카이저의 반응보다는 재상과 외무대신의 대응을 이끌어냈다는 데 있었다. 이 유사 외교관의 공포 유발에 울화가 치민 베트만 홀베크는 런던 주재 독일 대사 파울 메테르니히Paul Metternich 백작에게 비덴만의 주장을 반박하는 문서를 보내라고 요청했다. 메테르니히는 비덴만의 주장과 뉘앙스가 다른 보고서를 보냈다. 1911년 여름에 "잉글랜드 전역"이 "전쟁에 대비한" 것은 사실이지만, 이것이 공격에 나설 태세를 함축한 것은 아니었다. 분명 전쟁을 "꺼리지 않을" 젊은 해군장교들이 많이 있었지만, 이런 태도는 다른 나라 장교들에게서도 흔히 찾아볼 수 있는 것이었다. 여하튼 메테르니히의 지적대로 영국에서 그런 문제의 결정권은 육해군 장교도, 육군장관도, 해군장관도 아닌 책임 각료들로 구성된 내각에 있었다. 메테르니히는 단언했다. "이곳에서 함대와 군대는 정책의 가장 중요한 도구, 목표의 수단으로 여겨지지 정책 방침의 결정요인으로 여겨지지 않는다." 그리고 어쨌든 영국은 이제 지난여름의 긴장을 과거지사로 덮으려 하고 있었다. 그러므로 독일 정부는 무장에 모든 것을 걸지 말고 런던과 관계 개선을 꾀해야 했다.[142]

이 보고서는 이전 보고서만큼 카이저를 행복하게 해주지 못했다. 카이저는 보고서 여백에 "틀림", "헛소리", "말도 안 되는 소리!", "겁쟁이"라고 고함을 치듯이 갈겨썼다. "나는 대사의 판단에 동의하지 않네! 해군무관이 옳아!"[143] 상반된 보고서 한 쌍의 특이한 점은 둘 다 정책수립에 영향을 주었다는 것이다. 카이저는 비덴만 보고서를 구실로 추가 해군법을 요구했고, 베트만은 메테르니히가 권고한 데탕트 정책을 고집했다. 훗날 어느 상급 지휘관이 말한 대로 "카이저가 한 가지 정책을 냈고, 재상이 다른 정책을 냈으며, 참모총장이 그 나름의 해법을 떠올렸다."[144]

얼핏 생각하기에는 민주제와 의회제를 갖춘 영국 · 프랑스와 그보다 전제적인 러시아 · 오스트리아 · 독일 사이에 구분선을 그을 수 있을 것처럼 보인다. 앞의 두 나라에서는 민간인 의사결정자들이 명령을 내린 반면, 뒤의 세 나라에서는 의회정치의 정도에 차이가 있긴 해도 군부 인사들이 주권자에 접근하는 특권에 힘입어 대등하거나 우세한 입장에서 민간인 동료들과 정치적 영향력을 두고 경쟁할 수 있었다. 그러나 현실은 이분법으로 재단할 수 있는 것보다 더 복잡했다. 프랑스에서는 1911년 이후 군부를 개편한 결과 참모총장 조프르의 수중에 권한이 유독 집중되었다. 군대에 행사하는 조프르의 권한이 귀족적이고 군국주의적인 독일 참모총장 헬무트 폰 몰트케의 권한보다도 강할 정도였다. 게다가 새 조치로 프랑스 육군은 국내에서 거의 완전한 자율권을 얻게 되었다. 다만 이 자율권은 독일 육군의 자율권과 달리 민간 각료들의 협력과 지지에 달려 있었다.[145]

영국에서도 영국-프랑스 협정을 심화한 요인은 민간의 교섭과 합의보다는 군부였다. 앞서 우리는 1905~1906년 1차 모로코 위기 동안 영국 군부의 핵심 인물들이 프랑스 지원을 얼마나 열심히 권고했는지 살펴보았다. 영국의 주요 군 지휘관들이 스스로를 정치적 상관들의 고분고분한 부하로 여긴 것은 결코 아니었다. 헨리 윌슨은 단순히 지시에 따라 행동하지 않았다. 그는 장차 대륙 전쟁에서 영국이 수행할 군사적 역할에 대한 저 나름의 견해를 갖고서 군사 대립을 끊임없이 촉구했다. 대륙의 군부 인사들처럼 윌슨도 민간 정치인들을 경멸했고, 그들이 병무를 전혀 이해하지 못한다고 생각했다. 에드워드 그레이 경에 대해서는 일기에 "무식하고 허명무실하고 나약한 남자, 포르투갈보다 큰 어떤 나라의 외무장관에도 도무지 적합하지 않은 사람"이라고 썼다. 자유당 내각의 나머지 각료들은 "더럽고 무식한 똥개들"에 지나지 않았다. 군에 대한 민간 정부의 생각 전체가 "이론적으로 악랄하고 실천적으로 가망 없는" 것이었다.[146] 정치적으로 보수당을 지지한 윌슨은 자신이 경멸하는 자유당 지도부에 대항해 정력적으로 음모를 꾸몄고, 친한 동료인 아서 니컬슨 사무차관을 통해 외무부에서 정보를 빼내 보수당 협력자들에게 넘겨주었다. 헨리 윌슨 소장은 오스트리아-헝가리의 콘라트, 또는 세르비아의 아피스의 '영국판' 인물형이었다.[147] 영국-프랑스 군사회담은 영국에서 민간 지도부를 압박한다는 점뿐만 아니라, 회담의 존재 자체가 전쟁이 일어날 경우 독일에 대항해 프랑스와 함께 싸울 도의적 의무를 함축한다는 점에서도 중요했다. 결국 영국-프랑스 협정의 군사적 성격이 짙어짐에 따라 영국의 군사기획과 외교적 공식 입장('동맹'이라는 용어에 결부된 약속을 여전히 금기시하는 입장) 사이의 틈이 점점 크게 벌어졌다.

프랑스-러시아 동맹의 맥락에서도 이와 비슷한 일이 일어났다. 수호믈리노프의 1910년 배치계획을 무효화하려던 프랑스군 사령관들의 노력은 두 맹방에서 군사기획의 상호의존성이 심화되는 결과를 가져왔다. 이 과정은 프랑스 군부에서 관리했으나 민간 지도부의 재가를 받았다. 민간 지도부는 이 과정을 허가하긴 했지만 그로 인해 정치적 결정의 변수들이 변하는 것을 막을 수는 없었다. 프랑스-러시아 참모본부 연례 합동회의에서 프랑스는 러시아에 제공한 거액 차관이 러시아 서부의 군사철도strategic railway를 개량하는 데 쓰여야 한다고 고집했다. 그 결과 상트페테르부르크에서 권력균형이 코콥초프 쪽에서 그의 적대파인 러시아 군부 쪽으로 기울어졌다. 러시아 군부가 동맹의 군사적 속박을 이용해 정치적 영향력을 강화하고자 한다는 코콥초프의 비난은 아마도 옳은 지적이었을 것이다.[148]

역으로 동맹 프랑스에 대한 러시아의 요구는 프랑스 국내 정치에 지대한 영향을 끼칠 가능성이 있는 결과를 가져왔다. 1914년 러시아가 프랑스의 군 복무기간이 조금이라도 단축된다면 동맹으로서 가치가 떨어질 거라고 경고했을 때, 프랑스 주요 정치인들은 국내 유권자들과 논란을 빚은 조치(최근 채택된 3년 복무제법)를 지지할 수밖에 없었다. 작전계획의 가장 기술적인 세부 내용에도 정치적 폭발을 일으킬 화약이 담겨 있었다.[149] 프랑스에서 소규모 핵심 정책수립자 집단은 정치적 반대자(주로 급진당원들과 급진사회당원들)에게 동맹의 전략적 약속 사항들의 정도와 성격을 감추기 위해 무진 애를 썼다. 1914년 초,

'방어주의défenciste' 접근법에 점점 더 매달리는 내각, 의회, 그리고 대중에게 프랑스 전략계획에 담긴 본질적으로 공세적인 성격을 감추기 위해 푸앵카레와 군부가 협력한 시기에는 특히 극도로 신중을 기해야 했다. 푸앵카레가 이 문제를 얼마나 비밀스럽게 다루었는가 하면, 새로운 프랑스군 배치계획의 세부를 자기와 조프르만 알고 육군장관 아돌프 메시미Adolphe Messimy에게도 알려주지 않았다.[150] 1914년 봄에 프랑스-러시아 합동 군사전략에 대한 프랑스의 약속은 국내 정치를 분열시킬 잠재적 요인이 되었는데, 그 약속을 지키자면 공적 정당성이 의심스러운 군사기획과 군사 대비태세를 굳건히 유지해야 했기 때문이다. 푸앵카레가 이 균형 잡기를 얼마나 오랫동안 이어갈 수 있었을지 우리로서는 알 길이 없다. 1914년 여름 전쟁이 터지는 바람에 이 물음이 무의미해졌기 때문이다.

요컨대 우리는 서로 영향을 주고받는 두 가지 과정이 나란히 진행되었다고 말할 수 있다. 한편으로는 민간 지도부의 주도권 중 상당 부분이 헌법상 그들의 하급자인 군 지휘부에 넘어갔고, 다른 한편으로는 헌법상 비교적 독립을 누리는 근위대를 닮은 군부에게 정치인들이 제약을 가하거나 방향을 제시하거나 방침 전환을 요구했다. 예방전쟁을 하자는 몰트케의 요구는 카이저와 민간 지도부에 의해 저지되었고, 콘라트의 요구 또한 오스트리아 황제, 프란츠 페르디난트 대공, 레오폴트 폰 베르히톨트의 반대에 부딪혔다.[151] 적어도 한동안 코콥초프는 수호믈리노프 육군장관의 한층 야심찬 계획들을 성공적으로 저지했다. 1913년 말에 수호믈리노프가 군사 예산에 관한 토의에서 코콥초프(수상 겸 재무장관)를 완전히 배제하려 했을 때, 각료평의회는 기고만장한 육군장관이 도를 넘었다고 보고서 그의 요구를 거절했다.[152] 러시아에서, 독일과 오스트리아에서, 영국과 프랑스에서 군사정책은 궁극적으로 민간 지도부의 정치적 · 전략적 목표들에 종속되어 있었다.[153]

그럼에도 민간 파벌과 군부 파벌 사이의 권력 균형과 각 파벌이 의사결정에 미치는 영향력이 불분명했던 까닭에, 강대국 집행부들의 관계는 계속 오리무중이었다. 유럽 강국들은 모두 예상 적국의 정부 내에 강경한 군부 파벌이 존재한다고 상정했고, 그들이 얼마만큼 영향력을 행사하는지 알아내는 데 공을 들였다. 발칸 문제로 오스트리아와 러시아 간 긴장이 고조되던 1913년 2월 초 러시아 외무장관 사조노프는 상트페테르부르크 주재 독일 대사 프리드리히 푸르탈레스Friedrich Pourtalès 백작과 대화하던 중에 오스트리아-헝가리 외무장관 베르히톨트에 대해 말하면서, 상트페테르부르크에 주재하던 시절에 봤던 그는 평화적인 의도와 전망을 가진 사람이었다고 인정했다. 그렇지만 러시아 군사정보부에 잘 알려진 대로 호전적인 계획을 지지하는 참모총장 콘라트 폰 회첸도르프 장군의 압력을 막아낼 만큼 베르히톨트의 영향력이 강할까? 그리고 설령 베르히톨트가 당분간 통제력을 유지한다 해도, 이중군주국이 점점 약해지고 갈수록 급진적인 해결책을 모색함에 따라 권력이 군부의 수중으로 넘어가지 않을까?[154] 사조노프의 이런 추론은 어느 정도는 예측이었다. 그는 수호믈리노프와 코콥초프의 권력투쟁을 직접 목격했고 얼마 전에 러시아 참모총장이 오스트리아-헝가리와 전쟁하기 직전까지 국가를 몰고 가는 모습을 지켜봤던 터라 군부 의사결정자와 민간 의사결정자의 관계가 얼마나 불안정할 수 있는지를 누구보다도 잘 알고 있었다. 1914년 3월 푸르탈레스는 상트페테르부르크의 분위기를 예리하게 분석하면서 호전적인 부류와 평화적인 부류가 일종의 평형을 이루고 있음을 간파했다. "러시아를 군사적 모험으로 몰아넣을 욕구와 영향력을 둘 다 가졌다고 말할 수 있는 사람이 없는 것처럼, 러시아를 오랫동안 평화적인 방침으로 이끌 수 있다는 확신을 줄 만큼 강력한 입지와 영향력을 가진 사람도 없다."[155] 같은 문제에 대한 코콥초프의 분석은 덜 낙관적이었다. 그의 눈에 비친 차르는 "더욱더 힘을 키우자"는 "단순하기 짝이 없는 견해"를 가진 "군인 사회"와 어울리는 데 점점 더 많은 시간을 쓰고 있었다.[156]

민군 관계를 외부인의 관점에서 해석하는 데 따르는 어려움을 잘 보여주는 사실은, 민간 정치인들이 자기네 주장에 힘을 싣기 위해 '주전파'의 존재를 활용하는 (또는 더 나아가 지어내는) 방안에 반대하지 않았다는 점이다. 예컨대 1912년 리처드 홀데인이 베를린에 파견되었을 때, 독일은 그에게 베를린 정부가 비둘기파와 매파로 양분되어 있고, 영국이 양보를 한다면 주전파와 대립하는 베트만 홀베크 재상의 입지가 강해질 거라는 믿음을 심어주려 했다. 1914년 5월에도 같은 전술을 택한 독일은 (일련의 '어용' 기사를 통해) 영국-러시아 해군 회담이 계속되면 독일에서 온건한 민간 지도부와 대립하는 군국주의자들의 영향력이 강해질 뿐이라고 주장했다.[157] 정부 간 소통의 다른 영역들처럼 이 영역에서도 각국 체제 내에서 민군 관계가 변동할 가능성은 오인과 와전에 의해 증폭되었다.

언론과 여론

1909년 3월 독일 재상 베른하르트 폰 뷜로는 의회에서 이렇게 단언했다. "지난 100년간 세계가 목도한 대부분의 분쟁은 군주의 야망이나 각료의 음모가 아니라 언론과 의회를 통해 집행부를 휘두른 여론의 격정적인 선동에서 비롯되었습니다."[158] 과연 뷜로의 주장에 어떤 진실이 담겨 있었을까? 외교정책을 수립하는 권력이 재상과 각료 너머 로비 집단과 정치 인쇄물의 세계에 있었을까?

한 가지는 확실하다. 개전 이전 수십 년 동안 정치적 공론장이 대폭 확대되고 국제관계와 관련 있는 쟁점에 대한 공적 논의의 폭이 넓어졌다는 것이다. 독일에서는 민족주의 압력단체들이 등장해 대중의 감정을 부추기고 정부에 로비하는 데 전념했다. 그 결과 정치비평의 내용과 방식이 선동적으로 변했고, 더욱 다양하고 극단적인 목표들이 제기되었다. 그 바람에 정부는 자주 수세에 몰린 채 민족적 목표를 적극적으로 추구하지 않았다는 비난을 들어야 했다.[159]

우리는 이탈리아에서도 더 적극적이고 더 많은 요구를 하는 정치적 대중이 출현했음을 확인할 수 있다. 초민족주의자 엔리코 코라디니Enrico Corradini와 선동가 조반니 파피니Giovanni Papini의 영향력 아래

1910년 이탈리아 최초의 민족주의 정당 이탈리아민족연합Associazione Nazionalista Italiana이 창설되었다. 이 정당은 의원들과 기관지 《리데아 나치오날레L'Idea Nazionale》를 통해 오스트리아-헝가리제국에서 이탈리아인이 거주하는 아드리아 연안 영토를 즉시 '반환'할 것을 요구했다. 1911년경에는 로마의 《라 트리부나La Tribuna》와 토리노의 《라 스탐파La Stampa》처럼 온건한 신문들마저 민족주의자 기자들을 고용하고 있었다.[160] 이탈리아에서는 상충하는 쟁점들 사이에서 균형을 잡아야 하는 정부와 정당들이 마찰을 빚을 가능성이 독일보다도 더 높아졌다.[161] 러시아에서도 19세기 마지막 수십 년 동안 대중언론이 등장했다. 1913년 모스크바 판매 1위 일간지 《러시아의 말Russkoe Slovo》은 하루에 80만 부씩 팔려나갔다. 검열이 여전히 작동하고 있었으나 당국은 외교 문제를 자유롭게 논의할 수 있도록 허용했으며(차르 또는 그의 각료를 직접 비판하지 않는 한), 유력 일간지들은 대부분 은퇴한 외교관들에게 외교정책에 관한 기고문을 의뢰했다.[162] 게다가 보스니아 위기의 여파로 러시아 여론은 갈수록 강경해지고(특히 발칸 문제와 관련해) 반정부적 입장이 되었다.[163] 영국에서도 급성장하는 대중언론이 독자들에게 징고이즘, 외국인 혐오, 안보 불안, 전쟁 열병을 넉넉하게 공급했다. 보어전쟁 기간에 《데일리 메일Daily Mail》은 하루에 100만 부씩 팔렸고, 1907년에도 평균 85만~90만 부씩 판매되었다.

이처럼 군주, 각료, 고위 관료가 언론을 진지하게 여긴 데에는 그럴 만한 이유가 있었다. 의회제 국가들에서 긍정적인 기사는 향후 여당을 지지하는 투표로 이어질 가능성이 있었던 반면, 부정적인 기사는 야당에 도움이 되었다. 더 권위주의적인 체제들에서는 민주적 정당성을 대신할 대중의 지지가 반드시 필요했다. 일부 군주와 정치인은 언론에 집착하여 매일 몇 시간씩 스크랩한 기사들을 샅샅이 읽었다. 빌헬름 2세는 극단적인 경우였지만, 여론의 비판에 예민한 그의 반응 자체는 이례적이지 않았다.[164] 차르 알렉산드르 3세는 외무장관 람스도르프에게 이렇게 말했다. "우리의 외교정책에 대한 여론의 신뢰를 잃으면 우린 다 잃는 것이오."[165] 20세기 초 유럽 정부들에서 외교정책을 수립하는 데 언론의 중요성을 인정하지 않은 사람은 찾기 어렵다. 그런데 그들은 언론에 휘둘렸을까?

언론에 집착하는 태도의 밑바탕에는 그와 상반되는 태도가 있었다. 각료와 관료, 군주는 언론을 대중의 감정과 태도를 반영하는 거울이자 드러내는 채널로 생각했고, 이따금 두려워하기까지 했다. 외무장관이라면 누구나 적대적인 언론 캠페인에 노출될 경우 어떻게 될지 알고 있었다. 그레이는 1911년 자유당 언론의 표적이 되었고, 키데를렌-베히터는 아가디르 위기 이후 민족주의 신문들의 공격을 받았으며, 카이저는 여러 이유(한 가지 이유는 외교정책에 대한 그의 견해가 소심하고 우유부단하다는 평판이었다)로 조롱을 당했다. 독일을 물렁하게 상대한다고 의심받은 프랑스 정치인들은 카요처럼 관직에서 쫓겨날 수 있었다. 1914년 1월 사조노프와 외무부는 러시아 민족주의 언론으로부터 "새가슴"이라는 비난을 들었다.[166] 부정적인 기사에 대한 두려움은 숱한 외무부들이 비밀을 엄수한 한 가지 이유였다. 1908년 찰스 하딘지가 당시 상트페테르부르크 주재 영국 대사였던 니컬슨에게 보낸 서신에서 말했듯이, 러시아와 화해하려는 에드워드 그레이의 정책은 영국 대중을 납득시키기 어려웠다. "우리는 진실을 숨겨야 하고, 가끔은 적대적인 여론에 대처하기 위해 속임수를 써야 합니다."[167] 상트페테르부르크에서는 1908년 이즈볼스키를 몰락시킨 기사 폭풍의 기억이 전전 내내 생생했다.[168]

대다수 정책수립자들은 언론을 영리하고 분별력 있게 바라보았다. 그들은 언론이 휘발하는 성질이 있다고, 즉 금세 잦아드는 단기적인 선동과 광란에 휘둘리기 쉽다고 보았다. 민심이 상반되는 자극들에 의해 움직이고, 정부에 현실적인 요구를 하는 경우가 거의 없다고 생각했다. 시어도어 루스벨트의 표현을 바꿔 말하자면, 여론이 대개 "고삐 풀린 혀와 대책 없는 손을" 결합한다고 보았다.[169] 여론은 광란적이고 곧잘 공포에 휩싸였지만, 몹시 변덕스러웠다. 1903년 에드워드 7세가 파리를 방문했을 때 프랑스 언론의 만성적인 영국 혐오증이 사르르 녹아 없어진 사례가 그 증거다. 영국 국왕이 수행단과 함께 포르트도핀 철도역에서 샹젤리제까지 차를 타고 갈 때만 해도 "파쇼다 만세!", "보어인 만세!", "잔다르크 만세!" 같은 함성이 쏟아졌다. 신문들은 적대적인 표제를 달고 모욕적인 캐리커처를 실었다. 하지만 국왕은 주요 신문들이 부리나케 보도한 사랑스러운 연설과 매력적인 발언으로 며칠 만에 프랑스인들의 마음을 얻었다.[170]

세르비아에서는 1906년 오스트리아가 세르비아-불가리아 관세동맹을 차단하자 민족적 분노의 물결이 일었다가 금방 잦아들었는데, 오스트리아-헝가리 측에서 제시한 통상조약의 조건이 불가리아와의

관세동맹보다 세르비아 소비자에게 더 낫다는 사실을 시민들이 깨달았기 때문이다.[171]

1911년 아가디르 위기 동안 독일 민심은 크게 요동쳤다. 9월 초만 해도 베를린에서 열린 평화시위에 10만 명이 모였지만 단 몇 주 만에 분위기가 냉각되었고, 이런 분위기를 반영해 사회민주당은 예나 회의에서 전쟁이 일어날 경우 총파업하자는 요청을 거부했다.[172] 1914년 봄과 여름까지도 베오그라드 주재 프랑스 공사는 오스트리아-헝가리와의 관계에 대한 세르비아 언론의 보도가 급변한다는 데 주목했다. 3월과 4월에는 반오스트리아 캠페인이 정력적으로 전개된 반면, 6월 첫 주에는 오스트리아-세르비아 국경 양쪽에서 예상치 못한 데탕트와 화해의 분위기가 조성되었다.[173]

유럽의 모든 수도에서 울려퍼진 공격적인 초민족주의 단체들의 주장에 대해 말하자면, 그들 대부분이 극단주의적인 소규모 유권자들을 대표했다. 호전적인 초민족주의 압력단체들 대부분의 특징은 끊임없는 내분과 분열로 약해졌다는 것이다. 전독일연맹은 파벌 싸움으로 쪼개졌고, 훨씬 더 크고 온건한 독일해군연맹마저 1905~1908년 친정부파와 반정부파의 '내전'을 겪었다. 쇼비니즘적 · 반유대주의적 · 초민족주의적 단체인 러시아인민연합은 1906년 8월에 창설되어 러시아 전역의 도시와 소도시에 900여 개 지부를 두고 있었지만, 1908~1909년 치열한 내홍을 겪으면서 서로 적대적인 작은 단체들로 와해되었다.[174]

언론에 직접 접근할 수 있는 논리정연한 엘리트층 내부의 여론과 대중 사이에 우세한 태도가 서로 어떤 관계인지는 여전히 불분명했다. 전쟁 공포와 징고이즘 캠페인은 좋은 기삿거리였다. 그런데 이것들이 사회에 얼마나 깊이 침투했을까? 1912년 12월 모스크바 주재 독일 총영사는 러시아 '주전파'와 친슬라브 언론의 호전성과 독일 혐오증이 이 나라 분위기의 특색이라고 가정하는 것은 심각한 오판이라고 경고했다. 두 부류는 "러시아 생활의 실제 추세들과 가장 느슨한 연관성" 밖에 없었기 때문이다. 그가 보기에 이런 쟁점에 대한 독일 신문 보도의 문제는, 러시아 경험이 거의 없고 아주 소수의 엘리트 인맥만 가진 언론인들이 대체로 기사를 쓴다는 것이었다.[175] 1913년 5월 파리 주재 벨기에 공사 기욤 남작은 프랑스에서 "모종의 쇼비니즘"이 개화했음을 인정했다. 민족주의 신문뿐 아니라 극장과 평론에서도, "정신을 과하게 흥분시키려는" 징고이즘적 공연을 수없이 제공한 카페콩세르에서도 그 쇼비니즘을 목격할 수 있었다. 그러나 "진짜 프랑스 사람들은 이런 징후들에 찬동하지 않습니다"라고 그는 덧붙였다.[176]

영국 정부를 제외한 모든 열강 정부는 언론 담당 부서를 운영했다. 그 목적은 안보 및 국제관계와 관련된 쟁점에 대한 언론 보도를 감시하고 또 가능하다면 보도에 영향을 주는 것이었다. 영국에서는 외무장관이 자기 정책의 장점을 대중에게 납득시킬 필요를(심지어 알릴 필요조차) 거의 느끼지 않는 것으로 보였고, 언론에 영향을 주려는 공식적인 노력도 거의 없었다. 주요 신문들은 대부분 후한 보조금을 받았지만, 자금의 출처는 정부가 아닌 개인과 정당이었다. 물론 그렇다고 해서 정부 관료들과 핵심 언론인들이 긴밀한 비공식 관계망을 형성할

수 없었던 것은 아니다.[177]

이탈리아의 상황은 사뭇 달랐다. 1911~1914년 수상을 지낸(이번이 네 번째 임기였다) 조반니 졸리티Giovanni Giolitti는 자신의 정책을 지지하는 기사를 쓰는 대가로 적어도 30명의 기자에게 주기적으로 돈을 주었다.[178] 러시아 외무부는 1906년 언론국을 신설했고, 사조노프는 1910년부터 가장 중요한 편집장들과 제정의회 지도자들이 외무부에서 만나는 정기 다과회를 주재했다.[179] 러시아 외교관들과 특혜를 받는 일부 신문들의 관계가 얼마나 가까웠던지, 1911년 어느 기자는 상트페테르부르크 외무부가 "《노보예 브레먀Novoye Vremya》의 일개 지부처럼 보이곤 했다"라고 썼다. 이 신문의 편집장 예고로프는 외무부 언론국에서 자주 눈에 띄었으며, 한때 기자였던 언론국장 넬리도프는 이 신문 편집실에 번질나게 드나들었다.[180]

프랑스에서는 외교관들과 기자들의 관계가 유독 친밀했다. 제3공화국 외무장관의 거의 절반이 전직 작가 또는 기자였고, 외무장관과 언론 사이의 "연락선"이 "거의 언제나 열려" 있었다.[181] 1912년 12월 당시 수상이던 레몽 푸앵카레는 프랑스 정치 엘리트들에게 자신의 외교정책을 홍보하고자 잡지 《라 폴리티크 에트랑제La Politique Étrangère》를 창간하기까지 했다.

반쯤 관보인 신문과 여론의 동향을 가늠하기 위해 집어넣는 '어용' 기사는 대륙 외교의 익숙한 도구였다. 어용 저널리즘은 독립언론의 자주적 의견 표명이라는 가면을 썼지만, 그것의 효과는 바로 권좌에서 나온 기사 같다는 독자들의 의심에 달려 있었다. 예를 들어 세르비아에서는 《사모우프라바Samoupravа》가 정부의 견해를 대변한다는 것을 누구나 알고 있었고, 《노르드도이체 알게마이네 차이퉁Norddeutsche Allgemeine Zeitung》은 독일 외무부의 기관지로 간주되었으며, 러시아 정부는 반관보인 《로시야Rossiya》를 통해 견해를 알리는 동시에 때때로 《노보예 브레먀》 같은 좀 더 대중적인 신문들을 통해 어용 캠페인을 벌였다.[182] 독일 외무부처럼 프랑스 외무부 역시 비밀 자금을 마련해 기자들에게 찔러주었고, 《르탕Le Temps》 및 아바스 통신사와 긴밀한 유대를 유지하는 한편 덜 진중한 신문 《르마탱Le Matin》에 '여론 타진용 미끼'를 집어넣었다.[183]

이런 식의 개입은 의도에 반하는 결과를 낳기도 했다. 특정한 신문에 어용 기사가 자주 실린다고 알려지고 나면, 그 신문의 부주의하거나 편향적이거나 틀린 보도가 정부의 국제적 신호로 오인될 위험이 있었다. 일례로 1913년 2월 프랑스 정부가 최근 재무장에 관해 토의한 세부사항 중 일부가 익명의 정보원을 통해 무단으로 유출되어 《르탕》에 실렸고, 격노한 정부의 공식 부인이 뒤따랐다.[184] 1908년 러시아가 오스트리아의 보스니아-헤르체고비나 병합에 찬성했다는 소식에 "[러시아] 여론과 언론을 대비"시키려던 이즈볼스키 외무장관의 노력은 대중의 반응이라는 힘을 막기에는 턱없이 부족했다.[185] 그리고 1914년, 지난날 외무부와 친밀한 사이였던 《노보예 브레먀》가 사조노프에 등을 돌리고서 그가 러시아의 이해관계를 너무 소심하게 방어한다고 비난했는데, 당시에는 이 신문이 육군부의 영향력 아래 있었기 때문일 것이다.[186] 1909년 프리트융 사건, 즉 세르비아계 주요 정치인들이 반역활동을 했다는 거짓 혐의에 근거한 언론 캠페인을 오스트리아 외무장관 에렌탈이 배후에서 지원한 사건의 여파로 정부는 외무부 문서국장을 희생시킬 수밖에 없었다. 또 그의 후임은 1912년 겨울 엉망진창으로 끝난 '프로차스카 사건', 즉 세르비아가 오스트리아 영사를 학대했다는 혐의가 또다시 거짓으로 밝혀진 사건 때문에 언론과 의회의 빗발치는 비난을 받으며 해임되었다.[187]

정부는 국경 너머에서 언론을 조작하기도 했다. 1905년 초에 러시아 정부는 매달 약 8000파운드를 파리 언론사들에 뿌리면서 그들이 대규모 프랑스 차관에 대한 대중의 지지를 높여주기를 기대했다. 프랑스 정부는 이탈리아에서 (그리고 알헤시라스 회의 동안 에스파냐에서) 친프랑스 신문들에 보조금을 주었고, 러시아 정부는 러일전쟁과 발칸전쟁 기간에 프랑스 기자들에게 거액의 뇌물을 나눠주었다.[188] 독일 정부는 얼마 안 되는 자금으로 상트페테르부르크의 우호적인 기자들을 후원했고, 런던의 신문 편집장들에게 보조금을 억지로 권하면서 독일에 대한 긍정적인 보도를 기대했다가 대체로 실망했다.[189]

외국 정부를 염두에 두고서 사설을 공작하는 경우도 있었다. 예컨대 1905년 모로코 위기 동안 테오필 델카세는 독일 정부를 겁박하기 위해 언론 보도자료에 영국 군사기획의 세부를 누설하는 얄팍한 수를 썼다. 이 경우에 어용 언론은 아무도 구체적인 약속으로 구속하지 않으면서도 억지 효과나 동기 유발 효과를 거둘 수 있는, 일종의 부인 가능한 준외교적 국제 메시지로 기능했다. 델카세 본인이 더 명시적인 위협을 가했다면, 영국 외무부의 입장이 몹시 곤란해졌을 것이다.

1912년 2월 상트페테르부르크 주재 프랑스 대사 조르주 루이Georges Louis는 《노보예 브레먀》에 실린 한 기사를 번역해 발송하면서 동봉한 서신에 "러시아 군부의 의견을 아주 정확하게" 반영하는 기사라고 적었다.[190] 이 경우 행정부 내 별개 조직(여기서는 육군부)이 정부를 위험에 빠뜨리지 않으면서도 어용 언론을 이용해 자기네 견해를 널리 알릴 수 있었다. 하지만 때로는 부처들이 어용 언론에 서로 반대되는 지시를 내리기도 했다. 예컨대 1914년 3월 《증권거래소 소식Birzheviia Vedomosti》에 수호믈리노프의 '의중이 담긴' 것으로 널리 여겨진 사설이 실렸다. 러시아가 "전쟁할 준비"가 되어 있고 순수한 방어전략이라는 생각을 "포기했다"라고 선언하는 사설이었다. 이에 대응해 사조노프는 반관보인 《로시야》에 유화적인 반박 기사를 실었다. 이 사건은 병렬 신호를 보낸 전형적인 사례였다. 수호믈리노프는 프랑스 정부에 러시아의 대비태세와 동맹 의무를 지키겠다는 약속을 재차 보증한 반면, 사조노프의 대응은 독일 외무부를 (어쩌면 영국 외무부까지) 염두에 둔 것이었다.

거의 같은 시기에 《쾰니셰 차이퉁Kölnische Zeitung》에 실린 한 기사는 최근 러시아의 군비 지출이 급증한 것을 근거로 들면서 상트페테르부르크 정부가 공격적인 의도를 품고 있다고 주장했는데, 이 기사는 러시아의 분명한 반응을 이끌어내기 위해 독일 외무부가 집어넣은 것이 거의 확실하다.[191] 유럽 강국들이 현지의 영향력을 두고 경쟁한 지역에서는 친구를 얻고 적이 구사하는 책략의 신빙성을 떨어뜨리기 위해 언론사에 보조금을 주는 일이 다반사였다. 독일 정부는 '영국 돈'이 러시아 언론에 미치는 막대한 영향을 우려했고, 콘스탄티노플 주재 독일 사절들은 보조금을 받고서 "우리에 대한 〔적대감을〕 조장하고자 무슨 일이든" 하는 논설위원들이 포진하고 있는 프랑스어 언론의 지배력에 대해 자주 불평했다.[192]

이런 맥락에서 언론은 외교정책의 결정요인이 아닌 **도구**였다. 그러나 정책수립자들이 언론을 여론의 지표로서 진지하게 고려하지 않았던 것은 아니다. 1912년 봄에 쥘 캉봉은 프랑스 언론의 쇼비니즘이 분쟁 위험을 높이지 않을까 우려했다. "나는 여론을 조성하거나 대변하는 일을 업으로 삼는 이 프랑스인들이 〔자제력을 발휘해〕 불가피한 전쟁을 운운하는 불장난을 즐기지 않기를 바랍니다."[193] 여섯 달 뒤 1차 발칸전쟁이 벌어지고 일부 러시아 언론에서 범슬라브 감정이 일어나던 때에 베를린 주재 러시아 대사는 "자국 인구의 정신 상태가 행여 정부의 행위를 좌우할까" 우려했다(또는 적어도 우려하는 모습을 보였다).[194]

각료들과 외교관들은 국내 여론의 변덕으로부터 정책수립 과정을 보호하는 자국 정부의 능력을 신뢰하면서도, 똑같은 일을 해내는 외국 정부의 능력은 의심하곤 했다. 1911년 아가디르 위기의 여파 속에 독일군 지휘부는 평상시 평화적인 프랑스 정부가 국내 민족주의 선동과 되살아나는 자신감에 떠밀려 독일을 기습할지 모른다고 우려했다.[195] 이와 반대로 본질적으로 평화적인 독일 지도부가 국내에서 쇼비니즘 여론을 주도하는 이들에게 휘둘려 이웃국가들과 전쟁을 벌일지 모른다는 우려는 프랑스의 정책 토론장에서 되풀이해 거론된 문제였다.[196] 러시아 정부는 공론장의 압력, 특히 발칸 문제와 관련된 선동 형태의 압력에 영향받기 쉽다는 것이 일반적인 견해였고, 7월 위기가 전개되면서 드러났듯이 이 견해에는 상당한 진실이 담겨 있었다. 하지만 러시아 정부는 외려 서유럽 의회제 정부들이야말로 민주적으로 선출되는 만큼 여론의 압력에 몹시 취약하다고 여겼으며, 영국 정부는 그레이 경이 습관처럼 말한 대로 "위기 시 (……) 잉글랜드 정부의 방침은 잉글랜드 여론의 견해에 의존해야만 한다"라고 시사함으로써 러시아의 추론을 부채질했다.[197] 정치인들은 자국 여론에 못 이겨 행동한다는 주장 뒤로 자주 숨었다. 예컨대 1908~1909년 프랑스는 러시아에 발칸 문제로 전쟁을 개시하지 말라고 주의를 주면서 이 지역이 프랑스 국민에게 중요하지 않다는 이유를 들었다. 이에 앙갚음하듯이 1911년 이즈볼스키는 파리에 독일과 합의할 것을 촉구하면서 "러시아는 모로코를 둘러싼 전쟁을 여론에 납득시키기 어려울 것"이라는 이유(프랑스 교섭자들에게 지난날 그들이 했던 조언을 상기시키는 이유)를 들었다.[198] 1912년 11월 빈 주재 세르비아 공사는 니콜라 파시치 수상이 자국을 대표해 영토회복주의 정책을 추진할 수밖에 없다고, 오스트리아의 환심을 사려고 시도했다가는 베오그라드의 '주전파'가 그를 권좌에서 몰아내고 자기들 중 한 명을 대신 앉힐 것이라고 주장했다. 그리고 사조노프는 세르비아 여론의 "다소 과민한" 특성을 언급하며 파시치가 공적으로 취하는 호전적인 자세를 정당화했다.[199]

1912년 11월 사조노프는 독일 대사 푸르탈레스에게 여론 때문에 오스트리아-헝가리에 맞서 세르비아의 이해관계를 보호할 수밖에 없다는, 자신의 전매특허나 다름없는 주장을 했다. 1913년 1월 불가리아와 분쟁을 벌이지 말라고 루마니아를 설득할 때에도 그는 똑같은 주장을 써먹었다. "아주 신중해야 합니다! 여러분이 불가리아와 전쟁을 벌인다면, 나는 지나치게 흥분한 여론에 저항하지 못할 겁니다."[200] 사실 사조노프는 신문 편집장과 논설위원을 별로 존중하지 않았고, 자신이 그들보다 러시아 여론을 더 잘 이해한다고 믿었다. 그는 필요한 경우 언론 논평의 흐름을 얼마든지 거스를 준비가 되어 있었고, 그러면서도 다른 열강의 대표에게 자신이 특정한 조치를 취하라는 압력을 받고 있음을 납득시키기 위해 국내에서 징고이즘 캠페인을 이용했다.[201] 외교 공문의 수신인들은 대개 이런 둘러대기를 간파했다. 1908년과 1909년에 빌헬름 2세는 친슬라브 여론에 떠밀린 러시아 정부가 보스니아-헤르체고비나 관련 조치를 취할 수도 있다는 보고서를 받고서 여백에 "허풍"이라고 갈겨썼다.[202] 그럼에도 외국 정부들이 국내 여론의 동조 압력을 받는다는 것이 통념이었으므로, 외교 공문에는 언론 보고가 약방에 감초처럼 들어갔다. 신문 스크랩과 번역문으로 두툼해진 서류철들이 유럽의 모든 외교 공관에서 각국 외무부로 흘러들었다.

모든 정부가 이런저런 방법으로 여론에 영향을 주려고 노력하면서 언론 감시의 중요성이 커졌는데, 이 방법으로 언론에서 여론의 기조는 아니더라도 적어도 타국 정부의 생각과 의도의 기조를 읽어낼 가능성이 있었기 때문이다. 예컨대 그레이는 1911년 9월 아가디르 위기 시 반영국 언론 캠페인에서 독일 정부의 전술적 조작, 즉 다가오는 독일제국의회 선거에서 추가 해군법안에 대한 지지를 모으기 위한 조작을 읽어냈다. 그런가 하면 오스트리아 대사는 러시아 외무장관이 보스니아 위기 이후 오스트리아와 러시아의 데탕트 노력에 대한 부정적인 보도를 조장하고 있다고 비난했다.[203] 외교관들은 타국 외무부의 생각의 기조를 알려주는 어용 기사를 찾아내고자 신문들을 꼼꼼하게 읽었다. 하지만 대다수 정부들이 여러 기관지를 이용했기 때문에 특정한 기사가 어용인지 아닌지 확실히 알아내기란 대체로 어려웠다. 예를 들어 1910년 5월 프랑스 신문 《르탕》에 최근 러시아의 배치계획을 신랄하게 비판하는 기사가 실렸을 때, 러시아 외무부는 그것을 어용 기사로 (이 경우에는 공교롭게도 사실과 다르게) 여기고서 파리 정부에 항의서를 보냈다.[204] 파리 주재 독일 대사는 《르탕》에 표명되는 견해들이 언제나 외무부 또는 정부의 견해를 반영한다고 상정하는 것은 잘못이라고 썼다. 이 신문의 편집장 앙드레 타르디외André Tardieu는 이따금 국익이 걸린 사안에 대해 이단적인 선언을 해서 당국과 사이가 틀어지곤 했다.[205] 1914년 1월 파리 주재 벨기에 공사는 《르탕》의 과장된 정치 사설이 타르디외의 작품이긴 하지만 보통 러시아 대사 이즈볼스키가 그런 사설을 부추긴다고 본국 정부에 주의를 주었다.[206] 이처럼 불확실성이 안개처럼 끼어 있었기에 대사관 관료들이 긴장을 늦추지 않고 언론을 샅샅이 훑어야 했거니와, 외국 정부에 적대적인 언론 논평이 이따금 불화로 이어지기도 했다. 그럴 때면 두 나라의 외무부가 자기네 어용 언론의 지면을 통해 작은 전투를 치렀으며, 그 과정에서 통제하기 어려운 방식으로 대중의 감정을 자극하기도 했다. 영국 외무부와 독일 외무부는 상대 정부가 여론을 통제하는 정도를 과장하는

경향을 보여준 전형적인 사례였다.[207]

정부의 개입 없이 언론들이 자발적으로 불화를 빚기도 했다. 쇼비니즘적인 신문 편집장들의 말싸움이 국제관계 분위기를 해칠 지경까지 악화될 수 있다는 것은 정부들이 두루 인정하는 바였다. 1908년 6월 레팔에서 열린 니콜라이 2세, 에드워드 7세, 찰스 하딘지 간 회담에서 차르는 하딘지에게 러시아 언론의 "자유"가 자신과 정부를 "상당한 곤경"에 빠뜨린다고 털어놓았다. "제국의 어떤 먼 지방에서 가령 지진이나 뇌우 같은 어떤 사건이 일어나든 그 즉시 독일 탓으로 돌리는 바람에 근래에 그와 정부가 러시아 언론의 비우호적인 어조에 대해 엄중한 항의를 받았기" 때문이었다. 차르는 이따금 언론에 공식 발표를 하는 방법 말고는 이 상황을 해결할 길이 없어 보이지만 "이 방법은 대개 효과가 미미했다"라고 고백했다. 그는 "언론이 외치보다 내치로 관심을 돌리기를 무척이나 바랐다."[208]

영국 신문들이 카이저의 크루거 전보에 분개한 1896년부터 영국과 독일의 신문들이 모로코 사태로 충돌한 1911년까지, 양국은 거듭 언론 전쟁을 벌였다. 1906년과 1907년 양국 정부가 고위 언론인 대표단을 교환 방문하는 방법으로 '언론 무장해제'를 이루어내려던 노력은 대체로 효과가 없었다.[209] 언론 전쟁이 가능했던 것은 각국 신문들이 국익이 걸린 문제에 대한 외국 신문들의 태도를 자주 보도했기 때문이다. 기사 전체를 그대로, 또는 읽기 쉽게 다듬어서 게재하는 경우가 드물지 않았다. 이런 이유로 1913년 2월 베를린 주재 러시아 군사전권위원 일리야 타티셰프Iliya Tatishchev는 니콜라이 2세에게 《노보예 브레먀》의 친슬라브주의 기사가 독일에서 "거북한 인상"을 주고 있다고 보고할 수 있었다.[210] 국제적 언론 관계는 특히 오스트리아와 세르비아 사이에 험악했다. 양국 주요 신문들은 서로 국경 너머를 예의주시했고(또는 각국 외무부로부터 신문 스크랩과 번역문을 제공받았고), 상대의 언론 보도에 대한 불평을 기사의 단골 소재로 삼았다. 이 문제는 1914년 7월 위기의 외교에서 두드러진 역할을 할 터였다.

그럼에도 1914년 이전에 유럽 언론의 호전성이 꾸준히 강해졌는지는 의문이다. 독일 신문들을 조사한 최근 연구는 더 복잡한 그림을 보여준다. 전쟁 이전 일련의 주요 위기들(모로코, 보스니아, 아가디르, 발칸 등) 동안 독일 언론이 어떻게 보도했는지 연구한 결과, 국제관계에 대한 견해가 점점 양극화되고 외교적 해결책에 대한 신뢰가 점점 낮아졌다는 것이 밝혀졌다. 하지만 위기들 사이에 침묵한 기간들도 있었으며, 1912년에 영국과 독일 간의 언론 전쟁이 갑자기 끝났다(전전 마지막 2년은 "이례적인 화합과 평온"의 기간이었다).[211] 독일 여론의 호전성이 강해지고 있었음을 보여주는 증거로 자주 거론되는 《독일과 다음 번 전쟁Deutschland und der Nächste Krieg》의 저자 프리드리히 폰 베른하르디Friedrich von Bernhardi마저 오싹하리만치 공격적인 이 소책자의 첫머리에서 동포들의 "평화주의"에 대해 길게 한탄했다.[212]

쇼비니즘이 언제나 한목소리를 냈던 것도 아니다. 영국에서 반러시아 감정은 1907년 영국-러시아 협약에도 불구하고 전전 막판까지 강력한 대중적 요인이었다. 1911~1912년 겨울, 아가디르 위기가 잦아듦에 따라 자유당 당원들은 그레이가 러시아와 지나치게 친밀한 관계를 추구하면서 독일과의 협조적인 관계를 해치고 있다고 비난했다. 1912년 1월 말 영국 곳곳에서 열린 공청회의 참석자들이 영국-독일 양해를 요구한 것은 어느 정도는 러시아에 대한 적대감 때문이었다. 그들이 보기에 러시아는 제국 주변부의 수많은 지점에서 영국의 이해관계를 위협하는 술책을 부리고 있었다.[213]

정치인들은 여론을 일컬어 정부를 압박하는 외부의 힘이라고 자주 말하거나 불평했다. 그러면서 그들은 여론(민심이든 기사든)이 정부 외부에 있는 무언가, 정부 부처들의 창유리를 누르는 안개 같은 것, 정책수립자들이 원한다면 자기네 행동 영역에서 배제할 수 있는 것이라는 생각을 함축했다. 그리고 그들이 생각한 여론의 주된 의미는 정부의 인사와 정책에 대한 대중의 찬성 또는 거부였다. 그러나 여론보다 더 깊은 무언가, 심성구조(정치인, 입법자, 정치평론가를 막론하고 사람들의 태도와 행위를 형성하는, 제임스 졸James Joll이 말한 '암묵적 전제들'의 구조)라고 부를 수 있는 무언가가 있다.[214] 이 심성구조를 살펴봄으로써 우리는 유럽 도처에서, 특히 교육받은 엘리트층 사이에서 전쟁을 각오하는 마음가짐이 강해졌음을 확인할 수 있을 것이다. 이 마음가짐은 다른 국가에 대한 살기등등한 폭력을 요구하는 형태가 아니라 전쟁 가능성을 꼭 환영하지는 않더라도 수용하는 '방어적 애국심'[215]의 형태를 띠었고, 이런 관점의 바탕에는 분쟁이 국제정치의 '본성적' 특징이라는 확신이 있었다.

"장기 평화라는 생각은 헛된 꿈이다." 영국-프랑스 협정의 주창자이며 에드워드 7세의 친한 벗이자 고문인 레지널드 브렛 에셔 자작은 1910년에 이렇게 썼다. 2년 뒤 그는 케임브리지대학 학부생들에게 "무력충돌의 시적 · 낭만적 측면"을 경시하지 말라면서 이런 측면을 얕잡아보는 것은 "쇠약한 정신과 빈곤한 상상력을 드러내는" 셈이라고 경고했다.[216] 옥스퍼드대학 치칠Chichele 군사사 교수 헨리 스펜서 윌킨슨Henry Spenser Wilkinson은 취임 강연에서 전쟁이란 "인간이 서로 교류하는 방식 중 하나"라고 말했다. 이처럼 전쟁의 불가피성을 받아들이는 숙명론을 지탱한 것은 여러 주장과 태도의 느슨한 결합이었다. 일각에서는 다윈주의적 또는 헉슬리주의적 원리에 근거해, 영국과 독일은 인종적 친연관계가 있음에도 불구하고 각자의 에너지와 야망을 보건대 언젠가 한판 붙을 수밖에 없다고 주장했다. 다른 일부는 정교한 무장을 갖춘 고도로 발달한 문명들의 본성적 특징 중 하나가 혼란이라고 주장했다. 또 다른 일부는 전쟁을 "사회에 이로운" 치료법이자 "사회를 진보시키는 힘"으로 여기고서 환영했다.[217]

영국과 독일 모두 수용한 이런 견해의 밑바탕에는 '희생 이데올로기'가 깔려 있었으며, 이 이데올로기를 키운 양분은 학령기 소년들이 읽는 신문과 책에서 찾아볼 수 있는, 군사 분쟁에 대한 긍정적인 묘사였다.[218] 뉴질랜드 출신의 호전적인 성직자가 쓰고 국민병역연맹이 발행한 팸플릿은 모든 남학생에게 "어머니와 누이들, 연인과 여자친구들, 내가 만나고 보는 모든 여성들과 외세의 침략이라는 상상할 수도 없는 악행, 둘 사이에 서 있는" 자신의 모습을 떠올려볼 것을 촉구했다.[219] 1908년에 창립된 보이스카우트조차 삼림 지식과 캠프파이어, 야외모험을 찬양하면서도 처음부터 "전전 내내 강조된 강한 군사적

정체성"을 갖고 있었다.[220]

러시아에서는 러일전쟁 이후 군사개혁 열망이 커지면서 '군사 르네상스'가 찾아왔다. 일례로 1910년에 출간된 군사적 주제에 관한 신간이 총 572종에 이르렀다. 대부분 주전론을 펴는 책자가 아니라, 사회를 대규모 전쟁 노력에 필요한 방향으로 이끌기 위해 러시아군의 개혁과 더 넓은 사회 변화의 과정을 어떻게 연결 지을 것이냐는 논쟁에 정치적으로 개입하는 책자였다.[221]

유럽의 모든 국가에서 나타난 이런 추세는 전쟁 이전에 입법부가 군비 지출 증가에 따른 재정 부담을 선뜻 수용한 이유를 설명해준다. 1913년 프랑스 하원이 열띤 논쟁 끝에 새로운 3년 복무제법을 지지한 결정에는 드레퓌스 사건 이래 반군사주의 기풍이 강했던 공론장에서 '전쟁의 위용'이 되살아난 현실이 반영되어 있었다. 다만 급진당 의원들이 이 법을 지지한 것은 어느 정도는 처음으로 누진재산세를 통해 재원을 마련하기로 합의했기 때문이라는 사실에 유념해야 한다.[222]

독일에서도 베트만 홀베크가 막대한 비용이 드는 1913년 육군법안에 대한 중도우파의 지지를 받아내는 데 성공했다. 또 그는 이 조치의 재원을 마련하기 위한 별개 법안과 관련해 중도좌파의 협조를 얻을 수 있었다. 다만 그들이 협조한 유일한 이유는 베트만이 재원의 일부를 유산계급에게 새로운 세금을 부과해서 마련하기로 했기 때문이었다. 프랑스와 독일 양국에서는 막대한 예산이 드는 법안을 의회에서 통과시키는 데 필요한 지지를 얻기 위해 군비를 증강하자는 주장과 사회정치적 유인을 혼합해야만 했다.

그에 반해 러시아에서는 1908년 이후 정치 엘리트층이 군비 증강에 얼마나 열광했던지, 군 사령관들이 군사 예산으로 무엇을 할지 미처 구상하기도 전에 제정의회에서 군사 예산안을 통과시켰다. 러시아에서 초기에 전력 증강 캠페인을 추진한 쪽은 각료들이 아니라 제정의회 내 10월당(1905년 입헌군주제 지지자들이 조직한 정당—옮긴이) 세력이었다.[223] 영국에서도 방어적 애국심이 우세한 분위기가 입법부에 영향을 미쳤다. 일례로 국민병역연맹을 지지한 하원의원이 1902년 단 3명에서 1912년 180명으로 늘었다.[224]

정책수립자들은 여러 방식으로 여론을 고려했다. 그들이 여론을 통제했던 것도, 여론이 그들을 통제했던 것도 아니다. 오히려 우리는 여론과 공적 생활의 상호성에 대해, 끊임없는 상호작용 과정에 대해 말해야 한다. 정책수립자들은 때때로 여론을 알맞은 방향으로 유도하려 하면서도, 자신들의 자율성과 정책수립 과정의 통합성을 신중하게 보호했다. 다른 한편 정치인들은 계속 외국 언론을 여론의 지표만이 아닌 공식 견해와 의도의 지표로도 보았는데, 이는 누가 어떤 발언을 부추기거나 허가했는가에 대한 불확실성이 국가 간 의사소통을 한층 복잡하게 만들 수 있다는 뜻이었다. 더욱 근본적인, 그리고 더욱 가늠하기 어려운 문제는 심성구조의 변화였다. 이 변화는 강경한 입장이나 대립을 요구하는 쇼비니스트들의 목소리가 아니라, 전쟁을 받아들이는 깊고도 광범한 마음가짐으로 표출되었다. 이제 전쟁은 국제관계의 본성상 확실히 일어날 사태로 인식되었다. 이렇게 쌓인 마음가짐의 무게는 1914년 7월 위기 동안 공세계획 성명의 형태로 드러난 것이 아니라 민간 지도자들의 웅변적인 침묵을 통해 드러났다. 그들은 더 나은 세상에 살았더라면 강대국 간 전쟁이야말로 최악의 사태라고 지적했을 법한 사람들이었다.

권력의 유동성

설령 전전 유럽 강국들에서 통일되고 일관된 목표를 추구하는 응집된 집행부가 외교정책을 구상하고 관리했다고 가정할지라도, 그들 사이 관계를 재구성하는 것은 벅찬 과제다. 어떤 두 강국의 관계도 나머지 모든 강국과의 관계를 고려하지 않고는 충분히 이해할 수 없기 때문이다. 그런데 1903~1914년 유럽의 현실은 '국제관계' 모델이 시사하는 것보다도 더 복잡했다. 각료들의 약한 결속력이 특징인 체제에서 군주의 종잡을 수 없는 개입, 모호한 민군 관계, 핵심 정치인들의 적대적인 경쟁으로 인해, 그리고 여기에 더해 안보 문제로 때때로 위기가 발생하고 긴장이 고조되는 상황에서 비판적인 대중언론의 선동으로 인해, 이 기간 동안 국제관계의 불확실성이 전례 없이 높아졌다. 그 귀결인 오락가락 정책과 헷갈리는 신호 때문에 역사가들뿐 아니라 전쟁 직전의 정치인들도 국제 정세를 읽어내기가 어려웠다.

국제 정세에 주목하는 견해를 지나치게 강조하는 것은 잘못일 것이다. 모든 복잡한 정치 집행부는, 설령 권위주의적인 집행부라 해도, 내부 갈등과 변동을 겪는다.[225] 20세기 미국의 외교관계를 다루는 문헌들은 정부 내 권력투쟁과 음모에 대해 길게 서술한다. 미국의 베트남 전 참전에 관한 탁월한 연구에서 앤드류 프레스턴Andrew Preston이 보여준 대로, 린든 B. 존슨과 존 F. 케네디 대통령이 개전을 꺼렸고 국무부에서 대체로 개입에 반대했음에도, 의회의 감독 밖에서 운영된 더 작고 더 기민한 국가안전보장회의NSC 측에서 참전을 강하게 지지하며 사실상 전쟁을 피할 수 없을 때까지 베트남에 대한 대통령의 선택지들을 줄여나갔다.[226]

그렇지만 1차 세계대전 이전 유럽의 상황은 한 가지 중요한 측면에서 달랐다(그리고 더 나빴다). 내부에서 어떤 갈등이 벌어진다 해도 미국 집행부는 (입헌적 관점에서 보면) 사실 외교정책에 대한 집행 결정의 궁극적 책임이 명백히 대통령에게 있는, 권한의 초점이 아주 분명한 조직이다. 전전 유럽 정부들은 그렇지 않았다. 영국 정부의 경우, 과연 그레이 외무장관에게 내각 또는 의회와 상의하지 않고서 외국 정부에 약속할 권리가 있는지 계속 의문이었다. 실은 이런 의문이 워낙 강했기에 그레이가 자신의 의도를 명확한 성명으로 밝히지 못했던 것이다.

프랑스 상황은 더욱 불분명했다. 외무부, 내각, 대통령 사이의 주도권 균형이 여전히 정리되지 않고 있었으며, 능수능란하고 단호한 푸앵카레마저 1914년 봄에 그를 정책수립 과정에서 완전히 배제하려는 노력에 직면했다. 오스트리아-헝가리에서, 그리고 그보다 덜한 정도로 러시아에서, 외교정책을 수립할 권한은 느슨하게 연결된 정치 엘리트들의 다층구조 주변을 유동하다가 누가 더 효과적이고도 결연한 결속을 이루어내느냐에 따라 체제의 각기 다른 부분들에 집중되었다.

이런 경우 예컨대 독일에서처럼 '지고한' 주권자의 존재는 체제 내 권력관계를 분명히 하기는커녕 오히려 흐릿하게 했다.

이것은 이를테면 쿠바 미사일 위기 때처럼 선택지들을 면밀히 검토한 두 강대국의 추론을 재구성하는 문제가 아니라, 믿음과 신뢰의 수준은 낮고(심지어 동맹들끼리도) 적대감과 피해망상의 수준은 높은 집행부들이 상대의 의도를 제대로 알지 못한 채 속사포처럼 주고받은 상호작용을 이해하는 문제다. 이런 국제관계에 내재하는 휘발성은 각 집행부 내부의 권력 유동성과 체제의 한 중심점에서 다른 중심점으로 권력이 이동하는 경향 때문에 더욱 커졌다. 외무부 내부의 알력과 논쟁은 더 경직된 정책 환경에서라면 억압되었을 의문과 반대 의견을 허용했다는 점에서 유익하기도 했을 것이다.[227] 그러나 분명 위험이 편익보다 컸다. 아가디르 위기 때나 1914년 6월 28일 이후처럼 분쟁을 빚을 가능성이 있는 양쪽에서 매파가 신호 보내기 과정을 장악할 경우, 위기가 빠르고도 예측 불가능하게 고조될 수 있었다.

5장

얽히고설킨 발칸

1차 세계대전은 3차 발칸전쟁에서 세계대전으로 확대되었다. 이것이 어떻게 가능했을까? 오스만제국과 기독교 유럽이 인접한 남동유럽 주변부에서 분쟁과 위기는 전혀 새로운 일이 아니었다. 유럽 체제가 그런 분쟁과 위기를 조정하다가 대륙 전체를 위험에 빠뜨린 적은 없었다. 그러나 1914년을 앞둔 수년간 근본적인 변화가 일어났다. 1911년 가을 이탈리아가 오스만제국의 아프리카 속령을 정복하기 위해 전쟁을 개시하자 뒤이어 발칸반도의 오스만 영토를 노리는 기회주의적인 공격이 시작되었다. 발칸 지역의 분쟁을 억제할 수 있었던 지정학적 균형 체제가 무너졌다. 1912년과 1913년 두 차례 발칸전쟁의 여파로 오스트리아-헝가리는 자국 남동쪽 주변부에서 새롭고 위협적인 상황에 직면했으며, 오스만 세력이 후퇴함에 따라 러시아 외교관들과 정책수립자들이 도저히 무시할 수 없는 전략적 문제들이 제기되었다. 대륙의 두 동맹 블록은 전례 없는 일촉즉발 국면으로 접어드는 발칸의 적대관계에 점점 깊이 끌려 들어갔다. 그 과정에서 발칸 무대의 분쟁과 유럽 체제의 지정학이 긴밀하게 뒤얽히게 되면서 일군의 확전 메커니즘이 생겨났다. 그 메커니즘들이 작동한 결과, 1914년 여름 발칸에서 시작된 분쟁이 5주 만에 유럽 대륙을 집어삼킬 수 있었다.

리비아 공습

1912년 1월 5일 이른 아침 조지 프레더릭 애벗George Frederick Abbott은 리비아 사막에 친 텐트에서 자다가 고함과 발포 소리에 눈을 떴다. 휜한 밖으로 달려 나가보니 숙영지의 아랍인과 오스만인 병사들이 공중의 무언가를 응시하고 있었다. 이탈리아 단엽기 한 대가 상공 600미터에서 양 날개에 아침 햇살을 받으며 날아가고 있었다. 비행기는 숙영지의 소총 사격에 아랑곳하지 않고 남서쪽으로 우아하게 멀어져갔다. 이탈리아의 리비아 침공이 넉 달째였다. 감정적으로 친오스만파였던 애벗은 이 전역의 역사를 쓰기 위해 영국 관측자 자격으로 오스만군에 합류해 있었다. 그의 눈에 비친 아랍인들은 "총을 내려놓고" 비행기에 별로 개의치 않는 듯했다. "그들은 새로운 것을 당연하게 받아들이는 엄청난 능력을 갖고 있다." 이튿날 그 비행기가 다시 나타나 포고문 전단 뭉치를 투하하자 종이들이 "수많은 모형 눈송이처럼" 햇빛 속에서 팔랑팔랑 떨어졌다. 아랍인들은 "사격을 중단하고 몸을 구부린 자세로 지폐이기를 기대하며 그 종이들을 열심히 주웠다."[1]

애벗의 오스만 동지들은 구식 아랍어로 적힌 이탈리아의 장황한 전쟁 선전물로만 폭격을 당했으니 운이 좋은 편이었다. 다른 곳에서는 이탈리아 침공군과 오스만 속령 신민들의 엄청난 기술적 불균형이 훨씬 치명적인 결과를 가져왔다. 리비아 전쟁에서는 중요한 교전에 앞서 비행기가 정찰을 나가 적군의 위치와 전력을 신호로 알렸고, 그 덕에 이탈리아군은 야전 포대나 연안에 정박한 장갑함에서 오스만의 포를 포격할 수 있었다. 이 전쟁에서 공중폭격이 처음으로 선을 보였다. 1912년 2월 잔주르 오아시스에서 트리폴리 남동쪽 가르가레시까지 퇴각하던 오스만군은 이탈리아 비행선 P3에서 투하한 폭탄에 궤멸되었다.[2] 비행선은 고성능 폭약을 가득 채운 폭탄을 250개까지 실을 수 있었다. 비행기에서도 소수의 폭탄을 투하할 수 있었다. 다만 그것은 여간 꼴사나운 일이 아니었는데, 비행사가 비행기를 조종하는 동시에 두 무릎으로 폭탄을 붙잡고 있다가 한 손으로 기폭장치를 집어넣은 다음 아래쪽 병력을 조준해 던져야 했기 때문이다.[3]

군용 탐조등은 비록 그다지 신기술은 아니었지만(일찍이 1882년에 영국 해군이 알렉산드리아에서 탐조등을 사용했다) 리비아 전쟁에 대한 당대의 서술에서 주목받은 또 다른 첨단무기였다. 전술 면에서 탐조등은 비행기와 비행선보다도 중요했을 텐데, 오스만군의 야간공격 개시를 저지하거나 적어도 사상자를 훨씬 많이 냈기 때문이다. 영국 관측자 어니스트 베넷Ernest Bennett은 아랍인 전투원 소집단과 함께 비르테린에 있는 야영지를 향해 해안을 따라 난 길을 조심조심 걷다가 갑자기 이탈리아 순양함의 탐조등에 딱 걸렸던 일을 회상했다. "전광電光을 받은 가련한 아랍인들의 실루엣을 보니 슬퍼졌다. 탐조등, 맥심기관총, 포대, 군함, 비행기—승산이 너무 없어 보였다!"[4]

발칸반도에 대혼란을 가져온 연쇄 전쟁은 아프리카에서 시작되었다. 1911년 이탈리아의 리비아 침공은 오스만 주변부에 대한 발칸 국가들의 전면전에 청신호를 보낸 격이었다. (당시 영국령이었던) 이집트와 (사실상 프랑스령이었던) 모로코와 달리, 나중에 리비아라고 알려진 3개 주(빌라예트)는 오스만제국에 속한 지방이었다. 오스만의 마지막 아프리카 영토인 이 지방들에 대한 이탈리아의 전혀 정당하지 않은 공격은, 당대의 어느 영국인 관측자의 표현대로, 발칸 국가들에게 "돌파구를 열어준" 사건이었다.[5] 발칸에서 오스만 세력을 몰아내기 위한 합동 군사작전 이야기가 몇 년 전부터 있었지만 실제 조치라고 할 만한 것은 전혀 없었다. 발칸 국가들은 이탈리아의 침공 이후에야 비로소 싸울 마음을 먹었다. 세르비아 외무부의 정치적 수장이었던 미로슬라브 스팔라이코비치는 1924년에 이 사태를 되돌아보면서 1차 세계대전으로 이어진 과정을 개시한 사건으로 이탈리아의 트리폴리 공격을 꼽았다. "뒤이은 모든 사태는 그 첫 공격의 진전에 지나지 않습니다."[6]

이탈리아는 20세기로 접어들기 전부터 외교를 통해 북아프리카에서 이권을 확보하려 애썼다. 1902년 여름 프리네티-바레르 협정에 따라 로마와 파리는 영토를 재분배할 중대한 사건이 발생할 경우 프랑스가 모로코를 차지하고 이탈리아가 리비아에서 재량권을 가진다는 데 합의했다. 1898년부터 프랑스와 관계를 개선해온 이탈리아는 이 협정으로 북아프리카 이권의 최대 경쟁국과 정식으로 화해했다.[7]

1902년 3월 런던 정부는 로마 정부에 "리비아의 지위가 어떻게 변경되든 이탈리아의 이해관계를 따를 것"이라는 유익한 약속을 해주었다. 두 합의는 이탈리아에 대한 삼국동맹의 구속력을 약화하려던 양보 정책을 예시한다(이탈리아는 삼국동맹 중 가장 미덥지 못한 국가였다). 이 접근법의 기조에 따라 니콜라이 2세는 1909년 비토리오 에마누엘레 3세와 라코니지 협정을 체결했다. 내용인즉 러시아가 리비아에서 이탈리아의 특수이익을 인정하는 대신 이탈리아는 터키 해협에 대한 러시아의 정책을 지지한다는 것이었다.[8]

이탈리아에서 정치적으로 적극적인 대중에게 침공 · 병합 정책을 납득시키는 것은 어렵지 않은 일이었다. 다른 나라처럼 이탈리아에서도 식민주의가 득세하고 있었으며, 리비아가 로마제국의 북아프리카 곡창지대였던 시절을 '기억'하던 이탈리아왕국은 트리폴리타니아를 식민지 지평의 중심에 놓았다. 로마의 온건한 식민청이 식민사무중앙총국으로 격상된 것은 정부 내에서 아프리카 문제가 점점 중요해진다는 신호였다.[9] 1909년부터 민족주의자 엔리코 코라디니는 민족주의 기관지 《리데아 나치오날레》의 지원을 받으며 리비아를 겨냥한 제국주의적 사업에 찬성하는 캠페인을 정력적으로 펼쳤다. 1911년 봄 그는 침공과 장악 정책을 공공연히 요구했다.[10] 정치 엘리트층이 이주민을 이식할 '비옥한' 어딘가가 이탈리아에 필요하다고 생각한다는 풍문이 파다했다. 사회주의자들마저 이런 주장에 곧잘 흔들렸다. 다만 그들은 경제적 필연성의 언어로 식민주의적 주장을 감싸곤 했다.[11]

그렇지만 1911년 여름까지 이탈리아의 주요 정치인들은 오스만제국의 해체를 조장해서는 안 된다는 자국의 오랜 격언을 충실히 지켰다. 이때까지 조반니 졸리티 수상은 오스만령 알바니아와 관련된 여러 쟁점에서 콘스탄티노플에 더 공격적인 입장을 취하라는 요구를 단호히 거부했다.[12] 프랑스의 모로코 개입은 이 모든 것을 바꾸어놓았다. 이탈리아 외무부는 리비아에서 마땅한 보답을 요구할 근거가 자신들에게 있다고 생각했다. 이탈리아 외무부의 어느 고위 관료가 지적한 대로, 프랑스가 지중해의 상황에 "근본적 변경"을 가한 마당에 "여론 앞에서" 무대응으로 일관하는 정책을 "정당화"하기란 불가능했을 것이다.[13]

로마 정부가 조치를 취하도록 용기를 준 것은 삼국동맹의 독일과 오스트리아가 아니라, 삼국협상으로 연결된 영국, 프랑스, 러시아였다. 1911년 7월 초 이탈리아 정부는 트리폴리에서 오스만 당국이 이탈리아 국민들을 "성가시게" 하는 것으로 보인다고 영국 정부에 말했다(자국민에 대한 학대를 막는 데 필요하다는 이유로 포식 행위를 정당화하는 것은 유럽 열강의 표준 관행이었다). 7월 28일 런던 주재 이탈리아 대사 굴리엘모 임페리알리Guglielmo Imperiali 후작이 영국 외무장관에게 리비아에 개입하는 문제를 거론했을 때, 그레이는 놀라울 정도로 호의적인 반응을 보였다. 그레이는 대사에게 "우리의 아주 우호적인 관계를 고려해 이탈리아에 공감하길 바랐습니다" 하고 말했다. 트리폴리의 국민을 위해 "이탈리아가 손을 써야만 한다면", 그레이는 "이탈리아인들을 부당하게 대우하는 상황에서 오스만 정부는 어떤 조치도 기대할 수 없음을 오스만 측에 표명"하기로 약속했다.[14] 놀랄 것도 없이 이탈리아 정부는 이 완곡한 표현을 리비아를 공격해도 좋다는 신호로 받아들였다.[15] 그리고 그레이는 이 노선을 충실히 지켰다. 9월 19일 그는 사무차관 아서 니컬슨 경에게 영국과 프랑스가 이탈리아의 구상을 방해하지 않는 것이 "가장 중요하다"고 지시했다.[16] 러시아는 이탈리아의 입장 타진에 더욱 협조적인 반응을 보였다. 상트페테르부르크 대사는 이탈리아가 리비아를 획득하더라도 러시아는 불평하지 않을 것이라는 답변을 들었다. 사실 러시아는 "즉각적이고 결연한 방식"으로 행동에 나서라고 이탈리아에 권고하기까지 했다.[17]

이처럼 이탈리아는 삼국협상 국가들과 사전에 긴밀히 의논한 반면, 삼국동맹 국가들은 통명스럽게 무시했다. 9월 14일 수상 졸리티와 외무장관 산 줄리아노 후작이 로마에서 만나 "오스트리아 정부와 독일 정부가 알기 전에" 군사행동을 신속하게 개시해야 한다는 데 동의했다.[18] 이렇게 침묵을 지킨 것은 현명한 행보였는데, 독일은 동맹 이탈리아가 우방인 오스만을 상대로 전쟁을 일으키기를 바라지 않았고, 로마와 콘스탄티노플 사이의 미해결 쟁점들을 평화적으로 해결하기 위해 이미 할 수 있는 조치를 취하고 있었기 때문이다. 오스만 수도에서 독일 대사는 이탈리아 대사에게 이탈리아가 리비아를 점령할 경우 청년튀르크 정권이 무너지고 소요가 잇달아 결국 동방문제(오스만제국이 쇠퇴하면서 이 지역을 둘러싸고 전개된 유럽 강국들의 전략적 경쟁과 정치적 고려를 총칭하는 표현—옮긴이) 전체가 다시 시작될 것이라고 경고했다.[19] 오스트리아 외무장관 에렌탈은 이탈리아 정부에 거듭 자제를 촉구하면서 리비아에서 섣불리 행동할 경우 발칸반도에서 달갑지 않은 결과를 초래할 수 있다고 경고하고, 그들 자신이 오스만제국의 안정과 통합이 이탈리아의 이해관계에 가장 이롭다고 줄곧 천명해왔다는 사실을 상기시켰다.[20]

산 줄리아노는 이탈리아 정책의 모순점을 잘 알고 있었고, 오스트리아 정부가 우려하는 "달갑지 않은 결과"를 의식했다. 1911년 7월 28일 국왕과 수상에게 제출한 장문의 보고서에서 외무장관은 침공에 대한 찬반양론을 비교 검토했다. 오스만제국의 위신 손상이 "제국에 대항하도록 발칸 민족들을 유도하고 위기를 재촉하여 오스트리아 측에 발칸에서 행동에 나서도록 (……) 거의 강요하게 될" "확률"이 있음을 그는 인정했다.[21] 앞날을 내다본 이 발언의 바탕에는 오스트리아-헝가리제국의 안보를 근심하는 마음이 아니라, 발칸에서(특히 아직까지 여러모로 이탈리아의 미래 식민지로 비친 알바니아에서) 격변의 물결이 일어나 오스트리아의 이해관계에 이롭고 이탈리아의 이해관계에 해로운 결과를 가져올까 우려하는 마음이 있었다.[22] 하지만 산 줄리아노는 이탈리아가 북아프리카에서 모험을 감행할 시간이 점점 줄어드는 현실이 이런 발칸 위험요소들을 상쇄한다고 생각했다.

> 오스만제국이 정치적 원인으로 2~3년 내에 약화되거나 해체되지 않는다면, 오스만이 보유하게 될 강력한 함대 때문에 트리폴리를 차지하려는 우리의 계획은 더 어려워지고 어쩌면 아예 불가능해질 것입니다.[23]

이 마지막 주장의 특징은 근거가 전혀 없다는 것이다. 오스만 정부는 분명 한물간 함대를 개량하려 분투하고 있었다. 또 영국에 현대식 전함 한 척을 주문해둔 터였고 브라질에도 한 척을 주문하려 준비하고 있었다. 하지만 이런 대수롭지 않은 노력은, 당시 이탈리아의 함대 전력은 차치하더라도, 이탈리아의 함대 건조 계획에 빛이 바랬다. 그리고 동지중해에서 오스만 해군에 대한 이탈리아 해군의 넉넉한 우위를 오스만이 언젠가 뒤흔들 거라고 추정할 근거는 없었다.[24] 요컨대 산 줄리아노의 주장은 해군 세력 균형의 실상보다는 이 시대에 유럽 정치인들의 추론에서 으레 찾아볼 수 있는 일종의 시간적 폐소공포증(시간이 얼마 없고 자산이 줄어들고 위협이 증대하는 환경에서 행동을 지체하는 것은 심각한 불이익으로 되돌아오리라는 의식)에 기반을 두고 있었다.

결국 일련의 작은 해전을 치른 이후 1911년 10월 3일 트리폴리항 앞에 정박한 이탈리아 전대戰隊 전체에 대기 신호가 울렸다. 한 이탈리아 중령이 함정 선상에서 보니 "사수들이 함포로, 운반병들이 탄약실로, 통신병들이 전성관傳聲管으로 급히 달려갔다." 탄두에 빨간색을 칠한 흰색 포탄들을 탄약 운반장치로 포대까지 끌어올려 각 함포 뒤에 열을 맞추어 늘어놓았다. 정확히 오후 3시 13분, 베네데토브린호가 트리폴리항을 에워싸는 지대의 갑岬에 자리한 붉은 요새를 향해 첫 포탄을 발사했다. 그것을 신호로 엄청난 일제사격을 퍼붓자 "굉음과 함께 하얀 연기가 바다 전역을 자욱하게 덮었다."[25] 트리폴리시는 저항하는 시늉만 하다가 교전 개시 48시간 만에 이탈리아 해병대원 1700명에게 점령되었다. 그다음 몇 주에 걸쳐 투브루크, 데르나, 벵가지, 홈스가 점령되었다. 뒤이어 몇 달 동안 처음에 2만이었다가 나중에 10만까지 늘어난 이탈리아 병력은 방어가 허술한 트리폴리타니아 빌라에트를 습격했다.

산 줄리아노가 희망한 '신속한 청산'은 이루어지지 않았다. 이탈리아군은 리비아 내륙으로 진입하는 데 애를 먹었고, 개전하고 처음 6개월 동안 해안 교두보에 묶여 있었다. 11월 5일 트리폴리타니아와 키레나이카를 '병합'한다는 이탈리아의 공식 포고문은 군사적 상황을 사실대로 반영한 발표가 아니라 다른 열강의 때 이른 중재를 미리 막기 위한 제스처였다. 1912년 1월과 2월에 이탈리아군은 리비아 앞바다에서 벌어진 잇단 해전에서 베이루트에 주둔 중인 오스만 해군을 격파했다. 이로써 남지중해에서 이탈리아 해군의 우위를 위협하던 유일한 요인이 제거되었다. 그러나 지상에서는 이탈리아군이 아랍인 주민들에게 소름 끼치게 잔혹한 행위를 저지른다는 보고서들이 작성되는 가운데 전쟁이 질질 늘어졌다. 오스만 수비군과 현지 지원군은 기술적 열세에도 불구하고 침공군에 쓰라린 패배를 안겨주었다. 개전 첫 달에 트리폴리 주변 이탈리아군 방어선에 일련의 집중 공격을 가한 튀르크인-아랍인 병력은 여러 곳에서 방어선을 돌파하여 몇몇 부대를 격멸하고 사상자를 다수 발생시켰다. 그러는 사이 방어선 안쪽에서는 무장한 '반역자들'이 배후에서 이탈리아군을 괴롭혔다.[26] 이 전쟁 내내 이탈리아군은 소규모 산발전, 매복공격, 게릴라전 때문에 해안의 주요 거점들 사이를 이동하거나 내륙으로 진입하는 데 어려움을 겪었다. 이탈리아군이 리비아 배후지를 '평화화'하기까지 앞으로 20년이 걸릴 터였다.

산 줄리아노는 이탈리아가 리비아를 침공해 장악한다면 발칸반도의 기독교 국가들이 위축감에서 벗어날 것으로 내다보았다. 초기 침공 이후 이런 결과가 유력해 보였다면, 리비아 지상전이 교착상태에 빠졌을 때 이탈리아가 오스만 내해에서 해전을 벌이는 방법으로 이 난국을 타개하고자 시도한 것은 불가피한 전개였을 것이다. 1912년 4월 18일 이탈리아 포함들이 터키 해협 입구를 지키는 두 개의 외곽 요새를 포격했다. 포수들이 해안에서 약 11킬로미터 떨어진 거리에서 346발을 발사한 결과 병사 한 명과 말 한 필이 죽고 병영이 손상되었다. 이는 적군 병력에 실질적인 피해를 주려는 공격보다 상징적인 시위에 더 가까웠다. 이에 대응해 오스만은 예상대로 터키 해협에서 중립국의 교역을 차단했다.

열흘 뒤 이번에는 에게해 남단에 있는 도데카네스 제도가 이탈리아 해군의 공격을 받았다. 1912년 4월 28일부터 5월 21일까지 이탈리아군은 13개 섬의 통제권을 장악했고, 현지 그리스인 토착민들에게 영웅 겸 해방자로 환영받았다. 잠시 숨을 고른 다음, 이탈리아는 7월에 터키 해협에 잠수함 8척을 보내는 등 압박 수위를 더욱 높였다. 터키 해협이 다시 폐쇄될 것이라는 소문이 돌았지만, 러시아의 압력을 받은 오스만 정부는 기뢰를 부설해 해협의 폭을 좁히는 정도로 그쳤다. 1912년 10월 이탈리아 정부는 오스만 정부가 강화조약을 맺는 데 동의하지 않으면 에게해에서 대규모 해전을 개시하겠다고 위협했다. 강대국들, 특히 해운 중단과 발칸 분규의 확대를 우려한 러시아와 오스트리아의 압력에 굴복한 오스만은 10월 15일 트리폴리타니아와 키레

나이카의 자치를 명기한 비밀 강화조약에 서명했다. 같은 날 오스만은 칙명Ferman을 내려 두 지방에 대한 직접 통치를 포기한다고 발표했다. 사흘 뒤 이 합의가 로잔조약으로 공식 확정되었다.[27]

오늘날 대체로 잊힌 이탈리아-오스만 전쟁은 몇 가지 중요한 측면에서 유럽 국제체제를 교란했다. 이탈리아의 점령에 맞선 리비아의 투쟁은 현대 아랍 민족주의의 출현을 자극한 중요한 초기 촉매들 중 하나였다.[28] 삼국협상 국가들은 정당한 이유 없이 리비아를 강탈하려는 이탈리아의 대담한 행보를 부추긴 반면, 이탈리아의 삼국동맹 파트너들은 마지못해 묵인했다.[29] 이런 국제 정세는 중요한 진실을 드러내 보였다. 삼국협상 국가들의 개입으로 삼국동맹의 약점이, 아니 지리멸렬함이 노출되었다. 이탈리아의 행동이 위험하고 예측할 수 없는 방식으로 발칸반도 전체의 안정을 깨뜨릴 것이라는 오스트리아와 독일의 거듭된 경고는 무시되었다. 이탈리아는 명목상으로만 그들의 동맹인 것처럼 보였다.

이탈리아가 훗날 삼국협상에 붙을 뚜렷한 기미는 아직까지 보이지 않았다. 여전히 이탈리아는 서로 모순되는 약속들이 아슬아슬하게 균형을 이루는 복잡하고 모호한 외교정책을 펴고 있었다. 북아프리카를 둘러싼 프랑스와의 해묵은 경쟁도 여전히 수면 아래서 부글거리고 있었다. 세상을 떠들썩하게 한 해군 사건들, 이를테면 오스만의 무기와 군부 인사를 수송하는 것으로 의심되는 프랑스 증기선들을 이탈리아 해군 함정이 몰수한 것과 같은 사건으로 인해, 라틴족 이복자매 사이인 두 나라는 서로 원한과 피해망상을 자극하며 반목하게 되었다.[30] 그럼에도 이 분쟁은 파리와 런던에 아주 중요한 통찰, 즉 이탈리아는 당분간 삼국동맹 바깥보다 안에 있을 때 삼국협상에 더 귀중한 자산이 된다는 통찰을 주었다. 1912년 1월 레몽 푸앵카레 수상에게 보낸 서신에서 폴 캉봉은 이탈리아가 "동맹으로서 유용하기보다 부담이 됩니다"라고 썼다.

> 이탈리아는 오스트리아에 대해 어떻게 해도 누그러뜨릴 수 없는 잠재적 적의를 품고 있고, 프랑스에 대해 말하자면, 분쟁이 발생할 경우 중립을 지키거나, 이쪽이 더 가능성이 높은데, 관여하기 전에 사태를 관망할 것이라고 생각할 근거가 있습니다. 따라서 우리는 이탈리아를 우리 쪽에 더 가까이 붙여둘 필요가 없습니다.[31]

삼국동맹의 콩가루 상태 이면에는 근본적으로 더욱 중요한 추세가 있었다. 이탈리아는 리비아를 침공하면서 유럽 대다수 국가들로부터 미지근한 지지를 받았다. 이것은 그 자체로 주목할 만한 정세였는데, 친오스만 유럽 연대가 전면적으로 해체되었음을 드러냈기 때문이다. 1850년대에 출현한 유럽 열강의 협조체제는 오스만제국의 영토를 강탈하려던 러시아를 견제했다(그 결과 크림전쟁이 일어났다). 이 연대는 러시아-오스만 전쟁 이후 1878년 베를린 회의에서 다른 형태로 재편되었고, 1880년대 중반 불가리아 위기 때 다시 재조정되었다. 이제 이 연대를 어디서도 찾아볼 수 없었다. 이탈리아와 전쟁을 시작할 무렵 오스만제국은 영국에 동맹을 요청했지만, 이탈리아와 소원해지고 싶지 않았던 런던 정부는 요청에 응답하지 않았다. 뒤이어 발칸전쟁으로 유럽 협조체제는 수리할 수 없을 정도로 망가졌다.[32]

중대한 전환이 이루어지고 있었다. 영국은 오스만제국의 통합을 지탱하여 러시아를 흑해에 가두겠다는, 한 세기 동안 지켜온 공약을 점차 철회하는 중이었다. 분명 영국은 여전히 러시아를 의심하며 터키 해협에 대한 경계를 완전히 풀지 않고 있었다. 1907년 영국-러시아 협약이 체결되었음에도, 1908년 그레이는 러시아의 터키 해협 접근에 대한 제약을 완화해달라는 이즈볼스키의 요청을 거부했다. 1914년까지도 보스포루스의 오스만 함대를 영국인 제독 아서 헨리 림퍼스Arthur Henry Limpus 경이 지휘했다. 하지만 오스만 체제에 대한 영국의 약속이 점차 약해지면서 서서히 지정학적 공백이 생겼고, 독일이 그 공백으로 점차 미끄러져 들어왔다.[33] 1887년 비스마르크는 베를린 주재 러시아 대사에게 독일은 러시아가 "터키 해협의 주인, 보스포루스 해협 입구와 콘스탄티노플의 소유자"가 되는 것을 반대하지 않는다고 확실히 말했다.[34] 하지만 1890년 비스마르크가 실각하고 러시아와의 전통적인 유대가 느슨해진 이후 독일 지도부는 콘스탄티노플과 더 가깝게 지내려 했다. 카이저 빌헬름 2세는 지나치리만치 홍보된 오스만제국 여행을 1889년 10월에 한 번 하고 1898년 10월에 다시 한 번 했으며, 1890년대부터 독일 자금이 오스만의 철도 부설에 깊숙이 관여하기 시작했다. 독일은 처음에 아나톨리아 철도에, 1903년부터는 유명한 바그다드 철도에 관여했는데, 후자는 완공되면 베를린에서 콘스탄티노플을 거쳐 오스만령 이라크까지 연결될 것으로 예상되었다.

이 영국-독일 위병 교대의 근저에는 구조적 연속성이 있었다. 터키 해협 문제(동지중해에서 러시아의 권력을 견제하는 문제를 가리키는 다른 표현)는 현대 유럽 체제의 상수 중 하나였다(1915~1917년의 짧은 막간은 예외인데, 이 기간에 프랑스와 영국은 러시아에 콘스탄티노플과 터키 해협을 약속함으로써 상트페테르부르크 정부를 전시 연대에 묶어두려 했다). 이 상수는 터키의 맹방 미국이 소비에트의 잠재적 공격을 막아준 1945년 이후에도 뚜렷이 드러났다. 이 중대한 전략적 약속은 터키가 유럽연합에서 줄곧 배제되면서도 1952년 이래 나토NATO(북대서양조약기구)의 회원국인 이유이기도 하다. 이 특정한 국면에서 터키 해협을 지키는 위병의 역할이 영국에서 독일로 점차 넘어간 것은 대단히 중요했는데, 공교롭게도 같은 시기에 유럽이 두 동맹 블록으로 양분되었기 때문이다. 한때 유럽 협조체제를 통합하는 데 이바지했던 터키 해협 문제는 이제 양극 체제의 적대관계에 점점 깊숙이 말려들어갔다.

발칸 난투극

1912년 가을 오스만이 이탈리아에 화평을 청했을 무렵, 대규모 발칸 충돌에 대비하는 작업이 이미 한창 진행되고 있었다. 1911년 9월 28일, 이탈리아가 콘스탄티노플에 최후통첩을 보낸 날에 세르비아 외무장관은 이탈리아-오스만 전쟁이 장기화되면 필연적으로 발칸에 영향을 끼칠 것이라고 경고했다.[35] 1911년 10월 이탈리아의 선전포고가 알려지기 무섭게 세르비아와 불가리아의 정부 대표들은 군사적 공동 모험을 의논하기 위해 회담을 준비하기 시작했다.[36] 1911년 11월 말까지 오스만을 공격하는 전쟁의 준비작업을 자세히 적은 세르비아-불가리아 동맹조약의 초안이 마련되었다. 1912년 3월 세르비아-불가리아 방어동맹이 체결되었고, 이탈리아가 도데카네스 제도를 장악한 5월에 노골적인 공세 의도가 담긴 공격동맹이 체결되었다. 세르비아-불가리아 동맹은 주로 오스만령 남동유럽의 군사적 목표에 초점을 맞추었지만, 오스트리아-헝가리를 상대하는 연합작전의 가능성도 염두에 두었다.[37] 곧이어 세르비아-불가리아를 주축으로 발칸반도에서 오스만 세력을 몰아내기 위한 비밀 발칸동맹이 결성되었다. 이탈리아와 오스만제국의 강화교섭이 지지부진한 사이 발칸동맹 국가들은 발칸 전면전을 위한 동원을 시작했다. 1912년 10월 8일 몬테네그로가 오스만 진지를 공격하면서 교전이 시작되었다. 1912년 10월 18일 로잔 강화조약(이탈리아와 오스만 간 조약—옮긴이)이 체결되던 때에 세르비아의 국왕 페타르 1세는 포고령을 내려 "신의 은총으로 용감한 〔짐의〕 군대에 우리 형제들을 자유롭게 하고 더 나은 미래를 보장받기 위한 성전에 참가하라고 명령했다"라고 발표했다.[38]

1912년 10월 발칸에서 일어난 전쟁은 거의 모두가 예견한 사태였다. 당대 관찰자들을 놀라게 한 것은 발칸동맹 국가들이 거둔 승리의 신속함과 범위였다. 세르비아, 불가리아, 그리스, 몬테네그로의 군대가 오스만 거점들로 진격하면서 반도 전역에서 전투가 벌어졌다. 지리적 여건상 불가리아의 주요 전장은 트라키아 동부가 되었는데, 이곳의 기복 많은 평원은 점차 좁아지다가 지협을 이루고 그 끝에 콘스탄티노플이 자리하고 있다. 이 지역으로 거의 30만 명(불가리아 남성 총인구의 약 15퍼센트)의 불가리아군이 쏟아져 들어갔다(1차 발칸전쟁 기간에 동원된 병력은 다 합쳐서 불가리아 남성의 30퍼센트를 조금 넘었다).[39] 오스만의 에디르네(아드리아노플) 요새 동쪽 58킬로미터 길이의 전선을 따라 키르클라렐리(로젠그라드)에서 사흘간 전투가 벌어졌다. 체구가 작고 격전의 선두에 서기를 좋아해서 '나폴레옹'이라 불린 유달리 정력적인 장군 라트코 디미트리에프Radko Dimitriev가 이끈 불가리아 보병대는 강한 투지로 맹렬하게 공격했다. 오스만군이 대열을 흐트러뜨리며 후퇴하자 불가리아 병사들은 진창과 호우를 뚫고 추격하다가 제대로 된 지도도 없고 정찰도 하지 않은 지역에 다다랐다(불가리아 지휘관들은 병사들이 그렇게 멀리까지 쫓아가리라고는 예상하지 못했다). 불가리아군은 결국 콘스탄티노플에서 겨우 30여 킬로미터 떨어진 차탈자 요새 방어선을 맹공격하기에 이르렀다. 1912년 11월 17일 이곳에서 오스만군은 수도를 등진 채 전선을 고수하면서 보병 대열들을 정확히 포격해 끔찍한 살상을 가하고 연이어 쇄도해오는 공격의 물결을 격퇴했다. 이 전투 이후로 불가리아군은 콘스탄티노플에 이렇게까지 가까이 접근하지 못했다.

불가리아군이 트라키아로 쳐들어가는 동안 세르비아 제1군 약 13만 2000명은 마케도니아 북부로 남진했다. 10월 22일 세르비아군은 쿠마노보시 부근에 진을 친 오스만군과 예상보다 일찍 조우했다. 이튿날 차가운 비가 세차게 내리는 가운데 16킬로미터 전선에서 전투가 벌어졌다. 이틀 동안 교전한 끝에 세르비아군이 오스만군을 완파했다. 세르비아군은 즉시 추격하진 않았으나 남쪽으로 계속 진격했고, 프릴레프시 근방에서 다시 가을비를 맞으며 사흘 동안 산발적인 격전을 치러 오스만 병력을 진지에서 몰아냈다. 그리스군이 먼저 살로니카를 차지할까 봐 전전긍긍했지만 남은 병력이 없었던 불가리아 동맹군의 요청에 따라, 세르비아 사령부는 11월 8일 제1군에 마케도니아 남서부 드라고르 강변에 자리 잡은 그림 같은 도시 비톨라로 진군하라고 명령했다. 오스만군은 이곳에서 퇴각을 멈추고 진지를 다졌으며, 북쪽 주요 진입로를 내려다보는 오블라코브 고지에 포를 배치했다. 고지에서 중포를 쏘자 처음에 세르비아군은 진격하지 못했다. 11월 17일 세르비아군이 오블라코브 능선을 기습해 차지하고 나서야 전세가 결정적으로 뒤집혔다. 세르비아 포병대는 고지에서 인상적인 솜씨로 포격을 가해 비톨라를 방어하던 오스만 포대들을 파괴하고 보병대가 오스만군을 우회해 측면을 공격할 길을 열었다. 이 전투가 마케도니아에서 오스만군의 마지막 항전이었다. 그러는 사이 세르비아 제3군은 알바니아 북부로 서진하여 요새화된 도시 스쿠타리를 포위하고 있던 몬테네그로군을 지원했다.

개전 초기부터 그리스군은 마케도니아의 최대 도시이자 전략적 항구인 살로니카를 획득하는 데에만 전념했다. 좌측에 있는 마케도니아 거점들은 세르비아군과 불가리아군에 맡긴 채, 테살리아의 그리스군은 북동쪽으로 진군해 10월 22일 사란타포로스 협로에서, 11월 2일

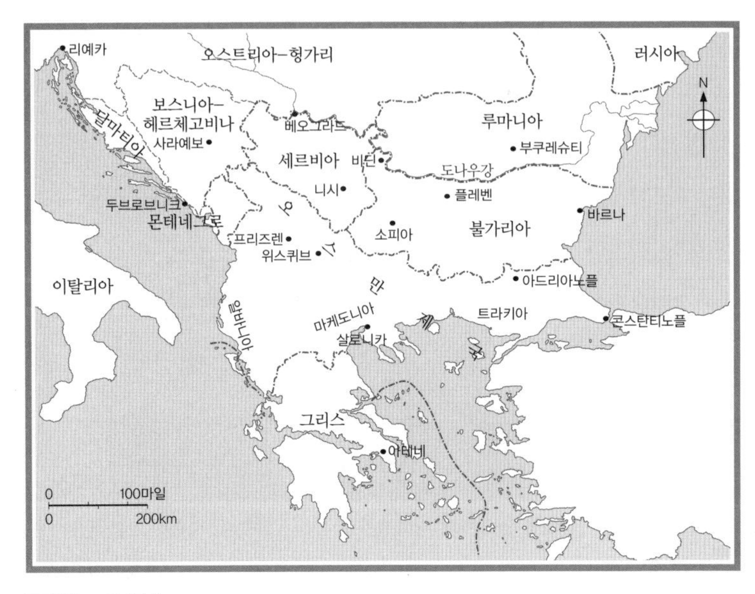

발칸반도: 1912년

발칸반도: 1차 발칸전쟁 이후 휴전선

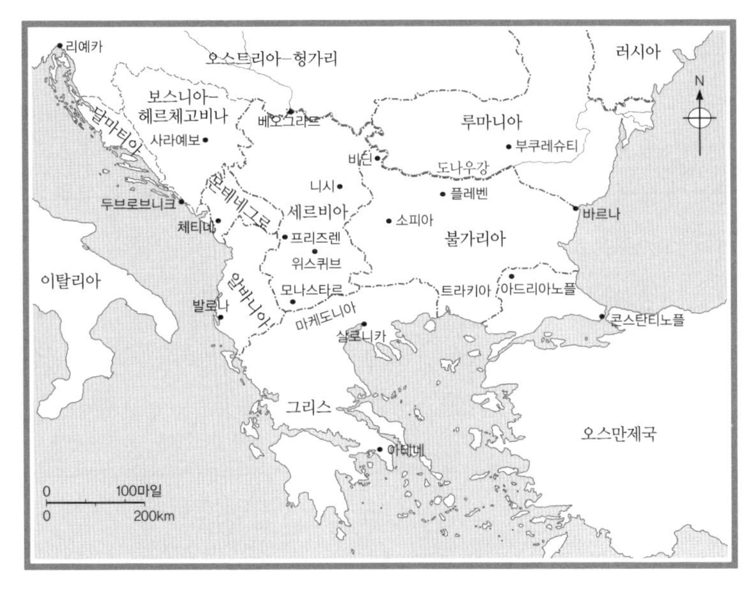

발칸반도: 2차 발칸전쟁 이후

야니차에서 오스만군 진지를 함락했다. 이로써 살로니카로 가는 길이 열렸다. 그런데 촌극 같은 사건이 뒤따랐다. 12월 첫째 주 동안 그리스 부대들은 살로니카를 에워싸기 시작했다. 그리스군이 이 탐나는 전리품을 차지하기 직전임을 깨달은 불가리아군은 그들의 점령을 막을 양으로 제7릴라사단에 급히 남진하라는 명령을 내렸다. 이 조치로 제7사단은 비톨라 점령을 세르비아군에게 맡길 수밖에 없었다. 그들은 살로니카로 접근하면서 미리 전령들을 보내 오스만 지휘관에게 불가리아군에 유리한 조건으로 항복할 것을 촉구했다. 그 지휘관은 쓸쓸한 답변을 보내왔다. "내게 테살로니키(살로니카의 다른 이름—옮긴이)는 하나밖에 없는데 그건 이미 항복했소." 그리스군이 선수를 쳤던 것이다. 처음에 불가리아군의 입성을 거절했던 그리스군 지휘관은 결국 불가리아 병력 1만 5000명과 그리스 병력 2만 5000명이 도시를 공동으로 점령하는 데 동의했다. 같은 시기 알바니아 남부 에피루스 지방에서 군사작전을 전개한 그리스군은 이오안니나 주변에 견고한 방어시설을 구축한 오스만군 진지들을 포위하다가 교착상태에 빠졌다. 몇몇 지역에서 싸움이 장기화되긴 했지만 발칸동맹은 이례적인 성공을 거두었다. 그들은 단 6주 만에 오스만의 유럽 영토를 거의 절반이나 점령했다. 차탈자 방어선 서쪽의 오스만 거점들 중 휴전협정이 체결된 1912년 12월 3일까지 계속 저항한 곳은 아드리아노플, 이오안니나, 스쿠타리뿐이었고 그나마도 모두 포위된 처지였다.

살로니카를 둘러싼 다툼이 시사하듯이, 1차 발칸전쟁은 애초부터 영토 전리품을 둘러싼 두 번째 분쟁의 씨앗을 품고 있었다. 1912년 3월 세르비아와 불가리아는 동맹조약을 맺으면서 명확한 영토 분할 계획에 동의했다. 불가리아는 오흐리드, 프릴레프, 비톨라를 포함하는 마케도니아 남부를 차지하기로 했고, 세르비아는 코소보(세르비아 민족 신화의 심장부)와 노비파자르주를 배정받았다. 중요한 도시 스코페를 포함하는 마케도니아 북부는 '분쟁 영역'으로 남겨두었다. 만일 양국이 합의에 도달하지 못하면 러시아 차르의 중재를 받기로 했다. 불가리아는 특히 러시아의 우호적인 판결을 기대했으므로 이 합의를 반겼다.[40]

그에 반해 세르비아는 행복과는 거리가 멀었다. 정치 엘리트층 다수는 온건한 수상 밀로반 밀로바노비치가 교섭한 3월 동맹에서 불가리아에 너무 많이 양보했다고 생각했다. 비판자들 중에는 참모총장 라도미르 푸트니크Radomir Putnik와 급진당 당수 니콜라 파시치도 있었다. 파시치는 훗날 이렇게 논평했다. "내 생각에는 우리가 너무 많이 양보했다. 아니, 합의하지 못하는 한이 있더라도 포기할 생각조차 해서는 안 되는 세르비아의 몇몇 지역을 포기했다고 말하는 편이 낫겠다."[41] 몇 달 뒤인 1912년 7월 밀로바노비치가 갑작스럽게 사망했고, 그로써 세르비아 온건 외교정책의 주요 지지자 중 한 명이 사라졌다. 그로부터 6주 뒤에 열렬한 민족주의자인 파시치가 수상 겸 외무장관이 되었다.

세르비아 정부가 불가리아와의 동맹조약을 위반할 속셈이라는 첫 번째 뚜렷한 징후는 1차 발칸전쟁이 발발하기도 전에 나타났다. 1912년 9월 15일 파시치는 유럽 열강에 있는 세르비아 공관들에 기밀 회람장을 보냈다. 이 문서에서 그는 '구舊세르비아'를 언급했고, 이것을 3월에 불가리아에게 주기로 약속한 프릴레프, 키체보, 오흐리드를 포함하는 영역으로 정의했다. 개전한 뒤 세르비아군이 알바니아 북부로 진격하자 세르비아 지도부의 관심이 아드리아해의 항구도시를 차지할 황홀한 전망에 쏠리는 바람에 마케도니아 구상은 잠시 뒷전으로 밀렸다. 이것은 세르비아의 민족 '통일'에 내포된 오래된 문제였다. 다시 말해 통일을 위해 영토를 확장할 수 있는 방향이 여럿이었으므로, 정책수립자들은 눈앞의 선택지들 가운데 하나를 골라야만 했다. 그렇지만 오스트리아-헝가리가 알바니아의 기다란 지역을 세르비아가 차지하도록 내버려두지 않을 것이 분명해지고 아드리아해의 항구를 획득할 전망이 사라지자마자, 베오그라드 지도부는 불가리아와 맺은 조약의 조건을 자국에 유리하게 수정하는 방안을 공공연히 언급하기 시작했다. 그들이 특히 집착한 도시는 모나스티르로, 세르비아군은 거듭 돌격해서 심한 손실을 입은 끝에 "총검으로" 이곳을 장악했다.[42] 이에 경악한 불가리아 정부가 해명을 요구하자 파시치는 늘 하던 대로 둘러댔다. "모든 차이는 쉽게 해결될 수 있고 또 해결될 것입니다." 그는 이런 말로 불가리아 정부를 안심시키는 동시에 막후에서 불가리아 영역에 속하는 프릴레프와 비톨라뿐 아니라 '분쟁 영역'에 속하는 몹시 탐나는 도시 스코페까지 병합하는 방안을 이야기했다.[43] 세르비아가 '해방된 지역들'에서 불가리아인을 홀대한다는 소식에 분위기는 더욱 격앙되었다. 세르비아 왕위계승자인 알렉산다르 왕자가 피정복 지역들을 순회하는 동안 마케도니아의 여러 도시를 거닐면서 현지 불가리아인 주민들과 다음과 같은 판에 박힌 대화를 한 것은 이런 판국에 전혀 도움이 되지 않았다.

"넌 뭐야?"
"불가리아인입니다."
"넌 불가리아인이 아냐. 후레자식 같으니."[44]

몇 달 동안은 분쟁을 피할 수 있을 것처럼 보였다. 1913년 4월 말에 베오그라드와 소피아 둘 다 마케도니아를 둘러싼 다툼을 러시아의 중재에 맡기는 데 동의했기 때문이다. 이 문제를 해결하고 싶어 안달하던 소피아 정부는 우호적인 합의를 도출하기 위한 사전 포석으로 과거 1904년에 세르비아-불가리아 동맹조약의 탄생(2장 참조)에 일조했던 외교관 디미터르 리조프를 베오그라드에 파견했다.[45] 세르비아-불가리아 협력의 옹호자로 알려진 리조프는 어떻게 타협을 하든 그 일을 해낼 적임자였다. 그러나 세르비아 정부와 대화한 그는 현재 세르비아군이 '불가리아 영역' 안에서 점유하고 있는 지역들과 거점들 가운데 어느 것 하나 포기할 의향이 없다는 것을 확신하게 되었다. 특히 그는 세르비아 주재 러시아 공사가 휘두르는 영향력에 충격을 받았다. 세르비아 내정에 대한 가르트비크 공사의 영향력이 얼마나 컸던지, 그는 불가리아 수상에게 이렇게 보고했다. "〔외교관〕 동료들은 사적으로 그를 '섭정'이라고 부릅니다. 사실상 그가 병든 세르비아 국왕의 직무를 수행하고 있기 때문입니다."[46] 5월 28일 리조프가 베오그라드를 떠난 다음 날 파시치는 마침내 병합 정책을 공개하고 의회에서 세르비아는 어렵사리 획득한 모든 땅을 지킬 것이라고 선언했다.

이제 마케도니아를 둘러싼 또 다른 충돌이 불가피했다. 1913년 5월 마지막 주에 세르비아군의 대규모 분견대들이 불가리아와 국경을 접하는 전방 진지들로 이동했고, 민간 철도 운행이 잠시 중단되었다.[47] 6월 30일 세르비아가 점유 중인 지역들을 그냥 노골적으로 강탈하자고 주장하는 극단적인 민족주의자 의원들에 맞서, 파시치는 다시 한 번 마케도니아 병합 정책을 옹호했다. 논쟁이 막 달아오르려던 차에 전령이 도착해 파시치에게 불가리아군이 새벽 2시에 경합 지역들에 있는 세르비아군 진지를 공격했다고 알렸다. 선전포고는 없었다. 의회에서 한바탕 소란이 일었고, 파시치는 정부의 반격 준비를 조율하기 위해 의회를 떠났다.

뒤이은 동맹 간 전쟁에서 세르비아, 그리스, 오스만, 루마니아는 불가리아 영토의 가장자리를 한몫씩 떼어가기 위해 힘을 합쳤다. 마케도니아로 들어간 불가리아군은 7월 초 브레갈니차강에서 세르비아군에게 저지당했다. 그 이후 마케도니아 북동부 칼리만치에서 참호를 잘 구축한 불가리아 병력은 7월 15~18일 세르비아군의 반격을 격퇴하여 불가리아 서부가 공격당하는 사태를 막았다. 세르비아 전선이 교착된 사이, 불가리아 남쪽에서 그리스군이 출정하여 크레스나 협곡에서 유혈이 낭자한 전투까지 치렀으나 결판을 내지는 못했다. 같은 시기 루마니아군이 불가리아 동부를 급습해 소피아에서 11킬로미터 거리까지 진격하자 불가리아 정부는 휴전을 청할 수밖에 없었다. 1913년 8월 10일 부쿠레슈티 강화조약이 체결되었다. 불가리아는 엄청난 피를 흘리고도 1차 발칸전쟁에서 획득했던 영토를 대부분 상실했다.

갈팡질팡

발칸 사태에 대한 러시아의 정책에는 1908~1909년 보스니아 병합 위기의 그림자가 따라다녔다. 보스니아-헤르체고비나 병합을 인정하는 대신 터키 해협 문제에 대한 오스트리아의 외교적 지원을 받으려던 거래에서 이즈볼스키가 했던 역할을 러시아 정부는 잊어버렸다(또는 그 일에서 아무것도 배우지 못했다). 더 넓은 국제적 맥락(일례로 터키 해협에 접근하려는 러시아의 노력을 지지해달라는 요청을 영국이 거절했던 일)도 망각했다. 그렇지만 민족주의적 · 범슬라브주의적 선전에 도움이 되는 목표들만은 잊지 않았다. 러시아는 보스니아 병합을 오스트리아의 배신의 역사에서 특히 파렴치한 장章으로, 1909년 3월 독일이 동맹을 옹호하며 개입하는 바람에 더욱 악화된 사태로 기억했다. 그것은 러시아가 두 번 다시 겪지 말아야 할 '치욕'이었다. 하지만 보스니아 위기로 발칸 문제에서 러시아가 얼마나 고립된 처지인지 드러나기도 했다. 이즈볼스키가 얼마간 자초한 난국에서 상트페테르부르크 정부를 구하는 데 영국도 프랑스도 별로 열의를 보이지 않았기 때문이다. 분명 러시아는 서쪽 파트너들과 소원해지지 않으면서도 발칸 지역에 압력을 가할 수 있는 다른 방법을 찾아야만 했다.

1911~1912년 러시아의 발칸 정책에서 가장 두드러진 특징은 중앙의 통제와 조정이 약했다는 것이다. 1911년 9월 18일 스톨리핀이 암살당하자 러시아 체제는 혼란에 빠졌다. 수상이 죽고 단 열흘 뒤에 이탈리아 정부가 오스만 정부에 최후통첩을 보냈다. 신임 수상 블라디미르 코콥초프는 아직 자리를 잡아가는 중이었다. 사조노프 외무장관은 중병에 걸려 1911년 3월부터 12월까지 외국에서 요양을 했다. 그 동안 외무부 부장관 아나톨 네라토프Anatol Neratov는 사태의 추이를 따라가기 급급했다. 외무부의 통제력이 느슨해지고 있었던 것이다. 그 결과 러시아의 정책은 양립 불가능한 병렬 노선들로 쪼개졌다. 한편으로 콘스탄티노플 주재 러시아 대사 N. V. 차리코프는 오스만제국의

곤경을 이용해 터키 해협에서 러시아의 해운조건 개선을 협상하려 했다.[48] 리비아 위기가 전개되는 동안 차리코프는 오스만 측에 콘스탄티노플 보유에 더해 트라키아 배후지 방어까지 러시아가 보장하겠다는 제안을 했다. 그가 원한 대가는 오스만 정부가 다르다넬스와 보스포루스 해협에서 러시아 군함의 자유로운 통행을 허가하는 것이었다.[49]

정확히 같은 시기에 베오그라드 공사 니콜라이 가르트비크는 다른 노선을 추구했다. 가르트비크는 러시아 외무부의 아시아국에서 외교관 훈련을 받았는데, 이곳 하위문화의 특징은 완강한 입장과 무자비한 방법을 선호한다는 것이었다.[50] 1909년 가을 세르비아 수도에 부임한 이래 그는 발칸반도에 대한 러시아의 적극적인 정책을 시종 지지했다. 그는 자신의 반오스트리아 · 범슬라브 견해를 구태여 감추지 않았다. "〔가르트비크는〕 차근차근 〔세르비아〕 왕국의 실질적 통솔권을 수중에 넣었다"라는 불가리아 대사 안드레이 토셰프Andrey Toshev의 주장은 분명 과장된 것이었지만, 가르트비크가 베오그라드 정치생활에서 비할 데 없는 영향력을 확보했다는 것은 의심할 여지가 없다.[51] 가르트비크가 니콜라이 2세의 궁정에서 인기를 누리고 상트페테르부르크의 강력한 통제 또는 감시가 전반적으로 부족했던 결과, 베오그라드 주재 러시아 대리공사가 유감스럽다는 듯이 말한 대로, 가르트비크는 극단적인 견해도 비교적 자유롭게 피력할 수 있었고 심지어 외무부에서 보내는 공식 신호와 상충할 때조차 그렇게 했다. 그는 "러시아가 취하려는 조치를 자기 나름의 의견대로 세르비아 정부에 전달할 수 있을 정도의 입지를 확보했다."[52]

차리코프는 콘스탄티노플과 항구적으로 화해할 가능성을 모색한 반면, 가르트비크는 오스만제국에 맞서 불가리아와 공격동맹을 맺도록 세르비아 정부를 떠밀었다. 가르트비크는 양국의 동맹 노력을 조정하기에 아주 알맞은 위치에 있었는데, 1909년 프리트융 스캔들이 터졌을 때 러시아 공사관에서 살다시피 했던 오랜 친구 미로슬라브 스팔라이코비치가 소피아 주재 세르비아 공사로 부임해 있었고 그곳에서 세르비아-불가리아 조약이 순조롭게 체결되도록 도울 수 있었기 때문이다. 가르트비크는 세르비아 정부에 자신의 주장을 강권했을 뿐 아니라, 오스만 정부에 (그리고 암묵적으로 오스트리아-헝가리에) 대항하는 발칸동맹을 결성하는 것이 이 지역에서 러시아의 이해관계를 지키는 유일한 길이라고 역설하는 서신을 네라토프 부장관에게 퍼붓기도 했다. 이탈리아가 트리폴리를 포격하고 사흘이 지난 1911년 10월 6일 네라토프에게 보낸 편지에서 그는 "현재 두 국가[세르비아와 불가리아] 모두 조금만 동요해도 러시아와 슬라브족에게 극악한 범죄를 자행할 수 있을 정도로 상황이 엄중합니다"라고 말했다.[53]

결국 사조노프는 1911년 말에 외국 요양을 마치고 돌아왔을 때 양립 불가능한 선택지들 가운데 하나를 골라야만 했다. 그는 차리코프의 입장을 부인하는 쪽을 택했다. 오스만 정부는 러시아 대사의 제의를 무시하라는 언질을 받았고, 차리코프는 몇 달 뒤 본국으로 소환되었다.[54] 사조노프는 차리코프가 자신의 지시를 무시하고 정부가 세워둔 "모든 장벽"을 건너뛰어 "상황을 엉망으로 만들고 있기" 때문에 징계하는 것이라고 주장했다.[55] 그러나 이는 연막에 지나지 않았다. 차

세르게이 사조노프

리코프는 오스만에 제안을 하면서 네라토프 부장관의 지지를 받았다. 게다가 잇달아 정책을 수립한 러시아 외교사절이 분명 차리코프 혼자만은 아니었다(이 점에서는 가르트비크가 훨씬 심했다). 사조노프가 콘스탄티노플 대사를 내친 진짜 이유는 터키 해협에 대한 러시아의 계획을 재개하는 것이 아직 시기상조라고 판단했기 때문이다.[56] 1911년 12월 스위스 요양지에서 귀국하는 길에 사조노프는 이즈볼스키와 런던 주재 러시아 대사 벤켄도르프 백작으로부터 터키 해협 문제를 직접 압박할 경우 프랑스 · 영국과의 관계가 경색될 것이라는 보고를 받았다. 특히 영국의 태도가 우려스러웠는데, 1911~1912년 겨울 페르시아에서 영국-러시아 합의 문제로 갈등을 빚었기 때문이다. 이런 갈등이 악화될수록 영국이 터키 해협에 대한 러시아의 목표를 우호적으로 대할 가능성은 낮아졌다.

한편 1911년 봄과 여름 프랑스가 모로코에서 모험을 감행했을 때 러시아가 미지근하게 지지했던 탓에 양국의 연계는 느슨해져 있었다. 여하튼 프랑스 정부는 자기네 이익권이라 생각하는 동지중해에서 러시아의 접근권이 개선되는 것을 달가워하지 않았다. 무엇보다도 막대한 프랑스 자금이 오스만제국에 투자되어 있었으므로, 파리 정부는 오스만의 재정 건전성을 해칠 것 같은 러시아의 어떤 구상이든 매우 미심쩍게 바라보았다. 삼국협상을 묶는 유대가 비교적 약해 보이는 시기에 터키 해협처럼 분열을 일으킬 가능성이 있는 전략적 요충지와 관련된 제안을 하는 것은 적절하지 않았다. 달리 말해 당분간 사조노프는 터키 해협에 대한 러시아의 접근권 개선보다 삼국협상의 결속을 우선할 수밖에 없었다.

사조노프는 자신과 차리코프의 구상의 연관성을 부인하는 동시에 가르트비크의 친세르비아 · 발칸동맹 정책을 지지했다. 그는 이 정책을 오스트리아의 발칸 구상에 맞대응하는 한편 오스만에 간접적 압력을 가하는 수단으로 보았다. 그러면서도 서유럽 파트너들과 소원해질 우려가 있는 방식으로 오스만에 도전하는 선택지만큼은 신중하게 피했다. 호기를 이용해 보스포루스 해협 통행권을 얻고픈 바람과 러시아가 고립될 위험을 서로 견주어야 했다. 그는 다르다넬스 해협을 치고 빠지는 기습을 하도록 이탈리아 정부를 부추겼다. 이런 공격이 오스만의 해협 봉쇄를 유발하여 러시아의 상업 해운에 타격을 줄 공산이 컸음에도 말이다. 사조노프는 영국과 프랑스 측에 이탈리아를 발칸 파트너십에 끌어들이는 것이 자신의 목표라고 말했고, 상트페테르부르크 주재 영국 대사 조지 뷰캐넌 경에게 말한 대로 이탈리아를 "오스트리아에 대항하는 귀중한 평형추"로 보았다. 사실 그의 바람은 이탈리아의 기습을 계기로 언젠가 러시아 군함의 터키 해협 통행을 요구할 구실을 얻는 것이었다.[57] 1912년 10월 초 이즈볼스키에게 말했듯이, 핵심은 러시아가 "오스만 반대파를 규합하고 통합하는 모양새로

비치지" 않는 것이었다.[58]

사조노프는 발칸동맹의 출현을 지지하고 후원하기도 했다. 외무장관에 취임한 이래 발칸동맹 정책을 옹호했고, 동맹국Central Powers(1차 세계대전에서 연합국의 반대 진영에 있던 국가들로 독일, 오스트리아-헝가리, 오스만제국, 불가리아를 가리킨다. 이 책에서 '동맹국'은 이 국가들을 가리킨다. 동맹관계인 국가는 동맹 또는 맹방으로 옮겼다—옮긴이)으로부터 발칸 국가들을 성벽처럼 보호할 50만 총검 병력이라는 비전에서 영감을 받았다고 주장했다.[59] 1912년 3월 세르비아-불가리아 동맹조약을 후원한 그의 동기는 반오스트리아적이기도 하고 반오스만적이기도 했다. 두 조인국은 조약에 따라 오스만의 예전 발칸 영토를 "어떤 강대국이 병합하거나 점령하거나 일시적으로 침공할" 경우 "서로를 전 병력으로 지원"하기로 했다. 여기서 "어떤 강대국"은 암묵적이긴 해도 분명 오스트리아를 가리켰는데, 양국은 오스트리아가 노비파자르주에 흑심을 품고 있다고 의심했다.[60]

사조노프는 발칸반도가 리비아 전쟁 이후 불안정해질 공산이 크다는 것을 정확히 알고 있었다. 그가 생각한 발칸 정책의 요점은, 불안정의 결과로 어떤 분쟁이 발생하든 러시아가 계속 통제해야 한다는 것이었다. 이 생각에 부응하듯 세르비아와 불가리아는 조약을 맺으면서 향후 발생할 모든 분쟁을 조정하고 중재하는 역할을 러시아에 맡기기로 합의했다. 조약의 비밀 부속의정서에는 두 조인국이 개전 의도를 사전에 러시아에 알린다고 명기되어 있었다. 만약 (오스만에 대한) 공격 개시 여부나 개시 시점에 대한 두 나라의 의견이 다를 경우, 러시아가 구속력 있는 거부권을 행사할 것이었다. 만약 정복한 영토를 어떻게 분할할지 합의하기 어려울 경우, 러시아의 중재를 받기로 했다. 그리고 러시아의 분할 결정은 두 조인국 모두에게 구속력이 있었다.[61]

이처럼 세르비아-불가리아 동맹은 러시아의 이해관계 추구에 이바지하는 귀중한 도구가 될 것처럼 보였다.[62] 그러나 몇 가지 의문이 남아 있었다. 과거의 경험으로 미루어 보건대 러시아의 지원을 받아 결성된 발칸동맹이 상트페테르부르크 정부의 언질에 고분고분 따르지 않을 수도 있었다. 이 점에 대한 의견 차이가 1911년 10월과 11월 가르트비크와 A. V. 네클리우도프Nekliudov의 반목으로 번졌다. 전자는 공격적인 발칸동맹 정책을 선호했고, 소피아 주재 러시아 공사인 후자는 발칸동맹이 러시아의 통제력을 벗어날 것을 우려했다. 네클리우도프의 입장에는 일리가 있었다. 공격의 실행 가능성과 시기에 대한 두 조인국의 의견이 서로 일치한다면 어떻게 되는가? 그럴 경우 러시아의 조약 거부권은 무의미해질 터였다(실제로 그렇게 되었다). 그리고 두 조인국이 상트페테르부르크와 상의하지 않고서 다른 인접국(이를테면 몬테네그로와 그리스)을 자기네 연대에 새로 끌어들이면 어떻게 되는가? 이 우려도 현실이 되었다. 러시아는 세르비아-불가리아 동맹 조약에 첨부된 비밀 군사조항들에 대해 통지받았으나 이 문제를 사전에 상의하지 못했다. 몬테네그로와 그리스를 동맹에 포함하는 데 반대한다는 러시아의 의견은 무시되었다. 발칸동맹은 완전한 형태를 갖추기 전부터 러시아의 통제력을 벗어날 조짐을 보였다.[63]

1912년 10월 발칸 호랑이가 껑충 뛰어 우리를 탈출했을 때, 사조노프는 제지하려는 노력을 숨기지 않았으나 그것은 대체로 형식적인 제스처에 지나지 않았다. 다른 한편 런던 주재 러시아 대사는 러시아를 오스트리아와의 협력에 연루시키는 어떠한 제안에도 응해서는 안 된다는 지시를 받았다.[64] 그와 동시에 발칸동맹 국가들은 러시아의 지원을 기대할 수 없다는 경고를 받았다.[65] 오스만에 맞서 공동전선을 펴도록 세르비아와 불가리아를 부추긴 장본인이 러시아였음을 감안하면, 이 경고는 두 나라에게 틀림없이 이상하게 들렸을 것이다. 프랑스 주재 세르비아 공사 밀렌코 베스니치는 1912년 10월 개전 직전 파리에서 사조노프를 만났던 일을 회상했다. 케도르세에서 한 무리의 프랑스 관료들에게 발언하던 중 사조노프는 베스니치에게 세르비아의 동원은 "발상이 좋지 않은 항의 조치"이며 전쟁을 억제하고 속히 끝내는 것이 중요하다고 말했다. 베스니치는 화가 치밀었으나 의연하게 러시아 외무부가 "세르비아와 불가리아가 체결한 협정을 다 알고 있다는 것"을 사조노프에게 상기시켰다. 당황한(면전에 프랑스 관료들이 있었다!) 사조노프는 이것이 사실이긴 해도 첫 번째 조약, 즉 "그저 방어적인" 조약만 알고 있다고 응수했다. 이는 줄잡아 말해도 의심스러운 주장이었다.[66] 러시아 외교는 동시에 두 가지 역할, 즉 전쟁을 선동하는 역할과 평화를 유지하는 역할을 하고 있었다. 사조노프는 불가리아에 발칸전쟁의 목표 자체는 반대하지 않지만 전쟁의 시기는 우려한다고 말했다. 발칸전쟁은 더 큰 사태를 촉발할 수 있었고, 러시아는 아직 전면전을 각오할 만한 군사적 준비가 되어 있지 않았기 때문이다.[67] 사조노프가 양면적인 메시지를 보내며 초래한 혼란은 가르트비크와 소피아 주재 러시아 무관의 열정적인 주전론으로 인해 더욱 악화되었는데, 두 사람은 설령 일이 잘못된다 해도 러시아가 발칸의 '아우들'을 저버리지 않을 거라며 각자 주재국 교섭자들을 부추겼다. 소피아 공사 네클리우도프는 세르비아-불가리아 동원이 발표되자 기뻐서 '울었다'고 한다.[68]

그런데 러시아의 발칸 정책이 터키 해협 구상을 촉진하기는커녕 위험에 빠뜨린다면 어떻게 되는가? 러시아 정치지도부는 비교적 약한 오스만이 터키 해협을 한동안 관리한다는 생각은 감수할 수 있었지만, 다른 어떤 국가가 보스포루스 해협에 터를 잡는다는 생각은 도저히 용납할 수 없었다. 1912년 10월 불가리아군이 트라키아 동부에서 차탈자 선(오스만 수도 앞쪽의 마지막 방어 거점)을 향해 예상 밖으로 빠르게 진격하자 사조노프와 그의 동료들은 화들짝 놀랐다. 불가리아의 고집 센 국왕이 비잔티움제국의 유서 깊은 왕위를 염원한다고 알려진 마당에 불가리아군이 콘스탄티노플을 점령한다면 러시아는 어떻게 대응해야 하는가? 사조노프는 영국 대사 뷰캐넌에게 그럴 경우 "러시아는 그들에게 떠나라고 경고할 수밖에 없을 것입니다"라고 말하고는 솔직하지 못하게 "러시아는 콘스탄티노플에 자리 잡을 생각은 없지만, 다른 어떤 국가가 그곳을 점유하는 것은 용납할 수 없습니다"라고 부언했다.[69] 네클리우도프에게 원본을 보내고 파리, 런던, 콘스탄티노플, 베오그라드의 세르비아 공사관에 사본을 보낸 서신에서, 사조노프는 불가리아가 콘스탄티노플을 장악할 경우 러시아 여론이 소피아에 등을 돌릴 것이라는 익숙한 주장을 폈다.[70] 상트페테르부르크 주재 불가리아 공사는 불길한 경고를 받았다. "콘스탄티노플에 들어가면 귀하의 업무가 심각하게 복잡해질 테니 어떤 경우에도 들어가지 마시오."[71] 진격하던 불가리아군이 차탈자 방어선에서 피투성이가 되어 주저앉지 않았다면, 사조노프가 개입해 발칸동맹을 뒤흔들었을 것이다.

이렇게 사조노프가 책략을 쓰는 동안 러시아 국내에서는 언론이 선동을 시작했다. 러시아 신문 편집장들은 발칸 국가들과 보스포루스 해협의 숙적(오스만제국—옮긴이)이 싸운다는 소식에 몹시 격앙되었다. 이 문제만큼 러시아 도시 대중의 흥분과 결속, 비분강개를 강하게 불러일으킬 수 있는 사안은 없었다. 1912년 10월 말《노보예 브레먀》는 이렇게 물었다. "만일 슬라브인과 그리스인이 승리를 거둔다면, 그들이 핏값을 치르고 얻었을 승리의 결실을 강탈할 (……) 철권은 어디에 있는가?"[72] 이런 흐름이 사조노프에게 얼마나 영향을 주었을지 가늠하기는 어렵다. 러시아 외무장관은 자기 정책에 대한 언론의 시시콜콜한 관심에 분개했고, 기자들과 그들의 의견을 경멸하는 태도를 보였다. 그러면서도 그는 언론의 비판에 매우 예민했던 것으로 보인다. 한 번은 기자 회견을 열어 자신이 기자들로부터 적대적인 대우를 받았다고 불평하기도 했다. 10월 31일 강대국들에 주재하는 러시아 대사들에게 보낸 회람장에서, 사조노프는 러시아 언론의 민족주의적 목소리를 정책에 반영할 의향이 전혀 없다고 잘라 말하면서도 언론의 선동적인 보도를 이용해 "우리 입장의 어려움을 감안할 필요가 있다고 생각하도록 [외국] 내각을 유도하는" 방안을 고려해도 괜찮다는 뜻을 내비쳤다.[73] 달리 말하면 그는 언론이 자신의 정책수립에 영향을 준다는 것을 부인하면서도 외교 협상에서 운신의 폭을 넓히기 위해 적대적인 언론 보도를 이용할 수 있다고 보았다. 이 회람장만큼 핵심 정책수립자들과 언론의 복잡한 관계를 잘 보여주는 문서도 드물다.

즉흥성과 갈팡질팡은 1차 발칸전쟁 내내 사조노프 정책의 뚜렷한 특징이었다. 10월 말 그는 발칸반도의 영토 현황을 유지하려는 오스트리아의 정책을 지지한다고 엄숙히 천명했다. 하지만 11월 8일 이탈리아 정부에 세르비아의 아드리아해 접근이 절대적으로 필요하다고 알리면서 "현실을 무시하는 것은 위험합니다"라고 불길하게 덧붙였다. 그런데 무슨 영문인지 단 사흘 만에 가르트비크에게 아드리아 연안에서 알바니아 독립국 수립의 "필연적 필요성"을 거론하고 다시 한 번 "현실을 무시하는 것은 위험합니다"라고 부언했다.[74] 가르트비크는 세르비아 정부가 너무 세게 나간다면 러시아로서는 제멋대로 구는 그들을 방관할 수밖에 없다는 경고를 파시치에게 전하라는 명령을 받았다. 러시아 공사는 이 임무를 마지못해 수행하면서 불쾌감을 감추지 않았다. 사조노프는 이 메시지의 사본을 런던과 파리에 전달했다.[75] 그러다가 11월 17일 다시 말을 바꿔 세르비아가 아드리아 연안까지 이어지는 회랑지대를 차지해야 한다고 주장했다(세르비아가 서쪽 아드리아해에 접근하려면 알바니아 지방을 차지해야 했으므로, 이는 알바니아 독립국 수립과 양립할 수 없는 주장이었다—옮긴이).[76] 그리고 파리와 런던에 공문을 보내 오스트리아-헝가리가 세르비아를 공격할 경우 러시아가 그에 맞서 군사적으로 개입할 수밖에 없다고 역설하고, 이에 대한 의견 표명을 두 맹방 정부에 요청했다.[77] 1912년 11월 영국 대사 뷰캐넌은 상트페테르부르크에서 보낸 보고서에 이렇게 썼다. "사조노프가 입장을 계속 바꾸고 있어 비관론 단계와 낙관론 단계를 연이어 통과하는 그의 흐름을 따라가기 어렵다."[78] 두 달 뒤 뷰캐넌은 "나는 비일관성과 잦은 방침 변화에 대해 한 차례 이상 사조노프를 책망했다"라고 보고했다. 그러면서도 공정을 기해 러시아 외무장관이 "자유로운 행위자는 아니었다"라고 덧붙여 말했다(무엇보다 사조노프는 근래에 군부 파벌의 영향 아래 있었던 차르의 견해를 고려해야 했다).[79] 파리와 테헤란에서 3등 서기관을 지냈고 당시 런던 외무부에 근무 중이던 로버트 밴시터트Robert Vansittart는 이 문제를 간명하게 요약했다. "사조노프 씨는 갈팡질팡하는 딱한 사람이다."[80]

1912~1913년 겨울 발칸 위기

사조노프가 갈팡질팡하는 동안 발칸에 대한 러시아 지도부의 전반적인 태도가 강경해지고 있다는 징후가 나타났다. 1912년 9월 30일 발칸 국가들이 동원하고 있던 때에 러시아가 시험동원 결정을 발표했는데, 여기에는 발칸 정책을 군사행동으로 엄호하여 빈 정부를 위협하려는 의도가 담겨 있었다. 오스트리아 참모총장은 (오스트리아령 갈리치아와 인접하는) 폴란드 돌출부의 바르샤바 군관구에서 러시아 예비병 5만~6만 명이 소집되었고 17만 명이 추가로 소집될 것으로 예상된다면서 결국 오스트리아-헝가리 접경지대에 러시아의 대규모 병력이 집결할 것이라고 보고했다. 이 조치에 대한 질문을 받았을 때 사조노프는 전혀 모르는 일이라고 주장했다. 반면 수호믈리노프는 외무장관이 다 알고 있었다고 주장했다.[81] 사조노프가 결정에 관여했든 안 했든(두 시나리오가 똑같이 그럴듯해 보인다), 시험동원(그리고 발칸전쟁이 발발했음에도 이 조치를 강행하기로 한 결정)은 러시아가 기존의 신중한 정책에서 이탈했음을 알리는 신호였다. 다시 말해 러시아는 군사력의 위협으로 외교적 노력을 뒷받침하는 '현실 권력' 전략을 고려하기 시작했다.

1912년 10월 10일 사조노프는 코콥초프에게 보낸 서신에서 "가능성 있는 위험을 감수하려는 우리의 굳은 각오를 프랑스와 잉글랜드가 인정하는 경우에만, 우리는 두 나라의 실질적 지원에 기댈 수 있을 것입니다"라고 말했다.[82] 또 사조노프는 전전 막판 자기 정책의 특징이었던 역설적 추론에 입각해, 완전한 군사적 대비 조치를 통해서만 러시아의 목표를 추구하면서 "평화적 압력"을 가할 수 있을 것이라고 이즈볼스키에게 말했다.[83]

러시아의 발칸 정책이 강경해지면서 코콥초프와 수호믈리노프 사이 권력 균형에도 변화가 생겼다. 1912년 10월과 11월에 1913년도 군사비 예산을 협의하는 와중에 군비 지출 제한을 요구하는 코콥초프 수상을 차르가 더 이상 지지하지 않는다는 것이 분명하게 드러났다. 10월 31일부터 11월 2일까지 열린 일련의 회의에서 각료들은 군사 차관으로 6680만 루블을 추가하는 방안에 동의했다. 이 조치를 제창한 사람은 수호믈리노프가 아닌 사조노프였다. 그는 10월 23일 코콥초프에게 보낸 편지에서 오스트리아-헝가리 또는 터키와의 대결을 고려해 육군의 대비태세를 강화할 생각이라고 말했다. 코콥초프로서는 당시 군사 차관을 정식으로 요청하던 수호믈리노프에게 이 편지를 전달할 수밖에 없었다. 이 일로 코콥초프의 입지가 결정적으로 약화되었다. 수상에게는 외무장관과 육군장관이 지지하고 막후에서 차르가 지원하는 계획을 무산시킬 힘이 없었다.[84] 11월 5일 러시아 징집병 중 최고참 계급의 전역을 연기하는 명령을 차르가 재가한 이후 복무 기간이 늘어난 러시아 예비병력은 약 40만 명으로 증가했다.[85] 러시아가 프랑스에 전달한 정보에 따르면, 이제 러시아의 국경 병력은 전시 수준과 비교해도 별로 떨어지지 않는 규모였다. 오스트리아령 갈리치아 인근 전방 진지들에 일부 부대들을 배치하고, 무기를 징발하고, 철도 차량을 확보하는 등 다른 조치들도 병행했다. 러시아 참모총장 야코프 질린스키Yakov Zhilinsky가 프랑스 무관에게 말했듯이, 이 조치들의 목표는 "어떠한 우발 사태에도 대응할 수 있도록" 대비하는 것이었다.[86]

1912년 11월 넷째 주에 수호믈리노프 육군장관과 군사령부는 분쟁을 확대하는 방향으로 결정적인 걸음을 내디뎠다. 그들은 오스트리아-헝가리를 상대로 부분동원령을 내리도록 차르를 설득하는 데 거의 성공했다. 코콥초프는 11월 22일 차르가 이튿날 아침 자신과 사조노프를 보고자 한다는 말을 들었다. 차르를 찾아간 두 사람은 군부회의에서 오스트리아-헝가리 영토와 인접한 키예프 군관구와 바르샤바 군관구에 동원령을 내리기로 이미 결의했다는 소식을 듣고 경악했다. 수호믈리노프는 전날 동원하기를 원했으나 차르가 먼저 관련 각료들과 상의하기 위해 동원령 발표를 미룬 모양이었다. 군부의 고압적인 술수에 격분한 코콥초프는 그들이 바보 같은 조치를 제안했다고 지적했다. 무엇보다 오스트리아가 공격받을 경우 독일이 지원하기로 되어 있는 마당에 오스트리아를 겨냥한 부분동원은 말도 안 되는 일이었다. 프랑스는 또 어떤가? 파리와 아무런 상의도 하지 않았으므로 갑자기 동원했다가는 바보짓의 결과를 러시아 혼자 뒤집어써야 할 판이었다. 게다가 헌법상의 문제도 있었다. 코콥초프의 주장대로 수호믈리노프는 외무장관과 먼저 상의하기 전에는 차르에게 그런 정책 이야기를 꺼낼 권리조차 없었다. 니콜라이 2세는 입장을 바꿔 육군장관의 명령을 취소하기로 했다.[87] 사조노프는 코콥초프 수상의 의견에 합세하여 정치적으로 무분별하거니와 전략적으로 실행 불가능하고 위험천만하다며 군부의 제안을 비난했다. 이때가 제정 러시아에서 '통합된 정부'가 가쁜 숨을 내쉰 마지막 순간 중 하나였다.

그렇다 해도 1912~1913년 겨울 위기 동안 사조노프가 오스트리아와 대립하는 정책을 지지한 것은 엄연한 사실이며, 이 정책으로 인해 러시아-오스트리아 국경이 위기 내내 '외교 폭풍의 중심'이 되었다.[88] 11월 23일 민간 각료들과 군부가 동원 문제로 대치한 이후 잠시 동요하긴 했으나 상트페테르부르크의 분위기는 줄곧 호전적이었다. 12월 중순 수호믈리노프 육군장관이 각료평의회에 여러 조치를 제안했다. 구체적으로 말하면 키예프와 바르샤바 군관구에서 국경기병대를 증강하고, 예비병력을 소집해 훈련시켜 전방부대로 전력화하고, 말을 국경지역들로 수송하고, 군사 경계를 강화하고, 말 수출을 금지하자고 주장했다. 이 조치들이 모두 실행되었다면, 십중팔구 겨울 위기가 전쟁의 문턱을 넘었을 것이다. 그리고 이 시기 프랑스가 러시아에 반오스트리아 조치를 강화할 것을 촉구하고 독일이 관여하는 군사 분쟁이 발생할 경우 지원하겠다고 약속했다는 사실을 감안하면, 분명 전쟁이 유럽 전역으로 확대되었을 것이다. 그러나 사조노프는 이런 결과를 감당할 수 없다고 보고서 다시 한 번 코콥초프와 함께 수호믈리노프의 제안을 거절했다. 이번에 평화 옹호자들은 부분적인 승리밖에 거두지 못했다. 보병 예비병력 소집과 말 수출 금지는 지나치게 도발적이라는 이유로 거부되었지만 다른 조치들은 추진되었으며, 예상대로 빈의 분위기를 격앙시키는 결과를 가져왔다.[89]

이미 일어난 일들을 고려하면, 1912년 12월 마지막 주 사조노프의 제안, 즉 갈리치아 국경에서 오스트리아가 먼저 병력을 물리면 러시아의 증원 병력 일부도 똑같이 물리겠다는 제안은 분쟁을 축소하고 해소하려는 진실한 노력보다는 또 다른 위협 행위에 더 가까워 보였다.[90] 오스트리아가 응하지 않자 러시아는 징집병 최고참 계급의 전역을 추가로 연기할 가능성을 공식 발표하여 전면적인 전쟁 공포를 촉발하겠다고 암시하는 등 위협 수위를 다시 한 번 높였다. 1913년 1월 초 사조노프는 영국 대사 조지 뷰캐넌에게 "오스트리아 접경으로 병력을 집결시킬 구상"을 가지고 있고 병력을 추가로 투입할 계획이라고 말하기까지 했다. 키예프 군관구를 동원하고 빈에 최후통첩을 보내는 방안이 다시 거론되기도 했다(이번에는 수호믈리노프뿐 아니라 사조노프까지 가세했다).[91]

그 귀결인 오스트리아와 러시아의 무장 교착상태는 양쪽 모두에게 정치적으로나 재정적으로나 고통이었다. 빈의 경우 국경에서 대치하는 것이 군주국의 부실한 재정에 재앙적인 부담을 주었다. 또한 체코인, 남슬라브인, 기타 소수민족 예비병력의 충성심이 의문시되었는데, 그들 다수는 삼엄한 경계태세가 계속될 경우 민간 부문 일자리를 잃을 처지였다. 러시아에서도 국경 부대들의 정치적 신뢰도에 의문이 제기되었다(소집된 예비병들의 불복종 태도가 평시 군대로 퍼져나갈 조짐을 보였으며, 갈리치아 전방에 배치된 장교들이 전쟁을 하려거든 지금 당장 하고 그게 아니면 예비병력을 철수시키라고 요구했다). 재무부와 재무장관 코콥초프도 예비병력 유지에 따른 재정 부담을 호소했다. 다만 일반적으로 말해 각료들이 재정 통제력의 와해를 우려했던 빈보다는 육군에 돈이 산더미처럼 많았던 상트페테르부르크에서 재정 문제가 덜 두드러졌던 것으로 보이기는 한다.[92] 코콥초프는 분쟁을 축소하는 쪽으로 균형을 기울이는 한편 상대를 도발할 수 있는 조치를 추가로 강행하지 않도록 차르를 설득하는 데 성공했다.

대치 상황에서 먼저 물러선 쪽은 1913년 1월 말부터 국경 병력을 점차 줄여나간 오스트리아였다. 2월과 3월에 베르히톨트는 베오그라드에도 양보를 했다. 2월 21일 프란츠 요제프가 갈리치아 중대 병력을 대폭 줄이자는 의견을 내놓았고, 그 답례로 니콜라이 2세가 징집병 최고참 계급을 전역시키는 방안을 제안하기로 했다. 3월 둘째 주에 분쟁 축소가 공식화되어 양국에서 대규모 병력 감축안이 공표되었다.[93]

1912~1913년 겨울 발칸 위기가 지나가자 모두가 시름을 덜었다.

그러나 이 사태는 빈과 상트페테르부르크에서 정치의 윤곽을 영원히 바꾸어놓았다. 오스트리아의 정책수립자들은 더 군사화된 외교 방식에 익숙해졌다.[94] 상트페테르부르크에서는 러시아 주전파가 등장했다. 그중 가장 완고한 주전론자는 둘 다 상급 사령관이며 둘 다 몬테네그로 공주와 결혼한 니콜라이 니콜라예비치Nikolai Nikolaievich 대공과 표트르 니콜라예비치Pyotr Nikolaievich 대공이었다. 1913년 초 상트페테르부르크 주재 벨기에 공사는 이렇게 썼다. "황제의 평화론으로도 〔궁정에서〕 오스트리아 앞에서 다시는 움츠러들 수 없다고 선언하는 이들을 침묵시키지 못합니다."[95] 호전적인 견해가 인기를 얻은 것은 단지 차르(간혹)와 육해군 상급 사령관들이 지지해서가 아니라, 가장 중요한 각료였던 농업장관 알렉산드르 크리보셰인을 위시한 일군의 영향력 있는 민간 각료들의 지지까지 받았기 때문이다.

크리보셰인은 러시아 정계에서 가장 역동적이고 흥미로운 인물 중 하나였다. 그는 정계 인맥을 능수능란하게 맺었다. 총명하고 세련되고 기민했으며, 적절한 친구들을 사귀는 신비한 재능을 갖고 있었다.[96] 젊은 시절 유력한 각료들의 아들들과 친구를 맺는 수완으로 악명을 떨쳤고, 훗날 그 친구들의 도움을 받아 매력적인 직위들을 차지했다. 1905년 그는 차르의 비서 D. 트레포프(1905년 가을은 니콜라이 2세가 개인비서를 두었던 유일한 시기다)가 관여한 파벌에 침투했다. 1906년 아직까지 상근 공직이 전혀 없었음에도 크리보셰인은 이미 차르를 알현하고 있었다.[97] 또 광대한 직물 제국을 상속받은 모로조프 가문으로 장가간 덕에 엄청나게 부유했으며, 이 가문 인맥으로 모스크바 산업계 엘리트층과 친분을 쌓았다.

크리보셰인은 초년에 러시아령 폴란드의 바르샤바에서 나고 자라면서 정치를 익혔다. 이 지역은 러시아 민족주의 관료들의 온상이었다. 폴란드 서부의 주들에서 러시아 관료들은 어느 고위 관리의 말마따나 "마치 포위당한 진영 같았고, 그들의 생각은 언제나 국가 당국으로 향했다."[98] 1905년 이후 폴란드 서부는 제정의회 민족주의자들의 발판 중 하나가 되었다. 외교정책은 본래 크리보셰인의 특기가 아니었다. 그는 스톨리핀 부류의 농업·행정 근대화론자였다. 같은 계급의 대다수 러시아인들과 달리 그는 독일어도 프랑스어도 유창하게 말하지 못해 외국인과 소통하는 데 어려움을 겪었다. 그럼에도 그는 정치적 지위가 높아짐에 따라 정부의 활동영역 가운데 가장 명망 있는 외교 분야에서 영향력을 휘두르고픈 열망을 품었다. 더욱이 1908년 5월 국유지부 장관에 임명되어 이 직함이 시사하는 것보다 더 중요한 지정학적 차원을 다루게 되었다. 국유지부가 극동에서 러시아인의 정착을 장려하는 업무를 맡았던 까닭에, 그는 러시아의 극동과 중국의 만주 사이 국경과 관련한 안보 문제에 적극적으로 관심을 가졌다.[99] 동쪽을 지향한 러시아 정치인들 대다수와 마찬가지로, 크리보셰인은 독일과 우호관계를 유지하는 편을 선호했다. 그는 오스트리아의 보스니아-헤르체고비나 병합을 종말론적 시각으로 보는 이즈볼스키에 동의하지 않았고, 삼국동맹 국가들에 '복수'하자는 외무장관의 요구에 반대했다.[100]

그렇지만 1914년 여름 이전 몇 년 동안 크리보셰인은 입장을 바

알렉산드르 V. 크리보셰인

꾸었다. 1911년 강력한 멘토였던 스톨리핀이 죽고 통합된 정부가 사분오열되었다. 크리보셰인은 제정의회와 공공영역에서 민족주의자 파벌을 키우는 데 더욱 열중하기 시작했다. 1912~1913년 겨울 발칸 위기 동안 그는 "독일 정부에 굽실거리는 짓을 멈추"고 오히려 러시아 인민과 그들의 유구한 고국 사랑을 신뢰할 때라는 이유로 수호믈리노프의 발칸 전진정책을 지지했다.[101] 1913년 봄에는 러시아-독일 관세조약을 개정하기 위한 대규모 캠페인을 주도했다. 지난 1904년에 독일 측과 관세조약을 협상한 사람들은 세르게이 비테와 코콥초프였다. 1913년경 러시아 정계에서 두루 공유한 견해는, 이 조약 덕분에 "교활하고 냉정한 독일 산업가"가 "소박한 러시아 농민"으로부터 "공물"을 징수할 수 있게 되었다는 것이다.[102] 코콥초프의 농업정책을 분명하게 부인한 크리보셰인의 캠페인은 독일 언론과 러시아 언론 간의 반목을 조장했다. 후일 크리보셰인의 아들이 회고한 대로, 논쟁이 가열되고 독일과의 관계가 냉각됨에 따라 크리보셰인은 프랑스 대사관의 총아가 되었고, 그곳에서 새로운 프랑스 친구들과 자주 어울렸다.[103]

단호한 외교정책에 점점 더 열중한 크리보셰인의 입장에는 사회와 정부 사이의 결속을 강화할 만한 쟁점을 찾아내려는 열망(이즈볼스키와 사조노프에게도 중요했다)이 투영되어 있었다. 정부와 관료 파벌들 사이에서 크리보셰인과 국유지부는 젬스트보zemstvo(선출된 의원들로 이루어진 지방자치기관) 및 시민사회에 기반을 둔 다양한 조직들과 긴밀히 협력한다는 점에서 단연 도드라졌다. 1913년 7월 그는 키예프에서 농업박람회를 개최했다. '우리와 그들'이라는 연설로 유명해진 짧은 개회사에서 그는 앞으로 '우리' 정부와 '그들' 사회를 나누는 해로운 구분선이 없어져야만 러시아가 안녕을 누릴 수 있다고 단언했다. 간단히 말해 크리보셰인은 기술관료적 근대화론, 포퓰리즘, 농업 보호주의, 의회의 권위, 대외 문제에 갈수록 강경해지는 매파의 견해를 혼합한 가공할 입장의 대변자였다. 1913년경 그는 분명 최고의 인맥을 가진 가장 강력한 민간 각료였다. 코콥초프가 자신을 경질하기로 결정한 것이 분명한 각료 파벌에 직면해 자포자기 심정으로 "고립"과 "완전한 무력감"을 토로한 것은 전혀 놀랄 일이 아니었다.[104]

불가리아냐 세르비아냐

사조노프와 그의 동료들이 언젠가 맞닥뜨릴 수밖에 없는 전략적 선택이 하나 있었다. 불가리아와 세르비아 중에 러시아는 어느 쪽을 지지해야 하는가? 전략적으로 더 중요한 나라는 분명 불가리아였다. 흑해와 보스포루스 연안을 접하는 요충지에 자리한 불가리아는 러시아에게 중요한 파트너였다. 1877~1878년 러시아-오스만 전쟁에서 오스만군이 패한 결과, 러시아의 관리를 받고 오스만 정부의 명목상 종주권 아래 놓이는 불가리아 자치국이 출현할 여건이 마련되었다. 이처럼 불가리아는 역사적으로 러시아의 피후견국이었다. 그러나 불가리아는 결코 러시아에게 고분고분한 위성국이 되지 않았다. 친러시아 정파와 '서방' 정파가 외교정책 통제권을 두고 경쟁을 벌였으며(실은 오늘날에도 마찬가지다), 지도부가 전략적으로 민감한 지리적 위치를 이용해 맹방을 이리저리 바꾸었다.

1887년부터 1907년까지 공knjaz으로서, 1908년부터 1918년까지 왕(차르)으로서 불가리아를 통치한 작센-코부르크-고타-코하리 가문의 페르디난드 1세가 즉위한 이후 이런 오락가락 행보가 더 잦아졌다. 페르디난드는 내각의 친러시아 파벌과 친독일 파벌 사이에서 책략을 구사했다.[105] 훗날 조지 뷰캐넌 경은 불가리아 군주가 "어떤 명확한 행동 방침에도 헌신하지 않는 것을 언제나 원칙으로 삼았다"라고 회고했다. "개인의 이해관계만을 고려해 움직이는 기회주의자인 그는 (……) 한 나라에 꼬리를 치다가 이내 다른 나라에 꼬리치기를 좋아했다."[106] 1908~1909년 보스니아 병합 위기로 러시아와 불가리아의 관계가 냉각된 이유도 페르디난드가 이 국면을 이용해 베를린조약(불가리아를 오스만제국의 자치공국으로 규정한 조약)을 내팽개친 채 임시로 빈과 제휴하고, 불가리아의 통일과 독립을 선언하고, 과거의 수도 투르노보에서 호화로운 의식을 치르며 스스로를 불가리아인의 차르로 선포했기 때문이다. 이런 불충 행위에 경악한 이즈볼스키는 불가리아 정부에 조만간 우방들을 배신한 대가를 치를 것이라고 경고했다. 하지만 그의 걱정은 오래가지 않았다. 불가리아왕국의 독립을 논의하기 위한 소피아와 콘스탄티노플의 교섭이 결렬되어 오스만이 불가리아 접경에 병력을 집결하기 시작하자, 불가리아는 러시아에 도와달라고 사정하고 모든 일을 용서받았다. 러시아는 콘스탄티노플과의 독립 협정을 중재했으며, 불가리아는 한동안 삼국협상의 충직한 지역 파트너가 되었다.[107]

그러나 상트페테르부르크에서 불가리아를 가장 편드는 정책수립자들조차 소피아와의 관계에서 세르비아의 이해관계를 고려할 필요성을 인정했다. 특히 보스니아 병합 위기 이후 러시아 여론에서 친세르비아 감정이 고조되었기에 더더욱 세르비아에 신경을 써야 했다. 1909년 12월 발칸 전진정책을 재건하려 안달하던 러시아 육군장관이 합스부르크제국이나 루마니아, 또는 오스만제국에 대항하는 러시아-불가리아 합동작전을 구상하고 마케도니아와 도브루자(루마니아와 국경을 접하는 분쟁 지역) 전역을 불가리아에 주기로 약속하는 비밀 협약의 초안을 작성했다. 하지만 이 협약은 이즈볼스키의 지시로 보류되었다. 세르비아의 이해관계를 지나치게 침해하는 것으로 여겨졌기 때문이다. 베오그라드 공사 가르트비크가 오스트리아-헝가리와 대립하도록 세르비아 정부를 들쑤시고 또 그들을 돕기 위해 러시아 정부를 선동하는 가운데, 세르비아 선택지와 불가리아 선택지가 양립할 수 없다는 것이 점점 더 분명해졌다.

1910년 3월 소피아 대표단 그리고 베오그라드의 대표단이 고위급 회담을 위해 각각 상트페테르부르크를 방문했다. 양국의 방문 시점이 채 2주도 차이 나지 않았다. 불가리아 대표단은 세르비아를 포기하고 소피아에 확실한 약속을 해달라며 러시아 교섭자들을 압박했다. 이런 기반 위에서만 발칸 국가들의 안정적인 연대가 가능하다는 논지였다. 불가리아 수상 알렉산더르 말리노프Aleksandar Malinov는 이즈볼스키에게 러시아가 대大불가리아와 대세르비아를 동시에 만들어내기란 불가능하다고 말했다.

> 귀하가 귀국의 이익을 위해 우리와 동행하기로 결정하시기만 하면, 우리가 세르비아 정부와 마케도니아 문제를 쉽게 해결할 겁니다. 베오그라드에서 이 점을 이해하는 즉시, 그러자면 귀하가 입장을 분명하게 밝혀야겠지만, 세르비아 정부는 한결 유화적으로 나올 겁니다.[108]

불가리아 대표단이 떠나기 무섭게, 차르의 궁정에서 약삭빠른 페르디난드보다 훨씬 인기가 있었던 페타르 국왕이 도착해 세르비아의 주장을 역설했다. 그는 몇 가지 결정적인 확약을 받았다. 우선 러시아는 불가리아를 특권적 피후견국으로 인정할 의향이 더는 없다고 밝혔다. 마케도니아에 대한 불가리아의 권리 주장을 지지하겠다는 러시아의 약속은 공식적으로 유지할 예정이었지만, 막후에서 이즈볼스키가 "세르비아의 이해관계와 권리를 만족시키는" 방법을 찾겠다고 약속했다. 무엇보다 러시아는 마케도니아의 일부가 세르비아의 몫이 되어야 한다는 데 동의했다. 이 소식이 전해지자 베오그라드 외무부는 흥분에 휩싸였다.[109]

러시아가 보기에 발칸동맹 정책의 매력 중 하나는 양립 불가능한 두 선택지의 간극을 적어도 당분간 줄여줄 수 있다는 것이었다. 1912년 3월 세르비아와 불가리아가 동맹을 맺고서 양측 모두 받아들일 수 있는 마케도니아 해법을 마련할 것처럼 보이자, 러시아로서는 발칸동맹을 이 반도에 대한 정책의 장기적인 도구로 삼을 가능성을 고려할 수 있게 되었다. 러시아는 분쟁 지역에서 중재자 노릇을 하면서 발칸에서의 특별한 지위를 지키는 한편, 슬라브족의 후원자로서 피후견국들 간 분쟁을 억제하고 조정하는 메커니즘을 만들어낼 수 있을 것으로 내다보았다.

불가리아군이 콘스탄티노플을 향해 예상 외로 빠르게 진격하자 상트페테르부르크는 패닉에 빠졌다. 사조노프는 소피아에 "현명"하고 신중하게 판단해 "적절한 순간에 멈출" 것을 촉구했다. 그의 경각심은 프랑스가 오스만의 수도를 장악하도록 불가리아를 부추기고 있다는 엉뚱한 의심 때문에 더욱 높아졌다.[110] 하지만 불가리아군의 진격이 좌절되고 전쟁의 여파 속에 분위기가 잠잠해지자, 러시아는 세르비아와 불가리아가 체결한 1912년 3월 조약의 조건에 따라 두 승전국 간 합의를 중재하는 데 초점을 맞추었다. 그러나 세르비아는 이미 장악한 지역들에서 철수하기를 거부했고, 불가리아는 그 지역들에 대한 권리를 포기하지 않으려 했다. 사실상 중재가 불가능한 상황이었다. 불가리아 정부는 어떤 중재든 1912년 3월 조약에 근거해야 한다고 주장한 반면, 세르비아 정부는 현지의 사태로 인해 조약의 효력이 사라졌다고 보았다. 차르 니콜라이의 말마따나 발칸 국가들이 "품행이 바

른 아이들"에서 "고집불통 무뢰한들로 자란" 것 같았다.[111]

처음에 사조노프는 불가리아 쪽으로 기울어 세르비아를 책망했는데, 세르비아가 점령 지역들에서 철수하기를 거부하고 있었던 만큼 충분히 납득이 가는 입장이었다. 그런데 1913년 3월 말 사조노프는 거꾸로 베오그라드를 편들고 소피아에 양보를 촉구했다. 불가리아 정부가 곧 베오그라드 대사 안드레이 토셰프를 본국으로 소환할 예정임을 알았을 때, 사조노프는 벌컥 화를 내며 불가리아가 빈의 지시대로 움직이고 있다고 비난했다. 또 불가리아가 "러시아와 슬라브족에 대한 무례함" 때문에 스스로를 "파멸로" 몰아넣고 있다고 말했다.[112] 불가리아가 토셰프 대사를 소환하지 않기로 하면서 분란이 일단락되긴 했지만, 이 일로 러시아는 불가리아에 영영 등을 돌렸다. 러시아의 외면은 1913년 6월 29일 발칸 국가들 가운데 불가리아가 교전을 개시한 이유 중 하나였는데, 사조노프가 어느 나라든 다음번 전쟁을 먼저 시작했다가는 막대한 대가를 치를 거라고 거듭 경고했던 터라 나머지 국가들은 잠자코 있었기 때문이다(가르트비크 역시 사전에 니콜라 파시치에게 어떠한 경우에도 선수 치지 말고 불가리아가 공격하기를 기다리라고 일러주었다).

같은 시기 러시아의 대對루마니아 정책에도 변화가 생겼다. 1차 발칸전쟁 기간에 사조노프는 불가리아 영토를 기회주의적으로 급습하지 말라고 루마니아 정부에 신신당부한 바 있었다(그가 말한 영토는 양국 모두 권리를 주장한 접경 지방 도브루자였다). 그랬던 그가 마케도니아를 둘러싼 세르비아-불가리아 협정이 결렬된 1913년 초여름에는 부쿠레슈티 정부에 정반대되는 언질, 즉 루마니아가 세르비아-불가리아 전쟁의 침략국에 대항해 개입하더라도 러시아에서 아무런 조치도 취하지 않을 거라는 언질을 주었다.[113] 이것은 역대 가장 단호한 반불가리아 조치였다. 이로써 러시아의 입장이 전례 없이 분명해졌다.

세르비아만을 편드는 러시아의 입장은 후속 금융조치로 보강되었다. 2차 발칸전쟁을 치른 교전국들은, 두 차례 발칸전쟁의 원인과 행위를 조사한 카네기위원단의 말마따나, "빚을 갚고 군사력과 생산력을 재건하기 위해 돈을 빌리려는 거지들" 같았다.[114] 그중 가장 위태로웠던 나라는 네 나라를 상대로 교전하여 재앙 같은 인적·경제적 손실을 입은 불가리아였다(2차 발칸전쟁에서 불가리아 측 사상자는 네 적국의 사상자를 합친 것보다도 많은 9만 3000명이었다).[115] 1913년 7월 17일 자유주의자 바실 라도슬라보프Vasil Radoslavov가 연정의 수장으로서 신임 수상이 된 이후 불가리아 정부는 거액의 융자를 요청했다. 10월 말에 빈이 맨 먼저 응답해 약소한 3000만 프랑을 빌려주었지만, 이 액수는 이자를 갚기에도 충분하지 않았다. 불가리아가 다르다넬스 해협을 러시아의 세력권으로 영구히 양도하겠다고 확약했음에도 상트페테르부르크는 도와주려 하지 않았다. 사조노프는 라도슬라보프를 러시아에 적대적인 인물로 보고서 그가 수상으로 있는 한 소피아 정부에 대한 재정 지원을 일체 보류해야 한다고 주장했다. 어차피 러시아는 도움을 주고 싶어도 불가리아가 요청한 거액을 빌려줄 형편이 못 되었다. 그러므로 더 중요한 일은 커다란 금융자본 저수지에 접근할 수 있는 프랑스를 압박해 러시아의 노선대로 소피아를 지원하지 않게 하는 것이

었다.[116]

프랑스를 설득하느라 크게 애쓸 필요는 없었다. 프랑스는 오스트리아와 세르비아가 '돼지전쟁'을 벌인 이래 정치적 동기가 담긴 자금을 베오그라드에 조달해주고 있었다. 국제 융자는 프랑스 외교의 전통적이고도 매우 효과적인 도구였다. 소피아 주재 프랑스 공사 앙드레 드 파나피외André de Panafieu는 1914년 1월 20일 발송한 문서에서 소피아가 빈과 돈독한 관계를 유지하는 한 불가리아의 대출 요청을 거절할 이유를 언제든 쉽게 떠올릴 수 있을 것이라고 말했는데, 이는 돈과 외교정책의 관계를 포착한 것이었다.[117] 하지만 사조노프는 반불가리아 정책을 지나치게 밀어붙이다가 역효과를 낳을 가능성도 뚜렷하게 의식했다. 1914년 1월 소피아에 새로 부임한 러시아 공사 알렉산드르 사빈스키Alexander Savinsky의 임무는 불가리아가 오스트리아와 독일 쪽으로 떠밀려가지 않도록 막는 것이었다.[118] 소피아에서 러시아 대리공사는 융자를 차단할 경우 결국 불가리아가 독일 자금을 사용해 오스트리아제 무기를 구입할 것이라고 경고했다.[119] 이즈볼스키 대사가 이런 주장을 전달하며 파리 정부를 강하게 압박하는 가운데, 프랑스 외무부는 2월부터 불가리아 차관을 고려하기 시작했다. 다만 빌린 돈으로 프랑스제 무기와 군수품을 구입할 것을 요구하는 등 부담스러운 조건을 달았다.[120]

아니나 다를까, 독일이 구원의 손길을 내밀었다. 3월 중순 독일 정부는 자국 은행들을 등에 업고서 불가리아에 융자를 지원하기로 했다. 이 조치가 불가리아를 삼국동맹의 수중에 넣기 위해 오랫동안 준비한 계획의 일환이었던 것은 아니다(독일은 여름에 세르비아에도 후한 조건으로 거액의 융자를 제공했다).[121] 그저 세르비아는 이미 든든한 자금 조달처를 갖고 있고 삼국협상에 대한 굳건한 지지를 의심받을 만한 그 어떤 제안도 받아들이지 않으려 했던 반면에 불가리아는 절박했던 것뿐이다. 베를린과 소피아 사이에 교섭이 이루어지고 있음을 알아챘을 때, 러시아 정부와 프랑스 정부는 융자를 막고자 필사적으로 노력했다. 사빈스키 공사는 불가리아의 친러시아 언론에 어용 기사를 주문하고 사조노프에게 소피아를 더 강하게 압박하라고 쉴 새 없이 촉구했다.[122] 그리고 라틴아메리카와 동양에 대한 융자를 전문으로 하는 프랑스 은행 페리에사Périer & Cie가 막판에 끼어들어 5억 프랑에 이자율 5퍼센트라는 대안을 제시했다. 러시아가 파리 대사 이즈볼스키를 통해 중재한 것이 거의 확실한 페리에사의 제안에는 러시아가 융자를 보증한다는 조건이 달려 있었다(불가리아가 채무를 불이행할 경우 러시아가 대신 떠맡기로 했다). 러시아의 목적은 막대한 융자금과 일종의 정치적 종속을 결합하여 발칸에서 삼국협상의 영향력을 강화하는 것이었으며, 융자를 받도록 불가리아를 설득한 다음 나중에 정부를 교체하도록 압박할 계획이었다.[123] 하지만 페리에사의 제안은 너무 늦게 확정된(1914년 6월 16일) 탓에 판세를 뒤집지 못했으며, 결국 불가리아는 융자조건을 개선하기 위해 지난한 협상을 벌인 끝에 독일의 제안을 선택했다.[124] 7월 16일 의사당이 소란스러운 가운데 불가리아 국회Sobranje는, 적절한 표현인지는 모르겠지만, 독일의 재정종합대책을 통과시켰다. 사실 국회는 이 의안을 읽지도, 토의하지도, 공식 표결에 부치지도 않았다. 토의를 끝낼 즈음 정부가 국회에서 안건이 통과되었다고 발표했을 뿐이다. 야당은 정부가 나라를 팔아먹는다고 비난하고 "각료들을 향해 책과 잉크스탠드를 집어 던지며" 반발했다. 라도슬라보프 수상은 질서를 지키라고 요구하며 위협하듯 권총을 흔들어댔다.[125] 융자는 동맹 블록들이 휘두르는 위험한 도구가 되었다. 이처럼 국제 융자를 무기화하는 것은 새로운 현상이 아니었지만, 이 경우 불가리아를 삼국동맹의 정책에 얽어매는 효과를 거두었다. 세르비아가 삼국협상의 정치체제에 포섭된 것과 같은 맥락이었다.

발칸에서 일어나고 있던 일은 옛 동맹 패턴의 반전에 지나지 않았다. 과거에는 러시아가 불가리아를 지원하고 오스트리아-헝가리가 세르비아와 루마니아를 비호했다. 1914년 이 구도가 뒤집혔다. 그 과정에서 루마니아도 동맹을 바꾸었다. 1913년 초여름 사조노프는 세르비아-불가리아 전쟁이 일어날 경우 불가리아의 한 조각을 차지하도록 돕겠다는 제안으로 루마니아 정부를 유인했다. 이것은 시의적절한 제안이었는데, 당시 빈이 소피아에 추파를 던진다며 루마니아가 분통을 터뜨리고 있었기 때문이다. 루마니아의 카롤 1세는 자신의 외교적 성취인 부쿠레슈티조약(2차 발칸전쟁의 결과로 1913년 8월 10일에 체결된 조약—옮긴이)에 오스트리아가 반대한다는 사실에도 분개했다.[126] 상트페테르부르크와 부쿠레슈티 사이에 무르익은 화해 분위기는 1914년 6월 14일 루마니아의 흑해 연안 도시 콘스탄차에서 차르와 카롤 국왕의 만남으로 공식화되었다. 이 행사는 상징으로 가득했다. 차르가 친히 훈장을 수여한 유일한 외교사절인 루마니아 주재 프랑스 공사 카미유 블롱델Camille Blondel은 우연찮게도 최근 세르비아의 페타르 국왕에게 상급 훈장을 받은 사절이기도 했다. 축하연에 참석한 부쿠레슈티 주재 오스트리아-헝가리 공사 오토카르 폰 체르닌Ottokar von Czernin은 이날 루마니아가 공식적으로 "삼국협상으로 돌아섰다"고 보았다.[127]

그 결과 발칸반도에서 오스트리아-헝가리의 정치적 영향력이 급감했다. 루마니아 영토회복주의의 표적이 러시아와 이해관계가 충돌하는 베사라비아에서 트란실바니아로 바뀌어 합스부르크 군주국의 통합성을 위협할 판국이었다. 물론 루마니아가 러시아의 목표를 선뜻 받아들이는 데에는 한계가 있었다. 사조노프가 루마니아 수상과 이온 브러티아누Ion Brătianu 외무장관에게 "러시아와 오스트리아-헝가리 사이에 무력충돌이 발생할 경우 러시아가 정황상 부득이 교전을 개시해야 한다면" 루마니아가 어떤 입장을 취할 것인지 물었을 때, 이 질문에 "눈에 띄게 충격을 받은 듯한" 외무장관은 "어정쩡한 답변"을 내놓았다. 그렇지만 사조노프가 더 압박하자 그는 루마니아와 러시아가 "세르비아의 어떤 약화"도 막아야 하는 이해를 공유한다고 인정했다. 그만하면 사조노프에게 충분한 답변이었다. 요컨대 프랑스 외무부 보고서의 의견대로 러시아와 루마니아의 화해는 "러시아에게 오스트리아를 압박할 새로운 수단"이었다.[128]

이 발칸 지정학 재편의 가장 뚜렷한 특징은, 그것이 매우 빠르게 진행되었다는 사실이다. 다시 말해 몇 년씩 걸리는 장기지속 현상이 아니라 급변하는 지정학적 환경에 적응하는 단기 현상이었다. 1913년 11월 사조노프는 상트페테르부르크 주재 벨기에 공사에게 현재 불가리아의 친오스트리아 방향 전환("우리가 털끝만큼도 존중하지 않는" 변덕스러운 페르디난드 국왕의 지지를 받는 특정한 국회 파벌의 작품)[129]은 오래가지 못할 공산이 크다고 말했다. 시간이 더 주어졌다면, 발칸의 새로운 제휴관계 역시 다른 제휴관계와 체제로 빠르게 대체되었을 것이다. 중요한 점은 이 특정한 제휴관계가 1914년 여름에 아직 가동 중이었다는 것이다.

세르비아는 이제 발칸에서 러시아의 돌출부였다. 이것은 필연적이거나 자연스러운 결과가 전혀 아니었다. 1909년 에렌탈은 열강의 이해관계를 건드리는 세르비아 문제가 발생하지 않은 상황에도 세르비아의 보호자 노릇을 하겠다는 러시아의 "미친 주장"에 욕설을 퍼부은 바 있었다. 일리가 있는 비난이었다. 발칸의 정교회 '자녀들'을 대신해 행동하겠다는 러시아의 주장은 오스트리아-헝가리를 약화하고, 국내에서 인기를 얻고, 터키 해협의 발칸 배후지에서 패권을 차지하기 위한 포퓰리즘적 명분에 지나지 않았다. 범슬라브주의는 러시아 민족주의 언론에 인기가 있었을지 몰라도, 히틀러의 생활권Lebensraum 개념과 비교해 정치행위의 신조로서 딱히 더 정당한 것은 아니었다. 또한 어떻게 보더라도 정책의 일관된 토대가 아니었는데, 불가리아인 역시 정교도 슬라브족이었고, 루마니아인은 정교도이긴 해도 슬라브족이 아니었기 때문이다. 세르비아를 지지하도록 러시아를 움직인 것은 권력정치였지 범슬라브주의의 산만한 에너지가 아니었다. 발칸 권력정치의 결과로 두 강대국의 관계에 위험한 비대칭성이 생겼는데, 오스트리아-헝가리는 러시아제국의 주변부에서 세르비아에 비견할 만한 돌출부를 가지고 있지 않았기 때문이다.

러시아의 지원 약속이 세르비아왕국을 얼마만큼 고무했는지 정량화하긴 어렵지만, 고무했다는 것은 부인할 수 없다. 1914년 2월 러시아를 방문했다가 돌아온 파시치는 러시아 차르가 보여준 호의에 "완전히 취하고 가슴 깊이 감동받았습니다"라고 말했다.

> 〔파시치가 가르트비크에게 말하길〕 차르의 모든 말씀에서 저는 세르비아에 대한 폐하의 특별한 자애를 느꼈습니다. 우리에게 이것은 러시아를 향한 우리의 불변하는 공경심에 주어진 귀한 보상이었습니다. 그런 러시아의 조언을 저는 외교정책의 모든 사안에서 충실히 따랐습니다. 우리에게 차르의 선의는 세르비아의 밝은 미래를 보장하는 것이기도 합니다. 러시아의 강력한 도의적 도움이 없다면, 우리는 세르비아에 언제나 적대적인 이웃 군주국이 사사건건 야기하는 곤경을 극복하지 못할 겁니다.[130]

이와 비슷하게 스팔라이코비치가 상트페테르부르크에서 발송한 보고서에도 러시아의 확고한 지원에 환호와 신뢰를 보내는 마음이 담겨 있었다. 스팔라이코비치는 1914년 1월 21일 러시아 군주와 면담한 뒤 차르가 "세르비아에 공감을 표명"했고 "러시아 국민 전체, 특히 정책수립에 영향을 미치는 이들도 마찬가지라고 장담했다"라고 보고했다.[131] 3월 27일에는 "러시아 언론 전체가 친세르비아"라고 알려왔다. 불가리아 언론의 세르비아 비판 기사는 러시아 신문들에서 따가운 눈총을 받았다. "한때는 불가리아가 러시아 언론에 영향을 미쳤지만 이제는 우리 차례"라고 그는 단언했다. 딱 한 신문 《레치Rech》는 덜 우호적이었고, 최근 몇 달 동안 세르비아 정부가 새로 정복한 마케도니아 지역에서 저지른 일을 비판하는 기사를 싣고 있었다.[132] 하지만 이런 부정적인 보도는 병합 지역에 대한 러시아의 공식 견해에 아무런 영향도 미치지 못하는 것으로 보였다. 러시아의 견해는 안심해도 좋을 만큼 장밋빛이었다. 외무부 부장관 네라토프와 대화한 스팔라이코비치에 따르면, 러시아 외무부는 세르비아 정부가 병합 지역에서 도로 공사와 건물 복구를 "워낙 단시간에 해내는 터라 진척 상황을 파악하지 못할 정도"라고 유쾌하게 말하는 등 세르비아의 솜씨에 깊이 감명받았다(그곳에서의 추방이나 학살에 대한 언급은 없었다).[133]

베오그라드 주재 프랑스 공사 레옹 데스코스Léon Descos는 전에 없던 자신만만한 왕국 분위기를 기록했다. 파시치의 의회 연설을 보고하면서 그는 "군대를 강화하고, 동맹을 맺고, 새로운 사태가 일어날 때 가급적 좋은 몫을 얻어낼" 기회를 확보하는 것이 현재 이 정부의 "평화 정책"의 주안점이라고 썼다. 그리고 "평소 그토록 온건한 파시치 씨가 발칸 문제에서 일정한 권한을 차지하고 싶어하는 것으로 보인다. 아마도 세르비아가 지도자 역할을 맡을 때가 왔다고 생각하는 듯하다"라고 지적했다. 다른 한편 데스코스는 세르비아 수상이 "러시아 공사와 워낙 긴밀한 관계여서 현 사안에 대한 의견을 좌우하는 〔세르비아〕 정치인들과 이 공사를 구분하기가 어렵다"라고 덧붙여 말했다.[134] 베오그라드 지도부는 세르비아의 이익과 루마니아의 이익이 일치한다고 확신하게 되었고, 그럴수록 러시아의 권유를 더 기꺼이 받아들였다. 일례로 1912년 말 빈 주재 러시아 대사는 본국에 세르비아 공사가 오스트리아와 지나치게 우호적인 관계로 보인다고 불평했다. 이에 러시아 외무부에서 파시치에게 공문을 보내 "빈과의 특별한 협정에 관한 소문"이 나오지 않도록 "지나치게 공공연한 논의"를 삼갈 것을 권고했다. 그러자 파시치는 가르트비크의 면전에서 전보에 "주의할 것"이라고만 써서 빈 주재 공사에게 보냈다.[135] "그들은 당연히 우리의 지시를 따를 겁니다." 가르트비크는 1914년 1월 신년 편지에서 사조노프에게 이렇게 장담했다.[136]

오스트리아의 곤경

"이곳에서 발칸 대전大戰의 실제 개시는 역사적 엄숙함의 순간으로 느껴진다. 경과가 어떻든 이 전쟁은 현 상황을 근본적으로 바꾸어놓을 것이다."[137] 《타임스》 통신원 위컴 스티드는 1912년 10월 17일 빈에서 이렇게 보도했다. 발칸에서 전개되는 분쟁으로 인해 오스트리아-헝가리만큼 긴급하고도 중대한 문제들에 봉착한 강대국은 없었기 때문이다. 발칸동맹 국가들이 예상 밖으로 빠르게 승리하자 오스트리아-헝가리는 실타래처럼 뒤얽힌 쟁점들을 마주해야 했다.

첫째, 오스트리아의 발칸 정책이 돌이킬 수 없을 정도로 파탄 났다는 엄연한 현실이 있었다. 빈의 공리, 즉 발칸 지역에서 질서를 잡는 핵심 세력은 언제까지나 오스만이어야 한다는 공리는 이제 생뚱맞은 이야기였다. 신속한 임기응변이 필요했다. 이제 1912년 여름의 '현상 유지 보수주의'를 포기할 때였다. 그것을 대체한 새 프로그램은 발칸에서 진행 중인 변화를 관리하여 오스트리아-헝가리의 피해를 최소화하는 데 초점을 맞추었다. 세르비아의 영토 정복을 용인할 수는 있었지만, 장차 세르비아가 적절하게 행동하리라는 보장이 있어야 했고, 그 보장책이 제도화된 경제 협력 형태라면 더 좋았다(빈은 기존 관세동맹보다 훨씬 너그러운 조건으로 이 문제를 해결할 의향이 있었으며, 그 조건을 제안하고자 베오그라드에 대표단을 파견했다).[138] 그러면서도 빈은 세르비아의 국경이 아드리아 연안까지 이동하는 것만큼은 어떠한 경우에도 용납하지 않으려 했다. 세르비아의 항구가 언젠가 어떤 외세(러시아)의 통제 아래 놓일 가능성을 우려했기 때문이다. 지금이야 쓸데없는 걱정처럼 들릴지 몰라도, 맹렬한 오스트리아 혐오로 유명했던 무관의 '베오그라드 국왕' 가르트비크를 감안하면 당시에는 근거가 있는 우려였다.

또한 빈은 (기존 정책과 같은 맥락에서) 알바니아가 독립국으로 수립되고 유지되어야 한다고 역설했다. "발칸은 발칸 사람들에게"라는 구호로 홍보된 이 정책은 아드리아 연안에서 세르비아의 땅 뺏기를 저지하려는 계획의 일환이었는데, 베오그라드가 획득할 어떤 항구든 알바니아인이 거주하는 나라의 한복판에 위치할 수밖에 없었기 때문이다.[139] 이 정책이 발표되자 이중군주국 내 친세르비아파가 반대를 외쳤다. 1912년 11월 사라예보의 보스니아 지방의회 회의에서 세르비아계 의원들은 세르비아군의 "희생과 승리"가 "알바니아를 세르비아에 '반환'하는 것을 정당화"한다는 취지의 결의문을 채택했고, 오스트리아-헝가리 군주국이 남슬라브족의 "자치권"에는 줄곧 딴지를 놓으면서도 "교양 없는 알바니아인"의 대의는 옹호한다며 원성을 높였다.[140] 그렇지만 유럽 강국들에게 베르히톨트의 프로그램은 발칸의 급격한 변화에 대응하는 온건한 방책으로 보였다. 사조노프마저 결국 알바니아의 독립을 지지하는 대세에 편승했다.

세르비아만은 대세를 따르지 않았다. 1912년 10월 말 세르비아군은 이미 아드리아 연안으로 진격하면서 알바니아의 저항을 무자비하게 쳐부수고 있었다. 오스트리아와 세르비아의 관계는 일련의 대수롭지 않은 도발로 더욱 틀어졌다. 세르비아가 오스트리아 영사들의 우편물을 가로채고 통신을 방해했는가 하면, 영사들이 체포되거나 납치되었다는 보도가 나왔다. 예컨대 미트로비차 주재 오스트리아-헝가리 영사가 세르비아군에 의해 나흘 동안 가택에 연금된 것은 세르비아 당국의 주장대로 그의 신변 안전을 위한 조치였을까, 아니면 영사 본인의 주장대로 "알바니아 현지인 '제거'를 목격하지 못하게 하려는" 조치였을까? 이 혼탁한 상황에서 오스트리아-헝가리 외무부는 발칸에서 들려오는 소식을 자국에 유리한 방향으로 돌려놓으려 했다. 프리즈렌 주재 오스트리아-헝가리 영사 오스카르 프로차스카Oskar Prochaska의 연락이 두절된 뒤, 그가 세르비아인들에게 납치되어 거세당했다는 소문이 빈에서 퍼져나갔다. 외무부에서 조사한 결과, 세르비아 측에서 프로차스카를 불법으로 억류한(튀르크인의 저항을 고무했다는 날조

협의로) 것은 사실이었지만 거세 소문은 거짓이었다. 외무부는 소문을 가라앉히기는커녕 선전 효과를 극대화하기 위해 짐짓 분노한 체하며 한두 주 동안 소문이 돌도록 놔두었다. 프로차스카는 몇 주 후에 생식기관이 붙어 있는 멀쩡한 모습으로 나타났다. 그러자 반대 진영에서 맞불을 놓고 오스트리아에 불리한 논평을 쏟아냈다. 프로차스카 사건은 여론을 어설프게 조작하다가 오스트리아는 언제나 날조 문서와 거짓 협의로 언쟁을 벌인다고 주장하던 사람들에게 공격의 빌미를 제공한 사건이었다.[141]

한동안 알바니아 문제가 더 큰 유럽 분쟁의 도화선이 될 것처럼 보였다. 1912년 11월 중순 몬테네그로군과 세르비아군이 알레시오(레저), 항구도시 산조반니 디메두아(션진)와 두라초(두러스)를 포함하는 알바니아 북부 일대를 점령했다. 그리고 대체로 몬테네그로군이 알바니아인 3만 명이 사는 도시 스쿠타리(슈코더르)를 포위했다. 이 침공으로 빈의 정책을 위협하는 세력 변화가 기정사실이 될 판국이었다. 베르히톨트는 알바니아 독립과 점령군 철수를 계속 역설했다. 그러나 몬테네그로군과 세르비아군은 알바니아에서 마련한 발판을 포기하기를 거부했다. 빈 정부는 피치 못할 경우 침공군을 무력으로 몰아내기로 결심했다. 하지만 러시아가 얼마 전에 시험동원을 하고 오스트리아-헝가리 접경지역들에서 병력을 늘린 사실을 감안하면, 상트페테르부르크 정부가 피후견국들을 군사적 수단으로 지원할 가능성이 있었다. 11월 22일 몬테네그로의 니콜라 국왕은 체티네 주재 오스트리아 공사에게 "만일 군주국이 우리를 무력으로 몰아내려 한다면, 나는

마지막 염소와 탄약이 사라질 때까지 싸울 것이오"라고 통보했다.[142]

알바니아 문제는 1912~1913년 겨울과 봄 내내 유럽 정치를 뒤흔들었다. 1912년 12월 17일 발칸전쟁에서 비롯된 문제들을 해결하기 위해 에드워드 그레이의 주재로 런던에서 처음 열린 강대국 대사들의 회의에서 알바니아 문제가 제기되었다. 대사들은 중립국이자 자치국인 알바니아의 수립을 열강이 공동으로 보증한다는 데 동의했다. 사조노프는 (다소 갈팡질팡하다가) 알바니아 자치 찬성론을 받아들였다. 하지만 이 신생국의 국경을 그리는 문제는 논쟁거리였다. 러시아는 프리즈렌, 페치, 데바르, 자코비차, 스쿠타리를 피후견국 세르비아와 몬테네그로에 양도할 것을 요구한 반면, 오스트리아는 그 도시들이 알바니아에 포함되기를 바랐다. 빈은 결국 상트페테르부르크를 달래고자 알바니아 국경 부근의 대다수 경합 지역들을 세르비아에 양보하는 방안에 찬성했다. 애초에 이 정책을 추진한 사람은 베르히톨트가 아니라 런던 주재 오스트리아 대사 멘스도르프 백작이었는데, 런던 회의 기간에 그는 러시아 대사 벤켄도르프 백작과 함께 상반된 입장들을 조정하는 데 크게 기여했다.[143] 1913년 3월 알바니아-세르비아 국경 문제는 (적어도 원칙적으로는) 대체로 해결되었다.

그러나 10만 명 이상의 세르비아군이 아직까지 알바니아 안에 있었으므로 상황은 여전히 긴박했다. 베오그라드 정부는 4월 11일에야 알바니아에서 병력을 물리겠다고 발표했다. 이제 국제적 관심은 여전히 스쿠타리를 포위한 채 꿈쩍도 않는 몬테네그로군으로 쏠렸다. 니콜라 국왕은 강대국들이 몬테네그로 영토를 직접 공격해 자신에게 "명예로운 철수"의 명분을 준다면 스쿠타리에서 물러나겠다고 선언했다. 이 말을 진심으로 한 것인지 아니면 그저 국제 공동체를 조롱한 것인지는 알 수 없다.[144] 4월 22~23일 밤 알바니아 태생 스쿠타리 사령관 에사드 파샤 톱타니Essad Pasha Toptani가 항복을 하고 도시에서 수비대를 철수시켰다. 스쿠타리 시내와 요새에 몬테네그로 국기가 게양되었으며, 몬테네그로와 세르비아 전역에서 환호성이 울렸다. 베오그라드 주재 네덜란드 공사에 따르면, 스쿠타리 함락 소식이 전해지자 세르비아 수도에서 "형언할 수 없는 환희"가 쏟아졌고, 모든 상점이 문을 닫았으며, 술꾼 2만 명이 러시아 대사관 밖에 모여 박수갈채를 보냈다.[145]

군대 철수를 요구하는 런던 회의의 공동 통첩을 몬테네그로 측에서 무시한 뒤, 대사들은 다음번 회의(5월 5일로 예정)에서 열강의 공동 대응을 결의하기로 했다. 그동안 오스트리아는 외교가 실패할 경우에 대비해 몬테네그로 침공군에 대한 단독 행동을 준비하기 시작했다. 오스트리아의 군사행동에 러시아가 어떻게 대응할지는 불분명했다. 1913년 1월 말 러시아 궁정과 외무부는 경거망동하는 몬테네그로 국왕에 넌더리를 내고 있었다. 니콜라는 자신이 슬라브족에 이롭게 행동하고 있고 따라서 러시아의 전폭적인 지원을 받을 자격이 있다고 생각했을지도 모른다. 그러나 러시아 외무부는 그를 어디로 튈지 모르는 사람, 국내에서 빛나는 명성을 얻는 데 주력하는 사람으로 보았다.[146] 1913년 4월 러시아 외무부는 매우 이례적으로 니콜라 및 그의 스쿠타리 구상과의 관계를 공개적으로 부인하는 선언문을 발표했다. 이 글에서 (이름을 밝히진 않았으나 작성자로 알려진) 사조노프는 몬테네그로 문제를 무분별하게 다룬다며 언론을 힐책했고, 니콜라 국왕은 "순전히 알바니아인" 도시인 스쿠타리에 대한 권리가 전혀 없다고 말했다.[147] 이처럼 러시아는 열강의 공동 계획을 받아들일 준비가 되어 있었다. 하지만 스쿠타리 위기가 급박해짐에 따라 사조노프는 오스트리아가 단독으로 행동에 나설 경우 자신이 러시아 여론에 떠밀려 군사적으로 개입할지 모른다고 경고하기도 했다. 상트페테르부르크에서 뷰캐넌은 "이 위기의 다른 어떤 시기보다도 정치적 전망이 어둡다"라고 보고했다.[148]

이 문제는 수개월 동안 조마조마한 국제 정세를 조성하다가 갑작스레 풀렸다. 5월 4일 런던에서 대사들이 만나기 하루 전에 니콜라 국왕은 "스쿠타리의 운명을 열강의 수중에" 맡긴다고 발표했다. 뒤이어 스쿠타리가 알바니아에 양도되었다. 그리고 1913년 5월 30일 런던에서 강화조약이 체결되어 1차 발칸전쟁이 공식 종결되었다. 7월 29일 런던 회의 제54차 회합에서 대사들은, 알바니아인이 정착한 지역들 중 거의 절반(특히 코소보)이 런던에서 합의한 국경선 밖에 있었음에도 불구하고, 알바니아가 독립주권국이 될 것이라고 확정했다.[149]

런던 강화조약문의 잉크가 채 마르기도 전에 발칸에서 다시 전쟁이 발발했다. 이번에는 첫 전쟁의 전리품 분배를 둘러싼 싸움이었다. 2차 발칸전쟁의 귀결인 1913년 8월 10일 부쿠레슈티조약으로 세르비아는 마케도니아 남동부의 새 지역들을 획득했으며, 이로써 1912년 이전 상태와 비교해 왕국의 영토 면적이 100퍼센트 가까이 확대되고 인구가 64퍼센트 조금 넘게 증가했다.

새로운 상황에 어떻게 대응할지를 두고 빈은 혼란에 빠졌다. 1913년 여름 알바니아-세르비아 국경이 다시 불안해지고 있다는 보고가 빈에 속속 도착하고 서로 경합하는 정책 제안들이 불협화음을 내는 가운데, 베르히톨트는 여전히 정치적 통제권을 되찾으려 애쓰고 있었다. 거듭된 힐난과 경고에도 불구하고, 베오그라드 정부는 런던 회의에서 합의한 알바니아 국경 안쪽의 특정 지역들에서 병력을 철수시키지 않고 있었다. 그들의 표면상 목적은 알바니아 비적匪賊으로부터 세르비아를 보호하는 것이었지만, 실은 세르비아 병사들의 비행이야말로 국경에서 문제가 발생한 주된 이유였다. 7월에 빈이 철수를 요구했으나 허사였다. 그러자 에드워드 그레이의 주재로 강대국들이 협조하여 공동으로 철수를 요구했지만 이번에도 소용이 없었다. 프랑스와 러시아는 9월 초에 추가 공동 항의를 저지했다. 오스트리아, 독일, 영국이 각각 항의했을 때, 베오그라드 정부는 외무장관 대행 미로슬라브 스팔라이코비치 명의로 경합 지역에 세르비아 병력이 주둔하고 있음을 부인하는 발표를 했고, 며칠 뒤 앞뒤가 맞지 않게 이제 드린강 뒤로 병력을 물렸다고 다시 발표했다. 그러나 이 시점에도 런던에서 정한 알바니아 국경선 안쪽에 여전히 세르비아 병력이 남아 있었다. 9월 17일 세르비아가 점유 중인 몇몇 알바니아 지역에서 세관을 세우려 한다는 보고에 빈은 다시 한 번 경악했다.[150]

이처럼 빈이 추궁하면 베오그라드는 발뺌하는 식으로 힘겨운 실랑이가 되풀이된 것은, 오스트리아 정책수립자들이 세르비아와의 이해충돌을 다루면서 정상적 외교 절차의 효과를 점점 신뢰하지 않게 된 이유 중 하나였다. 국경 부근 알바니아인들이 세르비아의 도발(일례로 세르비아 국경을 넘어 알바니아계 주요 시장 도시들에 들어가는 것을 허용하지 않은, 런던 협정을 위반한 조치)에 대응해 게릴라 활동을 재개했을 때, 세르비아 병력은 알바니아 영토 안쪽으로 더욱 밀고 들어갔다. 9월 26일 빈 주재 세르비아 공사 요바노비치는 빈의 한 신문과 인터뷰를 하면서, 국경에서의 소란을 책임질 수 있는 알바니아 기구를 찾아보기 어려운 실정이므로 세르비아가 "단독으로 조치를 취할 수밖에" 없을지도 모른다고 발언하여 불안감을 조성했다. 9월 30일 파시치는 "세르비아 스스로를 지키기 위해" 알바니아 영토 안쪽의 "요충지들"을 점령할 생각이라고 발표하여 문제를 더욱 악화시켰다.[151] 10월 1일 오스트리아가 통첩을 보내 해명을 요구하자 파시치 정부는 답변을 얼버무렸다.

10월 3일 파시치가 잠시 빈을 방문했음에도 상황은 전혀 나아지지 않았다. 세르비아 지도자의 따뜻하고 싹싹한 매너에 무장해제된 베르히톨트는 오스트리아가 현 상황을 심각하게 여긴다는 뜻을 전달할 기회를 놓치고 말았다. 파시치는 빈의 언론 대표들에게 "세르비아와 이중군주국의 향후 관계를 낙관적으로 본다"라고 단언하면서도 알바니아 국경에서 "경계선 변경"이 필요하다는 심란한 발언을 했다.[152] 불안을 가라앉히려는 듯 베오그라드 정부는 "유럽에 대항해" 알바니아 영토를 차지할 의사가 없다고 발표했고, 세르비아 외무부의 한 고위 관료 역시 오스트리아 대리공사 리터 폰 슈토르크Ritter von Storck를 "마치 파시치가 빈에서 방금 방어동맹을 체결한 것처럼 따뜻하게" 맞아 정담을 나누었다.[153] 그러면서도 세르비아는 오스트리아 측에서 알바니아 정책이 정확히 뭐냐고 캐물을 때면 정중히 답변을 피했다.

같은 시기 세르비아 병력은 알바니아 내부로 계속 전진하고 있었다. 10월 9일 오스트리아 대리공사가 파시치를 만나 이 문제를 논의해야겠다고 고집했을 때, 파시치는 다시 한 번 쾌활하게 면담하면서도 알바니아 영토를 세르비아가 "임시로" 점령할 생각이라고 말했다.[154] 뒤이어 10월 15일 반半관보 《사모우프라바》에 세르비아가 결국 알바니아 내 "요충지들"을 점령할 생각이라는 취지의 발표문이 실렸다.[155] 오스트리아의 경고가 또다시 묵살된 뒤, 10월 17일 오스트리아의 최후통첩이 베오그라드에 전달되었다. 알바니아 영토에서 세르비아군을 철수시킬 시한으로 8일이 주어졌다. 이 기한을 지키지 않을 경우, 오스트리아-헝가리는 "우리 요구의 실현을 보장할 적절한 수단"을 동원할 예정이었다.[156]

최후통첩은 효과가 있었다. 1913년 가을, 강대국들은 알바니아 일부에 대한 세르비아의 요구가 부당하다는 데 동의했다. 상트페테르부르크에서 사조노프 외무장관마저 목청을 가다듬고서 "세르비아는 최근의 최후통첩으로 귀결된 사태에서 일반적으로 생각하는 것보다 책임이 더 크다"라고 인정하고 베오그라드에 양보를 촉구했다.[157] 최후통첩을 받고 이틀 뒤 파시치는 세르비아 병력을 철수시키겠다고 발표했다. 세르비아군은 10월 26일까지 분쟁 지역에서 물러났다.

1913년 10월 세르비아와의 교착상태를 겪으면서 오스트리아가 향후 위기에 대처할 때 준거로 삼을 몇 가지 전례가 확립되었으며, 실제로 사라예보 암살사건 이후 양국 사이에 위기가 폭발했을 때 오스트리아는 그 전례들에 따라 대처했다. 가장 명백한 전례는 최후통첩의 효과가 입증된 듯 보였다는 것이다. 오스트리아의 10월 17일 통첩은 언론의 폭넓은 지지를 받았으며, 세르비아군이 마침내 알바니아에서 철수했다는 소식에 빈 사람들은 희열을 느꼈다. 스쿠타리 위기 동안 소심하다고 매도당했던 베르히톨트가 이제 화제의 중심이 되었다.

두 번째 전례는 세르비아가 빈과의 소통을 관리하면서 장차 화근이 될 인상을 남겼다는 것이다. 주도면밀하게 도발하고 불순응하는 정책을 다정함에 가까운 간사한 정중함으로 포장한다는 인상이었다. 이것은 단지 이해관계의 충돌이 아니라 정책 스타일의 충돌이기도 했다. 베오그라드는 빈이 온갖 모욕을 침착하게 감내하면서 계속 몰아붙여야만 굴복하고, 오스트리아가 압박을 늦추는 즉시 도전과 도발을 재개할 것처럼 보였다. 그리하여 세르비아는 궁극적으로 무력만을 이해한다는 공리가 더욱 힘을 얻었다.

오스트리아-헝가리에게 발칸전쟁은 모든 것을 바꾸어놓은 사건이었다. 무엇보다 이 전쟁으로 빈이 얼마나 고립되어 있고 발칸 사태에 대한 외국 수상들의 이해가 얼마나 부족한지 드러났다. 러시아가 오스트리아-헝가리제국을 적대시하고 발칸에서 빈의 이해관계를 완전히 무시하는 것이야 그러려니 할 수 있었다. 더 우려스러운 점은 다른 강대국들의 무관심이었다. 국제 공동체는 오스트리아가 남쪽 주변부에서 진짜 안보 위협에 직면했고 그 위협에 대응할 권리를 갖고 있다는 것을 인정하지 않으려 했는데, 여기에는 더 폭넓은 태도 변화가 반영되어 있었다. 전통적으로 서구 열강은 오스트리아를 중부유럽과 동유럽의 안정을 위한 버팀목으로, 따라서 어떤 대가를 치르더라도 지켜야 하는 국가로 보았다.

그러나 1913년 이 원칙은 예전만큼 설득력 있게 들리지 않았다. 유럽을 모든 국가가 제 역할을 하는 지정학적 대륙 생태계로 보지 않고 동맹 블록들의 관점에서 생각하는 경향(1907년 이후 삼국협상 국가들에서 급속히 지지를 얻었다)으로 인해 이 원칙은 더욱 흔들렸다. 전전 수년 동안 영국과 프랑스의 언론은 오스트리아-헝가리를 망조가 든 시대착오적인 국가로 보는 인식을 퍼뜨리는 등 적대적인 기사를 쏟아내며 이 경향을 더욱 강화했다. 그런가 하면 세르비아 신문들은 오스트리아-헝가리를 "유럽의 두 번째 병자"라고 표현했다(첫 번째 병자는 이 별명으로 더 자주 불린 오스만제국이었다).[158]

특히 우려스러운 점은 독일의 지원이 미지근하다는 것이었다. 1913년 10월 베를린은 세르비아와 대립하는 정책을 단호히 옹호하긴 했지만(이 시점만 해도 분쟁이 확대될 위험을 감수하지 않고도 지지를 보낼 수 있었다) 그 밖에 다른 지원은 거의 하지 않았다. 1913년 2월 갈리치아 국경 양쪽에서 병력이 대폭 증강되어 전쟁이 임박해 보이자 독일 군부마저 오스트리아에 주의를 촉구했다. 독일 참모총장 몰트케는 오스트리아 참모총장 콘라트 폰 회첸도르프에게 보낸 편지에서, 독일은 러시아의 공격에 맞서 오스트리아-헝가리를 주저 없이 지원할 테지만 "오스트리아가 전쟁을 도발할 경우 독일 국민이 양해하지 않을 것이므로 독

일의 개입을 정당화하기 어려울 것입니다"라고 말했다.[159]

빈의 큰 걱정거리 중 하나는 카이저 빌헬름 2세의 태도였다. 빌헬름은 독일 정부에 오스트리아와 연대하라고 촉구하기는커녕 외무부에 "불가리아인-세르비아인-그리스인의 승승장구에 방해가 될" 어떤 행동에도 가담하지 말라고 지시했다.[160] 그에 따르면 발칸전쟁은 유럽에서 무슬림을 쫓아버리는 세계사적 국면의 일부였다. 오스만을 희생양 삼아 발칸 국가들이 스스로를 공고히 할 수 있도록 내버려둔다면, 안정적인 정치체들의 토대가 만들어져 적당한 시기에 일종의 연방, 즉 '발칸합중국'을 형성할 것이었다. 평화를 지키고, 오스트리아와 러시아의 갈등을 완화하고, 독일 상품을 수출할 새로운 지역 시장을 만들어낼 조건으로 발칸합중국보다 나은 것은 없었다.[161]

빌헬름은 이 주장에 계속 의견을 덧붙였다. 1912년 11월 세르비아의 아드리아해 접근 문제로 위기가 발생했을 때, 빌헬름은 베오그라드에 맞서 빈을 지원할 의무가 독일 정부에 있다는 생각을 명시적으로 거부했다. 현재 발칸반도에서 일어나는 변화는 분명 빈에게 "불편한" 변화였지만, 그는 "알바니아와 두라초를 위해 파리와 모스크바에 대항하는 방안을 어떤 상황에도 고려하지 않을" 작정이었다. 11월 9일 그는 알바니아를 세르비아 군주의 종주권 아래 두도록 빈 정부에 권고하는 방안을 외무부에 제안하기까지 했다.[162]

이런 막무가내식 추측이 빌헬름에게 시달린 오스트리아 정책수립자들에게 위안이 될 리 없었다. 1912년 11월 22일 친구 프란츠 페르디난트 대공과의 비밀 회의에서 빌헬름은 러시아와 전쟁하는 위험을 무릅쓰고라도 알바니아에 주둔 중인 세르비아군에 대한 오스트리아의 입장을 지지하겠다는 의사를 표명했다. 하지만 영국과 프랑스 둘 다 확실히 개입하지 않아야 한다는 조건을 달았으며, 고립된 러시아가 그런 분쟁의 위험을 감수할 가능성은 희박해 보인다고 덧붙였다.[163] 그런데 오스트리아를 가볍게 두둔한 이런 신호마저 사흘 뒤 베트만 홀베크와 키데를렌-베히터가 독일은 다자간 해결책을 찾을 것이라는 취지의 공식 메시지를 보내오면서 취소되었다.[164] 1913년 2월 겨울 발칸 위기가 한창이던 때에 빌헬름은 프란츠 페르디난트에게 편지를 보내, 이 문제는 현재의 무장 대치를 이어갈 정도로 중요한 사안이 아니라는 이유로 러시아와 교섭하여 분쟁을 축소할 것을 촉구했다.[165] 10월 18일 알바니아 위기가 펄펄 끓던 때에 빌헬름은 콘라트와 대화하던 중에 "강대국이라면 더 이상 지켜보지 못하고 칼을 빼들어야 할" 상황에 "마침내" 이르렀다고 인정했다. 그러나 불과 열흘 뒤에는 베를린 주재 오스트리아 대사에게 빈이 거액의 현금 선물, 군사 교류 프로그램, 더 나은 교역 조건으로 세르비아 지도부를 매수하는("국왕부터 아래까지 그들 모두를 돈으로 살 수 있소.") 방법으로 베오그라드 정부를 달래야 한다고 말했다.[166] 1913년 12월 빌헬름은 뮌헨에서 오스트리아 대사에게 "몇 백만"이면 베르히톨트가 베오그라드에서 확고한 입지를 다지기에 충분할 거라고 장담했다.[167]

오스트리아 외무부의 기대주이자 오스트리아-독일 관계의 전문가로 당시 상트페테르부르크 주재 대사였던 프리츠 서파리Fritz Szapáry 백작은 1914년 4월 25일 보고서에서 독일의 최근 발칸 정책을 암울하게 묘사했다. 1909년 3월 보스니아 병합 위기를 끝내는 데 도움이 되었던 독일의 확고한 지지는 이제 옛날 얘기라고 단언했다. 그 지지는 "경제적 · 문화적 활동영역들을 강화하기 위한 충돌 없는 대화"(서파리가 인용한 베를린 정책수립자들의 완곡한 표현)로 대체되었다. 베를린은 러시아를 상대하는 전방 진지들을 모두 단념했으며, 상트페테르부르크와 먼저 상의하기 전에는 어떤 조치도 취하지 않았다. 발칸전쟁 기간에 독일은 이구동성으로 '무관심'을 외치는 무리에 합세하여 세르비아의 정복과 도발을 용인하도록 빈을 압박하는 등 오스트리아의 입지를 위태롭게 했다. 이 모든 일은 "오스트리아-헝가리의 발칸 이해관계"의 완전한 "희생"으로 귀결되었다. 이는 서파리가 헝가리인으로서 러시아의 루마니아 지원 강화를 우려하여 다소 과장되게 채색한 견해였지만, 베를린이 발칸반도에서 빈을 위해 어떤 실질적 영향력도 행사하지 않는다는 데 불만을 품은 이중군주국의 전반적인 분위기를 포착한 견해이기도 했다. 빈에게 특히 짜증스러운 점은 베를린이 부쿠레슈티 조약을 부리나케 지지하는 바람에 불가리아의 입지를 개선할 기회를 빼앗겼다는 사실이었다. 오스트리아는 불가리아를 세르비아의 권력에 대항할 잠재적 평형추로 보았지만 독일은 그렇게 보지 않았다.[168]

이런 고립감과 1912~1913년에 되풀이된 도발이 맞물린 결과, 빈에서 단독 조치를 각오하는 기조가 강해졌다. 빈의 핵심 정책수립자들 사이에서 군사적 해법에 대한 저항이 약해지는 징후가 나타났다. 분위기 변화를 드러낸 가장 뚜렷한 징후는 러시아의 동원에 따른 두려움이 고조되던 때에 콘라트를 다시 불러들인 조치였다. 1912년 12월

7일 황제는 콘라트에게 지친 목소리로 "그대가 참모총장을 다시 맡아야겠네"라고 통보했다.[169] 물론 콘라트는 복직한 뒤 예전처럼 전쟁을 간언했지만 이는 전혀 새로운 일이 아니었다. 더 우려스러운 점은 다른 핵심 행위자들 사이에서 극단적 조치에 대한 저항이 약해진다는 것이었다. 1912년 가을 동안 (헝가리 수상 티서를 포함해) 거의 모두가 군사행동 위협으로 뒷받침하는 대결 정책에 찬성하는 쪽으로 돌아섰다. 두드러진 예외였던 프란츠 페르디난트는 10월 12일 베르히톨트에게 보낸 위압적인 편지에서 군주국이 콘라트의 "마녀의 전쟁 부엌"으로 끌려 들어가지 않게 하라고 경고했다. 게다가 러시아와 불가리아, 그리고 어떠한 고위험 항의 조치도 꺼릴 것으로 짐작되는 독일까지 고려해야 했다. 그의 생각에 베오그라드의 경우 분쟁을 일으키려는 이들은 국왕을 시해한 주전파뿐이었다(그가 알지 못했던 이 파벌이 여덟 달 뒤 그를 살해할 터였다). 그의 결론은 전쟁을 할 "어떤 필요성도 존재하지 않는다"는 것이었다. 전쟁을 일으키고자 압력을 가하는 이들은 "의식적으로든 무의식적으로든 군주국에 해를 입힌" 오스트리아-헝가리 군주의 신하들뿐이었다.[170] 그런데 1912년 12월 11일 고위 관료들이 쇤브룬궁에서 황제를 알현하는 동안 평소 무슨 일이 있어도 평화를 지지하던 프란츠 페르디난트마저 지론을 깨고 세르비아와의 군사적 대결을 옹호했다.

이것은 분명 일시적인 이탈이었다. 베르히톨트와 민간 각료들의 반대 주장을 듣자마자 황태자는 자기 견해를 철회하고 베르히톨트의 외교적 해법에 지지를 표명했다. 넉 달 뒤 이번에는 베르히톨트가 대열에서 이탈했다. 1913년 5월 2일 공동각료협의회 회의에서 몬테네그로가 스쿠타리 공격을 재개한 것에 발끈한 베르히톨트는 몬테네그로를 상대로 동원하자는 주장을 처음으로 받아들였다. 물론 그가 요구한 것은 유럽 전쟁이 아니었고 지역 전쟁조차 아니었다. 이 시기 몬테네그로는 완전히 고립되어 있었기 때문이다(세르비아마저 지지를 철회했다).[171] 그는 동원만으로도 알바니아에서 침공군을 몰아낼 수 있으면 좋겠다고 말했고, 러시아의 개입 가능성을 아주 낮게 보았다. 그런데 때마침 니콜라 국왕이 최후통첩을 받기 전에 양보하면서 동원마저 불필요해졌다.[172] 그럼에도 공동각료협의회 회의의 결연한 분위기는 빈의 더 호전적인 태도를 예고하는 것이었다. 세르비아가 알바니아 북부를 두 번째로 침공한 이후인 1913년 9~10월, 평소처럼 콘라트가 전쟁을 간청하는 가운데 베르히톨트가 다시 한 번 대결 정책에 동의했으며, 이례적으로 프란츠 요제프 황제도 동의했다. 이 시점에는 고위 정책수립자 중 프란츠 페르디난트와 티서만이 (서로 다른 이유로) 비둘기파로 남아 있었다. 그리고 최후통첩으로 세르비아군을 알바니아에서 몰아내는 데 성공하자 더 호전적인 외교 스타일의 효력이 입증된 것으로 보였다.[173]

오스트리아-헝가리는 호전적인 태도를 키워감과 동시에 경제적 제약이 전략적 선택을 얼마나 제한하는지를 점점 뚜렷하게 의식하기 시작했다. 이중군주국은 발칸전쟁 위기로 부분동원을 했다가 엄청난 재정 압박을 받았다. 1912~1913년 추가 비용이 오스트리아-헝가리 군대의 연간 예산 전액에 해당하는 3억 9000만 크라운에 달했다. 군주국이 불경기로 접어들던 때에 이는 심각한 문제였다.[174] 이와 관련하여 우리는 오스트리아-헝가리의 군비 지출이 아주 적었다는 사실을 상기해야 한다. 강대국 가운데 오스트리아-헝가리보다 군사비를 적게 쓴 나라는 이탈리아뿐이었다. 이중군주국이 매년 전체 인구 중에서 징집한 비율(0.27퍼센트)은 프랑스(0.63퍼센트)와 독일(0.46퍼센트)보다 낮았다. 1906~1912년은 제국의 호황기였지만 군 예산으로 흘러들어간 부는 아주 적었다. 1866년부터 1912년까지 인구가 두 배로 늘었음에도, 제국 군대가 쾨니히그레츠와 쿠스토자에서 각각 프로이센군과 이탈리아군을 상대했던 1866년보다 1912년에 전선에 배치된 보병대대의 수가 더 적었다.

한 가지 이유는 이중체제에 있었다. 헝가리가 병력 증대를 줄기차게 반대했으며,[175] 비용이 많이 드는 기반시설 계획으로 제국 내 민족들을 달래야 할 필요성도 군에 대한 투자를 가로막았다. 설상가상으로 여름 그리고/또는 초가을 동원은 농업경제를 망쳤는데, 시골 노동자 상당수가 수확 작업에서 빠져야 했기 때문이다.[176] 1912~1913년 정부 비판자들은 평시 동원이 제국의 안보를 크게 강화하지도 못하면서 막대한 비용을 초래하고 경제를 교란한다고 주장할 수 있었다. 전술적 동원은 군주국이 더 이상 감당할 수 없는 수단처럼 보였다. 그러나 이 주장이 참이라 해도, 그 수단을 사용하지 못한다면 발칸 주변부의 위기를 다룰 때 정부의 운신 폭이 심각하게 줄어들 게 뻔했다. 순전한 전술적 동원이라는 중간 선택지가 없으면 의사결정 과정의 유연성이 줄어들 수밖에 없었다. 그리하여 의사결정이 평화 아니면 전쟁의 문제가 될 터였다.

프랑스-러시아 동맹의 발칸화

1912년 여름만 해도 발칸에 국한된 분쟁에서 프랑스가 러시아를 지원할지 여부가 불투명했다. 1893~1894년 프랑스-러시아 군사협정의 내용은 이 점과 관련해 모호했다. 제2조에 따르면 삼국동맹 중 어떤 나라라도 동원할 경우, 프랑스와 러시아는 사전에 합의할 필요 없이 동시에, 그리고 즉각적으로 전 병력을 동원해 최대한 신속하게 각국 국경지역에 배치해야 했다.[177] 이 조항의 함의를 생각하면, 오스트리아의 동원을 촉발할 정도로 심각한 발칸 위기가 특정한 상황에서 프랑스-러시아의 공동 역逆동원을 자동으로 초래할 수도 있을 듯했다. 그렇게 되면 독일의 역동원까지 촉발할 게 분명했는데, 1879년 오스트리아-독일 양국 동맹의 제1조와 제2조에 따라 두 나라는 어느 한쪽이 러시아 또는 러시아의 지원을 받는 나라로부터 공격당할 경우 서로를 지원해야 했기 때문이다. 얼핏 생각하면 이 메커니즘이 발칸 위기를 대륙 전쟁으로 확대할 수 있을 것으로 보였으며, 프랑스와 러시아가 오스트리아의 부분동원과 총동원을 구별하지 않았기에 더더욱 그러했다.

프랑스-러시아 군사협정의 제1조에는 혼란스럽게도 다음 두 상황에만 개입 의무가 발생한다고 적혀 있었다. ① 프랑스가 독일의 공격을 받는 경우 또는 ② 러시아가 독일 또는 독일의 지원을 받는 오스트리아-헝가리의 공격을 받는 경우. 제2조와 비교해 제1조에서 프랑스에 요구하는 군사 개입의 수준이 훨씬 더 높았다. 제1조의 부조화에는 애당초 협정을 낳은 양국의 비대칭적인 필요가 반영되어 있었다. 프랑스에게 러시아와의 동맹과 그에 덧붙인 군사협정은 독일에 대항하고 독일을 억제하는 수단이었다. 이와 달리 러시아의 주요 관심사는 오스트리아-헝가리였다. 프랑스 교섭자들은 애를 써봤지만 제2조에 명기된 오스트리아-헝가리의 동원과 프랑스의 총동원 사이의 연관성을 단념하도록 러시아 교섭자들을 설득하지 못했다. 그 결과 전쟁의 방아쇠가 사실상 러시아의 수중에 놓이게 되었다. 러시아는 (적어도 이론상으로는) 발칸 목표를 달성하는 데 도움이 될 대륙 전쟁을 언제든 부추길 수 있었다.[178]

그러나 동맹은 헌법과 마찬가지로 기껏해야 정치 현실의 대략적인 지침일 뿐이다. 파리의 정책수립자들은 제2조에 내포된 위험을 알아채고서 재빨리 프랑스의 의무를 제한하는 해석을 주장했다. 예를 들어 1897년 그리스와 오스만제국 간 '30일 전쟁' 중에 프랑스 외무장관 가브리엘 아노토는 러시아 측에 오스트리아-헝가리의 개입을 지원 의무 사유로 여기지 않겠다고 알렸다.[179] 그리고 앞서 보았듯이 프랑스는 1908~1909년 보스니아 병합 위기에 말려들기를 몹시 꺼려했고, 이 위기가 프랑스 또는 러시아의 '사활적 이익'에 진짜 위협이 된다고 인정하지 않았다.[180] 1911년 프랑스의 강력한 요구에 따라 프랑스-러시아 군사협정의 조건이 변경되었다. 독일이 총동원할 경우 양국이 서로를 즉각 지원할 의무는 변하지 않았다. 그렇지만 오스트리아가 총동원이나 부분동원을 할 경우에는 양국이 적절한 행동 방침을 합의하기로 조건을 바꾸었다.[181]

1912년 이 추세가 갑자기 뒤집혔다. 돌이켜보면 이는 전쟁 이전의 가장 중요한 정책 조정 중 하나였다. 오랫동안 발칸 충격의 결과로부터 프랑스를 보호하려 애썼던 파리 정부가 이제 순전한 발칸 위기에 무력 개입할 가능성까지 고려하는 방향으로 프랑스의 약속을 확대하려 했다. 방침 변화를 주도한 인물은 1912년 1월 14일부터 1913년 1월 21일까지 수상 겸 외무장관을 지내고 그 이후 공화국 대통령이 된 레몽 푸앵카레였다. 취임한 다음 날 푸앵카레는 "러시아와 가장 굳건한 관계를 유지"하고 "프랑스의 외교정책을 동맹과 완전히 합의하여 운영"하겠다고 천명했다.[182] 신임 외무장관이 이런 식으로 계획을 밝히는 것은 매우 이례적인 일이었다. 푸앵카레는 파리에서 이즈볼스키와 연달아 대화하면서 오스트리아와 세르비아의 반목이 전쟁으로 번질 경우 프랑스의 지원을 신뢰해도 된다며 러시아를 안심시켰다.[183] 또 1912년 11월 이즈볼스키에게 프랑스 정부는 "〔프랑스가〕 지원받지 못할" 것을 두려워할 이유가 없다고 말했다.[184]

푸앵카레의 이런 인식이 어떻게 발전했는지 추적하기란 쉬운 일이 아니다. 이렇게 생각하도록 이끈 한 가지 요인은 독일의 위협에 대한 그의 태생적인 집착이었다. 1870년 고향 로렌을 짓밟는 독일군을 피해 가족과 함께 달아나야 했을 때, 그의 나이 열 살이었다. 그의 고향 마을 바르르뒤크는 프랑스가 전쟁 배상금을 지불할 때까지 3년 동안 독일군에 점령당했다. 푸앵카레는 조르주 불랑제를 빼닮은 보복주의자revanchiste까지는 아니었으나 시종일관 독일을 매우 의심했고, 러시아 및 프랑스와 긴장을 완화하려던 독일의 노력을 함정이자 망상으로 치부했다. 구원은 오로지 프랑스 안보의 주춧돌인 프랑스-러시아 동맹을 강화하는 데 있다고 푸앵카레는 믿었다.[185] 또한 그는 프랑스 내각이 두 가지 정책으로 갈라져 혼선을 빚었던 아가디르 위기와 같은 사태의 재발을 막으려 했다. 이와 관련해 그의 개성도 한몫했다. 그는 명확한 것을 좋아했고 목표를 일관되게 추구했다. 비판자들은 이렇게 명확히 규정된 목표를 단호히 추구하는 그의 태도를 가리켜 유감스럽게도 유연성이 부족하다는 증거라고 말했다. 폴 캉봉은 푸앵카레의 "뻣뻣함"이 "외교 경험 부족과 법률가의 지적 구조"에 기인한다고 주장했다.[186] 그의 동생 쥘 캉봉은 "서류철처럼 번호를 붙여 모든 것을 분류하고 기록하는 정신"에 대해 말했다.[187]

그러나 프랑스 안보정책에 더 공격적인 방향성을 부여하려던 사람은 비단 푸앵카레뿐만이 아니었다. 푸앵카레가 고위직에 취임할 무렵 프랑스에서는 역사가들이 '민족주의 부흥'이라 부르는 정치 기조의 변화가 나타나고 있었다. 드레퓌스 사건 이후 공화국 정치인들은 방어주의 안보정책, 즉 국경 요새화, 중포重砲, '국민무장군'으로 개념화된 군대의 짧은 훈련 기간에 역점을 둔 안보정책을 채택하는 경향을 보였다. 그에 반해 아가디르 사건 이후 프랑스는 군대의 직업적 이해관계를 고려하고, 훈련 기간을 늘리는 한편 지휘체계를 더 효율적으로 일원화할 필요성을 인정하고, 다음번 전쟁에 명백히 공격적인 태세로 대비하는 정책으로 되돌아갔다.[188] 그와 동시에 1905년 팽배했던 대중의 평화주의적이고 반군사적인 분위기가 한결 호전적인 태도에 자리를 내주었다. 프랑스인 모두가 민족주의 물결에 휩쓸렸던 것은 아니지만(주로 젊고 지적인 파리 사람들이 새로운 호전주의를 받아들였다) 군사력 회복은 공화국 정치의 되살아나는 신조들 중 하나가 되었다.[189]

아마도 푸앵카레는 이탈리아의 리비아 침공과 유럽에서 오스만 권력이 붕괴할 전조에 자극을 받아 발칸을 전략적 사고에 포함했을 것이다. 일찍이 1912년 3월 그는 이즈볼스키에게 오랫동안 국지적 발칸 위기와 더 넓은 지정학적 쟁점을 구분해온 입장에 "더 이상 어떤 실질적 중요성도 없습니다"라고 말한 바 있었다. 현재 유럽의 동맹체제를 감안하면 "발칸 사태가 유럽의 전반적인 균형에 영향을 주지 않을 것"으로 상상하기 어렵다는 것이었다. "발칸 문제로 러시아와 오스트리아-헝가리가 어떤 식으로든 무력충돌하면 오스트리아-독일 동맹의 지원 의무 사유가 될 테고, 그러면 뒤이어 프랑스-러시아 동맹도 작동할 겁니다."[190]

푸앵카레는 러시아의 발칸 정책을 지지하는 데 따르는 위험을 알고 있었을까? 1912년 8월 프랑스 수상 겸 외무장관 푸앵카레가 상트페테르부르크를 방문해 러시아 외무장관 사조노프와 나눈 대화는 이 물음과 관련해 시사하는 바가 많다. 푸앵카레는 4월에 이즈볼스키가 알려준 덕에 세르비아와 불가리아가 조약을 체결한 사실은 알고 있었지만, 그 조약의 내용이 무엇인지는 전혀 몰랐다.[191] 그가 명확히 알려달라고 요청했을 때 러시아 측은 아무런 답변도 하지 않았다(훗날 사조노프는 푸앵카레가 조문 일부를 프랑스 언론에 유출할까 두려워 조문 발송을 늦추었다고 주장했다).[192] 8월에 상트페테르부르크에서 사조노프와 회담하는 동안 푸앵카레는 다시 한 번 요청했다. 사조노프는 조문을 러시아어로 쓴 다음 프랑스어로 번역해 건네주었다. 조약의 세부 내용, 특히 오스만에, 그리고 필요하다면 오스트리아에 맞서 양국이 동시에 동원한다는 조항에 푸앵카레는 큰 충격을 받았다. 오스만령 마케도니아의 깊숙한 내지를 분할한다는 언급(아마도 가장 심란한 내용이었을 것이다)과 향후 양국의 모든 분쟁에서 러시아에 중재자 역할을 맡긴다는 언급은 말할 나위도 없었다. 푸앵카레는 이 역할이 "그 협정의 모든 줄에 나온다"라고 말했다. 회담 이후 적은 메모는 그의 당혹감을 얼마간 전해준다.

> 그 조약에 반오스만 전쟁의 씨앗뿐 아니라 반오스트리아 전쟁의 씨앗까지 들어 있는 것으로 보인다. 게다가 모든 문제에서 러시아가 중재자라고 밝히고 있으므로 슬라브족 왕국들에 대한 러시아의 패권을 확립하는 조약이기도 하다. 나는 사조노프 씨에게 이 협정은 내가 받은 정보와 조금도 일치하지 않고, 사실대로 말하면 전쟁 협정이며, 세르비아와 불가리아의 저의를 드러낼 뿐 아니라, 러시아가 그들의 희망을 부추기는 것을 우려할 이유까지 알려준다고 발언했다.[193]

발칸 정치에 깊숙이 관여하는 러시아의 행보를 우려한 사람은 푸앵카레 혼자가 아니었다. 상트페테르부르크 프랑스 대사관의 참사관 장

둘세Jean Doulcet도 거의 같은 시기에 발칸 협정들이 사실상 "분할 조약들"이라고 지적했다. 러시아가 그 협정들을 지원한다는 것은 "오스트리아를 일체 고려하지 않을 준비, 오스트리아의 이해관계에 개의치 않고서 오스만을 청산하는 작업을 진행할 준비가 되어 있다"는 것을 시사했다.[194]

이 지점에서 혹자는 푸앵카레가 발칸에서 러시아를 지원하는 것이 과연 현명한가 하는 의구심을 품기 시작했을 것이라고 예상할지도 모르겠다. 그러나 그는 러시아가 이미 발칸의 격변하는 정세에 몸을 깊숙이 담그고 있음을 알아챈 뒤 예상과 반대로 행동했다. 어쩌면 러시아 정책의 전반적인 양상을 고려할 때 향후 발칸 분쟁은 단순히 발생할 것 같은 사건이 아니라 거의 확실하게 발생할 사건이고, 따라서 프랑스-러시아 동맹의 전망에 포함해야 할 사건임을 인정하는 문제에 지나지 않는다고 생각했을지도 모른다. 또 다른 요인은 프랑스 군부 일부가 공유한 푸앵카레의 신념, 즉 발칸에서 기원하는 전쟁이 독일에 맞선 합동작전에 러시아를 완전히 끌어들일 가능성이 가장 높은 시나리오라는 신념이었다. 푸앵카레의 군사 고문들의 예측대로라면, 오스트리아-세르비아 전쟁이 발발할 경우 오스트리아 병력 중 2분의 1에서 3분의 2가 교전에 동원될 것이고, 러시아가 독일에 대항해 대규모 병력을 투입할 것이고, 그러면 독일이 더 많은 병력을 동부에 배치하여 서부에서 프랑스군이 받는 압력이 줄어들 것이었다.[195]

방침 변화의 이유가 무엇이든, 1912년 가을 푸앵카레는 발칸에 대한 러시아의 무력 개입을 확고히 지지하고 있었다. 1차 발칸전쟁이 목전에 닥쳤으나 아직 시작되지는 않은 9월 둘째 주, 푸앵카레는 이즈볼스키와 대화하던 중에 오스만의 불가리아 파괴와 오스트리아-헝가리의 세르비아 공격으로 인해 "러시아가 소극적 역할을 포기할 수밖에" 없을지도 모른다고 말했다. 러시아가 오스트리아-헝가리에 맞서 군사적 개입을 시작할 필요가 있다면, 그리고 이것이 독일의 개입을 촉발한다면(독일과 오스트리아의 동맹을 생각하면 불가피한 일이었다), "프랑스 정부는 이를 사전에 지원 의무 사유로 인정하고 그로 인해 발생할 러시아에 대한 의무를 조금도 주저하지 않고 이행할 것"이었다.[196] 6주 뒤 전쟁이 한창인 때에 이즈볼스키는 푸앵카레가 "특정한 상황에서 전쟁 개시"가 필요할 수도 있다는 생각을 "두려워하지 않"으며 삼국협상이 승리할 것으로 확신한다고 사조노프에게 보고했다. 그리고 이 자신감은 최근 수상의 책상에 올라온 프랑스 참모본부의 상세한 분석에 근거한다고 덧붙였다.[197]

실제로 푸앵카레는 몇 차례 러시아보다 먼저 움직이려는 모습을 보였을 정도로 의무 이행을 학수고대했다. 1912년 11월 4일 1차 발칸전쟁이 한 달째로 접어들었을 무렵 그는 사조노프에게 서신을 보내 러시아, 프랑스, 영국이 공조하여 오스트리아의 전쟁 개입에 미리 반대하자고 제안했다.[198] 너무도 뜻밖의 제의였기에 이즈볼스키가 사조노프에게 사정을 설명해야 했다. 얼마 전까지만 해도 프랑스 정부는 발칸 문제에 휘말리고 싶어하지 않았다. 그런데 최근 들어 입장이 변했다. 이제 파리는 "오스트리아-헝가리가 어떤 영토를 정복하든 유럽의 균형이 깨지고 프랑스의 사활적 이익에 영향을 줄" 것임을 인정하고 있었다(프랑스가 자국의 '사활적 이익'이 걸려 있지 않다는 이유로 과거 보스니아 병합 위기에 대한 관심 부족을 정당화했음을 감안하면, 이는 명백한 말 바꾸기였다). 이즈볼스키는 발칸 사태에 대한 푸앵카레의 선제적 접근이 프랑스 외무부의 "새로운 전망"을 의미한다고 결론 내렸다. 그리고 본국 외무부에 즉시 이 기회를 이용해 프랑스와 영국의 향후 지원을 확보할 것을 권고했다.[199]

11월 중순, 사실 사조노프도 오스트리아가 세르비아를(또는 적어도 알바니아의 세르비아군을) 공격할 가능성을 예상하고 있었다. 그는 러시아의 무력 대응에 런던과 파리가 어떻게 반응할지 알고 싶어했다. 에드워드 그레이는 특유의 얼버무리는 답변을 내놓았다. 그것은 탁상공론 격인 질문이며 "일어나지도 않은 가상의 우발 사건에 대해 결정을 내릴 수는 없다"는 것이었다.[200] 그에 반해 푸앵카레는 러시아 정부의 의도가 정확히 무엇이냐고 질문하면서 사조노프에게 명확한 답변을 요구했다. 이것은 분명하게 정리해야 하는 문제였다. 그렇지 않을 경우 "프랑스 정부가 선제적으로 맹방의 의도에 못 미치거나 그것을 넘어서는 입장을 채택할 위험"이 있었다. 푸앵카레는 발칸 위기 시 프랑스가 러시아를 지원할 테니 의심일랑 접어두라는 자세였다. "러시아가 전쟁을 하면 프랑스도 똑같이 할 겁니다. 이 문제에서 독일이 오스트리아를 지원할 것을 우리가 알고 있기 때문입니다."[201] 또 불과 며칠 뒤 파리 주재 이탈리아 대사와 대화하면서 "오스트리아-세르비아 분쟁이 전면전으로 이어질 경우 러시아는 프랑스의 무력 지원에 완전히 의지할 수 있습니다"라고 확언했다.[202]

회고록에서 푸앵카레는 이런 확약을 했다는 것을 한사코 부인했다.[203] 그리고 이즈볼스키는 분명 공평무사한 증인이 아니었다. 그는 보스니아 병합 위기를 잘못 관리해 상트페테르부르크에서의 경력을 망친 사람, 의심의 눈총을 받으며 고위직에서 물러난 뒤 에렌탈과 오스트리아의 배신에 계속 집착한 외교관이었다. 혹시 그가 발칸 사태에서 (지난날 자신의 하급자였던) 동료 사조노프의 결심을 굳히기 위해 거짓말을 했던 것은 아닐까? 프랑스 수상이 동맹을 공고히 하는 자신의 역할을 확대하기 위해 했던 약속(훗날 푸앵카레 본인의 주장)을 그가 과장해서 말했던 것은 아닐까?

그럴듯하긴 해도 증거를 보면 틀린 추정이다. 예를 들어 9월 12일 이즈볼스키가 보고한 푸앵카레의 주장, 즉 발칸에서 시작된 전쟁이 대륙으로 확대될 경우 프랑스 군부가 승리를 자신한다는 주장은 참모본부의 열성적인 9월 2일 의견서로 확증되는데, 이 문서는 이즈볼스키가 혼자서 알아낼 수 없는 것이었고, 이는 두 사람이 적어도 해당 대화를 실제로 했음을 시사한다.[204] 푸앵카레가 러시아의 의도를 넘어설까 봐 우려한다는 11월 17일 이즈볼스키의 보고는 사실인 듯하다(푸앵카레는 1914년 7월 위기 시에 쓴 일기에서 정확히 같은 불안감을 토로했다). 그리고 이 추정을 뒷받침하는 다른 증인들이 있다. 이를테면 수상과 외무장관을 지냈으며 탁월한 저널리스트이자 정치학자였던 알렉상드르 리보Alexandre Ribot가 있다. 1912년 가을 푸앵카레를 몇 차례 만난 리보는 10월 31일 개인 메모에 이렇게 적었다. "푸앵카레는 세르비아가 위스퀴브에서 철수하지 않을 것이고 만일 오스트리아가 개입하면 러시아가 개입하지 않을 수 없을 것으로 생각한다. 독일과 프랑스도 조약 의무대로 관여할 것이다. 각료협의회는 이 문제를 심의하고 프랑스가 약속을 지켜야 한다고 결의했다."[205]

푸앵카레의 방침 변화는 최고위 정책수립자들과 관료들 사이에서 엇갈린 반응을 끌어냈다. 그의 독일 불신과 지원 의무 사유에 대한 견해는 영향력 있는 파리정치대학 출신의 외무부 관료들의 하위문화에서 긍정적인 반응을 얻었는데, 그들에게 슬라브 민족들에 대한 공감과 독일에 대한 적대감은 공리나 마찬가지였다. 군부의 고위층도 폭넓은 지지를 보냈다. 프랑스 참모본부 제2국 비날Vignal 대령의 1912년 9월 2일 의견서(푸앵카레가 이즈볼스키와 대화하며 인용한 참모본부 문서)는 수상에게 발칸에서 시작되는 전쟁이 삼국협상의 승전에 가장 유리한 조건임을 알려주었다. 오스트리아가 남슬라브족과의 싸움에 얽매이게 되면, 독일은 서부를 공격할 수 있는 상당한 병력을 동부에 투입해 러시아군을 막을 수밖에 없을 터였다. 이런 상황에서 "삼국협상은 성공할 확률이 가장 높을 것이고, 비록 오스트리아가 발칸에서 국지적 성공을 거둔다 해도 삼국협상은 유럽의 지도를 다시 그릴 만한 승리를 거둘 수 있을 것이다."[206]

나머지 사람들은 새로운 방침에 더 비판적이었다. 런던 대사 폴 캉봉은 1차 발칸전쟁 초기에 푸앵카레가 오스트리아-헝가리와 대결할 자세를 취하자 경악했다. 1912년 11월 5일 파리를 방문한 기간에 폴은 동생 쥘에게 《르탕》의 한 기사에 대해 불평하는 편지를 썼다. 푸앵카레가 입김을 넣은 게 명백한 그 기사는 "뉘앙스 없이, 인내심 없이,

조심성 없이" 빈 정부를 몰아세우며 오스트리아에 정면으로 도전하고 있었다. 또 폴은 9월 2일 토요일 저녁에 푸앵카레와 나눈 대화에 대해 말했다. 캉봉은 "돌무더기"에 불과한 노비파자르주의 일부를 오스트리아가 차지하도록 용인하는 대신 발칸의 다른 어떤 영토에도 관심을 갖지 않겠다는 확약을 받는 게 어떻겠느냐는 과감한 제안을 했다. 수상의 대답은 그를 놀라게 했다. "전쟁을 일으키지 않은 나라[오스트리아], 어떤 권리도 없는 나라가 이익을 얻도록 놔두는 건 불가능합니다. 그랬다가는 프랑스에서 여론이 비등하고 삼국협상에 방해가 될 겁니다!" 그리고 이어서 이렇게 말했다. "이 전쟁이 시작된 이래 너무나 많은 일을 한"(여기에 캉봉은 괄호를 씌운 느낌표를 끼워 넣었다) 프랑스는 "가령 에게해의 섬 같은 이익을 요구할 수밖에 없을 겁니다." 이튿날(9월 3일 일요일) 아침, 전날의 대화 때문에 걱정하며 밤을 꼬박 새운 게 분명한 캉봉은 반론을 펴고자 푸앙카레를 찾아갔다. 그러곤 노비파자르주는 분쟁할 가치가 없는 땅이며 에게해의 섬은 그 가치 이상의 분란을 초래할 것이라고 말했다. 또 "여론"의 압박을 받으며 행동한다는 푸앵카레의 주장에 의구심을 보였다. 푸앵카레의 주장과 달리 프랑스 여론은 그런 문제에 "무관심"했다. 캉봉은 정부 자체가 "해결이 불가능해질 정도로 현재 여론을" 책동하지 않는 것이 중요하다고 경고했다. 푸앵카레는 캉봉의 의견을 전혀 받아들이지 않았고 이렇게 말하며 논쟁을 닫아버렸다.

"나는 [각료]협의회에서 정부에 내 의견을 제출했습니다." 푸앵카레가 건조하게 답변했다. "정부에서 그 의견을 승인했고 내각에서 결정을 내렸으니 우리가 그것을 번복할 수는 없습니다."

"우리가 번복할 수 없다는 게 무슨 뜻입니까?" 내가 말했다. "각료 두세 명을 빼면 내각 구성원들은 대외정책에 관해 아무것도 모르고, 이런 문제에 대한 대화는 언제나 열어둘 수 있습니다."

그는 아주 건조하게 답변했다. "정부에서 결정을 내렸으니 이 문제로 압박해도 소용없습니다."[207]

이 언쟁에서 흥미로운 점은 주제 자체가 아니다. 오스트리아는 노비파자르주의 일부를 차지하거나 요구하기는커녕 그 지역에서 병력을 물리고 인접국 세르비아와 몬테네그로의 처분에 맡겼기 때문이다. 이 쟁점은 지나가고 잊혔다. 훨씬 더 중요한 점은 발칸 문제에 깊숙하고도 직접적으로 관여하는 프랑스 정책에 대한 푸앵카레의 발언에 담긴 의식이었다. 그 의식을 가장 눈에 띄게 드러낸 것은 노비파자르주의 한 조각을 오스트리아에 넘겨줄 경우 프랑스가 "에게해의 섬" 같은 형태로 보상을 받아야 한다는 수상의 기이한 생각이었다. 그리고 더욱 불길한 점은 캉봉의 편지뿐 아니라 리보의 메모에도 담긴 의식, 즉 프랑스의 발칸 정책을 더 이상 새로운 상황에 대응해 임시변통하지 않고 엄중한 약속으로, "번복할 수 없는 결정"으로 확정한다는 의식이었다.

속도를 올리는 파리

1912년 12월 19일 서신에서 파리 주재 러시아 무관 이그나티예프Ignatiev 대령은 프랑스 육군장관 알렉상드르 밀랑Alexandre Millerand과 나눈 길고도 의미심장한 대화를 보고했다. 밀랑은 오스트리아가 세르비아와 갈리치아의 국경에서 병력을 증강하는 문제를 거론했다.

밀랑 오스트리아 동원의 목적이 뭐라고 생각하십니까?

나[이그나티예프] 이 문제를 짐작하기 어렵긴 하지만, 이제까지 러시아에 대한 오스트리아의 대비는 틀림없이 방어적 성격이었습니다.

밀랑 그렇지요. 하지만 세르비아 점령•이 귀국에 전쟁을 거는 직접적인 도전장[vyzov]이라고 생각하지는 않습니까?

나 제가 답변할 수 없는 문제군요. 제가 아는 건 우리가 유럽 전쟁을 바라지 않는다는 것, 또는 유럽의 전란을 유발할 수 있는 어떤 조치도 취하지 않는다는 것입니다.

밀랑 그렇다면 귀국은 세르비아를 그냥 놔두어야 합니까? 그건 물론 귀국의 문제이지요. 하지만 그게 우리 때문은 아니라는 건 알아주셔야 합니다. 우리는 준비됐습니다[My gotovy].[208]

• 이 말의 의미는 불분명하다. 1912년에 오스트리아가 '점령'한 세르비아 지역은 없기 때문이다. 아마도 보스니아 병합을 가리킨 듯하다. 이 경우 '점령'이라는 표현은 밀랑이 발언하면서 사용한 게 아니라 이그나티예프가 보고하면서 사용했을 것이다.

이그나티예프는 자신이 밀랑의 질문에 어정쩡하게 답변하자 그가 "동요한" 것처럼, 심지어 "짜증이 난" 것처럼 보였다고 보고했다. 프랑스 육군장관은 이것이 단순히 알바니아나 세르비아, 또는 두라초 문제가 아니라 "발칸반도 전역에 대한 오스트리아의 패권" 문제(러시아 정부가 분명 뒷짐 지고 지켜볼 수 없는 문제)라고 역설했다.[209]

이는 놀랄 만한 발언이었다. 존경받는 사회주의 정치인이자 외교 문외한으로 지정학적 문제보다는 주로 노령연금, 교육, 노동조건에 관심을 가져온 밀랑의 입에서 나온 말이었기 때문이다. 그러나 학창시절 안면을 익힌 푸앵카레와 절친한 사이였던 밀랑은 1912년 프랑스 민족의 부흥을 선도한 이들 중 하나였다. 끈기와 근면, 열렬한 애국심으로 널리 칭송받은 그는 군대의 사기를 높이고 육군 사령부의 자율권을 강화하는 데 그치지 않고 프랑스 국민에게 군인정신을 불어넣으려 했다.[210] 이그나티예프에게 한 밀랑의 발언에는 1912~1913년 겨울의 발칸 위기 동안 프랑스 지도부 사이에 널리 퍼진 태도가 반영되어 있었다. 이그나티예프의 보고대로 "카스텔노Castelnau 장군은 내게 개인적으로 전쟁을 각오하고 있고 전쟁을 원하기까지 한다고 두 번이나 말했다." 실은 프랑스 정부 전체가 "오스트리아와 독일에 맞서 우리를 외교적 수단만이 아니라 필요하다면 군사력으로도 지원할 만반의 준비"를 갖추고 있었다. 이그나티예프가 보기에 프랑스가 이런 태세를 취하는 이유는 전쟁이 발칸에서 시작되어 확대될 경우 자국에 가장 유리하다는 확신 때문이었는데, 그렇게 되면 독일이 "프랑스를 뒷전으로 미룬 채" 러시아에 군사적 조치를 집중할 수밖에 없을 것으로 예상되었기 때문이다.[211] 사실 1912년 11월과 12월 프랑스에서 러시아에 보낸 메시지가 얼마나 의욕적이었던지, 사조노프가 파리 정부에 비공식적으로 자제를 촉구했을 정도였다.[212]

이 정책의 배후에서 의견을 조정해가며 의지를 관철한 인물은 푸앵카레였다. 프랑스의 외무장관과 수상 중에는 외교정책에 별다른 인상을 남기지 못하고 물러난 이들이 부지기수였다. 하지만 푸앵카레는 예외였다. 그는 수상과 외무장관을 겸직하는 지위를 이용해 달갑지 않은 영향력을 막아냈다. 그는 대체로 일찍 출근했는데, 당시 느긋하게 일하던 외무부에서 이것은 진지한 의도가 있다는 명백한 신호였다. 그는 고집스레 사안별 서류 일체를 읽고서 논평을 달았으며 자신의 우편물을 직접 개봉했다. 이따금 공문을 직접 쓴다는 소문까지 있었다. 그는 대사들의 자만을 좀체 인내하지 못했으며, 1914년 1월 심술궂게 말한 대로 그들이 주재국 정부의 입장을 너무 쉽게 받아들이는 경향이 있다고 보았다.[213] 외무부가 자신의 손아귀에서 벗어나지 못하도록 푸앵카레는 20세기 초에 델카세가 했던 것처럼 믿을 만한 충직한 고문들로 각내 내각을 구성했다.

1913년 1월 푸앵카레는 공화국 대통령으로 선출되어 수상에서 국가원수로 직행한 최초의 인물이 되었다. 이상하게도 이 영전으로 외교정책을 수립하는 그의 영향력이 이론상 약해졌는데, 막강한 특권에도 불구하고 이전까지 대통령은 관례상 중요한 권좌가 아니었기 때문이다. 상원과 하원에서 그를 대통령으로 선출하며 기대한 역할은 "볼링장의 핀 정리원", 즉 의회가 내각을 쓰러뜨리고 나면 정돈하는 역할이었다.[214] 그러나 전직 수상은 수중의 통제권을 놓칠 생각이 없었다. 선출되기도 전에 푸앵카레는 대통령에게 주어지는 입헌적 수단을 최대한 활용하겠다는 의도를 천명했다(헌법에 대한 그의 지식과 깊은 이해를 고려하면 능숙하게 활용할 게 분명했다). 그는 1912년 정치학 교과서까지 집필한 바 있으며, 거기서 대통령의 권한(일례로 의회를 해산할 권한)이 헌법을 안정화하는 결정적 요인이고 국제 문제에서 대통령이 마땅히 두드러진 역할을 해야 한다고 주장한 터였다.[215]

공화국 대통령으로 선출된 뒤 푸앵카레는 후임 외무장관 후보들 가운데 권력이 약하거나 경험이 부족한 사람, 또는 자신의 전략적 · 외교적 비전을 공유하는 사람, 또는 가급적 셋 모두에 해당하는 사람이 선출되도록 간접적 영향력을 행사했다. 푸앵카레의 뒤를 이어 1913년 3월까지 외무장관으로 재임한 샤를 조나르Charles Jonnart가 그런 사람이었다. 알제리 총독을 지낸 조나르는 대외관계를 거의 몰랐으며, 푸앵카레의 후견을 받는 정무국장 모리스 팔레올로그에 의지해 하루하루 업무를 처리했다.[216] "나는 여전히 조나르를 지휘한다." 푸앵카레는 1913년 1월 26일 일기에 솔직하게 썼다. "나는 매일 아침 케도르세로 간다."[217]

프랑스 지도부가 발칸 분쟁 시 러시아를 지원하기 위해 동맹의 책임을 확대하는 동안, 프랑스-러시아 군사협정과 관련한 대책에도 중요한 변화가 있었다. 프랑스군 사령부는 1910년 러시아 육군장관 수호믈리노프의 배치계획에 경악한 바 있었다. 그것은 러시아군의 집결 장소들을 폴란드 돌출부에서 수백 킬로미터 동쪽으로 옮긴다는 계획으로, 그렇게 되면 러시아군이 서부를 공격하기까지 예상되는 동원 시간이 길어져 군사협정문에 명시된 동시 동원의 효과가 떨어질 터였다.[218] 1911년 프랑스-러시아 연례 참모본부 회담에서 프랑스 대표단은 이 문제로 러시아 측을 압박했다. 러시아 참모총장 야코프 질린스키는 썩 미덥지 않은 답변을 했는데, 모든 노력을 기울여 동원일로부터 15일 이후에 최대한 신속히 공격을 개시하겠다는 것이었다. 그러면서도 그는 러시아 육군에 야포와 기관총 공급을 완료하는 데 1913년에서 1914년까지 걸릴 것이라고 인정했다.[219]

지원 의무 사유가 발생할 경우 러시아 병력을 얼마나 빨리, 얼마나 많이 동원하여 어느 방향으로 배치하느냐는 문제가 1912년과 1913년 여름 프랑스-러시아 참모회의의 주된 사안이었다. 1912년 7월 회담에서 프랑스 참모총장 조제프 조프르는 러시아 측에 동프로이센 국경과 갈리치아 국경까지 가는 모든 철도 노선을 복선複線으로 부설할 것을 요구했다. 전략상 중요한 일부 노선은 대규모 병력을 더 빠르게 수송할 수 있도록 네 가닥으로 부설할 것을 요구하기도 했다. 양국 해군의 더욱 긴밀한 협력과 공조를 준비한 1912년 7월의 프랑스-러시아 해군협정은 이런 노력의 또 다른 결실이었다. 그리고 러시아의 약속 수준이 점차 높아졌다(1912년에 질린스키는 동원일로부터 15일째 되는 날에 80만 러시아 병력으로 독일을 공격하겠다고 약속했었지만 1913년에는 개선책을 실행하고 나면 이틀을 줄일 수 있을 것으로 예상했다).[220]

동원의 방향은 또 다른 관심사였다. 참모본부 간 논의를 기록한 의정서에는 러시아의 주적을 오스트리아가 아닌 독일로 못 박으려던 프랑스 참모장교들의 부단한 노력이 담겨 있다. 프랑스가 발칸 지원 사유의 정당성을 기꺼이 인정하긴 했지만, 러시아가 병력 대부분을 합스부르크제국을 상대로 배치하고 독일의 대대적인 서부 공세에 프랑스 홀로 대처하도록 내버려둔다면 (프랑스의 시각에서 볼 때) 양국 동맹의 군사적 목표 전체가 무산되는 것이었다. 1912년 회담에서 이 쟁점이 제기되었을 때, 질린스키는 러시아가 고려해야 하는 다른 위협들을 반대 이유로 들었다. 오스트리아 역시 군사철도를 개선하고 있었으며, 러시아 국민들의 사기가 발칸 문제에 얼마나 민감하게 반응하는지 감안하면 러시아가 발칸에서 패배할 위험을 감수한다는 것은 생각할 수도 없는 일이었다. 스웨덴도 잠재적 위협인 데다 오스만까지 있었다. 그러나 조프르는 "독일 병력의 파괴l'anéantissement des forces de l'Allemagne"를 달성하면 양국 동맹이 직면한 나머지 문제들은 모두 사실상 해결될 것이라고 강력히 주장했다. "어떤 대가를 치르더라도" 이 목표에 집중하는 것이 가장 중요했다.[221] 회담 이후 프랑스 참모본부가 준비한, 논의 결과를 요약한 각서에는 예상대로 "러시아 사령부는 독일을 주적으로 인정한다"라고 적혀 있었다.[222]

푸앵카레는 러시아의 움직임을 재촉하기 위해 자신이 할 수 있는 일을 했다. 1912년 8월 상트페테르부르크로 떠나기 전에 그는 조프르에게 러시아에 가서 어떤 쟁점을 제기해야 하느냐고 물었고, 조프르는 "철도 개선 말고는 아무것도 언급하지 않았다."[223] 러시아 수도에 도착한 뒤 프랑스 수상은 모든 교섭자에게 철도 개선을 끈질기게 요구했다. "그[차르 니콜라이 2세]에게 우리 참모총장이 요청한 개선 문제에 대한 우리의 관심을 상기시켰다." "그〔사조노프〕에게 철도 노선을 두 가닥과 네 가닥으로 설치해야 할 필요성에 대해 설명했다."[224] 푸앵카레의 메모는 당시 코콥초프와 러시아 군부 사이에 벌어지던 권력투쟁의 일면까지 엿보게 해준다. 코콥초프 수상은 발칸 전진정책에 회의적이었으며, 재무장관으로서 융자받은 거액을 경제적 가치가 의심스러운 철도에 투자할 전망에 열의를 보이지 않았다. 푸앵카레의 채근에 코콥초프는 러시아가 현재 철도 개선 문제를 "연구 중"이라고 말했다. 그러자 푸앵카레는 "이 연구는 아주 시급합니다. 〔러시아의〕 독일 국경에서 전쟁의 결과가 판가름 날 공산이 크기 때문입니다"라고 강조했다. 코콥초프가 전쟁이 임박했다는 이런 단조로운 추정을 어떻게 생각했을지 쉬이 짐작할 수 있을 것이다. 푸앵카레는 러시아군 사령부가 군사비를 배정받기 위해 재무장관(코콥초프 본인)과 직접 협의하지도 않은 채 프랑스 정부에 지원을 구했다는 생각에 코콥초프가 "짜증이 난" 것처럼 보였다고만 기록했다.[225] 푸앵카레는 기회가 있을 때마다 러시아에 재무장 압력을 가하는 데 힘을 보탰다.[226]

프랑스는 러시아에 주문한 사항을 국내에서 실천했다. 아가디르 위기가 한창이던 1911년 7월, '공격 학파'의 이론에 헌신하는 조제프 조프르가 참모총장에 임명되어 프랑스의 전략을 책임지게 되었다. 종전까지 프랑스 전략가들은 독일과 대결할 전망에 방어적으로 접근하는 경향이 있었다. 수호믈리노프의 배치계획과 비슷하게 프랑스의 작전계획 15호(1903)와 16호(1909) 둘 다 우선 방어적 배치를 하고 적의 의도가 드러나면 그때 결정적인 반격을 가한다는 구상이었다. 그러나 조프르는 "공격만이 적의 의지를 깨뜨릴 수 있었다"는 신념으로 알자스 지방을 통과해 독일 영토로 공격해 들어갈 수 있도록 작전계획 16호를 수정했다. 또 전임자들보다 훨씬 더 선제적으로 프랑스의 맹방들 및 삼국협상 파트너들을 상대했다. 조프르는 1911년과 1912년, 1913년에 참모본부 간 회담에서 프랑스 측의 주역이었으며, 그와 질린스키의 파트너십이 회담의 성공에 결정적이었다. 또 영국군 지휘관들, 특히 헨리 윌슨과 긴밀히 협의하기도 했다. 조프르는 영국 원정군을 배치계획에 포함한 프랑스 최초의 전략가였다(영국군을 벨기에 접경 지역에 집결시키기 위한 상세한 방안이 작전계획 16호의 수정사항에 포함되었다).[227]

푸앵카레는 조프르에게서 자신의 전략 개념에 어울리는 군사적 파트너의 면모를 보았다. 물론 둘의 의견이 갈린 사안들도 있었다. 둘의 입장차를 가장 분명하게 드러낸 사안은 벨기에의 중립 문제와 관련이 있었다. 유출된 독일 문서들과 여타 군사정보로 미루어 보건대, 전쟁이 나면 독일군이 중립국 벨기에를 통과해 프랑스를 공격할 것으로 예상되었다. 1912년 2월 21일, 막 수상에 취임한 푸앵카레가 프랑스의 방어배치를 검토하기 위해 케도르세에서 소집한 비공식 회의에서, 조프르는 벨기에 영토를 통과하는 선제공격을 옹호했다. 이것이 독일에 대한 프랑스의 수적 열세를 상쇄하는 유일한 방법이라고 그는 주장했다. 영국은 이런 조치의 필요성을 분명 이해할 테고, 근래에 벨기에-독일 관계가 냉각 조짐을 보였으므로 혹시 벨기에의 양해를 먼저 구할 수 있을지도 모를 일이었다. 그러나 푸앵카레는 벨기에를 침공할 경우 영국 여론이 돌아설 위험이 있고, 그렇게 되면 에드워드 그레이가 프랑스에 대한 약속을 이행할 수 없다는 이유로 조프르의 주장을 단호히 거부했다. 이 사례는 프랑스 공화국에서 민간 당국의 권위가 군부의 권위보다 우세했다는 사실뿐 아니라, 동쪽 발칸에서 발생할 지원 사유에는 매우 공격적으로 접근한 반면 프랑스 국경에서 발생할 사태에는 방어적으로 접근한 푸앵카레의 선견지명과 탁월함까지 잘 보여준다. 1914년에 몇몇 교전국이 직면한 난제, 즉 "공격적으로 개전하는 방어적 전쟁이라는 역설적 요건"에 파리는 이런 식으로 대처했다.[228]

푸앵카레는 공화국 대통령으로 영전한 후에도 러시아에 대한 약속을 계속 강화했다. 1913년 봄 테오필 델카세가 상트페테르부르크 대사로 임명된 것은 기존 노선을 고수한다는 확실한 신호였다. 델카세는 짧게 근무할 예정이었다(애초에 취임하면서 1914년 프랑스 선거 때까지만 상트페테르부르크에 머물 생각이라고 밝혔다). 그럼에도 프랑스는 장기 근속 중인 저명한 외교관, 1차 모로코 위기가 한창이던 때에 실각한 전직 외무장관을 대사로 선택함으로써 향후 정책의 방향에 대한 의문을 거의 남기지 않은 셈이었다. 상트페테르부르크의 델카세와 파리의 이즈볼스키, 개인적으로 독일에 강한 적개심을 가진 두 대사가 동맹의 양편을 대변하는 상황이었다. 델카세의 독일 혐오증은 근래에 더욱 강해진 터였다. 그는 동쪽으로 가는 길에 베를린에서 쥘 캉봉을 만났을 때 독일 땅에 발을 딛지 않으려고 열차에서 내리지 않았다고 한다.[229] 신임 대사는 군사철도에 대한 전문지식으로 유명했다(20세기 초 외무장관 시절 델카세는 영국제국에 맞서 군사철도를 부설하도록 러시아 정부를 압박했다!).[230] 러시아 언론이 델카세의 취임을 환영하고 그의 "전투적 기질"이 삼국협상에 자산이 될 것이라고 언급한 것은 별로 놀랄 일이 아니었다.[231] 푸앵카레는 차르에게 보낸 소개장에서 신임 대사의 목표가 "프랑스-러시아 동맹의 유대를 더욱 공고히 하는 것"이라고 알린 다음, 러시아제국의 서쪽 국경까지 이어지는 군사철도를 최대한 빠르게 보강하는 일의 중요성을 어김없이 상기시켰다.[232] 이그나티예프는 델카세가 프랑스 정부로부터 "이 목표를 위해 우리에게 필요한 차관을 얼마든지 제안할" 권한을 위임받았다고 보고했다.[233]

델카세는 짧은 임기 동안(1913년 3월 23일~1914년 1월 30일) 유례없이 열심히 일했다. 실제로 너무 바빠서 상트페테르부르크의 사교계에 거의 얼굴을 비치지 않았다. 도착하고 바로 다음 날 차르를 처음 알현하는 자리에서 델카세는 "참모총장의 바람대로 철도망을 완성하는" 일의 중요성을 강조했고, 이례적으로 차르에게, 코콥초프에게 지시를 내려 필요한 자금을 공급할 것을 직접 요청했다.[234] 상트페테르부르크에 주재하는 내내 델카세는 사조노프와 코콥초프 외에는 거의 아무도 만나지 않았다. 영국 대사마저 약속을 잡기 어려울 정도였다. "내가 러시아 외교정책 전체를 굴리고 있다네." 그는 프랑스 동료들에게 이렇게 큰소리쳤다. "이 근처 사람들은 눈치도 못 채고 있지."[235] 델카세는 프랑스의 막대한 새 차관 제공으로 결실을 맺은 교섭을 감독하기도 했다. 1913년 양국 참모 회담에서 구상한 대로 러시아 서쪽 돌출부에서 전략철도를 강화한다는 조건으로, 프랑스 자본시장에서 5년 동안 매년 5억 프랑씩 총 25억 프랑을 러시아 민영 철도회사들에 공급할 계획이었다.[236] 1914년 1월 델카세의 뒤를 이어 상트페테르부르크 대사로 부임한 모리스 팔레올로그는 전임자와 같은 유형의 사람으로, 군사철도 강화를 요구하는 한편 외교정책 문제들에 더욱 단호하게 접근했다.

압박받는 푸앵카레

대통령이 되고 첫 18개월 동안(전쟁이 나기 전까지) 푸앵카레는 프랑스 군사기획의 공격적 방향을 강화했다. 우선 3년 복무제법 찬성 캠페인을 지원했는데, 1913년 여름 하원과 상원에서 이 법이 통과되어 프랑스 상비군 규모가 약 70만 명으로 늘어나고 독일과의 병력 격차가 겨우 5만 명으로 줄었다. 이로써 프랑스는 '주적'에 맞서는 공동 노력에서 제 역할을 진지하게 수행하고 있음을 러시아에 입증해 보였다.[237] 또 푸앵카레는 고분고분한 수상을 선택하고, 최고국방위원회를 장악하고, 대통령의 고유 권한을 십분 활용하여 외교정책과 군사정책 분야의 결정을 내림으로써 제3공화국 역사상 가장 강력한 대통령 중 한 명이 되었다.[238]

이 같은 적극적 행동에는 대중적 차원이 있었다. 푸앵카레-밀랑-델카세 연대가 형성된 뒤 파리 주재 벨기에 공사 기욤 남작이 거듭 보고한 주제는 정부 선전의 쇼비니즘이었다. 기욤은 특히 3년 복무제법 찬성 캠페인의 격렬한 수사법에 충격을 받았으며, 푸앵카레의 대통령 당선에 일조했던 이 법이 이제 "그것이 낳는 위험을 무시한 채" 빠르게 시행되고 있다고 알렸다.[239] 1914년 1월 기욤은 "푸앵카레 씨와 델카세 씨, 밀랑 씨가 민족주의적 · 징고이즘적 · 쇼비니즘적 정치를 고안하고 추구한 이들"이며 그런 정치의 부흥이 지금 프랑스의 공적 영역에서 나타나는 현저한 특징이라고 말했다. 그리고 그런 정치가 "오늘날 유럽의 평화에 가장 위험합니다"라고 지적했다.[240] 1914년 5월 벨기에 공사는 푸앵카레를 가리켜 단순히 파리의 고관이 아니라 지방들에서 지지 기반을 다지기 위해 갖은 노력을 하고 엄청난 수완을 발휘하는 진정한 전국 정치인이라고 썼다. 그가 보기에 푸앵카레는 자주 프랑스를 종횡으로 누비며 방문하는 모든 도시에서 수많은 연설을 하고 갈채를 받는 탁월한 연설가였다.[241]

이처럼 지방에서 지지를 얻었음에도, 프랑스 정치체제에 내재하는 휘발성 탓에 파리에서 푸앵카레의 위치는 여전히 취약했다. 다른 무엇보다 프랑스 내각의 회전문 인사가 계속되어 푸앵카레의 총애를 받은 외무장관 샤를 조나르가 단 두 달 만에 실각했다. 그의 후임인 느림보 스테팡 피숑 임기에 4장에서 검토한 메커니즘이 다시 한 번 작동하기 시작했다. 피숑이 유력한 대사들과 상트랄 내 그들의 협력자들과 제휴했던 것이다. 그 결과 독일을 대하는 태도가 더 유화적인 (또는 적어도 덜 완고한) 방향으로 잠시 역류했다. 1913년 12월 피숑이 루이 바르투 내각과 함께 실각한 뒤, 푸앵카레는 그를 대체할 허수아비를 물색했다. 신임 수상 겸 외무장관인 가스통 두메르그Gaston Doumergue는 취임 전에 3년 복무제법과 푸앵카레의 외교정책을 유지한다는 데 동의해야 했다. 푸앵카레는 대외관계 경험이 전무한 두메르그가 모든 중요한 문제를 자신에게 미룰 수밖에 없기를 바랐다. 그러나 이 전술은 역효과를 낳았다. 두메르그는 러시아 동맹을 확고히 지지하면서도 푸앵카레의 숙적인 조제프 카요를 재무장관에 임명하고 외교정책 논의에서 대통령을 점차 배제했다.[242]

푸앵카레는 여전히 강력하고 몰염치한 적들을 상대하고 있었다. 1913년 5월 대통령과 가톨릭교회 당국자들 간 비밀 교섭을 폭로하는 외교문서가 발견되어 내각 위기가 발생했을 때, 정적들의 술책에 푸앵카레가 얼마나 취약한지 훤히 드러났다. 1913년 봄에 푸앵카레와 피숑은 프랑스를 지지하는 차기 교황이 선출되기를 기대하며 가톨릭교회와 교섭을 벌였다. 프랑스가 레반트 지역의 종교적 피보호국들에 대한 영향력을 공고히 하는 데 관심을 기울였음을 감안하면, 이 교섭이 전혀 무해해 보일 수도 있다. 하지만 공화국의 고위 정치인과 가톨릭교회가 이런 식으로 접촉하는 것은 반교권주의 정치문화를 가진 1914년 이전 프랑스에서 극히 민감한 문제였다. 급진당과 그들의 협력자들에게 반교권 캠페인을 벌일 빌미를 주지 않기 위해 논의는 극비리에 진행되었다. 그러나 1913년 4월과 5월 내무부 소속 경찰청에서 파리 주재 이탈리아 대사의 전보 세 통을 가로채 해독했다. 푸앵카레와 피숑 그리고 바티칸 사이의 교섭을 가리키는 내용이었다. 5월 6일 내각회의에서 루이-뤼시앵 클로츠 내무장관이 문제의 전보들을 꺼내 보였다. 곧이어 소동이 벌어진 가운데 피숑은 계속 전보를 가로채고 유출하면 사임하겠다고 협박했다. 전보 가로채기는 멈추었지만,

이미 타격을 입은 뒤였다. 향후 몰염치한 자들이 이 민감한 자료를 활용해 푸앵카레를 공직에 부적합한 '성직자'로 매도할 가능성이 있었기 때문이다.

푸앵카레의 사적인 면도 정쟁의 대상이 될 수 있었다. 푸앵카레는 공화국의 고위 공직자에게 기대되던 대로 아내 앙리에트(두 번 이혼한 여성)와 세속적인 결혼식을 올렸다. 하지만 1913년 5월 앙리에트의 전 남편들이 모두 사망했음을 알게 된 후 푸앵카레는 아내가 자꾸 요구하기도 하고 또 최근에 돌아가신 사랑하는 어머니의 생전 소원을 들어주고 싶은 마음에 종교적 결혼식을 엄숙히 거행하기로 했다. 이 역시 반교권적 여론을 격분시킬 수 있는 결정이었다. 예식은 극비리에 진행되었지만, 그 이후 푸앵카레는 언젠가 반교권 캠페인이 일어나 인기가 추락할 것을 두려워해야 했다. 그는 엘리제궁 안에서마저 염탐과 밀고를 당하며 "경찰의 끄나풀, 하인, 안내원, 손님 등 100명 이상이 나를 주시하고 나의 모든 몸짓을 관찰해 얼추 정확하게 떠벌린다네"라고 한 동료에게 털어놓았다.[243] 이런 전망에 노심초사한 나머지 그는 급진당 지도부를 매수하기 위해 갖은 애를 썼다. 심지어 자신을 들볶는 급진당 지도자이자 친영국론자인 조르주 클레망소에게 런던 대사직을 제안하여 캉봉 형제의 속을 뒤집어놓았다(제안은 거절당했다).[244] 막후 음모와 적대적 폭로에 대한 우려는 전쟁이 터질 때까지 대통령을 계속 괴롭혔다.

다시 말해 푸앵카레는 줄곧 취약했다. 이제 푸앵카레와 그의 정책에 유리한 국면이 지나가는 것처럼 보이기까지 했다. 아가디르 위기의 여파 속에 그를 물마루에 태우고 고위직까지 데려갔던 약동하는 민족주의의 물결이 1914년 초에 벌써 빠져나가고 새롭고 복잡한 세력 조정이 이루어지고 있었다.[245] 급진사회당은 푸앵카레를 "점점 더 증오"했으며, 라이벌 클레망소와 카요는 그를 공격하고 들볶을 기회를 결코 놓치지 않았다.[246] 그중 가장 우려스러운 점은 새로운 야당 진영이 3년 복무제법을 폐지하여 프랑스-러시아 동맹의 뼈대를 흔들 가능성이었다.[247] 강한 반군사주의 정서(특히 드레퓌스 사건 이후)로 유명한 나라에서 군복무 연장은 극히 논쟁적인 조치였다. 1914년 4월 26일과 5월 10일에 치른 떠들썩한 총선거의 결과는, 비록 판가름하기 어렵긴 했지만, 3년 복무제법에 대한 과반 지지가 풍전등화임을 시사했다. 뒤이어 1914년 6월 2일 두메르그 내각이 무너지자 푸앵카레는 이 법을 지켜줄 정치적 조합을 찾아야만 했다. 몇 차례 시작 단계에서 실패한 뒤(한 내각은 의회에 처음 선을 보인 날에 바로 와해되었는데, 역사상 전례를 찾기 어려운 일이었다)[248] 푸앵카레는 전직 사회주의자 르네 비비아니René Viviani에게 접근했다. 6월 12일 비비아니의 새 내각이 구성되었고, 각료 17명 중 10명이 3년 복무제를 지지했다. 6월 16일 새 내각이 하원에서 다수를 차지하면서 위기를 넘긴 것처럼 보였다. 3년 복무제법은 적어도 당분간은 안전했다. 그렇지만 이 법이 얼마나 오래 살아남을지 어느 누가 알았겠는가?

국제 정세도 걱정거리였다. 1913년과 1914년 동안 파리의 정책수립자들은 러시아의 국력 신장을 점점 더 의식하게 되었다. 프랑스 군사 관측자들은 러시아 육군이 일본과의 전쟁에서 격퇴당한 이래 엄청난 진전을 이루었다고 보고했다. 러시아 병사는 "강인하고 훈련이 잘되어 있고 규율에 잘 따르고 헌신적인 일급" 군인이었으며, 러시아 육군은 "최후의 적들"에게 이길 것으로 예상되었다.[249] 프랑스 재정 전문가들은 러시아의 미래를 밝게 보는 이런 견해를 뒷받침했다. 러시아 경제에 관심이 많은 이들 중에 파리 증권거래소 중개인들의 관리위원으로서 증권 상장 거부권을 가진 모리스 드 베르뇌유Maurice de Verneuil라는 사람이 있었다. 오랫동안 러시아-프랑스 모험사업에 관여했던 그는 코콥초프 수상과 새로운 프랑스 차관의 조건을 상의하기 위해 상트페테르부르크로 향했다. 1913년 7월 7일 피숑 외무장관에게 보낸 서신에서 그는 러시아에서 어떤 인상을 받았는지 보고했다. 예전부터 러시아의 경제적 진보를 아주 호의적으로 보긴 했지만 최근 러시아 수도를 방문해보니 현실이 훨씬 더 인상적이었다.

> 진정으로 환상적인 무언가가 준비되고 있으며, 가장 박식한 관찰자들까지도 그 징후에 감명받을 것입니다. 19세기 마지막 25년간 미국에서 나타난 거대한 움직임에 버금가는(능가하진 못하더라도) 굉장한 경제 성장을 앞으로 30년간 러시아에서 보게 될 거라는 아주 분명한 인상을 받았습니다.[250]

베르뇌유는 혼자가 아니었다. 1914년 상트페테르부르크 주재 프랑스 무관 드 라귀슈de Laguiche 장군의 보고서는 "거인" 러시아가 "무궁무진한 자원"을 공급하고 "일급" 병사들로 무장한 채 "무제한 권력"

을 휘두르고 있음을 일깨웠다. 같은 해 러시아군의 춘계 기동훈련을 참관한 뒤 라귀슈는 잔뜩 흥분한 어조로 긍정적인 평가를 내렸다. "알면 알수록 감탄하게 된다. 러시아 병사는 내가 아는 어떤 병사보다도 우수하다. 러시아군에는 다른 어떤 군대에서도 본 적이 없는 힘과 권력의 원천이 있다."[251] 언론 보도는 이런 인상을 강화하는 경향을 보였다. 1913년 11월 《르탕》에 실린 기사에서 러시아 통신원 샤를 리베Charles Rivet는 이렇게 단언했다.

> 러시아의 이런 엄청난 〔군사적〕 노력은 아무리 찬탄해도 지나치지 않다. 그 노력은 국가의 번영에 조금도 해를 끼치지 않고 있다. (……) 프랑스에서는 새로운 군사비가 예산 문제를 일으킨 반면 러시아는 새로운 재원을 찾아나설 필요가 없다. (……) 요컨대 이 군비 경쟁에서 러시아는 다른 어떤 나라보다도 경쟁을 지속하기에 좋은 위치에 있다. 러시아 인구의 발전은 부의 증대를 수반한다. 상황이 이러하니 러시아는 군부대와 군사비를 (심지어 장기적으로도) 꾸준히 늘릴 수 있다. 러시아는 이런 성장세를 늦출 필요가 결코 없을 것이고, 러시아군 지휘부 역시 그럴 마음이 전혀 없을 것이다.[252]

이처럼 온통 장밋빛으로 그린 러시아의 미래에 동의한 사람들 가운데 푸앵카레도 있었다.[253]

이 모든 것은 겉보기에는 프랑스-러시아 동맹에 좋은 소식이었다. 그러나 이런 평가는 파리에서 끈질긴 의문을 낳았다. 러시아가 프랑스의 지원 약속에 안보를 의존하지 않아도 될 정도로 부유해지고 강력해진다면? 러시아가 그토록 빠르게 성장할 경우 적어도 동맹 내 균형이 파리에 불리하게 기울어질 게 분명했다. 1914년 2월 드 라귀슈 장군이 말했듯이 "러시아는 다른 나라들을 덜 필요로 할수록 우리의 압력에서 더 벗어날 수 있을 것"이었기 때문이다.[254] 지금 우리에게는 러시아의 급성장을 우려한 이런 분위기가 우스꽝스럽게 보인다. 러시아의 경제 발전과 군사력을 터무니없이 과대평가하고 있었으니 말이다.[255] 그러나 이 얼토당토않은 미래가 그것을 인식한 사람들에게는 충분히 현실적인 미래였다. 급변하는 환경의 다른 요인들과 더불어 그 미래는 현재 독일을 견제할 수 있는 수단들의 유효기간이 그리 길지 않을지도 모른다는 것을 시사했다.

푸앵카레 본인도 꽤 놀랐듯이, 1914년 6월 말에도 그는 여전히 통제권을 쥐고 있었다. 그의 정책은 안전했다. 적어도 현재 내각이 무너지기 전까지는 그랬다. 르네 비비아니는 매우 유능한 의회 정치인이었으나 외무에는 완전히 초짜였다. 위기가 발생할 경우 대통령이 정책을 쉽게 조종할 수 있을 터였다. 공격적 군사전략과 발칸 지원 사유에 대한 약속도 온전한 상태였다. 하지만 중장기적으로 푸앵카레와 그의 정책의 미래는 다소 불확실해 보였다. 현재의 강력함과 미래의 취약함이 결합된 이런 상태는, 6월 28일 사라예보에서 가브릴로 프린치프가 대공 부부를 암살한 이후 발생한 위기를 다루는 그의 방식에 영향을 줄 것이었다. 그 사태에 휩쓸린 수많은 의사결정자들처럼 푸앵카레도 자신이 촌각을 다투며 대응하고 있다고 생각할 터였다.

마지막 기회: 데탕트와 위험, 1912~1914

"외무부에서 근무한 이래 나는 이토록 잔잔한 수면을 본 적이 없다."[1] 1914년 5월 초 아서 니컬슨은 이렇게 썼다. 이 발언은 전전 마지막 2년의 가장 흥미로운 특징 중 하나, 즉 무기 비축에 가속이 붙고 일부 민군 지도자들의 태도가 점점 전투적으로 변해가고 있었음에도 유럽 국제체제가 전체적으로 위기를 관리하고 긴장을 완화하는 놀라운 능력을 발휘했다는 사실에 주목하게 한다. 이것은 전전 마지막 1년 반 동안 전면전이 발생할 가능성이 낮아지고 있었음을 의미하는가? 아니면 동맹 블록들 사이에 구조적 적대감이 점점 깊어져가는 현실을 데탕트 현상이 가리고 있었을 뿐인가? 그리고 만약 후자가 참이라면, 데탕트와 관련한 과정들은 1914년 전면전 발발을 가능케 한 인과관계의 조각들과 어떻게 상호작용했는가?

데탕트의 한계

1912년 여름 독일 카이저와 러시아 차르가 고위 정치인들로 구성된 수행단을 대동하고서 발트항(팔디스키, 오늘날 에스토니아 북서부 파크리 반도에 있던 러시아 해군시설)에서 만나 비공식 대화를 나누었다. 1910년 차르의 포츠담 방문에 대한 보답으로 계획된 이 회담은 유달리 순조롭게 진행되었다. 두 군주가 산책을 하고 만찬을 들고 군대를 사열하는 동안 한데 모인 정치인들이 화기애애한 분위기에서 다방면에 걸쳐 논의를 했다. 발트항에서 처음 만난 코콥초프와 베트만 홀베크는 서로에게 즉시 공감을 느꼈다. 둘 다 온건한 견해를 고수하는 침착하고 보수적인 인물이었다. 두 수상은 차분하고 솔직하게 대화하면서 양국의 군비정책에 대해 자세히 의논했다. 두 사람은 서로에게 자신의 의도가 본질적으로 방어적 성격이라고 단언했고, 현재 군사비가 급증해 여론이 불안해지는 것이 매우 유감스러운 일이라는 데 동의했다. 베트만은 "모든 나라가 무기를 예방조치로 보고 실제 무기 사용은 허용하지 않을 정도로 공동 이익이 아주 많았으면" 좋겠다고 말했다.[2]

베트만은 사조노프 외무장관과 더 다양한 주제로 대화하면서도 코콥초프와 이야기할 때와 똑같이 유화적인 언어를 사용하려 애썼다. 발칸반도의 불안정 심화와 관련해 사조노프는 슬라브족 기독교 국가들에 대한 러시아의 "임무"가 역사적으로 완수되었고, 따라서 이미 옛일이라며 베트만을 안심시켰다. 또 러시아는 오스만제국의 현재 곤경을 이용할 의도가 없다고 주장했다. 베트만은 독일이 때때로 삼국협

블라디미르 코콥초프 백작

상 내부 사정에 간섭하려 든다고 비난받긴 했지만 더는 그럴 생각이 없다고 단언했다. 다른 한편 베트만은 독일이 삼국협상 국가들과 우호적인 관계를 맺지 말아야 할 이유가 없다고 여겼다. "오스트리아는 어떻게 보십니까?" 대화가 끝나갈 즈음 사조노프가 이렇게 묻자 베트만은 오스트리아의 발칸 정책이 공격적이라는 것은 의심할 나위가 없다고 힘주어 말했다. 사조노프가 이어 "그렇다면 [독일이] 오스트리아를 독려하는 일은 없겠군요?" 하고 묻자 베트만은 베를린은 빈의 모험주의 정책을 지지할 의향이 추호도 없다고 답했다. 헤어지기 전에 두 사람은 이런 정상회담을 "확고한 관례"로 만들어 2년에 한 번씩 개최하면 좋겠다는 데 동의했다.[3]

꽤 놀랍게도 발트항에서는 카이저까지 진중하게 처신했다. 차르는 수다스러운 독일 팔촌과의 만남을 언제나 두려워했다. 차르는 팔촌에게 속내를 털어놓기를 꺼렸는데, 그 이유는 코콥초프의 말대로 "자신의 천성과 너무도 맞지 않는 독일 황제의 넓은 오지랖을 걱정"했기 때문이다.[4] 발트항 방문에 앞서 작성한 메모에서 상트페테르부르크 주재 독일 대사 푸르탈레스는 카이저에게 편향된 대화 주제를 피하고 차르가 한 마디라도 할 수 있도록 가급적 "경청하는 태도"를 취할 것을 당부했다.[5] 대체로 보아 빌헬름은 감탄할 만한 자제력을 보여주었다. 몇 차례 작은 실수를 하긴 했다. 차르의 요트 스탄다르트 선상에서 첫 점심식사를 한 뒤 카이저는 사조노프를 따로 불러 그에게('그를 향해'가 더 적절한 표현일지도 모르겠다) 자신과 부모의 관계, 그의 주장대로라면 아들을 결코 사랑하지 않았던 부모와의 관계에 대해 한 시간이 넘도록 미주알고주알 이야기했다. 사조노프는 이 일을 독일 황제처럼 높은 지위에 있는 사람에게 기대하기 마련인 "체통과 위엄의 선을 넘는 뚜렷한 경향"을 보여준 충격적인 실례로 여겼다.[6] 둘째 날, 과거 표트르 대제가 발트항 인근에 건설했고 이제는 폐허가 된 요새를 불볕더위 속에 둘러보는 동안 빌헬름은 다시 한 번 당부사항을 잊은 채 코콥초프를 붙들고서 최근 자신이 좋아하는 화제 중 하나를, 즉 미국의 스탠더드오일사와 경쟁할 수 있는 범유럽 석유 트러스트의 중요성을 설파했다. 코콥초프는 카이저가 "극히 흥분하여 궁중 예법의 선을 넘었다"라고 회고했다.

> 타는 듯한 햇볕이 내리쬐고 있었다. 차르는 우리 대화를 끊고 싶어하지 않았지만, 빌헬름 황제 몰래 내게 못 견디겠다는 신호를 보냈다. 그렇지만 카이저는 내 주장에 계속 답변하면서 점점 열을 올리고 있었다. 결국 인내심이 바닥난 듯한 차르가 다가와 우리 대화를 듣기 시작하자 빌헬름 황제가 차르에게 몸을 돌리고 (프랑스어로) 말을 이어갔다. "귀국의 각료평의회 의장이 내 생각에 공감하지 않고 있는데 그를 납득 못한 상태로 두고 싶지 않습니다. 베를린에서 수집한 자료로 내 주장을 입증하

고자 하니 당신이 양해해주었으면 합니다. 그리고 자료가 준비되면 의장과 이 대화를 이어갈 수 있도록 당신의 허락을 받아두고 싶습니다."[7]

이 광경은 머릿속에 그려볼 가치가 있다. 옛 요새의 부서진 바위 위로 불볕이 쏟아진다. 코콥초프는 재킷 차림으로 무더위에 허덕인다. 카이저는 동행자들의 불편함에 아랑곳없이 자신의 화제에 집중하여 손짓을 섞어가며 얼굴이 달아오르고 콧수염이 떨릴 정도로 열변을 토한다. 그의 뒤에서 차르는 이 시련을 끝내고 일행을 그늘로 데려가고자 필사적으로 애를 쓴다. 빌헬름이 코콥초프에게 석유 컨소시엄에 관한 "베를린에서 수집한 자료"를 보냈는지 여부는 알려져 있지 않다. 하지만 의심해볼 수는 있다. 그의 갑작스러운 열의는 더 강렬할수록 더 빨리 잦아드는 경향을 보였기 때문이다. 독일 카이저가 왕들 사이에서 공포의 인물이었다는 것은 의심할 나위가 없다.

빌헬름의 짧은 일탈은 양국의 즐거운 분위기를 전혀 해치지 않았으며, 정상회담은 예상 밖으로 훈훈하게 마무리되었다. 1912년 7월 6일 언론에 배포된 공동성명에 따르면 회담이 "유달리 따뜻한 성격을 띠었고", 두 군주가 맺은 "친교관계"의 새로운 증거가 되었으며, "양국 사이에 존재하는 유서 깊은 전통"을 함께 지켜가자는 "굳은 결의"를 확인해주었다.[8]

전전 막판 러시아-독일 데탕트는 발트항에서 최고조에 이르렀다.[9] 그러나 이곳에서 거둔 성과는 보잘것없었다. 양국은 우호적으로 대화하면서도 실질적 결정은 내리지 않았다. 언론에 배포된 공동성명은 알맹이 없는 일반론이었으며, 회담에서 "새로운 협정"을 맺지 않았고 "균형과 평화를 유지하는 데 가치가 있는 것으로 입증된 국가들의 집단화에 어떠한 변화"도 없다고 분명하게 밝혔다.[10] 발칸 상황에 대한 베트만과 사조노프의 확언은 위험한 입장차를 감추고 있었다. 독일은 실제로 오스트리아에 자제를 촉구하여 빈에서 베를린의 동맹 약속이 과연 확고하냐는 의혹을 불러일으킨 반면, 러시아는 발칸 피후견국들을 이미 책동했고 앞으로도 책동할 예정이었다. 오스만제국의 곤경을 이용할 의도가 러시아에 없고 발칸반도에서 러시아의 '역사적 임무'가 이제 옛일이라는 사조노프의 확언은 줄잡아 말해도 실상을 호도하는 것이었다. 이것이 러시아-독일 양해의 기반이었다면, 실로 위태로운 토대였다. 그런데 발트항 공동성명의 절제된 문구조차 런던과 파리에서 피해망상적 발작을 유발할 가능성이 다분했다. 이런 이유로 상트페테르부르크 외무부는 발트항 회담 이전과 이후에 '삼국협상'에 대한 러시아의 약속이 그 어느 때보다도 확고하다는 메시지를 런던과 파리에 전달했다. 따라서 발트항에서 연출된 잠정적 화해는 어떤 의미에서는 진정한 다자간 데탕트를 달성하기가 얼마나 어려운지를 드러낸 사건이었다.

이와 유사한 구조적 · 정치적 제약이 독일과 영국 간의 지속적인 데탕트를 가로막았다. 적절한 예를 하나 들자면, 독일과 영국이 해군 군비 제한에 관한 합의에 도달하지 못한 1912년 2월에 영국 정부가 홀데인을 파견한 사건이 있다. 애초에 이 파견을 계획한 사람은 베트만이었다. 그의 목표는 국제적 문제(특히 식민지 문제)를 경쟁이나 대결이 아닌 협력을 통해 해결할 수 있도록 영국과 양해를 체결하는 것이었다. 베트만 재상은 티르피츠 제독의 야심찬 함대 건조 프로그램이 그런 양해에 주된 걸림돌이라고 보았다. 하지만 건함 프로그램에 대한 카이저의 개인적 지지와 독일 정부의 분열적이고 근위대 같은 구조 때문에 현재 정책을 철폐하려면 에둘러 가는 책략이 필요했다. 베트만은 티르피츠의 장악력을 약화하기 위해 오래전부터 제국해군부에 반대해온 해군본부와 제휴했다(해군본부는 해군 장병의 교육과 훈련이 아닌 군함 숫자에 집중하는 티르피츠에 비판적이었다). 그리고 해군 예산이 급증하는 것을 지켜보며 오랫동안 자금에 굶주려온 육군에 쇄신과 증강을 주장하라고 독려했다.[11] 물론 런던 주재 독일 대사 메테르니히에게 카이저를 설득하는 데 필요한 정보, 즉 지금처럼 힘으로 도전하는 정책보다는 해군 증강을 억제하는 편이 런던을 설득하는 데 더 효과적임을 보여주는 정보를 보내라고 지시하기도 했다. 간단히 말해 베트만은 독일제국의 방어정책에서 해군 증강에 대한 집착을 끊어내고자 체제 내에서 다양한 전환책을 부지런히 모색했다.

아가디르 위기 때의 조제프 카요처럼 베트만도 공직자가 아닌 중개인, 즉 함부르크에 기반을 둔 해운 거물 알베르트 발린Albert Ballin을 활용했다. 발린은 의사소통 채널을 여는 데 결정적 역할을 했다. 상업과 은행업 부문의 고위 인사들이 으레 그랬듯이 발린도 국제무역의 문명적 가치와 유럽 전쟁의 범죄적 어리석음을 전적으로 믿었다. 발린은 영국 은행가 어니스트 캐슬Ernest Cassel 경을 통해 영국 정부가 건함과 식민지 문제에서 비롯되는 쟁점들에 대한 양국의 양해에 원론적 관심이 있다는 메시지를 베를린에 전달할 수 있었다. 1912년 2월 홀데인 육군장관이 이런 가능성을 타진하기 위해 베를린을 찾았다.

홀데인 파견은 왜 실패했을까? 그 답은 단순히 독일이 군함 건조의 규모와 속도를 완강히 고수했다는 데 있지 않다. 베트만과 빌헬름 2세가 이 점에서 양보하고자 했기 때문이다(후자는 마지못해서).[12] 발목을 잡은 진짜 문제는 베를린이 모종의 보상을, 즉 독일과 다른 대륙 국가 사이에 전쟁이 날 경우 영국이 중립을 지킬 것을 고집스레 요구했다는 것이다. 이 요구를 영국은 왜 그렇게 들어주지 않으려 했을까? 프랑스에 약속한 의무 조건에 얽매여 있었다는 논증에는 약점이 있는데, 베트만이 독일을 "침략국이라고 말할 수 없는" 경우로 중립 제안을 국한하려 했거니와, 어떤 합의에 도달하든 "조약 체결국들이 이미 동의한 기존 협정들과 조화시킬 수 없는 경우에는 적용하지 않는다"라고 분명하게 양보했기 때문이다.[13] 오히려 영국이 침묵한 진짜 이유는 무언가를 거저 주기 싫어하는 이해할 만한 마음에 있었다. 영국은 건함 경쟁에서 여유 있게 앞서가며 의심할 바 없는 우위를 누리고 있었다. 베트만과 빌헬름은 영국의 우위가 영속적인 상황임을 인정하는 대가로 중립 합의를 원했다. 하지만 영국이 이미 소유한 자산을 뭐 하러 교환하겠는가?[14] 요컨대 합의를 가로막은 것은 군함 자체가 아니라 양쪽이 생각한 이익의 조정할 수 없는 차이였다.[15]

홀데인은 베를린에서 목격한 혼란에 고개를 저으며 귀국했다. 베트만의 정책이 카이저와 제국해군부의 지지를 얻지 못했다는 것이 외부인에게도 훤히 보였다. 그렇지만 영국 내에도 홀데인 파견의 성공에 반대하는 강력한 이해관계가 있었다.[16] 영국은 애초부터 홀데인 파견을 순전히 의사 타진으로 생각했다. 홀데인은 베를린을 방문하면서 교육 조사(당시 그는 왕립런던대학위원회 회장을 맡고 있었다)라는 명목을 내세워야 했으며, 독일 정부에 보낸 영국 문서 초안에는 그에게 "어떤 협정을 맺을 권한도, 어떤 동료에게 의무를 지울 권한도 없다"라고 적혀 있었다.[17] 홀데인 자신이 쥘 캉봉에게 앙탕트가 아닌 데탕트가 파견의 목적이라고 확인해주었다.[18] 파리에서는 영국 대사 프랜시스 바르티가 푸앵카레에게 귀띔을 하고 런던에 압력을 가하도록 프랑스 외무부를 부추기는 등 협정을 열심히 방해했다.[19] 더욱이 회담을 진행하는 동안 홀데인에게 문서 자료와 조언을 제공하는 임무를 맡은 사람이 다름 아닌 아서 니컬슨 경이었다. 니컬슨으로 말하자면 독일에 무엇을 양보하든 러시아의 적대감을 불러일으킬 위험이 있으며 러시아의 선의가 영국의 안보에 필수라는 믿음을 고수해온 사람이었다. 그는 홀데인을 보내는 모험에 대한 반감을 숨기지 않았다. 1912년 2월 그는 바르티에게 이렇게 말했다. "우리가 차지한 훌륭한 위치를 포기하고 내려와 이른바 '양해'에 우리를 얽어매려는 시도에 관여해야 하는 이유를 나는 도통 모르겠습니다. 설령 성공하지 못한다 해도 프랑스·러시아와 우리의 관계를 해칠 게 불 보듯 뻔한데 말입니다."[20] 바르티도 홀데인 파견은 "'그레이 물러나라'고 외치는 급진파"를 침묵시키기 위한 "어리석은 행동"에 지나지 않는다고 맞장구를 쳤다.[21] 이렇게 보면 홀데인 파견이 성공할 가망은 애초부터 없었다.[22] 니컬슨과 바르티에게는 아주 다행스럽게도, 그레이는 '중립 조항'을 고려하기를 거부했고 홀데인 회담은 결렬되었다. 베를린 대사 고션은 니컬슨에게 축전을 보냈다. "이번 좋은 일에서 귀하의 공이 제일 컸습니다."[23]

니컬슨의 발언이 시사하듯이, 데탕트 분위기는 (적어도 영국에서는) 여전히 국가 안보의 불가결한 토대로 여겨지던 동맹 블록을 중시하는 사고에 의해 제한되었다. 데탕트는 블록 전략을 보완할지는 몰라도 대체할 수는 없었다. 에드워드 그레이 경은 1911년 11월 하원 연설에서 그 점을 우아하게 표현했다. "가치 있는 새로운 우정을 맺자고 오래된 우정을 버리지는 않는 법입니다. 아무쪼록 새로운 우정을 맺읍시다. 하지만 기존의 우정을 잃지는 맙시다."[24]

애당초 홀데인 파견에 워낙 적게 투자했던 까닭에 회담 결렬은 쉽게 정리되었고, 아가디르 위기 이후 영국-독일 데탕트가 계속 이어졌다. 양국의 해군 협정 결렬은 훗날의 사태를 염두에 둘 때에만 역사적으로 중요한 사건으로 보인다. 발칸 위기가 발생한 1912년 가을, 독일 외무대신 키데를렌-베히터는 베를린 주재 영국 대사 고션에게 양국이 적대적인 두 진영으로 나뉘지 않도록 위기에 대한 대응을 조정하자고 제안했다. 그레이는 베트만에게 자신은 독일과 "긴밀한 정치적 협력"을 바란다고 알렸다.[25] 영국과 독일은 1912년 12월부터 1913년 7월까지 런던에서 열린 대사회의를 함께 후원했다. 또 1차 발칸전쟁에서 비롯된 가장 곤란한 문제들에 대한 타협책을 중재하는 데 일조했고, 각각 블록 파트너인 러시아와 오스트리아에 자제를 촉구했다.[26]

물론 양측은 다른 속셈도 품고 있었다. 1912년 12월에 키데를렌이 급사한 뒤 정책을 이어받은 외무대신 고틀리프 폰 야고브Gottlieb von

Jagow는 발칸 협력이 계속되고 영국이 이 지역에 대한 러시아 정책의 공격성을 알아채서 삼국협상에 덜 의존하게 되기를 바랐다. 그레이는 독일이 오스트리아를 계속 억제해서 발칸 분쟁이 유럽의 평화를 위협하는 일이 없기를 바랐다. 하지만 양측 모두 각자의 블록 전략을 크게 수정할 마음은 없었다. 영국-독일의 '발칸 데탕트'가 작동한 것은 대체로 보아 양국의 이권이 걸려 있지 않은 한 지역(발칸반도)에만 초점을 맞추었기 때문이다. 이 데탕트는 전쟁을 일으키지 않으려는 오스트리아와 러시아의 의향에도 달려 있었다. 요컨대 양국의 데탕트는 평화가 심각하게 위협받지 않는 한에서만 지속될 수 있는, 알맹이 없는 얄팍한 것이었다.

따라서 우리는 데탕트의 가능성이 동맹 블록들의 복원력에 의해 제한되었다고 말할 수 있을 것이다. 동맹 블록들이 국제체제의 견고하고 흔들리지 않는 고정 요소였다는 의미를 함축하지만 않는다면, 이 말은 분명히 참이다. 그렇다 해도 핵심 정책수립자들 다수가 동맹체제를 얼마나 허술하고 유동적인 것으로 여겼는지 살펴볼 필요가 있다. 오스트리아는 독일이 러시아와 견해차를 해결하고 나면 맹방인 자국을 저버리지 않을까 때때로 우려했다. 이 같은 우려는 상당히 타당성이 있었다. 증거를 보면 1910~1913년 빈을 억제한 독일의 정책이 발칸에서 러시아의 용기만 북돋고 오스트리아에는 그것을 상쇄해 줄 안보 이익을 가져다주지 않았기 때문이다.[27] 푸앵카레는 실속 없이 끝난 발트항 회담에서 러시아와 독일이 발칸과 터키 해협을 놓고 파트너십을 맺을 불길한 전조를 보았다. 1913년 봄에 파리는 세인트제임스 궁정과 베를린 궁정이 '추파'를 주고받는다며 짜증을 내고 조지 5세가 독일과 더 따뜻한 관계를 추구한다고 의심했다.[28] 상트페테르부르크 주재 영국 대사 조지 뷰캐넌 경은 오스트리아-러시아 관계 해빙의 사소한 증거만 보여도 러시아가 삼국협상을 저버리고 1870년대와 1880년대 삼제동맹 시절처럼 독일과 오스트리아에 가세하는 소름 끼치는 전망을 떠올렸다.

영국과 러시아의 관계에서는 강력한 친구를 잃을 전망에 대한 우려가 강력한 적을 얻을 두려움 때문에 더욱 커졌다. 전전 마지막 3년간 러시아와 영국의 오랜 지정학적 긴장이 다시 표면화되었다. 티베트와 외몽골부터 투르키스탄과 아프가니스탄에 이르기까지 중국-중앙아시아 접경지대 전역에서 문제가 발생했지만, 가장 다급한 쟁점은 페르시아였다. 1912년 여름 러시아가 무력으로 페르시아 북부에 침투하자 영국-러시아 협약이 현재 형태로 유지될 수 있겠느냐는 의문이 제기되었다. 일찍이 1911년 11월 그레이는 런던 주재 러시아 대사 벤켄도르프 백작에게 조만간 러시아의 페르시아 내 활동을 "부인"한다고 공표할 수밖에 없을 것이고 러시아가 양국 협약의 미래를 위험에 빠뜨리고 있다고 경고한 바 있었다.[29] 그리고 이것은 영국 외무부뿐 아니라 내각과 의회, 언론에서도 관심을 끈 쟁점이었다. 1912년 9월 사조노프와 그레이가 발모럴성(스코틀랜드에 있는 영국 왕실의 사저—옮긴이)에서 만났을 때 이 러시아 각료에 반대하는 시위가 벌어졌다. 영국제국의 미래에 대한 우려가 자유주의 운동과 영국 언론의 전통적인 러시아 혐오증과 결합한 결과, 강력한 혼합물이 생성되었다. 그리고 이런 우려는 1913년부터 1914년 초까지 줄곧 심각했다. 1914년 2월과 3월 러시아 대사 뷰캐넌에게 보낸 서신에서, 그레이는 페르시아 전역에 이어 인도 접경지역까지 군사철도를 부설하려는 러시아의 계획을 성난 어조로 비판했다. 러시아는 페르시아에서, 심지어 양국 협약의 조건에 따라 영국에 배분된 영역 내에서마저 영국의 교역권을 무시하기 시작한 터였다. 중국 접경지역의 상황도 별반 나을 게 없었다. 1912~1913년 영국 첩보원들의 보고에 따르면, 러시아가 몽골과 티베트 사이에서 "이례적인 군사활동"을 조장하고 있었고, 러시아제 라이플이 우르가에서 라싸로 수송되던 중에 발각되었으며, 부랴트족 "수도승들"이 티베트 군대를 훈련시키고 있었고, 같은 시기 러시아군이 동투르키스탄(오늘날의 신장 지역—옮긴이)으로 밀고 들어가 스리나가르의 영국 수비대에서 겨우 240킬로미터 떨어진 곳에 요새진지를 구축하고 있었다.[30] 러시아는 인도를 침공할 기회를 기다리고 있는 것으로 보였다.[31]

이렇게 인식된 위협은 외무부의 정책 구조에 미세한 균열을 냈다. 그레이는 러시아의 성가신 행위가 영국-독일 발칸 데탕트의 가치를 높인다고 보았다. 사조노프의 좌고우면하는 기회주의적인 발칸 행보에 영국 파트너들이 발끈하던 때에 영국과 독일의 외교관들은 놀라움을 금치 못할 정도로 원만하게 공조했다. 그리고 그레이의 개인비서로 오랫동안 일하고 있던 윌리엄 티렐William Tyrrell이 외무장관의 견해에 지지를 보냈다. 티렐은 외무장관을 누구보다도 잘 아는 사람이었다. 티렐은 한때 "반독일 정책"을 지지했다가 나중에 "〔독일과의〕 양해의 확고한 옹호자"가 되었다.[32] 이 선택지가 더 매력적으로 비친 이유는 독일이 건함 경쟁에서 졌으므로 베를린의 주된 위협 수단에서 "독침이 사라졌다"는 데 있었다.[33] 더 유연한 정책으로 되돌아갈 경우 급진파의 반러시아 주장을 잠재우는 한편 '그레이 물러나라' 진영의 공격, 즉 베를린에 대한 외무장관의 적의가 영국의 독립과 유럽의 평화를 불필요하게 위협한다는 공격을 무력화할 수 있을 것으로 전망되었다.

그러나 이 선택지는 독일과 더 긴밀하게 협력해서 얻을 이익이 맹방 러시아를 잃을 위험을 상쇄할 것으로 보이지 않는 한, 현실과 동떨어진 생각이었다. 임계점에 이르기 전까지는(1913~1914년에는 그 시점이 임박한 것으로 보이지 않았다) 러시아와 사이좋게 지내고 독일과 대립하자는 주장이 대단히 중시되었다. 러시아는 1900년보다 1913년에 훨씬 더 위험한 적수였다. 특히 영국 정책수립자들의 시각에서 보면 그랬는데, 그들은 프랑스 동료들과 마찬가지로 러시아의 전력을 유별나게 과대평가하고 있었다. 돌이켜 생각하면 러일전쟁부터 1914년 7월 위기까지 시종일관 반대 증거가 많았음에도, 영국 무관들과 군사전문가들은 러시아의 군사력을 터무니없이 높게 평가했다.[34] 만주의 일본군에 파견되어 러시아군의 전투를 목격했던 전직 무관 이언 해밀턴Ian Hamilton 장군은 1909년 9월에 제출한 보고서에서 그 사이에 엄청난 개선이 이루어졌다고 말했다. "화력과 기동" 전술의 "비상한 발전" 덕분에 이제 러시아 병력을 "독일군보다 더 뛰어난 전사들이자 더 예리한 병사들"이라고 부를 정도였다. 그는 독일군의 기동 역시 참관한 바 있

었으므로, 이런 발언은 존중을 받았다.[35]

런던의 핵심 정책수립자 중 일부는 러시아의 위협이 여전히 독일의 위협을 능가한다고 보았다. 외무부의 한 고위 공무원은 1912년 12월 초 1차 알바니아 위기가 한창이던 때에 이렇게 인정했다. "우리가 두려워하는 것은 독일이 상트페테르부르크에 가서 러시아가 삼국협상에서 이탈한다면 오스트리아를 억제하겠다고 제안하는 것입니다. 현 상황에서 진짜 위험은 이것이지 열강의 분쟁이 아닙니다. 우리는 소란스러운 위기로 러시아가 혹여 〔삼국〕동맹 편에 서지 않을까 진심으로 우려하고 있습니다."[36] 니컬슨은 영국과 그 세계 제국의 안보가 여전히 영국-러시아 협약에 달려 있다고 보았고, 이 협약이 (프랑스와의 화친 협정과 더불어) 완전한 동맹으로 발전하기를 바랐다. 영국에게는 "비우호적인 독일보다 비우호적인 프랑스와 러시아가 훨씬 더 불리"했다.[37] 1914년 5월 그는 이렇게 썼다. "우리에게 필수불가결한 일은 러시아와 가장 우호적인 관계를 유지하는 것이다. 러시아와 비우호적인 사이가 된다면, 아니 무관심한 사이만 되더라도, 불행히도 우리 스스로 지키지 못하는 특정 지역들에서 엄청난 곤경에 처할 것이기 때문이다."[38] 베를린과 화해하는 방향으로 한 발짝만 내디뎌도 런던의 신뢰도가 떨어질 수 있었고, 그렇게 되면 러시아가 영국을 저버리고 제국 경쟁자 역할로 되돌아갈 위험이 있었다. 니컬슨의 견해(전전 막판에 런던에서 널리 공유된 견해)의 밑바탕에는 러시아가 경제력과 군사력을 어마어마하게 키워 조만간 영국을 필요로 하지 않는 상대적 독립성을 획득하리라는 확신이 있었다.

이 확신으로부터 사실상 어떤 대가를 치르더라도 러시아의 신의를 얻어야 한다는 결론이 나왔다. 니컬슨은 반反오스만 세르비아-불가리아 동맹을 후원하는 사조노프의 역할과 세르비아 정부를 부추기는 러시아의 역할에 경악하면서도, 이런 일은 러시아의 변절이라는 재앙에 비하면 사소한 문제라고 보았다. 이렇듯 어떤 면에서 영국 외교관들은 오스트리아와 러시아가 발칸을 공동으로 관리하던 1903년 이전 상황으로 되돌아갈 전망보다는 차라리 발칸의 긴장을 조절하는 상황을 더 편안하게 여겼다. 전자의 전망이 실현된다면 영국과 러시아가 세계를 무대로 경쟁하던 1907년 이전 상황으로 돌아갈 가능성이 높아질 터였는데, 1913년 영국 외교관들은 이 시나리오에 대처할 준비가 보어전쟁 시절보다도 안 되어 있다고 느꼈다.[39] 1912년 여름 니컬슨은 발칸 지역에서 러시아의 세력 확대가 불가피하므로 영국이 반대하지 말아야 한다는 견해를 설파하기까지 했다. "재정을 훌륭하게 정비하고 군대를 재편했으므로 이제 러시아는 발칸에서 우세한 위치를 재주장하고 재확립하기로 결심할 것입니다."[40] 니컬슨은 빈 주재 영국 대사에게 이렇게 말했다.

데탕트는 복잡한 방식으로 동맹 블록들의 유동적인 구조와 상호작용했다. 데탕트는 핵심 정치행위자들의 위험 의식을 낮춤으로써 결과적으로 위험 수준을 높이기도 했다. 예를 들어 그레이는 런던 대사회의(1차 발칸전쟁을 종식하기 위한 정전회담—옮긴이)를 주재한 뒤 위기를 해결하고 "평화를 지키는" 자신의 능력에 자신감을 갖게 되었는데, 결국 이 자신감 탓에 후일 1914년 7월 사태에 시의적절하게 대응하지 못했다. 그레이는 영국과 독일의 발칸 데탕트로부터 독일이 맹방 오스트리아를 계속 억제할 거라는, 무슨 일이 있어도 억제할 거라는 결론을 도출했다. 야고브와 베트만도 런던 정부가 발칸반도에 대한 러시아 정책의 진짜 성격을 마침내 알아차렸고 설령 이 지역에서 러시아가 분쟁을 일으키더라도 중립을 지킬 거라는, 똑같이 미심쩍은 통찰을 이끌어냈다. 게다가 유럽 국제체제에서 일부 국가들이 데탕트 국면을 조성하면 다른 국가들의 연대가 공고해지기도 했다. 예를 들어 런던에 대한 불안감(영국은 발칸에서 독일과 협력함으로써 이 불안감을 더 부채질했다)은 프랑스의 대對러시아 관계에 영향을 주었다. 1913년 4월 파리 주재 벨기에 공사는 이렇게 썼다. "프랑스 정부는 러시아와의 동맹을 점점 더 강화하고자 하는데, 영국의 우정이 점점 더 약해지고 유명무실해진다는 것을 알고 있기 때문입니다."[41]

이런 관점에서 고찰하면, 전전 유럽 체제가 어쨌거나 전쟁으로만 벗어날 수 있는 정세에 스스로를 가두었던 것처럼 보일지도 모르겠다. 이것이 데탕트조차 평화를 위협했다는 관찰로부터 추론할 수 있는 한 가지 결론처럼 보일 것이다. 그러나 이 체제가 얼마나 역동적이었는지, 또는 그 미래가 얼마나 열려 있는 것처럼 보였는지 잊어서는 안 된다. 전전 마지막 몇 달 동안 영국 최고위 정책수립자 중 일부는 지난 1907년에 페르시아 문제로 체결했던 영국-러시아 협약이 1915년으로 예정된 날짜에 갱신되지 못할 가능성을 점차 의식하고 있었다.[42] 1913년 봄 윌리엄 티렐의 견해는, 발칸 위기가 잠잠해질 때까지는 러시아의 그릇된 행위를 묵인해야 하지만 그 후(아마도 1914년 아니면 1915

년?)에는 페르시아와 몽골, 중국 문제에서 러시아에 단호히 대응해야 한다는 것이었다. 1914년 니컬슨은 그레이와 이견을 보이며 점점 고립되어갔다. 외무부의 대다수 고위 관료들은 영국-러시아 협약을 무조건 지지하는 니컬슨의 입장을 갈수록 회의적으로 바라보았다. 티렐과 그레이(그리고 외무부의 다른 고위 관료들)는 러시아가 1907년의 협약 조건을 준수하지 않자 몹시 속을 끓였고, 독일과 모종의 협정을 맺는 것이 상트페테르부르크의 잘못을 바로잡는 유익한 방법이라는 생각을 하기 시작했다. 1914년 봄이 되자 니컬슨마저 이런 취지에 공감했다. 1914년 3월 27일 그는 한 동료에게 현재 세력 구도가 지속될 것이라 가정해서는 안 된다고 경고했다. "나는 머지않아 유럽 정국에서 신선한 전개와 새로운 조합을 목격할 가능성이 극히 높다고 생각합니다."[43]

'지금이 아니면 안 된다'

이 모든 일은 독일에게 어떤 의미였을까? 이 물음에 답하려면 전전 마지막 2년간 국제 정세의 양면성을 강조할 필요가 있을 것이다. 한편으로는 아가디르 위기 이후, 특히 독일과 영국 사이에 긴장이 완화되었으며, 대륙의 동맹 블록들이 조만간 제 기능과 결속력을 잃어버릴 조짐이 나타났다. 따라서 데탕트가 단순히 상호 적대의 일시적 유예가 아니라 국제체제의 진짜 잠재성이라고 믿을 이유가 있었다. 이 시각에서 보면 전면전은 불가피한 귀결이 결코 아니었다.[44] 다른 한편으로는 아가디르 위기와 발칸 위기를 겪으면서 군사 대비태세가 급격히 강화되었으며, 러시아가 프랑스의 지지를 받으며 더욱 공격적인 발칸 정책을 펼칠 조짐이 나타났다. 그리고 삼국협상의 연대가 헐거워질지 모른다는 우려에 단기적으로 동맹 약속이 단호해졌으며, 유럽 곳곳에서 호전적인 정책 파벌들이 부상하면서 이 추세가 더욱 강화되었다.

독일의 정책에는 이렇듯 일관성 없고 불분명한 전체상이 반영되었다. 우선, 다른 모든 사람들처럼 독일인들도 러시아의 굉장한 경제 성장과 활력에 감명을 받았다는 데 주목할 필요가 있다. 1912년 여름 러시아를 여행한 뒤 베트만 재상은 쥘 캉봉에게 자신이 받은 인상을 다음과 같이 요약해주었다(9개월 뒤 베르뇌유가 피숑에게 전달한 인상과 비슷했다).

> 재상은 자신의 정책에 영향을 줄 정도로 마음 깊이 감탄하고 놀랐다고 했다. 러시아의 위엄, 크기, 농업 자원은 그 인구의 활력만큼이나 주지주의에 전혀 물들지 않았다고 말했다. 그는 러시아의 젊음과 미국의 젊음을 비교했으며, 러시아는 장래의 가능성으로 가득한 데 반해 미국은 인류의 공동 유산에 새로운 요소를 전혀 보태지 않고 있다고 보는 듯했다.[45]

가장 영향력 있는 독일 사령관들의 입장에서 보면, 지정학적 상황이 독일에 불리한 방향으로 급변하고 있는 것이 명약관화했다. 슐리펜의 후임으로 (1906년 1월부터) 육군참모총장이 된 헬무트 폰 몰트케는 초지일관 암울하고 호전적인 관점에서 독일의 국제 상황을 전망했다. 그의 전망은 공리를 닮은 두 가지 가정으로 정리할 수 있다. 첫째, 두 동맹 블록 간 전쟁은 장기적으로 불가피하다. 둘째, 시간은 독일 편이 아니다. 장차 독일의 적이 될 나라들, 특히 급속히 팽창하는 경제와 사실상 무한한 인력을 가진 러시아는 해가 갈수록 군사력을 키울 것이고, 결국 도전할 수 없는 우위를 점한 뒤 언제 어떤 방식으로 싸울지 결정할 수 있을 것이다.

헬무트 폰 몰트케, 1914년

두 가지 공리 사이에는 근본적인 질적 차이가 있었다. 첫 번째 공리는 몰트케 자신의 피해망상과 비관론에서 기인한, 입증 불가능한 심리적 투사였다.[46] 그에 반해 두 번째 공리는, 비록 약간의 피해망상을 포함하긴 했지만, 적어도 유럽 국가들의 상대적 군사력을 비교 분석하여 정당화할 수 있는 것이었다. 두 블록 사이에 불균형이 심화되고 있고 미래의 분쟁에서 승리하는 데 필요한 독일의 역량이 꾸준히 저하되고 있다는 몰트케의 우려는, 러시아가 지상군 무기와 병력을 대규모로 재무장하는 내용의 1차 군사력 증강안('소小프로그램'이라 불리며, 1913년 2차 증강안은 '대大프로그램'이라 불린다—옮긴이)을 개시한 1910년

부터 서서히 설득력을 얻었다.[47]

그 이후 아가디르 위기와 발칸전쟁 위기에 뒤이어 유럽에서 전쟁 대비태세가 고조되고 군비 투자가 증가했다. 1912년 11월 러시아가 오스트리아-헝가리에 대한 조치를 강화하고 프랑스가 측면에서 지지를 보내는 동안, 독일 정부는 비상한 자제력을 보여주었다(예비병력을 소집하지 않았고, 징집병력을 유지하지 않았으며, 시험동원을 하지 않았다).[48] 하지만 11월 중순부터 러시아의 군사대비의 엄청난 규모가 분명하게 드러나면서 독일군 사령부의 걱정이 점점 깊어졌다. 특히 우려스러운 점은 러시아 징집병 최고참 계급의 전역이 연기되었다는 것인데, 그 결과 폴란드 돌출부의 독일 접경지역에서 러시아 병력이 급증했다. 그리고 러시아군 고위층 사이에서 오스트리아와의 분쟁이 불가피하고 "강습할 최적기는 바로 지금"이라는 견해가 지배적이라는 첩보가 여러 정보원과 장소로부터 속속 들어오자 우려는 더욱 커졌다.[49]

이런 전조들과 갈리치아 국경 양쪽에서의 부대 이동에 불안해진 독일 재상 테오발트 폰 베트만 홀베크는 독일이 국지적 위협에 맞서 오스트리아-헝가리를 방어하는 데 더 이상 관심이 없다는 인상을 불식시키려 했다. 1912년 12월 2일 그가 제국의회에서 10분 동안 한 연설은 전년도 로이즈 조지의 맨션하우스 연설의 개정판이었다. 다만 형식이 더 간결했고 표현이 더 온건했다. 재상은 이제껏 독일이 "전쟁(발칸전쟁—옮긴이)을 국지화하기 위해 영향력을 행사"했다는 말로 연설을 시작했다. 의원들의 환호를 받은 뒤 재상은 어휘를 신중히 골라가며 경고를 했다.

제가 바라는 경우는 아닙니다만, 만일 해결할 수 없는 곤경이 나타난다면 그 특정한 경우에 직접 관여하여 각자의 주장을 실현하는 것이 국가의 소임일 것입니다. 우리의 맹방들이 이 경우에 해당합니다. 만일 그들이 각자의 이익을 실현하다가 천만뜻밖에도 제3자에게 공격을 받는다면, 그래서 그들의 존재를 위협받는다면, 동맹으로서의 의무에 충실한 우리는 단호하고도 결연하게 그들의 편에 서야 합니다. (우익과 국가자유당의 환호) 그 경우에 우리는 유럽에서 우리 자신의 위치를 방어하고 우리의 미래와 안보를 지키기 위해 싸워야 합니다. (우익의 환호) 그런 정책을 추구한다면 전 국민이 우리를 지지할 것이라고 저는 확신합니다. (환호)[50]

이튿날 연설 전문을 게재한 《타임스》는 재상의 발언에서 "새롭거나 이목을 끄는" 점을 전혀 발견하지 못했다. 이 신문의 베를린 통신원은 "독일이 평화를 바라고 또 추구한다는 것이 더할 나위 없이 명백해졌다"라고 썼다.[51] 하지만 에드워드 그레이는 이 사안을 다르게 보았다. 그는 전혀 예기치 않게 독일 대사 리히노브스키Lichnowsky 백작을 자신의 집무실로 부른 뒤 독일과 프랑스-러시아 동맹 사이에 전쟁이 날 경우 영국은 독일의 적들 편에서 싸울 가능성이 높다고 통보했다. 그레이와의 대화를 전한 리히노브스키의 보고서는 베를린을, 아니 더 정확히 말하면 카이저를 패닉에 빠뜨렸다. 런던발 신호에 언제나 예민했던 카이저는 그레이의 경고에서 "정신적 선전포고"를 읽었다고 주장했다.[52] 크게 동요한 빌헬름은 보고서를 받은 12월 8일 일요일 당일에 몰트케, 티르피츠, 해군참모총장 헤링겐August von Heeringen, 왕실 해군참모장 뮐러Wilhelm Müller 제독에게 오전 11시에 왕궁에서 긴급회의를 열 테니 당장 참석하라고 명령했다. 회의는 카이저의 호전적인 일갈로, 즉 오스트리아는 세르비아(여전히 알바니아에 군대를 주둔시키고 있었다)에 단호히 대응해야 하고 독일은 오스트리아가 러시아의 공격을 받을 경우 지원해야 한다는 고함으로 시작되었다. 카이저는 일전을 피할 수 없다면 독일군의 주력으로 프랑스를 타격하고 잠수함을 동원해 영국의 군인수송선을 어뢰로 공격할 거라며 고래고래 소리를 질렀다. 또 회의가 끝나갈 즈음 해군에 U보트 생산에 박차를 가하라고 주문했고, "언론을 통해 대對러시아 전쟁의 인기를 미리 높이는 작업을 더 해야 한다"라고 요구했으며, "전쟁은 불가피하고, 빠르면 빠를수록 좋습니다"라는 몰트케 육군참모총장의 주장을 지지했다.[53]

초대받지 못한 베트만이 비꼬듯이 '군사참모회의Kriegsrat, war council'라 부른 이 회의의 중요성에 대해 역사가들은 이견을 보인다. 일부 역사가들은 1912년 12월 군사참모회의를 통해 정책수립 과정의 구심점이 줄곧 카이저였다는 것이 드러났을 뿐 아니라, 포괄적인 전쟁계획(사전에 계획한 분쟁에 대비해 독일의 해군과 육군, 경제, 여론을 전시체제로 편성하는 방안을 포함하는)을 마련할 분위기가 조성되었다고 주장한다.[54] 다른 역사가들은 이 회의를 국제 위기에 대한 반사적인 반응으로 여기고, 이 시점 이후 독일 군부와 정치지도부가 사전에 계획한 유럽 전쟁의 초읽기에 들어갔다는 생각을 거부한다. 누가 옳은가? 이 회의에서 호전적인 군사적 조언이 나왔다는 것은 의심할 여지가 없으며, 카이저가 당장은 가장 공격적인 지휘관들의 견해를 지지하려 했다는 것도 분명하다. 그렇지만 사실 군사참모회의는 예방전쟁 초읽기를 촉발하지 않았다. 유일한 목격자 기록은 뮐러 제독의 일기인데, 그의 증언은 회의의 결과가 "거의 0"이었다는 주장으로 끝난다. 전국적인 선전 캠페인도 뒤따르지 않았고, 독일 경제를 전시체제로 편성하려는 일사불란한 노력도 이루어지지 않았다.[55] 12월 8일 드라마의 핵심 인물은 빌헬름이 아닌 베트만이었다. 회의 이후 베트만은 "카이저에게 제 분수를 알려주고" 회의 중에 내린 결정을 "무효화"했다.[56] 군사참모회의는 하나의 에피소드로 남았다. 1월 초까지 베를린에서 위기의식이 차츰 사라지고 빌헬름은 평정을 되찾았다. 베트만은 빌헬름을 설득해 해군 프로그램 확대를 단념시키고 잠수함 건조 속도를 올리지 못하게 했다. 그리고 1913년 4~5월 세르비아와 몬테네그로가 알바니아 도시 스쿠타리를 점령하여 새로운 발칸 위기가 발생했을 때, 빌헬름은 개전 위험을 초래할 수 있는 어떠한 조치에도 여전히 반대하는 것으로 보였다.[57]

12월에 신궁전Neues Palais에서 열린 회의보다는 독일의 평시 군사력을 유례없이 증강하기로 한 11월의 결정이 훨씬 더 중요했다. 1913년에 통과된 육군법은 독일의 안보 상황이 나빠지고 있다는 불안감, 러시아가 발칸 위기를 다루는 방식에 놀라 더욱 고조된 불안감에 뿌리박고 있었다. 12월에 작성한 상세한 의견서에서 몰트케는 군비를 확대하고 개량하려는 야심찬 프로그램을 옹호했다. 전쟁이 발발할 경우 독일은 프랑스와 러시아를 상대로 두 전선에서 싸워야 할 공산이 크다고 주장했다. 그때 오스트리아의 지원은 보잘것없고 이탈리아의 지원은 아예 없을 것이었다. 만일 영국까지 싸움에 끼어든다면(12월 3일 그레이가 리히노브스키에게 한 경고를 감안하면 그럴 가능성이 다분했다) 독일이 서부전선에 배치할 수 있는 보병대대의 수는 영국과 프랑스, 벨기에의 대대를 합친 수보다 192개나 적을 것으로 예상되었다. 그리고 해마다 전력을 키우는 러시아는 더 이상 무시할 수 있는 상대가 아니었다.[58] 1913년 4월에 장군들은 제국의회 예산위원회의 비밀 회의를 준비하면서 독일의 앞날을 어둡게 전망했다. 그들은 현재 독일의 포위된 상태를 평화롭게 해결할 가망이 거의 없다고 보았고, 독일군의 승률에 비관적이었다. 러시아는 1916년까지 돌이킬 수 없는 군사적 우위를 점할 터였다. 프랑스는 이미 군사철도, 동원시간, 배치시간에서 우위를 보이고 있었다(1913년 독일은 양국 접경까지 가는 철도 노선을 13개 보유했던 반면 프랑스는 모두 복선複線에 방향 전환용 환상선環狀線, 역사, 교차점을 갖춘 16개 노선을 갖추고 있었다).[59]

세부내용과 재정을 놓고 한참 실랑이한 끝에, 1913년 7월 새 육군법안이 통과되었다. 이로써 평시 독일 육군의 병력은 13만 6000명이 증가해 장병 89만 명이 되었다. 그러나 새로운 조치로도 독일의 안보 요건을 충족할 수 없었는데, 프랑스와 러시아가 군비 지출을 대폭 늘려 독일의 병력 증강을 금세 상쇄했기 때문이다. 첫 번째 군비 확대 주기의 기준이 되었던 나라는 러시아였다. 이제는 독일이었다. 1913년 독일 육군법은 8월에 프랑스에서 3년 복무제법이 통과되는 데 결정적인 영향을 미쳤다. 그리고 러시아에서 독일 육군법(아울러 프랑스의 부추김)은 '대프로그램'이라 알려진 전력 증강 및 쇄신 계획을 촉발했다. 1913년 3월 차르가 포를 비롯한 무기에 쓰일 막대한 지출을 승인했으며, 엄청나게 야심찬 계획에 따라 1917년까지 러시아의 동계 평시 병력이 80만 명 늘어나고 그들 대부분이 (1910년 배치계획과 달리) 유럽 러시아(대체로 우랄산맥 서쪽의 러시아—옮긴이)에 집중 배치될 예정이었다.[60] 전력 증강의 결과로 1914년 평시 러시아 육군 병력은 독일 육군 규모의 두 배인 약 150만 명이 되었는데, 이는 독일 육군과 오스트리아-헝가리 육군을 합친 병력보다도 30만 명이 많은 수치였다. 1916~1917년까지 러시아 병력은 200만 명을 웃돌 것으로 예상되었다.[61] 그리고 1914년에 이런 조치를 보완하는, 프랑스가 자금을 댄 러시아 군사철도 프로그램이 시작되었다. 이 곤경에 대한 독일의 해법은 1905년 이래 슐리펜 계획이었다. 두 전선에서 싸워야 하는 문제를 해결하고자 먼저 서부에서 프랑스에 대대적인 공격을 가하고, 그동안 동부전선을 지킨다는 계획이었다. 독일군은 서부전선의 상황이 해결된 뒤에야 동쪽으로 이동할 예정이었다. 그런데 슐리펜 계획이 더는 통하지 않을 정도로 두 동맹 블록 간 전력 균형이 바뀔 경우에는 어떻게 해야 하는가?

독일이 삼국협상의 두 적국보다 개선책을 더 빠르게 실행했고 이것이 1914년 독일군 지휘부에게 단기간 전략적 이점을 제공했다는 점이 지적되어왔다.[62] 그리고 러시아 군사력의 경제적 토대는 여전히 부실했다. 1900년부터 1913년까지 러시아의 생산력은 사실 독일의 생산력을 고려하면 상대적으로 감소하고 있었다.[63] 그럼에도 베를린의 관점에서 보면 전망이 계속 암울했다. 1904년 프랑스-러시아 연합 육군 병력은 오스트리아-독일 병력보다 26만 982명 많았다. 1914년에는 대략 100만 명의 격차가 나는 것으로 추산되었다. 게다가 격차가 빠르게 벌어지고 있었다. 1914년 5월 25일 보고서에서 상트페테르부르크 주재 독일 무관은 최근 신병 규모가 확대(45만 5000명에서 58만 5000명으로)되었다고 전했고, 앞으로 3~4년 동안 늘어날 것으로 예상되는 평시 병력을 계산한 다음 "따라서 러시아 육군의 증강은 어떤 나라의 군대에서도 본 적이 없는 속도로 이루어질 것입니다"라고 결론 내렸다. 몰트케는 프랑스-러시아 차관을 "1870~1871년 전쟁 이래 프랑스가 우리에게 가한 가장 예리한 전략적 타격 중 하나"로 여겼고, 이 차관이 "독일에 불리한 결정적 전환점"을 마련할 것으로 내다보았다.[64] 독일 전략가들은 1916~1917년이 되면 러시아의 공격력이 슐리펜 계획에 포함된 추정을 충분히 무력화할 것이라고 생각했다.[65]

몰트케는 동서 양면에서 닥쳐오는 위험을 두려워했고 시간이 얼마 남지 않았다고 확신했다. 그는 다가오는 분쟁을 독일제국에 유리한 조건으로 해결하려면 '예방전쟁'에 나서야 한다고 웅변적으로 주창했다. 전쟁 이전 위기가 지나갈 때마다 그는 점점 심해지는 전략적 불균형, 머지않아 독일에 돌이킬 수 없는 손실을 입힐 불균형을 바로잡을 기회를 놓쳤다고 보았다.[66] 이런 예방전쟁 사고가 독일군 지휘부 내에서 널리 받아들여졌다. 최근의 한 연구에 따르면 상급 지휘관들은 설령 선제공격을 해서 침략국이라는 오명을 쓰더라도 '차라리 일찌감치' 전쟁을 하자고 수십 번이나 주장했다.[67]

독일인들만 이 문제를 이렇게 본 것은 아니었다. 1914년 초에 푸앵카레는《르마탱》편집장에게 독일이 러시아의 성장을 두려워한다고 말했다. "그들은 이 대국의 응집력이 나날이 강해진다는 것을 알고 있습니다. 그들은 러시아가 충분한 힘을 갖기 전에 이 나라를 공격해 파괴하고 싶어합니다."[68] 1914년 3월, 1913년 이래 러시아 육군의 개선 사항을 개괄한 공문의 요약본을 전달받은 군사작전국장 헨리 윌슨 소장은 이런 논평을 달았다.

> 이것은 가장 중요한 공문이다. 독일이 왜 미래를 경계하는지, 왜 '지금이 아니면 안 된다'고 생각하는지를 이제 쉽게 이해할 수 있다.[69]

독일 군부가 보여준 호전주의의 밑바탕에는 일종의 숙명론이 있었다. 전쟁에 대해 말할 때 그들은 승리보다 "패배와 궤멸이라는 이중 위협"을 더 많이 거론했다.[70] 가장 공격적인 선제조치까지도 본질적으로 방어적인 조치로 보는 지휘관들의 이런 사고에 위험이 내재했다는 것은 의심할 나위가 없다. 그렇다면 군부의 예방전쟁 주장은 독일 외교정책에 과연 얼마나 영향을 미쳤을까? 프로이센-독일 체제와 같은 근위대적 성격의 체제에서도 군부의 전략적 관점을 채택하도록 민간 지도부를 설득하는 일은 대체로 최고 지휘관들의 능력에 달려 있었다. 그리고 그들은 그 일을 그리 성공적으로 해내지 못했다. 1912년 12월 신궁전에서 몰트케가 '차라리 일찌감치' 전쟁하자고 주장했고 카이저가 육군참모총장의 견해에 잠시 동조하긴 했지만, 결실은 전혀 없었다.

역설적으로 상트페테르부르크의 각료평의회 같은 집단 정책결정 기관이 베를린에 없었던 탓에 독일 군부는 자기네 생각을 지원하는 정치적 압력단체를 구성하고 그들의 군사적 요구를 공성퇴처럼 사용해 재정 제약을 돌파하기가 더 어려웠다. 파리에서는 가장 강력한 민간 관료들과 군 지휘관들이 서로 긴밀히 협조해 더욱 공격적인 전략을 뒷받침하는 재정 증액을 이루어냈다. 독일에서는 군과 민간의 지휘계통을 갈라놓는 제도적 · 입헌적 장벽이 워낙 높아서 프랑스의 경우처럼 민군 시너지 효과를 내기가 훨씬 더 어려웠다. 독일에는 크리보셰인에 상응하는 인물이 없었으며, 베트만 홀베크 재상은 러시아 수상 블라디미르 코콥초프보다 더 강력하고 만만찮은 인물이었다. 1911년 아가디르 위기 이후 베트만은 영국 · 러시아와 눈에 띄지 않게 실용적으로 협력하는 데 중점을 둔 정책을 꾸준히 밀고나갔다. 1911년 12월 그는 "우리의 가장 시급한 과제는 잉글랜드와의 잠정협정modus vivendi이다"라고 단언했다. 1913년 3월에는 "우리는 러시아와 잉글랜드에 대한 조심스러운 정책을 통해 프랑스를 견제해야 한다"라고 썼다. "당연히 이 정책은 우리 쇼비니스트들을 기쁘게 하지 않고 인기가 없다. 하지만 나는 가까운 미래에 독일에 다른 대안이 없다고 본다."[71] 이런 이유로 예방전쟁 주장은 1914년 이전 독일에서 결코 정책의 기반이 되지 못했다. 콘라트의 한층 시끄러운 요구가 빈에서 퇴짜를 맞은 것처럼, 그런 주장은 베를린에서 민간 지도부에게 거절당했다. (독일의 관점에서 보면 사실 1914년 여름보다 여건이 훨씬 더 유리했던) 1905년에도, 1908~1909년에도, 1911년에도, 독일 정부는 예방전쟁 개시를 고려하지 않았다. 1911년 아가디르 사건 시에 위기를 가장 군사화한 나라는 프랑스나 독일이 아닌 영국이었다. 그리고 1912~1913년 겨울 위기 동안 예방전쟁 개념을 정책으로 고려했던(비록 간헐적으로 고려하긴 했지만) 쪽은 독일이 아닌 프랑스였다. 상트페테르부르크와 연락하는 파리의 어조보다는 빈에 조언하는 베를린의 어조가 훨씬 더 차분했다.

카이저에 대해 말하자면, 걸핏하면 호전적인 수사를 쏟아내긴 했지만, 분쟁이 실제로 일어날 것 같을 때마다 겁을 집어먹고 관료들에게 신중하라고 당부했다. 빌헬름은 장기적으로 영국과 화해할 희망을 여전히 품고 있었다. 1913년 동안 그가 한 발언들은 영국-독일 전쟁을 여전히 '상상할 수도 없는 일'로 여기고 있었음을 시사한다. 또 그는 오스트리아와 세르비아 간 분쟁에 무력 개입하려는 러시아를 독일의 군사력으로 저지할 수 있다고 여전히 자신했다.[72] 이런 안일한 모습을 지켜보던 매파 장군 팔켄하인Erich von Falkenhayn(곧 육군장관이 될 예정이었다)은 1913년 1월에 쓴 편지에서, 평화가 지속될 가능성에 대한 정치지도부(카이저 포함)의 기만적인 신념 때문에 몰트케가 "홀로 남겨진 채" 더 공격적인 외교정책을 위해 카이저와 "투쟁"하고 있다고 주장했다.[73] 성장하는 '군부 반대파'는 예방전쟁 사고방식을 받아들이길 거부하는 카이저의 태도에 넌더리를 냈다.[74] 군 지휘부에 대한 민간 지도부의 우위는 흔들리지 않았다.[75] 그렇다고 해서 우리가 선제대응 옹호론을 독일이나 다른 나라 정책수립자들의 행위와 무관한 것으로 치부해야 하는 것은 아니다. 오히려 예방전쟁 논리는 1914년 여름 위기 동안 핵심 정책결정자들의 사고를 은근히, 하지만 중요한 방식으로 압박했다.

보스포루스의 독일인들

독일 정책수립자들(두 전선에서 치를 미래의 전쟁에 대비해 독일을 무장시키는 일에 사로잡힌 사람들과는 다른 이들)은 독일의 이해관계를 추구하면서도 전쟁의 막대한 위험을 피할 수 있는 미래의 가능성을 모색하기도 했다. 식민장관 베른하르트 데른부르크Bernhard Dernburg, 런던 대사 파울 메테르니히, 그의 동료로 훗날 외무장관이 되는 리하르트 폰 퀼만Richard von Kühlmann을 비롯해 영향력 있는 관료 집단이 대對영국 데탕트 · 양보 정책을 계속 요구했다. 이 논리는 1913년 베를린에서 익명으로 발행되긴 했으나 런던에서 퀼만과 긴밀히 공조했던 한스 플렌Hans Plehn이 쓴 정치 소책자 《독일의 전쟁 없는 세계정책!Deutsche Weltpolitik und kein Krieg!》을 통해 공식 표명되었다.[76] 그리고 이 정책의 잠재적 파트너가 영국 정부 안에, 특히 식민장관 루이스 하코트처럼 그레이에 반대하는 자유당원들 사이에 있었다.[77]

홀데인 파견이 실패로 끝났음에도, 영국과의 데탕트 시도는 열매를 맺었다. 1912년 여름 식민지 문제를 둘러싼 새로운 교섭이 시작되었다. 1913년 4월 양국은 당시 포르투갈제국(조만간 재정이 붕괴될 것으로 예상되었다)의 관할 아래 있던 아프리카 영토에 대한 협정에 서명했다. 이 협정은 그 내용을 언제 어떻게 공표할지를 두고 베를린과 런던이 이견을 보인 탓에 결국 비준받지 못했지만, 양국이 원칙상 서로의 이익영역을 구분하고 제3자의 개입을 공동으로 배제할 의향이 있음을 보여주었다.[78]

세계 제국들의 무대에서 독일의 선택권은 아주 제한되었고, 동맹 블록들로 나뉜 유럽의 상황은 비교적 닫혀 있었다. 이런 현실에서 '전쟁 없는 세계정책'에 관심 있는 독일 정치인들의 이목을 끌어모은 지역이 있었다. 바로 오스만제국이었다.[79] 제국들이 특히 험악하게 각축을 벌인 이 지역에 대한 독일의 정책은 전통적으로 다소 소극적이었다. 하지만 1880년대 들어 베를린은 한층 적극적인 자세를 취했다. 영국의 이집트 점령(1882)으로 영국과 소원해진 콘스탄티노플 정부는 베를린에서 적극적으로 파트너를 구하며 독일 정부의 관심을 부추겼다.[80] 독일 은행, 건설사, 철도회사는 술탄의 제국에서 개발이 덜된 지역들부터 진출해 사업권과 이익영역을 확보했다. 1888년 대체로 독일이 자금을 대고 부설한 아나톨리아 철도 공사가 시작되었다. 콘스탄티노플-앙카라, 콘스탄티노플-코냐 두 노선으로 이루어진 아나톨리아 철도는 1896년에 완공되었다. 이런 모험사업에 대한 정부의 지원은 초기에는 다소 변덕스러웠지만 점차 확실하고 일관된 지원으로 바뀌어갔다. 1911년 콘스탄티노플 주재 독일 대사는 오스만제국이 독일의 "정치적 · 군사적 · 경제적 이익영역"이라고 말할 수 있었다.[81] 독일은 오스만 지역들에(특히 필수적인 기반시설 사업에) 투자함으로써 다른 제국 열강, 그중에서도 러시아의 위협에 직면한 오스만제국을 안정시키려 했다. 그리고 오스만제국이 몰락하여 세계 제국들끼리 영토를 분할하게 될 경우에 대비해 전리품을 나눌 테이블의 한 자리를 확보해두려 했다.[82]

아나톨리아 철도는 큰 기대를 받았다. 오스만 당국은 여전히 체르케스인 비적들의 약탈에 시달리는 아나톨리아의 '황량한 동부'를 평화화하고 통합하는 한편 제국에서 개발이 가장 덜된 지역들을 문명화하려 했다. 당국은 오리엔탈리즘적 관점에서 아나톨리아를 개선이 필요한 식민지로 보았다. 아나톨리아 철도로 갈 수 있게 된 지역들에서는 새로운 식용작물들(사탕무, 감자 같은 일부 작물은 아나톨리아에서 이미 한동안 재배되어온 것으로 드러났다)이 들어왔는가 하면, 종이를 만들 수 있는 에스파르토 같은 공예작물들을 정착시키려는 노력이 이루어졌다. 이런 계획은 대부분 실험 단계를 넘지 못했는데, 기후와 토양이 적합하지 않았거나 지역민들이 새로운 농법을 받아들이려 하지 않았기 때문이다. 열차를 말이 끄는 줄 알고서 철도역까지 말에게 먹일 풀을 잔뜩 가져가기도 했던 아나톨리아 시골 주민들은 증기기관차를 보고 잊지 못할 흥분을 경험했다.[83]

독일에서도 아나톨리아 모험사업은 식민지에 대한 상상에 불을 붙였다. 일부 범독일주의자들은 (얼토당토않게) 아나톨리아를 언젠가 독일인이 대규모로 정착할 땅으로 보았고, 다른 독일인들은 시장과 교역로, 원료에 접근하는 데 더 관심을 보였다.[84] 철도는 (1930년대~1950년대의 수력발전 댐이나 1960년대의 우주여행처럼) 20세기 전환기에 제국적 상상에서 특별한 위치를 차지했다. 영국과 케이프 식민지에서는 케이프에서부터 카이로까지 철도를 놓는 계획을 세우고 있었다. 거의 같은 시기 프랑스는 세네갈에서부터 지부티까지 아프리카를 동서로 가로지르는, 영국의 계획에 필적하는 초장거리 철도를 구상하고 있었다. 위대한 세계전신망의 역사 덕분에 기반시설과 권력은 이미 밀접하게 연결되어 있었으며, 특히 영국제국의 관할영역에서는 전신국이 제국의 권한과 규율을 중계하는 작은 전초기지 역할을 했다.

이런 이유로 1903년 독일 은행들이 소유한 한 회사가 오스만 정부로부터 어마어마한 철도 노선 공사를 수주했다는 사실이 알려졌을 때 한바탕 소동이 일어났다. 아나톨리아 철도의 앙카라 종점에서부터 아다나와 알레포를 지나고 메소포타미아를 가로질러 바그다드와 (궁극적으로) 페르시아만의 바스라까지 이어질 노선이었다. 이론상 언젠가 베를린에서부터 바그다드까지 열차를 타고 여행할 수 있게 해줄 이 프로젝트는 다른 제국 열강의 의심과 반대에 부딪혔다. 영국은 독일이 오스만령 이라크의 유전에 접근하는 특권을 얻을 전망을 우려했는데, 이 무렵 영국 해군이 함선의 연료를 석탄에서 석유로 바꿀 계획을 세우고 있던 터라 유전이 점점 중요해지고 있었다.[85] 영국은 독일이 동방까지 이어지는 육로 노선을 이용하게 되면 세계의 바다를 주름잡는 영국 해군의 제약에서 풀려나 영국의 식민지 무역 우위를 위협할까 봐 우려했다. 바그다드 철도 노선이 러시아의 이익영역과 최대한 거리를 두고서 부설되었음에도(그래서 엔니지어들과 투자자들이 엄청난 불편을 감수해야 했다) 상트페테르부르크 정부는 캅카스와 페르시아 북부에 대한 러시아의 통제권을 독일이 위협하지 않을까 우려했다.

전략적 불안감이 투영된 이런 우려는 지금이야 공연한 걱정처럼 보이지만 당시만 해도 정책수립자들에게 큰 영향을 미쳤다. 그들은 경제적 투자가 필연적으로 지정학적 영향력을 수반한다고 생각하는 경향이 있었다. 이따금 오스만과 이슬람을 편든 빌헬름 2세의 정치적 가식은 독일에 대한 의심을 가라앉히는 데 전혀 도움이 되지 않았다. 1898년 중동을 두 번째로 방문한 빌헬름은 다마스쿠스 시청에서 즉흥적으로 건배사를 했다. 세계 각지의 신문들이 인용한 그 발언은 다음과 같았다. "술탄 폐하와 세계 곳곳에서 폐하를 칼리프('알라의 사도의 대리인'이라는 뜻으로 이슬람 제국 최고 통치자를 가리킨다—옮긴이)로 여기며 살아가는 3억 무슬림은 독일 카이저가 언제나 친구일 거라고 믿으셔도 됩니다."[86] 아랍 군중의 환호에 도취되어 무심코 내뱉은 이 발언은 독일이 범이슬람주의 · 아랍 민족주의 세력(영국제국과 러시아제국 내에서 이미 기반을 넓혀가고 있었다)과 공조할지 모른다는 우려를 불러일으켰다.[87]

사실 국제적으로 보면 독일의 경제적 관여는 과도한 편이 아니었다. 독일이 전기시설, 농업, 광업, 도시 교통에 집중 투자하고 있었고 독일과 오스만제국 간 교역량이 증가하고 있었던 것은 사실이다. 그러나 (1913년) 독일은 여전히 대對오스만 교역의 수입액 면에서 영국과 프랑스, 오스트리아-헝가리에 뒤지고 수출액 면에서 영국과 오스트리아-헝가리에 뒤지고 있었다. 프랑스의 투자액이 독일의 투자액보다 여전히 50퍼센트가량 더 많았다. 독일 자본이 유럽과 영국의 자본보다 더 공격적인 행보를 보였다고 말할 수도 없다.

한 예로 메소포타미아의 석유 채굴권을 전략적으로 통제하기 위한 경쟁에서, 런던 정부의 지원을 받은 영국 은행들과 투자자들은 빡빡한 흥정과 무자비한 금융외교를 조합해 독일을 불리한 위치로 쉽게 몰아갔다.[88] 독일 총투자액의 절반 이상(3억 4000만 금프랑)이 묶여 있던 철도 부설 부문에서마저 프랑스가 엇비슷한 금액(3억 2000만 금프랑)을 분담하고 있었다. 채권자들을 대신해 국제기구가 관리한 오스만 공채의 경우 62.9퍼센트가 프랑스인 소유였고, 나머지 대부분을 독일인과 영국인이 거의 같은 비율로 보유하고 있었다. 그리고 콘스탄티노플에서 가장 강력한 금융기관으로 수익성 좋은 담배 전매권과 여타 수많은 사업을 통제했을 뿐 아니라 오스만제국에서 은행권을 발행할 독점권까지 가지고 있던 오스만제국은행Banque Impériale Ottomane은 독일이 아닌 프랑스와 영국의 사업이었다. 이 은행은 파리에서 신용거래와 재정운영을 조종했다는 점에서 프랑스 정책의 수단이기도 했다.[89]

바그다드 철도를 둘러싼 갈등은 오랜 협상 끝에 일련의 국제협정이 체결되어 대부분 해소되었다. 1914년 2월 15일 프랑스-독일 협정으로 양국 핵심 투자자들의 이익영역을 나누는 경계가 정해졌다(프로젝트의 자금을 조달하기 위해 프랑스 자본이 꼭 필요했다). 그리고 6월 15일 독일은 다른 무엇보다 향후 바그다드 철도에서 핵심 구간이 될 바스라-페르시아만 구간의 통제권을 양보하고 영국의 반대를 극복할 수 있었다. 이로써 독일 입장에서 보면 프로젝트의 지전략적 가치가 크게 떨어졌다. 정치적 문제를 제쳐놓고 경제 분야에서 실리적인 합의에 이르기 위해 협력한 이런 에피소드들은 오스만제국을 '전쟁 없는 세계정책'의 무대로 삼을 수 있다고, 그 무대를 토대로 조만간 영국과 일종의 파트너십을 맺을 수 있다고 기대할 근거가 되었다.[90]

바그다드 철도 통제권을 놓고 벌인 실랑이보다는 1913년 12월 독일 군사파견단이 콘스탄티노플에 도착하면서 발생한 위기가 훨씬 더 심각했다. 발칸에서 처참하게 패전한 오스만은 철두철미한 개혁을 통해 군대를 강화하기 위해 절박한 심정으로 외국의 지원을 구했다. 오스만 군부가 프랑스 군사파견단을 초청하는 방안을 잠시 고려하긴 했지만, 더 확실한 파트너는 독일이었다. 1880년대 말과 1890년대에 '골츠 파샤Goltz Pasha'(콜마르 폰 데어 골츠Colmar von der Goltz. 파샤는 이슬람권의 경칭—옮긴이)가 오스만 사관후보생 교육과정을 책임진 이래 콘스탄티노플에는 독일 군사고문들이 늘 있었다.[91] 그러나 이번에 파견될 고문단은 종전보다 규모가 더 컸다. 고문단장은 사령관 역할을 맡고(이전 고문들에게 그런 권한을 주지 않은 것이 종전의 노력이 실패한 주된 이유로 꼽혔다) 참모본부 교육을 포함해 오스만 군사교육 전체를 책임질 예정이었다. 또 고문단장은 군대를 무제한 검열할 권한을 보유하고 독일군 현역 장교 40명과 동행할 것이었다. 가장 중요한 사실은 오스만 제1군단의 사령관으로서 그가 터키 해협과 콘스탄티노플 자체의 방어를 책임질 예정이었다는 것이다.[92] 고문단장으로 발탁된 인물은 카셀에 있는 제22사단의 사단장 리만 폰 잔더스Liman von Sanders 중장이었다.

카이저도 베트만 홀베크 재상도 이 파견을 기존 관행에서 근본적으로 벗어나는 행위로 생각하지 않았다. 그리고 독일 군부와 오스만 군부가 세부사항을 내부에서 조율했으므로 이 사안은 러시아와 공식적으로 교섭할 외교 문제로 보이지 않았다. 사실 카이저는 1913년 5월 프로이센 공주 빅토리아 루이제와 하노버 공 에른스트 아우구스트의 결혼식에서 니콜라이 2세와 조지 5세를 만나 이 문제를 비공식적으로 거론했다. 두 군주 모두 예정된 파견에 어떤 이의도 제기하지 않았다. 1913년 11월 베트만과 사조노프가 짧게 회담할 때 이 사안이 언급되지 않았으므로, 재상은 사조노프가 차르에게 이미 전해 들었다고 생각했다.[93]

그렇지만 리만이 맡은 임무의 세부사항이 누설되면서 러시아 신문들에서 항의가 터져나왔다. 러시아 외무부가 부추긴 공개적인 격분의 밑바탕에는 독일 군사파견단이 콘스탄티노플(러시아에 엄청나게 중요한 전략적 요충지로 점점 더 인식되었다)에서 독일의 영향력을 강화하는 데 그치지 않고 오스만제국 자체의 활력까지 되살릴 것이라는 우려가 있었는데, 이 무렵 오스만제국의 붕괴와 분할은 단기·중기 미래에 대한 러시아의 전략적 사고에서 공리적 요소가 되어가고 있었다.[94] 베를린 주재 러시아 군사전권위원은 차르에게 보낸 서신에서 리만을 "아주 정력적이고 자화자찬하는" 성격으로 묘사했다.[95] 카이저가 비밀리에 파견단을 만나 "내 명령에 복종"할 "강한 군대"와 "러시아의 공격적 구상에 대한 평형추"를 만들라고 촉구한 일은 상황 개선에 도움이 되지 않았다. 이 발언은 베를린 주재 러시아 무관 바자로프Pavel Bazarov를 통해 상트페테르부르크에 전해졌다.[96] 이런 이유로 사조노프는 독일 파견단을 "정치적으로 대단히 중요한" 문제로 보았다.[97] 상트페테르부르크 정부는 경악했다. 에드워드 그레이가 런던 주재 독일 대사에게 "나는 그들이 그토록 흥분한 모습을 본 적이 없습니다"라고 털어놓을 정도였다.[98]

리만 파견에 러시아는 왜 그토록 강하게 반발했을까? 사조노프가 다르다넬스 해협을 통제하기 위한 노력보다 발칸반도를 우선시하는 듯이 보였던 1912~1913년 위기 동안에도 러시아의 전략적 사고의 중심에 늘 터키 해협이 있었다는 것을 기억해야 한다. 터키 해협이 러시아의 경제생활에 중요하다는 사실이 이때만큼 명백했던 적은 일찍이 없었다. 1903~1912년 러시아 수출량의 37퍼센트가 다르다넬스 해협을 통과했다. 산업화를 하느라 현금이 부족했던 러시아 경제를 먹여 살린 밀과 호밀은 무려 75~80퍼센트가 이 해협을 거쳐 수출되었다.[99] 러시아 경제와 터키 해협의 연관성은 두 차례 발칸전쟁을 겪으며 더욱 절박한 문제로 인식되었다. 전쟁 초기부터 사조노프는 터키 해협에서 중립적인 상선의 통행을 막을 경우 러시아 수출업자들이 "막대한 손실"을 입을 테니 이런 결과를 불러올 조치를 삼가야 한다는 취지로 교전국들과 그들의 동맹 강대국들에게 수없이 건의했다.[100] 아니나 다를까, 발칸전쟁으로 다르다넬스 해협이 두 차례 일시 폐쇄되자 러시아 무역은 심각한 혼란에 빠졌다.

혼란도 혼란이었지만 중대한 지정학적 이익이 걸린 지역에서 영향력을 영영 잃을지 모른다는 것이 훨씬 더 심각한 문제였다. 1911년 여름 수호믈리노프는 독일이 보스포루스에서 발판을 마련하지 않을까 우려했고, "오스만의 배후에 독일이 있습니다"라고 경고했다.[101] 1912

년 11월, 이번에는 불가리아가 콘스탄티노플을 장악할 것처럼 보였다. 이때 사조노프는 이즈볼스키를 통해 푸앵카레에게 만일 이 도시가 함락되면 러시아는 흑해 함대 전체를 즉각 전개할 수밖에 없을 것이라고 경고했다.[102] 뒤이은 몇 주 동안 사조노프는 육군참모본부 및 해군본부와 콘스탄티노플을 보호하고 러시아의 이해관계를 관철하기 위해 러시아 병력을 상륙시키는 계획을 의논했다. 영국이 오스만 수도를 국제 관리 아래 두자고 제안했을 때, 그는 이 지역에서 러시아의 영향력이 약해질 공산이 있다는 이유로 거절했다. 오히려 그는 콘스탄티노플과 터키 해협 전체를 무력으로 장악할 새로운 계획을 세웠다.[103] 11월 12일 코콥초프와 각군 총장을 위해 준비한 문서에서 사조노프는 장악 계획을 통해 세계 무역의 중심지 중 하나, "지중해의 핵심"이자 "러시아의 국권을 전례 없이 기르기 위한 기반"을 얻을 수 있고, "우리 역사에서 지난 두 세기에 걸친 노력과 희생에 자연히 주어지는 영예인 세계적 지위"를 확립할 수 있다고 주장했다. 여론의 중요성을 드러낸 사조노프의 결론은, 그런 위업이 "반론의 여지가 없는 범국민적 중요성"을 지닌 문제를 지지하는 방향으로 "정부와 사회를 통합"하여 "우리의 국내 생활을 치유"하리라는 것이었다.[104]

1912년 11월 23일 사조노프는 니콜라이 2세에게 최근 터키 해협이 차단된 기간에 러시아의 무역 피해액이 수백만 루블에 달한다고 보고했다. "오스만 말고 러시아의 요구를 거절할 수 있는 나라로 해협이 넘어간다면 무슨 일이 생길지 상상해보십시오."[105] 이 점을 우려한 러시아 흑해 함대 사령부는 1913년 여름과 가을 내내 다르다넬스 해협을 당장 장악할 가능성에 골몰했다. 해군참모부 A. V. 네미츠Nemitz 대령은 러시아가 "가까운 미래에 〔터키 해협 장악을〕 완수할 준비를 해야 한다"라고 단언했다.[106] 이런 제안은 오스만 함대가 전력을 강화하고 있다는 우려 때문에 더욱 시급한 문제로 인식되었다. 오스만은 이미 드레드노트급 전함 한 척을 주문해둔 터였고(당시 영국에서 건조 중이었다), 1912~1914년에 두 척을 더 주문했다. 세 척 모두 전쟁 전에 도착하지 않았음에도 불구하고, 상트페테르부르크의 해군주의자들은 오스만의 국지적 해군력이 러시아의 해군력을 능가할 불길한 전망, 어느 정도는 그들 자신의 제국 구상을 오스만에 전가한 것에 지나지 않는 전망에 사로잡혔다.[107]

이처럼 러시아 정부, 그중에서도 터키 해협과 관련된 모든 전략 토론에 깊숙이 관여한 사조노프는 리만 폰 잔더스 파견단이 콘스탄티노플에 도착하기 전부터 해협 통제권 문제에 매우 민감한 상태였다. 외무장관은 특히 독일인의 사령관 역할을 못마땅하게 여겼다. 처음에 독일은 이 문제를 양보하지 않으려 했는데, (독일과 오스만 모두) 이전 세대 군사고문들에게 실권을 주지 않은 것을 개혁 실패의 주된 원인으로 보았기 때문이다. 경험상 지시할 권리는 그 지시가 실행되는지 확인할 권한이 없으면 불충분했다. 사조노프는 개의치 않고 베를린을 더 강하게 압박하려 했다. 그는 삼국협상 명의로 독일에 공동 통첩을 보내자고 런던과 파리에 제안했다. 독일 군사파견단에 가장 강경한 어조로 반대하고, "독일이 콘스탄티노플에서 그런 수위首位를 차지하려 한다면, 다른 국가들은 오스만에서 각국의 이익에 따라 행동할 수

밖에 없을 것이다"라는 암묵적 협박으로 끝나는 통첩이었다.[108]

이 계획은 성공하지 못했다. 주된 이유는 리만 폰 잔더스 파견단이 자국의 사활적 이익을 위협한다고 여긴 나라가 러시아뿐이었기 때문이다. 콘스탄티노플 주재 프랑스 무관과 영국 무관은 리만의 도착을 특별히 경계하지 않았다. 그들은 이전 파견단들이 영속적인 성과를 전혀 거두지 못한 터라 더 강한 통제권을 고집하는 독일의 입장에 일리가 있다고 보고했다. 그레이는 아일랜드 문제의 긴급성과 "나라의 어려운 내부 사정" 때문에 리만 문제에 영국이 직접 관여할 수 없다고 호소했다.[109] 어쨌거나 영국은 오스만에서 전진하는 독일보다는 지배력을 키워가는 프랑스 자본을 더 우려하고 있었다. 1914년 3월 루이스 말렛Louis Mallett 경은 에드워드 그레이에게 "오스만의 독립은 프랑스 금융업자들의 전진 앞에서 사라지는 양量입니다"라고 말했다. 보수당 하원의원이자 오스만과 중동 문제 전문가인 마크 사이크스Mark Sykes 경은 3월 18일 하원 연설에서, 오스만령 시리아에서 프랑스 자금의 목조르기가 결국 "병합으로 가는 길을 닦을" 것이라고 노기등등하게 경고했다.[110]

사실 보스포루스에서는 영국의 해군 파견단이 벌써 활동하고 있었으며, 1912년 '함대 사령관commandant de la flotte'으로 고용계약을 맺은 아서 림퍼스 제독이 도착하면서 그 활동 범위가 더욱 넓어졌다.[111] 림퍼스는 오스만 해군의 교육과 보급을 개선하는 과정을 감독했을 뿐 아니라, 외국 군함의 터키 해협 접근을 불허하는 가장 중요한 수단인 어뢰정 배치와 기뢰 부설을 감독하기까지 했다.[112] 그는 자신의 임무를 넓은 의미에서 정치적 활동으로 이해했다. 그가 오스만 해군본부와 교신한 사안으로는 기술 현대화, 군수품 조달, 훈련뿐 아니라 "흑해 전역에서 러시아의 병력 이동을 위험하게 만드는" 데 필요한 해군력의 수준처럼 전략적으로 중요한 더 넓은 차원의 문제들도 있었다.[113] 달리 말해 콘스탄티노플에서 림퍼스가 맡은 역할은 리만이 맡은 역할과 흡사했다. 영국과 독일이 오스만의 해상 기반 방어와 지상 기반 방어를 공동으로 관리하는 방안을 림퍼스는 현명하고도 침착하게 바라보았다. "잉글랜드는 해군 문제에서, 그리고 연안 시설과 관련해 가장 폭넓은 경험을 가지고 있습니다." 1912년 6월 그는 오스만 해군본부에 이렇게 말했다.

> 독일은 가장 강력한 육군을 가지고 있으며 그 육군은 가장 효율적이라고 평가받기도 합니다. 나는 육군과 관련한 모든 일에서 독일 고문들을 구한 것이 가장 현명한 선택이었다고 확신합니다. 나는 해군 문제와 관련해 모든 고문을 잉글랜드에서 구하는 것이 가장 현명한 선택일 것이라고 확신합니다.[114]

이런 이유로 사조노프는 독일 파견단 소식에 러시아에서 일었던 분노를 영국과 프랑스에서 일으키기가 어려웠다. 그레이는 사조노프가 제안한 위협적인 공동 통첩을 거절하고 그 대신 독일 파견단의 활동 범위와 관련해 콘스탄티노플에 훨씬 더 악의 없는 요청을 하자고 제안했다. 상트페테르부르크에서 프랑스 대사 델카세가 사조노프의 제안에 정력적으로 찬성했음에도[115] 프랑스 외무부는 영국 외무부보다도 열의를 덜 보였다. 공동 통첩의 협박조 표현에서 프랑스의 금융 이해관계에 재앙이 될 수 있는 "아시아 오스만의 해체" 가능성을 감지했기 때문이다. 따라서 파리는 그레이의 더 평화적인 제안을 지지하는 쪽을 택했다.[116] 요컨대 삼국협상 국가들이 한 가지 위협을 상정하고 그에 맞서 일치단결하기에는, 비틀거리는 오스만제국에 초점을 맞춘 제국적 야망과 피해망상의 형태들이 너무 많았다.

그럼에도 리만 에피소드는 러시아의 핵심 정책수립자들 사이에서 위험한 분위기를 고조시켰다. 사조노프는 러시아의 항의에 영국과 프랑스가 미온적 반응을 보인 것에 격분했다. 1913년 12월 12일 런던 대사에게 보낸 전보에서 그는 영국 지원의 실효성에 대한 신뢰가 낮아지고 있다고 씁쓸하게 말한 다음 "삼국협상 국가들 간 연대 부족이 우리의 심각한 우려를 자아낸다"라고 덧붙였다.[117] 12월 23일 차르에게 제출한 보고서에서 사조노프는 전투적인 자세를 숨기지 않았다. 그는 프랑스·영국과 "공동 군사조치"를 즉각 준비하고 조율해야 한다고 강조했다. 삼국협상 국가들은 "소아시아에서 특정한 지점들을 장악하고 점령한 다음 그들의 목표를 달성할 때까지 머무르겠다고 선언"해야 했다. 물론 그런 극적인 선제 행위는 "유럽 분규"를 촉발할 위험이 있었지만, "불퇴전"의 자세를 취해야만 바라는 대로 독일에 양보를 강제할 가능성이 더 높았다. 반대로 굴복한다면 "가장 치명적인 결과를 맞을 수" 있었다. 정상회담을 개최해 리만 사건에서 비롯된 문제들을 논의해야 했다.[118]

1914년 1월 13일 러시아 각료평의회 회의가 열렸다. 블라디미르 코콥초프 수상이 의장을 맡았고, 사조노프, 수호믈리노프 육군장관, 질린스키 참모총장, 그리고로비치Ivan Grigorovich 해군장관이 참석했다. 먼저 콘스탄티노플을 압박해 독일 군사파견단 관련 요청을 철회하게 만들기 위한 '강압적 조치들'이 논의되었다. 경제 제재를 가해 오스만 정부를 압박할 수 있다는 생각은 일축되었다(오스만제국 내 프랑스의 아주 광범한 금융 이해관계에도 손실을 입혀 삼국협상의 연대를 약화할 우려가 있었다). 대안은 삼국협상이 오스만의 핵심 거점들을 무력으로 장악하는 것이었다. 사조노프의 지적대로 결정적 전제조건은 프랑스의 지원이었다. 코콥초프는 평소처럼 전쟁은 너무 위험하다고 지적하며 이 모든 전투적인 발언에 반대했다. 회의 내내 그는 온건하고 합리적으로 진행하려고 애썼다. 홧김에 당장 보복하려 들기보다는 러시아가 용인할 수 있는 것과 없는 것의 한도를 정확히 정하는 것이 중요하다고 말했다. 그가 보기에 독일은 "러시아의 요구에 의해 생긴 상황에서" 벗어날 길을 찾고 있었고 이미 양보할 의향을 표시한 터였다. 따라서 독일을 강경한 입장으로 몰아가는 "비타협적 성격의 단정적 선언"을 삼가는 것이 매우 중요했다.[119] 그러나 이때 수호믈리노프, 사조노프, 그리고로비치, 질린스키가 한목소리로 수상에 도전했다. 그들은 독일이 무력 개입할 가능성이 극히 낮고, 최악의 경우 비록 바람직하지 않더라도 전쟁을 받아들일 수 있다고 주장했다. 수호믈리노프 육군장관과 질린스키 참모총장 둘 다 "러시아는 오스트리아는 말할 것도 없고 독일과도 일대일로 전쟁할 만반의 준비를 갖춘 상태"라고 잘라 말했

다.[120]

이 과격한 시나리오는 무용지물이 되었다. 독일이 재빨리 양보하여 위기가 지나갔기 때문이다. 러시아의 강경 대응과 영국·프랑스의 분쟁 조정 촉구에 놀란 독일 정부는 리만을 술탄의 군대에 배속시키는 데 동의했다(리만과 독일군의 연계를 끊은 조치였다—옮긴이). 리만은 오스만 제1군단 사령관을 단념하고 총검열관(실질적인 지휘권이 없는 직책—옮긴이)이 되어야 했지만, '오스만제국 육군 원수'로 승진하여 체면은 차릴 수 있었다.[121]

리만 폰 잔더스 사건은 대륙 전쟁으로 격화되진 않았으나 돌이켜 생각하면 감추어진 것을 드러낸 계기였다. 우선 러시아의 일부 정책수립자들의 사고가 얼마나 호전적으로 변했는지 드러났다. 특히 사조노프는 재임 초기의 우유부단한 자세에서 한층 강경하고 반독일적인 자세로 변해 있었다. 그는 베를린과 양해할 여지를 남겨두지 않는 독일-러시아 관계의 서사를 구성하고 있었다. 러시아는 언제나 온순하고 평화를 사랑하는 이웃이었던 반면 독일은 틈만 나면 러시아를 괴롭히고 러시아에 굴욕을 주는 표리부동한 포식자였다는 서사였다. 이제 단호히 대처할 때가 되었다! 정책의 시야를 좁힌 이런 서사의 위력을 과소평가해서는 안 된다. 그리고 파리의 거듭된 확언도 뚜렷한 흔적을 남겼다. 1월 13일 회의에서 사조노프는 러시아-독일 전쟁에 영국이 어떻게 대응할지는 불분명하지만 프랑스가 "적극적 지원을, 심지어 최후까지" 제공할 것은 확실하다고 말했다. 그리고 프랑스 대사 델카세 씨가 최근 자신에게 "프랑스는 러시아가 원하는 만큼 나아갈 겁니다"라고 확언했다고 전했다. 영국의 경우 초기에는 다소 주저할 테지만 분쟁이 프랑스와 러시아에 불리한 방향으로 전개되는 즉시 "의심할 나위 없이" 개입할 터였다.[122]

차르 역시 더 강경한 입장을 취하기 시작했다. 1914년 4월 초 영국 대사 뷰캐넌과 대화 중에 차르는 "보통 독일과 러시아를 갈라놓는 것이 없다고들 생각했지만, 실은 그렇지 않았습니다. 다르다넬스 문제가 있었죠" 하고 말하면서 러시아를 흑해에 가두려는 독일의 공작에 우려를 표했다. 독일이 그런 일을 시도한다면, 삼국협상이 더욱 굳게 연대하여 "세 국가 모두 독일의 침략에 맞서 함께 싸울 것"이라는 의사를 베를린에 분명하게 통보해야 했다.[123] 다른 한편 독일 정부는 러시아가 리만 파견에 맹렬히 반발한 데다 독일이 러시아의 요구에 씁쓸하게 굴복한 결과, 이제 베를린과 상트페테르부르크 사이에 좁힐 수 없는 간극이 생겼다고 판단했다. "러시아-프로이센 관계는 영원히 끝장났다!" 카이저는 탄식했다. "우리는 적이 되었다!"[124]

이미 입지가 위태로웠던 비둘기파 코콥초프는 리만 폰 잔더스 사건으로 결국 몰락했다. 리만 위기가 발생했을 때, 그는 프랑스에서 새로운 철도 차관 문제를 협상하고 있었다. 사조노프는 코콥초프에게 베를린에 가서 독일 측과 교섭할 것을 요청했다. 이 교섭에 대한 보고서에서 그는 실세에서 배제된 처지를 얼마나 예민하게 의식하고 있는지 드러냈다. 그는 각료평의회 의장에게 그토록 제한된 "권한과 특권"을 부여하는 러시아 체제의 "특이성"을 독일 교섭자들에게 납득시키기 어려웠노라고 사조노프에게 노골적으로 불평했다.[125] 코콥초프가 의장을 맡은 것은 1월 13일 각료평의회가 마지막이었다. 1914년 1월 말 그는 차르의 지시로 각료평의회 의장과 재무장관에서 모두 해임되었다.

코콥초프 해임은 단순히 그 개인의 패배가 아니라 정책의 패배, 그리고 더 일반적으로 러시아 정치에서 그가 대변해온 신중하고 보수적인 경향의 패배였다. 각료평의회 신임 의장 고레미킨Ivan Goremykin은 대체로 허수아비에 불과한 인물로 간주되었다. 후일 사조노프가 회상한 고레미킨은 "무언가에 관심을 갖는 역량과 그 자신의 평정 및 안녕뿐 아니라 본인 주변에서 진행되는 상황을 고려할 수 있는 능력까지 오래전에 잃어버린 노인"이었다.[126] 새 각료평의회의 실세는 1913년부터 코콥초프 반대 캠페인을 조직한, 유난히 인맥이 좋은 크리보셰인이었다. 코콥초프 대신 재무장관을 맡은 피터 바르크는 유능하지만 특출하지 않은 인물로 크리보셰인의 피후견자였다. 크리보셰인은 수호믈리노프와 사조노프가 점점 더 정력적으로 추구한 강경 노선을 열렬히 지지했다. 신중론 옹호자 코콥초프가 사라지자 각료평의회 내 힘의 균형은 더 전투적인 해법 쪽으로 기울어갔다.

결국 리만 폰 잔더스 위기를 통해 러시아가 터키 해협 문제에 얼마나 절박하게 집착하는지 드러났다.[127] 그와 동시에 삼국협상 파트너들이 터키 해협에 제약 없이 접근하려는 러시아의 노력을 여전히 지지하지 않는다는 곤란한 문제도 제기되었다. 이 점에 대한 사조노프의 의구심은 1월 13일 회의의 다소 비논리적인 결론에 반영되었다. 한편으로 러시아는 삼국협상의 지원을 받을 경우 콘스탄티노플을 상대로 점점 더 강압적인 조치를 취할 계획이었다. 그렇지만 삼국협상이 지

이반 고레미킨

원을 계속 보류할 경우, 러시아의 선택지는 군사적 강압 조치밖에 없었다. 삼국협상의 지지에 대한 러시아의 회의론은 타당한 것이었다. 리만 위기가 지나간 뒤에도 영국은 러시아가 "머지않은 미래에 그 〔터키 해협〕 문제를 거론"할 전망을 계속 우려했다.[128]

달리 말하면 러시아가 터키 해협을 직접적이고도 공공연하게 통제하는 데 필요한 국제적 지지를 받는 시나리오는 상상하기 어려웠다. 이것은 일찍이 1911년 11월 콘스탄티노플 주재 러시아 대사 차리코프가 오스만 정부와 거래할 가능성을 모색하다가 맞닥뜨린 문제였다. 당시 사조노프는 터키 해협을 직접 노리는 것은 시기상조라고 판단해 차리코프의 입장을 부인하는 쪽을 택했다. 그 대신 사조노프는 발칸반도, 그중에서도 세르비아에 초점을 맞춘 가르트비크의 호전적인 범슬라브주의 정책에 힘을 실어주었다. 이 선택의 논리는, 터키 해협 정책이 실패하거나 좌절될 경우 러시아가 다시 발칸반도에 집중할 가능성을 시사했다. 어떤 면에서 이것은 러시아의 기본 선택지 또는 나머지 선택지였다. 그러나 러시아가 발칸 전진정책을 택했다고 해서 터키 해협에 대한 궁극적 관심까지 포기했던 것은 결코 아니다. 오히려 발칸 전진정책은 똑같은 목적지로 나아가는 더 길고 구불구불한 길을 의미했다. 1912~1914년 러시아의 전략적 사고에서 발칸은 점점 더 터키 해협의 배후지로, 궁극적으로 오스만의 병목 지점인 보스포루스 해협을 통제하기 위한 핵심 거점으로 인식되었다.[129] 이런 인식의 밑바탕에는 전전 마지막 수년간 사조노프가 점점 더 중시한 신념이, 즉 터키 해협에 대한 러시아의 권리 주장은 유럽에서 전면전이 일어나고 러시아가 보스포루스와 다르다넬스 통제권이라는 궁극적 목표를 위해 싸울 경우에만 실현할 수 있다는 신념이 있었다.[130]

이런 생각은 1914년 2월 8일 사조노프가 의장을 맡은 특별회의의 의사록에 반영되었다. 코콥초프가 실각한 이후 열린 회의의 뚜렷한 특징은 참석자들이 더 이상 어조와 전망을 자제하지 않았다는 것이다. 그들은 터키 해협 통제권이 러시아에 중요하다는 것을 재확인했다. 그렇지만 사조노프가 인정했듯이 "유럽 전면전"을 촉발하지 않고서 해협을 얻는 방법을 떠올리기란 어려웠다. 이런 이유로 논의는 사뭇 다른 두 가지 과제의 우선순위를 정하는 문제를 중심으로 진행되었다. 하나는 다르다넬스 해협을 장악하는 것이었고, 다른 하나는 모든 가용 병력을 투입해야 할 유럽 전쟁에서 승리하는 것이었다. 사조노프의 발언에 질린스키 참모총장은 유럽 전쟁이 일어날 경우 해협 장악에 필요한 병력을 따로 남겨둘 수 없다고 지적했다. 남는 병력이 있더라도 서부전선에 배치해야 했다. 하지만 러시아가 서부전선에서 승전한다면, 다른 많은 국지적 쟁점들과 함께 다르다넬스 문제도 더 넓은 분쟁의 일환으로서 해결될 터였다(기존 구상에서 진일보한 중요한 전망이었다). 유리 다닐로프Yuri Danilov 병참감도 같은 생각이었다. 그는 오로지 해협 획득만을 노리는 모든 군사작전에 반대했다.

> 서부전선 전쟁에서 국가의 총전력을 최대로 발휘해야 할 것입니다. 군단 하나조차 다른 과제를 위해 떼어둘 여력이 없을 것입니다. 가장 중요한 전장에서 성공을 거두는 데 주력해야 합니다. 이 전장에서 승리하면 덜 중요한 다른 문제에서 유리한 결정을 내릴 수 있을 것입니다.[131]

그러나 모두가 이렇게 보았던 것은 아니다. 러시아 해군본부 작전부장 네미츠 대령은 콘스탄티노플을 위협하는 적과 러시아의 서부전선 상대가 같을 경우(즉 독일 그리고/또는 오스트리아-헝가리일 경우)에만 사조노프, 질린스키, 다닐로프가 구상한 시나리오가 성립한다고 경고했다. 그 경우 러시아는 때가 되면 터키 해협을 차지할 것이라고 상정하고서 주요 교전에만 집중할 수 있었다. 그러나 네미츠의 지적대로 해협을 얻으려 분투하는 러시아에게는 독일과 오스트리아 외에 다른 적들도 있었다. 따라서 네미츠가 은근히 영국을 가리키며 말했듯이, 러시아가 독일과 오스트리아 전선에서 싸우고 피를 흘리는 동안 "외국 함대와 군대"가 해협을 점령할 수도 있었다.[132] 일리 있는 지적이었다. 최근 경험으로 미루어 보면 러시아가 터키 해협의 정권을 일방적으로 바꾸려 시도할 경우 우방과 적국 양쪽 모두의 저항에 직면할 공산이 컸다.[133]

이런 고찰은 리만 폰 잔더스 위기가 러시아의 대對영국 정책에서 결정적 국면이었던 이유를 설명하는 데 도움이 된다.[134] 사조노프는 즉각 삼국협상을 완전한 동맹으로 바꾸는 조치를 요구하기 시작했으며, 1914년 6월 7일에 시작된 영국과의 해군 회담 배후의 주역이었다. 후일 회고록에서 사조노프는 보스포루스에 파견된 독일 군사고문단이 러시아로 하여금 "공통된 위험을 의식"하여 영국과 "구체적인 협정"을 맺도록 "강제"했다고 기억했다(물론 이 기억은 1914년 전쟁 발발을 염두에 두고서 과거를 돌아보는 우리의 견해에 잘 들어맞는다). 그런데 사조노프가 "인류 역사상 가장 위대한 동맹"으로 독일을 상대하고 견제할 꿈을 꾸었던 것은 틀림없지만,[135] (비록 외무장관이 전면에 나설 수 있는 사안은 아니었으나) 영국과 해군협정을 체결하여 세계 최강의 해군력을 속박하고 터키 해협에서 영국의 달갑지 않은 계획을 저지하려 했던 것도 분명해 보인다. 이 추론을 뒷받침하는 증거로는 오스만 해군의 발전에 이바지하는 영국 장교들의 역할에 대해 1914년 5월 러시아가 런던에 공식 항의서를 제출한 사실이 있다.[136] 영국에게나 러시아에게나 세계는 여전히 잠재적 적국이 하나 이상 있는 곳이었다. 동맹이라는 발판 아래에 오래된 제국 경쟁관계가 도사리고 있었던 것이다.

발칸 개시 시나리오

1913년 5월 사조노프는 가르트비크가 수신해서 그 내용을 다시 파시치에게 전달한 서신에서, 최근 발칸 사태를 개괄하고 이 사태가 세르비아왕국에 어떤 의의가 있는지를 설명했다. 그에 따르면 "세르비아"는 "그 역사적 행로의 첫 단계"를 마쳤을 뿐이었다.

> 목적지에 도달하기 위해 세르비아는 앞으로도 혹독한 투쟁을 치러야 하며, 그 투쟁에 왕국의 존망이 걸려 있다. (……) 세르비아의 약속의 땅은 오늘날 오스트리아-헝가리의 영토 안에 있지 현재 세르비아가 나아가려 투쟁하고 불가리아가 가로막는 방향에 있지 않다. 이런 상황에서 세르비아의 사활적 이익은 (……) 결연하고 끈기 있는 노력을 통해 미래의 피할 수 없는 투쟁에 대비하는 것이다. 시간은 세르비아에 유리하게 작용하고 이미 분명한 해체 징후를 보이는 적들을 몰락시키고 있다.[137]

이 서신에서 흥미로운 점은 세르비아의 공격 방향을 불가리아에서 오스트리아-헝가리로 돌려야 한다는 사조노프의 솔직한 발언만이 아니다. 그렇게 발언하면서 자신은 그저 역사의 판결, 즉 합스부르크 군주국의 여생이 얼마 남지 않았다고 이미 판단한 역사의 결정을 묵인할 뿐이라고 주장했다는 것도 흥미로운 점이다. 삼국협상 정치인들의 수사에서 오스트리아의 쇠락이 불가피하다는 이런 식의 서사를 자주 찾아볼 수 있다. 이것이 얼마나 유용했는지 짚어볼 필요가 있다. 이런 서사는 세르비아를 이중군주국의 구닥다리 구조를 쓸어버릴 현대성의 전령으로 묘사하며 세르비아의 무력투쟁을 정당화하는 기능을 했다. 또한 오스트리아-헝가리제국은 문화와 행정, 산업 면에서 유럽 현대성의 중심지 중 하나였던 반면 발칸 국가들(특히 세르비아)은 경제적 후진성과 생산성 하락의 악순환에 여전히 갇혀 있었음을 보여주는 차고 넘치는 증거를 은폐하는 기능을 했다. 하지만 이런 거대 서사의 가장 중요한 기능은 의사결정자들로 하여금 그들 행위의 결과에 대한 책임을 심지어 그들 자신에게도 숨길 수 있게 해주었다는 것이다. 미래가 이미 예정되어 있다면, 정치는 저마다 다른 미래를 내포하고 있는 선택지 중에서 하나를 고르는 일을 의미하지 않게 된다. 오히려 역사의 비인격적 전진 운동에 보조를 맞추는 일이 된다.

1914년 봄에 프랑스-러시아 동맹은 오스트리아-세르비아 국경에 지정학적 방아쇠를 설치했다. 다시 말해 양국은 세계에서 가장 강력한 세 나라의 방어정책과 유럽에서 가장 폭력적이고 불안정한 지역의 불확실한 운명을 서로 연결 지었다. 프랑스에게 세르비아 돌출부에 대한 약속은 프랑스-러시아 동맹 공약의 논리적 귀결이었으며, 이 동맹 자체는 프랑스 정책수립자들이 변경할 수 없다고 생각한, 정책을 제약하는 요인들의 귀결이었다. 그중 첫째는 인구학적 제약이었다. 3년 복무제법이 통과되어 병력을 대폭 늘릴 수 있게 되었음에도, 프랑스 육군은 지휘관들이 독일의 위협에 단독으로 대항하는 데 필요하다고 판단한 만큼의 병력을 보유하지 못했다. 따라서 독일군에 대한 승리는 두 가지 방안에 달려 있었다. 하나는 영국 원정군이 연합군의 서부전선에 참전하는 방안이었고, 다른 하나는 프랑스군이 견고하게 요새화된 알자스와 로렌 지방을 우회하고 벨기에를 통과해 신속히 공격하는 방안이었다. 불행히도 두 선택지는 서로 배타적이었는데, 벨기에의 중립을 침해한다는 것은 곧 영국의 지원을 포기한다는 뜻이었기 때문이다. 게다가 벨기에를 침입하는 방안의 전략적 이점을 포기한다고 해서 다가오는 전쟁의 첫 번째 결정적 국면에서 영국의 개입을 꼭 보장받을 수 있는 것도 아니었다. 영국의 모호한 정책이 상당한 의구심을 자아내고 있었기 때문이다.

이런 이유로 프랑스는 서부에서 부족한 안보를 동부에서 보완할 방법을 찾아야 했다. 1913년 봄에 벨기에 공사가 말했듯이, 영국의 우정이 더 "약해지고 유명무실해"질수록 프랑스 전략가들은 맹방 러시아와의 유대를 "단단히 조일" 필요가 있다고 느꼈다.[138] 프랑스 정부는 1911년부터 러시아의 공격 역량을 강화하는 데 초점을 맞추었고, 1912~1913년 러시아 배치계획의 표적을 발칸의 표면상 적수인 오스트리아가 아닌 독일로 못 박으려고 애썼다. 양국의 긴밀한 군사적 관계는 강력한 재정 유인책으로 점차 보강되었다. 프랑스는 일정한 전략적 대가를 치르고서 이 정책을 구입한 셈이었는데, 러시아가 독일을 상대로 주도권을 쥘 수 있게 하는 목표에 막대한 금액을 베팅하느라 자국의 자율성을 어느 정도 희생할 수밖에 없었기 때문이다. 프랑스 정책수립자들이 이 정책에 따른 제약을 감수하려 했다는 증거 중 하나는 특별히 발칸 개시 시나리오를 포함하기 위해 프랑스-러시아 동맹 조건을 확대하려 했다는 사실이다. 이 양보로 러시아가 사실상 주도권을 쥐게 되었다. 프랑스 정부는 이 위험을 감수하려 했다. 그들이 주로 우려한 점은 러시아가 성급하게 행동하는 것이 아니라 전혀 행동하지 않는 것, 또는 동맹의 안보 가치에 흥미를 잃을 만큼 우세해지는 것, 또는 '주적' 독일이 아닌 오스트리아를 물리치는 데 주력하는 것이었기 때문이다.

발칸 개시 시나리오가 프랑스에게 매력적이었던 이유는 단순히 발칸 지역에서 러시아의 이권이 전통적으로 강했기 때문이 아니라 합동작전에 대한 러시아의 전폭적인 지원을 이끌어낼 가능성이 가장 높은 방법으로, 즉 세르비아와 오스트리아-헝가리 간 분쟁을 이용해 러시아의 국민감정을 자극함으로써 러시아 지도부에 다른 선택지를 허용하지 않을 수 있는 방법으로 보였기 때문이다. 따라서 러시아 군사철도 부설 프로그램과 결부된 막대한 프랑스 차관(당시 금융 역사상 최대 규모였다)이 중요했다. 러시아 병력이 군사철도를 타고 동부전선으로 이동해 독일에 공격을 집중하면 독일은 (프랑스의 바람대로) 군대를 나눌 수밖에 없을 것이고, 그러면 서부전선에서 독일군의 공격력이 약해져 프랑스가 승리하는 데 필요한 전력 차이가 생길 터였다.

세르비아 돌출부에 대한 러시아의 약속에는 다른 속셈이 들어 있었다. 러시아는 오래전부터 오스트리아-헝가리를 막는 방벽을 형성할 수 있는 발칸동맹과 일종의 파트너십을 맺는 정책을 추구해온 터였다. 러시아는 이탈리아가 리비아를 침공한 기간에 이 정책을 되살린 뒤 러시아를 발칸반도의 중재국으로 규정하는 세르비아-불가리아 동맹을 주선했다. 1차 발칸전쟁의 영토 전리품을 놓고 2차 발칸전쟁이 일어나자 러시아는 발칸동맹 정책의 쓸모가 다했다고 판단하고서 잠시 망설인 끝에 세르비아를 주요 피후견국으로 선택했으며, 이에 타격을 입은 불가리아는 재빨리 동맹국의 재정적·(훗날) 정치적 영향권으로 들어갔다. 러시아는 세르비아에 대한 약속을 심화하다가 1912년 12월~1913년 1월의 발칸 위기 때처럼 오스트리아-헝가리와 직접 대결하는 형국이 되었다.

그러나 러시아는 프랑스 참모본부가 끈덕지게 제안한 전략 구상을 곧장 받아들이지 않고 늑장을 부렸다. 1910년 수호믈리노프의 재배치 계획은 프랑스 측을 짜증나게 했는데, 러시아군의 집결 지역들을 서쪽 국경에서 동쪽으로 한참 후퇴시키는 계획이었기 때문이다. 뒤이은 수년간 프랑스는 동부전선을 최대한 빠른 시간 안에 최대 전력으로 타격하는 데 초점을 맞춘 전략, 즉 적국의 심장부를 대규모 병력으로 공격하기 위해 설계된 네 가닥 철도 노선들을 이용하는 전략에 대한 러시아의 저항을 극복하는 데 공을 들여 성공을 거두었다.

러시아의 전략적 사고와 프랑스의 전략적 사고가 결국 얼마간 보조를 맞추게 된 데에는 몇 가지 이유가 있었다. 우선 막대한 프랑스 차관 약속이 협력의 강력한 유인으로 기능했다. 그리고 러시아가 오스트리아를 공격하면 독일이 개입하지 않을 리 없었으므로, 발칸반도에 대한 오스트리아의 권력을 깨뜨리는 일은 러시아가 독일을 물리치는 경우에만 가능하다는 것이 점점 더 분명해졌다. 가장 중요한 마지막 이유는, 리만 폰 잔더스 파견단이 콘스탄티노플에 도착하자 러시아의 전쟁 대비태세가 강화되고 독일의 목표에 대한 의구심이 높아졌을 뿐 아니라, 러시아의 더 근본적인 터키 해협 이권과 발칸 정책의 연관성이 분명해졌다는 것이다.

1914년 2월 8일 특별회의에서 드러났듯이 사조노프와 수호믈리노프, 질린스키는 터키 해협 접근권이나 통제권을 획득하는 목표가 러시아의 경제적 · 전략적 미래에 한없이 중요하다는 데 동의하면서도,

동맹국을 상대하는 유럽 전쟁에서 승리하는 과제에 이 목표를 종속시켜야 한다는 것을 인정하기에 이르렀다. 단순히 독일이 터키 해협에서 지배적 이권을 획득할까 우려했기 때문이 아니라, 삼국협상 국가들 자체가 이 중대한 전략적 자산을 차지하려는 러시아의 바람을 지지할 준비가 안 되어 있었기 때문이다. 실은 터키 해협에 대한 세 나라의 시각이 워낙 판이했던 탓에 러시아 외무부는 전면전(사실상 발칸에서 시작되는 전쟁을 의미했다)이 일어나야만 러시아가 서방 파트너들의 확실한 지지를 받으며 행동할 수 있을 것으로 내다보았다.[139]

우리는 중요한 구별을 해야 한다. 프랑스 또는 러시아의 전략가들은 동맹국을 상대로 침략전쟁을 개시하는 계획에 관여한 적이 없다. 지금 우리가 다루는 것은 시나리오이지 계획 자체가 아니다. 그렇다 해도 양국 정책수립자들은 자신들의 행동이 독일에 미칠 법한 영향을 놀라울 정도로 대수롭지 않게 생각했다. 프랑스 정책수립자들은 군사적 위협의 균형이 얼마만큼 독일에 불리하게 기울었는지를 알고 있었다. 1914년 6월 프랑스 참모본부의 보고서는 "군사적 상황이 독일에 불리하게 변경되었다"라고 만족스러운 투로 지적했으며, 영국의 군사적 평가도 별반 다르지 않았다. 하지만 자신들의 행동은 전적으로 방어적인 것이고 적에게만 공격적인 의도가 있다고 생각했던 까닭에, 핵심 정책수립자들은 자신들의 결정이 베를린의 선택지를 줄일 가능성을 진지하게 고려하지 않았다. 이는 국제관계 이론가들이 '안보 딜레마'라고 부르는 상황, 즉 한 국가가 자국의 안보를 강화하기 위해 취하는 조치가 "다른 국가들을 불안하게 만들고 최악의 사태에 대비하

도록 몰아가는" 상황을 뚜렷하게 보여준 사례였다.[140]

삼국협상 안보정책의 발칸화에 따르는 위험을 영국은 알고 있었을까? 영국 정책수립자들은 유럽의 지정학이 변동하면서 생겨난 메커니즘을 잘못 건드렸다가는 발칸 분쟁이 유럽 전쟁으로 비화할 수 있다는 것을 충분히 인식하고 있었다. 그리고 그들은 이 가능성을 양가적 태도로 바라보았다(사실상 유럽 정세의 모든 측면을 이렇게 보았다). 러시아에 가장 친화적인 영국 정책수립자들조차 상트페테르부르크의 발칸 정책을 무비판적으로 받아들이지 않았다. 1912년 3월 세르비아-불가리아 조약을 주선한 러시아의 역할을 알게 되었을 때, 아서 니컬슨은 이 최근 행보가 "러시아 정부는 발칸 문제에서 오스트리아 정부와 공조할 의사가 없다는 것을 보여주며, 이 점이 개인적으로 몹시 유감입니다"라고 탄식했다.[141] 1912년 9월 런던과 발모럴성에서 영국 주요 정치인들을 만났을 때, 사조노프는 발칸에 대한 영국 측 견해의 "지나친 신중함"과 러시아의 모든 행보를 오스만 정부를 압박하려는 계산된 움직임으로 보는 그들의 의구심에 놀랐다.[142] 1912년 11월 세르비아군이 알바니아를 가로질러 아드리아 연안까지 진격했을 때, 파리 주재 영국 대사 바르티 자작은 프랑스 외무장관에게 영국이 베오그라드를 위해 아드리아 항구를 확보하고자 참전하는 일은 없을 것이라고 경고했다.[143]

그런데 겨우 며칠 뒤인 12월 4일, 에드워드 그레이는 독일 대사 리히노브스키 백작을 호출해 엄중히 경고했다.

오스트리아가 세르비아를 공격하고, 여론에 떠밀린 러시아가 1909년에 겪었던 것과 같은 굴욕을 다시 감수하지 않고 갈리치아로 진격해 유럽 전쟁이 일어난다면, 그래서 독일이 오스트리아를 지원할 수밖에 없게 된다면, 프랑스가 불가피하게 말려들 테고 그러면 사태가 어떻게 흘러갈지 아무도 예견할 수 없을 겁니다.[144]

앞서 보았듯이 이 언쟁의 계기는 베트만 재상이 1912년 12월 2일 독일 의회에서 10분 동안 한 연설이었다. 이때 베트만은 오스트리아가 천만뜻밖에도 다른 강대국(분명히 갈리치아 국경에서 군사적 조치를 취해 전쟁 공포를 유발한 러시아를 가리킨 표현이었다)의 공격을 받는다면 독일이 맹방을 보호하기 위해 개입할 것이라고 경고했다. 리히노브스키는 그레이의 발언을 "오해할 수 없는 암시"로 받아들였고 "〔프랑스가〕 독일에 의해 궤멸되지 않게 막는 것이 잉글랜드에게 필수불가결한 일"이라는 의미로 해석했다.[145] 며칠 뒤 리히노브스키의 요약문을 읽은 빌헬름 2세는 그것을 독일에 대한 "정신적 선전포고"로 보고서 패닉에 빠졌다. 그레이의 경고는 1912년 12월 8일 포츠담 군사참모회의를 유발했다. 그리고 프랑스 문서들을 보면, 그레이가 독일에 경고를 날린 당일에 곧이어 폴 캉봉 대사에게 리히노브스키와의 대화를 전달했고 캉봉이 다시 푸앵카레에게 세부내용을 전달했던 것이 분명하다.[146]

그레이의 경고에서 특기할 점은, 얼마나 많은 전제를 깔고서 얼마나 단호한 어조로 발칸 개시 시나리오의 인과적 연쇄반응에 대해 말했는가 하는 것이다. 우선 그레이는 1909년 러시아가 (보스니아-헤르체고비나 병합 위기에서—옮긴이) '굴욕'을 당했다는 사조노프와 이즈볼스키의 견해에 동조했다. 마치 이즈볼스키가 터키 해협과 관련해 제안한 거래를 영국이 거절했던 탓에 이 러시아 외무장관이 오스트리아 외무장관에게 속았다고 주장하며 위기를 일으켰다는 사실을 잊어버린 듯한 태도였다. 러시아가 동맹국에 의해 거듭 굴욕을 당했다는 것은 줄잡아 말해도 미심쩍은 생각이었다. 진실은 정반대였다. 다시 말해 러시아가 위험을 자초한 뒤 운 좋게도 아주 쉽게 벗어난 셈이었다.[147] 오스트리아와 세르비아 간 분쟁으로 러시아 국내 여론이 격앙되면 러시아 의사결정자들이 오스트리아를 공격할 수밖에 없다는 것도 매우 의심스러운 생각이었다. 사실 러시아 여론이 세르비아 문제로 성급한 행동을 요구한다는 것은 전혀 근거 없는 가정이었다. 물론 일부 민족주의 신문들은 그런 요구를 했지만, 다른 신문들은 그러지 않았다. 일례로 메스체르스키Meshchersky 공이 발행한 보수 신문 《그라즈나딘Grazhdanin》은 친슬라브주의자들의 "무력한 낭만주의"를 비난하고, 오스트리아-세르비아 분쟁에서 러시아가 불가피하게 세르비아를 편들어야 한다는 생각을 공격했다. 1913년 2월 발칸 위기가 한창이던 때에 전직 수상 세르게이 비테는 러시아 인구의 10퍼센트가 전쟁에 찬성하고 90퍼센트가 반대할 것이라고 추정했다.[148]

그레이의 경고에서 또 하나 특기할 점은, 러시아의 안보를 직접 위협하지 않는 국가에 대한 공격을 포함함에도 불구하고, 러시아의 개입이 "불가피하게" 프랑스를 끌어들일 것이라는 가정이다. 이 견해는 푸앵카레의 조치(러시아가 다른 유럽 강대국을 공격할 가능성에 대비해 프랑스-러시아 동맹조약의 공약을 확대한 조치)를 본질적으로 지지하거나 적어도 암묵적으로 받아들이는 것이었다. 그리고 이 견해를 통해 그레이는 영국이 언젠가 프랑스 편에서 부득이 개입할 수 있음을 암시했다. 그레이는 '세르비아를 위해 싸울' 전망을 불편하게 여겼을지 몰라도(분명 이따금 불편한 심정을 드러냈다) 발칸 개시 시나리오를 이해하고 정당화했으며 자신의 사고 안으로 흡수했다. 그리고 이 시나리오가 국제체제의 중립적 특징이 아니었다는 데 유념해야 한다. 발칸 개시 시나리오는 비인격적 필연성을 구현하고 있었던 것이 아니다. 오히려 당파적 태도와 약속, 위협으로 점철되어 있었다. 이 시나리오를 통해 그레이가 얼마만큼 순전한 세력균형 정책을 버리고 삼국협상의 안보를 극대화하는 정책을 지지하고 있는지가 드러났다.[149] 그레이는 리히노브스키에게 이 시나리오를 요약하면서 어떤 예정된 미래를 예언하고 있었던 것이 아니라 그 미래를 실현할 수 있는 일군의 양해사항 중 일부를 명료하게 표현하고 있었던 것이다.

이 모든 추정의 결정적 전제조건은 오스트리아-헝가리에게 유럽 강국의 방식으로 자국의 근거리 이해관계를 방어할 권리가 있음을 부인하는(명시적으로든 암묵적으로든) 것이었다. 프랑스와 영국의 의사결정자들은 오스트리아-세르비아 분쟁이 정확히 어떤 조건에서 발생할 것이냐는 문제에 감질나리만치 모호한 입장을 보였다. 푸앵카레는 이즈볼스키와 대화하면서 기준을 규정하려는 어떤 노력도 하지 않았고, 프랑스 육군장관과 상급 지휘관들은 1912~1913년 겨울 오스트리아가 아직 세르비아를 공격하지 않았음에도 공세적 행동을 요구했다.

그레이는 조금 더 양면적인 태도를 보이며 조건별로 차이를 두려 했다. 예컨대 1912년 12월 4일 리히노브스키에게 경고한 당일에 그레이는 파리 대사 바르티에게 보낸 공문에서 발칸 분쟁에 대한 영국의 대응은 "전쟁이 어떻게 발발하는가"에 달려 있을 것이라고 말했다.

> 세르비아가 오스트리아를 도발하고 오스트리아에게 분개할 정당한 이유를 준다면, 명백하게 오스트리아가 공격하는 경우와는 의견이 다를 것이다.[150]

그런데 무엇이 "분개할 정당한 이유"가 될 수 있었을까? 1912~1914년의 유럽처럼 양극화된 체제에서는 얼마만큼의 도발이 무력 대응을 정당화하느냐는 물음에 의견 일치를 보기 어려웠을 것이다. 그리고 오스트리아-헝가리의 안보 과제를 고려하지 않으려는 태도는 열강이 이중군주국의 향후 통합 유지에 얼마나 무관심해졌는지를 보여주는 또 다른 증거였다. 무관심의 이유는 이중군주국을 자율적인 지정학적 정체성을 결여한 독일의 충견으로 여겼거나, 이중군주국이 발칸반도에 대한 공격적 구상을 품고 있다고 의심했거나, 이중군주국이 수명을 다했고 조만간 더 젊고 더 나은 계승 국가들로 교체되리라는 견해를 받아들였기 때문이다. 이 상황의 한 가지 아이러니는 합스부르크 외무장관이 에렌탈처럼 단호한 성격이든 베르히톨트처럼 더 부드러운 성격이든 별반 차이가 없었다는 것이다. 전자는 공격성을 의심받았고, 후자는 베를린에 굴종한다고 의심받았다.[151]

세르비아를 이미 장밋빛 미래를 약속받은 자유 투사들의 국가로 보는 견해는 합스부르크 국가에 대한 사망선고를 뒷받침하는 유언보충서였다. 우리는 이런 추세를 가장 예상하기 쉬운 곳에서, 즉 가르트비크가 베오그라드에서 보낸 열정적인 보고서에서뿐 아니라 세르비아를 열렬히 지지한 프랑스 공사 데스코스의 공문에서도 발견할 수 있다. 프랑스의 유구한 재정 지원 정책은 계속 이어졌다. 1914년 1월 베오그라드 정부의 막대한 군사비로 쓰일 대규모 프랑스 차관(1912년 세르비아 국가 예산의 두 배에 달했다)이 다시 한 번 도착했다. 그리고 파시치는 오스트리아-헝가리가 비슷한 규모의 군수품을 불가리아에 보내고 있다고 주장하며(알고 보니 거짓이었다) 상트페테르부르크와 라이플 12만 정, 곡사포 24문, '최신식' 대포 36문과 적절한 탄약을 공급받는 군사원조안을 협상했다.[152]

그레이는 1913년 런던 대사회의에서 교섭 중에 신생국 알바니아의 주장보다 세르비아의 주장에 호의를 보이는 등 잠재적인 친세르비아 정책을 채택했는데, 대大세르비아라는 대의 자체를 지지해서가 아니라 세르비아 유화책이 삼국협상의 내구성에 아주 중요하다고 보았기 때문이다.[153] 그 결과 알바니아 인구의 절반 이상이 신생 알바니아 왕국의 국경 밖에 방치되었다. 세르비아의 통치 아래 들어간 알바니아인 다수는 박해와 추방, 학대, 집단학살을 당했다.[154] 그럼에도 세르비아 정치 엘리트 중에 친한 친구가 많았던 영국 대리공사 크랙앤서프는 잔혹행위 소식을 처음에는 억누르고 나중에는 경시했다. 비행의 증거가 쌓이자 영국 내에서 이따금 혐오감이 표출되었지만, 러시아를 같은 편에 두려는 정책을 변경할 만큼 강하게 표출되지는 않았다.

두 가지 요인이 발칸의 일촉즉발 긴장감을 더욱 고조시켰다. 하나는 세르비아의 영토 야심을 점점 더 단호히 견제하려는 오스트리아의 결의였다. 앞서 보았듯이 발칸 상황이 악화됨에 따라 빈의 의사결정자들은 더 강경한 해결책으로 기울어갔다. 위기가 생겼다 지나가면서 분위기가 계속 변하긴 했지만, 그 효과는 누적되었다. 다시 말해 위기가 터질 때마다 점점 더 많은 핵심 정책수립자들이 공격적인 입장에 동조했다. 그리고 재정과 국내 사기라는 요인이 정치인들의 불안감을 부추겼다. 평시 동원을 계속하는 데 필요한 돈이 떨어지고 평시 동원이 소수민족 신병들에게 미치는 영향에 대한 우려가 깊어짐에 따라, 오스트리아-헝가리의 선택지가 줄어들고 정치적 전망이 경직되어갔다. 그러나 1914년 6월 전전 막판에 오스트리아 관료 마체코가 베르히톨트에게 제출하기 위해 발칸 지역의 전략적 상황을 개관한 음울한 의견서에서, 오스트리아가 발칸반도에서 직면한 문제들을 해결할 수단으로 군사행동을 언급하지 않았다는 사실을 우리는 잊지 말아야 한다.

마지막으로, 독일이 '무력정책'에 점점 더 의존하는 모습을 보였다. 무력 극대화를 통해 자주성과 안보를 추구하는 경향은 비스마르크부터 뷜로와 베트만 홀베크에 이르기까지 독일 정책의 유서 깊은 특징이었다. 무력 추구로 이웃국가들에게 반감을 살 수 있고 잠재적 동맹파트너와 소원해질 수 있다는 문제는 정책 결정자들이 바뀌어도 해결되지 않았다. 그러나 이 정책이 반대 진영의 합동공격 가능성을 차단하는 억지 효과를 발휘하는 한, 고립 위협은 비록 심각하기는 해도 버

거울 정도는 아니었다. 그러나 1912년 삼국협상의 군사 대비태세가 대폭 강화되자 이 접근법의 장기적 타당성이 흔들렸다.

전전 막판에 독일 전략가들과 정책수립자들은 두 가지 문제에 사로잡혀 있었다. 위에서 논한 첫 번째 문제는 전쟁이 날 경우 적들을 물리치기에 충분한 무력을 독일이 언제까지 보유할 수 있느냐는 것이었다. 러시아의 의도와 관련된 두 번째 문제는 러시아 지도부가 독일에 대한 예방전쟁을 적극적으로 준비하고 있느냐는 것이었다. 두 문제는 서로 맞물려 있었다. 러시아가 실제로 독일과의 전쟁을 모색하고 있다면, 정치적으로 값비싼 양보를 해서 전쟁을 회피하자는 주장은 설득력이 떨어질 것이었기 때문이다. 전쟁을 피할 수 없고 단지 미룰 수만 있다면, 나중에 훨씬 더 불리한 환경에서 똑같은 시나리오를 되풀이하느니 지금 적국의 전쟁 신청을 받아들이는 것이 이치에 맞는 선택이었다. 사라예보 암살에 뒤이은 7월 위기 동안 이런 생각이 독일 의사결정자들을 무겁게 짓눌렀다.

남성성의 위기?

1914년 봄과 초여름에 유럽의 고관들이 누구였는지 조사해보면, 그 유감스러운 면면에 놀라지 않을 수 없을 것이다. 카스텔노와 조프르부터 질린스키와 콘라트 폰 회첸도르프, 윌슨, 몰트케에 이르기까지, 상급 군인들은 하나같이 전략적 공세의 옹호자였고, 의사결정을 내리는 정치인들에게 불안정하지만 중요한 영향력을 행사했다. 1913~1914년 둘 다 강경파인 델카세와 팔레올로그가 상트페테르부르크에서 프랑스를 연이어 대표했다. 이즈볼스키는 파리에서 근무하며 1909년의 '굴욕'에 대한 복수를 여전히 벼르고 있었다. 소피아 주재 프랑스 공사 앙드레 드 파나피외는 1912년 12월 "독일과 오스트리아에 대항하는 개인적 이해관계"를 갖고 있다는 이유로 이즈볼스키를 가리켜 "파리에서 가장 뛰어난 대사"라고 평했다. 그리고 러시아 동료들은 이즈볼스키가 언제나 오스트리아의 대對세르비아 정책에 대해 "병합 시기부터 그에게서 떨어지지 않은 비통함이 느껴지는 어투"로 말한다는 것을 알아차렸다.[155] 곧잘 흥분하는 오스트리아 혐오자 미로슬라브 스팔라이코비치는 당시 상트페테르부르크 주재 세르비아 공사였으며, 그의 숙적 포르가치 백작은 빈에서 정책수립을 돕고 있었다. 등장인물들이 서로를 아주 잘 알지만 서로를 좋아하지 않는 해럴드 핀터Harold Pinter의 연극이 떠오르는 상황이었다.

이 연극에는 남성 인물들만 등장했다. 이 사실은 얼마나 중요했을까? 남성성은 여러 형태의 행위를 포괄하는 넓은 범주였고 지금도 마찬가지다. 이 특정한 남자들의 남성성에는 계급과 종족, 직업의 정체성이 반영되어 있었다. 그렇다 해도 핵심 인물들은 확연히 남성적인 처신에 놀랄 만큼 자주 호소했으며, 그런 처신과 그들의 정책 인식은 단단히 엮여 있었다. "나는 이 문제에서 우리가 등을 아주 꼿꼿이 세우고 있어야 한다고 진심으로 믿네." 아서 니컬슨은 친구 찰스 하딘지에게 쓴 편지에서 이렇게 말하며 베를린의 유화책을 일체 거부할 것을 권고했다.[156] 1912년 3월 파리 주재 독일 대사 빌헬름 폰 쇤은 베를린 정부가 프랑스와의 관계에서 "완전히 냉정한 평정"을 유지하고 국제 상황에 따라 국가를 방어하는 과제에 "냉혹하게" 접근하는 것이 중요하다고 썼다.[157] 바르티는 독일이 "우리를 물속으로 밀어넣고 우리 옷을 훔쳐갈" 위험에 대해 말하면서 국제체제를 사춘기 소년들로 붐비는 시골 놀이터에 비유했다. 사조노프는 푸앵카레의 "강직한" 성격과 "흔들리지 않는 굳건한" 의지를 칭찬했다.[158] 폴 캉봉은 푸앵카레에게서 전문직 법률가의 "완고함"을 보았고, 그레이의 공적 정체성에서 속내를 좀체 드러내지 않는 자립적인 '야외활동 애호가'의 매력이 중요하다고 생각했다. 베트만은 회고록에서 1914년 위기 동안 오스트리아-헝가리에 대한 지지 회피는 "자기 거세" 행위였을 것이라고 말했다.[159]

이렇게 세기말적 남자다움에 호소하는 표현이 이 무렵의 서신과 메모에서 워낙 광범하게 나타나므로 그 영향이 특정 지역에 국한되었다고 보기 어렵다. 그렇다 해도 이런 표현은 분명 유럽 남성성의 역사에서 아주 특정한 순간을 반영한다. 젠더를 연구하는 역사가들은 19세기 말 수십 년과 20세기 첫 10년 동안 욕구 충족(음식, 섹스, 상품)에 집중하던 비교적 폭넓은 형태의 가부장적 정체성이 더 좁고 냉정하고 금욕적인 정체성으로 대체되었다고 지적한다. 그와 동시에 종속되고 주변화된 남성성들(예컨대 비백인 프롤레타리아의 남성성)과의 경쟁에 직면한 엘리트층 내에서 '진정한 남성성'의 표현이 강조되었다. 특히 군 지휘부 집단들 사이에서 체력, 강인함, 의무, 아낌없는 봉사가 그전까지 강조되었던 상류층 출신을 점차 대체했다(이제 출신을 중시하는 것은 사내답지 못한 일로 여겨졌다).[160] "남자다운 것 (……) 최대한 남자다워지는 것은 (……) 〔남자들에게〕 진정한 탁월함으로 비친다." 빈에서 활동한 페미니스트 자유사상가 로자 마이레더Rosa Mayreder는 1905년에 이렇게 썼다. "그들은 전통적인 남성성의 규범에 들어맞기만 하면 패배의 참혹함이나 행위의 순전한 부당함에 무감각하다."[161]

그러나 점점 비대해지는 새로운 남성성의 형태들은 여전히 '신사'의 표지로 여겨지던 순종의 이상, 예의, 세련된 교양, 자선 등과 긴장관계에 있었다.[162] 어쩌면 핵심 의사결정자들 다수에게서 나타난 역할 긴장과 피로의 징후들(몇 가지만 꼽자면 감정 기복, 강박, '신경과로', 우유부단, 심신증, 현실 도피 등)은 일부 남성들에게 견디기 어려운 부담으로 다가갔던 젠더 역할에서 그 원인을 찾을 수 있을 것이다. 콘라트 폰 회첸도르프는 호전적이고 엄격한 군인의 무뚝뚝한 페르소나와 여성의 지지를 몹시 필요로 하는 면모를 동시에 갖고 있었다. 여성과 함께 있을 때면 사령관의 요지부동 가면이 벗겨지고 위안과 심리적 강화를 간절히 필요로 하는, 만족을 모르는 자아가 드러났다. 콘라트의 어머니 바르바라는 1915년에 죽을 때까지 아들과 함께 살거나 아들 곁에서 살았다. 콘라트는 결국 어머니의 빈자리를 채우려 당시 이혼한 상태였던 기나 폰 라이닝하우스와 결혼했고, 전쟁 중에 테셴에 있는 오스트리아-헝가리 사령부로 그녀를 불러들였다. 이 소식에 그의 동료들과 빈 사교계는 깜짝 놀랐다.[163]

또 다른 흥미로운 사례로는 베오그라드 주재 프랑스 공사 레옹 데

스코스가 있다. 데스코스를 잘 아는 러시아 동료는 두 차례 발칸전쟁의 "심대한 정신적 타격"이 그의 "신경계"를 손상시켰다고 보고했다. "그는 혼자 있기를 더 좋아하기 시작했고 (……) 때때로 평화의 불가침성에 대한 애창곡을 되풀이해 부르곤 했다."[164] 발칸전쟁 기간에 베르히톨트는 일기를 쓰면서 악몽과 불면, 두통에 대해 끊임없이 불평했다.[165] 근본적으로 평화적 기질을 가진 프랑스 신임 수상 르네 비비아니는 1914년 7월 정상회담을 위해 상트페테르부르크를 방문했을 때 신경과민으로 정신을 잃고 쓰러질 뻔했다. 가르트비크 역시 중압감에 시달렸다. 소피아 주재 러시아 공사 알렉산드르 사빈스키는 발칸전쟁 기간에 가르트비크가 "균형을 잃었다"라고 생각했고, "어디서나 자신이 만들어낸 적을 본다"라고 말했다. 1914년 초여름 가르트비크는 심장이 안 좋다고 끊임없이 투덜대면서 여름휴가와 바트나우하임에서 요양할 날을 고대했다. 결국 그는 7월 위기가 지나기 전에 사망했다.[166] 많은 이들이 이 시대의 특징으로 꼽은 신경과민은 이 유력자들에게서 불안감으로만 나타난 것이 아니라, 1904년 발터 라테나우Walther Rathenau의 표현처럼 자신의 의지 "박약"을 극복하고 "두려워하는 사람"이 아닌 "용감한 사람"이 되려는 강박적 욕구로도 나타났다.[167] 이 이야기의 인물들을 젠더 역사의 더 넓은 테두리 안에 어떻게 자리매김하든 간에, 이전 세대 정치인들(비스마르크, 카보우르, 솔즈베리)이 예증했던 유연성, 전술적 융통성, 교활함보다 꿋꿋한 기개를 선호한 행동규범이 분쟁의 가능성을 높였던 것은 분명해 보인다.

미래는 얼마나 열려 있었나

오스트리아 공법학자 게오르크 옐리네크Georg Jellinek는 1892년에 출간한 《주관적 공법체계System der subjektiven öffentlichen Rechte》에서 '사실적인 것의 규범적 힘'을 분석했다. 이 표현으로 그가 의미한 것은 현존하는 상황에 규범적 권위를 부여하는 사람들의 경향이었다. 그에 따르면 사람들이 이렇게 하는 것은 어떤 상황에 대한 그들의 인식이 그 상황의 영향을 받으며 형성되기 때문이다. 이런 해석학적 순환에 갇힌 사람들은 존재하는 것에 대한 관찰로부터 현존하는 상황이 정상적이고 따라서 어떤 윤리적 필연성을 구현하고 있는 것이 틀림없다는 추정으로 금세 끌려가는 경향이 있다. 격변이나 혼란이 발생하면 그들은 새로운 상황에 재빨리 적응하고, 이전 질서에서 인식했던 것과 동일한 규범적 성격을 새로운 상황에 부여한다.[168]

이와 얼추 비슷한 일이 우리가 역사적 사건에 대해, 특히 1차 세계대전처럼 재앙적인 사건에 대해 숙고할 때에도 일어난다. 그런 사건은 일단 발생하고 나면 우리에게 필연적으로 발생했다는 느낌을 준다(또는 그런 느낌을 주는 것으로 보인다). 이 과정은 여러 층위에서 진행된다. 우리는 1차 세계대전 핵심 주역들의 서신과 연설, 회고록에서 이 과정을 찾아볼 수 있다. 그들은 대안이 전혀 없었고 전쟁이 '불가피'했으며, 따라서 아무도 막을 수 없었다고 재빨리 강조했다. 이렇게 불가피성을 말하는 서사들은 여러 형태로 나타난다. 다른 국가나 행위자에게 그저 책임을 전가하기도 하고, 개별 행위자들의 의지와 관계없이 체제 자체에 전쟁을 낳는 성향이 있다고 주장하기도 하고, 역사나 숙명의 비인격적인 힘에 호소하기도 한다.

1차 세계대전의 원인들에 대한 탐구는 근 한 세기 동안 관련 문헌을 지배하며 이런 추세를 강화해왔다. 전전 수십 년 동안의 유럽을 종횡으로 샅샅이 훑어 찾아낸 원인들이 저울의 추처럼 쌓이다 보면 개연성 쪽으로 기울어 있던 저울이 결국 불가피성 쪽으로 기울어진다. 우발성, 선택, 행위능력은 시야에서 사라진다. 이것은 어느 정도는 원근법의 문제다. 먼 미래인 21세기 초의 시점에서 1914년 이전 유럽 국제관계의 우여곡절을 되돌아보는 우리는 후대의 렌즈를 통해 볼 수밖에 없다. 드니 디드로는 구도가 좋은 그림의 특징을 "단일한 관점에 담긴 전체"라고 표현했는데, 우리에게는 1차 세계대전 이전 사건들이 그런 그림을 닮은 무언가를 스스로 구성하는 것처럼 보인다.[169] 물론 이 문제를 바로잡으려다가 우발성이나 돌발성에 집착한다면 길을 잘못 드는 것이다. 다른 무엇보다 그런 시도는 중층결정overdetermination의 문제를 미결정underdetermination의 문제로, 즉 원인 없는 전쟁의 문제로 대체하는 것에 지나지 않는다. 1차 세계대전이 어째서 일어나지 않을 수도 있었는지 이해하는 것은 그 자체로 중요하지만, 이 통찰은 전쟁이 실제로 어떻게, 그리고 왜 일어났는가에 대한 이해와 균형을 이루어야 한다.

유럽 집행부들 간 상호작용의 뚜렷한 특징은 우방이든 잠재적 적국이든 가릴 것 없이 다른 나라들의 의도가 모든 면에서 줄곧 불확실했다는 것이다. 파벌들과 공직자들 사이에서 유동하는 권력이 계속 문제가 되었고, 여론의 영향도 우려스러웠다. 그레이가 내각과 의회에서 적들을 이겨낼 수 있을까? 푸앵카레가 프랑스 내각을 계속 통제할 수 있을까? 빈에서는 한동안 군부가 전략 토론의 기조를 정했으나 레들 대령 사건 이후 콘라트의 권력이 저무는 듯 보였고 그의 해임이 이미 예정되어 있었다. 그에 반해 상트페테르부르크에서는 매파가 득세하고 있었다. 이처럼 국내에서 기인한 불확실성은 외국의 정치집행부 내 권력관계를 읽어내기 어려운 사정 때문에 더욱 악화되었다. 영국 관찰자들은 코콥초프(최근 해임되었음에도 불구하고)와 표트르 두르노보Pyotr Durnovo 같은 비둘기파 보수주의자들이 차르에 대한 영향력을 강화했고 조만간 재기할 것이라고 (나중에 밝혀졌듯이 그릇되게) 믿었다. 파리에서는 전직 러시아 수상 세르게이 비테가 이끄는 친독일 파벌의 승리가 임박했다는 우려스러운 이야기가 돌았다. 그리고 여론의 동향에 민감한 핵심 의사결정자들에게 끊임없이 신경을 써야 했다.

1914년 2월의 마지막 날 베를린에서 보낸 보고서에서, 독일 카이저의 친구인 러시아 군사전권위원 일리야 타티셰프 소장은 독일 언론에서 러시아에 대한 적대감이 강하기는 하지만 이것이 빌헬름 2세에게 어떤 영향을 미칠지는 판단하기 어렵다고 인정했다. "그렇지만 저는 전반적으로 독일 황제의 평화 사랑이 흔들리지 않을 것으로 믿습니다. 하지만 황제 측근들 사이에서는 아마도 평화 사랑이 점점 약해지고 있을 것입니다." 그렇지만 2주 뒤 그는 러시아 언론과 독일 언론의 최근 불화가 독일 황제에게 어떠한 인상도 남기지 않은 것으로 보인다며 경보를 해제했다.[170] 모든 피해망상과 공격성의 밑바탕에는 타국 고관들의 분위기와 의도를 어떻게 해석해야 하느냐라는, 근본적으로 불확실한 문제가 있었다. 아직 현실화되지 않은 사태에 그들이 어떻게 대응할지 예상하는 문제가 불확실할 것은 말할 나위도 없었다.

미래는 아직 열려 있었다. 정말 그랬다. 유럽을 둘로 나눈 무장 진영들에서 최전방 지역들이 경직되고 있기는 했지만, 중대한 대립의 국면이 지나갈지 모른다는 징후들이 있었다. 영국-러시아 동맹은 심각한 중압을 받고 있었으며 1915년으로 예정된 갱신 날짜를 넘기지 못할 것으로 보였다. 그리고 얼마 전 발칸에서 독일과 데탕트를 추구할 경우의 결과를 검토했던 영국 정책수립자들 사이에서 심경 변화의 징후까지 나타났다. 푸앵카레가 자신의 안보정책을 장기적으로 유지할 수 있을지 여부는 결코 명확하거나 확실하지 않았다. 빈과 베오그라드가 정치범 교환 문제와 동방철도 합의 문제로 협정을 모색하고 타결하면서 양국 관계가 일시적으로 개선될 조짐까지 보였다. 무엇보다 이 시점에서는 어떤 유럽 강대국도 인접국을 상대로 침략전쟁을 개시할 생각을 하고 있지 않았다. 그들은 서로 상대국의 선제공격을 우려했으며, 삼국협상의 군사 대비태세가 급격히 강화됨에 따라 빈과 베를린에서 군부가 교착상태를 타개하기 위해 선제타격을 의논하기는 했지만 결국 예방전쟁을 정책으로 채택하지 않았다. 빈이 정당한 이유 없이 세르비아를 침공하기로 결심했던 것도 아니다. 그런 행위는 지정학적 자살이나 마찬가지였을 것이다. 빈 체제에 불을 붙이려면 여전히 외부의 불씨가, 즉 러시아와 프랑스가 오스트리아-세르비아 국경에 설치해둔 방아쇠가 필요했다. 파시치의 세르비아 정부가 국내 통합을 목표로 하는 정책을 추진하면서 유럽의 평화 못지않게 자국의 권위까지 심각하게 위협한 영토회복주의 운동의 싹을 미리 잘랐다면, 흑수단 청년들이 드리나강을 건너지 못했을 것이고, 암살 모의에 관한 더 명확한 정보를 빈 정부에 일찌감치 전달할 수 있었을 것이고, 결국 총알이 발사되지 않았을 것이다. 1914년의 파국을 초래한 서로 맞물린 약속들은 유럽 체제의 장기적 특징이 아니라, 수많은 단기적 조정(열강 간 관계가 급변하고 있었음을 보여주는 증거)의 결과였다.

그리고 그 방아쇠가 당겨지지 않았다면, 1914년에 역사가 된 미래는 다른 미래에 자리를 내주었을 것이다. 상상하건대 그 미래에는 발칸 위기가 해결되어 삼국협상이 해체되고 영국-독일 데탕트가 더 실질적인 무언가로 강화되었을지도 모른다. 역설적으로, 두 번째 미래의 타당성이 첫 번째 미래의 확률을 높이는 데 일조했다(프랑스가 상트페테르부르크에 대한 압박 수위를 높였던 이유는 바로 러시아에게 버림받는 불상사를 피하고 가능한 한 최대의 지원을 확보받기 위해서였다). 동맹체제가 더 믿을 만하고 견고해 보였다면, 핵심 의사결정자들이 실제로 행동했던 대로 행동해야 한다는 압박감을 덜 느꼈을지도 모른다. 그렇지 못했던 탓에 전전 막판의 뚜렷한 특징이었던 데탕트 국면들이 역설적인 영향을 미쳤다. 다시 말해 대륙 전쟁이 확률의 지평선에서 멀어지고 있는 것처럼 보이게 함으로써 의도에 수반되는 위험을 과소평가하도록 핵심 의사결정자들을 부추겼다. 이것이 결국 유럽을 전쟁으로 끌어들일 사건들이 연달아 일어나던 때에 대규모 동맹 블록들 간 분쟁의 위험이 감소하는 것처럼 보인 한 가지 이유다.

3부 —— 위기

사라예보 살인사건

암살

1914년 6월 28일 일요일 아침 오스트리아-헝가리 제위계승자 프란츠 페르디난트 대공과 그의 아내 조피 초테크 폰 초트코바 운트 보그닌이 열차편으로 사라예보에 도착해 자동차로 갈아타고 아펠 부두를 지나 시청으로 향했다. 총 여섯 대의 자동차가 행렬을 이루었다. 두 번째 차량에는 페즈를 쓰고 검은색 정장을 입은 사라예보 시장 페힘 에펜디 추르치치Fehim Effendi Čurčić와 사라예보 경찰국장 에드문트 게르데Edumund Gerde 박사가 탑승했다. 대공 부부는 세 번째 차량, 거리에 줄지어 늘어선 환영 인파에게 누가 탔는지 보여주기 위해 지붕을 뒤로 접은 그레프운트슈티프트사의 휘황찬란한 스포츠쿠페 무개차에 앉아 있었다. 부부의 맞은편 접이식 좌석에는 보스니아 총독 오스카르 포티오레크 장군이 있었고, 앞쪽 운전수 옆 조수석에는 프란츠 폰 하라흐Franz von Harrach 중령이 앉아 있었다. 뒤따르는 차량 세 대에는 현지 경찰관들과 대공과 총독의 수행원들이 나눠 타고 있었다.

자동차 행렬이 밀랴츠카강을 따라 사라예보 중심부를 통과하는 아펠 강둑길로 곡선을 그리며 들어서는 동안 대공 부부 앞쪽으로 그림 같은 풍경이 펼쳐졌다. 사라예보보다 조금 높은 동쪽 협곡에서 흘러드는 밀랴츠카강의 좌우 양편에 고도 1500미터를 넘는 가파른 산들이 있었다. 산허리에는 저택들과 과수원 안에 자리한 주택들이 점점이 흩어져 있었다. 더 올라가면 흰 대리석으로 만든 반짝이는 묘지들이 있었고, 거무스름한 전나무와 벌거벗은 바위가 산꼭대기를 덮고 있었다. 강변의 나무와 건물 사이사이로 보이는 수많은 모스크의 첨탑들은 사라예보가 한때 오스만의 도시였음을 상기시켰다. 아펠 강둑길 바로 왼쪽 도시 중심부에는 좁은 길들이 미로처럼 얽힌 시장이 있었다. 나무로 만들고 차양을 친 노점들과 돌로 지은 번듯한 상점들이 앞뒤로 줄줄이 늘어선 이곳에서는 카펫 상인, 청과물 상인, 마구 제조인, 구리 세공인 등 온갖 직종의 상인들이 각자 할당된 구역에서 장사를 했다. 시장 중심부의 작은 건물에서는 오스만의 자선재단인 와크프waqf의 비용으로 가난한 사람들에게 커피를 무료로 나누어주었다. 전날은 습하고 비가 내렸지만, 6월 28일 오전에 사라예보는 뜨거운 햇볕을 듬뿍 받았다.

오스트리아 측에서 고른 6월 28일은 사라예보를 방문하기에 불길한 날이었다. 1389년 6월 28일, 성 비투스의 날에 오스만군은 '검은 새들의 들판'(코소보)에서 세르비아가 이끈 연합군을 무찔러 세르비아제국

프란츠 페르디난트와 조피, 6월 28일 사라예보

의 시대에 종지부를 찍고 나머지 세르비아 영토를 장차 오스만제국에 통합할 여건을 마련했다. 1914년에는 세르비아인의 땅 전역에서 특히 열성적인 기념식이 열릴 예정이었는데, 1913년 2차 발칸전쟁 중에 코소보가 '해방'된 이후 처음 맞는 성 비투스의 날이었기 때문이다. "[세르비아인을] 대대로 고무해온 코소보의 성스러운 불꽃이 이제 강렬한 불길로 터져나온다." 1914년 6월 28일 흑수단 잡지 《피에몬트》는 이렇게 선언했다. "코소보는 자유롭다! 코소보는 설욕한다!"[1] 세르비아 내에서 활동하건 보스니아의 세르비아 영토회복주의 네트워크에서 활동하건, 세르비아 초민족주의자들은 프란츠 페르디난트가 하고많은 날 중에서 하필 이날에 사라예보를 방문하는 것을 상징적인 모욕 주기로 여기고서 그에 대응하려 했다.

2개 세포조직으로 이루어진 테러리스트 7인은 대공의 방문을 앞둔 며칠 동안 사라예보로 집결했다. 대공이 도착한 오전, 그들은 아펠 강둑길에 일정한 간격을 두고 자리를 잡았다. 그들은 뇌관과 폭발에 12초 걸리는 신관으로 이루어진, 비누보다 크지 않은 폭탄을 허리춤에 동여매고 있었다. 주머니에는 장전된 리볼버가 있었다. 거사에 성공하려면 여분의 무기와 인력이 반드시 필요했다. 그래야 한 사람이 수색을 당해 체포되거나 암살에 실패하더라도 다른 사람이 그의 자리를 메울 수 있었다. 7인 모두 청산가리 가루를 종이에 싸서 가지고 다녔으므로 거사를 감행한 뒤 스스로 목숨을 끊을 수 있었다.

이상하게도 공식적인 경호 대비책은 보이지 않았다. 테러 가능성이 있다는 경고에도 불구하고, 대공 부부는 군중으로 붐비는 예측 가능한 경로를 따라 무개차를 타고 이동했다. 보통 이런 경우에 도로변을 늘어서는 병사들이 어디에도 없었던 탓에, 자동차 행렬이 밀집한 군중 앞을 사실상 무방비 상태로 지나갔다. 특수경호대마저 보이지 않았다(경호대장이 실수로 현지 보스니아 장교 세 명과 함께 선두 차량에 올라타는 바람에 나머지 대원들이 철도역에 남겨졌다).[2]

대공 부부는 안전에 놀라우리만치 무심했다. 프란츠와 조피는 지난 사흘간 휴양도시 일리자에서 함께 지내며 상냥한 사람들만 본 터였다. 대공 부부는 즉흥적으로 이 도시의 '사라예보 시장'을 방문해 좁고 붐비는 거리에서 쇼핑까지 했음에도 해를 당하지 않았다. 부부가 알 수 없었던 것은 겨우 사흘 뒤에 그들을 쏘아 죽일 보스니아계 세르비아인 청년 가브릴로 프린치프가 그 시장에서 그들을 미행하고 있었다는 사실이다. 사라예보행 열차를 타기 전날 저녁 만찬에서 조피는 우연히 보스니아계 크로아티아인 지도자 요시프 수나리치Josip Sunarić 박사를 만났는데, 그는 현지 세르비아인들의 민족 감정이 고조된 때에 대공 부부가 보스니아를 방문하는 것은 위험하다고 지역 당국에 경고한 바 있었다. 조피는 그에게 이렇게 말했다. "친애하는 수나리치 박사, 어쨌든 당신이 틀렸답니다. (……) 이곳에서 우리는 가는 곳마다 너무나 친절한 대접을 받았고, 이 점은 세르비아인도 모두 마찬가지였어요. 너무나 다정하고 진심 어린 환대를 받아 우리는 무척 행복했답니다!"[3] 프란츠 페르디난트는 여하튼 경호 절차를 참지 못하는 것으로 유명했으며, 이번 보스니아 여정의 마지막 일정을 확연히 느긋한 민간인 분위기로 끝내고 싶어했다. 지난 며칠 동안 인근 보스니아 구릉지에서 감찰총감으로서 육군 기동훈련을 지휘했던 그는 이제 합스부르크 제위계승자로서 미래의 백성들을 만나기를 원했다.

무엇보다 중요했던 사실은 6월 28일 일요일이 프란츠와 조피의 결혼기념일이었다는 것이다. 합스부르크 궁중 예법 때문에 숱한 난관에 부딪히면서도, 대공 부부는 혼인한 이래 지극히 만족스러운 가정생활을 꾸려나갔다. 1904년 프란츠는 한 친구에게 "나의 조프"와 결혼한 것이 인생에서 자기가 한 가장 똑똑한 일이라고 털어놓았다. 그녀는 그의 "모든 행복"이었고 자녀들은 그의 "모든 기쁨과 자랑거리"였다. "나는 가족을 너무나 사랑하는 나머지 온종일 그들과 함께 앉아서 그들을 찬미한다네."[4] 이 따뜻한 관계(이 시대의 왕족 결혼에서는 흔치 않았던 관계)가 그들이 사라예보에 도착할 무렵까지 어떤 식으로든 식었을 것이라고 생각할 이유는 없다. 조피는 결혼기념일 동안 프란츠 곁에 머물겠다고 고집을 부렸으며, 오스트리아-헝가리제국의 이 매력적이고 이국적인 도시에서 빈에서는 대개 불가능한 방식으로 공무를 수행할 수 있다는 사실은 대공 부부에게 틀림없이 특별한 기쁨이었다.

자동차들이 합스부르크의 검은색-노란색 깃발과 보스니아의 빨간색-노란색 깃발로 장식된 주택과 상점을 지나 추무리야 다리에 자리 잡은 사라예보 사람 무하메드 메흐메드바시치를 향해 굴러왔다. 주위에서 환호성이 일자 그는 폭탄을 점화해 던질 준비를 했다. 긴장된 순간이었다. 폭탄의 뇌관에 충격을 주고 나면(이 행위 자체로 시끄러운 폭발음이 발생했다) 돌이킬 수 없이 폭탄을 던져야만 했다. 메흐메드바시치는 허리춤에 싸맨 폭탄을 꺼내려 했으나 마지막 순간에 누군가(어쩌면 경찰) 뒤에서 다가오고 있다고 느껴 공포에 얼어붙었다. 1914년 1월 오스카르 포티오레크 살해 임무에 실패했을 때와 판박이였다. 차들은 계속 굴러갔다. 다음 암살자이자 처음으로 행동에 나선 사람은 보스니아계 세르비아인 네델코 차브리노비치였다. 강둑길에서 강 쪽에 있던 그는 폭탄을 꺼내 가로등 기둥에 뇌관을 부딪쳤다. 뇌관의 날카로운 폭발음이 들리자 대공의 경호원 하라흐 백작은 타이어가 터졌나 보다고 생각했지만 운전수는 차를 향해 날아오는 폭탄을 보고 가속페달을 밟았다. 대공 자신이 폭탄을 보고 손으로 쳐내려 했던 것인지, 아니면 폭탄이 그저 승객석 뒤쪽 천 재질의 접힌 지붕에 맞고 튕겨나갔던 것인지는 확실하지 않다. 어쨌거나 빗나간 폭탄은 땅에 떨어졌다가 뒤따르던 네 번째 차량 아래에서 폭발해 장교 몇 명에게 부상을 입히고 도로에 구덩이를 남겼다.

이 변고에 대공은 놀랄 만큼 침착하게 대응했다. 뒤를 돌아본 그는 네 번째 자동차가 멈춰 선 것을 확인했다. 눈앞이 먼지와 연기로 자욱했고 폭발음이 아직까지 울리고 있었다. 폭탄 파편이 조피의 뺨에 상처를 냈지만 그걸 빼면 대공 부부는 다치지 않았다. 네 번째 차량에 타고 있던 사람들은 상처를 입었지만 살아 있었으며, 몇몇은 차에서 내리려 애쓰고 있었다. 가장 큰 부상을 당한 사람은 포티오레크의 부관 에리크 폰 메리치Erik von Merizzi 대령으로, 의식이 있기는 했으나 머리의 상처에서 출혈이 많았다. 구경꾼도 여럿 다쳤다.

차브리노비치는 폭탄을 던지자마자 가지고 있던 청산가리 가루를 삼키고 다리 난간 아래쪽 밀랴츠카강으로 몸을 날렸다. 두 행동 모두 원하던 결과를 가져오지 못했다. 독약은 질이 나빴던 탓에 청년의 목과 위벽에 타는 듯한 고통을 주었을 뿐 목숨을 앗아가지도, 심지어 기절시키지도 못했다. 그리고 밀랴츠카강은 여름 더위에 수위가 너무 낮아져 있던 터라 그를 익사시키거나 휩쓸어가지 못했다. 그는 8미터를 낙하해 강바닥 가장자리의 모래에 떨어졌으며, 곧바로 가게 주인, 권총으로 무장한 이발사, 경찰 두 명에게 붙잡혔다.

대공은 위험 지역에서 즉시 벗어나지 않고 부상자 치료를 지켜본 다음 자동차 행렬에 예정대로 사라예보 중심부의 시청으로 가라고 지시했다. 그런 다음 아펠 강둑길을 따라 되돌아와 아내와 함께 병원에 들러 부상자를 위문할 생각이었다. 그는 이렇게 말했다. "계속 가세. 저 놈은 미친 게 분명해. 계획대로 진행하세." 자동차 행렬에 다시 시동이 걸렸고 후미의 운전수들은 연기를 내뿜는 네 번째 차량을 피해 나아갔다. 따라서 각자의 위치에서 기다리던 나머지 암살자들에게는 임무를 완수할 기회가 충분히 있었다. 그러나 그들은 어리고 미숙했다. 세 명은 목표한 차량과 승객들이 근거리에 들어오자 겁을 집어먹었다. 테러리스트 중 가장 어렸던 바소 추브릴로비치는 메흐메드바시치처럼 마지막 순간에 얼어붙었는데, 대공 옆자리에 앉은 부인을 보고서 망설였기 때문으로 보인다. "제가 권총을 꺼내지 않은 것은 여공작을 보았기 때문입니다." 그는 나중에 이렇게 회고했다. "그녀에게 미안한 마음이 들었습니다."[5] 치베트코 포포비치 역시 두려움에 암살을 결행하지 못했다. 그는 폭탄을 던지기로 한 위치를 고수하기는 했지만 "대공을 목격한 마지막 순간에 용기를 잃어" 던지지 못했다.[6] 차브리노비치의 폭탄이 터지는 소리를 들었을 때, 포포비치는 세르비아인 문화단체 프로스베타Prosvjeta의 건물로 부리나케 달려가 지하층의 한 상자 뒤에 폭탄을 숨겼다.

가브릴로 프린치프는 처음에 방심했다. 폭발음을 듣고서 그는 음모가 이미 성공했다고 생각했다. 차브리노비치의 위치까지 달려가고 나서야 그가 독약을 먹고 목이 타는 듯한 극심한 고통에 몸을 구부린 채 끌려가는 모습을 보았다. "저는 그가 성공하지 못했고 독약으로 자살하지 못했다는 것을 즉시 알아보았습니다. 저는 재빨리 권총으로 그를 쏘려고 했습니다. 그 순간 차들이 지나갔습니다."[7] 프린치프는 공범을 쏘려던 계획을 포기하고 차량 행렬로 주의를 돌렸지만, 대공을 확인했을(선명한 초록색 타조 깃털로 장식한 군모를 쓰고 있어서 착각할 수가 없었다) 즈음 그가 탄 차량이 빠르게 멀어져가고 있어서 제대로 조준

할 수가 없었다. 프린치프는 줄곧 침착했는데, 상황을 감안하면 비범한 위업이었다. 대공 부부가 머지않아 되돌아올 것을 깨달은 그는 차량 행렬이 도시를 떠날 때 택할 경로로 공공연히 선전된 '프란츠 요제프 거리'의 오른쪽에 새로 자리를 잡았다. 트리프코 그라베주는 프린치프를 찾으러 제 위치에서 벗어났다가 첫 폭발음에 우왕좌왕한 군중에 휩쓸렸다. 차량 행렬이 지나갈 때 그는 행동하지 못했는데, 훗날 군중이 콩나물시루처럼 빽빽해서 옷 안에 넣어둔 폭탄을 꺼낼 수 없었다고 주장했지만, 아마 두려움 때문에 주저했을 것이다.

처음에는 계획대로 하겠다는 대공의 고집이 옳은 것처럼 보였다. 자동차 행렬은 다른 사고 없이 목적지인 사라예보 시청 앞에 도착했다. 위엄 있는 손님을 맞을 때 으레 하던 환영사는 페힘 에펜디 추르치치 시장의 몫이었다. 선두 차량에 탔던 추르치치는 이미 일정을 크게 그르쳤고 지금 상황에서 악의 없는 환영사가 터무니없이 부적절하다는 것을 알고 있었지만, 신경이 너무 곤두선 탓에 방금 일어난 일을 고려해 즉흥적으로 연설하지도, 심지어 준비해둔 연설문을 수정하지도 못했다. 그는 몹시 불안해하고 땀을 뻘뻘 흘리면서 한 걸음 앞으로 나와 주옥같은 표현이 담긴 환영사를 읊기 시작했다. "수도 사라예보의 모든 시민은 영혼이 행복으로 충만하며, 전하의 한없이 영광스러운 방문을 가장 진실한 마음으로 열렬히 환영하는 바입니다……." 하지만 시장이 입을 열기 무섭게 대공이 노기등등하게 침을 퉤 뱉으며 말을 잘랐다. 공격받은 순간부터 쌓인 분노와 충격이 터져나왔다. "이곳에 그대들의 손님으로 왔는데 그대들은 나를 폭탄으로 맞이했소!" 소름 끼치는 침묵이 흐르는 가운데 조피가 남편의 귀에 대고 뭐라고 속삭이자 대공은 평정을 되찾았다. "좋소. 계속 말하시오."[8] 시장이 연설을 힘겹게 끝마친 뒤, 대공의 답사가 적힌 종이들이 네 번째 차량에서 부상당한 장교의 피로 젖었다는 것이 밝혀졌을 때 다시 한 번 침묵이 흘렀다.[9] 프란츠 페르디난트는 우아하게 연설하면서 오전의 사건을 재치 있게 언급했다. "주민들이 나와 아내를 떠나갈 듯한 환호로 맞아준 데 대해 시장님께 진심으로 감사드리며, 주민들이 암살 미수에 기뻐하는 모습을 보았기에 더더욱 감사드립니다."[10] 대공은 세르보크로아트어로 답사를 끝맺으면서 주민들에게 안부를 전해달라고 시장에게 부탁했다.

환영사와 답사 이후에는 대공 부부가 잠시 떨어질 시간이었다. 조피는 시청 1층의 한 방에서 무슬림 여성 대표단과 만나기로 되어 있었다. 그 방은 남성의 출입이 금지되었으므로 무슬림 여성들은 베일을 벗을 수 있었다. 그 덥고 좁은 방에서 여공작은 안색이 침울했고 자식들 생각에 사로잡힌 것으로 보였다. 그녀는 엄마와 함께 온 여자아이를 보고서 "이 소녀는 우리 조피와 키가 비슷하네요"라고 말했다. 자신과 남편이 아이들과 다시 만날 순간을 고대하고 있다고 힘주어 말하기도 했다("우리는 아이들을 이렇게 오랫동안 혼자 둔 적이 없답니다").[11] 그동안 대공은 자신과 아내 둘 다 잘 있고 지금 시청 현관을 구경하고 있다는 내용의 전보를 황제에게 보내라고 지시했다. 그는 뒤늦게 오전 사태에 충격을 받고 있는 것처럼 보였다. 훗날 현지의 한 목격자는 대공이 "이상하고 힘없는 목소리"로 말하고 있었다고 기억했다. "그는 아주 괴상한 자세로 서서 마치 무릎을 굽히지 않고 행진하듯이 다리를 들어올리고 있었습니다. 내가 보기에 그는 두렵지 않다는 것을 보여주려고 애쓰고 있었습니다."[12] 대공은 너무나 명백하게 실패한 포티오레크의 보안 대비책을 얼마간 비꼬기도 했다.

이제 방문 일정을 어떻게 진행해야 했을까? 원래 계획은 차를 타고 멀지 않은 아펠 강둑길로 되돌아가다가 시장을 지난 직후 프란츠 요제프 거리 쪽으로 우회전해서 국립박물관을 방문하는 것이었다. 대공은 포티오레크에게 추가 공격이 있을 것으로 생각하느냐고 물었다. 본인 증언에 따르면, 포티오레크는 용기를 꺾는 답변을 했다. "그런 일이 없기를 바라지만, 가능한 모든 경호 조치를 취하더라도 비좁은 장소에서 감행하는 그런 시도를 막을 수는 없습니다."[13] 그는 만약에 대비해 나머지 계획을 취소하고 사라예보를 곧장 벗어나 일리자로 가거나, 총독의 관사인 코나크에 들렀다가 밀랴츠카강 좌안에 있는 비스트리크 철도역으로 가는 것이 어떻겠냐고 제안했다. 하지만 대공은 그때 사라예보 서쪽 외곽에 있는 위수병원에 입원한 포티오레크의 부상당한 부관을 위문하고 싶어했다. 결국 박물관 구경을 취소하고, 혹시 암살자가 더 있을지 모르므로 자동차 행렬은 프란츠 요제프 거리로 우회전하지 않고 아펠 강둑길을 따라 직진하기로 했다. 원래 계획대로라면 이 시점에 부부가 헤어져 대공은 박물관으로 가고 아내는 총독 관사로 가야 했다. 그런데 수행단 전체가 보는 앞에서 조피는 남편에게 "당신과 함께 병원으로 가겠어요"라고 선언했다.[14] 하라흐 백작은 한술 더 떠서 추가 공격에 대비해 자동차 좌측(강 쪽) 발판에 서서 가기로 결정했다.

차량 행렬이 시청을 떠나 점점 더워지는 도시를 향해 이번에는 서쪽으로 나아갔다. 하지만 운전수들에게 일정이 바뀌었다고 말해준 사람이 아무도 없었다. 시장 구역을 지날 때 선두 차량이 프란츠 요제프 거리 쪽으로 우회전을 하자 프란츠 페르디난트와 조피를 태운 차량도 똑같이 방향을 틀었다. 포티오레크가 운전수를 나무랐다. "길을 잘못 들었잖아! 아펠 강둑길로 가기로 했네!" 운전수는 페달에서 발을 떼고서 대로 쪽으로 천천히 핸들을 돌렸다(차에 후진기어가 없었다).

이때가 가브릴로 프린치프의 순간이었다. 프란츠 요제프 거리 오른쪽에 위치한 상점 앞에 자리 잡고 있던 그는, 속도를 늦추다가 거의 멈춘 차량을 따라잡았다. 허리춤에 동여맨 폭탄을 끄집어낼 시간이 없었기 때문에 대신 권총을 꺼내 직사거리에서 방아쇠를 두 번 당겼다. 하라흐는 좌측 발판에 선 채로 경악하며 지켜보았다. 프린치프가 상점 차양 아래 그늘에서 나와 총을 겨누는 동안 (나중에 프린치프의 증언을 들어서 알고 있는 대로) 시간이 천천히 가는 것처럼 보였다. 프린치프는 여공작을 보고 순간적으로 멈칫했다. "그의 옆에 앉아 있는 부인을 보았을 때, 저는 한순간 쏠지 말지 고민했습니다. 그와 동시에 저는 기묘한 느낌으로 가득 찼습니다……."[15] 포티오레크의 회상도 이와 비슷하게 비현실적인 느낌을 전해준다. 총독은 차에 꼼짝 않고 앉아서 총을 쏘는 살해범의 얼굴을 응시하면서도 연기나 총구의 섬광을 전혀 보지 못했고 멀리서 들려오는 듯한 약한 총소리만 들었다.[16] 처음에는 총알이 빗나간 것으로 보였는데, 대공 부부가 미동도 없이 꼿꼿하게 앉아 있었기 때문이다. 실은 둘 다 이미 죽어가고 있었다. 첫 번째 총알은 차문을 관통하여 여공작의 복부를 뚫고 들어가 위장의 동맥을 끊었고, 두 번째 총알은 대공의 목에 명중해 목정맥을 찢었다. 자동차가 굉음을 내며 강을 가로질러 총독 관사로 질주하는 사이, 조피가 좌우로 흔들리다가 남편의 무릎 사이에 얼굴을 묻었다. 포티오레크는 처음에 그녀가 충격으로 실신했다고 생각했다가 대공의 입에서 나오는 피를 보고서야 심각한 일이 벌어지고 있음을 깨달았다. 여전히 발판에 서서 승객석에 몸을 기대고 있던 하라흐 백작은 대공의 옷깃을 움켜잡고서 그를 똑바로 앉히려 애썼다. 그는 프란츠 페르디난트가 나직한 목소리로 하는 말을 들었다. 장차 군주국 전역에서 유명해질 말이었다. "조피, 조피, 죽지 마, 우리 아이들을 위해 살아줘!"[17] 초록색 타조 깃털로 장식한 군모가 그의 머리에서 미끄러졌다. 하라흐가 괴로우시냐고 묻자 대공은 몇 차례 "별거 아냐!"라고 속삭인 다음 의식을 잃었다.

멀어져가는 차량 뒤에서는 군중이 프린치프 주위로 몰려들었다. 프린치프는 자살하려고 관자놀이까지 권총을 들어올리다가 손을 얻어맞고 떨어뜨렸다. 청산가리도 삼키려다 실패했다. 성난 군중이 그를 주먹으로 치고 발로 차고 지팡이로 때렸다. 경찰관들이 그를 가까스로 체포해 유치장에 집어넣지 않았다면, 그는 현장에서 맞아 죽었을 것이다.

총독 관저에 도착해 대공 부부를 1층의 두 방으로 황급히 옮길 즈음 조피는 이미 숨져 있었다. 프란츠 페르디난트는 혼수상태였다. 총격

현장에서부터 내내 달려온 대공의 시종 모르자이 백작은 대공이 편히 숨을 쉴 수 있도록 제복의 앞면을 잘랐다. 피가 튀어 그의 노란색 소맷부리를 붉게 물들였다. 모르자이는 침대 옆에 무릎을 꿇고 앉아 자식들에게 남길 말이 있으시냐고 물었지만 대공은 대답이 없었다. 그의 입술은 이미 굳어가고 있었다. 그곳에 있던 사람들은 몇 분 만에 제위 계승자가 사망했다는 데 동의했다. 오전 11시를 갓 넘긴 시각이었다. 관저에서 소식이 퍼져나가면서 사라예보 전역에서 애도의 종을 치기 시작했다.

사진처럼 기억된 순간들

처음 발표된 암살 소식은 슈테판 츠바이크의 존재의 리듬을 깨뜨렸다. 6월 28일 오후에 그는 빈에서 가까운 작은 온천도시 바덴에서 휴가를 보내고 있었다. 온천공원의 인파에서 멀찍이 떨어진 조용한 장소를 찾은 그는 편안히 자리를 잡고 책을 펼쳤다. 상트페테르부르크의 상징주의자 드미트리 세르게예비치 메레시콥스키Dmitrii Sergeyevich Merezhkovsky가 톨스토이와 도스토옙스키에 관해 쓴 에세이였다. 그는 곧 독서에 깊이 빠져들었다.

> 하지만 나무 사이로 부는 바람 소리, 새들이 지저귀는 소리, 공원에서 두둥실 날아오는 음악도 나의 의식 안에 있었다. 나는 주의를 돌리지 않

고도 멜로디를 또렷이 들을 수 있었다. 귀의 적응력이 워낙 뛰어난 덕에 우리는 계속되는 소음, 거리의 함성, 급류 소리 따위를 재빨리 의식 안으로 흡수하고, 오히려 그 리듬이 예상치 않게 중단되면 귀를 곤두세우기 때문이다. (……) 음악이 중간에 갑자기 멈추었다. 그들이 무슨 곡을 연주했는지 나는 알지 못했다. 그저 음악이 별안간 멈추었다는 것만 감지했다. 본능적으로 책에서 고개를 들었다. 하나의 흘러가는 덩어리처럼 나무들 사이를 산책하던 군중 역시 변한 듯 보였다. 이리저리 거닐던 그들도 돌연 움직임을 멈추었다. 무슨 일이 생긴 게 틀림없었다.[18]

사라예보 암살은 1963년 댈러스에서 존 F. 케네디 대통령이 살해된 사건처럼 사람들과 그들이 있던 장소를 일순간 사진을 찍듯이 포착해 기억에 각인시킨 사건이었다. 사람들은 암살 소식을 들었을 때 어디에 누구와 함께 있었는지를 정확히 기억했다.[19] 빈의 자유사상가 겸 페미니스트 로자 마이레더는 만성 우울증을 앓는 남편 카를과 함께 독일을 여행하던 중에 호텔 객실에서 길 건너편 드레스덴 백화점의 창문에 붙은 살해범들에 대한 뉴스를 보았다.[20] 50년 뒤 알폰스 클라리-알드링겐Alfons Clary-Aldringen 공은 당시 보헤미아의 숲에서 킨스키 가문 친척들과 함께 수노루를 쫓고 있었다고 회상했다. 해 질 녘에 사냥꾼들이 숲 가장가리에 있는 도로에 모여 있을 때 킨스키 영지의 요리사가 자전거를 타고 와서 지역 우체국장의 메시지를 전했다.[21] 요제프 레들리히 의회 의원은 충격적인 소식을 전하로 듣고 나서 오후 내내 친구와 친척, 정계 동료에게 정신없이 전화를 돌렸다. 겨우 4주 전

레온 빌린스키

에 예수회로부터 대공 암살을 의뢰받는 꿈을 꾸었던 극작가 아르투어 슈니츨러도 전화로 암살 소식을 들었다.[22]

오스트리아-헝가리 공동 재무장관 레온 빌린스키는 소식이 도착하기도 전에 그 충격을 느꼈다. 6월 28일 오전에 그는 빈의 자택에서 《노이에 프라이에 프레세》를 읽고 있었다. 11시 미사에 타고 갈 말들이 집 앞에서 대기하고 있었다. 우연찮게도 대공의 보스니아 방문 계획을 약술한 기사에 그의 눈길이 닿았다.

> 지금까지도 나는 이 〔사라예보〕 여정의 세부를 읽는 동안 느꼈던 진짜 육체적 고통의 느낌을 정확히 기억한다. 하지만 이 고통에 어떤 합리적 원인이 있는지 알지 못했으므로 나는 이 행사 때문에 대공에게 화를 낼 이유가 없다고 스스로를 설득했다. 잠시 후 전화벨이 울렸다.[23]

빈 주재 러시아 대사는 너무나 끔찍한 소식이었기에 많은 이들이 처음에는 믿지 않으려 했다고 보고했다. 저녁 무렵 신문 호외들이 발행되고 공공건물들에 조기가 걸리고 나서야 사람들은 진실을 받아들였다. "수도 주민들은 거리에 모여 밤이 깊도록 끔찍한 사건에 대해 이야기했다."[24] 24시간이 채 지나기 전에 어디서나 암살 소식을 들을 수 있었다. 심지어 소설 속 프라하의 게스트하우스에서 체코인 백치 천재idiot savant이자 공인받은 잡종견 개장수인 슈베이크가 의자에 앉아 류머티즘에 걸린 무릎에 도찰제를 바르는 장면에도 그 소식이 전해졌다. 야로슬라브 하셰크의 전후 걸작 악한소설 《착한 병사 슈베이크》의 가상 세계에서, 파출부 뮐러 부인으로부터 대공 서거 소식을 들은 주인공은 꾸밈없는 정치적 독백(여러 독백 중 첫 번째)을 해 이야기를 나아가게 한다. 나중에 슈베이크는 이 독백 때문에 선동죄로 투옥된 뒤 정신박약자로 의심받아 정신병원에 갇히게 된다.

> "그들이 사라예보에서 그를 없앴어요, 선생님. 권총으로요, 세상에. 그는 그곳까지 대공비와 함께 차를 타고 갔답니다."
> "아, 그렇군요, 뮐러 부인. 차로 갔군요. 그래요, 물론 그와 같은 신사는 그럴 수 있지만, 그런 식의 운전이 나쁘게 끝날 수 있다는 건 상상도 못했을 겁니다. 게다가 사라예보였잖습니까! 거긴 보스니아 안에 있어요, 뮐러 부인. 나는 튀르크인들이 했다고 봅니다. 아시다시피 우린 보스니아와 헤르체고비나를 그들로부터 결코 빼앗지 말았어야 해요."[25]

카를 크라우스의 《인류 최후의 나날Die letzten Tage der Menschheit》에서 불길하게 울리는 요란한 전화벨 소리부터 요제프 로트의 《라데츠키 행진곡》에서 암살 소식을 "그가 자주 꿈꾸었던 무언가의 실행"으로 받아들이는 트로타 폰 지폴리에 중위에 이르기까지, 사라예보에서 들려온 비보는 사라진 제국에 대한 문학적 상상 속에서 오랫동안 메아리

쳤다.[26]

대공 암살이 당대의 오스트리아-헝가리 사람들에게 미친 영향을 가늠하기란 어렵다. 한 전문가는 프란츠 페르디난트의 "가장 뚜렷한 특징은 공적 생활의 모든 수준에서 확연히 인기가 없었다는 것이다"라고 썼다.[27] 프란츠 페르디난트는 군중을 즐겁게 하는 사람이 아니었다. 그는 카리스마가 없고 곧잘 짜증을 부리고 걸핏하면 버럭 화를 냈다. 가족이나 가까운 친구들과 함께 있을 때 그의 얼굴이 얼마나 생기를 띠는지, 강렬한 푸른 눈이 얼굴을 얼마나 환하게 밝히는지 본 적이 없는 사람들에게 그의 통통한 이목구비는 사랑받지 못했다. 당대인들은 그가 존경과 인정을 끊임없이 갈망한다고 말했다. 그는 불복종의 기미만 보여도 경악했다. 다른 한편 그는 아첨꾼을 혐오했고 그래서 비위를 맞추기 어려운 사람이었다. 정치적 동맹으로서 그에게 탄복한 오토카르 체르닌Ottokar Czernin 백작에 따르면, 그는 악의적 행위를 결코 잊지 않는 "훌륭한 증오자"였다. 그의 분노가 얼마나 무시무시했던지 각료들과 고위 관료들 가운데 "그를 기다리면서 심장이 벌렁거리지 않은 이는 거의 없었다."[28] 그는 진짜 친한 친구가 거의 없었다. 타인을 대할 때 그의 주된 감정은 불신이었다. 언젠가 그는 이렇게 말했다. "나는 처음 만나는 모든 사람을 상스러운 무뢰한으로 여기고, 이에 반대되는 증거를 조금씩만 받아들입니다."[29] 당대의 기준으로 보아도 사냥에 대한 지나친 집착은 특히 그의 사냥용 저택인 블륀바흐성 주변에서 훨씬 더 부정적인 평가를 받았다. 혹시 모를 질병의 위험으로부터 이 지역 사냥 금지구역을 보호하기 위해 프란츠 페르디난트가 성 주변 영지를 봉쇄하자, 이곳의 인기 있는 산길을 차단당한 중간계급 등산가들과 마을 위쪽 산에서 염소에게 풀을 먹이지 못하게 된 지역 농민들이 분노했다.[30] 극작가 아르투어 슈니츨러는 암살 당일 일기에 대공의 "끔찍한 비인기"를 회상했더니 살해의 "첫 충격"이 빠르게 가라앉았다고 적었다.[31]

이런 이유로 암살 소식이 알려졌을 때 집단적으로 슬픔을 분출하는 일은 없었다. 이 사실은 6월 28일 암살이 언제나 희생자가 아닌 발생 장소의 이름으로 불려온 이유를 얼마간 설명해준다(그에 반해 존 F. 케네디 살해를 '댈러스 암살'이라고 부르는 사람은 아무도 없다).[32] 때때로 역사가들은 대공의 인기가 없었다는 사실에 근거해 암살 자체는 사태의 중요한 계기가 아니었고 기껏해야 더 먼 과거에 뿌리박은 결정의 구실이었다고 추론했다. 그러나 이 결론은 실상을 호도하는 것이다. 우선 인기가 있었든 없었든, 제위계승자의 에너지와 개혁 열의는 널리 인정받았다. 콘스탄티노플 주재 오스트리아 공사는 세르비아인 동료에게 프란츠 페르디난트는 "보기 드문 활력과 강한 의지"를 가진 사람으로 국정에 완전히 헌신했으며 죽지 않았다면 엄청난 영향력을 행사했을 것이라고 말했다.[33] 대공은 제국의 존속을 보장하려면 "국내 정책 분야에서 방침을 완전히 바꾸는 것이 유일한 길임을 이해한 사람들" 전부를 자기 주변으로 모은 사람이었다.[34] 게다가 대공 암살은 단순히 그 개인의 죽음으로 그치지 않고 그가 상징하던 것, 즉 왕조의 미래와 제국의 미래, 그리고 둘을 통합한 '합스부르크 국가 이념'까지 타격을 받았다는 중요한 사실을 의미했다.

여하튼 프란츠 페르디난트에 대한 평판은 그가 비명횡사하고 나자 바뀌었다. 이 과정은 무엇보다 인쇄 매체에 의해 믿기 힘들 정도로 빠르게 이루어졌다. 암살이 일어나고 24시간 내에 오늘날 익숙한 사라예보 이야기가 대부분 갖추어졌다. 이를테면 차브리노비치가 폭탄 투척에 실패하고 밀랴츠카강으로 뛰어내린 일, 첫 폭탄이 터진 뒤 대공이 일정 취소를 의연하게 거절하고 네 번째 차량의 부상자들을 염려한 일, 추르치치 시장에게 퍼부은 폭언, 프란츠 요제프 거리 쪽으로 길을 잘못 든 치명적인 실수, 심지어 죽어가는 대공이 의식을 잃은 아내에게 한 마지막 말까지 알려졌다.[35] 신문 보도는 경천동지할 사건이 일어났다는 느낌을 자아냈다. 신문들 1면에는 조의를 표하는 두꺼운 검은색 띠가 그려졌고, 거리와 건물에 걸린 검은색 깃발과 삼각기는 군주국 도시들의 풍경을 바꾸어놓았다. 심지어 노면전차까지 검은색으로 장식되었다. 논설위원들은 서거한 대공의 정력과 정치적 선견지명, 다정했던 결혼생활의 파국, 고아가 된 세 자녀의 슬픔, 이미 제 몫보다 많은 사별을 겪은 고령 황제의 체념한 듯한 낙담 등에 대해 장황하게 썼다.

게다가 대공의 사적인 면모와 가정생활이 처음으로 대중에게 노출되었다. 6월 30일자 《라이히스포스트》는 한 전형적인 보도에서 가족에 대한 대공의 발언을 인용했다. "길고 고된 일과를 마치고 내 가족의 공간으로 돌아가 장난치는 아이들 사이에서 바느질하는 아내를 볼 때, 그제야 나는 모든 근심을 문 밖에 놓아두고 나를 둘러싼 행복을 온전히 흡수할 수 있다."[36] 망자의 가까운 동료들을 통해 전해진 이런 믿을 만한 일화들은 대공의 사적인 모습과 비호감의 공적인 모습을 갈라놓았던 장벽을 깨뜨려 감동을 자아냈다. 그 감동은 언론이 유도한 것 못지않게 사람들의 마음에서 우러나온 것이었다. 대공 부부가 살해당하고 겨우 2주 뒤 카를 크라우스가 말했듯이, 프란츠 페르디난트가 말하지 않았던 삶이 사후에 웅변을 하고 있었다.[37]

그럼에도 대다수 사람들은 암살을 감정적으로 받아들이기보다 본질적으로 정치적인 사건으로 받아들였다. 논설위원들은 암살에 새 시대를 여는 사건이라는 의미를 재빨리 덧붙였다. 빈의 교양 있는 부르주아지가 읽는 신문 《노이에 프라이에 프레세》는 "운명의 일격"에 대해 말했다('운명의 일격schicksalsschlag'이라는 표현은 암살 이후 며칠 동안 모든 언론에서 찾아볼 수 있었다).[38] 논설위원들은 그 "끔찍한 사건이 (……) 알려졌을" 때 "마치 폭풍우가 군주국을 휩쓸고 역사가 핏빛 펜으로 새 시대의 추악한 공리를 적은 듯했다"라고 단언했다. 《인스브루커 나흐리히텐Innsbrucker Nachrichten》은 "오스트리아의 역사에서 유일무이한 사건"이라고 썼다. 《라이히스포스트》의 논설위원들은 대공의 죽음으로 군주국이 차기 군주뿐 아니라 유일무이하게 정력적이고 결연한 공인, "합스부르크제국의 민족들이 그들의 모든 희망과 모든 미래를 걸었던" 사람까지 잃었다고 말했다.[39] 이런 말들은 물론 오스트리아 쪽 이야기였다. 부다페스트의 상황은 딴판이었다. 이 도시의 주민 다수는 마자르왕국의 강적이 횡사했다는 소식에 남몰래 안도감을 느꼈다. 그러나 이곳에서도 부르주아 언론은 암살사건에 세계사적 계기라는 틀을 씌우고 만행을 저지른 용의자들에게 비난을 퍼부었다.[40] 가장 내향적인 사람들만이 대중의 분위기가 응축되고 어두워진다는 것을 알아채지 못했을 것이다. 프라하의 프란츠 카프카가 그런 경우였다. 암살 당일 일기에 그는 정치적 사태를 일절 언급하지 않은 채 순전히 사적인 불운들(밀회 장소로 가다가 길을 잃었고, 노면전차를 잘못 탔고, 전화를 못 받았다)을 시간 순으로 길게 나열했다.[41]

수사 시작

암살에 대한 취조는 프린치프가 총을 쏘자마자 시작되었다. 반쯤 삼킨 청산가리 때문에 고통스러운 데다 프란츠 요제프 거리에서 린치를 당해 온몸이 멍과 상처투성이였던 가브릴로 프린치프는 사건 발생 몇 시간 만에 사라예보의 오스트리아인 판사 레오 페퍼Leo Pfeffer를 대면했다. 훗날 페퍼는 이렇게 회고했다. "젊은 암살범은 왜소하고 수척하고 혈색이 나쁘고 이목구비가 날카로웠다. 그토록 허약해 보이는 사람이 그런 중범죄를 저질렀다고는 상상하기 어려웠다." 처음에 프린치프는 말을 할 수 없을 듯 보였지만 페퍼가 직접 말을 걸자 "점차 힘차고 당당한 목소리로 더할 나위 없이 명확하게" 답변했다.[42] 뒤이은 며칠 동안 그는 오스트리아 측이 범죄의 배후를 재구성하지 못하도록 영웅적인 노력을 기울였다. 6월 28일 오후 첫 심문에서 그는 전부 단독으로 했다고 주장하며 차브리노비치와의 어떤 연계도 부인했다. "〔차브리노비치가 던진 폭탄의〕 폭발음을 들었을 때, 저는 스스로에게 이곳에 나

법정에 있는 암살자들

처럼 느끼는 사람이 또 있다고 말했습니다." 이튿날 그는 진술의 신빙성을 높이기 위해 더욱 자세하게 말했다. 차브리노비치의 폭탄 소리에 얼마나 놀랐던지 아펠 강둑길을 건너면서 대공을 쏘아야 한다는 생각을 잊어버렸고, 그 바람에 새로운 위치에서 공격을 시작해야 했다고 주장했다. 처음에 차브리노비치는 프린치프의 주장을 뒷받침했다. 암살 당일 오후에 차브리노비치 역시 베오그라드에서 이름을 기억할 수 없는 '아나키스트'로부터 폭탄을 구해 공범 없이 단독으로 사용했다고 주장했다.

그렇지만 이튿날인 6월 29일 월요일 오전에 차브리노비치가 돌연 말을 바꾸었다. 자신과 프린치프가 공범이며 베오그라드에서 범죄를 함께 계획했다고 시인했다. 무기는 베오그라드의 "전직 빨치산들", 즉 발칸전쟁에 참가했다가 동원 해제 이후 무기를 보관하던 이들로부터 얻었다고 했다. 그 "빨치산들"이 누구인지 밝히라고 압박하자 차브리노비치는 아피스의 지휘계통에서 맨 아래 연결고리인 국영철도 직원 치가노비치의 이름을 댔다. 월요일 오전에 이런 상세한 증언을 마주했을 때, 프린치프 역시 두 사람이 공범임을 시인했다.

이 시점에서 수사가 답보 상태에 빠질 수도 있었다. 두 청년은 그럴듯하고 그 자체로 완결되는 이야기에 동의한 터였다. 페퍼는 특별히 공격적이거나 철저한 심문자가 아니었다. 두 용의자에게 물리적 협박을 하지 않았고, 적법하지 않은 위협책을 사용하지도 않았다. 페퍼는 귀책사유나 서로 모순되는 진술 내용으로 용의자 각각을 압박하는 일마저 꺼렸던 것으로 보이는데, 독립적이고 강압받지 않은 증언만이 진실을 밝히는 적절한 방법이라고 생각했기 때문이다. 사실 이 용의자들의 증언은 독립적일 수가 없었는데, 차브리노비치와 프린치프가 서로 다른 유치장에 있으면서도 일찍이 어느 러시아 소설에서 읽은 암호화된 두드리기 방법을 이용해 의사소통할 수 있었기 때문이다.[43]

수사 상황을 진척시킨 것은 폭파범과 저격범의 증언이 아니라 다른 공범이 틀림없이 있다는 의구심에 따라 수사망을 확대한 경찰의 통상적인 체포활동이었다.[44] 경찰에 붙잡힌 이들 가운데 다름 아닌 다닐로 일리치가 있었다. 경찰은 일리치에 대한 확실한 증거를 가지고 있지 않았다. 일리치가 프린치프의 동료이고 세르비아 민족주의자 서클들과 제휴한다는 사실만 알고 있었다. 그에 반해 일리치는 경찰이 얼마나 알고 있는지 전혀 몰랐으며, 프린치프 또는 차브리노비치가, 혹은 둘 다 이미 자신에게 죄를 씌웠을지 모른다고 틀림없이 의심했을 것이다. 7월 1일 수요일 경찰이 일리치를 페퍼 판사 앞으로 데려갔을 때, 그는 겁에 질려 양형 거래를 제안했다. 만약 판사님이 사형을 면하게 해주신다면 자기가 아는 모든 것을 털어놓겠다고 했다. 페퍼는 구속력 있는 약속은 할 수 없지만 오스트리아 법에서는 공범에 대한 증언을 경감 사유로 본다고 조언했다.

일리치에게는 이 조언 정도면 충분했다. 그의 진술은 프린치프와 차브리노비치의 이야기가 거짓임을 훤히 드러내고 수사를 새로운 단계로 접어들게 했다. 폭파범과 저격범은 혼자서 행동한 게 아니라고 일리치는 진술했다. 그들은 7인 암살조의 일원이었다. 그중 3명은 베오그라드에서 왔고, 나머지 3명은 일리치 자신이 모집한 이들이었다. 그는 암살조 전원의 이름을 대고 그들이 현재 어디쯤에 있을지를 영리하게 추측했다. 이 폭로에 화들짝 놀란 페퍼는 심문실에서 전화기로 달려갔다. 거론된 이들을 모두 체포하라는 명령이 떨어졌다.

맨 먼저 발각된 사람은 베오그라드 세포조직의 세 번째 일원인 트리프코 그라베주였다. 프린치프가 방아쇠를 당긴 뒤 그라베주는 의심을 사지 않으려고 용의주도하게 움직였다. 그는 현장에서 사라예보에 사는 삼촌의 집까지 천천히 걸어가 그곳에 총과 폭탄을 숨겼다. 그런 다음 보스니아 의회 의원인 또 다른 삼촌의 집까지 시내를 가로질러 한가로이 걸어가서 점심을 먹고 밤을 보냈다. 다음 날 아침 그는 고향인 팔레까지 열차를 타고 갔다. 그곳에서 세르비아로 피신할 생각이었다. 결국 그는 세르비아 국경 인근 소도시에서 체포되었다. 암살 9일

체포되는 용의자

이내에 추브릴로비치와 포포비치도 체포되었다. 메흐메드바시치만이 아직 도피 중이었다. 이미 몬테네그로로 월경한 그는 당분간 오스트리아 경찰의 사정권 밖에 있을 터였다. 하지만 메흐메드바시치를 유치장에 집어넣지 못했더라도 사라예보 경찰은 할 일이 많았다. 일리치의 자백으로 한 무리의 공범들이 추가되었다. 그중에는 밤에 재워주거나 교통편을 제공하거나 무기를 숨겨주는 식으로 청년들에게 도움을 주었던 교사와 밀수업자, 그리고 여러 불운한 농부들이 있었다.

세르비아와의 연결고리를 재구성하는 일은 더 어려웠다. 무기들은 세르비아제였다. 리볼버는 세르비아가 라이선스를 얻어 제조한 것이었고, 발견된 폭탄은 크라구예바츠에 있는 세르비아 국가무기고에서 가져온 것이었다. 6월 29일 차브리노비치는 베오그라드에서 암살조에 총과 폭탄을 제공한 사람으로 치가노비치를 지목했다. 그러나 치가노비치는 음모단 네트워크에서 하찮은 인물이었고 여하튼 보스니아 출신 망명자였다. 그가 연루되었음을 보여준다고 해서 세르비아 당국의 공모혐의가 드러나는 것은 아니었다. 이탈리아 역사가 루이지 알베르티니Luigi Albertini가 결론 내린 대로, 설령 치가노비치가 흑수단 내에서 니콜라 파시치의 첩자 겸 정보원으로 일하고 있었다 해도[45] 이 역할은 비공식적이었고 어떤 철저한 수사로도 밝힐 수 없었을 것이다.

보야 탄코시치 소령의 경우는 이야기가 달랐다. 그는 세르비아 국민인 데다 빨치산 운동 내에서 유명했고, 세르비아 군사정보부장 아피스의 개인 부관이었다. 일리치는 탄코시치의 이름을 자진해서 말했으며, 그가 암살자들에게 무기를 제공했을 뿐 아니라 베오그라드에서 사격술을 훈련시켰으며 생포당하지 말고 자결하라는 지시를 내렸다고 진술했다. 베오그라드 암살조는 처음에 탄코시치를 모른다고 잡아뗐다. 일리치와 일대일로 대질 심문을 하고 나서야(자백을 끌어내기 위해 용의자들을 대질시킨 몇 안 되는 경우 중 하나) 프린치프와 차브리노비치, 그라베주는 탄코시치가 음모 준비에 관여했음을 인정했다.

그렇지만 2주 이상 경과한 이때까지도 오스트리아는 음모의 진짜 설계자인 아피스에 다가가지 못하고 있었다. 증인들의 진술을 살펴보면, 프린치프와 그라베주, 차브리노비치가 "처음에는 부인하다가 마지못해(그리고 불완전하게) 시인하여 혼란을 주는 탁월한 방법"으로 일부러 전모를 흐리는 전략을 구사했다는 역사가 요아힘 레마크Joachim

Remak의 시각에 동의하지 않을 수 없다.[46] 세 명 모두 일리치의 폭로에 따른 피해를 줄이고 베오그라드의 공식 서클들을 연루시키지 않으려 애를 썼다. 아무도 흑수단을 언급하지 않았다. 오히려 그들은 치가노비치와 세르비아민족방위단의 연계를 암시하며 오스트리아 수사관들을 진실에서 멀어지는 방향으로 유인하려 했다. 그리고 페퍼 판사의 다소 느긋한 일처리 방식 덕분에 구금된 암살자들은 충분한 시간 동안 서로 입을 맞춤으로써 사건의 전모가 드러나는 속도를 늦출 수 있었다.

물론 경찰 수사가 굼뜨게 진행되었다고 해서 오스트리아 지도부가 베오그라드와의 연계를 직감하지 못하거나 음모의 배후에 더 큰 세력이 있다고 생각하지 않았던 것은 아니다. 보스니아 총독 포티오레크는 암살 발생 몇 시간 만에 급송한 전보들에서 이미 세르비아의 공모 가능성을 시사했다. "폭탄 투척범" 차브리노비치는 "평소 베오그라드로부터 명령을 받는" 세르비아 사회주의자 집단에 속해 있었다. 프린치프는 한동안 세르비아 수도에서 "세르비아 정교회" 학교에 다녔으며, 경찰이 하지치에 있는 프린치프 형의 집을 수색해 "베오그라드에서 펴낸 민족주의적-혁명적 출판물 일체"를 발견했다.[47] 베오그라드의 오스트리아 공사관은 암호화된 전보를 보내 차브리노비치가 암살 몇 주 전까지 베오그라드에 있는 한 출판사에서 일했다고 보고했다. 6월 29일에 발송한 더 긴 보고서에서 오스트리아 공사는 청년들이 베오그라드에서 "정치적 교육"을 받았으며, 세르비아의 민족적 기억의 문화와 연결되어 있다고 말했다. 그 문화에서 특히 중요한 것은 "세르비아인이 사는 곳 어디서나 영웅으로 통하는", 중세에 목숨을 걸고 술탄을 제거한 유명한 암살자 밀로시 오빌리치였다.

> 아직까지 저는 살인 혐의로 베오그라드 정부를 직접적으로 고발할 정도로 과감하게 나갈 마음은 없지만, 그들은 분명 간접적으로 유죄이며, 교육받지 못한 대중뿐 아니라 오랫동안 뿌린 증오의 씨앗을 이제 살인으로 수확한 〔세르비아〕 외무부의 선전국, 세르비아 대학 교수들, 신문 편집장들 사이에도 주모자들이 있을 것입니다.[48]

포티오레크 총독은 베오그라드 공사보다도 자제심을 덜 발휘했다. 육군장관에게 보낸 암호화된 전보에서 그는 살인자들이 베오그라드에서 무기를 제공받았음을 시인했다고 말했다. 하지만 총독은 설령 그들의 자백이 없더라도 만행의 진짜 원인을 세르비아에서 찾을 수 있다고 "완전히 확신"했다. 어떤 조치를 취할지 판단하는 것은 그의 소관이 아니었지만, 개인적으로 그는 "외교정책 분야의 단호한 행동"만이 "보스니아-헤르체고비나에 평화와 정상 상태를 돌려줄" 수 있다고 보았다.[49] 암살사건의 충격은 이런 초기 보고서들에서 여전히 반향을 일으키고 있었다. "우리는 어제 참사의 끔찍한 충격에서 아직 회복하지 못했습니다." 베오그라드 공사는 이렇게 썼다. "그래서 저는 사라예보의 유혈 드라마를 평온하게, 객관적으로, 차분하게 평가하기가 어렵습니다."[50] 복수심에 불타는 분노, 세르비아의 목표에 대한 적대적인 가정, 쌓여가는 정황증거가 처음부터 암살에 대한 오스트리아의 공식 견해에 영향을 주었다. 이 과정과 법적 수사를 통해 밝혀낸 것들 사이에는 간접적인 연계밖에 없었다.

세르비아의 대응

오스트리아는 암살 범죄에 대한 세르비아의 대응을 특히 예의 주시했다. 베오그라드 정부는 상황에 걸맞은 예의를 지키려 노력했지만, 오스트리아 관찰자들은 공식적인 조의 표시와 대다수 세르비아인들이 느끼고 표현한 환희 사이에 커다란 간극이 있음을 처음부터 알아챘다. 사건 다음 날 베오그라드 주재 오스트리아 공사는 6월 28일 저녁에 열릴 예정이었던 암살자 밀로시 오빌리치를 기리는 행사가 취소되었다고 보고했다. 그러나 그는 베오그라드 전역에서 주민들이 사적으로 만족감을 표현했다는, 정보원들의 보고서도 함께 전달했다.[51] 오스트리아가 영사가 보낸 보고서에 따르면, 성 비투스의 날에 맞추어 대규모 기념행사를 열기로 했던 코소보 평원에서 "광분한 대중"이 사라예보에서 들려온 소식에 "짐승 같다고 묘사할 수밖에 없는" 희열을 분출했다.[52] 세르비아 궁정에서 6주간의 국가 애도 기간을 선포할 거라던 예고는 이후 정정되었다. 공식 애도는 8일뿐이었다. 그러나 이 대수롭지 않은 성의 표시마저 합스부르크에 한 방 먹였다고 희희낙락하는 세르비아 애국자들이 거리와 커피하우스에 가득한 현실과 대비되었다.[53]

세르비아 민족주의 언론의 계속되는 독설에 오스트리아의 의심은 더욱 굳어졌다. 6월 29일 보스니아-헤르체고비나에서 세르비아인들이 "고용된 무리들"에게 "몰살"당하는데도 합스부르크 당국이 "팔짱을 끼고" 방관한다고 외치는 팸플릿이 베오그라드에서 대량으로 배포되어 오스트리아 공사관 직원들의 짜증을 돋우었다. 이튿날 민족주의 기관지 《폴리티카Politika》에 실린 사설도 마찬가지였는데, 암살의 책임을 오스트리아에 지우고 빈 정부가 상황을 조작해 세르비아가 범죄를 공모했다는 "거짓말"을 퍼뜨리고 있다고 비난했다.[54] 이런 논조의 기사들(전체 기사 중 다수였다)은 꼬박꼬박 번역되어 오스트리아-헝가리 언론에 발췌 인용되었으며, 이중군주국 대중의 분노를 자아내는 데 일조했다. 약간의 진실을 내포했기에 특히 위험했던 기사들은 베오그라드 정부가 빈 정부에 대공을 노리는 음모를 사전에 공식적으로 경고했다고 주장했다. 일례로 베오그라드 신문 《스탐파》에 '무시된 경고'라는 제목으로 실린 기사는, 빈 주재 세르비아 공사 요반 요바노비치가 베르히톨트 백작에게 음모를 소상히 알려주자 백작이 공사에게 "아주 고마워한" 다음 황제와 대공 둘 다에게 위험을 알렸다고 주장했다.[55] 약간의 진실이 담긴 이 주장은 양날의 검이었다. 한편으로는 오스트리아의 부주의를 함축하면서 다른 한편으로는 세르비아 정부가 음모를 사전에 알고 있었음을 함축했기 때문이다.

물론 세르비아 지도부가 이런 비난을 막기 위해 할 수 있는 일은 거의 없었다. 베오그라드 정부는 커피하우스에서 떠드는 무리에게 살해범들 찬양을 금지할 수도 없었고, 코소보 평원의 군중을 통제할 수도 없었다. 언론은 애매한 영역이었다. 빈 공사 요바노비치는 베오그라드의 무절제한 신문들이 오스트리아에 위협이 된다는 것을 알아채고서 파시치에게 빈의 언론이 그들의 극단적인 의견을 활용하지 못하도록 가장 과격한 신문들에 대처할 것을 거듭 촉구했다.[56] 오스트리아 역시 불쾌감을 전달했으며, 재외 세르비아 공사관들도 언론에 고삐를 채워야 한다고 경고했다.[57] 하지만 파시치 정부가 공식적으로 옳게 주장한 대로, 그들에게는 자유로운 세르비아 언론을 통제할 입헌적 수단이 없었다. 그리고 파시치는 실제로 세르비아 언론국장에게 지시하여 베오그라드의 언론인들에게 주의를 주었다.[58] 7월 7일 파시치가 공식 부인한 이후, 베오그라드 정부가 사전에 빈 측에 공식 경고를 했다는 이야기가 금세 자취를 감춘 것도 주목할 만한 사실이다.[59] 파시치가 신문들의 논조를 누그러뜨리기 위해 국가긴급권을 사용할 수 있었느냐는 것은 또 다른 문제다. 어쨌거나 그는 사용하지 않기로 했는데, 1914년 5월 급진당 내각과 근위대 같은 군사 파벌이 격돌한 직후였던 당시 민족주의 언론을 상대로 가혹한 조치를 취하는 것이 정치적으로 부적절하다고 판단했기 때문이다. 더구나 8월 14일에 총선거를 치를 예정이었다. 선거운동이 한창인 분위기에서 파시치는 민족주의 여론을 화나게 하는 일을 도저히 할 수 없었을 것이다.

막을 가능성이 더 높았던 다른 실책들도 있었다. 6월 29일 상트페테르부르크 주재 세르비아 공사 스팔라이코비치는 빈에 대항하는 보스니아의 소요를 정당화하고 영토회복주의 집단과 관련이 있는 것으로 의심되는 세르비아계 신민들에 대한 오스트리아의 조치를 비난하는 성명서를 러시아 언론에 발표했다. 《베체르니예 브레먀Vecherneye Vremya》에 실린 그 성명서에서 그는 빈의 정치지도부가 반오스트리아 조직들을 날조했으며 그중 "이른바 '흑수단'은 지어낸 것이다"라고 말했다. 세르비아에는 어떠한 혁명조직도 없다고 그는 역설했다. 이튿날 《노보예 브레먀》와의 인터뷰에서 그는 살해범들이 베오그라드에서 무기를 받았다는 것을 부인했고, 보스니아에서 예수회가 크로아티아인과 세르비아인의 불화를 부추긴다고 비난했으며, 보스니아에서 저명한 세르비아인들을 체포하는 조치가 군주국에 대한 세르비아의 군사적 공격을 유발할 수도 있다고 경고했다.[60] 스팔라이코비치는 오스트리아 외교관들과 오랫동안 원한 관계였으며 곧잘 흥분하기로 유명했다. 친구인 러시아 외무장관 사조노프마저 이 세르비아 사절을 "불균형한" 사람으로 묘사했다.[61] 하지만 빈의 의사결정자들에게 즉각 전달된 그의 공적 발언들은 암살 이후 초기 분위기를 해치는 데 일조했다.

파시치 역시 무분별하게 허세를 부려 분위기를 흐렸다. 6월 29일에 각료 몇 명, 의회 의원 22명, 수많은 지역 공무원들과 오스트리아-헝가리의 여러 지역에서 온 세르비아인 대표단이 새로 획득한 마케도니아 영토에 모인 자리에서, 파시치는 연설 중에 오스트리아가 세르비아를 상대로 그 "유감스러운 사건"을 정치적으로 이용한다면 세르비아 정부는 "그들 자신을 방어하고 그들의 임무를 완수하는 데 주저하지 않을 것입니다"라고 경고했다.[62] 암살사건이 불러일으킨 감정이 아직 너무나 생생하던 때에 이것은 이상한 제스처였다.

이와 비슷하게 7월 1일 세르비아의 모든 공사관에 보낸 공문에서 파시치는 베오그라드 정부의 정직하고 힘겨운 노력과 빈 언론의 간악한 조작을 병치했다. 세르비아와 그 대표들은 "유럽 여론을 부추기려는" 빈의 어떠한 시도에도 저항해야 했다. 나중에 같은 주제로 공문을 보내면서 파시치는 빈의 논설위원들이 세르비아 언론의 보도를 일부러 왜곡한다고 비난했고, 오스트리아의 도발에 대한 사실상 정당한 반발을 베오그라드 정부가 나서서 억제해야 한다는 생각을 거부했다.[63] 간단히 말해 파시치가 세르비아 신문들의 논조를 누그러뜨리기보다는 그들을 싸움으로 이끄는 쪽에 더 가까워 보인 순간들이 있었다.

파시치는 오스트리아 각료들과 외교관들을 결코 원만하게 상대하지 못했다. 특히 암살 이후 처음 며칠 동안 서투르게 처신했다. 한 예로 7월 3일 베오그라드에서 대공을 기리는 공식 추도미사를 올리던 중에 파시치는 오스트리아 공사에게 이 사안을 "그들 자신의 통치자가 관련된 사안처럼" 다루겠다고 다짐했다. 의심할 바 없이 선의로 한 말이었지만, 불과 몇 년 전에 국왕 시해로 난리를 겪었던 나라에서 이 발언은 오스트리아 관료들에게 섬뜩하진 않더라도 불쾌하게 들릴 수밖에 없었다.[64]

파시치의 어조보다 더 중요했던 문제는, 제위계승자 부부를 살해한 음모의 뿌리를 캐려던 오스트리아 정부에게 파시치 또는 그의 정부가 과연 신뢰할 만한 공조 상대였느냐는 것이다. 이 문제 역시 의심할 만한 이유가 충분히 있었다. 6월 30일 오스트리아 공사 리터 폰 슈토르크는 세르비아 외무부 사무국장 슬라브코 그루이치Slavko Gruić를 만나

널리 알려진 대로 세르비아 국내와 연결된 음모의 가닥들을 세르비아 경찰이 어떻게 추적하고 있는지 물었다. 그루이치는 당최 무슨 영문인지 모르겠다는 순진한(아마도 솔직하지 못한) 얼굴로 경찰이 아무것도 하지 않았다고 말하고는 오스트리아 정부가 그런 수사를 요청하는 것이냐고 되물었다. 이 순간 슈토르크가 버럭 화를 내며 빈에서 요청을 하든 안 하든 이 사건을 최선을 다해 수사하는 것이 베오그라드 경찰의 의무가 아니냐고 일갈했다.[65]

세르비아 당국의 공식 확언에도 불구하고, 암살과 그에 따른 위기의 심각성에 상응하는 수사는 결코 이루어지지 않았다. 그루이치의 채근에 내무장관 프로티치가 베오그라드 경찰국장 바실 라자레비치 Vasil Lazarević에게 암살자들과 이 도시의 연관성을 조사하라고 지시한 것은 확실하다. 일주일 뒤 라자레비치는 사라예보 암살과 세르비아 수도 사이에 아무런 관련도 없다는 내용을 유쾌하게 발표하는 것으로 '수사'를 종결했다. 경찰국장은 '치가노비치'라는 이름을 가진 사람이 베오그라드에 "존재하지도 않았고 존재한 적도 없다"라고 덧붙였다.[66] 슈토르크는 추가 암살을 계획 중인 것으로 의심되는 학생 무리의 소재를 알아내고자 세르비아 경찰과 외무부에 지원을 요청한 뒤 불분명하고 앞뒤가 맞지 않는 뒤죽박죽 정보를 제공받았다. 니콜라 파시치의 확언에도 불구하고 슈토르크는 세르비아 외무부를 신뢰할 만한 파트너로 삼을 수 없다고 결론 내렸다. 흑수단에 대한 선제 단속은 없었다. 아피스는 자리를 보전했으며, 암살자들을 밀입국시키는 데 관여한 국경경비대에 대한 파시치의 일시적인 수사는 미흡하기 짝이 없었다.

오스트리아의 요구를 어느 정도 들어주기는커녕 파시치(더 나아가 세르비아 당국)는 관습적인 자세와 태도로 되돌아갔다. 다시 말해 이번 사건으로 세르비아인들 자신이 보스니아-헤르체고비나와 사라예보에서 피해를 입고 있다, 오스트리아의 자업자득이다, 세르비아인들은 말로써, 필요하다면 무력으로써 스스로를 지킬 권리가 있다는 등 이런저런 주장을 폈다. 파시치가 보기에 이 모든 주장은 대공 암살과 '공식 세르비아' 사이에 아무런 관련도 없다는 자신의 견해에 부합하는 것이었다.[67] 이 시각에서 보면, 암살에 연루된 개인이나 집단에게 독자적인 조치를 취할 경우 범죄에 대한 베오그라드의 책임을 인정하는 모양새가 될 터였다. 그에 반해 냉담하게 거리를 두는 자세를 고수할 경우 베오그라드가 이 쟁점을 순전히 합스부르크 국내에서 기인한 위기, 빈의 파렴치한 정치인들이 세르비아에 불리하게 이용하려는 위기로 여긴다는 메시지를 보낼 수 있을 터였다. 이 견해에 따라 베오그라드 정부는 공식 채널을 통해 세르비아의 평판을 깎아내리는 오스트리아의 비난을 정당한 이유가 전혀 없는 공격으로 묘사했고, 공식적으로 도도한 침묵을 지키는 것이 세르비아의 적절한 대응책이라고 밝혔다.[68]

이 모든 주장은 베오그라드 정치라는 렌즈를 통해서 보면 이해할 만한 일이었지만, 세르비아가 오만과 기만, 책임 회피로 일관한다고 여긴 오스트리아를 격분시킬 수밖에 없었다. 참사에 대한 세르비아 국가의 공동 책임이 추가로 확인되자 오스트리아가 분개한 것은 말할 나위도 없다. 베오그라드가 구변 좋게 책임을 부인한다는 것은 무엇보다 세르비아 정부가 암살로 인해 불거진 시급한 문제들을 함께 해결할 파트너 또는 이웃이 아니거니와 그런 역할을 수행하지도 않을 것이라는 뜻이었다. 베오그라드 정부를 상대하면서 책임 회피와 표리부동을 예상했던 빈 정부에게 이는 놀라울 것도 없지만 그래도 중요한 결과였다. 이제 만행 이후의 관계를 어떤 외압 조치 없이 어떻게 정상화할 수 있을지 상상하기가 아주 어려워졌기 때문이다.

무엇을 해야 하는가?

대공 부부 살해는 오스트리아-헝가리의 정책을 결정하는 엘리트층에게 즉각적이고도 심대한 영향을 주었다. 6월 28일 암살 이후 며칠 내에 오스트리아 핵심 의사결정자들 사이에서 군사행동으로만 세르비아와의 관계 문제를 해결할 수 있다는 합의가 이루어졌다. 도발에 대응해 무언가를 해야만 했다. 이전 어느 때보다도 수가 많고 굳게 단결한 매파는 신속한 행동을 요구하며 레오폴트 폰 베르히톨트 외무장관을 압박했다. "작년에 저는 결례를 무릅쓰고 우리가 전쟁에 의지하지 않고서 세르비아의 무례를 참는 법을 배워야 한다고 썼습니다." 6월 30일 리터 폰 슈토르크는 베르히톨트에게 이렇게 썼다. "이제 그 문제는 완전히 다른 국면으로 접어들었습니다."

평화냐 전쟁이냐는 문제에 답할 때 우리는 더 이상 세르비아와 전쟁을 해서 얻을 것이 없다는 생각에 이끌려서는 안 됩니다. 그렇게 재면서 망설일 것이 아니라 왕국을 박살낼 기회가 생기면 바로바로 잡아야 합니다.[69]

베를린 주재 오스트리아 대사로 장기 근속한 쇠제니Szögyényi의 후임으로 이미 내정되어 있던 고위 외교관 고트프리트 폰 호헨로헤-쉴링스퓌르스트Gottfried von Hohenlohe-Schillingsfürst 공은 암살사건 다음 날 아침 베르히톨트를 찾아갔다. 호헨로헤는 거의 불복종에 가까운 오만불손한 자세로 당장 진지한 조치를 취하지 않으면 베를린 대사 부임을 거부하겠다며 베르히톨트를 협박했다.[70] 그날 저녁, 베르히톨트가 이와 비슷한 대화를 분명 여러 차례 견뎌냈을 오후가 지난 뒤, 콘라트가 도착했다. 사라예보 암살로 자신의 정치적 영향력을 구속하던 가장 막강한 존재로부터 자유로워진 참모총장은 익히 알려진 후렴구를 시작했다. 지금이야말로 행동할 때였다. 베오그라드와 더 교섭하지 말고 동원령을 내려야 했다. "발뒤꿈치에 독사가 있으면 그 녀석의 머리를 짓밟지 물려 죽기를 기다리지 않는 법입니다." 훗날 베르히톨트가 회고했듯이 참모총장의 조언은 세 단어로 요약할 수 있었다. "전쟁! 전쟁! 전쟁!"[71] 티롤 남부 시찰여행에서 막 돌아온 육군장관 알렉산더 폰 크로바틴Alexander von Krobatin도 6월 30일 화요일 오전에 베르히톨트와 콘라트를 만나 거의 같은 말을 했다. 군대는 행동할 준비가 되었으며 오직 전쟁으로만 현재 군주국이 처한 곤경에서 벗어날 수 있다고

단언했다.[72]

공동 재무장관 레온 빌린스키도 가세했다. 오스트리아-헝가리에서 제국정부로 통한 세 명의 공동 장관 중 하나였던 그는 7월 위기 동안 정책수립 과정에서 중요한 역할을 했다. 보스니아 행정을 책임진 장관으로서 그는 이 지방의 소수민족들을 유연하고 너그럽게 대한다고 알려져 있었다. 그는 세르보크로아트어를 독학해 읽고 이해했으며, 남슬라브족 동료들과 독일어보다는 러시아어로 대화했다. 그 덕분에 그들은 슬라브족이 공유하는 유산을 더 쉽게 추구하고 알릴 수 있었다. 빌린스키는 격식을 따지지 않는 친근한 방식으로 회의를 진행했고, 토론이 매끄럽게 이루어지도록 진한 블랙커피와 질 좋은 담배를 넉넉히 제공했다.[73] 사라예보 사건이 터질 때까지 그는 보스니아-헤르체고비나의 소수민족들과 건설적인 장기적 관계를 구축하는 데 공을 들였다. 심지어 암살 이후에도 보스니아에서 억압적 조치를 시행하려는 엄벌주의자 총독 포티오레크에 반대했다.[74]

세르비아와의 대외관계 문제와 관련해 빌린스키는 최근 발칸 격동기 동안 유화적 견해와 호전적 견해 사이를 오간 바 있었다. 한편으로 그는 1913년 5월 알바니아 북부를 둘러싼 교착 국면과 10월 알바니아 위기 동안 호전적이었다. 다만 후자의 경우 황제와 제위계승자 모두 전면전에 동의하지 않을 것이므로 동원령까지 내려서는 안 된다는 입장이었다.[75] 다른 한편으로 그는 빈 주재 세르비아 공사 요바노비치와 아주 좋은 관계를 맺었고, 이 관계를 효과적으로 이용해 세르비아-알바니아 국경을 변경하는 문제를 원만히 해결했다. 2차 발칸전쟁 동안 그는 베오그라드를 등지고 불가리아를 지지하는 정책에 반대했고, 오히려 팽창 중인 승전국 세르비아와 화해할 것을 요구했다. 그리고 인접국 세르비아와의 전쟁을 일부러 획책해야 한다는 콘라트의 생각에 시종일관 맹렬히 반대했는데, 그럴 경우 오스트리아-헝가리가 침략국으로 지탄을 받고 강대국들 사이에서 고립될 것으로 전망했기 때문이다.[76]

빌린스키는 암살사건이 일어나자 이런 어정쩡한 자세를 당장 집어치웠다. 6월 28일 오후부터 그는 세르비아에 대한 직접 행동을 전폭 지지했다. 그는 프란츠 페르디난트와 특별히 가까운 사이가 아니었지만 암살의 희생자들을 보호해야 하는 자신의 의무를 다하지 못했다는 생각을 떨쳐내기 어려웠다. 돌이켜보면 분명 그를 책망할 이유는 전혀 없었다. 그는 포티오레크로부터 대공 부부를 사라예보로 데려오는 계획을 전해 듣지 못했다(그래서 신문에서 대공 부부의 방문 계획을 약술한 기사를 읽다가 원인 모를 메스꺼움을 느꼈다). 물론 경호 계획을 사전에 의논하지도 않았다. 그럼에도 재무장관은 사라예보 사건 이후 황제와 베르히톨트를 처음 만났을 때 직무 수행에 태만했다는 비난을 받을 것으로 예상해 스스로를 현학적으로(문서 증거를 가지고) 변호했다.[77]

빌린스키의 하급자 포티오레크는 가장 강경한 매파 중 한 명이었다. 빌린스키와 달리, 총독은 자신의 태만을 책망할 이유가 충분히 많았다. 포티오레크는 군대의 기동훈련을 보스니아에서 하자고 맨 처음 고집한 장본인이었다. 그는 방문 당일의 우스꽝스러운 경호 계획에 책임이 있었다. 시청에서 환영식을 한 뒤 사라예보를 떠나는 대공의 일정을 잘못 관리한 사람도 그였다. 그러나 설령 자책하며 괴로워했을지라도, 그는 격렬한 호전성으로 자책감을 감추었다.[78] 사라예보에서 참모총장과 육군장관에게 발송한 보고서에서 포티오레크는 베오그라드에 대한 신속한 군사공격을 촉구했다. 군주국에는 시간이 별로 없었다. 머지않아 세르비아 영토회복주의 네트워크의 작전에 의해 보스니아를 통제할 수 없게 될 것이고, 그렇게 되면 그곳에 대규모 병력을 배치할 수 없을 것이었다. 보스니아에서 세르비아 민족단체들을 척결하고 베오그라드에서 화근을 없애는 방법으로만 군주국의 발칸 안보 문제를 해결할 수 있을 터였다. 포티오레크는 핵심 의사결정자가 아니었지만 그의 보고서는 중요했다. 프란츠 페르디난트는 생전에 오스트리아-헝가리제국이 허약하다는 이유로 외적과의 전쟁을 고려하는 방안을 무조건 배제해야 한다고 줄곧 주장했다. 포티오레크는 이 주장을 뒤집어 전쟁이 제국의 국내 문제들을 악화하지 않고 오히려 해결할 것이라고 역설했다. 훗날 역사가들이 '국내 정치의 우위'라고 부른 것에 호소한 이 억지스러운 주장은 콘라트와 크로바틴이 일부 민간인 동료들의 반대를 극복하는 데 도움이 되었다.

외무부 고위층은 호전적 정책을 재빨리 받아들였다. 일찍이 6월 30일에 빈 주재 독일 대사 치르슈키는 자신이 만난 사람들(대부분 외무부 관리들)이 "세르비아와의 철저한 채무 정리"를 바라고 있다고 보고했다.[79] 호전적 정책을 받아들인 동기는 사람마다 다소 달랐다. 외무부의 자칭 '세르비아 전문가'로 나중에 베오그라드에 대한 최후통첩의 초안을 작성하고 외무부의 몇몇 중요한 회의에 참석한 알렉산더 폰 무줄린Alexander von Musulin 남작은 대세르비아 민족주의에 매우 적대적인 크로아티아인이었으며, 사라예보 이후 위기를 제국 내 크로아티아인들의 지지를 받아 범세르비아주의의 확산을 저지할 마지막 기회로 보았다.[80] 상트페테르부르크 주재 오스트리아 대사로, 대공 암살 이후 첫 2주간 아내의 병환 때문에 때마침 빈에 있었던 프리제시('프리츠') 서파리Frigyes 'Fritz' Szapáry는 발칸반도에 대한 러시아의 통제력이 강화되는 추세를 우려했다. 1913년 10월부터 외무부 정무국장을 맡은 포르가치 백작은 베오그라드에서 보낸 끔찍한 시절과 스팔라이코비치에 대한 원한을 잊지 않고 있었다. 이렇듯 호전적인 집단사고가 외무부를 사로잡았다. 외무부 관료들이 선호한 대결 정책의 밑바탕에는 능동적 외교정책이라는 익숙한 표현이 있었다. 그들에게 능동적 외교정책이란 오스트리아 정책의 고질병인 수동성 및 임기응변과 정반대되는 것이었다. 1908~1909년 보스니아 병합 위기 동안 에렌탈은 자신의 선제적 조치와 전임자들의 "숙명론"을 대비하며 이 표현을 사용해 주장을 개진한 바 있었다. 포르가치, 알렉산더('알레크') 호요스 백작(베르히톨트 외무장관의 비서실장), 서파리, 외무부 국장 알베르트 네메스 백작, 무줄린 남작은 모두 에렌탈의 열성적인 제자였다. 1912년과 1913년 발칸 위기 동안 이 남자들은 러시아의 협박과 세르비아의 "점점 심해지는 무례함"에 굴복하지 말라고 베르히톨트를 거듭 압박했고, 사적인 자리에서 그의 접근법이 지나치게 유화적이라고 개탄했다.[81]

사라예보 사건은 오스트리아 매파를 전쟁으로 몰아가는 데 그치지 않았다. 주화파의 최고 기대주까지 앗아갔다. 1914년 보스니아 방문길에 사망하지 않았다면, 프란츠 페르디난트는 그 이전에 몇 번이고 했던 대로 군사적 모험의 위험을 계속 경고했을 것이다. 하계 기동훈련에서 돌아왔다면, 콘라트를 참모총장직에서 쫓아냈을 것이다. "대공이 언제나 전쟁에 반대했다는 것을 세상은 전혀 모릅니다." 7월 마지막 주에 오스트리아의 한 고위 외교관은 정치인 요제프 레들리히에게 이렇게 말했다. "그는 죽음을 통해 그가 살아 있는 한 결코 찾을 수 없었을 에너지를 우리가 찾을 수 있도록 도왔습니다!"[82]

암살 이후 첫 며칠 동안 가장 압박받은 사람은 오스트리아-헝가리 공동 외무장관 레오폴트 폰 베르히톨트였다. 사라예보에서 들려온 소식에 그는 큰 충격을 받았다. 그와 프란츠 페르디난트는 같은 또래로 어릴 적부터 알고 지내온 사이였다. 다혈질에 자신만만하고 소신을 굽히지 않는 대공과 세심하고 예민하고 여성적인 백작 사이의 모든 차이에도 불구하고, 두 사람은 서로를 깊이 존중했다. 베르히톨트는 제위계승자의 괴팍한 공적 면모 이면의 쾌활하고 즉흥적인 사적 면모를 접할 기회가 충분히 많았다. 그리고 두 사람 외에 가족 간에도 친분이 있었다. 베르히톨트의 아내 난디네는 어린 시절부터 조피 초테크와 친한 친구 사이였다. 베르히톨트는 자신의 부흘라우 성 근처에서 열린 자선행사에 참석했다가 암살 소식을 듣고 아무 말도 하지 못했으며, 부리나케 열차를 타고 빈으로 달려가자마자 광란의 연속 회의에 휩쓸렸다. "고인의, 위대한 고인의 그림자가 이 회의들에 드리웠다." 훗날 베르히톨트는 이렇게 회상했다. "내게는 견딜 수 없이 고통스러운 회의들이었다. 죄 없이 살해당한 그의 모습이 (……) 검고 단호한 눈썹 아래 물처럼 파란 크고 빛나는 두 눈이 내 앞에 언제나 있는 것처럼 보였다."[83]

베르히톨트가 압력에 떠밀려 세르비아와 전쟁을 벌이자는 주장을 받아들여야 했을까? 암살 다음 날 그에게 조언을 퍼부은 매파는 분명 외무장관을 윽박질러 대결 정책을 받아들이게 해야 한다고 생각했다. 때때로 단호한 입장을 취하긴 했지만(예컨대 알바니아 문제로), 베르히톨트는 여전히 대체로 신중하고 유화적인 인물로, 따라서 외교정책을 강요할 수 있는 만만한 인물로 비쳤다. 1914년 5월 합스부르크의 어느 고참 대사는 베르히톨트를 가리켜 "좀스럽고 의지가 부족한", 군주국의 외교정책에 어떤 명확한 방향감각도 허용하지 않은 "딜레탕트"라고 주장했다.[84] 사라예보 사건 이후 외무장관을 들볶아 행동을 이끌어내기 위해 대다수 매파 동료들은 현재 위기에 대해 조언하는 한편 1912년 에렌탈이 사망한 이래 오스트리아-헝가리의 정책을 신랄하게 비판했다. 언제나처럼 콘라트가 가장 직설적이었다. 6월 30일 콘라트는 발칸전쟁 기간에 장관이 망설이고 조심한 탓에 오스트리아-헝가리가 지금 이 난리를 겪는 것이라고 말했다.

그렇지만 실은 베르히톨트 자신이 먼저, 아마도 스스로 직접 행동 정책을 펴겠다고 다짐했던 것으로 보인다. 책략과 억제를 중시하던 인물이 하룻밤 사이에 흔들리지 않는 강한 지도자가 되었다.[85] 6월 30일 오후 1시 쇤브룬궁에서 사라예보 사건 이후 처음 황제를 알현할 때, 그는 위기에 대한 자신의 견해를 개진할 기회를 가졌다. 이 면담은 대단히 중요했으며, 베르히톨트는 훗날 미발표 회고록에서 이 면담을 자세히 상기했다. 귀천상혼한 대공 부부와 껄끄러운 관계였음에도, 황제가 사라예보 사건으로 몹시 슬퍼했다는 것은 언급할 가치가 있다. 83세의 군주는 의례를 무시하고 장관의 손을 직접 잡으며 앉으라고 청했다. 최근 사건을 의논할 때 황제는 눈물을 글썽였다.[86] 베르히톨트는 군주국의 "인내 정책"이 타당성을 완전히 상실했다고 단언했고, 황제도 동의했다. 오스트리아-헝가리가 이런 극단적인 사건에 유약한 태도를 보인다면 "남쪽과 동쪽 인접국들이 우리의 무력함에 더욱 자신만만해질 것이고 파괴 공작을 더욱 확고하게 추진할 것입니다"라고 그는 강조했다. 지금 제국은 "속박당하는 처지"였다. 베르히톨트가 보기에 황제는 당시 상황을 훤히 알고 있었으며 행동할 필요성에 십분 동의했다. 다만 황제는 베르히톨트에게 어떤 추가 조치든 헝가리 수상 이슈트반 티서와 합의해야 한다고 강조했다. 당시 티서는 빈에 머무르고 있었다.[87]

여기에 잠재적으로 심각한 문제의 싹이 있었다. 티서는 직접적인 분쟁을 꾀하는 어떤 정책에도 격렬히 반대했기 때문이다. 1903~1905년에, 그리고 1913년부터 다시 수상을 맡은 티서는 헝가리 정계의 거두였다. 유달리 정력적이고 야심차며 열렬한 비스마르크 예찬자였던 그는 부정선거, 정적에 대한 무자비한 경찰 위협, 그리고 마자르족 중간계급과 다른 민족 엘리트층 가운데 동화정책 지지자들에게 호소하기 위해 경제와 기반시설을 현대화하는 개혁 등을 조합하여 자신의 권력을 강화했다. 티서는 1867년에 탄생한 대타협 체제를 체현한 인물이었다. 그는 민족주의자였지만 오스트리아와의 연합이 향후 헝가리의 안보에 반드시 필요하다고 굳게 믿었다. 그리고 마자르족 엘리트층의 패권을 기필코 지키려 했던 까닭에, 비마자르족 사람들을 정치에서 배제하는 제한적 선거권을 확대하려는 모든 시도에 단호히 반대했다.

티서는 제위계승자 암살에 슬퍼하기는커녕 대놓고 안도했다. 프란츠 페르디난트가 구상하던 개혁은 티서가 경력을 쌓은 권력구조 전체를 위험에 빠뜨렸을 것이다. 특히 티서는 루마니아 지식인층 일부와 대공의 긴밀한 연계를 불쾌하게 여겼다. 이런 이유로 헝가리 수상은 대공 암살을 뜻밖의 행운으로 받아들였고, 오스트리아의 수많은 동료들을 움직인 분노와 절박감을 공유하지 않았다. 6월 30일 오후 베르히톨트를 만난 자리에서, 그리고 이튿날 황제에게 보낸 서신에서 티서는 암살이 세르비아와 전쟁을 벌일 "구실"이 되어서는 안 된다고 경고했다. 자제해야 할 주된 이유는 현재 발칸 국가들의 세력구도가 오스트리아-헝가리에 불리하다는 것이었다. 핵심 문제는 루마니아였다. 1914년 여름 루마니아는 러시아와 삼국협상 편으로 한창 넘어가고 있었다. 트란실바니아에 거주하는 루마니아인 소수민족의 엄청난 규모와 방어하기 어려운 기다란 루마니아 접경을 고려하면, 부쿠레슈티 정부의 노선 변경은 심각한 안보 위협이었다. 분쟁 가능성이 있고 루마니아의 동맹과 처신 문제가 해결되지 않은 가운데 세르비아와 전쟁하는 위험을 무릅쓰는 것은 바보짓이라고 티서는 주장했다. 베를린의 도움을 받아 루마니아를 설득해 삼국동맹의 세력권으로 다시 들어오게 하든지, 아니면 오스트리아-헝가리와 독일이 2차 발칸전쟁에서 루마니아의 적국이었던 불가리아와 더 긴밀한 관계를 맺는 방법으로 루마니아를 억제해야 했다.

> 루마니아인들의 온갖 과대망상에도 불구하고, 이 민족의 정신을 움직이는 힘은 불가리아에 대한 두려움입니다. 우리가 불가리아와 동맹을 체결하는 것을 막을 수 없음을 알고 나면, 그들은 불가리아의 공격으로부터 보호받기 위해 〔삼국〕동맹에 가입하려 할 것입니다.[88]

이 익숙한 발칸 계산법은 제국의 안보 곤경을 헝가리에 치우친 프리즘으로 굴절시킨 것이었다. 마자르족 엘리트층의 정책 지평에서는 루마니아가 크게 보였으며, 티서의 경우 트란실바니아 지주 가문의 후손이라는 사실 때문에 루마니아 문제에 더욱 집착했다. 티서와 그의 최측근 고문들은 러시아와의 우호관계를 헝가리 안보의 관건으로 여겼으며, 이 시기 마자르족 지도부 내에서는 지난날 러시아와의 협약을 재건하자는 생각이 널리 퍼져 있었다. 그렇지만 헝가리 수상이 전쟁에 무조건 반대한 것은 아니었다. 티서는 1913년 10월 2차 알바니아 위기 동안 세르비아에 대한 군사 개입을 지지했고, 나중에 언젠가 더 상서로운 상황에서 적당한 도발 사태가 발생할 경우 세르비아와의 전쟁을 고려할 의향이 있었다. 그러나 오스트리아의 대다수 의사결정자들이 선호한 직접 행동 정책에는 단호히 반대했다.[89]

암살 이후 오스트리아 정치 엘리트층 내에서 얼마나 격한 감정이 퍼져나갔든 간에, 즉각적인 군사적 대응은 불가능하다는 것이 곧 분명해졌다. 우선 빈에서 부각되는 견해를 지지하도록 티서를 설득하는 문제가 있었다. 이중군주국 체제에서 이 강력한 행위자를 간단히 제압하는 것은 정치적 · 헌법적으로 불가능했다. 세르비아가 암살에 관여했음을 실제로 입증해야 하는 문제도 있었다. 6월 30일 오후 베르히톨트를 만난 티서는 세르비아 정부에 "선의를 입증할" 시간을 주어야 한다고 주장했다. 베르히톨트는 이 점에 회의적이었지만, 세르비아의 책임이 추가로 확인될 때까지 군사행동을 미루어야 한다는 데 동의했다.[90] 베오그라드의 연계가 완전히 드러나려면 며칠 더 걸릴 예정이었다. 더 민감한 문제는 군사행동에 나서기까지 걸리는 시간이었다. 콘라트는 민간인 동료들에게 (수사 결과를 기다리지 말고) "즉시 타격"할 것을 거듭 촉구하면서도, 6월 30일 오전 베르히톨트에게 참모본부에서 세르비아를 타격할 군대를 동원하는 데 16일이 필요하다고 알렸다 (이는 너무 적게 어림한 일수라는 사실이 곧 드러났다).[91] 따라서 설령 지도부가 정확한 행동 계획에 동의한다 해도 상당한 시간 지연이 불가피했다.

가장 중요한 마지막 문제는 독일이었다. 베를린이 베오그라드와 대결하는 정책을 지지할 것인가? 근래에 오스트리아-헝가리의 발칸 정책에 대한 독일의 지지는 일정하지 않았다. 상트페테르부르크에서 프리츠 서파리 대사가 오스트리아-헝가리의 발칸 이해관계를 독일이 체계적으로 "희생시킨다"라고 불평한 것이 불과 8주 전이었다. 암살 위기의 처음 며칠 동안 베를린에서 나온 메시지들에는 여러 의견이 섞여 있었다. 7월 1일 유명한 독일 저널리스트 빅토르 나우만Victor

Naumann이 베르히톨트의 비서실장 알레크 호요스 백작을 찾아와 자신이 보기에 독일 지도부는 오스트리아-헝가리의 세르비아 공격을 지지할 것이고 상트페테르부르크 정부가 강압적으로 나올 경우 러시아와 전쟁하는 위험을 무릅쓸 것이라고 말했다. 나우만은 공식 직책이 없었지만 베를린 외무부 정무국장 빌헬름 폰 슈툼Wilhelm von Stumm과 친하다고 알려져 있었으므로, 그의 발언에는 어느 정도 무게가 있었다.[92]

그렇지만 같은 시기에 빈 주재 독일 대사 치르슈키 남작은 오스트리아에 주의를 촉구하고 있었다. 6월 30일 치르슈키는 오스트리아 측에서 자신에게 가혹한 조치의 필요성을 거론할 때마다 "그런 기회를 이용해 침착하되 아주 단호하고 진지하게 가혹한 조치에 반대한다고 경고했다"라고 썼다.[93] 그리고 베를린 외무부 차관 아르투어 침머만은 베를린 주재 오스트리아 대사와 대화 중에 빈의 곤경에 공감을 표하면서도 베오그라드에 "굴욕적인 요구"를 들이밀지 말라고 경고했다.[94]

독일 황제의 견해도 걱정거리였다. 1913년 가을과 겨울에 빌헬름 2세는 현금 선물과 교류 프로그램으로 베오그라드를 포섭하라고 오스트리아에 거듭 조언했다. 1914년 6월 프란츠 페르디난트를 마지막으로 만났을 때도 카이저는 확약을 거부했다. 오스트리아-헝가리가 "앞으로 계속해서 독일을 무조건 신뢰해도 될지" 묻자 빌헬름은 "질문을 어물쩍 피하고 답을 주지 않았다."[95] 7월 1일 프란츠 요제프 황제에게 제출한 보고서에서 티서는 독일 황제가 "친세르비아적 편견"을 품고 있으며 설득 작업에 공을 들인 뒤에야 그가 빈의 발칸 정책을 지지할 것이라고 말했다.[96] 처음에 오스트리아-헝가리 지도부는 빌헬름 2세가 대공의 장례식에 참석하러 빈을 방문할 때 두 황제가 서로 얼굴을 맞대고 의견을 교환할 수 있기를 바랐지만, 독일 카이저를 노리는 세르비아의 또 다른 암살 음모가 있다는 소문이 돌아 방문이 취소되었다. 베를린과 정책의 기조를 맞추려면 다른 수단을 강구해야 했다.

적어도 이 점에는 베르히톨트도, 티서도, 그 밖에 다른 오스트리아 의사결정자들도 동의했다. 어떤 다른 조치든 취하기에 앞서 독일과 정식으로 협의해야 했다. 베르히톨트는 베를린에 외교사절을 파견하기 위한 준비 과정을 감독했다. 오스트리아는 맹방 독일에 두 통의 문서를 전달할 생각이었다. 하나는 프란츠 요제프가 빌헬름 2세에게 보내는 친서로, 서명은 황제가 직접 했지만 초안은 베르히톨트의 비서실장 알레크 호요스가 작성한 것이었다. 다른 하나는 사라예보 사건 이전에 작성된 마체코 의견서를 급히 수정하고 암살사건 이후 짧은 후기를 덧붙인 것이었다.

오늘날 두 문서를 읽어보면 이상하기 그지없다. 마체코 의견서의 수정본은 원본과 마찬가지로 악화되어가는 발칸 정세를 산만하게 개관하면서도, 루마니아의 배신이 가져올 파멸적 결과에 더 중점을 두었다(베를린과 부쿠레슈티의 우호적 관계와 트란실바니아에 대한 티서의 집착을 둘 다 겨냥한 수정 사항이었다). 그리고 프랑스-러시아 동맹의 공격성을 더 분명하게 부각시켰고, 이것이 오스트리아-헝가리뿐 아니라 독일에게도 위협이 된다고 강조했다. 문서 끝에 붙인 후기는 "앞의 의견서는 끔찍한 사라예보 사건이 일어나기 직전에 완성되었다"라는 말로 시작했다. 후기에서는 "아무것도 주저하지 않는 대세르비아의 선동"

의 "위험과 격렬함"에 대해 말하고, 선의와 타협정책을 통해 세르비아와 우호관계를 유지하려던 군주국의 노력이 이제 완전히 무의미해진 것으로 보인다고 지적했다. 전쟁을 직접 언급하지는 않았지만, 최근 사태를 감안하면 오스트리아와 세르비아의 적대관계는 "화해 불가능"하다고 말했다. 이 문서는 꼴사나운 비유로 끝을 맺었다. 오스트리아-헝가리의 독수리는 "자신의 머리 위에서 적들이 짜고 있는 그물의 실들을 이제 결연한 손으로 찢어야만 한다."[97]

프란츠 요제프가 빌헬름 2세에게 보낸 친서는 더 직설적이었다. 이 문서 역시 루마니아의 태도와 러시아의 술책에 대해 꽤 길게 이야기했지만, 세르비아에 대한 행동이 임박했음을 분명하게 시사하며 끝을 맺었다. 암살은 개인의 소행이 아니라 "그 가닥들이 베오그라드까지 이어지는 (……) 잘 조직된 음모"였다. 세르비아가 "발칸에서 세력 요인으로서 무력화"되어야만 오스트리아-헝가리의 안전을 보장받을 수 있었다.

> 귀하도 최근 보스니아에서 끔찍한 사건이 일어난 뒤 확신하셨을 것입니다. 세르비아와 우리를 갈라놓는 차이를 화해를 통해 좁히는 것은 더 이상 불가능하며, 베오그라드에서 범죄를 선동하는 온상이 처벌받지 않는 한, 유럽의 모든 군주들이 추구하는 평화 유지 정책이 위험에 빠질 것입니다.[98]

두 문서가 오늘날 독자들에게 주는 인상은 당혹스러우리만치 초점이 없고, 명확한 표현보다 과장된 비유를 선호하고, 감정적 효과를 얻기 위해 연극적 장치를 사용하고, 상이한 시각들을 병치할 뿐 그것들을 하나의 이야기로 통합하지 않는다는 것이다. 독일에 지원을 명시적으로 요청하지도 않고, 정책을 제안하지도 않고, 선택지 목록을 내놓지도 않는다. 그저 암울한 위협과 불길한 전조를 초점 없이 나열할 뿐이다. 발칸의 상황을 일반적인 표현으로 진단하는(외교적 해결책의 필요성을 암시하는) 구절들과 세르비아에 대한(전쟁을 염두에 두고 있는 것이 확실해 보이는) 구절들이 서로 어떻게 연관되는지 분명하게 밝히지도 않는다.

처음에 베르히톨트는 황제의 서신과 마체코 의견서 수정본을 정부의 정기 배달원을 통해 베를린에 보내려 했다. 그렇지만 7월 4일 토요일 늦게 그는 베를린의 쇠제니 대사에게 전보를 쳐 자신의 비서실장인 호요스 백작이 베를린까지 문서를 직접 가져갈 거라고 알렸다. 그러면 쇠제니가 문서를 받아 카이저 및 테오발트 폰 베트만 홀베크 재상과 면담할 예정이었다. 36세의 젊은 나이였던 호요스는 외무부의 젊은 매파 관료들 가운데에서도 가장 정력적이고 야심만만했다. 그에 더해 베를린에 좋은 연줄도 갖고 있었다. 1908년 베를린에서 본국으로 일시 소환되었을 때 쇠제니 대사는 호요스가 독일 정계의 지도적 집단들과 이례적인 "친밀함과 신뢰"의 관계를 맺었다고 호의적으로 평가했다.[99] 또 호요스는 과거 중국에서 근무할 때 침머만을 만나 얼굴을 익힌 바 있었는데, 7월 위기가 발생했을 때 신혼여행 중이던 고틀리프 폰 야고브 독일 외무대신의 역할을 당시 침머만 차관이 대신하고 있었다. 호요스는 독일과의 관계를 오스트리아-헝가리 안보의 주춧돌이자 발칸에서 능동적 정책을 펴기 위한 전제조건으로 여겼다(호요스 자신이 주변적 역할을 했던 1908~1909년 보스니아 병합 위기에서 그가 배운 교훈이었다). 가장 중요한 사실은 호요스가 애초부터 군사적 해결책을 선호한 강경론자였다는 것이다. 티서의 동의를 얻기 위해 분투하는 동안 이 젊은 비서실장은 사면초가 신세인 상관에게 그가 절실히 필요로 하던 정신적 지원을 제공했다.[100]

베를린에 파견할 사절로 호요스를 선택함으로써 베르히톨트는 빈에서 보내는 두 문서가 명백히 호전적인 의미로 해석되도록 조처한 것이었다. 독일 정부는 분명 오스트리아의 뜻을 진지하게 받아들일 터였다. 겉으로는 독일과 협의하기 전까지 어떤 추가 조치에도 동의하기를 거부한 티서의 조언을 따랐지만, 사실 베르히톨트는 호요스 파견을 이용해 헝가리 수상을 의사결정 과정에서 배제하는 한편 사라예보 암살사건에 신속하고도 단호하게 대응하는, 자신이 선호하는 해결책에 맞추어 정책을 펼치려 했다.[101] 이는 상당히 중요한 문제였다. 7월 3일 빈 주재 독일 대사가 베르히톨트에게 날카롭게 지적했듯이, 오스트리아가 의심할 나위 없이 잘하는 거창한 이야기 자체는 행동계획이 아니었기 때문이다.[102]

동원 일정, 정치적 알력, 사라예보 경찰의 수사 과정, 독일의 지원을 확보할 필요성 등은 모두 세르비아에 대한 군사행동을 연기해야 할 훌륭한 이유였다. 콘라트마저 민간인 동료들에게 믿을 만한 대안을 제시하지 못했다. 그렇다 해도 7월 위기 내내 오스트리아 지도부는 총동원 없이, 선전포고 없이 그냥 베오그라드를 타격하는 편이 더 낫지 않을까 하는 의구심을 떨치지 못했다. 그렇게 공격하는 것이 당시 누구나 생각한, 중대한 도발에 대한 반사적 대응이었다. 7월 24일 위기가 결정적 국면에 접어들 무렵 루마니아 수상 이온 브러티아누는 오스트리아-헝가리가 세르비아를 즉시 공격해 끝장내지 않는 이유가 뭐냐고 물었다. "그랬다면 유럽이 여러분에게 공감했을 겁니다."[103] 곧장 공격했다면 7월 위기가 얼마나 다르게 전개되었을까 하는 것은 추론할 수밖에 없는 문제다. 하지만 한 가지는 확실하다. 알레크 호요스가 베를린행 야간열차를 탔을 때, 이 가상 시나리오를 실현할 절호의 기회는 이미 사라진 셈이었다.

확산되는 파문

외국의 반응

6월 28일 일요일 오후 카이저는 독일 북쪽 앞바다에서 자신의 요트 메테오르를 타고 킬Kiel 요트대회에 출전할 준비를 하고 있었다. 그때 발동기선 훌다호가 경적을 울리며 다가오더니 왕실 해군참모장 뮐러 제독이 소리를 질러 암살 소식을 알렸다. 요트 위에서 잠시 회의한 뒤, 빌헬름은 "사태에 대처하고 유럽의 평화를 지키기 위해" 즉시 베를린으로 돌아가기로 했다.[1] 거의 같은 시각 파리 롱샹 경마장에서 외국 외교사절들과 함께 그랑프리 경주를 관람하고 있던 푸앵카레 대통령에게 전보가 전달되었다. 오스트리아-헝가리 대사 세첸Szécsen 백작은 곧바로 경마장을 빠져나갔다. 대통령과 대다수 외교사절들은 계속 남아서 오후 경주를 즐겼다.

그 자체로는 대수롭지 않은 이런 장면들은 1914년 7월 위기를 혼란에 빠뜨린 다양한 대응과 시각을 에둘러 보여준다. 베를린 주재 영국 대사에 따르면, 암살 소식에 독일 전체가 경악했다. 카이저는 보헤미아에 있는 프란츠 페르디난트 대공의 코노피슈테 성을 방문했다가 막 돌아온 참이었으며, 두 사람의 "친분"은 "독일인들에게 아주 만족스러울 뿐 아니라 누구나 아는 사실"이었다. 게다가 독일인들은 오스트리아의 고령 황제에게 연민을 느꼈다.[2] 오스트리아인들처럼 독일인들도 암살의 충격을 수많은 개인적 인상으로 드러냈다. 일례로 역사가 프리드리히 마이네케Friedrich Meinecke는 한 신문사의 사옥에 붙은 표제를 읽었을 때 눈앞이 캄캄해진다고 느꼈다.[3]

근래 부쿠레슈티와 빈의 정치적 불화에도 불구하고, 루마니아에서도 암살 소식에 깊이 애도하는 분위기가 두루 감지되었다. 루마니아 언론은 만장일치로 고인이 제국 내에서 "소수민족들의 보호자이자 전 국민적 목표의 지지자"였다고 칭송했다.[4] 부쿠레슈티 주재 러시아 사절의 보고에 따르면, 카르파티아 산맥 양쪽의 루마니아인들은 최근 헝가리 당국과 트란실바니아의 루마니아계 주민들 간 타협을 중재하기 위해 프란츠 페르디난트가 배후에서 힘을 썼다고 생각했다. 그는 대공이 즉위하여 빈과 우호관계를 회복할 길이 열리기를 바랐던 "관료들과 정치인들"이 많다고 썼다. 부쿠레슈티 주재 세르비아 사절도 유감스럽다는 투로 대공 부부 살해에 대한 루마니아인들의 반응이 "우리가 예상했던 것보다 세르비아에 훨씬 덜 우호적"이라고 썼다.[5]

다른 나라들의 분위기는 사뭇 달랐다. 가장 심하게 대비된 나라는 세르비아로, 영국 사절은 서민들 사이에 "애도하는 느낌보다는 깜짝 놀라 멍한 느낌"이 있다고 보고했다.[6] 인접국 몬테네그로에서 오스트리아 공사관의 서기관 로타르 에거 리터 폰 묄발트Lothar Egger Ritter von Möllwald는 사라예보에서 죽은 부부에게 조의를 표하는 사람들이 있기는 하지만, 오스트리아가 재앙을 자초한 것으로 비난받고 있다고 보고했다.[7] 오스트리아 국경 맞은편 몬테네그로의 소도시 메탈카에서는 7월 2일에도 기념일 깃발들을 여전히 게양하고 있었다. 오스트리아 측에서 조사한 결과 그 깃발들이 6월 30일에야 게양되었다는 사실이 드러났다. 6월 28일 코소보 전투를 기념하기 위해서가 아니라 인근의 오스트리아 국경 병사들을 조롱하기 위해 걸어두고 있었던 것이다.[8] 세르비아의 고집불통 공사 스팔라이코비치는 7월 9일 상트페테르부르크에서 이곳 사람들이 프란츠 페르디난트 암살 소식을 "기쁘게" 받아들였다고 보고했다.[9]

오스트리아의 맹방이자 경쟁국인 이탈리아에서 대공과 그의 배우자의 죽음은 여러 감정을 불러일으켰다. 대공은 거의 마자르인만큼이나 오스트리아 내 이탈리아인에게 적대적이었다. 로마 주재 영국 대사 레넬 로드Rennell Rodd는 이탈리아 당국이 갖가지 조의를 표하고 있기는 하지만 "사람들은 대체로 대공의 죽음을 거의 신의 섭리로 여기는" 것이 확실하다고 썼다. 로마 주재 오스트리아 대사와 세르비아 공사의 보고서는 이런 인상이 사실임을 확인해주었다.[10] 러시아 대사의 보고서에 따르면, 6월 28일 일요일 오후 로마 극장을 가득 채우고 있던 군중은 암살 소식에 환호성을 지르고 오케스트라에 이탈리아 국가(〈국왕 행진곡〉) 연주를 요청했다. 오케스트라가 신청곡을 연주하자 박수갈채가 쏟아졌다. 이탈리아 외무장관 산 줄리아노는 러시아 대사 스베르베예프Sverbeyev에게 "끔찍한 범죄이긴 해도 세계 평화가 더 나빠지진 않을 겁니다"라고 말했다. 이탈리아의 어느 기자는 로마 주재 세르비아 공사와 대화하다가 자신의 감정을 이렇게 요약했다. "고맙습니다, 세르비아!"[11]

파리에서 사라예보 소식은 중대한 스캔들 때문에 신문 1면에서 밀려났다. 1914년 3월 16일 전직 수상 조제프 카요의 아내 앙리에트 카요가 《피가로》의 편집장 가스통 칼메트의 사무실로 걸어 들어가 그에게 총알 여섯 발을 발사했다. 이 신문은 전직 수상을 공격하는 캠페인을 벌였었는데, 그 과정에서 앙리에트가 당시 첫 번째 아내와 결혼생활 중이던 조제프 카요에게 보냈던 연애편지를 칼메트가 공개해버렸다. 이것이 살해 이유였다. 재판은 7월 20일에 열릴 예정이었다. 프랑스 공직생활에서 아주 유명한 여성의 성적 스캔들과 치정이 얽힌 이 사건에 대중의 관심이 쏠렸다. 7월 29일까지 명망 있는 신문 《르탕》에서 카요 부인에 대한 무죄선고(그녀의 명예에 대한 도발이 범죄를 정당화한다는 이유로)에 할애한 지면이 중부유럽에서 끓어오르는 위기에 할애한 지면보다 두 배 많았다.[12] 파리 신문들은 사라예보 소식에 반응을 보이긴 했지만, 대체로 빈 정부는 암살 연루와 관련해 세르비아 정부를 비난할 자격이 없다는 태도였다. 오히려 파리 언론은 빈 언론이 반세르비아 감정을 불러일으킨다고 비난했다.[13]

그에 반해 런던 주재 세르비아 공사는 당황한 어조로 영국 언론이 "오스트리아의 선전을 따르고 있고", 암살의 책임을 세르비아에 묻고 있다고 보고했다. "그들은 이번 일이 세르비아 혁명가의 소행이고 그와 베오그라드 사이에 연계가 있다고 말하고 있습니다. 세르비아에 좋지 않은 상황입니다."[14] 7월 16일 《타임스》의 한 사설은 오스트리아가 음모의 전모를 철저히 수사할 것을 주장하고 세르비아에 앞으로 자국에 대한 영토회복주의 선동을 억압할 것을 요구하는 것은 당연하다고 단언했다.[15]

이런 다양한 반응이 시사하듯이, 대공 살해를 대하는 태도는 국가들 간 관계의 지정학에 의해 굴절되었다. 루마니아는 흥미로운 경우다. 전반적으로 루마니아 여론은 친루마니아파로 알려진 대공에 호의적이었다. 그러나 삼국협상과 제휴하는 쪽으로 노선을 변경한 주역인 카롤 국왕은 친세르비아 입장을 택했다. 그는 세르비아 정부가 범죄를 철두철미하게 수사할 것이고, 따라서 오스트리아는 베오그라드에 요구를 강요할 권리가 없다고 확신했다.[16]

훨씬 더 불길한 조짐은 암살의 중요성을 축소하고 그리하여 암살이 잠재적 개전 이유가 되지 못한다고 정당화하는 추측이 점점 늘어난다는 것이었다. 우선 삼국협상 국가들과 그들의 소극적인 파트너 이탈리아의 외교 채널에서 폭넓은 공감을 얻은 주장, 즉 사망한 대공이 오스트리아-헝가리 주전파의 수장이었다는 주장이 있었다(진실은 정반대였다). 대공의 인기가 없었음을 강조하는 견해는 범죄에 분노하는 오스트리아의 감정이 진심인가 하는 의구심을 제기하는 동시에, 군주국의 남슬라브족 사이에서 합스부르크 왕조의 인기가 없는 현실이 음모에 반영된 것이고 따라서 음모와 세르비아는 아무런 관련이 없다는 주장을 뒷받침했다. 세르비아 당국은 사라예보 공격에 전혀 관여하지 않았다는(마치 오랫동안 깊이 조사해서 밝혀낸 듯이 단언한) 매우 대담한 추측도 있었다. 1914년 7월 13일 베를린 주재 세르비아 공사가 발송한 공문에 따르면, 러시아 외무부가 베를린 주재 러시아 대사에게 "세르비아는 사라예보 암살에 관여한 바 없다"라고 알렸다(이 시점이면 오스트리아가 느긋한 수사에도 불구하고 명백한 반대 증거를 이미 제시한 뒤였다). 오스트리아 통신국이 러시아 언론에 증거 일체를 제시했음에도, 미로슬라브 스팔라이코비치는 상트페테르부르크 신문들이 러시아 정부의 노선을 따라 사라예보 사건을 "순전히 오스트리아 국내 문제"로 다루고 있다고 만족스럽다는 투로 보고했다.[17]

러시아 공문들에서 이 노선을 계속 추적하면, 이런 식의 견해들이 반오스트리아 주장(대응 조치를 취할 빈 정부의 권리를 부인하는 한편 오스트리아가 대공 부부 살해를 핑계 삼아 틀림없이 다른 속셈이 있는 행동에 나서려 한다는 주장)과 어떻게 융합했는지 확인할 수 있다. 빈 주재 러시아 대사 니콜라이 셰베코Nikolai Shebeko는 최근 몇 년 동안 프란츠 페르디난트가 카이저의 꼭두각시에 지나지 않았다고 보고했다. 설령 암살 이후 오스트리아의 반세르비아 감정에 일말의 진심이 담겨 있다 해도, 이는 "독일인 분자들"의 소행이었다(셰베코는 암살에 뒤이어 일어난 반세르비아 시위에서 크로아티아인들이 수행한 중요한 역할을 전혀 언급하지 않았다. 다만 나중에 보낸 공문에서 의아하게도 "불가리아인 분자들"까지 시위에 가담했다고 덧붙였다). 7월 1일 보고서에서 셰베코는 특히 독일 대사 하인리히 폰 치르슈키가 "그 슬픈 사건을 이용해" 반세르비아 · 반러시아 여론을 선동하는 데 전력을 기울인다고 보고했다(사실 이 시기 치르슈키는 정반대되는 일을 했다. 그는 누구에게나 주의를 촉구하다가 카이저의 심기를 매우 언짢게 했다. 그는 나중에야 방침을 바꾸었다).[18]

베오그라드에서 가르트비크는 오스트리아-헝가리 당국의 주장들이 모두 거짓이라고 본국에 보고했다. 구체적으로 세르비아에는 오스트리아의 불행에 기뻐하는 이들이 없고 오히려 세르비아 민족 전체가 끔찍한 사라예보 살인을 동정하고 있다, 대공을 노린 음모에서 테러범들을 도왔다고 하는 베오그라드 기반 네트워크는 존재하지 않는다, 차브리노비치는 크라구예바츠에 있는 세르비아 국가무기고에서 폭탄과 권총을 구한 것이 아니다 등등의 내용이었다. 오스트리아가 증거를 날조한다는 이런 주장은 중요했다. 단순히 세르비아에서 여전히 잊지 않고 있던 프리트융 재판 스캔들(2장 참조)을 상기시켰거나 그 자체로 거짓이었기 때문이 아니라(분명 틀린 주장이긴 했지만), 약탈적 팽창주의를 추구하는 빈 정부가 베오그라드를 공격할 명분을 만들기 위해 사라예보 총격사건을 일부러 조작한다는 의미를 함축했기 때문이다.[19] 그리고 이 모든 조작의 배후에 독일이 있을 것으로 추정되었다. 소피아 주재 러시아 사절에 따르면, 독일은 현재 사태를 빌미로 동쪽 인접국을 선제공격함으로써 프랑스-러시아 동맹의 군사적 우세가 점점 굳어지는 추세를 저지할 기회를 엿보고 있을 가능성이 농후했다.[20] 이렇게 (전쟁이 발발하기 몇 주 전!) 탄생한 일련의 주장들은 장차 역사 문헌에서 장수를 누릴 것이었다.

러시아 정책수립자들이 보기에 이 모든 보고서로부터 자연스럽게

도출되는 결론은, 오스트리아는 세르비아에 어떤 조치도 취할 권리가 없다는 것이었다. 사적 개인들이, 특히 "미숙한 아나키스트들"이 외국 땅에서 자행한 일의 책임을 주권국가에 지울 수 없다는 주장은 러시아에게 공리와도 같았다(러시아 자료에는 암살자들이 세르비아 또는 남슬라브족 민족주의를 지향했다는 언급이 거의 없다).[21] 개인들이 외국 땅에서 저지른 비행의 책임을 한 민족 전체에게 묻는 것은 부당하고 잘못된 일이었다.[22] 7월 5일 빈에서 셰베코 대사는 영국 대사에게 세르비아가 오스트리아에 대한 "반감 때문에 대공의 목숨을 앗아간 음모에 은근히 호의적"이라는 비난조차 "불공정"하다고 말했다.[23]

7월 8일 사조노프와 상트페테르부르크 주재 오스트리아 대리대사 오토카르 폰 체르닌이 나눈 대화는 사라예보 사건 이후 빈에 대한 러시아의 참을성이 얼마나 적었는지를 드러낸다. 체르닌은 오스트리아-헝가리 정부가 "최근 암살에 대해 세르비아 내에서 수사할 수 있도록 세르비아 정부에 지원을 요구"할 "가능성"을 언급했다. 그러자 사조노프는 그 조치가 "러시아에 매우 나쁜 인상을 줄" 것이라고 경고했다. 오스트리아는 "위험한 길에 발을 들여놓지 않으려면" 그 생각을 멈추어야 했다.[24] 7월 18일, 죽어가는 아내를 간병하느라 빈에서 휴가를 보낸 뒤 상트페테르부르크로 복귀한 오스트리아 대사 프리츠 서파리와 대화 중에, 사조노프는 "세르비아 정부가 그런 조작을 용인했다는 증거는 나오지 않을 것입니다"라고 단언하며 똑같은 견해를 훨씬 더 신랄한 표현으로 역설했다.[25]

러시아가 사라예보 사건에 이런 틀을 씌운 것은 중요했는데, 만약 오스트리아가 세르비아를 상대로 조치를 취할 경우 러시아가 어떻게 대응할지 결정하는 과정의 일부였기 때문이다. 러시아는 사라예보 만행 자체가 도덕적으로 혐오스러운 행위라는 것은 인정하면서도, 이 사건에서 세르비아의 맥락을 마치 외과 수술하듯이 잘라냄으로써 "베오그라드에 치명타를 입히려는 목적을 위해 그 범죄를 이용"하려는 오스트리아의 의도를 강조하려 했다.[26] 물론 이것은 역사적으로 세르비아 '아우들'의 영웅적 투쟁에 공감해온, 다분히 러시아 중심적인 견해였다. 그러나 오스트리아-세르비아 분쟁에 러시아가 개입하는 것이 정당한지, 개입한다면 언제 하는 것이 정당한지를 장차 러시아 정부에서 스스로 결정할 일이었기 때문에 그들의 견해가 가장 중요했다. 그리고 삼국협상의 다른 국가들이 더 엄격한 중재 형태를 고집하리라 예상할 이유도 거의 없었다. 프랑스 정부는 이미 오스트리아-세르비아 분쟁 문제를 러시아 정부에 백지위임한 상태였다. 푸앵카레는 직접 조사해보지도 않은 채 베오그라드와 암살사건 사이에 아무런 연관성도 없다고 단언했다. 1914년 7월 4일 파리 주재 오스트리아 대사와 나눈 흥미로운 대화에서, 푸앵카레는 사라예보 살해와 1894년 프랑스 대통령 사디 카르노가 이탈리아인 아나키스트에게 암살당한 사건을 비교했다. 이는 이심전심을 표현하는 제스처처럼 보였지만, 실은 사라예보 만행을 비정상적인 개인의 소행으로, 즉 정치기관에, 특히 주권국가에 책임을 물을 수 없는 행위로 규정하려는 발언이었다. 오스트리아 대사는 푸앵카레에게 카르노 암살은 "이탈리아 내 반프랑스 선동과 아무런 관계도 없었던 반면, 세르비아의 경우 오랫동안 온

벤켄도르프 백작

갖 합법적 · 비합법적 수단을 이용해 반군주국 선동을 해온 것을 오늘날 누구나 인정할 수밖에 없을 것입니다"라고 지적했으나 소용이 없었다.[27]

에드워드 그레이는 오스트리아와 세르비아 중에 어느 쪽이 선동자인지 밝히는 문제에 적어도 이론적 관심은 보였는데, 세르비아에서 먼저 시비를 걸었다면 영국 여론이 세르비아를 위한 삼국협상의 전쟁 수행을 지지하지 않을 터였기 때문이다. 하지만 그는 그런 싸움을 어떻게 판결해야 하느냐는 문제에 매우 모호한 태도를 보였으며, 암살 이후 처음 며칠 동안 러시아에 매우 엄격한 잣대를 적용할 생각이 없음을 시사하는 발언을 했다. 7월 8일 런던 주재 러시아 대사 벤켄도르프 백작은 에드워드 그레이에게 "세르비아에 무슨 항의 조치를 취할 수 있을지 모르겠습니다"라고 말했다. 외무장관 특유의 잠정적 답변이 이어졌다.

> 나는 무엇이 예상되는지 알지 못한다고 말했다. 나는 다만 대공 살해에 연루된 자들에 대해 재판에서 밝혀진 몇 가지 사실(이를테면 폭탄을 베오그라드에서 구했다는 사실)이 오스트리아 정부의 입장에서 볼 때 세르비

아 정부의 태만 혐의의 근거가 될지도 모른다고 추측할 수 있었을 뿐이다. 하지만 이는 나의 상상과 짐작일 뿐이었다.

> 벤켄도르프 백작은 독일이 오스트리아를 억제하기를 바란다고 말했다. 그는 독일 측에서 싸움이 벌어지기를 원하리라고는 생각하지 않았다.[28]

이 마지막 논점에 대해 그레이는 답변하지(또는 기록하지) 않았다. 이 논점은 상당히 중요했는데, 맹방 오스트리아를 억제할 책임을 독일에 지우고 만일 독일이 억제하지 못할 경우 "싸움"(이 맥락에서는 강대국들 간 전쟁을 의미)의 불가피성을 받아들이려는 속내가 담겨 있었기 때문이다. 이튿날 빈에서 그레이에게 보낸 전보에는 똑같은 주장이 더 명확한 형태로 담겨 있었다. 빈 주재 영국 대사와 러시아 대사의 대화를 기술한 그 전보에 따르면, 러시아 대사는 오스트리아가 "전쟁에 뛰어들" 정도로 어리석을 거라고는 생각하지 않는다고 말했다.

> 세르비아와의 단발적 교전은 불가능할 것이고, 러시아가 세르비아를 방어하기 위해 부득이 무기를 들어야 할 것이기 때문입니다. 여기에는 의문의 여지가 없습니다. 세르비아 전쟁은 곧 유럽 전면전을 의미합니다.[29]

이로부터 열흘이 지나기 전에 러시아는 사라예보 사건에 대한 매끄러운 대항 서사를 완성했다. 물론 그 서사에는 모순점들이 있었다. 어느 오스트리아 외교관이 지적했듯이, 한편으로 보스니아-헤르체고비나의 남슬라브족 모두가 한목소리로 합스부르크의 폭정을 증오한다고 말하고 다른 한편으로 이 지역의 성난 크로아티아인 군중이 세르비아인의 재산을 공격한다고 불평하는 러시아의 주장은 앞뒤가 맞지 않았다. 그리고 세르비아가 오스트리아와 평화롭고 화목하게 지내는 것 외에 아무것도 바라지 않는다는 러시아의 주장은 예전에 사조노프가 (가르트비크를 통해) 파시치에게 전했던 확약, 즉 허물어지는 합스부르크제국의 남슬라브족 영토를 머지않아 세르비아에 넘겨줄 거라던 약속과 상충했다. 상트페테르부르크에서 언론에 널리 보도된 스팔라이코비치의 주장, 즉 베오그라드 정부가 암살 음모를 사전에 빈 정부에 경고했다는 주장은 세르비아가 음모를 미리 알고 있었다는 곤혹스러운 의문(러시아는 이 의문을 무시했다)을 불러일으켰다. 무엇보다 대항서사에는 러시아가 세르비아의 팽창주의와 발칸의 전반적인 불안정을 후원해온 역사 전체가 빠져 있었다.

마지막으로 눈에 띄는 점은, 세르비아의 지하 네트워크와 러시아의 연계를 전혀 인정하지 않았다는 것이다. 전쟁이 끝난 뒤 베오그라드 주재 러시아 무관이었던 빅토르 아르타모노프Victor Artamonov 대령은 전쟁 전에 자신과 아피스가 가까운 관계였다고 솔직히 인정했다. 더 나아가 그는 보스니아에서 흑수단의 간첩활동을 지원하기 위해 아피스에게 자금까지 제공했다고 인정했다. 다만 대공 살해 음모를 미리 알았다는 것은 부인했다.[30]

어쨌거나 런던과 파리 모두 사라예보 사건에 대한 러시아의 서사에 반대할 의향이 없다는 것은 분명했다. 인기 없고 전쟁을 도발하던 엄격한 차기 군주가 오랜 치욕과 학대에 격분한 자국 시민들에 의해 제거되었다. 그리고 이제 그가 대표하던, 부패해 무너지고 있으면서도 여전히 탐욕스러운 정권이 애석할 것 없는 그의 죽음의 책임을 떳떳하고 평화로운 슬라브족 이웃에게 덮어씌울 태세였다. 사라예보 사건에 이런 틀을 씌우는 것이 러시아의 행동 결정을 공식화하는 것이나 마찬가지였던 것은 아니다. 그러나 그런 틀 짓기의 결과로 오스트리아-세르비아 분쟁이 발생할 경우 러시아의 군사적 개입을 저지할 장애물 중 일부가 제거되었다. 발칸 개시 시나리오가 일촉즉발 가능성이 되었던 것이다.

호요스 백작, 베를린에 파견되다

야간열차를 타고 온 알레크 호요스가 7월 5일 일요일 오전 베를린에 도착하기도 전에 독일에서는 오스트리아-헝가리가 세르비아에 모종의 항의 조치를 취하는 것이 정당하다는 견해가 힘을 얻고 있었다. 분위기 변화를 주도한 인물은 카이저였다. 6월 30일 오스트리아 측에 진정을 촉구하고 있다고 보고하는 치르슈키의 공문을 읽은 뒤, 빌헬름은 공문 여백에 험악한 논평을 적었다.

누가 그에게 그럴 권한을 주었는가? 어리석기 짝이 없다! 무엇을 하느냐는 것은 전적으로 오스트리아의 소관이지 그가 상관할 일이 아니다. 나중에 혹시 일이 잘못되면 말이 나올 것이다. 독일이 의지를 보이지 않았다는 말이! 아무쪼록 치르슈키는 이런 난센스를 멈추어야 할 것이다! 그때가 세르비아를 깨끗이 쓸어버릴 때가 되었다.[31]

누군가 이 논평을 치르슈키에게 전달한 것이 틀림없다. 7월 3일 치르슈키가 베르히톨트에게 목표가 명확히 정해지고 외교적 상황이 유리하다면 베를린이 오스트리아의 행동을 지지하겠다고 확언했기 때문이다.[32] 이런 이유로 호요스는 독일 수도에 도착했을 때 동조적인 이야기를 들을 것으로 확신하고 있었다. 그의 첫 임무는 베를린 주재 오스트리아 대사 쇠제니에게 자신이 가져온 두 문서, 즉 마체코 의견서 수정본과 오스트리아 황제가 독일 황제에게 쓴 친서에 대해 간단히 설명하는 것이었다. 설명을 들은 쇠제니는 두 문서의 사본을 가지고 포츠담으로 가서 카이저와 함께 점심을 먹었으며, 그동안 호요스는 베를린 외무부 차관 아르투어 침머만을 만났다.

빌헬름 2세는 포츠담궁의 공원 왼쪽 끝에 자리한 거대한 바로크 양식의 신궁전에서 오스트리아 대사를 맞이했다. 쇠제니의 보고에 따르면, 빌헬름은 두 문서를 빠르게 통독한 뒤 "우리 측에서 세르비아에 진지한 조치를 취할 작정"이었지만 그런 방침이 "심각한 유럽 분규"를 초래할 가능성도 고려해야 하기 때문에 "제국 재상과 상의하기 전까지는 확답을" 줄 수 없다고 말했다. 그런 다음 카이저는 점심을 들었다. 쇠제니는 이렇게 썼다.

식사를 마친 뒤 제가 다시 한 번 가장 단호한 방식으로 상황의 엄중함을 강조했을 때, 황제는 우리가 이번 경우에도 독일의 전폭적 지원을 믿어도 좋다는 뜻을 우리의 최고주권자[프란츠 요제프]에게 전할 수 있게 해 주었습니다. 그가 말했듯이, 그는 제국 재상의 의견을 반드시 들어야 하지만 폰 베트만 홀베크 경이 자신의 견해에 완전히 동의할 것을 조금도 의심하지 않았습니다. 이는 특히 세르비아에 대한 우리 측의 조치에 해당하는 말이었습니다. 그렇지만 그의 견해에 따르면 이 조치를 지체하지 말아야 합니다. 러시아의 태도는 여하간 적대적일 테지만 그는 이에 수년간 대비해왔으며, 오스트리아-헝가리와 러시아 사이에 전쟁이 일어난다면 독일이 여느 때처럼 충성스러운 맹방으로서 우리 편에 설 것을 확신해도 됩니다. 게다가 러시아는 지금 형편으로는 결코 전쟁할 준비가 되어 있지 않으며, 동원령을 공표할지 말지를 두고 분명 오랫동안 고심할 것입니다. (……) 그러나 우리가 세르비아에 대한 군사행동의 필요성을 진정으로 인정한다면, 그(카이저)는 우리에게 너무도 유리한 지금 이 순간을 우리가 이용하지 않는 것을 유감스럽게 생각할 것입니다.[33]

대사와 카이저가 포츠담에서 대화하는 동안 호요스는 베를린 외무부에서 침머만 차관과 비공식 회담을 했다(외무대신 고틀리프 폰 야고브는 아직 신혼여행 중이어서 면담할 수 없었다). 호요스와 침머만은 세르비아에 대한 오스트리아의 조치를 독일이 지지한다는 데 원칙적으로 동의했다. 두 문서를 통독한 침머만은 자신이 공식 견해를 제시할 위치에 있지 않다고 지적한 뒤 (호요스의 훗날 회상에 따르면) 오스트리아가 세르비아를 상대로 조치를 취할 경우 "유럽 전쟁이 일어날 확률이 90퍼센트"이지만 그럼에도 독일은 오스트리아의 계획을 지지한다고 말했다.[34] 전날인 7월 4일까지도 빈 정부에 신중할 것을 요청했던 침머만의 우려하는 마음은 이미 깨끗이 사라지고 없었다.

7월 5일 오후 5시 몇 사람이 신궁전에서 만나 오전의 일을 논의하고 의견을 조정했다. 카이저와 그의 부관 플레센Hans von Plessen 장군, 왕실 육군참모장 링커Moriz von Lyncker 장군, 육군장관 팔켄하인 장군이 참석했다. 침머만 외무차관과 그 사이 저택에서 돌아온 제국 재상도 참석했다. 플레센이 이날 회의를 일기에 자세히 기록했다. 카이저가 프란츠 요제프의 친서를 소리 내어 읽자 참석자 모두 오스트리아가 "세르비아와의 전쟁을 준비"하고 있고 "먼저 독일의 확답"을 받고 싶어한다고 결론 내렸다. "우리 사이에 우세했던 의견은 오스트리아가 세르비아를 상대로 조치를 빨리 취할수록 좋고, 러시아가 (세르비아의 우방이긴 해도) 결국 참전하지 않으리라는 것이었다."[35]

이튿날 7월 6일 베트만 홀베크는 침머만이 배석한 가운데 호요스 백작과 쇠제니 대사를 면담하는 자리에서 오스트리아에 독일의 공식 답변을 전달했다(그 사이 카이저는 스칸디나비아로 연례 요트 여행을 떠났다). 베트만은 먼저 발칸의 전반적인 안보 상황에 대해 꽤 길게 이야기했다. 불가리아를 삼국동맹 편으로 더 가까이 끌어당겨야 한다, 트란실바니아에서 루마니아인 영토회복주의에 대한 지원을 축소할 것을 부쿠레슈티 정부에 요청해야 한다 등등을 말했다. 그런 다음에야 군사행동 문제를 거론했다.

〔쇠제니가 보고했다〕 우리와 세르비아의 관계에 대한 독일 정부의 견해는 우리가 이 관계를 정리하기 위해 무엇을 해야 할지 판단하는 것이라고 그는 말했습니다. 우리가 어떤 결정을 내리든, 독일은 우리의 맹방이자 군주국의 우방으로서 우리를 지지할 것을 확신해도 된다고 했습니다. 대화를 이어가는 중에 저는 재상과 독일 황제 둘 다 우리가 세르비아에 즉각 개입하는 것을 발칸 내 우리의 문제들에 대한 가장 바람직하고 가장 근본적인 해결책으로 여긴다는 것을 알게 되었습니다. 국제적 관점에서 그는 지금이 나중보다 더 유리하다고 보고 있습니다.[36]

이 짧은 보고서의 이상한 점들(무엇보다 쇠제니의 요약문을 인쇄한 텍스트의 총 54줄 가운데 9줄만 세르비아에 대한 조치와 관련이 있고 러시아가 단행할 수 있는 대응에 대한 언급은 없다)에도 불구하고, 여기서 우리는 분명하고도 중대한 결정을 확인할 수 있다. 이번만큼은 독일 정부가 한목소리를 내고 있었다. 카이저와 재상(프로이센 외무장관이기도 했다)이 의견을 모았고, 외무대신 야고브를 대행하던 외무차관 침머만도 마찬가지였다. 육군장관은 카이저에게 독일 육군이 모든 우발 사태에 대비하고 있다고 이미 보고한 터였다. 그 결과 독일은 오스트리아 측에 '백지수표'라고 알려진 지원 확약을 했다.

오해의 소지가 조금 있는 이 비유가 맹방에 대한 지원 약속을 함축하는 한 '백지수표'는 당시 독일의 의도를 나타내는 적절한 표현이다. 카이저와 재상은 오스트리아가 세르비아에 정당한 조치를 취하는 것이고 러시아의 협박을 두려워하지 않고 그런 조치를 취할 자격이 있다고 생각했다. 훨씬 더 문제가 많은 주장은, 독일이 오스트리아의 메시지를 확대 해석했고, 오스트리아의 의도를 넘어서는 약속을 했으며, 그리하여 오스트리아를 전쟁으로 밀어넣었다는 것이다.[37] 프란츠 요제프가 친서에서 세르비아와의 '전쟁'을 직접 언급하지 않은 것은 사실이지만, 그 친서를 읽은 사람이 빈 정부가 가장 근본적인 조치를 고려하고 있음을 의심할 여지는 전혀 없었다. 두 국가 간 '분쟁의 화해'가 더 이상 가능하지 않고 세르비아가 '발칸에서 세력 요인으로서 제거'되어야만 문제가 해결될 것이라는 오스트리아 황제의 주장을 달리 어떻게 이해할 수 있을까? 여하튼 호요스 백작은 빈 정부의 생각에 의문을 품을 여지를 전혀 남기지 않았다. 그는 베를린에 '파견'된 동안 자신이 오스트리아 대표단을 통제했다고 단언했다. 훗날 그는 역사가 루이지 알베르티니에게 베트만의 확약을 요약한 쇠제니의 공문을 작성한 사람이 베테랑 대사가 아닌 자신이었다고 털어놓았다.[38]

독일 지도부는 오스트리아의 세르비아 공격을 계기로 러시아가 개입하고, 독일이 오스트리아를 지원하고, 프랑스-러시아 동맹이 가동되고, 결국 대륙 전쟁이 발발할 위험을 어떻게 평가하고 있었을까? 일부 역사가들은 빌헬름과 베트만, 그들의 군사고문들이 일촉즉발 사라예보 위기를 독일에 유리한 조건에서 다른 강대국들과 분쟁을 벌일 기회로 보았다고 주장했다. 위기 이전 수년간 독일 군부 파벌은 군 공격력의 균형이 삼국동맹에 불리한 방향으로 빠르게 기울고 있고 독일에 남은 시간이 별로 없다는 이유를 들어 예방전쟁을 거듭 주장했다. 지금 전쟁을 치르면 승리할 가능성이 있지만 5년 안에 삼국협상을 도저히 이길 수 없을 정도로 군비 격차가 벌어질 것이라는 주장이었다.

독일 지도부의 토의에서 이런 주장은 정확히 얼마만큼 영향력이 있었을까? 이 물음에 답하자면, 먼저 독일 핵심 의사결정자들이 러시아가 개입할 것으로 예상하지도 않았고 개입을 유발할 생각도 없었다는 점을 지적해야 한다. 7월 2일 베를린 주재 작센 특명전권공사 잘차 리히테나우Salza Lichtenau는 군부의 몇몇 고위 인사들이 러시아가 아직 준비되지 않은 "지금, 전쟁이 일어나게 하는" 편이 바람직하다고 주장하고 있기는 하지만 카이저가 이 견해를 받아들이지 않을 것 같다고 보고했다. 이튿날 이 작센 군사전권 사절은 차라리 일찌감치 전쟁하는 방안을 호의적으로 보는 사람들과 달리 "카이저는 평화 유지를 선호한다는 뜻을 표명했다고 합니다"라고 보고했다. 7월 5일 오후 포츠담 궁 회의에 빌헬름 2세와 함께 참석했던 사람들은 모두 러시아가 세르비아의 우방이긴 해도 "결국 참전하지 않을 것"이라고 생각했다. 예컨대 이 회의에서 육군장관 팔켄하인이 카이저에게 강대국 분쟁이 발생할 만일의 사태에 "어떤 식으로든 대비하기를" 원하시냐고 묻자 빌헬름은 그렇지 않다고 답했다. 7월 말까지 위기에 대처하는 동안 독일 정부의 특징이었던 군사적 대비를 꺼리는 태도에는 현재 대비태세에 대한 군부의 자신감이 어느 정도 반영되었겠지만, 분쟁을 발칸반도로 국한하려는 독일 지도부의 바람 또한 반영되어 있었다. 다만 이 정책으로 분쟁을 국한하는 데 실패할 경우 독일의 군사 대비태세가 위태로워질 위험이 있었다.[39]

특히 카이저가 분쟁을 국지화할 수 있다고 확신했다. 7월 6일 오전 베를린을 떠나기 전에 카이저가 해군장관 대행 에루아르트 폰 카펠레 Eduard von Capelle 제독에게 말한 대로 "그는 군사적 분규가 더 있을 것으로 생각하지 않았다." "이 경우 차르가 국왕 시해자들 편에 서야 할 것이었다. 게다가 러시아와 프랑스는 전쟁할 준비가 되어 있지 않았다." 카이저는 군부의 다른 고위 인사들에게도 동일한 방침을 지시했다. 이는 두려운 상황에서 허세를 부리는 행동이 아니었다. 오래전부터 카이저는 비록 러시아의 군사 대비태세가 강화되고 있기는 해도 러시아가 공격 위험을 감수하기까지 상당한 시간이 걸릴 것으로 보고 있었다. 1913년 10월 말 알바니아 위기의 여파 속에 그는 쇠제니 대사에게 "한동안 러시아는 자신을 걱정시키지 않을 것이다. 앞으로 6년간 그쪽 방향은 우려할 필요가 없다"라고 말했다.[40]

이런 식의 추론은 예방전쟁 주장의 대안이 아니었다. 오히려 그 주장과 어느 정도 얽혀 있었다. 예방전쟁을 일으키는 방안을 선호한 주장은 뚜렷이 분리할 수 있는 두 가지 요소로 이루어져 있었다. 하나는 유럽 전쟁에서 독일이 승리할 확률이 빠르게 낮아지고 있다는 관측이었고, 다른 하나는 독일이 너무 늦기 전에 전쟁을 꾀하여 이 문제를 스스로 해결해야 한다는 추론이었다. 민간의 핵심 의사결정자들이 고려한 것은 두 번째가 아닌 첫 번째 요소였다. 어쨌든 승전 확률이 낮아지고 있음을 시사하는 증거는 러시아가 개입할 위험이 아주 적다는 의미이기도 했다. 러시아가 독일과 전쟁해서 승리할 확률이 1914년보다 3년 뒤에 훨씬 더 높을 거라면, 어째서 상트페테르부르크가 겨우 절반만 준비된 지금 대륙 전쟁을 일으키는 위험을 무릅쓰겠는가?

이런 식으로 생각하면 두 가지 가능한 시나리오가 있었다. 베트만과 그의 동료들에게 훨씬 더 유력해 보였던 첫 번째 시나리오는, 러시아가 개입을 삼가고 오스트리아가 세르비아와의 분쟁을 수습하도록 내버려둔 다음 나중에 아마도 하나 이상의 다른 강국들과 공조하여 외교적으로 대응하리라는 것이었다. 덜 유력해 보였던 두 번째 시나리오는, 러시아가 오스트리아 입장의 정당성을 부인하고 자국의 재무장 프로그램이 아직 완료되지 않았음에도 개의치 않고 개입하리라는 것이었다. 예방전쟁 논리는 바로 이 두 번째 조건에서 타당했다. 어차피 전쟁할 거라면 지금 하는 편이 나았기 때문이다.

핵심 의사결정자들의 계산의 밑바탕에는 확고하고 (오늘날 과거를 돌이켜보면 알 수 있듯이) 잘못된 가정, 즉 러시아가 개입할 공산이 적다는 가정이 있었다. 이처럼 위험 수준을 터무니없이 오판한 이유를 찾기란 어렵지 않다. 1913년 10월 세르비아에 대한 오스트리아의 최후통첩을 러시아가 용인했던 것이 한 가지 명백한 이유였다. 그리고 당시 이미 언급된, 시간은 러시아 편이라는 뿌리 깊은 생각이 있었다. 베를린에서 대공 암살은 국왕 시해 성향이 강한 정치문화 안에서 시작된, 군주정 원리에 대한 공격으로 보였다(일부 영국 신문에서도 이런 견해를 찾아볼 수 있었다). 러시아가 범슬라브주의에 확고히 동조한다 할지라도, 카이저가 거듭 주장했듯이 차르가 '국왕 시해자들'을 편드는 모습은 상상하기 어려웠다. 이 모든 이유에 러시아 집행부의 의도 해석하기라는 영원한 문제를 더해야만 한다. 독일은 오스트리아-세르비아 분쟁이 프랑스-러시아 동맹의 전략적 사고에 이미 얼마만큼 포함되어 있는지 알지 못했다. 독일은 서방의 두 강국이 분쟁을 누가 도발했느냐는 문제에 얼마나 무관심할지 간파하지 못했다.

더욱이 독일은 코콥초프가 각료평의회 의장직에서 해임된 일의 중요성을 아직도 파악하지 못한 상태였으며, 새 각료평의회 내부의 권력균형을 알아내는 데 어려움을 겪었다. 이 점에서 독일은 혼자가 아니었다. 영국 외교관들 역시 새로운 권력균형을 알아내려 애쓰다가 코콥초프와 두르노보 같은 반전反戰 보수주의자들의 영향력이 다시 강해지고 있다는, 완전히 그릇된 결론에 이르렀으며, 파리 정부는 세르게이 비테가 이끄는 '친독일' 파벌이 러시아의 정책을 다시 통제할지 모른다고 우려했다.[41] 체제의 불투명성은 과거에 수없이 그랬듯이 이번에도 위험 평가를 어렵게 만들었다. 이에 더해 얼마 전 발칸 문제에서 영국과 협력했던 독일은 런던이 (최근 러시아와의 해군 회담에도 불구하고) 베를린의 입장을 이해하고 상트페테르부르크에 자제를 촉구할지도 모른다고 생각했다. 이처럼 데탕트는 행위에 수반되는 위험을 과소평가하도록 의사결정자들을 부추길 위험이 있었다.

누군가는 일부 역사가들처럼 독일이 '계산된 위험 정책'을 추구했다고 말할지도 모른다.[42] 그러나 이 견해는 독일의 사고방식에서 중요했던 한 가지 연결고리를 간과하고 있다. 그 연결고리란 러시아의 개입(윤리적-법적 관점 또는 안보적 관점에서 변호할 여지가 없는 정책)이 실은 더욱 불길한 다른 무언가의 증거, 즉 오스트리아의 항의조치를 빌미로 삼국동맹의 권력을 깨뜨릴 캠페인을 개시하려는, 동맹국과의 전쟁을 추구하는 상트페테르부르크의 속셈을 입증할 증거가 되리라는 추정이었다. 이 시각에서 보면 오스트리아-세르비아 위기는 전쟁을 추구할 기회보다는 러시아의 본색을 입증할 수단에 더 가까워 보였다. 그리고 만일 러시아가 전쟁을 원하는 것으로 밝혀진다면(독일은 러시아의 어마어마한 재무장 규모, 프랑스와의 긴밀한 협력, 리만 파견에 대한 분노, 최근 영국과의 해군 회담을 고려할 때 이렇게 드러날 가능성이 있다고 보았다), 뒤로 물러서 전쟁을 피하기보다는 러시아가 걸어오는 전쟁을 지금 감수하는 편이 더 나을 것이었다(이번에도 낮아지는 승전 확률/예방전쟁 논리는 두 번째 조건에서 타당했다). 전쟁을 피할 경우 독일은 단 하나 남은 맹방을 잃고 삼국협상의 나날이 강해지는 압력에 시달릴 게 뻔했으며, 결국 독일과 오스트리아-헝가리(어떤 형태로 살아남든)에 불리한 방향으로 군사력의 균형이 돌이킬 수 없이 기울어지는 가운데 우선권을 강요하는 삼국협상의 능력이 강해질 것으로 전망되었다.[43]

이렇게 보면 독일의 전략은 엄밀히 말해 위험에 초점을 맞춘 전략이 아니라 러시아가 가하는 위협이 실제로 어느 정도인지 밝히는 것을 목표로 하는 전략이었다. 달리 말하면 러시아가 독일을 상대로 동원하는 방안을 선택함으로써 대륙 전쟁을 촉발할 경우, 독일의 행위로 인한 위험이 아니라 전쟁을 통해 유럽 체제의 균형을 조정하려는 러시아의 강한 결의가 드러날 것이었다. 다소 아전인수격인 이 관점에서 보면, 독일은 위험을 감수하고 있었던 것이 아니라 위협을 시험하고 있었던 셈이다. 전쟁 발발을 앞둔 몇 달 동안 러시아의 위협을 자주 언급한 베트만의 심중에는 이런 논리가 있었다.

러시아의 위협에 대한 독일의 집착을 이해하려면 1914년 봄과 여름에 정책수립자들과 신문 편집장들이 공유한 공적 세계에서 이 쟁점이 얼마나 부각되었는지 간략히 살펴봐야 한다. 파리 신문《르마탱》은 1914년 1월 2일부터 '가장 큰 러시아La plus grande Russie'라는 제목으로 장문 기사 다섯 편을 싣기 시작해 큰 파문을 일으켰다. 모스크바와 상트페테르부르크 여행에서 막 돌아온 편집장 스테판 로잔Stéphane Lauzanne이 쓴 이 연재 기사는 조롱하는 듯한 호전적인 어조뿐 아니라 외견상 정확하고 짜임새 있는 정보로도 베를린 독자들에게 깊은 인상을 주었다. 그중 가장 우려스러웠던 것은 '러시아의 전쟁 대비 배치'라는 제목이 달린 지도였다. 그 지도에는 격자 형태 철도로 서로 연결된 병력 집결지들이 발트해와 흑해 사이 전 영역에 마치 군도처럼 빽빽하게 들어차 있었다. 지도에 붙은 설명문은 이것이 "1913년 12월 31일 러시아 군단들의 정확한 배치"라며 독자들에게 "러시아-프로이센 접경에 이례적으로 집결된 병력"에 주목할 것을 권했다. 이 기사들은 러시아의 군사력을 다소 허황되고 과장되게 보는 견해를 드러냈고 실은 새로운 러시아 차관에 대한 반대를 누그러뜨리기 위해 쓰였을 테지만, 최근 프랑스와 러시아가 거액의 차관 계약을 맺은 것을 알고 있던 독일 독자들에게는 우려를 자아낼 수밖에 없었다. 기사에 담긴 정보의 출처가 프랑스 정부일지 모른다는 의구심에 불안감은 더욱 증폭되었다(《르마탱》은 푸앵카레와 가까운 것으로 악명이 높았고, 편집장 로잔은 러시아에 체류하는 동안 사조노프와 러시아군 상급 지휘관들을 만난 것으로 알려져 있었다).[44]

이와 비슷하게 공포감을 자아내는 다른 어용 기사들도 많이 있었다. 러시아제국 참모본부의 기관지로 알려진 군사잡지 《라즈베치크 Razvechik》는 거의 같은 시기에 게재한 신년 사설에서 독일과의 전쟁이 다가오고 있다는, 간담을 서늘하게 하는 견해를 피력했다.

> 독일과의 절멸 전쟁에 대비해 우리 스스로를 무장하고 있고, 설령 수십만의 목숨을 잃는 한이 있더라도 독일제국들[원문 그대로]을 파괴해야 한다는 사실에 병사들뿐 아니라 러시아 국민 전체가 익숙해져야 한다.[45]

이런 식으로 공포를 조장하는 반半관보 기사들이 여름까지 계속 나왔다. 그중에서도 특히 심란했던 기사는 6월 13일 일간지 《증권거래소 소식》에 실린 '우리는 준비되었다. 프랑스도 준비해야 한다'로, 다시 프랑스와 독일 언론에 널리 게재되었다. 베를린 정책수립자들은 특히 상트페테르부르크 대사 푸르탈레스의 (정확한) 보고를 받고 불안해졌는데, 그에 따르면 기사를 사주한 사람이 다름 아닌 육군장관 블라디미르 수호믈리노프였다. 그 기사는 전쟁이 날 경우 독일을 공격할 엄청난 군사조직의 인상적인 위용을 묘사했다. 기사가 자랑한 대로라면 러시아 육군은 머지않아 232만 명을 헤아릴 터였다(그에 비해 독일과 오스트리아의 육군은 합해도 180만 명에 불과했다). 게다가 군사철도를 신속히 확장함에 따라 동원 시간이 급속히 단축되고 있었다.[46]

수호믈리노프의 주요 목표는 십중팔구 독일을 겁먹게 하는 것이 아니라, 러시아가 동맹을 위해 군사적으로 얼마만큼 헌신하고 있는지를 프랑스 정부에 납득시키고 프랑스 역시 그들의 역할을 수행해야 함을 상기시키는 것이었다. 그럼에도 그 기사는 예상대로 독일 독자들을 불안하게 했다. 그중 한 명이었던 카이저는 평소처럼 기사 번역문에 논평을 휘갈겨 썼다. "하! 드디어 러시아가 패를 보였다! 러시아-갈리아가 우리와의 임박한 전쟁을 향해 나아가고 있음을 아직도 믿지 않는 사람이 독일에 있다면 (……) 달도르프 정신병원에 들어가라!"[47] 또 다른 독자는 베트만 홀베크 재상이었다. 6월 16일 런던 대사 리히노브스키에게 보낸 서신에서 재상은 러시아 "군국주의자 파벌"의 전쟁 야욕이 "이토록 가차 없이 드러난" 적은 없다고 말했다. 지금까지 러시아가 독일에 대한 공격 전쟁을 준비하고 있다고 의심한 이들은 "극단주의자들", 범독일주의자들, 군국주의자들뿐이었다. 그러나 이제 "더 침착한 정치인들마저"(짐작하건대 베트만은 자신을 그들 중 하나로 여겼을 것이다) "이 견해 쪽으로 기울기 시작"하고 있었다.[48] 역시 그중 한 사람이었던 외무대신 고틀리프 폰 야고브는 러시아가 아직까지 전쟁에 대비하지 못했지만 조만간 막대한 육군과 발트 함대, 군사철도망으로 독일을 "압도"할 것으로 보았다.[49] 독일 참모본부는 1913년 11월 27일과 1914년 7월 7일 보고서에서 러시아의 군사철도 프로그램에 대한 최신 분석을 내놓고, 새로운 간선들(같은 방향으로 달리는 수많은 철로를 거느린 대다수 간선들은 러시아 내륙 깊숙한 곳까지 닿았고, 독일과 오스트리아 접경지역들에서 서로 만났다)을 밝은 색 잉크로 표시한 지도를 첨부했다.[50]

독일의 우려는 1914년 6월 영국-러시아 해군회담 탓에 더 심해졌다. 이 회담은 삼국협상의 전략 수립이 새롭고 위험한 단계에 들어섰음을 시사했다. 1914년 5월 영국 내각은 프랑스 외무부의 압력에 못 이겨 러시아와의 해군참모 회담을 승인했다. 회담이 극비리에 개최되었음에도, 사실 독일은 런던 주재 러시아 대사관의 간첩을 통해 양국의 세부 논의를 상세히 전달받고 있었다. 발트해 출신 독일인으로 당시 러시아 대사관 2등 서기관이었던 베노 폰 지베르트Benno von Siebert를 통해 베를린은 다른 무엇보다 런던과 상트페테르부르크가 전쟁 시 러시아 원정부대의 포메른(독일 북부에서 폴란드 북부에 이르는 지역—옮긴이) 상륙을 영국 함대가 지원하는 것이 가능한지 의논했다는 사실을 알았다. 이 소식은 베를린에서 불안감을 자아냈다. 1913~1914년 러시아의 해군 지출이 독일의 해군 지출을 처음으로 넘어섰다. 그리고 러시아의 더 공격적인 외교정책과 삼국협상의 꾸준한 압박 탓에 독일은 머지않아 어떤 정책도 자유롭게 추진하지 못할 것으로 우려되었다. 에드워드 그레이가 리히노브스키 런던 대사의 물음에 얼버무리며 답한 내용과 지베르트가 상세히 전한 내용의 차이는 영국이 무언가를 숨기고 있다는 걱정스러운 인상을 주었고, 베를린과 런던 사이에 신뢰의 위기를 초래했다. 이 문제는 베트만 홀베크에게 상당히 중요했는데, 영국이 비록 삼국협상에 얼마간 가담하고 있기는 해도 독일에 대한 삼국협상 국가들의 침략전쟁을 결코 지원하지 않으리라는 것이 그의 정책의 일관된 전제였기 때문이다.[51]

외교관 겸 철학자이며 베트만의 최측근 고문이자 심복인 쿠르트 리츨러Kurt Riezler의 일기는 빈을 지원하기로 결정할 당시 재상이 어떤 생각을 하고 있었는지 알려준다. 7월 6일 쇠제니와 호요스를 면담한 뒤,

두 사람은 호헨피노브에 있는 재상의 저택으로 돌아갔다. 리츨러는 그날 저녁 베트만과 나눈 대화를 이렇게 회상했다.

> 밤하늘 아래 베란다에서 현 상황에 대해 오랫동안 대화. 그가 내게 누설한 〔런던 주재 러시아 대사관의 독일인 정보원이 제공한〕 비밀 정보는 충격적인 실상을 전달한다. 그는 해군 협정에 관한 러시아-잉글랜드 교섭, 포메른 상륙을 아주 심각한, 사슬의 마지막 고리로 보고 있다. (……) 러시아 군사력 급속히 성장 중. 폴란드 돌출부의 전략적 강화로 인해 현 상황을 유지할 수 없게 될 것. 오스트리아의 힘과 기동력 꾸준히 약화…….

러시아에 대한 이런 근심은 오스트리아와 맺은 동맹의 신뢰도와 수명에 대한 의구심과 뒤얽혔다.

> 재상이 중대한 결정들에 대해 말함. 프란츠 페르디난트 살해. 세르비아 당국 관여. 오스트리아 자제심을 되찾으려 함. 프란츠 요제프의 서신, 동맹에 행동할 준비 요청.
>
> 발칸에 대한 오스트리아의 모든 조치는 우리의 오랜 딜레마다. 우리가 그들을 격려하면, 그들은 우리가 그들을 떠밀었다고 말할 것이다. 우리가 하지 말라고 조언하면, 그들은 우리가 그들을 저버렸다고 말할 것이다. 그런 다음 그들은 두 팔 벌리고 기다리고 있는 서방 강국들에 접근할 것이고, 우리는 이성적인 마지막 맹방을 잃을 것이다.[52]

이튿날 리츨러와 대화 중에 베트만은 오스트리아가 "우리의 맹방으로서 독일의 대의를 위해 참전"할 수는 없다고 말했다.[53] 그에 반해 발칸 분쟁에서 기인해 "동방에서 시작되는" 전쟁, 무엇보다 오스트리아-헝가리의 이해관계에서 비롯된 전쟁은 분명 빈 정부의 관심을 완전히 사로잡을 것이었다. "전쟁이 동방에서 시작되면, 그래서 오스트리아-헝가리가 우리를 위해 참전하는 것이 아니라 우리가 오스트리아-헝가리를 위해 참전하게 되면, 우리가 승리할 가망이 어느 정도 있네."[54] 이 주장은 프랑스 정책수립자들의 주장, 즉 전쟁이 발칸에서 기인할 경우 러시아가 독일에 대항하는 공동 계획을 전폭 지지할 가능성이 가장 높다는 주장과 판박이였다. 프랑스에서나 독일에서나 정책수립자들은 주로 그들 자신의 이해관계가 걸린 투쟁에 자기네 맹방이 완전히 헌신할 것으로 믿지 않았다.

오스트리아가 최후통첩을 보내기까지

일종의 결정이 내려졌다. 오스트리아 정부, 또는 적어도 베르히톨트를 중심으로 한 집단은 세르비아와의 분쟁에서 군사적 해법을 추구하기로 마음먹었다. 그러나 다른 모든 쟁점에서 빈의 정책수립자들은 아직 일관된 입장을 내놓지 못하고 있었다. 예를 들어 호요스를 베를린에 파견한 시점까지도 그들은 오스트리아가 승리한 이후 세르비아를 상대로 어떤 정책을 추진해야 할지 합의하지 못한 상태였다. 침머만이 오스트리아의 전후 목표를 물었을 때, 호요스는 임기응변으로 기이한 답변을 했다. 세르비아는 오스트리아, 불가리아, 루마니아가 분할할 것이라고 힘주어 말했던 것이다. 그런 방침을 침머만에게 제시할 권한이 호요스에게 있었던 것도 아니고, 오스트리아 동료들이 분할정책에 동의했던 것도 아니다. 훗날 호요스는 독일이 "우리가 세르비아 정책을 정확히 공식화하지 못하고 불분명한 목표를 갖고 있다"고 판단할 경우 오스트리아에 대한 신뢰를 거둘 것을 우려해 자신이 분할정책을 지어냈다고 말했다. 목표는 아무래도 상관없었다. 중요한 것은 맹방에 굳은 결의를 보이는 것이었다.[55] 티서는 호요스의 분별없는 행동을 전해 듣고서 격노했다. 헝가리 정부는 합스부르크의 남슬라브족 신민들이 더욱 분노할 전망에 오스트리아 정치 엘리트층보다 훨씬 더, 진심으로 경악했다. 그 이후 빈은 세르비아 영토를 병합할 의도가 없다고 밝혔다. 하지만 호요스의 유별난 실책은 7월 위기 동안 종잡을 수 없었던 오스트리아의 정책을 시사하는 것이었다.

시기를 잘 맞추는 것도 문제였다. 독일은 세르비아에 조치를 취할 작정이라면 대공 살해에 대한 분노가 아직 생생할 때 빠르게 단행해야 한다고 역설했다. 그러나 신속함은 오스트리아 정치문화의 두드러진 특징이 아니었다. 상당한 시간이 지난 후에야 군사행동을 시작할 수 있다는 것이 곧 분명해졌다. 이 굼뜬 움직임에는 두 가지 주된 이유가 있었다.

한 가지 이유는 정치적이었다. 호요스가 베를린에서 돌아온 다음 날인 7월 7일에 빈에서 열린 공동 각료회의에서 핵심 의사결정자들이 앞으로 어떻게 대처할지 아직 합의하지 못했다는 것이 분명하게 드러났다. 베르히톨트는 회의를 시작하면서 동료들에게 보스니아와 헤르체고비나를 안정시키려면 베오그라드의 위협에 대처해야만 한다고 말했다. 조치를 취하지 않으면, 남슬라브족과 루마니아인 지역들에서 러시아의 후원을 받는 영토회복주의 운동에 대응하는 군주국의 능력이 계속 약해질 터였다. 이는 트란실바니아의 안정을 중시하는 헝가리 수상 티서에게 호소하기 위한 주장이었다. 티서는 확신하지 못했다. 베르히톨트에게 답변하면서 티서는 세르비아 언론의 태도와 사라예보 경찰의 수사 결과가 군사적 공격 찬성론을 뒷받침한다고 인정했다. 하지만 먼저 외교적 선택지들을 모두 동원해야 했다. "강경하되 이행 가능한" 조항들로 이루어진 최후통첩을 베오그라드에 전달해야 했다. 루마니아의 기회주의적 공격에 대비해 트란실바니아를 지킬 수 있는 병력을 확보해야 했다. 그런 다음 빈은 발칸 국가들 사이에서 입지를 강화해야 했다. 다시 말해 불가리아 · 오스만제국과의 관계를 돈독히 해서 발칸에서 세르비아를 견제할 균형추를 만들어내고 "루마니아에 삼국동맹으로 돌아올 것을 강요"해야 했다.[56]

티서의 발언에 놀란 사람은 아무도 없었다. 트란실바니아를 단연 중시하는 부다페스트의 견해에 참석자 모두 익숙했다. 하지만 티서는 거절당할 것으로 예상되는 요구를 세르비아에 들이밀기로 결심한, 똘똘 뭉친 동료들에 직면했다. 순전한 외교적 성공은 베오그라드, 부쿠레슈티, 상트페테르부르크, 그리고 군주국의 남슬라브족 지역들에서 빈의 유약함과 우유부단함의 증거로 읽힐 것이므로 아무런 가치도 없다고 크로바틴 육군장관은 경고했다. 오스트리아-헝가리는 시간이 얼마 없었다. 발칸반도에서 군주국의 안보 입지는 해가 갈수록 취약해지고 있었다. 다름 아닌 호요스 백작이 기록한 의사록의 결론에는 흥미롭지만 완전히 일관되지는 않은 주요 입장들이 반영되었다.

첫째, "군사적 수단으로든 평화적 수단으로든" 세르비아와의 싸움을 신속히 해결할 필요성에 모두가 동의했다. 둘째, 각료들은 먼저 베오그라드 정부에 최후통첩을 보내고 그런 다음에야 세르비아를 상대로 군대를 동원하자는 티서 백작의 제안을 받아들이기로 했다. 마지막으로, 헝가리 수상을 뺀 회의 참석자 모두 순전한 외교적 성공은 설령 세르비아의 "감정적 굴욕"을 수반하더라도 가치가 없고, 따라서 세르비아가 거절할 수밖에 없는 최후통첩을 가혹하게 작성하여 "군사적 개입을 통한 근본적 해결책의 길을 열어야" 한다는 의견이었다.[57]

점심식사 후에 콘라트와 해군 참모본부를 대표하는 카를 카일러Karl Kailer가 회의에 합류해 각료들과 군사계획을 검토했다. 크로바틴 육군장관의 질문에 콘라트는 군주국의 남쪽 주변부에 대규모 병력을 배치하는 방안이 세르비아를 상대로 하는 전쟁계획('발칸'에 대비한 '계획 B')에 포함될 테지만 러시아가 전쟁에 개입할 경우 오스트리아군 작전의 초점을 남쪽에서 북동쪽으로 옮길 수밖에 없을 것이라고 설명했다. 이 초점 이동의 필요성 여부와 시점을 확정하려면 다소 시간이 걸릴 테지만, 콘라트는 동원 5일째 되는 날까지 과연 러시아를 고려해야 할지 알 수 있기를 바랐다. 이렇게 지연되는 동안 갈리치아 북부를 일단 러시아군에 내주어야 할 수도 있었다. 한 전쟁계획을 다른 전쟁계획으로 바꾸는, 병참 면에서 복잡한 과제를 정확히 어떻게 해낼 수 있느냐는 문제는 불확실한 채로 남았고, 각료들도 묻지 않았다.[58]

이 회의는 분수령이 되었다. 회의가 끝난 뒤로는 평화적 결과가 나올 가능성이 거의 없었다.[59] 하지만 아직까지 행동을 서두를 조짐은 보이지 않았다. 선전포고 없이 즉각 기습하는 작전은 거부되었다. 그토록 중요한 결의에는 헌법상 티서의 동의가 필요했지만, 그는 먼저 세르비아에 외교적 굴욕을 주어야 한다는 견해를 고집했다. 그는 일주일 뒤에야 다수의 견해를 따르기로 했는데, 입장을 바꾼 주된 이유는 세르비아 문제를 처리하지 못하면 헝가리 트란실바니아 지역이 불안해질 것을 확신하게 되었기 때문이다.

그러나 신속한 조치를 막는 더 곤란한 장애물이 있었다. 합스부르크 영토의 시골 지역들에서 여름철 군복무는 대다수 작물을 수확할 시기에 청년들을 가정과 논밭으로 가지 못하게 해서 심각한 혼란을 초래했다. 이 문제를 완화하기 위해 오스트리아 참모본부는 수확 휴가 제도를 고안하여 현역 병사들이 가족 농장으로 돌아가 수확을 도운 다음 하계 기동훈련에 늦지 않게 부대로 복귀할 수 있게 했다. 회의 전날인 7월 6일에 콘라트는 아그람(자그레브), 그라츠, 프레스부르크(브라티슬라바), 크라쿠프, 테메스바르(티미쇼아라), 인스부르크, 부다페스트에서 현재 병사들이 수확 휴가 중이며 7월 25일까지 복귀하지 않을 것임을 확인했다.

따라서 콘라트에게는 선택의 여지가 거의 없었다. 새로운 휴가를 취소하라는 명령을 내릴 수는 있었지만(그리고 실제로 내렸지만), 이미 여름휴가 중인 청년 수천 명을 도로 불러들이려면 수확에 심각한 지장을 주고, 여러 소수민족 지역들에서 농민층의 반감을 사고, 철도망을 혼잡하게 만들고, 오스트리아의 군사공격이 임박했다는 의혹을 전 유럽에서 불러일으킬 수밖에 없었다. 수확 휴가 제도를 설계한 콘라트가 대공 살해 다음 날 저녁 베르히톨트에게 1904년 일본이 선전포고도 하지 않고 포트아서(뤼순)에 있던 러시아 함대를 기습한 방식으로 세르비아에 즉각 공격을 개시하자고 제안했을 때 그 휴가로 인한 문제를 예견하지 못했다는 것은 과장하지 않고 말해도 이상한 일이다.[60]

군부가 미적거리는 동안 빈에서는 향후 행동 방침에 대한 합의가 만장일치로 이루어졌다. 7월 14일 빈에서 만난 군주국 수뇌부는 7월 19일 일요일 다시 공동 각료회의를 열어 최후통첩 초안을 검토하고 승인하기로 합의했다. 하지만 최후통첩 자체는 7월 23일 목요일에 베오그라드 정부에 전달하기로 했다. 이는 7월 20~23일로 예정된 프랑스 대통령 푸앵카레와 신임 수상 르네 비비아니의 상트페테르부르크 국빈방문 일정을 피하기 위한 조치였다. 베르히톨트와 티서는 "이 상트페테르부르크 회담 기간에 최후통첩을 발송하는 것은 모욕적 행위로 비칠 것이고, 공화국의 야심찬 대통령과 러시아 황제가 직접 의논하면 (……) 러시아와 프랑스의 군사 개입 가능성이 높아질 것입니다"라는 데 동의했다.[61]

이 순간부터 전략적 이유로도 외교적 이유로도 비밀 유지가 가장 중요했다. 7월 10일 콘라트가 베르히톨트에게 당부한 대로, 오스트리아의 의도를 세르비아에 미리 알리는 행동을 일체 삼가는 것, 그래서 오스트리아군을 상대로 선수를 칠 만한 시간을 주지 않는 것이 무엇보다 중요했다.[62] 세르비아의 군사력에 대한 오스트리아의 최근 평가는 세르비아군이 만만한 적수가 아님을 시사했다(이 평가가 얼마나 정확한 것이었는지는 1914년 겨울 세르비아군이 오스트리아군을 왕국에서 쫓아내는 데 성공했을 때 분명하게 드러났다).

비밀 유지가 중요했던 다른 이유는 삼국협상 국가들이 대응 방안을 함께 토의할 기회를 갖기 전에 빈의 요구를 베오그라드에 전달할 수 있는 유일한 길이었기 때문이다(같은 이유로 푸앵카레와 비비아니가 상트페테르부르크에 체류하는 며칠을 피하는 것이 중요했다). 따라서 베르히톨트는 언론에 세르비아를 소재로 기사를 쓰지 말라고 단호히 지시했다. 이 조치는 효과가 있었던 것으로 보인다. 7월 중순 동안 오스트리아 일간지들에서 세르비아에 대한 기사가 눈에 띄게 사라졌다. 이 상황은 사실 7월 위기가 가장 위험한 단계로 접어들던 때에 오스트리아의 의도를 속이는, 차분한 공적 분위기를 만들어내는 데 일조했다. 빈은 러시아와의 공식 관계에서 사소한 마찰도 빚지 않으려 조심했다. 특히 상트페테르부르크 주재 오스트리아 대사 서파리는 모든 게 잘 풀릴 것이라고 장담하는 등 러시아 외무부를 진정시키고자 부지런히 노력했다.[63]

공교롭게도 이 비밀 정책은 베를린에서 누설되어 어그러졌다. 7월 11일 독일 외무대신 고틀리프 폰 야고브가 로마 주재 자국 대사에게 오스트리아의 의도를 알렸다. 플로토브Hans von Flotow 대사가 이 정보를 이탈리아 외무장관 산 줄리아노에게 넘겼고, 이탈리아 외무부가 즉시 암호화된 전보를 보내 상트페테르부르크, 부쿠레슈티, 빈 주재 이탈리아 공사관에 알렸다. 이탈리아의 암호를 해독해 이를 알고 있던 오스트리아 정부는 빈과 로마 사이의 외교 통신을 주시하고 있다가 이탈리아가 독일 정보원을 통해 오스트리아의 계획을 입수한 다음 비우호적인 두 나라의 수도에 전달한 사실을 거의 즉각 알아차렸다. 오스트리아는 이탈리아가 러시아와 루마니아를 부추겨 빈과 베를린에 "위협적 태도"를 취하게 함으로써 오스트리아의 항의 조치를 저지하려는 심산이라고 보았다.[64] 그리고 오스트리아는 유럽에서 암호 해독에 단연 발군인 러시아가 이탈리아의 전보를 가로채 최후통첩 계획을 알아냈다고 추정할 충분한 이유가 있었다. 사실 러시아 정부는 이탈리아의 전보를 가로챌 필요가 없었는데, 독일 그리고 오스트리아의 다른 누설 경로를 통해 계획 중인 최후통첩에 대해 들었기 때문이다.

7월 16일 빈 주재 러시아 대사는 은퇴한 오스트리아 외교관 뤼초브 Heinrich Von Lützow 백작과의 대화를 통해 오스트리아 정부가 "독립국가라면 받아들일 수 없는 요구"가 담긴 문서를 "매우 거친 표현"으로 작성하고 있음을 알게 되었다. 뤼초브의 출처는 놀랍게도 빈에서 베르히톨트, 포르가치와 길고도 솔직하게 나눈 대화였다. 파문을 일으킨 이 발견에 관한 셰베코 대사의 보고서는 러시아 외무부를 거쳐 니콜라이 2세에게 곧장 전해졌다. 차르는 주목할 만한 논평을 덧붙였다. "짐이 보기에 전쟁을 벌이기로 결심한 게 아니라면, 어떤 나라도 다른 나라에 요구를 제시할 수 없다."[65] 베오그라드로부터 어떤 종류의 배상이든 받아내겠다고 고집하는 오스트리아의 권리를 러시아가 부인한다는 것을 이보다 더 명확하게 표현할 수는 없었다.

오스트리아의 비밀 유지가 깨진 일은 두 가지 중요한 결과를 불러왔다. 하나는 7월 20일경까지 러시아와 그의 강대국 파트너들이 오스트리아의 속셈을 충분히 알아차렸다는 것이다. 7월 17일 베오그라드 주재 영국 대리공사 크랙앤서프의 보고서로 확인할 수 있듯이, 세르비아 당국도 알고 있었다.[66] 미리 알고 있었기에 상트페테르부르크와 베오그라드 모두 최후통첩이 세르비아에 전달되기 전부터 그것을 단호히 거부하는 입장을 공식화하고 조정하기 시작했다. 7월 19일 파시치는 재외 세르비아 공사관들에 보낸 회람장에서 그 입장을 명확히 표현했다. "우리는 자국의 독립과 위엄을 중요시하는 다른 어떤 나라도 수용하지 않을 그 요구를 받아들일 수 없습니다."[67] 이것은 다른 무엇보다 프랑스 대통령과 수상이 상트페테르부르크에 도착한 7월 20일 무렵 최후통첩에 대한 양국의 견해를 숙고할 기회가 충분히 있었음을 의미한다. 최후통첩안이 세르비아 외무부에 제출된 7월 23일에 러시아와 프랑스가 대경실색했다는 주장(사조노프가 공표했고 훗날 문헌을 통해 퍼졌다)은 허튼소리다.

두 번째 결과는 오스트리아가 파트너 독일을 대하는 방식과 관련이 있었다. 베르히톨트는 독일이 자신의 은밀한 전략을 어그러뜨렸다고 비난했고, 비밀 누설에 대응해 베를린과의 연락을 중단했다. 그 결과 독일은 점점 다가오는 오스트리아 최후통첩의 정확한 내용을 삼국협상 적국들보다 잘 알지 못하게 되었다. 최후통첩안의 사본을 7월 22일 저녁에야 베를린 지도부에 전달한 것은 오스트리아 위기 대처법의 가장 이상한 특징 중 하나다.[68] 그러나 최후통첩의 내용을 몰랐다는 독일의 항변은 삼국협상 외교관들에게 당연히 거짓말로 들렸다. 오히려 그들은 그 항변을 독일과 오스트리아가 오랫동안 비밀리에 공동 계획을 준비해온 증거라고 보았고, 양국의 계획에 힘을 모아 강경하게 대응해야 한다고 생각했다. 7월 위기가 마지막 단계로 접어들던 때에 평화에 상서로운 전조는 아니었다.

오스트리아-헝가리 의사결정 과정의 이상한 점들은 다시 한 번 언급할 가치가 있다. 행정부 내 매파 다수에게 분명한 결단을 내리지 못하는 만만한 사람으로 폄하당했던 베르히톨트는 6월 28일 이후 정책 토론을 상당히 인상적인 방식으로 통제했다. 하지만 그러기 위해 힘겹고 시간을 잡아먹는 합의 도출 과정을 거쳐야만 했다. 오스트리아의 전쟁 결정이 어떻게 나왔는지 추적하는 문서들의 혼란스러운 불협화음에는 상반된 관점들을(꼭 조화시킬 필요까지는 없지만) 포함해야 할 필요성이 반영되어 있다.

오스트리아 의사결정의 가장 두드러진 결점은 개인과 집단의 좁은 시야였을 것이다. 오스트리아 의사결정자들은 질주하는 차량들에 아랑곳없이 고속도로를 종종걸음으로 건너는 고슴도치와 비슷했다.[69] 그들은 러시아가 총동원을 하고 뒤이어 불가피하게 유럽에서 전면전이 일어날 중대한 가능성을 어렴풋이 감지하고서 그에 대해 몇 차례 논의했다. 그러나 그 가능성은 선택지들을 저울질하고 평가하는 과정에 결코 녹아들지 않았다. 오스트리아-헝가리가 과연 하나 또는 그

이상의 다른 유럽 강대국들과 전쟁할 수 있느냐는 문제에 꾸준히 관심을 쏟지도 않았다.[70]

여기에는 몇 가지 가능한 이유가 있다. 첫째는 오스트리아-헝가리 행정부가 독일의 군사력을 유달리 신뢰했다는 것, 즉 독일군이 러시아군을 충분히 억제할 수 있고 설령 억제하지 못하더라도 물리칠 수 있다고 믿었다는 것이다.[71] 둘째는 오스트리아-헝가리 엘리트층의 벌집 같은 구조가 상반된 정보들을 신중하게 조사하고 비교 검토한 다음 공식 결정을 내리는 데 도움이 되지 않았다는 것이다. 토론자들은 빈이 직면한 문제들을 종합적으로 검토하려 애쓰기보다는 대개 상호 비방 탓에 날카로워진 의견을 강변하는 데 몰두하곤 했다. 오스트리아 의사결정의 유아론唯我論에는 뿌리 깊은 지정학적 고립감도 반영되어 있었다. 정계의 어느 내부자가 지적했듯이, 오스트리아-헝가리 정치인들에게 "유럽에 대한 책임"이 있다는 생각은 난센스였다. "그곳에는 유럽이 없기 때문이다. 러시아와 프랑스의 여론은 (……) 설령 세르비아가 한창 평화로운 시절의 어느 날 밤에 폭탄으로 무장한 수천 명으로 우리를 침공하더라도 언제나 우리 책임이라고 주장할 것이다."[72]

그러나 오스트리아 정책 토론의 시야가 의아할 정도로 좁았던 가장 중요한 이유는 분명 의사결정자들이 자신들의 주장과 세르비아에 제안한 해결책이 옳다고 너무도 확신했다는 것이다(결국 티서마저 7월 7일 베오그라드가 사라예보 범죄에 연루되었다고 인정했고, 시기와 외교적 상황이 적절하다면 군사적 대응을 원칙적으로 지지할 의향을 보였다). 행동하지 않으면 오스트리아-헝가리제국이 다 죽어간다는 널리 퍼진 확신을 확인해주는 꼴이 될 터였다. 그에 반해 대담한 행동은 정신을 변혁하는 결과를 가져올 터였다. "오스트리아-헝가리는 (……) 다시 한 번 자신을 믿을 것이다. 그것은 '나는 의지를 갖고 있다, 그러므로 존재한다'를 의미할 것이다."[73]

간단히 말해 오스트리아는 의사결정 이론가들이 말하는 '중대 결정opting decision', 즉 상상할 수 없을 정도로 큰 이해관계가 걸려 있고, 돌이킬 수 없는 변혁적 결과를 가져오고, 결정자의 감정을 고조시키고, 지금 행동하지 않으면 두고두고 발목을 잡을 결정을 내리고 있었다. '중대 결정'은 의사결정체를 재창조하는, 이전과 다른 무언가로 빚어내는 실존적 성격을 띠기도 한다. 이런 결정의 중심에는 합리적으로 설명하기 어려운, 정체성에 뿌리박은 무언가가 있다.[74] 그렇다고 해서 오스트리아의 의사결정이 '비합리적'이었다는 뜻은 아니다. 오스트리아는 당시 위기를 과거의 역사에 비추어 평가했고, 여러 요인과 위험에 대해 논의했다. 오스트리아의 기대에 부응하지 않으려는 세르비아 당국, 이런 사건을 중재할 수 있는 국제 사법기구의 부재, 향후 베오그라드에 순응을 강요할 수 없는 당시 국제 정세 등을 고려하면, 오스트리아가 덜 과격한 해법을 쉽게 찾을 수 있었던 것도 아니다. 그럼에도 오스트리아의 대응은 (1914년의 다른 어떤 행위자들보다 더한 정도로) 근본적으로 기질과 직관에 따른 비약, 오스트리아-헝가리제국이 현재 어떤 상태이고 강대국으로 존속하려면 무엇을 해야 한다는 공통 이해를 바탕으로 한 "적나라한 결정 행위"였다.[75]

가르트비크의 이상한 죽음

오스트리아의 정책이 소강상태에 접어든 때에 베오그라드 주재 러시아 공사가 급사했다. 사망 전 한동안 가르트비크는 협심증으로 고생했다. 그는 비만이었으며 점점 심해지는 두통에 시달리기 일쑤였는데, 스트레스뿐 아니라 고혈압도 두통의 원인이었을 것이다. 매년 여름 그는 바트나우하임에서 요양하며 기운을 되찾고 체중을 줄인 뒤 업무에 복귀하곤 했다. 베네치아에서 휴가 중이던 부하 바실 스트란드만Basil Strandmann이 대공 암살 소식에 휴가를 중단하고 베오그라드로 돌아왔을 때, 가르트비크는 몸이 안 좋아 보였고 요양을 간절히 원하고 있었다. 공사는 스트란드만에게 "가을 전에 어떤 중요한 사건도 없을 것으로 예상되어" 7월 13일부터 휴가를 신청했다고 말했다.

7월 10일, 휴가를 3일 앞두고 가르트비크는 오스트리아 공사 기슬 남작이 베오그라드로 막 돌아온 것을 알았다. 그는 오스트리아 공사관에 전화를 걸어 여러 가지 오해를 해명하기 위해 방문 약속을 잡았다. 7월 3일 대공 추도예배를 올리는 날에 세르비아 수도에서 러시아 공사관만 조기를 게양하지 않은 사실이 널리 알려졌다. 이탈리아와 영국 두 나라의 공관장도 그 사실을 알아차렸다.[76] 더욱이 암살 당일 저녁에 가르트비크가 공사관에서 연회를 주최했고 그곳에서 흘러나온 환호성과 웃음소리가 인근 거리까지 들렸다는 소문이 돌았다. 러시아 공사는 이 밖에 다른 무분별한 언동들도 오스트리아 공사의 귀에 들어가지 않았을까 우려했을 것이다.[77] 사실 두 공사의 회견은 꽤

원만하게 진행되었다. 기슬은 가르트비크의 설명과 해명을 받아들였고, 두 사람은 기슬의 집무실에서 오랫동안 이야기를 나누었다.

가르트비크는 자신의 나쁜 건강 상태와 휴가 계획에 관해 꽤 자세히 말한 다음 이번 방문의 주요 목적대로 대공 살해와 무관한 세르비아의 결백과 향후 의도를 변호하려 했다. 그런데 오후 9시 20분경 그는 첫 문장을 말하기 무섭게 의식을 잃고 소파에서 카펫으로 천천히 미끄러졌다. 소파 위에 놓인 그의 손가락 사이에는 불붙은 담배가 끼워져 있었다. 가르트비크의 딸 루드밀라를 데려오기 위해 급히 그의 마차를 보냈고, 현지 세르비아 의사와 뒤이어 가르트비크의 주치의가 와서 물과 오드콜로뉴, 에테르, 얼음으로 처치했음에도 그의 의식은 돌아오지 않았다. 기슬 남작부인이 가르트비크의 딸을 위로하자 그녀는 "오스트리아인의 말"에는 관심 없다고 매몰차게 대꾸했다. 그날 저녁 세르비아 왕세자 알렉산다르와 함께 있었던 루드밀라 폰 가르트비크는 아버지가 죽은 방을 조사할 것을 주장하며 커다란 일본식 꽃병 몇 개를 파보고, 가르트비크를 깨우기 위해 사용했던 오드콜로뉴의 냄새를 맡고, 아버지에게 무언가 먹을거리나 마실 거리를 주었는지 무뚝뚝하게 물었다. 기슬은 가르트비크가 자신이 가져온 러시아제 담배를 몇 개비 피운 게 전부라고 답했다. 루드밀라는 그 담배꽁초들을 달라고 한 다음 자신의 지갑에 넣어 가져갔다. 가르트비크가 숨기지 않았던 질병에 대한 증거도, 오스트리아 공사의 확언도 베오그라드에서 암살설이 퍼져나가는 것을 막지 못했다.[78] 한 신문은 기슬과 그의 아내를 가리켜 달갑지 않은 손님들을 독살한 "현대의 보르자 가문"(15

세기 이탈리아에서 독살로 유명했던 보르자 가문에 빗댄 표현—옮긴이)이라고 일컬었으며, 며칠 뒤 기슬 본인이 이발소에서 두 손님의 대화를 엿들었다.

> 오스트리아가 우리에게 이상한 사절들을 보내고 있어. 지난번에는 얼간이[포르가치]를 보내더니 이번에는 암살자를 보냈어. 기슬이 빈에서 전기의자를 가져왔는데 누구든지 거기에 앉으면 즉사하고 흔적이 전혀 안 남는다지 뭔가.[79]

다행히 두 사람 모두 옆 의자에 기슬이 앉아 있는 줄 몰랐다. 가르트비크 가문과 베오그라드 정부의 요청에 따라 사조노프는 가르트비크를 세르비아에 매장하는 것을 허락했다. 외국에서 죽은 러시아 외교관에 대한 매우 이례적인 조치였다.[80] 공개적인 애도의 표현과 베오그라드에서 전례 없이 성대하게 치른 국장은 세르비아 대중의 인식에서 그가 차지했던 특별한 위치를 증언했다. 발칸 정치에 대한 가르트비크의 기여를 어떻게 평가하든, 기슬의 소파에서 쓰러졌을 때 이 러시아 공사가 자신의 주요 목적을 이미 달성한 뒤였음을 부인하는 것은 지나치게 박한 평가다. 프랑스 공사 데스코스의 말대로, 가르트비크는 "불굴의 의지"로 "자신의 절대적 권한을 세르비아주의에 강요하고, 자신이 중요하게 여기는 세르비아 문제를 폭력적 형태로 유럽에 강요하는" 개가를 올린 순간에 주었다.[81]

상트페테르부르크의 프랑스인들

드 로비앙 백작, 열차를 갈아타다

1914년 7월 6일 26세의 프랑스 외교관 루이 드 로비앙Louis de Robien은 파리를 떠나 상트페테르부르크로 가서 프랑스 대사관 소속 주재관에 임명되었다. 출발 날짜가 앞당겨진 덕에 그는 적시에 도착해 7월 20일로 예정된 푸앵카레 대통령의 국빈방문 준비를 도울 수 있었다. 드 로비앙은 빨리 가기 위해 매일 출발하지 않는 노르드 급행열차 대신 쾰른까지 가는 고속열차의 일반 침대차에 탔다. 환승열차가 공업지역 루르를 횡단하기 전에 잠시 라인강과 쾰른의 고딕 대성당을 구경할 시간이 있었다. 그에게 루르는 "언제나 아주 인상적이고 얼마간 아름다움이 없지 않은" 곳이었다. 열차는 쾰른에서 동쪽으로 독일을 가장 길게 가로질러 동프로이센의 동쪽 접경에 있는 비르발렌(오늘날 리투아니아 소도시 키바르테이)까지 갔다. 이곳에서 드 로비앙은 짜증스럽게도 안락한 독일 침대차에서 내려 열차를 갈아타야 했는데, 러시아와 유럽의 선로 궤간이 달랐기 때문이다. 국경 건너편에서 처음 만난 현지인들은 그에게 잊지 못할 인상을 남겼다. 열차가 멈추자마자 부츠를 신고 흰 앞치마를 두른 "수염 기른 사람들 무리"가 들이닥치더니 그가 따라가지 못할 정도로 급하게 그의 짐을 날랐다. 드 로비앙과 동승객들은 "기다란 군도를 찬 군인들"이 서 있는 바리케이드 쪽으로 갔다. 그곳에서 승객들의 여권을 확인했는데, 이 절차에 드 로비앙은 깜짝 놀랐다. "그 자유의 시대에 우리는 러시아를 제외한 유럽 어디서나 여권을 소지하지 않고 여행했기" 때문이다. 여행증명서를 제출한 뒤 그는 아주 넓은 방에서 기다렸다. 사실상 대기실인 그 방에는 모서리마다 그의 눈에 "이상한 장식"으로 보인, 불을 붙인 촛대에서 조명을 받는 성상聖像이 있었다. 마침내 형식상 절차가 끝나고 열차가 "끔찍하게 슬픈" 시골 지역을 통과했다. 마을들이 산재했고 저 멀리 교회의 양파 모양 돔이 어렴풋이 보였다. 그는 엔지니어로 보이는 승무원 몇 사람과 이야기하려 했지만 그들은 독일어 단어 몇 개밖에 말할 줄 몰랐다. "우리는 마치 중국에 있는 것 같았다."[1]

그가 앞으로 전시를 보내고 두 차례 혁명이라는 대변동을 겪을 상트페테르부르크에 도착하고도 낯선 느낌은 전혀 사라지지 않았다. 도리어 상트페테르부르크는 "우리의 실망을 완성했다." 러시아 수도는 "끔찍한 소형 마차, 길고 형편없이 유지되는 도로, 수염을 기른 이국적인 생김새의 마부"로 가득했다. 처음에 그는 호텔 프랑스에 예약을 했다. 방은 컸지만 가구가 너무 못생긴 데다 분위기가 편하지 않고

"우리가 유럽에서 익히 알던 것과 달라" 그는 예약을 취소하고 "유명한 넵스키 대로"에 있는 호텔드유럽으로 갔다. 그러나 호텔드유럽은 특별히 유럽적이지 않았고 강변대로의 상점들은 실망스러웠다. 이 파리 귀족은 개중에 제일 나은 상점이 프랑스 지방의 읍을 상기시킨다고 썼다.[2]

프랑스어를 알아듣는 행인이 거의 없었던 탓에 그는 돌아다니기가 어려웠다. 이 사실은 그에게 충격이었는데, 파리 동료들이 상트페테르부르크 사람 모두가 프랑스어에 익숙할 것이라고 장담했기 때문이다. 이 도시의 음식과 음료는 까다로운 백작에게 별로 위로가 되지 못했다. 러시아 요리는 끔찍했고 특히 생선수프는 "혐오"스러웠다. 보르쉬(사탕무로 만드는 수프—옮긴이)만이 "메뉴에 계속 둘 만한 요리법"이었다. 단숨에 쭉 마신 "그들의 보드카"는 "우리의 코냑, 우리의 아르마냑, 우리의 마르, 우리의 키르슈를 천천히 즐기도록 배운 문명인의 미각에 어울리지 않"았다.[3]

상트페테르부르크에서 자신의 처지를 파악한 드 로비앙은 새 일터로 향했다. 돌고루키Dolgoruki 가문이 소유한 멋진 대저택을 사용하는 프랑스 대사관이 네바 강둑에서 가장 아름다운 지점 중 하나에 자리하고 있다는 사실이 그나마 위안이 되었다. 그는 특히 파란색 제복과 짧은 반바지를 입은 하인들에게 깊은 인상을 받았다. 강이 내다보이는 1층에 판 데르 묄렌의 태피스트리와 그림으로 장식된 대사의 집무실이 있었다. 그 옆에 있는 더 작은 방에 전화기가 있었고 매일 오후 대사관 직원들이 이곳에 모여 의식을 치르듯 차를 마셨다. 그 옆방은 둘

세 참사관의 집무실로, 러시아에 주재한 역대 프랑스 대사들의 초상화가 벽에 걸려 있었다. 대사관 뒤편 서기관들과 서류철들로 붐비는 집무실 뒤에 기밀문서와 전송 암호를 보관하는 금고실로 통하는 문이 있었다. 프랑스 대사관의 자랑은 1층에 위치한 응접실이었다. 이 섬세한 공간에는 녹색과 금색의 다마스크직織을 두른 벽에 대사가 소유한 프란체스코 과르디의 그림들이 걸려 있었고, 마리-앙투아네트의 방들에 있었던 것으로 추정되는 금박 안락의자들이 놓여 있었다.[4]

드 로비앙은 모리스 팔레올로그 대사를 이미 알고 있었다. 허풍이 센 팔레올로그는 1914년 1월에 취임해 3년 뒤 떠날 때까지 대사관의 생활을 지배했다. 1914년에 찍은 사진들 속의 그는 중간키에 머리를 빡빡 깎고 "눈구멍 안에 깊숙이 박힌 아주 선명한 눈"을 가진 말쑥한 남자다. 팔레올로그는 "외교관이라기보다는 로맨스 작가"였다고 드 로비앙은 회고했다. 그는 모든 사건을 극적 · 문학적 관점에서 보았다. "그는 사건을 묘사하거나 대화를 복기할 때마다 상상력을 발휘하여 진실보다 더 생생하게, 거의 완전히 재창조했다." 팔레올로그는 자기 이름에 대단한 자부심을 가졌는데, 그의 (그럴싸한) 주장에 따르면 고대 비잔티움의 황제들로부터 물려받은 것이었다. 그는 자신의 '이국적'인 가계(아버지는 그리스 출신의 정치 망명자였고, 어머니는 벨기에 출신의 음악가였다)를 열정적이고 과시적인 애국심과 스스로를 프랑스의 교양과 문화적 우월성의 구현자로 내세우려는 욕구로 보완했다.

대사 같은 고위직을 맡아본 적이 없었던 팔레올로그는 상트페테르부르크에 부임하자마자 새 직책의 중요성을 부풀렸다. 드 로비앙은 대사가 '아래급' 나라들의 대표에게 자신의 중요성을 각인시키는 방식을 관찰했다. 서기관이 벨기에 사절 뷔세레나 네덜란드 사절 스베이르츠가 도착했다고 알리면 팔레올로그는 습관처럼 뒷문으로 빠져나가 산책을 하다가 한 시간 뒤에 대기실에서 두 팔 벌려 손님을 맞으며 "여보게, 오늘 일이 너무 많았다네"라고 말하곤 했다. 그는 고위 대사들의 세계에서도 유별날 정도로 사치스럽고 과시적인 취향을 드러냈다. 팔레올로그가 파리에서 데려온 주방장이 대사관 만찬을 준비한다는 사실은 상트페테르부르크 사교계에서 높이 평가받았다. 드 로비앙은 이 모든 일의 원인을 팔레올로그의 "동방" 가계에서 찾았고, 졸부들이 으레 그렇듯이 팔레올로그가 사랑하는 호화로움도 꾸민 티가 나고 부자연스럽다고 짓궂게 덧붙였다.[5]

팔레올로그는 외교의 일상 업무인 상세한 공문 작성에 질색했다. 그가 선호한 방법은 자신이 받은 인상을 생생한 장면으로 구성하고, 러시아 주재 외교관들이 매일같이 주고받는 길고 대개 모호한 완곡어법을 간명한 캐치프레이즈로 대체한 대화로 그 장면에 활기를 불어넣는 것이었다. 드 로비앙은 대사가 중요한 군사 문제에 대해 대화하기 위해 차르를 알현하기로 되어 있던 날을 회상했다. 팔레올로그는 공문의 "효과가 가장 클" 때 파리에 도착할 수 있도록 대사관으로 돌아오자마자 공문을 발송하기를 원했다. 이를 위해 차르를 만나러 대사관을 떠나기도 전에 면담 내용을 미리 작성했다. 드 로비앙과 그의 동료들은 아직 하지도 않은 대화에 대한 상세한 묘사를 암호로 바꾸기 시작했다. 전부 가짜인 이 르포르타주에는 그의 기억에 남은 팔레올로

그 특유의 표현이 들어 있었다. "이 시점에 면담은 결정적 전환점에 이르렀고, 황제가 제게 담배를 권했습니다."[6]

대사에 대한 드 로비앙의 언급은 비록 적대적이긴 해도 공정한 평가일 것이다. 팔레올로그는 당시 프랑스에서 가장 종잡을 수 없는 대사 중 한 명이었다. 그는 오랫동안 파리 외무부에서 따분한 등사 업무에 시달려야 했다. 그 후 기밀문서, 특히 프랑스-러시아 동맹과, 외무부와 군 정보부 사이의 연락과 관련된 문서를 보관하는 업무를 즐겁게 수행했다. 그는 동맹과 군사적 위협에 대한 외무부의 축적된 이해를 오랫동안 보관하면서(예컨대 독일의 양면 동원계획에 대한 프랑스의 기밀정보에 접근할 수 있었다) 독일의 위협과 다른 무엇보다 중요한 동맹의 연대에 명확히 초점을 맞춘 프랑스 대외관계에 대한 식견을 갖추었다.[7] 그의 역사적 저술은 세계사적 결정의 순간에 자신을 내맡기는 낭만적인 위인 개념을 보여준다.

〔카보우르 백작에 대한 팔레올로그의 전기〕 특정한 경우에 현명한 인간은 많은 것을 운에 맡긴다. 이성은 하늘이 내려준 것으로 보이는, 이성을 넘어서는 충동 또는 본능을 맹목적으로 따르라고 그를 채근한다. 이런 채근을 언제 중시해야 하고 언제 무시해야 하는지 아무도 말할 수 없다. 책도, 규칙도, 경험도 그것을 가르쳐주지 못한다. 특정한 감각과 특정한 대담성만이 알려줄 수 있다.[8]

팔레올로그의 확고부동한 독일 혐오증은 많은 동료들이 위험하다고 생각한, 파국적 시나리오를 좋아하는 그의 성향과 짝을 이루었다. 상트페테르부르크 파견을 수락하기 전에 그가 경험한 몇 안 되는 부임지 중 하나인 소피아 근무 기간(1907~1912)에 한 동료는 팔레올로그의 공문과 대화 모두 "지평선, 구름, 험악한 폭풍"에 대한 허황된 이야기로 가득하다고 보고했다. 실제로 이 미래의 대사를 명확히 칭찬하는 당대의 평가는 찾아보기 어렵다. 1914년 5월 외무부의 한 고위 관료가 지적한 대로, 나쁜 평가가 워낙 많아서 신임 대사를 "신뢰"해도 좋을지 따지고 자시고 할 게 없었다.[9] 이즈볼스키는 팔레올로그를 "경구의 명인, 공상가, 아주 번지르르한 사람"으로 치부했다. 소피아에서 함께 근무했던 영국 외교관들마저 1912년 팔레올로그를 "곧잘 흥분"하고 "기우에 불과한 선정적인 소문을 퍼뜨리고 싶어"하는 "허무맹랑한 이야기의 유포자"로 묘사했다.[10]

따라서 팔레올로그가 프랑스 외교에서 전략적으로 가장 민감하고 중요한 상트페테르부르크 대사직에 임명된 것은 상당히 놀라운 일로 비쳤을 것이다. 그가 외무부에서 승진한 것은 일반적인 직업상 자격보다는 유력한 정치적 제휴 덕분이었다. 델카세는 팔레올로그를 발견하고 열심히 밀어주었는데, 프랑스를 위협하는 독일에 대한 견해를 공유했던 것이 주된 이유였다(델카세는 팔레올로그에게서 자신의 이념을 퍼뜨리고 강화할 수 있는 부하의 면모를 보았다). 팔레올로그는 1905년에 델카세가 실각한 이후 운세가 기울어 여러 한직을 전전해야 했다. 그를 구한 사람은 푸앵카레였다. 두 사람은 파리에 있는 루이르그랑 고등학교에 함께 다니던 시절부터 친한 사이였다. 팔레올로그의 "대단한 재능"은 푸앵카레와 밀랑의 고등학교 급우였던 것이라고 드 로비앙은 매정하게 말했다. "그의 놀라운 경력은 그들의 우정 덕분이었다."[11] 1912년 수상 임기에 푸앵카레는 팔레올로그를 소피아에서 본국으로 소환해 외무부 정무국장에 임명했다. 이 파격적인 승진(그토록 별나고 논쟁적인 인물이 연공서열을 깨고 깜짝 발탁된 사건이었다)에 베테랑 대사들 대다수가 충격을 받았다. 마드리드 주재 대사는 바르티에게 팔레올로그가 "국장직에 적임자가 아니"라고 지적했으며, 일본 주재 대사는 "개탄스러운 선택"이라고 말했다.[12] 이런 발언은 누군가 승진하면 흔히 부러운 마음에 험담을 하던 외교관들의 기준으로 보더라도 강한 표현이었다. 런던에서 에어 크로는 "우리는 파리의 분위기가 팔레올로그 씨를 진정시키기를 바라지만 파리에서는 보통 이런 결과가 나오지 않습니다"라고 지적했다.[13]

푸앵카레는 팔레올로그의 평판을 알고 있었고 그의 과도한 언행을 억제하고자 자신이 할 수 있는 일을 했다. 그러나 두 친구는 모든 핵심 문제에 대한 깊은 동의를 바탕으로 긴밀한 업무 관계를 맺었다. 푸앵카레는 팔레올로그의 판단에 의지하게 되었다.[14] 사실 팔레올로그는 발칸에 더 단호히 관여하도록 푸앵카레를 부추긴 장본인이었다. 그는 발칸 지역에서 오스트리아와 러시아 양국의 이해관계를 조정할 수 있을 것으로 믿지 않았고, 베를린과 빈의 사악한 구상에 집착한 나머지 러시아의 책략을 알아채지 못했다. 그는 발칸전쟁을 이 반도에서 러시아의 입지를 강화할 기회로 보았다.[15] 푸앵카레와의 긴밀한 관계는 사조노프가 팔레올로그의 유별난 면모를 알면서도 상트페테르부르크 신임 대사 임명을 환영한 한 가지 이유였다.[16] 사조노프에게 팔레올로그는 1914년 1월 델카세가 떠난 자리를 믿고 맡길 수 있는 사람이었다. 러시아로 떠나기 전날 마침 파리를 지나던 러시아 외교관과 대화하던 중에 팔레올로그는 이제껏 우세했던 양보 정책을 끝내고 "앞으로 타협이나 동요 없이 강경책을 위해 싸우고자" 상트페테르부르크 대사직을 맡는 것이라고 힘주어 말했다. "이쯤 했으면 독일에 우리의 힘을 보여주어야 합니다!"[17] 이런 확신과 태도, 관계가 1914년 여름 위기 동안 신임 대사를 인도할 것이었다.

푸앵카레, 러시아행 배에 오르다

7월 15일 수요일 오후 11시 30분, 대통령 전용열차가 파리 북역을 출발해 됭케르크로 향했다. 레몽 푸앵카레, 신임 수상 르네 비비아니, 팔레올로그의 후임인 외무부 정무국장 피에르 드 마주리Pierre de Margerie가 탑승했다. 이튿날 아침 일찍 세 사람은 발트해를 지나 크론시타트와 상트페테르부르크로 가기 위해 전함 프랑스호에 올랐다. 비비아니는 초짜였다. 사회당에서 활동했던 그는 수상이 된 지 겨우 4주째였고, 대외업무 경험과 지식이 없었다. 푸앵카레에게 비비아니의 주된 쓸모는 최근에 3년 복무제법이라는 대의로 전향했고, 의회에서 꽤 많은 추종자들을 거느리고 있으며, 방어에 관한 자신의 견해를 지지한다는 사실에 있었다. 러시아 국빈방문이 진행됨에 따라 비비아니가

레몽 푸앵카레(왼쪽)와 르네 비비아니(오른쪽)

정치적으로 함량 미달이라는 것이 금세 드러날 터였다. 그에 반해 피에르 드 마주리는 51세였던 1912년 봄에 푸앵카레가 파리로 불러들여 외무부 부국장에 앉힌 노련한 직업외교관이었다. 당시 푸앵카레는 드 마주리가 팔레올로그를 계속 지켜보면서 심각하게 무분별한 어떤 언동이든 견제하기를 기대하며 이 감시인 직책을 만들었다. 결국 이 직책은 불필요한 것으로 드러났다. 팔레올로그는 푸앵카레를 만족시켰으며, 그가 상트페테르부르크 대사라는 형태로 보상을 받은 뒤 드 마주리가 정무국장직을 이어받았다. 이 역할에서 드 마주리는 자신의 유능함과 (푸앵카레가 다른 무엇보다 중시한) 정치적 충성심을 입증했다.[18] 비비아니도 드 마주리도 대통령의 정책 통제력에 실질적으로 도전할 수 없었다.

7월 16일 오전 5시 됭케르크에서 프랑스호에 승선했을 때, 푸앵카레는 생각할 게 많았다. 우선 프랑스의 군사행정을 고발해 파문을 일으킨 샤를 욍베르Charles Humbert의 보고서가 있었다. 7월 13일 뫼즈(벨기에와 국경을 접하는 현縣)의 상원의원 욍베르는 군수물자 특별예산 표결에 대한 보고서를 상원에 제출하면서 프랑스 군사행정을 통렬히 비판하는 연설을 했다. 프랑스 요새들이 형편없는 상태이고, 요새의 포에 탄약이 없고, 요새 간 통신을 위한 무전시설에 결함이 있다고 그는 주장했다. 메스에서 독일 무전시설이 송수신할 때마다 베르됭에 있는 프랑스 무전시설이 먹통이 되었다. 프랑스의 포, 특히 중포는 독일에 양적으로 열세였다. 욍베르의 연설에서 프랑스 대중, 그중에서도 어머니들의 관심을 사로잡은 세부사항이 하나 있었다. 바로 육군의 군화가 지독하게 부족하다는 사실이었다. 전쟁이 나면 프랑스 병사들은 군화 한 켤레만 지급받고 배낭에 30년 된 예비 군화 한 짝을 넣은 채로 전장에 나갈 판이었다. 이 연설은 정치적 파문을 일으켰다. 아돌프 메시미 육군장관은 답변에서 고발 내용을 부인하지 못하고 다만 모든 방면에서 개선이 빠르게 이루어지고 있다고 주장했다.[19] 부족한 포는 1917년까지 공급할 예정이었다.

더욱 성가신 점은 욍베르의 연설에 뒤이어 의회 선동에 앞장선 인물이 푸앵카레의 숙적 조르주 클레망소라는 사실이었다. 클레망소는 욍베르의 보고서로 정부의 무능이 드러난 만큼 새 군사예산에 대한 의회의 지지를 보류하는 것이 타당하다고 주장했다. 새 군사예산은 대통령의 러시아 국빈방문이 연기되기 직전에 가까스로 통과되었다. 됭케르크에서 출항한 날에 비비아니는 그를 진정시키려는 푸앵카

레의 노력에도 불구하고 음모와 모의에 대한 생각에 사로잡혀 초조해 보였다.[20]

마치 이것으로 충분하지 않다는 듯, 7월 20일로 예정된 카요 부인의 재판에서 진실이 폭로되고 누설되어 일련의 스캔들로 비화하고 결국 정부를 뒤흔들지 모른다고 우려할 충분한 이유가 있었다. 살해된 신문 편집장 칼메트가 1911년 아가디르 위기 동안 카요와 독일 측이 얼마나 교섭했는지 드러내는, 해독된 독일 전보들까지 가지고 있었다는 소문이 돌면서 우려가 현실화되는 듯했다.

적어도 이 전보들에 따르면, 카요는 교섭 중에 베를린과 화해하는 편이 바람직하다고 말했다. 또한 카요는 푸앵카레가 자신에 반대하는 캠페인을 지휘하고 있음을 입증하는 선서진술서들을 가지고 있다고 주장했다. 7월 11일 대통령이 러시아로 떠나기 나흘 전에 카요는 자신의 아내가 무죄선고를 받을 수 있도록 푸앵카레가 힘을 쓰지 않으면 그 진술서들을 대중에 공개하겠다고 위협했다.[21] 파리의 정치적 계략이라는 신비한 장치는 여전히 전속력으로 돌아가고 있었다.

이런 근심거리에도 불구하고 발트해를 가로지르는 여정을 시작할 때 푸앵카레는 놀랍도록 침착하고 단호한 기분이었다. 신문들이 카요 재판으로 광분하던 때에 파리에서 벗어난 그는 크게 안도했을 것이다. 항해의 첫 사흘 동안 푸앵카레는 외교정책에 "충격적"으로 무지한 비비아니에게 상트페테르부르크에서 수행할 임무를 알려주었다.[22] 파리를 떠날 때 푸앵카레가 무슨 생각을 하고 있었는지 분명하게 보여주는 그의 속성 과외에는 "동맹의 세부사항", "1912년 상트페테르부르크에서 제기된 여러 주제" 개관, "프랑스와 러시아의 군사협약", 영국과의 해군협약에 대한 러시아의 접근법과 "독일과의 관계"가 포함되었다. 푸앵카레는 "나는 독일 때문에 어려움을 겪어본 적이 없습니다. 언제나 아주 강경하게 상대했기 때문입니다"라고 단언했다.[23] "1912년 상트페테르부르크에서 제기된 여러 주제"로는 군사철도 강화, 폴란드 돌출부에서 가하는 대규모 공격의 중요성, 주적 독일에 집중할 필요성 등이 있었다. 그리고 영국에 대한 언급은 푸앵카레가 러시아와의 동맹만이 아니라 아직 배아 상태인 삼국협상도 고려하고 있었음을 시사한다. 푸앵카레의 안보 신조를 요약하면 다음과 같다. 동맹은 우리의 기반이다. 동맹은 우리의 군사적 방어에 없어서는 안 되는 핵심이다. 상대 블록의 요구에 비타협적으로 대응해야만 동맹을 유지할 수 있다. 푸앵카레는 이 공리들을 바탕으로 장차 발칸에서 전개되는 위기를 해석할 터였다.

일기 내용을 토대로 판단하면, 푸앵카레는 항해하는 며칠 동안 느긋하게 지냈다. 비비아니는 무선전신을 통해 도착하는 파리의 스캔들과 모의 소식에 노심초사했지만, 푸앵카레는 갑판에서 따뜻한 공기, "미세한 파도"가 스치듯 지나가는 푸른 바다 위에서 반짝이는 햇살을 즐겼다. 딱 한 번 작은 사고가 있었다. 7월 20일 이른 새벽 어둠 속에서 크론시타트항으로 접근하던 프랑스호가 러시아 프리깃함을 정박지로 끌고 가던 예인선을 하마터면 들이받을 뻔했다. 함대 제독이 지휘하는 프랑스 군함이 중립수역에서 맹방의 예인선을 들이받아 손상시켰다면 얼마나 난처했을 것인가. 푸앵카레는 일기에 짜증난 어조로 그 사고는 “기민함과 우아함을 결여한 거동”이었다고 썼다.

크론시타트항으로 들어오는 프랑스호를 맞이하는 화려한 광경에 대통령은 즐거운 기분을 되찾았다. 사방에서 군함들과 축제일처럼 장식한 정기선들과 유람선들이 나와서 귀빈들을 환영했고, 황실 기정汽艇이 프랑스호 옆에 붙어 푸앵카레를 차르의 요트 알렉산드리아호로 태워 갔다. “나는 우리 군함을 떠날 때마다 나를 압도하는 감정을 발포 소리에 맡긴 채 프랑스호에서 내렸다.”[24] 맞은편 알렉산드리아호의 함교 위 차르 옆에 서서 기막힌 전경全景을 바라보던 팔레올로그는 이미 머릿속에서 회고록의 한 문단을 쓰고 있었다.

> 참으로 장관이었다. 떨리는 은색 불빛 속에서 프랑스호가 청록색과 에메랄드빛 파도 위로 천천히 밀려오며 뒤쪽에 길고 흰 고랑을 남겼다. 그런 다음 위풍당당하게 멈추었다. 프랑스 국가수반을 데려온 이 강력한 군함은 제 이름을 가질 자격이 충분했다. 프랑스호는 실로 러시아를 찾아온 프랑스였다. 나는 심장의 고동을 느꼈다.[25]

포커게임

다음 사흘 동안 열린 정상회담의 회의록은 남아 있지 않다. 1930년대에 《프랑스 외교문서》의 편집자들이 찾으려 했지만 헛수고였다.[26] 그리고 전쟁과 내전 기간에 러시아 기록보관소의 연속성이 중단되었던 것을 감안하면 별로 놀랄 일도 아니지만, 러시아 측 회의 기록 역시 소실되었다. 그럼에도 푸앵카레의 일기와 팔레올로그의 회고록, 그리고 이 운명적인 사흘간의 회담에 참석했던 다른 외교관들의 메모를 함께 읽으면 무슨 일이 있었는지 꽤 분명하게 알 수 있다.

회담의 주요 관심사는 중부유럽에서 전개되는 위기였다. 이 중요한 점은 강조할 필요가 있다. 이 만남이 위기 관련 정상회담이 아니라 오래전부터 계획한 국빈방문이었으므로 분명 사전에 협의한 의제들을 논의했을 것이고, 세르비아 문제는 부차적으로 다루었을 것이라는 주장이 자주 제기되었기 때문이다. 그러나 진실은 정반대였다. 푸앵카레가 프랑스호에서 내리기도 전에 차르는 이미 팔레올로그 대사에게 자신이 공화국 대통령과의 회담을 얼마나 고대해왔는지 말했다. "우리는 중대한 문제들을 논의할 겁니다. 나는 우리가 모든 점에 동의할 거라고 확신합니다. (……) 하지만 내 마음속에 아주 중요한 문제가 하나 있습니다. 우리가 잉글랜드와 양해하는 문제입니다. 잉글랜드를 우리 동맹으로 반드시 끌어들여야 합니다."[27]

의례를 마치자마자 차르와 푸앵카레는 알렉산드리아호의 선미로 가서 대화를 시작했다. "아니 논의라고 해야겠다." 팔레올로그는 이렇게 썼다. "서로 질문을 퍼붓고 주장을 하며 진지하게 대화한 것이 분명하기 때문이다." 대사가 보기에 푸앵카레가 대화를 지배하고 있었다. 곧 푸앵카레가 "모든 이야기"를 했고 "차르는 묵묵히 고개를 끄덕일 뿐이었지만 어느 모로 보나 진심으로 동의하는 모습이었다."[28]

푸앵카레의 일기에 따르면, 요트에서 대화할 때 우선 동맹 문제가 거론되었고 이에 대해 차르가 "아주 단호하게" 말했다. 차르는 윙베르 스캔들에 대해 질문하면서 이 사건이 러시아에서 아주 나쁜 인상을 주었다고 말했고, 푸앵카레에게 3년 복무제법이 무효화되지 않도록 필요한 조치를 취할 것을 촉구했다. 푸앵카레는 새로운 프랑스 의회가 그 법을 유지하기로 표결함으로써 진정한 의지를 보여주었으며, 비비아니 역시 단호한 지지자라는 말로 차르를 안심시켰다. 이어서 차르는 러시아, 프랑스, 독일, 영국 4개국의 화해를 바탕으로 하는 새로운 외교정책을 지지한다고 알려진 비테와 카요의 관계 문제를 거론했다. 하지만 양국 수반은 이 정책이 현재 지정학적 구도를 위협하지 않는, 실현 불가능한 계획이라는 데 동의했다.[29]

간단히 말해 푸앵카레와 차르는 육지에 닿기도 전에 서로 생각하는 노선이 같다는 것을 확인했다. 요점은 프랑스-러시아 동맹의 연대였으며 이는 단순히 외교적 지원이 아니라 군사행동 대비태세를 의미했다. 둘째 날(7월 21일) 차르가 푸앵카레의 숙소인 페테르고프궁으로 찾아와 단 둘이서 한 시간 동안 이야기를 나누었다. 이때 대화의 첫 초점은 페르시아를 둘러싼 러시아와 영국 간 긴장이었다. 푸앵카레는 달래는 듯한 말투로 페르시아 문제는 영국과 러시아의 좋은 관계를 해쳐서는 안 되는 사소하고 성가신 사안이라고 주장했다. 두 사람은 이 문제의 근원이 런던이나 상트페테르부르크에 있지 않고 더 넓은 관련성이 없는, 불특정한 "지역 이해관계"에 있다는 데 동의했다. 그리고 차르는 베를린에서 영국-러시아 해군회담을 알아챘음에도 에드워드 그레이가 협약 모색을 중단시키지 않은 데 상당히 안도했다고 말했다. 몇 가지 다른 쟁점들(알바니아, 에게해 섬들을 둘러싼 그리스와 오스만의 갈등, 이탈리아의 정책)도 논의했지만, 푸앵카레의 말대로 차르가 "가장 여실히 몰두하는 문제"는 사라예보 사건 이후 오스트리아의 계획과 관련이 있었다. 푸앵카레에 따르면 이 시점에 차르가 매우 의미심장한 발언을 했다. "그는 현재 상황에서 우리 두 정부의 완전한 동맹이 과거 어느 때보다도 필요해 보인다고 내게 거듭 말했다." 니콜라이는 이 말을 하고 곧 떠났다.[30]

이번에도 요점은 오스트리아의 도발 가능성에 직면한 프랑스-러시아 동맹의 확고부동한 연대였다. 그런데 이것은 실제로 무엇을 의미했을까? 세르비아에 대한 오스트리아의 항의조치에 양국 동맹이 전쟁으로, 유럽 대륙 전체로 번질 수밖에 없는 전쟁으로 대응하겠다는 뜻이었을까? 푸앵카레는 7월 21일 오후 비비아니, 팔레올로그와 함께 여러 대사를 면담하면서 이 물음에 우회적으로 답했다. 빈에서 죽어가는 아내 곁을 지키다가 상트페테르부르크로 막 돌아온 오스트리아-헝가리 대사 프리츠 서파리가 프랑스 대통령의 옆자리에 앉았다. 대공 암살에 대해 몇 마디 위로의 말을 한 다음 푸앵카레는 세르비아 관련 소식이 있는지 물었다. 서파리는 "사법 수사가 진행 중입니다"라고 말했다. 팔레올로그가 기록한 푸앵카레의 응수는 서파리의 공문 내용과 거의 일치한다.

> 물론 나는 이번 수사 결과를 염려하고 있습니다, 대사님. 나는 귀국과 세르비아의 관계를 개선하지 못한 지난 두 차례의 수사를 기억하고 있

습니다. (……) 기억나지 않으십니까? 프리트융 사건과 프로차스카 사건이?[31]

외국 수도를 방문 중인 국가수반이 제3국의 대표에게 할 법하지 않은 이례적인 발언이었다. 조롱하는 듯한 말투는 차치하더라도, 오스트리아가 암살의 배경을 수사해 어떤 결과를 내놓을지 몰라도 그것의 신빙성을 사실상 미리 부인하는 말이었다. 이는 프랑스가 사라예보 암살사건에 대한 세르비아 정부의 책임을 지금도 앞으로도 일체 인정하지 않을 것이고 베오그라드에 대한 어떠한 요구도 부당하다고 선언하는 것이나 마찬가지였다. 프리트융 사건과 프로차스카 사건은 오스트리아의 불만을 사전에 부인하기 위한 구실이었다. 상대가 명확히 알아듣지 못했을까 봐 푸앵카레는 이어서 말했다.

나는 대사에게 이런 식의 조치에 깜짝 놀랄 세르비아의 친구들이 유럽에 있다고 아주 단호하게 말했다.[32]

팔레올로그는 더욱 날선 표현을 기억했다.

러시아 국민들 중에는 세르비아의 아주 따뜻한 친구들이 있다. 그리고 러시아에게는 맹방 프랑스가 있다. 걱정해야 할 까다로운 문제들이 많다![33]

서파리 역시 프랑스 대통령이 오스트리아의 조치가 "평화에 위험한 상황"을 초래할 것이라고 말했다고 보고했다. 정확히 뭐라고 말했든 푸앵카레의 발언은 서파리뿐 아니라 곁에 있던 러시아 관료들에게도 충격적이었다. 드 로비앙에 따르면 그들 중 일부는 "오스트리아에 대한 반감으로 유명한" 이들이었다.[34] 발송한 공문 끝부분에서 서파리는 "이 나라에 손님으로 온 외국 정치인"인 프랑스 대통령의 "요령 없는, 거의 위협적인 행실"과 "사조노프 씨의 유보적이고 조심스러운 태도"가 현저히 대비되었다고 지적했다(흠잡기 어려운 판단이었다). 전반적으로 푸앵카레의 상트페테르부르크 방문은 "진정鎭靜 효과가 결코 없을" 것으로 보였다.[35]

서파리는 사조노프와 푸앵카레를 대비하면서 프랑스-러시아 관계의 아픈 곳을 지적한 것이었다. 같은 날 저녁 대사관 만찬(프랑스 대통령을 주빈으로 한 성대한 행사)에서 푸앵카레는 사조노프 옆자리에 앉았다. 숨이 막힐 듯한 열기 속에서(만찬장의 환기시설이 열악했다) 그들은 오스트리아-세르비아 상황을 논의했다. 푸앵카레는 사조노프가 걱정에 사로잡혀 있고 결의를 거의 보이지 않는다는 데 당황했다. 사조노프는 이렇게 말했다. "시기가 우리에게 좋지 않습니다. 우리 농민들은 논밭에서 일하느라 지금도 무척 바쁩니다."[36] 한편 덜 중요한 손님들을 접대한 옆방 '프티 살롱'에서는 사뭇 다른 분위기가 우세했다. 푸앵카레의 수행원으로 온 한 대령은 이곳에서 "다음 전쟁과 필승을 위하여"라는 건배사를 들었다.[37] 사조노프의 우유부단한 태도에 불안해진 푸앵카레는 팔레올로그에게 "우리는 사조노프에게 오스트리아의 흉계를 경고하고, 그의 용기를 북돋아 흔들리지 않게 하고, 그에게 우리의 지원을 약속해야 합니다"라고 말했다.[38] 그날 밤 늦게 시의회의 환영회가 끝난 뒤 푸앵카레는 황실 요트의 고물에 비비아니와, 회담에 참석하고자 파리에서 귀국한 이즈볼스키와 함께 앉아 있었다. 이즈볼스키는 걱정이 많아 보였다(아마도 사조노프와 미리 이야기를 나누었을 것이다). 비비아니는 "슬프고 뿌루퉁해" 보였다. 거의 아무 말도 없는 가운데 요트가 페테르고프궁을 향해 가는 동안 푸앵카레는 밤하늘을 쳐다보며 자문했다. "오스트리아는 우리에 대비해 무엇을 마련해두었을까?"[39]

이튿날 7월 22일은 특히 힘겨운 하루였다. 비비아니는 고장이 난 것처럼 보였다. 오후 점심식사 자리에서 차르의 옆자리에 앉게 된 프랑스 수상은 급기야 어떤 질문에도 답하지 못하는 모습을 보였다. 3~4시 무렵 그의 행동은 더욱 이상해졌다. 니콜라이와 푸앵카레가 앉아서 군악대의 연주를 듣는 동안 비비아니는 황실 천막 근처에 홀로 서서 중얼거리고 투덜거리고 큰 소리로 욕을 해대며 좌중의 시선을 끌었다. 팔레올로그가 진정시키려 했으나 소용이 없었다. 푸앵카레는 일기에 당시 상황을 간단명료하게 기록했다. "비비아니가 점점 더 슬픔으로 빠져들었고 모두가 그것을 알아채기 시작했다. 오찬은 훌륭했다."[40] 결국 프랑스 측에서 비비아니가 '간의 급통' 때문에 먼저 물러나야겠다고 알렸다.

수상의 기분이 왜 그렇게 나빴는지 확실하게 단정할 수는 없다. 몇몇 역사가들이 지적했듯이 비비아니가 감정을 주체하지 못한 한 가지 이유는 파리의 상황을 걱정했기 때문일 것이다(카요가 법정에서 여러 민감한 문서 사본을 공개하겠다고 위협했음을 알리는 전보가 22일 수요일에 도착했다).[41] 그러나 프랑스와 러시아의 수차례 회담에서 점점 더 고조되는 호전적인 분위기에 지극히 평화적인 사람인 비비아니가 겁을 먹었을 공산이 더 크다. 드 로비앙은 확실히 이렇게 생각했다. 그가 보기에 비비아니는 "이런 온갖 군인정신의 표현에 몹시 긴장한" 것이 분명했다. 7월 22일 그는 오직 전쟁 이야기뿐이었다고 기록했다("전날 밤부터 분위기 변화가 감지되었다"). 프랑스호에 탑승한 해병들이 혹시 귀국길에 공격을 받을까 걱정된다고 말했을 때 그는 웃어넘겼지만, 그들의 긴장감은 불길한 징조였다.

호전적 분위기는 7월 23일 목요일, 푸앵카레가 러시아를 떠나는 날에 정점에 이르렀다. 이날 두 국가수반은 병사 7만 명이 참가한 열병식을 지켜보았다. 군악대는 주로 〈상브르와 뫼즈〉와 〈로렌 행진곡〉(러시아는 이 노래를 "푸앵카레 개인 찬가"로 여겼던 것으로 보인다) 등의 군가를 연주했다. 특히 눈에 띄었던 점은 병사들이 정교한 의식용 제복이 아니라 훈련용 카키색 전투복을 입었다는 것이다. 드 로비앙은 이 사실을 전반적인 전쟁 열의를 보여주는 또 하나의 징후로 해석했다.[42]

푸앵카레와 팔레올로그는 7월 22일 저녁, 차르의 여름별궁을 포함해 멋들어진 저택이 여럿 있는 상트페테르부르크 교외 휴양지 크라스노예셀로에서 황실 근위대 사령관 니콜라이 니콜라예비치 대공이 손님들을 위해 만찬을 베푸는 자리에서 동맹 연대의 가장 흥미로운 표현 중 하나를 목격했다. 그림 같은 광경이었다. 기다란 탁자 세 개가 놓인 반쯤 열어둔 천막을 향기로운 꽃들로 미어터질 듯한, 막 물을 뿌린 정원이 에워싸고 있었다. 프랑스 대사가 도착하자 니콜라이 대공의 아내 아나스타샤와, 그녀의 언니이자 니콜라이의 남동생 표트르 니콜라예비치의 아내인 밀리차가 그를 맞았다. 두 자매는 유달리 정력적이고 야심찬 몬테네그로 국왕 니콜라의 딸들이었다. "귀하는 우리가 역사적인 시절을 지나고 있다는 걸 아시나요!" 그들은 (서로 주거니 받거니) 말했다.

내일 열병식에서 군악대는 오직 〈로렌 행진곡〉과 〈상브르와 뫼즈〉만 연주할 거예요. 저는 오늘 아버지에게서 (미리 협의한 암호로 적은) 전보를 받았답니다. 아버지는 우리가 이번 달이 끝나기 전에 전쟁할 거라고 말씀하세요. (……) 아버지는 얼마나 대단한 영웅이신지! (……) 일리아스에 어울리는 분이세요! 제가 항상 가지고 다니는 이 작은 상자를 좀 보세요. 로렌 지역의 흙이 조금 들어 있답니다. 2년 전에 제가 남편과 함께 프랑스에 있을 때 국경 너머에서 가져온 진짜 로렌의 흙이에요. 저기 주빈 탁자를 보세요. 엉겅퀴꽃으로 덮여 있지요. 저는 저기에 다른 어떤 꽃도 놓고 싶지 않았답니다. 저건 로렌 엉겅퀴예요, 알아보시겠어요? 병합된 로렌 지방에서 모종 몇 개를 구해 이곳으로 가져와서 제 정원에 씨를 뿌렸어요. (……) 밀리차, 대사님과 계속 이야기해요. 내가 차르를 뵙고 오는 동안 대사께 오늘의 모든 것이 우리에게 중요하다고 말씀드려요.[43]

밀리차는 비유적으로 말한 게 아니었다. 1912년 11월 상트페테르부르크 주재 프랑스 무관 라귀슈 장군이 보낸 서신은, 이해 여름에 남편이 낭시 근처에서 프랑스군의 기동훈련을 참관하는 동안 대공비가 국경 너머 독일이 통제하는 로렌으로 사람을 보내 엉겅퀴 하나와 약간의 흙을 가져오게 했음을 확인해준다. 그녀는 그 엉겅퀴를 러시아로 가져와 씨를 얻을 때까지 돌본 다음 로렌에서 가져온 흙에 씨를 심고 새 엉겅퀴가 자랄 때까지 정성껏 물을 주었다. 그런 다음 프랑스-러시아 동맹을 상징하기 위해 로렌의 흙과 러시아의 흙을 섞어 정원사에게 주고 엉겅퀴를 번식시키라고 지시했다. 엉겅퀴가 죽으면 당신도 해고될 거라는 경고와 함께. 1914년 7월 푸앵카레의 탁자를 장식한 엉겅퀴꽃은 바로 그 정원에서 얻은 것이었다.[44] 이 터무니없는 행동은 정치적으로 중요했다. 아나스타샤의 남편 니콜라이 대공은 차르와 오촌지간인 범슬라브주의자로서, 오스트리아가 '받아들일 수 없는' 요구로 베오그라드를 괴롭힐 경우 세르비아를 위해 군사적으로 개입하는 방안을 니콜라이 2세에게 가장 적극적으로 주장한 이들 중 하나였다.

몬테네그로 자매의 격정적인 발언은 만찬 내내 계속되었다. 아나스타샤는 손님들에게 예언을 푸짐하게 대접했다. "전쟁이 일어날 거예요. (……) 오스트리아에는 아무것도 남지 않을 거예요. (……) 여러분은 알자스와 로렌을 되찾을 거예요. (……) 우리 군대들이 베를린에서 만날 거예요. (……) 독일은 파괴될 거예요."[45]

푸앵카레 역시 공주들의 활약을 보았다. 푸앵카레가 사조노프 옆에 앉아 막간에 발레 공연을 보는 동안 아나스타샤와 밀리차가 다가오더니 세르비아에 대한 지원의 열의가 충분하지 않다며 외무장관을 나무라기 시작했다. 사조노프는 이번에도 물렁한 태도를 보이며 생각에 잠겼지만, 푸앵카레는 만족한 어조로 "내가 보기에 차르는 두 대공비만큼 열광하지 않으면서도 사조노프보다 더 결연하게 세르비아를 외교적으로 방어하려는 것 같다"라고 적었다.[46]

이런 불협화음에도 불구하고 동맹 파트너들은 공동 행동 방침에 동의했다. 7월 23일 오후 6시 프랑스 방문단이 떠나는 저녁에 '간의 급통'에서 약간 회복한 것처럼 보인 비비아니와 사조노프는 빈 주재 러시아 대사와 프랑스 대사에게 보낼 지시 사항에 합의했다. 두 대사는 오스트리아에 온건책을 권고하고 세르비아의 명예나 독립을 해칠 수 있는 어떤 일도 하지 않기를 바라는 의사를 표명하는 등 우호적인 공동 조치를 취할 예정이었다. 물론 이런 어휘는 양국 모두 이미 알고 있었던, 오스트리아가 조만간 제출할 문서를 사전에 막기 위해 신중하게 고른 것이었다. 영국 대사 조지 뷰캐넌은 이와 유사한 메시지를 오스트리아에 보내자고 자국 정부에 제안하기로 했다.[47]

이날 저녁 프랑스호의 갑판에서 열린 출발 전 만찬에서 언론에 발표할 성명의 표현을 놓고 비비아니와 팔레올로그가 상징적인 언쟁을 벌였다. 팔레올로그의 초안은 세르비아를 암시하며 끝났다.

두 정부는 유럽 세력균형의 유지에 대한 견해와 의도가 특히 발칸반도와 관련하여 완전히 일치한다는 것을 확인했다.

비비아니는 이런 공식화를 못마땅하게 여겼다. "저는 그것이 우리를 러시아의 발칸 정책에 다소 지나치게 관여시킨다고 생각합니다." 더 온건한 다른 초안이 작성되었다.

> 막 끝난 공화국 대통령의 러시아 황제 폐하 방문을 계기로 우방이자 맹방인 두 정부는 유럽에서, 특히 발칸에서 열강이 직면한 평화 및 세력균형과 관련한 여러 문제에 대해 서로의 견해가 완전히 일치한다는 것을 발견했다.[48]

완곡어법을 훌륭하게 구사한 성명이었다. 그러나 신중한 어조에도 불구하고, 러시아의 자유주의·범슬라브주의 신문들은 이 수정 성명을 쉽게 해독하고 활용하여 베오그라드를 지원하는 군사적 개입을 공공연히 요구하기 시작했다.[49]

푸앵카레는 만찬 진행에 썩 만족하지 않았다. 오후에 큰비가 내려 손님들이 앉을 예정이었던 고물 갑판의 차양이 사실상 찢어진 데다 배의 요리사도 영예를 누리지 못했다(나중에 그는 수프가 늦게 나왔고 "아무도 요리를 칭찬하지 않았다"라고 적었다). 하지만 러시아 방문의 전반적인 효과에는 만족할 수 있었다. 그는 강경함이라는 복음을 전도했고 러시아는 그의 말에 귀를 기울였다. 이 맥락에서 강경함이란 세르비아에 대한 오스트리아의 조치에 비타협적으로 반대하는 것을 의미했다. 자료들이 시사하는 대로, 푸앵카레도 러시아 대담자들도 대공 암살 이후 모종의 조치를 정당하게 취할 자격이 오스트리아-헝가리에 있을 거라고는 전혀 생각해보지 않았다. 임기응변도, 새로운 정책 성명도 필요하지 않았다. 푸앵카레는 그저 1912년 여름부터 구상해온 방침을 굳게 고수하고 있었다. 주변의 많은 사람들과 달리 푸앵카레가 러시아 방문 내내 눈에 띄게 침착했던 이유를 이 방침으로 어느 정도 설명할 수 있을 것이다. 이는 프랑스와 러시아가 숱한 대화를 나누며 예견한 발칸 개시 시나리오였다. 프랑스처럼 러시아도 강경한 자세를 고수한다면, 모든 일이 정책의 예측대로 전개될 터였다. 푸앵카레는 이 정책을 평화를 위한 정책이라고 불렀는데, 프랑스-러시아 동맹의 불요불굴 연대에 직면한 독일과 오스트리아가 십중팔구 물러설 것으로 예상했기 때문이다. 설령 모든 예측이 어긋나더라도, 전쟁보다 나쁜 상황은 강력한 러시아가, 그리고 바라건대 영국의 육군력과 해군력, 상업력이 감당할 것이었다.

드 로비앙은 이 모든 과정을 가까이에서 지켜보면서 감명받지 않았다. 그는 푸앵카레가 수상이자 외무장관으로서 정무 책임을 지는 비비아니를 일부러 무시해가며 니콜라이 2세에게 확답과 약속을 요구한다고 생각했다. 헤어지기 직전에 푸앵카레는 차르에게 "이번에 우리는 반드시 강경책을 고수해야 합니다"라고 다시 한 번 당부했다.

〔드 로비앙의 회고〕 거의 정확히 같은 시각에 오스트리아의 최후통첩이 베오그라드에 전달되었다. 우리의 적들 역시 '강경책을 고수'하기로 결정했던 것이다. 양편 모두 '엄포 놓기'만으로도 성공을 거둘 수 있다고 상상했다. 어떤 행위자도 갈 데까지 가야 할 거라고 생각하지 않았다.

비극적인 포커게임이 시작되었다.[50]

훗날 팔레올로그는 그런 숙명적인 게임을 하는 것이 위대한 인물들의 천성이라고 썼다. 카보우르에 관한 연구서에서 그는 "행동하는 인간"은 "도박꾼"이 되며, "그의 모든 중대한 행위는 미래에 대한 예상뿐 아니라 자신이 사건을 결정하고 주도하고 통제할 수 있다는 주장까지 함축한다"라고 썼다.[51]

최후통첩

오스트리아, 요구하다

푸앵카레와 비비아니를 태운 배가 크론시타트항을 향해 가는 동안 오스트리아는 베오그라드에 전달할 최후통첩을 마지막으로 다듬었다. 7월 19일 일요일 공동 각료회의 참석자들은 이목을 피하기 위해 아무런 표시도 없는 차량을 타고 베르히톨트의 개인 저택으로 이동했다. 이곳에서 "세르비아에 대한 외교적 조치"를 결정하는 회의가 열렸다. 참석자들은 베오그라드에 제출할 통첩을 비공식적으로 논의하고 통첩문을 명확히 정했다. 최후통첩은 7월 23일 오후 5시에 전달하기로 했다(이후 푸앵카레가 러시아를 확실히 떠난 뒤에 전달하기 위해 시간을 오후 6시로 늦추었다). 베르히톨트는 "우리 조치의 내용이 〔푸앵카레가〕 상트페테르부르크를 떠나기 전에 공개적으로 알려질" 것 같지 않다고 비현실적으로 단언하면서도, 빈의 계획이 이미 로마까지 전해졌으므로 속도가 무엇보다 중요하다고 생각했다. 세르비아 정부의 답변 시한은 48시간이었다. 세르비아가 오스트리아-헝가리의 요구를 전부 수용하지 않는다면, 최후통첩의 시효는 7월 25일 토요일 오후 6시에 끝날 것이었다.

그다음에 무슨 일이 있었던가? 나머지 회의에서는 최후통첩 이후 시나리오의 여러 측면을 논의했다. 콘라트는 티서에게 루마니아의 공격에 대비해 트란실바니아를 지킬 병력이 충분히 있을 것이라고 장담했다. 티서는 "세르비아에 맞서 권력을 강화할 계획"과 세르비아의 어떤 영토든 병합할 의도가 오스트리아-헝가리에 없다는 것을 처음부터 천명해야 한다고 고집했다. 헝가리 수상은 이전 회의에서처럼 군주국에서 성난 남슬라브인의 수를 늘릴 법한 어떤 조치에도 완강히 반대했다. 또한 오스트리아의 병합으로 인해 러시아의 양보가 불가능해질 전망을 우려했다. 티서의 요구는 상당히 격렬한 논쟁을 유발했다. 특히 베르히톨트는 분쟁 이후 오스트리아-헝가리의 안보에 대한 세르비아의 위협을 무력화하는 방법으로 세르비아 영토의 축소가 불가피할 것이라고 주장했다. 티서가 주장을 굽히지 않은 가운데 결국 회의는 타협에 이르렀다. 적절한 때에 빈 정부는 이중군주국이 정복전쟁을 벌이는 것이 아니며 세르비아 영토를 노리지 않는다고 공식 발표하기로 했다. 그렇지만 다른 국가들, 특히 불가리아가 현재 세르비아가 통제하는 영토의 일부를 획득할 가능성은 열어두기로 했다.[1]

오스트리아 수뇌부는 이 회의는 물론 다른 회의들에서도 오늘날 말하는 출구전략을 조금이나마 닮은 것조차 마련하지 않았다. 세르비아는 조용히 지내는 이웃들 사이에 있는 불량국가가 아니었다. 인접국 알바니아는 여전히 매우 불안정했으며, 불가리아는 세르비아의 통제 아래 있는 마케도니아 영토를 먹어치우기만 하면 예전의 친러시아 정책으로 돌아갈 가능성이 언제나 있었다. 그리고 불가리아의 마케도니아 지역 병합과 루마니아를 영토 보상으로 달래야 할 필요성 사이에서 어떻게 균형을 잡을 것인가?[2] 세르비아에서 오스트리아를 혐오하는 카라조르제비치 왕조가 유지될 것인가? 그렇지 않다면 그들 대신 누가 왕좌에 앉을 것인가? 이보다 덜 중요한 실무적인 문제들도 있었다. 오스트리아-헝가리가 국교를 단절할 수밖에 없다면 베오그라드와 체티네에 있는 오스트리아 공사관은 누가 돌볼 것인가?[3] 이 모든 문제가 여전히 불분명했다. 그리고 7월 7일 회의에서처럼 7월 19일 회의에서도 각료들은 러시아가 개입할 가능성에는 피상적인 관심밖에 기울이지 않았다. 콘라트는 군사적 상황에 대해 설명하면서 러시아가 오스트리아령 갈리치아를 공격할 가능성에 대비한 계획 R Plan R이 아니라 발칸에 국한된 군사적 시나리오인 계획 B Plan B에만 초점을 맞추었다. 그럼에도 각료 중 아무도 러시아가 실제로 개입하면 어떻게 대응할 것인지, 또는 병력 배치 시나리오를 얼마나 쉽게 변경할 수 있을 것으로 여기는지 콘라트에게 캐물어야 한다고 생각하지 않았다.[4] 오스트리아 정치 엘리트들은 여전히 베오그라드와의 분쟁에만 시선을 고정한 채 더 폭넓은 문제들을 간과하고 있었다. 푸앵카레가 서파리에게 세르비아에게는 "친구들"이 있다는 이례적인 경고(프랑스와 러시아가 오스트리아의 항의조치에 어떻게 대응할지 합의했음을 드러내는 메시

지)를 했다는 소식이 빈에 도착했을 때조차 베르히톨트는 방침 변경을 고려하지 않았다.[5]

각서와 최후통첩의 초안을 작성한 사람은 1910년부터 교회 정책 부서와 동아시아 부서에서 고문으로 일해온 비교적 하급자인 무줄린 폰 고미레Musulin von Gomirje 남작이었다. 그가 초안 작성을 맡은 것은 탁월한 문장가로 유명했기 때문이다. 훗날 루이스 네이미어Lewis Namier의 말마따나 무줄린은 "어두운 운명이 장차 유럽 역사상 최악의 재앙으로 귀결될 게임의 졸卒들로 선택한, 개인적으로 정직하고 선한 평범한 사람들 중 하나"였다.[6] 그는 보석세공인이 보석을 매끄럽게 손질하듯이 문안을 다듬었다.[7] 각서는 보스니아 병합 위기 이후 세르비아가 오스트리아-헝가리와 "선린관계"를 유지하기로 약속했음을 상기시키며 시작했다.

이 약속에도 불구하고 세르비아 정부는 "일련의 만행과 살해를 기도한 테러 행위"를 후원한 "전복 운동"이 자국 영토에서 존속하는 것을 계속 용인했다(사라예보 암살사건 이전에 실패로 끝난 10여 건의 남슬라브족 테러 음모를 가리키는 다소 과장된 언급이었다). 세르비아 정부는 그런 활동을 억압하려 시도하기는커녕 "여러 결사와 협회의 범죄 모의를 용인"했고 "세르비아 국민들에게 군주국과 그 제도에 대한 증오심을 주입하려는 모든 표현을 용인했다."[8] 대공 살해 음모에 대한 초동수사를 통해 베오그라드에서 음모가 계획되고 무기가 지급되었다는 것, 세르비아 국경 관리들이 살해범들의 보스니아 월경을 도왔다는 것이 드러났다. 따라서 군주국이 이제껏 세르비아와의 관계에서 보여준

"관용"의 시절은 끝났다. 각서의 마지막 부분은 베오그라드 정부가 왕국 전역에서 (관보의 제1면에—옮긴이) 범세르비아 영토회복주의를 부인하는 공고문(오스트리아 측에서 정해주었다)을 게시해야 한다고 명기했다.

이 문안(닷새 뒤 오스트리아가 베오그라드에 선전포고를 하면서 다른 국가들에 보낸 서신의 재료 역할을 했다)의 가장 흥미로운 특징은 사라예보 살해에 세르비아 국가가 직접 연루되었다고 주장하지 않는다는 점일 것이다. 오히려 오스트리아는 세르비아 당국이 암살을 초래한 조직과 활동을 "용인했다"는 온건한 주장을 편다. 이 신중한 표현은 오스트리아가 알았던 것과 몰랐던 것을 얼마간 반영하는 결과였다. 빈 외무부는 법률고문 프리드리히 폰 비스너Friedrich von Wiesner 박사를 사라예보로 보내 음모의 배경과 관련이 있는 입수 가능한 모든 증거를 대조하고 분석하게 했다. 7월 13일 면밀히 조사한 끝에 비스너는 베오그라드 정부의 책임이나 공모를 입증하는 증거가 아직 나오지 않았다고 결론지은 보고서를 발송했다.[9] 훗날 오스트리아가 전쟁을 일으키기로 결심한 상태에서 사라예보 사건을 그저 구실로 이용했을 뿐이라고 주장한 사람들은 이 보고서를 논거로 인용했다. 그러나 당시 상황은 더 복잡했다. 후일 비스너는 미국 역사가 베르나도트 에벌리 슈미트에게 자신의 전보가 "매우 오해되었다"라고 설명했다.

> 개인적으로 당시 그[비스너]는 조사를 통해 확보한 증거를 토대로 사라예보 범죄에 대한 도의적 책임이 세르비아 정부에 있다고 굳게 확신했지만, 그 증거가 법정에서 인정될 만한 유형이 아니었던 까닭에 세르비

아에 대한 공식 주장에 사용하는 것을 꺼렸다. 그는 빈으로 돌아가 이 점을 분명히 밝혔다고 말했다.[10]

오스트리아는 법적으로 가능한 한 엄밀한 주장을 펴기로 결심한 상태였으므로, 사라예보 살해에 대한 세르비아 국가의 직접적인 책임을 제기하는 주장에는 어떤 의문의 여지도 없어야 했다. 청년들의 암살 준비와 훈련, 세르비아 국경 통과와 관련된 증거가 충분히 많기는 했지만, 오스트리아는 세르비아의 여러 하급 국가기관들이 암살에 관여했다는 것만 확인할 수 있었다. 게다가 오스트리아는 민족방위단의 모호한 구조를 캐다가 세르비아 국가의 심층부와 연계된, 훨씬 더 중요한 흑수단을 놓치고 말았다. 오스트리아는 아피스까지 이어지는 네트워크를 추적할 수도 없었고, 세르비아 정부가 음모를 사전에 알고 있었다고 단정할 수도 없었다. 그 이유는 아마도 빌린스키가 암살 전에 세르비아 대사와 나누었던 짧은 대화를 베르히톨트에게 보고하지 않은 곤란한 사실을 철저히 감추었기 때문일 것이다. 더 많이 알았다면, 오스트리아는 미리 계획해둔 조치를 분명 더욱 정당한 조치로 여겼을 것이다. 러시아와 프랑스가 이미 빈의 주장을 받아들이지 않는 입장의 논거로 삼고 있던 프리트융 재판의 오명 탓에, 당시 최후통첩 초안 작성자들은 수사를 통해 확보한 정보에 근거해 의심의 여지가 없을 정도로 문안을 다듬을 수밖에 없었다.

각서 다음은 10개 요구조건으로 이루어진 최후통첩이었다. 처음 3개 항은 영토회복주의 단체들과 그들의 반오스트리아 선전에 대한 억압에 초점을 맞추었다. 4항, 6항, 8항은 사라예보 만행에 연루된 사람들에게 조치를 취할 필요성을 제기했다. 타협한 군부 인사들과 국경 관리들, "현재 세르비아 영토에 있는, 6월 28일 음모의 종범들"이 여기에 포함되었다. 7항은 더 구체적이었는데, 보야 탄코시치 소령과 밀란 치가노비치를 "지체 없이" 체포할 것을 요구했다. 오스트리아는 몰랐지만 탄코시치는 아피스와 가까운 흑수단 공작원이었다. 그리고 암살조의 중핵을 이룬 세 청년을 모집한 장본인이었다. 치가노비치는 오스트리아 측에 "사라예보 초동수사의 결과로 연루 혐의가 드러난 세르비아 공무원"으로만 알려져 있었지만, 훗날 류바 요바노비치의 증언에 따르면 흑수단 단원인 동시에 파시치 개인을 위해 비밀리에 활동한 요원이었다.[11] 9항은 "세르비아 국내와 국외에서의 공식 지위에도 불구하고 6월 28일 만행 이후 인터뷰에서 오스트리아-헝가리 군주국에 대한 적대적 의견을 주저하지 않고 표명한 세르비아 고위 관료들의 정당화될 수 없는 발언"에 대해 베오그라드가 빈에 설명할 것을 요구했다. 이 항은 다른 무엇보다 스팔라이코비치의 상트페테르부르크 인터뷰를 염두에 둔 것이었다. 아울러 9항은 만행에 대한 세르비아의 대응이 오스트리아의 태도에 얼마나 큰 영향을 주었는지 알려준다. 10항은 전술한 항들의 요구에 부응하는 조치의 실행을 "지체 없이" 공식 통보할 것을 요구했다.

논란의 소지가 가장 많은 요구는 5항과 6항이었다. 5항은 "군주국의 영토 통합을 겨냥한 전복 운동을 진압하기 위해 [오스트리아-헝가리의] 황실-왕실 정부 기관들의 세르비아 내 협업을 수락"할 것을 베오그라드 정부에 요구했고, 6항은 오스트리아-헝가리의 "대표단"이 범죄의 종범들과 관련된 "수사에 참여"한다고 언명했다. 여느 때처럼 빈에서 여러 사람이 이 문안을 작성했지만, 오스트리아의 수사 참여에 대한 언급을 문안에 집어넣어야 한다고 고집한 사람은 베르히톨트였다.[12] 그 이유는 뻔하다. 빈 정부는 오스트리아의 일종의 감독과 검증 없이는 세르비아 당국이 수사를 제대로 진행할 것이라고 믿지 않았다. 그리고 6월 28일부터 최후통첩을 받은 날까지 세르비아 정부가 이와 다르게 생각할 어떤 이유도 오스트리아 측에 제시하지 않았다는 점을 꼭 지적해야겠다.

오스트리아의 수사 참여 요구는 세르비아의 주권과 양립할 수 없었으며, 파리와 상트페테르부르크, 베오그라드에서는 이미 이 요구를 더 넓은 대립을 촉발할 수 있는 요인으로 보고 있었다. 물론 한 나라의 영토에서 일반 시민들이 계획한 행동에 대한 책임을 그 나라에 지울 수 있느냐고 정당하게 물어볼 수 있다. 그러나 이 쟁점을 세르비아의 침해할 수 없는 주권이라는 관점에서 보는 것은 실상을 얼마간 왜곡하는 것이었다. 우선 상호주의 문제가 있었다. 세르비아 국가(또는 적어도 세르비아를 이끈 정치인들)는 오스트리아-헝가리 이중군주국 안에서 살고 있는 세르비아인을 포함해 모든 세르비아인을 결국 '재통일'해야 한다는 책임을 받아들였다. 이는 아직 회복하지 못한 '세르비아 민족'의 땅에서 오스트리아-헝가리의 주권을 기껏해야 제한적으로 인정한다는 뜻이었다. 그리고 파시치가 이끄는 세르비아 국가가 영토회복주의 네트워크를 아주 제한적으로만 통제할 수 있다는 문제가 있었다. 음모 네트워크와 세르비아 국가의 상호 침투, 그리고 종족적 영토회복주의의 다국적 제휴를 고려하면, 세르비아와 오스트리아-헝가리의 마찰을 영토주권을 가진 국가들의 상호작용이라는 관점에서 이해하려는 모든 시도는 난센스였다. 게다가 오늘날 그런 분쟁을 중재하고 해결을 감독하는 다국적 기관과 법률체계가 당시에는 당연히 존재하지 않았다.

에드워드 그레이는 오스트리아의 최후통첩을 다 읽고서 "한 국가가 독립국인 다른 국가에 보낸 문서들 중에서 내가 목격한 가장 가공할 문서"라는 유명한 발언을 했고, 처칠은 아내에게 보낸 편지에 "이제껏 강구된 그런 유형의 문서들 중에서 가장 무례한 문서"라고 썼다.[13] 우리는 그레이와 처칠의 마음속에 어떤 비교 잣대가 있었는지 알지 못하며, 사라예보 암살사건을 계기로 조성된 역사적 상황의 구체성 때문에 비교 판단을 내리기 어렵다. 하지만 오스트리아의 최후통첩을 주권국가들이 출현하기 이전의 야만적인 시대로 퇴보한 이례적인 문서로 여기는 것은 분명 잘못이다. 오스트리아의 최후통첩은 이를테면 나토가 세르비아-유고슬라비아에 전달한 최후통첩보다 훨씬 더 관대했다. 세르비아인들에게 코소보에서 나토 정책에 순응할 것을 강요하기 위해 1999년 2월과 3월에 랑부예 협정의 형식으로 작성한 나토의 최후통첩은 다음 조항들을 포함했다.

나토 요원은 유고연방의 영공과 영해를 포함하는 진 지역에서 차량, 선박, 항공기, 장비와 함께 자유롭고 제약받지 않는 통행과 방해받지 않는 접근을 향유한다. 이는 야영하고, 기동훈련을 하고, 숙소를 정하고, 지원과 훈련, 작전에 필요한 어떤 지역이나 시설이든 이용할 권리를 포함하지만 그것으로 국한되지 않는다.[14]

랑부예 협정을 가리켜 가장 온건한 세르비아인조차 받아들일 수 없는 조항들로 이루어진 "도발, 폭격을 시작하기 위한 구실"이라고 말했을 때, 헨리 키신저는 틀림없이 옳은 말을 한 것이었다.[15] 이에 비하면 오스트리아 최후통첩의 요구는 별것 아니었다.

분명 빈은 세르비아가 수용하지 않을 것을 전제하고서 최후통첩을 작성했다. 이 최후통첩은 두 인접국 간 평화를 지키기 위한 최후의 시도가 아니라 오스트리아의 입장을 알리는 비타협적인 성명이었다. 다른 한편, 이 최후통첩은 랑부예 협정과 달리 세르비아 국가의 완전한 굴복을 요구하지 않았다. 통첩의 항들은 세르비아의 영토회복주의가 오스트리아의 안보에 가하는 위협에 명확히 초점을 맞추고 있었다. 심지어 5항과 6항에는 오스트리아의 요구에 세르비아가 순응할지 신뢰하기 어렵다는 우려가 반영되어 있었으며, 초안 작성자들은 그렇게 우려할 타당한 이유가 있었다. 영국 대리공사 데이렐 크랙앤서프가 베오그라드 외무부의 사무국장 슬라브코 그루이치에게 세르비아가 대공 살해에 대한 독자적인 수사를 시작하는 편이 좋겠다고 말한 7월 16일에도 그루이치가 "사라예보 수사의 결과를 알기 전까지는 어떤 명확한 조치도 취하는 것이 불가능"하다고 고집했다는 사실을 우리는 기억해야 한다. 계속해서 그루이치는 수사 결과가 발표되면 세르비아 정부가 "상황에 따라 필요할 수 있고 국제관례와 양립할 수 있는 어떤 추가 수사 요청에도" 응할 것이라고 말했다. 그리고 최악의 경우 "세르비아는 혼자가 아닐 겁니다. 러시아는 세르비아가 타당한 이유 없이 공격을 받는다면 가만히 있지 않을 겁니다"라고 불길하게 덧붙였다.[16] 혼란을 주는 이런 표현들은 강압이 없다면 세르비아가 적대적인 인접국의 요구에 순응할 확률이 실로 희박하다는 것을 시사했다.

1912년 세르비아 정부는 열강에 보낸 회람장에서 오스만제국에 대한 발칸 국가들의 공격을 정당화하면서 바로 이 강압과 순응 문제를 제기한 바 있었다. 세르비아에 따르면 오스만이 마케도니아에서 개혁의 필요성에 대처하는 데 거듭 실패한 것은 곧 그런 개혁에서 어떤 형태의 "외국의 참여"도 받아들이지 않겠다는 것을 의미했고, "그들 스스로 진지한 개혁을 하겠다"는 약속은 "전 세계에서" "뿌리 깊은 불신"을 받았다.[17] 1914년 7월 베오그라드에서 지난날 오스만과 당시 세르비아의 유사성을 누구 하나라도 알아챘을지 의문이다.

세르비아, 대응하다

7월 23일 오전 오스트리아 공사 기슬 남작은 베오그라드 외무부에 전화를 걸어 오늘 저녁 세르비아 수상에게 빈 정부의 "중요한 서류"를 전하겠다고 알렸다. 파시치는 선거운동을 하느라 베오그라드에 없었다. 파시치의 부재 시 라자르 파추Lazar Paču 재무장관이 수상 직무를 대행하기로 되어 있었다. 사전 경고를 받은 파추는 전화로 니시에 있던 파시치에게 가까스로 연락했다. 재무장관이 간청했음에도 파시치는 수도로 돌아오기를 거부했다. "[기슬을] 내 자리에서 접견하시오"가 그의 지시 사항이었다. 오후 6시(한 시간 늦춘 최후통첩 전달 시각)에 기슬이 외무부에 직접 나타나자 파추와, 재무장관이 프랑스어를 말하지 못해서 배석한 그루이치가 그를 맞았다.

기슬은 파추에게 최후통첩과 두 쪽짜리 부속문서, 수상 대리 파추를 수령인으로 하는 각서를 전달하고 답변 시한은 정확히 48시간이라고 알렸다. 이 시한까지 세르비아가 불만족스러운 답변을 하거나 아예 답변하지 않으면, 기슬은 외교관계를 단절하고 공사관 직원 전원과 함께 빈으로 귀국할 예정이었다. 파추는 서류 일체를 열어보지도 않은 채 한창 선거철이라 대다수 각료들이 베오그라드에 있지 않으므로 책임 있는 공직자들을 제때 소집해 결정을 내리기가 물리적으로 불가능할지도 모른다고 말했다. 기슬은 "철도와 전보의 시대에 이 정도 면적의 나라에서 각료들의 복귀는 겨우 몇 시간 걸리는 문제일 뿐입니다"라고 대꾸했다. 그리고 어쨌거나 "이는 세르비아 정부의 국내 문제이니 제가 고려할 필요는 없습니다"라고 덧붙였다.[18] 기슬이 빈에 보낸 전보는 "더 이상 논의는 없었습니다"라는 말로 끝나지만, 전후에 이탈리아 역사가 루이지 알베르티니와 나눈 대화에서 이 전직 오스트리아 공사는 당시 파추가 망설이다가 자신은 문서를 접수할 수 없다고 말했다고 회고했다. 기슬은 그렇다면 문서를 탁자 위에 두겠다고 말했고, "파추는 그것을 원하는 대로 할 수 있었습니다."[19]

기슬이 떠나자마자 파추는 아직 수도에 있는 세르비아 각료들을 불러모아 함께 최후통첩을 면밀히 검토했다. 파추는 유독 충격을 받았는데, 온갖 반대 증거에도 불구하고 독일이 결국 "독일까지 전쟁으로 끌어들일 수 있는" 빈의 어떤 조치든 저지할 것으로 예상하고 있었기 때문이다. 통첩을 검토한 사람들은 한동안 "죽은 듯이 조용했는데, 자기 생각을 맨 먼저 과감히 표명하려는 사람이 아무도 없었기 때문이다." 맨 먼저 입을 뗀 사람은 교육장관 류바 요바노비치였다. 그는 방을 앞뒤로 몇 차례 서성거린 다음 "끝까지 싸우는 것 외에 다른 수가 없습니다"라고 단언했다.[20]

흥미로운 막간이 이어졌다. 참석자 모두 극히 중요한 통첩임을 감안할 때 파시치가 베오그라드로 즉시 돌아와야 한다고 확신했다. 파시치는 이날 오전에 8월 14일에 치를 선거를 위해 세르비아 남부 니시에서 선거운동을 했다. 연설을 한 뒤 파시치는 갑자기 선거운동에 흥미를 잃은 것처럼 보였다. 그는 동행 중인 외무부 정무국장 사이노비치에게 "우리 잠시 휴식을 취했으면 좋겠네"라고 말했다. "살로니카•로 가서 이삼일 익명으로 지내는 게 어떻겠나?" 파시치와 정무국장이 테살로니키행 기차역까지 타고 갈 수상 전용 마차를 기다리는 동안 한 역무원이 파시치에게 베오그라드에서 급한 전화가 왔다고 알렸다. 전화를 건 라자르 파추는 수상에게 수도로 복귀하시라고 간청했다. 파시치는 서둘러 돌아갈 마음이 없었다. "나는 라자르에게 내가 베오그

• 1913년 부쿠레슈티조약에 따라 그리스에 병합된 테살로니키.

니콜라 파시치, 1919년

라드로 돌아가면 우리가 답변을 해야 한다고 말했다. 라자르는 자신이 듣기로 평범한 통첩이 아니라고 말했다. 하지만 나는 답변을 바꾸지 않았다." 실제로 파시치와 사이노비치는 테살로니키행 열차에 앉았다. 열차가 니시에서 남쪽으로 거의 50킬로미터 떨어진 레스코바츠에 도착하고 나서야 수상은 부왕을 대신해 섭정 중인 알렉산다르 왕세자의 전보를 받고서 수도로 돌아가기로 마음을 바꾸었다.[21]

파시치가 남쪽으로 향한 것은 기이하긴 하지만 평소 그답지 않은 행동이었던 것은 아니다. 우리는 1903년 여름의 일을 상기할 수 있다. 국왕 시해단이 알렉산다르 국왕과 드라가 왕비를 암살하려는 세부 계획을 미리 전달했을 때, 파시치는 가족을 데리고 열차편으로 아드리아 연안까지 갔다가 다시 오스트리아 관할령으로 가서 사태의 결과를 기다렸다. 7월 23일 오후에 그가 정확히 무슨 생각을 했는지 확증할 수는 없다. 알베르티니의 주장대로 어쩌면 최후통첩을 접수하는 무거운 책임을 단순히 피하고 싶었을지도 모른다. 흥미롭게도 베르히톨트는 불특정 비밀 채널들을 통해 파시치가 최후통첩을 접수하는 즉시 사임할 의중이라는 소식을 들었다.[22] 파시치는 그저 공황 상태에 빠졌던 것일 수도 있고, 머리를 맑게 하고 선택지들에 대해 심사숙고할 시간이 필요하다고 느꼈던 것일 수도 있다. 급박하게 돌아가는 총선과 근대 세르비아 국가의 역사상 가장 심각한 대외 위기가 맞물린 순간에 그는 틀림없이 상당한 중압감을 느꼈을 것이다. 여하튼 그 순간은 지나갔고, 수상과 정무국장은 7월 24일 오전 5시에 베오그라드에 도착했다.

세르비아가 최후통첩에 어떻게 대응할지 결정하는 데에는 다소 시간이 걸렸다. 7월 23일 밤 파시치가 수도로 돌아오고 있던 시각에 파추는 재외 세르비아 공사관들에 공문을 발송했다. 오스트리아가 통첩을 보내 "세르비아 정부가 전부 수용할 수는 없을 정도의" 요구를 해왔다고 알리는 내용이었다. 파추는 가르트비크가 죽은 뒤 러시아 공관장의 역할을 대행하고 있던 대리공사 스트란드만을 방문했을 때 같은 견해를 재천명했다. 파추가 떠난 뒤 알렉산다르 왕세자가 나타나 스트란드만과 위기에 대해 논의했다. 알렉산다르 역시 최후통첩을 수락하는 것은 "자국의 위엄을 조금이라도 중시하는 국가에게 절대 불가능한 일"이라고 역설했고, 자신은 "강력한 말만으로도 세르비아를 구할 수 있는" 러시아 차르의 도량을 믿는다고 덧붙였다. 이튿날 아침 일찍 이번에는 파시치가 스트란드만을 찾아왔다. 수상의 견해는 세르비아가 오스트리아의 통첩을 수락해서도 거절해서도 안 되며 즉시 시한을 연기할 방법을 찾아야 한다는 것이었다. 그는 세르비아의 독립을 지켜달라고 열강에 호소할 생각이었다. "그러나 전쟁이 불가피하다면, 우리는 싸울 겁니다."[23]

이 모든 발언은 세르비아 정치지도부가 세르비아는 저항해야 하고

(필요하다면) 전쟁을 불사해야 한다는 견해에 거의 즉각 만장일치로 도달했음을 시사한다. 그러나 이 발언들은 모두 스트란드만이 보고한 것이다. 베오그라드의 각료들은 러시아의 지원을 끌어내고자 최후통첩 수락이 불가능하다고 역설했을 공산이 크다. 다른 증언들은 세르비아 의사결정자들이 자기들끼리 있을 때 오스트리아의 공격 가능성에 몹시 불안해했고 통첩 수락 외에 다른 대안이 없다고 보았음을 시사한다.[24] 1913년 10월 오스트리아가 알바니아 문제로 최후통첩을 보내자 사조노프가 베오그라드 정부에 양보를 권고했던 기억이, 현재 위기에서 러시아가 과연 세르비아를 지원할까 하는 의심을 불러일으킬 만큼 여전히 생생했다. 프랑스의 태도는 확인하기 어려웠는데, 핵심 지도자들이 러시아에서 귀국하는 중이었고, 프랑스 공사 데스코스가 한동안 무리하는가 싶더니 쓰러져서 파리로 돌아간 데다 아직 후임자가 오지 않아 공사 자리가 공석이었기 때문이다.

7월 23일 저녁 파추가 소집한 첫 번째 각료회의는 아무런 결정도 내리지 못했으며, 이튿날 아침 파시치가 복귀한 뒤에도 상황은 여전히 미정이었다. 파시치는 러시아가 의견을 알려오기 전까지 어떤 결정도 내리지 않기로 결의하는 데 그쳤다. 스트란드만과의 대화(당연히 상트페테르부르크에 즉각 보고되었다) 외에 세르비아는 두 가지를 공식 요청했다. 파시치는 스팔라이코비치에게 전보를 보내 러시아 정부의 견해를 확인해줄 것을 요청했다. 같은 날 섭정 왕자 알렉산다르는 차르에게 보낸 전보에 세르비아는 "스스로를 지킬 수 없"으며 베오그라드 정부는 "폐하께서 수락을 권고하시는" 최후통첩의 어떤 항이든 수락할 준비가 되어 있다고 적었다.[25] 이탈리아 역사가 루치아노 마그리니는 세르비아의 핵심 의사결정자들 및 이 무렵 사태의 증인들을 인터뷰한 뒤 베오그라드 정부가 사실상 최후통첩을 수락하고 전쟁을 피하기로 결정했었다고 결론 내렸다. "당시 알려진 여건에서 세르비아는 그토록 무시무시한 위협에 굴복하는 수밖에 다른 도리가 없을 것으로 생각되었다."[26]

7월 25일 파시치가 베오그라드 정부는 "모든 항에 유화적"이고 빈에 "완전한 만족"을 주는 답변을 보낼 생각이라고 선언하는 전보를 작성하여 재외 세르비아 공사관들에 보냈을 때, 그는 분명히 사임할 분위기였다.[27] 이 전보는 이틀 전 파추가 보낸 훨씬 더 강경한 공문에서 명백히 크게 후퇴한 것이었다. 7월 25일 정오 직후에 크랙앤서프가 그레이에게 보낸 전보는 이 시점에 세르비아 정부가 합동수사위원회를 요구한 악명 높은 5항과 6항까지도 "그런 위원회의 임명이 국제관례에 부합하는 것으로 입증될 수 있다면" 수락할 용의가 있었음을 확인해준다.[28]

세르비아 정부의 등을 꼿꼿이 세워준 것은 러시아의 지원 보장이었을 것이다. 7월 23일 오전 8시 30분경 전날 저녁에 스팔라이코비치가 발송한 전보가 도착했다. 러시아를 국빈방문 중인 푸앵카레와 나눈 대화를 보고하는 전보였다. 프랑스 대통령은 세르비아 공사에게 베오그라드 소식이 있느냐고 물었다. 스팔라이코비치가 상황이 아주 나쁘다고 답하자 푸앵카레는 이렇게 말했다. "우리가 여러분을 도와 상황을 개선할 겁니다."[29] 만족스럽지만 딱히 실속 있는 말은 아니었다. 7

월 24일 자정 무렵 "대담한 결정"이 임박했음을 알리는 전보가 베오그라드에 도착했다.[30]

스팔라이코비치의 공문 중에서 가장 중요했던 것은 7월 24~25일 밤에 보낸 두 통의 전보였다. 두 전보는 스팔라이코비치가 7월 24일 오후 7시 이전에 사조노프와 나눈 대화를 상술하는 내용이었는데, 이 대화에서 사조노프는 같은 날 오후 3시에 열렸던 러시아 각료평의회 회의 결과를 알려주었다. 첫 번째 전보에서 스팔라이코비치는 러시아 외무장관이 "오스트리아-헝가리의 최후통첩을 혐오스럽다는 듯이 비난"하면서 어떤 국가도 "자살하지" 않고는 그런 요구를 수락할 수 없다고 단언했다고 보고했다. 사조노프는 스팔라이코비치에게 세르비아가 "비공식적으로 러시아의 지원을 믿어도" 된다고 확언했다. 하지만 그는 이 도움이 어떤 형태일지 구체적으로 말하지 않았는데, 이것이 "차르가 결정하고 프랑스와 상의할" 문제였기 때문이다. 그동안 세르비아는 불필요한 도발을 일체 삼가야 했다. 만일 세르비아가 공격을 받고 스스로를 방어할 수 없게 된다면, 우선 병력을 남동쪽 내륙으로 철수시켜야 했다.[31] 철수 목적은 오스트리아의 점령을 받아들이는 것이 아니라 오히려 향후 배치를 위해 세르비아 병력을 대비태세로 유지하는 것이었다. 7월 25일 오전 1시 40분에 발송한 두 번째 전보에 따르면 러시아 각료평의회에서 "정력적인 조치들을, 심지어 동원 조치까지도" 취하기로 결정했고 "러시아가 세르비아를 보호한다는 공식 성명"을 곧 발표할 참이었다.[32]

7월 25일 오후 8시에 추가로 급송한 전보에서 스팔라이코비치는 차르스코예셀로에 있는 차르의 별궁에서 막 돌아온 세르비아 무관과 이야기를 나누었다고 보고했다. 러시아 참모총장과 대화하고 온 무관은 스팔라이코비치에게 러시아 군사위원회가 "만반의 임전태세"를 보여주었고, "세르비아를 보호하기 위해 무엇이든 하기로" 결의했다고 말했다. 특히 차르가 결단력으로 모두를 놀라게 했다. 더욱이 세르비아의 답변 시한인 오후 6시 정각에 마지막 학년인 러시아 사관생도 전원을 장교로 진급시키라는 명령이 내려졌는데, 이는 총동원이 임박했다는 분명한 신호였다. "차르와 그의 정부가 채택한 입장 때문에 어느 집단에서나 예외 없이 최고의 결의와 환희가 우세합니다."[33] 다른 전보들에서는 러시아가 이미 취하고 있는 군사적 조치들, 통치 집단들과 공공영역에 두루 퍼진 "긍지와 어떤 희생이든 [각오하는 마음가짐]"의 분위기, 영국 함대에 대기태세를 명령했다는 런던발 소식에 대한 흥분 등을 보고했다.[34]

베오그라드에서 숙명론 분위기를 쫓아버리고 최후통첩의 요구에 순응해 전쟁을 피해보려던 각료들의 마음을 돌린 것은 러시아에서 들려온 소식이었을 것이다.[35] 사조노프의 명시적이지 않은 확약을 알리는 스팔라이코비치의 7월 24일 전보는 베오그라드에 두 부분으로 나뉘어 7월 25일 오전 4시 17분과 오전 10시에 각각 도착했다. 러시아의 동원을 암시하는 전보는 같은 날 오전 11시 30분에, 즉 세르비아 각료들이 최후통첩에 대한 답변서를 작성하기 전, 적시에 도착했다.[36]

이렇게 강경해지는 분위기에도 불구하고, 세르비아 각료들은 세르비아의 주권을 양보하지 않는 선에서 오스트리아의 요구에 최대한 순응한다는 인상을 주기 위해 답변서를 다듬는 데 엄청난 공을 들였다. 파시치, 류바 요바노비치 교육장관, 스토얀 프로티치 내무장관, 벨리자르 얀코비치 경제장관, 마르코 주리치치 법무장관 등 당시 베오그라드에 있던 각료들이 대부분 참석했고, 모두 문안을 수없이 수정하는 작업에 일조했다. 외무부 사무국장 슬라브코 그루이치는 훗날 루이지 알베르티니에게 답변서 제출 전에 각료들이 얼마나 정신없이 바빴는지 묘사했다. 7월 25일 토요일 오후 동안 각료들이 여러 구절을 추가하고 삭제함에 따라 수많은 초안이 만들어졌다. 최종 문안마저 고치고 삽입하고 줄을 그어 지운 곳이 너무 많아서 거의 읽기가 어려울 정도였다.

> 마침내 오후 4시 이후 문안이 최종 확정된 듯하자 타자기로 문서를 작성하려 했다. 그러나 타자수가 미숙하고 몹시 불안해한 데다 타자기가 작동하지 않아서 결국 젤라틴판版 잉크를 사용해 답변서를 손으로 쓰고 사본들을 복사해야 했다. (……) 마지막 30분은 정신없이 바빴다. 펜으로 답변서를 여기저기 수정했다. 괄호 안에 넣은 한 문단은 잉크로 줄을 그어 읽지 못하게 했다. 5시 45분 그루이치가 봉투에 넣은 답변서를 파시치에게 건넸다.[37]

파시치는 그루이치나 다른 어떤 하급자가 답변서를 기슬 남작에게 전달하기를 바랐지만 아무도 자원하지 않자 "좋습니다, 내가 직접 가져가겠습니다"라고 말하고 계단을 내려가 기슬을 만나러 걸어갔다.

그동안 각료들과 관료들은 모두 다가오는 분쟁에 대비해 세르비아 정부의 소재지로 정한 니시로 가는 열차를 타기 위해 급히 움직였다.

세르비아의 답변서는 지저분해 보였을지 몰라도 외교적 얼버무림의 걸작이었다. 오스트리아 최후통첩의 첫 초안을 작성했던 무줄린 남작은 이 답변서를 가리켜 이제껏 자신이 본 "외교술의 가장 뛰어난 실례"라고 말했다.[38] 답변서는 자신만만한 자화자찬으로 시작했다. 다시 말해 세르비아 정부가 발칸전쟁 기간에 여러 차례 온건하고 평화적인 태도를 입증했다고 주장했다. "평화가 지켜진 것은 세르비아와 오로지 유럽의 평화를 위해 세르비아가 치른 희생 덕분"이었다. 이처럼 답변서 작성자들은 자신들의 응답으로 양국 사이의 모든 오해가 풀릴 것으로 확신하고 있었다. 세르비아 정부는 사적 개인들의 행동을 책임질 수 없으며 언론이나 "협회들의 평화로운 업무"를 직접 통제하지 않는 까닭에 빈에서 제기한 혐의에 놀라고 고통받은 터였다.[39]

작성자들은 최후통첩의 각 항에 답변하면서 수락과 조건부 수락, 회피, 거부를 절묘하게 혼합했다. 그들은 오스트리아-헝가리제국의 해체 또는 제국의 영토 병합을 겨냥한 모든 선전을 비난한다는 데 공식적으로 동의했다(다만 조동사를 사용해 실제로 그런 선전이 있었다는 함축을 피했다). 영토회복주의 단체들을 억압하는 문제에 대해서는 "민족방위단이나 다른 비슷한 협회들이 이제까지 어떤 범행을 저질렀다"는 증거가 세르비아 정부에 없다고 답변했다. 그러면서도 민족방위단과 "오스트리아-헝가리에 대항하고 있을지 모르는 모든 협회"를 해산한다는 데 동의했다.

답변서 3항은 세르비아 공교육에서 어떤 반오스트리아 선전이든 "황실-왕실 정부가 이런 선전의 사실과 증거를 제공할 때마다" 기꺼이 제거하겠다고 언명했다. 4항에서는 용의자들을 군에서 축출한다는 데 동의했지만, 이번에도 오스트리아-헝가리 당국이 "이런 장교와 공무원의 이름과 행위"를 통지한 이후에만 축출한다는 조건을 달았다. 오스트리아-세르비아 합동수사위원회를 꾸리는 문제(5항)에 대해서는, 세르비아 정부가 "이 요구의 의미나 범위를 분명하게 파악하지 못했"지만 "국제법의 원칙, 형사소송, 선린관계"에 부합하는 것으로 밝혀질 수 있다면 그런 협력을 수용하겠다고 답변했다. 6항(오스트리아 관료들이 연루자들에 대한 기소에 참여하는 문제)은 세르비아 헌법에 반한다는 이유로 전면 거부했다(이것은 사조노프가 베오그라드 측에 완강히 버티라고 주문했던, 세르비아의 주권을 건드리는 문제였다). 탄코시치와 치가노비치를 체포할 것을 요구한 7항에 대해 세르비아 정부는 "통첩을 전달받은 당일 저녁에" 이미 탄코시치를 체포했고, "아직 치가노비치를 체포하지 못했다"고 말했다. 이번에도 세르비아는 오스트리아 정부에 "후속 수사를 위해 (……) 만일 있다면 유죄 증거나 유죄 추정 증거를" 제공해줄 것을 요청했다. 이는 다소 기만적인 대응이었다. 사라예보 수사와 관련해 치가노비치의 이름이 거론되자마자 베오그라드 경찰국장이 특별 직권으로 그를 수도 밖으로 서둘러 내쫓았고, 그동안 정부는 밀란 치가노비치라는 이름을 가진 사람이 수도에 없다고 공식 발표했기 때문이다.[40]

불법활동에 가담한 국경 관리들을 처벌하는 문제와 관련한 8항과 이행 중인 조치를 오스트리아-헝가리 정부에 보고하는 의무와 관련한 10항은 조건 없이 수용한다고 답변했다. 그러나 대공 암살 이후 세르비아 관료들의 적대적인 공개 발언에 대한 설명을 요구한 9항에는 한층 모호하게 답변했다. 세르비아 정부는 그런 설명을 "기꺼이 제시"하겠지만 오스트리아 정부가 "이런 발언들에서 문제가 되는 구절들을 통지하고 그 발언들을 실제로 해당 관료들이 했음을 보여주는 즉시" 하겠다고 했다.[41]

정교하게 작성된 이 문안에 대한 무줄린의 극찬에 반대하기는 어렵다. 이 답변서가 오스트리아의 요구에 거의 완전히 항복하는 조치였다는, 일반적인 이야기에서 자주 제기되는 주장은 실상을 크게 호도하는 것이다. 이것은 세르비아의 적이 아닌 친구들을 위해 작성한 문서였다. 세르비아가 오스트리아에 내준 것은 놀라우리만치 적었다.[42] 무엇보다 이 답변서는 음모의 세르비아 배후세력에 대한 수사를 앞장서 개시하는 책임을 빈 정부에 지우면서도, 사건 관련 실마리를 효과적으로 추적할 수 있게 해줄 만한 양국 협력을 용인하지 않았다. 이런 의미에서 답변서는 세르비아 당국이 6월 28일부터 추구해온 정책, 즉 어떠한 형태의 연관성도 단호히 부인하고 그런 연관성을 인정하는 것으로 비칠 수 있는 어떠한 선제조치도 삼가는 정책의 연속선상에 있었다. 구체적인 요구에 대한 답변들 중 태반은 영토회복주의 선전 또는 장교와 관료의 음모활동에 대한 "사실과 증거"가 정확히 무엇인지를 놓고 오스트리아와 길고 짜증나고 십중팔구 무의미한 교섭을 벌일 상황을 예고하는 것이었다. 세르비아가 "국제법"에 호소한 것은, 선전으로서 효과적이기는 했지만, 순전히 논점 흐리기였다. 이런 유형의 사건을 다루는 국제 법학도, 구속력 있는 합법적인 방식으로 사건을 해결할 권한을 가진 국제기구도 존재하지 않았기 때문이다. 그럼에도 세르비아의 답변서는 진심으로 어리둥절한 상태에서 오스트리아의 터무니없고 받아들일 수 없는 요구를 이해하고자 고군분투 중인 합리적인 정치인들의 목소리를 완벽한 어조로 조절해 전달했다. 이것은 팽창주의적인 범세르비아 쌍둥이와의 유대를 세르비아 대외관계의 역사에 깊이 뿌리박은 방식으로 일체 부인하는, 정치적이고 입헌적인 세르비아의 계산된 목소리였다. 이토록 완전한 항복문서를 받아든 빈에게는 다른 조치를 취할 어떤 근거도 없다는 것을 세르비아의 친구들에게 납득시키는 데에는 당연히 이 목소리만으로도 충분했다.

이렇게 보면 실제로 세르비아는 오스트리아의 요구사항 대부분을 매우 완곡하게 거절한 것이었다. 그리고 우리는 영토회복주의 네트워크를 앞장서 진압하기를 거부하며 7월 위기가 이 지경이 될 때까지 좌시한 파시치에게 과연 다른 어떤 방침을 택할 의향이 있었겠느냐고 합리적으로 물어볼 수 있다. 6월 28일 이후 수상이 특이한 수동성을 보인 여러 이유는 이미 앞에서 살펴보았다. 최근 군부 및 흑수단 네트워크와 투쟁한 이후 계속 취약했던 그의 입지, 세르비아 정계의 위험한 정상에서 30년 동안 지내며 몸에 익힌 과묵함과 비밀주의, 영토회복주의의 대의에 근본적으로 공감했던 파시치와 그의 동료들의 이데올로기적 태도 등이 그런 이유였다. 여기에 더해 한 가지 이유를 더 고려해볼 수 있다.

파시치는 대공 암살에 대한 철두철미한 수사를 우려할 충분한 이유가 있었다. 수사를 통해 세르비아 핵심 정치 엘리트들과의 연계가 드러날 가능성이 다분했기 때문이다. 아피스의 권모술수가 조금이라도 밝혀진다면, 부드럽게 말해 베오그라드의 대의가 훼손될 터였다. 하지만 훨씬 더 우려스러웠던 점은 오스트리아가 용의자로 지목했던 이중첩자 치가노비치에 대한 추적과 수사를 통해 파시치와 각료들이 음모를 미리 알고 있었다는 사실이 드러날 가능성이었다. 파시치는 7월 7일 《어즈 에슈트》('석간'이라는 뜻)와의 인터뷰에서 사전인지설을 강력히 부인한 바 있었다. 어떤 의미에서 오스트리아는 실은 불가능한 것, 즉 정치지도상의 공식 세르비아에게 영토회복주의를 추구하는 팽창주의적 · 종족적 세르비아를 진압할 것을 요구하고 있었던 것인지도 모른다. 문제는 양자가 서로 의존하고 분리할 수 없는 관계였다는 것, 단일한 실체의 두 측면이었다는 것이다. 베오그라드 육군부(공식 소재지가 있었는지 모르겠지만)의 영빈관 앞에는 세르비아 풍경화가 걸려 있었고 그 앞에 무장한 모습의 알레고리적인 여성 인물상이 세워져 있었다. 그리고 그 인물상의 방패에는 "아직 해방되지 않은 지방들", 즉 보스니아, 헤르체고비나, 보이보디나, 달마티아 등이 나열되어 있었다.[43]

기슬은 세르비아의 답변을 받기 전부터 그것이 무조건 수락이 아닐 것임을 알았다. 그날 오후 3시 정각부터 총동원령이 내려졌고, 수도 방위군이 요란한 소음을 내며 도시 주변 고지들을 서둘러 차지했으며, 국립은행과 국립기록보관소가 수도에서 국내의 내륙으로 대피했고, 외교단이 이미 정부를 따라 크라구예바츠를 거쳐 임시 소재지인 니시로 이동할 준비를 하고 있었다.[44] 또한 답변서 작성에 참여한 각료들 중 한 명이 은밀히 정보를 주었다.[45] 답변 시한 5분 전인 7월 25일 토요일 오후 5시 55분, 파시치가 오스트리아 공사관에 나타나 문서를 건네며 서투른 독일어로(프랑스어를 말할 줄 몰랐다) "귀하의 요구 중 일부를 우리는 수락했고 (……) 나머지에 대해서는 우리의 희망을 오스트리아 대표인 귀하의 충의와 후의에 맡깁니다"라고 말한 뒤 떠났다. 거만한 눈길로 문서를 살펴본 기슬은 그것이 부족한 답변임을 알고서 미리 준비해둔 서신에 서명을 했다. 수상에게 오늘 저녁 자신이 공사관 직원들과 함께 베오그라드를 떠난다고 알리는 서신이었다. 오스트리아-헝가리의 시민과 재산을 보호하는 임무는 독일 공사관에 공식 위임했고, 금고실에서 꺼낸 암호는 불태웠으며, 미리 싸둔 짐은 공사관 문 앞에서 대기 중인 차량들에 실었다. 오후 6시 30분경 기슬과 그의 아내와 공사관 직원들은 베오그라드를 떠나는 열차에 타고 있었다. 10분 뒤 그들은 오스트리아 국경을 넘었다.

이것이 전쟁을 의미했을까? 7월 24일 런던 대사 멘스도르프에게 보낸 흥미로운 전보에서 베르히톨트는 오스트리아의 통첩이 공식 최후통첩이 아니라 "시한이 정해진 항의"이며 시한이 지날 때까지 만족스러운 결과를 얻지 못하면 세르비아와 외교관계를 단절하고 필요한 군사대비를 개시할 것임을 에드워드 그레이에게 알리라고 지시했다. 그럼에도 아직까지 전쟁은 불가피하지 않았다. 이어서 베르히톨트는 만약 세르비아가 이후 "우리의 군사대비의 압력에" 굴복하기로 결정한다면, 오스트리아의 손실에 대한 배상금 지불을 세르비아에 요청할 생각이라고 말했다.[46] 이튿날 베르히톨트가 프란츠 요제프 황제를 만나러 서쪽의 바트이슐로 이동하는 동안 외무부 제1국장 카를 폰 마치오Karl von Macchio가 빈에서 보낸 전보가 람바흐에서 그에게 전해졌다. 마치오는 빈에서 러시아 대리대사 쿠다셰프가 최후통첩 시한 연장을 공식 요청했다고 보고했다. 베르히톨트는 시한 연장은 불가능하지만 시한 이후라도 세르비아는 오스트리아의 요구에 순응함으로써 전쟁을 피할 수 있다는 답변을 보냈다.[47] 이것은 어쩌면 알베르티니의 생각대로 일순간 겁을 먹은 베르히톨트의 심경이 반영된 발언이었을 것이다.[48] 반대로 그저 시간을 벌기 위한 발언이었을 수도 있다. 앞서 살펴보았듯이 오스트리아는 군사대비가 필요해질 경우 그것이 지체될까 매우 우려하고 있었다.

돌이켜 생각해보면, 이런 막판 책략으로 이익을 얻을 여지는 분명 없었다. 7월 26일과 27일, 스팔라이코비치의 의기양양한 공문들이 도착했다. 러시아가 육군 170만 명을 동원하고 있고 "오스트리아-헝가리가 세르비아를 공격하자마자 오스트리아-헝가리에 대한 정력적 공세를 즉시 개시"할 계획임을 알리는 내용이었다. 7월 26일 보고서에 따르면 차르는 세르비아군이 "사자처럼 싸울" 것이고, 더 나아가 자국 내륙의 보루에서 오스트리아군을 단독으로 무찌를 수도 있을 것으로 확신하고 있었다. 독일의 입장은 아직 불분명했지만, 차르는 설령 독일군이 싸움에 끼지 않더라도 "오스트리아-헝가리 분할"을 달성할 가능성이 충분히 있다고 믿고 있었다. 독일이 참전할 경우 러시아

군은 "프랑스의 대對독일 군사계획을 실행"할 터였고, "따라서 독일에 대한 승리도 확실"했다.[49]

전직 외무부 정무국장 스팔라이코비치는 너무 흥분한 나머지 정책을 제안하기에 이르렀다. "제 생각에 이번이 현 사태를 현명하게 이용해 세르비아인의 완전한 통일을 달성할 절호의 기회입니다. 그러므로 오스트리아-헝가리가 우리를 공격하는 편이 바람직합니다. 그럴 경우 신의 이름으로 전진합시다!" 상트페테르부르크에서 흘러나온 이런 소식들은 세르비아의 강경 분위기를 더욱 강화했다. 마지막 순간에 오스트리아의 요구에 양보하는 것은 이제 생각할 수 없는 일이었다. 오래전부터 파시치는 세르비아인의 통일을 평시에는 이룰 수 없고 오직 대전쟁의 열기 속에서만 강대국의 도움을 받아 이룰 수 있다고 믿고 있었다. 세르비아인의 통일은 계획 자체가 아니었고 그랬던 적도 없었다. 그것은 이제 곧 도래할 것으로 보이는 상상된 미래였다. 앞으로 심각한 싸움 없이 거의 2주가 지날 예정이었지만, 전쟁으로 가는 길은 이미 시야에 들어와 있었다. 이제 세르비아가 뒤를 돌아보는 일은 없을 것이었다.

'국지전'이 시작되다

1914년 7월 28일 오전 프란츠 요제프 황제는 비트이슐에 있는 황실 별장의 집무실 책상에서 타조 깃펜으로 세르비아에 대한 선전포고문에 서명했다. 그의 앞에는 흰 대리석으로 만든 죽은 아내의 흉상이 있었다. 오른쪽 팔꿈치 곁에는 최신식 전기라이터가 있었다. 그것은 거무스름한 나무 받침대에 놓인 거추장스러운 청동 구조물로, 책상 뒤 벽면의 소켓과 꼬인 전선으로 연결되어 있었다. 문안은 1866년 오스트리아가 프로이센에 전쟁을 선포하는 데 쓰였던 선언문 형식을 따르고 있었다.

> 나의 민족들에게! 하느님의 은총으로 아직까지 내게 남은 생애를 평화의 산물에 바치고 나의 민족들을 전쟁의 막대한 희생과 부담으로부터 보호하는 것이 나의 간절한 바람이었습니다. 섭리는 그 지혜로 나의 바람과 다른 결정을 내렸습니다. 사악한 적의 간계 탓에 나는 나의 군주국의 명예를 지키기 위해, 군주국의 위엄과 강국으로서의 지위를 수호하기 위해, 군주국의 재산을 보전하기 위해 오랜 평화의 시절 끝에 칼을 잡을 수밖에 없습니다.[50]

이즈음이면 베오그라드는 이미 인구수가 줄어들어 있었다. 벌써 군복무 연령의 모든 남성이 징집되고 많은 가족이 친척과 함께 내륙으로 피난을 떠난 뒤였다. 외국인도 대다수 떠나고 없었다. 7월 28일 오후 2시 정각에 전쟁이 임박했다는 소문이 들불처럼 도시 전체로 퍼져나갔다. 모든 신문의 호외가 행상들이 거리로 가져가기 무섭게 팔려나갔다.[51] 이날이 지나기 전에 도나우강에서 탄약과 지뢰를 운반하던 세르비아 증기선 두 척이 오스트리아 공병들과 경비원들에게 몰수되었다. 이튿날 새벽 1시 직후 세르비아 병사들이 제문과 베오그라드 사이 사브강 위에 놓인 다리를 폭파시켰다. 오스트리아 포함들이 포격을 개시했고 짧은 교전 이후 세르비아 병사들이 후퇴했다.

마침내 전쟁이 선포되었다는 소식에 58세의 지그문트 프로이트는 한껏 흥분했다. "30년 만에 처음으로 나 자신을 오스트리아인으로 느끼고, 썩 희망적이지 않은 이 제국에 다시 한 번 기회를 주고 싶은 기분이다. 나의 모든 리비도를 오스트리아-헝가리에 바친다."[52]

경고사격

강경책의 우세

나흘 동안 환영회, 열병식, 연설, 만찬, 건배로 정신이 없었던 모리스 팔레올로그에게는 약간의 휴식이 필요했다. 7월 23일 저녁 푸앵카레가 프랑스호를 타고 떠나는 모습을 지켜본 뒤, 그는 하인에게 내일 아침 늦잠을 자게 놔두라고 말했다. 그러나 그의 바람대로 되지 않았다. 오전 7시 정각에 오스트리아의 최후통첩을 알리는 긴급전화가 걸려왔기 때문이다. 아직 침대에서 비몽사몽하는 사이에 최후통첩 소식이 그의 마음속으로 백일몽처럼 들어왔다.

> 그 일은 내게 비현실적이면서도 명확한 것, 가상이지만 진짜인 것 같았다. 어제 차르와의 대하를 계속하면서 내 이론과 추측을 내놓고 있는 것 같았다. 그와 동시에 내게는 감각, 내가 기정사실 앞에 있다는 강력하고

확실하고 강압적인 감각이 있었다.[1]

팔레올로그는 점심식사 데이트를 취소하고 프랑스 대사관에서 사조노프 외무장관과 조지 뷰캐넌 영국 대사를 만나기로 했다.[2] 팔레올로그의 회고록에 따르면, 그는 두 손님에게 전날 밤 프랑스 대통령과 차르가 주고받은 축배를 상기시켰고 삼국협상 국가들이 "강경" 정책을 채택해야 한다고 거듭 당부했다. 사조노프는 당황한 기색이 역력했다. "하지만 그 정책은 틀림없이 전쟁으로 이어질 텐데요?" 팔레올로그는 "독일 국가들"이 이미 "동방에 대한 자신들의 패권을 지키기 위해 무력에 의존하기로 결심한" 경우에만 강경책이 전쟁으로 이어질 것이라고 말했다(프랑스 대사의 주장은 7월 둘째 주에 베트만이 리츨러에게 했던 주장과 판박이였다).

사조노프가 실제로 팔레올로그의 서술처럼 소극적이었는지는 의문이다. 조지 뷰캐넌이 똑같은 대화에 관해 발송한 공문에 따르면, 사조노프는 "여하튼 러시아는 동원해야 합니다"라고 단언하며 위험을 무릅쓰려 했다.[3] 누가 무어라 말했든, 분명 세 사람은 오스트리아의 최후통첩 전달에 의해 조성된 상황을 과격한 관점에서 보고 있었다. 사조노프와 팔레올로그는 합심하여 "자살이나 마찬가지"인 영국 정부의 중립정책을 단념시킬 것을 뷰캐넌에게 촉구했다. 뷰캐넌은 그들의 지적에 동의하며 "독일의 오만에 저항"하는 정책을 그레이에게 "강력히 건의"하기로 했다.[4] 이날 오후 팔레올로그 대사와 이야기한 드 로비앙은 경악했다. 그는 이렇게 회고했다. "이 유해한 점심식사 자리에서 그들 모두 서로를 부추겼다. 팔레올로그가 특히 격앙되어 푸앵카레와의 대화를 자랑했던 것으로 보인다."[5]

사실 팔레올로그든 다른 누구든 사조노프를 설득할 필요는 없었다. 프랑스 대사관에서 점심을 먹기도 전에 사조노프는 자신이 현 상황을 어떻게 보고 있고 어떻게 대응할 생각인지를 분명하게 표명하며 오스트리아 대사를 몰아세웠다. 프리츠 서파리 대사가 이런 경우의 관행대로 오스트리아의 통첩문을 소리 내어 읽은 뒤, 사조노프는 몇 번이나 고함을 질렀다. "그게 뭔지 알고 있습니다. 귀국은 세르비아와 전쟁하기를 원합니다! 독일 신문들이 귀국을 꼬드겼을 테지요. 귀국은 유럽에 불을 지르고 있습니다. 귀국은 막중한 책임을 짊어지고 있으며, 이것이 런던과 파리에서, 그리고 어쩌면 다른 곳에서도 어떤 결과를 불러올지 보게 될 겁니다." 서파리는 빈의 주장을 뒷받침하는 증거 서류 일체를 사조노프에게 보내겠다고 제안했지만, 사조노프는 관심 없다며 일언지하에 거절했다. "귀국은 전쟁을 원하고 배수의 진을 쳤습니다." 서파리가 오스트리아는 자국의 사활적 이익을 방어할 권리가 있으며 "세계에서 가장 평화를 사랑하는 강국"이라고 항변하자 사조노프는 이렇게 빈정거렸다. "지금 유럽에 불을 지르는 모습을 보니 귀국이 얼마나 평화적인지 알겠습니다."[6] 흥분한 채 자리를 떠난 서파리는 곧장 오스트리아 대사관으로 달려가 보고서를 암호화해 발송했다.

오스트리아 대사가 떠나자마자 사조노프는 러시아 육군참모총장 니콜라이 야누시케비치Nikolai Yanushkevich 장군을 외무부로 호출했다. 사조노프는 조만간 정부가 "피를 나눈 형제인 세르비아 민족의 존엄성과 고결함이 위협받는"다면 러시아는 "가만히 있지" 않을 것이라는 취지로 공식 언론 발표를 할 것이라고 말했다(이에 상응하는 문서가 이튿날 언론에 발표되었다). 그런 다음 야누시케비치와 "오스트리아-헝가리만을 상대하는 부분동원" 계획을 의논했다.[7] 언론 발표 이후 며칠 동안 러시아 외무부는 사조노프의 강경정책을 고수하면서 위기를 고조시키는 자세를 취하고 결정을 내렸다.

이날 오후 3시부터 두 시간 동안 각료평의회 회의가 진행되었다. 팔레올로그, 뷰캐넌과 점심을 먹고 막 도착한 사조노프가 모두발언을 했다. 우선 그는 자신이 생각하는 현재 위기의 더 넓은 배경을 간단히 설명했다. 오래전부터 독일은 중부유럽에서 힘을 키우기 위해서만이 아니라 "모든 국제 문제에서 삼국동맹에 포함되지 않는 열강의 의견과 영향력을 고려하지 않은 채" 자국의 목표를 달성하기 위해서도 "체계적인 준비"를 해왔다. 지난 10년간 러시아는 독일의 도전에 한결같은 온건책과 관용으로 대처했지만, 이런 양보는 "공격적 방법"을 사용하도록 독일을 "부추기는" 결과를 가져왔을 뿐이다. 오스트리아의 최후통첩은 "독일과 공모해" 작성한 것이다. 베오그라드가 최후통첩을 수락한다면 세르비아는 사실상 두 나라의 피보호국이 될 것이다. 슬라브 민족들의 독립을 지키는 "역사적 사명"을 포기할 경우 러시아는 "타락한 국가로 간주"되고, "모든 권위"와 "발칸에서의 위신"을 박탈당하고, "앞으로 열강 중 2등 자리를 받아들여야" 할 것이다. 러시아의 강경한 자세는 오스트리아·독일과 전쟁하는 위험을 수반할 텐데,

영국이 어떤 입장을 취할지 아직까지 불확실하다는 사실 때문에 이 위험이 더 커진다고 그는 경고했다.[8]

다음으로 블라디미르 코콥초프와 대립하고 그를 모함했던 각료들 중 하나인 농업장관 A. V. 크리보셰인이 발언했다. 크리보셰인은 차르의 특혜를 누렸으며 제정의회 내 민족주의 압력단체와 긴밀한 관계였다. 농업장관으로서 젬스트보, 즉 러시아제국 대부분의 지방정부에서 귀족이 지배한 선출기구와도 긴밀히 제휴했다. 그리고 발칸 문제와 터키 해협에 대한 민족주의 캠페인으로 잘 알려진 신문《노보예 브레먀》에 오랫동안 관여했다.[9] 1912년 11월 그는 "러시아가 독일인들 앞에서 움츠러드는 것을 멈출 호기"라는 이유로 오스트리아를 상대로 하는 수호믈리노프의 부분동원 정책을 지지했다.[10] 또 몬테네그로 출신의 수다스러운 대공비 밀리차와도 꽤 가깝게 지냈던 것으로 보이는데, 밀리차는 그를 남슬라브족을 구하기 위해 투쟁하는 몬테네그로의 동맹으로 보았다.[11] 코콥초프가 실각한 이후 크리보셰인은 각료평의회에서 최고 실세였다. 외교정책과 관련해 그는 매파였고 점점 더 반독일 입장으로 기울었다.

7월 24일 각료평의회에서 크리보셰인은 군사적 대응을 둘러싼 복잡한 찬반 주장들을 거론하면서도 결국 오스트리아의 항의조치에 강경 대응하는 선택지를 주장했다. 그는 1904~1905년의 재앙 이후 러시아의 정치적 · 재정적 · 군사적 위치가 분명 비교할 수 없을 만큼 나아졌다고 지적했다. 하지만 재무장 프로그램이 아직 완료되기 전이었고, 러시아의 군사력이 "최신 기술의 효율" 면에서 독일과 오스트리아-헝가리의 군사력에 과연 대적할 수 있을지 의문이었다.

다른 한편 근래에 "전반적인 여건"이 개선되었으므로(아마도 프랑스-러시아 동맹의 강화를 가리키는 말이었을 것이다) 제국 정부는 "대담하게 행동하기를 꺼리는" 이유를 국민들과 제정의회에 설명하기 어려울 터였다. 지난날 러시아의 "지나치게 신중한 태도"는 동맹국을 "달래는" 데 실패했다. 분명 교전을 벌일 경우 러시아는 큰 위험을 감수해야 하고, 러일전쟁은 그 점을 분명하게 보여주었다. 그러나 러시아가 평화를 바라는 한 더 이상의 "유화"는 평화를 얻는 길이 아니었다. "우리의 유화 노력에도 불구하고 전쟁은 일어날 수 있습니다." 따라서 현 상황에서 최선의 정책은 "동맹국의 불합리한 주장에 더욱 강경하고 정력적인 태도"로 맞서는 것이었다.[12]

크리보셰인의 발언은 회의 참석자들에게 깊은 감명을 주었고, 뒤이어 발언한 각료들 중 아무도 그의 결론을 수정하는 말을 하지 않았다. 수호믈리노프 육군장관과 그리고로비치 해군장관은 재무장 프로그램이 아직 완료되지 않았다고 인정하면서도 둘 다 "그럼에도 주저하는 것은 더 이상 적절하지 않다고 말했"고, "더욱 강경한 태도를 보이는데 반대할 이유가 없다"고 보았다. 재무장관 피터 바르크는 대륙 전쟁의 재정적 · 경제적 부담을 견뎌낼 러시아의 역량을 다소 우려하면서도 더 양보한다고 해서 평화가 보장되지 않는다는 것을 인정했고, "러시아의 명예와 위엄, 권위가 걸려 있으므로" 다수의 의견에 반대할 이유가 없다고 보았다. 고레미킨 수상은 이날 회의를 요약하면서 "세르비아를 지지하기로 즉시 결정하는 것이 제국 정부의 의무였다"라고 결론 내렸다. 강경책이 유화책보다 평화를 가져올 공산이 더 컸으며, 강경책이 통하지 않을 경우 "러시아는 필요한 희생을 치를 각오가 되어 있어야" 했다.[13]

마지막으로 각료평의회는 다섯 가지를 결의했다. ① 오스트리아 측에 최후통첩의 시한 연장을 요청한다. ② 세르비아 측에 국경에서 전투를 개시하지 말고 군대를 자국 중부로 후퇴시킬 것을 권고한다. ③ 차르에게 키예프, 오데사, 카잔, 모스크바 군관구의 동원을 "원칙적으로" 승인할 것을 요청한다. ④ 육군장관에게 군사장비 비축을 가속할 것을 지시한다. ⑤ 현재 독일과 오스트리아에 투자 중인 러시아 자금을 회수한다.[14]

"이번에는 전쟁이다"

이튿날(7월 25일), 더욱 엄숙한 각료평의회 회의가 열렸다. 차르가 회의를 주재했고, 야누시케비치 육군참모총장과, 국빈방문 중인 푸앵카레 대통령에게 단도직입적으로 말했던 몬테네그로 공주 아나스타샤의 남편이자 상트페테르부르크 군관구 사령관인 니콜라이 대공 둘 다 참석했다. 참석자들은 전날 각료평의회에서 결정한 사항들을 확인하고 정교한 추가 군사조치들에 동의했다. 그중 가장 중요한 조치는 각료평의회가 '전쟁 대비기간'이라고 알려진 일군의 복잡한 규제를 승인하기로 결정한 것이었다. 동원에 대비한 많은 계획을 포함한 이 조

치들은 오스트리아와 국경을 맞댄 군관구들만이 아니라 유럽 러시아 전역에 적용될 예정이었다.[15]

7월 24일과 25일 회의의 역사적 중요성은 과장하기 어려울 정도다. 어떤 의미에서 두 회의는 스톨리핀 사후 외교정책에 대한 영향력이 줄어들고 있던 각료평의회가 마지막 순간에 맞이한 일종의 르네상스였다. 각료평의회가 외교정책을 이런 식으로 토론한 것은 꽤 이례적인 일이었다.[16] 독일이 현재 위기의 교사자라고 주장하며 동료들의 정신을 독일에 집중시키는 가운데, 사조노프는 프랑스-러시아 동맹의 논리를 얼마나 내면화하고 있는지 드러냈다. 그 논리에 따르면 오스트리아가 아닌 독일이 '주적'이었다. 사조노프는 자신의 주장과 이번 위기가 독일이 아닌 오스트리아의 위기라는 주장 사이에 차이가 없다고 보았는데, 오스트리아를 독일의 악의적인 정책을 감추는 방패막이 정도로 간주했기 때문이다. 그리고 독일의 궁극적 목적은 "근동에서 패권"을 획득하는 것을 빼면 여전히 불분명하다고 보았다. 러시아의 전쟁 대비태세가 상대적으로 미흡하다(3년 뒤 예상되는 상태와 비교해)는 문제에 대해 말하자면, 각료들은 이 문제를 다루면서 설령 러시아가 독일을 "회유"하기 위해 오스트리아를 공격하지 않기로 하더라도 "어차피" 전쟁이 일어날 거라는 등 모호한 표현으로 전쟁을 가리켰다. 이 논법은 7월 초순에 베트만을 사로잡았던 생각, 즉 사라예보 위기를 러시아의 의도(러시아가 모든 것에도 불구하고 유럽 전쟁을 벌이는 길을 택한다면, 그들이 어차피 전쟁을 원하고 있었음을 의미할 것이다)를 시험할 수단으로 볼 수 있다는 생각과 표면적으로 비슷했다.

그러나 둘 사이에는 결정적인 차이가 있었다. 베트만의 경우 러시아가 전쟁을 시작하기로 선택할 경우 독일이 전쟁을 받아들이는 결정을 정당화하기 위해 이 논거를 사용했지 (러시아가 총동원을 하기 전까지는) 독일의 선제적 군사조치를 정당화하기 위해 사용하지 않았다. 그에 반해 상트페테르부르크에서 고려하고 있던 조치들은 본질적으로 선제적 조치였고, 러시아에 대한 직접적 위협에서 기인하지 않았으며, (확실하진 않더라도) 위기를 고조시킬 가능성이 매우 높았다.

두 회의에서 채택한 실제 군사조치들은 유달리 이해하기 어렵다. 우선 사조노프와 야누시케비치가 동의하고 뒤이어 7월 24일 회의에서 채택한 부분동원은 순전히 비현실적이고 잠재적으로 위험한 조치였다. 부분동원이라 할지라도 오스트리아-헝가리에 직접적인 위협이 될 경우 오스트리아-독일 동맹의 논리에 따라 필연적으로 베를린의 대응책을 유발할 터였다. 이와 마찬가지로 러시아를 상대로 하는 독일의 부분동원은, 독일이 서부전선에서 동원을 하든 안 하든, 필연적으로 프랑스의 대응책을 촉발할 것이었다. 그리고 이런 대응책들이 실행될 경우, 동원을 하지 않은 러시아 접경지역들이 두 적국에 노출될 것이었고, 오스트리아를 상대로 동원한 남부집단군의 우익도 마찬가지일 것이었다. 따라서 부분적 성격의 동원을 통해 책략을 구사할 여지를 만든다는 생각은 대체로 보아 환상에 지나지 않았다.

더욱 우려스러운 점은 러시아의 계획이 부분동원에 대비하지 않은 계획이라는 사실이었다. 오스트리아만을 상대하는 별도의 동원일정은 없었다. 동원계획 19호로 알려진 당시 계획은 두 적국을 구별하지 않은 하나의 "이음매 없는 전체, 모 아니면 도 계획"이었다.[17] 군관구마다 인구밀도가 제각각이었던 까닭에 대다수 군단은 다른 동원구역의 예비병들로 충원되었다. 게다가 오스트리아에 인접한 지역들의 몇몇 군단은 총동원이 발령될 경우 독일에 인접한 폴란드 돌출부의 지역들에 배치될 예정이었다. 설상가상으로 일부 군관구들에 국한해 동원할 경우, 병력을 집결지들까지 수송하기 위해 준비해둔 엄청나게 복잡한 철도운용 계획이 극심한 혼란에 빠질 터였다. 따라서 오스트리아만을 상대하는 임시방편 동원은 그 자체로 위험했거니와, 추후 총동원이 필요해질 경우 부분동원을 총동원으로 변경하는 러시아의 능력까지 위험에 빠뜨릴 것이었다.[18]

이런 난점들을 감안하면, 각료평의회에서 부분동원 정책을 진지하게 고려한 것은 놀라운 일이다. 사조노프는 왜 이 정책을 요구했을까? 대륙 전쟁을 유발할 수밖에 없는 총동원이 아닌 무언가를 제안하는 듯한 조치가 매력적으로 보였다는 것은 이해할 만한 일이다. 사조노프는 육군이 오스트리아-헝가리에 맞선 동원계획을 임시변통으로 마련했던 1912~1913년 겨울 위기를 틀림없이 기억하고 있었을 것이다. 그리고 군사 전문지식을 빈틈없이 지키고 민군 소통이 원활하지 않은 환경에서 군사 문제에 무지하기로 악명 높았던 사조노프는 아마 다른 각료들보다 동원계획을 더 잘 알고 있지 못했을 것이다. 분명 그는 육군참모총장 야누시케비치로부터 극히 형편없는 조언을 들었다. 야누시케비치는 그저 그런 능력을 가진 인물로, 취임한 지 5개월밖에 지나지 않은 터라 아직 군의 실정을 잘 몰랐다. 그는 군인보다 조신에 더 가까웠고, 실전 경험이 없었으며, 직업상 자질보다는 차르의 총애 덕분에 승진했을 것이라는 풍문으로 모두를 놀라게 했다.[19] 그런데 야누시케비치 자신과 그의 부하들이 부분동원 계획의 불합리함을 지적한 후에도 사조노프는 이 계획을 버리지 않으려 했다. 어쩌면 그는 차르에게 총동원의 대안을 제시할 수 있어야 한다고 판단했을지도 모른다. 어쩌면 부분동원만으로도 오스트리아와 독일의 양보를 이끌어낼 수 있기를 바랐을지도 모른다. 다른 한편으로, 어쩌면 부분동원 제안으로 차르를 구슬려 실전을 치를 수밖에 없는 상황으로 몰아가려 했을지도 모른다. 이런 불확실성은 적어도 러시아 수뇌부가 어느 정도 혼란스러운 상태였음을 시사한다. 차르가 사조노프의 부분동원 계획에 발트 함대를 추가할 수 있었다는 사실은 이런 인상을 더욱 강화하는데, 독일의 적대감을 불러일으키지 않으려던 외무장관의 의도를 생각하면 발트 함대 추가는 말도 안 되는 일이었다.[20]

여하튼 부분동원 정책은 한동안, 적어도 정부가 실제로 발표하기로 결정한 7월 28일까지는 비공식적인 계획이었다. 그 사이 각료평의회는 더욱 중요한 결정, 즉 '전쟁 대비기간에 관한 1913년 3월 2일 법령'을 발효한다는 결정을 내렸다. 이 사전동원법은 무기고와 보급창에서 안보와 대비태세를 강화하고, 철도 수리를 더 빨리 완료하고, 모든 부처에서 대비태세를 점검하고, 위험한 전방 진지들에 엄호 병력을 배치하고, 예비병들을 훈련소로 소집한다는 내용이었다. 다른 조치들도 있었다. 자신의 기지에서 먼 곳에서 훈련 중인 병사들을 즉시 복귀시키고, 사관생도 약 3000명을 장교로 진급시켜 장교단 인원을 전시 수준으로 끌어올리고, 항구에 기뢰를 부설하고, 말과 마차를 모으고, 바르샤바와 빌뉴스, 상트페테르부르크 군관구의 모든 요새에서 전쟁 상태를 선언하기로 했다. 이로써 군 당국은 총동원이 발령되었을 때 신속히 동원하는 데 필요한 전권을 보유하게 되었다. 그리고 이 조치들은 오스트리아 접경지역들만이 아니라 유럽 러시아 전역에서 실행되었다.[21]

말할 것도 없이 이 조치들은 위험투성이였다. 독일과 오스트리아가 러시아의 광범한 사전동원 조치들과 정식 동원의 시작 단계, 둘의 차이를 어떻게 구분할 수 있었겠는가? 3월 2일 법령의 법문은 사전동원 조치들의 규모가 어느 정도였는지 알려준다. 법령의 조항들에 따르면, 예비병을 국경 사단들로 복귀시켜 "적의 군복과 예상 배치에 대해 설명한다." 그리고

> 말의 발굽을 간다. 더 이상 휴가를 주지 않고 휴가 중이거나 다른 곳에 파견된 장병을 즉시 각자의 사단으로 복귀시킨다. 간첩활동 용의자를 체포한다. 말과 소, 곡물의 수출을 금지하는 조치를 시행한다. 현금과 유가증권을 국경 인근 은행에서 내륙으로 옮긴다. 해군 함정을 항구로 복귀시켜 식량과 완전한 전시 장비를 받게 한다.[22]

야누시케비치는 각 군관구의 사령관들에게 3월 2일 법령의 문자에 얽매이지 말고 각자 적절하다고 판단하면 법령에서 규정하는 조치들에서 벗어나도 된다고 명시적으로 조언함으로써 독일과 오스트리아

의 오해를 살 가능성을 더욱 높였다.

아니나 다를까, 많은 관찰자들이 러시아의 사전동원을 부분동원으로 오해했다. 7월 26일 상트페테르부르크 주재 벨기에 무관은 차르가 "키예프와 오데사의 군관구에서 10개 군단"의 동원을 명령했고 이 소식을 "군인 사회에서 더없이 열렬히 받아들였다"라고 보고했으며, 이튿날 발송한 공문에서 "육군 동원"에 관한 어떤 공적 논의도 엄격히 금한다는 지침이 언론에 전해졌다고 지적했다.[23] 독일과 오스트리아의 영사와 외교관, 주재관은 경고 보고서를 급송하기 시작했다. 7월 26일 코펜하겐에서 오스트리아 공사 세체니 백작은 덴마크 외무장관 에릭 스카베니우스가 상트페테르부르크로부터 러시아가 이미 동원을 시작했다는 소식을 전달받았다고 보고했다(다만 프랑스나 영국이 이 경솔한 공세 조치들 때문에 개입 필요성을 느낄 것 같지는 않다고 생각했다).[24]

이튿날 키예프 주재 오스트리아 영사는 장교들이 주둔지로 복귀하고 포병 부대들이 키예프 군영에서 서쪽 방향으로 길게 줄지어 행군한다고 보고했다. 또 같은 날(7월 27일) 더 늦게 그는 포병과 카자크 기병을 태운 열차 16대가 키예프를 출발하고 있고 포병과 공병을 태운 군용열차 26대가 오데사에서 오고 있으며 목적지는 모두 오스트리아 접경이라고 보고했다. 방대한 키예프 군영이 이제 텅 빈 상태였다. 병사들은 동계 야영지로 이동했거나 탑승하기 위해 철도역에 모여 있었다.[25] 폴란드 돌출부의 도시 슈차코바로부터 암호화된 공문이 도착하기도 했다. 이에 따르면 현지에서 진행 중이던 기동훈련이 돌연 중단되어 모든 병사가 도시로 모여들었고, 도시의 빈Vienna 철도역에서 포병의 "대규모 분견대"가 화물열차에 타고 있었으며, 전날 밤 동안 공병을 가득 실은 열차 7대가 이 철도역을 지나쳐 갔다.[26]

모스크바에서 온 보고서들은 프랑스 공군 다음으로 규모가 큰 제정 러시아 공군이 서쪽으로 진군했고, 기병 연대가 남쪽으로 거의 1000킬로미터 떨어진 예카테리노슬라프(지금의 드니프로페트로우스크)에서 모스크바까지 왔다고 알렸다.[27] 갈리치아의 오스트리아 당국에 따르면 포병과 카자크 기병을 포함하는 "단연코 대규모"인 병사 무리들이 국경 바로 건너편 진지들로 이동한다는 보고가 있었다.[28] 흑해 동쪽 연안의 도시 바투미에서는 보병과 카자크 기병, 용기병 연대들이 바르샤바로 가고 있다는 소식이 전해졌다.[29] 러시아 전역의 영사들이 상트페테르부르크의 독일 대사관으로 보낸 공문들에는 강에 기뢰를 부설한다, 철도차량을 몰수한다, 러시아 포병사단 전체가 키예프에서 서쪽으로 행군 중이다, 모스크바 전신국에서 독일의 암호화된 전신을 차단한다, 병사들이 기동훈련에서 돌아오는 중이다, 보병과 기병 부대들이 루블린과 코벨로 접근 중이다, 말 무리들이 집결지들로 모이고 있다, 대규모 군용차량 종대들이 이동 중이며 대군이 전쟁을 일으킬 준비를 한다는 다른 징후들도 있다는 등의 내용이 담겨 있었다.[30]

일찍이 7월 25일 저녁 모리스 팔레올로그가 파리로 "화급히" 돌아가는 이즈볼스키를 배웅하러 바르샤바 철도역에 갔을 때, 두 사람은 주변의 소란에 놀랐다.

승강장은 야단법석이었다. 열차들은 장병으로 가득했다. 이건 동원으로 보였다. 우리는 빠르게 생각을 교환했고 같은 결론에 이르렀다. "이번에는 전쟁이다."[31]

러시아의 사정

상술한 조치들을 취함으로써 사조노프와 그의 동료들은 위기를 고조시키고 유럽 전면전의 가능성을 대폭 끌어올렸다. 우선 러시아의 사전동원은 세르비아 정계의 공감대를 바꾸어놓았다. 원래 최후통첩 수락을 진지하게 고려했던 베오그라드 정부는 이제 오스트리아의 압력에 굴복하는 일을 생각할 수도 없게 되었다. 또한 사전동원은 러시아 국내에서 행정부에 대한 압력을 높이는 결과를 가져왔다. 군복 입은 남자들의 광경과 러시아가 세르비아의 운명을 '좌시하지' 않을 거라는 소식에 민족주의 언론이 환호성을 질렀기 때문이다.

반면 오스트리아에서는 경종이 울렸다. 다른 무엇보다 중요한 사실은, 러시아의 조치로 독일에 가해지는 압력이 급증했다는 것이다. 이때까지 군사대비를 삼갔던 독일은 여전히 오스트리아-세르비아 분쟁의 국지화를 기대하고 있었다.

사조노프는 왜 그렇게 했을까? 그는 솔직한 사람이 아니었고 이 시기 자신의 행위나 동기에 대한 신뢰할 만한 서술을 전혀 남기지 않았다. 가장 설득력 있고 명백한 답은 최후통첩 소식에 "유럽 전쟁이다!C'est la guerre européenne!"라고 말한 그의 첫 반응에서 찾을 수 있을 것이다. 사조노프는 처음부터 세르비아에 대한 오스트리아의 군사적 조치가 러시아의 반격을 촉발할 수밖에 없다고 믿었다. 최후통첩에 대한 그의 대응은 그의 이전 언행과 완전히 일맥상통했다. 그는 세르비아의 영토회복주의에 대항할 오스트리아-헝가리의 권리를 인정한 적이 없었다. 오히려 발칸의 영토회복주의 정치를 지지했고, 이중군주국 안에 있는, 아직 되찾지 못한 남슬라브족 땅의 정당한 상속자가 세르비아라는 견해에 대놓고 동조했으며, 시대에 뒤진 다종족 구조물인 이중군주국의 앞날이 여하튼 얼마 남지 않았다고 보았다. 다종족 전제국가이며 오스트리아-헝가리보다 소수민족과의 관계가 더 나쁜 상태였던 러시아제국의 앞날 역시 얼마 남지 않았을지 모른다는 생각은 하지 않았던 것으로 보인다.

처음부터 사조노프는 암살사건 이후 베오그라드를 상대로 조치를 취할 오스트리아의 권리를 일체 부인했다. 그는 여러 맥락에서 세르비아에 대한 어떤 조치에도 군사적으로 대응할 것임을 거듭 시사했다. 오스트리아가 모종의 통첩을 준비하고 있음이 알려진 직후인 7월 18일, 사조노프는 벌써 조지 뷰캐넌 경에게 "오스트리아의 최후통첩과 비슷한 무엇이든 베오그라드에 전달되면 러시아는 좌시할 수 없고 모종의 예방적 군사조치를 취할 수밖에 없을 겁니다"라고 말했다.[32] 사조노프는 이런 조치에 수반되는 막대한 위험을 틀림없이 알고 있었을 것이다. 발칸 위기가 한창이던 1912년 11월 오스트리아를 상대로 부분동원하는 방안에 코콥초프와 함께 반대한 적이 있었기 때문이다. 당시 두 사람은 코콥초프의 말대로 "계획해둔 조치를 우리가 뭐라고

부르건 동원은 결국 동원이고 우리 적들은 실제 전쟁으로 대응할 것" 이라는 이유로 반대했다.[33]

물론 1914년의 상황은 달랐다. 위험이 더 컸고, 코콥초프가 실각한 터라 분위기가 덜 억제되었다. 그리고 또 다른 중요한 차이점이 있었다. 1912년 11월에도 사조노프는 불간섭을 지지하면서 "설령 우리가 임전태세를 갖추었더라도 (……) 먼저 우리 맹방들의 양해를 구하지 않고는 그런 조치들을 취할 권리가 없습니다"라고 첨언한 바 있었다.[34] 1914년 여름에 이 양해(적어도 프랑스와의 양해)에 대한 의문은 더 이상 남아 있지 않았다. 푸앵카레와 팔레올로그가 세르비아 문제에 대한 러시아의 강경책을 아주 강하게 요구했거니와, 프랑스-러시아 동맹이 여러 차례 논의와 정상회담을 통해 최상의 개전 이유로 규정한 발칸 개시 시나리오에 정확히 부합하는 위기가 발생하고 있었기 때문이다.

7월 30일 발송한 흥미로운 공문에서 파리 주재 러시아 무관 이그나티예프 백작은 프랑스군 최고위 지휘관들을 여럿 만나보니 모두 "프랑스가 보기에 유리한 전략적 상황을 이용할 기회를 잡을 전망에 기쁨을 숨기지 않았습니다"라고 보고했다.[35] 7월 30일 파리 주재 벨기에 공사도 똑같이 낙관적인 분위기를 기록했다. "프랑스 참모본부는 전쟁에 호의적입니다. 참모본부는 전쟁을 원하는데, 국면이 유리하고 전쟁을 끝낼 시간이 왔다고 보기 때문입니다."[36]

팔레올로그가 프랑스의 의도를 잘못 전달했고 파리의 승인을 받지 않은 약속을 상트페테르부르크 측에 했다는, 이따금 제기된 주장은 전혀 사실이 아니다. 프랑스가 러시아를 억제할 수 없을 만한 수준까지 위기를 심화시키기 위해 팔레올로그가 러시아의 동원에 관한 잘못된 정보를 본국에 보냈다는 주장도 사실이 아니다. 오히려 그는 러시아 정부가 채택한 조치들을 본국 외무부에 시종일관 알렸다. 그는 7월 24일 오후 6시 30분에 작성한 전보에서 "무력을 사용해 평화를 지키기" 위한 동맹 연대의 원칙을 지지했고, 이날 밤 11시에 또 작성한 전보에서 "세르비아가 독립이나 영토의 통합성을 위협받을 경우 필시 취할 수밖에 없을" 러시아의 조치들을 언급했다. 그리고 이튿날 오후 4시 45분 '긴급'과 '기밀' 표시를 한 전보에서 이날 각료평의회가 "오스트리아를 상대로 작전할 예정인 제13군단"을 동원하는 데 "원칙적으로" 동의했다고 보고했다. 그다음에 결정적인 문장이 이어졌다.

> 이 동원은 오스트리아-헝가리 정부가 세르비아를 군사력으로 구속하려 시도할 경우에만 공표되고 실행될 것이다. 그렇지만 비밀 대비préparatifs clandestins는 오늘 시작될 것이다.[37]

나중에 비비아니는 상황이 그렇게 급박하게 돌아가는데도 팔레올로그가 묵인했다는 소식에 분통을 터뜨렸고, 그에게 위기의 결정적인 며칠 동안 무얼 했는지 전부 설명하라고 요구했으며, 러시아의 조치에 대한 핵심 정보를 주지 않았다며 그를 비난했다(바로 여기서 팔레올로그가 권한 없이 정보를 조작했다는 신화가 시작되었다). 그러나 비비아니는 정보를 받지 못했다 해도(의심할 나위 없이 푸앵카레가 정보를 주지 않았다), 푸앵카레와 파리는 받았다. 팔레올로그의 문서들로 충분하지 않은 경우에는 같은 시기 프랑스 무관 라귀슈 장군이 연이어 보낸 공문들이 있었다.

예를 들어 라귀슈는 7월 26일 "비밀 군사 배치"가 바르샤바와 빌뉴스, 상트페테르부르크, 독일 국경과 인접한 모든 군관구에서 이미 진행 중이라고 보고했다.[38] 그럼에도 프랑스 외무부는 러시아에 자제를 요청하지 않았다. 푸앵카레 역시, 비록 나중에 본인의 위기 관여에 대한 핵심 세부정보를 조작하기는 했지만, 팔레올로그 개인을, 또는 상트페테르부르크에서 그가 열정적으로 대변했던 정책을 부인한 적이 없다.

분명 평화적 결과에 대한 사조노프의 믿음이 되살아나는 듯한 순간들이 있었다. 앞서 보았듯이 오스트리아는 7월 25일 최후통첩 답변서를 받은 뒤 자국의 실제 군사 대비태세가 마지막 순간에 베오그라드의 양보를 이끌어낼 수 있기를 기대하며 잠시 잠잠히 있었다. 사조노프는 이것을 빈이 입장 철회를 고려하고 있을지 모른다는 신호로 잘못 해석하고서 협상을 통한 타결을 이야기하기 시작했다. 7월 26일 그는 프랑스 대사에게 "마지막 순간까지 나는 협상할 준비가 되어 있는 모습을 보여줄 겁니다"라고 말했다. 그가 이 말로 의미한 바는 자신의 견해를 "솔직하고 성실하게 설명"하겠다며 오스트리아 대사 서파리를 불렀을 때 분명하게 드러났다. 사조노프는 오스트리아의 최후통첩을 꼼꼼히 읽고서 모든 조항이 "받아들일 수 없고 터무니없고 모욕적"이라고 역설한 다음 제안을 했다. "귀국이 최후통첩을 철회하고 형식을 수정한다면 내 보장하건대 우리는 결과를 얻을 겁니다."[39] 이런 '협상'이 생산적인 추가 논의의 기반이 될 리 만무했다. 여하튼 오스트리아가 최후통첩을 전달하고 잠시 숨을 고른 것은 자기네 방침의 올바름을 의심해서가 아니라 베오그라드가 혹시 마지막 순간에 양보할지 모른다고 기대했기 때문이다. 러시아의 사전동원 소식은 이 희망의 근거를 없애버렸다. 카자크 기병들이 열차를 타는 장관에 다른 누구보다도 흥분한 스팔라이코비치는 그들에게서 세르비아의 통일과 자유를 위한 마지막 투쟁의 전조를 보았다. 차르가 세르비아인들에게 "사자처럼" 싸울 것을 촉구하는 마당에 베오그라드 정부가 최후통첩의 조건을 재고할 가능성은 별로 없었다. 그리고 그 사이에 사조노프가 베오그라드 측에 영국의 중재 제안을 받아들이지 말라고 명시적으로 권고했다.

위기가 고조되도록 내버려두는 동안에도 러시아로서는 한 가지 주의할 점이 있었다. 프랑스는 개입이 필요한 정확한 상황이 어떻든 간에 러시아의 발칸 개입을 지원하기로 약속한 상태였다. 그러나 프랑스와 영국의 여론을 달래고 독일의 행동을 최대한 늦추는 것은 여전히 중요한 문제였다. 1912년 11월부터 러시아 동원 훈련의 확고한 전제는 "아직 전쟁을 피할 수 있다는 희망을 적에게서 돌이킬 수 없게 빼앗지 않기 위해" 가능하다면 "교전을 시작하지 않고서" 병사와 군수물자를 집결시키는 것이었다. 이 잠재적 동원 기간 동안 "영리한 외교 교섭"을 통해 "적의 우려를 최대한 불식시킬" 계획이었다.[40] 러시아에서 동원령이 내려지자 팔레올로그는 7월 25일 사조노프와 대화한 뒤 동원이 오스트리아를 상대로만 이루어질 것이고, "지원 의무 사유를 즉각 발동하지 않을 구실을 독일 측에 남겨두기 위해" 공세를 취하지 않을 것이라고 보고했다.[41] 또한 러시아와 프랑스, 영국의 여론을 고려하면 러시아가 아닌 오스트리아가 침략국으로 비치는 것이 극히 중요했다. 7월 24일 사조노프는 팔레올로그에게 "우리는 오스트리아 스스로 잘못을 전부 떠안게 해야 합니다"라고 말했다.[42] 적을 침략국으로 보이게 해야 한다는 이 생각은 위기의 마지막 날들 동안 양 진영의 모든 의사결정 중심지에서 떠올릴 것이었다.

러시아가 이 모든 일을 다만 세르비아를 위해 했을까? 러시아가 정말로 멀리 있는 피보호국의 통합성을 보호하기 위해 전쟁을 감수하려 했을까? 앞서 보았듯이 전전 마지막 수년간 러시아에게 세르비아가 갈수록 중요해졌다. 어느 정도는 불가리아와 점점 소원해졌기 때문이고, 어느 정도는 오스트리아-헝가리 군주국을 압박하기에 불가리아보다 세르비아가 더 나은 도구였기 때문이다. 러시아 범슬라브주의자들과 민족주의자들은 세르비아의 대의에 깊이 공감하고 있었다(정부는 이 쟁점을 이용해 중간계급 대중과의 관계를 개선할 수 있었다). 다른 한편 상트페테르부르크는 1913년 10월 오스트리아가 세르비아에 알바니아 북부에서 병력을 철수시킬 것을 요구하는 최후통첩을 보냈을 때 베오그라드를 방임하려 했다. 그리고 러시아의 인접국으로 흑해 연안의 한 조각을 가진 불가리아와 달리, 세르비아는 지정학적으로 러시아의 안보에 극히 중요하다고 보기 어려웠다.

러시아가 완강히 대응한 이유를 제대로 이해하려면 러시아 지도부 사이에서 터키 해협의 미래에 대한 근심이 깊어지고 있었다는 배경을 고려해야만 한다. 러시아(더 정확히 말하면 러시아 해군사령부)는 1890년대부터 보스포루스 해협을 장악하기를 기대하며 원정 계획을 세웠다.[43] 그리고 앞서 봤듯이 불가리아군이 콘스탄티노플로 진격하고, 발칸전쟁 기간에 곡물 수출에 지장이 생기고, 리만 폰 잔더스 위기가 발생한 결과 1912~1914년 러시아에서 터키 해협 문제가 최우선 의제가 되었다.[44] 1914년 여름까지 또 다른 요인들 탓에 터키 해협에 대한 러시아의 근심이 더욱 깊어졌다. 가장 중요한 요인은 오스만제국과 그리스가 에게해 북부 섬들의 미래를 놓고 분쟁하다가 국지적인 육해군 경쟁에 돌입했다는 사실이었다. 그리스에 대한 군사적 우위를 유지하기 위해 오스만 해군 당국은 영국 기업 암스트롱사와 비커스사에 드레드노트급 전함 두 척을 주문했으며 그중 한 척이 1914년 7월 말에 먼저 인도될 예정이었다.[45]

이 국지적 권력투쟁은 러시아를 극도로 긴장시켰다. 우선 교전이 벌어질 경우 터키 해협에서 러시아의 상업 해운이 또다시 차단되고 온갖 비용과 경제적 혼란이 뒤따를 위험이 있었다. 그리고 러시아가 눈독을 들여온 오스만의 영토 한 조각을 어떤 약소국(그리스 또는 불가리아)이 불시에 차지할 가능성이 있었다. 더욱 우려스러운 점은 러시아가 런던에 영국의 해군 파견단을 축소하라고 요구하고 있는 마당에 그리스-오스만 전쟁이 영국 해군을 발칸에 끌어들일 수도 있다는 것이었다. 그렇지만 단연코 중요한 점은 오스만의 드레드노트급 전함이 흑해에 출현할 전망이었다. 당시 흑해에 러시아의 드레드노트급 전함은 없었다. 1914년 1월 러시아 해군장관이 경고한 대로, 드레드노트급 전함들을 인도받을 경우 오스만은 러시아 흑해 함대를 "압도하는, 거의 여섯 배 우세"한 해군력을 보유하게 될 것이었다.[46] 1914년 5월 사조노프는 런던 주재 러시아 대사에게 "흑해에서 우리의 우세한 위치를 상실하면 재앙적 결과를 맞을 게 분명합니다"라고 말했다. "따라서 우리는 오스만 해군의 지속적이고도 급속한 확장을 잠자코 지켜볼 수 없습니다."[47] 1914년 7월 말까지도 사조노프는 영국에 드레드노트급 전함들을 콘스탄티노플에 넘겨주지 말라고 간청했다.[48]

7월 위기 동안 러시아 정부가 이런 우려사항들을 정확히 얼마나 중시했는지 확정하기는 어렵다.[49] 공식 문서들은 대체로 위기의 진앙인 오스트리아-세르비아 갈등에 초점을 맞추었으므로, 오로지 슬라브족 '아우들'과 연대하고 발칸반도에서 러시아의 위신을 지켜야 할 필요성만을 고려하여 러시아의 결정을 합리화하는 경향이 있었다. 사조노프는 터키 해협을 통제하려는 러시아의 공개적인 노력을 맹방들이 순순히 지지할 리 없음을 경험으로 알고 있었다. 그렇지만 육군참모본부와 달리 러시아 해군은 보스포루스에 유독 집착한 까닭에 상황이 다소 복잡했다.

크리보셰인은 의심할 나위 없이 해협 문제를 상당히 중시했고, 농산물 수출을 책임지는 농업장관으로서 러시아 상업 해운의 취약성을 남달리 의식했다. 최근 발칸 국가들이 불안정해지면서 발칸반도와 해협 문제가 뒤섞이는 추세였으므로, 러시아는 갈수록 이 반도를 더기 해협의 중요한 전략적 배후지로 보았다.[50] 발칸을 통제할 경우 상트페테르부르크는 훨씬 더 유리한 위치에서 보스포루스를 노리는 달갑지 않은 침입을 예방할 수 있었다. 이런 이유로 러시아는 세르비아에 대한 위협에 강경하게 대응하려는 결정을 강화하게 되었다.

지정학적 문제들의 우선순위가 정확히 어떠했든 간에, 러시아는 이미 전쟁으로 가는 도정에 있었다. 이 시점이면 가능성의 지평이 이미 좁아지고 있었다. 후대의 관점에서 보면, 1914년 8월 초순에 실제로 일어난 전쟁의 대안을 상상하기가 (불가능하진 않더라도) 더 어려워졌다. 러시아 육군 동원부장을 지낸 도브로롤스키Dobrorolsky 장군은 1921년에 틀림없이 이런 의미로 7월 24일과 25일 각료평의회 회의 이후 "전쟁은 이미 결정된 일이었으며, 러시아 정부와 독일 정부가 차고 넘치게 주고받은 모든 전보는 역사극의 무대 만들기에 지나지 않았다"라고 말했을 것이다.[51] 그럼에도 7월 넷째 주의 결정적인 며칠 동안 러시아와 프랑스의 파트너들은 계속 평화정책에 관해 이야기했다. 푸앵카레, 사조노프, 팔레올로그, 이즈볼스키, 크리보셰인과 그들의 동료들이 상세히 설명한 '강경책'은 차르의 말대로라면 "무력시위를 통해 평화를 보호하기" 위한 정책이었다.

이런 표현을 러시아·프랑스 정책의 공격성을 가리기 위한, 그리고 어쩌면 영국 정책수립자들의 판단 유보를 막기 위한 완곡어법 연막으로 일축하는 것은 솔깃한 일이다. 그러나 우리는 똑같은 표현을 양국 내부에서 교환된 서신과 사적인 발언에서도 발견할 수 있다. 이와 관련하여 독일 문서들은 흥미로운 차이를 보여준다. 다시 말해 독일 문서들은 전쟁을 대외적 위협, 불가피한 사태, 정책의 수단으로 더 직접적으로 언급한다. 그러나 러시아와 프랑스의 정치인들이 평화를 보호할 필요성에 관해 말할 때 실제로 무엇을 하고 있었는지 더 자세히 살펴보면, 이 차이가 실질적 차이라기보다는 담론적 차이라는 것이 드러난다. 이 차이가 왜 생겼는지 즉각적으로 알 수 있는 것은 아니지만, 여기서 독일인의 군국주의나 전쟁욕의 징후를 찾으려는 사람은 주의해야 한다. 이 차이에는 십중팔구 클라우제비츠가 독일의 정치 언어에 끼친 깊은 영향이 반영되어 있을 것이다. 1914~1918년 전쟁은 클라우제비츠가 대변하고 옹호했던 모든 것을 완전히 부정한 사태였지만, 그의 섬세한 저술은 탁월하게도 전쟁을 정치의 도구로, 언제나 정치의 목적에 이바지하도록 사용해야 하는 최후의 수단으로 묘사했다. 그에 반해 러시아와 프랑스 의사결정자들의 언어에는, 전쟁과 평화는 극명한 존재론적 양자택일이라는 전제가 반영되어 있었다. 그렇지만 정치를 우선하라는 클라우제비츠의 현명한 명령도, 인간의 최고선은 평화라는 진심 어린 호소도 1914년 7월 유럽을 전쟁으로 끌고 간 의사결정자들을 전혀 억제하지 못했다.

마지막 날들

낯선 빛이 유럽 지도로 내려오다

1914년 7월 위기 거의 내내 런던 의사결정자들의 시선은 아일랜드 북부 얼스터의 9개 카운티에 고정되어 있었다. 1914년 5월 21일 아일랜드 자치를 도입하는 법안이 하원의 3차 독회에서 통과되었지만 상원에서 부결되었다. 아일랜드의 민족주의 표밭에 의지한 애스퀴스의 자유당 정부는 이런 상황에서 상원을 우회하고 국왕의 재가를 받아 법안을 통과시킬 수 있는 의회법Parliament Act의 권한을 행사하기로 결의했다. 정부의 기능 일부가 가톨릭을 믿는 아일랜드로 이양될 전망은 심각하고도 격렬한 논쟁을 불러일으켰다.

가장 골치 아픈 문제는 종파들이 뒤섞여 있는 얼스터에서 어떤 카운티를 아일랜드 자치에서 배제하고 연합(그레이트브리튼과 아일랜드의 연합—옮긴이)에 남겨두느냐는 것이었다. 아일랜드의 가톨릭교도 민족주의자들과 개신교도 연합주의자들은 자기네 요구를 충족하는 해결책을 체념하고서 무력 권력투쟁을 준비하기 시작했다. 1914년 봄에 아일랜드는 전면적인 내전을 벌이기 직전이었다. 이 사건은 21세기 초까지 북아일랜드 정치를 두고두고 괴롭힐 분쟁The Troubles의 온상이었다.[1]

얼스터 문제는 연합왕국의 정치생활에 심대한 영향을 끼쳤는데, 영국 정치체의 과거와 현재, 미래의 정체성을 건드리는 사안이었기 때문이다. 보수당(공식 명칭은 보수연합당)은 아일랜드 자치를 격렬히 반대했다. 영국 육군 장교단 내에서도 연합을 지지하는 감정이 고조되었는데, 신임 장교들 다수가 연합에 큰 이해관계를 가진 앵글로-아일랜드 개신교도 가문 출신이었다. 아일랜드 자치를 강요하는 임무를 맡길 경우 육군이 과연 충성을 유지할지 의문스러울 지경이었다. 1914년 3월 20일 킬데어 카운티의 커러 기지에서 근무하던 장교 57명이 연합론자들을 진압하고 자치 도입을 강요하라는 명령에 따르느니 장교직을 사직하겠다고 항명하는 커러Curragh 사건이 일어났다.[2]

연합론자들의 불복종을 지지한 육군 지휘부의 일원인 군사작전국장 헨리 윌슨은 대륙 참전에 대비해 영국군 우발계획의 범위를 확대하는 과정에서 중요한 역할을 한 인물이었다. 윌슨은 "주정뱅이Squiff"(애스퀴스)와 그의 "더러운 내각"에 대한 경멸감을 감추려는 노력을 점점 줄였는가 하면, 연합론자들의 요구를 수용하도록 수상을 협박하기 위해 아일랜드 자치 문제를 이용하는 빙인도 꺼리지 않았다. 육군위원회를 거쳐 1914년 6월 29일 내각에 제출한 의견서에서, 윌슨과 그의

허버트 헨리 애스퀴스

동료들은 아일랜드에서 자치를 강요하고 질서를 회복하려면 영국 원정군 전체를 아일랜드에 배치해야 할 것이라고 주장했다.[3]

바꾸어 말하면 영국 정부는 아일랜드 자치를 강요하기를 원한다면 예측 가능한 미래에 유럽에 군사적으로 개입하는 방안을 일체 단념해야 하고, 역으로 유럽에 군사적으로 개입하기를 원한다면 아일랜드 자치 도입을 포기해야 한다는 뜻이었다. 또 이것은 연합론에 공감하는 장교들(앵글로-아일랜드 개신교도 가문들이 지배한 장교단 거의 전체가 공감하는 분위기였다)이 영국군의 유럽 개입을 아일랜드 자치의 도입을 지연하거나 아예 막을 수 있는 방법으로 여긴다는 뜻이었다. 오스트리아-헝가리를 예외로 하면, 유럽에서 영국만큼 국내 상황이 최상급 지휘관들의 정치적 전망을 직접 압박한 나라는 없었다.

사라예보 소식이 알려졌을 때도 영국 정부는 얼스터에 집중하고 있었다. 애스퀴스는 일기를 쓰지 않았지만, 한참 어린 친구이자 소울메이트였던 우아하고 지적인 사교계 명사 베네티아 스탠리Venetia Stanley와 주고받은 수상의 내밀한 편지들은 그의 일상 관심사를 솔직하고 세세하게 보여준다는 점에서 일기와 비슷하다. 이 편지들은 6월 28일 "오스트리아 왕족"의 변사가 "얼스터를 둘러싸고 일어나는 괴상한 일들"

에 온통 정신이 팔려 있던 수상의 정치의식에 거의 영향을 주지 않았음을 시사한다.[4] 애스퀴스는 7월 24일까지 이 국제적 상황을 더 이상 언급하지 않았다. 이날 편지에서도 티론과 퍼매너의 복잡한 종파 지형 탓에 얼스터를 둘러싼 흥정이 유감스럽게도 또다시 결렬되었다고 알리는 등 북아일랜드 문제들을 길게 논한 다음에야 마치 뒤늦게 생각났다는 듯이 오스트리아가 방금 "세르비아를 괴롭히고 모욕하는, 세르비아가 도저히 수락할 수 없는 최후통첩"을 보냈다고 언급했다.

> 우리가 측정할 수 있는, 또는 상상할 수 있는 거리 안에 얼스터와 아일랜드 의용군을 무색케 하는 진짜 아마겟돈이 있습니다. 다행히 우리가 구경꾼 이상이 되어야 할 이유는 없어 보입니다.[5]

이 편지는 "빛이 꺼졌습니다"라는 특이한 선언으로 시작하지만, 이는 유럽 문명의 임박한 소멸이 아니라 이날 오전 베네티아가 앵글시 섬에 있는 가족의 시골집에 가려고 런던을 떠난 일을 두고 쓴 표현이었다.

이즈음 에드워드 그레이는 개인적인 사정으로 마음이 무거웠다. 시력이 떨어지고 있었던 것이다. 스쿼시 게임 중에 공을 따라가기가 점점 더 어려워졌고 밤에 가장 좋아하는 별을 더는 알아볼 수 없었다. 그는 시골에서 더 많은 시간을 보낼 계획이었고, 저명한 독일 안과의사를 방문할 것이라는 얘기도 있었다. 그렇지만 애스퀴스와 달리 그레이는 남동유럽에서 끓어오르는 위기의 심각성을 즉각 알아차렸다.

7월에 열강의 런던 대사들과 대화할 때면 그레이는 으레 그렇듯이 확실한 약속을 피하면서 에둘러 이야기했다. 7월 8일 그는 프랑스 대사 폴 캉봉에게 오스트리아 황제가 국내 여론에 밀려 세르비아를 상대로 항의조치를 취할 경우 프랑스와 영국이 온힘을 다해 러시아를 진정시켜야 한다고 말했으며, 이에 캉봉이 "열렬히 동의했다."[6] 같은 날 그는 러시아 대사에게 베를린이 영국-러시아 해군회담을 염려하고 있으니, 러시아가 독일을 겨냥한 불의의 일격을 준비하고 있다고 의심할 빌미를 일절 주지 않는 것이 중요하다고 당부했다.[7] 7월 9일에는 독일 대사 리히노브스키 백작에게 영국과 프랑스 또는 러시아가 구속력 있는 비밀 양해를 체결한 바 없다고 확언하면서도, 삼국협상 국가들과 영국의 관계가 "온정"을 잃지 않았으며 1906년부터 여러 육해군 당국이 "공격적 의도가" 전혀 없기는 해도 어떤 "대화"를 해왔다는 것에 유념해야 한다고 덧붙여 말했다.[8]

외무장관은 오스트리아 대사와 정중하게 대화하면서도 속내를 감추고 약속을 하지 않았다. 7월 17일 멘스도르프 대사가 그레이에게 베오그라드 언론의 지나친 보도를 하소연하자 그레이는 (다소 이상하게) 점잖게 행동한 세르비아 신문이 하나는 있지 않겠느냐고 물었다. 멘스도르프는 그럴 것 같다고 인정하면서도, 이중군주국은 이렇게 극심한 정치적 전복 시도를 더는 용인할 수 없다고 말했다. 멘스도르프의 보고대로 "에드워드 그레이 경은 이를 인정했지만 이 주제에 대해 더 이상 논의하지 않았다."[9] 오스트리아의 최후통첩안을 전달받은 뒤 그레이는 7월 24일 멘스도르프에게 다시 만나러 와달라고 요청했다. 그리고 바로 이 자리에서 최후통첩안을 가리켜 자신이 목격한 이런 유형의 "가장 가공할" 문서라고 말했다. 그럼에도 그레이는 세르비아의 몇몇 국가기관이 범행을 공모했다는 오스트리아의 주장이, 더 나아가 최후통첩안에서 열거한 요구사항 중 일부까지 "정당하다"고 인정했다.[10] 같은 날 내각의 승인을 받은 뒤 그는 러시아와 오스트리아가 격돌할 경우 분쟁에 덜 직접적으로 연관된 네 강국(영국, 프랑스, 이탈리아, 독일)이 공조해 개입할 것을 제안했다.[11]

이 가운데 어떤 발언도 그레이가 오스트리아-세르비아 분쟁에 끼어들 생각임을 암시하지 않았다. 그레이는 여론(그가 말한 여론은 사실상 신문 여론이었다)이야말로 영국 행동의 궁극적 결정요인이라고 자주 말했는데, 당시 분쟁 개입을 지지하는 여론은 없다시피 했다. 거의 모든 주요 신문들은 영국이 유럽 전쟁에 참여할 전망을 혐오스럽게 보았다. 《맨체스터 가디언》은 영국이 "동맹조약들" 때문에 오스트리아-세르비아 분쟁에 끌려 들어갈 위험은 없다고 단언했고, 베오그라드가 맨체스터를 신경 쓰지 않는 것만큼이나 맨체스터도 베오그라드를 신경 쓰지 않는다는 유명한 선언을 했다. 7월 29일 《데일리 뉴스》는 영국인이 "슬라브족 세계에 대한 러시아의 패권을 위해" 목숨을 바칠지도 모른다는 생각에 혐오감을 보였다.[12]

8월 1일 이 신문의 자유주의자 편집장 앨프리드 조지 가디너Alfred George Gardiner는 '왜 우리가 싸워야 하는가'라는 기사에서 두 가지 논지를 폈다. 하나는 영국과 독일 사이에 이해관계의 근본적 충돌이 없다는 것이었고, 다른 하나는 영국이 독일을 무찌르고 나면 "유럽과 아시아"에서 사실상 러시아의 독재가 확립되리라는 것이었다. 이들 신문은 자유당 계열이었다. 그렇지만 토리당 신문들 역시 분쟁 개입에 열의를 보이지 않았다. 예컨대 《요크셔 포스트》는 오스트리아-독일 동맹이 프랑스-러시아 동맹에 승리를 거두면 과연 영국의 상황이 더 나빠질 것인지 의심했고 "영국이 끌려 들어가야 할 이유를 찾지" 못했다.

7월 28일 《케임브리지 데일리 뉴스》는 다가오는 분쟁에 걸린 영국의 이익이 대수롭지 않다는 데 동의했으며, 7월 31일 《옥스퍼드 크로니클》은 분쟁을 국지화하고 그 영향을 잘 피하는 것이 정부의 의무라고 선언했다.[13] 《타임스》만이 영국이 개입해야 한다고 일관되게 주장했다. 7월 17일 오스트리아의 입장에 다소 공감하는 위컴 스티드의 기사를 싣기는 했지만, 이 신문은 7월 22일에 대륙 분쟁을 기대했고, 27일과 29일, 31일에 영국의 관여에 찬성한다고 밝혔다. 저널리스트 겸 자기홍보 전문가 겸 사기꾼인 호레이쇼 보텀리Horatio Bottomley는 특히 맹렬하게 고함을 질러댔다. 7월 첫째 주에 보텀리는 자신이 펴내는 《존 불John Bull》의 사설에서 "우리는 언제나 세르비아를 냉혹한 음모와 속임수의 온상으로 여겨왔다"라는 말로 서두를 열고서 "세르비아를 쓸어버려야 한다"라고 주장한 다음 엉뚱하게도 영국 정부에 "위기를 이용해" 독일 함대를 "완파"할 것을 권장했다.[14] 런던 주재 세르비아 공사 보스코비치Bosković는 《존 불》의 기사에 얼마나 경악했던지 영국 외무부에 정식으로 항의서를 제출했고, 세르비아에 대한 "거짓말"을 했다는 이유로 이 신문을 고소하기 위해 법률상담까지 받았다.[15]

적어도 8월 초까지는 영국 여론이 개입을 요구하며 정부를 압박했다고 말할 수 없다. 내각이 먼저 개입을 추진할 것으로 보이지도 않았다. 각료 다수는 여전히 비개입주의를 확고히 고수하고 있었다. 1911년 11월 내각이 그레이의 정책에 반기를 들었던 때와 같은 정국이었다. 이것은 그레이가 시종 부딪혔던 근본적인 문제, 즉 그가 속한 자유당의 대다수 각료들이 그의 외교정책을 불신하는 문제였다. 한동안 그는 의회 보수당의 지지를 기대할 수 있었지만, 1914년 여름 아일랜드 자치에 대한 반감이 고조됨에 따라 이 지지 기반 역시 허술해 보였다. 이런 압력에 직면한 그는 예전부터 해오던 대로 국제 상황을 의논할 상대를 자유당 제국주의자 동료들인 애스퀴스, 홀데인, 처칠 세 명으로 한정했다.

오랫동안 힘겹게 논의한 끝에 얼스터 지방정부의 경계를 세세히 정한 뒤, 7월 24일 내각회의에서 그레이는 비로소 현재 위기에 대한 영국의 정책 문제를 제기하고, 오스트리아-세르비아 분쟁에 덜 민감한 4개국이 협조하여 양국을 중재하는 방법을 제안했다. 한 달 이상 만에 이날 내각이 외교정책을 논의했다. 훗날 처칠은 내각이 그레이의 발언의 중요성을 깨달아가던 모습을 조금 화려하지만 묘하게 효과적인 표현으로 묘사했다. "퍼매너와 티론 행정구가 아일랜드의 안개와 소나기 속으로 사라져가고 낯선 빛이 알아챌 수 있을 만큼 서서히 유럽 지도로 내려오기 시작했다."[16] 내각은 그레이의 4개국 개입 제안을 승인한 다음 주말을 보내러 흩어졌다.

7월 넷째 주가 끝나가는 동안 그레이는 정부가 어떤 상황에서 개입을 각오할 것인지 분명하게 정하자고 더 강하게 요구하기 시작했다. 7월 27일 월요일, 그는 내각에 프랑스가 독일의 공격을 받는다면 개입을 지지할 것인지 물었다. 그레이의 숙적들인 몰리, 존 사이먼, 존 번스, 비첨 백작, 하코트는 개입 결정이 내려지는 즉시 사임하겠다고 위협했다. 7월 29~30일 심야 회의에서 장시간 논의하고도 결의안을 도출하지 못하자 그레이는 프랑스에 대한 지원 약속을 요구했다. 이 제안에 내각 동료들 중 네 명(애스퀴스, 홀데인, 처칠 포함)만 찬성하고 나머지는 반대했다.

벨기에 문제마저 개입을 이끌어낼 수 없을 것으로 보였다. 프랑스 참모본부가 얻어낸 군사정보와 군사적 추론에 근거한 일반적인 전망은, 독일군이 벨기에의 중립을 보장한 1839년 국제조약을 위반하고서 벨기에를 통과해 프랑스로 진격하리라는 것이었다. 그러나 내각은 영국이 그 조약의 조인국이기는 해도 그것을 지킬 의무는 조인국 각각이 아니라 공동으로 지는 것이라고 보았다. 그리고 독일이 실제로 조약을 위반할 경우 영국의 대응은 "의무가 아닌 하나의 정책"이라고 결론 내렸다.[17]

이처럼 영국 군부와 정계의 고위 지도자들은 독일이 벨기에 중립을 침해할 가능성을 놀라우리만치 태연하게 생각했다. 헨리 윌슨은 1911년 영국-프랑스 참모회담에 근거해 독일군이 벨기에 남부 아르덴을, 즉 상브르강과 뫼즈강의 남쪽 지역만을 통과할 거라고 결론 내렸고, 제국방위위원회 제114차 회의에서 이 결론을 제시했다.[18] 7월 29일 내각이 똑같은 시나리오를 논의할 때 로이드 조지는 지도를 이용해 독일군이 벨기에의 "최남단 모서리(……)만을" 통과할 가능성이 높은 이유를 보여주었다. 각료들은 이 전망에 분개하기는커녕 벨기에 통과가 (독일의 관점에서) 전략상 필요하고 따라서 사실상 불가피하다고 받아들였다. 영국의 전략적 관심은 언제나 영국 안보의 요충지로 여겨져 온 안트베르펜과 스헬데강 하구에 주로 집중되었다. 처칠은 "그들이 벨기에 안으로 조금 들어갈 뿐이라면 우리가 왜 관여해야 하는지 저는 모르겠습니다"라고 말했다.[19]

훗날 로이드 조지는 만일 독일의 벨기에 침공이 아르덴을 통과하는 경로로 국한되었다면 자신은 참전을 거부했을 것이라고 주장했다.[20] 영국 정책수립자들은 어차피 벨기에군 자체가 남부에서 결사항전하지 않을 것이고 다만 독일의 침입을 허용하지 않았음을 보여주고자 변변찮게 저항한 다음 훨씬 북쪽의 요새 방어선으로 후퇴할 것이라고 예상했다.[21] 따라서 독일의 벨기에 침공과 영국의 분쟁 개입 사이에는 자동적인 관계가 없을 것이었다.

그렇지만 개입을 꺼린 이런 조짐들로 미루어 그레이 자신이나 그의 가장 친한 동료들이 삼국협상에 대한 오래된 약속을 포기했을 것이라고 추정한다면 잘못이다. 오히려 그레이는 유럽에서 전개되는 위기를 거의 삼국협상의 관점에서만 바라보았다. 그는 자신이 만들어내고 또 지키고자 그토록 노력했던 프랑스에 대한 도의적 의무를 의회가 이행하지 않을 것으로 보이자 근심에 잠겼다. 그는 베오그라드 정부의 모험주의 정치에 대한 개인적 혐오감을 동료들과 공유했고, 세르비아가 새로 정복한 지역들에서 자행한 학살과 박해를 알고 있었다. 분명 그는 세르비아가 오스트리아-헝가리 군주국에 어떤 위협을 가하는지 알 만큼 충분한 정보를 갖고 있었다. 그는 어떤 강대국이 "세르비아에 의해 전쟁으로 끌려 들어갈" 것이라는 생각에 혐오감을 드러냈다.[22] 그러면서도 오스트리아에 최후통첩이 아닌 다른 선택지를 제공할 수도 있는 유형의 개입에는 관심을 보이지 않았다. 7월 24일 그가 내각회의에서 제안한 4개국 중재는 애당초 성공할 가망이 없었다.[23] 관련된 4개국(영국, 독일, 이탈리아, 프랑스) 가운데 오스트리아-헝가리의 이해관계를 보호할 법한 나라는 하나뿐이었다. 더구나 어떤 협약이 체결되든 오스트리아-헝가리와 국제체제는 그것의 준수를 보장할 수단을 결여하고 있었다.

마지막으로 세르비아의 영토회복주의를 지원하는 데 가장 직접적으로 관여한 강대국(러시아—옮긴이)은 4개국의 결정에 포함되지 않거나 구속받지 않을 것이었다. 의견을 모아 모종의 중재안을 마련하는 능력에 대한 그레이의 자신감은 분명 어느 정도는 1913년 런던에서 열린 대사회의의 의장을 맡으면서 얻은 호평에서 생겨났을 것이다. 그러나 알바니아 국경선을 둘러싼 논쟁과 강대국들 간 평화-전쟁 중재는 매우 다른 사안이었다.

그레이는 위기에 대응하면서 오스트리아-세르비아 분쟁을 삼국협상의 과제라는 관점에서 이해했다. 이는 사실상 러시아의 정책을 암묵적으로 지지한다는 것을 의미했다. 그는 때때로 러시아 '진정시키기'가 중요하다고 말했고, 상트페테르부르크에 불필요한 도발적 조치를 삼갈 것을 요청하긴 했지만, 놀랍게도 오스트리아가 최후통첩을 제출한 이후 결정적인 날들 동안 러시아에서 실제로 일어나는 일들에 대해 거의 몰랐거나 관심을 갖지 않았다.

이 무지는 그레이의 잘못만은 아니었다. 러시아가 '비밀 대비'의 규모를 조지 뷰캐넌 경에게 일부러 감추었고, 7월 26일 그에게 모스크바와 상트페테르부르크에서 실행한 "보호 조치들"은 현재 러시아의 산업을 방해하는 파업의 물결에 대처한 것에 지나지 않는다고 말했기 때문이다. 뷰캐넌은 이 말을 곧이곧대로 듣지 않았다. 7월 26일 그레이에게 발송한 짧은 공문에서 그는 파업이 "사실상 끝난" 것이나 다름없기 때문에 자신이 목격한 조치들과 "임박한 동원" 사이에 "틀림없이" 연관성이 있을 것이라고 말했다.[24] 그러나 그레이는 관심이 없었다. 뷰캐넌이 동원의 징후를 계속 추적하지도 않았고, 런던에서 그렇게 하라고 지시하지도 않았다. 그리고 이것은 러시아와의 소통에 대처하는 영국 외무부 특유의 방식이기도 했다. 7월 26일 뷰캐넌이 보고서를 보내온 날에 외무부 사무차관 아서 니컬슨은 독일 대사 리히노브스키를 만났다. 본국 정부에서 보낸 긴급 전보를 가지고 나타난 리히노브스키는 러시아가 "예비군 계급들"을 소집하고 있는 것으로 보이며 이는 사실상 동원을 의미한다고 말했다. 니컬슨은 런던 정부에 "총동원에 대한 정보도, 임박한 어떤 동원에 대한 정보도 없습니다"라고 답변하면서도 이렇게 덧붙였다.

> 그렇지만 우리로서는 오스트리아가 그런 조치를 고려하고 있는 때에 페테르부르크에 일절 동원하지 말라고 요청하기가 어렵고 까다로울 것입

니다. 우리 말을 듣지 않을 것입니다. 중요한 것은 가능하다면 적극적인 군사작전을 막는 것입니다.[25]

이는 줄잡아 말해도 당시 상황에 대한 이상한 해석이었다. 오스트리아의 조치는 전적으로 세르비아에 집중된 반면 러시아의 조치는 오스트리아를 직접 겨냥한다는 사실을 간과한 채 양국의 동원을 똑같이 보는 견해를 함축하고 있기 때문이다(1913년 3월 2일 법령이 러시아 서부의 거의 모든 군관구에 적용되었거니와 여하튼 발트 함대 동원까지 포함하는 조치는 독일도 겨냥하는 것이었다). 그레이의 발언 역시 병력을 집결하고 공격하는 속도가 군사적 성패를 가르는 요인으로 여겨지던 시대에 동원 조치의 의미에 완전히 무지하다는 것을 드러내 보였다(또는 어쩌면 어느 정도는 일부러 무지한 모습을 보였을지도 모른다).

마지막으로, 그레이가 분쟁 중재와 국지화라는 확실히 복잡한 문제를 공평하게 다루는 데 관심이 있었다면, 세르비아에 대한 오스트리아 측 주장의 강점과 약점을 면밀히 검토하고, 더 큰 분쟁을 촉발할 것이 분명한 러시아의 대응 조치를 막으려 했을 것이다. 그러나 그는 이런 일을 전혀 하지 않았다. 7월 8일 러시아 대사 벤켄도르프를 만났을 때와 그 이후 여러 시점에 그레이는 어쨌든 "세르비아 전쟁은 불가피하게 유럽 전쟁을 의미했다"라는 러시아의 견해를 묵인했다.[26]

그레이는 프랑스 대통령 일행이 상트페테르부르크를 방문했을 때 무슨 일이 있었는지 대강 알고 있었다. 7월 24일 (푸앵카레가 떠난 뒤) 발송한 공문에서 뷰캐넌 대사는 러시아 수도에서의 회담을 통해 "유럽의 전반적 평화와 세력균형"에 관한 러시아와 프랑스의 "완벽한 견해의 일치"가 드러났고, 양국이 "〔그들의〕 동맹에 의해 부과되는 의무를 엄숙히 확인"했다고 보고했다. 사조노프는 영국 정부가 "프랑스, 러시아와의 연대를 선언"해줄 것을 바라는 자신의 뜻을 그레이에게 전해달라고 뷰캐넌에게 요청했다.[27] 이 공문에 대해 논평하면서 에어크로는 그레이가 골랐을 법한 표현보다 더 신랄한 표현을 사용했다. 하지만 그의 표현에는 외무장관이 취했을 법한 입장의 내적 논리가 담겨 있었다.

> 세르비아를 고발하는 오스트리아의 입장을 우리가 어떻게 평가하든, 프랑스와 러시아는 그것이 구실이고 삼국동맹 대 삼국협상이라는 더 큰 원인과 분명 관련이 있다고 생각합니다. 저는 잉글랜드가 이 의견을 반박하려 하거나 상트페테르부르크와 파리 측에 어떤 주장을 해서 명백한 쟁점을 감추려 하는 것은, 설령 위험하지 않더라도 현명하지 못한 일이라고 생각합니다. (……) 이 투쟁에서 우리의 이해관계는 프랑스와 러시아의 이해관계와 묶여 있습니다. 이것은 세르비아를 소유하기 위한 투쟁이 아니라, 유럽에서 정치적 독재를 노리는 독일과 저마다 자유를 보유하기를 바라는 국가들 간의 투쟁입니다.[28]

그레이는 리히노브스키에게 영국은 삼국협상 파트너들에 대한 법적 의무가 없다고 확언했다. 그러나 다른 한편으로 그는 7월 29일 (사전에 내각의 명확한 승인을 받지 않은 채) 독일 대사에게 독일과 프랑스가 전쟁으로 끌려 들어갈 경우 영국은 황급히 조치를 취해야 한다고 판단할 지도 모른다고 경고했다.[29] 7월 30일 베트만 홀베크가 런던에 연락을 해와 영국이 중립을 지키는 데 동의한다면 독일이 프랑스 영토를 병합하지 않겠다고 제안했을 때, 그레이는 고션(베를린 주재 영국 대사)에게 전보를 쳐서 그 제안을 "당분간 받아들일 수 없다"고 알렸다.[30]

그레이가 한 일들과 하지 않은 일들은 삼국협상 중심의 사고가 위기 전개에 대한 그의 견해에 얼마나 깊은 영향을 미쳤는지 보여준다. 그레이의 견해는 사실상 발칸 개시 시나리오, 즉 프랑스-러시아 동맹에 생기를 불어넣은 논리이자 1912년 12월 초 독일 대사에게 경고할 때(5장 참조) 그레이가 내면화하고 있던 시나리오의 신판이나 마찬가지였다. 발칸에서 분쟁이 일어나면(분쟁을 누가 시작하는지는 별로 중요하지 않았다) 러시아가 끼어들고, 독일이 끌려 들어가고, 프랑스가 '불가피하게' 맹방 편에서 개입할 것이다. 이런 상황에서 영국은 독일이 프랑스를 짓밟는 광경을 뒷짐 지고 지켜볼 수 없을 것이다.

1914년 그레이는 (잠깐씩 의심하고 얼버무리긴 했지만) 정확히 이 각본대로 움직였다. 그는 세르비아를 고발하는 오스트리아의 주장을 검토하지도 숙고하지도 않았고, 사실 어떠한 관심도 보이지 않았다. 세르비아 정부에 혐의가 없다고 믿어서가 아니라[31] 세르비아에 대한 오스트리아의 위협이 에어 크로의 말마따나 동맹을 가동할 '구실'이 된다는 프랑스와 러시아의 견해를 묵인했기 때문이다.

이 시나리오의 주된 특징은, 오스트리아-세르비아 분쟁을 해결하기 위해 러시아가 오스트리아를 공격하는 방안의 정당성과, 러시아의 선제공격을 지지하는 프랑스 입장의 불가피성을 영국이 받아들였다는 것(또는 적어도 이의를 제기하지 않았다는 것)이다. 오스트리아-세르비아 분쟁의 정확한 상황과 유책성 문제는 부차적인 관심사였다. 중요한 것은 러시아(그리고 프랑스)가 관여한 이후 전개될 상황이었다. 그리고 문제를 이런 식으로 규정하는 것은 자연히 독일 측에 부담이 되었다. 이제 독일은 오스트리아를 방어하기 위해 개입할 경우 프랑스의 동원과 대륙 전쟁을 촉발할 수밖에 없었다.

푸앵카레, 파리로 돌아오다

7월 24일 내각회의 막판에 그레이가 4개국 중재안을 제안하는 동안, 푸앵카레와 비비아니는 러시아 어뢰정들의 호위를 받는 프랑스호의 선상에서 핀란드만을 가로지르고 있었다. 이튿날 스웨덴에 도착했을 때, 푸앵카레는 정책을 공식화하는 통제권이 여전히 자신과 (명목상) 비비아니에게 있음을 안전한 전신망을 이용해 확실히 알렸다. 그는 비비아니에게 프랑스 언론에 성명을 발표하라고 지시했으며, 수상은 자신이 모든 당사국과 연락하고 있고 외무를 다시 지휘하기 시작했다고 알렸다. 푸앵카레는 이렇게 썼다. "프랑스에서 비앙브뉘-마르탱 Bienvenu-Martin•을 제멋대로 하게 놔두었다는 인상을 그들에게 주지 않

• 미숙한 외무장관 대행.

는 것이 중요하다."[32] 지난 24시간 동안 대통령 일행은 프랑스호의 무전장치를 통해 오스트리아-세르비아 위기의 진행에 관한 정보를 조각조각 수신한 터였다. 사태의 전모가 드러나는 동안 푸앵카레는 상트페테르부르크에서 대강 표명했던 입장을 고수했다. 오스트리아의 항의조치는 부당하고, 빈의 요구는 "명백히 세르비아가 받아들일 수 없는" 수준이며 실은 "인권 침해"라는 입장이었다. 평화를 지키는 책임은 더 이상 러시아 측에 있지 않았다. 러시아의 군사대비는 국빈방문 기간에 확인하고 동의한 입장과 완전히 일치했다. 이제 그 책임은 동맹 오스트리아를 억제해야만 하는 독일 측에 있었다. 푸앵카레는 7월 25일 일기에 이 일에 실패할 경우 "독일은 오스트리아의 폭력적 행위에 대한 책임을 떠맡는 아주 부당한 입장에 놓일 것이다"라고 적었다.[33]

당시 정세에서 푸앵카레가 자신의 역할을 얼마나 주도적인 역할로 여겼는지를 가장 잘 보여주는 것은 스톡홀름에서 전해들은 소식에 보인 반응이다. 사조노프가 세르비아 정부에 국경에서 오스트리아군에 저항하지 말고, 국제 사회에 침략을 당했다고 주장하고 강국들에게 심판해달라고 호소하기 위해 세르비아군을 내륙으로 후퇴시킬 것을 촉구했다는 소식이었다. 이렇게 조언한 사조노프의 목표는 세르비아의 대의에 대한 국제적 공감을 얻는 동시에, 오스트리아를 '계획 B'(발칸에서의 교전에 대비해 대규모 병력을 군주국 남부에 배치하는 계획—옮긴이)로 최대한 깊숙이 끌어들임으로써 러시아의 갈리치아 공격에 대항할 만한 배치계획을 약화하는 것이었다. 푸앵카레는 이 소식을 사조노프가 용기를 잃고 있고 세르비아에 대한 책임 '포기'를 러시아 정부에 권고하는 징후로 잘못 해석했다. "확실히 우리가 러시아보다 더 용감한• 모습을 보일 수는 없는 노릇이다." 그는 일기에 이렇게 썼다. "세르비아는 치욕당할 가능성이 농후하다."[34] 1912~1913년 겨울의 상황으로 돌아가고 있었다. 아니, 더 정확히 말하면 프랑스는 그렇게 바라보았다. 1912~1913년 겨울 위기 당시 프랑스 정책수립자들은 러시아 측에 발칸에서 오스트리아에 더 강경하게 대처할 것을 요구했다. 파리 주재 러시아 무관은 프랑스 군부의 호전적인 태도에 곤혹스러워했다. 하지만 지금은 상황이 달랐다. 정책이 합의되어 있었으며, 사조노프가 또다시 흔들리고 있다는 푸앵카레의 우려는 근거가 없었다.

중부유럽에서 위기가 고조되고 있었음을 감안하면, 푸앵카레가 예정된 스웨덴 방문을 그냥 취소하고 귀국하지 않은 것이 이상하게 보일지도 모르겠다. 스톡홀름에 들른 일은 프랑스 대통령의 위기 대응이 본질적으로 소극적이었음을 보여주는 증거로 거론되곤 했다. 푸앵카레가 국면을 주도하는 역할을 맡으려 했다면, 그와 비비아니는 어째서 파리로 돌아가는 길에 해상 관광을 즐기려 했던 걸까?[35] 그 답은 스웨덴 방문이 결코 관광이 아니라 상트페테르부르크에서 재확인한 동맹 전략의 중요한 일부였다는 데 있다. 푸앵카레와 차르는 스웨덴의 중립을 확보할 필요성을 논의했다(임박한 유럽 전쟁에 대비한 논의였다고 추론할 수밖에 없다). 근래에 스웨덴과 러시아의 관계는 러시아의 공

• 베오그라드에 더 헌신하는.

격적인 첩보활동과 러시아가 조만간 양국 국경이나 발트해를 통해 공격해올 거라는 스톡홀름의 우려 때문에 악화되어 있었다.[36]

상트페테르부르크에서 함께 보낸 마지막 날에 니콜라이 2세는 푸앵카레에게 스웨덴에 대한 자신의 평화적인 의도를 스웨덴 국왕 구스타브 5세에게 직접 전해달라고 부탁했다. 푸앵카레는 차르가 발트해 이웃국가를 공격할 의도를 품고 있지 않거니와 이제까지 첩보활동을 전혀 몰랐으며 당장 중단시킬 것임을 스웨덴 국왕에게 알릴 생각이었다.[37] 무엇보다 중요한 문제는 스웨덴이 독일의 품에 안겨 심각한 전략적 혼선을 유발하는 불상사를 막는 것이었다. 7월 25일 구스타브 5세와 오후를 보내는 동안 푸앵카레는 차르의 심부름을 훌륭히 수행했고, 스웨덴이 중립을 지켰으면 하는 차르의 바람에 구스타브가 진심으로 화답했다고 보고할 수 있었다.[38]

물론 유럽의 위기가 심화되는 때에, 특히 가련한 비비아니가 또다시 중압감을 느끼기 시작한 때에 스웨덴에서 술과 음식을 즐긴 것은 칠칠맞지 못한 일이었다. 그러나 프랑스 여론은 여전히 잠잠했다(여론의 관심은 7월 28일에야 놀랍게도 무죄선고로 끝난 카요 부인 재판에 쏠려 있었다). 푸앵카레가 잘 알고 있던 대로, 이런 판국에 조기 귀국한다면 프랑스와 유럽의 여론을 안심시키기는커녕 불안하게 만들 공산이 더 컸다. 더욱이 조기 귀국은 "프랑스가 분쟁에 관여할지 모른다는 인상을 불러일으킬" 터였다.[39] 그러나 7월 27일 카이저가 황실 요트를 타고 발트해를 여행하던 중에 베를린으로 일찍 귀국했다는 사실이 알려지자, 당시 파리로 돌아오라고 독촉하는 각료들의 전보 공세에 시달리던 푸

니콜라이 2세(오른쪽)와 푸앵카레(왼쪽)

앵카레는 전략적 관점에서 보면 여하튼 훨씬 덜 긴급한 사안인 덴마크와 노르웨이 국빈방문을 지체 없이 취소하고, 프랑스호의 선원들에게 됭케르크로 곧장 돌아가자고 지시했다.[40]

프랑스호와 이를 호위한 드레드노트급 전함 장바르호는 항로를 바꾸자마자 킬에서 출항해 메클렌부르크만을 가로지르던 독일 순양전함과 조우했다. 뒤따르던 독일 어뢰정은 꽁무니를 빼고 달아났다. 독일 순양전함은 갑판의 모든 포에서 공포空砲를 한 번씩 쏘는 일반적인 인사를 했고, 장바르호도 똑같이 인사했다. 프랑스호는 국가원수를 태운 배의 관례대로 침묵을 지켰다. 몇 분 뒤 독일 순양전함이 인사 직후 보낸 암호화된 무선 신호를 프랑스호의 무전장치가 가로챘다. 짐작하건대 지금 프랑스 대통령이 파리로 돌아가고 있다는 사실을 베를

린에 알리는 신호였을 것이다.[41]

푸앵카레와 비비아니는 국제 상황을 점점 다르게 보고 있었다. 푸앵카레는 수상이 "점점 더 괴로워하고 걱정하는" 모습을 보이고 "가장 모순되는 생각들"에 사로잡혀 있음을 알아챘다.[42] 7월 27일 발칸에서 전쟁이 나면 영국이 가만히 있지 않을 것이라는 에드워드 그레이의 확언을 전보로 보고받은 푸앵카레는 "이 사례를 비비아니의 본보기로 들어" 그의 기운을 북돋우려 했다. 이날 대통령은 상트페테르부르크로 갈 때처럼 많은 시간을 들여 비비아니에게 "약함은 (……) 언제나 분규의 어머니"이며 분별 있는 유일한 방침은 "지속적인 강경함"을 표명하는 것이라고 설명했다. 하지만 비비아니는 계속 "전전긍긍 불안해했으며 외교정책 문제들에 대한 암울한 전망을 나타내는 심란한 단어와 어구를 끊임없이 내뱉었다." 피에르 드 마주리(외무부 정무국장)까지 비비아니의 "특이한 정신 상태" 탓에 불안해졌다. 푸앵카레에게는 실망스럽게도 수상은 사회당 지도자 장 조레스Jean Jaurès를 중심으로 하는 당대회와 정치적 협력자들 말고는 그 무엇에 대해서도 일관되게 말할 수 없는 것처럼 보였다.[43]

푸앵카레 역시 중압감을 느끼고 있었다. 특히 7월 27일 에드워드 그레이 경의 여러 발언을 보고한 일련의 혼란스럽고 도통 이해하기 어려운 무선 전보들이 푸앵카레의 애를 태웠다. 오스트리아 대사에게 발칸에서 전쟁이 시작되면 영국이 좌시하지 않을 것이라고 경고했던 그레이가 이제는 프랑스 대사 폴 캉봉에게 세르비아 문제를 둘러싼 전쟁에 영국이 개입하는 방안을 영국 여론이 지지하지 않을 것이라고 경고하고 있었다. 비비아니는 전쟁을 향한 성급한 돌진을 우려한 반면, 푸앵카레가 다른 무엇보다 우려한 결과는 세르비아에 대한 오스트리아의 항의조치에 대항하지 못하는 것이었다.

> 오스트리아가 승리를 더 밀어붙이려 한다면,• 전쟁을 선포하거나 베오그라드에 침입한다면, 유럽은 그렇게 하도록 놔둘 텐가? [유럽은] 오스트리아와 러시아 사이에만 개입해 [위기 고조를] 중단시킬 텐가? 그것은 곧 오스트리아를 편들고 세르비아를 마음대로 다룰 수 있는 시간을 오스트리아에 주겠다는 것이다. 나는 이 모든 반론을 비비아니에게 피력했다.[44]

7월 28일 북해에 진입해 프랑스 해안으로 다가가는 동안 푸앵카레는 전신 담당자에게 미리 무선으로 연락해 됭케르크에서 열릴 환영식을 취소하고, 자신의 일행이 항구에서 파리로 곧장 이동할 수 있도록 대통령 열차를 준비해두게 했다. 북해를 지나는 동안 공기가 점점 더 쌀쌀하고 우중충해졌고, 파도가 일었으며, 억수비가 자주 내렸다. 마지막 무선 전보는 영국이 위기 완화를 위한 열강의 '집단 항의'를 지지한다는 내용이었다. 푸앵카레는 이 소식에 고무되었는데, 오스트리아가 물러날 경우에만 러시아도 물러날 것으로 예상되었기 때문이다. 그리고 파리로부터 기운을 크게 북돋는 소식이 도착했다. 오스트리

• 푸앵카레가 말한 '승리'는 베오그라드가 오스트리아의 요구를 받아들이는 결과를 의미했다.

아-세르비아 분쟁은 양국이 알아서 해결할 문제라고 역설한 독일 대사 폰 쇤에 응수하여 외무장관 대행 비앙브뉘-마르탱이 독일이 오스트리아-헝가리를 억제하지 않는 한 프랑스가 러시아를 억제하는 일은 없을 것이라고 단언했다는 소식이었다. 이 예상치 못한 강경한 반격에 반색한 푸앵카레는 드 마주리에게 비비아니를 시켜 외무장관 대행의 답변에 찬성하는 그(비비아니)의 전보를 파리에 보내라고 지시했다. 이는 1914년 7월 마지막 날들 동안 프랑스 외교정책을 추진한 명령계통을 여실히 보여주는 사례다.[45]

프랑스에 도착할 무렵 푸앵카레는, 독일이 아직 군사적 대응조치를 취할 조짐을 보이지 않았음에도, 유럽 전쟁을 더는 회피할 수 없다고 결론 내린 상태였다.[46] 그는 각료들이 차분하고 결연한 분위기이며 그들의 태도가 심약한 비비아니의 태도보다 정력적이라고 보았다. 도착 전에 이미 그는 비앙브뉘-마르탱에게 전보를 보내 육군부, 해군부, 내무부, 재무부 장관들에게 연락해 긴장이 고조될 경우에 "필요한 예방책들"을 모두 마련해둘 것을 지시했다. 흡족하게도 모든 관련 부문에서 큰 진척이 있었다. 됭케르크로 대통령 일행을 마중 나온 외무부 차관 아벨 페리Abel Ferry와 국토부 장관 르네 레누René Renoult는 푸앵카레에게 휴가 나간 병사들을 불러들였고, 훈련소에 있던 병사들을 주둔지로 돌려보냈고, 도지사들에게 경계태세를 주문했고, 공무원들에게 각자의 자리를 지키라고 지시했으며, 파리 정부가 핵심 보급품을 구입했다고 보고했다. "간단히 말해 필요한 경우 즉각 동원을 가능하게 해줄 조치들이 취해져 있었다."[47]

됭케르크에서 파리로 가는 열차에서 레누가 강대국들 간 정치적 합의가 여전히 가능한지 물었을 때 푸앵카레는 이렇게 답했다. "아니, 합의는 있을 수 없습니다. 협정은 있을 수 없어요."[48] 푸앵카레의 의중을 가장 잘 드러내는 것은 파리로 가는 그를 환송하러 모인 군중을 묘사한 일기로, 이미 전쟁 중인 정치 지도자의 정신 상태를 연상시킨다.

> 우리는 주민들, 특히 노동자들과 부두 인부들의 사기가 높다는 것을 즉시 알아차렸다. 아주 밀집한 군중이 부두와 선창으로 쏟아져 나와 프랑스 만세! 푸앵카레 만세! 하고 거듭 외치며 우리를 맞았다. 나는 감정을 누르고 시장, 상원의원들, 하원의원들과 몇 마디 주고받았다. 우리가 전국의 단결과 결의에 의지할 수 있다고 그들 모두가 내게 말했고 도지사가 확인해주었다.[49]

러시아 정부는 이미 광범한 사전동원 조치를 실행하고 있었다. 파리도 이 사실을 잘 알고 있었다. 팔레올로그가 7월 25일 간략하게, 이튿날 더 상세하게 보고했고, 상트페테르부르크 주재 프랑스 무관 피에르 드 라귀슈 장군도 보고서를 보냈기 때문이다.[50] 그 이후 7월 29일 오전에 이즈볼스키 대사가 오늘 러시아가 오스트리아-헝가리를 상대로 부분동원할 계획이라고 알려주었다.

이 소식에 푸앵카레가 보인 반응은 추적하기가 어렵다. 훗날 그가 (회고록을 준비하던 중에) 7월 29일 일기 원고의 뒤쪽 절반을, 러시아의 부분동원 조치와 관련된 것으로 보이는 한 페이지를 없애버렸기 때문이다.[51] 이날 열린 각료회의의 회의록도 남아 있지 않다. 하지만 이 회의에 참석했던 한 각료(내무장관 루이 말비)가 이날 저녁 카요에게 털어놓은 이야기에 따르면, 각료들이 러시아의 조치에 명확히 찬성했다고 한다.[52] 7월 26~27일과 29일에도 파리는 동맹 파트너에게 자제를 촉구하는 것이 적절하지 않다고 생각했다.

이 모든 것은 발칸 개시 시나리오에, 그리고 러시아 측 동원의 속도와 효과를 대단히 중시한 프랑스의 전략적 사고에 부합했다. 그러나 프랑스는 이 우선사항과 영국의 개입을 보장받을 필요성 사이에서 균형을 맞추어야 했다. 영국 정부는 7월 말까지도 임박한 유럽 전쟁에 개입할지 말지, 한다면 언제 어떤 방식으로 할지를 결정하지 못한 상태였다. 한 가지는 분명했다. 프랑스가 맹방 러시아 편에서 침략전쟁을 개시하는 것으로 비친다면, 영국의 지원을 구하는 도의적 주장의 근거가 완전히 무너진다는 것이었다. 그럼에도 독일이 서쪽을 공격할 전망에 직면한 프랑스로서는 자국의 안보를 위해 러시아 측에 가장 신속한 군사적 대응을 요구하지 않을 수 없었다. 이는 익숙한 역설적 상황이었다. 다시 말해 전쟁을 서부에서는 방어적으로 치르고 동부에서는 공세적으로 개시해야 하는 상황이었다. 이 상충하는 두 요건은 파리 의사결정자들에게 엄청난 압박으로 다가왔다. 특히 7월 29일 밤에 베를린이 상트페테르부르크에 러시아군 동원을 중단하지 않으면 독일군 동원을 고려하겠다고 경고하자 파리 의사결정자들은 극심한 압박감을 느꼈다.

7월 29~30일 늦은 밤에 사조노프가 이즈볼스키에게 보낸, 독일의 경고를 알리는 전보가 파리의 러시아 대사관에 도착했다. 내용인즉 러시아가 양보할 수는 없으므로 정부는 "우리의 방어조치들을 가속하고 가능성 높은 전쟁의 불가피성을 가정"할 의도라는 것이었다. 이즈볼스키는 사조노프를 대신해 "동맹 프랑스의 지원을 전적으로 신뢰할 수 있도록" 너그러운 확약을 해준 데 대해 프랑스 정부에 감사를 표하라는 지시를 받았다.[53] 러시아가 이미 프랑스에 (오스트리아만을 상대하는) 부분동원을 먼저 시작한다고 알린 상태였으므로, 사조노프의 '가속' 발언은 러시아의 총동원 조치, 대륙 전쟁을 사실상 불가피하게 만들 조치가 임박했다는 뜻으로 해석할 수 있었다.[54]

아니나 다를까, 이 메시지는 파리에서 한바탕 소동을 일으켰다. 이즈볼스키는 한밤중에 대사관 서기관을 외무부로 보내고 자신은 비비아니를 찾아가 사조노프의 전보를 전달했다. 그 직후인 7월 30일 새벽 4시에 비비아니는 엘리제궁에서 아돌프 메시미 육군장관과 푸앵카레를 만나 전보에 대해 의논했다. 그리고 어휘를 신중히 골라가며 답변서를 작성해 이날 아침에 발송했다.

> 프랑스는 동맹의 모든 의무를 이행할 것을 각오하고 있다. 그러나 전반적인 평화를 위해, 그리고 이해관계가 덜한 국가들 사이에 아직 논의가 진행 중임을 고려할 때, 나는 러시아가 실행해야 한다고 생각하는 예방과 방어 조치를 취하는 가운데 독일에 병력 총동원이나 부분동원의 구실을 줄 수도 있는 병력 배치를 당장은 하지 않는 편이 바람직하다고 생각한다.[55]

이 답변서는 러시아의 조치에 놀란 프랑스 정부가 평화를 위해 프랑스-러시아 동맹의 안보 협정을 위태롭게 하려 했음을 보여주는 증거로 때때로 인용된다.[56] 그렇지만 비비아니는 분명 그렇게 보지 않았다. 이날 저녁 전직 외무장관 가르비엘 아노토를 만난 비비아니는 러시아가 "우리에게 기정사실을 들이밀고 우리와 거의 상의하지 않고 있습니다"라고 불평했다.[57]

프랑스 답변서의 목표는 더 복잡했다. 그것은 프랑스가 맹방을 억제하기 위해 애쓰고 있음을 영국 측에 납득시키려는 의도로 쓴 것이었다(이 목표를 위해 답변서의 사본을 런던 대사 폴 캉봉에게 즉시 보냈다). 이 답변서와 영국-프랑스 협정의 연관성은, "잉글랜드의 모호한 태도 때문에" 상트페테르부르크에 보낸 메시지를 그렇게 작성했다고 기록한 푸앵카레의 일기에서 확인할 수 있다.[58] 그렇지만 다른 한편으로 푸앵카레는 드 마주리와 메시미에게 (겉보기에 비비아니 모르게) 프랑스 정부의 본의를 이즈볼스키에게 해명하라고 지시하기도 했다. 두 사람과 나눈 대화를 보고한 이즈볼스키의 전보는 앞서 러시아에 자제를 촉구한 프랑스 전보의 영향을 대폭 완화했다.

> 저와 방금 이야기한 마주리는, 프랑스 정부는 우리의 군사대비에 개입할 의향이 없지만 평화 유지를 위한 교섭을 지속하기 위해 공공연하고 도발적인 성격의 대비는 최대한 피하는 것이 지극히 바람직하다고 말했습니다. 육군장관도 같은 생각을 이그나티예프 백작[파리 주재 러시아 무관]에게 피력하면서, 평화의 더 중요한 이익을 위해 우리의 동원 조치를 일

시적으로 늦출 의향이 있다는 취지의 선언을 해도 괜찮으며, 그러면서도 대규모 병력 이동을 삼가기만 하면 군사대비를 계속하는 것도, 실은 더 정력적으로 추진하는 것도 중단할 필요가 없다고 말했습니다.[59]

7월 30일에 보낸 이 전보들은 프랑스-러시아 동맹의 어려운 의무와 영국-프랑스 협정의 모호한 논리 사이에서 삼각구도를 중재해야 했던 프랑스의 복잡한 정책을 보여준다. "평화의 더 중요한 이익"에 호소하는 것은 따지고 보면 적에게 양보할 기회를 주는 것이었다(적이 물러설 가능성은 점점 낮아지는 것으로 보였다). 그동안 러시아는 거의 동원이나 다름없는 형태로 전쟁에 계속 대비했다. 다만 서쪽 국경에 대규모 병력을 집결시키는 조치만은 삼갔다. 7월 30일 오전 각료회의를 기록한 외무부 차관 아벨 페리는 프랑스의 정책을 이렇게 요약했다. "러시아의 동원을 멈추지 마라. 동원하되 집결시키지 마라."[60] 푸앵카레는 일기에 상트페테르부르크 측에 자제를 촉구하는 전보를 보냈다고 기록한 다음 이렇게 썼다. "그와 동시에, 우리는 동부에서 우리 병력을 엄호하는 데 필요한 조치를 취했다."[61]

러시아, 군대를 동원하다

7월 29일 저녁 러시아 육군참모총장은 총동원을 명하는 차르의 칙령을 세르게이 도브로롤스키 장군에게 전달했다. 동원부장으로서 도브로롤스키의 임무는 각료들의 서명을 받는 것이었다. 그들의 서명이 없으면 칙령을 발효할 수 없었다. 훗날 장군은 육군장관, 해군장관, 내무장관을 방문한 일을 회고했다. 분위기는 침울했다. 한때 호전적인 언사를 거침없이 쏟아냈던 수호믈리노프 육군장관은 그즈음 아주 조용했다. 도브로롤스키가 보기에 당시 그는 몇 달 전에 《증권거래소 소식》에 러시아는 "전쟁할 준비"가 되었다고 선언하는 기사를 집어넣었던 일을 후회하는 눈치였다.[62] 해군장관 그리고로비치 제독은 칙령에 충격을 받았다. "뭐, 독일과 전쟁? 우리 함대는 독일 함대를 상대로 버틸 만한 상태가 아니네." 그는 수호믈리노프에게 전화를 걸어 확인한 다음 "무거운 마음으로" 서명했다. 반동적인 초군주제주의자인 내무장관 니콜라이 마클라코프Nikolai Maklakov의 집무실은 도브로롤스키가 보기에 "기도실 분위기"였다. 좁은 탁자 위에 놓인 커다란 성상星像들이 교회 등의 빛을 받고 있었다. 내무장관이 말했다. "러시아에서 전쟁은 심오한 민중에게 결코 인기가 없을 걸세. 독일에 대한 승리보다는 혁명적 사상이 그들 입맛에 더 맞아. 하지만 인간은 제 운명에서 벗어나지 못하는 법이지." 마클라코프 역시 성호를 긋고서 칙령에 서명했다.[63]

오후 9시경 필요한 서명을 모두 받아낸 도브로롤스키는 상트페테르부르크 중앙전신국으로 향했다. 우편전신부장은 "극히 중요한" 전송을 준비해두라는 지시를 미리 받은 터였다. 세심한 주의를 기울여 사본을 여러 부 타이핑하고 나면 상트페테르부르크와 러시아제국의 다른 거점들을 연결하는 전신국 본관의 전신기들을 이용해 동시에 전송할 수 있었고, 그 거점들에서 다시 모든 군관구의 모든 도시로 재전송할 예정이었다. 동원령 발송 규약에 따라 전신국은 다른 통신을 전부 차단했다.

오후 9시 30분 전송 직전에 전화벨이 울렸다. 전화를 건 사람은 육군참모총장 야누시케비치였다. 그는 도브로롤스키에게 아직 전송하지 말고 추가 지시를 기다리라고 명령했다. 몇 분 뒤 전령 투간-바라노브스키Tugan-Baranowsky 상위가 격앙된 상태로 도착했다. 차르가 마음을 바꿨다고 했다. 동원령 대신 7월 24일과 25일 회의에서 '원칙적으로' 결의한 방침대로 부분동원을 공포한다고 했다. 새 명령이 적절히 작성되어 7월 29~30일 자정 무렵 전송되자 키예프, 오데사, 모스크바, 카잔 군관구에서 동원조치가 시작되었다.[64]

이 갑작스러운 번복 탓에 프랑스 대사관은 촌극에 가까운 혼선을 빚었다. 무관 라귀슈 장군은 오후 10시 직후 동원이 임박했다는 통지를 받았지만, 팔레올로그 대사가 기밀인 동원 결정을 무분별하게 누설할지 모르니 대사에게는 알리지 말라는 말을 들었다. 그러나 팔레올로그는 한 시간 뒤 다른 정보원(즉 무분별한 러시아인)으로부터 동원 소식을 들었고, 즉시 1등 서기관 샹브룅Charles de Chambrun을 러시아 외무부로 보내 총동원이 비밀리에 진행 중이라는 사실을 파리에 긴급 전보로 알리도록 했다(러시아 외무부 전보망을 선택한 이유는 프랑스 암호가 안전하지 않을지도 모른다고 우려했기 때문이다. 그와 동시에 팔레올로그는 프랑스 암호로 작성한 전보 "아무쪼록 러시아 대사관에서 극히 긴급한 사안인 서의 전보 304번을 수신하십시오"를 본국 외무부로 발송했다).

러시아 외무부에 도착한 샹브룅은 차르가 동원령을 철회했다는 소식을 막 들은 라귀슈와 마주쳤다. 라귀슈는 샹브룅에게 그의 전보에서 "비밀리에 동원을 시작하는" 결정을 언급하는 부분을 삭제하라고 명령했다. 그리하여 그들이 파리 주재 러시아 대사관에 보낸 전보는 러시아가 오스트리아를 상대로 동원한다고만 알려주었으며, 따라서 비비아니와 그의 동료들은 상트페테르부르크가 총동원에 얼마나 근접했는지 알지 못했다. 이튿날 아침 팔레올로그는 무관과 1등 비서관이 파리와의 통신을 방해하려 했음을 알고서 격노했다.

여하튼 7월 29일에 공포된 부분동원은 실질적인 계획이 아니었다. 부분동원 조치에 러시아 참모들은 극복하기 힘든 난관에 봉착했는데, 추후 총동원 계획이 혼란에 빠질 판국이었기 때문이다. 부분동원령이 24시간 내에 철회되거나 총동원령으로 대체되지 않으면, 서부전선 공격에 대비한 러시아의 계획이 돌이킬 수 없이 어그러질 상황이었다.

7월 30일 아침 일찍 사조노프와 크리보셰인이 전화로 협의를 했다(둘 다 "총동원 중단에 몹시 심란"해하고 있었다).[65] 사조노프는 총동원의 긴급성을 납득시키기 위해 크리보셰인이 차르에게 알현을 청하는 방법을 제안했다. 오전 11시, 사조노프와 야누시케비치가 후자의 집무실에서 만났다. 육군참모총장은 총동원을 즉시 실행해야 하는 이유를 다시 한 번 피력했다. 이곳에서 사조노프는 선 채로 페테르고프궁에 전화를 걸었다. 몇 분간 짜증스럽게 기다린 끝에, 처음에는 누구인지 모를 사람의 목소리가 들렸다. "전화로 이야기하는 데 그리 익숙하지 않은, 자신이 누구와 이야기하는지 알고 싶어한" 남자의 목소리였다.[66] 차르는 당일 오후 3시에 사조노프를 면담하기로 했다(크리보셰인을 함께 면담하는 것은 거부했다. 각료들이 힘을 합해 자신을 압박하는 것을 싫어했기 때문이다).

페테르고프궁에 도착한 사조노프는 곧장 차르의 서재로 들어갈 수 있었다. 차르는 "피곤하고 수심이 가득해" 보였다. 차르의 요청에 따라 면담은 타티셰프 장군이 배석한 가운데 이루어졌다. 장군은 독일 황제를 담당하는 러시아 무관으로서 곧 베를린으로 돌아갈 예정이었다. 사조노프는 50분 동안 이야기하면서 니콜라이에게 기술적 난관을 설명하고 독일이 "온전한 힘을 가진 강대국에게 기대할 수 있는 양보의 자세를 크게 넘어선 우리의 모든 유화적 제안"을 거절했음을 일깨운 다음 "평화를 지킬 희망이 남아 있지 않습니다"라고 결론 내렸다. 차르는 최종 결정으로 면담을 끝냈다. "자네 말이 맞네. 우리 스스로 공격에 대비하는 것 말고는 아무것도 남아 있지 않아. 참모총장에게 나의 동원령을 전하게."[67]

야누시케비치는 마침내 기다리던 전화를 받고서 크게 안도했다. 사조노프는 이렇게 말했다. "귀하의 명령을 내리십시오, 장군. 그런 다음 남은 하루 동안 사라지십시오." 하지만 명령이 또다시 철회될지 모른다는 사조노프의 우려는 기우에 그쳤다. 다시 한 번 도브로롤스키 장군이 중앙전신국으로 가서 총동원을 명하는 전보를 전송하는 임무를 맡았다. 이번에는 모두가 중차대한 사안임을 알고 있었다. 오후 6시경 도브로롤스키가 전신국 본관에 들어섰을 때 "남녀 전신기사들 사이에 엄숙한 침묵만이 흘렀다." 그들은 각자 전신기 앞에 앉아 전보의 사본을 기다리고 있었다. 차르의 전령은 오지 않았다. 오후 6시에서 몇 분이 지나자 전신기사들이 침묵을 지키고 있음에도 전신기들이 딸깍거리기 시작하면서 목적이 담긴 부산스러운 소리로 본관을 가득 채웠다.[68]

러시아의 총동원은 7월 위기의 가장 중대한 결정 중 하나였다. 이것이 1차 세계대전의 첫 번째 총동원이었다. 이 시점에 독일 정부는 러시아가 7월 26일부터 시행 중이던 '전쟁 대비기간'에 상응하는 '전쟁 위급상황Kriegsgefahrzustand'을 아직 선포하기도 전이었다. 오스트리아-헝가리는 여전히 세르비아를 물리치는 데 초점을 맞춘 부분동원을 고집하고 있었다. 이 사건 순서는 훗날 프랑스와 러시아의 정치인들을 꽤나 불편하게 했다. 전쟁 발발 이후 러시아 정부가 7월 위기 동안 자국의 행위를 정당화하기 위해 펴낸 오렌지북Orange Book에서, 편집자들은 러시아의 총동원이 다른 나라의 조치에 대응한 결정에 지나지 않았다는 인상을 주기 위해 오스트리아의 총동원령 날짜를 3일 앞당겼다.

구체적으로 말하면, 7월 29일 빈 주재 대사 세베코가 이튿날 총동원령이 "예상됩니다"라고 보고한 전보의 날짜를 7월 28일로 앞당기고 내용도 "총동원령에 서명을 받았습니다"로 바꾸었다. 실제로 오스트리아의 총동원령은 7월 31일에야 공표되었고, 이튿날부터 시행되었다.

프랑스의 황서Yellow Book는 문서 기록을 더욱 대담하게 조작했다. 다시 말해 러시아의 동원령이 "오스트리아 총동원의 결과로", 그리고 "독일이 지난 6일간 은밀히, 그러나 지속적으로 취한 동원조치들"의 결과로 공표되었다는 7월 31일자 팔레올로그의 성명을 지어내 황서에 집어넣었다. 그러나 실제로 독일은 군사적 관점에서 보면 7월 위기 내내 상대적으로 차분한 하나의 섬이었다.[69]

러시아는 총동원조치를 왜 취했을까? 사조노프에게 결정적인 요인은 틀림없이 7월 28일 세르비아에 대한 오스트리아의 선전포고였다. 그는 이 소식을 듣자마자 이튿날 오스트리아에 인접한 러시아 군관구들의 (부분)동원을 공표할 것이라는 취지로 런던, 파리, 빈, 베를린, 로마 대사관에 전보를 보냈다.[70] (이것이 7월 29일 프랑스 각료회의에서 논의한 전보다.) 이 시점까지도 사조노프는 "러시아 측에 독일과 관련한 공격적 의도가 전혀 없다"는 것(이 정책의 일환으로 총동원이 아닌 부분동원을 선택한다는 것)을 독일에 확실히 알리는 방침을 중시했다.[71] 그렇다면 그는 왜 부분동원에서 총동원으로 그렇게 빨리 돌아섰을까? 네 가지 이유가 떠오른다. 우리는 먼저 첫째 이유, 즉 (제대로 된 계획이 없었기 때문에) 부분동원 선택지를 그 이후 총동원 선택지와 결합하기가 기술적으로 불가능했다는 이유를 고려해야 한다.

오스트리아의 비타협적 태도가 실은 독일의 정책이라는 사조노프의 확신(7월 위기의 초기부터 떠올렸지만 점점 그를 화나게 하고 사로잡은 생각)도 한 가지 이유였다. 이 생각은 러시아의 발칸 정책에 깊이 뿌리내리고 있었으며, 그런 이유로 러시아는 한동안 유럽 문제에서 오스트리아-헝가리를 자율적인 요인으로 진지하게 고려하지 않았다(1912년 여름 발트항에서 사조노프가 베트만에게 오스트리아의 모험을 독려하지 말라고 당부한 일이 그 증거다). 그리고 독일이 오스트리아에 양보를 압박하기는 커녕 맹방의 입장을 계속 지지하고 있음을 (올바로) 시사한 보고서들이 이 생각을 더 강화했다.

회고록에서 사조노프는 오스트리아가 세르비아에 선전포고를 한 7월 28일에 런던 대사 벤켄도르프의 전보를 받은 일을 기억했다. (런던 주재 독일 대사인) 리히노브스키 백작이 대화 중에 독일이 "오스트리아의 완고함을 지지하고 있다"는 "그의 확신을 확인해주었다"는 전보였다. 이 생각은 대단히 중요했는데, 이를 바탕으로 러시아가 베를린을 7월 위기의 정신적 버팀목이자 평화의 모든 희망이 걸려 있는 행위자로 지목했기 때문이다. 벤켄도르프는 간결하게 말했다. "현 상황의 열쇠는 분명히 베를린에 있습니다."[72]

사조노프 자신은 7월 28일 파리와 런던의 대사관에 보낸 짧은 전보에서 이 견해를 표명했다. 다시 말해 상트페테르부르크 주재 독일 대사 푸르탈레스 백작과의 대화를 통해 "독일이 오스트리아의 달랠 수 없는 태도를 편든다"는 것을 추론해냈다고 단언했다.[73] 이튿날 오후 푸르탈레스가 사조노프를 찾아와 러시아가 군사대비를 계속하면 독일도 동원할 수밖에 없을 것이라는 독일 재상의 메시지를 낭독하자 외무장관의 입장은 상당히 단호해졌다. 재상의 경고를 최후통첩으로 여긴 사조노프는 "이제 나는 오스트리아의 비타협적 태도의 진짜 원인을 더는 의심하지 않습니다"라고 퉁명스럽게 대꾸한 뒤 푸르탈레스를 의자에서 일어나게 하고서 이렇게 일갈했다. "내 모든 힘을 다해,

각하, 이 불쾌한 주장에 항의합니다."[74] 만남은 냉랭하게 끝났다. 러시아가 보기에 요점은 독일이 외견상 잠잠히 있을지라도 사실 배후에서 오스트리아의 정책을 몰아가고 있다면, 오스트리아-독일 블록을 감안할 때 러시아의 부분동원은 말도 안 되는 일이라는 것이었다. 위협의 진짜 성격을 인정하고 두 나라 모두를 상대로 총력 동원하지 않을 이유가 무엇인가?

마지막으로, 7월 28일 모리스 팔레올로그의 확약이 사조노프의 총동원 지지 의향을 강화했다. 팔레올로그는 "그의 정부의 지시"대로 러시아는 "필요한 경우"에 "맹방의 의무를 이행하려는 프랑스의 완전한 대비태세"를 신뢰해도 된다고 말했다.[75] 러시아는 영국의 도움까지 일찌감치 자신했던 것인지도 모른다. 7월 30일 벨기에 무관 베르나르 드 레스카유Bernard de l'Escaille는 이렇게 썼다. "오늘 상트페테르부르크에서 그들은 잉글랜드가 프랑스를 지원하리라는 것을 확신했으며 사실 지원을 확약받기까지 했습니다. 이 지원은 엄청나게 중요하며 주전파가 유리해지는 데 기여한 바가 적지 않습니다."[76] 레스카유가 말하는 '확약'(만일 있었다면)이 무엇이고 그것을 정확히 언제 알게 되었는지 불분명하기는 해도, 러시아 지도자들이 적어도 장기적으로는 영국의 개입을 줄곧 자신했다는 그의 견해는 거의 틀림없이 옳은 것이었다.

그럼에도 러시아 지도부는 총동원 결정을 내리고 차르의 재가를 받기 무섭게 그것을 철회하고 사전에 공식 합의했으나 실행할 수 없는 선택지인 오스트리아를 상대하는 부분동원을 명령했다. 이렇게 한 이유는 근본적으로 전쟁에 대한 차르의 우려와 혐오에 있었다. 당시 차르는 전쟁을 현실로 만드는 과제에 직면해 있었다. 차르를 알았고 이 주권자의 개성에 관한 소견을 글로 남긴 사실상 모든 사람은 그가 서로 긴장관계인 두 가지 특징을 동시에 가지고 있었다는 데 동의한다. 충분히 이해할 만한 한 가지 특징은 전쟁 전망과 이것이 나라에 가져올 혼란을 몹시 두려워했다는 것이고, 다른 특징은 민족주의 정치인과 수사법의 격앙된 어조에 쉽게 영향을 받았고 애국적 감정을 불러일으키는 인물과 조치를 선호했다는 것이다.

7월 29일 차르를 신중론으로 기울게 한 것은 중앙전신국에서 총동원령을 전송하기 직전인 오후 9시 20분에 도착한 카이저 빌헬름 2세의 전보였다. 차르의 친척인 카이저는 독일 정부가 여전히 빈과 상트페테르부르크의 "직접적인 양해"를 촉진하기를 희망하고 있다고 호소하고서 전보를 이렇게 끝맺었다.

> 물론 러시아 측의 군사적 조치들은 오스트리아에게 위협적으로 비쳐 우리 둘 다 피하고 싶은 참화를 촉발할 수 있고, 당신이 나의 우정과 나의 도움에 호소하여 내가 기꺼이 받아들인 중재자 입장을 위태롭게 할 수 있습니다.[77]

차르는 "나는 극악무도한 살육을 책임지지 않을 것이다"라고 말하며 총동원령을 취소해야 한다고 역설했다. 야누시케비치가 전화를 걸어 도브로롤스키에게 제동을 걸었고, 전령이 전신국까지 달려가 총동원 대신 부분동원을 공포한다고 설명했다.

여기서 잠시 베를린에서 팔촌지간 카이저가 보낸 전보가 러시아의 총동원령을 거의 24시간 동안 유예시켰다는 사실을 곰곰이 생각해볼 필요가 있다. 1917년 2월 혁명 이후, 러시아의 혁명적 정치평론가이자 차리즘의 골칫거리였던 블라디미르 부르체프Vladimir Burtsev는 차르의 개인 문서를 정리하는 업무를 맡았다. 이 문서 더미에서 그는 독일 황제와 러시아 황제가 남몰래 교환한 전보들을 발견했다. '윌리Willy'와 '니키Nicky'라고 서명한 두 사람은 서로 영어로, 비공식적이고 때로는 친밀하기까지 한 어조로 연락을 주고받았다. 이 문서들의 발견은 센세이션을 일으켰다. 1917년 9월 혁명적 사태를 보도하던 기자 허먼 번스타인Herman Bernstein은 《뉴욕 헤럴드》에 그 문서들을 게재하고 넉 달 뒤에 책 형식으로 (시어도어 루스벨트의 서문을 붙여) 다시 발표했다.[78]

'윌리-니키 전보'로 알려진 문서들은 사람들을 계속 매료시켜왔다. 한 가지 이유는 그것들을 읽다 보면 지금은 사라진 옛 유럽의 두 황제가 나눈 사적인 대화를 엿듣는 듯한 기분이 든다는 것이고, 다른 이유는 민족들의 운명이 아직까지 극히 강력한 개인들의 수중에 있었던 세계를 느끼게 해준다는 것이다. 그런데 사실 두 인상 모두, 적어도 1914년의 유명한 전보들에 관한 한 실상을 호도하는 것이다. 7월 위기 동안 교환한 전보들은 비밀 문서도(그 존재가 널리 알려지고 논의되었으므로)[79] 사적인 문서도 아니었다. 사실상 개인 서신 형식으로 작성한 외교 메시지였다. 대화의 양쪽 편에서는 외무부 관리들이 대화 내용을 면밀히 검토했다. '윌리-니키 전보'는 전쟁 발발 때까지 유럽 체제의 특징이었던 흥미로운 군주 대 군주 신호 교환의 사례다. 다만 이 경우에 두 군주는 신호의 발생기보다 송신기에 더 가까웠다. 그들의 존재는 정책을 수립하는 군주의 권한이 아니라 유럽 집행부들의 군주제적 구조를 반영한다. 7월 29일 전보는 예외적이었다.

그것은 아주 특별한 순간에, 이번만은 차르의 결정에 모든 것이 걸려 있던 순간에 도착했다. 차르의 결정이 관건이었던 이유는 그가 정책수립 과정을 지배한 행위자여서가 아니라 총동원령에 그의 재가(와 서명)가 필요했기 때문이다. 그리고 이것은 정치적 영향력의 문제가 아니라 전제정의 잔재인 군사적 절대주의의 문제였다. 차르가 찬성하기 어려워 괴로워하던(사안이 사안이니 만큼 이해할 만한 일이었다) 순간에 '윌리'에게서 온 전보는 총동원에 반대하는 쪽으로 균형을 기울이기에 충분했다. 그러나 그 효과는 채 하루도 가지 않았다. 두 군주 모두 근본적으로 상반된 각국 집행부의 입장을 표명할 뿐이었기 때문이다. 7월 30일 아침, 전날 푸르탈레스 대사가 했던 경고를 되풀이하는 빌헬름 2세의 전보를 받은 니콜라이 2세는 팔촌 간의 거래로 평화를 지킬 수 있다는 희망을 모두 버리고 총동원 선택지로 돌아섰다.[80]

러시아의 동원 결정과 관련해 한 가지만 더 생각해보자. 7월 30일 오후 사조노프가 보기에 차르는 러시아에 위협이 되는 오스트리아의 동원에 사로잡혀 있었다. "그들[독일]은 오스트리아가 우리보다 먼저 동원했음을 인정하려 들지 않네. 지금 그들은 우리의 동원을 멈추라고 요구하면서 오스트리아의 동원은 언급도 않고 있어. (……) 지금 내가 독일의 요구를 받아들이면, 우리가 오스트리아를 상대로 무장을 해제해야 하네."[81] 그러나 우리는 오스트리아가 이 시점까지도 러시아의 증대하는 대응 위협에 개의치 않고 오로지 세르비아에 승리를 거두는 과제에 초점을 맞추어 대비하고 있었음을 알고 있다. 차르의 근심은 한 개인의 피해망상이 아니었다. 거기에는 러시아 군부의 위협 분석 경향이 반영되어 있었다. 러시아 군사정보기관은 오스트리아의 군사능력을 끊임없이 과대평가했다. 더 중요한 점은 남몰래 선제공격하는 오스트리아의 아주 가공할 능력을 가정했다는 것이다. 1912~1913년 발칸 위기 시에 오스트리아가 갈리치아에서 용케 러시아에 들키지 않고 병력을 모았던 전례 때문에 이 가정이 더 공고해졌다.[82] 이런 경향은 역설적으로 러시아가 (이제 고인이 된 레들 대령과 다른 믿을 만한 정보원들 덕분에) 오스트리아의 배치계획을 아주 상세히 알고 있었던 탓에 더 강화되었다. 이는 새로운 문제가 아니었다. 이미 1910년에 신임 육군장관 수호믈리노프는 오스트리아 육군과 해군의 "마케도니아 정복"을 위한 구체적인 배치계획을 보았노라고 자랑했다. 그는 이런 증거가 발칸반도를 노리는 오스트리아-헝가리의 팽창주의가 러시아의 이해관계를 얼마나 심각하게 위협하는지 드러내고 모든 외교적 확약을 난센스로 만든다고 주장했다. 배치계획 문서들(실은 구식에다 더 이상 사용하지 않는)이 오스트리아 정책의 표현이 아니라 우발사태에 대비한 계획일지 모른다는 생각은 떠오르지 않았던 것으로 보인다. 아마도 그는 그 문서들을 군사 자금을 대폭 늘리기 위한 논거로 사용하려 했을 것이다.[83] 입수한 배치계획 문서들을 과잉 해석하는 경향은 1914년까지 러시아의 안보정책을 계속 따라다녔다. 오스트리아의 동원 일정을 너무 잘 알고 있었던 까닭에, 러시아는 한편으로 개별 조치를 일관된 전체의 일부로 해석하고 다른 한편으로 예상 순서에서 벗어나는 어떤 조치든 잠재적 위협으로 간주하는 경향을 보였다.

예를 들어 1913년에 러시아는 정보원들을 통해 오스트리아가 세르비아와 전쟁할 사태에 대비해 최대 7개 군단을 지정해두었음을 알게 되었다. 그러나 1914년 7월 빈 대사 셰베코와 러시아 무관 비네켄이 보낸 (정확성이 의심스러운) 보고서들은 당시 대비 중인 군단의 수가 최대 8개 또는 9개일 가능성을 시사했다. 러시아 정보기관은 이 숫자 차이를 콘라트가 세르비아에 초점을 맞춘 계획 B를 러시아에 주력하는 계획 R로 바꾸고 있음을, 달리 말해 "오스트리아군 총동원 또는 거의 총동원으로 은밀히 전환"하고 있음을 나타내는 징후로 해석했다.[84] 후대의 우리는 오스트리아가 세르비아의 실병력을 점점 높게 추정하면서 적군을 진압하기 위해 배치해야 할 군단의 수를 늘려 잡았다는 것을 알고 있다. 그리고 전쟁 첫해의 추이는 이 수정한 수치마저 차르의 예측대로 정말 "사자처럼" 싸운 세르비아군에 결정적 승리를 거두기에 충분하지 않았음을 보여준다.

러시아의 그릇된 해석은 정보 수신자가 약간의 개략적인 고위급 정보에 이끌려 새로 들어오는 자료를 맥락에 맞지 않고 이미 낡았을지 모르는 패턴에 억지로 끼워 맞추려 한 고전적 사례다. 피해망상으로 가득한 환경에서 실제 위협 수준을 냉정하게 평가하기란 사실상 불가능했다. 그러나 오스트리아의 조치에 대한 해석과 관련해 가장 중요했던 점은, 참모본부의 일일 정보보고서를 탐독하던 차르가 이 조치를 진지하게 받아들였다는 사실이다. 그리고 이 사실은 러시아가 자국의 총동원을 오스트리아의 조치와 동등한 조치로, 또 오스트리아의 조치에 의해 정당화되는 조치로 여겼던 수수께끼 같은 경향을 설명해 준다. 7월 위기에 관여한 거의 모든 사람과 마찬가지로, 러시아인들도 더는 물러설 곳이 없다고 주장할 수 있었다.

어둠 속으로 뛰어들기

1914년 7월 초중순 내내 독일 의사결정자들은 분쟁 국지화 정책을 악착같이 고집했다. 처음 며칠만 해도 위기가 신속히 해결되는 상황을 아주 쉽게 상상할 수 있었다. 7월 6일 빌헬름 2세는 프란츠 요제프 황제에게 "세르비아가 양보할 것이므로 상황이 일주일 안에 해결될 겁니다"라고 말했다. 다만 에리히 폰 팔켄하인 육군장관에게 말한 대로 "긴장 기간"은 조금 더 오랫동안, 어쩌면 "3주"까지 계속될 수도 있다고 보았다.[85] 그런데 신속한 해결이 더는 현실적인 희망으로 보이지 않은 7월 셋째 주에도 독일 정치지도부는 계속 국지화에 전념했다. 7월 17일 베를린 주재 작센 공사관의 대리공사는 "잉글랜드가 완전히 평화적이고, 프랑스뿐 아니라 러시아도 전쟁을 내켜 하지 않으므로 분쟁 국지화가 예상됩니다"라고 보고했다.[86] 7월 21일 로마, 런던, 상트페테르부르크 대사관에 보낸 공문에서 베트만은 이렇게 단언했다. "우리는 분쟁 국지화를 간절히 바란다. 다른 어떤 국가가 개입하든 엇갈리는 동맹 약속들을 고려하면, 헤아릴 수 없는 결과로 이어질 것이

테오발트 폰 베트만 홀베크

다."[87]

성공적인 국지화에 필요한 조건 중 하나는 독일 자신이 분쟁 확대를 촉발할 수 있는 어떤 조치든 피해야 한다는 것이었다. 베트만은 한편으로는 이 목표를 염두에 두고서, 다른 한편으로는 위기를 관리하는 데 필요한 자율성과 정신 집중을 확보하기 위해, 카이저에게 예정대로 발트해로 요트 여행을 떠나라고 권했다. 그리고 같은 이유로 상급 사령관들에게도 휴가를 가거나 계속 즐기라고 권했다. 육군참모총장 헬무트 폰 몰트케, 제국해군부 장관 티르피츠 제독, 해군참모총장 후고 폰 폴Hugo von Pohl은 이미 휴가 중이었고, 병참감 발더제 백작은 장인의 메클렌부르크 저택으로 몇 주간 쉬려고 떠났으며, 짧은 시찰여행을 떠난 육군장관 에리히 폰 팔켄하인도 곧이어 연례 휴가를 보낼 예정이었다.

이들이 휴가를 떠난 일을 너무 중시하는 것은 잘못일 것이다. 이들은 위기의 심각성을 알고 있었고 독일 군부의 당시 대비태세에 자신감을 보였다. 또한 오스트리아가 세르비아를 상대로 모종의 조치를 취하기 전까지는 분쟁이 고조될 가능성이 낮다고 생각했다.[88] 다른 한편 독일이 대륙 전쟁을 사전에 결의, 계획하고도 세계의 주의를 전쟁 대비에서 다른 데로 돌리려고 정교한 속임수를 썼다는 것은 너무 나아간 주장일 것이다. 이 며칠 동안 작성한 독일 내부의 의견서와 서신은 정치지도부와 육해군 사령부 모두 국지화 전략이 통할 것이라고 자신했음을 시사한다. 독일 상급 사령관들의 수뇌부 회의는 없었으며, 헬무트 폰 몰트케는 7월 25일까지 보헤미아 도시 칼스바트에서 온천 요양을 하며 돌아오지 않았다. 13일에 그는 빈 주재 독일 무관에게 보낸 서신에서 오스트리아는 "세르비아 정부를 때린 다음 재빨리 화해하고, 1866년 프로이센이 오스트리아에게 했던 대로 오스트리아-세르비아 동맹을 유일한 조건으로 요구하는" 편이 현명할 것이라고 썼다. 이 시점까지도 그는 오스트리아가 러시아의 개입을 촉발하지 않고도 세르비아에 대한 공격을 개시하고 완료할 수 있다고 믿었던 것으로 보인다.[89]

특히 주목할 사실은 독일 군사정보망의 활동이 없었다는 것이다. 참모본부 IIIb부 부장으로 첩보활동과 방첩활동을 책임진 발터 니콜라이 Walter Nicolai 소령은 하르츠산맥에서 가족과 휴가 중이었고 호출되지 않았다. 동부 접경지역의 정보기관 지부들은 포츠담궁 회의 이후 특별한 지시를 받지 않았고 특별한 예방조치를 취하지도 않은 것으로 보인다. 7월 16일에야 작전부의 누군가가 "완전한 정치적 평온의 시기처럼 하기보다는 러시아의 상황 전개를 더 면밀히 주시하는 편이 바람직"할지도 모른다고 생각하긴 했지만, 이 회람장마저 "어떠한 특별 조치"도 필요하지 않음을 확인해주었다.[90] 러시아 영토와 맞닿은 몇몇 군관구들에서 현지 정보장교들은 몰트케처럼 7월 25일까지 휴가를 보낼 수 있었다.[91]

국지화 계획이 틀어지는 것을 막기 위해 베트만과 독일 외무부는 오스트리아 정부에 그들이 간절히 기대해온 목표를 서둘러 기정사실로 만들라고 거듭 촉구했다. 그러나 빈 의사결정자들은 이 요구에 응할 수 없었거나 응할 의향이 없었다. 합스부르크 군주국의 번거로운 조직은 신속하고 결정적인 조치에 도움이 되지 않았다. 이미 7월 11일부터 베트만은 답답할 정도로 느려 터진 오스트리아의 대비에 조바심을 내기 시작했다. 쿠르트 리츨러는 베트만의 저택에서 작성한 일기에서 문제를 이렇게 요약했다. "〔오스트리아는〕 동원에 끔찍하게 오랜 시간이 필요한 것으로 보인다. 16일 걸린다고 〔콘라트 폰〕 회첸도르프는 말한다. 이는 매우 위험하다. 신속한 기정사실, 그런 다음 우호적으로 협정 체결—이 방법으로 충격을 견딜 수 있다."[92] 빈 주재 독일 대사관의 서기관 슈톨베르크는 7월 17일 베트만에게 베르히톨트와 티서가 아직까지도 "협상" 중이라고 알렸다.[93] 베르히톨트가 오스트리아 최후통첩에 답변할 시간을 48시간밖에 주지 않은 것은 속도를 내야 할 필요성에 부응하는 한편 국제 분규 가능성을 최소화하기 위해서였다. 같은 이유로 독일 외무대신 야고브는 세르비아에 선전포고할 날짜를 7월 29일에서 28일로 앞당기라고 오스트리아 측에 요구했다.

오스트리아가 굼벵이처럼 대응한 탓에 국지화 정책의 성공에 필요한 전제조건 중 하나가 무너졌다면, 독일 정부는 이 정책을 왜 그토록 악착같이 고수했던 걸까? 한 가지 이유는 그들이 무력 개입을 방지하는 더 깊은 구조적 요인들(러시아의 무장 프로그램이 아직 완료되지 않은 사정 같은)을 믿었다는 데 있다. 프랑스 정부의 의중은 더 읽어내기가 어려웠다. 7월 셋째 주와 넷째 주에 프랑스 대통령과 수상 겸 외무장관 모두 러시아 아니면 바다에 있었기에 더욱 그랬다. 하지만 프랑스 군사 대비태세에 관한 윙베르의 보고서는 삼국협상이 행동하지 않을 공산이 크다는 독일의 자신감을 뒷받침해주었다.

독일 정부는 프랑스의 불충분한 군사 대비태세를 폭로해 논란을 일으킨 윙베르의 보고서를 의심스럽게 보았고, 윙베르의 무절제한 언어를 본질적으로 아돌프 메시미 육군장관과 그의 직원들에 대한 정치적 공격으로 간주했다. 독일 군사전문가들은 수적으로 적은 프랑스 야포가 실은 독일 야포보다 질적으로 뛰어나다고 재빨리 지적했다. 프랑스 육군이 기존의 방어적 접근법을 포기하고 공격적 전략을 채택했으므로, 프랑스 국경 요새들이 상대적으로 약해진 것은 부차적인 문제였다.[94] 그렇지만 윙베르의 폭로에 뒤이어 작성한 비밀 의견서에서 몰트케는 동부 접경에서 프랑스의 군사 대비태세가 특히 중포와 박격포, 방공탄약고 부문에서 실제로 부족하다고 결론 내렸다.[95] 적어도 윙베르의 보고서는 프랑스-러시아 동맹을 세르비아를 둘러싼 전쟁으로 밀어넣을 의향이 프랑스 정부에, 특히 프랑스 육군사령부에 없다는 것을 시사했다. 러시아도 분명 전쟁을 단념할 것이었다.[96]

독일 정부가 국지화에 전념한 다른 이유는 그들이 보기에 대안이 부족했다는 데 있다. 합스부르크 맹방을 포기하는 방안은 논외였는데, 평판과 권력정치 때문만이 아니라 독일 의사결정자들이 세르비아를 고발하는 오스트리아의 정당성을 정말로 받아들였기 때문이기도 하다. 군사적 공격력의 균형이 독일에 불리한 쪽으로 기울어지고 있다면, 독일의 유일한 강대국 맹방을 잃을 경우 상황이 걷잡을 수 없이 악화될 것이었다(독일 계획자들은 이미 이탈리아를 실질적인 자산으로 여기기에는 너무 신뢰할 수 없는 나라로 인식하고 있었다).[97] 이탈리아의 양면성은 그레이가 선호한 제안, 즉 이해관계가 덜한 4개국이 협조하여 분쟁을 해결하자는 제안의 타당성을 떨어뜨리기도 했다. 이탈리아가 삼국협상의 두 나라 영국과 프랑스를 편든다면(그럴 가능성이 농후해 보였다), 오스트리아-헝가리가 공정한 결과를 얻을 가망이 얼마나 있겠는가? 독일은 영국의 제안을 빈에 전달할 의향이 있었지만, 베트만의 견해는 독일이 오스트리아와 세르비아의 관계가 아니라 러시아와 오스트리아의 관계에 대한 4개국 개입만을 지지해야 한다는 것이었다.[98]

분쟁을 국지화하는, 그리고 대안의 출현을 막는 전략의 밑바탕에는 베트만에게 너무도 중요했던 믿음, 즉 러시아가 모든 것에 개의치 않고 피보호국을 위해 개입하기로 결정하여 발생하는 전쟁은 독일이 통제할 수 없는 사태, 공격적인 러시아와 삼국협상 파트너들이 동맹국에게 지우는 운명이 되리라는 믿음이 있었다. 우리는 이런 사고의 흐름을 7월 12일 외무대신 고틀리프 폰 야고브가 런던 대사 리히노브스키에게 보낸 서신에서 찾아볼 수 있다.

> 우리는 오스트리아와 세르비아 간 분쟁을 국지화할 필요가 있습니다. 이것이 가능할지 여부는 첫째로 러시아에, 둘째로 삼국협상의 다른 나라들의 영향력에 달려 있을 것입니다. (……) 나는 예방전쟁을 바라지 않지만, 만일 싸움이 저절로 일어난다면, 우리는 회피하지 않을 것입니다.[99]

7월 위기 속 수많은 행위자들의 추론에서 나타나는 경향을 이 인용문에서도 발견할 수 있다. 그들은 자신이 불가항력적인 외적 제약을 받으며 활동한다고 인식하면서도 평화와 전쟁 중에 하나를 결정하는 책임을 단호히 적에게 지우는 경향을 보였다.

독일 지도부는 오스트리아-헝가리를 지원함으로써, 그리고 국지화의 실현 가능성을 속 편하게 자신함으로써 7월 위기의 전개를 나름대로 거들었다. 그렇다 해도 그들이 1914년 여름의 사태에 반응한 방식 가운데 그 무엇도 그들이 7월 위기를 절호의 기회로, 인접국들을 상대로 예방전쟁을 벌이려는 오래된 계획을 실행에 옮길 기회로 보았음을 시사하지 않는다. 오히려 침머만, 야고브, 베트만은 자신들 주변에서 펼쳐지는 재앙의 규모를 유독 느리게 파악했다. 7월 13일 침머만은 "대규모 유럽 분쟁"이 없을 것이라고 여전히 자신했다. 26일에도 외무부 고위 관료들은 프랑스와 영국 모두 어떠한 발칸 분쟁에도 관여하지 않을 것으로 보았다. 독일 정책수립자들은 당시 상황을 지배하기는커녕 사태의 추이를 따라가기 급급한 듯 보였다. 위기의 결정적인 나날 동안 야고브는 동료들에게 "초조하고 우유부단하고 두려워하는" 인상을 주었으며, 베트만은 티르피츠에게 "물에 빠진 사람"을 연상시켰다.[100]

7월의 더운 몇 주 동안 카이저는 스칸디나비아에서 요트 여행을 하고 있었다. 내제도 발트해에서 배를 타고 장기간 여행하는 것은 빌헬름 2세가 오래전부터 여름마다 꼬박꼬박 하는 일이었다. 여름 여행은 베를린에서 그를 괴롭히는 긴장과 복잡함, 무력감에서 벗어나게 해주었다. 카이저는 왕실 전용선 호헨촐레른호에서 언제든 황제를 즐겁게 하도록 강요할 수 있는 사근사근한 아첨꾼들에 둘러싸인 채, 눈에 보이는 모두의 주인이 되고 자신의 성급한 기질을 마음껏 발산할 수 있었다. 며칠 동안 해군장교들과 유쾌하게 어울리며 킬 보트 경주를 즐긴 뒤, 빌헬름은 노르웨이 해안 도시 발홀름으로 가서 7월 25일까지 정박했다. 7월 14일 이곳에서 그는 독일에 도움을 청하는 프란츠 요제프의 메시지에 답하는 친서를 처음 보냈다. 그 친서는 종전의 지원 약속을 되풀이하고 "범슬라브주의 선동"으로 이중군주국을 위협하는 "미친 광신자들"을 비난하면서도, 퍽 흥미롭게도 전쟁 수행을 전혀 언급하지 않았다. 빌헬름은 "빈과 베오그라드의 현재 관계 문제에 관한 견해를 말하는 것은 삼가야" 한다면서도 반군주제 "행위 선동"에 "국가의 가용한 모든 수단"으로 대응하는 것을 "모든 문명국가의 도의적 의무"로 보았다. 그렇지만 친서의 나머지 부분에서는 발칸 지역에서 오스트리아에 반대하는, "러시아의 후원을 받는 발칸동맹"이 출현하는 것을 막기 위한 외교적 조치들만 언급했다. 카이저는 황제가 사별의 슬픔에서 속히 회복하기를 기원하며 편지를 끝맺었다.[101]

요트 위 카이저에게 도착한 공문들에 대한 그의 논평을 보면, 베를린 정계와 군부의 주요 인물들 다수와 마찬가지로 그도 빈의 결정 소식을 기다리며 안달하고 있었음을 알 수 있다.[102] 그는 시간이 너무 많이 흘러 사라예보 암살사건에 국제적으로 분개하는 호기를 놓치거나 오스트리아가 아예 용기를 잃을 가능성을 주로 우려했던 것으로 보인다. 그는 7월 15일경 "강력한 결정"이 임박했다는 소식을 듣고 기뻐했다. 유일하게 아쉬운 점은, 오스트리아의 요구를 베오그라드에 전달할 시점이 다시 한 번 늦추어졌다는 것이었다.[103]

그렇지만 7월 19일 빌헬름은 외무대신 야고브가 호헨촐레른호로 보낸 전보에 충격을 받아 "매우 불안"한 상태가 되었다. 그 전보에 본질적으로 새로운 소식은 없었지만, 최후통첩을 7월 23일 전달할 계획이고 "예상치 못한 상황에서 중요한 결정〔동원〕을 내릴 필요가 있을 때" 카이저에게 연락할 수 있도록 조치를 취하겠다는 통고에 빌헬름은 다가오는 위기의 잠재적 파장을 실감하게 되었다.[104] 그는 곧장 대양함대에 예정된 스칸디나비아 방문을 취소하고 즉각 출발할 수 있는 대비태세를 갖추라는 명령을 내렸다. 우연찮게도 이 무렵 영국 해군이 한창 시험동원 중이었고 따라서 높은 수준의 전투 대비태세였음을 감안하면, 카이저의 불안은 이해할 만한 반응이었다. 하지만 베트만과 야고브는 카이저의 명령이 그저 의구심을 높이고 영국의 동원 해제를 막아 위기를 악화할 뿐이라고 보았다. 7월 22일 그들은 빌헬름의 결정을 뒤엎고 대양함대에 계획대로 노르웨이에서 기항하라고 명령했다. 이 시점까지도 외교적 우선사항이 전략적 고려사항보다 더 중시되었다.[105]

긴장이 고조되고 있었음에도 빌헬름은 더 큰 위기를 피할 수 있다고 계속 자신했다. 베오그라드에 전달된 최후통첩안의 사본을 받고서 그는 "뭐 놀랍신 해도 어쨌든 강경한 통첩에 지나지 않아" 하고 말했다(분명 빌헬름은 오스트리아가 결국 세르비아와의 충돌을 피할 것이라는, 자신의 수행단 대다수의 견해를 공유하고 있었다). 뮐러 제독이 최후통첩은 전쟁이 임박했음을 의미한다고 말하자 카이저는 열을 올리며 세르비아가 오스트리아와 전쟁하는 위험을 결코 감수하지 않을 것이라고 반박했다. 뮐러는 이 일을 카이저가 심리적으로 군사적 분규를 전혀 각오하고 있지 않고 전쟁이 실제 가능성임을 깨닫자마자 무너지리라는 신호로 해석했다(결국 옳은 해석으로 드러났다).[106]

빌헬름은 7월 27일 오후에 포츠담으로 돌아왔다. 이튿날 새벽에 그는 빈이 닷새 전에 전달한 세르비아의 최후통첩 답변서를 처음 읽었다. 그의 반응은 과장하지 않고 말해도 뜻밖이었다. 그는 세르비아의 답변서 사본에 이렇게 적었다. "48시간 만에 내놓은 결과물 치고는 훌륭하다. 우리가 기대할 수 있었던 수준 이상이다! 그러나 이것으로 전쟁할 필요성이 모두 사라진다." 그는 오스트리아가 이미 부분동원을 발령했다는 소식에 깜짝 놀랐다. "나라면 그런 이유로는 결코 동원을 명령하지 않았을 걸세."[107] 오전 10시 정각에 카이저는 야고브에게 휘갈겨 쓴 서신에서 세르비아가 "가장 굴욕적인 항복문서"를 제출했으므로 "이제 전쟁할 모든 이유가 사라졌다"라고 단언했다. 이어서 오스트리아가 세르비아를 철저히 침공하는 대신 세르비아의 약속 이행을 보장받기 위해 주민들을 대피시킨 베오그라드를 일시적으로 점령하는 방안을 고려해야 한다고 말했다. 더 중요한 점은, 빌헬름이 야고브에게 이것이 자신의 바람이고, "전쟁할 모든 원인이 사라졌"으며, 자신이 직접 "오스트리아와의 화평을 중재"할 준비가 되어 있음을 오스트리아 측에 알리라고 명령했다는 사실이다. "이 일을 나는 내 방식대로, 오스트리아의 국민감정과 군대의 명예를 최대한 지키면서 할 것이다."[108] 그는 몰트케에게도 편지를 보내 세르비아가 오스트리아-헝가리에 대한 약속을 지킨다면 전쟁할 이유가 더는 없다고 알렸다. 육군장관에 따르면 이날 카이저는 "자신이 전쟁을 더 이상 원하지 않고 설령 오스트리아-헝가리의 곤경을 외면한다는 의미가 될지라도 [전쟁을 피하기로] 결심했다는 인상을 분명하게 주는 당혹스러운 연설들"을 했다.[109]

역사가들은 카이저가 갑자기 쏟아낸 신중론을 용기 부족의 증거로 여겨왔다. 7월 6일 킬에서 중공업 기업가 구스타프 크루프를 만났을 때 카이저는 "이번에 나는 꽁무니를 빼지 않을 걸세"라고 거듭 단언했다. 패기를 입증하려는 이 미약한 시도의 비장함에 크루프는 감명을 받았다.[110] 루이지 알베르티니가 적절히 말한 대로 "빌헬름은 위험이 멀리 있을 때는 허장성세를 부렸지만 전쟁의 실제 위험이 다가온다고 생각할 때는 입을 다물었다."[111] 이 말에는 중요한 사실이 담겨 있다. 오스트리아의 이해관계를 지키려는 카이저의 결의와 분쟁의 위험에 대한 그의 평가는 언제나 반비례 관계였다. 그리고 7월 28일에는 위험이 실로 아주 심각해 보였다.

런던 대사 리히노브스키의 최근 전보에 따르면, 에드워드 그레이 경은 세르비아가 "그가 가능하다고 결코 믿지 않았을" 정도의 만족을 주었다고 말했고, 오스트리아가 입장을 누그러뜨리지 않을 경우 큰불이 예상된다고 경고했다.[112] 영국의 견해에 시나지게 민감했던 만큼 빌헬름은 분명 이 경고를 진지하게 받아들였을 것이다(세르비아의 답변서에 대한 그의 해석이 독일 재상과 외무부의 견해와 그토록 상충했던 이유를 그레이의 경고로 설명할 수 있을지도 모른다). 그렇지만 어떤 면에서 7월 28일 빌헬름의 어조는 기존 방침에서 벗어난 것이라기보다는 용기 부족의 결과였을 것이다. 7월 위기 동안 그가 한 발언들은, 빈과 베를린에서 최후통첩을 그저 군사적 조치의 구실로 여긴 인물들과 달리 그는 위기를 해소할 진지한 외교적 수단으로 여겼다는 것, 그리고 발칸 문제의 정치적 해결을 고집했다는 것을 시사한다.

독일의 의사결정 구조에 균열이 생겼다. 주권자의 견해와 최고위 의사결정자들의 견해가 상충했던 것이다. 하지만 균열은 곧 봉합되었다. 7월 28일 카이저의 서신에서 가장 주목할 점은 그것이 실행에 옮겨지지 않았다는 것이다. 간혹 주장하는 대로 빌헬름 2세가 충분한 권력을 누렸다면, 이날 그의 개입으로 위기의 추이가 바뀌고 어쩌면 세계사까지 바뀌었을지도 모른다. 그러나 그는 빈의 실정을 알지 못했다. 당시 빈 지도부는 세르비아 공격을 강행하고 싶어 안달하고 있었다. 더 중요한 점은, 그가 거의 3주 동안 바다에서 지내느라 베를린의 실정도 알지 못했다는 것이다. 야고브에게 지시한 사항은 빈 주재 독일 사절들에게 영향을 주지 못했다. 베트만 재상은 빌헬름의 견해를 오스트리아에 제때 알려 7월 28일 선전포고를 막으려 하지 않았다. 그리고 카이저가 야고브에게 서신을 보내고 겨우 15분 뒤에 재상이 치르슈키에게 발송한 긴급 전보에는 빌헬름의 몇몇 제안만 담기고 이제 전쟁할 이유가 없다는 결정적인 주장은 담기지 않았다. 오히려 베트만은 카이저가 포기한 종전 방침, 즉 "우리가 오스트리아를 저지하고 싶어

한다는 인상을 주는 일을 아주 신중하게 피해야" 한다는 방침을 고수했다.[113]

베트만이 왜 이렇게 했는지 확실히 알기는 어렵다. 그가 자신의 외교활동과 예방전쟁 정책을 이미 연결 짓고 있었다는 견해를 뒷받침하는 문서는 확인되지 않는다. 그가 빈과 공조하여 오스트리아의 조치에 과잉 반응하지 않도록 러시아를 설득하는 데 초점을 맞춘 대안 전략에 이미 주력하고 있었다는 추론이 사실에 더 가까울 것이다. 7월 28일 저녁 베트만은 카이저를 설득해 독일 정부가 빈과 상트페테르부르크 간 만족스러운 양해를 이끌어내기 위해 최선을 다하고 있다는 전보를 니콜라이 2세에게 보내게 했다. 24시간 전만 해도 빌헬름이 시기상조라며 거부했던 조치였다.[114] 그 결과물이 앞서 언급한, 윌리의 중재자 역할을 위태롭게 하지 말라고 니키에게 간청하는 전보였다. 베트만은 분쟁 예방이 아닌 국지화의 관점에서 생각하고 있었고, 카이저의 개입에 맞서 이 정책을 지킬 각오였다.

7월 25일부터 러시아에서 군사적 움직임의 증거가 점점 늘어났다. 쾨니히스베르크의 정보장교는 바브루이스크에 있는 러시아 무전국과 에펠탑 사이에 송수신한 "유달리 긴" 암호화된 메시지들을 가로챘다고 보고했다.[115] 7월 26일 일요일 아침 니콜라이 2세의 궁정을 담당하는 독일 군사전권위원 켈리우스Oskar von Chelius 중장은 러시아 당국이 "오스트리아를 상대하는 동원을 위한 보는 대비"를 개시한 것으로 보인다고 보고했다.[116] IIIb부 부장 니콜라이 소령은 국경 너머에서 무슨 일이 일어나는지 더 확실히 알기 위해 휴가를 중간에 끝내고 베를린으로 돌아가 '긴장여행자들Spannungreisende'을 동원하라고 명령했다. 출신이 다양한 이 자원자들의 임무는 국제적 긴장의 조짐을 보자마자 행락객이나 외판원으로 가장한 채 러시아와 프랑스로 들어가, 니콜라이 소령이 쓴 지침서에 따라 "프랑스와 러시아에서 대비가 이루어지고 있는지" 확인하기 위해 은밀히 관찰한 정보를 기록하는 것이었다.[117] 그들 중 일부는 국경을 넘는 짧은 여행을 되풀이하며 직접 관찰한 정보를 보고했다.

일례로 불굴의 헤노우몬트 씨는 사흘 동안 바르샤바를 두 번 방문했다가 국경이 닫히는 바람에 한동안 러시아령 폴란드에 갇혔다. 다른 사람들은 더 멀리까지 가서 공중전보 서비스를 통해 살짝 암호화된 전보를 보냈다. 아직은 서두르는 기색이 없었다. 긴장여행자들을 관리하는 정보장교들은 7월 25일 긴장 기간이 꽤 길어질지 모른다고 통보받았다. 예상과 달리 긴장이 잦아들면, 휴가를 취소해야 했던 여행자들이 다시 휴가를 떠날 수 있을 터였다.[118]

긴장여행자들과 동부 접경의 정보기관 지부들을 거점으로 활동한 요원들은 곧 러시아의 군사대비를 생생하게 전달하기 시작했다. 쾨니히스베르크 지부는 동쪽으로 가는 빈 화물열차, 코브노 주변의 병력 이동, 국경경비대에 발령된 경보 등을 보고했다. 7월 26일 오후 10시 긴장여행자 펜츠키는 빌뉴스에서 상업전보 서비스를 이용해 이 도시에서 전쟁 대비가 이미 한창 진행 중이라고 보고했다. 27일과 28일 내내 긴장여행자들과 다른 요원들이 보낸 상세한 정보가 참모본부에 신설된 '정보평가위원회'에 속속 모여들었다. 7월 28일 오후 위원회는 최근 입수한 정보들을 요약했다.

> 러시아는 부분동원으로 보인다. 규모는 아직 확실히 알 수 없다. 오데사와 키예프 군관구는 상당히 확실하다. 모스크바는 아직 불확실하다. 바르샤바 군관구에 관한 개별 보고서들은 아직 검증되지 않았다. 다른 관구들, 특히 빌뉴스에서는 아직 동원이 발령되지 않았다. 그럼에도 러시아가 독일 접경지역에서도 전쟁 대비가 틀림없는 몇몇 군사적 조치들을 취하고 있는 것이 확실하다. 아마도 러시아의 '전쟁 대비기간'령이 제국 전체에 선포된 듯하다. 국경경비대는 어디서나 전투 장비와 행군 준비를 갖추고 있다.[119]

이렇게 극적으로 악화된 상황, 7월 29일 부분동원 소식으로 더욱 악화된 상황은 독일 외교를 어느 정도 공황 상태에 빠뜨렸다. 런던에서 오는 메시지와 러시아 군사대비와 관련해 꾸준히 흘러드는 정보를 걱정하던 베트만은 갑자기 방침을 바꾸었다. 7월 28일 빈을 만류하려던 빌헬름의 노력에 훼방을 놓았던 그가 이튿날 치르슈키 대사에게 전보를 연달아 급송하며 빌헬름과 똑같이 빈을 저지하려 했다.[120] 그러나 그의 노력은 무위로 돌아갔다. 러시아의 대비 속도가 위협적이었던 까닭에 독일로서는 중재 효과가 나타나기 전에 대응조치를 취하지 않을 수 없었기 때문이다.

7월 30일 러시아의 동원 소식 이후 베를린이 군사적 조치로 대응하는 것은 그저 시간문제였다. 이틀 전 에리히 폰 팔켄하인 육군장관은 베트만과 언쟁한 끝에 훈련지역에 있는 병사들을 기지로 복귀시키도록 명령하는 데 성공했다. 이 시점까지는 조기 대비조치(서부 공격지대에서 밀을 구입하고, 철도에 특수경비대를 배치하고, 병사들을 주둔지로 보내라고 명령하는 등의 조치)를 비밀리에 명령할 수 있었고, 따라서 이론상 분쟁을 억제하기 위한 외교적 노력과 병행할 수 있었다. 그러나 동원 전 대비의 마지막 단계인 전쟁 위급상황 조치는 그렇게 할 수 없었다. 러시아가 7월 26일부터 시행한 이 조치를 독일이 채택할지 여부와 채택 시점을 정하는 문제는 평화의 마지막 날들 동안 베를린 지도부 내에서 주요 논쟁점 중 하나였다.

러시아가 부분동원령을 공포한 7월 29일에 열린 회의에서도 독일 수뇌부 사이에 이견이 있었다. 팔켄하인 육군장관은 전쟁 위급상황 선포에 찬성한 반면, 헬무트 폰 몰트케 육군참모총장과 베트만 재상은 중요한 운송체계에서 경비 근무를 확대하는 방안에만 찬성했다. 카이저는 두 선택지 사이에서 흔들리는 모습을 보였다. 상트페테르부르크처럼 베를린에서도 정치지도력이 주권자의 중요하고도 논쟁적인 결정에 점점 집중됨에 따라 국가수반이 정책수립 과정의 주요 참여자로 다시 부상할 수 있었다. 이날 아침 "전쟁으로 이어질 〔러시아의〕 극단적인 조치들"을 거론하는 차르의 위협적인 전보를 받았던 빌헬름은 처음에 육군장관을 지지하려 했다. 하지만 베트만의 압력에 마음을 바꾸어 전쟁 위급상황을 선포하지 않기로 했다. 팔켄하인은 이 결과에 유감을 보이면서도, 일기에 "평화의 유지를 믿는, 또는 적어도 바라는 모든 사람은 '전쟁 위협' 선포를 도저히 지지할 수 없으므로" 그들의 심경을 이해할 수 있다고 적었다.[121]

7월 31일 군사적 조치를 놓고 또다시 갈팡질팡하는 차에 모스크바의 푸르탈레스 대사로부터 러시아가 전날 한밤중에 총동원을 명령했다는 소식이 도착했다. 카이저는 즉시 전화를 걸어 전쟁 위급상황 선포를 명령했고, 7월 31일 오후 1시 이 명령이 팔켄하인을 통해 군대에 하달되었다. 이제 먼저 동원한 책임은 분명히 러시아에 있었다. 이는 베를린 지도부에게 상당히 중요한 문제였다. 독일 일부 도시들에서 일어난 평화주의 시위를 감안하면, 독일의 참전이 방어적 성격이라는 데 의문의 여지가 없어야 했다. 베를린 지도부가 특히 우려한 것은 지난번 독일제국의회 선거에서 총 투표수의 3분의 1 이상을 확보한 사회민주당SPD의 지도부였다. 베트만은 7월 28일 사회민주당의 우익 지도자 알베르트 쥐데쿰Albert Südekum을 만나 러시아의 공격을 방어해야 할 경우 사회민주당이 정부에 반대하지 않겠다는 약속을 받아두었다(영국 자유당만큼이나 독일 사회민주당 내에서도 반러시아 감정이 강했다). 7월 30일 재상은 전쟁이 날 경우 조직된 독일 노동계급에 의한 체제 전복을 우려할 필요가 없다고 동료들에게 장담할 수 있었다.[122]

러시아의 상황을 고려하면 빌헬름이 전쟁 위급상황 선포를 계속 저지하기란 거의 불가능했다. 그럼에도 바이에른 군사전권위원 폰 바이닝거von Weininger의 흥미로운 증언에 따르면, 팔켄하인이 이 결정을 "그에게서 쥐어짜내야" 했나. 카이저는 오후 들어 평정을 되찾았는데, 무엇보다 자신이 지금 외부의 강제에 못 이겨 행동하고 있다고 스스로를 설득했기 때문이다. 이는 7월 위기의 거의 모든 행위자에게 대단히 중요한 문제였다. 팔켄하인 육군장관이 참석한 회의에서 빌헬름은 현 상황을 기백 있게 설명하면서 임박한 분쟁의 모든 책임을 러시아 탓으로 돌렸다. 팔켄하인은 일기에 "그의 태도와 언어는 독일 황제, 프로이센 국왕에 걸맞았다"라고 적었다. 평화를 사랑하고 전쟁을 두려워한다는 이유로 군주를 혹평했던 독일 매파의 선봉인 군인이 내놓은 놀라운 평가였다.[123] 러시아 정부가 총동원령 철회를 거부하자 독일은 1914년 8월 1일 러시아에 선전포고를 했다.

"뭔가 오해가 생긴 게 틀림없습니다"

7월의 마지막 며칠 동안 독일 카이저의 관심은 줄곧 영국에 쏠려 있었다. 한 가지 이유는 많은 독일인들처럼 그도 영국을 대륙 체제의 버팀목 역할을 하는 강국으로 보았고, 전면전 회피 여부가 영국에 달려 있다고 생각했기 때문이다. 빌헬름은 대륙 외교에 대한 영국의 영향력을 과대평가하는 동시에 영국의 핵심 정책수립자들(특히 그레이)이 이미 특정한 방침에 주력하고 있던 정도를 과소평가하는 더 넓은 경향을 공유했다. 그렇지만 분명히 심리적인 차원도 있었다. 빌헬름은 영국으로부터 갈채와 인정, 애정을 받기를 간절히 원했다(하지만 어쩌다 한 번씩만 받았다). 영국은 그가 찬탄한 많은 것들을 대표했다. 현대 과학으로 만들어낼 수 있는 최고의 포와 장비를 갖춘 해군, 부유함, 세련됨, 세속성, 그리고 그가 탄복했으나 모방할 수 없었던 (적어도 그가 영국 방문 중에 만난 계층의) 귀족적이고 차분한 품행 같은 것 말이다.

영국은 그의 할머니(빅토리아 여왕—옮긴이)의 고향이었으며, 훗날 그는 할머니가 살아계셨다면 니키와 조지가 결코 이번처럼 한패를 먹고 자기를 괴롭히지 못했을 거라고 말했다. 영국은 그가 부러워하면서도 혐오한 삼촌, (그와 달리) 자국의 국제적 입지를 개선하는 데 성공한 에드워드 7세의 왕국이었다. 그리고 물론 영국은 13년 전에 돌아가신 그의 어머니, 생전에 괴롭고 불화하는 사이였던 어머니의 출생지였다. 빌헬름이 영국의 정책을 해석하려 시도할 때면 복잡하게 얽힌 감정과 기억이 언제나 그에게 영향을 주었다.

카이저는 7월 28일 자신의 동생 프로이센 왕자 하인리히가 보낸, 영국 국왕 조지 5세가 전쟁에 관여하지 않을 의도임을 시사하는 메시지에 크게 고무되었다. 26일 이른 아침 카우스에서 요트를 타던 하인리히는 독일로 돌아가기 전에 영국 국왕에게 작별인사를 하려고 서둘러 버킹엄궁으로 갔다. 하인리히의 주장에 따르면 조지 5세가 대화 중에 이런 말을 했다. "우리는 이 일에 관여하지 않기 위해 모든 노력을 다해야 하고 중립을 유지해야 합니다."[124] 왕자는 7월 28일 킬 항구에 도착하자마자 이 발언을 카이저에게 전보로 전했다. 빌헬름은 이 발언으로 영국이 중립을 공식 확약한 것이나 마찬가지라고 보았다. 티르피츠가 이 해석에 반대하자 빌헬름은 거만함과 순진함을 섞은 특유의 방식으로 대꾸했다. "나는 국왕의 말을 들었고, 내겐 그걸로 충분하네."[125] 영국 국왕이 실제로 이렇게 말했는지 여부는 불분명하다. 그의 일기는 예상대로 이 사안을 알려주지 않는다. "프로이센의 헨리(하인리히—옮긴이)가 일찍 나를 보러 왔다. 그는 즉시 독일로 돌아간다"라고 적혀 있을 뿐이다. 그러나 이 만남에 대한 다른 서술, 아마도 에드워드 그레이의 요청으로 국왕이 작성한 듯한 서술은 더 구체적인 정보를 제공한다. 이 자료에 따르면, 프로이센의 하인리히가 조지 5세에게 유럽 전쟁이 나면 영국은 어떻게 할 거냐고 묻자 영국 군주가 이렇게 답변했다.

> 나는 우리가 무얼 해야 할지 모르겠습니다. 우리는 누구와도 싸우고 있지 않고, 나는 우리가 중립을 유지하기를 바랍니다. 그렇지만 독일이 러시아에 전쟁을 선포하고 프랑스가 러시아 편에 가담하고 나면, 유감스럽게도 우리는 전쟁으로 끌려 들어갈 겁니다. 하지만 귀하는 나와 내 정부가 유럽 전쟁을 막기 위해 최선을 다할 거라고 믿어도 됩니다![126]

이렇게 보면 하인리히의 대화 보고서에는 가당치 않은 희망사항이 담겼던 셈이다. 다만 조지 5세가 자신의 서술을 외무장관의 기대치에 맞추어 조정했을 가능성을 완전히 배제할 수는 없다. 이 경우 진실은 두 발언 사이 어딘가에 있을 것이다. 여하튼 하인리히의 전보는 영국이 관여하지 않을 것이라는 카이저의 확신을 되살리기에 충분했으며, 의도를 밝히기를 꺼리는 영국 정부, 특히 그레이의 자세가 카이저의 낙관론을 지탱했던 것으로 보인다.

이런 이유로 빌헬름은 그레이와 독일 대사 리히노브스키 공이 나눈 대화를 7월 30일 아침에 전해 듣고서 충격을 받았다. 그레이는 분쟁이 오스트리아, 세르비아, 러시아로 국한된다면(괴상한 생각이었다) 관망하겠지만 만약 독일과 프랑스가 관여하게 된다면 삼국협상 편에서 개입할 것이라고 경고했다. 빌헬름은 대사의 공문에 격분하여 여백에 마구 휘갈겨 썼다. 영국인들은 "궁지에 빠진" 오스트리아를 저버릴 것을 독일에 강요하고, 건방지게 끔찍한 결과를 들먹이며 독일을 위협하면서도 대륙의 맹방들을 싸움에서 빼내려 하지 않는 "불한당들"이자 "비열한 장사꾼들"이었다.[127]

이튿날 러시아의 총동원 소식이 도착했을 때 빌헬름의 생각은 다시 한 번 영국으로 향했다. 다시 말해 그레이의 경고와 함께 고려하면, 러시아의 동원으로 영국이 지금 분쟁 확대를 "핑계" 삼아 "유럽의 모든 민족으로 하여금 영국에 찬성하고 우리에 반대하게 만드는 수!"를 쓰려는 계획임이 "입증"되었다고 생각했다.[128]

그런 다음 8월 1일 토요일 오후 5시 직후에 경천동지할 소식이 들려왔다. 베를린이 총동원령을 내리고 겨우 몇 분 뒤, 이날 오전 영국 외무장관과의 논의를 보고하는 런던 대사 리히노브스키의 전보가 도착했다. 독일이 프랑스를 공격하지 않는다면 영국이 전쟁에 관여하지 않을 뿐 아니라 프랑스의 중립까지 보장하겠다는 제안을 그레이가 했다는 것 같았다. 전보문은 다음과 같았다.

> 에드워드 그레이 경이 방금 W. 티렐 경을 통해 지금 이야기 중인 내각 회의의 결과로 대파국을 막는 데 도움이 될지도 모르는 성명을 오늘 오

리히노브스키 백작

후〔리히노브스키는 오전 11시 14분에 전보를 보냈다〕 제게 발표할 수 있기를 바란다고 전해왔습니다. W. 티렐 경의 발언으로 미루어 판단하면, 이는 우리가 프랑스를 공격하지 않을 경우 잉글랜드 역시 중립을 유지하고 프랑스의 수동성을 보장하겠다는 의미로 보입니다. 자세한 이야기는 오늘 오후에 들을 것입니다. 에드워드 그레이 경이 방금 제게 전화를 걸어 프랑스가 러시아와 독일 간 전쟁에서 중립을 유지할 경우 우리가 프랑스를 공격하지 않을 것을 제가 확약할 수 있느냐고 물었습니다. 저는 그에게 그런 보장을 제가 책임질 수 있다고 확약했고, 그는 이 확약을 오늘 내각회의에서 이용할 것입니다. 추신: W. 티렐 경이 저의 영향력을 사용해 우리 병력이 프랑스 국경을 침범하는 것을 막아달라고 급히 간청했습니다. 모든 것이 그 일에 달려 있다고 했습니다. 그는 독일 병력이 이미 한 차례 국경을 넘었고 프랑스 병력이 물러났다고 말했습니다.[129]

이 예상치 못한 제안에 화들짝 놀란 베를린 의사결정자들은 흔쾌히 화답하는 답변서를 분주히 작성하기 시작했다. 그런데 답변서 초안을 완성하기 전인 오후 8시경 전보가 또 도착했다. "〔이전 전보의〕 후속, W. 티렐 경이 방금 찾아와 오늘 오후 에드워드 그레이 경이 우리가 러시아뿐 아니라 프랑스와 전쟁할 경우에도 잉글랜드의 중립을 제안하기를 바란다고 말했습니다. 저는 에드워드 그레이 경을 3시 30분에 만날 것이고 즉시 보고할 것입니다."[130]

이 런던발 메시지는 황제와 육군참모총장 사이에 격렬한 논쟁을 불러일으켰다. 독일의 동원은 이미 진행 중이었고, 이는 방대한 슐리펜 계획이 가동 중이라는 뜻이었다. 리히노브스키의 첫 번째 전보를 읽은 뒤, 빌헬름은 당장 동원령을 철회할 수는 없지만 영국-프랑스의 중립 약속을 대가로 프랑스에 대항하는 어떤 움직임이든 중단하려는 견해를 취했다. 베트만과 티르피츠, 야고브의 지지를 받은 빌헬름은 런던에서 영국 제안의 성격을 분명히 밝히는 메시지가 추가로 들어오기 전까지는 어떠한 부대 이동도 하지 말라고 명령했다. 그러나 빌헬름과 베트만은 서부에서 전쟁을 피할 기회를 잡으려 했던 반면, 몰트케는 총동원을 이미 시작한 마당에 멈출 수 없다는 견해를 취했다.

한 관찰자는 이렇게 회상했다. "이 일은 극도로 격렬하고 극적인 분쟁을 일으켰다. 몹시 흥분한 몰트케는 떨리는 입술로 자신의 입장을 역설했다. 카이저와 재상과 다른 모든 이들이 그에게 호소했으나 소용이 없었다."[131] 몰트케는 동원 중인 프랑스에 독일의 등을 노출하는 것은 자살행위나 다름없다고 주장했다. 게다가 제1순찰대가 이미 룩셈부르크로 진입했고, 트리어의 제16사단이 그 뒤를 바짝 쫓고 있었다. 빌헬름은 대수롭지 않은 일로 치부하며 트리어에 연락해 제16사단을 룩셈부르크 국경 앞에서 멈추게 하라고 명령했다. 몰트케가 룩셈부르크 철도 노선에 대한 통제력이 위태로워진다는 이유를 들어 룩셈부르크 점령을 멈추지 말아달라고 간청하자 빌헬름은 "다른 노선들을 이용하라!"고 쏘아붙였다. 논쟁은 교착 상태에 빠졌다. 그 과정에서 몰트케는 거의 히스테리 상태가 되었다. 육군참모총장은 에리히 폰 팔켄하인 육군장관과 사적인 한담을 나누다가 울먹이는 목소리로 "카이저의 이번 결정으로 카이저가 여전히 평화를 바란다는 것이 입증되었으므로 자신은 완전히 망가진 사람이 되었다"라고 털어놓았다.[132]

두 번째 전보가 도착한 후에도 몰트케는 이 늦은 단계에서 동원계획을 변경해 프랑스를 배제할 수는 없다고 계속 주장했다. 하지만 빌헬름은 들으려 하지 않았다. "그대의 걸출한 삼촌(근대 참모제도의 창시자인 헬무트 폰 몰트케. 조카와 구별하기 위해 대大몰트케라고 부른다—옮긴이)이었다면 내게 그런 답변을 하지 않았을 걸세. 내가 그것을 명령하면 틀림없이 가능하네."[133] 빌헬름은 샴페인을 가져오라고 지시했고, 몰트케는 발끈해 자리를 박차고 나갔다. 몰트케는 아내에게 적과 싸울 준비는 완벽하게 되어 있지만 "카이저와" 싸울 준비는 되어 있지 않다고 말했다. 이 충돌의 스트레스가 얼마나 심했던지, 몰트케의 아내는 남편이 그 일로 가벼운 뇌졸중을 앓았다고 생각했다.[134]

샴페인 코르크 마개가 병에서 날아가는 동안, 베트만과 야고브는 런던에서 온 첫 번째 전보에 대한 답변을 작성하고 있었다. 그들은 "잉글랜드가 독일-러시아 분쟁에서 자국의 전군과 함께 프랑스의 무조건 중립을 보장할 수 있다면" 제안을 받아들이겠다고 썼다. 동원은 계속될 테지만, 협정을 마무리하는 동안 8월 3일 오전 7시까지 독일 병력이 프랑스 국경을 침범하는 일은 없을 것이었다. 카이저는 조지 5세에게 직접 전보를 보내 이 메시지를 강화했다. 그는 "영국이 보장하는 프랑스의 중립" 제안을 기꺼이 받아들이며 프랑스가 "긴장"하지 않기를 바란다고 썼다. "우리 국경의 병력에는 전보와 전화로 연락해 프랑스 국경 침범을 중단하도록 조치하고 있습니다."[135] 야고브 역시 먼저 제안해준 그레이에게 감사를 표하라는 전보를 리히노브스키에게 보냈다.[136]

그 직후 리히노브스키의 새 전보가 도착했다. 독일 대사는 목 빠지게 기다리던 오후 3시 30분에 약속대로 그레이를 만났지만, 당혹스럽게도 그레이는 영국 또는 프랑스의 중립을 제안하지도 않았고, 그 문제를 내각에서 동료들에게 거론하지도 않은 것으로 보였다. 오히려 그레이는 독일군과 프랑스군이 "러시아 전쟁이 일어날 경우 서로 공격하지 않고 대치할" 가능성을 그저 암시한 다음 영국의 개입을 촉발할 수 있는 독일의 조치들에 초점을 맞추었다. 특히 그레이는 "〔프랑스와 독일〕 어느 쪽이든 벨기에 중립을 조금이라도 침범할 경우 잉글랜드의 감정을 억누르기가 아주 어려울 것입니다"라고 경고했다. 리히노브스키는 독일이 벨기에 영토를 침범하지 않는 데 동의하면 외무장관께서 영국의 중립을 확약해주시겠냐는 질문으로 역습을 가했다.

이상하게도 그레이는 이 제안에 허를 찔렸다. 그는 잉글랜드가 행동의 자유를 유지해야 하므로 그런 확약을 해줄 수 없다고 말할 수밖에 없었다. 바꾸어 말하면, 그는 이전 제안에서 후퇴하는 모습을 보였다. 동시에 사전에 프랑스와 협의하지 않고서 중립 제안을 했다는 사실을 (아마도 무심결에) 드러냈다. 리히노브스키는 결론 없이 다소 어정쩡하게 끝난 이 대화를 설명하면서, 영국이 자국 행동의 자유를 제약하는 어떠한 협정도 체결하지 않을 것으로 보이지만 그레이가 프랑스-독일 무장 교착상태의 가능성을 타진하는 데 동의했다고 보고하는 데 그쳤다.[137] 그날 초저녁에 도착한 이 전보는 베를린에서 대혼란을 일으켰다. 베를린은 답장을 보내지 않았다.

그렇지만 영국 정부의 프랑스 중립 제안을 흔쾌히 받아들인다는 카이저의 전보가 이미 조지 5세에게 전해져 런던 각료들을 경악시킨 뒤였다. 이날 그레이의 우여곡절을 아무도 전해 듣지 못한 눈치였다. 외무장관은 즉시 버킹엄궁으로 호출되어 상황을 설명하고 답변서를 작성했다. 오후 9시경 그는 빌헬름의 전보에 대한 조지 5세의 답문을 썼다.

> 오늘 오후 리히노브스키 공과 에드워드 그레이 경이 어떻게 독일군과 프랑스군 사이 실제 싸움을 피하면서도 오스트리아와 러시아 사이에 모종의 협정을 체결할 기회를 남겨둘 수 있을지를 논의하며 우호적인 대화를 나누던 중에 오간 제안과 관련하여 뭔가 오해가 생긴 게 틀림없습니다. 에드워드 그레이 경이 내일 일찍 리히노브스키 공을 찾아가 자신이 오해한 부분이 있는지 확인할 것입니다.[138]

아직 남아 있던 모호함은 리히노브스키 공의 추가 전보로 말끔히 사라졌다. 조지 국왕이 카이저의 원기왕성한 전보를 받은 시각과 거의 동시에 영국의 "제안"을 "수락"하는 야고브의 답변을 받은 리히노브스키는 감정을 빼고 명확하게 썼다. "영국의 제안이 전혀 없으므로 대신의 전보는 효력이 없습니다. 따라서 추가 조치를 취하지 않았습니다."[139]

이즈음이면 베를린은 오후 11시를 지난 시간이었다. 제16사단의 이동을 정지시킨 카이저의 명령에 절망하여 참모본부에서 눈물을 흘리고 있던 몰트케의 시야에 안도의 빛이 들어왔다. 자정 직후 몰트케는 다시 궁으로 와서 최신 전보 내용을 들으라는 명령을 받았다. 몰트케가 도착하자 빌헬름은 영국의 (정정된) 입장을 약술하는 최신 전보를 보여주며 말했다. "이제 그대가 원하는 걸 할 수 있네."[140]

그레이는 무엇을 하려고 했던 걸까? 8월 1일 동안 그레이가 리히노브스키, 캉봉, 여러 영국 동료들과 의사소통한 내용은 해명하기가 여간 어렵지 않다. 오죽하면 그것을 이해하려는 노력이 1차 세계대전의 기원에 관한 문헌들에서 하위 논쟁을 낳았을 정도다. 7월 29일 그레이는 리히노브스키에게 독일과 프랑스가 전쟁으로 끌려 들어갈 경우 영국이 신속한 조치를 취할 수밖에 없을지도 모른다고 경고했다. 바로 이 경고가 "불한당들"과 "비열한 장사꾼들"을 운운한 카이저의 성난 메모를 유발했다.[141]

그러나 7월 31일 그레이는 파리 대사 바르티에게 영국 여론이 자국의 이해관계와 그토록 동떨어진 싸움에 개입하는 방안을 지지할 것으로 기대할 수 없다고 경고하기도 했다.[142] 어쩌면 그레이는 리히노브스키에게 실제로 영국의 중립 가능성을 제시했을 것이다(이는 리히노브스키가 사실 그레이의 근본적인 의도를 오해하지 않았음을 의미할 것이다).[143] 이렇게 해석하면, '오해'는 그레이가 스스로 빠진 곤경에서 빠져나온 방식이 된다. 또는 어쩌면 그레이는 프랑스를 지원하는 자신의 정책을 영국 내각이 지지할지 여부를 둘러싼 불확실성을 조정하고 있었는지도 모른다. 설령 내각이 지지하지 않더라도 영국은 적어도 중립 제안을 지렛대 삼아 독일로부터 여러 가지 확약(이를테면 프랑스를 선제공격하지 않겠다는 약속)을 받아낼 수 있을 것이었다.[144] 또는 어쩌면 그레이는 중립에 아예 관심이 없었지만 잠시 자유당 제국주의자 동료인 홀데인 대법관의 압력을 받아 영국 원정군을 더 준비시키고 훈련시킬 시간을 벌기 위해 프랑스와 독일 간 교전의 시작을 막거나 늦출 방법을 찾았던 것인지도 모른다. 7월 마지막 주에 점점 불안해진 국제 금융시장을 우려하여 잠시 주저했을 가능성도 있다.[145]

우리가 어떤 견해를 취하든, 역사가들의 의견 충돌 자체가 보여주듯이, 그레이의 모호한 입장이 명백한 모순이 되기 직전이었던 것은 분명하다. 프랑스가 관여하는 대륙 전쟁을 직면하고도 영국의 중립을 제안하는 것은 외무장관의 종전 입장을 무신경하게 뒤집는 꼴이나 마찬가지였을 것이다(그렇게 비칠 것이 불 보듯 뻔했으므로, 영국의 중립이 그의 진짜 의도였다고 믿기는 어렵다).

다른 한편 그가 프랑스와 독일이 무장 교착상태를 유지하는 방안을 제안한 것은 문서로 명확히 입증된다. 8월 1일 오후 5시 25분 바르티에게 보낸 전보에서 그레이 본인이 독일 대사에게 이렇게 말했다고 보고했다. "동원 이후 서부전선에서 프랑스군과 독일군 모두 상대가 국경을 넘지 않는 한 그대로 있어야 합니다. 나는 이것이 프랑스의 동맹 의무와 일치할지 여부를 말할 수 없습니다."[146] 그러나 이 제안도 기이하기는 마찬가지였는데, 푸앵카레와 그의 동료들이 최근 수년간 강화하기 위해 그토록 애쓴 러시아와의 동맹을 프랑스가 기꺼이 포기할 것이라는 가정에 입각하고 있었기 때문이다. 이는 아무리 좋게 보려고 해도 그레이가 더 넓은 정치적 · 군사적 상황을 몹시 어설프게 알고 있었음을 시사한다. 여하튼 그레이는 곧 바르티에게 일침을 맞았다. 바르티는 외무장관의 억측에 좌절한 심정을 눈에 띄게 무례한 답변으로 쏟아냈다.

저는 러시아가 오스트리아와 전쟁하고 독일의 공격을 받는 경우에 프랑스가 잠자코 있는 것이 러시아에 대한 프랑스의 의무와 일치한다고는 도저히 생각할 수 없습니다. 만일 프랑스가 그렇게 가만히 있겠다고 약속한다면, 독일군이 먼저 러시아군을 공격할 것이고, 러시아군을 물리치고 나면 방향을 돌려 프랑스군을 공격할 것입니다. 프랑스-러시아 동맹에서 프랑스의 의무가 정확히 무엇인지 제가 물어볼까요?[147]

우리가 알고 있듯이, 이 기이한 정책 선택지는 흐지부지되었다. 바르티의 신랄한 문서가 외무장관의 책상에 도착하기도 전에 그레이 본인이 이 선택지를 버렸다. 우리는 한 가지는 확실히 알고 있다. 이 무렵 그레이는 극심한 압박을 받고 있었고, 잠을 거의 자지 못하고 있었다. 자신의 개입 정책에 대한 내각의 지지 여부와 시기를 알 길이 없었으며, 자신이 속한 자유당 정부의 반개입파(여전히 내각의 다수를 통제하고 있었다)와 야당인 보수당의 친개입파를 포함해 다양한 동료들이 여러 방향에서 가하는 압력에 시달리고 있었다.

8월 1일 그레이의 얼버무림을 설명하는 데 도움이 될 또 하나의 압박 요인은 7월 30일 러시아의 동원령이다. 7월 31일 밤늦게 런던 주재 독일 대사관은 베를린이 러시아의 동원령에 대응해 전쟁 위급상황을 선포했음을 영국 정부에 알리면서 러시아가 즉시 총동원령을 철회하지 않으면 독일이 군대를 동원할 수밖에 없으며 이는 "전쟁을 의미"할 것이라고 선언했다.[148]

이 소식에 런던에서는 경보음이 울렸다. 새벽 1시 30분에 허버트 애스퀴스 수상과 그레이의 개인비서 윌리엄 티렐 경이 택시를 타고 버킹엄궁으로 급히 가서 차르에게 러시아의 동원을 멈추라고 호소하기 위해 조지 5세를 깨웠다. 애스퀴스는 나중에 편지를 쓰면서 당시 장면을 이렇게 묘사했다.

> 딱한 왕이 침대에서 끌려나와 내가 겪은 가장 이상한 경험 중 하나(당신도 알다시피 나는 경험이 어지간히 많습니다)를 참아내는 동안(그는 잠옷 위에 갈색 가운을 걸친 채로 '단잠'에서 깼다는 신호를 잔뜩 보냈어요) 나는 메시지와 준비해둔 답변을 읽었답니다. 그가 한 일이라곤 더 개인적이고 직접적으로 써야 한다고('나의 친애하는 니키'라는 표현을 집어넣어야 한다고) 제안하고 끝에 '조지'라는 서명을 추가한 게 전부예요![149]

이날 새벽부터 외교활동이 격렬해졌다.

우리는 7월 위기 이전 마지막 몇 달 동안 영국 외무부가 러시아에 보인 양면적 태도라는 관점에서 러시아 총동원 소식의 영향을 고려할 수 있을 것이다. 앞서 봤듯이 그레이와 티렐은 한동안 러시아와의 관계를 재고했다. 페르시아를 비롯한 영국제국의 주변부 영토를 러시아가 계속 압박하고 있음을 고려하여, 그들은 영국-러시아 협약을 포기하고 선택지를 더 열어두는 정책을, 즉 독일과 화해하는 방안을 반드시 배제하는 것은 아닌 정책을 추구하는 편이 어떨지 이야기했다. 이것이 영국 외무부의 공식 정책이 되는 일은 없었지만, 러시아의 동원이 방금 독일의 대응책을 촉발했다는 소식에 적어도 일시적으로는 러시아가 위기를 고조하는 측면이 부각되었다. 영국 정책수립자들은 세르비아에 특별히 관심을 보이거나 공감하지 않았다. 이번 사태는 영국 정부가 별로 개의치 않는 문제들 때문에 동방에서 일어나는 전쟁이었다. 이런 생각이 발칸 개시 시나리오에 대한 그레이의 의구심을 불러일으키지 않았을까?

7월 29일 아침 그레이는 폴 캉봉에게 프랑스가 "자국의 싸움이 아니라 자국의 동맹, 명예, 이익 때문에 관여할 수밖에 없는 싸움으로 끌려 들어가는" 상황을 방관하고 있다고 지적했다(그리하여 캉봉을 경악시켰다). 그에 반해 영국은 "관여에 자유롭고 영국의 이해관계에 따라 정부가 해야 할 일을 결정할 것"이라고 했다. 그레이는 "우리 생각은 언제나 발칸 문제를 둘러싼 전쟁에 끌려 들어가는 일을 피하자는 것"이었다고 덧붙였다.[150]

이틀 뒤 독일의 전쟁 위급상황 선포 소식을 듣고서 그레이는 캉봉의 주장과 달리 현재 위기와 영국이 프랑스를 지원했던 1911년 아가디르 위기는 비교 불가라고 역설하면서 "이번 경우에 프랑스는 자기 것이 아닌 싸움에 끌려 들어가고 있기" 때문이라고 지적했다.[151] 캉봉이 이 답변에 큰 실망감을 표하고 독일이 프랑스를 공격한다면 우리를 도울 준비가 되어 있느냐고 물었을 때, 그레이는 더욱 날카롭게 주장했다. "최근 소식은 러시아가 자국 함대와 육군의 완전한 동원을 발령했다는 것입니다. 내가 보기에 이로 인해 위기가 촉발될 것이고, 독일의 동원이 러시아에 의해 강요된 것으로 보일 것입니다."[152]

그레이의 이 시각을 고려해야만 그가 프랑스에 했던 제안, 즉 독일과 교착상태를 유지하는 한편 맹방에게 버림받은 러시아로 하여금 동방에서 독일과 오스트리아를 홀로 상대하게 하자는 제안을 이해할 수 있을 것으로 보인다. 그레이는 8월 1일 오후 캉봉에게 이렇게 말했다. "프랑스가 이것〔제안〕을 이용할 수 없다면, 그것은 우리로서는 당사자가 아니고 그 조건을 알지 못하는 동맹에 프랑스가 얽매이기 때문입니다."[153] 이렇게 말하면서 그레이는 단순히 자신의 지원을 보류하거나 군사대비에 필요한 시간을 벌면서 열기를 낮추는 것 이상의 일을 하고 있었다. 다시 말해 삼국협상의 특정한 양해(그 자신이 여러 국면에서 공유하고 표명했던 양해)가 자동으로 작동하는 것을 막으려고 분투하고 있었다. 적어도 이 국면에서 그는, 설령 삼국협상의 세 국가가 직접 공격이나 공격 위협을 받지 않을지라도, 멀리 남동유럽에서 일어나는 싸움이 대륙 전쟁의 방아쇠가 될 가능성에 분명히 노심초사하고 있었다. 그레이는 결국 1912년부터 추구해온 삼국협상 노선에 충실하기로 했지만, 신중론으로 기울었던 이 시기는 7월 위기를 복잡하게 만든 특징, 즉 상반된 선택지들 사이에서 괴로운 결정을 내리느라 당파들과 내각들뿐 아니라 핵심 의사결정자들의 마음까지도 분열되었다는 것을 일깨워준다.

폴 캉봉의 시련

이 며칠은 폴 캉봉의 인생에서 최악의 시기였다. 오스트리아의 최후통첩 소식을 들은 순간부터 그는 유럽 전쟁이 목전에 닥쳤다고 확신했다. 러시아의 발칸 관여를 부추기는 푸앵카레를 이따금 비판하긴 했지만, 이제 그는 오스트리아가 세르비아를 위협하는 상황에 직면해 프랑스-러시아 동맹을 반드시 고수해야 한다는 견해를 취했다. 실제로 그는 미숙한 외무장관 대행 비앙브뉘-마르탱에게 상황을 설명하기 위해 7월 25일 오후 런던을 떠났다. 7월 28일 해상의 푸앵카레에게 전해져 그를 무척 기쁘게 한 소식, 즉 외무장관 대행이 독일 대사에게 단호히 응수했다는 소식은 아마도 캉봉이 유도한 결과였을 것이다.[154]

빌헬름처럼 캉봉도 모든 것이 영국에 달려 있다고 보았다. "영국 정부가 오늘 전면 개입하면 평화를 지킬 수 있을 겁니다." 캉봉은 7월 24일 기자 앙드레 제로André Géraud에게 이렇게 말했다.[155] 7월 28일 일찍 그레이를 만난 캉봉은 같은 주장을 반복했다. "영국이 유럽 전쟁을 확실히 방관한다고 가정하면, 평화를 지킬 기회가 몹시 위태로워질 겁니다."[156] 이것 역시 평화와 전쟁 양단간에 결정하는 책임을 상대방에게 전가한 경우였다. 캉봉처럼 해석하면, 엄청난 해군력과 상업력을 동원해 독일에 불리한 방향으로 균형을 기울이고 그리하여 독일이 맹방 오스트리아를 지원하는 것을 저지함으로써 평화를 지킬 책임은 영국 측에 있었다. 캉봉은 오랫동안 정치적 상관들에게 영국의 지원을 완전히 신뢰할 수 있다고 말해온 터였다.

캉봉은 난처한 입장이었다. 엄밀히 말하면 이번 분쟁은 어쨌든 방어 전쟁이 아니라 프랑스가 러시아의 발칸 개입에 대한 지원(캉봉 자신이 일찍이 우려를 표명했던 의무)을 요청받은 전쟁이었다. 프랑스 정부는 독일에 대한 어떠한 공격적 조치도 철저히 피하는 등 이 약점을 상쇄하고자 최선의 노력을 기울였다.

이를테면 7월 30일 오전 회의에서 파리 각료들은 프랑스 엄호 부대들을 보주산맥과 룩셈부르크를 잇는 선을 따라 배치하되 국경에서 10킬로미터 이상 거리를 둔다는 데 동의했다. 국경에서 독일군 순찰대와 충돌할 가능성을 아예 없애고 프랑스 정책의 평화적 성격을 런던에 납득시키자는 생각이었다. 그들은 출입 금지구역의 도덕적 효과와 선전 가치가 군사적 위험보다 더 크다고 판단했다. 새 정책은 캉봉을 통해 런던에 즉시 통보되었다.[157]

그러나 그레이가 거듭 지적했듯이, 여전히 영국은 프랑스가 개입 의무를 지고 있는 것으로 추정되는 동맹의 당사자가 아니거니와 그 동맹의 조건을 정식으로 통지받지도 않은 상태였다. 러시아와 프랑스 모두 공격을 받은 적도, 직접적인 공격 위협을 받은 적도 없었다. 캉봉이 그레이에게 "러시아가 공격받을 경우 러시아를 지원할 의무"가 프랑스에 있다고 호소하는 것은 괜찮은 방법이었지만, 오스트리아나 독일이 당장 러시아를 공격할 조짐은 보이지 않았다.[158] 영국이 개입 의도를 천명한다고 해서 동맹국이 애초에 영국과 상의하지 않고서 시작한 자신들의 정책을 중단할 가능성도 별로 없어 보였다.

이 곤경의 밑바탕에는 영국-프랑스 협정의 역사에 깊이 뿌리박은 시각차가 있었다. 캉봉은 언제나 자신의 희망을 담아 영국이 프랑스처럼 양국 협정을 독일에 맞서 균형을 맞추고 독일을 견제하는 수단으로 여긴다고 추정했다. 그는 영국 정책수립자들이 영국-프랑스 협정을 더 복잡한 목표들을 위해 이용한다는 것을 알지 못했다. 그들에게 이 협정은 무엇보다 영국제국의 분산된 속령들을 침해하기에 제일 좋은 곳에 자리 잡은 강국이, 즉 러시아가 그 속령들에 가하는 위협을 막기 위한 수단이었다.

캉봉이 오판한 것은 십중팔구 영국 외무부 사무차관 아서 니컬슨 경의 확언과 조언에 지나치게 의존했기 때문일 것이다. 니컬슨은 러시아와 프랑스 양국과의 연계에 강한 애착을 보였고 두 연계 모두 완전한 동맹으로 강화하는 데 열중했다. 그러나 니컬슨은 비록 영향력이 있기는 해도 런던에서 정책 결정권자가 아니었으며, 그의 견해는 그레이를 중심으로 하는 집단의 견해와 일치하지 않았다. 후자는 갈수록 러시아를 불신하고 친독일적인(적어도 덜 반독일적인) 노선에 점차 마음을 열고 있었다.[159] 이는 정보에 가장 밝은 당대인들마저 맹방과 적국의 의도를 읽어내기가 얼마나 어려웠는지를 보여주는 고전적인 사례다.

지정학적 시각차는 영국 정계가 구속력 있는 어떤 형태의 약속에도 반감을 보인 탓에 더 커졌다. 게다가 이 반감은 특히 자유당 내 주요 급진론자들이 러시아에 깊은 적대감을 품고 있었던 탓에 더 악화되었다. 이런 이유로 두 나라는 영국-프랑스 화친 협정을 사뭇 다른 의미로 받아들이게 되었다.[160] 동맹이 유지되는 내내 영국 외무부는 "협정의 범위를 최소화하고자 한 반면 프랑스 외무부는 협정을 최대한 활용하고자 애썼다."[161] 그리고 이 모든 불협화음은 런던에서 협정을 체현한 두 사람, 에드워드 그레이와 폴 캉봉 때문에 증폭되었다. 그레이는 조심성이 많았고 곧잘 발뺌을 했으며 프랑스와 유럽에 완전히 무지했다. 캉봉은 지나치리만치 프랑스를 중시했고 영국-프랑스 협정에 전력투구했다. 캉봉에게 이 협정은 그의 정치적 경력만이 아니라 애국자로서의 인생을 통틀어 최고의 성취였다.

그레이 역시 강한 제약을 받고 있었다. 그는 7월 27일 개입에 대한 내각의 지지를 얻는 데 실패했다. 이틀 뒤에도 마찬가지였는데, 프랑스에 대한 지원을 공식 약속하자는 그의 요청을 지지한 사람은 동료 4명(애스퀴스, 홀데인, 처칠, 크로)뿐이었다. 바로 이날 회의에서 내각은 영국이 1839년 벨기에 중립조약의 조인국으로서 독일의 중립 침해에 군사력으로 대항할 의무를 진다는 견해를 거부했다. 그 조약을 지킬 의무는 영국 하나가 아니라 조인국 전체에 있다고 급진파는 주장했다. 내각은 이 문제가 발생할 경우 영국의 결정이 "법적 의무가 아닌 하나의 정책"이 된다고 결의했다.[162] 프랑스와 러시아는 영국이 프랑스-러시아 동맹과 연대한다고 분명하게 선언해야만 독일과 오스트리아가

"발톱을 집어넣을" 것이라고 역설하고 있었다.[163]

그리고 그레이는 가장 가까운 동료들로부터 압박을 받고 있었다. 니컬슨과 크로 모두 그레이에게 삼국협상 국가들과의 연대를 선언해야 한다고 강하게 요구했다. 7월 31일 의견서에서 크로는 내각의 반대파에 맞서 사용할 무기를 그레이에게 제공했다. 프랑스에 대한 의무는 없을지 몰라도 해협 건너편 "우방"에 대한 "도의적" 의무는 분명 부인할 수 없다고 그는 썼다.

> 우리를 프랑스에 구속하는 서면 속박이 없다는 주장은 단연코 옳다. 계약상 의무는 없다. 그러나 양국 협정은 도의적 속박이 형성되고 있다는 믿음을 정당화하는 방식으로 체결되고, 강화되고, 시험받고, 찬양되었다. 협정의 전체 정책은 정당한 싸움에서 잉글랜드가 우방들을 지지할 것을 의미하지 않는다면 아무런 의미도 가질 수 없다. 이 명예로운 기대는 계속 높아졌다. 그 기대를 저버린다면 우리의 좋은 평판이 엄중한 비판을 받을 수밖에 없다.[164]

그에 반해 니컬슨은 벨기에와 벨기에의 중립을 지킬 영국의 의무에 초점을 맞추었다. 그러나 예전과 달리 그레이 집단은 정책수립 과정에서 더 이상 우위를 차지하지 못했다. 외무부로부터 의사결정의 주도권을 넘겨받은 내각은 그레이 주변의 삼국협상주의 고문들을 따돌렸다.

8월 1일 오전 내각회의 이후 그레이는 심란한 캉봉에게 내각이 어떠한 개입에도 무턱대고 반대한다고 설명했다. 캉봉은 이 메시지를 파리에 전하지 않고 그저 아무런 결정도 내려지지 않았다고 전하겠다고 항의했다. 하지만 결정사항이 있다고 그레이는 반박했다. 영국 내각의 결정은 원정군의 대륙 파병을 정당화할 정도로 영국의 이해관계가 깊지 않다는 것이었다.

절망한 프랑스 대사는 논거를 바꾸었다. 캉봉은 1912년 해군협약의 조건에 따라 프랑스가 북부 항구들에 대한 해군 방어를 중단하고 사실상 프랑스 해안선의 안보를 영국 해군에게 맡겼다는 것을 그레이에게 상기시켰다. 그러면서 공식 동맹이 아니더라도 "귀국의 조언에 따라 우리 함대를 멀리 보냈으므로 우리를 도울, 적어도 귀국의 함대로 우리를 도울 도의적 의무가 영국에 있지 않습니까?"라고 호소했다.

캉봉이 이 사실을 그레이에게 일깨워야 했다는 것이 다소 의외이긴 하지만, 어쨌거나 이 논거는 정곡을 찔렀다. 외무장관은 독일이 프랑스 해안선을 공격하고 그리고/또는 벨기에 중립을 침해한다면 영국 여론이 바뀔 수도 있다고 인정했다. 가장 중요한 점은, 그가 프랑스 해안 문제를 이튿날 내각에서 거론하기로 약속했다는 것이다. 이 면담을 끝낸 캉봉은 얼굴이 창백하고 금방이라도 울 것처럼 보였다. 그레이 집무실의 옆방인 대사 대기실로 비틀거리며 들어간 캉봉은 니컬슨의 부축을 받아 의자에 앉고서 이렇게 중얼거렸다. "그들은 우릴 버릴 겁니다. 그들은 우릴 버릴 겁니다."[165]

영국, 개입하다

사실 캉봉은 그가 생각한 것보다는 덜 비참한 입장이었다. 1914년 8월 처음 며칠 동안 위기 상황에서 관련자들의 감정은 점점 격해졌다. 영국에 버림받을까 우려한 캉봉과, 내각에서 정책 지지를 얻기 전에 감당 못할 결과에 직면할까 우려한 그레이는 과장되고 극단적인 발언을 했으며, 그런 발언만 고려하면 당시 상황의 근간을 이룬 현실을 자칫 잘못 해석할 수 있다. 이미 영국 내각에서 주도권 균형은 감지하기 어려울 정도로 조금씩 대륙 개입에 찬성하는 쪽으로 기울어지고 있었다. 7월 29일 내각은 함대의 예비 동원을 승인해달라는 처칠 해군장관의 요청에 동의했다. 그리고 이날 저녁 애스퀴스는 "노려보는 눈길"과 "일종의 툴툴거림"으로 함대를 전시 기지들에 배치하는 데 암묵적으로 동의한다는 뜻을 전달했다. 8월 1일 처칠은 내각의 동의를 받지 않은 채(그렇지만 수상의 암묵적인 승인을 받아) 함대를 동원했다.

그와 동시에 야당인 보수당이 본격적으로 개입 찬성 운동을 벌이기 시작했다. 토리당 언론은 이미 영국의 개입에 찬성하고 나선 터였다. 전부 자유당 기관지인 《맨체스터 가디언》, 《데일리 뉴스》, 《스탠더드》는 중립정책을 고수한 반면, 《타임스》는 토리당 신문들의 선두에서 오스트리아와 독일을 상대로 강경한 자세를 취하고 임박한 대륙 전쟁에 참가하자고 요구했다. 그리고 이 무렵 프랑스 대사관과 외무부를 부지런히 오가는 모습을 자주 보였던 확고한 개입 지지자 헨리 윌슨 군사작전국장은 배후에서 보수당 지도부에게 영국이 프랑스를 포기할 위험이 있다는 언질을 주었다.

8월 1일 캉봉이 그레이를 면담한 직후 보수당 하원의원 조지 로이드가 프랑스 대사를 방문했다. 캉봉은 아직 화를 삭이지 못하고 있었다. 캉봉은 서로 연계된 안보정책을 전제했던 영국-프랑스 해군협정이나 참모본부 회담은 뭐가 되느냐고 물었다. 근래에 영국이 했던 숱한 지원 확약은 대체 뭐냐고 따졌다. 그리고 소리쳤다. "우리의 모든 계획은 공동으로 세운 것입니다. 우리 참모들은 의견을 구했습니다. 귀국은 우리의 모든 계획과 준비를 확인했습니다."[166] 캉봉은 낭패감을 눌러가며 상대를 교묘히 다루었다. 그는 영국 외무부가 전쟁으로 이어질지 모르는 어떤 조치에 대해서도 토리당의 지지를 기대할 수 없다고 시사하는 등 자신들이 행동하지 않는 책임을 사실상 야당인 보수당에 떠넘겼다고 말했다. 로이드는 이를 격렬히 부인했고, 보수당의 개입 로비활동을 결집하겠다고 결심한 채로 면담을 끝냈다.

이날 밤 늦게 오스틴 체임벌린의 자택에서 회의가 열렸으며, 이튿날(8월 2일) 오전 10시경 보수당의 상원과 하원 지도자인 랜즈다운과 보너 로를 포함해 주요 의원들이 적극적인 행동이라는 대의를 지지하기로 했다. 애스퀴스에게 보낸 서신에서 야당은 개입 지지 의사를 표명하고 영국의 중립 결정이 국가의 평판뿐 아니라 안보까지 해친다고 경고했다.[167]

그렇지만 결정적인 전투가 벌어질 곳은 내각이었다. 이곳의 의견은 여전히 확고한 비개입 편이었다. 각료 다수는 프랑스와의 협정을 의심했고 러시아와의 협약에 매우 적대적이었다.[168] 애스퀴스는 7월 31

일 베네티아 스탠리에게 "모두가 방관하기를 갈망합니다"라고 말했다.[169] 훗날 처칠이 회고한 대로, 내각 구성원 중 적어도 4분의 3은 영국 자체가 공격당할 "가능성이 낮아 보이는" 경우가 아닌 한 "유럽 싸움"에 끌려 들어가지 않겠다고 결심했다.[170] 그리고 반개입파는 런던 은행계와 상업계의 지지를 받는다고 어느 정도 정당하게 주장할 수 있었다. 7월 31일 런던 금융가의 대표단이 애스퀴스를 방문해 영국이 유럽 분쟁에 끌려 들어가지 않게 하라고 경고했던 것이다.

8월 1일 오전 내각회의에서 각료들의 견해가 양극화되고 뚜렷하게 드러났다. 반개입파를 주도한 인도부 장관 몰리와 법무부 장관 사이먼은 영국 정부가 "어떠한 상황에도" 개입하지 않겠다는 선언을 "지금 당장" 하자고 요구했다. 그에 반해 처칠은 "매우 호전적"이었고 "즉각 동원"을 요구했다. 그레이는 내각이 중립을 결의하면 사임할 것처럼 보였다. 홀데인은 "산만"하고 "흐리멍덩"했다.[171] 내각은 영국 원정군을 대륙에 급파하는 데 반대하기로 결정했다. 그레이도 다른 자유당 제국주의자들도 이 결정에 반대하지 않았다(이 결정은 폴 캉봉을 절망에 빠뜨렸다). 비개입 채택을 확신한 존 몰리는 처칠 앞에서 '평화파'의 승리를 과시했다. "우리가 결국 당신을 이겼습니다."[172]

그러나 이튿날인 8월 2일 일요일이 끝나갈 무렵까지 영국 정부는 개입하는 방향으로 결정적인 조치들을 취했다. 이날 오전 11시부터 오후 2시까지 열린 첫 번째 내각회의에서 그레이는 독일 함대가 프랑스 해운을 방해하기 위해서든 프랑스 해안을 공격하기 위해서든 북해를 가로지르거나 영국 해협으로 진입할 경우 영국 함대로 전면 보호하겠다는 의사를 프랑스 대사에게 알려도 된다는 승인을 받았다. 농수산위원회 의장 월터 런치먼Walter Runciman은 훗날 이 일을 가리켜 "독일과의 전쟁이 불가피하다고 결정한 내각"이라고 묘사했다.[173] 오후 6시 30분부터 8시까지 진행된 두 번째 회의에서 내각은 벨기에 중립이 "실질적 침해"를 당할 경우 "우리는 조치를 취할 수밖에 없다"는 데 동의했다.[174] 이 약속은 불가피하게 개입을 수반할 것으로 여겨졌는데, 독일 정부가 벨기에를 통과해 프랑스로 진격할 생각임을 이미 영국 정부에 천명한 터였기 때문이다. 불길한 징조를 알아차린 번스 무역위원회 의장은 첫 번째 회의 이후 사임을 발표했다. 두 번째 회의가 끝나자 존 몰리 자작도 조만간 사임하겠다고 통보했다. '평화파'는 혼란에 빠졌다.

이런 극적인 반전이 어떻게 가능했을까? 이 물음에 답하자면 먼저 논쟁의 조건을 정한 개입파의 수완을 지적할 필요가 있다. 각료 허버트 새뮤얼은 두 차례 내각회의에 앞서 두 가지 방안을 마련함으로써 토론의 틀을 정하는 데 일조했다. 첫째 방안은 독일의 프랑스 해안 포격을, 둘째 방안은 벨기에 중립의 "실질적 침해"를 영국의 무력 대응을 촉발할 잠재적 원인으로 인정하는 것이었다. 이 두 가지 방안의 호소력은 "실패의 원인"이 "우리의 행동이 아닌 독일의 행동"에 있음을 확실히 한다는 사실에 있었다.[175]

8월 2일 오전에 그레이는 다가오는 분쟁에서 프랑스를 지원할 도의적 의무가 영국에 있다고 감정을 잔뜩 실어 말한 다음 이렇게 덧붙였다. "프랑스를 우리에게 의존하도록 이끌어놓고 고통스러워하는 프랑스를 지원하지 않는다면, 나는 외무부에서 계속 일할 수 없습니다."[176] 그리고 개입파는 그레이와 수상을 중심으로 뭉친 반면, '평화파'는 초당적 지지나 의회 외부의 지지를 모으는 데 실패하고 제국주의자들과 그들의 보수당 동맹에 도전할 수 있는 지도자를 배출하지 못했다.

자유당 제국주의자들이 내세운 논거들은 얼마나 중요했을까? 8월 4일 실제로 독일이 벨기에를 침공하자 영국은 독일에 선전포고를 했고, 영국-프랑스 협정이 완전한 동맹으로 신속히 강화된(이 역사는 훗날 영국과 프랑스의 변치 않는 우정 이야기로 재서술되었다) 까닭에, 벨기에와 프랑스라는 쟁점이 영국 내각과 의회, 국민을 전쟁으로 끌어들였다는 것이 그동안 일반적인 추정이었다. 이 견해는 틀린 것이 아니다. 개입정책을 정당화하고 전시 초기 영국의 뚜렷한 특징이었던 내각과 의회, 여론의 거국연합을 공고히 하는 데 벨기에와 프랑스 문제가 중요했다는 것은 부인할 수 없다.[177] 8월 3일 하원 연설에서 그레이는 영국-프랑스 협정과 참전 합의를 하나로 묶는 탁월한 판단력을 선보였다. 그동안 프랑스에 대한 영국의 약속들은 언제나 "전시에 협력하겠다는 약속"에 미치지 못했다고 그는 말했다. 그러나 두 나라의 해군이 협력한다는 사실 자체가 도의적 의무를 함축했다.

프랑스 함대는 지금 지중해에 있으며, 프랑스 북부와 서부 해안은 완전히 무방비 상태입니다. 프랑스 함대는 지중해에 집결해 있으며, 종전 상황과는 아주 다릅니다. 두 나라 사이에 우정이 자라면서 그들이 우리를 두려워할 이유가 전혀 없다는 안도감을 갖게 되었기 때문입니다. 프랑스 해안은 완전 무방비입니다. 프랑스 함대는 지중해에 있고, 두 나라 사이에 존재한 신뢰감과 우정 때문에 지난 수년간 그곳에 집결했습니다.[178]

그리고 이 도의적 고려사항에 이해타산적 논거를 덧붙였다. 다시 말해 프랑스가 동지중해에서 함대를 철수시킬 경우 이탈리아가 중립 입장에서 벗어날 기회를 잡을지도 모르고, 훗날 언젠가 영국이 "이 나라에 사활적인" 지중해 무역로를 지키기 위해 싸움에 가담할 수밖에 없을지도 모른다고 시사했다. 이것은 모두의 평가대로 그레이의 정치적 경력을 통틀어 가장 성공적인 연설이었다. 오늘날 이 연설문을 읽는 누구라도 그레이가 자신의 트레이드마크인 묘하게 머뭇거리는 신사다운 스타일로 제국주의적 입장에 도의적 자격을 부여하는 방식에 감명받지 않을 수 없다.

가장 인상적인 찬사는 종전까지 반개입주의자였던 자유당 의원 크리스토퍼 애디슨Christopher Addison에게서 나왔다. "내 생각에 〔그레이의 연설은〕 서너 명쯤을 뺀 하원의원 모두에게 우리가 참전할 수밖에 없음을 납득시켰다."[179] 일단 참전 결정이 내려지자 영국 국민들은 놀라운 속도로 이 결정에 협조했으며, 온갖 부류의 통합론자들과 노동당, 심지어 아일랜드 민족주의자들까지 망라하는 거국연합이 형성되었다.[180] 이로써 영국 외무장관을 신뢰한 캉봉이 옳았음이 입증되었다. 분명 고통스러운 순간들이 있긴 했지만 더 길게 보면 프랑스 대사가 옳았고, 어쨌든 괴로운 시간도 불과 며칠에 지나지 않았다.

그럼에도 7월의 마지막 며칠 동안 영국 내각에서 벨기에도 프랑스도 그다지 중시하지 않았다는 사실은, 영국 측 주장의 뉘앙스를 고려하고 참전 결정의 이유들과 그것들을 홍보하고 정당화하기 위해 고른 논거들을 구별해야 할 필요성을 시사한다. 특히 각료들 가운데 갈팡질팡하던 사람들(내각 결의안을 통과시키는 데 이들의 지지가 필요했다)이 중립에서 개입으로 입장을 바꾼 데에는 다른 요인들이 틀림없이 작용했을 것이다. 이 한정된 집단 내에서는 그레이와 애스퀴스가 사임하고 나면 자유당 정부가 어떻게 살아남을 수 있겠느냐는 당리적 걱정이 분명히 결정적 요인이었다. 야당의 개입 지지 입장(보수당을 지지 쪽으로 움직인 한 가지 요인은 아일랜드 문제를 대하는 태도, 개입으로 인해 아일랜드 자치가 무기한 연기될 거라는 추정이었다)을 감안하면, 자유당 내각이 붕괴하더라도 그레이의 정책이 조금 늦게 채택되는 결과밖에 나오지 않을 터였다. 벨기에 중립과 영국-프랑스 해군협정에 꿈쩍하지 않던 각료들에게 이 예상 결과는 개입 논쟁으로 정부를 무너뜨리지 말아야 한다는 것을 납득시키는 강력한 논거였다.[181]

이 계산의 밑바탕에는 다가오는 분쟁이 영국의 안보를 위협한다는 더 깊은 근심이 있었다. 1900년경부터 러시아의 위협을 물리칠 필요성은 영국 정책수립 과정의 주요 논제 중 하나였다. 1902년 영국은 영국-일본 동맹을 이용해 극동에서 러시아를 견제했다. 1904년 영국-프랑스 협정은 적어도 영국의 적으로서의 러시아를 더욱 약화시켰으며, 1907년 러시아와 체결한 협약은 적이도 이론직으로는 영국이 더 이상 효과적으로 수비할 수 없는 제국 주변부에서의 긴장을 관리할 수단을 제공했다. 러시아의 위협은 1914년까지 사라지지 않았다. 실은 전쟁 발발 전 1년 동안 다시 고조되고 있었다. 당시 러시아가 페르시아와 중앙아시아에서 극히 고압적이고 도발적으로 행동하자 런던 정책수립자들 중 일부는 양국 협약이 깨지기 직전이라고 생각했고, 다른 일부는 상트페테르부르크와의 동맹을 더욱 강하게 요구했다.

1914년 4월 뷰캐넌은 니컬슨에게 보낸 편지에서 이렇게 말했다. "러시아가 워낙 빠르게 강해지고 있으므로 우리는 거의 어떤 대가를 치르더라도 러시아와 우호관계를 유지해야 합니다. 우리가 우방으로서 신뢰할 수 없고 쓸모없다고 확신하게 되면, 러시아는 언젠가 독일과 거래를 하고 오스만과 페르시아에 대한 행동의 자유를 재개할지도 모릅니다."[182] 니컬슨 본인이 일찍이 1912년에 더 명확하게 말한 바 있었다.

> 비우호적인 독일보다는 비우호적인 프랑스와 러시아가 우리에게 훨씬 더 불리할 것입니다. 〔독일은〕 우리에게 많은 괴로움을 줄 수는 있어도 우리의 더 중요한 이익 중 그 무엇도 실제로 위협할 수 없는 반면에, 러시아는 특히 우리를 극도로 당혹시키고 실제로 중동과 우리의 인도 접경지역에서 위험을 초래할 수 있으며, 우리가 1904년과 1907년 이전에 존재했던 상황으로 돌아간다면 그것이 가장 불운한 결과일 것입니다.[183]

그러나 1914년에 영국이 참전한 것은 러시아가 아닌 독일을 견제하기 위해서였다. 역사가들은 전혀 별개로 보이는 두 가지 안보 패러다임 각각의 영향을 놓고 논쟁을 벌여왔다. 예전 연구들(그리고 일부 근래 연구들)은 영국이 대륙의 세력균형을 중심으로 사고했음을 강조하며, 최근 수정주의적 설명들은 시야를 전 세계로 넓혀 세계 강국으로서 취약했던 영국이 러시아라는 더 근본적인 위협에 초점을 맞출 수밖에 없었다고 주장한다. 1905년과 1911년의 위기 이후 영국의 사고에서 대륙주의 논증이 더 중시되었던 것은 사실이다.[184] 그러나 두 관점 사이의 긴장을 과장하는 것은 실상을 호도하는 것이다. 의사결정자들은 주장을 펴면서 두 관점을 자주 뒤섞었다. 한 예로 7월 25일 상트페테르부르크 대사 뷰캐넌이 보낸 전보에 에어 크로가 첨부한 메모를 살펴보자. 시종일관 크로는 독일을 견제하여 세력균형을 맞추는 데 주력하는 대륙주의자의 견해를 취했다. 그렇지만 다음처럼 영국의 제국 안보에 명확히 호소하기도 했다.

> 전쟁이 일어나고 잉글랜드가 방관한다면, 둘 중 하나가 반드시 일어날 것이다. (a) 독일과 오스트리아가 승리하고, 프랑스를 물리치고, 러시아에 굴욕을 준다. 우방이 사라진 잉글랜드의 위치는 어떻게 될까? (b) 프랑스와 러시아가 승리한다. 그때 그들은 잉글랜드에 어떤 태도를 보일까? 인도와 지중해는 어떻게 될까?[185]

요컨대 1914년 영국의 핵심 의사결정자들은 대륙주의 선택지와 제국 선택지 가운데 하나를 택하도록 강요받지 않았다. 러시아와 독일 중에 어느 쪽을 주된 위협으로 여기든 결과는 같았다. 삼국협상 편에서 개입할 경우 영국은 러시아를 달래고 속박하는 동시에 독일에 대항하고 독일을 견제할 수단을 얻을 수 있었기 때문이다. 1914년의 조건에서 세계 안보의 논리와 대륙 안보의 논리는 독일과 오스트리아에 맞서 삼국협상 국가들을 지원하기로 한 영국의 결정으로 수렴했다.

벨기에

프랑스의 정책은 러시아 전장에서의 공세와 자국 전장에서의 수세를 결합한 것이었다. 이와 반대로 독일의 정책은 동부에서 수세, 서부에서 공세를 취하는 것이었다. 두 전선에서 싸울 필요성 때문에 독일 군사계획자들은 우선 한 전선에서 결정적인 승리를 거둔 다음 다른 전선을 제압하는 방법을 추구할 수밖에 없었다. 독일은 서부전선 공격을 우선했는데, 이곳에서 독일군이 가장 결연하고도 효과적인 저항에 직면할 것이라고 예상했기 때문이다. 그에 반해 동부전선에는 러시아군의 진격을 저지할 병력만 남겨놓을 생각이었다. 전전 수년간 몰트케가 러시아의 군비 확장과 기반시설 개선에 따른 위협을 애써 제기한 결과 동부전선과 서부전선의 병력 균형이 바뀌기는 했지만(1:7에서 1:3으로—옮긴이), 독일 군사계획의 기본적인 논리는 그대로 유지되었다.

독일은 먼저 서부의 적을 최대한 강하게 공격해 격멸한 다음 방향을 돌려 동부의 적을 상대할 계획이었다. 1905년부터 독일 군사계획자들은 독일군이 중립국 룩셈부르크와 벨기에를 통과해 프랑스를 공격해야만 서부에서 군사적 성공을 거둘 수 있다고 전제했다. 공격은 아르덴 산지 양 측면의 두 회랑지대를 따라 이루어질 것이었다. 하나는 룩셈부르크를 관통하는 경로였고, 다른 하나는 마스트리히트 돌출부라고 알려진 네덜란드의 끄트머리 영토로 밀고 들어가 벨기에 남부를 통과하는 경로였다. 넓게 동심원을 그리며 진격하는 독일 5개 군이 베르됭, 낭시, 에피날, 벨포르를 거점으로 하는 요새들을 우회하여 프랑스 북부를 공격하고 파리를 북동쪽에서 위협함으로써 서부 전투를 신속히 결판 짓는다는 구상이었다.

참모본부의 몰트케와 그의 부하들은 이 배치계획을 논쟁의 여지가 없는 군사적 필연성의 순수한 표현으로 보았다. 민간 지도부에게 활용 가능한 선택지가 되었을 대안 계획은 전혀 수립되지 않았다. 대안적인 배치 시나리오는 러시아만 상대하는 동원을 구상했다가 1913년에 보류한 동부 작전계획뿐이었다. 군 지휘부는 평화와 전쟁을 가르는 결정적인 위기 국면에서 벨기에 중립 침해가 독일 외교술의 자유에 미칠 정치적 영향에 놀라우리만치 무관심했다.

역사가들은 독일 군사계획의 경직성을 올바로 비판했고, 군이 '완전파괴'라는 자신들의 꿈을 민간의 통제나 감독 없이 추구한 정치체제가 그런 경직성을 낳았다고 보았다.[186] 그렇지만 선택지 줄이기는 신중한 추론에 따른 조치이기도 했다. 프랑스-러시아 동맹의 틀 안에서 방어계획의 상호의존성이 높아짐에 따라 독일이 한쪽 전선에서만 싸우는 전쟁은 사실상 상상할 수 없는 일이 되었다. 이런 이유로 동부 작전계획을 포기했다. 그리고 독일 군부는 (프랑스 군부와 독일 민간 지도부와 달리) 영국의 개입 문제를 대수롭지 않게 생각했다. 독일의 대다수 군사계획자들은 영국의 개입을 군사적으로 상관없는 문제로 보았으며, 이로써 또 한 번 전략적 · 정치적 상상력의 부족을 드러냈다.

8월 1일 독일의 동원이 임박한 시점에 베를린 정책수립자들은 두 가지 엄청난 실수를 더 저질렀다. 서부 배치를 실행하려면 신속하고 즉각적인 벨기에 침공이 필요했다. 몰트케는 침공을 미루는 것은 말도 안 된다고 주장했는데, 벨기에가 요새화된 리에주 안팎에서 방어조치를 완료하고 나면 독일군의 전진이 가로막히고 막대한 사상자가 발생할 것이었기 때문이다. 그러나 이렇게 즉각 행동을 역설하는 입장은 정치적으로 문제가 있었다. 독일이 벨기에 국경을 넘기 전에 병력이 실제로 집결하고 공격 태세를 갖출 때까지 기다렸다면, 벨기에군과 프랑스군은 방어 배치를 강화할 시간을 벌었을 것이다. 그렇지만 그레이와 그의 동료들로서는 개입을 주장하기가 (아마 불가능하지는 않았겠지만) 훨씬 더 어려웠을 것이다. 그레이의 적들은 독일이 아닌 러시아와 (더 나아가) 프랑스가 속도를 올리고 있다고 지적할 수 있었을 것이고, 영국의 개입파는 자신들의 가장 유력한 논거 중 하나를 빼앗겼을 것이다. 영국의 역할이 얼마나 중요한지 이해하는 해군주의자로서 이 가능성을 인식하고 있었던 티르피츠 제독은 훗날 화를 내며 물었다. "왜 우리는 기다리지 않았는가?"[187]

또 하나의 재앙적인 실수는 8월 2일 벨기에 정부에 최후통첩을 보낸 것이다. 벨기에 중립을 위반하기로 이미 결정했고 속전속결이 급선무였음을 감안하면, (독일 관점에서는) 그냥 변명을 하면서 벨기에 영토를 침입하고 가로지른 다음 나중에 배상금 지불로 대처하는 편이 훨씬 더 나았을 것이다. 영국 정부도 독일이 바로 이렇게 하리라고 예상하고 있었다. 그리고 애스퀴스 내각의 각료들(처칠을 포함해)은 독일군이 상브르-뫼즈선 이남에만 머무르고 따라서 안트베르펜과 스헬데강 하구 주변의 전략적으로 민감한 지역을 피해가는 한, 독일군의 벨기에 통행을 반드시 개전 이유로 여기지는 않겠다는 견해를 거듭 표명한 터였다.

그렇지만 독일 민간 지도부는 최후통첩의 대안을 찾을 수 없었다. 그들에게는 최후통첩이 벨기에 정부와 모종의 거래를 하고 그리하여 영국을 전쟁에서 배제할 수 있는 유일한 방법으로 보였기 때문이다. 7월 26일 몰트케가 작성하고 뒤이어 베를린 외무부에서 수정한 최후통첩은 관련국들의 엄청난 병력 불균형을 고려하여 국익을 이성적으로 판단하라고 벨기에 정부에 호소했다. 통첩문 서두에서 독일 정부는 벨기에 영토를 통과하는 프랑스의 공격이 임박했다고 생각하며, "독일의 적들의 조치 때문에 독일이 스스로를 보호하기 위해 어쩔 수 없이 벨기에 영토에 진입하는 것을 벨기에가 자국에 대한 적대행위로 여긴다면 극히 유감"일 것이라고 말했다. 그런 다음 항들을 나열했다.

독일은 벨기에의 모든 영토와 재산을 보장한다(1항). 교전이 끝나는 즉시 벨기에 영토에서 철수한다(2항). 벨기에의 모든 비용과 손실을 현금으로 배상한다(3항). 그렇지만 벨기에가 독일군에 대항한다면 "독일은 유감스럽게도 벨기에를 적으로 여길 수밖에 없다"(4항). 그러나

이 결과를 피한다면 "두 인접국을 묶는 우호적인 연대"가 "더 강하고 더 영속적인" 연대가 될 것이었다.[188]

막판에 두 가지 의미심장한 수정이 통첩문에 가해졌다. 첫째, 최대한 신속히 진격하고 싶어 안달하는 몰트케의 요청에 따라 벨기에의 답변 시한을 24시간에서 12시간으로 줄였다. 둘째, 벨기에가 "우호적인 태도"를 유지할 경우 "프랑스를 희생해" 영토 보상을 받을 수도 있다고 암시하는 항을 삭제했다. 이 항이 벨기에 중립 위반보다도 더 영국을 격분시킬 가능성을 외무부에서 불현듯 떠올렸기 때문이다. 위기가 한창이던 때에 베트만이 이 가능성을 대번에 알아채지 못한 것은 분명 그의 정치적 판단력을 돋보이게 하는 일은 아니었다.[189]

독일 공사 벨로브-잘레스케Below-Saleske가 벨기에 외무장관 줄리앙 다비뇽에게 최후통첩을 전달한 순간부터 모든 일이 독일 측에 끔찍하게 나쁜 방향으로 돌아가기 시작했다. 몰트케가 그냥 벨기에 남부를 밀어제치며 지나갔다면, 중립을 위반한 이유로 군사적 편의를 내세울 수 있었을지도 모른다. 그러나 최후통첩을 받은 이상 벨기에 정부는 예상되는 조치에 앞서 원칙적인 견해를 표명할 수밖에 없었다.

이 과제는 벨기에 국왕 알베르 1세와 벨기에 수상 샤를 드 브로크빌이 맡았다. 드 브로크빌은 최후통첩의 프랑스어 번역문을 가지고서 오후 8시 궁에서 국왕을 알현했다. 두 사람이 어떻게 대응할지는 불 보듯 뻔했다. 벨기에 국왕은 강직함과 결의로 유명했고, 드 브로크빌은 품위 있는 구식 애국자였다. 그들은 최후통첩을 벨기에의 명예에 대한 모욕으로 보았다. 어떻게 달리 생각할 수 있었겠는가?

한 시간 뒤인 오후 9시 각료평의회에서, 뒤이어 장관들에 더해 명목상 각료 직함을 가진 유명 정치인들까지 참여한 국왕평의회에서 최후통첩에 관해 의논했다. 논쟁은 없었다. 벨기에가 저항할 것은 처음부터 분명했다. 한밤중에 몇 시간에 걸쳐 외무부는 위엄 있고 명료한, 대단히 인상적인 답변을 작성했다. 결론은 독일의 제안을 고결하게 거부한다는 것이었다. "제출된 제안을 받아들일 경우 벨기에 정부는 국가의 명예를 실추시키는 동시에 유럽에 대한 의무를 저버리게 될 것이다."[190]

8월 3일 오전에 브뤼셀 주재 프랑스 공사 클로뷔코프스키Antony Klobukowski는 독일의 최후통첩문과 벨기에의 답신을 읽고서 이 소식을 즉시 아바스 통신사에 전달했다. 보도 폭풍이 벨기에와 삼국협상 국가들을 휩쓸며 어디서나 분노를 불러일으켰다. 벨기에에서는 애국심이 폭발했다. 브뤼셀을 비롯한 주요 도시들 어디서나 국기가 거리를 가득 메웠고, 반교권적인 자유주의자와 사회주의자부터 가톨릭교도까지 당파를 막론하고 모두가 침략국에 맞서 고국과 국위를 방어하겠다고 맹세했다.[191]

8월 5일 하원에서 국왕이 조국을 방어하기 위해 전국의 단결이 필요하다고 연설하고 의원들에게 "여러분은 어떤 대가를 치르더라도 우리 조상들의 신성한 유산을 지키기로 결심했습니까?" 하고 묻자 사방에서 우레와 같은 함성이 터져나왔다.[192]

이처럼 독일의 최후통첩은 "끔찍한 심리적 실수"로 판명났다.[193] 이 통첩은 전시에 선전에 이용되면서 전쟁의 복잡한 인과관계를 가리는 한편 삼국협상의 전쟁 노력에 확고부동한 도덕적 우월감을 부여했다.

최후까지 저항하겠다는 벨기에의 결정에 많은 독일인들이 충격을 받았다. 브뤼셀 주재 독일 공사관에 근무하던 한 외교관은 이렇게 소리쳤다. "아, 가엾은 바보들. 아, 가엾은 바보들! 왜 증기 롤러를 피하지 않는가. 우리는 그들을 다치게 하고 싶지 않지만, 우리의 길을 막는다면 그들을 갈아서 먼지로 만들 것이다. 아, 가엾은 바보들!"[194] 겨우 엿새 뒤인 8월 8일 독일이 벨기에의 이성에 재차 호소한 것은 아마도 벨기에 사람들이 이런 현실을 알아차렸기 때문일 것이다. 그동안 벨기에는 몰트케가 그토록 중시한 리에주 요새를 결연히 방어하다가 상당한 인명 손실을 치른 끝에 빼앗겼다. 브뤼셀 주재 미국 공사 브랜드 휘틀록Brand Whitlock에게 전달한 통첩에서 베를린 정부는 "리에주 앞에서의 유혈 교전들"에 유감을 표한 다음 이렇게 말했다.

> 벨기에군이 아주 우세한 병력에 영웅적으로 저항하며 군의 명예를 지키고 있으므로, 독일 정부는 벨기에에 더 이상 전쟁의 참화를 입히지 말 것을 벨기에 국왕과 벨기에 정부에 간청한다. (……) 독일은 벨기에를 탈취하는 것이 독일의 의도가 아니며 그런 의도는 독일의 생각과 거리가 멀다는 것을 다시 한 번 엄숙히 보증한다. 독일은 여전히 전쟁의 상황이 허락하는 즉시 벨기에에서 철수할 준비가 되어 있다.[195]

이 제안 역시 거절당했다.

군화

총동원, 최후통첩, 선전포고가 잇따르는 가운데 이 책에서 말하려 한 이야기는 끝이 난다. 8월 1일 토요일 상트페테르부르크에서 사조노프를 마지막으로 만난 푸르탈레스 대사는 "알아들을 수 없는 말"을 중얼거리고, 와락 울음을 터뜨리고, 더듬거리며 "결국 이게 내 임무의 결과입니다!"라고 말하고는 방에서 뛰쳐나갔다.[196]

8월 2일 리히노브스키 대사가 애스퀴스를 찾아갔을 때 수상은 "몹시 상심한" 모습이었고 눈물이 "뺨을 타고 흘러내리고 있었다."[197] 브뤼셀에서 출국을 앞둔 독일 공사관의 참사관들은 덧문을 닫은 방 안에서 짐 상자들과 서류철들을 쌓아둔 채 저마다 의자 끝에 걸터앉아 이맛살을 찌푸린 얼굴로 불안을 달래고자 줄담배를 태웠다.[198]

외교의 시간이 끝나가고 군인의 시간이 시작되는 참이었다. 베를린 주재 바이에른 군사전권위원은 동원령 발표 이후 육군장관을 방문했을 때 "복도에서 희색이 만면한 얼굴로 악수하는 이들을 어디서나" 보았다. "누군가 장애물을 넘었다고 자축했다."[199] 7월 30일 파리에서 이그나티예프 대령은 "프랑스 측에서 생각하기에 유리한 전술적 상황을 이용할 기회를 잡은 데 대한" 프랑스 동료들의 "숨김없는 기쁨"을 보고했다.[200] 윈스턴 처칠 해군장관은 전쟁이 임박했다는 생각에 고무되었다. 7월 28일 아내에게 보낸 편지에서 그는 "모든 것이 파국과 붕괴를 향해 나아가고 있소. 나는 흥이 나고 대비가 되어 있고 행복하다오."[201] 상트페테르부르크에서 쾌활한 알렉산드르 크리보셰인은 제정의회 의원 대표단에게 독일이 조만간 괴멸될 것이고 전쟁이 러시아에게 "호재"가 될 것이라고 장담했다. "우리를 믿으세요, 신사분들. 만사형통일 겁니다."[202]

옥스퍼드 세인트미카엘 교구 목사 만셀 메리Mansell Merry는 하계 동안 상트페테르부르크 성공회에서 사제 역할을 수행하기 위해 7월 중순이 도시로 갔다. 동원령이 발표되자 그는 증기선을 타고 스톡홀름으로 탈출하려 했다. 하지만 그가 탄 되벨른호는 항구에서 발이 묶였다. 핀란드만 전역의 등대들이 불을 끄고 있었고, 기뢰원機雷原을 지나가려는 어떤 함선이든 즉시 포격하라는 명령이 크론시타트 요새들에 내려진 상태였다.

7월 31일 상트페테르부르크에서 바람이 휘몰아친 험악하고 우중충한 날에 메리는 여행자가 되고 싶은 다른 모든 승객들과 함께 선상에서 니콜라예스카야 부두를 터벅터벅 걸어가는 육군 병사들과 해군 예비병들의 인파를 지켜보았다. 몇 사람이 관악대의 "경쾌한 선율"에 맞추어 행진하긴 했지만 대다수는 "침울한 침묵을 지키며 짐꾸러미를 등에 지거나 손에 들고서 터덜터덜 걸었고, 중대가 지나갈 때마다 대부분 가슴이 찢어진 것처럼 눈물을 흘리는 여자들이 부두 양편에서 남편이나 아들, 연인을 따라가며 숨 가쁘게 걸음을 옮겼다."[203]

8월 1~2일 한밤중에 파리 중심부의 팔레 대로 역시 사내들이 파리 동역과 북역을 향해 길게 열을 지어 북쪽으로 행군하는 소리로 가득 찼다. 음악도, 노래도, 환호성도 없었다. 군화가 바닥을 긁는 소리, 수백 마리 말의 발굽 소리, 화물차의 부릉부릉 소리, 포의 철제 바퀴가 자갈을 밟고 지나갈 때 나는 아작아작 소리뿐이었다. 대로변 아파트들의 창문에는 불이 꺼져 있었지만, 대다수 주민들은 틀림없이 뜬눈으로 누워 있었거나 창가에서 졸린 눈으로 음울한 구경거리를 지켜보았을 것이다.[204]

대중의 반응은 정치인들이 그토록 자주 들먹인 주장, 즉 의사결정자들이 여론에 좌우된다는 주장이 거짓임을 보여주었다. 군대 동원에 대한 저항은 분명 없었다. 거의 어디서나 남자들은 대체로 자진해서 집결지로 향했다.[205] 이렇게 군에 복무하려는 태도의 밑바탕에는 전쟁을 향한 열정이 아니라 방어적 애국심이 있었다. 이 분쟁의 원인론이 워낙 복잡하고 낯설었던 까닭에 어느 교전국에서나 군인과 민간인은 자신들이 치르는 전쟁이 방어 전쟁이고, 결연한 적국이 자국을 공격하거나 도발했고, 자국 정부가 평화를 지키고자 온갖 노력을 다했다고 확신할 수 있었다.[206] 대규모 동맹 블록들이 전쟁에 대비함에 따라 애초 화마를 일으킨 복잡한 사건의 연쇄는 시야에서 빠르게 사라졌다. 8월 2일 브뤼셀에서 어느 미국 외교관은 일기에 이렇게 적었다. “며칠 전만 해도 이 사건에서 세르비아가 주연이었음을 아무도 기억하지 못하는 듯하다. 세르비아는 무대 뒤로 사라진 듯하다.”[207]

다가오는 싸움에 열광하는 쇼비니즘적 표현들이 드문드문 있기는 했지만 이는 예외적이었다. 유럽 남자들이 증오스러운 적을 물리칠 기회를 덥석 붙잡았다는 신화는 그동안 철저히 타파되었다.[208] 대부분의 장소에서 대부분의 사람들에게 동원 소식은 엄청난 충격, ‘마른하늘에 날벼락’이었다. 그리고 도심지에서 멀어질수록, 장차 전쟁에서 싸우거나 죽거나 불구가 되거나 일가친척을 잃을 사람들이 동원 소식을 이해하지 못했던 것으로 보인다. 러시아 시골 마을들에서는 "망연자실한 침묵"이 흘렀고 "남자와 여자, 아이가 우는" 소리만이 정적을 깼다.[209] 프랑스 남동부 론알프 지방의 작은 코뮌 바틸리외에서는 경보를 울려 일꾼들과 농민들을 마을 광장으로 불러모았다. 그들 중 일부는 밭에서 곧장 달려오느라 쇠스랑을 들고 있었다.

> "저게 무슨 말이래요? 우리한테 무슨 일이 생긴다고요?" 하고 여자들이 물었다. 아내와 아이, 남편 모두 감정에 사로잡혔다. 아내들은 저마다 남편의 팔에 꼭 붙어 있었다. 아이들은 제 엄마가 우는 모습을 보고서 따라 울기 시작했다. 우리 주변의 모두가 경악을 금치 못했다. 얼마나 심란한 광경이었던지.[210]

한 영국인 여행자는 알타이(세미팔라틴스크) 카자크인 정착지에서 "청색기"를 높이 치켜든 기수와 경보를 울리는 나팔 소리를 통해 동원 소식이 전해졌을 때 이곳 사람들이 어떻게 반응했는지 회고했다. 차르의 말이 전해졌고, 독특한 군사적 소명과 전통을 지닌 카자크인들은 "적과 싸우고자 불타올랐다." 그런데 그 적은 누구인가? 아무도 몰랐다. 동원 전보에는 구체적인 정보가 없었다. 소문이 넘쳐났다. 처음에는 모두 중국과 전쟁하는 게 틀림없다고 상상했다. "러시아가 몽골로 너무 깊숙이 들어가는 바람에 중국이 전쟁을 선포했대." 이내 다른 소문이 퍼졌다. "잉글랜드랑, 잉글랜드랑 싸운대." 이 견해가 한동안 우세했다.

나홀 뒤에야 진실과 비슷한 무언가가 우리에게 전해졌고, 아무도 그것을 믿지 않았다.[211]

결론

"난 그것이 어떻게 일어났던 건지 결코 이해하지 못할 거예요." 소설가 레베카 웨스트는 1936년 사라예보 시청 발코니에 서서 남편에게 말했다. 구할 수 있는 사실이 너무 적어서가 아니라 너무 많아서였다.[1]

1914년 위기가 복잡했다는 것은 이 책의 핵심 논점 중 하나였다. 그 복잡성의 일면은 지금까지도 정치판에서 볼 수 있는 행위들에서 비롯되었다. 이 책의 마지막 장은 2011~2012년 유로존 금융위기(당혹스러우리만치 복잡한 오늘날의 사건)가 한창이던 때에 쓰였다. 유로존 위기의 행위자들이 1914년의 행위자들처럼 전면적인 파국(유로화의 실패)을 맞을 가능성을 의식했다는 것은 주목할 만한 사실이다. 핵심 주역들은 모두 그런 결과가 생기지 않기를 바랐지만, 서로 공유하는 이익에 더해 각자 특정한 (그리고 상충하는) 이익도 가지고 있었다. 체제 전반의 상호관계를 고려하면 어느 누구의 행위든 그 결과는 다른 사람들의 대응 행위에 달려 있었으며, 그런 대응 행위는 의사결정 과정의 불투명성 때문에 미리 예측하기가 어려웠다. 그리고 유로존 위기 내내 정치적 행위자들은 전면적인 파국의 가능성을 각자의 특정한 이익을 확보하기 위한 지렛대로 이용했다.

이런 의미에서 1914년의 사람들은 우리의 동시대인이다. 하지만 공통점 못지않게 차이점도 중요하다. 적어도 유로존 위기를 해결할 책임을 진 정부 각료들은 무엇이 문제인지에 대체로 동의했다. 그에 반해 1914년에는 심각하게 갈라진 윤리적·정치적 시각들이 합의를 해치고 신뢰를 갉아먹었다. 오늘날처럼 과제를 규정하고 분쟁을 조정하고 해결책을 찾기 위한 얼개를 제공하는 강력한 초국적 기관들을 1914년에는 찾아볼 수 없었다. 더욱이 1914년 위기의 복잡성은 하나의 정치-금융 얼개 전반에 권한과 책임이 분산되어 있었기 때문이 아니라, 중무장한 자율적인 권력의 중심지들이 서로 속사포를 쏘듯이 상호작용했기 때문에 생겨난 것이었다. 이 중심지들은 서로 다른 급변하는 위협에 직면해 있었으며, 위험 수준은 높고 신뢰와 투명성의 수준은 낮은 조건에서 운영되었다.

1914년 사태의 복잡성에는 국제체제의 급속한 변화가 결정적으로 중요했다. 그런 변화를 몇 가지만 거론해보자면 알바니아 영토국가의 갑작스러운 등장, 흑해에서 오스만과 러시아가 벌인 해군 군비 경쟁, 소피아에서 베오그라드로 방향을 돌린 러시아의 정책 등이 있다. 이것들은 역사적인 장기 이행이 아니라 단기 재조정이었다. 재조정의 결과는 유럽 집행부들 내부의 유동적인 권력관계로 인해 증폭되었다.

이를테면 그레이는 자유당 급진파의 위협을 견제하려고 애썼고, 푸

가브릴로 프린치프의 발자국, 사라예보(1955년에 찍은 사진)

앵카레의 우위와 동맹정책은 취약했으며, 코콥초프는 수호믈리노프의 반대 운동에 당면했다. 어느 정치적 내부자의 미발표 회고록에 따르면, 1914년 1월 코콥초프가 실각한 이후 차르 니콜라이 2세는 매우 보수적인 표트르 N. 두르노보에게 맨 먼저 수상직을 제안했다. 두르노보는 발칸에 관여하는 어떠한 정책에도 한사코 반대하는 강압적이고 결연한 인물이었다. 두르노보가 거부하자 수상직은 그레미킨에게 넘어갔는데, 크리보셰인과 군부는 신임 수상의 유약함을 이용해 1914년 7월 각료평의회에서 불균형한 영향력을 휘두를 수 있었다.[2] 이 세부사실에 지나치게 매달리는 것은 잘못일 테지만, 이 사례는 단기적이고 우발적인 재조정이 1914년 위기의 조건을 형성하는 데 얼마만큼 중요했는지 일깨운다.

이런 재조정 사례들은 국제체제 전체를 더 불투명하고 예측할 수 없게 만들어, 심지어 맹방들 사이에도 서로 불신하는 분위기를 퍼뜨렸다. 이는 평화를 위태롭게 하는 전개였다. 1914년경 러시아 지도부와 영국 지도부 간 신뢰 수준은 비교적 낮았고 점점 더 낮아지고 있었다. 그러나 이로 인해 러시아가 정한 유럽 전쟁의 조건을 받아들이려는 영국 외무부의 자세가 약해졌던 것은 아니다. 영국의 개입 찬성론은 오히려 강해졌다.

프랑스-러시아 동맹도 마찬가지였다. 동맹의 미래에 대한 의구심은 두 나라에서 분쟁을 각오하는 자세를 약화하기보다 강화하는 결과를 가져왔다. 각 정부 내에서 변동하는 권력관계는 (급변하는 객관적 조건과 맞물려) 전전 위기들의 결정적인 특징인 오락가락 정책과 모호한 메시지로 귀결되었다. 많은 약속들이 느슨하고 모호했음을 감안하면, 사실 1914년 이전 맥락에서 '정책'이 언제나 적절한 용어인지도 확실치 않다. 1912~1914년에 러시아 또는 독일이 과연 하나의 발칸 정책을 가지고 있었는지 의문이다(우리 눈에 보이는 것은 정책보다는 때로 전반적인 추세를 파악하기 어려운 다양한 방안과 시나리오, 태도다). 각국 정부 내에서 권력관계가 변하기 쉬웠다는 것은 곧 정책수립을 맡은 이들이 국내에서 상당한 압력을 받았다는 뜻이기도 하다. 그 압력은 언론이나 여론, 또는 산업계와 금융계의 로비보다는 정책수립자들 자신이 속한 엘리트층과 정부 내의 적들로부터 비롯되었다. 그리고 이 요인 역시 1914년 여름 의사결정자들을 괴롭힌 긴박감을 고조시켰다.

우리는 의사결정자들에게 작용한 객관적 요인들과, 그들이 각자 무슨 일을 하고 그것을 왜 하는가에 관해 자기 자신과 서로에게 말한 이야기들을 구별할 필요가 있다. 우리 이야기에서 모든 핵심 행위자는 두려움과 예측, 그리고 공리로 가장한 이익을 접착제 삼아 경험 조각들을 한데 붙여 구성한 서사라는 필터를 통해 세상을 바라보았다. 오스트리아에서는 나이 많고 참을성 강한 이웃을 끊임없이 도발하고 못살게 구는 젊은 비적들과 국왕 시해자들로 이루어진 민족에 관한 이야기가 세르비아와의 관계를 어떻게 관리할지 냉철하게 판단하는 것을 방해했다. 반대로 세르비아에서는 탐욕스럽고 막강한 합스부르크 제국이 자신들을 희생시키고 억압한다는 공상이 같은 결과를 초래했다. 독일에서는 침공과 분할을 예상하는 어두운 미래상이 1914년 여름 내내 의사결정을 괴롭혔다. 러시아에서는 동맹국이 러시아를 거듭 욕보였다는 이야기가 과거를 왜곡하는 동시에 현재를 명료하게 하는 등 비슷한 결과를 가져왔다.

다른 무엇보다 중요하고 널리 회자된 이야기는 오스트리아가 중부 유럽과 동유럽에서 안정의 버팀목 역할을 한다는 기존의 전제를 점차 대체한, 오스트리아-헝가리의 쇠락이 역사적으로 불가피하다는 서사였다. 빈의 적들을 억제하던 일군의 전제가 무너짐에 따라 다른 모든 강대국처럼 오스트리아-헝가리에게도 굳건히 방어할 권리를 지닌 이해관계가 있다는 통념이 약해졌다.

위기를 개시한 암살이 어디서 일어났는지 생각하면, 발칸의 상황이 전쟁 발발에 결정적이었다는 것이 자명해 보일지도 모른다. 그렇지만 두 가지는 특히 강조할 필요가 있다. 하나는 발칸전쟁으로 강국들과 약국들 간 관계가 위험한 방식으로 재조정되었다는 것이다. 오스트리아 지도부와 러시아 지도부 모두 발칸반도 사태를 통제하려는 투쟁이 특히 1912~1913년 겨울 위기 동안 새롭고 위협적인 국면으로 접어들었다고 보았다.

그 결과 중 하나가 프랑스-러시아 동맹의 발칸화였다. 프랑스와 러시아는 서로 다른 속도와 이유로 오스트리아-세르비아 접경지역에 지정학적 방아쇠를 설치했다. 발칸 개시 시나리오는 시간을 두고 꾸준히 숙성시킨 정책이나 계획, 책략이 아니었으며, 두 나라가 1912년과 1913년에 채택한 입장과 이듬해 전쟁 발발 사이에 어떤 필연적이거나 선형적인 관계가 있었던 것도 아니다. 발칸 개시 시나리오(사실상 세르비아 개시 시나리오)가 1914년 실제로 일어난 전쟁을 향해 유럽을 몰아간 것은 아니었다. 오히려 이 시나리오는 위기가 발생할 경우 그것을 해석할 개념적 얼개를 제공했다. 그리하여 러시아와 프랑스는 세계 최강 반열에 드는 양국의 운명과 소란스럽고 때때로 난폭하게 구는 세르비아의 불확실한 운명을 매우 비대칭적인 방식으로 한데 묶게 되었다.

발칸전쟁으로 이 지역 국가들과의 안보 협정이 엉망이 된 오스트리아-헝가리에게 사라예보 암살사건은 기존의 침공 및 전쟁 정책을 추진하기 위한 구실이 아니었다. 그것은 현실적 · 상징적 위협으로 가득한 변혁적 사건이었다. 21세기 관점에서 돌아보면 빈 정부가 암살에서 비롯된 문제들을 베오그라드 정부와 차분히 협상하는 방법으로 해결했어야 한다고 말하기 쉽지만, 1914년 상황에서 그것은 신뢰할 수 있는 선택지가 아니었다. 에드워드 그레이 경이 오스트리아-헝가리의 권력정치 현실에 무관심한 당파적 입장에서 내놓은 성의 없는 '4개국 중재' 제안도 마찬가지였다. 문제는 세르비아 당국이 암살을 초래한 영토회복주의 활동을 어느 정도는 억압하지 않으려 했고 어느 정도는 억압할 수 없었다는 것만이 아니다. 베오그라드에 대한 요구사항에 약속 이행을 감독하고 강제할 수단을 집어넣으려던 빈의 권리를 세르비아의 우방들이 인정하지 않은 것도 문제였다. 그들은 세르비아의 주권과 양립할 수 없다는 이유로 그런 요구를 거부했다. 2011년 10월 유엔 안전보장이사회에서 시리아의 반체제 시민들이 학살당하는 것을 막기 위해 아사드 정권에 제재를 가하자는 제안(나토 국가들이 찬성했다)을 두고 벌어진 논쟁에서도 비슷한 상황이 연출되었다. 이 제안에 맞서 러시아 대표는 서구 열강 특유의 부적절한 "대결 접근법"이 반영된 생각이라고 주장했고, 중국 대표는 시리아의 "주권"과 양립할 수 없으므로 제재는 부적절하다고 주장했다.

유책성 문제는 어떻게 되는 걸까? 베르사유 강화조약 제231조에서 전쟁 발발의 책임이 사실상 독일과 그 동맹들에게 있다고 명시한 이래 유책성 문제는 1차 세계대전의 기원을 둘러싼 논쟁에서 줄곧 중심이나 그 언저리에 있었다. 책임 공방은 결코 호소력을 잃지 않았다. 이 전통에서 가장 영향력 있는 주장은 '피셔 테제'다. 이는 1960년대에 프리츠 피셔Fritz Fischer와 이마누엘 가이스Imanuel Geiss, 그리고 이들보다 어린 스무 명 남짓한 독일 동료들이 개진한 일군의 주장을 가리키는 약칭으로, 이들은 전쟁 발발의 주된 책임이 독일에 있다고 보았다. 이 견해에 따르면(피셔 학파 내 여러 견해차는 제쳐놓고) 독일 정부는 발을 헛딛거나 미끄러져서 전쟁에 말려든 것이 아니다. 그들은 전쟁을 선택했다.

더 심하게 말하면, 그들은 유럽에서 고립된 상황을 타파하고 세계 강대국으로 발돋움하기를 기대하며 사전에 전쟁을 계획했다. 피셔 테제에서 비롯된 피셔 논쟁에 관한 근래의 연구들은 이 논쟁과, 독일 사회를 오염시켜온 나치 시대의 정신적 유산과 화해하는 지식인들의 고통스러운 과정 사이에 연관성이 있음을 잘 보여주었으며, 피셔의 논증은 여러 측면에서 비판을 받았다.[3] 그럼에도 피셔 테제를 희석한 버전이 독일의 참전 경위에 관한 연구를 여전히 지배하고 있다.

단 한 국가의 전쟁 책임을 입증할 필요가 정말로 있을까? 또는 전쟁 발발에 책임이 있는 정도에 따라 국가들의 유책 순위를 매길 필요가 있을까? 1차 세계대전 기원 문헌 중 하나인 고전적 연구에서 폴 케네디Paul Kennedy는 교전국들 전부를 탓하거나 아무도 탓하지 않는 식으로 범인 색출을 회피하는 것은 "물렁한" 접근법이라고 말했다.[4] 케네디의 말대로라면 더 딱딱한 접근법은 손가락질을 꺼리지 말아야 한다. 책임 지우기에 중점을 둔 서술의 문제는 결국 엉뚱한 국가에 누명을 씌울 수도 있다는 것이 아니다. 그보다는 그런 서술에 전제들이 내포되어 있다는 것이 문제다. 책임에 초점을 맞춘 서술은 첫째로 상호작용하며 갈등을 빚은 관계에서 궁극적으로 한 주역은 옳게 행동하고 다른 주역은 잘못 행동한 것이 틀림없다고 전제하는 경향이 있다. 세르비아가 세르비아 민족의 통일을 추구한 것이 잘못이었는가? 오스트리아가 알바니아의 독립을 역설한 것이 잘못이었는가? 이런 활동들 중 하나가 다른 하나보다 더 잘못이었는가? 무의미한 물음들이다.

고발 서사의 또 다른 단점은 다자간 상호작용의 과정보다는 특정한 한 국가의 정치적 기질과 구상에 초점을 맞춤으로써 시야를 좁힌다는 것이다. 여기에 더해 책임을 지우려는 수사관은 의사결정자들의 행위를 일관된 의도에 따라 계획한 행위로 해석하기 쉽다는 문제가 있다. 수사관은 누군가 전쟁을 일으켰을 뿐 아니라 의도하기도 했음을 보여주어야 한다. 극단적인 경우 이런 수사 방식이 음모 서사, 즉 제임스 본드 시리즈에서 벨벳 재킷을 입고 나오는 악당들 같은 한 무리의 강력한 개인들이 배후에서 사악한 계획에 따라 사건들을 조종한다는 서사를 낳기도 한다. 그런 서사가 도덕적 만족감을 준다는 것은 부인할 수 없으며, 1914년 여름에 전쟁이 그런 식으로 일어나는 것이 논리적으로 불가능했던 것은 물론 아니다. 그러나 이 책에서 자세히 설명한 견해는 그런 주장들이 증거로 뒷받침되지 않는다는 것이다.

1914년 전쟁 발발은 온실 안에서 연기 나는 권총을 손에 쥔 채로 시체를 지켜보는 범인을 발견하며 끝나는 애거서 크리스티 류의 드라마가 아니다. 이 이야기에는 연기 나는 총이 없다. 아니, 더 정확히 말하면 주요 인물들 모두가 연기 나는 총을 쥐고 있다. 이렇게 보면 1차 세계대전 발발은 범죄가 아닌 비극이었다.[5] 이를 인정한다고 해서 프리츠 피셔와 그의 역사 서술을 지지한 동료들이 올바로 주목한 오스트리아와 독일 정책수립자들의 호전성과 제국주의적 피해망상을 꼭 최소화해야 하는 것은 아니다. 그러나 독일인들만 제국주의자였던 것도 아니고, 그들만 피해망상에 굴복했던 것도 아니다. 1914년에 전쟁을 불러온 위기는 유럽 국가들이 공유한 정치문화의 소산이었다. 하지만 그것은 다극적이고 진정으로 상호적인 위기이기도 했다. 그랬기 때문에 1914년 위기가 현대의 가장 복잡한 사건이 된 것이고, 가브릴로 프린치프가 프란츠 요제프 거리에서 치명적인 총알 두 발을 발사한 지 한 세기가 지난 지금까지도 1차 세계대전의 기원을 둘러싼 논쟁이 계속되고 있는 것이다.

한 가지는 분명하다. 1914년에 정치인들이 얻고자 다투었던 상들 가운데 그 무엇도 뒤이은 대재앙을 감수할 만큼 가치 있지 않았다. 그 주역들은 판돈이 얼마나 큰지 이해하고 있었을까? 다음번 대륙 분쟁은 18세기에 군주들끼리 벌인 전쟁처럼 짧고 격렬한 전쟁이 될 것이고 남자들은 속담처럼 '크리스마스 전에 귀향'할 것이라는 착각에 1914년 유럽인들이 동조했다는 것이 지난날의 통념이었다. '단기전 환상'이 만연했다는 이런 견해는 훗날 의문시되었다.[6]

독일 슐리펜 계획의 관건은 프랑스 안으로 전광석화처럼 진격하는 대대적인 공격이었지만, 슐리펜 자신의 참모들 중에서도 다음번 전쟁이 신속한 승리로 끝나기는커녕 "피를 흘리며 한 걸음씩 전진하는 지루한 포복"이 될 것이라고 경고한 이들이 있었다.[7] 헬무트 폰 몰트케는 유럽 전쟁이 일어날 경우 신속히 해결되기를 바라면서도 전쟁이 몇 년 동안 이어지면서 엄청난 피해를 입힐 수도 있음을 인정했다. 영국 수상 허버트 애스퀴스는 1914년 7월 넷째 주에 '아마겟돈'이 다가

오고 있다고 썼다. 프랑스와 러시아의 장군들은 '절멸 전쟁'과 '문명의 소멸'을 이야기했다.

그들은 위험을 알고 있었다. 그런데 위험을 실감하기도 했을까? 이것은 1914년 이전과 1945년 이후의 차이점 중 하나일 것이다. 1950년대와 1960년대에는 의사결정자들과 일반 대중 모두 핵전쟁의 의미를 직관적으로 파악했다(히로시마와 나가사키 위에 생긴 버섯구름 이미지가 일반 시민들의 악몽에 나왔다). 그 결과 인류 역사상 최대 규모의 군비 경쟁이 벌어졌음에도 초강대국들 간 핵전쟁으로 귀결되지 않았다. 1914년 이전에는 상황이 달랐다. 많은 정치인들의 마음속에서 단기전에 대한 기대와 장기전에 대한 두려움은 이를테면 서로를 상쇄하여 위험을 충분히 이해하지 못하게 막았다.

1913년 3월, 《피가로》에 기고하는 한 저널리스트는 최근 파리에서 프랑스 군의학의 주요 권위자들이 행한 일련의 강연을 보도했다. 강연자들 가운데 자크-아브루아즈 몽프로피Jacques-Ambroise Monprofit는 그리스와 세르비아의 군병원들에 특별 파견되어 군진외과의 더 나은 표준 치료법을 정립하는 데 도움을 주고서 막 귀국한 참이었다. 그는 "프랑스제 대포•에 입은 상처는 그 수만 가장 많은 게 아니라 뼈가 으스러지고 조직이 찢어지고 흉부와 두개골이 산산조각 난 끔찍한 중상이기도 했습니다" 하고 말했다. 부상의 고통이 얼마나 극심했던지 군진외과의 저명한 전문가인 앙투안 드파주Antoine Depage는 미래의 전투

• 1차 세계대전 발발 전에 발칸 국가들에 판매한 대포.

에서 그런 무기의 사용을 국제적으로 금지하자고 제안했다.

저널리스트는 이렇게 논평했다. "우리는 그의 너그러운 동기를 이해하지만, 언젠가 전장에서 수적 열세일 것으로 예상할 수밖에 없는 이상 우리가 스스로를 방어하기 위해 그런 무기를, 두려움의 대상인 무기를 가지고 있음을 우리의 적들도 아는 편이 나을 것이다." 기사는 프랑스가 자국 무기의 끔찍한 위력에, 그리고 "우리가 자신 있게 경이롭다고 말할 수 있는 의료조직"을 갖추고 있다는 사실에 기뻐해야 한다는 선언으로 끝난다.[8] 우리는 전전 유럽 어디서나 이렇게 언변 좋은 견해를 발견할 수 있다. 이런 의미에서 1914년의 주역들은 눈을 부릅뜨고도 보지 못하고 꿈에 사로잡힌 채 자신들이 곧 세상에 불러들일 공포의 실체를 깨닫지 못한 몽유병자들이었다.

주

약어

AMAE—Archive Ministère des Affaires Ètrangères[프랑스 외무부 기록보관소], 파리

AN—Archives Nationales[프랑스 국립기록보관소], 파리

AS—Arkhiv Srbije[세르비아 기록보관소], 베오그라드

AVPRI—Arkhiv Vneshnei Politiki Rossiiskoi Imperii[러시아제국외교정책기록보관소], 모스크바

BD—G. P. Gooch and H. Temperley (eds.), *British Documents on the Origins of the War: 1898-1914* (11 vols., London, 1926-38)

BNF—Bibliothèque Nationale de France[프랑스 국립도서관], 파리

DD—Karl Kautsky, Count Max Montgelas and Walter Schüching (eds.), *Deutsche Dokumente zum Kriegsausbruch* (4 vols., Berlin, 1919)

DDF—Commission de publication de documents relatifs aux origines de la guerre de 1914[1914년 전쟁의 기원에 관한 문서 발간 위원회] (ed.), *Documents diplomatiques français relatifs aux origines de la guerre de 1914* (41 vols., Paris, 1929-59)

DSP—Vladimir Dedijer and Života Anić (eds.), *Dokumenti o Spoljnoj Politici Kraljevine Srbije* (7 vols., Belgrade, 1980)

GARF—Gosudarstvennyi Arkhiv Rossiiskoi Federatsii[러시아연방 국립기록보관소], 모스크바

GP—Johannes Lepsius, Albrecht Mendelssohn-Bartholdy and Friedrich Wilhelm Thimme (eds.), *Grosse Politik der europäischen Kabinette, 1871-1914* (40 vols., Berlin, 1922-7)

HHStA—Haus-Hof-und Staatsarchiv[오스트리아 국립기록보관소], 빈

HSA—Hauptstaatsarchiv[주립기록보관소], 슈투트가르트

IBZI—Kommission beim Zentralexekutivkomitee der Sowjetregierung under dem Vorsitz von M. N. Pokrowski[M. N. Pokrowski 주재 소비에트연방 중앙집행위원회에 의뢰] (ed.), *Die internationalen Beziehungen im Zeitalter des Imperialismus. Dokumente aud den Archiven der zarischen und der provisorischen Regierung*, trans. Otto Hoetzsch (9 vols., Berlin, 1931-9)

KA — *Krasnyi Arkhiv*

MAEB AD — Ministère des Affaires Ètrangères Belgique-Archives Diplomatiques[벨기에 외무부 외교기록보관소], 브뤼셀

MFA — Ministry of Foreign Affairs[외무부]

MID-PO — Ministerstvo Inostrannikh Del-Politicko Odelenje[세르비아 외무부 정무국]

NA — Nationaal Archief[네덜란드 국립기록보관소], 헤이그

NMM — National Maritime Museum[영국 국립해양박물관], 그리니치

ÖUAP — Ludwig Bittner and Hans Uebersberger (eds.), *Österreichs-Ungarns Aussenpolitik von der bosnischen Krise Bis zum Kriegsausbruch 1914*

PA-AA — Das Politische Archiv des Auswärtigen Amtes[독일 외무부 정치기록보관소], 베를린

PA-AP — Papiers d'Agents-Archives Privées[프랑스 외무부 직원 문서-개인기록보관소]

RGIA — Rossiiskii Gosudarstvennyi Istoricheskii Arkhiv[러시아 국립역사기록보관소], 상트페테르부르크

RGVIA — Rossiiskii Gosudarstvennyi Voenno-istoricheskii Arkhiv[러시아 국립군사기록보관소], 모스크바

TNA — The National Archives[영국 국립문서보관소], 큐

서론

1. David Fromkin, *Europe's Last Summer. Who Started the Great War in 1914?* (New York, 2004), p. 6에서 인용.
2. 독일 외무부는 전쟁범죄 반대 캠페인을 조직하는 데 주력한 독일협회단 운영위원회(Arbeitsausschuss Deutscher Verbände)의 활동을 후원했고, 학자들로 이루어진 전쟁원인연구소(Zentralstelle zur Erforschung der Kriegsursachen)를 비공식 지원했다. Ulrich Heinemann, *Die verdrängte Niederlage: politische Öffentlichkeit und Kriegsschuldfrage in der Weimarer Republik* (Göttingen, 1983), 특히 pp. 95-117; Sacha Zala, *Geschichte unter der Schere politischer Zensur. Amtliche*

Aktensammlung im internationalen Vergleich (Munich, 2001), 특히 pp. 57 – 77; Imanuel Geiss, 'Die manipulierte Kriegsschuldfrage. Deutsche Reichspolitik in der Julikrise 1914 und deutsche Kriegsziele im Spiegel des Schuldreferats des Auswär – tigen Amtes, 1919 – 1931', *Militäreschichtliche Mitteilungen*, 34(1983), pp. 31 – 60 참조.

3. Barthou to Martin, 서신, 3 May 1934, in Keith Hamilton, 'The Historical Diplomacy of the Third Republic', in Keith M. Wilson (ed.), *Forging the Collective Memory. Government and International Historians through Two World Wars* (Providence, Oxford, 1996), pp. 29 – 62, 그중 p. 45에서 인용; 독일 문서집에 대한 프랑스 측의 비판은 예컨대 E. Bourgeois, 'Les archives d'État et l'enquête sur les origines de la guerre mondiale. À propos de la publication allemande: Die grosse Politik d. europ. Kabinette et de sa traduction française', *Revue historique*, 155 (May – August 1927), pp. 39 – 56 참조. Bourgeois는 독일 편집자들이 전술적으로 누락한 기록을 감추는 방식으로 문서집을 구성했다고 비판했다. 독일 편집자의 답변은 Friedrich Thimme, 'Französische Kritiken zur deutschen Aktenpublikation', *Europäische Gespräche*, 8/9(1927), pp. 461 – 79 참조.
4. Ulfried Burz, 'Austria and the Great War. Official Publications in the 1920s and 1930s', in Wilson, *Forging the Collective Memory*, pp. 178 – 91, 그중 p. 186.
5. J.-B. Duroselle, *La grande guerre des Français, 1914 – 1918: L'incompréhensible* (Paris, 1994), pp. 23 – 33; J. F. V. Keiger, *Raymond Poincaré* (Cambridge, 1997), pp. 194 – 5.
6. Keith M. Wilson, 'The Imbalance in British Documents on the Origins of the War, 1898 – 1914. Gooch, Temperley and the India Office', in id. (ed.), *Forging the Collective Memory*, pp. 230 – 64, 그중 p. 231; 같은 책에 실린 Wilson의 'Introduction. Governments, Historians and "Historical Engineering"', pp. 1 – 28, 특히 pp. 12 – 3도 참조.
7. Bernhard Schwertfeger, *Der Weltkrieg der Dokumente. Zehn Jahre Kriegsschuldforschung und ihr Ergebnis* (Berlin, 1929). 이 문제에 관한 더 일반적인 논의로는 Zala, *Geschichte unter der Schere*, 특히 pp. 31 – 6, 47 – 91, 327 – 38 참조.
8. Theobald von Bethmann Hollweg, *Betrachtungen zum Weltkriege* (2 vols., Berlin, 1919), 특히 vol. 1, pp. 113 – 84; Sergei Dmitrievich Sazonov, *Les Années*

fatales (Paris, 1927); Raymond Poincaré, *Au service de la France – neuf années de souvenirs* (10 vols., Paris, 1926–33), 특히 vol. 4, *L'Union sacrée*, pp. 163–431. 7월 위기에 관한 푸앵카레의 더 상세하지만 꼭 사실을 알려주는 것은 아닌 논의는 René Gerin, *Les responsabilités de la guerre: quatorze questions, par René Gerin... quatorze réponses, par Raymond Poincaré* (Paris, 1930)에 기록된 진술 참조.

9. Edward Viscount Grey of Fallodon, *Twenty-Five Years, 1892–1916* (London, 1925).
10. Bernadotte Everly Schmitt, *Interviewing the Authors of the War* (Chicago, 1930).
11. Ibid., p. 11.
12. Luigi Albertini, *The Origins of the War of 1914*, trans. Isabella M. Massey (3 vols., Oxford, 1953), vol. 2, p. 40; 마그리니는 이탈리아 역사가 루이지 알베르티니의 요청에 따라 인터뷰를 했다.
13. Derek Spring, 'The Unfinished Collection. Russian Documents on the Origins of the First World War', in Wilson (ed.), *Forging the Collective Memory*, pp. 63–86.
14. John W. Langdon, *July 1914: The Long Debate, 1918–1990* (Oxford, 1991), p. 51.
15. 여기서 관련 문헌을 하나 제시해봐야 무의미할 것이다. 이 논쟁과 그 역사에 관한 유익한 논의는 다음을 참조하라. John A. Moses, *The Politics of Illusion: The Fischer Controversy in German Historiography* (London, 1975); Annika Mombauer, *The Origins of the First World War: Controversies and Consensus* (London, 2002); W. Jäger, *Historische Forschung und politische Kultur in Deutschland. Die Debatte um den Ausbruch des Ersten Weltkriegs 1914–1980* (Göttingen, 1984); Langdon, *The Long Debate*; id., 'Emerging from Fischer's Shadow: Recent Examinations of the Crisis of July 1914', *The History Teacher*, vol. 20, no. 1(Nov 1986), pp. 63–86; James Joll, 'The 1914 Debate Continues: Fritz Fischer and His Critics', *Past & Present*, 34/1(1966), pp. 100–13와 P. H. S. Hatton, 'Britain and Germany in 1914: The July Crisis and War Aims', *Past & Present*, 36/1(1967), pp. 138–43의 답변; Konrad H. Jarausch, 'Revising German History. Bethmann Hollweg Revisited', *Central European History*, 21/3 (1988),

pp. 224–43; Samuel R. Williamson and Ernest R. May, 'An Identity of Opinion. Historians and July 1914', *Journal of Modern History*, 79/2 (June 2007), pp. 335–87; Jay Winter and Antoine Prost, *The Great War in History. Debates and Controversies, 1914 to the Present* (Cambridge, 2005) 참조.

16. '장식주의'에 관해서는 David Cannadine, *Ornamentalism. How the British Saw Their Empire* (London, 2002) 참조; '그 시절 세계'와 거리를 두는 접근법의 탁월한 사례로는 Barbara Tuchman, *Proud Tower. A Portrait of the World before the War, 1890–1914* (London, 1966)와 같은 저자의 *August 1914* (London, 1962) 참조.
17. Richard F. Hamilton and Holger Herwig, *Decisions for War 1914–1917* (Cambridge, 2004), p. 46.
18. Svetoslav Budinov, *Balkanskite Voini (1912–1913). Istoricheski predstavi v sistemata na nauchno-obrezovatelnata komunikatsia* (Sofia, 2005), p. 55.
19. 특히 Holger Afflerbach, 'The Topos of Improbable War in Europe before 1914', in id. and David Stevenson (eds.), *An Improbable War? The Outbreak of World War I and European Political Culture before 1914* (Oxford, 2007), pp. 161–82와 같은 책 pp. 1–17에 실린 편저자들의 서론 참조.

1장 세르비아의 유령들

1. Sir George Bonham to Marquess of Lansdowne, 전보(복사본), Belgrade, 12 June 1903, TNA, FO 105/157, fo. 43.
2. 여러 사람이 범행의 가장 불리한 세부사실을 감추거나 음모에서 자신이 맡은 역할을 축소하거나 과장함에 따라 암살 이후 몇 주 동안 베오그라드에서는 국왕 시해에 관한 상충하는 이야기들이 나돌았다. 6월 10~11일 사태에 관한 언론의 상세하고 확실한 초기 보도는 *Neue Freie Presse*, 1903년 6월 12일, pp. 1–3과 6월 13일, pp. 1–2 참조; 영국 공사의 보고서는 떠도는 소문들 중에서 서서히 드러나던 진상을 확인하는 데 특히 유용하다. TNA, FO 105/157, 'Servia. Coup d'Etat. Extirpation of the Obrenovitch dynasty & Election of King Peter Karageorgević. Suspension of diplomatic relations with Servia June 1903'에서 찾아볼 수 있다; 또한 Wayne S. Vucinich, *Serbia Between East and West. The Events of 1903–1906* (Stanford, 1954), pp. 55–9 참조; 2차 문헌 가운데 권위 있는 설명은 Slobodan Jovanović,

Vlada Aleksandra Obrenovica (3 vols., Belgrade, 1934–6), vol. 3, pp. 359–62; Dragisa Vasić, *Devetsto treća (majski prevrat) prilozi za istoriju Srbije od 8. jula 1900. do 17. januara 1907* (Belgrade, 1925), pp. 75–112; Rebecca West, *Black Lamb and Grey Falcon. A Journey through Yugoslavia* (London, 1955), pp. 11–2, 560–4.

3. David MacKenzie, *Apis: The Congenial Conspirator. The Life of Colonel Dragutin T. Dimitrejević* (Boulder, 1989), p. 26; Alex N. Dragnich, *Serbia, Nikola Pašić and Yugoslavia* (New Brunswick, 1974), p. 44.
4. McKenzie, Apis, p. 29.
5. 일례로 알렉산다르 오브레노비치와의 대화를 서술하는 Vukasin Petrović의 일기 구절을 옮겨 적은 Vladan Georgevitch, *Das Ende der Obrenovitch. Beiträge zur Geschichte Serbiens 1897–1900* (Leipzig, 1905), pp. 559–88 참조.
6. Vucinich, *Serbia between East and West*, p. 9.
7. Ibid., p. 10.
8. Branislav Vranesević, 'Die Aussenpolitischen Beziehungen zwischen Serbien und der Habsburgermonarchie', in Adam Wandruszka and Peter Urbanitsch (eds.), *Die Habsburgermonarchie 1848–1918* (10 vols., Vienna, 1973–2006), vol. 6/2, pp. 319–86, 그중 pp. 36–7.
9. *The Times*, 7 April, p. 3, 37048호, col. B; 23 April, 37062호, col. A 참조.
10. Vucinich, *Serbia between East and West*, p. 21; Gale Stokes, 'The Social Role of the Serbian Army before World War I: A Synthesis', in Stephen Fischer-Galati and Béla K. Király (eds.), *War and Society in Central Europe, 1740–1920* (Boulder, 1987), pp. 105–17.
11. '조직 카리스마'에 관해서는 Roger Eatwell, 'The Concept and Theory of Charismatic Leadership', *Totalitarian Movements and Political Religions*, 7/2 (2006), pp. 141–56, 그중 pp. 144, 153, 154; id., 'Hacia un nuevo modelo de liderazgo carismático de derecha', in Miguel Ángel Simon Gomez (ed.), *La extrema derecha en Europa desde 1945 a nuestros días* (Madrid, 2007), pp. 19–38 참조.
12. 두 발언 모두 MacKenzie, *Apis*, p. 50에서 인용.
13. Vucinich, *Serbia between East and West*, p. 47.

14. McKenzie, *Apis*, p. 35; Vucinich, *Serbia between East and West*, p. 51; Vladimir Dedijer, *The Road to Sarajevo* (London, 1967), p. 85.
15. *The Times*, 27 April, p. 6, 37065호, col. B.
16. Jovanović, *Vlada Aleksandra Obrenovica*, vol. 3, p. 359.
17. Sir G. Bonham to Marquess of Lansdowne, 해독된 전보, Belgrade, 7.45 p.m. 11 June 1903, TNA, FO 105/157, fo. 11.
18. Bonham to Marquess of Lansdowne, 전보(사본), Belgrade, 12 June 1903, TNA, FO 105/157, fo. 43.
19. Sir F. Plunkett to Marquess of Lansdowne, Vienna, 12 June 1903, ibid., fo. 44.
20. 6월 25일 페타르의 선언문(OS) in Djurdje Jelenić, *Nova Srbija i Jugoslavija. Istorija nacionalnog oslobodjenja i ujedinjenja Srba, Hrvata i Slovenaca, od Kočine krajine do vidovdanskog ustava (1788–1921)* (Belgrade, 1923), p. 225 참조.
21. 1903년 쿠데타를 세르비아 황금시대의 문턱으로 묘사하는 서술로는 M. Popović, *Borba za parlamentarni režim u Srbiji* (Belgrade, 1938), 특히 pp. 85–108, 110–1; Z. Mitrović, *Srpske politicke stranke* (Belgrade, 1939), 특히 pp. 95–114; Alex N. Dragnich, *The Development of Parliamentary Government in Serbia* (Boulder, 1978), pp. 95–8; id., *Serbia, Nikola Pašić and Yugoslavia* 참조.
22. M. Kalievići의 발언, Bonham to Marquess of Lansdowne, 21 June 1903, TNA, FO 105/157, fos. 309–11, 그중 fo. 310에서 보고; 또한 Vucinich, *Serbia between East and West*, pp. 70–1 참조.
23. Wilfred Thesiger to Marquess of Lansdowne, Belgrade, 15 November 1905, TNA, FO 105/158, fos. 247–52, 그중 fo. 250. (Thesiger는 이름이 같은 유명한 탐험가 겸 작가의 아버지다.)
24. Thesiger to Marquess of Lansdowne, Belgrade, 5 December 1905, ibid., fos. 253–5, 그중 fos. 254–5; Dragnich, *Serbia, Nikola Pašić and Yugolavia*, pp. 73–4.
25. MacKenzie, *Apis*, p. 56.
26. Count Mérey von Kapos-Mére to Aehrenthal, 27 November 1903, F. R. Bridge, *From Sadowa to Sarajevo. The Foreign Policy of AustriaHungary, 1866–1914* (London, 1972), p. 263에서 인용; Mérey의 평가는 Kosztowits to Melvil van

Lijnden, Belgrade, 4 September 1903, NA, 2.05.36, doc. 10, Rapporten aan en briefwisseling met het Ministerie van Buitenlandse Zaken으로 뒷받침된다.

27. David MacKenzie, 'Officer Conspirators and Nationalism in Serbia, 1901 – 1914', in S. Fischer-Galati and B. K. Kiraly (eds.), *Essays on War and Society in East Central Europe, 1720 – 1920* (Boulder, 1987), pp. 117 – 50, 그중 p. 125; D. Djordjević, 'The Role of the Military in the Balkans in the Nineteenth Century', in R. Melville and H.-J. Schroeder (eds.), *Der Berliner Kongress von 1878* (Wiesbaden, 1982), pp. 317 – 47, 특히 pp. 343 – 5.
28. D. T. Bataković, 'Nikola Pašić, les radicaux et la "Main Noire"', Balcanica, 37 (2006), pp. 143 – 69, 그중 p. 154; '니시의 역음모'에 관한 이야기체 서술은 Vasić, *Devetsto treća*, pp. 131 – 84 참조.
29. 파시치의 개성에 관한 예리한 분석은 Djordje Stanković, *Nikola Pašić. Prilozi za biografiju* (Belgrade, 2006), pt 2, ch. 8, p. 322 참조.
30. Slobodan Jovanović, 'Nicholas Pašić: After Ten Years', *Slavonic and East European Review*, 15(1937), pp. 368 – 76, 그중 p. 369.
31. 이데올로기적이기보다 실용적이었던 파시치의 친러시아 성향은 Čedomir Popov, 'Nova Osvetljenja Rusko-Srpskih odnosa' (review of Latinka Petrović and Andrej Šemjakin (eds.), *Nikola Pašić. Pisma članci i govori* (Belgrade, 1995)), in *Zbornik Matice Srpske za Slavistiku*, 48 – 9 (1995), pp. 278 – 83, 그중 p. 278; Vasa Kazimirović, *Nikola Pašić I njegovo doba 1845 – 1926* (Belgrade, 1990), pp. 54 – 5, 63 참조. 파시치의 친러시아 성향에서 이데올로기적 차원을 강조하는 서술은 Andrej Šemjakin, *Ideologia Nikole Pašića. Formiranje i evolucija (1868 – 1891)* (Moscow, 1998) 참조; 상트페테르부르크 파견은 MacKenzie, *Apis*, p. 27 참조.
32. Nikac Djukanov, *Bajade: anegdote o Nikoli Pašiću*, (Belgrade, 1996), p. 35.
33. Stanković, *Nikola Pašić*, pp. 315 – 6.
34. Bataković, 'Nikola Pašić', pp. 150 – 1; Dragnich, *Serbia, Nikola Pašić and Yugoslavia*, pp. 3, 6, 7, 27 – 8; MacKenzie, *Apis*, pp. 26 – 8.
35. Bataković, 'Nikola Pašić', p. 151; Dragnich, *Serbia, Nikola Pašić and Yugoslavia*, p. 76; MacKenzie, *Apis*, p. 57; Constantin Dumba, *Memoirs of a Diplomat*, trans. Ian F. D. Morrow (London, 1933), pp. 141 – 3.

36. Vucinich, *Serbia between East and West*, p. 102.

37. 《나체르타니예》 텍스트는 Dragoslav Stranjaković, 'Kako postalo Garašaninovo "Načertanije"', in *Spomenik Srpske Kraljevske Akademije*, VCI(1939), pp. 64–115, 그중 p. 75 참조. Wolf Dietrich Behschnitt, *Nationalismus bei Serben und kroaten 1830–1914* (Munich, 1980), p. 55에서 인용.

38. Behschnitt, *Nationalismus*, p. 57에서 인용; 또한 Horst Haselsteiner, 'Nationale Expansionsvorstellungen bei Serben und Kroaten im 19. Jahrhundert', *Österreichische Osthefte*, 39 (1997), pp. 245–54, 그중 247–8 참조.

39. 《방방곡곡 세르비아인》 텍스트는 Vuk Stefanović Karadžić, *Kovčežic za istoriju, jezik, običaje Srba sva tri zakona* [세 종파 모든 세르비아인의 역사, 언어, 민속의 보고] (Vienna, 1849), pp. 1–27, 그중 pp. 1, 7, 19, 22 참조; 크로아티아인이 '세르비아인' 명칭을 채택하기를 거부한 수수께끼 같은 사정은 pp. 2–3; Haselsteiner, 'Nationale Expansionsvorstellungen', pp. 246–7 참조.

40. Karadžić, *Kovčežic*, pp. 2–3; Haselsteiner, 'Nationale Expansionsvorstellungen', p. 248.

41. Stranjaković, 'Kako postalo Garašaninovo "Načertanije"', p. 84, Behschnitt, *Nationalismus*, p. 56에서 인용; Haselsteiner, 'Nationale Expansionsvorstellungen', p. 249.

42. David MacKenzie, 'Serbia as Piedmont and the Yugoslav Idea, 1804–1914', *East European Quarterly*, 28 (1994), pp. 153–82, 그중 p. 160.

43. Leopold von Ranke, *The History of Servia and the Servian Revolution*, trans. Mrs Alexander Kerr (London, 1853), p. 52.

44. Tim Judah, *The Serbs. History, Myth and the Destruction of Yugoslavia* (2nd edn, New Haven, 2000), pp. 29–47.

45. Arthur J. Evans, *Through Bosnia and the Herzegovina on Foot during the Insurrection, August and September, 1875* (London, 1877), p. 139.

46. Barbara Jelavich, 'Serbia in 1897: A Report of Sir Charles Eliot', *Journal of Central European Affairs*, 18 (1958), pp. 183–9, 그중 p. 185.

47. Dedijer, *Road to Sarajevo*, pp. 250–60.

48. 구세르비아(코소보, 메토히야, 산자크, 부야노바츠로 이루어진)의 정확한 인구는 알려져 있지 않다; Behschnitt, *Nationalismus*, p. 39 참조.

49. Justin McCarthy, *Death and Exile. The Ethnic Cleansing of Ottoman Muslims, 1821 – 1922* (Princeton, 1996), pp. 161 – 4 외 여러 군데 참조.

50. 지도를 제공하는 훌륭한 개관으로는 Andrew Rossos, *Macedonia and the Macedonians. A History* (Stanford, 2008), p. 4 참조.

51. John Shea, 'Macedonia in History: Myths and Constants', *Österreichische Osthefte*, 40(1998), pp. 147 – 68; Loring M. Danforth, 'Competing Claims to Macedonian Identity: The Macedonian Question and the Breakup of Yugoslavia', *Anthropology Today*, 9/4(1993), pp. 3 – 10; Rossos, *Macedonia*, p. 5.

52. Jelavich, 'Serbia in 1897', p. 187.

53. Carnegie Foundation Endowment for International Peace, *Enquête dans les Balkans: rapport présenté aux directeurs de la Dotation par les membres de la commission d'enquête* (Paris, 1914), pp. 448, 449.

54. Djordje Stanković, *Nikola Pašić, saveznivi i stvaranje Jugoslavije* (Zajecar, 1995), p. 29에서 인용; 세르비아인, 크로아티아인, 슬로베니아인이 본질적으로 같은 민족이라는 파시치의 신념은 id., *Nikola Pašić. Prilozi za biografiju*, 특히 제1장 참조.

55. David MacKenzie, *Ilja Garašanin: Balkan Bismarck* (Boulder, 1985), p. 99에서 인용.

56. Vucinich, *Serbia between East and West*, p. 122.

57. Kosztowits to Melvil de Lijnden, Belgrade, 25 August 1903, NA, 2.05.36, doc. 10, Rapporten aan en briefwisseling met het Ministerie van Buitenlandse Zaken.

58. MacKenzie, 'Officer Conspirators', pp. 128 – 9; Vucinich, *Serbia between East and West*, pp. 158 – 9.

59. Haselsteiner, 'Nationale Expansionsvorstellungen', p. 249.

60. Vucinich, *Serbia between East and West*, pp. 172, 174에서 인용.

61. Bridge, *From Sadowa to Sarajevo*, pp. 122 – 3.

62. Kazimirović, *Nikola Pašić*, p. 607.

63. 통상과 병기 문제는 Jovan Jovanović, *Borba za Narodno Ujedinjenje, 1903 – 1908* (Belgrade, [1938]), pp. 108 – 16 참조.

64. Kosztowits to W. M. de Weede, Belgrade, 24 May 1905, NA, 2.05.36, doc. 10,

Rapporten aan en briefwisseling met het Ministerie van Buitenlandse Zaken.

65. M. B. Hayne, *The French Foreign Office and the Origins of the First World War 1898–1914* (Oxford, 1993), pp. 52, 150.

66. Herbert Feis, *Europe, the World's Banker 1870–1914. An Account of European Foreign Investment and the Connection of World Finance with Diplomacy before the War* (New Haven, 1930), p. 264.

67. Čedomir Antić, 'Crisis and Armament. Economic Relations between Great Britain and Serbia 1910–1912', *Balcanica*, 36 (2006), pp. 151–61.

68. J. B. Whitehead, 'General Report on the Kingdom of Servia for the Year 1906', in David Stevenson (ed.), *British Documents on Foreign Affairs. Reports and Papers from the Foreign Office Confidential Print, Part 1, From the Mid-Nineteenth Century to the First World War*, Series F, *Europe, 1848–1914*, vol. 16, *Montenegro, Romania, Servia 1885–1914*, doc. 43, pp. 205–20, 그중 p. 210.

69. Michael Palairet, *The Balkan Economies c. 1800–1914. Evolution without Development* (Cambridge, 1997), p. 28.

70. Ibid., pp. 86–7.

71. Holger Sundhaussen, *Historische Statistik Serbiens. Mit europäischen Vergleichsdaten, 1834–1914* (Munich, 1989), pp. 26–8.

72. Palairet, *Balkan Economies*, p. 23.

73. Ibid., pp. 112, 113, 168; John R. Lampe, 'Varieties of Unsuccessful Industrialisation. The Balkan States Before 1914', *Journal of Economic History*, 35 (1975), pp. 56–85, 그중 p. 59.

74. Palairet, *Balkan Economies*, p. 331.

75. Martin Mayer, 'Grundschulen in Serbien während des 19. Jahrhunderts. Elementarbildung in einer "Nachzüglergesellschaft"', in Norbert Reiter and Holm Sundhaussen (eds.), *Allgemeinbildung als Modernisierungsfaktor. Zur Geschichte der Elementarbildung in Südosteuropa von der Aufklärung bis zum Zweiten Weltkrieg* (Berlin, 1994), pp. 77–102, 그중 pp. 87, 88, 91, 92.

76. Andrei Simic, *The Peasant Urbanites. A Study of Rural-Urban Mobility in Serbia* (New York, 1973), pp. 28–59, 148–51.

77. Mira Crouch's reflections on interwar Belgrade in 'Jews, Other Jews and "Others": Some Marginal Considerations Concerning the Limits of Tolerance', in John Milfull (ed.), *Why Germany? National Socialist Anti-Semitism and the European Context* (Providence, 1993), pp. 121–38, 그중 p. 125 참조.
78. Whitehead, 'General Report on the Kingdom of Servia for the year. 1908', pp. 312–34, 그중 p. 314.
79. Violeta Manojlović, 'Defense of National Interest and Sovereignty: Serbian Government Policy in the Bosnian Crisis, 1906–1909', MA thesis, Simon Fraser University, 1997, p. 58에서 인용.
80. Ibid., pp. 68–9에서 인용.
81. Ibid., p. 3.
82. Paul Miliukov, *Political Memoirs 1905–1917*, trans. Carl Goldberg (Ann Arbor, 1967), p. 182.
83. Whitehead, 'General Report... 1908', pp. 314–5.
84. Jovan Cvijic, *The Annexation of Bosnia and Herzegovina and the Serb Problem* (London, 1909), p. 14; 요한 치비이치가 파시치에게 끼친 영향은 Vladimir Stojancević, 'Pašićevi pogledi na resavanje pitanja Stare Srbije i Makedonije do 1912. godine', in Vasilije Krestic, *Nikola Pašić. Zivot I delo. Zbornik radova za Naucnog Skupa u Srpskoj Akademiji Nauka i Utmetnosti* (Belgrade, 1997), pp. 284–301, 그중 p. 285 참조.
85. Prince Lazarovich-Hrebelianovich, *The Servian People. Their Past Glory and Destiny* (New York, 1910), p. 142.
86. Behschnitt, *Nationalismus*, p. 108.
87. MacKenzie, 'Officer Conspirators', pp. 130–1; id., *Apis*, p. 63.
88. Milorad Radusinović, 'Antanta i Aneksiona kriza', *Istorija 20. Veka*, 9(1991), pp. 7–22, 그중 p. 9에서 인용.
89. Aleksandar Pavlović, *Liudi i dogadaji, ideje i ideali* (Belgrade, 2002), pp. 30–8. Pavlović는 사회민주주의 정치인자이자 베오그라드 지식 엘리트층의 일원이었다. 이 일기집은 그 존재가 알려지지 않았다가 2002년 그의 딸들이 공개했다.
90. Manojlović, 'Defense of National Interest and Sovereignty' p. 78에서 인용.
91. Radusinović, 'Antanta i Aneksiona kriza', p. 18.

92. Milan St. Protić, *Radikali u Srbjii: Ideje i Pokret* (Belgrade, 1990), p. 246에서 인용.

93. Manojlović, 'Defense of National Interest and Sovereignty', p. 109.

94. Milovije Buha, '*Mlada Bosna*'–*Sarajevski atentat. Zavod za udžbenike i nastavna sredstva* (Sarajevo, 2006), p. 171.

95. Behschnitt, *Nationalismus*, p. 117.

96. '단결 아니면 죽음!'의 결성에 관한 상세한 논의는 MacKenzie, 'Serbia as Piedmont', pp. 153–82; id., *Apis*, pp. 64–8; Dragoslav Ljubibratic, *Mlada Bosna i Sarajevski atentat* (Sarajevo, 1964), pp. 35–7; Behschnitt, *Nationalismus*, pp. 115–7 참조.

97. Buha, '*Mlada Bosna*', p. 170.

98. *Pijemont*, 12 November 1911, Bataković, 'Nikola Pašić', pp. 143–69, 그중 p. 158에서 인용; 원형적 파시즘과의 연관성은 Vladimir Dedijer and Branko Pavičević, 'Dokazi za jednu tezu', *Novi Misao* (Belgrade), June 1953에서도 지적된다.

99. Joachim Remak, *Sarajevo. The Story of a Political Murder* (London, 1959), p. 46에서 인용; 요바노비치의 저술과 관여에 관해서는 David MacKenzie, 'Ljuba Jovanović-Čupa and the Search for Yugoslav Unity', *International History Review*, 1/1(1979), pp. 36–54 참조.

100. Dedijer, *Road to Sarajevo*, p. 379.

101. Remak, *Sarajevo*, p. 49.

102. MacKenzie, *Apis*, p. 71에서 인용.

103. Vojislav Vučković, *Unutrašnje krize Srbije i Prvi Svetski Rat* (Belgrade, 1966), p. 179.

104. Bataković, 'Nikola Pašić', p. 160.

105. MacKenzie, *Apis*, p. 73.

106. Ugron to Aehrenthal, Belgrade, 12 November 1911, HHStA Vienna, PA Serbien XIX 62, no. 94a.

107. Buha, '*Mlada Bosna*', pp. 143, 175.

108. 예를 들어 제라이치는 "[그의] 인종의 고결한 자손"이며 그의 이름이 "오늘날 사람들 사이에서 성스러운 무언가로 회자된다"라고 칭송한 *Politika*, 베오그라드, 1910년 8월 18일자 기사 참조. 이 기사는 페타르 카라조르제비치 국왕의 생일을 기념해 게재된 것으로 보인다. 오스트리아의 '홍서(Red Book)'에서 인용했으며 온라인 출처

는 http://209.85.135.104/search?q=cache:0YxuZRIgw9YJ:www.geocities.com/veldes1/varesanin.html+%22bogdan+zerajic%22=en&ct=clnk&cd=4&gl=uk&ie=UTF-8.

109. Remak, *Sarajevo*, pp. 36–7.

110. Dedijer, *Road to Sarajevo*, p. 236; Jean-Jacques Becker, 'L'ombre du nationalisme serbe', *Vingtième Siècle*, 69 (2001), pp. 7–29, 그중 p. 13.

111. Paget to Grey, Belgrade, 6 June 1913, TNA, FO 371/1748.

112. Crackanthorpe to Grey, Belgrade, 7 September 1913, ibid., fos. 74–6.

113. Carnegie Foundation, *Enquête dans les Balkans*, p. 144; Katrin Boeckh, *Von den Balkankriegen zum Ersten Weltkrieg. Kleinstaatenpolitik und ethnische Selbstbestimmung auf dem Balkan* (Munich, 1996), pp. 125–6.

114. Boeckh, *Von den Balkankriegen*, p. 164.

115. Peckham to Crackanthorpe, Üsküb, 23 October 1913; Crackanthorpe to Grey, Belgrade, 17 November, TNA, FO 371/1748, fos. 147–8, 158.

116. Greig to Crackanthorpe, Monastir, 25 November 1913, ibid., fo. 309.

117. Greig to Crackanthorpe, Monastir, 30 November 1913, ibid., fo. 341–50, 그중 fo. 341.

118. Greig to Crackanthorpe, Monastir, 16 November 1913, ibid., fo. 364.

119. Greig to Crackenthorpe, Monastir, 24 November 1913, TNA, FO 371/2098, fos. 11–5, 그중 fos. 13–4.

120. 외무부 회람장의 여백에 'RGV(Robert Gilbert Vansittart)'가 적은 메모, 9 December 1913, TNA, FO 371/1748, fo. 327.

121. Djordjević to Foreign Ministry Belgrade, Constantinople, 1 April 1914, in *DSP* (7 vols., Belgrade, 1980), vol. 7/1, doc. 444, p. 586에 첨부된 파시치의 1914년 4월 3일 논평 참조.

122. 팀원 중 러시아 사람인 Paul Miliukov가 제정의회에서 마케도니아의 자치권을 지지했던 '세르비아의 적'이라는 이유로 지원을 거부했다. Boeckh, *Von den Balkankriegen*, p. 172 참조.

123. Remak, *Sarajevo*, p. 57.

124. Buha, '*Mlada Bosna*', pp. 173–4.

125. 전쟁을 계기로 급진화한 세르비아군에 관해서는 Descos to Doumergue, Belgrade,

7 May 1914, *DDF*, 3rd series, vol. 10, doc. 207, pp. 333-5 참조.

126. 아피스가 그런 쿠데타를 의도했는지 여부는 불분명하며 지금까지도 논쟁거리다. MacKenzie, *Apis*, pp. 119-20 참조; 흑수단과 의회 야당 간 연계는 Vučković, *Unutrašnje krize*, p. 187 참조.
127. Dedijer, *Road to Sarajevo*, p. 389.
128. 1917년 살로니카에서 재판받는 동안 아피스는 라데 말로바비치 요원에게 암살의 세부계획을 일임했다고 주장했다. '단결 아니면 죽음!' 전체가 암살에 관여했는지 아니면 아피스를 중심으로 하는 일단의 장교들과 요원들만 관여했는지 여부는 논쟁거리다. David MacKenzie, *The 'Black Hand' on Trial: Salonika, 1917* (Boulder, 1995), pp. 45, 261-2; Fritz Würthle, *Die Sarajewoer Gerichtsakten* (Vienna, 1975), Miloš Bogičević, *Le Procès de Salonique, Juin 1917* (Paris, 1927), pp. 36, 63; MacKenzie, *Apis*, pp. 258-9.
129. Bogičević, *Procès de Salonique*, pp. 78-80, 127 참조.
130. Luigi Albertini, *The Origins of the War of 1914*, trans. Isabella M. Massey (3 vols., Oxford, 1953), vol. 2, p. 73; MacKenzie, *Apis*, p. 128.
131. 1914년 10월 12일 법정 발언, Albert Mousset, *Un drame historique: l'attentat de Sarajevo* (Paris, 1930), p. 131.
132. Albertini, *Origins*, vol. 2, pp. 86-8.
133. Köhler, *Prozess*, p. 44.
134. Remak, *Sarajevo*, p. 63.
135. Köhler, *Prozess*, p. 4.
136. Ibid., p. 23.
137. 세르비아와 비교해 보스니아의 경제적 조건이 어떠했는가 하는 골치 아픈 문제는 다음을 참조. Evelyn Kolm, *Die Ambitionen Österreich-Ungarns im Zeitalter des Hochim perialismus* (Frankfurt am Main, 2001), pp. 235-40; Robert J. Donia, *Islam under the Double Eagle. The Muslims of Bosnia and Herzegovina, 1878-1914* (New York, 1981), p. 8; Peter F. Sugar, *The Industrialization of Bosnia-Herzegovina, 1878-1918* (Seattle, 1963); Palairet, *Balkan Economies*, pp. 171, 231, 369; Robert A. Kann, 'Trends towards Colonialism in the Habsburg Empire, 1878-1918: The Case of Bosnia-Hercegovina 1878-1918', in D. K. Rowney and G. E. Orchard (eds.), *Russian and Slavic History* (Columbus, 1977), pp. 164-

80; Kurt Wessely, 'Die wirtschaftliche Entwicklung von Bosnien-Herzegowina', in Wandruszka and Urbanitsch (eds.), *Die Habsburgermonarchie*, vol. 1, pp. 528–66.

138. 《산의 화환》에서 오로지 밀로시 오빌리치만 이야기하는 것은 아니지만, 세르비아의 용감하고 희생적인 투쟁 전통에서 가장 좋은 것들 전부를 상징하는 그의 이름이 작품에서 스무 차례 호명된다. 영어 번역 전문(全文)과 유익한 비평 자료는 http://www.rastko.rs/knjizevnost/njegos/njegos-mountain_wreath.html 참조.

139. 가브릴로 프린치프의 증언 in Pharos[필명] 교수, *Der Prozess gegen die Attentäter von Sarajewo* (Berlin, 1918), p. 40.

140. Köhler, *Prozess*, p. 41.

141. Ibid., pp. 30, 53.

142. Ibid., p. 5.

143. Ibid., p. 6.

144. Ibid., p. 6.

145. Ibid., p. 9.

146. Ibid., p. 24.

147. Ibid., pp. 137, 147.

148. Ibid., pp. 145–6, 139.

149. 추브릴로비치와 교사들의 싸움에 관해서는 Zdravko Antonić, 'Svedočenje Vase Čubrilovića o sarajevskom atentatu i svom tamnovanju 1914–1918', *Zbornik Matice srpske za istoriju*, 46 (1992), pp. 163–80, 그중 pp. 165, 167 참조.

150. Ljuba Jovanović, 'Nach dem Veitstage des Jahres 1914', *Die Kriegsschuldfrage. Berliner Monatshefte für Internationale Aufklärung*, 3/1(1925), pp. 68–82, 그중 pp. 68–9; 이 문서의 중요성에 관해서는 Albertini, *Origins*, vol. 2, p. 90 참조; 하지만 이 견해를 모두가 받아들인 것은 아니다. 예컨대 (직접 증거가 전혀 없다는 이유로) 파시치가 청년들의 월경은 알고 있었지만 그들이 맡은 임무의 성격은 몰랐다고 주장하는 Buha, '*Mlada Bosna*', p. 343 참조; 또한 Bataković, 'Nikola Pašić', p. 162; Stanković, *Nikola Pašić*, 특히 p. 262 참조.

151. 파시치가 사전에 알고 있었음을 뒷받침하는 증거들은 Albertini, *Origins*, vol. 2, pp. 90–7에서 논의된다. 알베르티니는 류바 요바노비치의 증언에 초점을 맞추며, 치가노비치가 파시치의 요원이었다는 추정으로 이 증언을 보강한다; 알베르티니와 공동

으로 연구한 루치아노 마그리니는 전시에 파시치의 동료 2명의 증언을 추가로 기록했다. id., *Il dramma di Seraievo. Origini i responsabilità della guerra europea* (Milan, 1929), pp. 106-8, 114-6 참조. 당시 구할 수 있었던 정보는 Sydney Bradshaw Fay, *The Origins of the First World War* (2 vols., New York, 1929), vol. 2, pp. 140-6에서 분별력 있게 평가된다; Hans Uebersberger, *Österreich zwischen Russland und Serbien. Zur südslawischen Frage und der Entstehung des Ersten Weltkrieges* (Cologne, Graz, 1958), pp. 264-5는 이 증거를 '남학생들', '폭탄', '리볼버'를 언급하는 파시치의 수기 메모로 보강한다. 이 메모는 세르비아 외무부의 문서들에서 발견되었다. 암살 음모의 배경을 극히 상세하게 서술하지만 전부 신뢰할 수는 없는 Vladimir Dedijer의 *Road to Sarajevo*는 파시치가 사전에 음모를 알았을 가능성을 인정하면서도, 그를 거쳐야 했던 불완전한 정보를 토대로 음모의 존재를 오로지 직감으로 알았을 거라고 주장한다. Friedrich Würthle의 아주 상세한 *Die Spur führt nach Belgrad* (Vienna, 1975)를 포함해 근래의 서술들은 다양한 해석을 제시하지만 새로운 증거를 더하지는 않는다.

152. 치가노비치가 정보원 역할을 했음을 뒷받침하는 간접적이지만 강력한 증거는 Bogičević, *Procès de Salonique*, pp. 32, 131-2; Fay, *Origins*, vol. 2, pp. 146-8; Albertini, *Origins*, vol. 2, p. 98 참조. 파시치의 조카도 흑수단 단원이었다.
153. Chief of Podrinje District to Protić, Sabac, 4 June 1914; Protić to Pašić(국경경비대에서 보내온 보고서들을 요약한 문서 첨부), Belgrade, 15 June 1914; Chief of Podrinje District to Commander 5th Border Guards at Loznice, Sabac, 16 June 1914; Commander of Drina Divisional Area, Valevo, to Minister of War, 17 June 1914, *DSP*, vol. 7, docs. 155, 206, 210, 212, pp. 290, 337-9, 344-5, 347.
154. Minister of the Interior to Chief of Podrinje District in Sabac, 10 June 1914, ibid., Protić의 답변을 doc. 155, p. 290에 첨부.
155. Chief of Podrinje District to Protić, Sabac, '일급기밀', 14 June 1914, ibid., doc. 198, p. 331.
156. Captain 4th Boarder Guards to Commander 5th Border Area, 19 June 1914; Commander 5th Border Area to Chief of General Staff, 19 June 1914, ibid., 둘 다 doc. 209, p. 343에 첨부; 또한 Dedijer, *Road to Sarajevo*, pp. 390-1; Buha, '*Mlada Bosna*', p. 178 참조.
157. 아피스의 법정 진술 전문은 Milan Z. Živanović, *Solunski process hiljadu devetsto*

sedamnaeste. Prilog zaproucavanje politicke istorije Srbije od 1903. do 1918. god. (Belgrade, 1955), pp. 556–8에서 볼 수 있다; 또한 MàcKenzie, *'Black Hand' on Trial*, p. 46 참조.

158. Royal General Staff Reporting Department(Apis) to General Staff Operational Department, 21 June 1914, in *DSP*, vol. 7/2, doc. 230, pp. 364–5.

159. Pašić to Stepanović, Belgrade, 24 June 1914, in ibid., doc. 254, pp. 391–2.

160. Albertini, *Origins*, vol. 2, p. 99; Stanković, *Nikola Pašić, saveznivi i stvaranje Jugoslavije*, p. 40.

161. 'Die Warnungen des serbischen Gesandten', *Neue Freie Presse*, 3 July 1914, p. 4 참조.

162. 'Note de M. Abel Ferry', 1 July 1914, *DDF*, series 3, vol. 10, doc. 466, pp. 670–1.

163. Lešanin의 증언, in Magrini, *Il dramma di·Seraievo*, p. 115에 기록.

164. Jovanivić to *Neues Wiener Tageblatt* 177, 편지, 28 June 1924, in Albertini, *Origins*, vol. 2, p. 105에서 인용; Bogičević, *Procès de Salonique*, pp. 121–5; Magrini, *Il dramma di Seraievo*, pp. 115–6; Fay, *Origins*, vol. 2, pp. 152–66.

165. Remak, *Sarajevo*, p. 75.

166. Ibid., p. 74; Albertini, *Origins*, vol. 2, p. 102.

167. Vučković, *Unutrašnje krize*, p. 192.

168. Stanković, *Nikola Pašić. Prilozi za biografiju*, p. 264.

169. Radusinović, 'Antanta I Aneksiona kriza', p. 18.

170. Stanković, *Nikola Pašić, saveznivi i stvaranje Jugoslavije*, pp. 30–2; Dragnich, *Serbia, Nikola Pašić and Yugoslavia*, p. 106.

171. Stanković, *Nikola Pašić, saveznivi i stvaranje Jugoslavije*, p. 36.

172. Ibid., p. 41.

173. 파시치가 이해한 러시아의 발칸 정책은 A. Šemjakin, 'Rusofilstvo Nikole Pasica', p. 28 참조.

174. Behschnitt, *Nationalismus*, p. 128에서 인용.

175. 상트페테르부르크 주재 세르비아 무관의 보고는 Protić to Pašić, Belgrade, 12 June 1914에 요약되어 있다; 상트페테르부르크 공사 스팔라이코비치가 1914년 6월 13일 외무장관에게 러시아의 군사 대비태세에 관해 흥분한 어조로 보낸 보고서들도 있다.

DSP, vol. 7, docs. 185, 189, pp. 317, 322.

176. Bogičević, *Procès de Salonique*, p. iii.

2장 특성 없는 제국

1. Norman Stone, 'Constitutional Crises in Hungary, 1903–1906', *Slavonic and East European Review*, 45 (1967), pp. 163–82; Peter F. Sugar, 'An Underrated Event: The Hungarian Constitutional Crisis of 1905–6', *East European Quarterly* (Boulder), 15/3 (1981) pp. 281–306.
2. A. Murad, *Franz Joseph and His Empire* (New York, 1978), p. 176; Andrew C. Janos, 'The Decline of Oligarchy: Bureaucratic and Mass Politics in the Age of Dualism (1867–1918)', in Andrew C. Janos and William B. Slottman (eds.), *Revolution in Perspective: Essays on the Hungarian Soviet Republic of 1919* (Berkeley, 1971), pp. 1–60, 그중 pp. 23–4.
3. Alan Sked, *The Decline and Fall of the Habsburg Empire 1815–1918* (New York, 1991), p. 190에서 인용.
4. Samuel R. Williamson, *Austria-Hungary and the Origins of the First World War* (Houndmills, 1991), p. 24; 1880년 수치는 Sked, *Decline and Fall*, pp. 278–9.
5. Sked, *Decline and Fall*, pp. 210–1; Janos, 'The Decline of Oligarchy', pp. 50–3.
6. Brigitte Hamann, *Hitlers Wien. Lehrjahre eines Diktators* (Munich, 1996), pp. 170–4.
7. Steven Beller, *Francis Joseph* (London, 1996), p. 173; Arthur J. May, *The Hapsburg Monarchy, 1867–1914* (Cambridge MA, 1951), p. 440; C. A. Macartney, *The House of Austria. The Later Phase, 1790–1918* (Edinburgh, 1978), p. 240; R. A. Kann, *A History of the Habsburg Empire, 1526–1918* (Berkeley, 1977), pp. 452–61; Robin Okey, *The Habsburg Monarchy, c. 1765–1918. From Enlightenment to Eclipse* (London, 2001), pp. 356–60.
8. 이 문제에 관한 흥미로운 고찰은 Arthur J. May, 'R. W. Seton-Watson and British Anti-Hapsburg Sentiment', *American Slavic and East European Review*, vol. 20, no. 1 (Feb, 1961), pp. 40–54 참조.
9. 탁월하고 간결한 분석은 Lothar Höbelt, 'Parliamentary Politics in a Multinational

Setting: Late Imperial Austria', CAS Working Papers in Austrian Studies Series, Working Paper 92-6 참조; Höbelt는 'Parteien und Fraktionen im Cisleithanischen Reichsrat', in Adam Wandruszka and Peter Urbanitsch (eds.), *Die Habsburgermonarchie 1848-1918* (10 vols., Vienna, 1973-2006), vol. 7/1, pp. 895-1006에서 자신의 주장을 더 상세히 개진한다.

10. László Katus, 'The Common Market of the Austro-Hungarian Monarchy', in András Gerö (ed.), *The Austro-Hungarian Monarchy Revisisted*, trans. Thomas J. and Helen D. DeKornfeld (New York, 2009), pp. 21-49, 그중 p. 41.
11. István Deák, 'The Fall of Austria-Hungary: Peace, Stability, and Legitimacy', in Geir Lundestad (ed.), *The Fall of Great Powers* (Oxford, 1994), pp. 81-102, 그중 pp. 86-7.
12. György Köver, 'The Economic Achievements of the Austro-Hungarian Monarchy. Scales and Speed', in Gerö (ed.), *Austro-Hungarian Monarchy*, pp. 51-83, 그중 p. 79; Nachum T. Gross, 'The Industrial Revolution in the Habsburg Monarchy 1750-1914', in Carlo C. Cipolla (ed.), *The Emergence of Industrial Societies* (6 vols., New York, 1976), vol. 4/1, pp. 228-78; David F. Good, '"Stagnation" and "Take-Off" in Austria, 1873-1913', *Economic History Review* 27/1(1974), pp. 72-88은 오스트리아의 '도약'은 엄밀히 말해 없었을지라도, 이중군주국에서 오스트리아는 전전 기간 내내 활발히 성장했다고 주장한다; John Komlos, 'Economic Growth and Industrialisation in Hungary 1830-1913', *Journal of European Economic History*, 1 (1981), pp. 5-46; id., *The Habsburg Monarchy as a Customs Union. Economic Development in AustriaHungary in the Nineteenth Century* (Princeton, 1983), 특히 pp. 214-20; (헝가리와 대비된) 오스트리아의 활력, 1인당 GDP 성장을 강조하는 설명은 Max Stephan Schulze, 'Patterns of Growth and Stagnation in the Late Nineteenth-Century Habsburg Economy', *European Review of Economic History*, 4 (2000), 311-40 참조.
13. Henry Wickham Steed, *The Hapsburg Monarchy* (London, 1919), p. 77.
14. John Leslie, 'The Antecedents of Austria-Hungary's War Aims. Policies and Policy-makers in Vienna and Budapest before and during 1914', in Elisabeth Springer and Leopold Kammerhold (eds.), *Archiv und Forschung. Das Haus-, Hof- und Staatsarchiv in seiner Bedeutung für die Geschichte Österreichs und*

Europas* (Vienna, 1993), pp. 307 – 94, 그중 p. 354.

15. Kann, *History*, p. 448; May, *Hapsburg Monarchy*, pp. 442 – 3; Sked, *Decline and Fall*, p. 264; Sazonov to Nicholas II, 20 January 1914, GARF, Fond 543, op. 1, del. 675.
16. Okey, *Habsburg Monarchy*, pp. 303, 305.
17. Wolfgang Pav, 'Die dalmatinischen Abgeordneten im österreichischen Reichsrat nach der Wahlrechtsreform von 1907', MA thesis, University of Vienna, 2007, p. 144, 온라인으로 http://othes.univie.ac.at/342/1/11-29-2007_0202290.pdf에서 확인.
18. 이 추세는 John Deak, 'The Incomplete State in an Age of Total War: The Habsburg Monarchy and the First World War as a Historiographical Problem', 미출간 원고, University of Notre Dame, 2011; John Deak은 이 논문을 2011년 케임브리지 근대사 세미나에서 발표했다; 미출간 논문 전문을 보게 해준 Deak에게 감사드린다.
19. Maureen Healy, *Vienna and the Fall of the Habsburg Empire. Total War and Everyday Life in World War I* (Cambridge, 2004), p. 24; John W. Boyer, 'Some Reflections on the Problem of Austria, Germany and Mitteleuropa', *Central European History*, 22 (1989), pp. 301 – 15, 그중 p. 311.
20. 이 시기 국가의 성장에 관해서는 Deak, 'The Incomplete State in an Age of Total War' 참조.
21. Gary B. Cohen, 'Neither Absolutism nor Anarchy: New Narratives on Society and Government in Late Imperial Austria', *Austrian History Yearbook*, 29/1, (1998), pp. 37 – 61, 그중 p. 44.
22. Robert Musil, *Der Mann ohne Eigenschaften* (Hamburg, 1978), pp. 32 – 3.
23. Barbara Jelavich, *History of the Balkans* (2 vols., Cambridge, 1983), vol. 2, p. 68.
24. F. Palacky to 프랑크푸르트 의회의 '50인 위원회', 1848년 4월 11일, in Hans Kohn, *Pan-Slavism. Its History and Ideology* (Notre Dame, 1953), pp. 65 – 9.
25. May, *Hapsburg Monarchy*, p. 199에서 인용.
26. Lawrence Cole, 'Military Veterans and Popular Patriotism in Imperial Austria, 1870 – 1914', in id. and Daniel Unowsky (eds.), *The Limits of Loyalty. Imperial*

Symbolism, Popular Allegiances and State Patriotism in the Late Habsburg Monarchy (New York, Oxford, 2007), pp. 36–61, 그중 p. 55.

27. '몰개성'과 '평범함의 악마'로서의 프란츠 요제프에 관해서는 Karl Kraus, *The Last Days of Mankind. A Tragedy in Five Parts*, trans. Alexander Gode and Sue Ellen Wright, ed. F. Ungar (New York, 1974), Act IV, Scene 29, p. 154 참조; 또한 Hugh LeCaine Agnew, 'The Flyspecks on Palivec's Portrait. Franz Joseph, the Symbols of Monarchy and Czech Popular Loyalty', in Cole and Unowsky (eds.), *Limits of Loyalty*, pp. 86–112, 그중 p. 107 참조.
28. Lothar Höbelt, *Franz Joseph I. Der Kaiser und sein Reich. Eine politische Geschichte* (Vienna, 2009); 법률과 헌법 제정에서 황제의 역할에 관해서는 Lászlo Péter, 'Die Verfassungsentwicklung in Ungarn', in Wandruszka and Urbanitsch (eds.), *Die Habsburgermonarchie*, vol. 7/1, pp. 239–540, 특히 pp. 403–14 참조.
29. Beller, *Francis Joseph*, p. 173.
30. Joseph Maria Baernreither, *Fragmente eines politischen Tagebuches. Die südslawische Frage und Österreich-Ungarn vor dem Weltkrieg*, ed. Joseph Redlich (Berlin, 1928), p. 210.
31. 황제에 대한 충성은 Stephen Fischer-Galati, 'Nationalism and Kaisertreue', *Slavic Review*, 22 (1963), pp. 31–6; Robert A. Kann, 'The Dynasty and the Imperial Idea', *Austrian History Yearbook*, 3/1(1967), pp. 11–31; Lawrence Cole and Daniel Unowsky, 'Introduction. Imperial Loyalty and Popular Allegiances in the Late Habsburg Monarchy', in id. (eds.), *Limits of Loyalty*, pp. 1–10 참조. 마지막 책에서 다음 장들도 참조하라. Christiane Wolf, 'Representing Constitutional Monarchy in Late Nineteenth-Century and Early Twentieth-Century Britain, Germany and Austria', pp. 199–222, 특히 p. 214; Alice Freifeld, 'Empress Elisabeth as Hungarian Queen: The Uses of Celebrity Monarchy', pp. 138–61.
32. Joseph Roth, *The Radetzky March*, trans. Michael Hofmann (London, 2003), p. 75.
33. F. R. Bridge, *From Sadowa to Sarajevo. The Foreign Policy of Austria-Hungary, 1866–1914* (London, 1972), p. 71.
34. Noel Malcolm, *Bosnia. A Short History* (London, 1994), p. 140.
35. Michael Palairet, *The Balkan Economies c. 1800–1914. Evolution without*

Development (Cambridge, 1997), pp. 171, 369; Peter F. Sugar, *The Industrialization of Bosnia-Herzegovina, 1878–1918* (Seattle, 1963); 오스트리아의 투자에 도구적이고 이기적인 성격이 있었음을 강조하는 덜 열광적인 평가로는 Kurt Wessely, 'Die wirtschaftliche Entwicklung von Bosnien-Herzegovina', in Wandruszka and Urbanitsch (eds.), *Die Habsburgermonarchie*, vol. 1, pp. 528–66 참조.

36. Robert J. Donia, *Islam under the Double Eagle. The Muslims of Bosnia and Herzegovina 1878–1914* (New York, 1981), p. 8; Robert A. Kann, 'Trends towards Colonialism in the Habsburg Empire, 1878–1914: The Case of Bosnia-Hercegovina 1878–1918', in D. K. Rowney and G. E. Orchard (eds.), *Russian and Slavic History* (Columbus, 1977), pp. 164–80.
37. Martin Mayer, 'Grundschulen in Serbien während des 19. Jahrhunderts. Elementarbildung in einer "Nachzüglergesellschaft"', in Norbert Reiter and Holm Sundhaussen (eds.), *Allgemeinbildung als Modernisierungsfaktor. Zur Geschichte, der Elementarbildung in Südosteuropa von der Aufklärung bis zum Zweiten Weltkrieg* (Berlin, 1994), p. 93.
38. Malcolm, *Bosnia*, p. 144.
39. Vladimir Dedijer, *The Road to Sarajevo* (London, 1967), p. 278.
40. 오스트리아 전직 통상장관 Joseph Maria Baernreither가 기록한 발언, *Der Verfall des Habsburgerreiches und die Deutschen. Fragmente eines politischen Tagebuches 1897–1917*, ed. Oskar Mitis (Vienna, 1939), pp. 141–2.
41. William Eleroy Curtis, *The Turk and His Lost Provinces: Greece, Bulgaria, Servia, Bosnia* (Chicago and London, 1903), p. 275; 루스벨트 대통령은 필리핀과의 연관성을 지적하는 Curtis의 책을 아마도 읽었을 것이다.
42. Edvard Beneš, *Le Problème Autrichien et la Question Tchèque* (Paris, 1908), p. 307, Joachim Remak, 'The Ausgleich and After–How Doomed the Habsburg Empire?' in Ludovik Holotik and Anton Vantuch (eds.), *Der Österreich-Ungarische Ausgleich 1867* (Bratislava, 1971), pp. 971–88, 그중 p. 985에서 인용.
43. Wickham Steed, 편집장에게 보낸 편지, TLS, 1954년 9월 24일; id., *The Hapsburg Monarchy*, p. xiii.
44. Thomas Masaryk, *The Making of a State. Memories and Observations, 1914–1918* (London, 1927 〔체코어판과 독일어판은 1925년 출간〕), p. 8. 스티드의 견해와

이 구절에 관한 논의는 Deak, 'The Incomplete State in an Age of Total War' 참조.

45. Oszkár Jászi, *The Dissolution of the Habsburg Monarchy* (Chicago, 1929), pp. 23, 451.
46. Oszkár Jászi, 'Danubia: Old and New', *Proceedings of the American Philosophical Society*, 93/1 (1949), pp. 1-31, 그중 p. 2.
47. Mihály Babits, *Keresztükasul életemen* (Budapest, 1939), Mihály Szegedy-Maszák, 'The Re-evaluated Past. The Memory of the Dual Monarchy in Hungarian Literature', in Gerö (ed.), *Austro-Hungarian Monarchy*, pp. 192-216, 그중 p. 196에서 인용.
48. 국가별 연구를 모은 유익한 편찬물로는 Marian Kent (ed.), *The Great Powers and the End of the Ottoman Empire* (London, 1984) 참조.
49. Williamson, *Austria-Hungary*, pp. 59-61; Bridge, *From Sadowa to Sarajevo*, pp. 211-309.
50. 삼제협상 조약(1881)과 별개 보충협약의 조문은 Bridge, *From Sadowa to Sarajevo*, pp. 399-402에서 확인할 수 있다.
51. Ibid., p. 141에서 인용. 하지만 Ernst R. Rutkowski, 'Gustav Graf Kálnoky. Eine biographische Skizze', *Mitteilungen des Österreichischen Staatsarchivs*, 14 (1961), pp. 330-43도 참조.
52. 1885년 9월 Kálnoky가 Taaffe에게 보낸 의견서, in *From Sadowa to Sarajevo*, p. 149에서 인용.
53. Edmund Glaise von Horstenau, *Franz Josephs Weggefährte: das Leben des Generalstabschefs, Grafen Beck nach seinen Aufzeichnungen und hinterlassenen Dokumenten* (Zurich, Vienna, 1930), p. 391.
54. Bridge, *From Sadowa to Sarajevo*, p. 263.
55. Kosztowits to Tets van Goudriaan, Belgrade, 22 January 1906, NA, 2.05.36, doc. 10, Rapporten aan en briefwisseling met het Ministerie van Buitenlandse Zaken.
56. 불가리아 외교관 Christophor Khesapchiev의 회고록과 일기에 근거해 이 협정들을 탁월하게 논의한 Kiril Valtchev Merjanski, 'The Secret Serbian-Bulgarian Treaty of Alliance of 1904 and the Russian Policy in the Balkans before the Bosnian Crisis', MA thesis, Wright State University, 2007, pp. 30-31, 38-9, 41-2, 44, 50-51, 53-78 참조. 또한 Constantin Dumba, *Memoirs of a Diplomat*, trans.

Lan F. D. Morrow (London, 1933), pp. 137 –9; Miloš Bogičević, *Die auswärtige Politik Serbiens 1903 – 1914* (3 vols., Berlin, 1931), vol. 3, p. 29 참조.

57. 이 문제에 관한 고전적 논의로는 Solomon Wank, 'Foreign Policy and the Nationality Problem in Austria-Hungary, 1867 – 1914', *Austrian History Yearbook*, 3 (1967), pp. 37 –56 참조.

58. Pomiankowski to Beck, Belgrade, 17 Feburary 1906, Günther Kronenbitter, *'Krieg im Frieden'. Die Führung der k.u.k. Armee und die Grossmachtpolitik Österreich-Ungarns 1906 – 1914* (Munich, 2003), p. 327에서 인용.

59. 'Konzept der Instruktion für Forgách anlässlich seines Amtsantrittes in Belgrad', Vienna, 6 July 1907, in Solomon Wank (ed.), *Aus dem Nachlass Aehrenthal. Briefe und Dokumente zur österreichisch-ungarischen Innenund Aussenpolitik 1885 – 1912* (2 vols., Graz, 1994), vol. 2, doc. 377, pp. 517 –20, 그중 p. 518.

60. Solomon Wank, 'Aehrenthal's Programme for the Constitutional Transformation of the Habsburg Monarchy: Three Secret Memoires', *Slavonic and East European Review*, 42 (1963), pp. 513 –36, 그중 p. 515.

61. 병합의 배경은 Bernadotte E. Schmitt, *The Annexation of Bosnia 1908 – 1909* (Cambridge, 1937), pp. 1 –18 참조.

62. Okey, *Habsburg Monarchy*, p. 363.

63. Holger Afflerbach, *Der Dreibund. Europäische Grossmacht-und Allianzpolitik vor dem Ersten Weltkrieg* (Vienna, 2002), p. 629.

64. N. Shebeko, *Souvenirs. Essai historique sur les origines de la guerre de 1914* (Paris, 1936), p. 83.

65. Harold Nicolson, *Die Verschwörung der Diplomaten. Aus Sir Arthur Nicolsons Leben 1849 – 1928* (Frankfurt am Main, 1930), pp. 301 –2; Williamson, *Austria-Hungary*, pp. 68 –9; Schmitt, *The Annexation of Bosnia*, pp. 49 –60; 이 견해를 뒷받침하는 당대의 설명으로는 Baron M. de Taube, *La politique russe d'avant-guerre et la fin de l'empire des Tsars* (Paris, 1928), pp. 186 –7 참조.

66. Theodor von Sosnosky, *Die Balkanpolitik Österreich-Ungarns seit 1866* (Berlin, 1913), pp. 170 –72; Schmitt, *Annexation of Bosnia*, pp. 43 –4; Afflerbach, Dreibund, pp. 750 –54, 788 –814; R. J. B. Bosworth, *Italy, the Least of the Great Powers: Italian Foreign Policy before the First World War* (Cambridge, 1979),

pp. 87-8, 223-4, 245.

67. W. M. Carlgren, *Iswolsky und Aehrenthal vor der bosnischen Annexionskrise. Russische und österreichisch-ungarische Balkanpolitik 1906-1908* (Uppsala, 1955), pp. 86-7.

68. David Stevenson, *Armaments and the Coming of War. Europe 1904-1915* (Oxford, 1996), pp. 162-3.

69. Paul Miliukov, *Political Memoirs 1905-1917*, trans. Carl Goldberg (Ann Arbor, 1967) p. 242; V. N. Strandmann, *Balkanske Uspomene*, trans. From the Russian into Serbian by Jovan Kachaki (Belgrade, 2009), p. 238.

70. G. Schödl, *Kroatische Nationalpolitik und 'Jugoslavenstvo'. Studien zur nationalen Integration und regionaler Politik in Kroatien-Dalmatien am Beginn des 20. Jahrhunderts* (Munich, 1990), p. 289.

71. Tomas G. Masaryk, *Der Agramer Hochverratsprozess und die Annexion von Bosnien und Herzegowina* (Vienna, 1909), 아그람 재판 스캔들에 관한 마사리크의 핵심 연설들을 대부분 포함하는 팸플릿; 또한 von Sosnosky, Die Balkanpolitik, pp. 221-4; Baernreither, *Fragmente. Die südslawische Frage*, pp. 133-45 참조.

72. Forgách to Aehrenthal, Belgrade, 9 November 1910, *ÖUAP*, vol. 3, doc. 2296, p. 40; Forgách to Aehrenthal, Belgrade, 13 November 1910, ibid., doc. 2309, p. 49; Forgách to Aehrenthal, Belgrade, 15 November 1910, ibid., doc. 2316, pp. 56-8; Forgách to Aehrenthal, Belgrade, 22 November 1910, ibid., doc. 2323, pp. 64-6.

73. Forgách to Aehrenthal, Belgrade, 26 November 1910, ibid., doc. 2329, pp. 72-4.

74. Forgách to Macchio, Belgrade, 17 January 1911, ibid., doc. 2413, p. 146.

75. Forgách to Aehrenthal, Belgrade, 12 December 1910, ibid., doc. 2369, pp. 109-10.

76. Forgách to Aehrenthal, Belgrade, 1 April 1911, ibid., doc. 2490, p. 219.

77. Miroslav Spalajković, *La Bosnie et l'Herzégovine. Étude d'histoire diplomatique et de droit international* (Paris, 1897), 특히 pp. 256-79, 280-316 참조.

78. Descos와 나눈 대화에 관한 Jean Doulcet의 메모, St Petersburg, 8 December 1913, AMAE Papiers Jean Doulcet, vol. 23, Saint Petersbourg IV, Notes personnelles,

1912 – 1917.

79. Leslie, 'Antecedents', p. 341; 포르가치와 스팔라이코비치의 적의에 관해서는 Friedrich Würthle, *Die Spur führt nach Belgrad* (Vienna, 1975), pp. 186 – 92도 참조.

80. Tschirschky to Bethmann Hollweg, vienna, 13 Februrary 1910, PA-AA, R 10984.

81. André Panafieu와 나눈 대화에 관한 메모, St Petersburg, 11 December 1912, AMAE Papiers Jean Doulcet, vol. 23.

82. Strandmann, *Balkanske Uspomene*, p. 249.

83. Malenković to Pašić, Budapest, 12 July 1914, AS, MID—PO, 416, fo. 162.

84. Andrew Lamb, 'Léhar's Die Lustige Witwe – Theatrical Fantasy or Political Reality?', 〈즐거운 과부〉 안내 책자, 왕립오페라극장, 런던, 1997.

85. Egon Erwin Kisch, *Mein Leben für die Zeitung 1906 – 1913. Journalistische Texte 1* (Berlin and Weimar, 1983), pp. 140 – 42.

86. Polivanov to Neratov, St Petersburg, 14 August 1911, *IBZI*, series 3, vol. 1, part 1, doc. 318, pp. 383 – 4.

87. Kronenbitter, *Grossmachtpolitik Österreich-Ungarns*, p. 321; Christopher Seton Watson, *Italy From Liberalism to Fascism, 1870 – 1925* (London, 1967), pp. 333 – 8.

88. Seton Watson, *Italy*, p. 344.

89. 라코니지 협정문(프랑스어와 러시아어)은 Narodnii komissariat po inostrannym delam (ed.), *Materialy po istorii franko-russkikh otnoshenii za 1910 – 1914 g.g. Sbornik sekretnykh diplomaticheskikh dokumentov byvshego Imperatorskogo rossiiskogo ministerstva inostrannykh del* (Moscow, 1922), p. 298에 실려 있다; 오스트리아-헝가리와 이탈리아 간 후속 협정은 Guido Donnino, *L'Accordo Italo-Russo di Racconigi* (Milan, 1983), pp. 273 – 9 참조.

90. Čedomir Antić, 'Crisis and Armament. Economic Relations between Great Britain and Serbia 1910 – 1912', *Balcanica*, 36 (2006), pp. 158 – 9.

91. Aehrenthal to Szögyeńyi, Berlin, 29 December 1911, *ÖUAP*, vol. 3, doc. 3175, p. 733; Radoslav Vesnić, *Dr Milenko Vesnić, Gransenjer Srbske Diplomatije* (Belgrade, 2008), pp. 275, 280.

92. Von Haymerle to MFA Vienna, Belgrade, 9 October 1910, *ÖUAP*, vol. 3, doc.

2266, pp. 13–4.

93. Ugron to Aehrenthal, Belgrade, 12 November 1911, *ÖUAP*, vol. 3, doc. 2911, p. 539; Ugron to Aehrenthal, Belgrade, 14 November 1911, ibid., doc. 2921, pp. 545–6; Gellinek to Chief of General Staff, Belgrade, 15 November 1911, ibid., doc. 2929, pp. 549–50.
94. Gellinek to Chief of General Staff, Belgrade, 22 November 1911, ibid., doc. 2966, p. 574; 또한 Ugron to Aehrenthal, Belgrade, 29 January 1912, in Barbara Jelavich, 'What the Habsburg Government Knew about the Black Hand', *Austrian History Yearbook*, 22 (1991), pp. 131–50, 그중 p. 141도 참조.
95. Gellinek to Chief of General Staff, Belgrade, 15 November 1911, *ÖUAP*, vol. 3, doc. 2928, p. 549; Gellinek to Chief of General Staff, Belgrade, 15 November 1911, ibid., doc. 2929, pp. 549–50.
96. Gellinek to Chief of General Staff, Belgrade, 3 December 1911, ibid., doc. 3041, p. 627; Gellinek to Chief of General Staff, Belgrade, 2 February 1912, ibid., doc. 3264, pp. 806–7.
97. Ugron to MFA Vienna, Belgrade, 6 February 1912, ibid., doc. 3270, pp. 812–14.
98. Jelavich, 'What the Habsburg Government Knew', p. 138.
99. Gellinek to Chief of General Staff, Belgrade, 18 January 1914, in Jelavich, 'What the Habsburg Government Knew', pp. 142–4, 그중 p. 143에 옮겨 적음.
100. Gellinek to Chief of General Staff, Belgrade, 10 May 1914, in ibid., pp. 145–7, 그중 p. 145에 옮겨 적음.
101. Gellinek to Chief of General Staff, Belgrade, 21 May 1914, in ibid., pp. 147–9, 그중 pp. 147–8에 옮겨 적음.
102. Gellinek to Chief of General Staff, Belgrade, 21 June 1914, in ibid., pp. 149–50, 그중 p. 150에 옮겨 적음.
103. Hugo Hantsch, *Leopold Graf Berchtold. Grandseigneur und Staatsmann* (2 vols., Graz, 1963), vol. 2, p. 489.
104. Leon Biliński, *Wspomnienia i dokumenty* (2 vols., Warsaw, 1924), vol. 1, pp. 260–62; 이 회담에 관한 섬세한 분석은 Samuel R. Williamson의 미발표 원고 중 한 장인 'Serbia and AustriaHungary: The Final Rehearsal, October 1913', pp. 13–15도 참조. 2차 발칸전쟁 이후 오스트리아–세르비아 관계의 변천을 이해하는 데

도움이 된 이 장을 읽게 해준 Williamson 교수에게 대단히 감사드린다.

105. 베르히톨트의 "섬세하지만 그리 진실하지 않고 가벼우며 속내를 감추는 데다 말수가 그리 많지 않은 까닭에 믿음이 가지 않는 정중함"에 관해서는 Shebeko, *Souvenirs*, p. 167 참조.

106. Jelavich, 'What the Habsburg Government Knew', pp. 131–50.

107. Kronenbitter, *Grossmachtpolitik Österreich-Ungarns*, p. 386.

108. Gellinek, 1913년 여름 불가리아와 교전한 이후 세르비아군의 전력 개요, in ibid., pp. 434–5에서 인용; 세르비아의 군사력에 관한 오스트리아의 평가는 Rudolf Jerábek, *Potiorek. General im Schatten von Sarajevo* (Graz, 1991), p. 106도 참조.

109. 오스트리아-헝가리의 의사결정 구조에 관한 탁월한 분석은 Leslie, 'Antecedents', 여러 군데 참조.

110. Gina Countess Conrad von Hötzendorf, *Mein Leben mit Conrad von Hötzendorf* (Leipzig, 1935), p. 12.

111. Lawrence Sondhaus, *Franz Conrad von Hötzendorf: Architect of the Apocalypse* (Boston, 2000), p. 111.

112. Holger Herwig, *The First World War. Germany and Austria-Hungary, 1914–1918* (London, 1997), p. 10.

113. Hans Jürgen Pantenius, *Der Angriffsgedanke gegen Italien bei Conrad von Hötzendorf. Ein Beitrag zur Koalitionskriegsführung im Ersten Weltkrieg* (2 vols., Cologne, 1984), vol. 1, pp. 350–57; Herwig, *The First World War*, pp. 9–10.

114. Roberto Segre, *Vienna e Belgrado 1876–1914* (Milan, [1935]), p. 43.

115. Countess Conrad von Hötzendorf, *Mein Leben mit Conrad*, p. 44.

116. Conrad, 1907년 12월 31일 의견서, in Kronenbitter, *Grossachtpolitik Österreich-Ungarns*, p. 330에서 인용.

117. Countess Conrad von Hötzendorf, *Mein Leben mit Conrad*, p. 101.

118. Herwig, *First World War*, pp. 19–21.

119. 무력 분쟁에 대한 콘라트의 견해는 Kronenbitter, *Grossmachtpolitik Österreich-Ungarns*, pp. 135–7, 139, 140; István Deák, *Beyond Nationalism. A Social and Political History of the Habsburg Officer Corps* (New York, 1990), p. 73; Pantenius, *Angriffsgedanke*, pp. 231, 233–6 참조.

120. Aehrenthal, 1911년 10월 22일 의견서, in Kronenbitter, *Grossmachtpolitik Österreich-Ungarns*, pp. 363-5에서 인용.

121. Conrad von Hötzendorf, *Aus meiner Dienstzeit, 1906-1918* (5 vols., Vienna, 1921-5), vol. 2, p. 282.

122. Deák, *Beyond Nationalism*, p. 73.

123. Bridge, *From Sadowa to Sarajevo*, p. 336; Sondhaus, *Architect of the Apocalypse*, p. 106.

124. Rudolf Sieghart, *Die letzten Jahrzehnte einer Grossmacht* (Berlin, 1932), p. 52; Georg Franz, *Erzherzog Franz Ferdinand und die Pläne zur Reform der Habsburger Monarchie* (Brünn, 1943), p. 23.

125. Lawrence Sondhaus, *The Naval Policy of Austria-Hungary 1867-1918. Navalism, Industrial Development and the Politics of Dualism* (West Lafayette, 1994), p. 176; "그림자 정부"라는 표현을 쓴 사람은 오스트리아 수상 Koerber였다. Franz, *Erzherzog Franz Ferdinand*, p. 25 참조.

126. Kronenbitter, *Grossmachtpolitik Österreich-Ungarns*, p. 66에서 인용.

127. Lavender Cassels, *The Archduke and the Assassin* (London, 1984), p. 23; Franz, *Erzherzog Franz Ferdinand*, p. 18.

128. Keith Hitchins, *The Nationality Problem in Austria-Hungary. The Reports of Alexander Vaida to Archduke Franz Ferdinand's Chancellery* (Leiden, 1974), pp. x, 8-14, 176-9 외 여러 군데.

129. Stephan Verosta, *Theorie und Realität von Bündnissen. Heinrich Lammasch, Karl Renner und der Zweibund, 1897-1914* (Vienna, 1971), pp. 244, 258-9, 266.

130. Kronenbitter, *Grossmachtpolitik Österreich-Ungarns*, pp. 74, 163; Sondhaus, *Architect of the Apocalypse*, p. 118.

131. Sondhaus, *Architect of the Apocalypse*, pp. 104-5.

132. Franz Ferdinand to Aehrenthal, 6 August 1908, in Leopold von Chlumecky, *Erzherzog Franz Ferdinands Wirken und Wollen* (Berlin, 1929), p. 98에서 인용.

133. Franz Ferdinand to Aehrenthal, 20 October 1908, in Kronenbitter, *Grossmachtpolitik Österreich-Ungarns*, pp. 338-9에서 인용.

134. Franz Ferdinand to Major Alexander Brosch von Aarenau, 20 October 1908, in

Chlumecky, *Erzherzog Franz Ferdinands Wirken und Wollen*, p. 99에서 인용; Rudolf Kiszling, *Erzherzog Franz Ferdinand von Österreich-Este. Leben, Pläne und Wirken am Schicksalsweg der Donaumonarchie* (Graz, 1953), pp. 127–130; Sondhaus, *Architect of the Apocalypse*, p. 102.

135. 베르히톨트가 러시아 대사직을 수락한 동기는 Berchtold, 1908년 2월 2일 일기, in Hantsch, *Berchtold*, vol. 1, p. 88 참조.
136. Ibid., p. 86.
137. Berchtold to Aehrenthal, St Petersburg, 19 November 1908, in ibid., pp. 132–4에서 인용.
138. Ibid., pp. 206; 상트페테르부르크 사교계의 속물근성에 대한 베르히톨트의 견해는 p. 233 참조.
139. Leslie, 'Antecedents', p. 377.
140. Franz Ferdinand to Berchtold, Vienna, 16 January 1913, in Bridge, *From Sadowa to Sarajevo*, p. 342에서 인용.
141. Hantsch, *Berchtold*, vol. 1, p. 265에서 인용.
142. 스코페 주재 총영사 옐리치카의 보고서, 24 October 1913, Griesinger to German Foreign Office, Belgrade, 30 October, PA-AA, R14 276에 사본 첨부, in Katrin Boeckh, *Von den Balkankriegen zum Ersten Weltkrieg. Kleinstaatenpolitik und ethnische Selbstbestimmung auf dem Balkan* (Munich, 1996), p. 168에서 인용.
143. Jovanović to Pašić, Vienna, 6 May 1914, AS, MID-PO, 415, fo. 674.
144. Storck to Berchtold, Belgrade, 28 October 1913, in Katrin Boeckh, *Von den Balkankriegen zum Ersten Weltkrieg. Kleinstaatenpolitik und ethnische Selbstbestimmung auf dem Balkan* (Munich, 1996), pp. 171–2에서 인용.
145. Giesl to MFA Vienna, Belgrade, 30 May 1914, in *ÖUAP*, vol. 8, doc. 9774, pp. 96–7.
146. Gellinek to MFA Vienna, ibid., doc. 9883, pp. 158–9.
147. 마체코 의견서의 영문 텍스트는 Bridge, *From Sadowa to Sarajevo*, pp. 443–8, 그중 p. 443 참조.
148. 외부에서 도울 필요성에 관해서는 De Veer and Thomson(알바니아 주재 네덜란드 사절) to Netherlands Ministry of War, NA, 2.05.03, doc. 652 Algemeine Correspondentie over Albanië Ministerie van Buitenlandse Zaken.

149. 마체코 의견서에서 인용한 모든 표현의 출처는 Bridge, *From Sadowa to Sarajevo* 다. 이 의견서의 피해망상과 '신랄한' 어조에 관해서는 Williamson, *Austria-Hungary*, pp. 165–70 참조; 전반적으로 평화적인 시각에 관해서는 Bridge, *From Sadowa to Sarajevo*, pp. 334–5 참조; 위기를 촉발하지 않고는 의견서에서 제시한 목표들(즉 루마니아 포섭)을 달성할 수 없었을 거라고 주장하는 다른 견해는 Paul Schroeder, 'Romania and the Great Powers before 1914', *Revue Roumaine d' Histoire*, 14/1(1975), pp. 39–53 참조.

150. Kronenbitter, *Grossmachtpolitik Österreich-Ungarns*, pp. 236–7 참조; 콘라트의 아들의 관여에 관해서는 Bruce W. Menning, 'Russian Military Intelligence, July 1914. What St Petersburg Perceived and Why It Mattered', 미발표 원고 참조. *Journal of Modern History*에 발표하기 전에 내게 논문을 보여주고 러시아의 의사결정 과정에서 정보기관의 입지에 관한 자신의 생각을 나와 논의한 Menning 교수에게 대단히 감사드린다. Menning 교수와 논의한 스베친의 회고록에 관해서는 Mikhail Svechin, *Zapiski starogo generala o bylom* (Nice, 1964), 특히 p. 99 참조.

151. Williamson, *Austria-Hungary*, p. 146.

152. Sondhaus, *Architect of the Apocalypse*, p. 122에서 인용.

153. Von Hötzendorf, *Aus meiner Dienstzeit*, vol. 3, p. 169; Karl Bardolff, *Soldat im alten Österreich* (Jena, 1938), p. 177; Kiszling, *Erzherzog Franz Ferdinand*, p. 196.

154. Kronenbitter, *Grossmachtpolitik Österreich-Ungarns*, p. 71에서 인용.

155. Strandmann, *Balkanske Uspomene*, pp. 245–50; 파시치의 개입에 대한 세르비아 협상가들의 불평에 관해서는 Mikhail Ilić to Pašić, Vienna, 9 March 1914; Mikhail Ilić to Pašić, Vienna, 10 March 1914, 그리고 특히 일리치가 파시치에게 '신문물' 협상을 방해하지 말아달라고 요청한 Mikhail Ilić to Pašić, Vienna, 11 March 1914, AS, MID–PO, 415, fos 9–12, 14–24, 25–7 참조; 양측 모두의 합의 의향에 관해서는 Hartwig to Sazonov, Belgrade, 4 March 1914, *IBZI*, series 3, vol. 1, doc. 379, p. 375 참조.

3장 유럽의 양극화, 1887~1907

1. 조약문은 The Avalon Project, Documents in Law, History and Diplomacy, Yale Law School at http://avalon.law.yale.edu/19th_century/frrumil.asp 참조.

2. Claude Digeon, *La Crise allemande dans la pensée française 1870–1914* (Paris, 1959), pp. 535–42.
3. Klaus Hildebrand, *Das vergangene Reich. Deutsche Aussenpolitik von Bismarck bis Hitler 1871–1945* (Stuttgart, 1995), p. 18.
4. 이 문제에 관한 날카로운 분석은 Paul W. Schroeder, 'The Lost Inter mediaries: The Impact of 1870 on the European System', *International History Review*, 6/1 (1984), pp. 1–27 참조.
5. J. B. Eustis, 'The Franco-Russian Alliance', *The North American Review*, 165 (1897), pp. 111–18, 그중 p. 117.
6. Ulrich Lappenküper, *Die Mission Radowitz. Untersuchungen zur Russlandpolitik Otto von Bismarcks (1871–1875)* (Göttingen, 1990), p. 226.
7. 1877년 6월 15일의 유명한 바트키싱겐 의견서에서 인용. 발칸을 염두에 두고 작성한 의견서이지만 재상의 정책 중 주요 테마가 여럿 담겨 있기도 하다. 텍스트는 *GP*, 1922–27, vol. 2, pp. 153–4.
8. Otto von Bismarck, 1876년 12월 5일 제국의회 연설, in Horst Kohl (ed.), *Politische Reden Bismarcks. Historisch-kritische Gesamtausgabe* (14 vols., Stuttgart, 1892–1905), vol. 6, p. 461.
9. Hildebrand, *Das Vergangene Reich*, pp. 50–51; 또한 Hermann Oncken, *Das Deutsche Reich und die Vorgeschichte des Weltkrieges* (2 vols., Leipzig, 1933), vol. 1, p. 215 참조.
10. 불가리아 위기를 훌륭하게 요약한 J. M. Roberts, *Europe, 1880–1945* (3rd edn, Harlow, 2001), pp. 75–8 참조.
11. Herbert von Bismarck to Wilhelm(남동생), 11 November 1887, in Walter Bussmann (ed.), *Staatssekretär Graf Herbert von Bismarck: aus seiner politischen Privatkorrespondenz* (Göttingen, 1964), pp. 457–8.
12. 반비스마르크 프롱드당에 관해서는 J. A. Nicholls, *Germany After Bismarck* (Cambridge, MA, 1958), pp. 101–3, 132–4; Katherine Lerman, *Bismarck. Profiles in Power* (Harlow, 2004), pp. 244–8; Konrad Canis, *Bismarcks Aussenpolitik 1870 bis 1890: Aufstieg und Gefährdung* (Paderborn, 2004), pp. 381–3; Ernst Engelberg, *Bismarck. Das Reich in der Mitte Europas* (Munich, 1993), pp. 309–13; Otto Pflanze, *Bismarck and the Development of Germany*

(3 vols., Princeton, 1990), vol. 3, *The Period of Fortification 1880–1898*, pp. 313–6 참조.

13. William L. Langer, 'The Franco-Russian Alliance (1890–1894)', *The Slavonic Review*, 3/9 (1925), pp. 554–75, 그중 pp. 554–5.
14. 재보장조약 갱신 거절이 상트페테르부르크에 끼친 영향은 Peter Jakobs, *Das Werden des französsch-russischen Zweibundes, 1890–1894* (Wiesbaden, 1968), pp. 56–8; George F. Kennan, *The Decline of Bismarck's European Order. Franco-Prussian Relations, 1875–1890* (Princeton, 1979), p. 398 참조.
15. *Morning Post*, 1 July 1891 and *Standard*, 4 July 1891, 둘 다 Patricia A. Weitsman, *Dangerous Alliances, Proponents of Peace, Weapons of War* (Stanford, 2004), p. 109에서 인용.
16. Antoine Laboulaye to Alexandre Ribot, 22 June 1890, in ibid., p. 105에서 인용.
17. Giers to Mohrenheim, 19–21 August 1891, in ibid., pp. 105–6에서 인용.
18. George F. Kennan, *The Fateful Alliance. France, Russia and the Coming of the First World War* (Manchester, 1984), pp. 153–4.
19. Francis R. Bridge and Roger Bullen, *The Great Powers and the European States System 1815–1914* (Harlow, 1980), p. 259; (러시아가 생각한) 새 동맹의 반영국 방향성에 관해서는 Jakobs, *Das Werden des französisch-russischen Zweibundes*, pp. 73–8 참조.
20. Kennan, *Fateful Alliance*, 여러 군데.
21. Weitsman, *Dangerous Alliances*, p. 117.
22. 프랑스-러시아 동맹과 대중문화에 관해서는 I. S. Rybachenok, *Rossiia i Frantsiia: soiuz interesov i soiuz serdets, 1891–1897: russko-frantsuzskyi soiuz v diplomaticheskikh dokumentakh, fotografi akh, risunkakh, karikaturakh, stikhakh, tostakh i meniu* (Moscow, 2004).
23. Thomas M. Iiams, *Dreyfus, Diplomatists and the Dual Alliance: Gabriel Hanotaux at the Quai d'Orsay, 1894–1898* (Geneva, 1962), pp. 27–8.
24. 1895년 10월 9일 기록된 Lamzdorf와 Lobanov-Rostovsky의 대화, in V. N. Lamzdorf, *Dnevnik: 1894–1896*, ed. V. I. Bovykin and I. A. Diakonova (Moscow, 1991), pp. 264–6; D. C. B. Lieven, *Nicholas II. Emperor of All the Russias* (London, 1993), p. 93.

25. 잃어버린 위신을 회복하는 데 식민지가 결정적으로 중요하다는 아노토의 견해는 Peter Grupp, *Theorie des Kolonialimperialismus und Methoden der imperialistischen Aussenpolitik bei Gabriel Hanotaux* (Bern and Frankfurt, 1962), 특히 pp. 78-84, 122-7, 142-5 참조; 또한 Alf Heggoy, *The African Policies of Gabriel Hanotaux, 1894-1898* (Athens, GA, 1972), 특히 pp. 10-11; Christopher Andrew and A. S. Kanya-Forstner, 'Gabriel Hanotaux, the Colonial Party and the Fashoda Strategy', in E. F. Penrose (ed.), *European Imperialism and the Partition of Africa* (London, 1975), pp. 55-104 참조.
26. Christopher Andrew, *Théophile Delcassé and the Making of the Entente Cordiale. A Reappraisal of French Foreign Policy 1898-1905* (London, 1968), p. 19에서 인용; M. B. Hayne, *The French Foreign Office and the Origins of the First World War, 1898-1914* (Oxford, 1993), p. 95.
27. G. N. Sanderson, *England, Europe and the Upper Nile, 1882-1889* (Edinburgh, 1965), pp. 140-61.
28. Hayne, *French Foreign Office*, p. 97.
29. Andrew, *Delcassé*, p. 168.
30. Ibid., p. 171.
31. Jules Clarétie, 'Vingt-huit ans à la Comédie-Française-Journal', entry of 8 March 1900, *Revue des deux mondes* (November 1949/6), pp. 122-40, 그중 p. 129.
32. Ibid., p. 129; Andrew, *Delcassé*, pp. 307-8; Hayne, *French Foreign Office*, p. 113.
33. Andrew, *Delcassé*, p. 172; 1890년대 후반 영국과 독일이 화해할 징후에 대한 프랑스의 반응은 P. J. V. Rolo, *Entente Cordiale. The Origins and Negotiation of the Anglo-French Agreements of 8 April 1904* (London, 1969), p. 73도 참조.
34. Rolo, *Entente Cordiale*, p. 106.
35. Maurice Paléologue, *Un grand tournant de le politique mondiale (1904-1906)* (Paris, 1914), p. 196.
36. Hayne, *French Foreign Office*, p. 55.
37. 디즈레일리의 하원 연설, 1803-2005년 의사록에 온라인 접속, http://hansard.millbanksystems.com/commons/1871/feb/09/address-to-her-majesty-on-her-

most.

38. Leader article, *The Times*, 15 Feburary 1871, p. 9, col. C.

39. 'The Eastern Question: The Russian Repudiation of the Treaty of 1856, A New Sebastopol Wanted...' *New York Times*, 1 January 1871, p. 1.

40. 디즈레일리의 하원 연설, 1803–2005년 의사록에 온라인으로 접속, http://hansard.millbanksystems.com/commons/1871/feb/09/address-to-her-majesty-on-her-most.

41. Keith Neilson, *Britain and the Last Tsar. British Policy and Russia 1894–1917* (Oxford, 1995), p. xiii.

42. 중국 문제에 대한 결정적 분석은 Thomas Otte, *The China Question. Great Power Rivalry and British Isolation, 1894–1905* (Oxford, 2007) 참조.

43. Payson J. Treat, 'The Cause of the Sino-Japanese War, 1894', *The Pacific Historical Review*, 8 (1939), pp. 149–57; Stewart Lone, *Japan's First Modern War. Army and Society in the Conflict with China, 1894–95* (London, 1994), p. 24.

44. Keith Neilson, 'Britain, Russia and the Sino-Japanese War', in Keith Neilson, John Berryman and Ian Nish, *The Sino-Japanese War of 1894–5 in its International Dimension*, (London, [1994]), pp. 1–22.

45. Rolo, *Entente Cordiale*, pp. 64, 108.

46. D. Gillard, *The Struggle for Asia, 1828–1914. A Study in British and Russian Imperialism* (London, 1977), pp. 153–66.

47. Godley(인도부 사무차관) to Curzon, 10 November 1899, in Neilson, *Britain and the Last Tsar*, p. 122에서 인용.

48. 육군부 정보국, 'Military Needs of the Empire in a War with France and Russia', 12 August 1901, in ibid., p. 123에서 인용.

49. ibid., pp. 16–17에서 인용.

50. Otte, *China Question*, p. 71에서 인용.

51. 베이징 주재 영국 무관이 Kimberley에게 보낸 편지에서 인용, in ibid., p. 71.

52. 프랑스의 인도차이나 잠식에 대한 영국의 반응과 화친정책의 연관성은 J. D. Hargreaves, 'Entente Manquée: Anglo-French Relations, 1895–1896', in *Historical Journal*, 11 (1953–5), pp. 65–92; Otte, *China Question*, p. 330 참조.

53. Neilson, *Britain and the Last Tsar*, p. xiv; Rolo, *Entente Cordiale*, p. 273; 델카세에 관해서는 Keith M. Wilson, *The Policy of the Entente. Essays on the Determinants of British Foreign Policy, 1904–1914* (Cambridge, 1985), p. 71 참조.
54. Wilson, *Policy of the Entente*, p. 71에서 인용.
55. Neilson, *Britain and the Last Tsar*, p. 22에서 인용. ibid., pp. 124–5.
56. Ibid., pp. 124–5.
57. 인도 접경 인근에서 이루어진 러시아 측 군사대비의 "광적인 속도"는 영국 무관 H. D. Napier의 보고서, St Petersburg, 9 November 1904 참조. Charles Hardinge to Lansdowne, 10 November 1904에 동봉, Hardinge Papers, Cambridge University Library, vol. 46.
58. 'Demands for Reinforcements by the Government of India', 20 Feburary 1905, in Neilson, *Britain and the Last Tsar*, p. 131에서 인용.
59. Stanley Wolpert, *Morley and India, 1906–1910* (Berkeley, 1967), p. 80.
60. Neilson, *Britain and the Last Tsar*, pp. 134–5; Wilson, *Policy of the Entente*, p. 7.
61. Grey to Spring Rice, London, 22 December 1905, in Neilson, *Britain and the Last Tsar*, p. 12에서 인용.
62. Otto, *China Question*, pp. 71, 90, 333.
63. 앙그라페케나를 차지하려던 독일의 시도는 Hildebrand, *Das Vergangene Reich*, pp. 87–8 참조; 또한 Canis, *Bismarcks Aussenpolitik*, pp. 209–17 참조.
64. 영국의 베네수엘라 침략에 항의하는 클리블랜드 미국 대통령의 1895년 7월 20일 통첩을 받은 솔즈베리 정부의 "넉 달 동안의 오만한 침묵"과 뒤이어 미국과 연락하면서 보낸 "거들먹거리는" 답변에 관해서는 Bradford Perkins, *The Great Rapprochement: England and the United States 1895–1914* (London, 1969), pp. 13–16; 또한 H. C. Allen, *Great Britain and the United States: A History of Anglo-American Relations (1783–1952)* (London, 1954), pp. 532–41 참조.
65. Hatzfeldt 백작이 보낸 서신에 대한 비스마르크의 논평, 24 May 1884, *GP*, vol. 4, p. 58.
66. Bülow to Eulenburg, 2 March 1890, in Peter Winzen, *Bülow's Weltmachtkonzept. Untersuchungen zur Frühphase seiner Aussenpolitik 1897–1901* (Boppard am Rhein, 1977), p. 50에서 인용.

67. Konrad Canis, *Von Bismarck zur Weltpolitik. Deutsche Aussenpolitik, 1890 bis 1902* (Berlin, 1997), pp. 93-4.

68. Ibid., p. 124.

69. Rolo, *Entente Cordiale*, p. 116.

70. Gordon Martel, *Imperial Diplomacy: Rosebery and the Failure of Foreign Policy* (London, 1986), p. 187.

71. 이 조약에 대한 독일의 반대는 Jacques Willequet, *Le Congo Belge et la Weltpolitik (1894-1914)* (Brussels, 1962), pp. 14-21; Canis, *Von Bismarck zur Weltpolitik*, pp. 134-5; cf. A. J. P. Taylor, 'Prelude to Fashoda: The Question of the Upper Nile, 1894-5', *English Historical Review*, 65 (1950), pp. 52-80 참조.

72. Canis, *Von Bismarck zur Weltpolitik*, pp. 142-3.

73. 크루거 전보의 전문은 *GP*, vol. 11, doc. 2610, pp. 31-2에 실려 있다.

74. 트란스발 위기의 경과와 결과는 Harald Rosen bach, *Das deutsche Reich, Grossbritannien und der Transvaal (1896-1902). Anfänge deutsch-britischer Entfremdung* (Göttingen, 1993) 참조.

75. Friedrich Kiessling, *Gegen den grossen Krieg? Entspannung in den internationalen Beziehungen 1911-1914* (Munich, 2002), p. 137.

76. P. Winzen, 'Zur Genesis von Weltmachtkonzept und Weltpolitik', in J. C. G. Röhl (ed.), *Der Ort Kaiser Wilhelms in der deutschen Geschichte* (Munich, 1991) pp. 189-222, 그중 pp. 192-3.

77. Jan Rüger, *The Great Naval Game. Britain and Germany in the Age of Empire* (Cambridge, 2007).

78. Gregor Schöllgen, *Imperialismus und Gleichgewicht. Deutschland, England und die orientalische Frage, 1871-1914* (Munich, 1984), p. 76; Christopher Clark, *Kaiser Wilhelm II. A Life in Power* (London, 2008), p. 184.

79. Jonathan Steinberg, *Yesterday's Deterrent: Tirpitz and the Birth of the German Battle Fleet* (London, [1965]), pp. 71, 101-2, 109; Ivo Nikolai Lambi, *The Navy and German Power Politics, 1862-1914* (Boston, 1984), pp. 68-86.

80. Steinberg, *Yesterday's Deterrent*, p. 201; 또한 pp. 125-48

81. Rosenbach, *Transvaal*, p. 70에서 인용.

82. 이 의견서의 텍스트는 Steinberg, *Yesterday's Deterrent*, pp. 209-21에 실려 있

다. 또한 Volker R. Berghahn and Wilhelm Deist (eds.), *Rüstung im Zeichen der wilhelminischen Weltpolitik* (Düsseldorf, 1988), 특히 docs. II/11, II/12 and VII/1 참조.

83. James Ainsworth, 'Naval Strategic Thought in Britain and Germany 1890–1914', PhD thesis, University of Cambridge, 2011 참조; 1900년 무렵 영국이 프랑스의 해군력을 끊임없이 우려하고 '독일의 위협'을 비교적 덜 중시한 점에 관해서는 Andreas Rose, *Zwischen Empire und Kontinent. Britische Aussenpolitik vor dem Ersten Weltkrieg* (Munich, 2011), pp. 209–11 참조.

84. 독일 해군력에 대한 두려움이 영국의 전략을 바꾸었다는 테제의 증인으로 자주 거론되는 셀본 경마저 독일 함대 못지않게 러시아와 프랑스의 함대를 우려했다. Dominik Geppert and Andreas Rose, 'Machtpolitik und Flottenbau vor 1914. Zur Neuinterpretation britischer Aussenpolitik im Zeitalter des Hochimperialismus', *Historische Zeitschrift*, 293 (2011), pp. 401–37, 그중 p. 409; Rose, *Zwischen Empire und Kontinent*, pp. 223–6 참조.

85. 영국과 독일의 해군 경쟁에 관한 문헌은 한동안 유동적이었다. Arthur J. Marder, *From the Dreadnought to Scapa Flow. The Royal Navy in the Fischer Era, 1904–1919* (5 vols., Oxford, 1961–70)에서 옹호하는 기존 견해, 즉 독일의 위협이 영국 해군의 사고를 지배했고 또 바꾸었다는 견해는 근래에 수많은 연구에 의해 의문시되었다. 예를 들어 Jon T. Sumida, 'Sir John Fischer and the Dreadnought. The Sources of Naval Mythology', *The Journal of Military History*, 59 (1995), pp. 619–38; Charles H. Fairbanks Jr, 'The Origins of the Dreadnought Revolution. A Historiographical Essay', *International History Review*, 13 (1991), pp. 246–72; Nicholas A. Lambert, 'Admiral Sir John Fischer and the Concept of Flotilla Defence, 1904–1909', *The Journal of Military History*, 59 (1995), pp. 639–60 참조. 오늘날 이 전통에서 가장 중요한 수정주의적 연구는 Rose, *Zwischen Empire und Kontinent*다.

86. Niall Ferguson, *Pity of War* (London, 1998), p. 71에서 인용.

87. Hardinge, Wilson and Grey in Wilson, *Policy of the Entente*, p. 106에서 인용.

88. Rose, *Zwischen Empire und Kontinent*, pp. 202–17 and 404–24; 티르피츠의 군비 경쟁 '포기 선언'은 Hew Strachan, *The First World War* (Oxford, 2001), p. 33 참조.

89. Hans Delbrück in *Preussische Jahrbücher*, 87 (1897), p. 402, in Canis, *Von Bismarck zur Weltpolitik*, p. 225에서 인용.
90. Bernhard von Bülow, 1897년 12월 6일 제국의회 연설, in Johannes Penzler (ed.), *Fürst Bülows nebst urkundlichen Beiträgen zu seiner Politik. Mit Erlaubnis des Reichskanzlers gesammelt und herausgegeben* (2 vols., Berlin, 1907), vol. 1, 1897–1903, p. 6.
91. Canis, *Von Bismarck zur Weltpolitik*, pp. 255–6.
92. Waldersee, 1900년 7월 13일 일기, in Heinrich Otto Meisner, *Denkwür digkeiten des General-Feldmarschalls Alfred Grafen von Waldersee* (3 vols., Stuttgart, 1922–3), vol. 2, p. 449.
93. George C. Herring, *From Colony to Superpower: US Foreign Relations since 1776* (New York, 2009), p. 307.
94. Paul Kennedy, *The Rise of the Anglo-German Antagonism, 1860–1914* (London, 1980), pp. 365, 236에서 인용.
95. 세계정책을 국내 목표를 위해 고안된 '사회제국주의적' 수단으로 보는 견해는 무엇보다 Hans-Ulrich Wehler의 고전적 논의인 *Das deutsche Kaiserreich 1871–1918* (Göttingen, 1973), p. 178; id., *Deutsche Gesellschaftsgeschichte* (5 vols., Munich, 1987–2008), vol. 3, p. 1139 참조; 비슷한 견해가 Wolfgang M. Mommsen, *Grossmachtstellung und Weltpolitik. Die Aussenpolitik des Deutschen Reiches, 1870 bis 1914* (Frankfurt am Main, 1993), pp. 139–40에서 개진된다; 국내 '위기관리' 수단으로서의 해군에 관해서는 Volker Berghahn, *Der Tirpitz-Plan. Genesis und Verfall einer innenpolitischen Krisenstrategie unter Wilhelm II* (Düsseldorf, 1971), pp. 11–20, 592–604 외 여러 군데 참조.
96. Wilhelm II to Bülow, Syracuse, 19 April 1904, in *GP*, vol. 20/1, doc. 6378, pp. 22–3.
97. Wilhelm II to Tsar Nicholas II, 11 Feburary 1904, in W. Goetz (ed.), *Briefe Kaiser Wilhelms II. an den Zaren, 1894–1914* (Berlin, 1920), pp. 337–8.
98. Wilhelm II to Nicholas II, 6 June, 19 August 1904, in ibid., pp. 340–41.
99. Delcassé to Barrère, 28 Feburary 1900, in Andrew, *Delcassé*, p. 151에서 인용.
100. Abel Combarieu, *Sept ans à l'Élysée avec le président Émile Loubet: de l'affaire Dreyfus à la conférence d'Algésiras, 1899–1906* (Paris, 1932), pp. 183–4.

101. Andrew, *Delcassé*, p. 271에서 인용; Samuel R. Williamson, *The Politics of Grand Strategy. Britain and France Prepare for War, 1904–1914* (Cambridge, MA, 1969), p. 14; cf. J. C. G. Röhl, *Wilhelm II. Der Weg in den Abgrund, 1900–1941* (Munich, 2008), p. 372.
102. Metternich(런던 주재 독일 대사) to German Foreign Office, London, 4 June 1904, *GP*, vol. 20/1, doc. 6384, pp. 29–30.
103. Hildebrand, *Das vergangene Reich*, pp. 222–3; Williamson, *Grand Strategy*, pp. 31–2.
104. 'The German Emperor at Tangier', *The Times*, 1 April 1905, p. 5, col. A.
105. 'The Morocco Question', *The Times*, 8 January 1906, p. 9, col. A.
106. Katherine Lerman, *The Chancellor as Courtier: Bernhard von Bülow and the Governance of Germany, 1900–1909* (Cambridge, 1990), pp. 147–8; 삼국동맹의 '무용성'에 관해서는 Prince Max von Lichnowsky, *My Mission to London, 1912–1914* (London, 1929), p. 3 참조.
107. Kennedy, *Anglo-German Antagonism*, p. 280.
108. Hardinge to Nicolson, London, 26 March 1909, in Zara S. Steiner, *The Foreign Office and Foreign Policy, 1898–1914* (Cambridge, 1969), p. 95에서 인용.
109. Marina Soroka, *Britain, Russia and the Road to the First World War. The Fateful Embassy of Count Aleksandr Benckendorff (1903–16)* (London, 2011), p. 146; Rogers Platt Churchill, *The Anglo-Russian Convention of 1907* (Cedar Rapids, 1939), p. 340; David MacLaren McDonald, *United Government and Foreign Policy in Russia, 1900–1914* (Cambridge, MA, 1992), p. 110.
110. 유럽 외교에 가해진 주변부로부터의 압력을 공평하게 다루는 설명으로는 Thomas Otte, *China Question*, id., *The Foreign Office Mind. The Making of British Foreign Policy, 1865–1914* (Cambridge, 2011); Nils Petersson, *Imperialismus und Modernisierung. Siam, China und die europäischen Mächte, 1895–1914* (Munich, 2000) 참조; 독일 정권들이 터무니없는 국제적 행위로 고립을 '자초'했다는 '합의 견해'를 이론적 · 경험적 근거를 토대로 강력히 비판하는 Paul W. Schroeder, 'Embedded Counterfactuals and World War I as an Unavoidable War' 참조. 온라인으로 참고, http://ir.emu.edu.tr/staff/ekaymak/courses/IR515/Articles/Schroeder%20on%20counterfactuals.pdf; pp. 28–9 외 여러 군데.

111. Fiona K. Tomaszewski, *A Great Russia. Russia and the Triple Entente* (Westport, 2002), p. 68.

112. Lansdowne to Bertie, London, 22 April 1905, *BD*, vol. 3, doc. 90, pp. 72-3.

113. 파리 주재 영국 대사관의 비망록, Paris, 24 April 1905, *DDF*, series 2, vol. 6, doc. 347, pp. 414-15; 델카세가 모로코 서부 항구를 노리는 것으로 추정된 독일의 구상을 몰랐던 일에 관해서는 같은 비망록의 5번 메모 참조.

114. 4월 26일 델카세와 팔레올로그의 대화, Maurice Paléologue, *The Turning Point. Three Critical Years 1904-1906* 에 재서술, trans. F. Appleby Holt (London, 1935), p. 233.

115. Andrew, *Delcassé*, pp. 283-5; 피셔의 '반독일주의'는 Strachan, *First World War*, p. 18 참조.

116. Steiner, *Foreign Office*, pp. 100, 102.

117. 예컨대 카트라이트가 그레이에게 보낸 서신에 그레이와 크로, 에드워드 7세가 첨부한 여러 메모, Munich, 12 January 1907, 23 April 1907, 7 August 1907, 8 January 1908, *BD*, vol. 6, docs. 2, 16, 23과 카트라이트의 공문에 첨부한 메모, Munich, 8 January 1908, pp. 11, 32, 42, 108 참조. Sidney B. Fay는 Gooch and Temperley (eds.), *British Documents in American Historical Review*, 36 (1930), pp. 151-5에서 카트라이트의 공문들에 대한 런던의 반응을 논의한다.

118. G. S. Spicer, Bertie to Grey, Paris, 12 September 1907에 붙인 메모, *BD*, vol. 6, doc. 35, pp. 55-8, 그중 p. 56.

119. Edward Grey, *Twenty-Five Years 1892-1916* (2 vols., London, 1925), vol. 1, p. 33.

120. Eyre Crowe, 영국의 대프랑스 · 대독일 관계의 현황에 관한 의견서, 1 January 1907, *BD*, vol. 3, doc. 445, pp. 397-420, 그중 p. 406에 첨부.

121. Grey, *Twenty-Five Years*, vol. 2, p. 29; J. A. S. Grenville, *Lord Salisbury and Foreign Policy. The Close of the Nineteenth Century* (London, 1970), p. 213.

122. Hardinge, Goschen to Grey, Berlin, 4 November 1909에 붙인 1909년 11월 10일자 메모, *BD*, vol. 6, doc. 204, pp. 304-12, 그중 p. 311; 이 발언과 다른 발언들에 대한 도발적이고 신랄한 수정주의적 논의는 Keith M. Wilson, *The Policy of the Entente. Essays on the Determinants of British Foreign Policy, 1904-1914* (Cambridge, 1985), p. 100 참조.

123. Eyre Crowe, 영국의 대프랑스 · 대독일 관계의 현황에 관한 의견서, 1 January 1907, *BD*, vol. 3, doc. 445, pp. 397–420, 그중 p. 406에 첨부. 외무부의 수뇌부 사이에서 공고해지고 있던 '반독일 밀집방진(anti-German phalanx)'에 관해서는 Jürgen Angelow, *Der Weg in die Urkatastrophe. Der Zerfall des alten Europas 1900–1914* (Berlin, 2010), pp. 51–2 참조.

124. 이 수치들의 출처는 Hans-Ulrich Wehler, *Deutsche Gesells chaftsgeschichte* (5 vols., Munich, 2008), vol. 3, *Von der 'deutschen Doppelrevolution' bis zum Beginn des Ersten Weltkrieges, 1849–1914*, pp. 610–12.

125. Clive Trebilcock, *The Industrialisation of the Continental Powers 1780–1914* (London, 1981), p. 22.

126. Keith Neilson, 'Quot homines, tot sententiae: Bertie, Hardinge, Nicolson and British Policy, 1906–1916', 미발표 원고; 발표 전에 이 원고의 사본을 보게 해준 Neilson 교수에게 대단히 감사드린다.

127. Hardinge to Bertie, 사신(私信), 14 Feburary 1904, Bertie Papers, TNA, FO 800/176; Hardinge to Bertie, 사신, 11 May 1904, Bertie Papers, ibid., FO 800/183, 둘 다 Neilson, 'Quot homines, tot sententiae'에서 인용.

128. Keith Neilson, '"My Beloved Russians": Sir Arthur Nicolson and Russia, 1906–1916', *International History Review*, 9/4 (1987), pp. 521–54, 그중 pp. 524–5.

129. "독일 발명"은 Wilson, *Policy of the Entente* 제6장(pp. 100–20)의 제목이다.

130. 보어전쟁 이후 방어 능력에 대한 영국의 우려에 관해서는 Aaron L. Friedberg, *The Weary Titan. Britain and the Experience of Relative Decline, 1895–1905* (Princeton, 1988), pp. 232–4 외 여러 군데; David Reynolds, *Britannia Overruled. British Policy and World Power in the Twentieth Century* (2nd edn, Harlow, 2000), pp. 63–7 참조.

131. 미국 외교정책의 이 특징에 관해서는 John A. Thompson, 'The Exaggeration of American Vulnerability: The Anatomy of a Tradition', *Diplomatic History*, 16/1 (1992), pp. 23–43 참조.

132. 이런 공상의 사례로는 A. Dekhnewallah(필명), *The Great Russian Invasion of India. A Sequel to the Afghanistan Campaign of 1879–9* (London, 1879); William Le Queux, *The Great War in England in 1897* (London, 1894) (제정 독일의 용맹한 개입에 부딪혀 좌절한 영국이 프랑스-러시아 연합군의 침공을 받는 상

황을 예견한다) 참조; 탁월한 개관은 I. F. Clarke, *Voices Prophesying War, 1763–1984* (London, 1970) 참조.

133. 1906년 9월 29일 일기, in Paléologue, *The Turning Point*, p. 328.
134. David M. McDonald, *United Government and Foreign Policy in Russia 1900–1914* (Cambridge, MA, 1992), pp. 103–11.
135. E. W. Edwards, 'The Franco-German Agreement on Morocco, 1909', *English Historical Review*, 78 (1963), pp. 483–513, 그중 p. 413; 영국과 러시아의 적대적 반응은 Paul Cambon to Jules Cambon, 9 December 1911, in Paul Cambon, *Correspondance 1870–1924* (3 vols., Paris, 1940–46), vol. 2, pp. 354–5; Jean-Claude Allain, *Agadir, 1911. Une Crise impérialiste en Europe pour la conquête du Maroc* (Paris, 1976), pp. 232–46 참조.
136. Hildebrand, *Das Vergangene Reich*, pp. 256–7; Uwe Liszkowski, *Zwischen Liberalismus und Imperialismus. Die zaristische Aussenpolitik vor dem Ersten Weltkrieg im Urteil Miljukov und der Kadettenpartei, 1905–1914* (Stuttgart, 1974), pp. 70, 156; 이 시기의 전반적인 데탕트 추세에 관해서는 Kiessling, *Gegen den grossen Krieg?*, 여러 군데 참조.

4장 유럽 외교정책의 뭇소리

1. Johannes Paulmann, *Pomp und Politik: Monarchenbegegnungen in Europa zwischen Ancien Régime und Erstem Weltkrieg* (Paderborn, 2000), pp. 338–40.
2. 평범한 독일인들이 이해한 외교관계의 언어를 만드는 카이저의 능력에 관해서는 Michael A. Obst, *'Einer nur ist Herr im Reiche'. Wilhelm II als politischer Redner* (Paderborn, 2010), pp. 406–7 참조.
3. Christopher Hibbert, *Edward VII. A Portrait* (London, 1976), p. 282.
4. Virginia Cowles, *Edward VII and His Circle* (London, [1956]), p. 110.
5. Zara S. Steiner, *The Foreign Office and Foreign Policy, 1898–1914* (Cambridge, 1969), pp. 69–71.
6. Robert and Isabelle Tombs, *That Sweet Enemy. The French and British from the Sun King to the Present* (London, 2006), p. 438; Hibbert, *Edward VII*, pp. 259(인용), 258; Roderick McLean, *Royalty and Diplomacy in Europe, 1890–1914* (Cambridge, 2001), pp. 147–8.

7. Hibbert, *Edward VII*, pp. 261–2에서 인용.
8. Harold Nicolson, *King George the Fifth* (London, 1952), p. 175.
9. Kenneth Rose, *George V* (London, 1983), p. 166.
10. Nicolson, *King George the Fifth*, p. 175.
11. Miranda Carter, *The Three Emperors. Three Cousins, Three Empires and the Road to World War One* (London, 2009), p. 82에서 인용.
12. D. C. B. Lieven, *Nicholas II. Emperor of All the Russians* (London, 1993), p. 117.
13. David M. McDonald, *United Government and Foreign Policy in Russia 1900–1914* (Cambridge MA, 1992), p. 31에서 인용.
14. Lieven, *Nicholas II*, p. 97에서 인용.
15. McDonald, *United Government*, pp. 38–57.
16. Lieven, *Nicholas II*, p. 100.
17. McDonald, *United Government*, p. 106.
18. Ibid., pp. 168–98.
19. J. C. G. Röhl, *Germany Without Bismarck. The Crisis of Government in the Second Reich, 1890–1900* (London, 1967); id., 'The "kingship mechanism" in the Kaiserreich', in Röhl, *The Kaiser and His Court. Wilhelm II and the Government of Germany*. trans. T. F. Cole (Cambridge, 1994), S. 107–130; Hans-Ulrich Wehler, *Das deutsche Kaiserreich, 1871–1918* (Göttingen, 1973), 60–69; id., *Deutsche Gesellschaftsgeschichte* (5 vols. Munich, 1995), vol. 3, pp. 1016–20.
20. L. Cecil, 'Der diplomatische Dienst im kaiserlichen Deutschland', in K. Schwabe (ed.), *Das diplomatische Korps, 1871–1945* (Boppard am Rhein, 1985), pp. 15–39, 그중 p. 39.
21. J. C. G. Röhl, 'Kaiser Wilhelm II: A Suitable Case for Treatment?', in id., *The Kaiser and His Court. Wilhelm II and the Government of Germany* (Cambridge, 1994), pp. 2–27, 그중 p. 12에서 인용.
22. J. C. G. Röhl, 'The Splendour and Impotence of the German Diplomatic Service', in id., *The Kaiser and His Court*, pp. 150–61, 그중 p. 159; F.-C. Stahl, 'Preussische Armee und Reichsheer, 1871–1914', in O. Hauser, *Zur Problematik*

Preussen und das Reich (Cologne and Vienna, 1984), pp. 181–245, 그중 p. 202; Johannes Paulmann, '"Dearest Nicky..." Monarchical Relations between Prussia, the German Empire and Russia during the Nineteenth Centry', in R. Bartlet and K. Schönwalder (eds.), *The German Lands and Eastern Europe. Essays on the History of Their Social, Cultural and Political Relations* (London, 1999), pp. 157–81.

23. 가장 권위 있는 비판적 서술은 J. C. G. Röhl, *Wilhelm II. Der Weg in den Abgrund 1900–1941* (Munich, 2008), p. 26.
24. O'Brien to Elihu Root, Berlin, 7 April 1906, in Alfred Vagts, *Deutschland und die Vereinigten Staaten in der Weltpolitik* (2 vols., New York, 1935), p. 1878, in Röhl, *Der Weg in den Abgrund*, p. 488에서 인용.
25. Ragnhild Fiebig von Hase, 'Die Rolle Kaiser Wilhelms II. in den deutsch amerikanischen Beziehungen, 1890–1914', in John C. G. Röhl (ed.), *Wilhelm II* (Munich, 1991), pp.. 223–257, 그중 p. 251; id., *Der Weg in den Abrund*, p. 653.
26. Röhl, *Der Weg in den Abgrund*, pp. 253, 125, 109, 269.
27. Holstein to Eulenburg, Berlin, 20 October 1891, in Röhl (ed.), *Philipp Eulenburgs Politische Korrespondenz* (3 vols., Boppard am Rhein, 1976–83), vol. 1, p. 716 참조.
28. Röhl, *Der Weg in den Abgrund*, pp. 82, 90.
29. Harald Rosenbach, *Das deutsche Reich, Grossbritannien und der Transvaal (1896–1902). Anfänge deutsch-britischer Entfremdung* (Göttingen, 1993), pp. 58–61; 카이저의 극동 정책의 비슷한 혼란은 Gordon Craig, *Germany 1866–1945* (Oxford, 1981), p. 244 참조.
30. Röhl, *Der Weg in den Abgrund*, p. 375; Holger Afflerbach, Falkenhayn: *Politisches Denken und Handeln im Kaiserreich* (Munich, 1994), pp. 58–9.
31. 이 에피소드는 Röhl, *Der Weg in den Abgrund*, p. 348에서 논의된다.
32. K. Hildebrand, *Das vergangene Reich. Deutsche Aussenpolitik von Bismarck bis Hitler 1871–1945* (Stuttgart, 1995), pp. 155–6; Rainer Lahme, *Deutsche Aussenpolitik 1890–1894. Von der Gleichgewichtspolitik Bismarcks zur Allianzstrategie Caprivis* (Göttingen, 1994), p. 18; N. Rich, M. H. Fisher and

W. Frauendienst (eds.), *Die geheimen Papiere Frredrick von Holsteins* (4 vols., Göttingen, Berlin, Frankfurt, 1957), vol. 1, p. 130.

33. Wilhelm to Bülow, 11 August 1905, in *GP*, vol. 19/2, pp. 496–8; 또한 Katherine Lerman, *The Chancellor as Courtier Bernhard von Bülow and the Governance of Germany, 1900–1909* (Cambridge, 1990), pp. 129–30; Christopher Clark, *Kaiser Wilhelm II. A Life in Power* (London, 2008), pp. 99–100 참조.
34. Röhl, *Der Weg in den Abgrund*, p. 543.
35. Ibid., pp. 366, 473; Holstein, 날짜 없는 메모, Rich, Fischer and Frauendienst (eds.), *Geheime Papiere*, vol. 4, p. 366.
36. Jules Cambon to Maurice Paléologue, Berlin, 10 May 1912, AMAE PA-AP, 43 Jules Cambon 56, fo. 204.
37. Jean-Paul Bled, *Franz Joseph*, trans. Theresa Bridgeman (London, 1994), pp. 200–203.
38. R. J. B. Bosworth, *Italy, the Least of the Great Powers: Italian Foreign Policy before the First World War* (Cambridge, 1979), pp. 14–17.
39. Fortunato Minniti, 'Gli Stati Maggiori e la politica estera italiana', in R. J. B. Bosworth and Sergio Romano (eds.), *La Politica estera italiana (1860–1985)*, (Bologna, 1991), pp. 91–120, 그중 p. 120; Bosworth, *Italy, the Least of the Great Powers*, p. 219.
40. Lieven, *Nicholas II*, p. 105.
41. 예를 들어 외무장관의 자녀들은 친한 대사들의 자녀들과 어울려 놀았다. Helene Izvolsky, 'The Fateful Years: 1906–1911', *Russian Review*, 28/2 (1969), pp. 191–206.
42. David MacLaren McDonald, *United Government and Foreign Policy in Russia, 1900–1914* (Cambridge, MA, 1992), pp. 84–5, 94–6.
43. 에드워드 그레이의 의견서, 15 March 1907; Grey to Nicolson, London, 19 March 1907, TNA FO 418/38, fos. 79, 90–91.
44. Paul Miliukov, *Political Memoirs 1905–1917*, trans. Carl Goldberg (Ann Arbor, 1967), p. 184.
45. McDonald, *United Government*, pp. 153, 157–8; Andrew Rossos, *Russia and the Balkans. Inter-Balkan Rivalries and Russian Foreign Policy 1908–1914*

(Toronto, 1981), p. 11; Ronald Bobroff, *Roads to Glory. Late Imperial Russia and the Turkish Straits* (London, 2006), pp. 13–5.

46. 포츠담 협정의 배경은 I. I. Astaf'ev, *Russko germanskie diplomaticheskie otnosheniia, 1905–1911 g.g.* ([Moscow], 1972) 참조.

47. 가르트비크에 관해서는 Rossos, *Russia and the Balkans*, pp. 50–51 참조; 1911년 차리코프의 외교는 Bobroff, *Roads to Glory*, pp. 23–6 참조.

48. McDonald, *United Government*, p. 166.

49. Lieven, *Nicholas II*, p. 82에서 인용.

50. Rossos, *Russia and the Balkans*, p. 9; Uwe Liszkowski, *Zwischen Liberalismus und Imperialismus. Die zaristische Aussenpolitik vor dem Ersten Weltkrieg im Urteil Miljukov und der Kadettenpartei 1905–1914* (Stuttgart, 1974), pp. 173–4.

51. 러시아 정책의 이 측면은 Dietrich Geyer, *Russian Imperialism. The Interaction of Domestic and Foreign Policy 1860–1914*, trans. Bruce Little (Leamington Spa, 1987), pp. 293–317 외 여러 군데 참조.

52. M. B. Hayne, *The French Foreign Office and the Origins of the First World War, 1898–1914* (Oxford, 1993), p. 34.

53. Ibid., p. 81.

54. 'Un Diplomate' (필명), *Paul Cambon, ambassadeur de France* (Paris, 1937), p. 234.

55. Hayne, *French Foreign Office*, pp. 84, 103.

56. Ibid., p. 85.

57. Ibid., pp. 174, 200.

58. 1909년 2월 8일 모로코 합의는 Paul Cambon to Henri Cambon, 7 February 1909, in Cambon, *Correspondance*, vol. 2, pp. 272–3 참조.

59. Hayne, *French Foreign Office*, pp. 199, 207.

60. Herbette, 'Relations avec la France de 1902 à 1908. Notes de Maurice Herbette' AMAE NS Allemagne 26, 특히 fos. 3 뒷면, 25, 27, 34, 36, 37, 58, 87, 91, 113, 150, 160, 175, 182, 200, 212, 219, 249, 343; 이 문서에 관한 논의는 Hayne, *French Foreign Office*, p. 209 참조.

61. Jean-Claude Allain, *Agadir. Une Crise impérialiste en Europe pour la conquête*

du Maroc (Paris, 1976), p. 284에서 인용; 또한 Hayne, *French Foreign Office*, p. 212 참조; 모로코와 관련해 프랑스가 독일을 상대한 방식은 E. Oncken, *Panthersprung nach Agadir. Die deutsche Politik während der zweiten Marokkokrise 1911* (Düsseldorf, 1981), pp. 98–109도 참조.

62. E. W. Edwards, 'The Franco-German Agreement on Morocco, 1909', *English Historical Review*, 78 (1963), pp. 483–513.
63. 1910–1911년 '모험주의 외교'로 전환한 프랑스의 방침에 관한 섬세한 분석은 Allain, *Agadir*, pp. 279–97.
64. Hildebrand, *Das vergangene Reich*, p. 161.
65. Wolfgang J. Mommsen, *Grossmachtstellung und Weltpolitik. Die Aussenpolitik des Deutschen Reiches, 1870 bis 1914* (Frankfurt am Main, 1993), p. 125.
66. Geoff Eley, 'The View from the Throne: The personal Rule of Kaiser Wilhelm II', *Historical Journal*, 28/2 (1985), pp. 469–85.
67. Holstein to Eulenburg, Berlin, 3 February 1897; 또한 Eulenburg to Holstein, Vienna, 7 February 1897, in Rich, Fisher and Frauendienst (eds.), *Die geheimen Papiere*, docs. 599 and 601, vol. 4, pp. 8, 12 참조; 또한 Hohenlohe to Eulenburg, Berlin, 4 February 1897, in C. z. Hohenlohe-Schillingsfürst, *Denkwürdigkeiten der Reichskanzlerzeit*, ed. K. A. v. Müller (Stuttgart, Berlin, 1931), p. 297 참조.
68. Lerman, *Chancellor as Courtier*, p. 110.
69. Wilhelm to Bülow, 11 August 1905, in *GP*, vol. 19/2, pp. 496–8; 또한 Lerman, *Chancellor as Courtier*, pp. 129–30 참조.
70. Peter Winzen, *Reichskanzler Bernhard Fürst von Bülow: Weltmachtstratege ohne Fortune, Wegbereiter der grossen Katastrophe* (Göttingen, 2003), pp. 134–46.
71. Lerman, *Chancellor as Courtier*, p. 258.
72. Konrad H. Jarausch, *The Enigmatic Chancellor. Bethmann Hollweg and the Hubris of Imperial Germany* (New Haven, 1973), pp. 72, 110.
73. Sir Edward and Lady Grey, *Cottage Book. The Undiscovered Country Diary of an Edwardian Statesman*, ed. Michael Waterhouse (London, 2001), p. 63; 그레이가 싫어한다고 자인한 정치생활에 관해서는 p. 21도 참조.

74. Spring-Rice to Ferguson(노바 경), 16 July 1898, in Stephen Gwynn (ed.), *The Letters and Friendships of Sir Cecil Spring-Rice* (London, 1929) pp. 252-3.
75. Arthur Ponsonby, in Steiner, *British Foreign Office*, p. 84에서 인용.
76. Ibid., p. 92.
77. Ibid., p. 91.
78. Dominik Geppert, *Pressekriege. Öffentlichkeit und Diplomatie in den deutsch-britisch Beziehungen (1896-1912)* (Munich, 2007), pp. 412-18.
79. 영국 엘리트층의 대독일 관계는 Thomas Weber, *'Our Friend "The Enemy"'. Elite Education in Britain and Germany before World War I* (Stanford, 2008) 참조.
80. 에이티 클럽(Eighty Club)에서 행한 그레이의 연설, in *The Times*, 1 June 1905, p. 12, col. B에 보도.
81. Jean-Claude Allain, *Joseph Caillaux* (2 vols., Paris, 1978), vol. 1, 특히 pp. 327-3; W. Henry Cooke, 'Joseph Caillaux. Statesman of the Third Republic', *Pacific Historical Review*, 13/3 (1944), pp. 292-7.
82. Allain, *Joseph Caillaux*, vol. 1, p. 388.
83. John Keiger, *France and the Origins of the First World War* (London, 1983), pp. 35, 42.
84. Allain, *Agadir*, p. 402.
85. Ralf Forsbach, *Alfred von Kiderlen-Wächter (1852-1912). Ein Diplomatenleben im Kaiserreich* (2 vols., Göttingen, 1997), vol. 2, pp. 500-1.
86. Oscar Freiherr von der Lancken-Wakenitz to Langwerth von Simmern, Paris, 21 August 1911, *GP*, vol. 29, doc. 10717.
87. 키데를렌이 베트만 홀베크에게 상황 전개를 꾸준히 보고하지 않은 일에 관해서는 Kurt Riezler의 일기, 30 July 1911, in Karl Dietrich Erdmann (ed.), *Kurt Riezler. Tagebücher, Aufsätze, Dokumente* (Göttingen, 1972), pp. 178-9 참조.
88. Schoen to Foreign Office Berlin[보고서], Paris, 7 May 1911, *GP*, vol. 29, doc. 10554, fo. 113.
89. David Stevenson, *Armaments and the Coming of War: Europe 1904-1914* (Cambridge, 1996), pp. 182-3; Oncken, *Panthersprung*, pp. 136-44; 키데를렌의 '신중함'과 '호전적 분규'를 피하려는 의향을 나타내는 판터호 파견은 특히 Allain, *Agadir*, p. 333 참조.

90. G. P. Gooch, 'Kiderlen-Wächter', *Cambridge Historical Journal*, 5/2 (1936), pp. 178–92, 그중 p. 187.

91. Forsbach, *Kiderlen-Wächter*, pp. 469, 471, 474, 476, 477.

92. 이 논평은 'Indications données à M. Stéphen Pichon à M. de Margerie, 18 October 1918, in AMAE, NS Allemagne 51, fo. 202에 기록되었다. Stefan Schmidt, *Frankreichs Aussenpolitik in der Julikrise 1914. Ein Beitrag zur Geschichte des Ausbruchs der Ersten Weltrieges* (Munich, 2009), p. 228에서 인용.

93. Grey to Bertie, 19 and 20 July 1911, Bertie to Grey, 21 July 1911, *BD*, vol. 7, docs. 397, 405, 408, pp. 376, 382, 385; 또한 Samuel R. Williamson, *The Politics of Grand Strategy. Britain and France Prepare for War, 1904–1914* (Cambridge, MA, 1969), pp. 146–7 참조.

94. Keith M. Wilson, 'The Agadir Crisis, the Mansion House Speech and the Double-edgeress of Agreements', *Historical Journal*, 15/3 (1972), p. 517.

95. Bertie to Grey, Paris, 17 July 1911, *BD*, vol. 7, doc. 391, pp. 370–1.

96. Grey to Goschen, London, 21 July 1911, ibid., doc. 411, p. 390.

97. 'Mr Lloyd George on British Prestige', *The Times*, 22 July 1911, p. 7, col. A.

98. Stevenson, *Armaments*, p. 186.

99. Timothy Boyle, 'New Light on Lloyd George's Mansion House Speech', *Historical Journal*, 23/2 (1980), pp. 431–3; 맨션하우스 연설의 반독일 지향은 Richard A. Cosgrove, 'A Note on Lloyd George's Speech at the Mansion House, 21 July 1911', *Historical Journal*, 12/4 (1969), pp. 698–701 참조; 이 연설 이면 자유당의 제국주의적 계획은 Wilson, 'The Agadir Crisis', pp. 513–32 참조; 또한 id., *The Policy of the Entente. Essays on the Determinants of British Foreign Policy, 1904–1914* (Cambridge, 1985), p. 27; Williamson, *Grand Strategy*, pp. 153–5.

100. Wilson, 'Agadir Crisis', pp. 513–14에서 인용.

101. Wilson, *Policy of the Entente*, p. 27.

102. Steiner, *British Foreign Office*, p. 125.

103. 그레이의 정책에서 '전쟁 선택지'의 중요도에 관해서는 Jost Dülffer, Martin Kröger and Rolf-Harald Wippich, *Vermiedene Kriege. Deeskalation von Konflikten der Grossmächte zwischen Krimkrieg und Ersten Weltkrieg 1856–1914* (Munich,

1997), p. 639 참조.

104. Bethmann to Metternich, 22 November 1911, *GP*, vol. 29, doc. 10657, pp. 261–6 (영국 정부의 '전쟁 준비 명령'에 관해); Bethmann to Metternich, 22 November 1911, *GP*, vol. 31, doc. 11321, pp. 31–3 (p. 32 '공격 의향'에 관해). 모로코 위기를 고조시킨 영국의 역할은 Hew Strachan, *The First World War* (Oxford, 2001), p. 26 참조.

105. Aehrenthal, 프란츠 요제프 황제 알현, Mendel, 3 August 1911, *ÖUAP*, vol. 3, doc. 2579, pp. 292–4, 그중 p. 294.

106. Kiderlen과 Osten-Sacken의 대화, in OstenSacken to Neratov, Berlin, 20 August 1911에 기록, *IBZI*, series 3, vol. 1, part 1, doc. 238, p. 344.

107. Friedrich Kiessling, *Gegen den grossen Krieg? Entspannung in den internationalen Beziehungen, 1911–1914* (Munich, 2002), p. 59.

108. Wilson, *Policy of the Entente*, pp. 31–6.

109. Ibid., p. 29.

110. Williamson, *Grand Strategy*, p. 46; Christopher Andrew, *Théophile Delcassé and the Making of the Entente Cordiale. A Reappraisal of French Foreign Policy (1898–1905)* (London, 1968), pp. 283–4; 이런 전개에 관여한 홀데인에 관해서는 Edward M. Spiers, *Haldane. An Army Reformer* (Edinburgh, 1980), p. 78.

111. Williamson, *Grand Strategy*, 특히 chap. 7.

112. Wilson, *Policy of the Entente*, p. 123.

113. Schmidt, *Frankreichs Aussenpolitik*, pp. 156–171, 196.

114. Baron Guillaume to Davignon, 14 April 1913, MAEB AD, France 11, Correspondance politique – légations.

115. Edward House, *The Intimate Papers of Edward House* (2 vols., London, 1926), vol. 1, *Behind the Political Curtain, 1912–1915*, pp. 254–5.

116. 나는 이 재미있는 이야기를 *Peace Without Victory. Woodrow Wilson and the British Liberals* (Port Washington, 1973)의 저자인 Laurence W. Martin 교수 덕분에 알게 되었다.

117. Peter Gatrell, *Government, Industry and Rearmament in Russia, 1900–1914. The Last Argument of Tsarism* (Cambridge, 1994), pp. 128–9; William C. Fuller, *Strategy and Power in Russia, 1600–1914* (New York, 1992), p. 411;

Stevenson, *Armaments*, p. 156.

118. Gatrell, *Government*, pp. 147-8.

119. V. A. Sukhomlinov, *Erinnerungen* (Berlin, 1924), pp. 271-7; V. N. Kokovtsov, *Out of My Past: The Memoirs of Count Kokovtsov, Russian Minister of Finance, 1904-1914, Chairman of the Council of Ministers, 1911-1914*, ed. H. H. Fischer, trans. Laura Matveev (Stanford, 1935), pp. 229, 313-5.

120. Stevenson, *Armaments*, p. 178.

121. Peter-Christian Witt, *Die Finanzpolitik des Deutschen Reiches von 1903 bis 1913. Eine Studie zur Innenpolitik des wilhelminischen Deutschland* (Lübeck, 1970), pp. 318-20, 323.

122. Stig Förster, *Der doppelte Militarismus. Die deutsche Heeresrüstingspolitik zwischen Status-Quo-Sicherung und Aggression, 1890-1913* (Stuttgart and Wiesbaden, 1985), pp. 112-6, 224.

123. Terence Zuber, *Inventing the Schlieffen Plan* (Oxford, 2002) 참조.

124. 독일제국 군사비의 구조적 제약은 N. Ferguson, 'Public Finance and National Security. The Domestic Origins of the First World War Revisited', *Past & Present*, 142 (1994), pp. 141-68 참조.

125. Karl von Einem to Bernhard von Bülow, 18 June 1906, in Herrmann, *The Arming of Europe*, p. 67에서 인용.

126. Annika Mombauer, *Helmuth von Moltke and the Origins of the First World War* (Cambridge, 2001), p. 88.

127. David G. Herrmann, *The Arming of Europe and the Making of the First World War* (Princeton, 1996), pp. 64-5.

128. 콘라트의 발언은 ibid., p. 98에서 인용; Stevenson, *Armaments*, p. 6; Norman Stone, 'Army and Society in the Habsburg Monarchy 1900-1914', *Past & Present*, 33 (April 1966), pp. 95-111; Lstván Deák, 'The Fall of Austria-Hungary: Peace, Stability, and Legitimacy' in Geir Lundestad (ed.), *The Fall of Great Powers* (Oxford, 1994), p. 89.

129. 자금 투쟁은 Joseph Joffre, *Mémoires du Maréchal Joffre (1910-1917)* (Paris, 1932), pp. 41-59, p. 58(인용); Gerd Krumeich, *Armaments and Politics in France on the Eve of the First World War. The Introduction of the Three-*

Year Conscription 1913–1914, trans. Stephen Conn (Leamington Spa, 1984); Stevenson, *Armaments*, p. 218 참조; 의견 재조정은 Paul B. Miller, *From Revolutionaries to Citizens. Antimilitarism in France, 1870–1914* (Durham and London, 2002), pp. 173–200 참조.

130. Krumeich, *Armaments and Politics*, p. 47.
131. Förster, *Der doppelte Militarismus*, pp. 216–220, 272; Herrmann, *The Arming of Europe*, p. 190; Witt, *Die Finanzpolitik*, pp. 356–7.
132. William C. Fuller, *Civil-Military Conflict in Imperial Russia 1881–1914* (Princeton, 1985), p. 225; 인용은 H. H. Fisher (ed.), *Out of my Past. The Memoirs of Count Kokovtsov Russian Minister of Finance, 1904–194, Chairman of the Council of Ministers, 1911–1914*, trans. Laura Matveev (Stanford, 1935), p. 340.
133. Joseph Caillaux, *Mes Mémoires* (3 vols., Paris, 1942–7), vol. 2, *Mes audaces – Agadir... 1909–12*, pp. 211–15; Krumeich, *Armaments and Politics*, p. 24.
134. Lieven, *Nicholas II*, p. 175; "민간인의 태도"는 Durnovo의 말이다. D. C. B. Lieven, *Russia's Rulers Under the Old Regime* (New Haven, 1989), p. 218 참조.
135. Bruce W. Menning, *Bayonets Before Bullets. The Imperial Russian Army, 1861–1914* (Bloomington, 1992), pp. 221–37.
136. Fuller, *Strategy and Power*, pp. 424–33.
137. Fisher (ed.), *Memoirs of Count Kokovtsov*, p. 348.
138. David M. McDonald, 'A Lever without a Fulcrum: Domestic Factors and Russian Foreign Policy, 1904–1914', in Hugh Ragsdale (ed.), *Imperial Russian Foreign Policy* (Cambridge, 1993), pp. 268–314, 그중 p. 302; 각료평의회 내 수호믈리노프에 대한 지지는 Fisher (ed.), *Memoirs of Count Kokovtsov*, p. 349.
139. 예컨대 Peter Rassow, 'Schlieffen und Holstein', *Historische Zeitschrift*, 173 (1952), pp. 297–313 참조.
140. Widenmann to Tirpitz, London, 28 October and 30 October 1911, *GP*, vol. 31, docs. 11313, 11314, pp. 11–15, 16–17.
141. 비덴만의 보고서들에 관한 명쾌한 분석은 Kiessling, *Gegen den grossen Krieg?*, pp. 73–4 참조. 나의 논의는 이 분석에 빚지고 있다.
142. Bethmann Hollweg to Metternich, Berlin, 31 October 1911; Metternich to

Bethmann Hollweg, London, 1 November 1911, *GP*, vol. 31, docs. 11315, 11316, pp. 17–18, 18–24.

143. Kiessling, *Gegen den grossen Krieg?*, p. 74.

144. 'Der Kaiser machte eine, der Kanzler eine andere Politik, der Generalstab seine Antworthen für sich'. Alfred von Waldersee to Jagow(외무대신), 6 May 1919, in Dieter Hoffmann, *Der Sprung ins Dunkle: Oder wie der 1. Weltkrieg entfesselt wurde* (Leipzig, 2010), p. 137에서 인용.

145. D. Ralston, *The Army of the Republic* (Cambridge, MA, 1967), pp. 338–40은 조프르와 달리 몰트케가 '최고 통수권자' 임무를 진지하게 받아들인 독일 황제와 씨름해야 했다고 주장한다. 이 견해에 대한 비판은 Douglas Porch, *The March to the Marne. The French Army, 1871–1914* (Cambridge, 1981), pp. 171–2 참조.

146. 윌슨의 1911년 8월 9일과 11월 16일 일기, Imperial War Museum London; 세 번째 인용의 출처는 Hew Strachan, *The Politics of the British Army* (Oxford, 1997), p. 114; 정치와 헌정에 관한 윌슨의 견해는 ibid., pp. 114–15, 125–6 참조.

147. Samuel Williamson and Russell Van Wyk, *Soldiers, Statesmen and the Coming of the Great War. A Brief Documentary History* (Boston, 2003), p. 218.

148. Raymond Poincaré, 'Entretien avec Kokowtsoff–Chemins de fer stratégiques', St Petersburg, August 1912, AMAE, NS Russie 41, fo. 280.

149. Porch, *March to the Marne*, p. 175; 프랑스의 안보 계획을 구속한 대러시아 동맹의 효과에 관해서는 1914년 6월 17일 Maurice Herbette의 논평도 참조, Georges Louis, *Les Carnets de Georges Louis* (2 vols., Paris, 1926), vol. 2, p. 114에 기록.

150. Krumeich, *Armaments and Politics*, p. 214.

151. Mombauer, *Moltke*, p. 45.

152. Fuller, *Civil-Military Conflict*, p. 225.

153. Marc Trachtenberg, 'The Coming of the First World War: A Reassessment', in id., *History and Strategy* (Princeton, 1991).

154. Pourtalès to Bethmann Hollweg, St Petersburg, 1 February 1913, 사조노프와의 대화 보고, PA-AA, R 10896.

155. Ibid., 11 March 1914, PA-AA, R 10898.

156. Miliukov, *Political Memoirs*, p. 235.

157. Modris Eksteins, 'Sir Edward Grey and Imperial Germany in 1914', *Journal of*

Contemporary History, 6/3 (1971), pp. 121 – 31.

158. Bernhard von Bülow, 1909년 3월 29일 제국의회 연설, in Bernhard Rosenberger, *Zeitungen als Kriegstreiber? Die Rolle der Presse im Vorfeld des Ersten Weltkrieges* (Cologne, 1998), p. 33에서 인용.

159. 이런 전개와 독일 정치에 끼친 그 영향은 Joachim Radkau, *Das Zeitalter der Nervosität. Deutschland zwischen Bismarck und Hitler* (Munich, 1998); Mommsen, *Bürgerstolz und Weltmachtstreben*, p. 187; Hans-Ülrich Wehler, *Deutsche Gesellschaftsgeschichte* (5 vols., Munich, 1987 – 2008), vol. 3, p. 905; J. Sperber, *The Kaiser's Voters. Electors and Elections in Imperial Germany* (Cambridge, 1997); J. N. Retallack, *Notables of the Right. The Conservative Party and Political Mobilization in Germany* (Winchester, 1988); G. Eley, *The Reshaping of the German Right. Radical Nationalism and Political Change after Bismarck* (New Haven, 1980); T. Nipperdey, *Die Organisation der deutschen Parteien vor 1918* (Düsseldorf, 1961); D. Blackbourn, 'The Politics of Demagogy in Imperial Germany', in id., *Populists and Patricians. Essays in Modern German History* (London, 1987), pp. 217 – 45, 그중 pp. 222ff 참조.

160. Bosworth, *Italy*, p. 44.

161. 범유럽 맥락에서 코라디니와 그의 영향은 Monique de Taeye-Henen, *Le Nationalisme d'Enrico Corradiniet les origines du fascisme dans la revue florentine Il Regno, 1903 – 1906* (Paris, 1973) 참조; 코라디니에 대한 유익한 소개는 *Scritti e discorsi*, ed. Lucia Strappini (Turin, 1980), pp. vii – lix 참조.

162. William Mulligan, *The Origins of the First World War* (Cambridge, 2010), p. 139.

163. McDonald, *United Government*, p. 182; Louise McReynolds, *The News Under Russia's Old Regime. The Development of a Mass-Circulation Press* (Princeton, 1991), pp. 223 – 52.

164. Bosworth, *Italy*, p. 17; Clark, *Kaiser Wilhelm II*, pp. 218 – 55; Geppert, *Pressekriege*, 여러 군데 참조.

165. Lieven, *Nicholas II*, p. 96.

166. Buisseret(상트페테르부르크 주재 벨기에 공사) to Davignon(벨기에 외무장관), 17 January 1914, MAEB AD, Empire Russe 34, 1914.

167. Hardinge to Nicolson, 28 October 1908, Keith Neilson, '"My Beloved Russians": Sir Arthur Nicolson and Russia, 1906-1916', *International History Review*, 9/4 (1987), pp. 538-9에서 인용.

168. Judith A. Head, 'Public Opinions and Middle-Eastern Railways. The Russo German Railway Negotations of 1910-11', *International History Review*, 6/1 (1984), pp. 28-47, 그중 pp. 46-7.

169. Theodore Roosevelt, *America and the World War* (London, 1915), p. 36.

170. Hibbert, *Edward VII*, pp. 256-7; Tombs and Tombs, *That Sweet Enemy*, pp. 438-40.

171. Kosztowits to Tets van Goudriaan, 7 March 1906, NA, 2.05.36, doc. 10, Rapporten aan en briefwisseling met het Ministerie van Buitenlandse Zaken.

172. Stevenson, *Armaments*, p. 193; Allain, *Agadir*, pp. 379-82.

173. Descos(베오그라드 주재 프랑스 공사) to Doumergue(프랑스 외무장관), 23 March 1914, 22 April 1914, 9 June 1914 in *DDF*, 3rd series (1911-14), vol. 10, docs. 17, 145, 347, pp. 26-7, 252-5, 513-15.

174. Fuller, *Civil-Military Conflict*, p. 210.

175. Kohlhaas 의견서 to Pourtalès, Moscow, 3 December 1912, PA-AA, R 10895.

176. Guillaume to Davignon, Paris, 5 May 1913, MAEB AD, France 11, 1914.

177. Keith Robbins, 'Public Opinion, the Press and Pressure Groups', in F. H. Hinsley (ed.), *British Foreign Policy under Sir Edward Grey* (Cambridge, 1977), pp. 70-88, 그중 p. 72; Geppert, *Pressekriege*, pp. 59-69.

178. Denis Mack Smith, *Italy and Its Monarchy* (New Haven, 1989), p. 191.

179. D. W. Spring, 'Russia and the Coming of War', in R. J. W. Evans and H. Pogge von Strandmann (eds.), *The Coming of the First World War* (Oxford, 1988), pp. 57-86, 그중 pp. 59-60.

180. 이름을 밝히지 않은 독일 기자가 상트페테르부르크 *Lokal-Anzeiger*에 보도, in Pourtalès to Bethmann, St Petersburg, 17 March 1911, PA-AA, R 10544에 수록.

181. Hayne, *French Foreign Office*, pp. 43-4.

182. McDonald, *United Government*, pp. 133, 134, 191.

183. Hayne, *French Foreign Office*, p. 47.

184. Krumeich, *Armaments and Politics*, pp. 46-7.

185. Fuller, *Strategy and Power in Russia*, pp. 419–20.

186. Buisseret to Davignon, St Petersburg, 17 January 1914, 27 March 1914, 9 June 1914, MAEB AD, Empire Russe 34, 1914.

187. Leopold Kammerhofer, *Diplomatie und Pressepolitik 1848–1918*, in Adam Wandruszka and Peter Urbanitsch (eds.), *Die Habsburgermonarchie 1848–1918* (10 vols., Vienna, 1973–2006), vol. 6/1, *Die Habsburger Monarchie im System der internationalen Beziehungen*, pp. 459–95, 그중 pp. 489–90; Joseph Goricar and Lyman Beecher Stowe, *The Inside Story of AustroGerman Intrigue or How the World War Was Brought About* (New York, 1920).

188. Hayne, *French Foreign Office*, p. 45.

189. 상트페테르부르크 기자들에게 준 보조금은 Pourtalès to Bethmann Hollweg, St Petersburg, 2 December 1911, PA-AA, R 10544 참조; 영국 신문들에 준 보조금은 Mulligan, *Origins of the First World War*, p. 169 참조.

190. Georges Louis to Political and Commercial Department, MFA, St Petersburg, 24 February 1912, AMAE NS Russie 41.

191. Genther Kronenbitter, *'Krieg im Frieden'. Die Führung der k.u.k. Armee und die Grossmachtpolitik Österreich-Ungarns 1906–1914* (Munich, 2003), p. 450.

192. 'English money': Count Mirbach-Sorquitten to Bethmann Hollweg, 3 July 1914, PA-AA, R 10544; Constantinople: Sean McMeekin, *The Berlin–Baghdad Express. The Ottoman Empire and Germany's Bid for World Power 1898–1918* (London, 2010), p. 69.

193. Jules Cambon to Maurice Paléologue, Berlin, 10 May 1912, AMAE PA-AP, 43 Cambon Jules, 56, fo. 204.

194. Jules Cambon to Raymond Poincaré, Berlin, 26 October 1912, AMAE PA-AP, 43 Cambon Jules 56, fos. 51–2.

195. Moltke to Bethmann, 2 December 1912 PA-AA Berlin, R 789.

196. Krumeich, *Armaments and Politics*, p. 48; Schmidt, *Frañkreichs Aussenpolitik*, pp. 216–18, 227.

197. H. Temperley and L. Penson, *Foundations of British Foreign Policy from Pitt to Salisbury* (Cambridge, 1938), pp. 519–20에서 인용.

198. Justin de Selves to Georges Louis, 21 August 1911, *DDF*, 2nd series, vol. 14,

doc. 200, pp. 255–6; Louis to de Selves, 1 September 1911, ibid., doc. 234, pp. 305–7.

199. Tschirschky to Bethmann Hollweg, Jovanović와의 대화 보고, 18 November 1912; Pourtalès to Bethmann Hollweg, Sazonov와의 대화 보고, St Petersburg, 10 December 1912, PA-AA, R 10895.

200. Pourtalès to Bethmann Hollweg, St Petersburg, 17 November 1912, ibid.; 러시아 외교의 이 관행은 Geyer, *Russian Imperialism*, p. 315도 참조.

201. Ronald Bobroff, 'Behind the Balkan Wars. Russian Policy towards Bulgaria and the Turkish Straits, 1912–13', *Russian Review*, 59/1 (2000), pp. 76–95, 그중 p. 79.

202. Pourtalès to Bülow, St Petersburg, 11 December 1908, *GP*, vol. 26/1, doc. 9187, pp. 387–8; Wilhelm II to Franz Joseph, Berlin, 26 January 1909, *GP*, vol. 26/2, doc. 9193, pp. 401–2; Nicholas II to Wilhelm II, St Petersburg, 25 January 1909, *GP*, vol. 26/2, doc. 9194, pp. 402–4.

203. Grey to Asquith, 13 September 1911, in Kiessling, *Gegen den grossen Krieg?*, p. 40에서 인용; Pourtales to Bethmann Hollweg, St Petersburg, 12 February 1910, PA-AA, R 10894.

204. Stevenson, *Armaments*, p. 160.

205. Radolin to Bethmann Hollweg, Paris, 10 February 1910, PA–AA, R 10894.

206. Guillaume to Davignon, 5 January 1914, MAEB AD, France 12, 1914.

207. Geppert, *Pressekriege*, pp. 123, 230.

208. Lieven, *Nicholas II*, p. 192.

209. Geppert, *Pressekriege*, p. 358.

210. Tatishchev to Nicholas II, 27 February 1913, GARF, Fond 601, op. 1, del 746 (2).

211. Rosenberger, *Zeitungen*, passim; Geppert, *Pressekriege*, p. 27.

212. Friedrich von Bernhardi, *Germany and the Next War*, trans. Allen H. Powles (London, 1912), 특히 제1장.

213. Kiessling, *Gegen den grossen Krieg?*, pp. 70, 99.

214. James Joll, *1914: The Unspoken Assumptions. An Inaugural Lecture Delivered 25 April 1968* (London, 1968).

215. 모든 유럽 공론장의 기본 입장으로서의 '방어적 애국심'은 Mulligan, *Origins*, p. 159

참조.

216. R. B. Brett, 3rd Viscount Esher, 'To-day and to-morrow', in id., *To-day and To-morrow and Other Essays* (London, 1910), p. 13; id., *Modern War and Peace* (Cambridge, 1912), p. 19.

217. John Gooch, 'Attitudes to War in Late Victorian and Edwardian England' in id., *The Prospect of War: Studies in British Defence Policy, 1847–1942* (London, 1981), pp. 35–51에서 인용.

218. '희생 이데올로기'는 Alexander Watson and Patrick Porter, 'Bereaved and Aggrieved: Combat Motivation and the Ideology of Sacrifice in the First World War', *Historical Research*, 83 (2010), pp. 146–64 참조; 분쟁에 대한 긍정적 묘사는 Glenn R. Wilkinson, '"The Blessings of War": The Depiction of Military Force in Edwardian Newspapers', *Journal of Contemporary History*, 33 (1998), pp. 97–115 참조.

219. C. E. Playne, *The Pre-War Mind in Britain: A Historical Review* (London, 1928), p. 148에서 인용.

220. 이 쟁점들에 관한 탁월한 서술은 Zara Steiner, 'Views of War: Britain Before the Great War – and After', *International Relations*, 17 (2003), pp. 7–33 참조.

221. Fuller, *Civil-Military Conflict*, p. 197, id., *Strategy and Power*, p. 395.

222. Krümeich, *Armaments and Politics*, pp. 101–2; Herrmann, *The Arming of Europe*, p. 194.

223. Stevenson, *Armaments*, p. 150; Herrmann, *The Arming of Europe*, pp. 113–14.

224. Playne, *The Pre-War Mind*, pp. 147–8.

225. Brendan Simms, *The Impact of Napoleon. Prussian High Politics, Foreign Policy and the Crisis of the Executive, 1797–1806* (Cambridge, 1997).

226. Andrew Preston, *The War Council: McGeorge Bundy, the NSC, and Vietnam* (Cambridge, MA, 2006).

227. Philip E. Mosely, 'Russian Policy in 1911–12', *Journal of Modern History*, 12 (1940), pp. 69–86, 그중 p. 86.

5장 얽히고설킨 발칸

1. G. F. Abbott, *The Holy War in Tripoli* (London, 1912), pp. 192–5.

2. Lt-Col Gustavo Ramaciotti, *Tripoli. A Narrative of the Principal Engagements of the Italian-Turkish War* (London, 1912), p. 117.
3. Ernest N. Bennett, *With the Turks in Tripoli. Being Some Experiences of the Turco-Italian War of 1911* (London, 1912), pp. 24–5.
4. Ibid., p. 77.
5. George Young, *Nationalism and War in the Near East* (Oxford, 191).
6. 'M. Miroslaw Spalaïkovitch', 스팔라이코비치와의 인터뷰, *La Revue Diplomatique*, 31 July 1924, in AS, Personal fonds Miroslav Spalajković, Fiche 101, fo. 95에 스크랩.
7. William C. Askew, *Europe and Italy's Acquisition of Libya 1911–1912* (Durham NC, 1942), p. 19; 1887년 갱신된 삼국동맹에 포함된 리비아 보장에 관해서는 Holger Afflerbach, *Der Dreibund. Europäische Grossmacht-und Allianzpolitik vor dem Ersten Weltkrieg* (Vienna, 2002), p. 691.
8. R. J. B. Bosworth, *Italy, the Least of the Great Powers. Italian Foreign Policy before the First World War* (Cambridge, 1979), pp. 137–8.
9. Enrico Serra, 'La burocrazia della politica estera italiana', in R. J. B. Bosworth and Sergio Romano (eds.), *La Politica estera italiana (1860–1985)*, (Bologna, 1991), pp. 69–90, 그중 p. 80.
10. Miles Ignotus, 'Italian Nationalism and the War with Turkey', *Fortnightly Review*, 90 (December, 1911), pp. 1084–96, 그중 pp. 1088–91; Askew, *Europe and Italy's Acquisition of Libya*, pp. 25, 27; Francesco Malgeri, *Guerra Libica (1911–1912)* (Rome, 1970), pp. 37–96.
11. 리비아 침공 시기 사회주의자들의 징고이즘은 Bennett, *With the Turks*, p. 7 참조.
12. Bosworth, *Italy*, p. 151.
13. Pietro di Scalea to San Giuliano, 13 August 1911, in ibid., p. 158에서 인용.
14. 그레이는 대사와 나눈 대화를 이후 Rendell Rodd 경에게 보낸 서신에서 요약했다. Grey to Rodd, 28 July 1911, TNA FO 371/1250, fo. 311 참조.
15. Bosworth, *Italy*, pp. 152–3.
16. Grey to Nicolson, London, 19 September 1911, *BD*, vol. 9/1, doc. 231, p. 274.
17. Bosworth, *Italy*, p. 159; Afflerbach, *Dreibund*, p. 693.
18. Bosworth, *Italy*, p. 160에서 인용.

19. 독일 대사는 전직 외무대신 Marschall von Bieberstein으로, 이탈리아의 원정에 강하게 반대했다. 독일 정책 내부의 갈등에 관해서는 W. David Wrigley, 'Germany and the Turco-Italian War, 1911 – 1912', *International Journal of Middle Eastern Studies*, 11/3 (1980), pp. 313 – 38, 특히 pp. 315, 319 – 20; 또한 Malgeri, *Guerra Libica*, p. 138; Afflerbach, *Dreibund*, pp. 693 – 4 참조.
20. Malgeri, *Guerra Libica*, p. 119.
21. Memorandum San Giuliano to Giolitti, Fiuggi, 28July 1911, in Claudio Pavone, *Dalle carte di Giovanni Giolitti: quarant'anni di politica italiana* (3 vols., Milan, 1962), vol. 3, *Dai prodromi della grande guerra al fascismo*, 1910 – 1928, doc. 49, pp. 52 – 6.
22. Timothy W. Childs, *Italo – Turkish Diplomacy and the War Over Libya* (Leiden, 1990), pp. 44 – 5.
23. Report San Giuliano to Giolitti, 28 July 1911, in Pavone, *Dalle carte*, pp. 52 – 6.
24. Childs, *Italo – Turkish Diplomacy*, pp. 46 – 7.
25. Chevalier Tullio Irace, *With the Italians in Tripoli. The Authentic History of the Turco – Italian War* (London, 1912), pp. 11 – 2.
26. 친이탈리아 편견이 강하긴 하지만 1911년 10월과 11월 트리폴리 주변 전투에 대한 훌륭한 서술은 W. K. McLure, *Italy in North Africa. An Account of the Tripoli Enterprise* (London, 1913), pp. 60 – 109 참조; 이탈리아의 잔혹행위와 아랍의 저항에 관한 더 전반적인 국제적 보도는 Malgeri, *Guerra Libica*, pp. 165 – 94, 195 참조.
27. 조약문과 자치권을 양보한 칙명은 Childs, *Italo-Turkish Diplomacy*, pp. 243 – 53 참조.
28. Sergio Romano, *La Quarta Sponda: La Guerra di Libia, 1911 – 1912* (Milan, 1977), p. 14.
29. Malgeri, *Guerra Libica*, pp. 303, 306 – 8, 309.
30. Ibid., pp. 327 – 9.
31. Paul Cambon to Poincaré, 25 January 1912, *DDF*, 3rd series, vol. 1, doc. 516, pp. 535 – 8, 그중 p. 536.
32. 전전 마지막 몇 년간 기능하지 않은 '협조체제'는 Richard Langhorne, *The Collapse of the Concert of Europe. International Politics, 1890 – 1914* (New York, 1981), 특히 pp. 97 – 107; Günther Kronenbitter, 'Diplomatisches Scheitern: Die Julikrise

1914 und die Konzertdiplomatie der europäischen Grossmächte', in Bernhard Chiari and Gerhard P. Gross (eds.), *Am Rande Europas? Balkan-Raum und Bevölkerung als Wirkungsfelder militärischer Gewalt* (Munich, 2009), pp. 55-66. F. R. Bridge, 'Österreich(-Urgarn) unter der Grossmächten', in Wandruszka and Urbanitsch (eds.), *Die Habsburgermonarchie*, vol. 6/1, pp. 196-373, 그중 pp. 329-32 참조.

33. Rainer Lahme, *Deutsche Aussenpolitik 1890-1894. Von der Gleichgewicht-spolitik Bismarcks zur Allianzstrategie Caprivis* (Göttingen, 1990), pp. 316-337, 494.
34. William L. Langer, *The Franco-Russian Alliance, 1890-1894* (Cambridge, 1929), p. 83에서 인용.
35. Treadway, *Falcon and Eagle*, pp. 88-9.
36. Andrew Rossos, *Russia and the Balkans. Inter-Balkan Rivalries and Russian Foreign Policy, 1908-1914* (Toronto, 1981), p. 36.
37. Richard C. Hall, *The Balkan Wars, 1912-1913. Prelude to the First World War* (London, 2000), p. 11.
38. Robert Elsie (ed.), *Kosovo. In the Heart of the Balkan Powder Keg.* (Boulder, 1997), p. 333에서 인용.
39. 수치 출처는 Hall, *Balkan Wars*, p. 24.
40. Richard C. Hall, *Bulgaria's Road to the First World War* (Boulder, 1997), pp. 78-9.
41. Alex N. Dragnich, *Serbia, Nikola Pašić and Yugoslavia* (New Brunswick, 1974), p. 101.
42. Rapaport(네덜란드 총영사) to Vredenburch(세르비아를 공식 책임지는 부쿠레슈티 주재 네덜란드 공사), Belgrade, 23 March 1913, NA, 2.05.36, doc 9, Consulaat-Generaal Belgrado en Gezantschap Zuid-Slavië.
43. Rossos, *Russia and the Balkans*, p. 161; Ivan T. Teodorov, *Balkanskite voini (1912-1913). Istorischeski, diplomaticheski i strategicheski ocherk* (Sofia, 2007), p. 182.
44. Teodorov, *Balkanskite voini*, pp. 259, 261.
45. Kiril Valtchev Merjansky, 'The Secret Serbian-Bulgarian Treaty of Alliance of

1904 and the Russian Policy in the Balkans before the Bosnian, Crisis', MA thesis, Wright State University, 2007, pp. 19, 27, 52, 79.

46. Rossos, *Russia and the Balkans*, p. 175.

47. Rapaport to Vredenburch, Belgrade, 27 May 1913, NA, 2.05.36, doc. 9, Consulaat-Generaal Belgrado en Gezantschap Zuid-Slavië, 1891–1940.

48. Philip E. Mosely, 'Russian Policy in 1911–12', *Journal of Modern History*, 12 (1940), pp. 73–4; Rossos, *Russia and the Balkans*, pp. 12, 15.

49. Ronald Bobroff, *Roads to Glory. Late Imperial Russia and the Turkish Straits* (London, 2006), pp. 23–4.

50. David Schimmelpenninck van der Oye, 'Russian Foreign Policy: 1815–1917', in D. C. B. Lieven (ed.), *Cambridge History of Russia* (3 vols., Cambridge, 2006), vol. 2, *Imperial Russia*, 1689–1917, pp. 554–74, 그중 p. 573 참조.

51. Rossos, *Russia and the Balkans*, p. 27에서 인용.

52. V. N. Strandmann, *Balkanske Uspomene*, trans. from the Russian into Serbian by Jovan Kachaki (Belgrade, 2009) pp. 238–9.

53. Hartwig to Neratov, Belgrade, 6 October 1911 in *IBZI*, series 3, vol. 1, part 2, doc. 545.

54. Mosely, 'Russian Policy', p. 74; 이 전개에 관한 서술은 Edward C. Thaden, 'Charykov and Russian Foreign Policy at Constantinople in 1911', *Journal of Central European Affairs*, 16 (1956–7), pp. 25–43 참조; 또한 Alan Bodger, 'Russia and the End of the Ottoman Empire', in Marian Kent (ed.), *The Great Powers and the End of the Ottoman Empire* (London, 1984), pp. 76–110; Bobroff, *Roads to Glory*, pp. 24–5 참조.

55. Buchanan to Nicolson, St Petersburg, 21 March 1912, *BD*, vol. 9/1, doc. 563, pp. 561–2; Edward C. Thaden, *Russia and the Balkan Alliance of 1912* (University Park, TX, 1965), pp. 56–7 and 'Charykov and Russian Foreign Policy at Constantinople', in id. and Marianna Forster Thaden, *Interpreting History. Collective Essays on Russia's Relations with Europe* (Boulder, 1990), pp. 99–119.

56. Bobroff, *Roads to Glory*, pp. 26–7.

57. Ibid., pp. 30–31.

58. Sazonov to Izvolsky, St Petersburg, 2 October 1912, AVPRI, Fond 151 (PA), op. 482, d. 130, l. 5.
59. Sazonov, conversation with Nekliudov, Davos, October 1911, in Thaden, *Russia*, p. 78에서 인용.
60. 러시아가 현상 유지 협정으로 빈을 '속박'하지 않았다면 오스트리아가 노비파자르주를 차지했을 거라는 사조노프의 믿음은 1912년 10월 18일 사조노프가 파리, 런던, 베를린, 빈, 로마, 콘스탄티노플, 소피아, 베오그라드, 체티네, 아테네, 부쿠레슈티, 상트페테르부르크 주재 러시아 대사들에게 보낸 기밀서신, AVPRI, Fond 151 (PA), op. 482, d. 130, ll. 79-81 참조.
61. Katrin Boeckh, *Von den Balkankriegen zum Ersten Weltkrieg. Kleinstaatenpolitik und ethnische Selbstbestimmung aufden Balkan* (Munich, 1996), pp. 26-7; David Stevenson, *Armaments and the Coming of War. Europe 1904-1915* (Oxford, 1996), pp. 232-3.
62. Rossos, *Russia and the Balkans*, p. 45.
63. 비밀 조항들과 1912년 5월 12일의 부속 군사협정은 Boeckh, *Von den Balkankriegen*, pp. 25-7; Thaden, *Russia*, pp. 56, 101, 103; Bobroff, *Roads of Glory*, pp. 43-4 참조.
64. Sazanov to Benckendorff 24 October 1912, in 'Pervaya Balkanskaya voina (okonchanie)', *KA*, 16 (1926), pp. 3-24, doc. 36, p. 9에 기록됨; 또한 Benno Siebert (ed.), *Benckendorffs diplomatischer Schriftwechsel* (3 vols., Berlin, 1928), vol. 2, doc. 698, pp. 462-3; David M. McDonald, *United Government* (Belgrade, 2008), p. 180 참조.
65. McDonald, *United Government*, p. 181.
66. Radoslav Vesnić, *Dr Milenko Vesnić, Gransenjer Srbske Diplomatije and Foreign Policy in Russia 1900-1914*, (Cambridge, MA, 1992) p. 296.
67. Stevenson, *Armaments*, p. 234; Ernst Christian Helmreich, *The Diplomacy of the Balkan Wars, 1912-1913* (Cambridge, MA, 1938), p. 153; Thaden, *Russia*, p. 113.
68. Helmreich, *Balkan Wars*, pp. 156-7.
69. 사조노프와의 대화 보고 in Buchanan to Grey, 18 September 1912, *BD*, vol. 9/1, doc. 722, pp. 693-5, 그중 p. 694.

70. Sazonov to Nekliudov, St Petersburg, 18 October 1912, AVPRI Fond 151 (PA), op. 482, d. 130, ll. 69–70.

71. Rossos, *Russia and the Balkans*, pp. 87–8.

72. *Novoye Vremya*, in Buchanan to Grey, 30 October 1912, *BD*, 9/2, doc. 78, pp. 63–6에서 인용.

73. Sazonov to Izvolsky, Benckendorff, Sverbeev etc., 31 October 1912, *KA*, vol. 16, doc. 45, in Bobroff, *Roads to Glory*, p. 48에서 인용.

74. Buchanan to Grey, 30 October 1912, *BD*, vol. 9/2, doc. 78, pp. 63–6; Sazonov to Krupensky(로마 주재 러시아 대사), St Petersburg, 8 November 1912; Sazonov to Hartwig, St Petersburg, 11 November 1912, both in AVPRI, Fond 151 (PA), op. 482, d. 130, ll. 110, ll. 121–121 뒷면.

75. Sazonov to Hartwig, '비밀 전보', St Petersburg, 11 November 1912, AVPRI, Fond 151 (PA), op. 482, d. 130, ll. 121–2; 'Note de l'ambassade de Russie', 12 November 1912, *DDF*, 3rd series, vol. 4, doc. 431, pp. 443–4; Rossos, *Russia and the Balkans*, p. 97.

76. Pourtalès to Bethmann Hollweg, St Petersburg, 17 November 1912, PA-AA, R 10895.

77. Sazonov to Izvolsky, St Petersburg, 14 November 1912, in Friedrich Stieve (ed.), *Der diplomatische Schriftwechsel Iswolskis, 1911–1914* (Berlin, 4 vols., 1925), vol. 2, *Der Tripoliskrieg und der Erste Balkankrieg*, doc. 566, p. 345.

78. 1912년 11월 28일 Buchanan의 보고 in L. C. F. Turner, *Origins of the First World War* (London, 1973), p. 34에서 인용; 이를 뒷받침하는 Pourtalès in Pourtalès to Bethmann Hollweg, St Petersburg, 17 November 1912, PA-AA, R 10895의 발언도 참조.

79. Buchanan to Nicolson, St Petersburg, 9 January 1913, *BD*, vol. 9, doc. 481, p. 383.

80. Rossos, *Russia and the Balkans*, p. 109에서 인용; "자국의 의제를 설정하고 추구"하지 못한 러시아의 더 전반적인 추세는 Hew Strachan, *The First World War* (Oxford, 2001), p. 20 참조.

81. Stevenson, *Armaments*, p. 234; Helmreich, *Russia and the Balkans*, pp. 157–62.

82. Sazonov to Kokovtsov, '극비', St Petersburg, 23 October 1912 AVPRI, Fond 151 (PA), op. 482, d. 130, ll. 46–46 뒷면.

83. Ibid., ll. 47–47 뒷면.

84. V. I. Bovykin, *Iz istorii vozniknoveniya pervoi mirovoi voiny: Otnosheniya Rossii i Frantsii v 1912–1914 gg* (Moscow, 1961), pp. 136–7.

85. Bruce W. Menning, 'Russian Military Intelligence, July 1914. What St Petersburg Perceived and Why It Mattered', 미발표 원고.

86. Laguiche to Ministry of War, St Petersburg, 16 December 1912, in Stevenson, *Armaments*, p. 237에서 인용.

87. McDonald, *United Government*, p. 185.

88. Stevenson, *Armaments*, p. 260.

89. Bovykin, *Iz istorii vozniknoveniya*, pp. 152–3.

90. 이 제안에 대한 빈의 대응은 Tschirschky to MFA Vienna, 28 December 1912; Zimmermann to Tschirschky, Berlin, 3 January 1913, Tschirschky to Bethmann Hollweg, Vienna, 2 January 1913, *GP*, vol. 34/1, docs. 12580, 12605, 12607, pp. 91, 117–9, 120–21 참조.

91. 러시아의 군사적 조치에 관해서는 Grey to Buchanan, 2 January 1913; Buchanan to Grey, 30 December 1912, *BD*, vol. 9/2, docs. 438, 419 참조; '동원'에 관해서는 Louis to Poincaré, 25 and 27 December 1912, *DDF*, 3rd series, vol. 5, docs. 122, 131, pp. 142–3, 153 참조.

92. 오스트리아의 상황은 Stevenson, *Armaments*, p. 262 참조; 러시아의 상황은 Pourtalès to Bethmann Hollweg, St Petersburg, 20 February 1913, PA-AA, R 10896 참조.

93. 이 위기와 뒤이은 양보는 Lucius to Foreign Ministry, 23 December 1912, *GP*, 43/1, doc. 12570; Buchanan to Grey, 30 December 1912, Grey to Buchanan, 2 January 1913, *BD*, 9 (2), docs. 419, 438; Louis to Poincaré, 25 and 27 December 1912, *DDF*, 3rd series, vol. 5, docs. 122, 131 참조.

94. 겨울 위기가 오스트리아와 러시아의 발칸 관계에 끼친 영향은 Samuel R. Williamson, 'Military Dimensions of Habsburg-Romanov Relations During the Era of the Balkan Wars', in Béla K. Király and Dimitrije Djordjević (eds.), *East Central European Society and the Balkan Wars* (Boulder, 1987), pp. 317–37 참조.

95. Buisseret to Davignon, St Petersburg, 7 January 1913, MAEB AD, Russie 3, 1906–1913.
96. V. I. Gurko, *Cherty i Siluety Proshlogo. Pravitel'stvo i Obshchestvennost' v Tsarstvovanie Nikolaya II v Izobrazhenii Sovremennika* (Moscow, 2000), p. 241.
97. A. Yu Ariev (ed.), *Sud'ba Veka, Krivosheiny* (St Petersburg, 2002), p. 91.
98. S. E. Kryzhanovskii, *Vospominaniia* (Berlin, 1938), p. 20.
99. 1910년 크리보셰인은 러시아 정착지의 동쪽 경계인 아무르강 계곡의 병력을 늘려 달라고 요청하는 서신을 스톨리핀에게 보내기도 했다. Krivoshein to Stolypin, St Petersburg, 30 April 1910, RGIA, F. 1276, op. 6, d. 690, L 129–130ob.
100. Ariev (ed.), *Sud'ba Veka*, p. 189.
101. H. H. Fisher (ed.), *Out of My Past. The Memoirs of Count Kokovtsov Russian Minister of Finance, 1904–1914, Chainman of the Council of Ministers, 1911–1914*, trans. Laura Matveev (Stanford, 1935), p. 349.
102. I. V. Bestuzhev, *Bor'ba v Rossii po Voprosam Vneshnei Politiki Nakanune Pervoi Mirovoi Voiny* (Moscow, 1965), pp. 74, 162; 크리보셰인은 농민을 위해 보조금을 지급하는 신용 대출을 두고도 코콥초프와 충돌했는데, 코콥초프는 재정이 어렵다는 이유로 이 조치에 반대했다; 러시아와 독일의 무역 관계 때문에 양국에서 모두 발생한 정치적 갈등은 Horst Linke, *Das Zarische Russland und der Erste Weltkrieg. Diplomatie und Kriegsziele 1914–1917* (Munich, 1982), pp. 23–4 참조.
103. Ariev (ed.), *Sud'ba Veka*, p. 189.
104. McDonald, *United Government*, p. 185.
105. Paul Miliukov, *Political Memoirs 1905–1917*, trans. Carl Goldberg (Ann Arbor, 1967), p. 177.
106. Sir George Buchanan, *My Mission to Russia and Other Diplomatic Memories* (2 vols., London, 1923), vol. 1, p. 71.
107. Rossos, *Russia and the Balkans*, p. 19.
108. Ibid., p. 28에서 인용.
109. Ibid., p. 29.
110. 소피아 정부에 대한 사조노프의 권고는 Sazonov to Nekliudov, St Petersburg, 31

October 1912 참조; 프랑스에 대한 의심은 Sazonov to Izvolsky, St Petersburg, 8 November 1912 참조. 둘 다 Bovykin, *Iz istorii vozniknoveniya*, pp. 138, 142에서 인용.

111. 차르의 견해에 대한 사조노프의 서술, Teodorov, *Balkanskite voini*, p. 192에서 인용.
112. Sazonov to Bobchev, 12 June 1913, in ibid., p. 233에서 인용.
113. Rossos, *Russia and the Balkans*, p. 192; Teodorov, *Balkanskite voini*, pp. 42, 212.
114. Carnegie Endowment for International Peace (ed.), *Report of the International Commission to Enquire into the Causes and Conduct of the Balkan Wars* (Washington, 1914), p. 264.
115. Hall, *Balkan Wars*, p. 135.
116. Wolfgang-Uwe Friedrich, *Bulgarien und die Mächte 1913-1915* (Stuttgart, 1985), pp. 21-26.
117. Panafieu to Pichon, Sofia, 20 January 1914, *DDF*, 3rd series, vol. 9, doc. 118, pp. 139-41.
118. Savinsky to Sazonov, Sofia, 1 February 1914, *IBZI*, 3rd series, vol. 1, 157, pp. 144-8, 특히 p. 147.
119. Friedrich, *Bulgarien und die Mächte*, p. 27.
120. 외무부 메모, 불가리아 차관의 조건, Paris, 16 February 1914, *DDF*, 3rd series, vol. 9, doc. 306, pp. 389-90.
121. Malenic to Pašić, Berlin, 30 June 1914, AS, MID-PO, 415, fos. 613-20.
122. Alexander Savinsky, *Reflections from a Russian Diplomat* (London, 1927), pp. 215-23; Dard(소피아 주재 프랑스 공사) to Doumergue(프랑스 외무장관), Sofia, 18 May 1914, *DDF*, 3rd series, vol. 10, doc. 246, pp. 379-82.
123. Friedrich, *Bulgarien und die Mächte*, pp. 33-5; Doumergue to Izvolsky, Paris, 30 May 1914, *DDF*, 3rd series, vol. 10, doc. 305, p. 455.
124. Matthew A. Yokell, 'Sold to the Highest Bidder. An Investigation of Diplomacy Regarding Bulgaria's Entry into World War I, (MA thesis, University of Richmond, 2010), pp. 33-5, 온라인 출처 https://dspace.lasrworks.org/bitstream/handle/10349/911/10HIS-YokellMatthew.pdf?sequence=1; Dard to

Doumergue, Sofia, 29 May 1914, *DDF*, 3rd series, vol. 10, doc. 302, p. 452.

125. Savinsky, *Reflections*, pp. 223–4.

126. Samuel R. William, 'Vienna and July 1914 : The Origins of the Great War Once More', in id. and Peter Pastor (eds.), *Essays on World War I: Origins and Prisoners of War* (New York, 1983), pp. 9–36, 특히 p. 19.

127. Czernin to Berchtold, Bucharest-Sinaia, 22 June 1914, *ÖUAP*, vol. 8, doc. 9902, pp. 173–6, 그중 p. 174.

128. 사조노프와 브러티나우의 대화 기록 in Sazonov, 'Audience text for Nicholas II', 18 June 1914, in *IBZI*, series 1, vol. 3, doc. 339, p. 296; French Foreign Ministry, Department of Political and Commercial Affairs (Europe), 'Note pour le Président du Conseil' Paris, 11 July 1914, AMAE NS, Russie 46 (Politique étrangère. Autriche-Hongrie-Russie), fos. 312–4, 그중 fo. 314.

129. Buisseret to Davignon, St Petersburg, 25 November 1913, MAEB AD, Russie 3 1906–1914.

130. Hartwig to Sazonov, Belgrade, 24 February 1914, *IBZI*, series 3, vol. 1, 314, pp. 311–13

131. Spalajković to Pašić, St Petersburg, 8–21 January 1914, AS, MID–PO), 416, fos. 420–21.

132. Spalajković to Pašić, St Petersburg, 14–27 March 1914, ibid., fo. 451.

133. Spalajković to Pašić, St Petersburg, 24 April–7 May 1914, ibid., fo. 475.

134. Descos(베오그라드 주재 프랑스 공사) to Doumergue(프랑스 외무장관) Belgrade, 6 April 1914, *DDF*, 3rd series (1911–1914), vol. 10, doc. 80, pp. 124–6.

135. Milos Bogičević, *Die auswärtige Politik Serbiens 1903–1914* (3 vols. Berlin, 1931), vol. 1, p. 280; Friedrich Würthle, *Die Spurführt nach Belgrad* (Vienna, 1975), p. 28.

136. Hartwig to Sazonov, Belgrade, 14 January 1914, *IBZI*, series 3, vol. 1, doc. 7, pp. 5–6.

137. 'Austrian Sympathies', *The Times*, 18 October 1912, p. 5col. B.

138. Boeckh, *Balkankriegen*, pp. 26–7

139. F. R. Bridge, *From Sadowa to Sarajevo. The Foreign Policy of AustriaHungarg, 1866–1914* (London, 1972), p. 346; 또한 'Servia and the Sea', *The Times*, 9

November 1912, p. 7, col. A 참조.

140. [Wickham Steed], 'The Problem of Albania', *The Times*, 18 November 1912, p. 5col. A. 러시아의 범슬라브 · 민족주의 언론도 비슷한 노선을 취했다.

141. Samuel R. Williamson, *Austria-Hungary and the Origins of the First World War* (Houndmills, 1991), p. 127–8; Bridge, *From Sadowa to Sarajevo*, p. 347; 프로차스카 사건에 관한 훌륭하고 상세한 연구는 Robert A. Kann, *Die Prochaska-Affäre vom Herbst 1912. Zwischen kaltem und heissem Krieg* (Vienna, 1977).

142. Treadway, *Falcon and Eagle*, p. 125에서 인용.

143. Friedrich Kiessling, *Gegen den grossen Krieg? Entspannung in den internationalen Beziehungen* (Mynich, 2002), p. 186.

144. Treadway, *Falcon and Eagle*, p. 137에서 인용.

145. Rapaport to Vredenburch, Belgrade, 23 April 1913, NA, 2.05.36, 9, Consulaat-Generaal Belgrado en Gezantschap Zuid-Slavië 1891–1940.

146. Giers(몬테네그로 주재 러시아 사절) to Nicholas II, Cetinje [beginning of January] 1913 and 21 January 1913, GARF, Fond 601, op. 1, del. 785.

147. Buisseret to Davignon, St Petersburg, 11 April 1913, MAEB AD, Russia 3.

148. Buchanan to Nicolson, 1 May 1913, in Treadway, *Falcon and Eagle*, p. 148에서 인용.

149. 이 결의안의 텍스트는 Robert Elsie, 'Texts and Documents of Albanian History' 참조, 온라인에서 확인 http://www.albanianhistory.net/texts20_1/AH1913_2.html.

150. 이 서술은 Samuel R. Williamson의 미발표 원고 중 'Serbia and Austria-Hungary: The Final Rehearsal, October 1913' 장에서 서술하는 사건 순서에 따른 것이다.

151. 빈 주재 세르비아 공사의 발언, Jovanović to *Neue Freie Presse*, in 'The Albanian Outbreak', *The Times*, 27 September, 1913, p. 5, col. A에 보도; 'Return of M. Pashitch to Belgrade'; *The Times*, 1 October, p. 6, col. E.

152. Williamson, 'Serbia and Austria-Hungary', pp. 14–5.

153. 'M. Pashitch in Vienna', *The Times*, 4 October 1913, p. 5, col. C; Williamson, 'Serbia and Austria-Hungary', p. 19.

154. Williamson, 'Serbia and Austria-Hungary', p. 21.

155. 'Servian Aggression in Albania', *The Times*, 16 October 1913, p. 7, col. C.

156. Williamson, *Austria-Hungary*, p. 153에서 인용.

157. 사조노프의 논평에 대한 보고 in O'Beirne(상트페테르부르크 주재 영국 대리대사) to Grey, St Petersburg, 28 October 1913, in *BD*, vol. 10(i), doc. 56, p. 49.

158. Paul Schroeder, 'Stealing Horses to Great Applause. Austria-Hungary's Decision in 1914 in Systemic Perspective', in Holger Afflerbach and David Stevenson (eds.), *An Improbable War*, pp. 17–42, 특히 pp. 38–40.

159. Major von Fabeck to General Staff, Berlin, 11 February 1913, 첨부: 서신 Moltke to Conrad, Berlin, 10 February 1913, PA-AA, R 10896의 초안.

160. Wilhelm II, 전보 여백에 쓴 논평, the Wolffsches Telegraphenbureau to Wilhelm II, Berlin, 4 November, 1912, in *GP*, vol. 33, pp. 276–7 (doc. 12321); Varnbüler to Weizsäcker, Berlin, 18 November 1812, HSA Stuttgart E50/03 206.

161. Wilhelm II, 여백에 쓴 논평, Kiderlen-Wächter to Wilhelm II, Berlin, 3 November 1912, in *GP*, vol. 33, pp. 274–6 (doc. 12320).

162. Wilhelm II to German Foreign office, Letzlingen, 9 November 1912, in ibid., vol. 33, p. 302 (doc. 12348).

163. E. C. Helmreich, 'An Unpublished Report on Austro-German Military Conversations of November 1912', *Journal of Modern History*, 5 (1933), pp. 197–207, 그중 p. 206. 프란츠 페르디난트 대공이 보고한 대화 내용; 오스트리아 대사 쇠제니는 카이저가 더 공격적인 자세로 삼국협상 세 국가 모두와 전쟁하는 위험을 감수하려는 의향을 표명했다고 보고했다.

164. Stevenson, *Armaments*, pp. 250, 259; Helmreich 'Unpublished Report', pp. 202–3.

165. Wilhelm II to Franz Ferdinand (초안), 24 February 1913, PA-AA, R 10896.

166. Szögyényi to MFA Vienna, Berlin, 28 October 1913, *ÖUAP*, vol. 7, doc. 8934, p. 512.

167. Velics to Berchtold, Munich, 16 December 1913, ibid., doc. 9096,p. 658.

168. Szapáry to Foreign Ministry, St Petersburg, 25 April 1914, ibid., doc. 9656, pp. 25–7.

169. Lawrence Sondhaus, *Architect of the Apocalypse* (Boston, 2000), p. 120.

170. Williamson, 'Serbia and Austria-Hungary', p. 23; Hugo Hantsch, *Leopold Graf Berchtold. Grandseigneur and Staatsmann* (2 vols. Graz, 1963), vol. 2, pp. 499–500.

171. Treadway, *Falcon and Eagle*, pp. 143 – 4, 145.

172. Ibid., pp. 150 – 56.

173. Stevenson, *Armaments*, p. 271; 또한 Williamson, *Austria-Hungary*, pp. 155 – 6 참조.

174. Williams, *Austria-Hungary*, pp. 157 – 8.

175. Norman Stone, 'Army and Society in the Habsburg Monarchy 1900 – 1914', *Past & Present*, 33 (April 1966), pp. 95 – 111; 보병의 수는 Holger Herwig, *The First World War. Germany and Austria-Hungary, 1914 – 1918* (London, 1997), p. 12 참조.

176. Kronenbitter, *Grossmachtpolitik Österreich-Ungarns*, pp. 146, 147, 149, 154.

177. George F. Kennan, *The Fateful Alliance. France, Russia and the Coming of the First World War* (Manchester, 1984), p. 271에 부록으로 실린 협정문 참조.

178. Ibid., pp. 250 – 52.

179. Hanotaux to Montebello(상트페테르부르크 주재 프랑스 대사), Paris, 10 April 1897, *DDF*, series 1, vol. 13, doc. 193, pp. 340 – 46.

180. Stevenson, *Armaments*, p. 125.

181. 이 문제에 대한 나의 서술은 Stefan Schmidt, *Frankreichs Aussenpolitik in der Julikrise 1914. Ein Beitrag zur Geschichte des Ausbruchs des Ersten Weltkrieges* (Munich, 2009), pp. 246 – 50에 상당히 빚지고 있다; 또한 Murielle Avice-Hanoun, 'L'Alliance franco-russe (1892 – 1914)', in Ilja Mieck and Pierre Guillen (eds.), *Deutschland-Frankreich-Russland. Begegnungen und Konfrontationen. La France et l'Allemagne face à la Russie* (Munich, 2000), pp. 109 – 24, 그중 pp. 113 – 14 참조.

182. Friedrich Stieve, *Iswolski und der Weltkrieg, auf Grand der neuen Dokumeaten-Veröffentlichurg des Deutschen Auswartigen Amtes* (Berlin, 1924), p. 45.

183. 이 문제에 관해서는 D. C. B. Lieven, *Russia and the Origins of the First World War* (London, 1983), p. 48; Luigi Albertini, *The Origins of the War of 1914*, trans. Isabella M. Massey (3 vols., Oxford, 1953), vol. 1, pp. 372 – 3; Thaden, *Russia*, pp. 115 – 18 참조; 이 대화에 어떠한 정치적 중요성도 없었다고 주장하는 푸앵카레의 변명조 설명은 id., *Au service de la France – neuf anneés de souvenirs* (10 vols. Paris, 1926 – 33), vol. 2, p. 202 참조.

184. Poincaré to Izvolski, Paris, 16 November 1912, *DDF*, 3rd series, vol. 4, doc. 468, pp. 480–81.

185. Gerd Krumeich, *Armaments and Politics in France on the Eve of the First World War. The Introduction of the Three-Year Conscription 1913–1914*, trans. Stephen Conn (Leamington Spa, 1984), p. 28.

186. Paul Cambon to Jules Cambon, Paris, 5 November 1912, AMAE PA-AP, 43, fos. 251–7, 그중 fo. 252.

187. Jules Cambon to Paul Cambon, Berlin, 14 December 1912, ibid., 100, fos. 178–180.

188. Douglas Porch, *The March to the Marne. The French Army, 1871–1914* (Cambridge, 1981), pp. 169–70.

189. Ibid.

190. Izvolsky to Sazonov, Paris, 28 March 1912, *IBZI*, series 3, vol. 2, part 2, doc. 699.

191. Risto Ropponen, *Die Kraft Russlands. Wie beurteilte die politische und militärische Führung der europäischen Grossmächte in der Zeit von 1905 bis 1914 die Kraft Russlands?* (Helsinki, 1968), p. 235.

192. Krumeich, *Armaments and Politics*, p. 28; Mosely, 'Russian Policy', p. 84; Sergei Dmitrievic Sazonov, *Les Années fatales* (Paris, 1927), p. 57.

193. Raymond Poincaré, 'Entretien avec M. Sazonoff', August 1912, AMAE, AE NS, Russie 41, fos. 270–72, 282–3. 프랑스 수상이 불쾌감을 드러냈지만 곧 세르비아-불가리아 조약의 "엄청난 정치적 중요성"을 이해할 타당한 이유를 깨달았다고 주장하는, 같은 회담에 대한 사조노프의 설명은 Sazonov, *Les Années fatales*, p. 60 참조.

194. 여러 대화에 관한 메모, St Petersburg, 12 August 1913, AMAE, Papiers Jean Doulcet, vol. 23, Saint Petersbourg IV, Notes personnelles, 1912–1917, fo. 312.

195. Ropponen, *Die Kraft Russlands*, p. 236.

196. Izvolsky to Sazonov, Paris, 12 September 1912, in Stieve, *Schriftwechsel Iswolskis*, vol. 2, doc. 429, pp. 249–52, 그중 p. 251.

197. Izvolsky to Sazonov, Paris, 24 October 1912, in Bovykin, *Iz istorii vozniknoveniya*, p. 137에서 인용.

198. Poincaré to Izvolsky, 4 November 1912, in Narodnogo komissariata po

inostrannym delam (ed.), *Materialy po istorii franko-russkikh otnoshenii za 1910–1914 g.g: sbornik sekretnykh diplomaticheskikh dokumentov byvshego Imperatorskogo rossiiskogo ministerstva inostrannykh del* (Moscow, 1922), p. 297; 또한 Bovykin, *Iz istorii vozniknoveniya*, p. 142 참조.

199. Izvolsky to Sazonov (서신), Paris, 7 November 1912, in ibid., pp. 295–7; Stieve, *Schrift wechsel Iswolskis*, vol. 2, doc. 554, pp. 335–7, 그중 p. 336.

200. Rossos, *Russia and the Balkans*, p. 100.

201. Izvolsky to Sazonov, 17 November 1912, in Narodnogo komissariata po inostrannym delam (ed.), *Materialy po istorii franko-russkikh otnoshenii za 1910–1914 g.g: sbornik sekretnykh diplomaticheskikh dokumentov byvshego Imperatorskogo rossiikogo ministerstva inostrannykh del* (Moscow, 1922), pp. 299–300, doc. 169; 푸앵카레의 확약에 관해서는 Stieve, *Iswolski und der Weltkrieg*, pp. 99, 121; id. (ed.), *Schriftwechsel Iswolskis*, vol. 2, doc. 567, p. 346; 또한 Bovykin, *Iz istorii vozniknoveniya*, p. 146 참조.

202. Izvolsky to Sazonov, 20 November 1912 and Izvolsky to Sazonov, 20 November, *IBZI*, series 3, vol. 4, part 1, docs. 298, 300.

203. Poincaré, *Au service de la France*, vol. 2, pp. 199–206. 여기서 푸앵카레는 이즈볼스키가 자신과의 대화를 "생생하고 채색이 다소 과한 이야기"로 만들었다고 비난했다.

204. Schmidt, *Frankreichs Aussenpolitik*, p. 256.

205. Alexandre Ribot, Note of 31 October 1912, AN, 563 AP 5, in ibid., p. 257에서 인용.

206. 'Note de l'État-Major de l'Armée', 2 September 1912 and Paul to Jules Cambon, Dieppe, 3 September 1912, *DDF*, 3rd series, vol. 3, dos. 359, 366, pp. 439–40, 449–51.

207. Paul Cambon to Jules Cambon, Paris, 5 November 1912, AMAE, PA-AP, 43, Cambon, Jules, Lettres de Paul à Jules 1882–1922, 101, fos. 251–7, 그중 fos. 252–3.

208. Ignatiev to Zhilinsky(러시아 참모총장), Paris, 19 December 1912, in Bovykin, *Iz istorii vozniknoveniya*, p. 149에서 인용.

209. Ibid., p. 149.

210. 1912년 1월부터 1913년 1월까지 재임한 육군장관 밀랑에 관해서는 Marjorie M.

Farrar, 'Politics Versus Patriotism: Alexandre Millerand as French Minister of War', *French Historical Studies*, 11/4 (1980), pp. 577–609; 온건한 사회주의자 밀랑에 관해서는 Leslie Derfler, *Alexandre Millerand. The Socialist Years* (The Hague, 1977); 밀랑의 변천에 관한 균형 잡힌 개관은 Marjorie M. Farrar, *Principled Pragmatist: The Political Career of Alexandre Millerand* (New York, 1991) 참조; Prost, Marie-Louise Goorgen, Noelle Gérome and Danielle Tartakowsky, 'Four French Historians Review English Research on the History of French Labour and Socialism', *The Historical Journal*, 37/3 (1994), pp. 709–15, 특히 p. 714에는 밀랑의 경력에서 나타난 갈등에 관한 흥미로운 고찰이 담겨 있다.

211. Ignatiev to Zhilinsky, Paris, 4 December 1912, in Bovykin, *Iz istorii vozniknoveniya*, p. 150에서 인용.

212. Lucius to Bethmann Hollweg, St Petersburg, 8 January 1913, 사조노프와의 대화를 보고, PA-AA, R 10896.

213. Raymond M. B. Poincaré, 'Notes journalières', 29 January 1914, BNF (NAF 16026), Poincaré MSS; Hayne, *The French Foreign Office and the Origins of the First World War, 1898–1914* (Oxford, 1993), p. 239.

214. G. Wright, *The Reshaping of French Democracy. The Story of the Founding of the Fourth Republic* (New York, 1948), p. 10.

215. John Keiger, *France and the Origins of the First World War* (London, 1983), p. 117.

216. 팔레올로그와 외무장관 조나르의 관계는 전자의 1913년 1월 22일과 2월 13일의 일기 in M. Paléologue, *Au Quai d'Orsay à la veille de la tourmente. Journal 1913–1914* (Paris, 1947), pp. 15, 42 참조.

217. Keiger, *France and the Origins*, p. 120에서 인용.

218. William C. Fuller, *Strategy and Power in Russia, 1600–1914* (New York, 1992), pp. 440, 444.

219. Stevenson, *Armaments*, p. 161.

220. Fuller, *Strategy and Power*, p. 439.

221. '8ème Conférence. Procès-verbal de l'entretien du 13 Juillet 1912 entre les Chefs d'État-Major des armées française et russe', AMAE, AE NS, Russie 41, fos. 131–7, 그중 fos. 134–5.

222. État-Major de l'Armée, 3ème bureau, 'Note sur l'action militaire de la Russieen Europe', ibid., fos. 255-63.
223. Stevenson, *Armaments*, p. 162.
224. Raymond Poincaré, 'Entretien avec l'Empéreur – Chemins de fer stratégiques'; 'Entretien avec M. Sazonoff-Mobilisation', St Petersburg, August 1912, AMAE, AE NS Russie 41, fos. 278-9, 288.
225. Raymond Poincaré, 'Entretien avec Kokowtsoff – Chemins de fer stratégiques', St Petersburg, August 1912, ibid., fo. 280.
226. Bovykin, *Iz istorii vozniknoveniya*, p. 147.
227. S. R. Williamson, 'Joffre Reshapes French Strategy, 1911-1913', in Paul Kennedy (ed.), *The War Plans of the Great Powers, 1880-1914* (London, 1979), pp. 133-54, 그중 pp. 134-6.
228. 같은 난제의 독일 버전은 Jonathan Steinberg, 'A German Plan for the Invasion of Holland and Belgium, 1897', in Kennedy (ed.), *War Plans*, pp. 155-70, 그중 p. 162 참조. 여기서 Steinberg는 독일의 전략적 사고를 거론하지만, 프랑스 의사결정자들도 똑같은 문제에 직면해 있었다.
229. Hayne, *French Foreign Policy*, p. 266.
230. D. N. Collins, 'The Franco-Russian Alliance and Russian Railways, 1891-1914', *The Historical Journal*, 16/4 (1973), pp. 777-88, 그중 p. 779.
231. Buisseret to Davignon, St Petersburg, 25February 1913, MAEB AD, Russia 3, 1906-13.
232. François Roth, 'Raymond Poincaré et Théophile Delcassé: Histoire d'une relation politique', in Conseil général de l'Ariège (ed.), *Delcassé et l'Europe à la veille de la Grande Guerre* (Foix, 2001), pp. 231-46, 그중 p. 236.
233. Bovykin, *Iz istorii vozniknoveniya*, p. 151.
234. Delcassé to Pichon, St Petersburg, 24 March 1913, *DDF*, 3rd series, vol. 6, doc. 59, pp. 81-2; 사조노프에게도 제기한 같은 문제에 관해서는 Delcassé to Jonnart, St Petersburg, 21 March 1913, ibid., doc. 44, p. 66.
235. 상트페테르부르크 주재 무관 라귀슈 장군이 1914년 6월 18일 델카세와 나눈 대화를 보고 in Georges Louis, Les Carnets de Geroges Louis (2 vols., Paris, 1926) vol. 2, p. 126.

236. B. V. Ananich, *Rossiya I mezhdunarodyi kapital 1897–1914. Ocherki istorii finansovykh otnoshenii* (Leningrad, 1970), pp. 270–71.

237. 3년 복무제법과 이 법이 통과되도록 푸앵카레가 수행한 역할은 J. F. V. Keiger, *Raymond Poincaré* (Cambridge, 1997), pp. 152–3, 162–3; Krumeich, *Armaments and Politics*, pp. 112–13 참조.

238. Keiger, *France and the Origins*, p. 144.

239. Guillaume to Davignon, Paris, 17 April 1913, 12 June 1913, MAEB AD, France 11, Correspondance politique–légations.

240. Guillaume to Davignon, Paris, 16 January 1914, ibid.

241. Guillaume to Davignon, Paris, 28 May 1914, ibid.

242. Keiger, *France and the Origins*, pp. 136–7.

243. 1913년 4월 18일 일기 in Maurice Paléologue, *Journal, 1913–1914*, p. 103.

244. Keiger, *France and the Origins*, p. 136; 이 사건들에 관해서도 1913년 4월 16일–5월 5일 일기 in Paléologue, *Journal, 1913–1914*, pp. 100–124 참조.

245. Krumeich, *Armaments and Politics*, 여러 군데.

246. Guillaume to Davignon, Paris, 9 June 1914, MAEB AD, France 12, Correspon–dance politique–légations.

247. 3년 복무제법에 대한 반대론 고조는 Guillaume to Davignon, Paris, 16 January 1914, ibid. 참조.

248. 리보(Ribot) 정부가 의회에 처음 선보인 날에 와해된 일은 Guillaume to Davignon, Paris, 13 June 1914, ibid. 참조.

249. 1912년 10월 빌뉴스 관구의 '단계'에 관한 Parchement 대위의 보고 in Pertti Luntinen, *French Information on the Russian War Plans, 1880–1914* (Helsinki, 1984), p. 175에서 인용.

250. Verleuil to [Pichon], Brolles, 7 July 1913, AMAE NS, Russie 42, fos. 58–60, 그중 fo. 59.

251. Schmidt, *Frankreichs Aussenpolitik*, pp. 271–3에서 인용.

252. Charles Rivet, 'Lettre de Russie: L'Effort militaire russe', in *Le Temps*, 13 November 1913, in Buisseret to Davignon, St Petersburg, 15 November 1913에 스크랩, MAEB AD, Russie 3 1906–1914.

253. Ibid., p. 275.

254. Laguiche to Dupont, 14 February 1914, in ibid., p. 279에서 인용.
255. Paul Kennedy, 'The First World War and the International Power System', in Steven E. Miller (ed.), *Military Strategy and the Origins of the First World War* (Princeton, 1985), pp. 7-40, 그중 p. 28.

6장 마지막 기회: 데탕트와 위험, 1912~1914

1. Zara S. Steiner, *Foreign office and Foreign Policy, 1898-1914* (Cambridge, 1969), p. 153에서 인용.
2. 1912년 7월 4-6일 발트항 회담에 관해서는 H. H. Fisher (ed.), *Out of My Paste. The Memoirs of Count Kokovtsov, Russian Minister of Finance, 1904-1911, Chairman of the Council of Ministers, 1911-1914*, trans. Laura Matveev (Stanford, 1935), p. 322 참조.
3. 사조노프와의 대화에 관한 베트만 홀베크의 메모, 6 July 1912, *GP*, vol. 31, doc. 11542, pp. 439-444.
4. Fisher (ed.), *Memoirs of Count Kokovtsov*, p. 320.
5. Pourtalès의 메모, 29 June 1912, *GP*, vol. 31, doc. 11537, pp. 433-6.
6. Sergei Dmitrievich Sazonov, *Les Années fatales* (Paris, 1927), pp. 48-9.
7. Fisher (ed.), *Memoirs of Count Kokovtsov*, pp. 320-21.
8. Bethmann to Foreign Office, Baltic Port, 호헨촐레른호의 선상, 6 July 1912, *GP*, vol. 31, doc. 11540, pp. 437-8.
9. 1914년 이전 국제체제의 데탕트 가능성에 관해서는 Friedrich Kiessling, *Gegen den grossen Krieg? Entspannung in den internationalen Beziehungen, 1911-1914* (Munich, 2002), pp. 77-148.
10. Bethmann to Foreign Office, Baltic Port, 호헨촐레른호의 선상, 6 July 1912, *GP*, vol. 31, doc. 11540, pp. 437-8.
11. Klaus Hildebrand, *Das vergangene Reich. Deutsche Aussenpolitik von Bismarck bis Hitler, 1871-1945* (Stuttgart, 1995), pp. 269-76.
12. Cf. Volker Berghahn, *Germany and the Approach of War in 1914* (Basingstoke, 1993), pp. 120-2 and Imauvel Geiss, 'The German Version of Imperialism: Weltpolitik', in G. Schöllgen, *Escape into War? The Foreign Policy of Imperial Germany* (Oxford, New York, Munich, 1990), pp. 105-20; 그중 p. 118.

13. 베트만이 구상한 영독 협상의 "상상 가능한 타개책의 개요" in R. Langhorne, 'Great Britain and Germany, 1911–1914', in Francis Harry Hinsley (ed.), *British Foreign Policy under Sir Edward Grey* (Cambridge, 1977), pp. 288–314, 그중 pp. 293–4에서 인용.
14. Niall Ferguson, *Pity of War* (London, 1998), p. 72; Langhorne, 'Great Britain and Germany', pp. 294–5.
15. R. Langhorne, 'The Naval Question in Anglo-German Relations, 1912–1914', *Historical Journal*, 14 (1971), pp. 359–70, 그중 p. 369; cf. Fritz Fischer, *War of Illusions. German Policies from 1911 to 1914*, trans. Marian Jackson (Lonson, 1975), pp. 123–31.
16. R. J. Crampton, *Hollow Détente. Anglo-German Relations in the Balkans, 1911–1914* (London, 1980), 56–8, 72–3; Kiessling, *Gegen den grossen Krieg?*, p. 103.
17. 파견의 목표와 영국 정부에서 '부인'한 홀데인의 권한에 관해서는 B. D. E. Kraft, *Lord Haldane's Zending naar Berlijn in 1912. De duitsch-engelsche onderhandelingen over de vlootquaestie* (Utrecht, 1931), pp. 209–11, 214–17, 220–21; draft note to the German government, March 1912, in Gregor Schöllgen, *Imperialismus und Gleichgewicht. Deutschland, England und die orientalische Frage, 1871–1914* (Munich, 1984), p. 330에서 인용.
18. Kraft, *Zending naar Berlijn*, p. 246.
19. Samvel R. Williamson, *The Politics of Grand Strategy. Britain and France Prepare for War, 1904–1914* (Cambridge, MA, 1969), p. 258.
20. Nicolson to Bertie, 8 February 1912, TNA FO 800/171, Steiner, *Foreign office*, p. 127에서 인용.
21. Bertie to Nicolson, Paris, 11 February 1912, in Thomas Otte, *The Foreign office Mind. The Malcing of British Foreign Policy, 1865–1914* (Cambridge, 2011), p. 364에서 인용; 영국-러시아 협약에 관여하고 헌신한 니컬슨에 관해서는 Keith Neilson, '"My Beloved Russians": Sir Arthur Nicolson and Russia, 1906–1916', *International History Review*, 9/4 (1987) 참조.
22. Jonathan Steinberg, 'Diplomatie als Wille und Vorstellung: Die Berliner Mission Lord Haldanes im Februar 1912' in Herbert Schottelius and Wilhelm Deist

(eds.), *Marine und Marinepolitik im kaiserlichen Deutschland, 1871–1914* (Düsseldorf, 1972), pp. 263–82, 그중 p. 264; 홀데인 파견과 그 실패에 관해서는 Michael Epkenhans, *Die wilhelminische Flottenrüstung. Weltmachtstreben, industrieller Fortschritt, soziale Integration* (Munich, 1991), pp. 113–37; David Stevenson, *Armaments and the Coming of War: Europe 1904–1914* (Cambridge, 1996), pp. 205–7도 참조.

23. Goschen to Nicolson, Berlin, 20 April 1912, TNA FO 800/355, fos. 20–22.
24. 'Foreign Affairs. The Morocco Crisis. Sir E. Grey's Speech', *The Times*, 28 November 1911, p. 13, col. B.
25. Kühlmann to Bethmann, London, 14 October 1912, *GP*, vol. 33, doc. 12284, p. 228; 또한 Jost Dülffer, *Martin Kröger and Rolf-Harald Wippich, Vermiedene Kriege. Deeskalation von Konflikten der Grossmächte zwischen Krimkrieg and Ersten Weltkring 1856–1914* (Munich, 1997), p. 650의 논의 참조.
26. Crampton, *Hollow Détente*.
27. Kiessling, *Gegen den grossen Krieg?*, pp. 89, 122; Paul W. Schroeder, 'Embedded Counterfactuals and World War I as an Unavoidable War', pp. 28–9.
28. Ronald Bobroff, *Roads to Glory. Late Imperial Russia and the Tarkish Straits* (London, 2006); 조지 5세에 대한 프랑스의 우려는 Guillaume to Davignon, Paris, 11 April 1913, MAEB AD, France 11, Correspondance politique–légations 참조.
29. Ira Klein, 'The Anglo-Russian Convention and the Problem of Central Asia, 1907–1914', *Journal of British Studies*, 11 (1971), pp. 126–47, 그중 p. 128.
30. Ibid., p. 141.
31. Grey to Buchanan, London, 11 February 1914, Grey to Buchanan, London, 18 March 1914, TNA, Grey Papers, FO 800/74, in Thomas McCall, 'The Influence British Military Attachés on Foreign Polich Towards Russia, 1904–1917', M.Phil theis, University of Cambridge, 2011, p. 53에서 인용.
32. Prince May von Lichnowsky, *My Mission to London, 1912–1914* (London, 1918), p. 29.
33. Steiner, *Foreign office*, pp. 121–40, 49; Otte, *Foreign office Mind*, p. 380.
34. McCall, 'British Military Attachés', pp. 33–75.
35. Hamilton to Haldane, 1 September 1909, in ibid., p. 60에서 인용.

36. 《모닝 포스트》 편집장 H. A. Gwynne가 외무부에서 비밀 인터뷰를 하고 적은 메모. 인터뷰한 관료는 아마도 윌리엄 티렐 경일 것이다. 인용과 분석의 출처는 Keith M. Wilson, 'The British Démarche of 3 and 4 December 1912: H. A. Gwynne's Note on Britain, Russia and the First Balkan War', *Slavonic and East European Review*, 60/4(1984), pp. 552-9, 그중 p. 556.
37. Nicolson to Goschen, London, 15 April 1912, *BD*, vol. 6, doc. 575, p. 747.
38. Nicolson to Goschen, London, 25 May 1914, TNA, FO 800/374, fos. 162-4, 그중 fo. 163.
39. Kiessling, *Gegen den gross en Krieg?*, pp. 82-3; Bovykin, *Iz istorii vozniken-veiya*, p. 180.
40. Steiner, *British Foreign office*, p. 134에서 인용; 니컬슨의 더 전반적인 견해는 pp. 128, 129, 131, 133, 134, 136-7 참조; Otte, *Foreign office Mind*, p. 384.
41. Guillaume to Davignon, Paris, 14 April 1914, MAEB AD, France 11, Correspondance politique-légations.
42. Otte, *Foreign office Mind*, pp. 358-9, 387-8.
43. Nicolson to Bunsen, London, 30 March 1914, TNA, FO 800/373, fos. 80-83, 그중 fo. 83.
44. 국제체제의 이런 측면은 Kiessling, *Gegen den grossen Krieg* 와 Holger Afflerbach and David Stevenson (eds.), *An Improbable War? The Outbreak of World War I and European Political Culture before 1914* (Oxford, 2007) 여러 군데에서 탐구된다.
45. Jules Cambon to Poincaré, Berlin, 28 July 1912, AMAE, PA-AP, 43, Cambon Jules 56, fo. 45.
46. Annika Mombauer, *Helmuth von Moltke and the Origins of the First World War* (Cambridge, 2001), pp. 145, 211, 281.
47. Stevenson, *Armaments*, pp. 159-63.
48. Ibid., p. 247.
49. 러시아 상급 지휘관들의 태도에 대한 독일의 해석은 예컨대 Pourtalès to Bethmann Hollweg, St Petersburg, 20 November 1912; Griesinger(베오그라드 주재 독일 공사) to Bethmann Hollweg, 5 February 1913; 인용 출처는 Romberg(베른 주재 독일 공사) to Bethmann Hollweg, Bern, 1 February 1913, 베른 주재 러시아 무관과

오스트리아-헝가리 공사관 직원의 대화를 보고, 모두 in PA-AA, R 10895.

50. *The Times*, 3 December 1912, p. 6, col. B.
51. Ibid.
52. Lamar Cecil, *Wilhelm II* (2 vols., Chapel Hill, 1989 and 1996) vol. 2, *Emperor and Exile, 1900-1941*, p. 186에서 인용; 베트만의 연설과 그 중요성은 Dülffer, Kröger and Wippich, *Vermiedene Kriege*, pp. 652-4 참조.
53. 이 회의를 충실히 재구성하고 그 중요성을 논하는 J. C. G. Röhl, 'Dress Rehearsal in December: Military Decision-making in Germany on the Eve of the First World War', in id., *The Kaiser and His Court. Wilhelm II and the Government of Germany* (Cambridge, 1994), pp. 162-89, 그중 pp. 162-3 참조.
54. Röhl, 'Dress rehearsal', 여러 군데; 또한 id., 'Admiral von Müller and the Approach of War, 1911-1914', *Historical Journal*, 12 (1969), pp. 651-73. 1912년 12월의 '군사참모회의'를 독일이 사전에 계획한 전쟁의 초읽기를 시작한 순간으로 해석하는 Röhl의 견해는 소수 의견이다. 2011년 10월 런던에서 열린 학술대회('피셔 논쟁 50주년', 2011년 10월 13-15일, German Historical Institute London)에서 Röhl은 일찍이 Fisher가 *War of Illusions*, pp. 164, 169에서 자세히 설명한 주장을 급진화하여, 군사참모회의는 독일이 당장 전쟁을 벌이기로 결정한 순간이 아니라 1914년 여름까지 "연기"하기로 결정한 순간이라고 주장했다. '연기 테제'는 Röhl의 빌헬름 2세 전기 중 제3권의 핵심 주장이기도 하다. J. C. G. Röhl, *Wilhelm II. Der Weg in den Abgrund, 1900-1941* (Munich, 2008) 참조.
55. Röhl, 'Dress Rehearsal'; Stevenson, *Armaments*, pp. 288-9; F. Fischer, 'The Foreign Policy of Imperial Germany and the Outbreak of the First World War', in Schöllgen, *Escape into War?*, pp. 19-40, 그중 p. 22; M. S. Coetzee, *The German Army League* (New York, 1990), pp. 36-7; Wolfgang J. Mommsen, 'Domestic Factors in German, Foreign Policy before 1914', *Central European History*, 6 (1973), pp. 3-43, 그중 pp. 12-4.
56. E. Hölzle, *Die Selbstentmachtung Europas. Das Experiment des Friedens vor und im Ersten Weltkrieg* (Göttingen, 1975), pp. 180-83; Hildebrand, *Das vergangene Reich*, p. 289.
57. Jagow to Lichnowsky, Berlin, 26 April 1913; Jagow to Flotow, Berlin, 28 April 1913, *GP*, 34/2, pp. 737-8, 752; 잠수함 건조를 비롯한 해군 조치들에 관해서는

Holger H. Herwig, '*Luxury*' *Fleet. The Imperial German Navy, 1888–1918* (London, 1980), pp. 87–9; Gary E. Weir, 'Tirpitz, Technology and Building U-boats 1897–1916', *International History Review*, 6 (1984), pp. 174–90; Hew Strachan, *The first World War* (Oxford, 2001), pp. 53–5 참조.

58. Moltke to Bethmann and Heeringen, 21 December 1912, in Stevenson, *Armaments*, pp. 291–2에서 인용.
59. David Stevenson, 'War by Timetable? The Railway Race Before 1914', *Past & Present*, 162 (1999), pp. 163–94, 그중 p. 175.
60. Peter Gattrell, *Government, Industry and Rearmament in Russia, 1900–1914. The Last Argument of Tsarism* (Cambridge, 1994), pp. 133–4.
61. Fritz Fischer, *Griff nach der Weltmacht. Die Kriegszielpolitik des kaiserlichen Deutschland 1914–18* (Düsseldorf, 1961), p. 48.
62. Stevenson, *Armaments*, pp. 298, 314; I. V. Bestuzhev, 'Russian Foreign Policy, February–June 1914', *Journal of Contemporary History*, 1/3 (1966), pp. 93–112, 그중 p. 96 참조.
63. Paul Kennedy, 'The First World War and the International Power System', in Steven E. Miller (ed.), *Military Strategy and the Origins of the First World War* (Princeton, 1985), p. 29.
64. Militär-Bericht Nr. 28, St Petersburg, 8–21 May 1914(제국 해군부를 위한 사본), BA-MA Freiburg, RM 5/1439. 이 문서의 복사본을 보내준 Oliver Griffin에게 감사드린다. 몰트케의 견해(1913년 12월 15일과 1914년 7월 11일)는 in Stevenson, 'war By Timetable?', p. 186에서 인용.
65. Matthew Seligmann and Roderick McLean, *Germany from Reich to Republic* (London, 2000), pp. 142–4.
66. Ferguson, 'Public Finance and National Security. The Domestic Origins of the First World War Revisited', *Past & Present*, 142 (1994); 1908–9년 몰트케의 예방전쟁 요청은 Fischer, *Griff nach der Weltmacht*, pp. 49–50; id., *War of Illusions*, p. 88; Norman Stone, 'Moltke-Conrad: Relations Between the German and Austro-Hungarian General Staffs', *Historical Journal*, 9 (1966), pp. 201–28; Isabel V. Hull, 'Kaiser Wilhelm IIand the "Liebenberg Circle"', in J. C. G. Röhl and N. Sombart (eds.), *Kaiser Wilhelm II. New Interpretations* (Cambridge,

1982), pp. 193–220, 특히 p. 212; Holger H. Herwig, 'Germany', in Richard F. Hamilton and Holger H. Herwig (eds.), *The Origins of World War I* (Cambridge, 2003), pp. 150–87, 특히 p. 166 참조.

67. Dieter Hoffmann, *Der Sprung ins Dunkle oder wie der 1. Weltkrieg entfesselt wurde* (Leipzig, 2010) 특히 pp. 325–330의 표 참조.
68. Stefan Schmidt, *Frankreichs Aussenpolitik in den Jalikrise 1914. Ein Beitrag Zur Geschichte des Ausbruchs der Ersten Weltkrieges* (Munich, 2009), p. 276에서 인용.
69. Henry Wilson, 최근 도착한 공문의 여백에 적은 논평, Colonel Knox in St Peter-sburg, 23 March 1914, TNA, WO 106/1039.
70. Kevin Kramer, 'A World of Enemies: New Perspectives on German Military Culture and the Origins of the First World War', *Central European History*, 39 (2006), pp. 270–98, 그중 p. 272; 전쟁을 우려하는 자세와 각오하는 자세의 관계에 관해서는 Kiessling, *Gegen den grossen Krieg*, p. 57도 참조.
71. Bethmann Hollweg to Eisendecher, 26 December 1911 and 23 March 1913, 둘 다 in Konrad H. Jarausch, 'The Illusion of Limited War: Chancellor Bethmann Hollweg's Calculated Risk, July 1914', *Central European History*, 2/1 (1969), pp. 48–76에서 인용.
72. Cecil, *Wilhelm II*, vol. 2, p. 195.
73. Falkenhayn to Hanneken, 29 January 1913, in Holger Afflerbach, *Falkenhayn: Politisches Denken und Handeln im Kaiserreich* (Munich, 1994), p. 102에서 인용(팔켄하인은 1913년 6월 7일 육군장관이 된다).
74. Ibid. p. 76.
75. 1914년 유럽에서 민간 지도부의 우위는 Marc Trachtenberg, 'The Coming of the First World War: A Reassessment', in id., *History and Strategy* (Princeton, 1991), pp. 47–99 참조.
76. 익명, *Deutsche Weltpolitik und kein Krieg!* (Berlin, 1913).
77. Hildebrand, *Das vergangene Reich*, p. 278.
78. Strachan, *First World War*, p. 33.
79. 독일의 정책 선택지에 관해서는 Hildebrand, *Das vergangene Reich* 참조.
80. Mehmet Yerçil, 'A History of the Anatolian Railway, 1871–1914', PhD

thesis, Cambridge, 2010.

81. Marschall von Biberstein to Bethmann, Constantinople, 4 December 1911, *GP*, vol. 30, doc. 10987.

82. Carl Mühlmann, *Deutschland und die Türkei 1913–1914. Die Berufung der deutschen Militärmission nach der Türkei 1913, das deutsch-türkische Bündnis 1914 und der Eintritt der Türkei in den Weltkrieg* (Berlin, 1929), p. 5.

83. Yerçil, 'Anatolian Railway', p. 9.

84. Ibid., pp. 95–120.

85. Helmut Mejcher, 'Oil and British Policy Towards Mesopotamia', *Middle Eastern Studies*, 8/3 (1972), pp. 377–91, 특히 pp. 377–8.

86. J. C. G. Röhl, *Wilhelm II. The Kaiser's Personal Monarchy, 1888–1900*, trans. Sheila de Bellaigue. (Cambridge, 2004), p. 953에서 인용.

87. 독일이 외교정책의 수단으로 범이슬람주의에 보인 관심은 Sean McMeekin, *The Berlin–Baghdad Express. The Ottoman Empire and Germany's Bid for World Power, 1898–1918* (London, 2010), pp. 7–53 참조.

88. Fischer, *Griff nach der Weltmacht*, p. 54.

89. Herbert Feis, *Europe, The World's Banker 1870–1914* (New York, 1939) p. 53; Ulrich Trumpener, *Germany and the Ottoman Empire 1914–1918* (Princeton, 1968), pp. 3–11; Harry N. Howard, *The Partition of Turkey, 1913–1923* (Norman, 1931), pp. 49–50.

90. Hildebrand, *Das vergangene Reich*, pp. 281–2.

91. 리만 이전에 콘스탄티노플에서 활동한 '골츠 파샤'를 비롯한 독일 군사고문들은 Bernd F. Schulte, *Vor dem Kriegsausbruch 1914. Deutschland, die Türkei und der Balkan* (Düsseldorf, 1980), pp. 17–38 참조.

92. Mühlmann, *Deutschland und die Türkei*, pp. 10–11; Hildebrand, *Das vergangene Reich*, p. 297.

93. Theobald von Bethmann Hollweg, *Betrachtungen zum Weltkriege* (2 vols., Berlin, 1919) vol. 1, pp. 88–9.

94. 러시아 당국이 부추긴 *Novoye Vremya* 의 언론 캠페인은 David MacLaren McDonald, *United Government and Foreign Policy in Russia, 1900–1914* (Cambridge, MA, 1992), p. 191 참조; 오스만 군대를 개선하여 추가 병합을 막기 위해 독일 파견

단을 받아들인 오스만 당국의 결정에 관해서는 Sverbeyev(베를린 주재 러시아 대사) to Sazonov, 16 January 1914, *IBZI*, series 3, vol. 1, doc. 21, pp. 22–3 참조.

95. Tatishchev to Nicholas II, Berlin, 6 November 1913, GARF, Fond 601, op. 1, del 746(2).
96. 1913년 12월 16일 바자로프의 보고서, in Fischer, *War of Illusions*, p. 334에서 인용. 바자로프가 이 발언 내용을 어떻게 알았는지는 불분명하다.
97. Pourtalès to German Foreign office, 28 November and 5 December 1913, *GP*, vol. 38, docs. 15457, 15466; Mühlmann, *Deutschland und die Türkei*, p. 12.
98. Lichnowsky, *My Mission to London*, p. 14에서 인용.
99. Bovykin, *Iz istorii vozniknoveniya*, pp. 125–6; Fischer, *War of Illusions*, pp. 147–8.
100. Sazonov to Demidov(아테네 주재 러시아 공사), St Petersburg, 16 October 1912(콘스탄티노플, 파리, 런던에 사본 함께 발송); Sazonov to Girs, St Peter-sburg, 18 October 1912; Sazonov to 파리, 런던, 베를린, 빈, 로마 주재 러시아 대사들, 5 October 1912, 모두 in AVPRI, Fond 151 (PA), op. 482, d. 130, ll. 14, 20, 22.
101. Sukhomlinov to Neratov, 11 August 1911, *IBZI*, series 3, vol. 1, doc. 310, pp. 375–8, 그중 p. 376.
102. Sazonov to Izvolsky, 4 November 1912(런던과 콘스탄티노플에 사본 발송); Sazonov to Girs(콘스탄티노플 주재 대사), '비밀 전보', St Petersburg, 2 November 1912, both in AVPRI, Fond 151 (PA), op. 482, d. 130, ll. 96, 87.
103. Bobroff, *Roads to Glory*, pp. 52–3.
104. Sazonov to Kokovtsov and service chiefs, 12 November 1912, in Ibid., p. 55에서 인용.
105. Sazonov to Nicholas II, 23 November 1912, in Bovykin, *Iz istorii vozniknoveniya*, p. 126에서 인용.
106. Ia. Zakher, 'Konstantinopol i prolivy', *KA*, 6 (1924), pp. 48–76, 그중 p. 55, and 7 (1924), pp. 32–54.
107. Bobroff, *Roads to Glory*, pp. 76–95.
108. Sazonov to Russian chargé d'affaires, London, 7 December 1913, in B. von Siebert (ed.), *Graf Benckendorffs diplomatischer Schriftwechsel* (Berlin, 1928), vol. 3, doc. no. 982, pp. 208–9.

109. D. C. B. Lieven, *Russia and the Origins of the First World War* (London, 1983), p. 47; Etter (Russian chargé d'affaires, London) to Sazonov, London, 14 January 1914, *IBZI*, series 3, vol. 1, doc. 3, pp. 2–3.

110. Louis Mallet to Edward Grey, London, 23 March 1914, TNA FO 800/80; Great Britain, House of Commons Debates, 1914, vol., 59cols. 2169–70, 둘 다 William I. Shorrock, 'The Origin of the French Mandate in Syria and Lebanon: The Railroad Question, 1901–1914', *International Journal of Middle East Studies*, 1/2(1970), pp. 133–53, 그중 p. 153에서 인용; 또한 Stuart Cohen, 'Mesopotamia in British Strategy, 1903–1914', *International Journal of Middle East Studies*, 9/2 (1978), pp. 171–81, 특히 pp. 174–7 참조.

111. 오스만 정부의 해군장관 권한을 가진 HE Khourshid Pasha와 림퍼스 제독 간 양해 문서, 25 May 1912, Limpus Papers. Caird Library, NMM, LIM/12; on Limpus's appointment; 또한 Paul G. Halpern, *The Mediterranean Naval Situation, 1908–1914* (Cambridge MA, 1971), p. 321 참조.

112. 'Instructions for Hallifax Bey', 11 May 1914, ibid., *LIM* /9 참조.

113. Limpus to Ottoman Admiralty, 5 June 1912, ibid., *LIM* 8/1(서신 발송대장), fos. 63–7.

114. Limpus to Ottoman Admiralty, 5 June 1912, ibid., *LIM* 8/1(서신 발송대장), fos. 68–9.

115. Delcassé to Ministry of Foreign Affairs, 29 January 1914, AMAE NS, Russie 42, fos. 223–4; 또한 오스만제국에 대한 금융 거래를 거부하자는 러시아의 제안에 프랑스가 반대한다고 보고한 Sazonov, Paris, 15 January 1914, *IBZI*, series 3, vol. 1, doc. 12, pp. 12–4 참조.

116. lzvolski to Sazonov, Paris, 18 December 1913; Izvolski to Sazonov, Paris, 18 December 1913, in Stieve (ed.), *Der diplomatische Schriftwechsel Izwolskis*, vol. 3, docs. 1179, 1181, pp. 425–5, 428–31; Dülffer, Kröger and Wipplich, *Vermiedene Kriege*, pp. 663–4.

117. Sazonov to Benckendorff, St Petersburg, 11 December 1913, in Benno Siebert (ed.), *Benckendorffs diplomatischer Schriftwechsel* (3 vols., Berlin, 1928) vol. 3, doc. 991, p. 217.

118. 이 보고서에 관해서는 McDonald, *United Government*, p. 193 참조; 리만 사건의

'초점' 효과에 관해서는 Strachan, *First World War*, p. 61 참조.

119. M. Pokrowski, *Drei Konferenzen. Zur Vorgeschichte des Krieges*, trans. 익명 ([Berlin], 1920), pp. 34, 38.

120. Ibid., p. 42.

121. Hildebrand, *Das vergangene Reich*, p. 298.

122. Pokrowski, *Drei Konferenzen*, pp. 39, 41; 이 각료평의회에서 사조노프의 역할은 Horst Linlee, *Das Zarische Russland and der Erste Weltkrieg. Diplomatie and Kriegsziele 1914-1917* (Munich, 1982), p. 22 참조.

123. Buchanan to Grey, 3 April 1914, in Lieven, *Russia and the Origins*, p. 197에서 인용.

124. Pourtalès to Bethmann, St Petersburg, 25 February 1914 여백에 쓴 단정적 논평, *GP*, vol. 39, doc. 15841, p. 545; 또한 Dülffer, Kröger and Wippich, *Vermiedene Kriege*, p. 670의 논의 참조.

125. McDonald, *United Government*, p. 193에서 인용.

126. Sergei Dmitrievich Sazonov, *Fateful Years, 1909-96: The Reminiscences of Serge Sazonov*, trans. N. A. Duddington (London, 1928), p. 80.

127. Liszkowski, *Zwischen Liberalismus und Imperialismus. Die Zaristigche Aussen politile vov dem Ersten Weltkrieg im Urteil Miljukov und der Kadettenppartei, 1905-1914* (Stattgart, 1974), pp. 224-5.

128. Mallet to Grey (no. 400), 2 June 1914, and Russell and Crowe의 메모, 9 and 14 June 1914, in Thomas Otte, *Foreign office Mind*, pp. 378-9에서 인용.

129. Lieven, *Russia and the Origins*, pp. 42-6; 또한 Bovykin, *Iz istorii vozniknoveniya*, p. 129 참조.

130. Bobroff, *Roads to Glory*, p. 151; id., 'Behind the Balkan Wars', p. 78.

131. 'Journal der Sonderkonferenz, 8. Februar 1914', in Pokrowski, *Drei Konferenzen*, pp. 47, 52.

132. Ibid., pp. 52-3.

133. Bovykin, *Iz istorii vozniknoveniya*, p. 128.

134. Stephen Schröder, *Die englisch-russische Marinekonvention* (Göttingen, 2006), pp. 97-101; Linke, *Das Zarische Russland*, pp. 28-30.

135. Schröder, *Die englisch-russische Marinekonvention*, p. 128에서 인용.

136. William A. Renzi, 'Great Britain, Russia and the Straits, 1914-1915', *Journal of Modern History*, 42/1 (1970), pp. 1-20, 그중 pp. 2-3; Mustafa Aksakal, *The Ottoman Road to War in 1914. The Ottoman Empire and the First World War* (Cambridge, 2008), p. 46.

137. Sazonov to Hartwig, in Friedrich Stieve, *Iswolski and der Weltkrieg, auf Gund der neuen Dokumenten-Veräffentlichung des Deutschen Auswärtigen Amtes* (Berlin, 1924), p. 178에서 인용.

138. Guillaume to Davignon, Paris, 14 April 1914, MAEB AD, France 11, Correspon-dance politique-légations.

139. 사조노프의 사고에서 중심을 차지한 이 생각에 관해서는 Bobroff, *Roads to Glory*, pp. 151-6.

140. John H. Herz, 'Idealist Internationalism and the Security Dilemma', *World Politics*, 2/2 (1950), pp. 157-180, 그중 p. 157; 이 문제와 1914년 위기의 연관성은 Jack L. Snyder, 'Perceptions of the Security Dilemma in 1914', in Robert Jervis, Richard Ned Lebow and Janice Gross Stein, *Psychology and Deterrence* (Baltimore, 1989), pp. 153-79; Klaus Hildebrand, 'Julikrise 1914: Das europäische Sicherheitsdilemma. Betrachtungen über den Ausbruch des Ersten Weltkrieges', *Geschichte in Wissenschaft und Unterricht*, 36 (1985), pp. 469-502; Gian Enrico Rusconi, *Rischio 1914. Come si decide una guerra* (Bologna, 1987), pp. 171-87.

141. Nicolson to Cartwright, London, 18 March 1912, TNA, FO, 800/354, fos. 253-4.

142. Sazonov, *Les Années fatales*, p. 63.

143. Bertie to Grey, Paris, 26 November 1912, in *BD*, vol. 9/2, doc. 280, p. 206.

144. Prince Max von Lichnowksy, *Heading for the Abyss* (New York, 1928), pp. 167-8.

145. Ibid., pp. 167-8.

146. Cambon to Poincaré, London, 4 December 1912, *DDF*, 3rd series, vol. 4, doc. 622, pp. 642-3; 또한 Wilson, 'The British Démarche', p. 555.

147. Schroeder, 'Embedded Conterfactuals', p. 37.

148. 비테와 나눈 대화에 관한 HamburgAmerika Line[신박회사] 특별대리인의 보고서, in Müller to Bethmann Hollweg, Hamburg, 21 February 1913, PA-AA, R 10137, Allgemeine Angelegenheiten Russlands, 1 January 1907-31 December

1915에 수록; 전쟁이 러시아의 엘리트층 일부에게만 인기가 있다는 또 다른 보고서는 Kohlhaas(모스크바 주재 독일 총영사), memorandum, Moscow, 3 December 1912, PA-AA, R 10895 참조.

149. 영국 정책의 이 추세에 관해서는 Christopher John Bartlett, *British Foreign Policy in the Twentieth Century* (London, 1989), p. 20; Paul W. Schroeder, 'Alliances, 1815–1914 : Weapons of Power and Tools of Management', in Klaus Knorr (ed.) *Historical Dimension of National Security Problems* (Lawrence, KS, 1976), pp. 227–62, 그중 p. 248; Christel Gade, *Gleichgewichtspolitik oder Bündnispflege? Maximen britischer Aussenpolitik (1909–1914)* (Göttingen, 1997), p. 22 참조; 프랑스의 '세력균형' 정책 포기에 관해서는 Bovykin, *Iz istorii vozniknoveniya*, p. 133 참조.

150. Grey to Bertie, London, 4 December 1912, *BD*, vol. 9/2, doc. 328, p. 244; 그레이는 1913년 2월 17일 상트페테르부르크 대사 뷰캐넌에게도 거의 똑같이 말했다. ibid., doc. 626, p. 506.

151. 오스트리아의 구상에 대한 영국의 의심, 오스트리아-헝가리는 독일의 위성국이며 기능 장애 상태라는 영국의 전제는 Kiessling, *Gegen den grossen Krieg?*, pp. 127–9; Strachan, *First World War*, p. 81 참조.

152. Katrin Boeckh, *Von den Balkankriegen Zum Ersten Weltkrieg. Kleinstaaten-politick und ethnische Selbstbestimmung ouef den Balkan* (Munich, 1996), pp. 121, 131; V. N. Strandmann, *Balkanske Uspomene*, trans. From the Russian into Serbian by Jovan Kachafa (Belgrade, 2009), p. 244; Pašić to Sazonov, 2 February 1914, *IBZI*, series 3, vol. 1, doc. 161, pp. 149–50. 러시아 체제에서 상당한 시간이 걸린 이 무기 인도에 관해서는 Sukhomlinov to Sazonov, 30 March 1914; Sazonov to Hartwig, St Petersburg, 9 April 1914; Sazonov to Hartwig, St Petersburg, 14 April 1914; Hartwig to Sazonov, 28 April 1914 참조. 모두 in *IBZI*, series 1, vol. 1, doc. 161, pp. 149–50; ibid., series 1, vol. 2, docs. 124, 186, 218, 316, pp. 124, 198, 227–8, 309.

153. Miranda Vickers, *The Albanians. A Modern History* (London and New York, 1999), p. 70.

154. Mark Mazower, *The Balkans* (London, 2000), pp. 105–6.

155. 상트페테르부르크 프랑스 대사관의 서기관 Jean Doulcet가 André Panafieu와 나

눈 대화에 관한 메모, St Petersburg, 11 December [1912], AMAE, Papiers Jean Doulcet, vol. 23, Notes personnelles, 1912–1917; Strandmann, *Balkanske Uspomene*, p. 239.

156. Nicolson to Hardinge, London, 1 February 1912, in Richard Langhorne, 'Anglo-German Negotiations Concerning the Future of the Portuguese Colonies, 1911–1914', *Historical Journal*, 16/2 (1973), pp. 361–87, 그중 p. 371에서 인용.

157. Schoen to Bethmann Hollweg, Paris, 22 March 1912, *GP*, vol. 31, doc. 11520, pp. 396–401, 그중 pp. 400–401.

158. Sazonov, *Les Années fatales*, p. 61.

159. Bethmann, *Betrachtungen zum Weltkrieg*, vol. 2, p. 133.

160. 1914년 이전 장교 남성성의 '견고화'에 관해서는 Markus Funck, 'Ready for War? Conceptions of Military Manliness in the PrussoGerman officer Corps before the First World War', in Karen Hagemann and Stephanie Schüler-Springorum (eds.), *Home/Front. The Military, War and Gender in Twentieth-Century Germany* (New York, 2002), pp. 43–68 참조.

161. Rosa Mayreder, 'Von der Männlichkeit', in Mayreder, *Zur Kritik der Weiblichkeit*, Essays ed. Hana Schnedl (Munich, 1981), pp. 80–97, 그중 p. 92.

162. Christopher E. Forth, *The Dreyfus Affair and the Crisis in French Masculinity* (Baltimore, 2004); 또한 Hagemann and Schüler-Springorum (eds.), *Home/Front*의 에세이들, 특히 Karen Hagemann, 'Home/Front. The Military, Violence and Gender Relations in the Age of the World Wars', pp. 1–42 참조; 영국과 독일 엘리트들의 남성성 비교는 Sonja Levsen, 'Constructing Elite Identities. University Students, Military Masculinity and the Consequences of the Great War in Britain and Germany', *Past & Present*, 198/1 (2008), pp. 147–83 참조; 지배적인 남성성 모델들에 내재한 갈등에 관해서는 Mark Connellan, 'From Manliness to Masculinities', *Sporting Traditions*, 17/2 (2001), pp. 46–63 참조.

163. Samuel R. Williamson, 'Vienna and July: The Origins of the Great War Once More', in id. and Peter Pastor (eds.), *Essays on World War I: Origins and Prisoners of War* (New York, 1983), pp. 9–36, 특히 pp. 13 4.

164. Strandmann, *Balkanske Uspomene*, p. 241.

165. Hugo Hantsch, *Leopold Graf Berchtold. Grandseigneur und Strandmann* (2

vols., Graz, 1963), vol. 2, pp. 374, 455, 475n. 14, 500, 520.

166. Strandmann, *Balkanske Uspomene*, p. 244.

167. Joachion Radkau, *Das Zeitalter der Nervosität. Deutschland Zwischen Bismarck und Hitler* (Munich, 1998), pp. 396-7.

168. Georg Jellinek, *System der subjektiven Öffentlichen Rechte* (Freiburg. 1892), pp. 8-17, 21-8; 엘리네크의 '사실적인 것의 규범적 권력'에 관해서는 Oliver Lepsius, *Besitz und Schherrschaft im öffentlichen Recht* (Tübingen, 2002), pp. 176-9.

169. Denis Diderot, 'Composition in Painting' Encyclopédie', vol. 3 (1753), in Beatrix Tollemache, *Diderot's Thoughts on Art and Style* (New York, 1893-1971), pp. 25-34.

170. Tatishchev to Nicholas II, Berlin, 28 February 1914 and 13 March 1914, GARF, Fond 601, op. 1, del 746 (2).

7장 사라예보 살인사건

1. *Pijemont*, 28 June 1914, in Wolf Dietrich Behschnitt, *Nationalismus bei Serben und Kroaten, 1830-1914* (Munich, 1980), p. 132에서 인용.
2. Leon Bilićski, *Wspomnienia i dokumenty* (2 vols., Warsaw, 1924-5), vol. 1, p. 282.
3. Vladimir Dedijer, *The Road to Sarajevo* (London, 1967), p. 10에서 인용.
4. Joachim Remak, *Sarajevo. The Story of a Political Murder* (London, 1959), p. 25에서 인용.
5. 바소 추브릴로비치의 진술, in J. Kohler (ed.), *Der Prozess gegen die Attentäter von Sarajevo. Nach dem amtlichen Stenogramm der Gerichtsverhandlung aktenmässig dargestellt* (Berlin, 1918), p. 72.
6. 치베트코 포포비치의 진술, in ibid., p. 77.
7. 가브릴로 프린치프의 진술, in ibid., p. 30.
8. Igelstroem(사라예보 주재 러시아 총영사) to Shebeko, Sarajevo, 7 July 1914, *IBZI*, series 3, vol. 4, doc. 120, p. 123.
9. Rebecca West, *Black Lamb and Grey Falcon. A Journey through Yugoslavia* (London, 1955), p. 332.
10. Remak, *Sarajevo*, p. 131에서 인용.

11. Ibid., p. 134에서 인용.
12. 유고슬라브 사라예보 관광국 국장의 기억, Rebecca West가 1936–7년 이 도시를 방문했을 때 기록, in West, *Black Lamb and Grey Falcon*, pp. 333, 350 참조.
13. 오스카르 포티오레크의 진술, in Kohler (ed.), *Der Prozess*, pp. 156–7.
14. Dedijer, *Road to Sarajevo*, p. 15에서 인용; Rudolf Jerábek, *Potiorek. General im Schatten von Sarajevo* (Graz, 1991), pp. 82–6.
15. Kohler (ed.), *Der Prozess*, p. 30.
16. 오스카르 포티오레크의 신술, in ibid., p. 157.
17. 프란츠 폰 하라흐의 진술, in ibid., p. 159.
18. Stefan Zweig, *Die Welt von gestern. Erinnerungen eines Europäers* (2nd edn, Hamburg, 1982), p. 251.
19. R. J. W. Evans, 'The Habsburg Monarchy and the Coming of War', in id. and H. Pogge von Strandmann (eds.), *The Coming of the First World War* (Oxford, 1988), pp. 33–57.
20. 1914년 9월 17일 일기, in Rosa Mayreder, *Tagebücher 1873–1936*, ed. Harriet Anderson (Frankfurt an Main, 1988), p. 145.
21. Prince [Alfons] Clary[-Aldringen], *A European Past*, trans. Ewald Osers (London, 1978), p. 153.
22. 1914년 7월 1일 일기, in Arthur Schnitzler, *Tagebücher 1913–1916*, ed. P. M. Braunwarth, R. Miklin, S. Pertlik, W. Ruprechter and R. Urbach (Vienna, 1983), p. 117.
23. Bilićski, *Wspomnienia i dokumenty*, vol. 1, p. 276
24. Shebeko to Sazonov, 1 July 1914, *IBZI*, series 3, vol. 4, doc. 46, p. 52.
25. Jaroslav Hasek, *The Good Soldier Svejk*, trans. Cecil Parrott (London, 1974; repr. 2000), p. 4.
26. Joseph Roth, *The Radetzky March*, trans. Michael Hofmann (London, 2003), p. 327.
27. Robert A. Kann, 'Gross-Österreich', in id., *Erzherzog Franz Ferdinand Studien* (Munich, 1976), pp. 26–46, 그중 p. 31.
28. Count Ottokar Czernin, *In the World War* (London, 1919), p. 36.
29. Rudolf Kiszling, *Erzherzog Franz Ferdinand von Österreich-Este. Leben, Pläne und Wirken am Schicksalsweg der Donaumonarchie* (Graz, 1953), pp. 49–50.

30. Robert Hoffmann, *Erzherzog Franz Ferdinand und der Fortschritt. Altstadterhaltung und bürgerliche Modernisierungswille in Salzburg* (Vienna, 1994), pp. 94–5.
31. 1914년 6월 28일과 9월 24일의 일기, in Schnitzler, *Tagebücher*, pp. 123, 138.
32. Bernd Sösemann, 'Die Bereitschaft zum Krieg. Sarajevo 1914', in Alexander Demandt (ed.), *Das Attentat in der Geschichte* (Cologne, 1996), pp. 295–320.
33. Djordjević to Pašić, Constantinople, 30 June 1914, AS, MID–PO, 411, fos. 744–8, 그중 fos. 744–5.
34. Shhebeko to Sazonov, 1 July 1914, *IBZI*, series 3, vol. 4, doc. 47, p. 53.
35. 예를 들어 'Die Ermordung des Thronfolgerpaares', in *Prager Tagblatt*, 29 June 1914, 호외 제2판, p. 1; 'Ermordung des Thronfolgerpaares', in *Innsbrucker Nachrichten*, 29 June 1914, p. 2; 'Die erste Nachricht', 'Das erste Attentat', 'Das tödliche Attentat', in *Pester Lloyd*, 29 June 1914, p. 2; 'Die letzten Worte des Erzherzogs', in *Vorarlberger Volksblatt*, 1 July 1914, p. 2 참조.
36. 'Franz Ferdinand über Seine Ehe', in *Die Reichspost*, 30 June 1914, 석간, p. 4.
37. Karl Kraus, 'Franz Ferdinand und die Talente', *Die Fackel*, 10 July 1914, pp. 1–4.
38. 예를 들어 'Nichtamtlicher Teil', in *Wiener Zeitung*, 29 June 1914, p. 2 참조.
39. 'Ermordung des Thronfolgerpaares', in *Innsbrucker Nachrichten*, 29 June 1914, p. 1; 'Die Ermordung des Thronfolgers und seiner Gemahlin', in *Die Reichspost*, 29 June 1914, p. 1; 합스부르크의 미래를 짊어진 대공에 관해서는 'Erzherzog Franz Ferdinand. Das Standrecht in Sarajevo', in *Neue Freie Presse*, 30 June 1914, p. 1 도 참조.
40. Józef Galántai, *Hungary in the First World War* (Budapest, 1989), pp. 26–7.
41. Franz Kafka, *Tagebücher*, ed. Hans-Gerhard Koch, Michael Müller and Malcolm Pasley (Frankfurt an Main, 1990), p. 543.
42. Remak, *Sarajevo*, p. 183에서 인용.
43. Ibid., p. 186.
44. Potiorek to Bilićski, Sarajevo, 29 June 1914, *ÖUAP*, vol. 8, doc. 9947, pp. 213–4, 그중 p. 214.
45. Luigi Albertini, *The Origins of the War of 1914*, trans. Isabella M. Massey (3 vols. Oxford, 1953), vol. 2, pp. 55, 97–8.

46. Remak, *Sarajevo*, pp. 194-6, 198.

47. Potiorek to Bilićski, Sarajevo, 28 June 1914; Potiorek to Bilićski, Sarajevo, 28 June 1914; Potiorek to Bilićski, Sarajevo, 29 June 1914, *ÖUAP*, vol. 8, docs. 9939, 9940, and 9947, pp. 208, 209, 213-14; 보스니아에서 용의자로 추정되는 세르비아계 사람들을 모두 체포하라고 명령함으로써 어쩌면 무의식적으로 살해범들과 관련된 죄책감을 덜어낼 필요가 있었던 포티오레크에 관해서는 Jerábek, *Potiorek*, p. 88 참조.

48. Wilhelm Ritter von Storck to MFA Vienna, Belgrade, 29 June 1914; Wilhelm Ritter von Storck to MFA Vienna, Belgrade 29 June 1914, *ÖUAP*, vol. 8, docs. 9941, 9943, pp. 209-10, 210-12.

49. Potiorek to Krobatin, Sarajevo, 29 June 1914, ibid., doc. 9948, p. 214; 베오그라드가 범죄에 연루되었다는 포티오레크의 주장은 Roberto Segre, *Vienna e Belgrado 1876-1914* (Milan, [1935]), p. 48 참조.

50. Wilhelm Ritter von Storck to MFA Vienna, Belgrade, 29 June 1914, *ÖUAP*, vol. 8, doc. 9943, pp. 210-12.

51. Storck to MFA Vienna, Belgrade, 29 June 1914, ibid., doc. 9943, pp. 210-12.

52. Heinrich Jehlitschka to MFA Vienna, telegram, Üsküb, 1 July 1914, ibid., doc. 9972, pp. 237-40, 그중 p. 239.

53. Storck to MFA Vienna, Belgrade, 30 June 1914, ibid., doc. 9951, pp. 218-19. 비슷한 보고서들이 세르비아의 다른 지역들에서도 발송되었다. 일례로 미트로비차 영사관의 관리인 Josef Umlauf의 보고서, 5 July 1914, ibid., doc. 10064, pp. 311-12 참조.

54. Storck to MFA Vienna, Belgrade, 1 July 1914에 첨부, ibid., doc. 9964, pp. 232-4; 6월 30일 Straza가 퍼뜨린 팸플릿, HHStA, PAI, Liasse Krieg, 810, fo. 78.

55. 사실 요바노비치는 '경고'를 모호한 일반론으로 전달했고, 음모의 세부를 알려주지 않았으며, 빌린스키가 아닌 베르히톨트에게 말했다. *Stampa*, 30 June 1914를 옮겨 적음, ibid., fo. 24.

56. Jovanović(빈 주재 세르비아 공사) to Pašić, Vienna, 1 July 1914; 또한 Jovanović to Pašić, Vienna, 6 July 1914, AS, MID-PO, 411, fos. 659, 775 참조.

57. Djordjević(콘스탄티노플 주재 세르비아 공사) to Pašić, Constantinople, 29 June 1914. Djordjević는 세르비아 언론이 "이 행위를 찬양하지 말고 비난해야" 한다는 콘

스탄티노플 주재 루마니아 공사의 경고를 보고했다; Djordjević는 이 경고에 동의하지 않았고 파시치에게 "위엄 있는 과묵한" 어조를 권고했다; Vesnić to Pašić, Paris, 1 July 1914, ibid., 411, fos. 662, 710.

58. Mark Cornwall, 'Serbia', in Keith M. Wilson (ed.), *Decisions for War 1914* (London, 1995), pp. 55-96, 그중 p. 62.
59. 파시치의 부인에 관해서는 Albertini, *Origins*, vol. 2, p. 99; Djordje Stanković, *Nikola Pašić, saveznivi i stvaranje Jugoslavije* (Zajecar, 1995), p. 40 참조.
60. Czernin(상트페테르부르크 주재 오스트리아-헝가리 공사) to MFA Vienna, St Petersburg, 3 July 1914 보고서, *ÖUAP*, vol. 8, doc. 10017, pp. 282-3; *Vecherneye Vremya* 의 기사 전체를 옮겨 적음, 29 June 1914, ibid., doc. 10017, pp. 283-4.
61. Szápáry to MFA Vienna, St Petersburg, 21 July 1914, ibid., doc. 10461, pp. 567-8.
62. Consul-General Heinrich Jehlitschka to MFA Vienna, telegram, Üsküb, 1 July 1914, ibid., doc. 9972, pp. 237-40, 그중 p. 239.
63. Pašić to all Serbian legations, Belgrade, 1 July 1914; Pašić to all Serbian legations, Belgrade, 14 July 1914, in *DSP*, vol. 7/1, docs. 299, 415.
64. Storck to MFA Vienna, Belgrade, 3 July 1914; Storck to MFA Vienna, Belgrade, 3 July 1914, *ÖUAP*, vol. 8, docs. 10000, 10004, pp. 274, 276.
65. Storck to MFA Vienna, Belgrade, 30 June 1914, ibid., doc. 9950, p. 218.
66. *Neue Freie Presse*, 7 July 1914 (no. 17911), p. 4, col. 1.
67. Cornwall, 'Serbia', passim.
68. 도도한 침묵 정책은 예컨대 Hartwig to Sazonov, 9 July 1914, *IBZI*, series 3, vol. 4, doc. 148, p. 147 참조.
69. Storck to MFA Vienna, Belgrade, 30 June 1914, *ÖUAP*, vol. 8, doc. 9951, pp. 218-9.
70. Hugo Hantsch, *Leopold Graf Berchtold. Grand seigneur und Staatsmann* (2 vols., Graz, 1963) vol. 2, p. 557.
71. Ibid., p. 558에서 인용.
72. Ibid., 2, p. 559.
73. Bilićski, *Wspomnienia i dokumenty*, vol. 1, p. 238.
74. 예를 들어 Bilinski to Potiorek, Vienna, 30 June and 3 July 1914, *ÖUAP*, vol. 8,

docs. 9962, 10029, pp. 227 – 31, 289 – 91 참조.

75. 1913년 10월 13일 회의에 대한 서술, in Conrad von Hötzendorf, *Aus meiner Dienstzeit, 1906 – 1918* (5 vols., Vienna, 1921 – 5), vol. 3, pp. 464 – 6 참조.

76. John Leslie, 'The Antecedents of Austria-Hungary's War Aions. Policies and Policy-makers in Vienna and Budapest before and during 1914', in Elisabeth Springer and Leopold Kammerhold (eds.), *Archiv und Forschung. Das Haus-Hof und Staatsarchiv in seiner Bedeuturg für die Geschichte Österreichs und Europas* (Vienna, 1993) pp. 366 – 7.

77. Bilićski, *Wspomnienia i dokumenty*, vol. 1, p. 277.

78. N. Shebeko, *Souvenirs. Essai historique sur les origins de la guerre de 1914* (Paris, 1936), p. 185.

79. Tschirschky to Bethmann Hollweg, Vienna, 30 June, in *DD*, vol. 1, doc. 7, pp. 10 – 11.

80. 무줄린의 동기에 관해서는 Count Alexander Hoyos가 작성한 회고록, in Fritz Fellner, 'Die Mission "Hoyos"', in id., *Vom Dreibund zum Völkerbund. Studien zur Geschichte der Internationalen Beziehungen 1882 – 1919*, ed. H. Maschl and B. Mazohl-Wallnig (Vienna, 1994), pp. 112 – 41, 그중 p. 135 참조.

81. Leslie, *Antecedents*, p. 378 (인용: Szápary to Berchtold, 19 November 1912).

82. Joseph Redlich, 1914년 7월 24일 일기, in Fritz Fellner (ed)., *Schicksalsjahre Österreichs, 1908 – 1919: Das politische Tagebuch Josef Redlichs* (2 vols., Graz, 1953 – 4), vol. 1, p. 239.

83. Berchtold, 'Die ersten Tage nach dem Attentat vom 28. Juni', in Hantsch, *Berchtold*, vol. 2, p. 552에서 인용.

84. Mérey(로마 대사) to 아버지, 5 May 1914, in Fellner, pp. 112 – 41, 그중 p. 119에서 인용.

85. 빌린스키와의 인터뷰를 인용하는 R. A. Kann, *Kaiser Franz Joseph und der Ausbruch des Krieges* (Vienna, 1971), p. 11; William Jannen, 'The Austro-Hungarian Decision for War in July 1914', in Samuel R. Williamson and Peter Pastor (eds.), *Essays on World War I: Origins and Prisoners of War* (New York, 1983), pp. 55 – 81, 특히 p. 72 참조.

86. 이 일은 황제의 부관 Paar 백작이 Margutti에게 보고한 것으로 추정된다. [Albert

Alexander] Baron von Margutti, *The Emperor Francis Joseph and His Times* (London, [1921]), pp. 138–9 참조.

87. 베르히톨트의 회고, in Hantsch, *Berchtold*, vol. 2, pp. 559–60에서 인용.
88. Tisza, 프란츠 요제프 황제에게 제출한 의견서, Budapest, 1 July 1914, *ÖUAP*, vol. 8, doc. 9978, pp. 248–9.
89. Günther Kronenbitter, *Krieg in Frieden'. Die Führung der k.u.k. Armee und die Grossmachpolitik Österreich-Ungarns 1906–1914* (Munich, 2003), pp. 465–6; Segre, Vienna e Belgrado, p. 49; Sydrey Bradshaw Fay, *The Origins of the First World War* (2 vols., New York), vol. 2, pp. 224–36.
90. 베르히톨트의 회고, in Hantsch, *Berchtold*, vol. 2, pp. 560, 561에서 인용.
91. Conrad, *Aus meiner Dienstzeit*, vol. 4, p. 34; Samuel R. Williamson, *Austria-Hungary and the Origins of the First World War* (Houndsmills, 1991), pp. 199–200.
92. 나우만과 나눈 대화에 대한 호요스의 메모, 1 July 1914, *ÖUAP*, vol. 8, doc. 9966, pp. 235–6; 또한 Albertini, *Origins*, vol. 2, pp. 129–30; Dieter Hoffmann, *Der Sprung ins Dunkle: Oder wie der 1. Weltkrieg entfesselt wurde* (Leipzig, 2010), pp. 181–2; Fritz Fischer, *War of Illusions. German Polices from 1911 to 1914*, trans. Marian Jackson (London, 1975), p. 473.
93. Albertini, *Origins*, vol. 2, p. 138에서 인용.
94. Szögyenyi to Berchtold, Berlin, 4 July 1914, *ÖUAP*, vol. 8, doc. 10039, p. 295.
95. Ibid., p. 36; cf. Fischer, *War of Illusions*, p. 418.
96. Tisza, 프란츠 요제프 황제에게 제출한 의견서, Budapest, 1 July 1914, *ÖUAP*, vol. 8, doc. 9978, pp. 248–9.
97. Ibid., doc. 9984, pp. 253–61에 첨부.
98. Franz Joseph to Kaiser Wilhelm II, 2 July 1914, ibid., doc. 9984, pp. 250–52.
99. 호요스에 대한 쇠제니의 보고서 (1908), in Verena Moritz, '"Wir sind also fähig, zu wollen!" Alexander Hoyos und die Entfesselung des Ersten Weltkrieges', in Verena Moritz and Hannes Leidinger (eds.), *Die Nacht des Kirpitschnikow. Eine andere Geschichte des Ersten Weltkrieges* (Vienna, 2006), pp. 66–96, 그중 pp. 82–3에서 인용.
100. Fellner, 'Die Mission "Hoyos"', pp. 115–6, 119, 125.

101. 내가 참고한, 베르히톨트의 의도에 대한 예리한 논의는 Williamson, *Austria-Hungary*, pp. 195–6 참조; 호요스 파견에 관해서는 Manfred Rauchensteiner, *Der Tod des Doppeladlers. Österreich-Ungarn und der Erste Weltferieg* (Graz, 1994), pp. 70–3; Hantsch, *Berchtold*, vol. 2, pp. 567–73도 참조.
102. Berchtold, 독일 대사와의 대화를 보고, Vienna, 3 July 1914, *ÖUAP*, vol. 8, doc. 1006, pp. 277–8.
103. 브러티아누와의 대화를 보고, in Czernin to MFA Vienna, Sinaia, 24 July 1914, HHStA, PAI, Liasse Krieg 812, fos. 699–708.

8장 확산되는 파문

1. David Fromkin, *Europe's Last Summer. Who Started the Great War in 1914?* (New York, 2004), p. 138에서 인용.
2. Rumbold to Grey, Berlin, 3 July 1914, *BD*, vol. 11, doc. 26, p. 18.
3. Friedrich Meinecke, *Erlebtes, 1862–1919* (Stuttgart, 1964), p. 245.
4. Akers-Douglas to Grey, Bucharest, 30 June 1914, *BD*, vol. 11, doc. 30, p. 23.
5. Poklewski-Koziell to Sazonov, 4 July 1914, *IBZI*, vol. 4, doc. 81, p. 87; Hristić to Pašić, Bucharest, 30 June 1914, AS, MID–PO, 411, fo. 689.
6. Crackanthorpe to Grey, Belgrade, 2 July, 1914, *BD*, vol. 11, doc. 27, pp. 19–20.
7. Möllwald to MFA Vienna, Cetinje, 29 June 1914, HHStA, PAI, Liasse Krieg, 810, fo. 22.
8. 육군부의 문서(크로바틴이 서명), Vienna, 2 July 1914; Berchtold to Möllwald, *ÖUAP*, vol. 8, docs. 9996, 10040, pp. 270–1, 295–6.
9. Spalajković to Pašić, St Petersburg, 9 July 1914, AS, MID–PO, 412, fo. 28.
10. Rodd to Grey, Rome, 7 July 1914, *BD*, vol. 11, doc. 36, p. 28; Mérey to Berchtold, Rome, 2 July 1914, *ÖUAP*, vol. 8, doc. 9988, p. 263; Mikhailovićto Pašić, Rome, 1 July 1914, AS, MID–PO, 411, fos. 762–5.
11. Sverbeyev to Sazonov, 사신(私信), Rome, 30 June 1914, *IBZI*, series 3, vol. 4, doc. 29, p. 37; Mikhailović to Pašić, Rome, 1 July 1914, AS, MID–PO, 411, fos. 762–5.
12. John Keiger, *France and the Origins of the First World War* (London, 1983), pp. 139, 145.

13. Szécsen to Berchtold, Paris, 1 July 1914, *ÖUAP*, vol. 8, doc. 9970, p. 237.
14. Bosković to Pašić, London, 18 July 1914, AS, MID-PO, 411, fo. 684.
15. Mensdorff to MFA Vienna, London, 16 July 1914, HHStA, PAI, Liasse Krieg, 812, fo. 478.
16. Czernin to MFA Vienna, Bucharest, 10 July 1914, ibid., 810, fo. 369.
17. Jovanović to Pašić, Berlin, 13 July 1914, AS, MID-PO, 412, fos. 63-4; Spalajković to Pašić, St Petersburg, 12 July 1914, ibid., fos. 105-6.
18. Shebeko to Sazonov, Vienna, 30 June 1914; Vienna, 1 July 1914, Vienna, 1 July 1914, *IBZI*, series 3, vol. 8, docs. 32, 46, 47, pp. 39, 53, 54.
19. Hartwig to Sazonov, Belgrade, 30 June 1914, ibid., vol. 4, doc. 35, p. 43; 세르비아가 암살에 관여했다는 오스트리아의 주장을 고려하지 않을 구실로 프리트융 사건이 중요했다는 점에 관해서는 Manfred Rauchensteiner, *Der Tod des Doppeladlers. Österreich-Ungarn und der Erste Weltkrieg* (Graz, 1994), p. 77도 참조.
20. Bronewsky to Sazonov, Sofia, 8 July 1914, *IBZI*, series 3, vol. 4, doc. 136, p. 143.
21. Sverbeyev(베를린 대사) to Sazonov, 2 July 1914, ibid. doc. 62, p. 68.
22. Benckendorff to Sazonov, London, 30 June 1914, ibid., doc. 26, p. 32.
23. Bunsen(빈 주재 영국 대사) to Grey, 5 July 1914, *BD*, vol. 11, doc. 40, pp. 31-2.
24. Carlotti to San Giuliano, St Petersburg, 8 July 1914, *IBZI*, series 3, vol. 4, doc. 128, p. 128; 러시아는 외무부 기록물에 이 대화와 관련된 문서가 없다고 말했으며, 체르닌은 사조노프와의 만남을 설명하면서 대화를 묘사하기는 하지만 이 논점을 언급하지는 않는다. 그 이유는 체르닌이 빈과 접촉해 기밀 정보를 얻기는 했지만 오스트리아의 의도를 사조노프에게 누설한 사실을 감추고 싶었기 때문일 것이다. 그렇지만 이 시점에 체르닌이 누설한 정보와 빈 당국의 생각이 거의 일치한다는 점은 그가 실제로 사조노프를 만나 해당 발언을 했음을 시사한다.
25. Szapáry to Berchtold, 18 July 1914, *ÖUAP*, vol. 8, doc. 10365, p. 495.
26. 7월 30일 빈에서 셰베코가 베르히톨트에게 이렇게 말했다. N. Shebeko, *Souvenirs. Essai historique sur les origines de la guerre de 1914* (Paris, 1936), p. 258 참조.
27. Szécsen to Berchtold, 4 July 1914, *ÖUAP*, vol. 8, doc. 10047, p. 299.
28. Grey to Buchanan, London, 8 July 1914, *BD*, vol. 11, doc. 39, p. 31.
29. Bunsen to Grey, 5 July 1914, ibid., doc. 41, pp. 31-2.

30. Bernadette Everly Schmitt, *Interviewing the Authors of the War* (Chicago, 1930), p. 10. Schmitt는 아르타모노프의 부인을 받아들이는 반면 Albertini는 더 회의적이었다. Luigi Albertini, *The Origins of the War of 1914*, trans. Isabella M. Massey (3 vols., Oxford, 1953), vol. 2, pp. 81–6 참조.

31. Wilhelm II, Tschirschky to Bethmann Hollweg, Vienna, 30 July 1914의 여백에 쓴 논평, in Imanuel Geiss (ed.), *Julikrise und Kriegsausbruch 1914. Eine Dokumentensammulung* (2 vols., Hanover, 1963/4), 그중 vol. 1, doc. 2, p. 59.

32. 치르슈키와의 대화를 베르히톨트가 보고, 3 July 1913, *ÖUAP*, vol. 8, doc. 10006, p. 277; Hugo Hantsch, *Leopold Graf Berchtold. Grandseigneur und Staatsmann* (2 vols., Graz, 1963), vol. 2, pp. 566–8.

33. Szögyényi to Berchtold, Berlin, 5 July 1914, in *ÖUAP*, vol. 8, doc. 10058, pp. 306–7.

34. Hoyos memoir in Fritz Fellner, 'Die Mission "Hoyos"', in id., *Vom Dreibund zum Völkerbund. Studren zur Geschichte der Internationalen Beziehungen 1882–1919*, ed. H. Mashl and B. Mazohl-Wallnig (Vienna, 1994), p. 137.

35. Holger Afflerbach, *Falkenhayn: Politisches Denken und Handeln in Kaiserreich* (Munich, 1994), p. 151; Albertini, *Origins*, vol. 2, p. 142; Annika Mombauer, *Helmutvon Moltke and the Origins of the First World War* (Cambridge, 2001), p. 190; Geiss (ed.), *Julikrise*, vol. 1, p. 79.

36. Szögyényi to Berchtold, Berlin, 6 July 1914, *ÖUAP*, vol. 8, doc. 10076, p. 320.

37. Imanuel Geiss, *July 1914. The Outbreak of the First World War. Selected Documents* (New York, 1974), p. 72; Albertini, *Origins*, vol. 2, pp. 137–40.

38. Albertini, *Origins*, vol. 2, p. 147; Hantsch, *Berchtold*, vol. 2, pp. 571–2.

39. Albertini, *Origins*, vol. 2, pp. 137–8, 159; Afflerbach, *Falkenhayn*, p. 151; Stevenson, *Armaments*, pp. 372, 375.

40. Geiss, *July 1914*, p. 72; David Stevenson, *Armaments and the Coming of War. Europe 1904–1915* (Oxford, 1996), p. 372; Szögyényi to Berchtold, Berlin, 28 October 1913, *ÖUAP*, vol. 7, doc. 8934, pp. 513–5.

41. 1914년 봄과 여름 러시아 정부의 신뢰도에 대한 영국의 우려는 Thomas Otte, *The Foreign office Mind. The Making of British Foreign Policy, 1865–1914* (Cambridge, 2001) pp. 376–8 참조; 세르게이 비테에 대한 프랑스의 우려는

Stefan Schmidt, Frankreichs Aussenpolitik, in der Julikrise 1914. Fin Beitrag zur Geschichte des Ausbruchs der Ersten Weltkrieges (Munich, 2009), pp. 266–8 참조.

42. Konrad H. Jarausch, 'The Illusion of Limited War: Chancellor Bethmann Hollweg's Calculated Risk, July 1914', *Central European History*, 2/1 (1969), pp. 48–76; *Gian Enrico Rusconi*, *Rischio 1914. Come si decide una guerra* (Bologna, 1987), pp. 95–115.
43. Jarausch, 'Bethmann Hollweg's Calculated Risk', p. 48.
44. Dieter Hoffmann, *Der Sprung ins Dunkle: Oder wieder 1. Weltkrieg entfesselt wurde* (Leipzig, 2010) pp. 159–62; *Le Matin*, 4 January 1914; 또한 Ignatiev to Danilov(러시아 병참감), Paris, 22 January 1914, *IBZI*, series 3, vol. 1, 77, pp. 65–8, 그중 p. 66 참조. 이즈볼스키는 프랑스 외무부의 중간급 간부가 이 기사를 사주했다고 의심했다. ibid., p. 66, n. 1 참조.
45. Hermann von Kuhl, *Der deutsche Generalstab in Vorbereitung und Durchführung des Weltkrieges* (Berlin, 1920), p. 72에서 인용.
46. Pourtalès to Bethmann, 13 June 1914, *DD*, vol. 1, doc. 1, p. 1.
47. Wilhelm II, 이 기사의 여백에 쓴 카이저의 논평, ibid., doc. 2, p. 3.
48. Bethmann to Lichnowsky, Berlin, 16 June 1914, *GP*, vol. 39, doc. 15883, pp. 628–30, 특히 p. 628.
49. I.V. Bestuzhev, 'Russian Foreign Policy, February–June 1914', *Journal of Contemporary History*, 1/3 (1966) p. 96.
50. 독일 참모본부 의견서, Berlin, 27 November 1913 and 7 July 1914, PA-AA, R 11011.
51. Zara S. Steiner, *Britain and the Origins of the First World War* (London, 1977), pp. 120–24; Wolfgang J. Mommsen, 'Domestic Factors in German Foreign Policy before 1914', *Central European History*, 6 (1973), pp. 3–43, 그중 pp. 36–9.
52. Karl Dietrich Erdmann (ed.), *Kurt Riezler. Tagebücher, Aufsätze, Dokumente* (Göttingen, 1972), 1914년 7월 14일 일기, pp. 182–3. 이 일기의 출간은 전쟁 발발에서 독일의 책임 정도('피셔 논쟁'이 지금도 진행 중이다)와 일기의 진본성(특히 전전 부분)에 대한 길고도 대개 신랄한 논쟁을 촉발했다. 특히 Bernd Sösemann은

Erdmann이 원본에서 낱장들의 일부를 삭제하고 가필하는 등 원고를 대폭 편집했고, 그리하여 리츨러의 '일기'를 현대적 관점에서 잘못 기술했다고 비난했다. Bernd Sösemann, 'Die Erforderlichkeit des Unmöglichen. Kritische Bemerkungen zu der Edition: Kurt Riezler, Tagebücher, Aufsätze, Dokumente', *Blätter für deutsche Landesgeschichte*, 110 (1974); id., 'Die Tagebücher Kurt Riezlers. Untersuchungen zu ihrer Echtheit und Edition', *Historische Zeitschrift*, 236 (1983), pp. 327–69와 Erdmann의 상세한 답변 Karl Dietrich Erdmann, 'Zur Echtheit der Tagebücher Kurt Riezlers. Eine Antikritik', *Historische Zeitschrift*, 236 (1983), pp. 371–402 참조. 이 판본과 리츨러 일기의 영속적 가치에 관해서는 Erdmann 판본의 재판(Göttingen, 2008)에 실린 Holger Afflerbach의 서론 참조.

53. Erdmann, *Riezler*, 1914년 7월 7일 일기, p. 182.
54. Ibid., 1914년 7월 8일 일기, p. 184; 독일의 정책에서 이 주장의 중요성에 관해서는 Jargen Angelav, *Der Weg in die urkatastrophe. Der Zerfall des alten Europas 1900–1914* (Berlin, 2010), pp. 25–6도 참조.
55. A. Hoyos, 'Meine Mission nach Berlin', in Fellner, 'Die "Mission Hoyos"', p. 137.
56. 'Protocol of the Ministerial Council for Joint Affairs convened on 7 July 1914', *ÖUAP*, vol. 8, doc. 10118, pp. 343–51, 그중 pp. 343–5.
57. Ibid., p. 349.
58. Gunther E. Rothenberg, *The Army of Francis Joseph* (Lafayette, 1976), pp. 177–9; Rauchensteiner, *Tod des Doppeladlers*, pp. 74–5; Roberto Segre, *Vienna e Belgrado 1876–1914* (Milan, [1935]) p. 61.
59. Samuel R.Williamson, *Austria-Hungary and the Origins of the First World War* (Houndmills, 1991) p. 199.
60. Conrad von Hötzendorf, *Aus meiner Dienstzeit, 1906–1918* (5 vols., Vienna, 1921–5) vol. 4, p. 33.
61. Berchtold, 황제에게 보고, 14 July 1914, *ÖUAP*, vol. 8, doc. 10272, pp. 447–8.
62. Conrad to Berchtold, Vienna, 10 July 1914, ibid., doc. 10226, pp. 414–5.
63. Shebeko, *Souvenirs*, p. 214, Sydney Bradshaw Fay, *The Origins of the First World War* (2 vols., New York), vol. 2, pp. 243–8.
64. 오스트리아 대사 Mérey 백작은 7월 18일 격분한 어조로 빈에 보낸 전보에서 독일

의 무분별한 행위를 알렸다. 베르히톨트는 답변에서 '안전한 비밀 정보원'(가로챈 정보를 가리키는 암호화된 표현)을 통해 로마 정부가 부쿠레슈티와 상트페테르부르크 공사에게 지시한 사항을 입수했다고 말했다. Mérey to Berchtold, Rome, 18 July 1914 and Berchtold to Mérey, Vienna, 20 July 1914, *ÖUAP*, vol. 8, docs. 10364, 10418, pp. 494, 538 참조. 비밀 엄수를 위반한 이 행위의 함의는 Williamson, *Austria-Hungary and the Origins*, p. 201; id., 'Confrontation with Serbia: The Consequences of Vienna's Failure to Achieve Surprise in July 1914', *Mitteilungen des Österreichischen Staatsarchivs*, 43 (1993), pp. 168–77; id., 'The Origins of the First World War', *Journal of Interdisciplinary History*, 18 (1988), pp. 795–818, 그중 pp. 811–12 참조. 또한 이 모두와 관련해 San Giuliano to Berlin, St Petersburg, Vienna and Belgrade, 16 July 1914, in Italian Foreign Ministry (ed.), *I Documenti Diplomatici Italiani*, 4th series, 1908–1914 (12 vols., Rome, 1964), vol. 12, doc. 272; R. J. B. Bosworth, *Italy, the Least of the Great Powers: Italian Foreign Policy before the First World War* (Cambridge, 1979), pp. 380–86 참조.

65. Shebeko, *Souvenirs*, p. 213 참조.
66. Crackanthorpe to Grey, Belgrade, 17 July 1914, *BD*, vol. 11, doc. 53, p. 41.
67. Pašić to Serbian legations, Belgrade, 19 July, AS, MID–PO 412, fo. 138.
68. Albertini, *Origins*, vol. 2, pp. 254–7, 더욱 상세한 논의 제공.
69. Robin Okey, *The Habsburg Monarch, c. 1765–1918. From Enlightenment to Eclipse* (London, 2001), p. 377.
70. William Jannen, 'The Austro-Hungarian Decision for War in July 1914,' in Samuel R. Williamson and Peter Pastor (eds.), *Essays on World War I: Origins and Prisoners of War* (New York 1983), 특히 pp. 58–60.
71. 독일군이 러시아군을 억제할 거라는 빈의 믿음은 Segre, *Vienna e Belgrado*, p. 69 참조.
72. 저널리스트 겸 빈 외무부 언론국의 프리랜서 Berthold Molden이 1914년 6월 28일과 7월 7일 사이에 작성한 의견서, in Solomon Wank, 'Desperate Counsel in Vienna in July 1914: Berthold Molden's Unpublished Memorandum', *Central European History*, 26/3 (1993), pp. 281–310, 그중 p. 292에서 인용.
73. Molden의 의견서, in ibid., p. 293에서 인용.
74. Edna Ullmann-Margalit, 'Big Decisions: Opting, Converting, Drifting', Hebrew

University of Jerusalem, Centre for the Study of Rationality, Discussion Paper #409, http://www.ratio.huji.ac.il/에 온라인 접속. 또한 Edna Ullmann-Margalit and Sidney Morgenbesser, 'Picking and Choosing', *Social Research*, 44/4 (1977), pp. 758-85 참조. 이 논문들에 주목하게 해준 Ira Katznelson에게 감사드린다.

75. Ullmann-Margalit, 'Big Decisions', p. 11.
76. Storck to MFA Vienna, Belgrade, telegram, 6 July 1914, HHStA, PAI, Liasse Krieg 810, fo. 223; 이 보고서에 따르면 영국 대리공사 크랙앤서프가 오스트리아 공사 슈토르크에게 자신이 보기에 "삼국협상 동료들"의 행동이 "이상한 것 그 이상"이라고 털어놓았다.
77. 가르트비크가 죽은 대공을 조롱하는 자리(암살 당일의 유명한 카드놀이 파티를 포함해)에 여러 번 있었던 이탈리아 공사 Cora의 생각. Storck to Berchtold, Belgrade, 13 July 1914, ibid., fo. 422 참조.
78. Giesl to Berchtold, Belgrade, 11 July 1914, *ÖUAP*, vol. 8, doc. 10193, pp. 396-8; 가르트비크의 죽음에 대한 더 완전한 보고서는 Strandmann to Sazonov, Belgrade, 11 July 1914, *IBZI*, series 1, vol. 4, doc. 164, p. 163.
79. Albertini, *Origins*, vol. 2, p. 277에서 인용.
80. Sazonov to Strandmann, St Petersburg, 13 July 1914, *IBZI*, series 1, vol. 4, doc. 192, p. 179.
81. Descos to Viviani, Belgrade, 11 July 1914, *DDF*, 3rd series, vol. 10, doc. 499, pp. 719-21, 그중 p. 721.

9장 상트페테르부르크의 프랑스인들

1. Louis de Robien, 'Arrivée en Russie', Louis de Robien MSS, AN 427, AP 1, vol. 2, fos. 1-2.
2. Ibid., fos. 3-4.
3. Ibid., fos. 6-7.
4. Ibid., fos. 8-9.
5. Ibid., fo. 13.
6. Ibid., fo. 12,
7. M. B. Hayne, *The French Foreign office and the Origins of the First World War, 1898-1914* (Oxford, 1993), pp. 117-8.

8. Maurice Paléologue, *Cavour*, trans. I. F. D. and M. M. Morrow (London, 1927), p. 69.
9. Daeschner to Doulcet, Paris, 25 May 1914, AMAE, PA-AP, 240 Doulcet, vol. 21.
10. Izvolsky to Sazonov, Paris, 15 January 1914, *IBZI*, series 3, vol. 1, doc. 13, pp. 14-6; Bertie to Grey, Paris, 26 January and 15 June 1912; Bertie to Nicolson, 26 January 1912, TNA FO 800/165, fos. 133-4 참조.
11. De Robien, 'Arrivée', fo. 10.
12. Bertie to Nicolson, 26 January 1912, TNA FO 800/165 fos. 133-4; "개탄스러운 선택(lamentable choix)": 일본 대사 Gérard의 1914년 6월 18일 발언, in Georges Louis, *Les Carnets de Georges Louis*, vol. 2, p. 125.
13. Crowe, Bertie to Grey, Paris, 26 January 1912 여백에 쓴 논평, in John Keiger, *France and the Origins of the First World War* (London, 1983), p. 5에서 인용.
14. Ibid. p. 51.
15. Hayne, *French Foreign office*, pp. 133, 253-4.
16. Izvolsky to Sazonov, Paris, 15 January 1914, *IBZI*, series 3, vol. 1, doc. 13, pp. 14-6.
17. 1914년 1월 초 팔레올로그와의 대화를 보고, in V. N. Strandmann, *Balkanske Uspomene*, trans. from the Russian into Serbian by Jovan Kachaki (Belgrade, 2009), p. 240.
18. 푸앵카레에게 충성한다는 마주리의 평판에 관해서는 Sevastopulo(파리 주재 러시아 대리대사) to Sazonov, Paris, 15 January 1914, *IBZI*, series 3, vol. 1, doc. 16, p. 19 참조; 마주리에 관해서는 Bernard Auffray, *Pierre de Margerie, 1861-1942 et la vie diplomatique de son temps* (Paris, 1976), pp. 243-4; Keiger, *France and the Origins*, p. 51 참조.
19. 'The French Army', *The Times*, 14 July 1914, p. 8, col. D; 'French Military Deficiencies', 'No Cause for Alarm', *The Times*, 15 July 1914, p. 7, col. A.; Gerd Krumeich, *Armaments and Politics in France on the Eve of the First World War. The Introduction of the Three-Year Conscription 1913-1914*, trans. Stephen Conn (Leamington Spa, 1984), p. 214; Keiger, *France and the Origins*, p. 149.
20. Poincaré, 1914년 7월 15일 일기, ibid.
21. Poincaré, 1914년 7월 11일 일기, ibid.

22. Poincaré, 1914년 7월 18일 일기, ibid.
23. Poincaré, 1914년 7월 16일 일기, ibid.
24. Poincaré, 1914년 7월 20일 일기, ibid.
25. Maurice Paléologue, *An Ambassador's Memoirs 1914–1917*, trans. Frederick A. Holt (London, 1973), p. 5.
26. Luigi Albertini, *The Origins of the War of 1914*, trans, Isabella M. Massey (3 vols., Oxford, 1953), vol. 2, p. 189.
27. Paléologue, *An Ambassador's Memoirs*, p. 4.
28. Ibid., p. 5.
29. Poincaré, 1914년 7월 20일 일기, Notes journalières, BNF 16027.
30. Poincaré, 1914년 7월 21일 일기, ibid.
31. Paléologue, *An Ambassador's Memoirs*, p. 10; 서파리도 "'프로차스카 사건'에 대한 간접적 언급"을 보고했다. Szapáry to Berchtold, St Petersburg, 21 July 1914, *ÖUAP*, vol. 8, doc. 10461, pp. 567–8; Friedrich Würthle, *Die Spur führt nach Belgrad* (Vienna, 1975), pp. 207, 330–1 참조.
32. Poincaré, 1914년 7월 21일 일기, Notes journalières, BNF 16027.
33. Paléologue, *An Ambassador's Memoirs*, p. 10
34. Louis de Robien, 'Voyage de Poincaré', AN 427 AP 1, vol. 2, fo. 54. 로비앙은 이 발언을 직접 듣지 못했지만 참석했던 러시아인들에게 발언의 취지를 전해 들었다.
35. Szapáry to Berchtold, St Petersburg, 21 July 1914, *ÖUAP*, vol. 8, doc. 10461, p. 568; 이 언쟁에 대한 다른 견해는 Keiger, *France and the Origins*, p. 151 참조. Keiger는 서파리가 푸앵카레의 발언을 위협으로 받아들인 것이 잘못이라고 주장한다.
36. Poincaré, 1914년 7월 21일 일기, Notes journalières, BNF 16027.
37. De Robien, 'Voyage de Poincaré', fo. 55.
38. Ibid., fo. 57.
39. Poincaré, 1914년 7월 21일 일기, Notes journalières, BNF 16027.
40. Poincaré, 1914년 7월 22일 일기, ibid.
41. Christopher Andrew 'Governments and Secret Services: A Historical Perspective', *International Journal*, 34/2 (1979), pp. 167–86, 그중 p. 174.
42. De Robien, 'Voyage de Poincaré', fos. 56–8.

43. Paléologue, *An Ambassador's Memoirs*, p. 15.
44. 이 일화는 1912년 11월 25일 라귀슈 장군이 상트페테르부르크 주재 프랑스 대사(당시 Georges Louis)와 프랑스 육군부에 보낸 서신에서 보고했다. Service Historique de la Défence, Château de Vincennes, Carton 7N 1478에서 확인할 수 있다. 이 문서에 주목하게 해주고 참고문헌을 제공해준 the Graduate School of Public and International Affairs at the University of Ottawa의 Paul Robinson 교수에게 감사드린다.
45. Paléologue, *An Ambassador's Memoirs*, p. 15.
46. Poincaré, 1914년 7월 22일 일기, Notes journalières, BNF 16027.
47. Poincaré, 1914년 7월 23일 일기, ibid.
48. Paléologue, *An Ambassador's Memoirs*, pp. 16-7.
49. De Robien, 'Voyage de Poincaré', fo. 62.
50. Ibid., fos. 62-3.
51. Paléologue, *Cavour*, p. 70.

10장 최후통첩

1. 'Protocols of the Ministerial Council held in Vienna on 19 July 1914', *ÖUAP*, vol. 8, doc. 10393, pp. 511-4; Conrad von Hötzendorf, *Aus meiner Dienstzeit 1906-1918* (5 vols., Vienna, 1921-5), vol. 4, pp. 87-92.
2. 이 문제는 Czernin to Berchtold, '일급기밀', Sinaia, 27 July 1914, HHStA, PAI, Liasse Krieg 812, fos. 193-8에서 제기된다.
3. Szögyenyi to MFA Vienna, Berlin, 14 July 1914, ibid., fo. 446.
4. Ibid., fo. 512.
5. Samuel R. Williamson, *Austria-Hungary and the Origins of the First Word War* (Houndsmills, 1991), p. 203.
6. Lewis Bernstein Namier, *In the Margin of History* (London, 1939), p. 247.
7. Manfred Rauchensteiner, *Der Tod des Doppeladlers. Österreich-Urgam und der Erste Weltkrieg* (Graz, 1994), p. 78.
8. 오스트리아 각서와 최후통첩의 문안은 *ÖUAP*, vol. 8, doc. 10395, pp. 515-7 참조.
9. Wiesner to Berchtold(전보 두 통), Sarajevo, 13 July 1914, *ÖUAP*, vol. 8, docs. 10252, 12253, pp. 436-7; 비스너 보고서의 영향은 Sydrey Bradshaw Fay, *The*

Origins of the First World War (2 vols., New York), vol. 2, pp. 236–9 참조.

10. Bernadotte Everly Schmitt, *Interviewing the Authors of the War* (Chicago, 1930), p. 22.
11. Luigi Albertini, *The Origins of the War of 1914*, trans. Isabella M. Massey (3 vols. Oxford, 1953), vol. 2, pp. 90–7.
12. 무줄린이 작성한 6항의 초안을 베르히톨트가 수정하고 무줄린이 다시 수정한 다음 포르가치가 다시 다듬었다. ibid., vol. 2, pp. 255–6 참조.
13. Grey to Bunsen(빈 대사), 리히노브스키와의 대화를 보고, *BD*, vol. 11, doc. 91, pp. 73–4; 처칠의 표현은 David Fromkin, *Europe's Last Summer. Who Started the Great War in 1914?* (New York, 2004), p. 184에서 인용.
14. Rambouillet Agreement, Interim Agreement for Peace and Self-Government in Kosovo, 미국 국무부 웹사이트 http://www.state.gov/www/regions/eur/ksvo_rambouillet_text.html.
15. Ian Bancroft, 'Serbia's Anniversary is a Timely Reminder', Guardian Unlimited, 24 March 2009, http://global.factiva.com/ha/default.aspx.
16. Crackanthorpe to Grey, Belgrade, 18 July 1914, *BD*, vol. 11, doc. 80, pp. 64–5.
17. Royal Legation of Serbia, London, to Netherlands MFA, 18 October 1912, NA 2.05.3, Ministerie van Buitenlandsa Zaken, doc. 648, Correspondentie over de Balkan-oorlog.
18. Giesl to Berchtold, Belgrade, 23 July 1914, *ÖUAP*, vol. 8, doc. 10526, p. 596.
19. Albertini, *Origins*, vol. 2, p. 285.
20. 류바 요바노비치의 기억, in ibid., vol. 2, p. 347에서 인용.
21. 이 서술은 그루이치의 회상에 따른 것이다. ibid., p. 347에서 인용.
22. Berchtold to Giesl, Vienna, 23 July 1014, *ÖUAP*, vol. 8, doc. 10519, p. 594.
23. Strandmann to Sazonov, 24 July 1914, *IBZI*, series 3, vol. 5, doc. 35, p. 38.
24. Pavlović 대령의 회상, 1915년 10월 세르비아군이 퇴각 중이던 때에 Luciano Magrini에게 누설, Magrini, *Il dramma di Seraievo. Origini i responsabilità della guerra europea* (Milan, 1929), pp. 203–5 참조.
25. Pašić to Spalajković, Belgrade, 24 July 1914, *DSP*, vol. 7/2, doc. 501; Regent Alexander to Tsar Nicholas II, Strandmann to Sazonov, 24 July 1914에 옮겨 적음, *IBZI*, series 3, vol. 5, doc. 37, p. 39.

26. Magrini, *Il dramma di Seraievo*, pp. 205–6.
27. N. Pašić to 재외 세르비아 공사관들, Belgrade, 25 July 1914, British Foreign office (ed.), *Collected Diplomatic Documents Relating to the Outbreak of the European War* (London, 1915), pp. 389–90.
28. Crackanthorpe to Grey, Belgrade, 12.30 p.m. 25 July 1914, *BD*, vol. 11, doc. 114, pp. 87–8.
29. Spalajković to Pašić, St Petersburg, 6.15 p.m. 22 July 1914, *DSP*, vol. 7/2, doc. 484.
30. Albertini, *Origins*, vol. 2, p. 354.
31. Spalajković to Pašić, St Petersburg, 자정, 24 July 1914, *DSP*, vol. 7/2, doc. 527.
32. Gale Stokes, 'The Serbian Documents from 1914: A Preview', *Journal of Modern History*, 48 (1976), pp. 69–84, 그중 p. 72.
33. Spalajković to Pašić, St Petersburg, 8 p.m. 25 July 1914, *DSP*, vol. 7/2, doc. 556.
34. Spalajković to Pašić, St Petersburg, 3.22 p.m. 25 July 1914, Spalajković to Pašić, 2.55 p.m. 26 July 1914, ibid., docs. 556, 559.
35. 러시아에서 보낸 전보들의 영향은 Albertini, *Origins*, vol. 2, pp. 354–6 참조; 그리고 사조노프가 최후통첩의 5항과 6항을 거부한 입장은 Magrini, *Il dramma di Seraievo*, p. 206; Stokes, 'Serbian Documents'; cf. Mark Cornwall, 'Serbia', in: Keith M. Wilson (ed.), *Decisions for War 1914* (London, 1995), pp. 79–80 참조. 이 당시 베오그라드 상황에 대한 발군의 분석을 내놓은 Cornwall은 상트페테르부르크에서 보낸 전보들의 표현이 모호했던 탓에 파시치로서는 러시아가 세르비아를 지원할 것임을 의심 없이 확신할 수는 없었다고 주장한다. 러시아가 정확히 언제 무엇을 할 것인지에 대해 사조노프가 모호하게 말한 것은 사실이지만(실은 그럴 수밖에 없었지만), 나는 스팔라이코비치가 보낸 전보들의 함의가 점점 분명해지면서 세르비아 지도부가 러시아의 개입 방침을 충분히 확신했을 것이라고 생각한다. 하지만 베오그라드 정부가 위기에 대처하는 방식을 통해 처음부터 암시한 대로, 오스트리아의 요구에 저항하겠다는 세르비아의 결심이 애초부터 강했다는 것은 인정해야 한다.
36. 전보 발송 시간과 도착 시간은 Spalajković to Pašić, St Petersburg, 자정, 24 July 1914, *DSP*, vol. 7/2, doc. 527에 대한 편집자들의 일러두기와 Stokes, 'Serbian Documents' 참조.
37. 그루이치의 회상, in Albertini, *Origins*, vol. 2, pp. 363–4에서 인용.

38. Alexander Musulin von Gomirje, *Das Haus am Ballhausplatz. Erinnerungen eines österreich-ungarischen Diplomaten* (Munich, 1924), p. 241.
39. 답변문(프랑스어), 'Note der serbischen Regierung und die Belgrader Gesandtschaft', Belgrade, no date [25 July 1914], *ÖUAP*, vol. 8, doc. 10648, pp. 660-3.
40. Miloš Bogićević, *Le Procès de Salonique, Juin 1917* (Paris, 1927), p. 132; Joachim Remak, *Sarajevo. The Story of a political Murder* (London, 1959), p. 207.
41. 답변문(프랑스어), 'Note der serbischer Regierung und die Belgrader Gesandschaft', Belgrade, no date [25 July 1947], *ÖUAP*, vol. 8, doc. 10648, pp. 660-3.
42. Roberto Segre, *Vienna e Belgrado 1876-1914* (Milan, [1935]), p. 78; 또한 James Joll, *The Origins of the First World War* (London, 1984), p. 13; Joachim Remak, '1914-The Third Balkan War: Origins Reconsidered', *Journal of Modern History*, 43 (1971), pp. 353-66 참조.
43. 'Monarchiefeindliche Bilder im Belgrader Kriegsministerium', 세르비아의 답변서를 받은 이후 오스트리아-헝가리 공사관들에 보낸 회람장에 포함된 문서, *ÖUAP*, vol. 8, doc. 10654, pp. 665-704, 그중 p. 704 참조.
44. Military attaché Belgrade to chief of General Staff, Belgrade, 25 July 1914, Kriegsarchiv Wien, AOL Evidenzbureau, 3506, 1914, Resumés d. vertraulichen Nachrichten-Italian, Russland, Balkan, 'B'[Balkan]; N. Shebeko, *Souvenirs. Essai historique sur les origines de la guerre de 1914* (Paris, 1936), p. 231.
45. 기습의 출발에 관한 나의 서술은 Albertini, *Origins*, vol. 2, p. 373을 많이 참조했다.
46. Berchtold to Mensdorff, Vienna, 24 July 1914, *ÖUAP*, vol. 8, doc. 10599, p. 636.
47. Macchio to Berchtold, Vienna, 25 July 1914; Berchtold to Macchio, Lambach, 25 July 1914, ibid., vol. 8, docs. 10703, 10704, pp. 731-2.
48. Albertini, *Origins*, vol. 2, pp. 376-80.
49. Spalajković to Serbian MFA in Niš, St Petersburg, 4. 10 a.m. 26 July 1914, *DSP*, vol. 7/2, doc. 584.
50. Franz Joseph, 'The Imperial Rescript and Manifesto', 28 July 1914, trans. and repr. in 'Austria-Hungary's Version of the War', *New York Times Current History*

of the European War, 1/2 (1914: December 26), pp. 223–6, 그중 p. 223, Periodical Archives Online에서 확인.

51. Rapaport to Vredenburch, Belgrade, 28 July 1914, NA, 2.05.36, 9, Consulaat-Generaal Belgrado en Gezandschap Zuid-Slavië.

52. Ernest Jones, *Sigmund Freud: Life and Work* (3 vols., London, 1953–7), vol. 2, p. 192.

11장 경고사격

1. Maurice Paléologue, 1914년 7월 24일 일기, *An Ambassador's Memoirs 1914–1917*, trans. Fredrick, A. Holt (London, 1973), p. 21.

2. De Robien, 'Copie des notes prises par Chambrun du 23 juillet au 3 août 1914', AN 427, AP 1, Louis de Robien MSS, vol. 2, fo. 2, opposite. 이 흥미로운 정보는 전쟁 발발 전 마지막 며칠 동안 팔레올로그 대사의 활동을 항목별로 정리하라는 비비아니의 요청에 따라 샹브룅이 작성해 타자로 친 문서의 먹지 복사본에 드 로비앙이 첨부한 메모들을 토대로 구성한 것이다.

3. Buchanan to Grey, 24 July 1914, *BD*, vol. 11, doc. 101, p. 81.

4. Paléologue, 1914년 7월 24일 일기, *An Ambassador's Memoirs*, p. 22.

5. De Robien, 'Copie des notes prises par Chambrun', fo. 2, opposite.

6. Szapáry to Berchtold, St Petersburg, 24 July 1914, *ÖUAP*, vol. 8, docs. 10616, 10617, 10619, pp. 645, 646–7, 648.

7. 야누시케비치는 러시아 육군 동원국장 도브로롤스키 장군에게 사조노프와의 대화를 이렇게 전했다. S. K. Dobrorolsky, 'La Mobilisation de l'armée russe en 1914', *Revue d'Histoire de la Guerre Mondiale*, 1 (1923), pp. 53–69, 144–59, 그중 p. 64 참조; 언론 발표에 관해서는 Paléologue, 1914년 7월 25일 일기, *An Ambassador's Memoirs*, p. 25 참조.

8. 재무장관을 지낸 피터 바르크의 미발표 회고록에 근거하는 이 인용들의 출처는 D. C. B. Lieven, *Russia and the Origins of the First World War* (London, 1983), p. 142.

9. A. Yu Ariev (ed.), *Sud'ba Veka Krivosheiny* (St Petersburg, 2002), p. 76; 《노보예 브레먀》의 주요 기고자 중 한 명인 Menshikov가 크리보셰인에게 보낸 서신들, in RGIA, 특히 F. 1571, op. 1, d. 181, ll. 2–3도 참조.

10. H. H. Fisher (ed.), *Out of My Post. The Memoirs of Count Kokovtsov Russian Minister of Finance, 1904–1914, Chairman of the Council of Ministers, 1911–1914*, trans. Laura Mateev (Standard, 1935), p. 349.
11. 밀리차가 크리보셰인에게 보낸 편지, in RGIA, F. 1571, op. 1, d. 289, ll. 3, 7 참조.
12. 이 회의에 대한 바르크의 서술, in Lieven, *Russia and the Origins*, pp. 142–3에서 인용.
13. Ibid., pp. 143–4.
14. Sonderjournal des russischen Ministerrats, 24 July 1914, *IBZI*, series 3, vol. 5, doc. 19, pp. 25–6.
15. Leonard Turner, 'Russian Mobilisation in 1914', *Journal of Contemporary History*, 3/1 (1968), pp. 75–6.
16. Lieven, *Russia and the Origins*, pp. 59–61; 7월 24일과 25일 러시아가 내린 결정의 중요성에 관해서는 Jürgen Angelow, *Der Weg in die Urkatastrophe. Der Zerfall des alten Europas 1900–1914* (Berlin, 2010), p. 145도 참조.
17. Bruce W. Menning, 'Russian Military Intelligence, July 1914. What St Petersburg Perceived and Why It Mattered', 미발표 원고, p. 20; Dobrorolsky, 'La Mobilisation de l'armée russe', pp. 64–7.
18. Dobrorolsky, 'La Mobilisation de l'armée russe', 여러 군데; Sydney Bradshaw Fay, *The Origins of the First World War* (2 vols., New York), vol. 2, pp. 286–300.
19. Turner, 'Russian Mobilisation', pp. 65–88, 그중 p. 75; A. Knox, *With the Russian Army, 1914–1917* (2 vols., New York, 1921), vol. 1, p. 42.
20. Luigi Albertini, *The Origins of the War of 1914*, trans. Isabella M. Massey (3 vols. Oxford, 1953). vol. 2, p. 558; Turner, 'Russian Mobilisation.'
21. Lieven, *Russia and the Origins*, pp. 144–5; Dobrorolsky, 'La Mobilisation de l'armée russe', p. 68; Turner, 'Russian Mobilisation', p. 76.
22. 전쟁 대비기간에 관한 1913년 3월 2일 법령, in Fay, *Origins*, vol. 2, pp. 316–8에서 바꾸어 쓴 표현.
23. De l'Escaille to Davignon, St Petersburg, 26 and 27 July 1914. 또한 Buisseret to Davignon, St Petersburg, 26 July 1914, MAEB AD, Empire Russe, 34 참조.
24. Széchényi to MFA Vienna, Copenhagen, 26 July 1914, HHStA, PA, I. Liasse

Krieg, 812, fo. 63.

25. Hein to MFA Vienna, Kiev, 27 July 1914, ibid., fo. 226.
26. Andrian to MFA Vienna, 27 July 1914, Szczakowa, 27 July 1914, ibid., fo. 237.
27. Von Haydin to MFA Vienna, Moscow, 28 July 1914, ibid., fo. 3.
28. Stürghk(갈리치아 총독의 보고서에서 발췌) to MFA Vienna, Vienna, 28 July 1914, ibid., fo. 26.
29. Corossacz to MFA Vienna, Tiflis, 28 July 1914, ibid., fo. 69.
30. 이 보고서들에 관해서는 Sean McMeekin, *The Russian Origins of the First World War* (Cambridge MA, 2011), p. 62 참조; 말 무리들이 집결한다는 경고에 관해서는 Dobrorolsky, 'La Mobilisation de l'armée russe', pp. 68–9.
31. Paléologue, diary 1914년 7월 25일 일기, *An Ambassador's Memoirs*, p. 25.
32. Buchanan to Grey, St Petersburg, 18 July 1914, *BD*, vol. 11, doc. 60, p. 47.
33. Fisher (ed.), *Memoirs of Count Kokovtsov*, pp. 346–7.
34. Ibid., p. 347.
35. Ignatiev to General Staff, Paris, 30 July 1914, RGVIA, Fond 15304 – Upravlenie Voennogo Agenta vo Frantsii, op. 2, d. 16, 노트들에 따로 정리한 보고와 통신, l. 38.
36. Guillaume to Davignon, Paris, 30 July 1914, MAEB AD, France 12, Correspon–dance politique–légations.
37. Paléologue to Quai d'Orsay, 6.30 p.m. 24 July 1914; 11 p.m. 24 July 1914; 4. 45 p.m. 25 July 1914, 모두 초고, AMAE, PA-AP, Maurice Paléologue, Correspondance no politique 1, fos. 30–2; 이 문서는 M. B. Hayne, *The French Foreign office and the Origins of the First World War, 1898–1914* (Oxford, 1993), p. 298에서 논의된다.
38. Laguiche to French General Staff, in Paléologue to MFA Paris, St Petersburg, 26 July 1914에서 발췌, in McMeekin, *Russian Origins*, p. 69에서 인용.
39. 사조노프가 팔레올로그에게 보고한 서파리와의 대화, Paléologue to Quai d'Orsay, 7.30 p.m. 26 July 1914, AMAE, PA-AP, Maurice Paléologue, Correspondance politique 1, fo. 35 참조; 이 만남에 대한 보고서에서 서파리는 사조노프의 어조가 따뜻하고 우호적이었다고 강조하면서도, 러시아의 군사대비가 이미 진행 중이므로 이런 제의는 시간을 벌려는 시도에 지나지 않는다고 결론지었다. *ÖUAP*, vol. 8, doc.

10835, pp. 804–6.

40. 1912년 11월 8일 러시아 비밀 군사위원회는 총동원 이전 조치들에 대한 새로운 지침을 채택했다. Fay, *Origins*, vol. 2, p. 308 참조.
41. Paléologue to Quai d'Orsay, 4.45 p.m. 25 July 1914, in 초고, AMAE, PA-AP, Maurice Paléologue, Correspondance Politique 1, fo. 32 뒷면.
42. Paléologue to Quai d'Orsay, 11.00 p.m. 24 July 1914, in 초고, ibid., fo. 31 뒷면.
43. McMeekin, *Russian Origins*, p. 34.
44. Ronald Bobroff, *Roads to Glory. Late Imperial Russia and the Turkish Straits* (London, 2006), pp. 52–3.
45. Mustafa Aksakal, *The Ottoman Road to War in 1914. The Ottoman Empire and the First World War* (Cambridge, 2008) p. 43; 그리스와 오스만의 건함 경쟁은 Paul G. Halpern, *The Mediterranean Naval Situation, 1908–1914* (Cambridge, MA, 1971), pp. 314–54 참조.
46. Grigorovich to Sazonov, 19 January 1914, *IBZI*, series 3, vol. 1, doc. 50, pp. 45–7.
47. Sazonov to Benckendorff, St Petersburg, 8 May 1914, ibid., vol. 2, doc. 384, pp. 381–2, 그중 p. 382; Aksakal, *Ottoman Road to War*, p. 46.
48. Sazonov to Benckendorff, St Petersburg, 30 July 1914, *IBZI*, series 3, vol. 5, doc. 281, p. 195.
49. 러시아 외교정책의 주요 사안로서의 터키 해협에 관해서는 Bobroff, *Roads to Glory*, 여러 군데 참조; 7월 위기 동안 보스포루스 해협 통제가 러시아의 정책을 움직인 결정적 요인이었다는 견해는 McMeekin, *Russian Origins*, pp. 6–40, 98–114 참조. 여기서 McMeekin은 전쟁 발발 이후 러시아가 터키 해협을 점점 더 중시했다고 강조한다.
50. Lieven, *Russia and the Origins*, pp. 45–7, 99–101.
51. Dobrorolsky, 'La Mobilisation de l'armée russe', p. 68.

12장 마지막 날들

1. 고전적 서술은 A. T. Q. Stewart, *The Ulster Crisis* (London, 1969).
2. Ian F. W. Beckett, *The Army and the Curragh Incident 1914* (London, 1986); James Fergusson, *The Curragh Incident* (London, 1964) 참조.

3. Zara S. Steiner, *Britain and the Origins of the First World War* (London, 1977), p. 215; Keith Jeffery, *Field Marshal Sir Henry Wilson. A Political Soldier* (Oxford, 2006), p. 126.
4. Asquith to Venetia Stanley, 30 June 1914, in Michael and Eleanor Brock (eds.), *H. H. Asquith. Letters to Venetia Stanley* (Oxford, 1985), p. 93.
5. Asquith to Venetia Stanley, 24 July 1914, in ibid., p. 122.
6. Grey to Bertie, London, 8 July 1914, Imanuel Geiss (ed,), *Julikrise und Kriegsausbruch 1914. Eine Dokumentensammlung* (2 vols., Hanover, 1934–4), vol. 1, doc. 55, p. 133; *BD*, vol. 11, doc. 38, p. 30.
7. Grey to Buchanan, London, 8 July 1914, Geiss (ed,), *Julikrise*, vol. 1, doc. 56, pp. 133–5 : *BD*, vol. 11, doc. 39, pp. 30–1.
8. Lichnowsky to Bethmann Hollweg, London, 9 July 1914에 보고된 대화, Geiss (ed.), *Julikrise*, vol. 1, doc. 60, pp. 136–7.
9. Mensdorff to MFA Vienna, London, 17 July 1914, *ÖUAP*, vol. 8, doc. 10337, pp. 480–1.
10. Mensdorff to MFA Vienna, London, 24 July 1914, ibid., vol. 8, doc. 10660, p. 636.
11. Steiner, *Britain and the Origins*, p. 222.
12. H. D. Lasswell, *Propaganda Technique in the World War* (New York, 1927), p. 49에서 인용.
13. Adrian Gregory, 'A Clash of Cultures. The British Press and the Opening of the Great War', in Troy E. Paddock (ed.), *A Call to Arms. Propaganda, Public Opinion and Newspapers in the Great War* (Westport, 2004), pp. 15–50, 그중 p. 20.
14. *John Bull*, 11 July 1914, p. 6; Niall Ferguson, *Pity of War* (London, 1998), p. 219; Gregory, 'A Clash of Cultures', pp. 20–1.
15. Bosković to Pašić, London, 12 July 1914, AS, MID–PO 412, fo. 36; 보스코비치를 불쾌하게 한 기사는 *John Bull*, 11 July 1914, p. 6에 실렸다.
16. Winston S. Churchill, *The World Crisis* (2 vols., London, repr. 1968), vol. 1, p. 114.
17. Steiner, *Britain and the Origins*, pp. 224–5.

18. 1911년 8월 23일 윌슨의 제국방위위원회 발표는 *BD*, vol. 8, doc. 314, pp. 381–2에 발췌되어 있다.

19. Michael Brock, 'Britain Enters the War', in R. J. W. Evans and H. Pogge von Strandmann (eds.), *The Coming of the First World War* (Oxford, 1988), pp. 145–78, 그중 pp. 150–1에서 인용.

20. Trevor Wilson (ed.), *The Political Diaries of C. P. Scott 1911–1928* (London, 1970), pp. 96–7, 104 참조.

21. Brock, 'Britain Enters the War', pp. 153–4.

22. Grey to Rumbold, London, 20 July 1914, *BD*, vol. 11, doc. 68, p. 54.

23. 그레이의 '공조' 제안의 비일관성과 실행 불가능성에 관해서는 Sydrey Bradshaw Fay, *The Origins of the First World War* (2 vols., New York), vol. 2, pp. 360–2 참조.

24. Buchanan to Grey, St Petersburg, 26 July 1914, *BD*, vol. 11, doc. 155, p. 107.

25. Nicolson to Grey, '독일 대사와의 소통' 보고, 26 July 1914, *BD*, vol. 11, doc. no. 146, p. 155.

26. 7월 8일 그레이와 나눈 대화에 대한 벤켄도르프의 긴 서술은 영국 외무장관이 세르비아 상황에 대한 러시아의 견해에 이의를 제기하기는커녕 7월 위기를 두 동맹 그룹 간 관계의 관점에서만 보았다는 것을 확인해준다. Benckendorff to Sazonov, London, 9 July 1914, *IBZI*, series 3, vol. 4, doc. 146, pp. 141–4.

27. Buchanan to Grey, St Petersburg, 24 July 1914, *BD*, vol. 11, doc. 101, pp. 80–2(메모 포함).

28. Buchanan to Grey, St Petersburg, 24 July 1914에 붙인 크로의 7월 25일 메모, *BD*, vol. 11, doc. 101. p. 81.

29. Lichnowsky to Jagow, London, 29 July 1914, in Max Montgelas and Karl Schücking (eds.), *Deutsche Dokumente zum Kriegsausbruch*, vol. 1, doc. 368, pp. 86–9, 그중 p. 87.

30. Grey to Goschen, London, 30 July 1914, *BD*, vol. 11, doc. 303, pp. 193–4.

31. 세르비아를 고발하는 오스트리아의 주장에 대한 그레이의 입장은 Steiner, *Britain and the Origins*, pp. 220–3 참조.

32. Poincaré, 1914년 7월 25일 일기, Notes journalières, BNF 16027.

33. Ibid.

34. Ibid., 강조 추가.

35. Jean-Jacques Becker, *1914. Comment les français sont entrés dans la guerre. Contribution à l'étude de l'opinion publique printemps-été 1914* (Paris, 1977), p. 140; 프랑스의 수동성에 관해서는 John Keiger, *France and the Origins of the First World War* (London, 1983). pp. 166, 167 참조; 또한 id., 'France', in Keith M. Wilson (ed.), *Decisions for War 1914* (London, 1995), pp. 121–49, 특히 pp. 122–3 참조.

36. "러시아에 대한 두려움 속에서 살아가는" 스웨덴 여론에 관해서는 Buisseret to Davignon, St Petersburg, 28 November 1913, MAEB AD, Russie 3, 1906–14 참조.

37. 이 대화는 Poincaré, 1914년 7월 23일 일기, Notes journalières, BNF 16027에 기록되어 있다.

38. Poincaré, 1914년 7월 25일 일기, ibid.

39. Poincaré, 1914년 7월 25일 일기, ibid.

40. Poincaré, 1914년 7월 27일 일기, ibid. 파리로 돌아가기로 결정했을 때 프랑스호는 이미 코펜하겐을 향해 가고 있었다.

41. Ibid.

42. Ibid.

43. Ibid.

44. Ibid.

45. Poincaré, 1914년 7월 28일 일기, Notes journalières, BNF 16027.

46. Keiger, 'France', in Wilson (ed.), *Decisions*, p. 123; Schmidt, *Frankreichs Aussenpolitik*, p. 313.

47. Poincaré, 1914년 7월 29일 일기, Notes journalières, BNF 16027.

48. Joseph Caillaux, *Mes Mémoires* (3 vols., Paris, 1942–7), vol. 3, *Clairvoyance et force d'âme dans mes épreuves, 1912–1930*, pp. 169–70.

49. Poincaré, 1914년 7월 29일 일기, Notes journalières, BNF 16027.

50. Laguiche to Messimy, St Petersburg, 26 July 1914, *DDF*, 3rd series, vol. 11, doc. 89, pp. 77–8.

51. 프랑스 국립도서관에 있는 다음 원고에 한 페이지가 빠져 있다. Poincaré, 1914년 7월 29일 일기, Notes journalières, BNF 16027, fo. 124. 이 일기의 마지막 문단은 영국이 사조노프에게 오스트리아-세르비아 문제를 해결하기 위한 4개국 대사들의 회의

를 런던에서 개최하는 방안에 대한 의견을 알려달라고 요청했다고 기록한 뒤 다음과 같은 감질나는 단편으로 끝난다. "사조노프는 불행히도"-.

52. Caillaux, *Mes Mémoires*, vol. 3, pp. 170-1.
53. Sazonov to Izvolsky, St Petersburg, 29 July 1914, *IBZI*, series 3, vol. 5, doc. 221, pp. 159-60; 또한 Note de l'Ambassade de Russie. Communication d'un télégramme de M. Sazonoff, 30 July 1914, *DDF*, 3rd series, vol. 11, doc. 301, pp. 257-8.
54. Stefan Schmidt, *Frankreichs Aussenpolitik in der Julikrise 1914. Ein Beitrag zur Geschichte des Ausbruchs des Ersten Weltkriegs* (Munich, 2009), p. 321.
55. Viviani to Paléologue and Paul Cambon, Paris, 30 July 1914에서 발췌, *DDF*, 3rd series, vol. 11, doc. 305, pp. 261-3; 이 문서에 대한 나의 해석은 Schmidt, *Frankreichs Aussenpolitik*, pp. 317-20에 따른 것이다.
56. Keiger, 'France', in Wilson (ed.), *Decisions for War*, pp. 121-49, 그중 p. 147 참조.
57. Gabriel Hanotaux, *Carnets (1907-1925)*, ed. Georges Dethan, Georges-Henri Soutou and Marie-Renée Mouton (Paris, 1982), pp. 103-4.
58. Poincaré, 1914년 7월 30일 일기, Notes journalières, BNF 16027; 이 연관성에 대해서는 Schmidt, *Frankreichs Aussenpolitik*, p. 322 참조.
59. Izvolsky to Sazonov, Paris, 30 July 1914, *IBZI*, series 3, vol. 5, doc. 291, pp. 201-2, 강조 추가; 또한 Keiger, 'France', p. 127의 논의; Schmidt, *Frankreichs Aussenpolitik*, pp. 323-4의 논의 참조.
60. Schmidt, *Frankreichs Aussenpolitik*, p. 326에서 인용. Schmidt는 메시미가 말한 "대규모 병력 이동"을 삼가는 가속의 의미가 아마도 병력 집결을 삼가는 동원이었을 것이라고 주장한다.
61. Poincaré, 1914년 7월 30일 일기, Notes journalières, BNF 16027.
62. Dobrorolsky, 'La Mobilization de l'armée russe', p. 147; 그 기사 'Rossiya khochet mira, no gotova voine'는 《비제르비아 베도모스티》에 실린 뒤 1914년 3월 13일 민족주의 기관지 *Rech* 에 다시 실렸다.
63. Dobrorolsky, 'La Mobilization de l'armée russe', p. 147.
64. Ibid., pp. 148-9.
65. Baron M. F. Schilling (ed.), *How the War Began in 1914. Being the Diary of the*

Russian Foreign office from the 3rd to the 20th (Old Style) of July, 1914, trans. W. Cyprian Bridge (London, 1925), p. 62.

66. Sazonov, *Les Années fatales*, p. 216.

67. Ibid., pp. 217–20; 이 일에 대한 훌륭한 서술은 Fay, *Origin*, vol. 2, pp. 450–81 참조.

68. Dobrorolsky, 'La Mobilization de l'armée russe', p. 151.

69. 이 날짜 차이는 Bruce W. Menning, 'Russian Military Intelligence, July 1914. What St Petersburg Perceived and Why It Mattered', 미발표 원고, p. 23에서 논의된다; 또한 Ministère des affaires étrangères (ed.), *Documents diplomatiques, 1914. La guerre européenne. Pièces relatives aux négotiations qui ont précédé la déclaration de guerre de l'Allemagne à la Russie at à la France* (Paris, 1914), doc. 118, p. 116 참조; 생략하고 은폐한 다른 사실들에 관해서는 Konrad G. W. Romberg, *The Falsifications of the Russian Orange Book*, trans. W. Cyprian Bridge (London, [1923])도 참조.

70. Telegram no. 1538 to London, Paris, Vienna, Berlin and Rome, 28 July 1914, in Schilling, *How the War Began*, p. 44에서 인용.

71. Telegram no. 1539 to Berlin, Paris, London, Vienna and Rome, 28 July 1914, in ibid에서 인용.

72. Telegram from Benckendorff to Sazonov, in Sazonov, *Les Années fatales*, pp. 200–1에서 인용.

73. Schilling (ed.), *How the War Began*, p. 43에서 인용.

74. 베트만의 경고에 대한 사조노프의 견해는 Luigi Albertini, *The Origins of the War of 1914*, trans. Isabella M. Massey (3 vols., Oxford, 1953), vol. 2, p. 491; Horst Links, *Das Zarische Russland und der Erste Weltkrieg. Diplomatie und Kriegsziele, 1914–1917* (Munich, 1982), p. 33 참조; 푸르탈레스와의 대화에 관해서는 '16/29 July', Schilling (ed.), *How the War Began*, pp. 48–9 참조.

75. '15/28 July', ibid, p. 43.

76. De l'Escaille to Davignon, St Petersburg, 30 July 1914, MAEB AD, Empire Russe 34, 1914; 독일이 가로채서 전쟁 중에 발표한 이 전보는 전후에 전쟁 책임 논쟁에서 늘 거론되는 유명한 문서가 되었다. 이를테면 German Foreign office (ed.), *Belgische Aktenstucke, 1905–1914* (Berlin, [1917]); Bethmann Hollweg,

Betrachtungen zum Weltkrieg (2 vols., Berlin, 1919), vol. 1, p. 124 참조.

77. Telegram of Kaiser Wilhelm to the Tsar, Berlin, 29 July 1914, in Schilling (ed.), *How the War Began*, p. 55에서 인용.

78. 예를 들어 Herman Bernstein, 'Kaiser Unmasked as Cunning Trickster Who Plotted for War While He Prated of Peace. "Nicky" Telegrams Reveal Czar as No Better, Falling Readily into Snares that "Willy" Set', *Washington Post*, 18 September 1917, in AMAE NS, Russie 45 Allemagne-Russie; Herman Bernstein, *The Willy-Nicky Correspondence. Being the Secret and Intimate Telegrams Exchanged Between the Kaiser and the Tsar* (New York, 1918); Sidney B. Fay, 'The Kaiser's Secret Negotiations with the Tsar, 1904–5', *American Historical Review*, 24 (1918), pp. 48–72; Isaac Don Levine (ed.), *The Kaiser's Letters to the Tsar. Copied from Government Archives in Petrograd and Brought from Russia by Isaac Don Levine* (London, 1920) 참조. 이 초기 판본들에는 1914년에 두 군주가 교환한 일련의 전보들이 포함되어 있지 않은데, 아마도 이것들이 차르의 사적인 전보가 아니라 외교 전보였고 따라서 차르의 개인 서신과 별개로 보관되었기 때문일 것이다. 이 통찰을 알려준 John Röhl에게 진심으로 감사드린다.

79. Michael S. Neiberg, *Dance of the Furies, Europe and the Outbreak of World War I* (Cambridge, MA, 2011), p. 116.

80. Sergei Dmitrievich Sazonov, *Les Années fatales* (Paris, 1927), p. 218.

81. Ibid., pp. 218–9.

82. Menning, 'Russian Military Intelligence', pp. 13–8; D. C. B. Lieven, *Russia and the Origins of the First World War* (London, 1983), pp. 148–9.

83. Tschirschky to Bethmann Hollweg, Vienna, 2 July 1910, Kulakovsky와 Sukhomlinov 간 대화를 보고, PA-AA, R 10894.

84. Menning, 'Russian Military Intelligence', pp. 30–1.

85. V. R. Berghahn and W. Deist, 'Kaiserliche Marine und Kriegsausbruch 1914', *Militärgeschichtliche Mitteilungen*, 1 (1970), pp. 37–58에서 인용; Albert Hopman(제국해군부 고위 관료), 1914년 7월 6일과 7일 일기, in Michael Epkenhans (ed.), *Albert Hopman. Das ereignisreiche Leben eines 'Wilhelminers'. Tagebücher, Briefe, Aufzeichnungen, 1901 bis 1920* (Oldenbourg, 2004), pp. 383, 385.

86. Biedermann(베를린 주재 작센 전권위원) to Vitzthum(작센 외무장관), Berlin, 17 July 1914, in Geiss (ed.), *Julikrise*, vol. 1, doc. 125, pp. 199–200.
87. Bethmann Hollweg to ambassadors in St Petersburg, Paris and London, Berlin, 21 July 1914, in ibid., doc. 188, pp. 264–6, 그중 p. 265.
88. Annika Mombauer, *Helmuth von Moltke and the Origins of the First World War* (Cambridge, 2001), pp. 190–93, 196.
89. L. C. F. Turner, *Origins of the First World War* (London, 1973), p. 86에서 인용.
90. Ulrich Trumpener, 'War Premeditated? German Intelligence Operations in July 1914', *Central European History*, 9 (1976), pp. 58–85, 그중 p. 64에서 인용.
91. Ibid.
92. Riezler, 1914년 7월 11일 일기, in Karl Dietrich Erdmann (ed.), *Kurt Riezler. Tagebücher Aufsätze Dokumente* (Göttingen, 1972), p. 185.
93. Geiss (ed.), *Julikrise*, vol. 1, doc. 123, p. 198.
94. 'German View of French Disclosures', *The Times*, 17 July 1914, p. 7, col. C; 'Attitude of Germany', ibid. 25 July 1914, p. 10, col. C.
95. Mombauer, *Helmuth von Moltke*, pp. 194–5, n 44.
96. 빈 주재 독일 무관 Kageneck 백작의 추정, in ibid., p. 194 참조. 위기 동안 윙베르 의폭로가 독일의 사고에 끼친 영향에 관해서는 Theodor Wolff(*Berliner Tageblatt* 의 편집장), 1914년 7월 24일 일기, 프랑스의 대비태세에 관한 당국의 의구심을 보고, in Bernd Sösemann (ed.), *Tagebücher 1914–1919: der Erste Weltkrieg und die Entstehung der Weimarer Republik in Tagebüchern, Leitartikeln und Briefen des Chefredakteurs am 'Berliner Tageblatt' und Mitbegründers der 'Deutschen Demokratischen Partei' Theodor Wolff* (Boppard, 1984), pp. 64–5; Hopman, 1914년 7월 14일 일기, in Epkenhans (ed.), *Tagebücher*, p. 389.
97. Risto Ropponen, *Italien als Verbündeter. Die Einstellung der politischen und militärischen Führung Deutschlands und Österreich-Ungarns zu Italien on der Niederlage von Adua 1896bis zum Ausbruch des Weltkrieges 1914* (Helsinki, 1986), pp. 139, 141–2, 209–10.
98. Bethmann to Schoen and Bethmann to Lichnowsky, 둘 다 Berlin, 27 July 1914, in Geiss (ed.), *Julikrise*, vol. 2, docs. 491, 492, p. 103.
99. Jagow to Lichnowsky(사신), Berlin, 18 July 1914, in Karl Kautsky (ed.), *Die*

deutschen Dokumente zu Kriegsausbruch (4 vols., Berlin, 1927), vol. 1, doc. 72, pp. 99–101, 그중 p. 100.

100. '국지화'에 대한 독일의 자신감은 Hopman, 1914년 7월 8일, 13일, 24일, 26일 일기, pp. 36, 388, 394–5, 397–8 참조; 야고브의 불안은 Hopman, 1914년 7월 21일 일기, pp. 391–2 참조; "물에 빠진 사람" 같았던 베트만은 Alfred von Tirpitz, *Erinnerungen* (Leipzig, 1920), p. 242 참조; 위기의 이 특징들에 관해 Williamson and May, 'An Identity of Opinion', 특히 n 107, p. 353도 참조.

101. Wilhelm II to Franz Joseph, Balholm, 14 July 1914, *ÖUAP*, vol. 8, doc. 10262, pp. 422–3.

102. 특히 Tschirschky to Jagow, Vienna, 10 July 1914에 쓴 빌헬름의 메모, in Imanuel Geiss, *July 1914. The Outbreak of the First World War. Selected Documents* (New York, 1974), doc. 16, pp. 106–7 참조.

103. Tschirschky to Bethmann, Vienna, 14 July 1914에 대한 빌헬름의 논평, in ibid., doc. 21, pp. 114–5.

104. Lamar Cecil, *Wilhelm II* (2 vols., Chapel Hill, 1989 and 1996), vol. 2, *Emperor and Exile, 1900–1941*, p. 202; Jagow to Wedel(황제 수행원), Berlin, 18 July 1914, in Geiss, *July 1914*, doc. 29, p. 121.

105. David Stevenson, *Armaments and the Coming of War, Europe 1904–1914* (Oxford, 1996), p. 376.

106. G. A. von Müller, *Regierte der Kaiser? Aus den Kriegstagebüchern des Chefs des Marinekabinettes im Ersten Weltkrieg Admiral Georg Alexander von Müller* (Göttingen, 1959); Holger Afflerbach, *Kaiser Wilhelm II. als Oberster Kriegsherr im Ersten Weltkrieg. Quellen aus der militärischen Umgebung des Kaisers* (Munich, 2005), p. 11 참조.

107. Holger Afflerbach, *Falkenhayn: Politisches Denken und Handeln im Kaiserreich* (Munich, 1994), p. 153.

108. Wilhelm to Jagow, Neues Palais, 28 July 1914, in Geiss, *July 1914*, doc. 112, p. 256; Afflerbach, *Falkenhayn*, p. 153.

109. Afflerbach, *Falkenhayn*, p. 154에서 인용.

110. Volker Berghahn, *Germany and the Approach of War in 1914* (Basingstoke, 1993), pp. 202–3에서 인용.

111. Albertini, *Origins*, vol. 2, p. 467; Geiss, *July 1914*, p. 222.

112. Lichnowsky to Jagow, London, 27 July 1914, Geiss, *July 1914*, doc. 97, pp. 238-9.

113. Bethmann to Tschirschky, Berlin 10.15 a.m. 28 July 1914, Geiss, *July 1914*, doc. 115, p. 259; Stevenson, *Armaments*, pp. 401-2; 이날 베트만과 빌헬름의 견해차는 Geiss (ed.), *Julikrise*, vol. 2, pp. 164-5(Geiss의 주) 참조.

114. Bethmann to Wilhelm II, Berlin 10.15 p.m., 28 July 1914, in Geiss, *July 1914*, docs. 114, 117, pp. 258, 261.

115. Trumpener, 'War Premeditated?', pp. 66-7.

116. Chelius to Wilhelm II, St Petersburg, 26 July 1914, in Geiss (ed.), *Julikrise*, vol. 2, doc. 441, pp. 47-9, 그중 p. 48.

117. Trumpener, 'War Premeditated?', p. 66에서 인용.

118. Ibid.

119. 참모본부, 정보평가위원회 보고서, 28 July 1914, in ibid., p. 72에서 인용.

120. 예컨대 Bethmann to Tschirschley, Berlin, 29 July 1914; Bethmann to Tschirschley, Berlin, 30 July 1914(두 통), in Geiss (ed.), *Julikrise*, vol. 2, docs. 690, 695, 696, pp. 287-8, 289-90, 290 참조.

121. Falkenhayn, 1914년 7월 29일 일기, in Afflerbach, *Falkenhayn*, p. 155에서 인용.

122. Berghahn, *Germany and the Approach of War*, p. 215.

123. Falkenhayn, 1914년 7월 31일 일기, in Afflerbach, *Falkenhayn*, p. 160에서 인용.

124. 프로이센의 하인리히 왕자가 보고한 조지 5세의 발언, Henry to Wilhelm II, 28 July 1914, in *DD*, vol. 1, pp. 32-89.

125. Harold Nicolson, *King George the Fifth* (London, 1952), p. 245; Berghahn, *Germany and the Approach of War*, p. 219.

126. Nicolson, *King George the Fifth*, p. 246.

127. Lichnowsky to Jagow, London, 29 July 1914, in Geiss, *July 1914*, doc. 130, pp. 288-90.

128. Wilhelm II, Pourtalès to Jagow, St Petersburg, 30 July 1914에 쓴 메모, Geiss, *July 1914*, doc. 135, pp. 293-5.

129. Lichnowsky to Jagow, London, 1 August 1914, *DD*, vol. 3, doc. 562, p. 66.

130. Lichnowsky to Jagow, London, 1 August 1914, ibid., doc. 570, p. 70.

131. Afflerbach, *Falkenhayn*, p. 164에서 인용.

132. Falkenhayn, 1914년 8월 1일 일기, in ibid., pp. 165–6에서 인용. 이 언쟁에 대한 팔켄하인의 서술은 대체로 몰트케의 지지를 받기는 했지만 완전히 신뢰할 수는 없어 보인다. Max von Mutius의 비망록과 목격담으로 이루어진 회상록에 따르면, 카이저는 서부에서 국경 침범(구체적으로 제16사단의 룩셈부르크 진입)을 여전히 멈출 수 있는지에 대해 몰트케에게 조언을 구했다. 몰트케는 자신이 알지 못한다고 답변했고, 참모본부 작전국 Tappen 중령이 아직 멈출 수 있다고 확인해주었다. 이 이야기대로라면 카이저는 몰트케를 직접 제압했던 것이 아니라 자신의 관례적인 경계 안에 머물렀던 것이다. 여하튼 현존하는 서술들은 이 에피소드가 몰트케에게 엄청난 충격이었다는 데 동의한다. 실제로 몰트케는 이후 이 사건을 강박적으로 떠올렸다. Afflerbach, *Kaiser Wilhelm II als Oberster Kriegsherr im Ersten Weltkrieg. Quellen aus der militärischen Umgebung des Kaisers, 1914–1918* (Munich, 2005), p. 13 참조.

133. Cecil, *Wilhelm II*, vol. 2, p. 107.

134. Mombauer, *Helmuth von Moltke*, p. 222.

135. Wilhelm II to George V, Berlin, 1 August 1914, *DD*, vol. 3, doc. 575, p. 74.

136. Bethmann to Lichnowsky, Berlin, 1 August 1914, ibid., vol. 3, doc. 578, p. 76; Wilhelm II to George V, Berlin, 1 August 1914, ibid., vol. 3, doc. 575, p. 74.

137. Lichnowsky to Jagow, London, 1 August 1914, ibid., vol. 3, doc. 596, pp. 89–91.

138. George V to Wilhelm II, London, 1 August 1914, ibid., vol. 3, doc. 612, pp. 103–4.

139. Lichnowsky to Jagow, London, 1 August 1914, ibid., vol. 3, doc. 603, p. 95.

140. Afflerbach, *Falkanhayn*, p. 167에서 인용.

141. Lichnowsky to Jagow, London, 29 July 1914, *DD*, vol. 1, doc. 368, pp. 86–9.

142. Grey to Bertie, London, 31 July 1914, *BD*, vol. 11, doc. 352, p. 220.

143. Harry F. Young, 'The Misunderstanding of August 1, 1914', *Journal of Modern History*, 48/4 (1976), pp. 644–65.

144. Stephen J. Valon, '"There Must Be Some Misunderstanding": Sir Edward Grey's Diplomacy of August 1, 1914', *Journal of British Studies*, 27/4 (1988), pp. 405–24.

145. Keith M. Wilson, 'Understanding the "Misunderstanding" of 1 August 1914',

Historical Journal, 37/4 (1994), pp. 885–9; 국제적 금융 불안정이 영국의 사고에 끼친 영향은 Nicholas A. Lambert, *Planning Armageddon. British Economic Warfare and the First World war* (Cambridge, MA, 2012), pp. 185–231 참조; Lambert의 견해에 관한 논의는 Williamson, 'July 1914: Revisited and Revised', pp. 17–8 참조; Lamber의 이 주장에 주목하게 해준 Sam Williamson에게 감사드린다.

146. Grey to Bertie, London, 1 August 1914, *BD*, vol. 11, doc. 419, p. 250.
147. Bertie to Grey, Paris, 2 August 1914, ibid., doc. 453, p. 263; 이 답변의 '무례함'에 관해서는 Wilson, 'Understanding the "Misunderstanding"', p. 888 참조.
148. 독일 대사관의 전갈, London, 31 July 1914, *BD*, vol. 11, doc. 344, p. 217; 이튿날 되풀이된 독일 대사관의 경고는 ibid., doc. 397, p. 241 참조.
149. Asquith to Venetion Stanley, London, 1 August 1913, in Brock and Brock (eds.), *Letters to Venetion Stanley*, p. 140.
150. Grey to Bertie, London, 29 July 1914, *BD*, vol. 11, doc. 283, p. 180.
151. Grey to Bertie, London, 31 July 1914, ibid., doc. 352, p. 220.
152. Grey to Bertie, London, 31 July 1914, ibid., doc. 367, pp. 226–7.
153. Grey to Bertie, London, 8.20 p.m. 1 August 1914, ibid., doc. 426, p. 426; 발송 시간에 주목하라. 이 전보는 앞에서 인용한 8월 1일 전보보다 늦게 보낸 것으로, 바르티 대사에게 캉봉과의 대화를 더 상세히 알려주었다.
154. Keith Eubank, *Paul Cambon: Master Diplomatist* (Norman, 1960), pp. 170–1.
155. 7월 24일 캉봉과의 대화, in André Géraud, 'The Old Diplomacy and the New', *Foreign Affairs*, 23/2 (1945), pp. 256–70, 그중 p. 260.
156. Grey to Bertie, London, 28 July 1914, *BD*, vol. 11, doc. 238, p. 156.
157. Keiger, 'France', p. 133.
158. Cambon to Viviani, London, 29 July 1914, *DDF*, 3rd series, vol. 11, doc. 281, pp. 228–9.
159. Steiner, *Britain and the Origins*, pp. 181–6.
160. 영국-프랑스 협정의 이 측면은 John Keiger, 'Why Allies? Necessity or Folly', 2011년 9월 26-27일 케임브리지에서 개최된 'Forgetful Allies: Truth, Myth and Memory in the Two World Wars and After' 학회에서 발표된 미출간 논문 원고 참조. 출간 전에 이 논문의 사본을 보게 해준 John Keiger에게 감사드린다.

161. Géneviève Tabouis, *Perfidious Albion – Entente Cordiale* (London, 1938), p. 109.

162. Steiner, *Britain and the Origins*, p. 225에서 인용.

163. Asquith to Stanley, London, 29 July 1914, in Brock and Brock (eds.), *Letters to Venetia Stanley*, p. 132.

164. Eyre Crowe, 의견서, 31 July 1914, *BD*, vol. 11, in doc. 369, pp. 228–9에 동봉.

165. 내각이 점점 중요해진 점에 관해서는 Steiner, *Britain and the Origins*, p. 228 참조. 캉봉의 말은 John Keiger, 'How the Entente Cordiale Began', in Richard Mayne, Douglas Johnson and Robert Tombs (eds.), *Cross Channel Currents. 100 years of the Entente Cordiale* (London, 2004), pp. 3–10, 그중 p. 10에서 인용.

166. Austen Chamberlain, *Down the Years* (London, [1935]), p. 94.

167. Colin Forbes Adams, *Life of Lord Lloyd* (London, 1948), pp. 59–60; Chamberlain, *Down the Years*, pp. 94–101; Ian Colvin, *The Life of Lord Carson* (3 vols., London, 1932–6), vol. 3, pp. 14–20; 캉봉과 로이드의 대화는 특히 pp. 14–5; Leopold S. Amery, *My Political Life* (3 vols., London, [1953–5]), vol. 2, pp. 17–9 참조.

168. Keith M. Wilson, *The Policy of the Entente Essays on the Determinants of British Foregin Policy, 1904–1914* (Cambridge, 1985) p. 135.

169. Asquith to Stanley, London, 31 July 1914, in Brock and Brock (eds.), *Letters to Venetia Stanley*, p. 138.

170. Winston S. Churchill, *The World Crisis* (London, 1931), p. 114.

171. Asquith to Stanley, London, 1 August 1914, in Brock and Brock (eds.), *Letters to Venetia Stanley*, p. 140.

172. John Morley, *Memorandum on Resignation, August 1914* (London, 1928), p. 5.

173. Wilson, *Policy of the Entente*, p. 137에서 인용.

174. Lord Crewe to George V, 1914년 8월 2일 오후 6시 30분 회의를 보고, in J. A. Spender and Cyril Asquith, *Life of Herbert Henry Asquith* (2 vols., London, 1932), vol. 2, p. 82; Morley, *Memorandum*, p. 21.

175. 새뮤얼이 두 가지 방안을 마련해 동료들의 지지를 얻는 데 성공한 일에 관해서는 Wilson, *Policy of the Entente*, p. 142 참조; 또한 Herbert Samuel to his wife, Beatrice, 2 August 1914, in C. J. Lowe and M. L. Dockrill, *The Mirage of Power*

(3 vols., London, 1972), vol. 1, pp. 150-1; Cameron Hazlehurst, *Politicians at War, July 1914 to May 1915: A Prologue to the Triumph of Lloyd George* (London, 1971), pp. 93-8 참조.

176. 그레이의 발언과 '감정'에 관해서는 George Allardice Riddell(*News of the World* 의 사주), *Lord Riddell's War Diary, 1914-1918* (London, 1933), p. 6.

177. 영국의 주전론에서 벨기에의 중요성에 관해서는 John Keiger Britain's "Union Sacree" in 1914' in Jean-Jacques Becker and Stephane Audouin-Rouzeau (eds.), *Les Societes europeenes et la guerre de 1914-1918* (Paris, 1990), pp. 39-52, 특히 pp. 48-9.

178. Hermann Lutz, *Lord Grey and the World War*, trans. E. W. Dickes (London, 1928), p. 101에서 인용.

179. C. Addison, *Four and Half Years* (2 vols., London, 1934), vol. 1, p. 32, in Brock, 'Britain Enters the War', p. 161에서 인용.

180. Keiger, 'Britain's "Union Sacrée", in Becker and Audoin-Rouzeau (eds.), *Les sociétés européennes*, pp. 39-52, Samuel R. Williamson, *The Politics of Grand Strategy. Britain and France Prepare for War, 1904-1914* (Cambridge, MA, 1969), pp. 357-60.

181. 이 주장은 Keith M. Wilson, 'The British Cabinet's Decision for War, 2 August 1914', *British Journal of International Studies* (1975), pp. 148-59에서 개진된다; id., *The Policy of the Entente* 의 제8장에 재수록.

182. Buchanan to Nicolson, St Petersburg, 16 April 1914, *BD*, vol. 10/2, doc. 538, pp. 784-5.

183. Nicolson to Goschen, 15 April 1912, ibid., vol. 6, doc. 575, p. 747; Steiner, *Foreign Office*, p. 131; 또한 Wilson, *The Policy of the Entente*, p. 78; Zara S. Steiner, 'The Foreign office under Sir Edward Grey', in Francis Harry Hinsley (ed.), *British Foreign Policy under Sir Edward Grey* (Cambridge, 1977), pp. 22-69, 그중 p. 45 참조.

184. Williamson, *Politics of Grand Strategy*, pp. 108-14, 167-204.

185. Eyre Crowe minute to Buchanan to Grey, St Petersburg, 24 July 1914, *BD*, vol. 11, doc. 101, pp. 80-2, 그중 p. 82.

186. Isabel V. Hull, *Absolute Destruction. Military Culture and the Practices of War*

in Imperial Germany (Ithaca, 2005), pp. 160-81; Mombauer, *Hemuth von Moltke*, pp. 102, 105, 164-7, 225.

187. Alfred von Tirpitz, *Erinnerungen* (Leipzig, 1920), pp. 241-2.

188. 8월 2일 오후 7시 독일 공사 Below가 벨기에 외무장관 Davignon에게 전달한 통첩, the Belgian 'Grey Book' in TNA, FO 371/1910 (2 August 1914)의 일부, 온라인으로 http://www.nationalarchives.gov.uk/pathways/firstworldwar/first_world_war/p_ultimatum.htm에서 확인.

189. Jean Stengers, 'Belgium', in Wilson (ed.), *Decisions for War*, pp. 151-74.

190. Ibid.; 독일의 최후통첩에 대한 벨기에 정부의 답변, 3 August 1914 at 7 a.m., in Hugh Gibson, *A Journal from Our Legation in Belgium* (New York, 1917), p. 19.

191. Stengers, 'Belgium', pp. 161, 162.

192. Gibson, *A Journal*, p. 15.

193. Stengers, 'Belgium', p. 163.

194. Gibson, *A Journal*, p. 22.

195. Stengers, 'Belgium', p. 164에서 인용.

196. Maurice Paléologue, 1914년 8월 1일 일기, *An Ambassador's Memoirs 1914-1917*, trans. Frederick A. Holt (London, 1973), pp. 38-9.

197. Prince Max von Lichnowsky, *My Mission to London, 1912-1914* (London, 1918), p. 28.

198. Gibson, *A Journal*, p. 21.

199. Bernd F. Schulte, 'Neue Dokumente zu Kriegsausbruch und Kriegsverlauf 1914', *Militärgeschichtliche Mitteilungen*, 25 (1979), pp. 123-85, 그중 p. 140.

200. Report from Colonel Ignatiev, 30 July 1914, RGVIA, Fond 15304-Upravlenie Voennogo Agenta vo Frantsii, op. 2, d. 16-특수 공책을 이용한 전갈과 보고서, l. 38.

201. Hew Strachan, *The First World War* (Oxford, 2001), p. 103에서 인용.

202. V. I. Gurko, *Cherty i Siluety Proshlogo, Pravitel'stvo i Obschchestvennost' v Tsarstvovanie Nikolaya II Izobrazhenii Sovremennika* (Moscow, 2000), p. 651.

203. W. Mansell Merry, *Two Months in Russia: July-September 1914* (Oxford, 1916), pp. 76-7.

204. Roger Martin du Gard, *L'Été 1914* (4 vols., Paris, 1936–40)에 기록된 인상을 Richard Cobb이 요약, in Cobb, 'France and the Coming of War', in Evans and Pogge von Strandmann (eds.), *The Coming of the First World War*, pp. 125–44, 그중 p. 137.

205. Strachan, *The First World War*, pp. 103–62, 특히 p. 153; 러시아에서 일어난 징집 소요에 관해서는 Joshua Sanborn, 'The Mobilization of 1914 and the Question of the Russian Nation', *Slavic Review*, 59/2 (2000), pp. 267–89 참조.

206. Neiberg, *Dance of the Furies*, p. 128.

207. Gibson, 8월 2일 일기 in id., *A Journal*, p. 8.

208. Adrian Gregory, *The Last Great War. British Society and the First World War* (Cambridge, 2008), 특히 pp. 9–39; id., 'British War Enthusiasm: A Reassessment', in Gail Braybon (ed.), *Evidence, History and the Great War. Historians and the Impact of 1914–18* (Oxford, 2003), pp. 67–85 참조; 프랑스 지방에서 전쟁 소식에 보인 반응에 대한 비범한 서술은 Becker, *1914: Comment les français*, pp. 277–309; id., *L'Année 14* (Paris, 2004), pp. 149–53; Stéphane Audoin-Rouzeau and Annette Becker, *1914–1918: Understanding the Great War*, trans. Catherine Temerson (London, 2002), p. 95 참조; 대다수 사람들이 전쟁 소식에 보인 '충격과 슬픔, 경악' 반응은 Leonard V. Smith, Stéphane Audoin-Rouzeau and Annete Becker, *France and the Great War* (Cambridge, 2003), pp. 27–9; P. J. Flood, *France 1914–1918: Public Opinion and the War Effort* (Basingstoke, 1990), pp. 5–33; Jeffrey Verhey, *The Spirit of 1914. Militarism, Myth and Mobilization in Germany* (Cambridge, 2000), pp. 231–6 참조.

209. Sanborn, 'Mobilization of 1914', p. 272.

210. 마을 '교사'의 묘사, in Flood, *France 1914–1918*, p. 7에서 인용.

211. Stephen Graham, *Russia and the World* (New York, 1915), pp. 2–3, in Leonid Heretz, *Russia on the Eve of Modernity. Popular Religion and Traditional Culture under the Last Tsars* (Cambridge, 2008), p. 195에서 인용. 러시아의 많은 회고록들이 적의 정체를 혼동했다고 기록하고 있다. Bertram Wolfe, 'War Comes to Russia', *Russian Review*, 22/2 (1963), 특히 pp. 126–9 참조.

결론

1. Rebecca West, *Black Lamb and Grey Falcon. A Journey Through Yugoslavia* (London, 1955), p. 350.
2. B. A. Vasil'chiko 공의 회고록, in D. C. B. Lieven, 'Bureaucratic Authoritarianism in Late Imperial Russia: The Personality, Career and Opinions of P. N. Durnovo', *The Historical Journal*, 26/2 (1983), pp. 391–402에서 논의.
3. 예를 들어 Mark Hewitson, *Germany and the Causes of the First World War* (Oxford, 2006), pp. 3–4 참조. 독일 사회를 오염시켜온 나치즘의 유산에 개인적으로 관여하는 형태로서의 피셔 테제에 관해서는 Klaus Grosse Kracht, 'Fritz Fischer und der deutsche Protestantismus', *Zeitschrift für neuere Theologiegeschichte*, 10/2 (2003), pp. 224–52; Rainer Nicolaysen, 'Rebell wider Willen? Fritz Fischer und die Geschichte eines nationalen Tabubruchs', in Rainer Nicolaysen and Axel Schildt (eds.), *100 Jahre Geschichtswissenschaft in Hamburg* (*Hamburger Beiträge zur Wissenschaftsgeschichte*, vol. 18), (Berlin/Hamburg, 2011), pp. 197–236 참조.
4. Paul Kennedy, *The Rise of the Anglo-German Antagonism* (London, 1980), p. 467.
5. Paul W. Schroeder, 'Embedded Counterfactuals and World War I as an Unavoidable war', p. 42 참조; 전면전을 파국으로 여기던 정치 엘리트들이 의도하지 않은 잘못을 저지른 결과로 1차 세계대전이 일어났다고 해석하는 강력한 분석은 Gian Enrico Rusconi, *Rischio 1914. Come si decide una guerra* (Bologna, 1987) 참조.
6. 단기전 테제에 관해서는 Gerhard Ritter, *Der Schlieffenplan. Kritik eines Mythos* (Munich, 1965); Lancelot Farrar, *The Short War Illusion. German Policy, Strategy and Domestic Affairs, August–December 1914* (Santa Barbara, 1973); Stephen Van Evera, 'The Cult of the Offensive and the Origins of the First World War', *International Security*, 9 (1984), pp. 397–419 참조. 이 테제에 대한 비판은 Stig Förster, 'Der deutsche Generalstab und die Illusion des kurzen Krieges, 1871–1914: Metakritik eines Mythos', *Militärgeschichtliche Mitteilungen*, 54 (1995), pp. 61–95 참조. 이 논쟁에 대한 탁월한 논평은 Holger H. Herwig, 'Germany and the "Short-War" Illusion: Toward a New Interpretation?', *Journal*

of Military History, 66/3, pp. 681 –93 참조.

7. Herwig, 'Germany and the "Short-War" Illusion', p. 686에서 인용.
8. 'Horace Blanchon'(필명), 'Académie de Médecine', *Le Figaro*, 5 March 1913, in NA Archief, 2.05,03, doc. 648에 스크랩, Correspondentie over de Balkan-oorlog.

찾아보기

ㄹ

ㅁ

ㅇ

ㅋ

몽유병자들

1914년 유럽은 어떻게 전쟁에 이르게 되었는가

1판 1쇄 2019년 1월 28일
1판 2쇄 2019년 10월 30일

지은이 | 크리스토퍼 클라크
옮긴이 | 이재만

펴낸이 | 류종필
편집 | 이정우, 정큰별
마케팅 | 김연일, 김유리
표지디자인 | 석운디자인
본문 조판 | 성인기획
교정교열 | 오효순

펴낸곳 | (주) 도서출판 책과함께
주소 (04022) 서울시 마포구 동교로 70 소와소빌딩 2층
전화 (02) 335-1982
팩스 (02) 335-1316
전자우편 prpub@hanmail.net
블로그 blog.naver.com/prpub
등록 2003년 4월 3일 제25100-2003-392호

ISBN 979-11-88990-24-5 03920

이 도서의 국립중앙도서관 출판시도서목록(CIP)은
서지정보유통지원시스템 홈페이지(http://seoji.nl.go.kr)와
국가자료종합목록시스템(http://www.nl.go.kr/kolisnet)에서 이용하실 수 있습니다.
(CIP제어번호 : CIP2019000408)